Paul F. Secord / Carl W. Backman

SOZIALPSYCHOLOGIE

Ein Lehrbuch für Psychologen, Soziologen, Pädagogen

Übersetzt aus dem Amerikanischen von

Prof. Dr. A. Eher
Dipl.-Ing. U. Rennert
Dipl.-Psych. K. Siegfried

Die Übertragung der Fachtermini wurde korrigiert von

Priv.-Doz. Dr. A. Schmidt-Mummendey

FACHBUCHHANDLUNG FÜR PSYCHOLOGIE
VERLAGSABTEILUNG
Frankfurt am Main
1976

CIP-Kurztitelaufnahme der Deutschen Bibliothek

Secord, Paul F.
Sozialpsychologie: e. Lehrbuch für Psychologen, Soziologen, Pädagogen / Paul F. Secord; Carl W. Backman. - 1. Aufl. - Frankfurt am Main: Fachbuchhandlung für Psychologie, Verl.-Abt., 1976

Einheitssacht.: Social psychology (dt.).
ISBN 3 - 88074 - 101 - 8 NE: Backman, Carl W.:

Titel der Originalausgabe:
"Social Psychology"

Ins Deutsche übertragen von

Prof. Dr. A. Eher, Dipl.-Ing. U. Rennert, Dipl.-Psych. K. Siegfried

Die Übertragung der Fachtermini wurde korrigiert von
Priv.-Doz. Dr. A. Schmidt-Mummendey

Umschlagentwurf: R. Gourmel

2. Auflage 1977

Fachbuchhandlung für Psychologie
Verlagsabteilung
Kiesstrasse 38, 6000 Frankfurt am Main

ISBN 3 - 88074 - 101 - 8

V O R W O R T

In der zweiten Auflage haben wir uns, wie in der ersten, zum Ziel gesetzt, gewissenhaft die aktiven Forschungsrichtungen darzustellen, durch die die gegenwärtige Sozialpsychologie ihr charakteristisches Gepräge erhält. Die interdisziplinäre Tradition der ersten Auflage wird fortgesetzt: das Buch ist von einem Psychologen und einem Soziologen geschrieben. Die Reihenfolge, in der die Autoren genannt sind, deutet keinen Unterschied in dem relativen Beitrag an, den beide Autoren oder beide Disziplinen zu diesem Buch geleistet haben. In einigen Teilen des Buches stehen psychologische Forschungsergebnisse und Theorien im Vordergrund, in anderen soziologische Untersuchungen und Überlegungen. Diese unterschiedliche Gewichtung spiegelt die empirische Literatur in diesem Bereich wider: bestimmte Forschungsrichtungen waren für die psychologisch ausgebildeten Forscher interessanter, und andere Richtungen für solche mit soziologischer Ausbildung. Normalerweise haben wir jedoch bei einzelnen Themen und Problemen die gegensätzlichen Gesichtspunkte vorgestellt. Ferner haben wir diese Beiträge in ein zusammenhängendes Erklärungsmuster zu bringen versucht.

Der Text ist mehr nach Themen als nach "terms" eines einzelnen theoretischen Systems aufgebaut. Doch wurden einige Hauptthemen so nach Bedingungen gegliedert, wie sie die vielversprechendste theoretische Orientierung zu bieten schienen. Diese Themenbehandlung sollte es den Lehrenden ermöglichen, dies Buch auf eine möglichst flexible Art und Weise zu benutzen. Sie können eine andere Reihenfolge der Kapitel wählen, einige Themen intensiver behandeln und andere übergehen. Es wäre zuviel verlangt, erwartete man von einem Studenten, den gesamten Text in einem Semester mit drei Wochenstunden oder in einem vierteljährigen Kurs mit vier Wochenstunden zu bewältigen. Da das Buch das gesamte Gebiet der Sozialpsychologie abdeckt, werden viele Dozenten, je nachdem, was sie für wichtig und wesentlich halten, den Wunsch haben, bestimmte Partien auszulassen oder ihnen weniger Zeit zu widmen. Trotz dieses Umfangs ist daher das Buch für einen Ein-Semester-Kurs brauchbar.

Eine andere Möglichkeit, das Buch zu nutzen, hat sich bei der Arbeit mit der ersten Auflage gut bewährt. Wir fanden es praktisch, Teil Eins und Vier (Prozesse sozialer Beeinflussung und Sozialisation) im Herbstsemester und die Teile Zwei und Drei (Gruppenstrukturen u. -prozesse, sowie soziale Rollen) im Frühjahrssemester anzubieten, ohne daß im zweiten Semester besondere Voraussetzungen notwendig gewesen wären. Im wesentlichen läuft das zweite Semester dann auf einen Kurs über Kleingruppen-Verhalten hinaus. Dieser wird durch den Abschnitt über soziale Rollen mit dem Thema 'institutionelle Strukturen' verbunden.

Zwei Gebiete, die in Büchern über Sozialpsychologie oft gesondert behandelt werden, sind hier ausgelassen worden. Das Thema 'kollektives Verhalten', zu dem traditionellerweise die Untersuchung von Massen, der Öffentlichkeit und sozialer Bewegungen gehört, ist nicht explizit behandelt worden - , obwohl einige von uns behandelte Gebiete, etwa die kollektive Auflösung struktureller Spannung und die Prozesse sozialer Beeinflussung, mit kollektivem Verhalten in Zusammenhang stehen. Wir glauben zwar, daß kollektives Verhalten ein wichtiges Gebiet der Sozialpsychologie ist, doch ist dieses Thema in den letzten Jahren von Sozialpsychologen relativ stark vernachlässigt worden.

Das zweite Gebiet, Kultur und Persönlichkeit, ist aus einem anderen Grund ausgelassen worden. Dieser Themenbereich scheint zusammen mit dem Studium des Nationalcharakters eher ein eigenes Gebiet für sich geworden zu sein, als ein integrierter Bestandteil der Sozialpsychologie. Aber bei der Diskussion von Gebieten, die mit dem Thema Kultur und Persönlichkeit in engem Zusammenhang stehen, wie etwa Sozialisation, haben wir einiges Material aus diesem Themenkreis aufgenommen.

Obwohl wir im Grundsätzlichen den Rahmen der ersten Auflage beibehalten haben, haben wir umfangreiche Änderungen vorgenommen. Der größte Teil des Textes mußte neu geschrieben werden. Das Anfangskapitel der ersten Auflage, das Kapitel über soziale Wahrnehmung, ist fallengelassen worden, worin sich das schwindende Interesse an diesem Gebiet widerspiegelt. Kapitel im Teil über Einstellungen und im Teil über soziale Rollen wurden neu geordnet und gegliedert.

Die substantiellen Veränderungen in den einzelnen Gebieten und in der Behandlung dieser Gebiete spiegeln natürlich gegenwärtige Schwerpunkte und Änderungen in der sozialpsychologischen Forschung wider. Dort, wo die Forschungsbemühungen besonders intensiv waren, haben sich größere substantielle Änderungen ergeben. Aber selbst in weniger aktiv bearbeiteten Bereichen ist das Material auf den neuesten Stand gebracht und überarbeitet worden, um größere Klarheit zu erzielen. Wir haben uns zwar nach Kräften bemüht, unnötigen Jargon zu vermeiden; dennoch haben wir ein Glossar speziell in der Sozialpsychologie gebrauchter Begriffe zusammengestellt.

Zu den substantielleren Veränderungen dieser Auflage gehören: in der Personwahrnehmung ein Übergang von der Beurteilung von Persönlichkeitseigenschaften in statischen Situationen zu der Zuweisung solcher Eigenschaften bei fortlaufenden Interaktionen; bei der Interpretation des Phänomens der Einstellungsänderung ein Rückgang der Bedeutung von Balance- und Dissonanztheorien; ein Abrücken von der Beschäftigung mit kleinen Laborgruppen und statt dessen die Beschäftigung mit Prozessen, die die Interaktion im größeren sozialen Kontext beeinflussen; eine weniger starke Gewichtung der Gruppenstrukturen und statt dessen eine stärkere Zuwendung zum Thema des Gruppenprozesses auf subinstitutionellem wie auf institutionellem Niveau. Diese Veränderung wird bei der Forschung der interpersonellen Attraktion deutlich, die sich jetzt mehr mit der Entstehung zwischenmenschlicher Beziehungen und weniger mit den Merkmalen der soziometrischen Struktur beschäftigt. In ähnlicher Weise hat sich in der theoretischen Konzeption von sozialen Rollen und Rollenverhalten das Schwergewicht verlagert von dem statischen Bild von Rollenkategorien mit festen Erwartungen zur Betrachtung der Konstruktion und Rekonstruktion von Rollenerwartungen durch Rollenverhandlung und Rollenhandel und den Aufbau von Rollenidentitäten. Im Bereich der Sozialisationsforschung widmen sich zumindest Sozialpsychologen jetzt mehr der Rolle der situationalen Determinanten von Motivationszuständen und von Verhaltensweisen und schenken den intraindividuellen Determinanten und den durch die Kindheit bedingten Motiven und Verhaltensweisen weniger Beachtung.

Den Benutzern der ersten Auflage, Dozenten wie Studenten, sind wir zu tiefem Dank verpflichtet. Ihre hilfreichen Vorschläge und kritischen Einwände sind so zahlreich gewesen, daß es unmöglich ist, sie hier einzeln aufzuzählen. Wir danken besonders den Psychologen und Soziologen, die Teile des Manuskriptes gelesen haben: Richard Curtis, David Goslin, Anthony Greenwald, Bibb Latané, Robert Leik, George Levinger, James Richardson und Peter Warr. Tiefsten Dank schulden wir Richard Emerson und Karl Weick, die das ganze Manuskript gelesen und konstruktive Kritik daran geübt haben.

Wir danken auch Wendy Legge für ihre Hilfe bei der Einholung der Druckerlaubnis für verschiedene Textstellen, beim Korrekturlesen, beim Zusammenstellen der Bibliographie und der Erstellung des Indexes. Vor allem danken wir unseren Ehefrauen, Marcia und Shirley, für all ihre Geduld, Ermutigungen und Entbehrungen.

Paul F. Secord

Carl W. Backman

INHALTSVERZEICHNIS

Seite

Seite

Seite

Vierter Teil: Sozialisation

Seite

KAPITEL 1

DER GEGENSTAND DER SOZIALPSYCHOLOGIE

Der hervorstechendste Zug menschlichen Lebens ist sein sozialer Charakter. Der Mensch tut vieles in Gemeinschaft mit anderen; er arbeitet und spielt mit anderen. Miteinander in Interaktion stehende Menschen können sich untereinander sogar über den Bedeutungsgehalt ihrer verschiedenen Handlungen verständigen. Ihre aufeinander bezogenen Reaktionen werden durch diese Bedeutungsgehalte bestimmt.

Der Sozialpsychologe untersucht menschliches Verhalten im sozialen Kontext. In dieser Hinsicht unterscheidet sich seine Aufgabe von der desjenigen, der allgemeine Psychologie betreibt; letzterer isoliert oftmals in seiner Betrachtung das Individuum von seiner sozialen Umgebung. Seine Aufgabe unterscheidet sich auch von der eines Soziologen, der oft die Struktur von sozialen Interaktionen getrennt von den handelnden Individuen untersucht.

AUFFALLENDE EIGENSCHAFTEN VON INTERAKTIONEN

Das Verhalten, das ein Mensch in Gegenwart einer anderen Person zeigt, ist gleichzeitig Reaktion und Reiz für jene andere Person. Da die andere Person O (= Objekt) auf das Verhalten der Person P reagiert, ist es wahrscheinlich, daß P's Verhalten durch O's Gegenwart beeinflußt wird. P kann sich bewußt oder unbewußt so verhalten, daß sich O zu einer bestimmten Reaktion veranlaßt fühlt. Ihr eigenes (=P's) späteres Verhalten hängt davon ab, wie erfolgreich sie ist bei dem Versuch, O zu bestimmten Verhaltensweisen zu provozieren.

Der Sachverhalt stellt sich jedoch komplexer dar als dies ein einfaches Verlaufsmuster von Stimulus und Reaktion nahelegt. Unter normalen Umständen laufen menschliche Interaktionen ohne Schwierigkeiten ab, wie im Falle zweier Nachbarn, die über den Zaun hinweg miteinander plaudern. Dies ist möglich, weil jeder der in Interaktion stehenden Partner gelernt hat zu antizipieren, welche Reaktion seine eigene Handlung hervorrufen wird und welche Reaktion er selbst auf die Handlungen der anderen Seite hin zeigen wird. Solche Interaktionen laufen jedoch nur dann ohne Schwierigkeiten ab, wenn beide Seiten die eigenen Handlungen und die ihrer Partner auf gleiche Weise definieren und im Verständnis der Struktur ihrer gegenseitigen Beziehungen übereinkommen. Wenn in unserer Gesellschaft zwei Personen einander vorgestellt werden, reicht jede der anderen ihre Hand zum Händedruck und erwartet, daß die andere Person ebenfalls ihre Hand reicht. Entstammt aber eine der beiden Personen einer Gesellschaft, in der Händeschütteln nicht als Begrüßungssymbol bekannt ist, so wird diese Handlung wahrscheinlich ins Stocken geraten. Solche wechselseitigen Erwartungen bestimmen einen großen Teil des alltäglichen Verhaltens. Würde menschliches Verhalten nur isoliert vom sozialen Kontext untersucht, so könnten viele dieser geregelten Züge des alltäglichen interpersonellen Verhaltens nicht entdeckt werden.

ARTEN DER ANALYSE

Die Analyse menschlicher Interaktionen kann nach drei verschiedenen Gesichtspunkten vorgenommen werden: vom Blickpunkt dessen aus, der das System der Persönlichkeit erforscht, vom sozialen System und kulturellen System her. Die Persönlichkeitsanalyse hat die Eigenart einzelner Personen zum Gegenstand, also z. B. Einstellungen, Bedürfnisse, Persönlichkeitseigenschaften und Gefühle; außerdem schenkt sie Prozessen des Lernens und Wahrnehmens ihre Aufmerksamkeit. Auf diese Weise könnten z. B. die einzelnen Mitglieder einer delinquenten Bande untersucht werden. Eine solche Analyse könnte erbringen, daß sie stärkere aggressive Antriebe als Nichtdelinquente haben und daß sie die Gesellschaft als recht kompliziert und bedrohlich wahrnehmen. Bei der Analyse des sozialen Systems + stehen die zwischenmenschlichen Beziehungen im Mittelpunkt der Betrachtung. Für diese Art der Analyse ist die Annahme charakteristisch, daß jede Person eine oder mehrere Positionen in solchen Beziehungen einnehmen kann. Mit jeder Position sind Erwartungen verknüpft, Erwartungen darüber, wie eine Person in jener Position von anderen Mitglie-

---

+ In diesem Text haben gesperrt gedruckte Wörter nur folgenden Zweck: Es werden damit (1) wichtige Wörter und Sätze betont und (2) technische Ausdrücke oder Redewendungen als solche gekennzeichnet. Obgleich wir uns bemüht haben, Fachausdrücke und Fachjargon auf ein Minimum zu beschränken, sind einige Fachausdrücke für das Verständnis der Sozialpsychologie unerläßlich: diese sind aufgenommen worden. Um ihre Bedeutung klarzustellen, haben wir diese Termini gewöhnlich im Text selbst erklärt; sie sind aber auch in einem Glossar am Ende des Buches zusammengestellt worden. Bei bestimmten Termini variiert die Bedeutung je nach Kontext, und oft liefert das Glossar mehr Informationen als die einzelnen Textstellen. Es wird deshalb dem Leser empfohlen, häufig das Glossar zu benutzen. Er sollte ebenfalls bedenken, daß einige sehr vertraute Wörter aus dem Alltagsleben in der Sozialpsychologie eine besondere Bedeutung haben. Er sollte sich deshalb durch Nachschlagen versichern, wie jeder Begriff in diesem Buch verwendet wird. Das Glossar wird ihm dabei helfen.

dern des sozialen Systems denken sollte, welche Gefühle sie jenen gegenüber haben sollte und wie sie ihnen gegenüber sich verhalten sollte.

So könnten wir zum Beispiel in unserer Bande von Delinquenten als die eine Position die des Bandenführers herausgreifen. In enger Beziehung mit jener Position werden wahrscheinlich zwei andere stehen, die von den "Leutnants" des Bandenführers besetzt sind. Die Bandenmitglieder erwarten von einem Führer, daß er Gruppenaktivitäten vorschlägt und initiiert, daß er den Fortgang laufender Aktivitäten bestimmt und ihren Erfolg einschätzt. Von seinen "Leutnants" wird erwartet, daß sie den Führer beim Ausführen der Aktivitäten unterstützen und helfen. Die verbleibenden Bandenmitglieder kann man als Inhaber der Position von "Gefolgsleuten" betrachten. So ist also ein großer Teil des Verhaltens der Bandenmitglieder eine Funktion der Gruppenstruktur, die aus den Positionen von Führer, "Leutnants" und Gefolgsleuten, sowie den Beziehungen zwischen diesen Positionen besteht.

Im Zentrum der K u l t u r a n a l y s e stehen die allgemein anerkannten Vorstellungen über die soziale und nicht-soziale Welt. Dazu gehören sowohl komplexe Meinungssysteme als auch die Werte, die die Mitglieder einer Gesellschaft verschiedenen Arten von Aktivitäten zuerkennen. Die jugendliche Bande ist in einigen Gesellschaften unbekannt, eine Tatsache, die vermuten läßt, daß bestimmte Aspekte unserer Kultur für die Bandenbildung relevant sind. Dazu gehören Meinungsstrukturen, die spätes Heiraten befürworten, was eine große Zahl von Männern ohne sozialen Anschluß sein läßt; und es gehört dazu die komplexe technologische Natur des Berufswesens in unserer Gesellschaft, welche einer großen Anzahl junger Männer den frühen Eintritt in die Berufswelt der Erwachsenen verwehrt.

Psychologen befassen sich vom Fach her primär mit der Analyse individuellen Verhaltens; Soziologen sind primär an der Analyse des sozialen Systems interessiert. Anthropologen beschäftigen sich mit dem Kultursystem. Die Sozialpsychologen versuchen hingegen, individuelles Verhalten durch die Heranziehung von Variablen aus allen drei Systemen zu verstehen, obgleich als grundlegende Daten Aspekte des Verhaltens und Eigenschaften von Individuen herangezogen werden. Die Analyse wird zwar in jedem der Systeme getrennt vorgenommen, doch stellt individuelles Verhalten den Schnittpunkt dar, in dem diese Systeme miteinander in Berührung kommen.

Bestimmte Aspekte der Persönlichkeit einzelner Menschen können also aus den Eigenarten des sozialen Systems resultieren. Wenn z. B. das soziale System, das Familie genannt wird, in einer bestimmten Weise strukturiert ist, produziert es Menschen, die stark motiviert sind, Reichtum, Erfolg und einen bestimmten sozialen Status in der Gesellschaft zu erwerben; ist es in anderer Weise strukturiert, so wird eine viel schwächere Leistungsmotivation produziert. In ähnlicher Weise können umgekehrt bestimmte Persönlichkeitsvariablen das Funktionieren des sozialen Systems beeinflussen. Durch die unterschiedliche Persönlichkeitsstruktur der Mitglieder einzelner Familien ergeben sich zum Beispiel deutliche Unterschiede im Funktionieren dieses sozialen Systems. Alle Familien einer Gesellschaft können so strukturiert sein, daß sie ihre Kinder zu starker Leistungsmotivation ermutigen; dies geschieht deshalb, weil ein solches Verhalten mit den zentralen Werten der Kultur einer Gruppe in Zusammenhang steht. Die Sozialpsychologie beschäftigt sich zum größten Teil in der hier angedeuteten Weise mit dem Zusammenspiel von Persönlichkeit, Sozialsystem und - in geringerem Ausmaß - Kultur.

ANSÄTZE IN DER SOZIALPSYCHOLOGIE

Das Hauptgewicht der sozialpsychologischen Forschung, besonders der Forschungsarbeit jener Sozialpsychologen, die eine psychologische Ausbildung haben, liegt auf der experimentellen Arbeit. Dies bedeutet, daß Untersuchungen zum größten Teil im Versuchslabor durchgeführt werden, und zwar trotz der Tatsache, daß in den letzten Jahren die Bemühungen zugenommen haben, Experimente im Feld durchzuführen. Zusätzlich findet man jedoch unter soziologisch ausgebildeten Sozialpsychologen mehrere andere bedeutsame Forschungsrichtungen. Neben der experimentellen Arbeit in der Soziologie, die sich wenig von der experimentellen Arbeit psychologisch ausgebildeter Untersucher unterscheidet, gibt es zwei deutlich zu unterscheidende Richtungen: jene der symbolischen I n t e r a k t i o n i s t e n (symbolic interactionists) und die erst vor kurzem auf der wissenschaftlichen Szenerie aufgetauchte Richtung der E t h n o m e t h o d o l o g e n (ethnomethodologists). Außerdem betonen viele soziologisch ausgebildete Forscher in stärkerem Maße als Psychologen die umfassende Sozialstruktur und ihre fundamentalen Bezüge zum Verhalten von Individuen. So beachten soziologisch ausgebildete Sozialpsychologen stärker die Rolle, welche Institutionen wie Familie, Schule und Gefängnis für das individuelle Verhalten spielen. Bei der Behandlung derartiger Phänomene haben sie eine Vielzahl von Methoden benutzt, einschließlich die der teilnehmenden Beobachtung und des Erhebungsinterviews.

Dieses Buch, das von einem Psychologen und einem Soziologen geschrieben ist, versucht, aus beiden Bereichen das Beste zu entnehmen und es zu einer zusammenhängenden Sozialpsychologie zu verschmelzen. Obgleich die Autoren der Tradition folgen und somit das Schwergewicht auf experimentelle Arbeiten legen, soweit sie verfügbar sind, werden auch nicht-experimentelle Beiträge mit einbezogen, um damit sowohl den Deckungsbereich als auch das Verallgemeinern des behandelten Materials zu vergrößern. Es ist angebracht, ein Wort über symbolischen Interaktionismus und Ethnomethodologie zu verlieren. Der symbolische Interaktionismus, der auf George Herbert Mead zurückgeht, betont die reflexive Natur menschlicher Interaktion - d. h. Menschen erfinden "Zeichen" (indications), mit deren Hilfe sie sich selbst, ihre eigenen Handlungen und die von anderen kennzeichnen.[1] Diese Zeichen haben typischerweise die Form linguistischer Repräsentationen, die menschlichen Handlungen Bedeutung verleihen. Eine Handlung wird angesehen als ein aktiver Prozeß der erfolgreichen Auseinandersetzung mit der Welt; sie gilt nicht als bloße Reaktion auf Grund irgendeiner präexistenten psychologischen Struktur. Herbert Blumer stellt dies so dar:

> Um handeln zu können, hat man festzustellen, was man will; man hat einen Maßstab oder ein Ziel festzusetzen, sich die voraussichtliche Richtung des Verhaltens klarzumachen, die Handlungen anderer zu registrieren und zu interpretieren, seine eigene Situation einzuschätzen, sich selbst in diesem oder jenem Punkt zu kontrollieren, sich auszumalen, was man in anderen Bereichen tun soll, und sich beim Vorhandensein hemmender Dispositionen oder entmutigender Situationen häufig selbst anzuspornen.[2]

Kurz gefaßt könnte man sagen, daß die symbolischen Interaktionisten die Betonung legen auf den Status des Individuums als eines aktiv Handelnden im Prozeß fortlaufender Handlungen. Typisch für sie ist das Vermeiden experimenteller Methoden zugunsten eines Vorgehens, das sie *teilnehmende* Beobachtung nennen. Diese Methode benutzt man häufig bei der Untersuchung von Phänomenen, die nicht auf experimentellem Wege angegangen werden können: Ein traditioneller Untersuchungsansatz würde die Phänomene zerstören oder stark verzerren. Solche Phänomene können außerdem oft nicht retrospektiv mit Hilfe des Interviews untersucht werden. Bei der teilnehmenden Beobachtung nimmt der Beobachter aktiv am Leben derjenigen teil, die er gerade untersucht. Bei der Untersuchung der Eigenart einer medizinischen Ausbildungsstätte gingen z. B. die Beobachter zu den Vorlesungen und besuchten die Labors, beobachteten die Studenten und führten gelegentlich während der Arbeit mit ihnen Gespräche. Sie folgten den Studenten in die Studentenheime und saßen bei den Gesprächen dabei, in denen es um die Erfahrungen ging, die die Studenten machten. Um sich ein Bild von den klinischen

---

1 Mead, 1934

2 Gedruckt mit Erlaubnis der University Chicago Press und H. Blumer: Sociological Implications of the thought of George Herbert Mead. American Journal of Sociology, 1966, 71, 535 - 544

Ausbildungsjahren zu machen, begleiteten sie die Assistenzärzte auf ihren Rundgängen und saßen bei Diskussionsgruppen und mündlichen Examina dabei.[3]

Die Ethnomethodologie ist der neueste Ansatz der Sozialpsychologie.[4] Dieser Ansatz ist auch gemeint, wenn man vom neosymbolischen Interaktionismus spricht, und er steht in enger Verbindung zu dem, was als "labeling theory" (etwa "Etiquettierungs-Theorie") bekannt ist. Die Ethnomethodologie nimmt an, daß die soziale Welt ihre tatsächliche Bedeutung nur durch die vielfältigen Bedeutungsgehalte gewinnt, die ihr von Menschen zugeschrieben werden. Dies steht im Kontrast zur traditionellen Soziologie, nach der die Bedeutung menschlichen Verhaltens in den Strukturen und Prozessen liegt, durch welche die jeweils besondere Art menschlichen Verhaltens determiniert wird. (Ein Individuum verhält sich z. B. in einer Art und Weise, die seiner sozialen Klasse angemessen ist). Die Ethnomethodologen behaupten, daß jeder normale Mensch, der den Aktivitäten des täglichen Lebens nachgeht, die Bedeutung einer Verhaltensweise konstruiert und rekonstruiert. Es ist folglich die Aufgabe des Ethnomethodologen, bei seiner Untersuchung menschlichen Verhaltens die Bedeutungsgehalte zu beachten, die der Mann auf der Straße der sozialen Welt zuschreibt. Dies heißt nicht, daß dieser Mann auf der Straße den gesamten Bedeutungsgehalt angeben kann. Bestimmte menschliche Handlungen z. B. können auf Hintergrundfaktoren beruhen, auf bestimmten unerkannten Prämissen. Die an einer Handlung teilnehmenden Personen verhalten sich so, als ob sie nach diesen Prämissen handeln, selbst wenn sie sie nicht angeben können. Ein Teil der Arbeit des Ethnomethodologen besteht darin, diese Prämissen zu entdecken.

Die Ansätze des symbolischen Interaktionismus unterscheiden sich ziemlich von dem der Sozialpsychologie, und zwar insofern als im typischen Experiment der Versuchsteilnehmer als reagierender, aber nicht als initiierender Organismus behandelt wird, während die Interaktionisten den Menschen als ein aktiv, reflektierend handelndes Wesen begreifen, das sein eigenes Verhalten lenkt. Die Haltung der Experimentalisten spiegelt sich in dem Begriff wider, mit dem sie Menschen bezeichnen, die an Experimenten teilnehmen - Versuchspersonen -, was fast so klingt, als ob sie es mit Objekten zu tun hätten, die Kräften ausgesetzt sind, welche das Verhalten der Objekte ändern, was dann registriert werden kann. Die Autoren haben sich von dieser Terminologie abgewandt, indem sie den Terminus Versuchsteilnehmer ("participant") statt Versuchsperson ("subject") verwenden.

---

3 Becker, 1958

4 Garfinkel, 1967

Gleichzeitig ist aber zu betonen, daß sich die meisten Forschungsarbeiten in der Sozialpsychologie auf Experimente stützen und daß diese einen wesentlichen Beitrag zum Verständnis menschlichen Verhaltens liefern. Durch das ganze Buch hindurch haben die Autoren versucht, der experimentellen Tradition und verschiedenen nicht-experimentellen Traditionen in der Sozialpsychologie gleichermaßen wohlwollend gegenüber zu stehen. Dieser Ansatz soll den gegenwärtigen Wissensstand in maximaler Weise ausschöpfen. Die Entscheidung über die Verdienste besonderer Methodologien hingegen soll der Zukunft überlassen werden. Die Vorteile, Verhaltensphänomene von mehreren Standpunkten aus zu betrachten, werden wiederholt durch das ganze Buch hindurch offenkundig; denn es ist einleuchtend, daß durch diesen multidisziplinären Ansatz ein komplexeres Verständnis eines bestimmten Phänomens oder Problems erreicht werden kann.

Die Vorteile der experimentellen Methode sind wohlbekannt. Unter normalen Umständen unterscheiden sich Personen wie Situationen nicht nur im Hinblick auf die Bedingungen, an denen ein Forscher gerade interessiert sein mag, sondern sie unterscheiden sich gleichzeitig in anderen, für ihn uninteressanten Dimensionen, die die Interpretation jeder Beobachtung in Frage stellen können. Eine Verhaltensweise, die unter nicht willkürlich gesetzten, also natürlichen Bedingungen beobachtet wird, kann durch jede der momentan vorherrschenden Bedingungen verursacht oder durch die Eigenart der anwesenden Personen bedingt sein. Das Experiment hingegen macht es möglich, die Auswirkung derjenigen Bedingungen allein zu untersuchen, an denen der Forscher interessiert ist, so daß jedes unter diesen Umständen beobachtete Verhalten diesen Bedingungen zugeschrieben werden kann. Weiterhin wird durch das streng nach Zufallsprinzip erfolgende Zuordnen der Personen zu den verschiedenen Bedingungen vermieden, daß das beobachtete Verhalten eine Funktion von Persönlichkeitseigenschaften ist, die unter natürlichen Umständen häufiger mit einer bestimmten Bedingung verknüpft sind.

Ein Beispiel mag helfen, diese Argumente zu verdeutlichen. Es wird oft in Gruppen, die sich unter natürlichen Bedingungen gebildet haben, beobachtet, daß ein Gruppenmitglied solchen Gruppenmitgliedern gegenüber Sympathie zeigt, deren Sympathie es zu haben glaubt. Die Beobachtung dieses Zusammenhangs läßt einen im Unklaren darüber, ob die Sympathie für die anderen Mitglieder zuerst entsteht und dann den Eindruck hervorruft, man sei den anderen Personen sympathisch, oder ob die Wahrnehmung, daß man der anderen Person sympathisch ist, zuerst vorhanden ist und zur Sympathie für die andere Person führt. Der Zusammenhang kann noch auf mehrfache Weise erklärt werden. Vielleicht üben Personen, die ähnliche Werte haben, eine Anziehungskraft aufeinander aus, oder man glaubt vielleicht von anderen, die ähnliche Werte haben, sie würden einen sympathisch finden. Ein Experiment hat diese Fragen geklärt.

Es wurde eine Reihe von Experimentalgruppen gebildet. Den Mitgliedern dieser Gruppen wurden, bevor sie Gelegenheit zur Interaktion hatten, kontrollierte Informationen gegeben.[5] Die Informationen, die jedes Mitglied erhielt, sollten es glauben lassen, daß ihm drei bestimmte Personen in der Gruppe besonders zugetan seien. Später wurde jedes Mitglied nach einer Diskussionsperiode gebeten, den Grad seiner Sympathie für jedes der anderen Mitglieder anzugeben. Das klare Resultat war, daß man jene Gruppenmitglieder am meisten mag, deren Sympathie man zu haben glaubt.

Dieses Experiment weist nach, daß man eine Person dann sympathisch findet, wenn man wahrnimmt, daß diese für einen selbst Sympathie empfindet. Ein solches Ergebnis geht über die einfache Feststellung eines Zusammenhangs hinaus, weil 1. nachgewiesen wird, daß die Wahrnehmung, sympathisch gefunden zu werden, der Sympathie für die andere Person vorausgeht, und 2. weil die drei Personen, von denen berichtet wurde, sie hätten besondere Sympathie für das betreffende Mitglied, vom Versuchsleiter nach Zufallsprinzip ausgewählt worden waren, um sicherzustellen, daß sie als Gruppe den nicht dafür ausgewählten Mitgliedern in jedem anderen Merkmal (einschließlich der tatsächlichen Sympathie) ähnlich waren, welches Sympathie für sie erzeugt haben könnte.

In diesem Buch findet ein breiter Bereich an Forschungsarbeiten der Sozialpsychologie Berücksichtigung; die Autoren verbinden damit die Absicht, ein getreues Bild vom gegenwärtigen Stand der Forschung in diesem Zweig zu geben. Obgleich bei der Auswahl des aufzunehmenden Stoffes eine beträchtliche Selektion nötig war, sind doch die wichtigsten Sparten der Forschung in der Sozialpsychologie vertreten. Ungefähr 1200 Untersuchungen werden zitiert, ausgewählt aus den vielen Tausenden von Untersuchungen in der Literatur. Wegen des breiten Abdeckungsbereichs und wegen des Charakters dieses Buches als grundlegendes Werk der Sozialpsychologie werden experimentelle Details selten behandelt. Es wurde auch der Diskussion von methodologischen Nuancen oder methodologischen Kontroversen kein Platz geschenkt. Auch Signifikanzniveaus (statistische Schätzungen der Wahrscheinlichkeit, mit der dieselben Ergebnisse beim Wiederholen des Experiments mit einer anderen Stichprobe erzielt werden) werden nicht angegeben.

Statt dessen haben wir nur Untersuchungen mit adäquaten Signifikanzniveaus aufgenommen; die Aufnahme von Untersuchungen mit ernsthaften methodologischen Fehlern hingegen wurde vermieden. Es wurde weiterhin versucht, die einzelnen Ausführungen nicht nur durch eine, sondern möglichst durch viele Untersuchungen zu untermauern. Der Leser kann sich im Vertrauen auf das fachmännische Urteil der Autoren den Konzepten und Prinzipien der Sozialpsychologie widmen, ohne sich in der Fülle der Validierungsmaßnahmen dieser Befunde zu verlieren.

---

[5] Backman & Secord, 1959

Schließlich sollte erwähnt werden, daß in der gegenwärtigen Sozialpsychologie ein beträchtlicher Gärungsprozeß stattfindet. Die deutliche Vorrangstellung der experimentellen Methode wurde weitgehend in Frage gestellt. Einer der Haupteinwände war, daß sich viele der Forschungsergebnisse nicht auf das Verhalten in natürlicher Umgebung übertragen lassen. Andere kritische Einwände stellen die Selbstzufriedenheit in Frage, mit der Sozialpsychologen Befunde akzeptieren, welche auf Gruppendurchschnittswerten beruhen und dadurch der individuellen Eigenart von Menschen ungenügende Beachtung schenken. Diese kritischen Anmerkungen und andere mehr sind in einem Buch enthalten, welches von einem der Autoren in Zusammenarbeit mit einem Wissenschaftstheoretiker geschrieben wurde[6].

Jenes Buch stellt auch die fundamentale Frage, welches Modell des Menschen das für die Verhaltenswissenschaften und die Sozialpsychologie angemessenste ist. Durch die Wahl eines bestimmten Modells ist eine bestimmte Entscheidung getroffen, welche von Einfluß ist auf die Art der benutzten Forschungsmethoden und die Theorie, die für die Erklärung der Beobachtungen adäquat ist. Viele Sozialpsychologen haben jedoch meist ihre Untersuchungen durchgeführt, ohne die Prämissen zu reflektieren, die ihre Methoden und das Modell, das dadurch stillschweigend nahegelegt wird,implizieren. Der vorliegende Band spiegelt nur wenig von diesem Gärungsprozeß wider; denn zur Zeit sind diese Fragen noch kontrovers, und die endgültig in diesem Gebiet einzuschlagende Richtung ist unbekannt.

PLAN DES BUCHES

Teil Eins beginnt mit einer Besprechung der Art und Weise, wie Personen kennengelernt und eingeschätzt werden und wie sie die soziale Umgebung bedingen. Zu Beginn geht es um einzelne Aspekte des Vorgangs der sozialen Beeinflussung; darauf folgende Kapitel untersuchen die Wirkung dieses Vorgangs in der Massenkommunikation und seine Beziehung zu Gruppen und größeren strukturellen Einheiten. Dieser Teil schließt ab mit der Diskussion der Entstehung von Einstellungen zwischen Gruppen, ihrer Beibehaltung und Veränderung.

In Teil Zwei richtet sich das Interesse auf die Gruppenstruktur und den Gruppenprozeß. Dabei stehen jene Aspekte der Interaktion in Vordergrund, die zu regelmäßigen und stabilen Beziehungen zwischen Personen und Gruppen führen. Die Beobachtung kleiner Gruppen befähigt den Untersucher, das Entstehen vielfältiger Gruppenstrukturen zu studieren. Die vier Arten von Strukturen, die etwas detaillierter behandelt werden, stehen in Zusammenhang mit vier Aspekten, die die Beziehungen zwischen Gruppenmitgliedern charakterisieren: Sympathie ("liking"), soziale Macht und

---

6 Harré u. Secord, 1972

Einfluß, Status und Kommunikation. In den genannten Kapiteln wird auch der Gruppenprozeß zur Sprache kommen: das sich über die Zeit hinweg verändernde Beziehungsmuster zwischen den Elementen der Struktur. Solche Prozesse können am besten im Rahmen der theoretischen Konzeption verstanden werden, die die Interaktion als einen Austausch von Belohnungen und Kosten zwischen den einzelnen Gruppenmitgliedern betrachtet.

Teil Drei beschäftigt sich mit der Frage, in welcher Beziehung individuelles Verhalten zu institutionellen Strukturen steht. Die institutionellen Strukturen werden mit Hilfe des Konzepts der sozialen Rolle analysiert. Es werden verschiedenartig strukturierte Beziehungen beschrieben, die ein soziales System konstituieren. Eine Person wird so behandelt, wie es ihrer Position, die sie in einem solchen System einnimmt, entspricht, und sie zeigt wahrscheinlich ein Verhalten, das ihrer Position angemessen ist. Besondere Beachtung wird den Spannungsherden geschenkt, die das reibungslose Funktionieren dieser Systeme stören, als auch den verschiedenen Maßnahmen, solche Spannungen aufzulösen.

Teil Vier, bestehend aus den letzten drei Kapiteln des Buches, beschäftigt sich mit Prozessen, durch die ein Individuum die Normen und Verhaltensweisen lernt, die seiner Gruppe angemessen sind. Wir beginnen mit den Sozialisationsprozessen im Kindesalter. Danach wird das Formen des Verhaltens und der Einstellungen von Erwachsenen diskutiert. Im abschließenden Kapitel findet man viele der Ideen vereint, denen man durch das ganze Buch hindurch begegnet ist. Im Zentrum der Aufmerksamkeit stehen die individuellen und sozialen Kräfte, welche für die Stabilität und Veränderung im menschlichen Verhalten verantwortlich sind.

TEIL EINS

PROZESSE DER SOZIALEN BEEINFLUSSUNG

In Teil Eins beginnen wir mit der Frage, wie wir die Welt um uns herum kennenlernen und wie dieses Kennenlernen zu charakterisieren ist. Der bei weitem wichtigste Teil jener Welt besteht aus den sich darin befindlichen Menschen; denn die meiste Zeit unseres Lebens verbringen wir in Interaktion mit anderen Menschen. Zum Teil sind die Handlungen eines Menschen von dem geprägt, was er über die Personen seiner Umwelt weiß, und von den Erwartungen dieser Personen an sein Verhalten. In Kapitel 2 werden diese Gedanken in ihren Grundzügen entwickelt. In einem späteren Abschnitt des Buches, in den Kapiteln über soziale Rollen, erfolgt eine etwas detailliertere Betrachtung über die Bedeutung der Erwartungen, die man anderen gegenüber hat. Es wird versucht, diese Erwartungen in einem Schema darzustellen.

Die anderen Kapitel von Teil Eins sind der Erörterung jener vielfältigen Prozesse gewidmet, durch welche die Einstellungen eines Individuums seiner Umwelt gegenüber geformt und beeinflußt werden und durch die sein Verhalten modifiziert wird. Kapitel 3 behandelt die Grundlagen des Beeinflussungsvorgangs. Der Schwerpunkt liegt dabei zwar auf dem einfacheren Fall einer Interaktion zwischen zwei Personen; es werden aber auch die Auswirkungen erörtert, welche die Beeinflussung auf die Persönlichkeitseigenschaften und die Befindlichkeit der Betroffenen hat, sowie auf die Situation und die Beziehungsstruktur, in welcher der Beeinflussungsversuch stattfindet; auch dem größeren sozialen Kontext oder der Umgebung, in der die Interaktion abläuft, wird Beachtung geschenkt. Die Diskussion stützt sich bei diesen Erörterungen hauptsächlich auf Untersuchungen, die im Versuchslabor durchgeführt wurden. Der Beeinflussungsversuch besteht in diesen Untersuchungen im allgemeinen darin, die Versuchsteilnehmer zu verschiedenen Handlungen zu veranlassen, was zu Einstellungs- oder Verhaltensänderungen führen soll. Ausführlich werden die verschiedenen Konsequenzen erörtert, welche ein Verhalten nach sich zieht, das im Widerspruch zur eigenen Einstellung steht.

In Kapitel 4 steht eine andere Art von Untersuchungen im Mittelpunkt. In diesen werden den Versuchsteilnehmern bestimmte Informationen gegeben, die ihre Einstellungen oder ihr Verhalten ändern sollen. Dieses Vorgehen entspricht recht genau bestimmten Situationen der Massenkommunikation, in denen Kommunikationen über Fernsehen, Radio, Zeitungen und andere Medien vermittelt werden. Es wird dabei festgestellt, welche Eigenschaften des Kommunikators, der Kommunikation und des Empfängers für den Erfolg oder Mißerfolg einer Kommunikation verantwortlich sind. Kapitel 5 untersucht die Bedeutung von Gruppenprozessen und gesellschaftlichen Prozessen in der Massenkommunikation; zusätzlich finden auch noch einige Nebenprodukte moderner Massenkommunikation Beachtung, wie z. B.

die Frage, welche Effekte die im Fernsehen gezeigte Gewalt auf aggressives Verhalten hat. Schließlich wird in Kapitel 6 das Thema der Einstellungen verschiedener Gruppen zueinander aufgegriffen. Diese werden ja oft zur Quelle sozialer Probleme. Es werden die Bedingungen herausgearbeitet, unter denen Vorurteile und soziale Diskriminierung entstehen und die Prozesse, durch die sie aufrecht erhalten oder reduziert werden.

KAPITEL 2

MENSCHENKENNTNIS UND MENSCHENBEWERTUNG

Unsere Alltagswelt ist uns vertraut und wird als selbstverständlich hingenommen. Jedes der vielen Objekte um uns herum hat seine Bedeutung, seinen Platz und seine Funktion. Die interessantesten "Objekte" sind andere Menschen. Die meisten unserer Handlungen sind auf sie bezogen oder werden mit ihnen zusammen vollzogen. Auch diese Menschen sind uns vertraut und haben ihre Bedeutung und ihren Platz in unserem täglichen Leben. Natürlich sind unsere Handlungen von der Eigenart der Menschen geprägt, mit denen wir im Kontakt stehen, und sie sind weiterhin noch von der Situation bestimmt, die wir mit diesen gemeinsam erleben. Im allgemeinen sind wir uns in der Interpretation der Situation mit anderen einig; zu dieser Situation gehören die Erwartungen der anderen an unser Verhalten und unsere eigenen Erwartungen darüber, wie jene auf unser Verhalten reagieren werden. Dies ist uns meist selbstverständlich, und die Interaktion läuft ungehindert ab. Wenn dieses Wissen um jene Situationsaspekte aber fehlt, verhalten wir uns wahrscheinlich unsicher, verwirrt und zögernd, und die Handlungen laufen nicht glatt und ohne Zaudern ab, wie dies normalerweise der Fall ist.

Was wir von anderen Personen wissen, ist nur ein Teil der Gesamtheit jener Aspekte, die unsere Handlungen bestimmen, aber es ist ein entscheidender Teil. Man braucht sich nur vorzustellen, man würde augenblicklich in die Mitte einer Gruppe von Marsmenschen versetzt, um einzuschätzen, wie sehr unser Handeln vom Wissen über die Eigenart anderer Personen abhängt. In einer Gruppe von außerirdischen Wesen würden wir unser Handeln nach wie vor an bestimmten Grundannahmen über die Natur des Menschen ausrichten. Aber unter Marsmenschen könnten selbst diese Annahmen berechtigterweise keinen Bezugsrahmen für unser Handeln abgeben. Da dieses Buch von Menschen und der Interaktion mit ihresgleichen handelt, ist es angebracht, im zweiten Kapitel die Eigenart unserer Menschenkenntnis zu untersuchen, und die Bedingungen, auf denen sie beruht, zum Diskussionsgegenstand zu machen.

Unsere Menschenkenntnis -, das Thema der folgenden Seiten-, hat ein Doppelmerkmal. Die Handlungen eines Menschen sind von seiner Kenntnis der Personen abhängig, welche mit ihm zusammenleben. Er hat eine bestimmte Meinung über die Eigenart dieser Personen und auch über ihre Einstellungen gegenüber der Situation, in welcher er selbst gegenwärtig engagiert ist. Um seine Handlungen zu verstehen, müssen wir darüber informiert sein, was er von anderen weiß und welche Ansichten er über andere hat. Als Sozialwissenschaftler können wir auch sein Wissen über andere in einer Weise charakterisieren, wie er selbst es nicht kann.
Wir können uns sozusagen außerhalb seines Lebens stellen und seine Menschenkenntnis sowie seine Handlungen ihnen gegenüber aus einer breiteren,

vollständigeren Perspektive betrachten. Der Inhalt dieses Kapitels spiegelt folglich beide Perspektiven wider: diejenige des Individuums und diejenige des Sozialwissenschaftlers.

DIE ENTWICKLUNG VON PERSONKONZEPTEN

Die Differenzierung bei der Personwahrnehmung

Menschenkenntnis und die Antizipation der Handlungen anderer Personen stellen Fähigkeiten dar, die sich nur langsam entwickeln. Ein früher Entwicklungsschritt, der vom Kleinkind getan werden muß, besteht in der Differenzierung zwischen Personen und ihrer Umwelt. Während das Kleinkind wahrscheinlich innerhalb weniger Monate nach der Geburt eine Person als *physisches* Wesen identifizieren kann, welches sich von der unbelebten Umgebung abhebt, zeigen neuere Erkenntnisse, daß es viele Jahre in Anspruch nimmt, bis das Kind eine Person als unabhängiges und eigenständiges *psychologisches* Wesen sehen kann.[1] Bei kleinen Kindern kommen zwei Arten von Verwechslungen vor: (1) die zwischen der Person und ihrer sozialen Situation oder ihrem Besitz und (2) die zwischen der beobachteten Person und dem Beobachter selbst. Kindergarten-Kinder zum Beispiel sind auf die an sie herangetragene Bitte, ihre Spielkameraden zu beschreiben, geneigt, statt dessen die Art des Spielzeugs ihrer Freunde zu erwähnen oder die Häuser, in denen sie leben; sie tun dies fast so, als ob sie die davon unabhängige Existenz der Spielkameraden selbst nicht erkennen würden. Sie sind auch sehr subjektiv und ich-orientiert bei der Beschreibung ihrer Spielkameraden, was sich darin zeigt, daß sie sie schildern, indem sie ihre Sympathie oder Abneigung ihnen gegenüber ausdrücken und dabei deren Eigenschaften wenig beachten.

Aber die Differenzierung zwischen der Person und ihrem Besitz oder ihrer sozialen Umgebung oder aber dem Beobachter selbst ist nur der erste Schritt. Das physische Verhalten einer anderen Person, beschrieben mit objektiven Begriffen, sagt an sich wenig über jene Person aus. Verhalten ist nämlich auf andere Personen bezogen und steht in einem sozialen Kontext. Durch den Gebrauch der Sprache gibt der Mensch dem Verhalten anderer Personen als auch der Situation, in welcher sie handeln, eine Bedeutung. Das neugeborene Kind betritt eine Welt von Handlungen, die in hohem Maße mit sozialen Bedeutungsgehalten ausgestattet ist. Nur allmählich lernt es diese Bedeutungsgehalte kennen, und zwar im gleichen Maße, wie es seinen Platz in dieser Welt einzunehmen lernt.

Ein Teil dieser Lernprozesse, nämlich der Erwerb von Menschenkenntnis, wird in diesem Kapitel diskutiert. In fast allen übrigen Teilen des Buches kommt die Strukturierung und begriffliche Erfassung von Situationen zur Sprache. Über Jahre hinweg lernt das Kind durch die Interaktion mit den Mitgliedern seiner Familie, mit Spielkameraden, Schulkameraden, Lehrern und anderen Personen zu antizipieren, wie sie sich in verschiedenen Si-

1 Peevers & Secord, 1973

tuationen verhalten werden. Es lernt die große Breite der sozialen Verhaltensweisen dieser Personen in verschiedenen sozialen Kontexten kennen. Allmählich lernt es, diese verschiedenen sozialen Verhaltensweisen und Situationen mit Hilfe eines verbalen Begriffssystems zu beschreiben oder zu kennzeichnen, und es kann bestimmte Menschen gelegentlich mit solchen Begriffen charakterisieren. Ein Kind lernt zum Beispiel, daß seine Eltern sich ihm gegenüber und auch sich selbst gegenüber anders verhalten, wenn sie Gäste haben.

Die langsame Entwicklung von Personkonzepten kann durch die Analyse verbaler Beschreibungen grob verdeutlicht werden, die Kinder verschiedenen Alters von ihren Freunden geben. In einer Untersuchung bat der Interviewer zunächst jedes Kind, ihm eine Anzahl von Freunden zu nennen; anschließend sollte es ihm alles erzählen, was ihm zu jedem Freund einfiel. Schuljahr und Geschlecht jedes kindlichen "Beobachters" sind unten jeweils angegeben, zusammen mit der Beschreibung eines Freundes sowie den Kommentaren und Fragen des Untersuchers.

Männlich, Kindergarten:
Er hat eine Schaukel im Hinterhof. Und - er hat ein Fahrrad, das hat Stützräder dran. (Ach ja!) Sein Fahrrad hat Stützräder dran - und das ist alles. (Das ist alles? Warum ist er Dein Freund?) Ich weiß nicht. (Warum magst Du ihn?) Ich weiß nicht. (Nun gut! Gibt es irgendetwas an ihm, was Dir nicht gefällt?) Nein.

Männlich, 3. Schuljahr im Gymnasium:
Er ist toll, und er schreibt gut, und er mag mich, und wir spielen zusammen,- und er paßt im Unterricht auf, - und das ist alles, was ich sagen kann. (Warum ist er Dein Freund?) Na, weil wir in der Schule mit Autos spielen und ich ein paar Autos mit zur Schule gebracht hab', und ich ihn mit einigen davon hab' spielen lassen, - so wurden wir Freunde. Und ich bin mit ihm in die Grundschule gegangen. (Ach ja! Und warum magst Du ihn?) Weil er mit mir spielt. (Gibt es irgendetwas Besonderes an ihm, was Dir überhaupt nicht gefällt?) Nein. (Fällt Dir noch irgendetwas anderes ein, was Du mir von ihm erzählen könntest?) Nein.

Männlich, 7. Schuljahr im Gymnasium:
Nun, er ist nett, und er ist rücksichtsvoll und denkt an andere - wissen Sie, er ist nicht selbstsüchtig oder so, und er teilt Dinge mit anderen, und es ist nett, ihn um sich zu haben - ist eine nette Gesellschaft - ist unterhaltsam - und, na ja, er ist halt - wissen Sie - halt wie ein richtig guter Freund zu mir - weil wir zwei uns richtig gern haben - er wohnt draußen im ______, deswegen kann er nicht so oft bei uns übernachten, wissen Sie - aber er hat alles -, er hat einen guten Charakter, und er ist ehrlich - er ist wirklich - ein wirklich guter Freund. (Gut! Und warum magst Du ihn besonders? - Kannst Du es vielleicht zusammenfassen?)

Nun - wie gesagt, er ist nicht der Typ, der gerne kämpft - er kämpft nicht gerne, aber wenn es sein muß, dann tut er es auch. Und - nun, weil er nett ist, hat er einen guten Charakter, und er ist ehrlich, und ich hab' solche Leute gern - und er ist auch nicht schmutzig oder so - Sie wissen, was ich meine, - er ist halt wirklich - wirklich Klasse, wissen Sie. (Gut! Nun, kannst Du mir noch etwas anderes über ihn erzählen?) Er wurde geboren - wollen Sie wissen, wann er geboren wurde und wo und so was? (Ja, genau!) Nun, er wurde in _____ geboren - und ich glaube, er zog etwa - oh, vor ungefähr 2 oder 3 Jahren hierher. Und diesen Sommer wird er - leider wird er nach _____ ziehen. Sehen Sie, schon wieder einer, der fortgeht! Er ist wirklich gut. Ein wirklich guter Freund. (Magst Du etwas an ihm nicht?) Es fällt mir nichts ein.

Männlich, College (verkürzte Wiedergabe):
Nun, er spricht sehr schnell, aber nicht so schnell wie bisher. Da hat eine ziemlich große Änderung stattgefunden, seitdem ich ihn zum ersten Mal traf. Er trug gewöhnlich eine große Brille mit dicken Gläsern, und er sah hübsch aus, - nun, nicht häßlich, aber niemand war der Meinung, daß er sehr attraktiv sei. Nun sieht er wirklich gut aus. Er trägt Kontaktlinsen, und jeder mag ihn, und er geht oft zu Rendezvous - er ist ein wirklich guter Student, wirklich toll in Mathematik. Durchschnittlich in Englisch. Und er mag Mädchen, und er geht gerne mit den Jungs auf Parties - und, ich würde sagen, er ist ein bißchen, oh, ein bißchen unsicher, aber nicht mehr als die meisten College-Angehörigen seines Alters. Aber er ist sich nicht sicher, - ob er ein _____ werden möchte, und er hat die entsprechenden Noten dazu, und er wird's schon tun, - aber er macht sich Sorgen um die Richtung, die er einschlagen soll. Und seine Eltern sind ziemlich arm, - und er verdient sich selbst seinen Unterhalt für die ganze Schulzeit. Wollen Sie irgendetwas Besonderes noch von ihm wissen? (Warum ein Freund?) Oh, - weil wir eine Menge gleicher Interessen haben. Er versteht sehr schnell, was ich ihm sagen will, - Probleme, wissen Sie, wenn ich irgendwelche Probleme habe, und - ich weiß nicht - wir haben halt - wir haben eine gegenseitige Freundschaft. Wir mögen uns, und wir interessieren uns füreinander. Man kann wirklich gut mit ihm sprechen. Und das macht doch einen wirklich guten Freund aus, denke ich - nämlich, daß man die Probleme des anderen versteht und über sie spricht. (Irgendetwas, was Sie nicht besonders mögen?) Oh, lassen Sie mich nachdenken - ja, wahrscheinlich wegen des Wohnheims, er läßt sich manchmal gehen und trinkt - ich meine nicht, daß er ausgeht und Ärger macht - das tut er nie. Ich kann halt nicht sehen, daß Leute öfter zum Trinken weggehen. Aber nun ist er ausgeglichen. Das ist das einzige, wirklich, was ich sagen kann. (Noch etwas über ihn?) Nun, lassen Sie mich nachdenken! Er hat sich - ich meine mit Mädchen - hat sich stark verändert. Er schien gewöhnlich einer Menge Leute auf die Nerven

> zu gehen, aber jetzt ist er ruhiger geworden, er ist selbstsicherer, er braucht nicht mehr so viel - ja, so viel zu reden, wissen Sie. Und die Mädchen - alle Mädchen scheinen ihn zu mögen, wissen Sie. Er mag Musik, hört gerne Musik, tanzt ebenso gerne wie ich. Er würde gerne etwas herumreisen, wozu er bisher keine Gelegenheit hatte, aber - er möchte gerne erst etwas Geld machen, weil er nie welches hatte.[2]

Die Unterschiede zwischen den Beschreibungen, die die Jungen verschiedener Altersgruppen geben, sind eindrucksvoll. Zu den offensichtlichsten Unterschieden gehören folgende: Die Beschreibungen werden mit zunehmendem Alter länger. Von älteren Jungen und besonders von College-Studenten erhält man viel mehr Informationen. Die Beobachtungen der jüngeren Knaben sind oberflächlich, oft ohne eine Aussage über den Freund als ein Individuum. Die Beschreibungen der ältesten Jungen enthalten nicht nur individuelle Besonderheiten, sondern informieren auch über vorübergehende Eigenschaften, Motivationen und geben psychologische Interpretationen. Es ist so, als ob die jüngeren Kinder nur ein sehr vages Bewußtsein von anderen Personen als Individuen haben - ein Bewußtsein, das nur allmählich erworben und in verbaler Form artikuliert wird, in dem Maße, wie ihre Entwicklung über eine lange Periode vom Kindergarten zum College-Alter fortschreitet.

Eine formalere Analyse von 240 derartigen Beschreibungen, die von 60 männlichen und weiblichen Personen stammen, hat folgende verallgemeinernde Aussagen über die Natur und Entwicklung von Personenkonzepten erbracht.[3]

Beschreibungsqualität

Die erste Dimension, in der sich Personkonzepte unterscheiden, ist ihre Beschreibungsqualität. Unter 'Beschreibungsqualität' versteht man das Ausmaß der in einer Aussage enthaltenen Informationen, die etwas über die Person als Individuum berichten. Die Protokolle kleiner Kinder zeigen eine geringe Ausprägung in dieser Dimension. Man hat vier Grade der *Beschreibungsqualität* unterschieden nach der Art der Aussagen, die jemand zur Beschreibung anderer benutzt.

Das niedrigste Niveau besteht aus *undifferenzierten Aussagen*. Diese beziehen sich im allgemeinen nicht auf die zu beschreibende Person,

---

[2] Gedruckt mit Erlaubnis der American Psychological Association aus: B. H. Peevers & P. F. Secord: Developmental changes in attribution of descriptive concepts to persons. Journal of Personality and Social Psychology, 1973, in Druck.

[3] Peevers & Secord, 1973

sondern auf ihren materiellen Besitz ("Er hat eine Schaukel in seinem Hof.") oder auf ihre soziale Umgebung ("Er hat eine nette Mutter.").

Das zweite Niveau der Beschreibungsqualität besteht aus einfach differenzierenden Aussagen. In diesen wird die zu beschreibende Person selbst thematisch, aber sie liefern relativ wenig Informationen über den betreffenden Menschen als besondere Person. Es finden sich hier Aussagen über das äußere Erscheinungsbild ("Er hat rotes Haar.") und über Verhalten; es sind Aussagen, in denen zwar spezifische Handlungen erwähnt sind, die aber keine Hinweise auf Dispositionen oder Persönlichkeitszüge enthalten. ("Sie mußte noch nach der Schule dableiben."); es kommen globale Dispositionen oder Kategorien vor ("Er ist nett."), Aussagen über Sympathie und Antipathie ("Ich mag ihn."), sowie Hinweise auf die Rollenkategorie ("Er ist Pfadfinder.").

Etwas mehr Informationen über den anderen als Person enthalten die differenzierenden Aussagen, die das dritte Beschreibungsniveau ausmachen. Dazu gehören Hinweise auf Interessen und Aktivitäten ("Er geht gerne zum Pfeil-und-Bogen-Schießen."), auf Fähigkeiten ("Er ist ein guter Athlet."), Überzeugungen und Gefühle ("Er ist Kriegsdienstverweigerer.").

Das vierte und höchste Niveau der Beschreibungsqualität besteht aus Dispositions-Aussagen, die Informationen über fortdauernde Eigenschaften des zu beschreibenden Menschen enthalten. Dazu gehören implizite Dispositionsaussagen, welche etwas über den betreffenden Menschen als Person besagen, ohne dabei ausdrücklich Dispositionsbegriffe zu verwenden ("Er muß sich ständig mit anderen herumstreiten"), und der Gebrauch von Dispositions- oder Eigenschaftsbegriffen ("Sie ist loyal").

Tiefe

Die 'Beschreibungsqualität' stellt nur eine von mehreren bedeutsamen Dimensionen dar, durch die Personkonzepte charakterisiert werden können. Eine zweite Dimension ist die "Tiefe" der Beschreibungsqualität; sie bezieht sich auf das Ausmaß, in dem Aussagen Hinweise auf Situationsbedingungen und sonstige Bedingungen enthalten, welche erklären, warum die betreffende Person so ist, wie sie ist. Diese Tiefendimension stellt einen der Variationsaspekte in den beiden höchsten Niveaus der Beschreibungsqualität dar - bei den differenzierenden Aussagen und den Dispositionsaussagen.

Niveau 1 zeigt sich im einfachen Beschreiben eines Interesses, einer Fähigkeit oder Überzeugung oder im Zuweisen von Persönlichkeitseigenschaften oder im Gebrauch impliziter Dispositionsbegriffe ("Er interessiert sich für Schach. Er ist aufrichtig."). Die Aussagen, die zu Niveau 2 gehören, dienen der Erklärung kontradiktorischer oder widersprüchlicher Eigenschaften oder der Beschreibung der Umstände, die für die Manifestation der Eigenschaft eines Menschen in Frage kommen. ("Wahrscheinlich liegt es daran, im Haus einer studentischen Verbindung zu wohnen, daß er sich manchmal gehen läßt und trinkt.").

Die Aussagen auf Niveau 3 bieten eine Erklärung für die beschriebenen Fakten an. Die Erklärung muß so sein, daß sie zusätzliche Einsichten und zusätzliches Wissen über den betreffenden Menschen als psychologisches Wesen vermittelt. ("Er verhält sich stark defensiv, weil er schwarz ist.").

Beschreibungstiefe findet man überhaupt nicht in den Beschreibungen, die kleine Kinder abgeben. Die ältesten der oben untersuchten Stichprobe, die College-Studenten und -Studentinnen von Peevers und Secord, liefern Beschreibungen, die teilweise von beträchtlicher Tiefe sind. Deskriptive Aussagen sind darin mit der Erklärung verwoben, warum eine Person so ist, oder mit der Erwähnung der Umstände, unter denen sie sich so verhält. Auch eine starke zeitliche Dimension kann man erkennen: Die Person wird beschrieben, wie sie gewöhnlich ist und wie sie momentan ist, und gelegentlich findet man Hinweise darüber, wie sie sich zukünftig verhalten wird.

Ich-Beteiligung

Eine andere allgemeine Dimension, nach der man Personkonzepte einteilen kann und in welcher sich altersspezifische Unterschiede finden, ist die der "Ich-Beteiligung". Unter Ich-Beteiligung versteht man das Ausmaß, in dem der Beobachter sich selbst bei der Beschreibung der anderen Person mit einbezieht. Es gibt drei Positionen, die man auf dieser Dimension einnehmen kann:

1. Die egozentrische Position: Die andere Person wird in subjektiver, selbstbezogener Weise beschrieben, worin sich der persönliche Bezugsrahmen des Beobachters widerspiegelt. Diese Beschreibungsart läßt sich oft durch den Gebrauch von "ich" oder "mich" (Bsp. "Er mag mich") erkennen.
2. Die reziproke Position: Die andere Person wird in einer wechselseitigen (reziproken), zweiseitigen Beziehung mit dem Beobachter selbst gesehen (Bsp.: "Wir fahren zusammen mit dem Fahrrad weg").
3. Die objektzentrierte ("other-oriented") Position: Die andere Person wird als ein Wesen beschrieben, das unabhängig vom Selbst des Beobachters existiert. (Bsp.: "John geht gerne zum Pfeil-und-Bogen-Schießen").

Wie man erwarten kann, sind die Beschreibungen kleiner Kinder sehr egozentrisch. Werner hat den Egozentrismus des Kindes als Teil eines allgemeinen Phänomens beschrieben, und zwar als die Unfähigkeit, zwischen äußerer Welt und innerem Erleben zu differenzieren: "Außenwelt und inneres Erleben bilden eine ungeteilte Einheit von der Art, daß die Ereignisse in der sie umgebenden Welt in enger Verbindung mit dem Ich und seinen Bedürfnissen erscheinen." Dieser Egozentrismus fand sich bei den kleinen Kindern der vorliegenden Untersuchung in Form von stark subjektiv gefärbten und an sich selbst orientierten Beschreibungen von anderen Personen, wie es folgende Beispiele deutlich machen:

"Er läßt mich mit seinem Spielzeug spielen."
"Ich darf auf ihrem Tennisplatz spielen."
"Ich mag das Haus nicht, in dem er lebt."
"Er schlägt mich andauernd."
"Er mag mein Spielzeug."

Es werden größtenteils nur die Aspekte des Spielgefährten gesehen, welche für den Beobachter von persönlicher Relevanz sind; dabei wird nicht zwischen dem Spielgefährten als Person und seinem Besitz oder seiner Umgebung differenziert.

Unter College-Studenten ist der Anteil egozentrischer Aussagen sehr gering. Der größte Teil des Beschreibungsmaterials enthält keinen einzigen Hinweis auf den Beobachter. Reziproke Aussagen treten in allen Jahrgangsstufen selten auf, vielleicht deshalb, weil durch das Interview der Schwerpunkt auf die Beschreibung der *anderen Person* gelegt worden war.

Ein weiteres Ergebnis läßt sich in der Feststellung zusammenfassen, daß Gleichaltrige sich im Entwicklungsniveau ihrer Personkonzepte deutlich unterscheiden. Einige zeigen beträchtliche Einsicht und Verständnis bei der Beschreibung des Charakters ihrer Freunde und sind fähig, Erklärungen und Motive anzugeben, was die Beschreibung hervorragend ergänzt. Andere geben Beschreibungen, die wenig differenziert sind, wenig Tiefe haben und eher egozentrisch sind. Vermutlich sind solche Unterschiede in der Beschreibungsfähigkeit nicht nur eine Funktion der bloßen Erfahrung mit anderen Menschen, sondern insbesondere eine Funktion erleichternder Bedingungen. Wahrscheinlich gibt es im Laufe der Entwicklung erleichternde wie hemmende Bedingungen, die in den Eltern-Kind-Beziehungen und in den Beziehungen mit der Gruppe der Gleichaltrigen begründet sind. Nur die Erforschung jener Faktoren, die bei der Bildung von Personkonzepten mitbestimmend sind, wird diese versuchsweise formulierten Spekulationen verifizieren können.

Zusammenfassung: Die Entwicklung von Personkonzepten

Ein erster Schritt, den das Kind in seiner Entwicklung vollzieht, ist die Differenzierung zwischen Personen, deren Besitz und sozialer Umgebung. Vorschulkinder nehmen andere Personen kaum als unabhängige, einzigartige Individuen wahr; sie reagieren auf sie diffus, orientiert an deren Besitz und deren Lebensumstände. Der Differenzierungsprozeß nimmt eine Reihe von Jahren in Anspruch, in denen die zur Personbeschreibung notwendigen Konzepte langsam entstehen. Diese Konzepte lassen sich durch mehrere Hauptkategorien charakterisieren: Eine davon ist die Beschreibungsqualität; darunter versteht man den Grad, in dem eine Aussage Informationen über eine Person enthält, die sie als individuelles Wesen beschreiben. Die Spannweite der verschiedenen Aussagen reicht von solchen, in denen eine Person als unabhängiges Wesen erscheint, bis zum differenzierten Gebrauch von Dispositionsbegriffen. Eine weitere Kategorie ist die der Tiefe der Beschreibungsqualität; sie bezieht sich auf das Ausmaß, in dem sich Aussagen durch die Angabe von Situationsbedingungen und anderen Erklärungen darüber auszeichnen, warum eine Person so ist wie sie ist. Die Kategorie der Ich-Beteiligung dient zur Charakterisierung der Art und Weise, in welcher sich der Beobachter bei der Beschreibung anderer Personen selbst einbezieht. Bei egozentrischen Beschreibungen ist der Beobachter selbst zum Bezugsrahmen geworden. Das andere Extrem liegt dann vor, wenn die "Zielperson" als jemand gesehen wird, der total unabhängig vom Beobachter ist.

RELEVANTE INFORMATIONSQUELLEN FÜR DIE EINDRUCKSBILDUNG

Personkonzepte entwickeln sich allmählich mit zunehmendem Alter. Vermutlich spiegeln sie ein wachsendes Verständnis für andere Personen wider, sowie die wachsende Fähigkeit, deren Handlungen zu antizipieren. Ob diese Konzepte beim Kennenlernen und Einschätzen anderer Personen von Nutzen sind, hängt von der Art der Informationsquellen ab. Dazu gehören:

1. Die Situation, die das Umfeld der Interaktion zwischen Beobachter u. Beobachteten ausmacht.
2. Die Handlungen und Eigenschaften der beobachteten Person.
3. Die Eigenart des Beobachters selbst.

Die Situation

Es gibt eine Reihe von Situationsaspekten, die für die Eindrucksbildung von Bedeutung sind. Wie wir eine Person bewerten, hängt unter anderem von dem ab, was wir über sie wissen. Jede Person, die uns begegnet, nimmt einen bestimmten Platz in einer sozialen Beziehung ein, einen Platz, den sie selbst anerkennt und der von jenen anerkannt wird, die mit ihr in Interaktion stehen. Oft ist dies eine Art Rollenkategorie, mit der wir bestimmte Erwartungen über die Art ihres Verhaltens sowie über ihre Persönlichkeitseigenschaften verknüpfen. Wenn wir zum Beispiel einen Laden betreten und eine Person auf uns zukommt, identifizieren wir sie als Verkäufer und erwarten von ihr, daß sie höflich ist und beim Aussuchen der Waren behilflich ist oder uns Auskunft gibt. Bei solchen Berufsrollen, die auf häufigen Kontakt mit dem Publikum angelegt sind, haben wir ziemlich klare Erwartungen, wie jemand sich in jener Rolle verhalten wird. Es gibt auch Rollen, die in soziale Institutionen oder andere Gruppentypen eingebettet sind, wie zum Beispiel die Rolle der Mutter, des Vaters, des kleinen Jungen, des Junggesellen, des Geisteskranken. Auch mit diesen Rollen verbindet man bestimmte Erwartungen an das Verhalten und bestimmte Persönlichkeitseigenschaften.

Es ist zwar richtig, daß unser Eindruck von einer Person, die eine bestimmte Rolle einnimmt, zum Beispiel die eines Verkäufers, eines Polizisten, eines Lehrers, eines Arztes, teilweise von unseren Erwartungen an jene Rolle geprägt sein kann, doch es muß auch festgestellt werden, daß gerade diese Rollenerwartungen deren wahres Wesen verschleiern können. In einem kurzen Kontakt mit uns verhält sie sich gemäß den ihrer Rolle immanenten Anforderungen, vielleicht unterdrückt sie zeitweilig einige Aspekte ihres eher spontanen Wesens. Aus diesem Grunde haben Jones und Davis die Hypothese aufgestellt, daß uns Rollenverhalten wenig Informationen darüber liefert, wie eine Person wirklich ist, während hingegen Verhalten, das von der Rolle abweicht, uns viel mehr über sie aussagt.[4] Es gibt einige experimentell gewonnene Daten, die für die Richtigkeit dieses Gedankens sprechen.[5]

Es scheint also so zu sein, daß man beim Bewerten einer Person besonders abweichendes Rollenverhalten beachtet. Wenn die Beziehung zwischen beiden Seiten andererseits jedoch schon eine lange Geschichte hat, ist es möglich, daß ein aus der Rolle fallendes Verhalten einfach als vorübergehende Verirrung abgewertet wird oder sogar falsch interpretiert wird in der Absicht, eine größere Übereinstimmung mit dem von der anderen Person gewohnten Bild herzustellen.

Das Einordnen einer beobachteten Person in eine soziale Rolle reicht nicht zur Definition der Situation aus. Die Situation kann noch nach ihrem Inhalt klassifiziert werden. Ist es eine Problemlösungs- oder eine Aufgaben-orientierte Situation, wie z. B. wenn jemand um Angaben bittet, wie er in einer Stadt einen bestimmten Ort finden kann? Oder ist es eine Situation, die man z. B. vorfindet, wenn zwei Fremde in einem Flugzeug Freundlichkeiten austauschen? Besteht zwischen den beiden in Interaktion befindlichen Personen

---

4 Jones & Davis, 1965

5 Jones, Davis & Gergen, 1961; Alexander & Epstein, 1969; Martin, 1970.

ein Statusunterschied? Auch solche Situationselemente haben ihre Auswirkung auf das Erleben und die Bewertung einer Person. Andere Situationsaspekte wirken sich auf die Vorstellungen und Gefühle aus, die man als Gesprächsteilnehmer gegenüber dem Gesprächspartner hat. Wir könnten z. B. diejenigen Bedingungen untersuchen, die es uns möglich machen, zu bestimmen, ob sich eine Person absichtlich oder unabsichtlich so verhält. Gerne möchten wir auch wissen, wie man zu der Annahme kommt, daß eine Person für eine bestimmte Handlung verantwortlich ist oder daß ihre Handlung gerechtfertigt ist. Wenn jemand z. B. bei einer Aufgabe aus Mangel an Anstrengungsbereitschaft versagt, wird ihm die Verantwortung für das Versagen zugeschoben. Wenn jemand aber versagt, weil ihm eine unmögliche Aufgabe gestellt worden ist, gilt er nicht als verantwortlich. An späterer Stelle erfolgt eine detailliertere Diskussion über Konzepte wie Verantwortlichkeit und andere mehr.

Die Reiz- oder Ziel-Person

Die zweite Informationsquelle bei der Eindrucksbildung stellt die beobachtete Person dar, die man gewöhnlich als Reiz-Person bezeichnet. Ihre äußere Erscheinung, ihre Handlungen und ihre Eigenschaften bestimmen die Eindrucksbildung mit. Die Bedeutsamkeit der hier aufgezählten Aspekte ist je nach Situation deutlich verschieden. Diese Bedeutsamkeit hängt ab vom Ausmaß vorangegangener Interaktionen zwischen Beobachter und Beobachtetem; es spielt weiterhin eine Rolle, in welchem Maße die betreffende Situation durch Rollenkategorien oder andere Spezifikationen strukturiert ist und welche "Tiefe" die Interaktion selbst hat. Wenn z. B. die beobachtete Person ein Fremder ist und die Interaktion zufällig zustande kam und oberflächlich ist, werden die äußere Erscheinung und die wenigen Handlungen dieser Person wahrscheinlich einen starken Einfluß auf die Eindrucksbildung haben. In einigen Situationen öffnen sich Menschen Fremden gegenüber mit intimen Informationen über sich selbst, weil sicher ist, daß sie niemals wieder mit diesen Personen zusammenkommen werden. Hier können die enthüllten Informationen einen starken Effekt auf die Eindrucksbildung haben und die Wirkung anderer Informationsquellen auf ein Minimum beschränken. Ist aber die eingeschätzte Person eine alte Bekannte, dann beurteilt man ihr äußeres Erscheinungsbild und ihre unmittelbaren Handlungen im Kontext einer ganzen Interaktionsgeschichte und auf der Grundlage der bisherigen Erfahrungen mit dieser Person; äußere Erscheinung und unmittelbare Handlungen werden dann eine minimale Rolle spielen.

Der Beobachter

Die dritte Informationsquelle ist der Beobachter selbst. Die Erwartungen, die der Beobachter an das Verhalten einer anderen Person heranträgt, sind davon geprägt, wie er über andere Menschen denkt und welche Gefühle er ihnen gegenüber hegt. Auf Grund langer Erfahrung mit Menschen hat er bestimmte Ansichten über sie entwickelt. Einige Menschen entwickeln den meisten Mitmenschen gegenüber tiefes Mißtrauen, andere entwickeln Vertrauen zu fast jedem. Einige erwarten von anderen, daß sie hilfsbereit sind und bitten sie um Hilfe; andere vermeiden jede Form von Abhängigkeit von ihren Mitmenschen. Man findet auch spezielle Ansichten über bestimmte Typen von Personen; zum Beispiel haben einige ein Ressentiment gegenüber Autoritätspersonen und zeigen dies in ihren Einstellungen und ihrem Verhalten gegenüber Polizisten, Aufsichtspersonal, Lehrern, Eltern und anderen Autoritäten.

Bei der Erforschung der Prozesse, die beim Kennenlernen und der Einschätzung anderer ablaufen, hat man sich nicht im gleichen Maße allen drei Informationsquellen gewidmet. Sehr oft ist den Eigenschaften des einzelnen Beobachters und ihrem Einfluß auf die Eindrucksbildung keine Aufmerksamkeit geschenkt worden. Bei dem Versuch, den Prozeß der Schlußfolgerung oder Beurteilung bzw. Einschätzung zu verstehen, auf dem unsere Eindrücke von anderen Personen basieren, lag das Schwergewicht der Forschung nicht auf den individuellen Eigenschaften bestimmter Beobachter, sondern auf den allgemeinen Beobachtereigenschaften. In den folgenden Abschnitten werden wir zuerst zeigen, wie die Gesellschaft über einige Menschen fertige Ansichten in Form von Stereotypen liefert. Als nächstes werden wir die Organisationsaspekte und strukturellen Aspekte erörtern, welche den Qualitäten, die wir anderen zuschreiben, eigen sind - etwa wie der Beobachter dieses Material organisiert und miteinander in Beziehung setzt. Es wird untersucht, welche Präferenzen einzelne Beobachter bei der Organisation des Materials haben, und die Frage gestellt, wie solche Unterschiede mit bestimmten Eigenschaften der Beobachter in Beziehung stehen. Dann untersuchen wir die Art der Verwendung nichtverbaler Informationen bei der Eindrucksbildung und schließen mit einer Betrachtung darüber, wie sich Menschen in der täglichen Interaktion gegenseitig einschätzen. Unsere Diskussion dieser Themen ist stark selektiv. Eine ausführlichere Behandlung kann man in mehreren allgemeineren Werken der Literatur finden.[6]

Wir dürften freilich erwarten, daß einige Personen bessere Menschenkenner sind als andere. Von Interesse ist auch die Größe der Diskrepanz zwischen dem Eindruck, den man sich unter bestimmten Umständen von einer Person bildet, und der tatsächlichen Eigenart dieser Person. Unglücklicherweise hat die Erfassung der Genauigkeit eines Eindrucks derart schwierige methodologische Probleme aufgeworfen, daß die zur Lösung dieser Probleme notwendige Forschung noch nicht durchgeführt worden ist.[7]

---

6 Warr & Knapper, 1968; Tagiuri, 1969; Tajfel, 1969; Hastorf, Schneider & Polefka, 1970.

7 Gage & Cronbach, 1955; Cronbach, 1955, 1958; Shrauger & Altrocchi, 1964; McHenry, 1971.

KULTURELL BEREITGESTELLTE KATEGORIEN: DAS SOZIALE STEREOTYP

Im Alltag befinden wir uns oft in einer Lage, in der wir von einem Menschen nur wissen, daß er einer bestimmten sozialen Kategorie angehört. Wir wissen nur, daß er ein Jude,ein Polizist, ein Lehrer oder ein alter Mann ist. Wenn wir darüber hinaus nur geringfügige Informationen über ihn besitzen, hat eine solche Information einen starken Einfluß auf seine Einschätzung. Derartige Personenkategorien haben eine fundamentale Bedeutung für die Einschätzung anderer Personen und unsere Interaktion mit ihnen. Geht es primär um das Thema der Einschätzung anderer Personen, so bezeichnen wir in diesem Zusammenhang die Personenkategorie allgemein als soziales Stereotyp; wenn der Interaktionsaspekt thematisch ist, wird die Personenkategorie als soziale Rolle bezeichnet. In diesem Kapitel werden Stereotype behandelt; die Kapitel 13 und 14 sind dem Thema 'soziale Rollen' gewidmet.

Schutz hat auf die Bedeutung von Personenkategorien in unserem Alltagsleben hingewiesen. Jeder Mensch benutzt ein ganzes Netzwerk von T y - p i s i e r u n g e n (Kategorien oder Typen von Objekten):

> ... die Typisierung von Menschen, der Struktur ihrer Handlungsabläufe, ihrer Motive und Ziele oder der soziokulturellen Produkte, die ihren Ursprung in deren Handlungen haben. Diese Typen wurden hauptsächlich von anderen geschaffen, von den Vorfahren oder Zeitgenossen als Instrumente zur Kategorisierung von Dingen und Menschen, als solche von der Gruppe akzeptiert, in die man hineingeboren wurde...
> Die Gesamtheit dieser verschiedenen Typisierungen bildet ein Bezugssystem, mit dessen Hilfe nicht nur die soziokulturelle, sondern auch die physikalische Welt zu interpretieren ist, ein Bezugssystem, das trotz seiner Unstimmigkeiten und seiner inhärenten Undurchsichtigkeit ausreichend integriert und transparent ist, zur Lösung der meisten anstehenden praktischen Probleme benutzt zu werden.[8]

Die Einordnung von Menschen in Typen ist wegen ihrer funktionalen Nützlichkeit fast unvermeidbar. Niemand kann in seinen Reaktionen auf andere Personen ihre gesamte einzigartige Individualität berücksichtigen. Jene Form des Typisierens, die als Stereotypisierung bekannt ist, stellt jedoch gewöhnlich eine übertriebene Art der Typisierung dar, weshalb sie einmütig von Sozialwissenschaftlern angegriffen worden ist. Die Stereotypisierung ist ein sozio-kulturelles Phänomen, denn es ist für sie charakte-

---

8 Abgedruckt mit Erlaubnis von A. Schutz. Equality and the meaning structure of the social world. In: A. Schutz (A. Broderson, Ed.), Collected Papers II. Studies in social theory. The Hague: Martinus Nishoff, 1964, P. 232

ristisch, daß die Stereotypien für Personen, die einer gemeinsamen Kultur angehören, gleich sind. Stereotypisieren ist durch drei Kennzeichen zu identifizieren: (1) Feststellen der passenden Personenkategorie; (2) Einigkeit über das Zuordnen einer Reihe von Persönlichkeitseigenschaften zu dieser Personenkategorie und (3) Zuweisen dieser Eigenschaften an jede Person, die der betreffenden Kategorie angehört.

Feststellung der Personenkategorie

Menschliche Eigenschaften unterscheiden sich in ihrer Sichtbarkeit oder Deutlichkeit. Die Gesellschaft wählt bestimmte Eigenschaften als Mittel zur Feststellung der jeweiligen Personenkategorie aus und ignoriert andere. Dies können körperliche Eigenschaften sein - wie zum Beispiel Alter, Geschlechts- oder rassische Merkmale; es kann sich um die Mitgliedschaft in einer Gruppe, Organisation oder Gesellschaft handeln - wie die berufliche, kirchliche oder nationale Zugehörigkeit; oder die Eigenschaften stellen bestimmte deutlich erkennbare Verhaltensmuster dar. Campbell und Levine haben die Vermutung geäußert, daß eine Eigenschaft desto wahrscheinlicher in der stereotypen Vorstellung von der jeweiligen Fremdgruppe auftaucht, je größer der Kontrast zwischen zwei Gruppen in dieser Eigenschaft ist.[9] Dies gilt sowohl für Eigenschaften, durch welche die Gruppe identifizierbar ist als auch für Eigenschaften des Stereotyps selbst. So wird z. B. eine Person, die eine schwarze Hautfarbe hat, zum Objekt der Stereotypisierung durch Weiße, und weiße Hautfarbe zum Objekt für Schwarze.

Einigkeit über zugeordnete Persönlichkeitseigenschaften

Im allgemeinen nimmt man an, daß eine Personen-Klasse, die irgendeine Art gemeinsamer Identifikationsmerkmale besitzt, auch bestimmte Persönlichkeitsmerkmale gemeinsam hat. Wir ordnen z. B. alle jungen Leute mit langem Haar und schäbiger Kleidung einer einzigen Klasse zu, nennen sie Hippies und glauben, sie seien desillusioniert, pazifistisch, antiautoritär und antimaterialistisch. Oder Amerikaner gelten vielleicht als fleißig und materialistisch, ältere Personen als altmodisch, konservativ und rechthaberisch, Schwarze als unbekümmert, faul, abergläubig und unehrenhaft; Professoren stellt man sich vielleicht als zerstreut, unpraktisch, idealistisch und exzentrisch vor. Die Definition des Stereotyps impliziert, daß jene, die man in dieselben Stereotypenkategorien einordnet, relativ gut in den Eigenschaften übereinstimmen, die direkt zum Stereotyp gehören; sie sollen aber auch in den anderen Eigenschaften, die sie noch besitzen, recht ähnlich sein. Untersuchungsergebnisse, die 1932 von Katz und Braly, 1951 von Gilbert und 1967 von Karlins, Coffman und Walters zusammengestellt

---

[9] Zitiert in Campbell, 1967

worden sind, machen die besagte Übereinstimmung an Hand ethnischer Stereotypen deutlich.[10] 100 Princeton-Studenten wurde eine Liste von zehn ethnischen Gruppen zusammen mit einer Eigenschaftswörterliste mit vierundachtzig Persönlichkeitseigenschaften (z. B. aggressiv, intelligent) vorgelegt. Für jede ethnische Gruppe sollten sie alle Eigenschaften ankreuzen, die ihnen für die Gruppe charakteristisch zu sein schienen; anschließend sollten sie nochmals die Eigenschaftswörterliste durchgehen, um die fünf Eigenschaften herauszusuchen, die ihrer Meinung nach für die Gruppe am charakteristischsten sind. Eine übersichtliche Darstellung aller drei Untersuchungen erscheint in Tabelle 2-1.

Tab. 2-1: Prozentsatz der Princeton-College-Studenten bei der Charakterisierung ethnischer Gruppen mit bestimmten Eigenschaften

	Jahr		
	1932*	1950+	1967++
Amerikaner			
Fleißig	48	30	23
Intelligent	47	32	20
Materialistisch	33	37	67
Ehrgeizig	33	21	42
Progressiv	27	5	17
Engländer			
Sportlich	53	21	22
Intelligent	46	29	23
Konventionell	34	25	19
Traditionsliebend	31	42	21
Konservativ	30	22	53
Neger			
Abergläubig	84	41	13
Faul	75	31	26
Unbekümmert	38	17	27
Ignorant	38	24	11
Musikalisch	26	33	47
Juden			
Verschlagen	79	47	30
Gewinnsüchtig	49	28	15
Fleißig	48	29	33
Habsüchtig	34	17	17
Intelligent	29	37	37

10 Katz & Braly, 1933; Gilbert, 1951; Karlins, Coffman & Walters, 1969

	Jahr		
	1932*	1950+	1967++
Italiener			
Künstlerisch	53	28	30
Impulsiv	44	19	28
Leidenschaftlich	37	25	44
Leicht erregbar	35	15	28
Musikalisch	32	22	9
Deutsche			
Wissenschaftlich	78	62	47
Fleißig	65	50	59
Stur	44	10	9
Intelligent	32	32	19
Methodisch	31	20	21
Japaner			
Intelligent	45	11	20
Fleißig	43	12	57
Progressiv	24	2	17
Verschlagen	22	13	7
Verschmitzt	20	21	3
Chinesen			
Abergläubig	34	18	8
Verschmitzt	29	4	6
Konservativ	29	14	15
Traditionsliebend	26	26	32
Familiengebunden	22	35	50
Iren			
Kämpferisch	45	24	13
Leicht erregbar	39	35	43
Witzig	38	16	7
Ehrlich	32	11	17
Sehr religiös	29	30	27
Türken			
Grausam	47	12	9
Sehr religiös	26	6	7
Verräterisch	21	3	13
Sinnlich	20	4	9
Ignorant	15	7	13

* N = 100 + N = 333 ++ N = 150

Quelle: In verkürzter Form abgedruckt mit Erlaubnis von Marvin Karlins, Thomas L. Coffman und Gary Walters. On the fading of social stereotypes: Studies in three generations of college students. Journal of Personality and Social Psychology, 1969, 13,I, 1-16

Die Übereinstimmung unter den Studenten ist auffallend. Würde ein Student fünf Eigenschaften zufällig auswählen, so ist die Chance, mit der er einer Gruppe eine Eigenschaft zuordnen kann, 5 zu 84. Bei 100 Studenten, die die Eigenschaften zufällig auswählen, würden nur 5/84 von 100 oder ungefähr 6 Studenten ein und dieselbe Eigenschaft herausgreifen. In den drei Studentengenerationen stellt somit eine Übereinstimmung von sechs Prozent eine Wahl auf Zufallsbasis dar. Ein bloßer Blick auf Tab. 2-1 macht sofort deutlich, daß die Wahl der Eigenschaften weit über dem Zufallsniveau liegt und daß gewisse Eigenschaften mit beträchtlicher Häufigkeit gewählt werden, was eine Übereinstimmung unter einer großen Zahl von Studenten anzeigt. In den Jahren 1932, 1950 und 1967 lag z. B. der Prozentsatz der Studenten, die den Amerikanern die Eigenschaft fleißig zuschrieben, jeweils bei 48, 30 und 23 Prozent.

Es gibt keine vollständige Übereinstimmung über Stereotype, selbst nicht für die ausgeprägtesten. Daß dies selbst bei einem so klaren Stereotyp wie dem des Negers richtig ist, kann durch einige unveröffentlichte Ergebnisse demonstriert werden, die von den Autoren gesammelt und in Tabelle 2-2 zusammengestellt sind. Es zeigen sich hier sogar Unterschiede bei

Tab. 2-2: Erkennungseigenschaften und Persönlichkeitseigenschaften des Negerstereotyps

	Reaktionen (in Prozenten[+])		
	sehr charakteristisch	etwas charakteristisch	nicht charakteristisch
Erkennungseigenschaften			
Gekräuseltes Haar	96	2	1
Schwarze Hautfarbe	94	6	0
Dicke Lippen	87	13	0
Breite Nase	71	27	1
Niedrige Augenbrauen[x]	14	51	34
Hervorstechende Augen[x]	13	49	38
Vorragende Backenknochen[x]	14	44	42
Kleine Ohren	11	48	42
Persönlichkeitseigenschaften			
Tief religiös	46	48	6
Abergläubig	33	53	14
Unbekümmert	26	50	24
Eigensinnig[x]	21	49	30
Geduldig[x]	18	52	30
Faul	15	54	31
Prahlerisch[x]	23	36	42
Launisch[x]	12	54	34

[+] Die Prozentzahlen basieren auf einem N von 84.

[x] Diese Eigenschaften wurden in die Liste aufgenommen, aber nicht als dem Negerstereotyp zugehörig betrachtet.

Quelle: Unpublizierte Daten der Autoren, gesammelt 1960.

der Zuweisung körperlicher Eigenschaften, die für die Rasse als charakteristisch angesehen werden. Während so etwa 94 Prozent einer Gruppe von vierundachtzig Studenten der Meinung sind, schwarze Hautfarbe sei für Neger *sehr charakteristisch*, meinen 6 Prozent, daß dies nur *etwas charakteristisch* für sie sei. In bezug auf die Eigenschaft "breite Nase" glauben 71 Prozent, dies sei *sehr charakteristisch*, aber 27 Prozent meinen, es sei nur *etwas charakteristisch* für sie. Eine viel stärkere Variation tritt natürlich bei den Persönlichkeitseigenschaften auf, die man Negern zuschreibt. Keine Persönlichkeitseigenschaft wird von 50 Prozent der Studenten als *sehr charakteristisch* betrachtet.

Besonders bemerkenswert ist, daß die Eigenschaften, die in die Liste aufgenommen worden waren, aber vom Versuchsleiter als dem Stereotyp nicht zugehörig betrachtet wurden, jedes Mal zumindest von einer kleinen Minderheit von Beurteilern als *sehr charakteristisch* für Neger genannt worden sind. Wir können somit mit ausreichender Berechtigung von einem *persönlichen Stereotyp* sprechen, das für die Meinung eines einzigen Individuums steht, und von einem *sozialen Stereotyp*, das die Übereinstimmung unter einer Mehrheit einer gegebenen Population widerspiegelt.

Kategoriale Behandlung von Personen

Besonders charakteristisch für das Stereotypisieren ist die Tatsache, daß die Zugehörigkeit zu einer Kategorie ausreicht zu dem Urteil, die betreffende Person besitze all die Eigenschaften, die für jene Kategorie typisch sind.

Zwei Untersuchungen, die als Vorlagen Fotografien benutzten, welche im Grad der Negroidität von deutlich negroid bis deutlich kaukasisch variierten, überprüften diese Behauptung von der Existenz kategorialer Reaktionen einfach dadurch, daß sie beobachteten, ob die Versuchsteilnehmer bei Fotografien von stärker kaukasisch aussehenden Typen weniger schnell zum Stereotypisieren bereit waren.[11] Beide Untersuchungen kamen zu dem Ergebnis, daß das Stereotypisieren nicht im gleichen Maße abnahm, wie das vorgelegte Bild einen zunehmend stärker kaukasisch aussehenden Typ zeigte, und zwar so lange nicht, wie die abgebildete Person als 'Schwarze' identifiziert wurde. Dies wird deutlich bei der Betrachtung der graphischen Darstellung 2-1. Die Fotografien I bis K wurden fast immer als die von Schwarzen angesehen. Die Fotografien J, C und D aber wurden als kaukasische identifiziert, obgleich auf ihnen in Wirklichkeit Schwarze abgebildet waren.

---

[11] Secord, Bevan & Katz, 1956; Secord, 1959

Graph. Darstellung 2-1: Ausprägungsgrade der Stereotype bei der Beurteilung von Fotografien durch Personen mit starkem und geringem Vorurteil

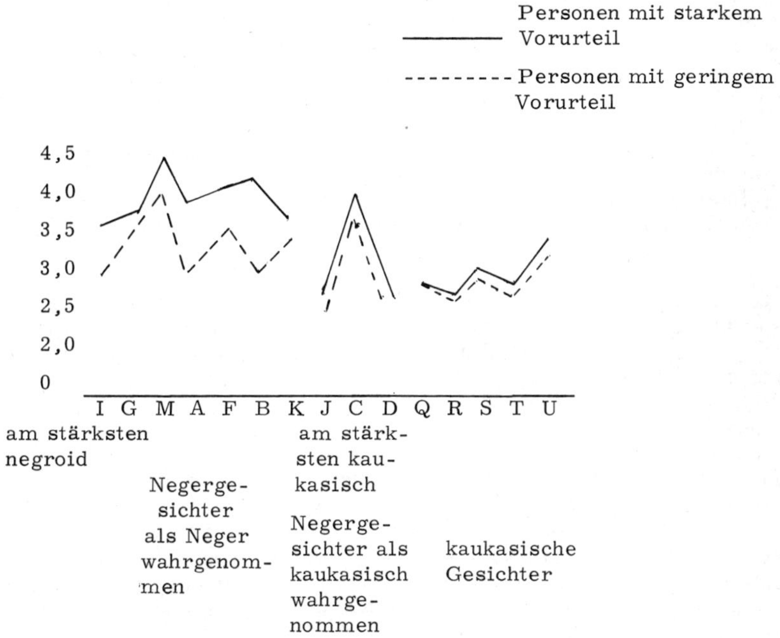

Wie durch die Höhe der Kurve angezeigt ist, wurde auf die Fotografien I bis K häufiger mit dem Stereotyp reagiert als auf die kaukasisch erscheinenden Fotografien J und D von Schwarzen, und als auf die Fotos von Weißen. Die kaukasisch erscheinende Fotografie C wurde aus unbekannten Gründen als das Bild einer Person betrachtet, welche die zum Stereotyp eines Schwarzen gehörigen Persönlichkeitszüge besitzt. Die Versuchsteilnehmer mit geringem wie mit starkem Vorurteil schreiben den Personen stereotype Züge zu, die sie auf den Bildern als Schwarze identifizieren; dabei spielt der Grad, in dem die auf den Bildern zu sehenden Personen kaukasische Züge tragen, keine Rolle. Personen mit stärkerem Vorurteil reagierten jedoch beim Anblick der Fotografien häufiger mit dem Stereotyp.

Es wurden schließlich noch die Reaktionen der wenigen Beobachter einer Untersuchung unterzogen, die die Fotografien mit stärkstem kaukasischem Charakter als die von Schwarzen identifiziert hatten. Diese Beurteiler reagierten selbst auf jene Bilder mit dem Stereotyp mindestens ebenso stark wie bei der Betrachtung der Fotografie von durchschnittlich Schwarzen.

Sollten diese Ergebnisse über das Stereotypisieren Schwarzer auch für andere Gruppen gelten, dann läßt sich daraus klar entnehmen, daß die Zuordnung einer Person zu einer speziellen Kategorie ein entscheidender Faktor beim Stereotypisieren ist. Diese Zuordnung hat die Zuweisung all der Eigenschaften zur Folge, die als typisch für diese Kategorie angesehen werden.

Teilweise mag eine solche kategoriale Reaktion eine Funktion der Methode sein, die bei der Untersuchung des Stereotypisierens benutzt wurde. Wenn man nur eine Angabe über die ethnische Zugehörigkeit bekommt und sonst keine weitere Information, wie dies in den meisten Untersuchungen über Stereotypisieren der Fall ist, ist man gezwungen, individuelle Unterschiede zu ignorieren und in seiner Reaktion die Gruppe als eine Personenklasse zu behandeln. Dies wird durch eine Untersuchung deutlich, in der drei fiktive nationale Gruppen genannt wurden und man College-Studenten bat, diese "Danerianer", "Pirenier" und "Wallonier" zusammen mit zweiunddreißig anderen ethnischen Gruppen zu beurteilen.[12] Viele Studenten nahmen ohne Zögern die geforderte Einschätzung vor, und wiesen diesen Gruppen im allgemeinen ungünstige Züge zu.

In den meisten Situationen wird der Beobachter hingegen mit vielen interindividuellen Unterschieden konfrontiert. Außerdem ist die Interaktion zwischen der Reiz-Person und dem Beobachter ein bedeutsamer Faktor für die Wahrnehmung der Reiz-Person, so daß durch diese Interaktion die kategorialen Reaktionen reduziert werden. Die Auswirkungen des auf einen Beobachter ausgeübten Zwangs, allen Mitgliedern einer Gruppe die gleichen Eigenschaften zuzuweisen, zeigen sich deutlich, wenn man die Ergebnisse dieser Methode denen gegenüberstellt, die mit einer anderen gewonnen worden sind, bei der es dem Beurteiler erlaubt war, innerhalb einer ethnischen Gruppe noch Untergruppen zu bilden.[13] Es zeigte sich dabei, daß bei der Charakterisierung von Negern aus Oberschicht und Unterschicht nur auf Unterschichts-Schwarze das Stereotyp angewandt wurde.

Es gibt jedoch noch eine andere Seite dieses Forschungsresultats. Die Übereinstimmung der Beurteiler wird nicht allein durch die Bitte erzwungen, jemanden auf Grund seiner Zugehörigkeit zu einer ethnischen Gruppe zu charakterisieren. Das Vorhandensein einer solchen Übereinstimmung weist vielmehr auf die Existenz sozialer Kräfte hin, die unsere Wahrnehmung von einer Klasse von Personen in gegebener Richtung hin ausformen. Man könnte auch mit ausreichender Berechtigung sagen, ein Stereotyp existiere dann, wenn die Beurteiler genügend darin übereinstimmen, welche Eigenschaften einer Personenkategorie zuzuweisen sind. Außerdem gibt es, wie schon an früherer Stelle betont worden ist, viele Alltagssituationen, in denen unsere

[12] Hartley, 1946

[13] Bayton, McAlister & Hamer, 1956

Reaktion auf andere hauptsächlich von deren Zugehörigkeit zu einer Gruppe bestimmt wird, d. h. in denen wir sie weniger als Individuen behandeln.

Veränderung von Stereotypen

Eine nach Jahren durchgeführte Wiederholung der Princeton-Untersuchungen macht es uns möglich, Veränderungen der Stereotypen bei Stichproben von Princeton-Studenten zu studieren. Wie Karlins, Coffman und Walters feststellen, lassen diese Untersuchungen eine Anzahl interessanter Veränderungen, aber auch konstante Merkmale erkennen.[14] Das Stereotyp des Amerikaners ist weniger schmeichelhaft als zuvor; denn die Begriffe materialistisch, ehrgeizig und vergnügungssüchtig nehmen 1967 die ersten drei Plätze ein. Trotz sozialer Reformen, einer liberalen Wohlfahrtsstaat-Regierung und der Beatles bleibt das Stereotyp vom korrekten und ruhigen Engländer bestehen. Das deutsche wie das japanische Stereotyp zeigt 1950 den Einfluß der kriegerischen Auseinandersetzung dieser Länder mit den USA; 1967 aber haben beträchtliche Veränderungen stattgefunden. Das jüdische Stereotyp hat sich stark verbessert: Seine zentralen Eigenschaften (ehrgeizig, materialistisch und fleißig) haben sich denen des amerikanischen Stereotyps angeglichen, und die weniger günstigen Eigenschaften, die früher oft gewählt wurden, werden mit viel geringerer Häufigkeit genannt. Das Stereotyp des Schwarzen hat sich in dramatischer Weise verändert; denn die Häufigkeit, mit der Eigenschaften wie abergläubig und faul genannt werden, ist stark abgesunken. Es ist interessant festzustellen, daß das Bild des militanten Schwarzen und die Proklamation von "Black Power" noch keinen Einfluß auf dieses Stereotyp gehabt hat. Es scheint in der Tat ein allgemeines Kennzeichen des Stereotypisierens zu sein, daß es den Ereignissen, die das Potential zur Veränderung dieser Bilder besitzen, hinterherhinkt.

Mehr Licht auf den gegenwärtigen Stand der Stereotypenforschung wirft noch eine weitere Untersuchung über Stereotype, die 1969 mit Princeton-Studenten durchgeführt wurde.[15] Das methodische Vorgehen war dasselbe wie in früheren Untersuchungen, mit dem einen Unterschied, daß die Versuchsteilnehmer gebeten wurden, ein öffentliches und ein privates Stereotyp anzugeben. Zur Charakterisierung des erstgenannten Stereotyps hatte man Adjektive zu nennen, von denen man glaubte, sie würden von der allgemeinen amerikanischen Öffentlichkeit Personen der betreffenden sozialen Kategorie zugeordnet; für den letztgenannten Typ waren solche Adjektive anzugeben, von denen der Befragte persönlich glaubte, sie würden zu der in Frage stehenden Kategorie von Personen passen. Das Ergebnis war, daß die

---

14 Karlins, Coffman & Walters, 1969

15 Lewis, Darley & Glucksberg, 1972

öffentlichen Stereotypen jenen ähnlich waren, die man bei den früher benutzten Instruktionen gefunden hatte. In ihren privaten Stereotypen gaben die Studenten jedoch weniger häufig ungünstige, sondern eher günstige Persönlichkeitseigenschaften an. Bei diesen Stereotypen zeigt sich die Fortsetzung eines Trends, der sich in früheren Untersuchungen schon andeutete und der auf eine Einbeziehung günstigerer Eigenschaften hinausläuft. Wie in dieser Untersuchung festgestellt worden ist, hat jeder wahrscheinlich öffentliche wie private Stereotypen, und der jeweilige Gebrauch der einen oder anderen Art hängt wohl von der Situation ab.

In der ersten Ausgabe dieses Buches wurden nur die bereits erwähnten Studien von 1933 und 1950 herangezogen; sie schienen den Schluß zuzulassen, daß Stereotypen in ihrer Stärke abnehmen. Lassen Sie uns nun aber einen Blick werfen auf einen numerischen Uniformitäts-Index, der die Bestimmtheit oder Stärke eines Stereotyps widergibt. Dieser Index wurde für jede ethnische Gruppe errechnet, indem die kleinste Anzahl von Persönlichkeitseigenschaften festgestellt wurde, aus deren Kombination sich die Hälfte der von den drei Studentengenerationen gewählten Charakterisierungen ergibt. Je kleiner dieser Wert, desto größer ist natürlich die Uniformität des (oder die Übereinstimmung über das) Stereotyp(s). Diese Berechnung erbrachte die folgenden durchschnittlichen Index-Werte für die vier Jahre:

Jahr	Index
1932	8,5
1950	15,3
1967	10,9
1969	8,6 (12,2)

Obgleich 1950 nur an die 15 Charakterzüge für die Hälfte aller Eigenschafts-Zuweisungen benötigt wurden, reduzierte sich diese Zahl 1967 auf ungefähr 11, was einen stärkeren Stereotypisierungseffekt anzeigt. Die 1969 untersuchten öffentlichen Stereotypen sind genauso stark wie jene der ursprünglichen Untersuchung von 1932, während die privaten Stereotypen zwischen den Uniformitäts-Indizes von 1950 und 1967 liegen.

Nicht nur Princeton-Studenten benutzen Stereotypen. Viele Untersucher, die ähnlich vorgingen, konnten zeigen, daß die Gesamtbevölkerung nicht nur in diesem Land, sondern auch in anderen, ähnliche Stereotypen von verschiedenen ethnischen Gruppen hat. Eine von der UNESCO geförderte Untersuchung hat einen Überblick über die Meinungen in neun Ländern gegeben: Holland, Italien, Australien, Frankreich, Deutschland, England, Rußland, Mexiko und USA. In all diesen Ländern war Stereotypisieren weit verbreitet.[16] Die höchste Übereinstimmung fand sich bei den Stereotypen von Russen

---

[16] Buchanan, 1951

und Amerikanern, aber eine gewisse Übereinstimmung war auch bei den Stereotypen von anderen Ländern zu erkennen.

Prozesse beim Stereotypisieren

Man macht sich ein zu einfaches Bild, wenn man glaubt, beim Stereotypisieren handle es sich bloß darum, daß einer bestimmten Kategorie von Personen eine Reihe von Charaktereigenschaften zugewiesen werden, die der positiven oder negativen Gefühlseinstellung dieser sozialen Kategorie gegenüber entsprechen. Dies ist falsch, denn die meisten Stereotype stellen eine Kombination aus günstigen und ungünstigen Zügen dar. Selbst sehr negative Stereotype enthalten einige günstige Eigenschaften (zum Beispiel erscheinen Russen als harte Arbeiter, tapfer und progressiv in der UNESCO-Studie).[17] Ziemlich klare Beweise für die Hypothese, daß eine Gefühlseinstellung nicht eine Reihe von Stereotypen-Eigenschaften erzeugt, welche dann übereinstimmend die entsprechende positive (oder negative) Konnotation haben, findet man in einer anderen Untersuchung, die schon früher zitiert worden ist.[18] Bei der Bewertung der Fotografien von Schwarzen wurden ungünstige Eigenschaften von vorurteilsbeladenen Beurteilern nicht häufiger aufgezählt als von neutralen Beurteilern -, vorausgesetzt, daß diese Eigenschaften nicht T e i l d e s S t e r e o t y p s waren. Vorurteilsbeladene Beurteiler nannten sogar günstige Eigenschaften in höherem Maße als neutrale, wenn diese Teil des Stereotyps waren. Die eben erwähnte Untersuchung und die Daten der Princeton-Untersuchungen legen die Aussage nahe, daß die Stärke der Gefühlseinstellung einer Gruppe gegenüber, unabhängig von ihrer Richtung, mit der Bestimmtheit und Stärke eines Stereotyps, gemessen mit Hilfe des Uniformitäts-Index' in Beziehung steht. Die späteren Princeton-Untersuchungen ergaben eine hohe Korrelation zwischen der Bestimmtheit eines Stereotyps und der Beliebtheit der stereotypisierten Gruppe. Diese Korrelationen (r) waren: 1933: 0,16; 1951: 0,68; 1967: 0,77. 1969 korrelierte das öffentliche Stereotyp nur in der Höhe von 0,38 mit Beliebtheit, das private aber mit r = 0,82. Starke Emotionen sind also meist mit starken Stereotypen verknüpft, aber die Emotionen lassen sich nicht auf einer einzigen Bewertungsdimension erfassen.

Campbell und Levine haben festgestellt, daß bestimmte Zusammenhänge zwischen günstigen und ungünstigen Eigenschaften bestehen, die den Prozessen, welche beim Stereotypisieren ablaufen, immanent sind.[19] Sie stellen zum Beispiel die Hypothese auf, daß Eigenschaften, die in der eigenen Gruppe eine ungünstige Bewertung erfahren, mit einer gewissen Wahrscheinlichkeit der Fremdgruppe zugeordnet werden. Die Fremdgruppe schließlich

---

17 Buchanan, 1951

18 Secord, 1959

19 Zitiert in Campbell, 1967

akzeptiert diese Eigenschaften, drückt sie aber in einer Sprache aus, die sie als positiv erscheinen läßt. So beschreiben sich die Engländer als zurückhaltend und 'die Privatsphäre des anderen respektierend'; die Amerikaner werden von ihnen als zudringlich, vorlaut und anmaßend bezeichnet. Die Amerikaner jedoch charakterisieren die Engländer als snobistisch, kalt und unfreundlich und beschreiben sich selbst als freundlich, gesellig und offenherzig.

Zwei Gruppen können auch die gleichen Eigenschaften besitzen, aber negativ getönte Ausdrücke für die der Fremdgruppe verwenden. Loyalität in der Eigengruppe wird zu Sippenhörigkeit bei der Fremdgruppe; Stolz wird zu Egoismus; das Einstehen für seine Rechte wird zu Kriegslüsternheit. Lewis, Darley und Glucksberg stellen bei der Analyse der 1969 durchgeführten Princeton-Studie heraus, daß die über Jahre dauernde Veränderung vieler Stereotype zu einem positiveren Bild hin dadurch zustande gekommen ist, daß die Eigenschaften zwar gleich geblieben sind, aber die Konnotationen eine ähnliche Veränderung erfahren haben wie in den oben gegebenen Beispielen.[20]

Diese Autoren machen auch noch auf einen weiteren Prozeß aufmerksam: Haben wir einige Informationen über eine Personenkategorie, so können wir leicht noch weitere verwandte Begriffe nennen, um das Stereotyp zu vervollständigen. Wenn eine Person zurückhaltend ist, ist sie auch ruhig. Ist eine Person ehrgeizig, so ist sie wahrscheinlich auch gewitzt; ist sie habsüchtig, so ist sie vermutlich auch verschmitzt. Dies zeigt, daß Stereotype aus Bündeln von Eigenschaften bestehen, welche zwar nicht synonym, wohl aber eng miteinander verknüpft sind.

Die Richtigkeit und Falschheit von Stereotypen

Unter Sozialpsychologen hat man öfter auf die Unrichtigkeit von Stereotypen hingewiesen. In gewissem Sinne scheint diese Ungenauigkeit aus einem der Definitionselemente von Stereotypen zu folgen, - nämlich aus der Eigenart eines Stereotyps, daß alle Personen einer gegebenen Klasse die Stereotypen-Eigenschaften besitzen sollen, welche der Klasse als Gesamtheit zugeschrieben werden. Aus der Tatsache, daß sich konkrete einzelne Personen auch in den Eigenschaften unterscheiden, die ein soziales Stereotyp ausmachen, folgt, daß Stereotypen-Eigenschaften nicht in demselben Stärkegrad bei allen Angehörigen der Klasse anzutreffen sind. Teilt uns jemand mit, welche Eigenschaften seiner Meinung nach ein durchschnittliches Mitglied einer Personenklasse besitzt, so ist dies nicht notwendigerweise ein Widerspruch. Wenn er aber meint, jedes einzelne Mitglied der betreffenden Klasse besitze genau dieselben Eigenschaften, so stellt sein Stereotyp zwangsläufig eine Abkehr von

---

20 Lewis, Darley & Glucksberg, 1972

der Realität dar.

Die Tatsache, daß man in einer Laborsituation leicht einer ganzen Klasse von Personen bestimmte Eigenschaften zuschreibt, bedeutet nicht, daß man dies im selben Maße täte, stünde man einem einzelnen Repräsentanten dieser Klasse direkt gegenüber. Wenn beispielsweise ein Amerikaner einem anderen Amerikaner in einer Situation gegenübersteht, in welcher der Unterschied zwischen Ausländern und Amerikanern nicht thematisch ist, wird wahrscheinlich keiner von beiden dem anderen die Eigenschaften des Stereotyps zuschreiben, das für Angehörige dieser Nation als typisch gilt. Wenn ein Amerikaner andererseits jedoch einen Raum betritt, in dem sich ein Franzose, ein Deutscher und ein Italiener befinden, wird seine Wahrnehmung sehr wohl von den Stereotypen, die er von diesen Völkern hat, beeinflußt. Bruner und Perlmutter drücken diesen Tatbestand so aus: "Wenn man mehrere Objekte gleichzeitig betrachtet, die bis auf einen Aspekt in jeder Hinsicht gleich sind, wird der Unterschied in diesem Aspekt für den Eindruck, den man sich von diesen Objekten bildet, entscheidend sein.[21] Wenn also alle drei, unser Franzose, Deutscher und Italiener, Geschäftsleute sind und in jeder Hinsicht bis auf ihre Nationalität gleich erscheinen, so wird diese wahrscheinlich bei der Beurteilung der betreffenden Personen größere Bedeutung erhalten. Wenn aber einer von ihnen Professor, der andere ein Zirkusstar und der dritte ein Künstler ist, wird ihre ethnische Herkunft einen viel geringeren Einfluß auf ihre Beurteilung haben.

Die meisten Stereotype sind unzweifelhaft grobe Übertreibungen oder vollkommen falsch. Aber gelegentlich mögen sie einen wahren Kern besitzen, der durch die Flexibilität unserer Sprache verdreht und verzerrt ist. Wir haben an mehreren Beispielen bereits gesehen, wie zwei Gruppen dieselben Eigenschaften besitzen, jedoch jede die eigenen in schmeichelhaften Begriffen und die der Fremdgruppe in wenig schmeichelhaften Begriffen beschreibt. In solchen Fällen ist, wenn man einmal von den Konnotationen absieht, wahrscheinlich ein wahrer Kern vorhanden, auf den man sich bei der Eigenschaftszuweisung berufen kann. Eine Fremdgruppe kann man im Haß als zu faul oder zu fleißig, zu dumm oder zu gewitzt, zu vorlaut oder zu zurückgezogen, zu emotional oder zu kalt, zu großzügig oder zu sparsam bezeichnen.[22] Sie wird leicht verdammt, selbst wenn sie dieselben Eigenschaften besitzt, wie man selbst.

Aber es gibt auch bestimmte soziologische Fakten, die detaillierter in Kapitel Sechs zu diskutieren sind, welche den Schluß nahelegen, daß einige Stereotypen einen wahren Kern besitzen. Eine ethnische Gruppe kann tatsächlich

---

21 Bruner & Perlmutter, 1957, S. 259

22 Merton, 1957 b

Eigenschaften besitzen, die für eine niedrigere soziale Klasse typisch sind, weil die Gesellschaft die Angehörigen dieser Gruppe in einem solchen Status hält. Das Vorurteil gegen eine Gruppe kann gerade einige der Eigenschaften hervorrufen, welche das Vorurteil bestätigen (z. B. Sippenhörigkeit, Kriegslüsternheit). Anthropologische Studien lassen vermuten, daß viele Stereotype auf tatsächlich vorhandenen Eigenschaften beruhen.[23] Dafür ein Beispiel: Die Luo in Kenya sind ursprünglich Bauern, welche in einem übervölkerten armen Land leben. Einige von ihnen sind Handwerker bei der Eisenbahn oder sonstwo und haben sich über das gesamte Land verbreitet. Das Stereotyp der Luo beruht auf diesen ausgewanderten Arbeitern. Sie werden als körperlich stark, faul, verschwenderisch und protzsüchtig angesehen. Sie sind in der Tat stark und beschreiben sich selbst als verschwenderisch.

Zusammenfassung: Das soziale Stereotyp

Im Alltagsleben ist es üblich und auch notwendig, andere Personen und Dinge in Typen einzuteilen. Wir könnten möglicherweise in unseren Reaktionen die volle Individualität von Personen, denen wir in unserem Alltagsleben begegnen, nicht in Rechnung stellen. Stereotypisieren stellt eine übertriebene Form der Typisierung dar und hat drei Eigentümlichkeiten: (1) Auf Grund bestimmter Eigenschaften stellt man die Zugehörigkeit eines Menschen zu einer Personenkategorie fest. (2) Es herrscht Übereinstimmung darüber, daß eine Reihe von Eigenschaften oder Eigentümlichkeiten für diese Personenkategorie charakteristisch sind. (3) Diese Eigenschaften werden jeder Person zugeschrieben, die der Kategorie angehört.

Für die Stereotype der vertrautesten Minderheitsgruppen ist die Einigkeit unter den Beurteilern so groß, daß sie bei weitem eine auf Zufallsbasis zustande gekommene Übereinstimmung übersteigt. Einige Stereotype haben einen höheren Bestimmtheitsgrad als andere, was man an einer verschieden starken Übereinstimmung unter den Beurteilern ablesen kann. Stereotypisieren heißt nicht einfach Zuweisen positiver und negativer Eigenschaften an eine Klasse, die einer positiven oder negativen Einstellung der betreffenden Personenkategorie gegenüber entspricht. Die meisten Stereotypen haben sowohl günstige wie ungünstige Eigenschaften, und stark vorurteilsbeladene Menschen benutzen in stärkerem Maße beide Arten von Eigenschaften zur Charakterisierung anderer. Oft werden die in der eigenen Gruppe ungünstig bewerteten Eigenschaften der Fremdgruppe zugeschrieben. Zwei Gruppen können andererseits dieselben Eigenschaften besitzen, aber positiv klingende Ausdrücke bei der Beschreibung der eigenen Gruppe und ungünstig klingende bei der Fremdgruppe gebrauchen.

Viele Sozialpsychologen haben die Unrichtigkeit von Stereotypen hervorgehoben. In gewissem Grade folgt die Ungenauigkeit eines sozialen Stereo-

---

[23] Campbell, 1967

typs aus einem seiner Eigentümlichkeiten: der Tatsache, daß für das Zuweisen der Eigenschaften die Zugehörigkeit zu einer bestimmten sozialen Kategorie ausreicht. Wenn jemandem nichts als die ethnische Herkunft einer Person angegeben wird, ist er gezwungen, bei seiner Beurteilung individuelle Unterschiede zu ignorieren. Gelegentlich haben Stereotype jedoch einen wahren Kern, welcher durch die Flexibilität unserer Sprache verdreht und verzerrt ist. Die einer sozialen Gruppe zugewiesenen Eigenschaften können bis zu einem gewissen Grad tatsächlich vorhanden sein, weil die Gesellschaft die Bedingungen schafft, welche die Stereotypen-Eigenschaften hervorrufen.

ORGANISATIONSPROZESSE BEI PERSONENBESCHREIBUNGEN

Die meisten zu Beginn dieses Kapitels vorgestellten Personenbeschreibungen waren stark strukturiert. Es handelte sich nicht einfach um eine Aneinanderreihung von Adjektiven oder Sätzen. Oft hatten sie ein oder mehrere zentrale Themen, die zu irgendeiner herausragenden Eigenschaft einer Person in Beziehung standen. Auch beim Stereotypisieren ging es im wesentlichen um eine Reihe von miteinander in Beziehung stehenden Eigenschaften. Jetzt wenden wir uns solchen Organisationseigenschaften oder strukturellen Eigenschaften zu. Wenn wir also davon ausgehen können, daß eine Beschreibung aus einer Vielfalt diskreter Elemente besteht, dann lassen sich einige Fragen über diese Elemente und ihre gegenseitigen Beziehungen stellen. Man könnte zum Beispiel fragen: Treten einige Elemente häufiger als andere in der Beschreibung von Personen auf? Durch welche Eigenschaften der Reiz-Person werden diese Häufigkeiten bestimmt? In welcher Weise stehen die Elemente miteinander in Beziehung? Treten bestimmte Elemente zusammen auf; d. h. besteht die Tendenz, daß man einer Person, bei der man eine Eigenschaft aus einem Eigenschaftspaar festgestellt hat, auch die zweite zuerkennt? Können die Elemente, die bei der Personenbeschreibung benutzt werden, in irgendein strukturelles Schema gebracht werden, welches eine kleine Zahl grundlegender Dimensionen sichtbar werden läßt, die man bei der Personenbeschreibung verwendet? Werden die Elemente von verschiedenen Beobachtern unterschiedlich organisiert? Obgleich es keine endgültigen Antworten auf all diese Fragen gibt, lassen sich auf Grund der Forschungsergebnisse auf einige Fragen ziemlich gesicherte Antworten geben, auf andere jedoch nur hypothetische.

In einigen Situationen des Alltagslebens erhalten wir über einen anderen Menschen, von dem wir ansonsten wenig wissen, verbale Informationen. Allein auf Grund dieser verbalen Informationen schließen wir auf andere Aspekte seiner Persönlichkeit. Dies ist etwa der Fall, wenn wir über andere etwas in den Massenmedien erfahren. Die gleiche Situation liegt beim Romanlesen vor oder bei der verbalen Beschreibung, die uns Bekannte von anderen geben. Diese Situation hat zumindest eine gewisse Ähnlichkeit mit zwei anderen Versuchsarten. Einmal gibt man dem Versuchsteilnehmer verbale Informationen über eine hypothetische Person. Der Zuhörer wird dann gebeten, sich von dieser Person einen Eindruck zu verschaffen und über sie eine kurze Geschichte zu schreiben, Merkmalslisten auszufüllen oder ihre Eigenschaften mit Hilfe von Einschätzskalen zu beurteilen. Bei der anderen experimentellen Vorgehensweise werden die vom Beobachter aus den Informationen gezogenen Schlüsse systematischer unter die Lupe genommen. Man kann ihm z. B. sagen, eine Person sei intelligent und ihn dann bitten, auf einer numerischen Skala zu schätzen, wie wahrscheinlich es ist, daß sie auch gebildet sei. Solche Untersuchungen bezwecken ein gewisses Verständnis für Verbindungen und Bezüge zwischen verschiedenen deskriptiven Begriffen zu erlangen - eine Vorstellung davon, wie Schlußfolgerungen bei Personen zustandekommen.

Auf Schlußfolgerungen basierende Eindrucksbildung

Bei der ersten Gruppe von Untersuchungen, die zu diskutieren sind, ging man methodisch so vor, daß man dem Versuchsteilnehmer fünf bis sieben Eigenschaften darbot, die eine hypothetische Person beschreiben sollten. Der Versuchsteilnehmer wurde dann gebeten, seine Eindrücke von dieser Person niederzuschreiben oder mit Hilfe von Rating-Skalen Eigenschaften zu charakterisieren oder Eigenschaftswörterlisten anzukreuzen. Im allgemeinen ist die Analyse der Resultate dieser Untersuchungen relativ oberflächlich. Man konzentriert sich auf die Überprüfung der Konsistenz der Eindrücke und einer Anzahl anderer Aspekte. In einer von Asch 1946 durchgeführten und nun schon klassischen Studie instruierte man Gruppen von College-Studenten, ihnen werde eine Liste von Eigenschaften vorgelesen, die für eine bestimmte Person typisch seien. Sie sollten versuchen, von der Eigenart der beschriebenen Person einen Eindruck zu erhalten. Ein Beispiel für eine Liste von "Hinweis" - Eigenschaften, welche ein Bild der Reiz-Person vermitteln sollten, sind folgende Eigenschaftswörter: "energisch, sicher, gesprächig, kalt, ironisch, neugierig und überzeugend". Die Versuchsteilnehmer wurden dann gebeten, die betreffende Person in ein paar Sätzen zu charakterisieren. Asch fand, daß seine Versuchsteilnehmer trotz der spärlichen Informationen über die hypothetische Person bereitwillig die Aufgabe akzeptierten.

Die auf diese Weise erhaltenen Eindrücke unterschieden sich beträchtlich voneinander, und dies, obwohl doch allen Personen eine identische Eigenschaftsliste vorgelegt worden war. Asch kam zu dem Ergebnis, daß viele Personen die in der Liste enthaltenen Eigenschaften zu einem integrierten, konsistenten Persönlichkeitsbild strukturierten. Die Eigenschaften paßten zusammen. In diesem Organisationsprozeß wurden bestimmte Eigenschaften zu zentralen Aspekten des Charakters einer Person gemacht, während andere in eine untergeordnete Rolle verwiesen wurden - oder sogar vollkommen ignoriert worden waren, was wohl an einen Vereinfachungsprozeß denken läßt. Wurden zum Beispiel die Eigenschaften warmherzig und kalt benutzt, so beherrschten sie gewöhnlich den Gesamteindruck. In einigen Fällen fanden sich in dem gebildeten Eindruck neue Qualitäten, die in der als Vorlage dienenden Reiz-Liste nicht aufgetaucht waren. Gelegentlich ging der Versuchsteilnehmer so weit, daß er eine physische Beschreibung der Person gab. Solche neuen Qualitäten, physische wie andere, paßten gewöhnlich zu den anderen Elementen der von der betreffenden Person entworfenen Skizze.

Das ursprünglich von Asch durchgeführte Experiment ist in derselben Form wiederholt worden, wobei man dabei vergleichbare Ergebnisse erzielte.[24] Bei bestimmten Replikationen wurde auch mit einer wirklichen Person als Reiz-Person gearbeitet, einer Person, die allerdings den Versuchsteilnehmern fremd war. In einer experimentellen Variation des Versuchs stellte der Lehrer einen Gast vor, indem er ihn vor seinem Erscheinen mit den Reizworten aus Asch's Experiment beschrieb, wobei verschiedenen Gruppen von Versuchsteilnehmern gegenüber warmherzig oder kalt zur Beschreibung der zentralen Eigenschaft benutzt worden war.[25] In einer anderen Variation des Experiments gab sich eine Person als Tierarzt aus und beschrieb ihre Aktivitäten mit Worten, die zu den peripheren Begriffen von Asch's Liste paßten.[26] In diesen beiden Experimenten konnten die wesentlichen Ergebnisse der Asch-Studie erfolgreich reproduziert werden.

Luchins und andere haben beobachtet, daß nicht alle Personen auf die ihnen präsentierte Wortliste hin einen ausgearbeiteten Eindruck schildern.[27] Einige wiederholen lediglich die Liste oder geben Synonyme der in der Liste aufgeführten Wörter an. Ein paar denken sogar nicht einmal daran, daß die Eigenschaften zu einer einzigen Person passen könnten. Im allgemeinen jedoch haben die vielfältigen Wiederholungen von Asch's Experiment dessen ursprüngliche Ergebnisse bestätigt, und es scheint, daß zumindest die meisten Menschen einen Eindruck bekommen, der deutlich mehr als das ihnen als Reiz-Information Dargebotene umfaßt.

Warr und Knapper haben sich bemüht zu zeigen, daß sich mit Untersuchungen, bei denen eine (wie in Asch's Untersuchung) durch sieben Eigenschaftswörter vorgestellte künstliche Reiz-Person benutzt wurde, Ergebnisse erzielen lassen, die sich in einer natürlichen Situation bewahrheiten.[28] Sie stellten zwei relativ lange Versionen eines wirklichkeitsgetreuen Zeitungsberichts über den Manager einer Fußballmannschaft zusammen. Diese Versionen unterschieden sich nur in den Wörtern warmherzig und kalt. Jeder Bericht wurde anderen Gruppen von College-Studenten vorgelegt mit der Bitte, den Manager in dreizehn Persönlichkeitsdimensionen einzuschätzen. In fast

---

[24] Mensh & Wishner, 1947; Veness & Brierley, 1963

[25] Kelley, 1950

[26] Veness & Brierley, 1963

[27] Luchins, 1948; Dinnerstein, 1951; Gollin, 1958

[28] Warr & Knapper, 1968

der Hälfte der Skalen ergaben sich bei der Einschätzung merkbare Unterschiede-, ein Befund, welcher die früheren Ergebnisse unterstützt. Eine zusätzliche Untersuchung, in der als zentrale Wörter die Begriffe "menschlich" und "unbarmherzig" für einen Polizeichef gebraucht wurden, erbrachte vergleichbare Resultate. In zwei weiteren Untersuchungen wurden außerdem die Beschreibungen von 250 auf 450 Wörter verlängert. Die Untersucher erhielten schwächere, gleichwohl aber signifikante Ergebnisse, welche die ursprünglichen Befunde von Asch bestätigten. Bedenkt man, daß diese Beschreibungen sich nur in einem einzigen kurzen Satz unterscheiden, der die Wörter warmherzig und kalt oder menschlich und unbarmherzig enthielt, so sind diese Ergebnisse eindrucksvoll.

Implizite Persönlichkeitstheorien

Bruner und Tagiuri haben die These aufgestellt, man lasse sich bei der Beobachtung anderer von einer impliziten Persönlichkeitstheorie leiten. Diese bestimme darüber, welche Schlüsse man aus dem erhaltenen Informationsmaterial über andere zieht.[29] Im vorangegangenen Abschnitt deuten die Schlußfolgerungen, die die Beurteiler aus Eigenschaften wie warmherzig und kalt zogen, auf die Existenz einer solchen "Theorie" hin. Es handelt sich dabei um Annahmen über Zusammenhänge zwischen Eigenschaften oder Einzelinformationen, die wir über andere Menschen haben, - um Vorstellungen darüber, welche Eigenschaft mit welcher zusammengeht. So gilt etwa eine warmherzige Person eher als gesellig, freundlich und nett. Da der größte Teil der Forschungsarbeiten über dieses Konzept der impliziten Persönlichkeitstheorie aus Analysen besteht, die sich auf Beobachtergruppen beziehen, haben die Ergebnisse eher Geltung für Beobachter im allgemeinen als für einzelne Personen. Zumindest aber sind sie für die Art von Personen gültig, welche an den Untersuchungen teilnahmen (meist College-Studenten). So spiegeln die Befunde wahrscheinlich allgemeine Eigenschaften des Sprachgebrauchs wider, obgleich sie über die reine Semantik hinausgehen.

Cronbach erweiterte den Bedeutungsgehalt des Begriffs der impliziten Persönlichkeitstheorie nach zwei Richtungen hin.[30] Er legte den Schwerpunkt auf die implizite Persönlichkeitstheorie des einzelnen Beobachters. Er machte nicht nur auf die Existenz typischer Verbindungen zwischen Eigenschaftsbegriffen aufmerksam, sondern auch noch auf andere Phänomene: Personen, die in der Beobachterposition sind, tendieren dazu, die von ihnen Beobachteten generell in gewissen Dimensionen höher und in anderen niedriger einzuschätzen, und sie unterscheiden sich auch bei ihrer Einschätzung in der Häufigkeit des Gebrauchs der Extreme einer Dimension. So kann ein Mensch seine eigenen, besonderen Assoziationen zwischen deskriptiven Be-

---

29 Bruner & Tagiuri, 1954

30 Cronbach, 1958

griffen haben. Leider haben die meisten Untersucher weiterhin Gruppendaten analysiert, und zwar primär mit dem Ziel, Verbindungen zwischen Eigenschaften zu finden, und wenige haben den einzelnen Beobachter studiert. In diesem Abschnitt werden die Ergebnisse besprochen, die auf Befunden über den Gruppendurchschnitt beruhen. Der nächste Hauptabschnitt wird Untersuchungen über einzelne Beobachter oder Typen von Beobachtern schildern, den Schwerpunkt also auf den individuellen Beobachter legen.

Schlüsse aus Hinweiseigenschaften

Die Untersuchungen zur Eindrucksbildung, die im vorangegangenen Abschnitt wiedergegeben wurden, gehen der Frage nach, in welchem Maße man aus der dargebotenen Reiz- oder Hinweiseigenschaft verschiedene Persönlichkeitseigenschaften erschließt. Diese Methode empfiehlt sich jedoch primär nicht zur verfeinerten statistischen Analyse, weil die Reiz-Person stets durch einen ganzen Verband von simultan dargebotenen Hinweiseigenschaften beschrieben worden ist. Auf diese Weise ist es nicht möglich, die Implikationen jeder Hinweiseigenschaft isoliert in Rechnung zu stellen. Bei einer intensiven statistischen Analyse geht man gewöhnlich nach dem Wenn ... dann - oder Implikations - Modell vor: "Wenn eine Person intelligent ist, wie wahrscheinlich ist es dann, daß sie auch weise ist?" Die Wahrscheinlichkeitsangaben werden gewöhnlich auf einer numerischen Skala vorgenommen. Manchmal werden auch Adjektive wie z. B. fast immer oder ziemlich oft benutzt. Durch eine Datenanalyse solcher Urteile können die Assoziationen zwischen den Hinweiseigenschaften und den (daraus) erschlossenen Eigenschaften aufgedeckt werden und andere statistische Eigentümlichkeiten berechnet werden.

Bruner, Shapiro und Tagiuri waren die ersten, die diese Vorgehensweise zur Untersuchung der Urteile, die man über andere fällt, anwandten.[31] Sie konnten zeigen, daß viele der Schlußfolgerungen überhaupt nicht selbstverständlich sind, und daß sie nicht auf rein semantischen Eigentümlichkeiten beruhen. Zum Beispiel gaben mehr als die Hälfte der Versuchsteilnehmer an, Intelligenz impliziere, daß eine Person aktiv, reflektiert, unternehmenslustig, tüchtig, gewissenhaft, ehrlich, in ihrer Meinung unabhängig, zuverlässig und verantwortungsbewußt sei. Derartige nicht selbstverständliche Schlußfolgerungen tauchen nicht selten bei der Beurteilung anderer Menschen auf.

Viele andere Untersuchungen dieser Art sind seitdem durchgeführt worden. Es stellt sich oft dabei die Frage, ob solche isolierten Urteile für die Art von Schlußfolgerungen repräsentativ seien, die in komplexeren Nicht-Labor-Situationen gefällt werden. In einer Untersuchung, in der nicht nur Hinweiseigenschaften dargeboten wurden, sondern auch zusätzlich angege-

[31] Bruner, Shapiro & Tagiuri, 1958

ben wurde, ob die betreffende Person Weißer oder Neger sei, ergaben sich ähnliche Schlußfolgerungen für beide Reiz-Personenklassen.[32] Warr und Knapper weiteten die Fragestellung aus, indem sie die Zahl der Versuchsbedingungen vergrößerten: sechs Hinweiseigenschaften wurden allgemein als Eigenschaften von Menschen hingestellt, drei Hinweiseigenschaften als solche von Männern oder Frauen und drei als solche von Studenten und Bankdirektoren.[33] Das erste Item lautete für jede Versuchsbedingung: "Wie wahrscheinlich ist es, daß zynische Personen im allgemeinen auch ehrgeizig sind?" "Wie wahrscheinlich ist es, daß zynische Männer ehrgeizig sind?" "Wie wahrscheinlich ist es, daß zynische Frauen ehrgeizig sind?" "Wie wahrscheinlich ist es, daß zynische Studenten ehrgeizig sind?" "Wie wahrscheinlich ist es, daß zynische Bankdirektoren ehrgeizig sind?" Die bei der Darbietung jeder Hinweiseigenschaft auftretenden Schlußfolgerungen wurden mittels einer Liste von 25 Persönlichkeitseigenschaften erfaßt. Natürlich wurden die Darbietungen der Hinweiseigenschaften zeitlich angemessen verteilt, so daß nicht zur gleichen Zeit verschiedene Versuchsbedingungen abgewickelt wurden. Warr und Knapper fanden geringe Unterschiede zwischen den Schlußfolgerungen, die man im allgemeinen aus den Hinweiseigenschaften zog und solchen, die man für Männer und Frauen getrennt zog. Aus ein und derselben Hinweiseigenschaft wurden aber ganz verschiedene Schlüsse gezogen, wenn es sich bei den zu beurteilenden Personen um Bankdirektoren oder Studenten handelte. Bei der Hinweiseigenschaft 'impulsiv' traten in siebzehn der 25 Skalen Unterschiede auf, bei der Eigenschaft 'praktisch veranlagt' ergaben sich in dreizehn und bei 'präzise' in sechs Skalen Unterschiede. Offenbar überlagert in vielen Fällen der Reiz-Wert der Rollenbezeichnung den der Hinweiseigenschaft (zum Beispiel implizierte 'impulsiv' die Eigenschaft 'sorglos' im allgemeinen und bei Studenten, aber nicht bei Bankdirektoren). Die Regeln für das Schlußfolgern scheinen also bei der Benutzung allgemeiner Personenkategorien stabil zu bleiben, nicht jedoch bei der Verwendung spezifischer Kategorien.

Die Rolle des Bewertungsaspekts von Schlußfolgerungen

Unsere Fragestellung erschöpft sich nicht in der Untersuchung der Stärke eines Zusammenhangs zwischen Hinweiseigenschaft und erschlossener Eigenschaft. Wir stellen auch zusätzlich die Frage, warum gerade zwischen bestimmten Persönlichkeitseigenschaften ein Zusammenhang besteht. Sind die Eindrücke, die wir uns von anderen bilden, hauptsächlich ein Widerspiegeln unserer Sympathie für diese Personen - ihrer positiven oder negativen Bewertung (gut - böse) durch uns? Oder beruhen unsere Eindrücke

---

[32] Secord & Berscheid, 1963

[33] Warr & Knapper, 1968

primär auf den deskriptiven Qualitäten der Persönlichkeitseigenschaften selbst? Bei den bereits diskutierten Schlußfolgerungen könnten wir z. B. fragen, ob man einen Menschen, der als großzügig bekannt ist, deshalb als heiter bezeichnet, weil beides günstige Eigenschaften sind oder weil beide einen ähnlichen Inhalt haben. Ein alltäglich vorkommendes Phänomen wie zum Beispiel die Tendenz, einen Freund mit günstigen Eigenschaften zu beschreiben und einen Feind mit ungünstigen, scheint für das Wirken des Bewertungsprinzips (gut - böse) zu sprechen. Peabody hat eine Anzahl von Eigenschaften so ausgewählt, daß die relative Wirkung des Bewertungsaspekts und des deskriptiven Inhalts eingeschätzt werden konnte.[34] Es wurden zum einen Begriffspaare gesucht, die ähnlich in der Bewertung, aber verschieden im deskriptiven Inhalt waren (z. B. sparsam und extravagant), zum anderen Begriffspaare, die im deskriptiven Inhalt ähnlich, in der Bewertung jedoch verschieden waren (z. B. sparsam und geizig). Den Versuchsteilnehmern wurde eine Eigenschaft genannt mit der Bitte, die Wahrscheinlichkeit anzugeben, mit der eine Person, die die genannte Eigenschaft besitzt, die eine oder andere Eigenschaft aus einem Eigenschaftspaar ebenfalls besitzen könnte. Dies kann an einem Beispiel verdeutlicht werden:

VORSICHTIG

kühn: ______:______:______:______:______:______:______: furchtsam

Wenn der Beurteiler auf die positive Konnotation des Begriffs vorsichtig reagiert, wird er der Persönlichkeitseigenschaft kühn zuneigen, einer ebenfalls positiven Eigenschaft. Wenn er aber dem deskriptiven Inhalt des Begriffs vorsichtig mehr Beachtung schenkt, wird er eher den Begriff 'furchtsam' wählen und von der positiven Konnotation absehen.

Mehrere Untersuchungen geben uns Auskunft über die Eigenart von Schlußfolgerungen aus bereits bekannten Eigenschaften, deren bewertende und deskriptive Aspekte auf die beschriebene Weise kontrolliert worden waren[35]. Es erwies sich, daß beim Urteilsprozeß sowohl auf die Konsistenz in der Bewertung als auch auf Konsistenz im deskriptiven Inhalt geachtet wird. Sind die Beziehungen im deskriptiven Inhalt sehr augenfällig, so stützt man sich in seinen Schlußfolgerungen meist auf die deskriptive Qualität der gebrauchten Begriffe. Bei der Zusammenstellung von Eigenschaften zu einem Gesamtbild bezieht man sich in seinen Schlußfolgerungen vorwiegend auf den deskriptiven Inhalt.

Das Kombinieren von Informationen

Aus praktischen Gründen sind wir in Situationen des täglichen Lebens oft eher an dem Gesamteindruck, Gesamturteil oder der Gesamtbewertung einer Person interessiert als an Einzelinformationen. Einige Untersucher haben

34 Peabody, 1967, 1970

35 Rosenberg & Olshan, 1970; Peabody, 1970

deshalb ihre Aufmerksamkeit der Frage zugewandt, wie man bei der Urteilsbildung einzelne Schlüsse zusammenfaßt. Für diesen Prozeß kann man verschiedene mathematische Modelle entwerfen. Ein Modell z. B. beruht auf dem Mittelungs-Prinzip ("averaging"). Nehmen wir an, wir hätten uns aus den Hinweiseigenschaften intelligent, fähig und fair ein Urteil über die Kompetenz einer Person zu bilden. Wird unser Urteil über die Kompetenz dieser Person durch die Mittelung dieser drei Einschätzungen bestimmt? Oder durch ihre Addition zu einem Ganzen, wie es das sogenannte additive Modell nahelegt? Es ist auch das Modell einer gewichteten Mittelung möglich (weighted averaging). In unserem Beispiel hat wahrscheinlich die Schlußfolgerung, die sich auf die Eigenschaft 'fähig' stützt, das größte Gewicht, die aus 'intelligent' das zweitgrößte Gewicht, die aus 'fair' ein geringes Gewicht.

Noch komplexere Modelle wären erforderlich, ginge man davon aus, daß sich die Informationen über einzelne Eigenschaften wechselseitig durch gegenseitige Verstärkung oder Negierung beeinflussen. Es könnte zum Beispiel sein, daß jemand, der als ehrlich und vertrauenswürdig beschrieben wird, als ehrlicher erscheint als ein anderer, der als ehrlich und hilfsbereit beschrieben wird. Das bedeutet: das Vorhandensein der Eigenschaft 'vertrauenswürdig' führt den Beobachter zur Annahme größerer Ehrlichkeit. Im allgemeinen hat man versucht, zunächst nicht mit solch komplexen Modellen zu arbeiten, sondern vielmehr zu sehen, ob die einfacheren eine adäquate Erklärung der erhaltenen Urteile liefern. Überdies hat man sich in dem Bemühen, angemessene Modelle für das Kombinieren von Informationen zur Bildung eines Gesamteindrucks zu finden, auf Modelle für einen einzigen Gesamteindruck, den der Sympathie für die Stimulus-Person, beschränkt.

Norman Anderson hat eine große Menge von Daten zusammengestellt, die für das Modell der gewichteten Mittelung (weighted averaging) sprechen. Er arbeitete dabei nicht nur mit Schlußfolgerungen, die man für die Beurteilung von Personen aus bestimmtem Informationsmaterial zieht, sondern auch mit einer beträchtlichen Zahl anderer Urteilsprozesse und mit Prozessen der Einstellungsänderung[36]. Wir werden uns hier nicht weiter mit diesen Modellen befassen. Bemerkt sei nur noch, daß Warr und Smith den Versuch einer Bewertung von sechs unterschiedlichen Modellen der Informationszusammenfassung unternommen haben.[37]

Multidimensionale Analyse

Statt der Analyse der Eindrucksbildung Schlußfolgerungen aus "Hinweis-" Eigenschaften zugrunde zu legen, ist es möglich, sich auf direkte Ein-

---

[36] Anderson, 1971

[37] Warr & Smith, 1970

s c h ä t z u n g e n anderer Personen zu stützen. Man kann zum Beispiel jemanden bitten, auf einer Skala wie der auf Seite 45 den Grad der Kühnheit oder Furchtsamkeit einer bekannten Person anzugeben, ohne daß er dazu irgendeine Information erhält, etwa die Angabe der Hinweiseigenschaft v o r s i c h t i g. Ein anderes Verfahren besteht in der Aussortierung von Eigenschaften. Dabei bittet man jemanden, mehrere Personen zu charakterisieren, indem er aus einer Reihe von Eigenschaften für jede Person diejenigen auswählt, die seiner Meinung nach am besten zu ihr passen. Durch Anwendung verschiedener komplexer statistischer Verfahren, die zur Verarbeitung der Daten aus solchen Einschätzverfahren verwendet werden können (F a k t o r e n a n a l y s e und m u l t i d i m e n s i o n a l e S k a l i e r u n g), erhält man Informationen über die Dimensionen, welche den Urteilen zugrunde liegen, die man über andere fällt. Rosenberg und Sedlak haben einen Überblick über Untersuchungen gegeben, die mit dem Verfahren der A u s s o r t i e r u n g von Eigenschaften und dem Kontrollisten-Verfahren (checklists) arbeiten.[38] Sie kamen zu dem Ergebnis, daß sich Urteile, die über andere gefällt werden, durch drei Dimensionen charakterisieren lassen: B e w e r t u n g, P o t e n z und A k t i v i t ä t. Die erste Dimension 'B e w e r t u n g' ist bezeichnenderweise die wichtigste. Dies zeigt, daß die Struktur vieler Urteile durch ihren Ort auf dem Gut-Schlecht-Kontinuum bestimmt ist. Mit der Dimension 'P o t e n z' stehen Eigenschaften wie s t a r k - s c h w a c h, h a r t - w e i c h, s t r e n g - s a n f t, d o m i n i e r e n d - u n t e r w ü r f i g im Zusammenhang. Die dritte grundlegende Dimension, 'A k t i v i t ä t' läßt sich durch Eigenschaften wie a k t i v - p a s s i v, e n e r g i s c h - l a n g s a m, f l e i ß i g - f a u l charakterisieren. In Untersuchungen, in denen der Untersucher die Urteile mit Hilfe von Eigenschaftswörterlisten abgeben ließ, scheinen diese drei Dimensionen relativ unabhängig voneinander zu sein. Ein ganz anderes Bild entsteht, wenn die Versuchsteilnehmer bei der Beurteilung die Eigenschaften ihrer Wahl benutzen dürfen. Auch hier wurden die drei Dimensionen gefunden, aber sie waren schwächer ausgeprägt und nicht länger voneinander unabhängig. Die Position einer Person auf einer Dimension stand in Beziehung zu ihrer Position auf die anderen Dimensionen. Eine Person, die zum Beispiel eine extreme Position in der Bewertungsdimension einnimmt, würde eine überdurchschnittliche Ausprägung in der Potenz-und Aktivitätsdimension haben.

Die Ergebnisse von mehreren hundert Untersuchungen, welche Rating-Verfahren benutzten, können im Gegensatz zu denen, die mit Kontrollisten und mit der Methode der Aussortierung von Eigenschaften arbeiteten, kaum in einfacher Weise zusammengefaßt werden. Aber ein Befund ist hier sachdienlich. Wir können uns die Frage vorlegen, ob die entdeckten Dimensionen für die eingeschätzten Personen charakteristisch sind oder ob sie zeigen, wie die Beurteiler die Eigenschaftswörter gebrauchen. Mehrere Untersuchungen , die mit der Faktorenanalyse arbeiteten, zeigen ganz deutlich, daß die

---

[38] Rosenberg & Sedlak, 1972

Organisation der Eigenschaften eher in der Eigenart der Beurteilungen als in den tatsächlichen Eigenschaften der Reiz-Person liegt.[39] Diese Untersuchungen machen deutlich, daß die Struktur der Urteile unverändert bleibt, ob nun Freunde oder echte Feinde eingeschätzt werden. Die Einschätzungen erhalten also eher ihre spezifische Gestalt durch die von den Beurteilern stammende Organisation der Eigenschaftsbegriffe, als durch irgendeine Organisation, die der eingeschätzten Reiz-Person eigen ist. Obgleich sich die Dimensionen, die sich durch die Auswertung von Untersuchungen mit Rating-Verfahren ergeben, deutlich von den zuvor diskutierten Dimensionen der Bewertung, Aktivität und Potenz unterscheiden, zeigte es sich, daß diese drei Dimensionen in solchen enthalten sind, welche mit Rating-Verfahren gefunden wurden.[40]

Zusammenfassung: Organisationsprozesse bei der Personenbeurteilung

Personenbeschreibungen haben als typische Eigenschaft eine hochorganisierte Form. Urteile, die man über andere fällt und die sich scheinbar auf verschiedene Persönlichkeitseigenschaften beziehen, stehen dennoch miteinander in engem Zusammenhang. Die meisten Untersuchungen, die sich dieser organisatorischen Eigenart widmeten, haben eine hypothetische Ziel-Person benutzt, eine Art nicht existierenden Jedermann und nicht bestimmte Gruppen von Personen, die durch Geschlecht, Berufsrolle und andere Kriterien gekennzeichnet sind. Aus diesem Grunde lag der Schwerpunkt des Interesses auf der allgemeinen Eigenart von Urteilen, die über andere gefällt werden.

Die Analyse von Eindrücken, die auf Grund verbaler Beschreibungen gebildet worden sind, zeigt, daß einige Hinweiseigenschaften eine zentralere Stellung haben als andere: Sie haben eine starke Wirkung auf die Eindrucksbildung. Dieses Phänomen tritt sogar noch auf, wenn die Beschreibungen umfangreicher werden und wenn sie in wirklichkeitsgetreuer Form abgefaßt sind, etwa in der Art eines Zeitungsberichts. Man nimmt an, daß die Zusammenhänge zwischen Hinweiseigenschaften und den daraus erschlossenen Eigenschaften eine implizite Persönlichkeitstheorie über die Eigenart von Menschen widerspiegeln. Dieser Abschnitt hat sich nur mit einer solchen impliziten Theorie befaßt, die für Beobachter im allgemeinen gilt und auf Gruppenmittelwerten beruht. Sowohl die bewertenden als auch die deskriptiven Konnotationen der Hinweiseigenschaften bestimmen die Eindrucksbildung mit: Der Gesamteindruck aus mehreren Hinweiseigenschaften scheint sehr oft auf einem Prozeß der Mittelung der Einzeleindrücke aus verschiedenen Schlußfolgerungen zu beruhen. Die multidimensionale Analyse hat aufgedeckt, daß es einige Hauptdimensionen gibt, welche den Urteilen über andere Personen zugrunde liegen. Diese können mit den Be-

---

39 Norman & Goldberg, 1966, Passini & Norman, 1966

40 Kuusinen, 1969

zeichnungen "Bewertung" (gut-schlecht), "Potenz" (stark-schwach) und "Aktivität" (aktiv-passiv) charakterisiert werden. Es sind jedoch noch viele andere Interpretationen möglich.

DER BEOBACHTER BEI DER PERSONENBEURTEILUNG

Die Diskussion hat sich bis zu diesem Punkt weitgehend mit einer Vielzahl von Prinzipien befaßt, die für solche Personenbeschreibungen charakteristisch sind, die allgemein gegeben werden, d. h. ohne Berücksichtigung der individuellen Unterschiede zwischen den Beobachtern. Dieser Abschnitt wird zuerst einige Arten aufzeigen, in welchen sich die Beurteilungen verschiedener Beobachter unterscheiden und sodann feststellen, in welchen Eigenschaften sich Beobachter, die verschiedene Beurteilungen abgeben, unterscheiden. Im wesentlichen beschäftigen wir uns hier mit den impliziten Persönlichkeitstheorien von individuellen Beobachtern oder von Typen von Beobachtern, im Gegensatz zu impliziten Theorien von Beobachtern im allgemeinen

Unterschiede in den von Beobachtern abgegebenen Urteilen

Eines der bekanntesten Merkmale, in denen sich Beobachter voneinander unterscheiden, ist eine immer gleich wirksame Verzerrung in bestimmten Urteilen. Jeder von uns kennt den ständigen Meckerer, der wenig Gutes über andere oder über die meisten Ereignisse zu sagen hat. Die Urteile der "leichtgläubig-naiven Seele" sind in anderer Richtung verzerrt. Im Vergleich zu anderen Beobachtern würde ein solcher Mensch anderen einen höheren Grad an Ehrlichkeit, Aufrichtigkeit und ähnlichen Eigenschaften zuschreiben. Diese Art der Verzerrung oder Voreingenommenheit wird in einer Untersuchung deutlich, die zeigt, daß College-Studenten bei der Beurteilung anderer in Eigenschaften, die für sie wichtig waren, zu extremen Einschätzungen neigten.[41] Unterschiede in der Wichtigkeit einer Persönlichkeitseigenschaft für den Beobachter führen offensichtlich zu einer Reihe von Unterschieden in der Beurteilung. Es konnte zum Beispiel gezeigt werden, daß Beobachter für solche Personen größere Sympathie empfinden, die Eigenschaften besitzen, die den Beobachtern wichtig sind.[42]

In der verschiedenartigen "Gewichtung" von Eigenschaften liegt ein bedeutender Unterschied zwischen den Beurteilungen, die über andere Personen abgegeben werden. Der andere bedeutsame Unterschied besteht im unterschiedlichen Gebrauch verschiedener Dimensionen oder Eigenschaften. Wird dem Beobachter eine gewisse Freiheit bei der Wahl der Beurteilungskate-

---

41 Tajfel & Wilkes, 1964

42 Rommetveit, 1960

gorien gelassen, so kann es sein, daß der eine viele, der andere wenige Eigenschaften benutzt. Mehrere Untersuchungen demonstrieren sowohl die Existenz des Gewichtungsprozesses als auch den unterschiedlichen Gebrauch von Dimensionen durch verschiedene Beobachter. Bei der Aufgabe, die Ähnlichkeit oder Unähnlichkeit bekannter Persönlichkeiten der Politik zu beurteilen, zeigte sich z. B., daß ein Typ von Beurteilern die Politiker allein auf der Gut-Schlecht-Dimension miteinander verglich, ein anderer Typ benutzte die Gut-Schlecht - Dimension, aber außerdem noch die Unterscheidung Republikaner-Demokrat, und ein dritter nahm viele subtile Unterscheidungen vor, vermutlich die Widerspiegelung eines komplexen Gefüges von Dimensionen.[43]

In einer anderen Untersuchung[44] erhielten die Versuchsteilnehmer eine Vielfalt von Informationen über bestimmte Personen, Informationen über ihre High-School-Noten, ihren sozialen Status, den Grad ihrer finanziellen Unabhängigkeit, ihre Sprachfertigkeit im Englischen sowie das Bildungsniveau ihrer Mütter. Sie wurden sodann gebeten, für jede Person eine Einschätzung ihrer Intelligenz vorzunehmen. Die statistische Analyse machte es den Untersuchern möglich zu bestimmen, welches Gewicht jeder Versuchsteilnehmer bei der Intelligenzbeurteilung jeder einzelnen Informationseinheit zuschrieb. Nach dem Ergebnis der statistischen Analyse zerfallen die Beurteiler in acht Gruppen oder Typen, von denen jede (r) ein unterschiedliches Gewichtungs-System benutzte. Eine Gruppe von fünfundvierzig Versuchsteilnehmern beurteilte die Intelligenz fast ausschließlich auf der Basis der High-School-Noten als zweitem Kriterium, ignorierte jedoch eigentlich die anderen Informationen. Eine dritte Gruppe legte das Hauptgewicht auf die High-School-Noten, die Leistungen in Englisch, auf Verantwortlichkeit und die Studiengewohnheiten. Solche Informationen über die Grundlagen, auf welche sich Intelligenzbeurteilung stützen, werden mit Hilfe der Faktorenanalyse gewonnen. Dieses Verfahren setzt nicht voraus, daß den Versuchsteilnehmern die Art ihrer Gewichtung von Informationseinheiten bewußt ist.

Die einer Beurteilung zugrunde liegende Gewichtung von Eigenschaften ist in Abb. 2-2[45] anschaulich dargestellt. Zwei Interviewer in der Industrie schätzen denselben Bewerber in einer Reihe von Eigenschaften ein und beurteilen daraufhin seine Fähigkeit als Geschäftsführer. In Abbildung 2-2 wird die Enge des Zusammenhangs zwischen den Linien dargestellt, wobei ein Winkel von 0° eine vollständige Korrelation und einer von 90° eine Nullkorrelation symbolisiert. Die Beziehungen zwischen dem Einstellungs-Vektor und einer Eigenschaft zeigt an, wie eng nach Meinung des Beurteilers der Zusammenhang zwischen der betreffenden Eigenschaft und der Leistung des Interviewten in dem vorgesehenen Beruf ist: je kleiner der

43 Jackson & Messick, 1963

44 Wiggins & Hoffman, 1969

45 Cronbach, 1958

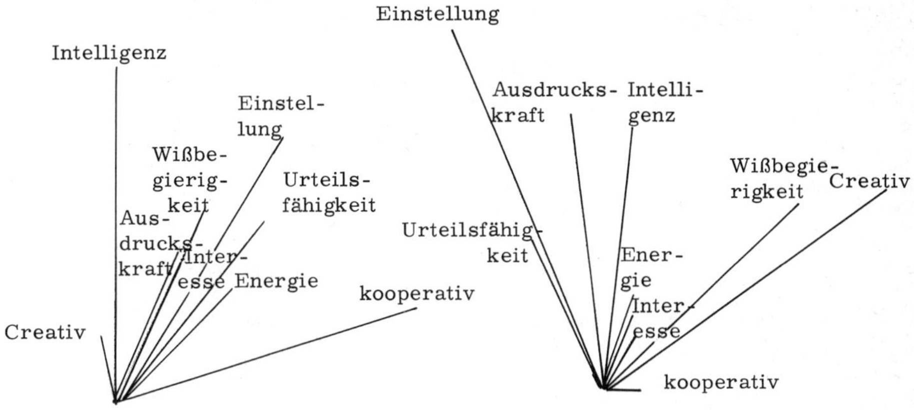

Beurteiler A Beurteiler B

Abb. 2-2: Die Organisation von Eigenschaften, wie sie von zwei verschiedenen Interviewern gesehen wurde. (Abgedruckt mit Erlaubnis von L. J. Cronbach. Proposals leading to analytic treatment of social perceptual scores. In R. Tagiuri u. L. Petrullo (Eds.), Person perception and interpersonal behavior. Stanford, Calif.: Stanford University Press, 1958, S. 364).

Winkel zwischen dem Einstellungs- Vektor und der Eigenschaft, desto wichtiger ist nach Meinung des Interviewers diese Eigenschaft für die Berufstätigkeit. Die Länge des Vektors stellt dar, wie stark der Beurteiler seine Einschätzungen von verschiedenen Interviewten variiert: kurze Strecken zeigen an, daß er sie wenig variiert und daß sie deshalb für seine Entscheidung, eine bestimmte Person einzustellen, nicht sehr bedeutsam sind, weil die meisten Bewerber jene Qualitäten in gleichem Maße besitzen. Auf diese Weise können wir erkennen, daß Beurteiler A seine Entscheidung auf der Basis einer Kombination von zwei unabhängigen Eigenschaften fällte, nämlich von Intelligenz und Kooperationsbereitschaft. Wißbegierigkeit (die in Beziehung zu Intelligenz steht) und Urteilsfähigkeit bestimmen ebenfalls das Gesamturteil mit. Beurteiler B jedoch hat seine Entscheidung auf der Basis von Intelligenz und Ausdrucksfähigkeit gefällt -, Eigenschaften, die seiner Meinung nach eng miteinander in Beziehung stehen. Kooperationsbereitschaft und Wißbegierigkeit spielen bei seiner Bewertung keine Rolle, und Kreativität bestimmt mit leicht negativem Gewicht die Entscheidung mit (der Winkel ist größer als 90°). Der Autor faßt die Ergebnisse mit der Formulierung zusammen, beide Interviewer betrachteten die Bewerber durch verschiedene Brillen.

Unterschiede in den Eigenschaften von Beobachtern

Unsere Diskussion beschränkte sich bisher darauf zu zeigen, daß verschiedene Beobachter andere Personen in ganz unterschiedlicher Weise bewerten und beschreiben. Es wurde jedoch nicht versucht festzustellen, welche Eigenschaften von Beobachtern mit ihrer unterschiedlichen Betrachtungsweise von Personen in Beziehung stehen.

Es gibt einige Eigenschaften von Beobachtern, die ganz offensichtlich mit ihrer Bewertung anderer Personen im Zusammenhang stehen. Zu Beginn dieses Kapitels hörten wir, daß sich ältere Kinder in ihrer Art, andere zu beschreiben, von Erwachsenen als auch von jüngeren Kindern unterscheiden. Im allgemeinen sind die Beschreibungen, welche ältere Erwachsene von anderen geben, stärkeren Variationen unterworfen und komplexer als die von jüngeren Erwachsenen oder Kindern[46]. Obgleich wir geneigt sind anzunehmen, daß männliche und weibliche Beobachter andere Menschen sehr unterschiedlich bewerten, deutet eine Übersicht über die in diesem Bereich gemachten Untersuchungen darauf hin, daß nur relativ wenig Unterschiede bestehen.[47]

Bei der Suche nach Beobachtereigenschaften, die mit der Art und Weise, wie ein Beobachter andere bewertet, im Zusammenhang stehen, denkt man leicht an die generelle Fähigkeit der Beobachter, mit kognitivem Material umzugehen. Die Art, wie ein Individuum seine Welt und die Objekte in ihr sieht, dürfte wohl mit seiner Art, andere Menschen zu betrachten, in Beziehung stehen. Harvey, Hunt und Schroder haben die Begriffssysteme, die Beobachter bei der Betrachtung ihrer Welt gebrauchen, mit der Dimension K o n k r e t h e i t - A b s t r a k t h e i t interpretiert.[48] Die Konkretheit schlägt sich auf vielfältige Weise nieder, unter anderem in folgenden Eigenschaften: Eine solche Person neigt eher zu extremen Unterscheidungen (gut-schlecht, richtig-falsch, schwarz-weiß, usw.). Sie ist abhängiger von Autoritäten, Präzedenzfällen und anderen außerpersönlichen Handlungsmodellen. Sie kann mehrdeutige Situationen nicht ertragen. Ihre Fähigkeit, so zu handeln "als ob ..." und die Rolle einer anderen Person zu übernehmen, ist gering ausgeprägt. Die durch "Abstraktheit" charakterisierte Person zeigt in diesen Funktionen eine entgegengesetzte Ausprägung. Es ist klar, daß Beobachter, die sich durch Abstraktheit ihrer Beschreibungen auszeichnen, eher fähig sein dürften, verschiedenartige Informationen über eine andere Person zu integrieren. In einem Versuch bot man Beurteilern zwei Reihen von Adjektiven mit konträrem Bedeutungsgehalt dar mit der Bitte, sich von den Per-

---

[46] Wertheimer, 1960; Beach & Wertheimer, 1961; Kohn & Fiedler, 1961; Fiedler & Hoffmann, 1962

[47] Warr & Knapper, 1968

[48] Harvey, Hunt & Schroder, 1961

sonen, die durch jede der Reihen charakterisiert werden, einen Eindruck zu bilden.[49] Danach forderte man sie auf, aus diesen Eindrücken einen einzigen zu machen, der für eine spezielle Person zutreffen könnte. Personen, die eine höhere Ausprägung in "Abstraktheit" hatten, waren eher fähig, dieser Aufgabe nachzukommen, als andere.

In einer anderen Arbeit wurden den Teilnehmern in drei Paaren sukzessiv Informationen über das Verhalten einer Person gegeben. In allen drei Paaren waren wünschenswerte oder nicht wünschenswerte Items enthalten.[50] Ein nicht wünschenswertes Item war "nahm Trinkgelder, die von anderen Gästen für die Kellnerin liegengelassen worden waren", und ein wünschenswertes Item war "schickte Freunden, die im Krankenhaus lagen, häufig Blumen und Besserungswünsche". Die Teilnehmer, deren Position auf der Dimension "Konkretheit-Abstraktheit" bekannt war, hatten anzugeben, wie glaubhaft ihrer Meinung nach Aussagen über bestimmte andere Verhaltensweisen der beschriebenen Personen seien. (Diese Verhaltensweisen waren ebenfalls entweder wünschenswert oder nicht wünschenswert). Stimmte die zusätzlich gemachte Aussage mit den Items in der Erwünschtheit überein, so hielten die Versuchsteilnehmer die Aussage für sehr glaubhaft. Personen, die eine höhere Ausprägung in "Konkretheit" hatten, hielten diese Aussage in stärkerem Maße für glaubhaft als jene, die zu "Abstraktheit" neigten. Umgekehrt waren Beurteiler, die sich durch "Abstraktheit" auszeichneten, eher bereit, eine inkonsistente Aussage über die Reiz-Person für glaubhaft zu halten, als jene, die einen hohen Konkretheitsgrad besaßen. Die Effekte waren am deutlichsten, wenn alle sechs zur Reiz-Information gehörenden Items dargeboten worden waren (im Vergleich zur Darbietung der ersten zwei oder ersten vier Items.) Jemand, der zur Konkretheit neigt, scheint also eher bereit zu sein, die "gute" Person als generell schlecht anzusehen.

Diese Ergebnisse haben eine gewisse Ähnlichkeit mit denen über den kognitiv komplexen Beobachter, der mehr Dimensionen bei der Beurteilung von Personen benutzt als der weniger kognitiv "komplexe".[51] Auf Tonband beschrieben verschiedene Sprecher eine Person mit den positiven Eigenschaften rücksichtsvoll, intelligent, humorvoll und unreif, schlechtgelaunt, unehrlich und sarkastisch [52]. In manchen Beurteilergruppen wurden die positiven Eigenschaften zuletzt dargeboten, in anderen die negativen. Die zuletzt vorgestellten Eigenschaften waren der vorherrschende Eindruck der Beobachter mit geringer Komplexität. Personen mit hoher Komplexität jedoch hatten sich einen ambivalenten Eindruck gebildet, d. h. sie hatten sowohl von den positiven als auch von den negativen Eigenschaften Gebrauch gemacht.

---

49 Harvey & Schroder, 1963

50 Ware & Harvey, 1967

51 Bieri, 1955

52 Mayo & Crockett, 1964

Auch die "autoritären" Züge eines Beobachters haben einen Einfluß auf seine Beurteilung anderer Personen. Eine autoritäre Persönlichkeit hält starr an Werten der Mittelklasse fest und beschäftigt sich in übertriebener Weise mit solchen Werten; ist unterwürfig gegenüber den moralischen Autoritäten der eigenen Gruppe; verdammt Personen, weist Personen zurück, die konventionelle Werte verletzen; beschäftigt sich vorwiegend mit Fragen der Macht und des Status; tendiert dazu, sich mit denen zu identifizieren, welche die Macht haben, und ist im allgemeinen den Mitgliedern von Fremdgruppen gegenüber feindlich gesinnt. Diese Eigenschaften gehören vermutlich zusammen. Eine Person, die einen hohen Ausprägungsgrad in einigen dieser Eigenschaften besitzt, tendiert dazu, ebenfalls in den übrigen Eigenschaften einen hohen Ausprägungsgrad zu zeigen. Ähnlich besteht die Tendenz, daß eine Person, die einen durchschnittlichen Ausprägungsgrad in einigen dieser Eigenschaften besitzt, in den übrigen ebenfalls einen durchschnittlichen Ausprägungsgrad hat, usw. Die Ausprägung des autoritären Syndroms wird mit Hilfe eines Fragebogens, bekannt als F-Skala, erfaßt. Diese wurde ursprünglich von Adorno, Frenkel-Brunswik, Levinson und Sanford entwickelt. Beispiele für Items, denen eine autoritäre Person zustimmen würde, sind folgende: "Jedermann sollte vollständiges Vertrauen in eine übernatürliche Macht haben, deren Entscheidungen er ohne Fragen befolgt." "Das wilde Geschlechtsleben der alten Griechen und Römer war zahm im Vergleich zu einigen Vorgängen in diesem Land, und zwar selbst an Orten, wo man es am wenigsten erwarten sollte."

In mehreren Untersuchungen wurden Zwei-Personen-Gruppen für einen Zeitraum von ungefähr 20 Minuten gebildet. Die Gruppen erhielten die Instruktion, miteinander über Radio- und Fernsehsendungen und Kinoprogramme zu diskutieren.[53] Diese Aufgabe hatte den Zweck, jede Person mit Informationen über die andere zu versorgen. In einigen Fällen bildeten zwei Personen mit hohem Autoritarismus ein Paar, und schließlich gab es noch Paare, die aus einer stark autoritären und einer weniger autoritären Person bestanden. Die Forscher wollten wissen, welchen Eindruck sich jeweils eine Person von der anderen zur Dyade gehörigen gebildet hatte. Speziell wollten sie herausfinden, ob dieser Eindruck je nach Ausprägung der autoritären Eigenschaften der einzelnen Person verschieden sein würde. Nach Beendigung der Diskussionszeit hatte jeder Teilnehmer einen Fragebogen so auszufüllen, wie ihn seiner Meinung nach sein Diskussionspartner ausfüllen würde. Die Items des Fragebogens waren der F-Skala entnommen, die die Stärke der autoritären Züge eines Menschen erfassen soll. In späteren Arbeiten ließ man statt der wirklichen Interaktion zwischen den Teilnehmern Aufnahmen von Scheininterviews mit hoch-autoritären und niedrig-autoritären Personen abspielen.[54] Diese Technik hat den Vorteil, der einzelnen Person genauer kontrollierte und strukturierte Informationen darbieten zu können. Die Ergebnisse der

---

[53] Scodel & Mussen, 1953; Scodel & Freedman, 1956; Crockett & Meidinger, 1956

[54] Jones, 1954; Kates, 1959; Lipetz, 1960

verschiedenen Untersuchungen stimmen in den folgenden allgemeinen Aussagen überein:

1. Der Versuchsteilnehmer nimmt gewöhnlich an, er habe es mit einer Person seiner Bezugsgruppe zu tun; d. h. die andere Person wird nicht als jemand betrachtet, der irgendwelche besonders auffälligen Charakterzüge besitzt, die sie von anderen abheben.

2. Beurteiler mit stark autoritären Zügen nehmen an, daß die andere Person die gleichen Werte habe wie sie selbst, und sie schreiben ihr einen entsprechend hohen Ausprägungsgrad in den meisten autoritären Eigenschaften zu.

3. Die wenig autoritären Beurteiler schätzen die andere Person nicht als autoritär ein, sondern nehmen gewöhnlich an, sie habe einen durchschnittlichen Ausprägungsgrad in den autoritären Eigenschaften.

Diese Ergebnisse sind ein ausreichender Beweis dafür, daß die Persönlichkeitseigenschaften des Beobachters darüber mitbestimmen, wie er andere beschreibt. Solche Beschreibungen würden jedoch vermutlich ganz anders ausfallen, wenn der Beobachter nicht den Eindruck hätte, die andere Person gehöre zur Eigengruppe. Die genannten Befunde lassen vielfältige Interpretationen zu. Mehrere Autoren sehen in ihnen eine Untermauerung der These, daß wenig autoritäre Beobachter andere genauer wahrnehmen (der stark autoritäre Beobachter beurteilt selbst wenig autoritäre Personen als stark autoritär).[55] Andere meinen, daß die stark autoritären und die wenig autoritären Personen einfach nur ihre alltägliche Erfahrung mit anderen Menschen wiedergeben und wenig von der Reiz-Information beeinflußt werden.[56] Diese These beruht auf der Annahme, daß die stark autoritäre Persönlichkeit häufig Personen begegnet, die stark autoritäre Züge besitzen. Man könnte es also so sehen, daß jede Person eine Art Wahrscheinlichkeitsurteil über die Eigenschaften eines vollkommen Fremden abgibt.

Diese Erklärung wirkt besonders einleuchtend durch die Ergebnisse einer Untersuchung, in der den Versuchsteilnehmern kein Reiz-Material dargeboten wurde, sondern sie gebeten wurden anzugeben, wie der "typische College-Student" die Items der F-Skala beantwortete.[57] Die Ergebnisse entsprachen recht gut denen der zuvor zitierten Untersuchungen, in denen Reiz-Material benutzt worden war.

Den gelungensten Versuch, die Eigenschaften eines Beobachters zur Art seiner Personenbeschreibung in Beziehung zu setzen, stellt eine Arbeit dar,

---

55 Scodel & Mussen, 1953; Scodel & Freedman, 1956; Lipetz, 1960

56 Crockett & Meidinger, 1956; Rabinowitz, 1956

57 Rabinowitz, 1956

in der die Beschreibung einer einzigen Person analysiert wird. Rosenberg und Jones analysierten den Beschreibungsstil von Theodore Dreiser in seinem Werk 'A Gallery of Women'. Es wurden mehrere Methoden einer multidimensionalen Analyse verwandt.[58] Die drei Hauptdimensionen, die den von ihm gebrauchten 99 deskriptiven Eigenschaften zugrunde lagen, waren paßt sich an - paßt sich nicht an; männlich - weiblich und hart - weich. Die beiden letzten Dimensionen standen in enger Beziehung zueinander. Dreiser beschäftigte sich stark mit Frauen. Dabei waren ihm zwei Aspekte besonders wichtig: Frauen als Sexualpartner und als intellektuelle Gefährtinnen. Seine Sicht der Frau als Sexualpartner zeigt sich in den Eigenschaften, die er mit Feminität verbindet: attraktiv, schön, anmutig, lieblich, physisch verlockend und sinnlich. Aber er schildert seine attraktiven, unkonventionellen Frauen gerne als klug und setzte dies als literarisches Mittel ein. Der genannte Aspekt zeigt sich in folgenden den Frauen zugeschriebenen Eigenschaften: "Sie liest, ist herausfordernd, intelligent, kalt und schlau." Konformität ist das zweite wichtige Thema in Dreisers Leben. Während seiner ganzen literarischen Karriere kämpfte er gegen soziale Konventionen. Er mußte kämpfen, um seine Werke publiziert zu bekommen, und er zeigte Geringschätzung gegenüber den Ansichten des Durchschnittsbürgers. Die Analyse seiner Beschreibung von Frauen macht die Bedeutung dieses Themas deutlich, und zwar dadurch, daß "paßt sich an - paßt sich nicht an" wiederholt als Hauptdimension auftaucht.

Zusammenfassung: Der Beobachter in der Personenbeurteilung

Menschen unterscheiden sich in der Komplexität ihrer Sprachfertigkeit und in ihren impliziten Theorien darüber, wie Menschen sind. Eine der bekanntesten Eigenschaften, in denen sich Beobachter unterscheiden, ist eine konsistente Verzerrung von bestimmten Urteilen: Sie überschätzen oder unterschätzen bei anderen die Ausprägung einer Eigenschaft. Verschiedene Beobachter gewichten auch bei der Einschätzung anderer die Informationen in unterschiedlicher Weise: Einige Informationen, d. h. auch einige Hinweiseigenschaften, haben ein größeres Gewicht als andere.

Weniger Fortschritte hat man bei der Erforschung derjenigen Beobachter-Eigenschaften gemacht, die mit Unterschieden in der Beurteilung oder mit solchen in der impliziten Persönlichkeitstheorie in Zusammenhang stehen. Obgleich sich Personen, die sich in Alter und Geschlecht unterscheiden, auch in der Beurteilung anderer Personen unterscheiden, ist die Art dieser Beurteilungen nur ungenau bestimmt worden. Eine andere Eigenschaftsdimension von Beobachtern, die mit verschiedenen Beurteilungsstilen in Zusammenhang steht, ist Konkretheit-Abstraktheit. Konkretheit spiegelt sich in der Tendenz zu Extremurteilen wider, in der Unterscheidung von gut und schlecht, richtig und falsch, in der Abhängigkeit von Autoritäten und Präze-

---

[58] Rosenberg & Jones, 1972

denzfällen und in der Ablehnung andersartiger Standpunkte. Abstraktheit ist durch entgegengesetzte Qualitäten charakterisiert. Die Dimension Konkretheit-Abstraktheit steht in engem Zusammenhang mit einem anderen Konzept, dem der Komplexität von Beobachtern. Beobachter mit komplexerer oder abstrakter Sichtweise benutzen eine größere Anzahl von Dimensionen oder Konzepten in der Personenbeschreibung als solche mit einer weniger komplexen Sichtweise, und sie können ein und derselben Person eher inkongruente Eigenschaften zugestehen. Schließlich ist in diesem Zusammenhang noch zu erwähnen, daß Beobachter, die als autoritäre Persönlichkeiten charakterisiert werden können, annehmen, andere hätten dieselben Werte wie sie selbst, hätten also auch eine hohe Ausprägung in den autoritären Eigenschaften. Personen mit einem geringeren Ausprägungsgrad in Autoritarismus machen diese Annahme nicht, sondern schätzen den Autoritarismus-Grad anderer als durchschnittlich ein.

EINDRUCKSBILDUNG AUF GRUND NONVERBALER INFORMATIONEN

In vielen Lebenssituationen bildet man sich auch einen Eindruck über jemanden, der keine verbale Äußerung getan hat. Und in einigen Situationen sind zwar verbale Informationen vorhanden, doch sind sie in derart ritualisierte Ausdrucksweisen eingebettet, daß sie für die Bildung eines Eindrucks wertlos sind (z. B. bei einer gegenseitigen Vorstellung, wenn zwei Personen formale Grüße austauschen und sich Anerkennung zollen). Es gibt dann schließlich noch Fälle, bei denen aus verbalen Informationen deutliche Hinweise für die Beurteilung einer Person entnommen werden können, der Beobachter aber seinen Eindruck an mehr indirekten Informationen zu kontrollieren wünscht. Beispielsweise kann der Beobachter aus Versehen eine Handlung ausgeführt haben, die jemanden normalerweise verärgern muß. Man beteuert jedoch auf sein Befragen hin, nicht verärgert zu sein. Um die Aufrichtigkeit dieser Aussage zu überprüfen, benutzt der Beobachter auch indirekte Informationen. Er beachtet z. B. den Ton der Stimme, die Körperhaltung und den Gesichtsausdruck. So sind also die Ergebnisse von Untersuchungen über Eindrucksbildung auf Grund nonverbaler Informationen potentiell in vielen Lebenssituationen verwendbar.

Nonverbale Informationen, die der Eindrucksbildung dienen, lassen sich in zwei große Kategorien einteilen: in *strukturelle* und *kinetische* Informationen. Zu den strukturellen Informationen gehören solche relativ unveränderliche Elemente wie die Physiognomie (die Form des Gesichtes und seiner vielfältigen Züge) und der Körperbau oder Typus. Zu den kinetischen Informationen gehören Gesten, Ausdrucksbewegungen, Körperhaltung, beobachtete Spannung oder Entspannung und Ähnliches. In unserer Diskussion werden diese beiden Kategorien getrennt behandelt.

Strukturelle nonverbale Informationen

Gesichtszüge, Körperbau und allgemeine Erscheinung spielen in der mitmenschlichen Interaktion eine bedeutsame Rolle. Sie lassen Vermutungen entstehen über die Persönlichkeit, mit der man es zu tun hat, und erwecken entsprechende Erwartungen. Von ihnen hängt es ab, wie man jemanden behandelt. So wird der gut angezogene, athletisch gebaute Mann eher große Ehrerbietung erfahren als der lottrig angezogene, schwächlich aussehende Mann. Die körperliche Attraktivität eines Menschen hat zum Teil einen Einfluß darauf, wie andere sich ihm gegenüber verhalten. Eine Untersuchung an Kindern einer Kinderkrippe kam zu dem Ergebnis, daß die Kinder eine ganz verschiedene Meinung von attraktiven und unattraktiven Kindern hatten.[59] Für unattraktive Jungen hielt man ein aggressives, antisoziales Verhalten für charakteristischer als für attraktive. Hingegen hielt man attraktive Kinder für unabhängiger. Ob diese Meinungen tatsächliche Unterschiede wiedergeben oder nicht, ist unwichtiger als die Tatsache, daß derartige Meinungen den Charakter der Interaktion bestimmen, die man mit diesen Kindern eingeht. Die attraktiven Kinder haben hierbei einen großen Vorteil. Die von Berscheid und Walster gegebene Übersicht über Untersuchungen, die die Wirkung körperlicher Attraktivität zum Gegenstand haben,[60] deutet an, daß körperlich attraktive Erwachsene ähnliche Vorteile haben. Die folgende Diskussion wird zeigen, daß auch spezifischere Eindrücke aus vielfältigen strukturellen Zügen eines Menschen gebildet werden können.

Gesichtszüge als Reiz-Informationen

Die menschliche Physiognomie hat den Menschen durch die gesamte überlieferte Geschichte hindurch fasziniert. Die Literatur aller Zeiten enthält Hinweise auf die Physiognomie und vermittelt den Eindruck, als ob sie ein wesentlicher Bestandteil des menschlichen Charakters wäre. Malereien und Skulpturen benutzen oft den Kopf alleine als Gegenstand, als ob dieser Teil einer Person sie in ihrem Wesen repräsentiere. Die Physiognomie umfaßt relativ nicht zu beeinflussende strukturelle Züge: die Breite und Länge des Gesichts, die Form der Nase, die Konfiguration des Mundes, die Größe und Gestalt der Augen, die Anordnung der Gesichtsflächen. Oft gehören auch relativ überdauernde Ausdrucksmerkmale dazu (z. B. jene einer konsistent ängstlichen, gespannten Person, vielleicht durch Runzeln und Hautfarben ausgedrückt).

Anscheinend verläßt man sich in Situationen, in denen wenig andere Informationen verfügbar sind, und man sich dennoch einen Eindruck von einem Menschen bilden muß, in gewissem Grade auf die Gesichtszüge. Die so zu-

---

59 Unveröffentlichte Arbeit von Dion & Berscheid, 1971, zitiert in: Berscheid & Walster, 1972

60 Berscheid & Walster, 1972

stande gekommene Beurteilung kann natürlich ganz falsch sein. Wenn man aber häufig auf solche Weise zu Beurteilungen kommt, ist es interessant zu wissen, wie sie zustande kommen. Das Interesse konzentriert sich also nicht auf die Genauigkeit der Urteile, die man über andere fällt, sondern auf die Frage, welche Art von Informationen benutzt werden und wie sie zur Eindrucksbildung verwendet werden.

Durch physiognomische Untersuchungen, die Secord und Kollegen durchgeführt haben, wurde unzweifelhaft festgestellt, daß man sich auf Grund von Fotografien leicht von anderen Menschen einen Eindruck bilden kann.[61] Weiterhin läßt die Tatsache des hohen Grades an Übereinstimmung unter unabhängig voneinander arbeitenden Beobachtern das Vorhandensein irgendwie ähnlicher Prozesse vermuten, die bewirken, daß verschiedene Beobachter im wesentlichen zu denselben Eindrücken gelangen. Dies bedeutet natürlich nicht, daß ihr Eindruck richtig ist, und das heißt auch nicht, daß sie bei zusätzlichen Informationen über den betreffenden Menschen denselben Eindruck erhielten. Aber dies läßt vermuten, daß verschiedene Menschen in einer völlig eingeschränkten Situation, in der als einzig verfügbare Information eine Fotografie des menschlichen Gesichts vorhanden ist, auf der Grundlage gleicher Prozesse zu ihrem Urteil gelangen.

Offensichtlich zieht man nach bestimmten Regeln seine Schlüsse aus den Informationen, welche die Gesichtszüge liefern. Manchmal sind sie in weit verbreiteten Vorurteilen begründet. So rufen zum Beispiel Fotografien von dunkelhäutigen Gesichtern ungünstige Eindrücke hervor, charakterisiert durch Wörter wie feindselig, eingebildet, unehrlich und unfreundlich.[62] Ähnlich ist es, wenn man sich in seinen Schlußfolgerungen an sozialen Standards oder konventionellen Bedeutungsgehalten orientiert. Ist z. B. aus der Fotografie einer jungen Frau zu erkennen, daß sie in angemessener Weise Kosmetika benutzt und gut frisiertes Haar hat, so gilt sie als sexuell attraktiv.[63]

Oft ist es möglich, daß durch strukturelle Gesichtszüge ein Gesichtsausdruck entsteht, der eine Standard-Bedeutung besitzt. So wurden zum Beispiel Menschen mit einer leichten, ständig nach oben geschwungenen Kurve des Mundrandes - was als ein willkürlich hervorgerufenes Lächeln interpretiert werden könnte - als freundlich, leichtlebig und gutgelaunt bezeichnet. Vertikale und horizontale Falten der Augenbraue, die innere Spannung vermuten lassen, waren der Grund für die Zuweisung von Eigenschaften wie reizbar und feindselig.

---

[61] Secord, 1958

[62] Secord, Dukes & Bevan, 1954

[63] Secord & Muthard, 1955

Manchmal beruhen die Schlüsse, die man auf Grund solcher Informationen über andere zieht, auf Methaphern oder Analogien. Ein Mensch mit rauher Haut kann als rauh und unsensibel gelten. Die Analogie bezieht sich oft auf die Funktion einiger Gesichtszüge. Nehmen wir zum Beispiel den Mund. Er wird zum Sprechen benötigt. Folglich glaubt man, daß Menschen mit dünnen, zusammengepreßten Lippen einen geringen Ausprägungsgrad in der Eigenschaft Gesprächigkeit haben.[64] Weitere derartige Beispiele fallen einem leicht dazu ein: Eine Frau mit vollen Lippen gilt als sinnlich. Eine hohe Stirn läßt Intelligenz vermuten usw.

Ein Wort der Vorsicht ist angebracht. Im Ganzen gesehen lassen sich die Eindrücke, die bei der Betrachtung von Gesichtszügen zustande kommen, nicht eindeutig einzelnen spezifischen Merkmalen zuordnen. Obgleich einige besondere Gesichtszüge mit bestimmten Aspekten eines Eindrucks, den man von der Persönlichkeit eines Menschen hat, in Zusammenhang stehen, können viele andere Aspekte, in denen Beobachter übereinstimmen, nicht mit spezifischen Gesichtszügen in Zusammenhang gebracht werden. Mehrere von uns durchgeführte Untersuchungen lassen vermuten, daß der Beobachter sich einen Gesamteindruck bildet, der auf einer irgendwie komplexen, strukturierten Wahrnehmung des Gesichts als Ganzem beruht.[65] Die Versuchsteilnehmer, die als Beobachter fungierten, konnten uns nicht angeben, wie sie zu ihren Eindrücken gekommen waren, und die genannten Untersuchungen konnten nicht eindeutig jene Aspekte des Gesichts identifizieren, die für den Gesamteindruck verantwortlich waren.

Äußeres Erscheinungsbild und Körperbau

Wir haben schon an früherer Stelle darauf hingewiesen, daß die gleichbleibende Erscheinungsweise eines Menschen mitbestimmt, wie er wahrgenommen und beurteilt wird. Einen Hinweis auf die Identität eines Menschen erhalten wir durch sein äußeres Erscheinungsbild und seine Kleidung. Ob jemand z. B. männlich oder weiblich ist, ist unmittelbar durch seine körperliche Erscheinung sichergestellt und gewöhnlich auch durch seine Kleidung. Die Bedeutsamkeit dieses speziellen Identitätsaspektes wird deutlich an dem Ärger, den viele Mitglieder der älteren Generation über den Trend empfinden, die Geschlechtsidentität zu verbergen - etwa, indem junge Männer langes Haar tragen und junge Frauen Blue-Jeans und andere Männerkleidung anziehen - ein Trend, der in den späten sechziger Jahren begann.

Ganz offensichtlich soll das Tragen von Uniformen bewußt dem Zwecke dienen, die Identität eines Menschen festzulegen: Man kann einen Polizisten sofort erkennen. Interviews, in denen Leute auf ihre Kleidung und die anderer Menschen angesprochen worden sind, bezeugen, daß Kleidung für die Identi-

---

[64] Secord & Muthard, 1955

[65] Secord, Dukes & Bevan, 1954; Secord & Muthard, 1955; Stritch & Secord, 1956

tät eines Menschen eher von indirekter Bedeutung ist. In einem Interview wurde jemand z. B. gefragt, ob er im Beruf lieber eine größere oder kleinere Anzahl von Kleidern tragen möchte. Er entgegnete: "Eine kleinere Anzahl, damit man jeden Tag gleich aussieht. Dann werden einen die Leute erkennen. Sie suchen stets dasselbe Zeichen."[66]

Abb. 2-3: Der kombinierte Effekt von blonder oder brünetter Perücke und warmer oder kalter Kleidung (N=88, F=5,7, O,O5 für den unterschiedlichen Einfluß der Kleiderfarbe auf die Beurteilung der Perücke) (Zusammengestellt aus Daten von L. Mahannah. Influence of clothing color on the perception of personality. Unpublished master's thesis. Reno: University of Nevada, January 1968)

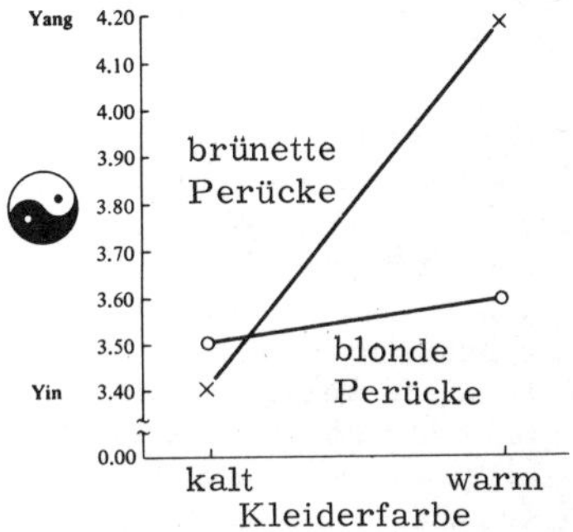

Eine von Mahannah durchgeführte Untersuchung über die kombinierten Effekte von Kleider- und Perückenfarben ergab Eindrücke, die sich in dramatischer Weise voneinander unterschieden.[67] Eine College-Studentin, die als Modell fungierte, trug unter der einen Versuchsbedingung ein Kleid mit einer 'kalten' Farbe (Blau) und unter einer anderen Bedingung eines mit einer 'warmen' Farbe (Rot-Orange). Sie trug ebenfalls entweder eine brünette oder blonde Perücke. Mit Hilfe von Einschätzskalen, welchen die Dimension y i n - y a n g zugrunde lag, wurde der jeweils beim Beurteiler entstandene Eindruck erfaßt. Diese Begriffe (yin - yang) stammen aus dem Chinesischen. Y i n bezieht sich auf feminine Qualitäten wie etwa sanft, sensitiv, introvertiert, abhängig, während y a n g sich auf maskuline Qualitäten bezieht wie kühn, aggressiv, selbstgenügsam. Die Ergebnisse von männlichen Versuchsteilnehmern sind in Abb. 2-3 dargestellt. Man kann erkennen, daß das Modell beim Tragen einer blonden Perücke eher als "feminin" beurteilt worden ist, gleichgültig ob die Kleidung eine kalte oder warme Farbe hatte. Mit warmer Kleiderfarbe jedoch wurde sie merklich weniger feminin beurteilt. Mahannah meint, daß die Stärke des Stereotyps für blonde Frauen den Effekt der warmen Kleiderfarbe überlagert, so daß das Modell dennoch als feminin beurteilt wird. Für brünette Haarfarbe gibt es aber kein Stereotyp, da die meisten Leute brünett sind, weshalb die Kleiderfarbe bei der Eindrucksbildung eine bedeutendere Rolle spielt. Obgleich noch weitere Untersuchungen, die mehr Modelle und Beurteiler heranziehen, zur Bestätigung dieser verallgemeinerten Schlußfolgerungen nötig sind, scheint klar zu sein, daß Kleider und Haarfarbe lebhafte Auswirkungen auf die Eindrucksbildung haben können.

---

[66] Stone, 1962, S. 95

[67] Mahannah, 1968

Die Auffassung, Persönlichkeit und Temperament stünden mit dem Körperbau in Zusammenhang, hat eine lange Geschichte, die sich bis zu den alten Griechen hin erstreckt. Eine häufig zitierte Stelle aus Shakespeares Julius Caesar (Akt I, Szene 2) macht dies deutlich:

> Laßt wohlbeleibte Männer um mich sein,
> Mit glatten Köpfen und die nachts gut schlafen.
> Der Cassius dort hat einen hohlen Blick.
> Er denkt zuviel: die Leute sind gefährlich! +

In neuerer Zeit sind ausgedehnte Untersuchungen über den Zusammenhang von Persönlichkeit und Körperbau durchgeführt worden. Obgleich sich diese Untersuchungen vorwiegend mit der Frage beschäftigten, wie genau Persönlichkeitsbeurteilungen sind, die sich allein auf Informationen über den Körperbau stützen, geben sie uns auch Auskunft darüber, wie die Eindrucksbildung vor sich geht. Selbst wenn die Eindrücke nicht gültig sind, ist diese Auskunft nicht notwendigerweise wertlos. Kretschmer beobachtete, daß Schizophrene im allgemeinen eher groß und schmal sind und manisch-depressive Patienten eher klein und dick.[68] Er verallgemeinerte die aus dieser Beobachtung gewonnene Erkenntnis und behauptete ihre Gültigkeit auch für normale Menschen, die sich im Körperbau unterscheiden. Er stellte die Hypothese auf, daß große, schmale Menschen gewöhnlich empfindsam, zurückgezogen und reserviert sind; kleine, dicke Menschen hingegen gesellig und voll Energie. Über Jahre hinweg verbesserte er ständig seine früheren Ansichten. Die oben gebrauchte Formulierung stellt eine starke Vereinfachung seiner Typologie dar. In ihrer allgemeinen Bedeutung scheint sie jedoch mit weitverbreiteten Laienansichten über dünne und dicke Personen übereinzustimmen.

Sheldon und seine Kollegen haben ein etwas anderes System zur Beschreibung des Körperbaus und seiner Beziehung zur Persönlichkeit angeboten.[69] Für uns ist an ihren Ausführungen interessant, daß die Beurteilung des Temperaments (oder der Persönlichkeit) mit Ratingskalen erfolgte. Die Einschätzungen wurden entweder von den Autoren selbst vorgenommen oder von anderen, die mit dem System dieser Körperbautypologie gründlich vertraut waren. Im allgemeinen besteht Einigkeit darüber, daß die Korrelationen, welche Sheldon und seine Kollegen zwischen Körperbau und Persönlichkeit fanden, etwas überhöht sind. Der Grund dafür liegt in der Unmöglichkeit, die Persönlichkeit unabhängig vom Wissen über ihren Körperbau zu beurteilen. Aber das Vorhandensein dieses "Fehlers" macht die Wirkung deutlich, welche der Körperbau auf die Eindrucksbildung hat, mag dies nun ein richtiger oder ein falscher Eindruck sein. Wir möchten die Annahme über

---

+ Übersetzung von Aug. Wilh. von Schlegel

68 Kretschmer, 1925

69 Sheldon, Stevens & Tucker, 1940; Sheldon & Stevens, 1942

die erwähnte Beziehung nicht einfach als Irrtum bezeichnen. Wir meinen vielmehr, daß allein die Wahl bestimmter Eigenschaften zur Personenbeschreibung ausreichte, um auf Grund von Analogieschlüssen Beziehungen zwischen Körperbau und Persönlichkeit zu schaffen.

Schwere, dicke Menschen wurden zum Beispiel mit folgenden Worten charakterisiert: körperliche Bequemlichkeit liebend, langsam in der Reaktion und entspannt. Menschen mit athletischem Körperbau charakterisierte man folgendermaßen: energisch, bestimmt in Haltung und Bewegung, körperliches Training brauchend und genießend und körperliches Abenteuer liebend. Diese "Persönlichkeitseigenschaften" können durch Analogieschlüsse zur Körperstruktur entstanden sein.

Kinetische nonverbale Informationen

Die Haltung und Bewegungen von Menschen übermitteln anderen oft nützliche Informationen. Argyle und Mitarbeiter machten Videoaufnahmen, mit deren Hilfe ursprünglich gleichzeitig abgelaufene verbale und nonverbale Informationen systematisch in verschiedener Form dargeboten werden konnten. Der Zweck dieser systematischen Variation war es, die relative Wirkung der verschiedenen Informationsarten auf die Eindrucksbildung zu erfassen.[70] Die Autoren kamen zu dem Ergebnis, daß die anfänglich abgegebenen Beurteilungen durch die anschließend gegebenen nonverbalen Informationen viereinhalbmal so oft geändert worden waren wie durch anschliessend gegebene verbale Informationen. Argyle schlägt vor, die kommunikativen Funktionen kinetischer Informationen in drei breite Klassen einzuteilen.

Erstens: die nonverbale Kommunikation stellt eine Hilfe dar in dem Bemühen, die unmittelbare Situation in den Griff zu bekommen. Die Hilfe besteht darin, daß man durch sie Hinweise über interpersonale Einstellungen erhält. Durch diese Hinweise läßt sich die zwischenmenschliche Interaktion strukturieren. Hinweise auf die Sympathie, die man füreinander empfindet und den relativen Status, den man in der Interaktion einnimmt, werden nonverbal übermittelt. Dies kann an folgendem Beispiel verdeutlicht werden: Jemand, der sich einer anderen Person überlegen fühlt, kann dies durch eine aufrechte Körperhaltung, einen stolzen, ernsten Gesichtsausdruck und durch einen lauten, resonanten und kommandierenden Ton der Stimme anzeigen sowie dadurch, daß er die andere Person durch seinen Blick aus der Fassung bringt. Sympathie und Kontaktbereitschaft kann durch das übermittelt werden, was Scheflen das quasi-hofierende Verhalten in der Psychotherapie genannt hat.[71] Frauen streicheln etwa ihr Haar, bringen ihre Kleidung in Ordnung, heben ihren Kopf, rollen ihre Hüften. Männliche Therapeuten streicheln ihr Haar,

---

70 Argyle, Salter, Nicholson, Williams & Burgess, 1970

71 Scheflen, 1965

bringen ihr Jackett in Ordnung, ziehen ihre Socken hoch. Das Ganze dient dazu, auf subtile Weise die Sympathie zu übermitteln, die der Akteur für die andere Person empfindet, sowie seine Bereitschaft zu einer intimen, wenn auch nicht notwendigerweise sexuellen Beziehung.

Zweitens: nonverbale Informationen dienen der unmittelbaren Situation als wirkungsvolle Indikatoren des emotionalen Zustands einer Person. Die meisten Menschen haben Schwierigkeiten, die nonverbalen Zeichen ihrer emotionalen Erregung zu kontrollieren. Deshalb wird oft solchen Zeichen mehr Glauben geschenkt als dem, was jemand über seine Gefühle aussagt.

Drittens: nonverbale Informationen spielen eine zentrale Rolle bei der Selbstdarstellung. Durch seine Kleidung, seine Art zu sprechen, durch die Wortwahl und durch seinen allgemeinen Interaktionsstil vermittelt man von sich den Eindruck eines bestimmten Personentyps. Stone argumentiert ähnlich, wenn er auf die Tatsache hinweist, daß durch nonverbale Informationen die Rolle der anderen Person festgelegt wird.[72] Beim Betreten eines Ladens z. B. erkennt man den Verkäufer an seiner besonderen Kleidung. und an seiner Körperhaltung gegenüber den Kunden. Zumindest steht das Geschlecht der anderen Person durch ihr äußeres Erscheinungsbild fest und legt so den Grundstock für eine angemessene Interaktion.

Seit der ersten Ausgabe dieses Buches hat die Forschung durch die Untersuchung von Ekmann und Kollegen bei der Lösung des schwierigen Rätsels, wie Informationen durch nonverbale Kommunikation übermittelt werden, beträchtliche Fortschritte gemacht.[73] Abgesehen von besonders gekennzeichneten Passagen basiert das im restlichen Teil des Kapitels Referierte auf ihrer Arbeit. Um nonverbale Kommunikation voll verstehen zu können, muß man ihrer Meinung nach untersuchen, wie ein spezielles Verhalten Teil des Repertoires eines Individuums geworden ist. Man muß weiterhin feststellen, unter welchen Umständen es gezeigt wird, und man muß die Regeln ausfindig machen, welche uns erklären, wie durch das einzelne Verhalten Informationen übermittelt werden.

Die Autoren haben gezeigt, daß Beobachter, die kein spezielles Training haben, richtige Schlüsse über Emotionen, Einstellungen, interpersonale Rollen und die Schwere eines Leidens ziehen können.[74] Verschiedene Körperregionen übermitteln unterschiedliche Informationen.[75] Das Gesicht überträgt Informationen über die Qualität einer Emotion (Traurigkeit, Ärger, Furcht). Körperliche Handlungen liefern sowohl über die Intensität als auch über die Qualität von Emotionen Informationen. Statische Positionen des Körpers liefern Informationen über die Intensität von Emotionen

[72] Stone, 1962.
[73] Ekman & Friesen, 1969.
[74] Ekman, 1964; Ekman, 1965 a; Ekman & Friesen, 1965.
[75] Ekman, 1965; Ekman & Friesen, 1967.

und manchmal auch grob über den emotionalen Zustand, ob die betreffende Person sich wohl oder unwohl fühlt.

Es hat sich herausgestellt, daß bestimmte Handlungen relativ spezifische Bedeutungsgehalte haben können. Niederschlagen oder teilweises Niederschlagen der Augen wird oft mit Verschämung oder Verlegenheit assoziiert. Die Bedeutung spezifischer Handlungen muß jedoch im Kontext beurteilt werden. Sie kann mit dem Alter, dem körperlichen Zustand, der sozialen Rolle und verschiedenem verbalen Verhalten variieren. Die Forschung hat sich auch mit der Frage beschäftigt, in welchem Maße nonverbales Verhalten Informationen liefern kann, die aus verbalem Verhalten nicht zu entnehmen sind.

Bewegungen, die Illustratoren genannt werden, haben die Funktion, das anschaulich zu demonstrieren, was verbal kommuniziert wird. Im allgemeinen werden sie absichtlich und bewußt eingesetzt, wenn auch nicht in dem Maße wie Gesten. Bei Untersuchungen mit psychiatrischen Patienten zeigte sich, daß Patienten, deren Zustand sich besserte, häufiger Illustratoren gebrauchten. Am wenigsten hingegen wurden sie in den akuten Phasen gebraucht. Besondere Typen von Hand-zu-Gesicht-Bewegungen (Pflegehandlungen, autoerotische Bewegungen, Angriffshandlungen) fand man beim Abbruch des Augenkontakts zwischen Patient und Interviewer.

Eine andere Kategorie von Bewegungen, die als Ausdruckserscheinungen des Affekts bezeichnet werden, enthüllt mehr über einen Menschen. Gefühle und Emotionen werden dabei durch den Gesichtsausdruck übermittelt. Primäre Emotionen, die leicht in unserer Kultur und wahrscheinlich auch in anderen Kulturen erkannt werden, sind: Glück, Überraschung, Furcht, Traurigkeit, Ärger, Ekel und Interesse. Das Ausdrücken dieser Emotionen wird durch mehrere Ausdrucksregeln kompliziert, die wahrscheinlich sehr früh im Leben gelernt werden und in verschiedenen Gesellschaften unterschiedliche Formen annehmen. Zu diesen Regeln gehören der Abschwächversuch (z. B. versucht eine ängstliche Person, weniger ängstlich auszusehen), die Übersteigerung (z. B. drückt jemand mehr Freude aus, als er fühlt), die Neutralisierung (z. B. versucht eine erregte Person, ruhig zu erscheinen) und die Maskierung. Bei der Maskierung versucht man, seine Gefühle zu verbergen, indem der Anschein erweckt wird, irgendwelche anderen gegensätzlichen Gefühle zu haben (z. B. jemand, der traurig ist, versucht, glücklich auszusehen).

Jede Gesellschaft hat ohne Zweifel Normen, die den Gebrauch dieser Regeln des Affektausdrucks festlegen. Eine Gastgeberin, deren Gast gerade eine Tasse Kaffee auf ihre neue Tischdecke gekippt hat, verbirgt ihr Gefühl der Verärgerung. Ein Professor "schwächt" seine Verlegenheit "ab", wenn ein Student ihm eine schwierige Frage stellt. Erhält man ein Geschenk von geringem Wert, so "übersteigert" man seinen Ausdruck der Freude. Diese Normen haben auch in verschiedenen Kulturen einen unterschiedlichen Stellenwert: In einigen Kulturen wird die Traurigkeit bei Beerdigungen "übersteigert", in anderen wird sie "abgeschwächt", und in einigen wird sie "maskiert". Eine ganze Reihe von Schwierigkeiten entstehen bei der Dekodierung eines Affektausdrucks, vielleicht vor allem deshalb, weil in jedem gegebenen Ausdruck zwei oder mehr Affekte sich vermischen können. Obgleich wir uns gewöhnlich unseres Affektausdrucks bewußt sind, kann er sowohl absichtlich wie unabsichtlich kommuniziert werden. Ähnlich kann die Anwendung der Ausdrucksregeln absichtlich oder unabsichtlich geschehen.

Eigenschaften der Stimme als Grundlage der Eindrucksbildung

Eine andere Form nonverbaler Informationen stellen die stimmlichen Qualitäten eines Menschen dar und seine Sprechweise: Auch diese Aspekte können bisweilen zur Eindrucksbildung beitragen. Merkmale wie Geschwindigkeit, Lautstärke, Tonhöhe, Sprachmelodie, Akzent und Versprecher können eine entscheidende Auswirkung haben.[76] Ängstliche Personen sprechen schnell und zeigen eine relativ große Zahl von Versprechern.[77] Eine dominante Person spricht laut und langsam.[78] In einer Untersuchung, in der geübte Sprecher beiderlei Geschlechts bestimmte Stimmqualitäten simulierten, hatten folgende Faktoren auf die Eindrucksbildung einen Einfluß.[79] Aspiriertes Sprechen (Sprechen, begleitet von nicht vokalisiertem Ausatmen) machte Männer jung und künstlerisch. Weibliche Sprecher mit dieser stimmlichen Eigenart wurden als feminin und hübsch erlebt. Monotonie (Fehlen der Tonhöhen-Modulation) ließ Männer wie Frauen kalt, maskulin, träge und zurückgezogen erscheinen. Kehligkeit (eine harte Qualität im Klang, der eher von der Kehle als vom Mund her kommt) ließ männliche Sprecher reif, kultiviert und wohl-angepaßt erscheinen. Dieselben Qualitäten erweckten jedoch bei Frauen den Eindruck einer Reihe wenig wünschenswerter Eigenschaften. Die Kräftigkeit der Stimme (Vollheit und Stärke der Stimme) erzeugte bei Männern wie bei Frauen generell den günstigen Eindruck von vorhandener Energie und Lebendigkeit. Die Erforschung der Stimmqualitäten als Reiz-Informationen wirft ein schwieriges Problem auf, nämlich das der objektiven Charakterisierung von Stimmqualitäten. Ein verheißungsvoller Ansatz zur Lösung dieses Problems besteht im Gebrauch eines Stimm-Spectrographen. Dies ist ein Instrument, durch das die Stimme als Mischung eines Grundtons mit einer Vielzahl von Obertönen, denen beim Sprechen ein unterschiedliches Gewicht gegeben wird, analysiert werden kann. In einer Untersuchung wurde gezeigt, daß in dem Stimmspektrum von depressiven Patienten generell die höheren Obertöne fehlten, was einen Eindruck von Stumpfheit erzeugt. Mit abnehmender Modulationsfähigkeit hat die Stimme eine Qualität des Leblosen.[80]

---

[76] Argyle, 1970.
[77] Davitz, 1964
[78] Eldred & Price, 1958.
[79] Addington, 1968.
[80] Hargraves, Starkweather & Blacker, 1965.

Zusammenfassung: Eindrucksbildung auf Grund nonverbaler Informationen

Verschiedene Untersuchungen zeigen deutlich, daß bestimmte Arten von strukturellen Informationen (Gesichtszüge, Körperbau usw.) leicht von Beobachtern bei der Eindrucksbildung benutzt werden können. Die Leichtigkeit, mit der Versuchsteilnehmer diese Aufgabe ausführen und der Grad an Übereinstimmung, den sie dabei erzielen, lassen vermuten, daß sie sich in bestimmten Lebenssituationen, in denen primär nur diese Art von Informationen verfügbar sind, auf dieser Grundlage ihren Eindruck bilden.

Zu den nonverbalen kinetischen Informationen gehören Gesten, Ausdrucksbewegungen, Körperhaltungen und Spannung und Entspannung. Eine zunehmende Zahl von Forschungsarbeiten zeigt in sehr detaillierter Form, wie auf Grund solcher Informationen bestimmte Urteile über die Ziel-Person gebildet werden. Diese Informationen scheinen Hinweise auf interpersonale Einstellungen zu enthalten, die die zwischenmenschliche Interaktion strukturieren helfen; sie scheinen als Indikator für den emotionalen Zustand eines Menschen zu dienen und eine Rolle bei der Selbstdarstellung zu spielen. Zu den bedeutsameren Kategorien nonverbalen Verhaltens gehören die Illustratoren, die das anschaulich machen, was verbal kommuniziert wird, und die Arten des Affekt- oder emotionalen Ausdrucks, die vorwiegend auf dem Gesichtsausdruck beruhen. Die nonverbale Kommunikation wird verkompliziert durch Ausdrucksregeln, welche festlegen, in welchen Situationen welche Ausdruckserscheinungen angemessen sind. Verschiedene Gesellschaften haben unterschiedliche Normen für den Gebrauch dieser verschiedenen Kommunikationsmittel.

Weniger Fortschritte sind bei der Erforschung der Wirkung von Stimmqualitäten auf die Eindrucksbildung gemacht worden. Es scheint jedoch festzustehen, daß stimmliche Merkmale gelegentlich zur Grundlage der Eindrucksbildung werden und sogar bei einer ernsthaften Beurteilung anderer Personen benutzt werden können.

DIE BEWERTUNG VON PERSONEN BEI FORTLAUFENDER INTERAKTION

Es ist eine wohlbekannte Tatsache, daß wir im Alltagsleben jemanden nach dem Verhalten bewerten, das er uns gegenüber an den Tag legt. Weniger bekannt ist vielleicht, daß man einen anderen Menschen so behandeln kann, daß er bestimmte Eigenschaften zeigt. In den bisherigen Ausführungen kamen nur Untersuchungen zur Sprache, in denen keine Gelegenheit zu einer derartigen Interaktion gegeben war. Durch die Eliminierung der konfundierenden Effekte von Interaktionen bei der Bewertung der Reiz-Person erlauben solche Untersuchungen die Erfassung anderer Determinanten der Eindrucksbildung. Ein gründliches Verständnis der Faktoren, die die Entstehung bestimmter Vorstellungen von anderen Personen und der Gefühle bedingen, die wir diesen gegenüber haben, erfordert jedoch die Berücksichtigung von Interaktionseffekten. Glücklicherweise werden heute mehr Untersuchungen durchgeführt, bei denen die Interaktion zwischen dem Beobachter und der Ziel-Person erlaubt ist und analysiert wird. Diese Untersuchungen sind jedoch zahlenmäßig zu gering, um endgültige Ergebnisse liefern zu können, aber sie stellen zumindest einen Anfang dar. Es ist noch kurz anzumerken, daß in diesen Untersuchungen der Interaktion notwendigerweise einige Restriktionen auferlegt werden, damit einzelne Interaktionseffekte erfaßt werden können. Bei vollständiger Freiheit würde es meist unmöglich sein anzugeben, wodurch jemand bewogen worden ist, sich den Eindruck zu bilden, den er sich gebildet hat.

Auswirkungen der Verhaltensweisen des Beobachters

Wie jemand ist und wie er bewertet wird, hängt teilweise davon ab, mit wem er in Interaktion steht. Ebenso wie ein Beobachter auf der Erde nur eine Seite des Mondes sehen kann, so beruht auch jede Ansicht, die jemand über eine andere Person hat, auf dem Verhalten, das diese in seiner Gegenwart zeigt. Dieses Verhalten ist nun wiederum teilweise eine Funktion des Verhaltens, das der Beobachter selbst der anderen Person gegenüber an den Tag legt. Jeder Beobachter entlockt seiner Umgebung bestimmte Verhaltensweisen. Ein feindseliger Beobachter neigt dazu, andere für feindseliger zu halten als sie es in Wirklichkeit sind, einfach deswegen, weil sein eigenes aggressives Verhalten Feindseligkeit nach sich zieht.

Eine Reihe von Laborexperimenten, welche mit dem "prisoner's dilemma"-Spiel arbeiteten, zeigen dieses gut auf.[81] In diesem Spiel kann ein Spieler sich kooperativ verhalten, dann kümmert er sich darum, daß auch seine Mitspieler möglichst viel Punkte erzielen, oder er kann Konkurrenzverhalten zeigen, d. h. sein eigenes Interesse gegenüber dem seiner Gegner in den Vordergrund stellen (zu einer vollständigeren Erklärung dieses Spiels vgl. Kapitel 8!). Die meisten Spieler lassen sich entweder als kooperative oder konkurrierende Typen beschreiben. Wenn ein normalerweise kooperativ eingestellter Spieler mit einem konkurrierenden zusammenkommt, nimmt er die Konkurrenzstrategie an. Er ist sich bewußt, daß dies von seinem gewöhnlichen Verhalten abweicht. Sein konkurrierender Gegner weiß dies allerdings nicht. Ein kooperativ eingestellter Mensch ist der Meinung, daß jemand kooperativ oder konkurrierend sein kann. Der konkurrierende Typ jedoch glaubt, daß alle Menschen konkurrieren wollen, weil sein eigenes konkurrierendes Verhalten beim Gegner Konkurrenz-Verhalten auslöst. Die Existenz dieses allgemeinen Phänomens ist auch in Geschäftsspielen demonstriert worden und läßt sich auch aus Daten von Umfragen über den an den Universitäten herrschenden Konflikt zwischen Studenten und Verwaltung entnehmen.[82] Bestimmte Einstellungen, die man anderen gegenüber hat, nehmen also die Form von sich selbst verwirklichenden Prophezeihungen ("self-fulfilling

---

[81] Kelley & Stahelski, 1970

[82] K. Weick, personal communication, 1971

prophecies") an - man handelt so, daß man andere zu Verhaltensweisen provoziert, die die eigene Meinung bestätigen.

Die Manipulation des Eindrucks

Bis zu einem gewissen Grade "manipulieren" wir alle den Eindruck, den wir auf andere machen. Wir verhalten uns so, daß ein bestimmtes Bild von uns entsteht. Dieser Prozeß ist nicht notwendigerweise Ausdruck eines Täuschungsmanövers oder von Berechnung, denn es gibt Situationen, in denen die andere Seite von uns erwartet, daß wir durch unser Verhalten von uns ein bestimmtes Bild entwerfen. Ein Beispiel dafür ist ein Rendez-vous zwischen einem Jungen und einem Mädchen. Er und sie geben sich so attraktiv wie möglich, was sie noch mehr voneinander begeistert sein läßt.

Ein Motiv für die "Manipulation" des Eindrucks, den man auf andere machen will, liegt in dem Wunsch, von anderen Unterstützung und Zustimmung zu erhalten. Eine Reihe von Verhaltensweisen, die diesem Zwecke dienen, hat man als *Taktiken des Sich-Beliebt-Machens* bezeichnet.[83] Zu solchen Taktiken gehören Verhaltensweisen wie: Komplimente machen, sich auf gefällige Art verhalten, jemandem Recht geben oder sich mit den Meinungen anderer konform erklären. Diese Verhaltensweisen werden, wie es der Gebrauch des Wortes *Taktiken* nahelegt, ausgeführt, um Wohlwollen zu gewinnen. Derartige Schmeicheleien sind nur dann erfolgreich, wenn die Intention des Schmeichlers verborgen bleibt, und der Erfolg tritt da am sichersten ein, wo der Schmeichler scheinbar nichts zu gewinnen hat. Jones hat auch darauf hingewiesen, daß Schmeicheleien bei Wiederholung eine abnehmende Wirkung zeigen. Wenn sie über einen bestimmten Punkt hinaus fortgesetzt werden, können sie bei der Ziel-Person eine Wirkung haben, die der Intention des Schmeichlers zuwider läuft.[84]

Der Angestellte, der seinem Chef dem Munde nach redet, um Beifall zu erhalten, ist schon sprichwörtlich. In Experimenten jedoch zeigte es sich, daß jemand, der ständig einer anderen Person, von der er abhängig ist, zustimmt, weniger Sympathie besitzt als ein anderer, der der Meinung zustimmt, aber nicht abhängig ist.[85] Eine subtilere Form der Taktik des Sich-Beliebt-Machens ist die bewußt gezeigte Meinungsverschiedenheit mit einer Person, die als verhaßt gilt. Dies hat den Zweck zu vermeiden, daß jemand Drittes einen mit dieser Person identifiziert.[86]

Laborexperimente haben gezeigt, unter welchen Bedingungen die Taktiken des Sich-Beliebt-Machens wirksam und unter welchen sie zum Mißerfolg verurteilt sind. Erwartungsgemäß kommt es entscheidend auf den sozialen Kontext an, in dem sich der Versuch, sich beliebt zu machen, abspielt. Die Wirksamkeit des Sich-Beliebt-Machens variiert zunächst mit dem Status des Schmeichlers. Hat er einen hohen Status, so erscheint es als *legitim*, daß er die andere Person lobt, und wenig Mißtrauen kommt gegenüber seinen Ab-

---

83 Jones, Jones & Gergen, 1963;

84 Jones, 1964

85 Jones, Jones & Gergen, 1963;

86 Cooper & Jones, 1969

sichten auf. Wenn jedoch jemand mit geringem Status eine höherstehende Person lobt, erscheinen seine Absichten wahrscheinlich als verdächtig. In einer Untersuchung machte eine Person, mit der sich der Versuchsleiter zuvor abgesprochen hatte, in einer Interviewsituation mehrfach den Versuch, sich einzuschmeicheln: sie sprach begründetes, unbegründetes und kein Lob aus. [87] Unter einer Versuchsbedingung wurde dieser "Verbündete" des Versuchsleiters als Person mit hohem Status vorgestellt, unter einer anderen Bedingung als eine mit niedrigem Status. Die Ergebnisse zeigen, daß die betreffende Person unter all den Bedingungen, wo sie einen hohen Status hatte, positiv beurteilt worden ist. Ihre höhergestellte Position hatte stets denselben Effekt, gleichgültig ob sie begründetes oder unbegründetes Lob oder überhaupt kein Lob aussprach. Unter den Versuchsbedingungen, wo sie als Person mit geringem Status erschien, hatte unbegründetes Loben eine extrem niedrige Einstufung in der Sympathie-Skala zur Folge; bei begründetem Loben oder Nichtaussprechen eines Lobs erhielt sie hingegen eine mittlere Einstufung.

In einer anderen Untersuchung tat ein Versuchsteilnehmer einer anderen Person unter verschiedenen Umständen einen Gefallen. [88] Die Versuchsteilnehmer nahmen in Paaren an einem Wortspiel teil. In einer Situation sollten sie gegeneinander spielen ("Konkurrenz-Situation"), in einer anderen kooperieren. In jedem Spiel mußte einer der Teilnehmer mit ansehen, wie der andere das meiste Geld gewann. Der Gewinner tat dann dem Verlierer einen Gefallen: er teilte mit ihm seinen Gewinn. Gewinner, die ihren Gewinn mit einem Spieler, mit dem sie zuvor kooperiert hatten, teilten, und mit einem, gegen den sie zuvor gespielt hatten (konkurriert hatten), den Gewinn nicht teilten, waren beliebter als solche, die einem Verlierer, gegen den sie gespielt hatten, das Angebot machten, mit ihm zu teilen. Tut jemand also einer anderen Person durch einen Gefallen objektiv etwas Gutes, so erwirbt er dadurch bei anderen nur dann mehr Sympathie, wenn sein Verhalten seiner Rolle angemessen ist.

Dieses Experiment verdeutlicht einen Aspekt, auf den Jones hingewiesen hat: Einschmeichelversuche sind eine Form der Eindrucksgestaltung, in denen eine A b w e i c h u n g v o n n o r m a t i v e n E r w a r t u n g e n stattfindet. [89]

Dieser Hinweis auf die Verletzung von Erwartungen ist eine bedeutsame, wenn auch subtile Anmerkung. Jeder zwischenmenschlichen Interaktion liegen bestimmte gemeinsame Erwartungen zugrunde, eine Art impliziter Kontrakt. Derjenige, der sich beliebt zu machen sucht, h a n d e l t s o, a l s o b e r d i e s e E r w a r t u n g e n a k z e p t i e r t, a b e r t u t e s i n W i r k l i c h k e i t n i c h t. Betrachten wir als Beispiel die Verführung einer naiven Frau. Der Verführer spielt die Rolle eines Mannes, der in sie verliebt ist - er ist besonders aufmerksam, rücksichtsvoll, verständnisvoll und höflich - und sie akzeptiert seine Verhaltensweisen als Hinweise auf eine romantische, potentiell dauerhafte Beziehung. Sein wirkliches Ziel besteht aber nur in der Verführung.

---

[87] Iverson, 1968; [88] Kiesler, 1966
[89] Jones, 1964

Ist dies erreicht, so hat die Beziehung ein Ende. Wäre die Frau erfahren und nicht naiv, und würde sie seine Absichten akzeptieren, so wäre das Verhalten des Mannes nicht als Schmeichelei anzusehen, da beide Seiten implizit die gemeinsame Erwartung haben, daß die Beziehung nur vorübergehend sein wird und nur im Geschlechtsverkehr kulminieren wird.

Mehrere Untersuchungen von Jones und Mitarbeitern haben deutlich gemacht, daß jemand, der sich anschmeichelt, aber vom Wohlwollen der Person, die er so zu beeinflussen sucht, abhängig ist oder ihrer Kontrolle unterworfen ist, negativer bewertet wird als jemand, der sich genauso benimmt, aber nicht vom Wohlwollen der Ziel-Person abhängig ist. [90] Dies beweist, daß jede Bedingung, die dazu führt, daß Außenstehende oder die Ziel-Person den Motiven oder Intentionen des Schmeichlers mißtrauen, seine Handlungen ineffektiver macht. Ein interessantes zusätzliches Ergebnis war, daß jemand, der abhängig war und sich dennoch autonom verhielt, beliebter war als jemand, der nicht abhängig war. Dies macht deutlich, daß jemand, der durch eine veränderte Selbstdarstellung etwas gewinnen könnte, aber dieser Versuchung widersteht, dies besonders positiv angerechnet bekommt. Ein weiterer Befund war, daß Personen, die selbst zum Objekt von Schmeichelversuchen geworden waren, den Schmeichler nicht so streng beurteilten wie unbeteiligte Beobachter. Offensichtlich ist es für jemanden, dem solche Taktiken gelten, schwierig, sie zu durchschauen.

Verantwortlichkeit und Ort der Verursachung

Auf Heider geht folgender Gedanke über den Charakter von Schlußfolgerungen zurück, die wir aus dem Verhalten interagierender Personen ziehen: Man kann die Handlung eines Menschen entweder seiner Person oder den äußeren Umständen zuschreiben. [91] Wo der Ort der Verursachung jeweils gesehen wird, hängt von zwei Momenten ab. Einmal ist entscheidend, in welchem Maße der einzelne nach seinem eigenen Willen zu handeln scheint, wie stark er sich einsetzt, ob er sich bei der Ausführung der Handlung besonders anstrengt. Zum anderen kommt es auf die Situation des Handelnden an: die Umstände können ihn zum Handeln zwingen, oder sie können es ihm völlig freistellen, auch nicht zu handeln, wenn er diese Alternative vorzieht. Wenn die Situation freie Wahl zuläßt, oder wenn man den Eindruck hat, daß jemand aus eigenem Willen handelt, gilt er gewöhnlich als Verursacher seiner Handlung und wird für sein Tun verantwortlich gemacht. Wo er jedoch dem Zwang der Umstände ausgesetzt ist, wird die Ursache seines Handelns als außerhalb von ihm liegend betrachtet, und seine Verantwortung für die Handlung wird als minimal eingeschätzt. Wir werden nun eine Reihe von Experimenten besprechen, in denen systematisch untersucht worden ist, wie unterschiedliche Grade der Freiheit des Akteurs, nach eigenem Willen zu handeln, sich auswirken. Ausserdem werden wir noch andere Untersuchungen heranziehen, in denen der

[90] Jones, 1964; [91] Heider, 1958

Handelnde verschieden starkem Druck von außen ausgesetzt war. Besondere Beachtung werden wir dabei der Frage schenken, wie dieser in verschiedenen Situationen wahrgenommen wird.

In einem Experiment war eine Problemlösungssituation so angelegt, daß die Reiz-Person, die sich vorher mit dem Versuchsleiter abgesprochen hatte, durch ihre Handlung bewirkte, daß die wahrnehmende Person keine Belohnung bekam.[92] Die Situation war so gestaltet, daß man den Eindruck haben mußte, die mit dem Versuchsleiter verbündete Person strenge sich nicht richtig an, oder aber den Eindruck, sie stehe vor einer unlösbaren Aufgabe. Blieb der Eindruck zurück, der Handelnde habe das Problem deshalb nicht bewältigt, weil er zu wenig Anstrengung gezeigt habe, und hatte die wahrnehmende Person aus diesem Grunde keine Belohnung erhalten, so wurde er mit einer Vielzahl wenig günstiger Eigenschaften charakterisiert. Dies ist eine Situation, in der der Handelnde selbst für das Ausbleiben der Belohnung verantwortlich gemacht wurde: Er hatte nicht versucht, das Problem zu lösen,obgleich er es gekonnt hätte. Unter einer anderen Bedingung, in der er unfähig zu sein schien, das Problem zu lösen, es dennoch aber versuchte, wurde er n i c h t ungünstig bewertet. Hier schrieb man die "Ursache" den äußeren Umständen zu, in denen sich die Reiz-Person befand.

In einem weiteren Experiment versuchte die wahrnehmende Person die Reiz-Person zu beeinflussen. Diese konnte den Beeinflussungsversuch akzeptieren oder nicht akzeptieren.[93] Unter einer der Versuchsbedingungen hatte die handelnde Person im Vergleich zur wahrnehmenden Person einen hohen Status und hohe Macht (sie wurde als Universitätsdozent vorgestellt oder als Student von besserer Herkunft, der in Harvard Jura studiert). Unter einer anderen Bedingung hatte sie einen geringen Status (sie wurde als Neuling auf dem College vorgestellt, als Person von sozial niederer Herkunft).

Auch in diesem Experiment lassen sich interne und externe Orte der Verursachung für das Handeln verantwortlich machen. Besitzt jemand einen höheren Status und höhere Macht als man selbst, so muß er den Beeinflussungsversuch nicht akzeptieren. Akzeptiert er ihn dennoch, so ist man geneigt zu glauben, er tue dies, weil er nett ist. Hat jemand aber einen niedrigeren Status als man selbst, so ist es möglich, daß er nur deshalb sich beeinflussen läßt, weil er sich unter Druck fühlt. Dem geschilderten Experiment lag folgende allgemeine Hypothese zugrunde: Hat es den Anschein, daß jemand sich freiwillig beeinflussen läßt, so wird derjenige, der ihn zu beeinflussen suchte, zunehmende Sympathie für ihn verspüren. Läßt er sich jedoch aus Gründen, die außerhalb von ihm liegen (etwa auf Grund der Status-Beziehung zwischen ihm und der wahrnehmenden Person) , so wird die Sympathie der wahrnehmenden Person zu ihm durch den Beeinflussungsversuch keine Änderung erfahren. Die Hypothese konnte bestätigt werden: Die meisten

---

92 Jones & DeCharms, 1958; 93 Thibaut & Riecken, 1955

Versuchspersonen, welche Personen mit hohem Status zu beeinflussen suchten, zeigten danach vermehrte Sympathie. Dies war bei denjenigen in geringerem Maße der Fall, die versucht hatten, Personen mit geringerem Status zu beeinflussen.

In einem anderen Experiment hatten sich die Versuchspersonen eine Tonbandaufnahme von einer Gruppendiskussion anzuhören. Von einer bestimmten Person, die in dieser Diskussion viel sprach, glaubte man, sie habe gute Ideen und sei der Gruppenleiter. [94] Konnten die Versuchsteilnehmer aber nicht nur die Tonbandaufnahme hören, sondern auch sehen, wie der Versuchsleiter die betreffende Person für ihr Sprechen belohnte und gleichzeitig die übrigen Gruppenmitglieder entmutigte, Diskussionsbeiträge zu bringen, so wurden derselben Person keine guten Ideen zugesprochen, und keiner kam auf den Gedanken, daß sie die Gruppenleitung habe. Diese Versuchsteilnehmer sahen das Verhalten der Person eher als etwas, das spontanes Produkt ihrer guten Ideen und Führerqualitäten war.

Als weiterer wichtiger Faktor spielt eine Rolle, ob jemand das Verhalten einer anderen Person überwacht. In einer Untersuchung hatte jeder Versuchsteilnehmer die Arbeit von zwei anderen Personen zu überwachen. Diese waren unbekannterweise "Verbündete" des Versuchsleiters. [95] Die Situation war so beschaffen, daß der Versuchsteilnehmer die Arbeit des einen "Verbündeten" stärker überwachen mußte als die des anderen. Mit der Zeit begann er zu glauben, daß das Arbeitsverhalten der weniger stark überwachten Person einer inneren Ursache entspringe: dem Interesse an der Arbeit. Als ihm später die Gelegenheit gegeben wurde, beide Personen gleich stark zu überwachen, beobachtete er weiterhin die Person sorgfältiger, welche er die ganze Zeit stärker überwacht hatte. Er hielt sie für weniger vertrauenswürdig, weil er annahm, sie arbeite nur auf Grund einer außerhalb von ihr liegenden Ursache auf Grund der Überwachung. Der Autor zog daraus den Schluß, daß eine Aufsichtsperson so lange nicht der Loyalität ihrer Untergebenen sicher ist, bis jene die Gelegenheit gehabt haben, nicht loyal zu sein. Nach der Attributions-Theorie läßt sich dies folgendermaßen formulieren: Wenn man sich einen genauen Eindruck von einer anderen Person machen will, muß diese Reiz-Person eine Chance haben, das Verhalten zu zeigen, das für den Eindruck von Relevanz ist. [96] Die betreffende Person darf sich nicht in einer Zwangslage befinden, in der sie daran gehindert ist, das relevante Verhalten zu zeigen.

Es lassen sich noch weitere Gründe für dieses Ergebnis anführen. Kruglanski hat mehrere Erklärungsmöglichkeiten aufgezählt. [97] Erstens: Es kann sein, daß die Aufsichtsperson deshalb den Eindruck gewinnt, dem Untergebenen könne man kein Vertrauen schenken, weil sie ihr fortgesetzt kontrollie-

---

[94] Hastorf, Kite, Gross & Wolfe, 1965;

[95] Strickland, 1958;

[96] Kelley, 1967

[97] Kruglanski, 1970

rendes, mißtrauisches Verhalten rechtfertigen will. Es ist zweitens möglich, daß die Aufsichtsperson glaubt, der Untergebene würde sich über die Kontrolle seines Verhaltens ärgern und Vergeltung üben, wenn er nicht streng bewacht werde. Drittens kann der Untergebene noch aus einem weiteren Grund feindselig auf die Aufsichtsperson reagieren: Es kann sich durch die stärkere Kontrolle, die ihm im Vergleich zu seinem Kollegen widerfährt, diskriminiert fühlen. Durch mehrere Experimente ist überprüft worden, welche dieser Erklärungen zutrifft.

Um die erste Erklärungsmöglichkeit zu prüfen, nämlich daß der häufiger kontrollierte Untergebene deswegen als weniger vertrauenswürdig betrachtet wird, weil die Aufsichtsperson ihr Kontrollieren rechtfertigen muß, wurde eine Überwachungssituation geschaffen, in der die Aufsichtsperson die Macht hatte, den Untergebenen entweder zu belohnen oder zu bestrafen. Der Gedanke, der dabei im Hintergrund stand, war, daß die Kontrolle günstig aufgenommen würde, wenn die Aufsichtsperson den Untergebenen belohnt, weil die Kontrollsituation dann mit der Belohnung assoziierte. In dieser Situation könnte die Aufsichtsperson leicht ihr Verhalten vor sich selbst rechtfertigen. Es dürfte also für sie kein Grund bestehen, den Untergebenen als nicht vertrauenswürdig zu betrachten. Wo aber die Aufsichtsperson den Untergebenen bestraft, dürfte ein Kontrollieren einen recht negativen Charakter bekommen und ein starkes Rechtfertigungsbedürfnis entstehen lassen. Hier müßte der kontrollierte Untergebene als weniger vertrauenswürdig betrachtet werden. Die Ergebnisse sprechen jedoch gegen diesen Gedankengang. Der weniger häufig kontrollierte Untergebene wurde sowohl in der Situation, wo die Aufsichtsperson die Macht zu belohnen hatte, als auch in jener, wo sie die Macht zu bestrafen hatte, als vertrauenswürdiger betrachtet. Es scheint also, daß das Bedürfnis nach Rechtfertigung nicht als Erklärung für den unterschiedlichen Grad der erlebten Vertrauenswürdigkeit dienen kann. Auch die zweite und dritte Erklärungsmöglichkeit wurde nicht durch die Versuchsergebnisse bestätigt. Wie eine entsprechende Untersuchung zeigte, waren die Aufsichtspersonen nicht der Meinung, der häufiger kontrollierte Untergebene sei über die Überwachung verärgert. Die Untergebenen fühlten sich auch nicht diskriminiert.

Diese Befunde stützen folglich die ursprünglich geäußerte Ansicht, daß die Aufsichtsperson sich sträubt, jemanden für vertrauenswürdig zu halten, der nicht wirklich Gelegenheit gehabt hatte, sich dessen würdig zu erweisen. Die Richtigkeit dieser Aussage ergibt sich auch aus den Ergebnissen einer Variante des genannten Experiments. Dabei war durch die Situation entweder ein kooperatives Verhalten oder ein Konkurrenz-Verhalten gefordert. Ist die Situation durch Konkurrenz bestimmt, so kann man erwarten, daß die Versuchsteilnehmer sich bei der anderen Seite nur deshalb beliebt machen, weil sie sich daraus einen möglichen Gewinn versprechen. Ihr Verhalten kann also nicht vertrauenswürdig sein, da es ein verstecktes Motiv hat. Unter einer derartigen Konkurrenz-Bedingung wurden tatsächlich beide Untergebene als weniger vertrauenswürdig erlebt. Der durch die unterschiedlich starke Kontrolle ihres Verhaltens zustande gekommene Effekt war dadurch minimal.

Diese Experimente über Effekte des Kontrollierens zeigen deutlich, welche Rolle bestimmte subtile Aspekte des sozialen Kontextes spielen können und welcher Druck dadurch auf das Verhalten der Handelnden ausgeübt wird. Dies wiederum führt dazu, daß sie unterschiedlich wahrgenommen werden.

Obgleich in den Begriffen der "Verantwortlichkeit" und der "Berechtigung von Handlungen" noch etwas andere Bedeutungsmomente mitschwingen, können sie doch auch als Hinweise auf die Orte der Verursachung interpretiert werden. Wird eine Person als Verursacher einer von ihr ausgeführten Handlung betrachtet, so gilt sie als dafür verantwortlich. Liegt die Handlung nicht in ihrer Kontrolle, so gilt sie nicht als verantwortlich. Eine Handlung, die man unter starkem äußeren Druck ausführt, wird eher als entschuldbar betrachtet. Hier liegt der Ort der Verursachung außerhalb der Person. Heiders Hypothese, daß man einem Handelnden geringere Verantwortung zuerkennt, wenn die Umstände seine Handlung rechtfertigen, ist experimentell bestätigt worden.[98] Auch die Wahrnehmung der Absichtlichkeit einer Handlung steht in Beziehung zu den Orten der Verursachung. Hier liegen jedoch oft beide Arten von Orten der Verursachung in der Person selbst. Man kann jemanden böswillig beleidigen oder man kann dies zufällig tun. In dem einen Fall liegt die Ursache in der böswilligen Absicht, im anderen liegt sie in der Unbeholfenheit oder Unachtsamkeit der betreffenden Person.

Pepitone hat eine Reihe von Experimenten zusammengestellt, die der Untersuchung dieser Variablen gelten.[99] In einer experimentellen Untersuchung wurde der Eindruck unterschiedlicher Grade der Absichtlichkeit dadurch hergestellt, daß man Studenten Aufnahmen von angeblich authentischen Gesprächen von Kommilitonen vorspielte.[100] Die Versuchsteilnehmer wurden gebeten, sich selbst in die Position eines der Gesprächsteilnehmer zu versetzen und den jeweiligen Gesprächspartner so zu beurteilen, als ob er ihr eigener Gesprächspartner gewesen wäre. In diesen "abgehörten" Gesprächen[+] beleidigte Person O die Person S, indem sie ihre Intelligenz als niedrig bezeichnete. Unter einer Bedingung hatte O gute Absichten: sie versuchte, S dadurch zum Studieren zu motivieren. In der anderen Situation hatte O schlechte Absichten: sie wollte ihren Dozenten beeindrucken. Sie kamen zu dem Ergebnis, daß O den Versuchsteilnehmern weniger unbeliebt war, wenn sie gute Absichten hatte. Ein Versuch, in ähnlicher Weise unterschiedliche Grade der Verantwortlichkeit experimentell herzustellen, war erfolglos.

Die Wirkungen von unterschiedlichen Graden der Berechtigung einer Handlung können an einer alltäglichen Erfahrung demonstriert werden. Der Grad der Berechtigung, die die Handlungen einer anderen Person einem selbst gegenüber haben, steht im engen Zusammenhang mit den Gefühlen, die man jener Person gegenüber hegt. Ein junger Mann wird beispielsweise über eine junge Frau verärgert sein, wenn ihr Nichterscheinen bei einer Verabredung

---

98 Heider, 1958; Shaw & Sultzner, 1964

99 Pepitone, 1958; 100 Pepitone & Sherberg, 1957

\+ Anm. des Übersetzers: S = die Stimulus-Person, in deren Position sich die Versuchsteilnehmer versetzen sollten.

keinen ersichtlichen Grund hat. Er wäre wahrscheinlich nicht verärgert, wenn sie aus Krankheitsgründen nicht erschiene. In einem Versuch konnten verschiedene Grade der Berechtigung einer Handlung erfolgreich experimentell simuliert werden. Es zeigte sich dabei, daß die Anziehung, die Person O auf Person S ausübt, in dem Maße variiert, wie O's Handlungen gerechtfertigt erscheinen: Je mehr die Handlung gerechtfertigt erschien, desto sympathischer war Person O.[101] In weiteren Experimenten untersuchte Pepitone die Bedingungen für die Attribuierung von Verantwortlichkeit und Absichtlichkeit.[102] Er kam zu dem Ergebnis, daß man jemanden desto eher die Verantwortung, gute Absichten und gerechtfertigte Handlungen zugesteht, je höher sein Status ist.

Ob einer Person die Verantwortung für eine Handlung zugesprochen wird, hängt von einer ganzen Vielfalt von Faktoren ab. Dies macht eine Reihe von Untersuchungen deutlich, in denen die Versuchsteilnehmer gebeten wurden, anzugeben, in welchem Maße sie jemanden für Unfälle, denen er zum Opfer gefallen war, verantwortlich hielten. Zunächst schien es so, daß ein Opfer um so stärker für seinen Unfall verantwortlich galt, je schwerer der Unfall war.[103] Walster vermutet, daß diesem Phänomen der Prozeß der "defensiven Attribuierung" von Schuld zugrunde liege: je schwerer der Unfall, desto bedrohlicher ist es für den Beobachter, in Erwägung zu ziehen, daß dies auch ihm passieren könne, und deshalb gebe er eher dem Opfer (dessen Unachtsamkeit, Fahrlässigkeit usw.) als dem Zufall die Schuld. Wiederholungen dieser Untersuchung konnten jedoch diese Wirkung der Schwere des Unfalls auf die Attribuierung der Verantwortlichkeit nicht bestätigen.[104] Shaver schlug eine etwas andere Hypothese, was den Zusammenhang zwischen Schwere und Verantwortlichkeit betrifft, vor und führte als Belege einige experimentell gewonnene Daten an: Der Beobachter sei eher daran interessiert, Schuld zu vermeiden.[105] Je ähnlicher somit das Opfer dem Beobachter sei, desto weniger Verantwortlichkeit werde er ihm zuschreiben und desto eher werde er es als vorsichtig bezeichnen.

Zusammenfassung: Die Bewertung von Personen bei fortlaufender Interaktion

Jeder Beobachter veranlaßt die in seiner Umwelt lebenden Menschen zu bestimmten Verhaltensweisen und hat somit einen Einfluß auf das, was er beobachten kann. Umgekehrt gilt, daß wir alle aktiv den Eindruck mitgestalten, den andere von uns haben. Wir haben Interesse daran, in bestimmter Weise wahrgenommen zu werden. Welches Bild wir von uns vermitteln wollen, hängt von unseren Werten und von der entsprechenden Situation ab. Untersuchungen über "Taktiken des Sich-Beliebt-Machens" haben nachgewiesen, daß man durch seinen Status, durch das Aussprechen von Lob, durch Gunsterweise, durch demonstrative Zustimmung und durch das Abweichen von nor-

---

101 Pepitone, 1958;
102 Pepitone, 1958
103 Walster, 1966;
104 Walster, 1967
105 Shaver, 1970

mativen Erwartungen die Eindrucksbildung beeinflussen kann.

Die Schlußfolgerungen, die in der Interaktion aus dem Verhalten anderer Personen gezogen werden, hat man in der Literatur nach dem jeweiligen Ort der Verursachung klassifiziert - danach, ob man in der Wahrnehmung die Ursache einer Handlung der Person selbst oder den äußeren Umständen zuschreibt. Welcher dieser beiden Orte der Verursachung verantwortlich gemacht wird, hängt von zwei wichtigen Determinanten ab - einmal davon, in welchem Maße die betreffende Person nach Meinung des Beobachters aus eigenem Willen gehandelt hat - hat sie es versucht? - und zum anderen davon, in welchem Maße nach seiner Ansicht äußere Umstände sie zum Handeln gezwungen haben. Eng im Zusammenhang mit der Auswahl des Ortes der Verursachung steht die Attribuierung der Verantwortlichkeit für eine Handlung und für die Berechtigung einer Handlung. Eine Reihe von Untersuchungen haben die verschiedenen Interaktionsbedingungen aufgezeigt, die auf auf solche Wahrnehmungsphänomene einen Einfluß haben. Ein allgemeiner Befund dieser Untersuchungen läßt sich als die Erkenntnis beschreiben, daß jemand, über den man sich ein Urteil bilden soll, Gelegenheit gehabt haben muß, eine Handlung auszuführen oder sie zu unterlassen. Die Forschung hat eine Vielzahl von Bedingungen aufgedeckt, die den Grad bestimmen, in dem anderen die Verantwortung für ihre Handlungen zugesprochen wird und in dem die Handlungen als berechtigt gelten.

KAPITEL 3

PROZESSE DER SOZIALEN BEEINFLUSSUNG

Vorgänge, durch die Menschen beeinflußt werden, ihr Verhalten oder ihre Überzeugungen zu ändern, gehören zum Kern der Sozialpsychologie. Die meisten Themen der Sozialpsychologie hängen davon ab, ob wir diese Vorgänge verstehen. Es ist paradox, daß das Verständnis der Beeinflussungsvorgänge aber auch von der Kenntnis der Sozialpsychologie abhängt. Es stellt daher ein gewisses Wagnis dar, eine adäquate Diskussion der sozialen Beeinflussung gleich an den Anfang zu setzen, bevor andere sozialpsychologische Themen eingeführt worden sind. Doch ist dieses Thema auf fast jedem Gebiet der Sozialpsychologie ein so zentrales, daß seine Einführung in einem frühen Stadium nur logisch erscheint.

Die komplexe Verbindung zwischen sozialem Einfluß und der übrigen Sozialpsychologie wird verständlich durch die Art, wie wir "Beeinflussung" definieren. Soziale Beeinflussung kann dort angenommen werden, wo "die Handlungen einer Person Voraussetzungen sind für die Handlungen einer anderen".

Wir glauben gewöhnlich, daß sich-überzeugen-lassen in irgendeiner Form die *Vorteile* betont, welche darin liegen, daß man dem Überzeugungsversuch nachgibt. Doch kann soziale Beeinflussung auch in Verbindung mit Dankbarkeit, Drohung, Strafe, Bestechung, vorgetäuschter Gleichgültigkeit und vielen anderen Taktiken auftreten. Ferner muß soziale Beeinflussung nicht mit Absicht vor sich gehen. Oft bringen Handlungen eines Menschen, die ohne beabsichtigte Beeinflussung stattfinden, trotzdem eine beträchtliche Änderung der Überzeugungen oder des Verhaltens anderer Personen mit sich. Am bemerkenswertesten ist der Vorgang der *Imitation* oder des *Lernens am Modell* (siehe Kapitel 15). Menschen wählen andere Personen als Vorbilder und ahmen deren Verhalten bisweilen nach, ohne daß einer der beiden Beteiligten eigentlich bemerkt, daß Imitation stattfindet. Die gewöhnlichste Form ist die Nachahmung elterlichen Verhaltens durch Kinder sowie die Nachahmung von Charakteren in Filmen oder Fernsehstücken. Eine entsprechende Erörterung von sozialer Beeinflussung erfordert daher eine sorgfältige Erwägung vieler Möglichkeiten von Interaktion zwischen zwei oder mehreren Personen.

Das Thema wird ferner kompliziert durch die Tatsache, daß der Erfolg eines Beeinflussungsversuchs in hohem Maße von vielen Bedingungen abhängt, die über den Interaktionsprozeß selbst hinausreichen. So wird zum Beispiel der Grad der Beeinflussung von bestimmten Eigenschaften der Beteiligten und von ihrer vorübergehenden Befindlichkeit während dieser Interaktion mit geprägt. Ein zorniger Elternteil wird ein Kind stärker beeinflussen als ein sanftmütiger Elternteil. Die vorangegangene Entwicklung ihrer Beziehungen wirkt ebenfalls stark auf den Beeinflussungsprozeß. Wiederholte Zornesausbrüche können Widerstände gegen ein Nachgeben aufbauen. Ferner spielt die gesellschaftliche Position der Beteiligten eine Rolle, sowie deren verwandtschaftliche Beziehungen untereinander. So gesehen hat ein Elternteil weit mehr Einfluß auf sein eigenes Kind als etwa dessen Lehrer. Fassen wir zusammen: Ein vollkommenes Verstehen sozialer Beeinflussung erfordert eine gründliche Kenntnis der Interaktion zwischen Menschen überhaupt, der Persönlichkeitsmerkmale und der Befindlichkeit von Individuen, der Lage- und Beziehungsstruktur, innerhalb welcher das Ereignis stattfindet, und des breiteren sozialen Zusammenhanges oder Milieus, aus dem die Beteiligten entstammen.

Das Musterbeispiel sozialer Beeinflussung wird veranschaulicht durch ein Ereignis zwischen zwei Menschen, dessen Verlauf eine Änderung der Einstellung oder des Verhaltens eines der Beteiligten oder beider zur Folge hat. Auch wenn wir andere Arten von Beeinflussungs-Situationen diskutieren können, wie etwa die Wirkung eines Fernsehprogramms auf einen einzelnen isolierten Zuschauer, oder die Wirkung einer Kleingruppe auf eines ihrer Mitglieder: unser Verständnis dieser oder anderer Fälle hängt von einer sorgfältigen Analyse des Modellfalles ab, bei dem eine Person eine andere beeinflußt. Wie wir später sehen werden, sind die Wirkungen des Fernsehens und anderer Massenmedien in hohem Grade abhängig von den Beziehungen der Zielperson zu anderen Personen, auch wenn diese anderen Personen zum Zeitpunkt der Kommunikation nicht unmittelbar anwesend sind. Durch Lebenserfahrung erwirbt sich jeder Mensch beträchtliches praktisches Wissen über die Vorgänge sozialer Beeinflussung. Eltern lernen, ihre Kinder dazu zu bringen, sich nach den von ihnen aufgestellten Normen zu verhalten. Menschen in verschiedenen Berufen wie Verkauf, Rechtspflege, Seelsorge und Unterricht lernen verschiedene Techniken, andere Leute zu überreden, bestimmte Anschauungen anzunehmen oder in bestimmter Weise zu handeln. Praktisch hat jeder von uns ein wie auch immer geartetes Geschick in solchen Dingen, wie etwa einen Freund oder Bekannten dazu zu bringen, uns bei irgendeiner Freizeitbeschäftigung zu begleiten, oder uns bei der Lösung eines Problems behilflich zu sein.

Wir sind auch einigermaßen vertraut mit der beträchtlichen Vielfalt von sozialen Zusammenhängen, innerhalb derer Ereignisse sozialer Beeinflussung stattfinden. Der Beeinflussungsprozeß unterscheidet sich je nach sozialem Kontext. So ist beispielsweise bei der elterlichen Gewalt die Diskrepanz zwischen der sozialen Macht des Elternteils und der des Kindes wichtig. Sowohl die Macht, zu belohnen, kann hier wirksam werden, als auch die Macht, zu bestrafen. In Arbeits-Situationen hängt die Beeinflussung sowohl von Überredung und Streitgespräch ab, als auch von sozialer Macht. Soldaten befolgen Befehle aus einem gegebenen Respekt vor der bloßen Macht ihrer Vorgesetzten.

Obwohl praktisches Wissen wichtig ist, um überhaupt überleben zu können, kann man dieses Wissen anderen Personen nicht systematisch erfassen. Vieles davon ist intuitiv. Ein Mensch weiß, wie er einen anderen beeinflussen kann, aber er kann nicht unbedingt beschreiben, in welcher Weise er es tut. Beispielsweise sind sich Eltern gewöhnlich nicht bewußt, wieviel Einfluß sie auf ihre Kinder ausüben. Das wird besonders klar, wenn das Kind bei seinem abzulehnenden Verhalten bleibt und die Eltern sich machtlos fühlen, das Verhalten zu steuern. Oft tragen sie zu den abzulehnenden Handlungen des Kindes bei oder unterstützen sie sogar, ohne daß sie es merken.

Vielleicht können wir Einsicht in die soziale Beeinflussung gewinnen, wenn wir ein alltägliches Beispiel ausführlicher betrachten. Später sollen die Theorien und empirischen Forschungen der Verhaltenswissenschaftler untersucht werden, um ein systematisches Verständnis der sozialen Beeinflussung zu gewinnen.

Nehmen wir einen Elternteil, der von seinem zehnjährigen Sohn erwartet, dieser möge irgendeine Hausarbeit übernehmen. Da gibt es die verschiedensten Möglichkeiten, die je nach den Umständen in Frage kommen. Wenn die Hausarbeit vom Kind regelmäßig verrichtet wird, kann es sein, daß über diese Arbeit zwischen Eltern und Kind eine ausdrückliche Vereinbarung besteht. So könnte z. B. von beiden Beteiligten das Mähen des Rasens als eine der Pflichten des Kindes im beiderseitigen Einvernehmen festgelegt worden sein. Diese Verpflichtung könnte auf der Annahme beruhen, daß jedes Familienmitglied bestimmte Pflichten habe, welche sich aus der Mitgliedschaft in der Familiengruppe ergeben, und daß Rasenmähen eben die Aufgabe des Jungen sei. Nun besteht in amerikanischen Familien wahrscheinlich eine etwas andere Grundlage für diese Aufgabenzuweisung: Die Arbeit wird im Austausch gegen irgendeine Belohnung oder ein Privileg ausgeführt. So kann etwa die Vereinbarung, daß der Junge regelmäßig den Rasen mäht, Teil einer Abmachung sein, dafür ein höheres Taschengeld zu erhalten. In einem späteren Altersabschnitt, wenn der Junge einen Führerschein haben darf, könnte er das Recht erhalten, das Auto in seiner Freizeit zu verwenden, wenn er sich seinerseits verpflichtet, Besorgungen damit zu machen und die jüngeren Familienmitglieder umherzufahren. Diese Vorstellung von einem Austausch tritt gewöhnlich in Situationen auf, in denen übernommene Verpflichtungen regelmäßig ausgeführt werden - sie wird ausführlich in anderen Teilen des Buches abgehandelt werden (siehe besonders Kapitel 7 bis 11).

In der gegenwärtigen Diskussion interessieren uns einzelne Ereignisse, bei denen eine Person eine andere beeinflußt und bei denen das Ereignis nicht Teil einer regulären Verhandlung eines Vertrags zwischen den Beteiligten ist. Beispielsweise kann ein Elternteil von seinem Kind fordern, ein bestimmtes Gemüse zu essen, welches das Kind ablehnt und häufig nicht ißt. Der Elternteil könnte daraufhin seine *Mittel* dazu einsetzen, das Kind zu beeinflussen: kein Gemüse - kein Nachtisch. Er könnte auch überzeugende Argumente vorbringen, auch wenn diese in einem solchen Fall gewöhnlich erfolglos zu sein pflegen. Er könnte dem Kind sagen, daß das Gemüse für die Erhaltung seiner Gesundheit erforderlich sei. Er könnte auf Vorbilder hinweisen: Die Eltern selbst essen es mit Genuß, ältere Geschwister essen es, oder die Comics-Figur Popeye ißt ihren Spinat. Er könnte auch eine Strafe androhen.

Eine weitere, weniger auffällige, doch wirkungsvolle Technik besteht darin, von dem Kind zu verlangen, nur einen Löffel Gemüse zu essen und dann bei späterer Gelegenheit nach und nach mehrere Löffel Gemüse. Wir werden später in diesem Kapitel sehen, daß hier einige wichtige Prinzipien angerührt werden, nämlich das des Commitments (einzuwilligen, einen Löffel zu essen) und das der Konsistenz (hat man es einmal gegessen, ist es konsistent, das Gemüse wiederum zu essen).

Obwohl dies als ein einzelnes Beeinflussungsereignis angesehen werden kann, ist es wichtig zu erkennen, daß die Art von Dauerbeziehung, welche zwischen Elternteil und Kind vorherrscht, eine wichtige grundlegende Bedingung für den Erfolg des Elternteils bei anderen Gelegenheiten ist. Wenn die Behandlung des Kindes durch den Elternteil bisher allgemein repressiv gewesen ist und in ihm rebellische Gefühle hervorgerufen hat, kann das Kind vielleicht die Essenssituation dazu benutzen, seine Rebellion durch die Verweigerung des Gemüses auszudrücken, ganz gleich, was für Überredungskünste der Elternteil anwendet oder welche Druckmittel er einsetzt. Wenn aber andererseits zwischen Elternteil und Kind Wärme und Hilfsbereitschaft vorherrschen, kann die Überredung möglicherweise gelingen.

Die einführende Erörterung hat die Komplexität des Beeinflussungsprozesses sowie die große Anzahl von Bedingungen, Zustände und Milieuverhältnisse, betont, welche das Geschehen modifizieren. Um diese Vielfalt zu bewältigen, entwickelt der Sozialpsychologe eine systematische Theorie, welche mit einer gewissen Präzision erklärt, wie Beeinflussung stattfindet. Das vorliegende Kapitel wird sich auf die Zwei-Personen-Interaktion als einer Form von Beeinflussung konzentrieren, ohne dabei außer Acht zu lassen, daß die Gegenwart des Versuchsleiters und der institutionelle Kontext, in dem diese Forschungen durchgeführt werden, ihre Auswirkungen auf die Art der Interaktion haben. Die Kapitel 4 und 5 werden diese grundlegende Analyse auf jene soziale Beeinflussung ausdehnen, die innerhalb der Gesellschaft unter dem Schlagwort der Massenkommunikation stattfindet.

Es wird allerdings unmöglich sein, sich hier mit jedem Aspekt des Beeinflussungsprozesses ausführlich zu befassen, denn dies würde bedeuten, daß in diesem Kapitel praktisch die ganze Sozialpsychologie vorgestellt werden müßte. Deshalb werden viele andere Kapitel einen bestimmten Aspekt des Beeinflussungsprozesses sorgfältig herausarbeiten. So behandelt zum Beispiel Kapitel 7 die Faktoren, welche einen Menschen beeinflussen, einen anderen gern zu haben. Kapitel 8 handelt von den sozialen Machtbeziehungen zwischen Personen, welche Beeinflussung ermöglichen. Die Bedeutung des Status eines Individuums für seine Fähigkeit, Menschen zu beeinflussen, wird in Kapitel 9 dargelegt. Wie eine Gruppe ihre Mitglieder auf einer Linie hält, wird in Kapitel 10 besprochen. Kapitel 11 zeigt, wie sich Führer herausbilden und wie sie ihre Gruppen zu ihren Zielen bewegen. Teile der Kapitel 11,

12, 13 und 14 beschäftigen sich mit der Struktur der Beziehungen zwischen den Beteiligten und der Art von "Sozial-Vertrag", der ausgehandelt worden ist. Der Vorgang beim "Lernen am Modell" bzw. Imitationslernen wird in Kapitel 15 behandelt. Schließlich wird in Kapitel 17 die Rolle des Selbst und der Persönlichkeit beim Beeinflussungsvorgang zur Sprache gebracht.

Das Ziel des Sozialpsychologen ist die systematische Beschreibung des Beeinflussungsprozesses. Der Kern dieser Beschreibung liegt in einer Theorie der Beeinflussung. Diese Theorie besteht aus den zur Beschreibung des Vorganges verwendeten Konzepten und aus einer Erklärung der Art und Weise, in der der Vorgang abläuft. Die Theorie kann auch ein oder mehrere Modelle des Beeinflussungsprozesses enthalten.

Die Vorteile eines systematischen Ansatzes liegen in der Möglichkeit einer Überprüfung und Verfeinerung der Vorstellungen und in der Möglichkeit, ein vertieftes Verständnis zu erreichen. Durch solche systematische Formulierungen werden wir dazu gebracht, Beziehungen zwischen verschiedenen Arten sozialer Beeinflussung zu sehen, welche vorher nicht sichtbar gewesen sind. Wir entdecken, daß einzelne Verhaltensweisen, welche an der Oberfläche überhaupt nicht wie Beeinflussungsprozesse ausgesehen hatten, tatsächlich solche Beeinflussungsprozesse sind. Wir kommen in die Lage, viel mehr subtile Arten von Beeinflussung zu erkennen und zu beschreiben, als das vorher mit unserem rein praktischen Wissen möglich war.

Leider gibt es gegenwärtig keine umfassende Theorie der sozialen Beeinflussung, doch sind Theorien über Teile dieses Prozesses entwickelt worden (z. B. die Dissonanztheorie). Daher wird die Erörterung die gegenwärtig verfügbaren Teilinformationen widerspiegeln, zu denen einige bescheidene theoretische Beiträge der Verfasser hinzugefügt werden sollen.

ELEMENTE DES BEEINFLUSSUNGSPROZESSES

Außer der Kommunikation selbst, welche im Kapitel 4 behandelt werden wird, gibt es vier größere Kategorien, welche in jeder Erörterung des Beeinflussungsprozesses Aufmerksamkeit verdienen:

1. Die Zielhandlung. Dies ist die Handlung, welche vom Empfänger des Beeinflussungsversuchs auszuführen ist (z. B. ein Bekenntnis, ein Kauf, eine Gefälligkeit, eine Meinungsänderung).
2. Die Zielperson. Die Zielperson ist der Empfänger des Beeinflussungsversuchs.
3. Die Beziehung zwischen der Zielperson und anderen Personen.
4. Der soziale Kontext im Umfeld der Zielhandlung.

Einen Überblick über diese vier Elemente gibt Figur 3-1. Wir können uns die Zielhandlung eingebettet in die anderen Elemente des Kommunikationsprozesses vorstellen, wobei jeder größere Kreis ein ausgedehnteres Gebiet des so-

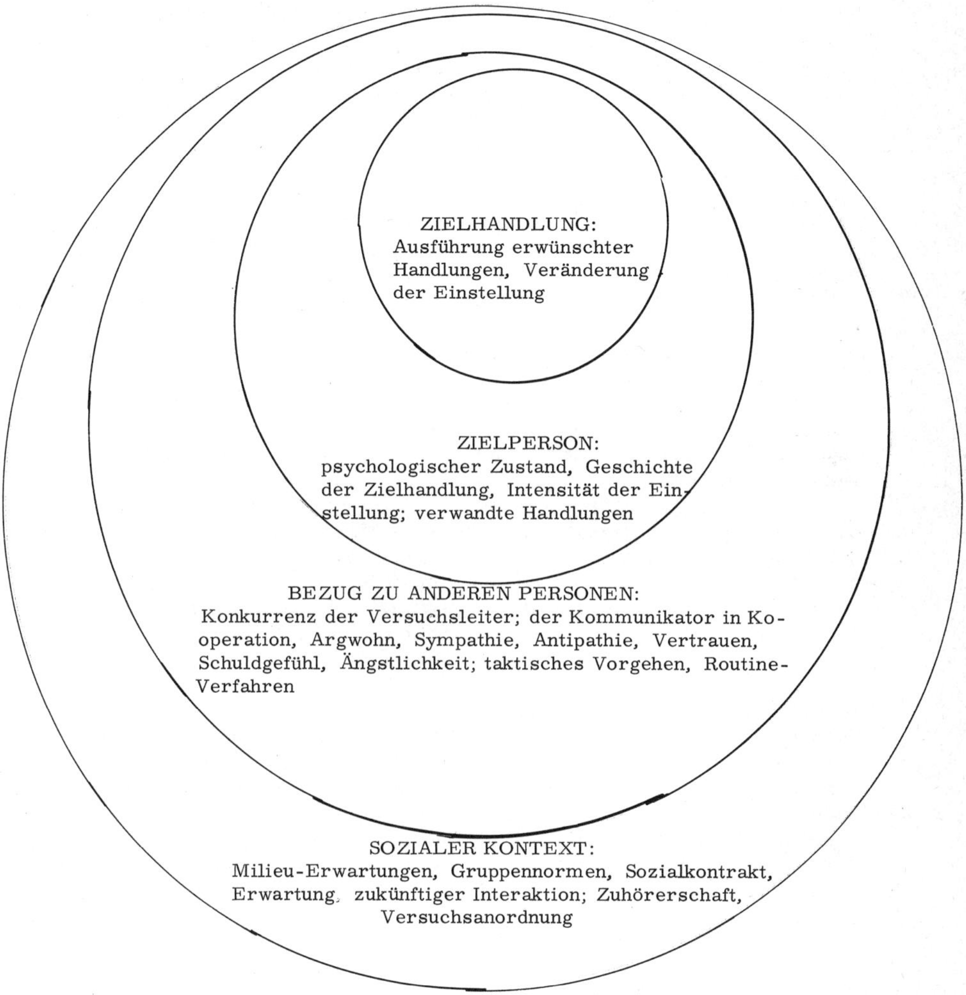

Figur 3-1 Die Zielhandlung und ihr Rahmen

zialen Kontext darstellt, in das die Zielhandlung integriert ist. Diese Elemente des Kommunikationsprozesses sind nicht unabhängig, und sie werden in ihrem Verhältnis zueinander erörtert werden, um ein besseres Verständnis über das zu gewinnen, was geschieht, wenn ein Mensch beeinflußt wird.

Die Zielhandlung

Die Zielhandlung kann nicht nur eine offene Handlung sein, wie etwa ein Kauf als Folge eines Verkaufsgesprächs oder ein Geständnis nach einem Verhör, sondern auch eine Veränderung der Einstellung. Im gewöhnlichen Sprachgebrauch hat eine Einstellung zwei Komponenten: eine bewertende Komponente und eine Überzeugungskomponente. Manchmal wird auch eine Verhaltenskomponente dazugezählt - etwa eine Verhaltensabsicht, welche feststellt, was das Individuum zu tun beabsichtigt.[1] Doch Verhalten kann auch getrennt von der Einstellung behandelt werden - und dieser Art des Vorgehens werden wir uns hier anschließen.

Die bewertende Komponente bezieht sich auf die positive oder negative Ausprägung der Orientierung eines Menschen auf einen Aspekt dieser Welt. Diese Bewertung kann festgestellt werden, indem man ein Individuum beobachtet, wie es seine Gefühle ausdrückt, seine Überzeugungen feststellt, seine Absichten übermittelt oder gewisse Handlungen ausführt. Es wird angenommen, diese Komponente habe einen bestimmten Grad von Intensität: schwach oder stark.

Die Überzeugungskomponente ist der Inhalt der Einstellung, typisch ausgedrückt in verbalen Feststellungen. So könnte ein Mensch sagen: "Krieg ist nicht wesentlich für die Verteidigung unseres Landes." Eine andere Person könnte sagen: "Krieg fördert die schlechtesten Eigenschaften bei den Menschen zutage." Beide Behauptungen stellen ziemlich starke negative Bewertungen des Krieges dar. Doch ihr Inhalt ist äußerst verschieden.

Bei den meisten Untersuchungen beurteilen die Forscher die Bewertungskomponente einer Einstellung, indem sie eine Versuchsperson veranlassen, mehrere Meinungsäußerungen über das Einstellungsobjekt zu bestätigen oder einzuschätzen. Obwohl es zur Messung von Einstellungen formale, sorgfältig ausgearbeitete Skalen (Fragebogen) gibt, werden diese nur selten bei experimentellen Untersuchungen benutzt. Deshalb wollen wir hier die umfassende Technologie nicht erörtern, wie sie für die Erfassung von Einstellungen entwickelt worden ist. Solche Erörterungen können an anderer Stelle nachgelesen werden.[2]

Beziehung zwischen Zielperson und Zielhandlung

Für den Erfolg des Beeinflussungsversuchs ist von großer Wichtigkeit, was die Zielhandlung für die betroffene Person bedeutet und in welcher Beziehung sie zu ihrer Persönlichkeit und ihrem psychischen Zustand zum Zeitpunkt der Beeinflussung steht. Beispielsweise kann die Zielhandlung einem starken Be-

---

[1] Ajzen & Fishbein, 1970

[2] McNemar, 1946; Edwards, 1957; Fishbein, 1967; Scott 1968

dürfnis der Zielperson entgegenkommen. Diese mag sich vielleicht gerade entschlossen haben, ein neues Auto zu kaufen; daraufhin üben die Verkäufer Einfluß auf sie aus, ein bestimmtes Fabrikat zu wählen. Bedürfnisse nehmen unendlich viele Formen an. Eine Person kann vielleicht Nachbarn und Freunden imponieren wollen. Die Person wird dadurch beeinflußt, ein luxuriöses Haus oder einen exklusiven Wagen zu kaufen. Oder eine Person wird dann besonders anfällig für Bauernfängerei werden, wenn sie das Bedürfnis hat, schnell und viel Geld zu verdienen.

Von beträchtlicher Bedeutung ist auch, in welcher Beziehung die Zielhandlung zu anderen Handlungen der Zielperson steht. Ist es eine ganz neue Handlung, oder hat die Person sie schon vorher durchgeführt? Im letzteren Fall wird die Handlung vielleicht von einer Gewohnheit gestützt (z. B. Rauchen). Ferner kann sie das Bedürfnis verspüren, konsistent zu sein in Bezug zu eigenen früheren Handlungsweisen. [3] Der Prozeß des Commitments, wie er hervorgerufen wird durch einen Entschluß, zu handeln, oder dadurch, daß man die Handlung tatsächlich schon ausgeführt hat, soll weiter unten im Zusammenhang mit unserer Erörterung der Dissonanztheorie [4] behandelt werden. Dissonanz ist ein Zustand des Unbehagens, der entsteht, wenn ein Mensch sich zu einer Handlung verpflichtet hat, welche im Gegensatz zu seinen Überzeugungen oder Werten steht, oder welche eine Inkonsistenz gegenüber seinen anderen Handlungen darstellt. Es ist zu beachten, daß wir in diesem Abschnitt nur von privaten Commitmenthandlungen gesprochen haben, welche aus einem Entschluß oder einer Wahl herrühren, die noch nicht publik gemacht worden ist.

Beziehung zwischen Zielperson und anderen Personen

In einer Zwei-Personen-Situation ist eine der wichtigsten Bedingungen für Beeinflussung die Abhängigkeit der Zielperson vom Kommunikator. Diese Bedingung kann im wesentlichen im Sinne von "Ausmaß der sozialen Macht" erörtert werden, welche der Kommunikator über die Zielperson ausübt. Soziale Macht wird ausführlich in Kapitel 8 erörtert, und daher werden wir hier nur ihre Grundlagen erwähnen.

Gewisse Umstände geben einer Person Macht über eine andere. Ein Kommunikator mag in einer Position sein, die es ihm ermöglicht, die Zielperson zu belohnen oder zu bestrafen (z. B. ihr eine Lohnerhöhung zu geben; sie mit besonderen Vorrechten auszustatten; sie mit einer Geldbuße zu belegen; sie zu entlassen). Er kann in der Lage sein, ihr solche Güter wie Liebe, Wärme, Unterhaltung, Kameradschaft zu geben. Eine andere Person hat möglicherweise Fachwissen, das die Zielperson nicht besitzt, aber braucht. Eine andere Quelle von Macht, welche sogar zu unbeabsichtigter Beeinflussung führt, ist dann gegeben, wenn der Kommunikator als ein zu imitierendes Vorbild an-

---

[3] Abelson, Aronson, McGuire, Newcomb, Rosenberg & Tannenbaum, 1968

[4] Festinger, 1957

gesehen wird. Wenn die Zielperson jemanden bewundert, kann sie beeinflußt werden, einige Eigenschaften und Handlungen des anderen zu übernehmen. Eine andere Person hat vielleicht legitime Macht, welche darauf beruht, daß die Zielperson N o r m e n anerkennt, welche das Eingehen auf Beeinflussungsversuche einer anderen Person erfordern, falls diese einen entsprechenden Status besitzt. So befolgt ein Soldat den Befehl eines Offiziers, ein Kind gehorcht seinen Eltern, ein Autofahrer hält auf das Signal eines Polizisten oder ein Mensch leiht einem Freund Geld.

Der Umfang der Macht eines Kommunikators ist keine direkte Funktion seiner Mittel, sondern hängt auch von dem Ausmaß ab, bis zu dem die Zielperson vom Kommunikator abhängig ist oder seine Mittel benötigt. Diese Abhängigkeit ist wesentlich eine Funktion des V e r g l e i c h s n i v e a u s der Zielperson. Ihr Vergleichsniveau ist das, was sie normalerweise von dieser Beziehung erwartet. Das Vergleichsniveau wird beeinflußt von ihren früheren Erfahrungen mit einer solchen Art von Beziehung und von ihrer Beurteilung, was andere ihresgleichen erhalten. Die Macht des Kommunikators ist eine Funktion seiner Mittel in Beziehung zum Vergleichsniveau der Zielperson. Je größer die Mittel in bezug auf das Niveau, desto größer ist seine Macht. Schließlich wird die Abhängigkeit der Zielperson vom Kommunikator und damit die Macht des Kommunikators beeinflußt von den Alternativen, die der Zielperson zur Verfügung stehen. Wenn alternative Möglichkeiten lohnender oder weniger kostspielig sind, hat der Kommunikator weniger Macht. Fachwissen selbst beruht auf dem Mangel an Alternativen: Nur der Fachmann besitzt die Information. In einer emotionalen Beziehung ist vielleicht der Partner die zeitweilig einzige Quelle gewisser psychischer Mittel, wie etwa Liebe. Daher gilt allgemein: Je geringer oder schwächer die Alternativen, desto mehr Macht hat der Kommunikator über die Zielperson.

Neben der relativen Macht der Beteiligten gegenüber einem Beeinflussungsversuch können verschiedene andere Aspekte der Beziehung wichtig sein. Die Lage ist möglicherweise so, daß eine kooperative Beziehung vorherrscht. Es kann Vertrauen oder Mißtrauen bestehen (die Glaubhaftigkeit des Kommunikators soll im nächsten Kapitel erörtert werden). Verschiedene T a k t i k e n und Routine-Verhaltensweisen, welche bei der Beeinflussung verwendet werden, verdienen analysiert zu werden. Taktiken sind Strategien, welche absichtlich angewandt werden, um eine andere Person zu beeinflussen. Routine-Verhaltensweisen sind solche, die eine andere Person beeinflussen, ohne daß sich die Beteiligten besonders bewußt sind, daß ein Beeinflussungsvorgang stattfindet. Wenn zum Beispiel eine Mutter ein Kind wiederholt straft, kann sie damit vielleicht beabsichtigen, irgendeine unerwünschte Handlungsweise auszumerzen, etwa den Streit mit jüngeren Geschwistern. Doch kann sie dabei unbeabsichtigt erreichen, daß das Kind nicht nur widerstandsfähig gegen ihre Beeinflussungsversuche wird, sondern daß es sogar beeinflußt wird, sein unerwünschtes Verhalten fortzusetzen. Das Einschmeicheln ist bereits in Kapitel 2 erörtert worden. Andere Taktiken und Routine-Verhaltensweisen sollen hauptsächlich in anderen Teilen des Buchs diskutiert werden (siehe besonders die Kapitel 8, 10 und 17).

Der Kommunikator ist nicht die einzige Person, die auf den Erfolg des Beeinflussungsversuchs einwirkt. Wenn eine oder mehrere Personen bei dem Versuch anwesend sind, können sie einen starken Einfluß auf Annahme oder Zurückweisung haben. Überdies bringen viele Forschungen der Sozialpsychologen, welche sich mit Zwei-Personen-Gruppen befassen, bei denen eine Person die andere zu beeinflussen versucht, eine dritte Person ins Spiel, dessen Teilnahme einen bedeutsamen Einfluß haben kann: den Versuchsleiter selbst. Wie wir noch sehen werden, können einige Befunde nur dann verstanden werden, wenn die Rolle des Versuchsleiters mit berücksichtigt wird.

Sozialer Kontext der Zielhandlung

Das Publikmachen eines Entschlusses, eine Zielhandlung zu vollbringen, stärkt das Commitment der Zielperson.[5] In seiner ausgeprägtesten Form kann Commitment die Form einer Verpflichtung gegenüber einer anderen Person oder Gruppe, aber auch sich selbst, annehmen.

Die Zielhandlung kann soziale oder moralische Sanktionen haben. Ist sie eine legitime oder eine illegitime Handlung? (Siehe "Legitime Macht" in Kapitel 8). Ob die Zielperson die Handlung ausführt oder nicht, hängt teilweise davon ab, wie die Handlung in Beziehung zu diesen Sanktionen steht. Soziale oder moralische Sanktionen finden wir auch bei Beeinflussungsversuchen, die der Vorbeugung dienen sollen. So können Versuche gemacht werden, eine Person davon abzubringen, Zigaretten zu rauchen oder Rauschgift zu nehmen. Bei Beeinflussungsversuchen zum Zwecke der Vorbeugung können die persönlichen und gesellschaftlichen Konsequenzen der Handlung wichtig sein, ebenso die Gewöhnung, wie schon oben erwähnt.

Hierher gehören auch die Erwartungen, welche Arten von Beeinflussungsversuchen der Situation angemessen sein dürften. Unter gewöhnlichen Umständen haben andere Personen gewisse Erwartungen, wie wir uns in gegebenen Situationen verhalten sollten - wir selbst haben die gleichen Vorstellungen für unser eigenes Verhalten. Ein bestimmter Aspekt von Erwartungen bezieht sich darauf, welche Art Wünsche von anderen Personen wir für zulässig halten. Wenn ein Beeinflussungsversuch erfolgreich sein soll, muß er in Einklang mit diesen Erwartungen stehen; andernfalls wird er als illegitim betrachtet.[+] Wenn zum Beispiel ein Lehrer von einem Studenten eine alltägliche Routinearbeit verlangt, ist der Wunsch innerhalb der Grenzen der Legitimität und wird daher aus diesem Grund nicht zurückgewiesen werden. Wenn jedoch ein Lehrer von einem Studenten verlangt, dieser möge sein Haar kurz tragen, wird der Student möglicherweise davon überzeugt sein, dieser Wunsch sei illegitim.

Die Verletzung von allgemeineren, kulturell bedingten Erwartungen ruft an-

---

[5] Deutsch & Gerard, 1955

[+] Erwartungen und ihre Grenzen werden in Kapitel 13 erörtert.

dererseits bisweilen eine Willfährigkeit in bizarren Situationen hervor.[6] Solche allgemeinen Erwartungen werden von jedem für selbstverständlich gehalten und sind weitgehend anerkannt, so daß ihre Verletzung oft Ungläubigkeit und Verwirrung hervorruft. Der Mensch ist außerstande, die Lage zu meistern und unterliegt dem Beeinflussungsversuch vielleicht deshalb, weil es keine klaren Richtlinien für sein Verhalten gibt. Es ist die Verletzung dieser Selbstverständlichkeiten, welche den Erfolg des Fernsehprogramms "Versteckte Kamera" bewirkt hat. Die Sendung zeigte wiederholt Menschen, die bis zu einem bemerkenswerten Grad willfährig gemacht wurden. So wurde zum Beispiel an der Theke eines Restaurants ein Fernsehschauspieler gezeigt, wie er wiederholt einen neben ihm sitzenden Fremden bat, von dessen Essen kosten zu dürfen - wie er die Erlaubnis dazu erhielt und sodann beträchtliche Mengen aß. Dabei scheinen die in Erfüllung gegangenen Wünsche vollkommen außerhalb der normalen Erwartungen zu liegen. In diesem Beispiel zeigt der Schauspieler unglaubliche Kühnheit. Da das verwirrte Opfer kein standardisiertes Verhaltensmuster für solche Wünsche besitzt, gibt es einfach nach.

Wir haben den Sozialvertrag schon erwähnt, welcher ausführlicher in den Kapiteln 10, 13 und 14 behandelt werden soll. Die Zielperson und der Kommunikator können einen ungeschriebenen Pakt miteinander haben, der die Form einer Regel oder Norm annimmt, auf die sich beide Parteien geeinigt haben. Ein Reisender in Briefpapier wird zum Beispiel sein Geschäft mit Firmen machen, welche sich bereit erklären, ihm alle Aufträge in diesem Sektor zu erteilen. In zwanglosen sozialen Situationen werden wiederum stillschweigende, weniger spezifizierte Vereinbarungen vorherrschen. Gute Freunde, sofern sie in erreichbarer Nähe leben, erwarten voneinander, daß sie sich in gewissen Zeitabständen besuchen. Ist einer von ihnen unerreichbar, hat der andere Grund zur Beunruhigung, da eine stillschweigende und unausgesprochene Vereinbarung verletzt worden ist.

Abgesehen von der Forschung über Massenkommunikation, welche in den Kapiteln 4 und 5 erörtert werden soll, ist das Gebiet der experimentellen Forschung, welche sich direkt mit dem sozialen Beeinflussungsprozeß beschäftigt, überraschend beschränkt geblieben. Im Sinne unserer Erörterung der Elemente des Beeinflussungsprozesses haben sich die meisten Bemühungen auf die Beziehung zwischen Zielhandlung und Zielperson gerichtet, während anderen Aspekten der sozialen Beeinflussung wenig Aufmerksamkeit gewidmet wurde. Es ist mehr Zeit auf die Erforschung der Änderung von Einstellungen als auf die Erforschung der Verhaltensänderung verwandt worden. Wenn Forschung im Hinblick auf diese "anderen Aspekte" zum tragen gekommen ist, so wurde diese Forschung oft in anderen Zusammenhängen durchgeführt, etwa beim Studium des Vorganges, durch den Kinder und Erwachsene in Gruppen sozialisiert werden, oder bei dem normativen Prozeß, durch den Gruppen ihre Mitglieder kontrollieren. Diese Themen sollen in anderen Kapiteln erörtert werden. Einige Aufmerksamkeit soll - in den Kapiteln über

---

[6] Garfinkel, 1967

Massenkommunikation - den Auswirkungen auf Einstellungsänderung gewidmet werden, wenn diese durch andere Personen als durch den Kommunikator herbeigeführt wird. Vieles in Kapitel 8 (soziale Macht) bezieht sich auf Elemente der sozialen Beeinflussung, welche in dem hier vorliegenden Kapitel nicht abgehandelt werden.

Der Rest des vorliegenden Kapitels wird sich daher vorwiegend auf den wesentlichen Kern jener Forschung beschränken, welche sich direkt mit sozialer Beeinflussung befaßt, jedoch weitgehend auf die Auswirkungen der Beziehung zwischen der Zielperson und der Zielhandlung ausgerichtet ist. Dies bedeutet im wesentlichen, daß Sozialpsychologen sich damit begnügt haben, die Beeinflussung weitgehend in Zusammenhang mit der Einzelperson und ihren Handlungen und Überzeugungen zu sehen, während sie der Rolle der anderen Personen und dem sozialen Kontext wenig Aufmerksamkeit geschenkt haben.

Diese einseitige Betonung der Individualkomponente des Kommunikationsprozesses wird gut sichtbar im folgenden Abschnitt. Er befaßt sich mit den intensiven Forschungsbemühungen darüber, wie Handlungen eines Menschen, die konträr zu seiner Einstellung sind, eine Änderung der Einstellungen hervorbringen. In diesem Musterfall ist die Änderung der Einstellung die Zielhandlung. Die konträre Handlung ist ein Faktor, der zur Änderung führt, und er ist häufig eine Form von Commitment. Die traditionellen Auffassungen zur Erklärung einer Einstellungsänderung beziehen sich auf Vorgänge innerhalb des Individuums: Auffassungen, welche private, nicht-soziale Ereignisse verkörpern. In Begriffen der Figur 3-1 beziehen sie sich primär auf die Zielhandlung und die Zielperson. Wie wir allerdings sehen werden, geht die jüngste Theorie und Forschung über diese zwei Elemente hinaus und operiert mit Auffassungen, welche Beziehungen zu anderen Personen und den sozialen Kontext mit berücksichtigen.

EINSTELLUNGSKONTRÄRES VERHALTEN

Eine der Erfahrungen des täglichen Lebens ist, daß man Dinge tun muß, die man nicht gern tut. Dazu gehören gewisse Handlungen, die ermüdend sind, Anstrengung erfordern oder unseren Gefühlen zuwiderlaufen. Jeder Angestellte muß seine Arbeit in einer Weise machen, wie sie von seinen Vorgesetzten vorgeschrieben wird. Diese Art und Weise unterscheidet sich oft von seinen Vorstellungen, die er verwirklichen würde, wenn man ihm freie Hand ließe. Im Verlauf seiner Tätigkeit ist er oft verpflichtet, verschiedene Aufgaben auszuführen, die ihm unangenehm sind, weil sie im Gegensatz zu seiner Einstellung stehen. Studenten finden häufig Aufgaben unangenehm, und die Vorbereitung für die Prüfung quälend. In der Familie kann nicht jedes Mitglied tun, was es will, sondern muß Rücksicht auf die Wünsche der anderen nehmen: Das ruft viele Verhaltensweisen hervor, die von den Einstellungen abweichen. So ärgert sich zum Beispiel die Hausfrau und Mutter oft über gewisse Aspekte ihrer Rolle, besonders dann, wenn sie gerne eine berufliche Laufbahn einschlagen würde.

Diese Handlungen sind für Sozialpsychologen von besonderem Interesse, denn manchmal ändert ein Mensch - als Folge, sich konträr zu seiner Einstellung verhalten zu müssen - seine Einstellung, um sich dem neuen Verhalten anzupassen. So kann sich beispielsweise ein Student für einiges, was er studiert hat, interessieren. Oder ein Politiker, der von seinen Wählern dazu gedrängt wird, Gesetze gegen Luftverschmutzung einzubringen, glaubt möglicherweise an eine Sache, gegen die er ursprünglich neutral eingestellt war. Die Psychologen haben versucht, Theorien zu entwickeln, welche solche Einstellungsänderungen erklären und die Bedingungen entdecken sollen, unter denen sie stattfinden. Diese Bemühungen haben zu einer beträchtlichen Kontroverse geführt, die bis jetzt noch nicht gelöst ist. Doch konnten durch fortlaufende Experimente und Erklärungsversuche einige Einsichten in die Wirkungsweise eines "einstellungskonträren Handelns" gewonnen werden.

Es ist bereits hervorgehoben worden, daß in jedem Beeinflussungsprozeß zwei Faktoren von Bedeutung sind: das soziale Umfeld der Handlung, welche das Ziel der Beeinflussung ist, und die Beziehung zwischen dem Kommunikator und der Zielperson. Wie weiter unten gezeigt wird, ist tatsächlich viel in der Forschungsliteratur durch Nichtbeachtung dieser beiden Faktoren entstanden. Laborversuche werden zu oft innerhalb eines eigenen Rahmens interpretiert, in dem der Teilnehmer isoliert vom Versuchsleiter betrachtet wird, und in dem die Aufmerksamkeit auf die Zielhandlung gerichtet ist, während andere Handlungen oder individuelle Eigenschaften des Teilnehmers vernachlässigt werden. Die Erörterung wird mit einem Ausschnitt beginnen, der Blickwinkel soll dann allmählich erweitert werden, bis die konträre Handlung in ihrem vollen sozialen und relationalen Kontext überblickt werden kann.

Das Paradigma induzierter Zustimmung

Die experimentelle Forschung an einstellungskonträren Handlungen hat sich auf das Umfeld dessen konzentriert, was wir das *Paradigma induzierter Einwilligungsbereitschaft* nennen wollen. Dies ist eine Versuchsanordnung, bei der ein Teilnehmer veranlaßt wird, sich gegensätzlich zu seiner Einstellung zu verhalten. (Der Terminus, welcher sich gebildet hat, ist *erzwungene Zustimmung*. Das ist indessen ein etwas unglücklicher Ausdruck, denn der Teilnehmer wird ja nicht wirklich *gezwungen*, sondern er willigt ein, weil es ihn drängt, mit dem Versuchsleiter zu kooperieren - oder aber, weil er nicht als Dummkopf erscheinen möchte. In diesem Paradigma werden die Bedingungen, unter denen der Teilnehmer agiert, variiert, um diejenigen herauszufinden, welche zu einer Änderung der Einstellung führen, und zwar als Folge des konträren Verhaltens. Diese Forschungsrichtung entwickelte sich aus zwei verschiedenen Denkansätzen, nämlich aus der Dissonanztheorie einerseits und dem "Spielen der Rolle eines Befürworters" andererseits. Bevor wir ein Beispiel dieser Art von Forschung bringen, wollen wir die 1957 von Festinger eingeführte Dissonanztheorie erörtern.

Dissonanztheorie Der Ausdruck Dissonanz weist auf eine Unvereinbarkeit zweier oder mehrerer Elemente hin. Zwei Elemente sind in einer dissonanten Beziehung, wenn bei Betrachtung der beiden allein das Gegenteil eines Elementes aus dem anderen folgen würde. So sind zum Beispiel die folgenden zwei Elemente dissonant:

"Ich brauche kein Auto."
"Ich habe gerade ein Auto gekauft."

Im Zentrum der Dissonanztheorie steht der Begriff kognitives Element. Ein kognitives Element ist eine einzelne Einheit von Wissen, eine einzelne Überzeugung oder ein Urteil einer Person über ein Objekt in seiner Umgebung, über sein Verhalten oder über sich selbst. Beispiele für kognitive Elemente:

"Ich rauche jeden Tag ein Päckchen Zigaretten."
"Rauchen verursacht Lungenkrebs."
"Ich bin mit Jane verlobt."
"Studenten sollten bei der Verwaltung von Universitäten mitbestimmen können."
"Schwarzen Amerikanern stehen die gleichen Rechte zu wie jedem anderen Amerikaner."
"Ich habe John gern."

In Situationen des Alltags und der Forschung sind fast immer mehr als zwei Elemente beteiligt. Die erlebte Dissonanz ist eine gemeinsame Funktion von zwei Gruppen von Elementen. Im Kontext unseres Themas ist eine der Gruppen mit dem gegenteiligen Verhalten verbunden und die andere mit der Einstellung.

Der Betrag von Dissonanz, der durch ein einstellungskonträres Verhalten entsteht, kann durch folgende Formal ausgedrückt werden:

$$\text{Dissonanz} = \frac{\text{kognitive Elemente dissonant mit der Beteiligung an der Handlung}}{\text{kognitive Elemente konsonant mit der Beteiligung an der Handlung}}$$

In der ursprünglichen Formulierung wurden die Elemente nach ihrer Bedeutung betont. Es wurde allerdings in dieser Richtung fast keine Forschungsarbeit geleistet, und deshalb kann dieser Quotient nicht dazu benutzt werden, ein genaues quantitatives Maß der Dissonanz zu erhalten. Doch ist er ein nützliches Mittel zur Bestimmung der relativen Stärke der Dissonanz in zwei oder mehr Situationen. Wie wir gleich bei einem typischen Experiment sehen werden, sind die Elemente der experimentellen Bearbeitung typisch identisch, es sei denn, daß eine Situation entweder ein zusätzliches Element enthält oder ein Element, welches wichtiger ist als das andere.

Die Dissonanztheorie nimmt an, daß ein Zustand der Dissonanz unbequem ist und Druck hervorruft, diese Dissonanz zu reduzieren. Reduktion von Dissonanz kann eintreten durch eine Änderung in der Einstellung oder im Verhalten des Betreffenden oder durch Einführung eines neuen kognitiven Elementes. Es wird angenommen, daß sich in diesen Fällen die mit diesen Änderungen verbundenen kognitiven Elemente entsprechend verändern. So kann ein über Lungenkrebs beunruhigter Raucher zu rauchen aufhören, zu Filterzigaretten übergehen, sich ärztlich untersuchen lassen oder zu der Ansicht kommen, die gegen das Rauchen vorgebrachten Argumente seien ungenügend bewiesen. Um die Reduktion der Dissonanz in der obigen Formel unterzubringen, könnten wir entweder dem Nenner kognitive Elemente beifügen (wodurch ein kleinerer Bruch entstehen würde), oder aus dem Zähler Elemente entfernen. Eine andere Möglichkeit ist die Substitution eines Elementes durch ein anderes von verschiedener Gewichtung.

Dieses Konzept erlaubt uns, verschiedene Bedingungen aufzustellen und vorauszusagen, welche Anordnung die größte Einstellungsänderung erbringt. So zeigt uns beispielsweise unsere Formel die zunächst nicht offensichtliche Tatsache: je größer der Druck, sich bei der konträren Handlung zu engagieren, desto g e r i n g e r die erregte Dissonanz. In der obigen Formel ist der Druck, sich in das Verhalten einzulassen, ein mit dem Verhalten konsonantes Element und würde daher in den Nenner gehören. Daher: je mehr Druck, desto weniger Dissonanz. Nehmen wir als Beispiel einen Menschen, der eine starke Vorliebe für die Demokratische Partei hat und dem 100 Dollar angeboten werden, wenn er andere Personen dazu bringt, die Republikaner zu wählen, und nehmen wir an, dieser Betrag wäre gerade das Minimum, ihn dazu zu bewegen. Dies würde die maximale Dissonanz darstellen, viel mehr Dissonanz, als wenn man ihm 5000 Dollar bezahlen würde. In Gleichungen ausgedrückt, würde das Ausmaß der Dissonanz so aussehen:

Größere Dissonanz	Geringere Dissonanz
$\dfrac{\text{Elemente demokratischer Einstellung}}{\text{Erhalt von 100 Dollar für die Beeinflussung von Menschen, republikanisch zu wählen}}$	$\dfrac{\text{Elemente demokratischer Einstellung}}{\text{Erhalt von 5000 Dollar für die Beeinflussung von Menschen, republikanisch zu wählen}}$

Die größtmögliche Dissonanz wird erreicht, wenn sich der Quotient der Zahl 1 nähert. (Als Übung könnte der Student ausrechnen, warum die Dissonanz nicht größer als 1 sein kann.)

Wenn in diesem Beispiel der einzige Weg der Dissonanz-Reduktion für den Demokraten wäre, einzelne Elemente seiner politischen Einstellung in eine republikanische Richtung zu modifizieren, würden wir voraussagen, daß der mit 100 Dollar bezahlte Demokrat eine größere Änderung erleben würde als der mit 5000 Dollar bezahlte Demokrat. Das geschieht nur deshalb, weil er viel stärker motiviert wäre, die Dissonanz zu reduzieren.

Diese Denkrichtung bringt die folgende paradoxe Verallgemeinerung mit sich:

je höher wir einen Menschen dafür belohnen, daß er sich in eine einstellungskonträre Handlung einläßt, desto weniger wahrscheinlich wird er diese Einstellung ändern. Doch wenn die Höhe der Belohnung gerade noch genügt, sich in die widersprüchliche Handlung einzulassen, würden wir eine maximale Änderung erreichen. Anders ausgedrückt, die Dissonanztheorie sagt voraus, daß ein umgekehrtes Verhältnis zwischen der Größe der Belohnung und der Größe der Einstellungsänderung besteht. Dies wird dargestellt in einem bekannten Versuch, der ein klassisches Beispiel für das *Paradigma induzierter Zustimmung* geworden ist.

Nach Fertigstellung einer langweiligen "experimentellen" Aufgabe wurde den Teilnehmern mitgeteilt, daß gewöhnlich eine studentische Hilfskraft die nächste Versuchsperson einführe und dieser klar mache, wie vergnüglich der Versuch sei. Es wurde sodann angedeutet, daß diese Hilfskraft nicht erschienen sei, und jeder Student nach Fertigstellung seiner Aufgabe aufgefordert, als ein solcher Helfer zu fungieren. Verschiedenen Gruppen von Studenten wurden Belohnungen in zwei Größenordnungen angeboten: 1 Dollar und 20 Dollar.

Hier handelt es sich um eine Versuchsanordnung, bei der die Person sich eine starke persönliche Meinung bildet, daß die von ihr gerade übernommene Aufgabe langweilig sei; doch für einen Preis (und wahrscheinlich aus anderen Überlegungen heraus, wie etwa dem Bestreben, dem Versuchsleiter entgegenzukommen) findet sie sich bereit, einer neuen Versuchsperson zu sagen, dies sei eine vergnügliche Aufgabe. Nachdem die Versuchspersonen als Helfer gedient hatten, wurden sie befragt und aufgefordert, ihre Meinung über das Experiment auf einer 11-Punkte-Skala abzuhaken, welche von maximaler negativer Meinung bis zu maximaler positiver Meinung reichte. Die Annahme bestätigte sich, daß diejenigen, die eine Belohnung von nur 1 Dollar erhalten hatten, die Vergnüglichkeit des Versuches höher einschätzen würden als jene, welche 20 Dollar erhalten hatten.

Die Formel für dieses Experiment würde dann so aussehen:

Größere Dissonanz	Geringere Dissonanz
$\frac{\text{Gefühl, daß die Aufgabe langweilig ist}}{\text{Druck durch E plus 1 Dollar}}$	$\frac{\text{Gefühl, daß die Aufgabe langweilig ist}}{\text{Druck durch E plus 20 Dollar}}$

Mit anderen Worten: Wenn eine finanzielle Belohnung als Druckmittel verwendet wird, um eine Einwilligung von einer Person zu erhalten, lautet die Voraussage, daß sich deren Einstellung desto weniger ändern wird, je mehr Geld sie für ihre Einwilligung erhält. Der Schlüssel zum Verständnis dessen ist die Feststellung, daß die Dissonanz ihren Höhepunkt erreicht, wenn die gegensätzlichen kognitiven Elemente in Stärke und Wichtigkeit gleich sind. Da das Ausmaß der Einstellungsänderung eine Funktion der Höhe der Dissonanz ist, wird die größte Einstellungsänderung an dem Punkt eintreten, an dem diese gegensätzlichen Elemente gleich sind. Wenn gegensätzliche Elemente ungleich gemacht werden, indem man die Elementengruppe im Nenner spürbar verstärkt, wird die Dissonanz etwas weniger werden, und die Einstellungsänderung wird geringer.

Die gebräuchlichste Erklärung für diesen Dissonanzeffekt geschieht im Sinne von Rechtfertigung. Nachdem der Mensch seine Entscheidung getroffen und sich für das konträre Verhalten engagiert hat, empfindet er eine unbehagliche Dissonanz. Aber er kann dieses Unbehagen reduzieren, und zwar durch Rechtfertigung seines Verhaltens. Wenn er einige Elemente republikanischer Ansichten annimmt und sodann andere Personen dazu drängt, republikanisch zu wählen, ist das nicht so belastend, besonders wenn man ihm für diese Bemühungen 100 Dollar zahlt. Wenn man ihm 5000 Dollar zahlt, ist sein Verhalten sogar noch leichter zu rechtfertigen, wenn er Geld braucht und ihm Politik nicht viel bedeutet. Daher ist es in einem solchen Fall für ihn nicht nötig, republikanische Ansichten anzunehmen: die 5000 Dollar sind eine genügende Rechtfertigung.

Einstellungskonträre Agitation Für den Augenblick wollen wir das Dissonanz-Paradigma verlassen und eine andere Forschungsrichtung aufnehmen, nämlich die Einstellungskonträre Agitation. In einigen Forschungsprojekten zur Dissonanztheorie wurden Beteiligte aufgefordert, eine zu ihrer eigenen Einstellung konträre Position zu verteidigen. So erzählten in dem eben erörterten Dollar-Experiment die Teilnehmer einer Person, in der sie den nächsten Teilnehmer vermuteten, daß der Versuch interessant und vergnüglich sei, während sie tatsächlich wußten, daß er stumpfsinnig und langweilig war. In einigen anderen Untersuchungen schrieb der Teilnehmer einen Aufsatz zur Befürwortung einer Position, von der der Versuchsleiter wußte, daß sie von dem Schreibenden nicht befürwortet wurde.

Janis, Elms und andere haben behauptet, daß nicht die Erregung einer Dissonanz, sondern die Verteidigung einer Position, die konträr zur eigenen Einstellung steht, eine Änderung der Einstellung begründet.[8] Der Grund, warum ein Mensch aktiv eine Position unterstützt, mit der er nicht übereinstimmt, ist folgender: (1) Er durchforscht sein Gedächtnis und seine Erfahrungen nach Informationen, welche die verteidigte Position unterstützen, und (2) er konstruiert oder erfindet Argumente und Gründe, die diese Position unterstützen. In gewissem Sinne überzeugt er sich selbst, daß die Position zumindest Stichhaltigkeit besitzt und ändert seine Einstellung ihr gegenüber. Darüberhinaus sollte, sofern diese Interpretation richtig ist, die Größe der Belohnung direkt proportional sein zu der Größe der Änderung, also anders als die Vorhersagen der Dissonanztheorie. Dies sollte eintreten, denn der Teilnehmer, der größere Belohnungen erhält, wird mehr und bessere Argumente und Gründe produzieren und so seine Einstellung mehr in ihre Richtung ändern.

Eines der frühesten Experimente über einstellungskonträre Agitation setzte die Teilnehmer abwechselnd als Sprecher und als Zuhörer ein, und zwar jedesmal mit einem verschiedenen Thema.[9] Wenn sie als Sprecher fungierten,

---

[8] Janis & Gilmore, 1965; Elms, 1967; [9] Janis & King, 1954

wurden sie mit einer Inhaltsangabe versehen und gebeten, eine Ansprache über eine Position zu improvisieren, mit der sie nicht übereinstimmten. Als Mitglied der Zuhörerschaft hörten sie einfach zu. Der Grad, in dem ein Individuum als Sprecher seine Einstellung änderte, wurde mit seiner Änderung als Mitglied der Zuhörerschaft verglichen: Das Individuum änderte seine Einstellung in höherem Grade, wenn es als Sprecher fungierte. Dieses Ergebnis ergab sich bei zwei von den drei Themen. Es stimmt mit dem eben genannten Gedankengang überein. Das Improvisieren eines Vortrags bringt mehr Argumente und Gründe hervor, welche die neue Position begünstigen, und ist auch befriedigender.

Um schlüssig zu bestimmen, ob Improvisation und Befriedigung wichtig für Einstellungsänderung waren, wurde ein zweites Experiment durchgeführt. Die Teilnehmer wurden einer von drei Versuchsanordnungen zugeteilt: Eine Gruppe gab eine Stegreifschilderung nach der Lektüre eines Zeitungsartikels, eine zweite las den Text ganz einfach laut und die dritte Gruppe las den Text nur schweigend. Die Teilnehmer, welche eine improvisierte Schilderung zu geben hatten, zeigten mehr Einstellungsänderung als jene, welche laut oder leise gelesen hatten. Unter denen, die improvisierten, schien die Befriedigung keine besondere Rolle für die Größe der Einstellungsänderung zu spielen.

Daß die Änderung der Einstellung zurückzuführen ist auf die Entwicklung neuer Argumente, wird indirekt durch eine andere Untersuchung angedeutet.[10] Wenn den Teilnehmern Gelegenheit gegeben wurde, Argumente zu erwägen und zurückzuweisen, *bevor* sie die von den Argumenten gestützte Position zu verteidigen hatten, entstand wenig Einstellungsänderung nach einstellungskonträrer Agitation. Das deutet darauf hin, daß die durch aktive Befürwortung der neuen Situation entstehenden neuen Argumente die Änderung der Einstellung hervorrufen. In der hier herangezogenen Untersuchung konnte das nicht so bereitwillig geschehen, denn man hatte dem Teilnehmer die Argumente im voraus gegeben, und er hatte sie zurückgewiesen.

Zwei weitere Untersuchungen, bei denen einstellungskonträre Agitation angewandt wurde, erforschten ferner die Gründe für Einstellungsänderung. Sie waren darauf angelegt, die Streitfrage weiterzubringen, ob Einstellungsänderung im umgekehrten Verhältnis zur Höhe der Belohnung auftreten würde (wie es die Dissonanztheorie voraussagt), oder ob die Änderung im Verhältnis zur Höhe der Belohnung stehen würde (vorausgesagt von der einstellungskonträren Agitation).

In beiden Untersuchungen wurden College-Studenten aufgefordert, einige Sätze zur Befürwortung eines Vorschlages niederzuschreiben, demzufolge alle College-Studenten ein Jahr Mathematik und ein Jahr Physik zu absolvieren haben würden (eine Verpflichtung, von der anzunehmen war, daß sie konträr zu ihren Einstellungen stehen würde). Dafür wurde ihnen eine hohe oder eine

---

[10] Greenwald, 1970

niedrige finanzielle Belohnung in Aussicht gestellt. Es wurde ihnen gesagt, daß ihre Tätigkeit einen Förderer habe; dieser Förderer war so ausgewählt, daß er bei einigen Teilnehmern positive Einstellungen hervorrufen würde (eine nationale Forschungsorganisation) und bei anderen negative Einstellungen (ein ausbeuterischer kommerzieller Förderer).

In der ersten Untersuchung erbrachte die positive Schirmherrschaft eine signifikant größere Einstellungsänderung; doch weder bei positiver noch bei negativer Schirmherrschaft gab es eine Variation in der Einstellung, die mit der Höhe des Anreizmittels "Geld" zusammenhing.[11]

In der zweiten Untersuchung erbrachte die Versuchsbedingung "positive Schirmherrschaft" (welche positiver war als in der ersten Untersuchung) mehr Einstellungsänderung in direkter Proportion zum Betrag des Anreizes.[12] Keine systematische Änderung durch den Anreiz entstand bei einem negativen Förderer.

Bis jetzt stützen daher die Ergebnisse der Untersuchungen zur einstellungskonträren Agitation nur teilweise die zugrundeliegende Theorie, und sie widersprechen nur teilweise der Dissonanztheorie. Vertreter der Theorie der einstellungskonträren Agitation haben versucht, die Widersprüchlichkeit ihrer Ergebnisse durch die Vorstellung von Störfaktoren zu erklären. Beispielsweise hat Elms sich vorgestellt, daß der normalerweise stattfindende Vorgang der Durchforschung seines Gedächtnisses und seiner Erfahrung sowie der Erfindung neuer Argumente zerrissen wird, wenn die Belohnung verdächtig hoch ist.[13] Wenn das auch die gewonnenen Resultate erklären kann, macht es doch auch deutlich, daß die Theorie der einstellungskonträren Agitation nicht alle Befunde verarbeiten kann. Im wesentlichen ist das so, weil sich die Theorie der einstellungskonträren Agitation - ebenso wie die Dissonanztheorie - fast ausschließlich auf nicht-soziale Prozesse richtet, die im Innern des einzelnen Teilnehmers entstehen; während sie die Beziehung zum Versuchsleiter vernachlässigt: bei hohen Belohnungen kann der Teilnehmer mißtrauisch gegenüber dem Versuchsleiter und seinen Motiven werden.

Konfrontation und Intimsphäre Carlsmith, Collins und Helmreich führten ein Experiment durch, in dem sie versuchten, die verschiedenen widersprüchlichen Ergebnisse miteinander in Einklang zu bringen.[14] Sie wandten sich insbesondere dem Punkt zu, daß in früheren Untersuchungen die Teilnehmer, welche konträre Positionen befürworteten, immer Zuhörer gehabt hatten (den Versuchsleiter oder bisweilen ein eingebildetes Publikum), welche wußten, daß sie nicht ihre eigene Einstellung zum Ausdruck brachten. Die drei erwähnten Forscher richteten eine ähnliche Situation ein wie bei dem Versuch mit dem Dollar, indem ein Teilnehmer veranlaßt wurde, einer Frau (die eine Verbündete des Versuchsleiters war) zu erzählen, ein langweiliges

---

11 Janis & Gilmore, 1965; 12 Elms & Janis, 1965
13 Elms, 1967; 14 Carlsmith, Collins & Helmreich, 1966

Experiment sei interessant und spannend. Die höchste Belohnung betrug indessen 5 Dollar. Andere Teilnehmer wurden gebeten, einen Aufsatz für den Versuchsleiter zu schreiben, welcher wußte, daß die darin ausgedrückten Meinungen nicht ihre e i g e n e n sein würden. Dieser Aufsatz sollte eine positive Beschreibung des Experimentes liefern.

Unter diesen Bedingungen wurde das von der Dissonanztheorie her zu erwartende umgekehrte Verhältnis zwischen Anreiz und Einstellung bei der Situation der persönlichen Gegenüberstellung erreicht, während sich bei der Aufsatz-Situation eine positive Beziehung ergab.

Die hier beschriebene Situation der persönlichen Gegenüberstellung und die Aufsatz-Situation unterscheiden sich in mehr als einer Weise. Die Gegenüberstellungssituation ist öffentlich, wobei die Meinung der Zuhörer von einiger Bedeutung für den Teilnehmer sein könnte. Die Aufsatz-Situation ist privat und kann als bloße geistige Übung betrachtet werden. Deshalb führte Collins eine Reihe von Versuchen durch, um festzustellen, ob die Dimension "öffentlich - privat" der kritische Faktor sei.[15]

Im großen und ganzen hielt er diese Dimension für unbedeutend. Der kritische Unterschied scheint unter diesen zwei Bedingungen hier das p e r s ö n l i c h e E n g a g e m e n t zu sein. Der Spieler der Gegenüberstellungsrolle engagiert sich stark, um eine Position zu vertreten, an die er nicht glaubt, ohne die Möglichkeit zu haben, dies der Studienkollegin zu erklären, welche sein Publikum darstellt. Der Aufsatzschreiber stützt seine eigenen Ansichten nicht, sondern er hilft dem Versuchsleiter mit einer Schreibaufgabe. Somit betonen diese Befunde wiederum einen sozialen Faktor, nämlich das Engagement für einen Zuhörer. Dies ist eine Form von sozialem Engagement, das über ein Engagement in einer privaten und anonymen Situation hinausgeht.

Grenzen der Dissonanztheorie und einige neue Hinweise

Aus den bisher erschienenen Veröffentlichungen geht hervor, daß einige Untersuchungen Ergebnisse erbracht haben, die jede der verschiedenen Interpretationen von Verhaltensänderung stützen; daß außerdem die Gründe für Widersprüche zwischen diesen Forschungsprojekten noch immer nicht vollständig bekannt sind. Collins und seine Kollegen haben mehr als zwanzig Untersuchungen durchgeführt, um ein verläßliches Paradigma induzierter Zustimmung zu finden.[16] Nicht nur das ursprüngliche Experiment mit dem Dollar und seine Varianten haben sich als schwer nachvollziehbar erwiesen, sondern sogar die Aufsatz-Hypothese hat keine eindeutigen Ergebnisse erbracht.

Im Hinblick auf die Untersuchungen zur induzierten Zustimmung - von denen nur ein Bruchteil hier dargestellt werden konnte - zeichnen sich einige Um-

---

15 Collins, 1969

16 Collins, Ashmore, Hornbeck & Whitney , 1970

risse ab. Auf jeden Fall ist es augenfällig, daß die Dissonanztheorie zu wenig spezifiziert. Sie macht nicht einmal klar, wann zwei Elemente dissonant sind.

Die Elemente der Dissonanztheorie sind etwas unklarer als andere Konsistenztheorien (z. B. Heider).[17] So ist beispielsweise in mehreren Theorien das Objekt selbst ein Element (z. B. John; Lungenkrebs usw.) und die Bewertung des Objekts ein weiteres separates Element (z. B. John mögen oder die negativen Folgen von Lungenkrebs). Bei der Dissonanztheorie hingegen enthält ein einzelnes Element bisweilen sowohl ein Objekt als auch eine Bewertung des Objekts (z. B. "ich mag John"), und manchmal ist es einfach eine Tatsachenbehauptung oder eine Behauptung über jemandes Verhalten. Diese Ungenauigkeit der Dissonanztheorie ist vielleicht ein Grund, warum es nicht immer klar wird, wann zwei Elemente zueinander dissonant sind.

Eine weitere Erörterung ist wünschenswert darüber, was es für das Gegenteil eines Elementes bedeutet, daß es sich aus einem anderen ergibt. Das ist niemals ganz klar geworden, es können jedoch gewisse zusätzliche Argumente vorgebracht werden. An erster Stelle ist zu sagen: "folgen aus" ist in einem psychologischen Sinne gemeint, nicht in einem logischen. In der Logik würde "nicht A" sicherlich das Gegenteil von A sein. Doch es ist klar, daß dieser logische Sinn nicht in allen Fällen von Dissonanz adäquat wäre. Nehmen wir als Beispiel das folgende Paar von Äußerungen:

"Ich rauche ein Päckchen Zigaretten pro Tag,"
"Ich glaube, daß Rauchen Lungenkrebs verursacht."

Offensichtlich ist die zweite Äußerung nicht die Negation der ersten. (Negation wäre: "Ich rauche keine Zigaretten.") Und doch sind - intuitiv oder naiv - diese zwei kognitiven Elemente widerstreitend oder inkonsistent.

Nach Meinung der Verfasser wird eine der Unklarheiten über die Bedeutung, die ein kognitives Element für ein anderes hat, durch die folgende Tatsache hervorgerufen: Elemente, wie sie typisch in den Untersuchungen zur Dissonanztheorie verwandt werden, enthalten vermengt bewertete Objekte und Beziehungen, die nicht deutlich genug herausgestellt sind. Wenn wir das eben zitierte Elementenpaar betrachten, sehen wir, daß das zweite Element, "Ich glaube, daß Rauchen Lungenkrebs verursacht", eine negative Bewertung des Rauchens impliziert. Dies geschieht, weil Lungenkrebs mit Schmerzen und Tod assoziiert wird als Wirkung des Rauchens. Das erste Element, "Ich rauche ein Päckchen Zigaretten pro Tag", deutet auf eine positive Bewertung des Rauchens hin. Wenn somit diese zwei Elemente nebeneinander gestellt werden, erregen die gegensätzlichen positiven und negativen Bewertungen Dissonanz.

---

17 Heider, 1958

Doch gibt es noch einen anderen Weg zur Dissonanz, der bei diesen beiden Äußerungen beginnt. Die zweite Äußerung impliziert klar: "Ich sollte nicht rauchen." Und die erste impliziert klar: "Ich werde weiterhin rauchen." Jetzt haben wir eine Dissonanz zwischen zwei Verhaltens-Intentionen und nicht zwischen zwei Bewertungen. Welche ist die richtige Interpretation? Die Antwort lautet natürlich: keine von beiden. Die Dissonanztheorie macht einfach keine genauen Angaben darüber, wie Dissonanz entsteht.

Abelson hat vorgeschlagen, man sollte einfach empirisch erforschen, wann zwei Einzelelemente sich voneinander ableiten.[18] Seine Vorgangsweise ergibt sich aus der Tatsache, daß wir es mit psychologischen und nicht mit logischen Verknüpfungen zu tun haben. Sein Vorschlag ist, daß wir einer Person ein Einzelelement präsentieren und sie fragen, wovon es sich herleitet. Ein Beispiel: "Joe kann Bill nicht leiden. Warum?" Einige vernünftige Antworten wären: "Bill hat Joe beleidigt" oder "Bill ist verhaßt". Jede dieser möglichen Antworten impliziert, daß Joe Bill nicht leiden kann. Das heißt, aus der Tatsache, daß Bill verhaßt ist, folgt, daß Joe ihn nicht leiden kann, usw.

Wie Abelson selbst zugibt, löst dies nicht alle Probleme. Nimmt man Zuflucht zu einer empirischen Vorgangsweise bei der Bestimmung der Implikation oder dessen, was woraus folgt, so ergibt sich eine bedeutende Schwierigkeit deshalb, weil die empirische Vorgangsweise kein System hergibt, um im voraus zu wissen, welche Elemente Dissonanz hervorrufen werden. Allgemeiner betrachtet, können wir daher sagen, daß die Dissonanztheorie kein System von Sätzen zur Verfügung stellt, das es dem Versuchsleiter ermöglicht, zu bestimmen, welche Situationen Dissonanz hervorrufen werden und welche nicht. Mehr noch: sie schweigt sich aus über den Menschen, welcher die Dissonanz erlebt und über die Wirkungen, welche seine verschiedenen psychischen Zustände auf die Entstehung von Dissonanz und Einstellungsänderung haben könnten. Sie hat zur Versuchsanordnung, wie sie in Figur 3-1 dargestellt ist, wenig zu sagen. Handlungen parallel zur einstellungskonträren Handlung und zur Zielhandlung können sehr wohl von Bedeutung sein, ebenso wie die Beziehung zum Versuchsleiter und zu einem Publikum. Die Anwendung in einem Experiment und die Voraussicht künftiger Wechselwirkung muß Bestandteil jeder Theorie sein, die als angemessen für die Durchführung sozialpsychologischer Versuche gelten kann.

Es sind Bemühungen im Gange, diese Einwände gegen die Dissonanztheorie zu widerlegen. Neuere Forschungen haben mehrere Gedanken zur Erweiterung der Dissonanztheorie vorgebracht. Ein Gedanke betont die Wichtigkeit der Beteiligung des Selbst an der einstellungskonträren Handlung. Folgendes wurde von Bramel herausgestellt:

> Die theoretische Bedeutung des Selbst in dieser Sicht der Dissonanztheorie wird jetzt klarer. Ich behaupte, daß Dissonanz ein Gefühl per-

---

[18] Abelson, 1968

sönlicher Unwürdigkeit ist (eine Art Angst), zurückführbar auf die Ablehnung der eigenen Person durch andere Menschen, entweder in der Gegenwart oder in der Vergangenheit. Jede Information, welche andeutet, daß man untüchtig oder unmoralisch sei, erweckt Dissonanz. Der Grund, warum die Dissonanz am größten ist, wenn sich die Person persönlich für ihr Verhalten verantwortlich fühlt, ist die Tatsache, daß die Ablehnung durch andere Menschen gewöhnlich dann am größten ist, wenn diese der Meinung sind, die Person handle freiwillig in einer unangemessenen Weise. Ferner ist anzunehmen: Die Erwartungen einer Person in Bezug auf ihr eigenes Verhalten werden am klarsten dargelegt, wenn sie ihr Verhalten primär als aus ihr selbst heraus kommend empfindet und nicht als Folge von Druck der Umgebung. Die meisten Dissonanz-Versuche haben die Versuchspersonen veranlaßt, sich in einer Weise zu verhalten, die einerseits zu Nichtbestätigung von Erwartungen über sich selbst führten, und andererseits zur Entstehung von Implikationen, daß das eigene Verhalten unzulässig oder unmoralisch gewesen sei.[19]

Rosenberg wiederum hat argumentiert, daß aktive Beteiligung wichtig ist.[20] Der Teilnehmer, der 20 Dollar erhält, braucht sich nicht zu beteiligen, die 20 Dollar rechtfertigen es, konträr zu seinen Einstellungen zu handeln. Doch die Person, der man nur einen Dollar bezahlt, muß sich vor sich selbst rechtfertigen; die Handlung muß von ihr selbst verantwortet werden. In Rosenbergs Experiment arbeitete eine Gruppe sechs Minuten lang daran, aktiv eine einstellungskonträre Position zu unterstützen und herauszuarbeiten. Bei dieser Gruppe war die Einstellungsänderung desto größer, je höher die Belohnung war. Eine andere Gruppe spielte die Rolle nur anderthalb Minuten lang ohne aktive Befürwortung, und ihre Einstellung änderte sich im umgekehrten Verhältnis zur Belohnung. Demgemäß hält Rosenberg die Dissonanz-Interpretation nur in ziemlich oberflächlichen Situationen für anwendbar, in denen die Teilnehmer nicht aktiv beteiligt sind.

Eine weitere Betonung des Individuums bringt die Attributionstheorie.[21] Statt die Wirkungen der kognitiven Dissonanz oder einem inneren Zustand zuzuschreiben, argumentiert man, daß der Mensch beobachtet, wie er sich verhalten hat. Er analysiert die Anreizbedingungen, die mit seinem Verhalten verbunden waren, und leitet ab, wie sein Verhalten gewesen sein muß. Dies würde natürlich einen umgekehrten Anreizeffekt erklären. Wenn einem Teilnehmer 20 Dollar für die Befürwortung einer Einstellung gezahlt würden, die im Gegensatz zu seiner eigenen steht, könnte er sein Verhalten der hohen Belohnung attribuieren. Wenn er aber nur einen Dollar erhielte, würde sein Verhalten

---

19 Autorisierter Auszug aus Bramel, D. "Dissonance, expectation and the self", in R. P. Abelson et al. (eds.), "Theories of cognitive consistency: A sourcebook." Chicago: Rand McNally & Company, 1968, S. 365.

20 Rosenberg, 1970; 21 Bem, 1967; Kelley, 1967

implizieren, daß er die von ihm befürwortete Einstellung tatsächlich hat.

Obwohl der experimentelle Beweis gegenwärtig noch vage ist, scheint es vernünftig, anzunehmen, daß die verschiedenen Bedingungen der vielen Versuche zur Einstellungsänderung beim Teilnehmer verschiedene Grade von Ich-Beteiligung hervorrufen. Die Beweise deuten darauf hin, daß dies eine der Bedingungen ist, aus denen sich widersprüchliche Untersuchungsergebnisse herleiten.

Auch die Konsequenzen einer Handlung haben sich als wichtig erwiesen, und es ist wahrscheinlich, daß dies mit der Ich-Beteiligung zusammenhängt. In der einen Untersuchung erfuhren die Teilnehmer entweder, daß es ihnen gelungen war, ihre angeblich naive Kollegin davon zu überzeugen, daß eine langweilige Aufgabe interessant und erfreulich sei, oder daß sie versagt hatten. Nur jene, die glaubten, sie hätten Erfolg gehabt, änderten ihre Einstellung im umgekehrten Verhältnis zur Höhe der Belohnung.[22] Mehrere andere Experimente stützen gleichfalls die Ansicht, daß die Konsequenzen der Handlung einer Person für die Zuhörerschaft eine kritische Bedingung sind, um eine Verhaltensänderung herbeizuführen.[23]

Aronson hat die Ansicht geäußert, daß die entscheidende Determinante bei Forschungen über induzierte Zustimmung darin besteht, ob das einstellungskonträre Verhalten wegen der Konsequenzen für die Zuhörer das Selbstkonzept des Teilnehmers zu mindern droht oder auch nicht.[24] Dissonanz, behauptet er, ist zwischen einer Kognition über das Selbst und einer Kognition über ein Verhalten, das dieses Selbstkonzept verletzt hat (z. B. "Ich bin ein guter und anständiger Mensch; ich habe eine unanständige Handlung begangen: einen anderen Menschen irregeführt").

In einem Experiment, bei dem Anreize von 50 Cents und 5 Dollar verwendet wurden, führten verschiedene Gruppen eine Fernsehaufzeichnung von einer Diskussion zugunsten einer Legalisierung von Marihuana durch. Man sagte ihnen, ihre Sendung wäre für eine der folgenden Gruppen bestimmt: (1) eine Gruppe für die Legalisierung von Marihuana; (2) eine Gruppe gegen die Legalisierung von Marihuana und (3) eine Gruppe, die keine Meinung habe.[25] Ein Dissonanzeffekt (umgekehrtes Verhältnis zwischen Ausmaß der Einstellungsänderung und Höhe des Anreizes) ergab sich für die Teilnehmer, deren Publikum keine Meinung hatte. Offensichtlich war das die Gruppe, die am leichtesten beeinflußt werden konnte, aber auch die, bei der die moralischen Konsequenzen am größten sein würden. Wir möchten aber hier einfügen, daß eine alternative Interpretation möglich ist. Dieses unentschlossene Publikum ist auch die Bedingung, bei der sich der Befürworter höchst unbehaglich fühlen würde; dementsprechend wäre es besonders unangenehm,für die Überredung dieser Zuhörer eine hohe Belohnung anzunehmen.

---

[22] Cooper & Worchel, 1970;

[23] Collins et al. 1970

[24] Aronson, 1968, 1969;

[25] Nel, Helmreich & Aronson, 1969

Diese neueren Untersuchungen von Dissonanzwirkungen entfernen sich von der Ansicht, Versuchspersonen seien passive Objekte, die vom Versuchsleiter manipuliert würden. Sie unterstützen vielmehr den Gedanken, daß Teilnehmer Handelnde sind, welche Entscheidungen treffen können, für die sie sich verantwortlich fühlen. Hält man sich das vor Augen, dann ist es möglich, diese Gedanken über Ich-Beteiligung und über die Konsequenzen seiner Handlungen für andere Menschen zur Aufstellung einer Theorie zu benutzen, die einige der widersprüchlichen Befunde löst und dazu beiträgt, die Bedingungen für verschiedenartige Versuchsergebnisse im einzelnen festzusetzen. Tedeschi, Schlenker und Bonoma haben eine Theorie der Eindrucksregulation vorgelegt, welche diese Ziele erreicht.[26] Sie vertreten die Meinung, es sei kein innerer Zustand von "Dissonanz", der für die Änderung der Einstellung oder des Verhaltens eines Menschen verantwortlich sei, sondern eher sein Wunsch, sich anderen Menschen gegenüber konsistent zu verhalten.

Zunächst lenken sie die Aufmerksamkeit auf die im Kapitel 2 referierte Ansicht, daß Beobachter die wahren Absichten eines Handelnden nicht erschliessen können, solange sein Verhalten durch äußere Faktoren kontrolliert wird: wenn ihm Absicht zugeschrieben werden soll, muß sie für ihn als innerlich vorhanden angesehen werden - daß er selbst die Ursache ist. Wenn daher Paare von Handlungen untersucht werden statt kognitiver Elemente, wird der Handelnde einen Widerspruch nur dann empfinden, wenn seine beiden Handlungen von anderen Personen als von ihm beabsichtigt angesehen werden. Wenn eine von ihnen äußerlich verursacht wird (etwa, wenn er 20 Dollar für die Ausführung einer einfachen Handlung erhält), wird er keinen großen Widerspruch erleben. Solch ein Widerspruch wird wahrscheinlich wahrgenommen, wenn er beispielsweise nur einen Dollar dafür erhält, einem anderen Teilnehmer eine Lüge aufzutischen - z. B. über die Art des Versuches. Um den Widerspruch aufzulösen, ändert er seine Einstellung gegenüber dem Experiment, damit seine Handlung weniger täuschend wirkt. Doch wenn man ihm 20 Dollar zahlt, wird seine Handlung als von außen verursacht angesehen, und er sollte eigentlich keinen großen Widerspruch verspüren.

Wir sollten ferner bemerken, daß der entscheidende Punkt nicht so sehr der ist, ob der Handelnde einen Widerspruch fühlt, sondern eher, ob er glaubt, daß sein Publikum den Widerspruch sieht. Nur im letzteren Fall würde er seine Einstellung ändern, um den Widerspruch zu lösen. Wenn daher sein Verhalten anonym bleibt (wie in einigen der mit Aufsatzschreiben verbundenen Experimente), würde er seine Einstellung nicht im umgekehrten Verhältnis zur Anreizbelohnung ändern. Er wird es wahrscheinlicher tun, wenn sein Verhalten öffentlich ist und bedeutsame Konsequenzen für die Menschen hat, die von seiner Handlung betroffen werden. Überdies betont diese Denkweise das Wissen des Teilnehmers, daß er unter dem kritischen Auge des Versuchsleiters agiert. Seine Abhängigkeit von der Meinung des Versuchsleiters über seine Vorgangsweise ist entscheidend für seinen Entschluß, welche Richtung

---

[26] Tedeschi, Schlenker & Bonoma, 1971

seine Handlung nehmen soll. Wenn diese Theorie auch noch zu neu ist, um exakt bewertet werden zu können, so berücksichtigt sie doch eher die soziale Natur und die Versuchsanordnung des Beeinflussungsprozesses, und kann bei entsprechender Entwicklung vielleicht mehr empirische Befunde einkreisen, als es die Dissonanz- und die einstellungskonträre Agitation zum gegenwärtigen Zeitpunkt vermögen.

Den jüngsten Schritt in Richtung der Einbeziehung der Versuchspersonen als aktiv Handelnde taten Collins und Hoyt.[27] Sie machten zwei entscheidende Bedingungen für die Erreichung von Dissonanzwirkungen aus. (1) die Annahme einer persönlichen Verantwortung für die Auswahl, die die Versuchspersonen treffen, und (2) die Auswahl unter Möglichkeiten, welche bedeutende Folgen für andere Menschen haben. Der hier hauptsächlich in Betracht kommende Dissonanzeffekt ist das umgekehrte Verhältnis zwischen Anreiz und Einstellungsänderung, wie das oben erwähnte Experiment mit dem Dollar: je kleiner die Belohnung, desto größer die Einstellungsänderung (wahrscheinlich, weil bei der kleineren Belohnung mehr Dissonanz hervorgerufen wird). Collins hat betont, daß die Versuchspersonen nicht über eine eventuelle Vergeltung oder Verspottung durch ihr Publikum beunruhigt sind, sondern, daß sie durch die Möglichkeit bekümmert sind, ihre Zuhörer in falscher Weise zu überreden; daß ihre Handlung möglicherweise unmoralische Nebenbedeutungen oder mögliche Folgen für die Durchsetzung einer politischen Linie haben könnte.[28] In ihrer Übersicht über die Forschungen zur induzierten Zustimmung und über ähnliche Experimente fanden Collins und Hoyt, daß Versuche, welche die Entscheidung manipulieren, typische Dissonanzeffekte ergeben, wenn die Teilnehmer das Gefühl haben, sie hätten sich in freier Wahl entschlossen, die einstellungskonträre Handlung auszuführen. Ähnlich erbrachten Versuche, bei denen die Konsequenzen manipuliert wurden, typische Dissonanzeffekte, wenn die Teilnehmer glaubten, daß ihre Handlungen erhebliche Konsequenzen für andere Personen haben würden. Infolgedessen meinen Collins und Hoyt: Um ein umgekehrtes Verhältnis hervorzurufen, muß sich ein Teilnehmer persönlich verantwortlich fühlen für eine Handlung, die anscheinend erhebliche Folgen hat. Versuche, bei denen diese zwei Bedingungen auch variiert worden sind, haben diese Behauptung gestützt.[29] Es ergibt sich somit: Die widersprüchlichen Befunde früherer Versuche werden zumindest zum Teil aufgelöst, indem man folgendes in Betracht zieht: die soziale Umgebung, in der die konträren Handlungen der Teilnehmer auftreten, sowie die Implikationen ihrer Handlungen im Hinblick auf persönliche und soziale Verantwortung.

Zusammenfassung: Einstellungskonträres Verhalten

Sich konträr zu seiner eigenen Einstellung verhalten zu müssen, ist eine allgemeine Erfahrung im täglichen Leben. Psychologen haben versucht, eine

[27] Collins & Hoyt, 1972; [28] Collins, 1969

[29] Collins & Hoyt, 1972; Hoyt, Henley & Collins, 1972

theoretische Erklärung der Tatsache zu erarbeiten, daß solche Erfahrungen oft von einer Einstellungsänderung begleitet werden, um die Einstellung in Einklang mit dem neuen Verhalten zu bringen. Der größte Teil der Forschung über ein solches Verhalten war weithin orientiert an Themen der einstellungskonträren Agitation oder aber an der Dissonanztheorie. Innerhalb dieser eher allgemeinen Rubriken gibt es verschiedene spezifiziertere Erklärungsmechanismen. Diese Erklärungen konzentrieren sich auf Vorgänge innerhalb der privaten, nicht-sozialen Ereignisse im Individuum selbst.

Zwei kognitive Elemente sind in einer dissonanten Beziehung, wenn - betrachtet man diese zwei allein - das Gegenteil des einen Elements aus dem anderen folgt. In Versuchssituationen kann der relative Betrag der erregten Dissonanz geschätzt werden, indem man das Verhältnis von dissonanten zu konsonanten Elementen bestimmt. Eine Situation, in der diese Elemente ziemlich gleichgewichtig sind, erregt größere Dissonanz. Daher wird in Situationen induzierter Zustimmung diejenige Menge von Einwirkung die größte Dissonanz hervorrufen und die meiste Verhaltensänderung mit sich bringen, die gerade ausreicht, um das Individuum zu überreden, sich in ein einstellungskonträres Verhalten einzulassen. Wo der Druck, sich in ein konträres Verhalten einzulassen, die Form eines Anreizes oder einer Belohnung annimmt, sagt die Theorie ein umgekehrtes Verhältnis zwischen der Höhe der Belohnung und der Größe der Einstellungsänderung voraus. Demzufolge wiegt ein hoher Anreiz mehr als das konträre Verhalten. Vorhersagen von Dissonanz sind durch viele Experimente gestützt und nur gelegentlich widerlegt worden. Es gibt allerdings oft alternative Interpretationen der Phänomene.

Interpretationen der auf der Grundlage der Theorie der einstellungskonträren Agitation stattfindenden Einstellungsänderung haben auf mehrere andere Erklärungsmechanismen hingewiesen. Sie vermerken: Wenn ein Mensch eine gegenteilige Einstellung entweder in einer Situation des Aufsatzschreibens oder in einem Versuch, jemanden zu überreden, unterstützt, muß er oft Argumente finden, welche für die neue Position eintreten. Er durchforscht auch sein Gedächtnis und seine Erfahrungen nach Argumenten zur Unterstützung der neuen Position. Diese Handlungen, argumentiert man, können sehr wohl eine Einstellungsänderung herbeiführen. Soweit die Handlungen durch Anreize gefördert werden, würden wir erwarten, daß Einstellungsänderung in direktem Verhältnis zur Höhe des Anreizes stehe. Theoretiker der einstellungskonträren Agitation und andere haben auch auf Störfaktoren hingewiesen, die besonders mit einem hohen Anreiz verbunden sind. Diese Faktoren stören oder verhindern eine Einstellungsänderung. Zahlt man beispielsweise einem Menschen 20 Dollar für die Unterstützung seiner Ansicht, von der er sehr wohl weiß, daß sie nicht wahr ist, fühlt er sich vielleicht bestochen oder ist zumindestens argwöhnisch im Hinblick auf die Motive des Versuchsleiters. Daher hält er möglicherweise an seiner ursprünglichen Einstellung fest, anstatt sie zu ändern.

Obwohl die Überredungsbedingung der persönlichen Gegenüberstellung und die Situation des Aufsatzschreibens sich darin unterscheiden, daß die erstere öffentlich und die letztere privat ist, scheint dies nicht der entscheidende Faktor für die verschiedenen Resultate zu sein, die sich aus diesen beiden Handlungen ergeben. Das eher persönliche Engagement bei der Situation der persönlichen Gegenüberstellung ist eine bessere Erklärung für den Unterschied.

Ein Überblick über die umfangreiche Forschungsliteratur offenbart klar, daß die Dissonanztheorie viel zu wenig ins Detail geht, um eine angemessene Erklärung von einstellungskonträrem Verhalten bereitzustellen. Die Theorie der einstellungskonträren Agitation ist in manchen Fällen anwendbar, doch einige ihrer Ergebnisse sind ebenfalls nicht ganz schlüssig. In neuerer Zeit haben eine Anzahl von Dissonanztheoretikern die Meinung vertreten, daß die in früheren Versuchen oft nicht kontrollierte Ich-Beteiligung entscheidend für Einstellungsänderung sei. Dissonanz ist hier neu interpretiert worden als ein Gefühl persönlicher Unwürdigkeit oder der Beunruhigung darüber, eine moralisch nicht vertretbare Handlung begangen zu haben. Wichtig sind auch die Konsequenzen des konträren Verhaltens für andere anwesende Personen. Es ist durchaus möglich, daß ein innerer Zustand von "Dissonanz", wie er aus einstellungskonträren Handlungen entsteht, nicht der entscheidende Faktor ist, sondern eher die Sorge des Handelnden, er könne Beobachtern als inkonsistent oder unverantwortlich erscheinen.

Sowohl aus theoretischen Gründen als auch im Hinblick auf verspätete Einsicht ist es klar, daß viele Forschungen die soziale Natur der einstellungskonträren Handlung vernachlässigt haben sowie auch den größeren Schauplatz, auf dem sie sich abspielt. Diese Vernachlässigung ist zu einem großen Teil dafür verantwortlich, daß eine erstaunlich große Menge von Versuchen es nicht fertiggebracht hat, eine genügend exakte Theorie und einen angemessenen Grundstock von Wissen zu liefern, was die Auswirkungen von einstellungskonträrem Verhalten betrifft.

Die jüngeren Erklärungen der Auswirkungen konträren Verhaltens haben das Verdienst, sich etwas in die Richtung des Schauplatzes und des sozialen Kontextes solcher Untersuchungen zu bewegen. Sie berücksichtigen wenigstens zum Teil die Beziehung des Teilnehmers zu anderen Personen, einschließlich des Versuchsleiters, und des sozialen Kontextes, in dem die Experimente durchgeführt werden. Wenn sich auch die Versuche noch immer auf Ereignisse innerhalb des Individuums konzentrieren, sind es immerhin Ereignisse, welche verknüpft sind mit seiner Sicht nach außen auf andere Personen und mit den sozialen Implikationen seines Verhaltens. Auf diese Weise bringen sie andere Personen und den sozialen Kontext ins Spiel. Der nächste logische Schritt in dieser Forschungsrichtung ist, mehr Variationen im Verhalten des Versuchsleiters und der anderen beteiligten Personen vorzunehmen und die Forschungen in veränderten sozialen Kontexten durchzuführen.

JENSEITS DES LABORS: ÄNDERUNGSPROZESSE

Der größte Teil der Erörterung dieser Änderungen hat Einstellungs- und Verhaltensänderung so behandelt, als wäre sie ein einfaches, relativ isoliertes Ereignis. Die meisten natürlich auftretenden Änderungen haben mit solch einem isolierten Ereignis nichts gemein. Im besten Fall ist die Forschung über das Paradigma induzierter Zustimmung eingeengt auf ein sehr schmales Segment von Zeit und auf das Leben des Teilnehmers. Darüber hinaus wird das einstellungskonträre Verhalten, welches die hauptsächliche Vermittlungsquelle von Einstellungsänderung ist, durch den großen Einfluß hervorgerufen, den der Versuchsleiter auf Studenten in Institutionen der Höheren Bildung ausübt.

Die bemerkenswerte Fügsamkeit von Versuchspersonen ist wiederholt hervorgehoben worden. Auf Instruktion des Versuchsleiters haben sie, ohne zu klagen, Aufgaben durchgeführt wie: (1) Addieren aller anschließenden Zahlen auf Bögen, welche Zufallsziffern enthalten; Zerreißen der Blätter in 32 Stücke nach der Fertigstellung, mit dem nächsten Blatt ebenso verfahren und 5 1/2 Stunden fortsetzen, bis der Versuchsleiter aufgab, die Geduld seiner Versuchspersonen zu strapazieren.[30] (2) Auskippen von Abfall-Eimern auf den Fußboden und Sortieren in Häufchen gleichen Materials[31], und (3) ein umfangreiches Sortiment verschiedener anderer Aufgaben, alle abstoßend, langweilig und bedeutungslos.[32]

Es ist leicht zu erkennen, daß sich der Versuchsleiter in einer ungewöhnlich mächtigen Position befindet, um die Änderung zu bewirken; eine Position, die eine ganz andere als die der meisten Beeinflussungskräfte außerhalb des Labors ist. Somit ist es unwahrscheinlich, daß uns die alleinige Erörterung solcher Forschungsergebnisse ein klares Bild des Änderungsvorganges gibt, wie er in natürlichen Situationen abläuft. Kapitel 5 wird sich zum Teil mit sozialer Beeinflussung befassen, wie sie außerhalb des Laboratoriums vorkommt. An dieser Stelle können wir allerdings eine Situation erörtern, für welche das Laborexperiment zum einstellungskonträren Verhalten eine Analogie darstellt: Situationen, in denen Gefängniswärter versucht haben, das Verhalten ihrer Gefangenen zu ändern.

Zwangsweise Beeinflussung

Von den Situationen, in denen Gefängniswärter versuchten, ihre Gefangenen zu indoktrinieren, wurden jene am bekanntesten und am intensivsten untersucht, in denen die chinesischen Kommunisten eine Gehirnwäsche der im Koreakrieg gefangenen Amerikaner und der chinesischen politischen Gefangenen während der Revolution in China versuchten. Wenn auch die Gehirnwäsche

[30] Orne, 1962; [31] Pepitone, 1958

[32] Orne, 1962

in Kriegsgefangenenlagern im allgemeinen nicht in der Lage war, echte Verhaltensänderungen herbeizuführen, hatte die Gehirnwäsche von Amerikanern in Zivilgefängnissen auf dem chinesischen Festland doch bisweilen Erfolg, ebenso wie die Gehirnwäsche von Chinesen, die man gezwungen hatte, die revolutionären Kriegsschulen zu besuchen. [33]

Schein, Schneier und Barker haben einen Terminus geprägt, der den Beeinflussungsprozeß treffend umschreibt, wie er in diesen Situationen vorkommt: Zwangsweise Beeinflussung. [34] Dieser Ausdruck scheint angebrachter als "Gehirnwäsche", denn er betont die vollständige Kontrolle, welche die Kommunikatoren über die Empfänger besitzen, und zwar sowohl im Hinblick auf Kommunikation als auch auf die Handhabung von Belohnungen und Bestrafungen. Die von Schein, Schneier und Barker untersuchten Kontrollprozesse enthalten Folgendes: (1) Die Gefängniswärter übten tatsächlich vollständige Kontrolle über Belohnung und Bestrafung aus. Im Falle der im kommunistischen China eingekerkerten Zivilisten wurde Essen, Schlafen, Urinieren, Defäkation und sogar die freie Bewegung in den überfüllten Zellen von den Gefangenenhaltern kontrolliert. (2) Kommunikationen wurden in verschiedener Weise kontrolliert. In den kommunistischen Kriegsgefangenenlagern wurden dem Gefangenen Briefe aus der Heimat ausgehändigt, sofern sie dessen Moral schwächten; die anderen wurden zurückgehalten. Es gab keinen Zugang zu Massenmedien aus dem Heimatland; im allgemeinen waren nur kommunistische Publikationen erhältlich. Durch die Einrichtung eines Informationssystems unter den Gefangenen und eines Spionagesystems unter dem Gefängnispersonal wurde eine Atmosphäre des Mißtrauens geschaffen. (3) Das Individuum wurde von seinen normalen sozialen Kontakten abgeschnitten, eine Tagesroutine existierte nicht. Auf diese Weise hatte es keinen Zugang zu den Quellen, die normalerweise eine sichere Stütze für seine Überzeugungen bildeten. In Zivilgefängnissen in China und in Kriegsgefangenenlagern in Korea wurden zwischenmenschliche Bindungen, die die institutionellen Ziele durchkreuzen konnten, gestört und blockiert. Solche potentielle Quellen hartnäckigen Widerstandes gegen Änderung wurden neutralisiert durch Trennung ihrer Mitglieder, durch Einsetzung von Führern mit der Aufgabe, Normen im Sinne der Gefängnisverwaltung zu schaffen, und, in Kriegsgefangenenlagern, durch Förderung von Mißtrauen und Informantentum unter den Mitgefangenen.

Sowohl die Analogiesituationen im Labor als auch diese Lebenssituationen benutzen wirksame Kontrollen, um einstellungskonträres Verhalten hervorzurufen. Zivilisten in Gefängnissen und in revolutionären Kriegsschulen wurden verpflichtet, Bekenntnisse von "Schuld" abzulegen. Man erpresste die Zivilisten mittels eines Prozesses von Entbehrung, Peinigung und Verhör und Eingeständnis, "falsche Gedanken zu denken". Erklärungen wurden erpreßt, über die "richtige" Art des Denkens. Dieser Vorgang wurde endlos wiederholt, Stunde um Stunde, Tag für Tag, Woche für Woche. In Kriegsgefangenenlagern wurden die Gefangenen in einem ersten Stadium einzeln verhört. Nach-

---

[33] Schein, Schneier & Barker, 1961; Lifton, 1957

[34] Schein et al., 1961

dem sie daran gewöhnt waren, das zu sagen, wozu man sie zwang, konnten sie in kleinen Gruppen behandelt werden. "Studiengruppen" wurden zu diesem Zweck in Gefängnissen, Lagern und den revolutionären Kriegsschulen organisiert. Diese Schulen hatten unter ihrem kommunistischen Kaderpersonal ein paar liberale Leute, welche Mitglieder dieser Studiengruppen waren. Eingeständnis von falschem Denken und Beteuerung einer richtigen Einstellung innerhalb dieser Gruppe bedeutete ein öffentliches Bekenntnis zu den neuen Überzeugungen (auch wenn das Individuum privat seine alten Ideen beibehielt).

Obwohl viele amerikanische Kriegsgefangene mit ihren Bewachern auf verschiedene Weise kooperierten, nahmen nur wenige der vielen tausend Kriegsgefangenen den Kommunismus als dauernde Überzeugung an. Andererseits bekehrten sich in den revolutionären Kriegsschulen viele Chinesen, die früher antikommunistisch eingestellt waren, zum Kommunismus und traten in die neue Gesellschaft ein. Manche amerikanische Zivilisten, welche viele Jahre in China eingekerkert waren, solidarisierten sich mit ihrem Zellennachbarn oder mit ihrem Befrager und nahmen allmählich die kommunistische Ideologie an, insbesondere den Glauben, sie seien schuldig an "Verbrechen gegen das Volk" und am "Bourgeois-Denken".

Aus diesen Studien scheint klar hervorzugehen: führt man bei einem Menschen ein einstellungskonträres Verhalten herbei oder veranlaßt man ihn, neue Einstellungen zu befürworten, die im Gegensatz zu seinen eigenen stehen, wird man damit kaum irgendwelche bedeutsame Änderungen in seinen Einstellungen herbeiführen - außer man führt es über einen langen Zeitraum durch. Selbst im letzteren Fall wird es wahrscheinlich nicht von Dauer sein, es sei denn, daß die neue Einstellung sozial abgestützt wird. Wenn der Mensch zu alten Freunden und Vertrauten zurückkehrt, die noch immer die alten Einstellungen haben, wird er diese schnell wieder annehmen. Wenn andererseits die neue Einstellung funktional wird - wenn sie ihm bei der Anpassung an seine neue Lebenslage hilft - wird er sie wahrscheinlich als seine eigene annehmen, wie im Fall der vielen Chinesen, welche durch die revolutionären Kriegsschulen gegangen sind. Durch Annahme des Kommunismus konnten sie eine lohnende Stellung in der neuen Gesellschaft einnehmen.

Wir sollten nicht übersehen, daß induzierte Zustimmung in vielen anderen natürlichen Situationen vorkommt. In einigen von ihnen ist induzierte Zustimmung nur ein Teil eines größeren Beeinflussungsprozesses, der durchdringend und zwingend ist. Beispielsweise werden in Klöstern, in medizinischen und ähnlichen Schulen und beim Militär verschiedene Verhaltensweisen und Einstellungen unter dem Druck des Ausbildungsprogrammes angenommen. Da diese Verhaltensweisen und Haltungen wesentlich sind für ein wirkungsvolles Funktionieren der neuen Rolle, ist es wahrscheinlich, daß sie vom Individuum akzeptiert und Teil seines Lebens werden. Sie werden durch eine starke soziale Unterstützung aufrechterhalten, die nicht nur vom Ausbilder, sondern auch von den Gleichgestellten ausgeht. Dieser Sozialisierungsprozeß soll ausführlicher in den Kapiteln 15 bis 17 erörtert werden. Hier könnte eingewendet werden, daß diese freiwilligen Situationen (mit Ausnahme der militärischen) bessere Analogien zu den Laboruntersuchungen über einstellungskonträres Verhalten sind als die Kriegsgefangenensituation - wegen der Demonstration, daß der Anschein von Freiheit für eine Einstellungsänderung im Labor wichtig ist. Aber es ist klar, daß Versuchspersonen unter starkem Zustimmungsdruck stehen. Die Frage der Generalisierung von Laborversuchen erfordert Analyse und empirische Forschung.

Der Ablauf von Beeinflussungsprozessen

Wenig Situationen finden unter einer derart vollständigen Kontrolle statt wie die eben besprochenen. Deshalb überrascht es nicht, daß Änderung außerhalb des Labors häufig ein Hin und Her mit sich bringt, sowie das Ausprobieren und Verlassen neuer Wege, das Einholen von Ratschlägen und anderen Informationen, das Aufbringen von anfänglichem Widerstand gegen Änderung ebenso wie den Widerstand gegen eine Versuchung, nachdem man sich zur Änderung entschlossen hat. Man denke an die Vorsätze zum Neuen Jahr, die meist von sehr kurzer Dauer sind. Man denke an die Versuche, mit dem Rauchen aufzuhören oder sich einer Diät zu unterziehen. Das ist ein Auf und Ab mit vielen Verzweigungen. Eine Durchsicht von 87 Experimenten, mit denen versucht worden war, Rauchern das Rauchen abzugewöhnen, ergab, daß drei Monate nach dem Aufhören zwei Drittel von ihnen das Rauchen wieder aufgenommen hatten.[35] Der gesamte Prozeß und die Zusammenhänge der Änderung erfordern mehr Beachtung, als ihnen in den eng begrenzten experimentellen Forschungen zum konträren Verhalten geschenkt worden ist.

Aus seinen Forschungen über Menschen, die zu entscheiden hatten, ob sie sich einem größeren chirurgischen Eingriff unterziehen sollten, und an Menschen, die versuchten, das Rauchen aufzugeben oder ihr Gewicht zu mindern, hat Janis eine Beschreibung der Stadien entwickelt, welche bei einer Änderung auftreten.[36] Wir wollen hier einige der wichtigsten Aspekte dieses Prozesses erörtern und sie zusammen mit eigenen Ideen und solchen aus anderen Quellen vorstellen.

Wenn eine Änderung eintreten soll, muß zunächst eine Herausforderung oder Bedrohung der gegenwärtigen Einstellung und Haltung des Menschen auftreten. Es entsteht eine Art Krise: Ein starker Raucher wird mit der Gefahr des Lungenkrebs konfrontiert, oder eine Person hat einen größeren chirurgischen Eingriff vor sich. Dieses Stadium ist abgeschlossen, sobald die Person die Herausforderung annimmt; danach tritt sie in das nächste Stadium ein.

Ist die Herausforderung akzeptiert, wird die in dem Überzeugungsversuch empfohlene Handlung beurteilt. Der Rat anderer Personen oder der Rat aus Nachschlagewerken wird möglicherweise in Anspruch genommen. Man erdenkt

[35] Hunt & Matarazzo, 1973; [36] Janis, 1968

Ausweich-Handlungen. Bei der Erwägung der verschiedenen Alternativen werden Argumente und Gegenargumente zu deren Stützung oder Zurückweisung hervorgebracht. Dieses Stadium ist beendet, wenn das Individuum entweder zu seiner ursprünglichen Gleichgewichtshaltung zurückkehrt oder die Empfehlung annimmt und sich entschließt, entsprechend zu handeln. Wenn die Herausforderung wirklich eine ernstliche ist - wie etwa im Fall der Entscheidung, das Rauchen aufzugeben -, kann dieses Stadium lange Zeit andauern und beträchtliche Schwankungen auslösen.

Ist erst einmal die Empfehlung angenommen und das Individuum auf die neue Linie des Handelns festgelegt, treten neue Prozesse ein. Das Individuum teilt anderen ihm wichtigen Personen seine Entscheidung mit: Seine Verpflichtung wird öffentlich. Kelman hat beschrieben, wie eine neue Art des Handelns einen Serienprozeß in Gang bringt. [37] Die Handlung kann die Gelegenheit für neue Erlebnisse in Verbindung mit dem Objekt schaffen (z. B. scheint es dem Alkoholiker, der mit dem Trinken aufhört, als fühle er sich viel besser, als habe er mehr Energie, als bringe er mehr zustande usw.).

Die Handlung kann auch eine neue psychologische Situation hervorrufen. Wenn man sich die Anfangssituation so vorstellt, daß die Tendenz, das Ziel zu erreichen, größer ist als die Tendenz, es zu vermeiden, wird die übernommene Verpflichtung der Fortbewegung den Menschen in einen tatsächlichen Kontakt mit einem Ziel bringen, das er bisher vermieden hat. Diese neue Beschäftigung mit dem Ziel kann jetzt unter Umständen Vermeidungstendenzen auf Dauer herabmindern. Eine einfache Illustration dafür finden wir in dem anfänglichen Widerstand bei der erstmaligen Durchführung einer Furcht erregenden Handlung, wie etwa beim Ins-Wasser-Springen aus großer Höhe oder bei einem öffentlichen Vortrag. Gewöhnlich folgt auf solche erstmaligen Handlungen eine beträchtliche Herabsetzung des Widerstandes gegen weitere Ausführungen dieser Handlung. So kann die Verpflichtung auf eine bestimmte Handlungsrichtung, auch wenn sie nur einen Anfangsschritt darstellt, zu dauernder Änderung führen. Wenn die beeinflussende Person ein Freund oder Kollege ist, kann die Verpflichtung auf die empfohlene Handlung eine Änderung im Verhältnis zu ihm hervorrufen, welche zusätzlich die neue Linie unterstützt.

Janis hat auch auf die Rolle der negativen Rückmeldung in diesem Endstadium hingewiesen. [38] Es ist typisch, daß die Annahme der neuen Linie verschiedene Arten von Gegendruck hervorruft. Freunde oder andere wichtige Personen könnten ihr Mißfallen äußern. Subjektive Erfahrungen im Umfeld dieser neuen Richtung können unangenehm sein, wie etwa Hunger bei einer Abmagerungskur oder Deprivationsgefühle bei einem Alkoholiker, der versucht, mit dem Trinken aufzuhören. Der Handelnde muß sich diesen negativen Rückmeldungen stellen und mit ihnen fertigwerden - andernfalls wird er in sein früheres Stadium zurückfallen.

---

[37] Kelman, 1962; [38] Janis, 1968

Insgesamt betrachtet, stellen diese Stadien auf dem Wege zu einer Entscheidung eine wachsende Verpflichtung zu der Änderung dar. Janis stellt fest, daß sich der Mensch, wenn die Änderung erfolgreich sein soll, durch jedes dieser Stadien durchgearbeitet haben muß. Wenn er die mit jedem früheren Stadium verbundenen Handlungen nicht ausgeführt hat, kann er für die negative Rückmeldung im Endstadium anfällig werden. Wenn er beispielsweise die möglichen Alternativen nicht genügend beurteilt hat, kann eine spätere plötzliche Konfrontation mit einer dieser Alternativen Anlaß dazu sein, sein ursprüngliches Verhalten wieder aufzunehmen.

Janis bemerkt auch, daß die Reaktion eines Menschen auf Informationen eine beträchtliche Funktion des Stadiums ist, in dem er sich gerade befindet. Beispielsweise wird er Informationen gegen das Rauchen mit Gleichgültigkeit oder Widerstand begegnen, sofern das erste Stadium noch nicht abgeschlossen ist. Im Endstadium ist eine solche Information wünschenswert und sie wird unkritisch akzeptiert. Doch werden Informationen zugunsten einer Fortsetzung des Rauchens sehr unterschiedlich aufgenommen. Hier ist ein beträchtliches Interesse während der ersten Stadien vorhanden, wobei unbeeinflußt beurteilt wird. Nahe dem Endstadium werden solche Informationen nicht zur Kenntnis genommen oder aktiv zurückgewiesen.

Wir haben hier wenig über die Rolle von inneren Prozessen bei der Fixierung oder Vereitelung von Einstellungs- oder Verhaltensänderung gesagt. Doch sind die meisten Meinungen und Handlungen in einem Komplex von Einstellungen, Wertvorstellungen und Handlungen eingebettet. Ob sie sich ändern werden und wie dauerhaft die Änderung sein wird, hängt von Änderungen in der Struktur dieses Komplexes ab. Beispielsweise werden Einstellungen gegenüber dem eigenen Selbst integriert mit der Art, wie man sich verhält und auch mit der Behandlung, die ein Individuum durch andere Personen erfährt.[39] Einige der Vorgänge, welche zu Stabilität und Änderung im Hinblick auf Meinungen über das eigene Ich sowie auf das Verhältnis zu anderen Menschen beitragen, sollen in Kapitel 17 erörtert werden.

Zusammenfassung: Jenseits des Labors

Laboruntersuchungen über induziertes einstellungskonträres Verhalten sind beschränkt auf einen sehr engen Zeitabschnitt und auf einen sehr kleinen Teil des Lebens einer Versuchsperson. Auch wenn die Verhaltensänderung im Labor erfolgreich ist, kann eine längere Dauer der Verhaltensänderung nicht gewährleistet werden. In Lebenssituationen, wie etwa in Gefangenenlagern, wo es möglich ist, durch Zwang das gegensätzliche Verhalten für einen langen Zeitraum aufrechtzuerhalten, scheinen sowohl das einstellungskonträre Verhalten als auch damit zusammenhängende Verhaltensweisen gewöhnlich zu verschwinden, sobald der Zwang wegfällt. So scheint also konträres Verhalten allein nicht ausreichend zu sein, um eine wirkliche Änderung hervorzubringen.

---

[39] Secord & Backmann, 1961, 1965

Es gibt jedoch gewisse Lebenssituationen, in denen das induzierte konträre Verhalten nur der erste Schritt in einem schrittweise ablaufenden Beeinflussungsprozeß ist, der schließlich zu dauerhafter Änderung führt. In einem solchen Zusammenhang könnte das konträre Verhalten sehr wohl ein wirkungsvolles Mittel zur Änderung von Einstellungen sein. Das scheint der Fall bei der Indoktrinierung von chinesischen politischen Gefangenen während der Revolution in China gewesen zu sein. Viele dieser Menschen nahmen schließlich den Kommunismus an und damit Plätze in der neuen Gesellschaft ein. Induzierte Zustimmung gibt es auch in Klöstern, medizinischen und anderen Hochschulen sowie beim Militär. In vielen Fällen ist es ein Teil des ausgedehnten Prozesses, der zur Sozialisierung von Menschen in einen Beruf führt. Es scheint, daß der Schlüssel zur Dauerhaftigkeit in den sozialen Unterstützungen liegt, die für die neuen Verhaltensweisen und Einstellungen vorhanden sind.

Die Erforschung der Einstellungs- und Verhaltensänderung von Menschen in ihrem täglichen Leben über einen längeren Zeitraum hat eingesetzt. Aus Vorarbeiten scheint es evident zu sein, daß Änderung außerhalb des Labors häufig eine Vorwärts- und Rückwärtsbewegung mit sich bringt. Neue Wege werden ausprobiert und wieder verlassen, man holt Informationen und Ratschläge ein, man leistet anfänglich Widerstand sowohl gegen die Änderung als auch gegen Versuchungen, nachdem die Änderung erfolgt ist. Man nimmt fünf Stadien, aus denen sich der Änderungsprozeß zusammensetzt: (1) Herausforderung existierender Einstellungen und Verhaltensweisen, (2) Einschätzung der Herausforderung, (3) Auswahl einer bevorzugten Alternative, (4) Verpflichtung zu der Alternative und (5) Festhalten trotz negativer Rückmeldung. Während dieser verschiedenen Stadien laufen sehr verschiedenartige Prozesse ab.

KAPITEL 4

SOZIALE BEEINFLUSSUNG DURCH KOMMUNIKATION

Wie in der Einführung zum Teil eins bemerkt, sollen unterschiedliche Wege der Behandlung sozialer Beeinflussung an verschiedenen Stellen dieses Buches erörtert werden. Kapitel 3 befaßte sich mit den Auswirkungen von einstellungskonträrem Verhalten. Die Grundlage für diese Erörterung bestand hauptsächlich aus Laborversuchen, bei denen im allgemeinen der Beeinflussungsversuch darin bestand, die Versuchspersonen zu veranlassen, verschiedene Handlungen zu vollbringen, die darauf angelegt waren, Einstellungs- oder andere Verhaltensänderungen herbeizuführen. Das vorliegende Kapitel und Kapitel 5 verwenden ein anderes Paradigma: Personen werden mit Informationen versehen, die darauf angelegt sind, ihre Einstellungen oder Verhaltensweisen zu ändern. Diese Vorgangsweise erinnert an Massenkommunikation, die Nachrichten mittels Fernsehen, Radio, Zeitungen und anderer Medien präsentiert.

Das vorliegende Kapitel befaßt sich in erster Linie mit charakteristischen Merkmalen des Kommunikators, der Botschaft und des Empfängers, welche zu einer erfolgreichen oder erfolglosen Kommunikation beitragen. Kapitel 5 prüft den Beitrag von Gruppen- und Gesellschaftsprozessen zur Massenkommunikation, aber auch einige Nebenprodukte moderner Massenkommunikation, wie etwa die Auswirkungen von im Fernsehen gezeigter Gewalt auf aggressives Verhalten. Eine solche Einteilung des Stoffes ist etwas willkürlich, denn die aus beiden Ansätzen gewonnene Einsicht in psychologische Beeinflussungsprozesse erhöht unser Verständnis von Beeinflussung im allgemeinen, ohne Rücksicht auf den Hintergrund, in dem es auftritt.

DER KOMMUNIKATOR

Lange bevor sich eine Verhaltenswissenschaft entwickelte, wurde die Bedeutung des Kommunikators erkannt. In seiner "Rhetorik" hob Aristoteles den Kommunikator hervor und schlug vor,daß Zuhörer die Redner im Hinblick auf Intelligenz, Charakter und Absichten einschätzen sollten. [1] Die Geschichte weist auf viele Gestalten des öffentlichen Lebens hin, die bekannt waren für ihr Geschick, die Massen zu überzeugen - sei es, daß sie sie für den Aufstand oder für andere Formen der Gewalt entflammten, sei es, daß sie die Massen beruhigten und überstürzte Aktionen verhinderten. In der gegenwärtigen Politik sprechen wir vom "Image" eines Politikers: Gewisse Politiker sind immer wieder gute Stimmenfänger, bisweilen wegen der persönlichen Eigenschaften, die sie ausstrahlen. Und jeder, der Erfahrungen mit Gruppen hat, kann beobachten, daß einzelne Mitglieder mehr Gehör und Gefolgschaft finden als andere. Infolgedessen müssen wir der Frage größere Bedeutung schenken, was Kommunikatoren glaubwürdig macht. Auch andere Eigenschaften, wie etwa Beliebtheit, sollten wir untersuchen.

---

[1] Cooper, 1932

Glaubwürdigkeit des Kommunikators

Die gewohnte Art, wie wir uns beispielsweise einen Redner vorstellen, führt dazu, sich allein auf seine persönlichen Eigenschaften zu konzentrieren. Doch ist seine persönliche Überzeugungskraft nicht nur eine Funktion seiner persönlichen Eigenschaften, sondern auch seiner Position und seines Status, der Art der Kommunikation, des Zusammenhanges, in dem diese vorgebracht wird, seiner Beziehung zum Zuhörer und sogar zu den Eigenschaften des Zuhörers.

Hovland, Janis und Kelly meinen, daß die zwei wichtigsten Kennzeichen für die Glaubwürdigkeit eines Kommunikators Expertentum und Vertrauenswürdigkeit seien.[2] Expertentum kann ein Persönlichkeitsmerkmal sein, das sich von Fachausbildung oder Erziehung, Erfahrung, sozialer Abkunft und sogar vom Alter herleitet. Doch kann die Glaubwürdigkeit auch eher formaler Natur sein, wenn sie aus Position oder Status herrührt. Ein verwandtes, aber doch ein anderes Kennzeichen ist die legitime Macht des Kommunikators. Legitime Macht beruht auf der Annahme (durch den Rezipienten) und auf der Vorstellung, daß Position oder Status des Kommunikators diesem die Autorität verleiht, Menschen zu beeinflussen, indem er Entscheidungen trifft, Richtlinien festlegt oder Befehle erteilt. (Siehe Kapitel 8, wo diese Konzeption ausführlicher erörtert wird.) So werden Botschaften des Präsidenten der Vereinigten Staaten an das Volk wahrscheinlich teilweise deshalb akzeptiert, weil sein Amt ein hohes Ansehen genießt.

Vertrauenswürdigkeit ist ein weiteres Merkmal, das einem höchst glaubwürdigen Kommunikator zugeschrieben wird. Die Merkmale eines Kommunikators, welche Menschen dazu führen, ihm zu vertrauen, können sehr unterschiedlich sein. Man kann ihm beispielsweise trauen, weil er in einer mit Autorität ausgestatteten Position ist. Mit Vertrauenswürdigkeit können auch verbunden sein: gewisse Persönlichkeitsmerkmale, körperliche Erscheinung, die Art, sich auszudrücken sowie Stil und Umgangsformen.

Ein weiterer Faktor bei der Vertrauenswürdigkeit ist die wahrnehmbare Absicht des Kommunikators, wie sie erschlossen wird aus dem,was er sagt oder was über ihn bekannt ist. Wenn er sich einsetzt, weil er sich einen Vorteil davon verspricht, wenn andere Personen seine Botschaft akzeptieren, wird er gewöhnlich als nicht vertrauenswürdig angesehen. Deshalb sind viele Menschen skeptisch gegenüber den Äußerungen von Vertretern, Verkäufern, Politikern und Lieferanten, sowie skeptisch, was die in Radio- und Fernsehwerbung angepriesenen Erzeugnisse angeht.

Ein gutes Beispiel dafür, wie die scheinbaren Motive eines Kommunikators seine Glaubwürdigkeit bestimmen, findet man in einem Versuch, in dem der Kommunikator eine Position bezog, die gegen seine ureigensten Interessen war.[3] Das Thema war, ob Staatsanwälte mehr oder weniger Macht haben soll-

---

[2] Hovland, Janis & Kelley, 1953; [3] Walter, Aronson & Abrahams, 1966

ten als gegenwärtig. Ein "Verbrecher" (gewöhnlich von geringer Glaubwürdigkeit), der mehr Macht für den Staatsanwalt forderte, wurde für glaubwürdiger und wirkungsvoller gehalten als ein Staatsanwalt (gewöhnlich von hoher Glaubwürdigkeit), der die gleichen Argumente vortrug. Das Umgekehrte ereignete sich, wenn der Kommunikator Argumente für weniger Macht vorbrachte.

Einiges Verständnis dafür, wie ein glaubwürdiger Kommunikator erkannt wird, kann vielleicht aus Forschungen gewonnen werden, bei denen Kommunikatoren beurteilt und die Beurteilungen mit Hilfe verschiedener statistischer Verfahren analysiert wurden. Persönlichkeiten des öffentlichen Lebens und Medien, wie etwa die "New York Times", wurden mittels einer langen Liste von Eigenschaften beurteilt.[4] Diese Beurteilungen wurden einer Faktoren-Analyse unterzogen. Das ist ein Verfahren, bei dem psychologisch verwandte Eigenschaften in Gruppen zusammengefaßt werden, so daß die Gruppen oder "Cluster" als grundlegende Dimensionen identifiziert werden können, wie sie den Beurteilungen zugrunde liegen. Dabei wurden ähnliche Faktoren gefunden, die sich aus den verschiedenen Quellen von Kommunikation ergaben.

Der erste dieser Faktoren (von den Forschern mit Sicherheit bezeichnet) bestand aus den Merkmalen "sicher - unsicher", "gerecht - ungerecht", "gütig - grausam", "freundlich - unfreundlich", "ehrlich - unehrlich" und könnte ebensogut mit Vertrauenswürdigkeit bezeichnet werden. Der zweite Faktor war äquivalent mit Expertentum, und die Merkmale waren "gebildet - ungebildet", "erfahren - unerfahren", "gewandt - ungewandt", "qualifiziert - unqualifiziert", "informiert - uninformiert". In dieser Hinsicht stimmt die Studie mit früheren Gedanken überein, wonach zwei Hauptkomponenten der Glaubwürdigkeit in Vertrauenswürdigkeit und Expertentum gesehen werden.

Zusätzlich wurde von den Forschern noch ein dritter Faktor gefunden, den sie als Dynamik bezeichneten, wobei die Merkmale "aggressiv - sanftmütig", "bestimmt - weich", "kühn - zaghaft", "aktiv - passiv" und "energisch - verbraucht" verwendet wurden. Dies bezieht sich wesentlich auf den Stil des Auftretens. In einer aus der erwachsenen Bevölkerung von Lansing (Michigan) bestehenden Versuchsgruppe erwies sich Vertrauenswürdigkeit als doppelt so wichtig wie Expertentum und Dynamik. In einer Versuchsgruppe von College-Studenten erschienen Vertrauenswürdigkeit und Expertentum als gleich wichtig, während Dynamik relativ unwichtig war. Diese drei Dimensionen der Glaubwürdigkeit sind durchaus nicht erschöpfend; Einzeluntersuchungen, über die Griffin berichtet, enthalten eine beträchtliche Anzahl von anderen Merkmalen.[5]

Zwei andere Untersuchungen zeigen darüber hinaus, daß die Struktur der dem Kommunikator zugeschriebenen Merkmale, je nach seiner hohen oder niedrigen

---

4 Berlo, Lemert & Mertz, 1969 - 1970

5 Griffin, 1965

Glaubwürdigkeit, deutlich variiert. Sehr glaubwürdigen Kommunikatoren wird eine größere Anzahl von unabhängigen Dimensionen zugeschrieben, von denen jede nur in einem geringen Ausmaß zum "Image" beiträgt. Dagegen werden Kommunikatoren von geringer Glaubwürdigkeit mit einer kleineren Anzahl von Dimensionen gesehen, die allerdings verstärkt zum Gesamtbild beitragen. [6]

Daß die Glaubwürdigkeit des Kommunikators zusammenhängt mit erfolgreicher Beeinflussung, wurde wiederholt in Forschungsprojekten nachgewiesen, die sich über mehrere Dekaden verfolgen lassen. Die Literatur zu diesem Thema wurde 1953 von Hovland, Janis und Kelley analysiert und 1969 von McGuire weiter erörtert. [7] In simulierten Massenkommunikations-Situationen erweist sich für die Änderung von Einstellungen im allgemeinen die Anhebung des Status des Kommunikators als erfolgreich. Diese Erhöhung geschieht, indem man ihm Wissen, Bildung, Intelligenz und verschiedene Formen von Status zuschreibt. In natürlich auftretenden Situationen, die man erforscht hat, üben allerdings Gleichgestellte beträchtlich mehr Einfluß aus als Personen mit sehr hohem Status. [8] Anscheinend ist das auf den im Vergleich zu Hochgestellten oder Experten allgegenwärtigen Kontakt mit Gleichgestellten zurückzuführen. Wo beträchtliche Kommunikation über verschiedene Status-Schranken hinweg erfolgt, üben Höherstehende eine größere Wirkung aus. [9]

Es gibt weitreichende Unterstützung für die Wirksamkeit von sehr glaubwürdigen Kommunikatoren bei der Änderung von Einstellungen. Trotzdem gibt es neuere Hinweise auf die unten stehende Schlußfolgerung: Die meisten Untersuchungen zur Kommunikator-Glaubwürdigkeit sind unter Bedingungen durchgeführt worden, bei denen die Teilnehmer nicht intensiv genug an dem Problem beteiligt waren. Im allgemeinen war das Thema für den gewöhnlichen College-Teilnehmer nicht besonders interessant, oder die Versuchsanordnungen gaben den Beteiligten nicht das Gefühl, ihre Einstellungen zu dem Thema seien besonders wichtig. Der Ausdruck Ich-Beteiligung wird für das Ausmaß, in dem das Thema und das Problem der Einstellungsänderung für den Beteiligten wichtig sind, verwendet. In jüngster Zeit untersuchte man in mehreren Studien die Auswirkungen von hoher und geringer Glaubwürdigkeit unter Bedingungen von hoher und geringer Ich-Beteiligung. Es ergab sich, daß der Grad der Glaubwürdigkeit nur dann etwas ausmacht, wenn die Ich-Beteiligung des Beteiligten niedrig ist. [10] Eine mögliche Erklärung wäre, daß hohe Ich-Beteiligung zu einer genaueren Prüfung der Botschaft selbst führt, wobei die Unterschiede zwischen den Kommunikatoren nivelliert werden. Daher scheint es, daß hohe Glaubwürdigkeit sich hauptsächlich dadurch auswirkt, daß sie eine unkritische Annahme der Botschaft erleichtert, wenn der Rezipient an dieser nicht interessiert ist. [11]

---

[6] Schweitzer & Ginsburg, 1966; Schweitzer, 1967

[7] Hovland, Janis & Kelley, 1953; McGuire, 1969

[8] Katz & Lazarsfeld, 1955; [9] Strodtbeck, James & Hawkins, 1958

[10] Johnson & Scileppi, 1969; Rhine & Severance, 1970

[11] Johnson & Scileppi, 1969

Die dynamische Qualität oder der Stil der Darbietung des Kommunikators sind weniger erforscht worden, und ihre Wirkung auf Beeinflussung hat sich in den Forschungsergebnissen nicht immer als übereinstimmend erwiesen. Eine der Untersuchungen hat den Stil der Darbietung variiert, indem ein geschulter Sprecher veranlaßt wurde, identische Kommunikationen mittels Tonband darzubieten, und zwar einmal in einem dynamischen, kraftvollen Stil, und einmal in einem langweiligen, passiven Stil.[12] Der dynamische Stil erhöhte die Glaubwürdigkeit des Kommunikators in einer Weise, die unabhängig von seinen anderen Eigenschaften war. Mehrere Untersuchungen weisen darauf hin, daß der langweilige, passive Stil dazu führt, den Kommunikator als weniger glaubhaft aufzufassen oder daß dieser Stil vielleicht ein schlechteres Verständnis der Kommunikation bewirkt.[13] Andere Forschungsberichte zeigen hingegen, daß ein allzu dynamischer, harter Verkaufs-Stil Mißtrauen gegenüber den Absichten des Kommunikators hervorrufen kann und infolgedessen weniger Meinungsänderung, während ein ruhiger Stil etwas wirkungsvoller ist.[14] Was nötig ist, um diese Unstimmigkeiten aufzulösen, ist eine genauere Charakterisierung des Darbietungsstils.

Ausgedehnter erforscht wurde die Absicht des Kommunikators bei der Mitteilung einer Botschaft, die beeinflussen soll. Wenn er als unparteiisch beurteilt wird, als einer, der kein persönliches Motiv für den Änderungsversuch hat, als objektiv und fair, wird er wahrscheinlich glaubhafter wirken und erfolgreicher bei der Beeinflussung sein. Die ersten dieser Untersuchungen haben nicht immer gezeigt, daß ein unparteiischer Kommunikator wirkungsvoller war bei der Beeinflussung seiner Zielpersonen.[15] Spätere Forschungsentwicklungen lassen vermuten, daß diese inkonsistenten Ergebnisse auftraten, weil ein ziemlich komplexes Bündel von Faktoren auf die Wahrnehmung der Rezipienten eingewirkt hatte, was die Absicht des Kommunikators betrifft.

In einem Versuch, die Auswirkungen von "Absicht" zu betonen, wurde von einer Forschungsrichtung die Vorwarnung benutzt. Trotz der Tatsache, daß die Versuchspersonen vor der Überzeugungs-Absicht des Kommunikators gewarnt wurden, hatte diese Warnung in vielen Untersuchungen keine Wirkung auf Einstellungsänderung. In einigen anderen Fällen änderten sich die Einstellungen nur wenig geringer, besonders, wenn die Warnung kurz vor der Kommunikation gegeben wurde.[16] Doch in einzelnen Fällen verstärkte die Warnung vor der Überzeugungsabsicht tatsächlich die Einstellungsänderung.[17] Das ist leicht zu erklären: Dort, wo die Teilnehmer geneigt sind, mit dem Kommunikator (oder dem Versuchsleiter) zu kooperieren, macht dieser Hinweis auf dessen Überzeugungsabsicht die Aktionsrichtung der Teilnehmer

---

12 Schweitzer, 1967

13 Beighley, 1952; Thistlethwaite, de Haan & Kamanetzky, 1955; Irwin & Brockhaus, 1963; Miller & Hewgill, 1964; Bowers, 1965; Bowers & Osborn, 66

14 Dietrich, 1946; Bettinghaus, 1961; Bowers, 1963; Carmichael & Cronkhite, 1965

15 McGuire, 1969

16 Kiesler & Kiesler, 1964; Friedman & Sears, 1965; Greenberg & Miller, 1966

17 Sears, 1965

klarer. McGuire stellt fest, daß der naheliegende Gedanke, ein Verheimlichen der Beeinflussungsabsicht fördere die Meinungsänderung, von den Befunden nicht immer gestützt wird.[18] Dafür gibt es folgenden Grund: Wenn der Rezipient mit dem Kommunikator kooperieren möchte und er dessen Absicht kennt, wird ihm dadurch die Kooperation erleichtert, und er lernt seine Botschaft bereitwilliger.

Sympathie für einen Kommunikator und Beeinflußbarkeit

Normalerweise kann man annehmen, daß eine Person, die einen Kommunikator sympathisch findet, von ihm leicht beeinflußt wird. Dies wird sowohl von der Konsistenztheorie, als auch von der Austauschtheorie vorausgesagt. Die im Kapitel 7 eingehender erörterte Konsistenztheorie behauptet, daß ein Gleichgewichtszustand herrscht, wenn alle drei Beziehungen zwischen zwei Personen und einem Objekt positiv sind, und auch, wenn eine positiv ist und zwei negativ sind.[19] Wenn also eine Person P einen Kommunikator O gern hat und O ein Einstellungsobjekt X positiv bewertet, dann wird P positiv gegenüber X sein und so einen Gleichgewichtszustand herbeiführen. Wenn daher P ursprünglich negativ gegenüber X war, wird ihre Sympathie für O und O's positive Bewertung von X einen Druck in Richtung einer Lösung des Ungleichgewichtes hervorrufen, dessen Ergebnis die Annahme einer positiven Einstellung von P gegenüber X sein wird. So wird eine Person eine Spannung in Richtung einer positiven Wertung von Objekten erleben, die ein Freund oder ein ihr lieber Mensch schätzt. Mehr noch: Wenn P den Kommunikator O nicht mag, wird er Objekten gegenüber wohlwollend gesinnt sein, die O negativ bewertet. Wir neigen dazu, diejenigen gern zu haben, die unsere Feinde angreifen.

Man kann sich auch vorstellen, daß die Sympathie für einen Kommunikator einen positiven Einfluß im Sinne der in Kapitel 7 erörterten Austauschtheorie hat. Diese Theorie behauptet, daß die Sympathie zwischen zwei Menschen auf einem Austausch von Belohnungen und einer Minimalisierung von Kosten beruht. Demgemäß kann man, wenn man einer Person, die einem sympathisch ist, zustimmt oder ihr einen Wunsch erfüllt, deren Anerkennung finden und umgekehrt ihr sympathisch sein. Diese Beziehung benötigt allerdings eine zweiseitige Wechselwirkung - der Kommunikator muß eine Rückmeldung erhalten.

Während einige Untersuchungen die Hypothese stützen, daß ein sympathischer Kommunikator überzeugender wirkt, sind unter anderen Versuchsbedingungen sympathische Kommunikatoren nicht überzeugender; darüber hinaus sind in manchen Situationen u n s y m p a t h i s c h e m p f u n d e n e K o m m u n i k a t o r e n ü b e r z e u g e n d e r a l s s y m p a t h i s c h e.[20] Diese Ausnahmen sind vielleicht dort zu erwarten, wo es nicht lohnend ist, Anerkennung durch den

---

[18] McGuire, 1969;
[19] Heider, 1958
[20] McGuire, 1969

sympathischen Kommunikator zu gewinnen, indem man sich seiner Meinung anschließt.

In einem Versuch, der an einem College durchgeführt wurde und in einer Situation, in der Armee-Reservisten als Teilnehmer fungierten, überredete ein als unsympathisch empfundener Kommunikator mehr Teilnehmer, gebratene Heuschrecken zu essen, als dies einem sympathischen Kommunikator gelang.[21] Die Austauschtheorie würde annehmen, daß Versuchspersonen Heuschrecken essen, um einem sympathischen Kommunikator einen Gefallen zu erweisen. Doch die Dissonanztheorie (siehe Kapitel 3) meint, daß Teilnehmer, die ursprünglich ungern Heuschrecken essen, sich jedoch dazu von einem ihnen unsympathischen Kommunikator überreden lassen, weniger in der Lage sein werden, ihre Handlungsweise zu rechtfertigen, als jene, die sich als Reaktion auf einen sympathischen Kommunikator dazu entschließen.

Wie McGuire bemerkt, ist es gerade der Akt der Einwilligung, einem unsympathischen Kommunikator zuzuhören, der vielleicht in manchen Fällen den Zuhörer empfänglicher für die Botschaft macht, und zwar, um Dissonanz zu vermeiden. McGuire weist auch darauf hin,[22] daß ein Fremder überzeugender wirken kann als eine als sympathisch befundene Person, denn die von dem Fremden ausgehende Kommunikation ist weniger redundant und deshalb neuartiger und bedeutungsvoller. Viele Eltern haben wiederholt ihr Kind ohne Erfolg dazu gedrängt, eine bestimmte Handlungsrichtung anzunehmen; eine einzige Aufforderung eines verhältnismäßig Fremden genügte jedoch.

Umgekehrt kann ein unsympathischer Kommunikator nicht nur wirkungslos sein, sondern er kann auch einen "Bumerang-Effekt" auslösen: der Rezipient bewegt sich dann in einer der Botschaft des Kommunikators entgegengesetzten Richtung. Einer der Versuche zeigte diesen Effekt in einem auf Parkbänken durchgeführten Feldexperiment.[23] Ein Verbündeter des Versuchsleiters, der als weiterer Parkbesucher auftrat, wurde von einem "umherstreifenden Reporter" (dem Versuchsleiter) in eine Debatte mit der naiven Versuchsperson verwickelt. Nach einem systematischen Plan machte er herabsetzende Bemerkungen über die von ausgesuchten Versuchspersonen geäußerten Meinungen. Messungen vor und nach der Interview-Sitzung zeigten, daß - im Gegensatz zu den meisten Laboruntersuchungen - die beleidigten Teilnehmer ihre Einstellungen in eine dem Beeinflussungsversuch entgegengesetzte Richtung verlagerten.

Man untersuchte einige andere Merkmale des Kommunikators, doch nur wenige Verallgemeinerungen wurden durch ausreichende und konsistente Forschungsergebnisse gestützt.

Zusammenfassung: Der Kommunikator

Die am intensivsten erforschten Merkmale des Kommunikators sind seine

[21] Zimbardo, Weisenberg, Firestone & Levy, 1965

[22] McGuire, 1969; [23] Abelson & Miller, 1967

Glaubwürdigkeit und seine Beliebtheit. Die Befunde ergeben, daß beide Merkmale den Grad der Einstellungsänderung beeinflussen. Merkmale, die zu einem Eindruck der Glaubwürdigkeit des Kommunikators beitragen, sind Expertentum, Vertrauenswürdigkeit, legitime Macht und dynamische Qualität. Dem Kommunikator zugeschriebene Intentionen sind eine wichtige Komponente seiner Vertrauenswürdigkeit. Seine dynamische Qualität bezieht sich auf solche Persönlichkeitsmerkmale wie Kühnheit, Aktivität, Entschiedenheit und wirkungsvoller Darbietungsstil. Die Glaubwürdigkeit des Kommunikators ist wirkungsvoller, wenn Einstellungsänderungen herbeigeführt werden sollen, die für den Rezipienten nicht zu bedeutsam sind. Bei einem Einstellungsthema mit hoher Ich-Beteiligung des Rezipienten spielt die Glaubwürdigkeit des Kommunikators eine geringe Rolle, anscheinend deshalb, weil sich die Aufmerksamkeit mehr auf den Inhalt der Botschaft als auf den Kommunikator richtet.

Nach der Balancetheorie wird Sympathie für den Kommunikator dort mehr Akzeptanz bewirken, wo die Akzeptanz zu einer ausgeglichenen kognitiven Struktur führt. Wenn beispielsweise ein sympathischer Kommunikator die Akzeptanz einer Einstellung empfiehlt, die selbst wieder ein positives Gefühl hervorruft, ist die Struktur ausgeglichen. Sie ist auch ausgeglichen, wenn ein Mensch negative Gefühle aufweist gegenüber einem Einstellungsobjekt, das von einem unsympathischen Kommunikator empfohlen wird. Empirische Forschungen stützen die Balancetheorie nur zum Teil. Es wurde gezeigt, daß unter bestimmten Bedingungen ein unsympathischer Kommunikator mehr Einstellungsänderung hervorruft (z. B. wenn er mehr Dissonanz erregt) als ein sympathischer Kommunikator.

DIE BOTSCHAFT

Bei der Erforschung von "Beeinflussung durch Kommunikation" wird man seine Aufmerksamkeit oft auf die Botschaft selbst richten. Es ist ebenso natürlich, die Botschaft für eine erstrangige Quelle von Einstellungsänderung zu erachten wie den Kommunikator. Wenn man die Botschaft für wirkungsvoll hält, wird der erwünschte Beeinflussungseffekt eintreten. Im Einklang mit dieser Ansicht haben viele Kommunikationsforscher Botschaften in verschiedener Form dargeboten, um ihre entsprechende Effektivität zu bewerten. Wie wir allerdings sehen werden, kann die Botschaft nicht vollständig isoliert von anderen Elementen des Kommunikationsprozesses betrachtet werden.

Viele Aspekte der Botschaft können im Sinne einer potentiellen Wirkung auf die Beeinflussung gesehen werden. Unter ihnen sind emotionale gegen rationale Appelle und solche organisatorischen Merkmale der Botschaft wie die Anordnung der Elemente in ihr, die Anwesenheit von verstärkenden Elementen, das Ausmaß der Verdeutlichung von Schlußfolgerungen und Empfehlungen und die Erwähnung und Zurückweisung von Gegenargumenten zum Thema der Botschaft. Die meisten dieser Faktoren sollen hier nur kurz erörtert werden. Mehr Aufmerksamkeit wird der Verwendung von Furcht-Appellen zugewendet werden, weil darüber umfangreiche Forschungsergebnisse vorliegen.

Beeinflussungswirkung von furchterregenden Appellen

Da Appelle, welche Furcht erregen, eine Form von emotionalem Appell darstellen, werden wir Furcht-Appelle so einführen, daß wir die eher allgemeine Frage der relativen Bedeutung von emotionalen gegenüber rationalen Appellen erörtern. Kann der Redner, wenn er geschult ist, mit den Gefühlen seiner Zuhörer spielen, diese wirksamer mitreißen als der Staatsmann, der an die Intelligenz und den gesunden Menschenverstand appelliert? Verhaltensforscher haben die Frage "emotionaler oder rationaler Appell" mit Hilfe kontrollierter Experimente geprüft. Die ersten Ansätze zu diesem Thema wurden von Hovland, Janis und Kelley erörtert.[24] Die Untersuchungsergebnisse sind ziemlich widersprüchlich; manche stützen rationale Appelle, andere wiederum emotionale Appelle.

Wie Hovland und seine Kollegen berichten, war in diesen ersten Experimenten das Problem nicht klar umrissen. Zunächst ist die Feststellung, ob eine Kommunikation einen rationalen oder einen emotionalen Appell enthalte, nicht immer klar formuliert. Ein rationaler Appell kann gewisse Emotionen erregen; ein emotionaler Appell kann einen Menschen unter Umständen zum Nachdenken veranlassen. Einer der Versuche hat ziemlich deutlich gezeigt, daß sowohl naive als auch fachlich geschulte Beurteiler sich nicht einigen konnten über die Einteilung des Materials, von dem der Versuchsleiter angenommen hatte, es enthalte entweder einen rationalen oder einen emotionalen Appell.[25] Vielleicht noch gravierender ist, daß die Aspekte einer Kommunikation, die ihre Effektivität oder Ineffektivität bewirken, in den ersten Untersuchungen nicht festgestellt werden konnten. Schließlich begründeten diese ersten Annäherungen nicht, warum und wie emotionale und rationale Appelle zu einer Publikumsreaktion führen; dieses Wissen ist jedoch zum vollkommenen Verständnis des Problems erforderlich.

In den letzten Jahren ist der Furcht-Appell eingehend erforscht worden. Dabei wurde versucht, die Mittel zu eruieren, mit denen es ihm gelingt, zu überzeugen, oder auf Grund derer er versagt. Viele Massenkommunikationen benutzen Furcht-Appelle. So könnten beispielsweise Regierungsbeamte Unterstützung für nationale Verteidigungsprojekte zu gewinnen trachten, indem sie die Gefahren herausstellen, die sich aus der Unterlassung von Vorbereitungen für Notsituationen ergeben könnten. Gesundheitsorganisationen öffentlicher oder privater Natur werden, was die Volksgesundheit betrifft, Krankheit und Schmerz nachdrücklich herausstellen. In der Werbung werden bisweilen Furcht-Appelle benutzt: Man denke nur an die Werbung für Zahnpasta und Deodorant, die mit der Drohung arbeitet, man mache sich unbeliebt, wenn man ihre Produkte für die Mund- und Körperhygiene nicht verwendet. Alle diese Beeinflussungsversuche bestehen im wesentlichen aus Informationen, die eine Gefahr beschreiben, und aus Empfehlungen, wie man die Gefahr vermeiden kann. Sie drohen dem Menschen mit unglückseligen Folgen, sofern er den Rat des Kommunikators nicht befolgt. Deshalb werden die Ausdrücke Drohungs-Appell

---

[24] Hovland, Janis & Kelley, 1953; [25] Ruechelie, 1958

und Furcht-Appell allgemein verwendet, wenn man sich auf sie bezieht. Solche Drohungs-Appelle sollten wegen ihrer weitverbreiteten Anwendung studiert werden, aber auch wegen der theoretischen Probleme, die sie im Hinblick auf das Verständnis von auf Überredung angelegten Kommunikationen aufwerfen.

Beeinflussung und Ausmaß von erregter Furcht Eine der in den frühen Untersuchungen über Furcht-Appelle gestellten Fragen war: "Sind starke Furcht-Appelle überzeugender als schwache?" Wenn man Furcht als einen Trieb, als eine motivierende Kraft ansieht, könnte man erwarten: je größer die Furcht, desto stärker die Beeinflussung. Mehrere der frühen Versuche ließen annehmen, daß das Gegenteil der Fall sei: Geringe Furcht führte zu einer Änderung in Einstellung und Verhalten, während starke Furcht nur wenig Änderung hervorrief.[26] In diesen Untersuchungen wurde starke Furcht erregt durch lebendige und realistische Darbietungen, indem etwa Raucher durch Zeigen von Farbaufnahmen erkrankter Lungen mit Lungenkrebs bedroht wurden. Schwächere Effekte wurden durch Röntgenbilder und andere, weniger persönliche Darstellungen in der Kommunikation erzielt.

Man bot Erklärungen an, welche die Hypothese nicht aufgaben, daß Furcht als Trieb wirkte. Der grundlegende Gedanke war, daß Furcht als motivierende Kraft wirkt und den Menschen dazu veranlaßt, die dargebotenen Empfehlungen anzunehmen, um seine Furcht zu vermindern; wenn jedoch die Furcht zu stark sei, müßte eine Beteiligung anderer Prozesse angenommen werden. So können beispielsweise starke Angst- oder Furcht-Appelle als anstößig und übertrieben betrachtet werden - vorsätzliche Versuche, die Zuhörer zu verschrecken - und infolgedessen als dazu geeignet, Mißtrauen gegenüber der Botschaft und Widerstand gegen Änderung hervorzurufen. Falls der Zuhörer tatsächlich ängstlich wird, kann er Abwehrmaßnahmen gegen seine Furcht aufbauen - wie etwa Argumente gegen die des Kommunikators.

Doch wir müssen diese einfach klingenden Erklärungen aufgeben. Neuere Untersuchungen zeigen, daß leicht Furcht verbunden ist mit geringerer Beeinflussung.[27] Gleichzeitig weist eine beträchtliche Anzahl dieser Untersuchungen - im Gegensatz zu den allerersten Befunden - auf größere Beeinflussung hin, wenn intensivere Furcht erregt wird. (Highbee führt zweiundzwanzig solcher Untersuchungen an.[28] Erklärungen für diese jüngeren Befunde sind schnell zur Hand. Tatsächlich ist aber das Problem die Fülle von Interpretationen, von denen manche miteinander unvereinbar sind. Infolgedessen ist es erforderlich geworden, genauere Aussagen über die Mittel zu machen, mit denen Furcht die Beeinflussung erleichtert oder behindert, und die Bedingungen im einzelnen zu benennen, unter denen dies geschieht. Im Verlauf der Planung von Experimenten zur Aufdeckung dieser Informationen sind von den Forschern komplexere Modelle des "Furcht-Beeinflussungs-Prozesses" ausgearbeitet

---

[26] Janis & Feshbach, 1953; Hovland, Janis & Kelley, 1953; Nunally &Bobrew, 59

[27] Leventhal, 1970; [28] Highbee, 1969

worden. Das Werk von Howard Leventhal stellt einen größeren Beitrag zu diesem Thema dar, und unsere Erörterung fußt zum größten Teil auf ihr.[29]

Das Parallelen-Modell Leventhal behauptet, daß eine Furcht erregende Kommunikation zwei parallele und voneinander unabhängige Reaktionen hervorruft.[30] Eine dieser Reaktionen ist das Bestreben, die durch die Drohung erregten Befürchtungen zu kontrollieren. Während die Furchtkontrolle stattfinden kann mittels Aktionen, die die Gefahr bewältigen, sind viele andere Handlungen, welche die Furcht kontrollieren, entweder unerheblich für das Bewältigungsverhalten oder stören es. Zu den Schutzmaßnahmen gegen Furcht könnten beispielsweise gehören: Rückzug aus der Situation, Gegenargumente gegen die Drohung, Verdrängen des Gedankens an die Gefahr, beruhigende Zusicherungen und Rationalisierungen gegen Beunruhigungen.

Die zweite Reaktion ist das Bestreben, die Gefahr zu bewältigen. Dazu gehört: der Gefahr gegenübertreten und sie sich eingestehen; die Empfehlung der Kommunikation akzeptieren; andere adäquate Mittel der Gefahrenvermeidung übernehmen und zusätzliche Informationen zu ihrer Bewältigung gewinnen.

Leventhal bemerkt, daß es typischerweise eine gewisse Korrelation zwischen der Furcht und Bewältigungsreaktionen gibt.[31] Ernsthaftere Drohungen setzen stärkere Bewältigungsreaktionen und stärkere emotionale Reaktionen in Gang. Doch dies geschieht wegen der besonderen Art der Kommunikation - eines verursacht nicht das andere. Dieses Modell von unabhängigen, aber sich gegenseitig beeinflussenden Reaktionen auf Furchterregung ermöglicht die Deutung einiger bekannter Phänomene. So ist beispielsweise die Furcht oft am stärksten, nachdem man eine gefährliche Situation erfolgreich bewältigt hat. Leventhal gibt als Beispiel die Situation, in der ein Wagen gefährlich ins Schleudern geraten ist. Man behält die Herrschaft über das Auto und erlebt erst dann Angst, wenn man ihn zum Halten gebracht hat. Das Bewältigen der Gefahr kontrolliert oder hemmt in diesem Fall auch die Furcht; wenn aber das Bewältigungsverhalten aufhört, tritt die Furchtreaktion auf.

In anderen Fällen kann allerdings eine Furchtreaktion das Bewältigungsverhalten stören, z. B., wenn man die Gefahr auf sich nehmen muß, sich einer Röntgenaufnahme zu unterziehen oder ins Krankenhaus zu gehen. Offensichtlich erzeugt Furcht häufig Vermeidungsreaktionen, welche die Bewältigung der Gefahr stören. Weil diese zwei Reaktionen unabhängig voneinander sind und in verschiedener Weise aufeinander einwirken, ergibt sich eine große Anzahl von Möglichkeiten, Furcht erregende Kommunikationen zu behandeln.

Betrachten wir beispielsweise Situationen mit verzögerten Reaktionen. Wenn zum Beeinflussen bestimmte furchterzeugende Kommunikationen unter Bedingungen dargeboten werden, wo es nicht möglich ist, sofort zu handeln, erlaubt es die normale Auflösung der Furcht durch den Zeitablauf, die Gefahr

---

[29] Leventhal, 1970; [30] Leventhal, 1970; [31] Leventhal, 1970

dadurch zu bewältigen, daß man zu einem späteren Zeitpunkt entschieden handelt. Wo auf die Empfehlung sofort gehandelt werden muß und dabei starke Furcht erregt wird, können die Schutzmaßnahmen gegen die Furcht die Vorherrschaft übernehmen.

Leventhal stellt diese Erklärung der verzögerten Reaktion auf Furcht erregende Kommunikationen - beruhend auf seinem Parallelen-Modell - in einen Gegensatz zu der ziemlich allgemein angenommenen Erklärung, welche Furcht als Trieb oder Motiv behandelt.[32] Dieses Modell stellt einen Serienprozeß vor, bei dem spätere Verhaltensweisen durch emotionale Kettenreaktionen vermittelt werden. Es nimmt an, daß Botschaften, welche starke Furcht auslösen, größere Beeinflussung bewirken als solche, die geringe Furcht auslösen - vorausgesetzt, die vorgelegten Empfehlungen sind furchtmindernd. Dies unterstellt, daß eine Wiederholung der Empfehlungen des Kommunikators im Gedächtnis die Furcht vermindert, was dann wieder die Empfehlungen verstärkt. Das Trieb-Modell der Furcht kennt auch Situationen, in denen Furcht durch Leugnen oder Ignorieren der Gefahr reduziert wird: Das verstärkt den Widerstand gegen die Kommunikation, so daß später Menschen, die starke Furcht erlebt hatten, die Empfehlungen umso weniger annehmen werden.

Für Situationen mit verzögerter Reaktion gibt das Trieb-Modell der Furcht gegenteilige Vorhersagen zum Parallel-Reaktions-Modell: Botschaften, welche starke Furcht auslösen, werden wirkungsvoller sein als solche, die geringe Furcht auslösen, wenn die Handlung sofort nach der Kommunikation erfolgt.[33] Diese Beziehung wird sich umkehren, wenn die Handlung verzögert wird. Der Grund für die Vorhersage: Eine sofortige Reaktion wird kräftiger verstärkt durch die Furchtreduktion als eine verzögerte Reaktion, bei der Abwehrmaßnahmen gegen Furcht aufgebaut werden. Leventhal zitiert mehrere Versuche, welche für die Vorhersagen des Trieb-Modells der Furcht nur wenig Unterstützung gewähren.[34]

Zwei andere Experimente stützen die Vorhersage des Parallel-Reaktions-Modells, daß nämlich starke Furcht erregende Kommunikationen wirkungsvoller sein werden, wenn die Reaktion verzögert wird (im Gegensatz zum Angst-Trieb-Modell). Im ersten Versuch wurden drei Personengruppen verschiedene Filme über Lungenkrebs vorgeführt.[35] Die Filme waren darauf eingerichtet, geringe, mittlere und hohe Grade von Furcht zu erregen. Der Film zur Erregung großer Furcht führte eine Lungenkrebs-Operation in Farbe vor. Er zeigte den ersten Einschnitt, das Auseinanderzwängen der Rippen, das Entfernen der schwarzen und kranken Lunge und die offene Höhlung mit dem schlagenden Herz. Er erwies sich als sehr wirksam für das Erregen von Furcht. Der Film zur Erregung von Furcht mittleren Grades ließ die Operations-Szenen aus und zeigte, wie der Herausgeber einer Kleinstadt-Zeitung entdeckte, daß er Krebs hatte. Der Versuch, geringe Furcht zu erregen,

---

[32] Leventhal, 1970; [33] Leventhal, 1970

[34] Haefner, 1965; Leventhal & Niles, 1965; Singer, 1965

[35] Leventhal & Watts, 1966

enthält die gleiche Thematik wie der zweite Film - in Textform, ohne Bilder. Alle Filme gaben den Rat, das Rauchen aufzugeben und sich in einer nahe gelegenen mobilen Einheit einer Röntgenuntersuchung zu unterziehen.

Das Ergebnis war, daß unmittelbar nach der Kommunikation, welche starke Furcht auslöste, weniger Raucher die Röntgenstation aufsuchten als nach den Botschaften, welche geringe oder Furcht mittleren Grades erregten. Nichtraucher waren ohne Rücksicht auf das Niveau der Drohung bereit, sich einer Röntgendurchleuchtung zu unterziehen. Diese verminderte Überzeugungsmöglichkeit der Raucher nach einer Kommunikation, die starke Furcht ausgelöst hatte, ist inkonsistent mit dem Trieb-Modell der Furcht. Dieses sagt nämlich voraus, daß eine solche Botschaft sofort nach der Kommunikation wirkt, und nicht später. Die andere Erklärung beruht auf dem Parallel-Modell: wenn die Furcht unmittelbar nach der Kommunikation sehr groß ist, unterbricht sie die Versuche, die Gefahr zu bewältigen. Wenn die Furcht nachläßt, kann die Gefahr bewältigt werden. Dies stimmt mit einem Folgeversuch überein, der fünf Monate später durchgeführt wurde und der ergab, daß die den im höchsten Grad Furcht hervorrufenden Versuchsbedingungen ausgesetzten Raucher am ehesten das Rauchen einstellten.

Eine andere Studie zum Vergleich sofortiger und späterer Reaktionen komplizierte das Modell durch Einführung des Persönlichkeitsmerkmals Selbstachtung. Dieses beeinflußt die Art und Weise, in der ein Mensch auf Furcht reagiert oder mit ihr fertig wird.[36] Es wurde die Hypothese aufgestellt, daß Versuchspersonen mit hoher Selbstachtung mit Furcht besser fertig werden könnten als solche mit geringer Selbstachtung. Man stellte die Versuchspersonen vor die Wahl, Antitetanus-Injektionen entweder unmittelbar nach der Kommunikation oder erst einen Tag später zu bekommen. Wenn Injektionen sofort verabreicht werden konnten, ergab sich folgendes: Es verlangten mehr Teilnehmer mit hoher Selbstachtung die Injektion als Teilnehmer mit niedriger Selbstachtung. Das stimmt mit der Ansicht überein, daß die Bewältigungsreaktionen von Teilnehmern mit niedriger Selbstachtung zeitweise durch ihre Unfähigkeit unterbrochen wurden, mit der erregten Furcht fertig zu werden.

Eine andere Erklärung klingt zwar ziemlich plausibel, ist aber falsch: Vielleicht ließen sich weniger Versuchspersonen mit niedriger Selbstachtung Injektionen verabreichen, weil sie schlimme Dinge erwarteten, ganz gleich, wie sie sich verhalten würden. Doch diese Erklärung wird negiert durch die Tatsache, daß in einer Kontrollgruppe, in der keine Angst erregt worden war, alle Teilnehmer mit niedriger Selbstachtung Injektionen wünschten, aber wenige Personen mit hoher Selbstachtung.

Während das Trieb-Modell der Furcht nicht erklären kann, warum Kommunikationen mit hochgradiger Furchterregung nach Ablauf einer Zeitspanne wirksamer sind, ermöglicht es eine Erklärung für die geringere Wirkung von Kommunikationen mit hoher Furchterregung im Vergleich zu jenen mit geringer

---

[36] Kornzweig, 1967

Furchterregung. Man nimmt an, daß unter bestimmten Bedingungen die Kommunikationen mit hoher Angsterregung Schutzmaßnahmen gegen die Angst hervorrufen, oder auch Leugnung und Vermeidung der Bedrohung. Einige der älteren Forschungsergebnisse stimmten mit dieser Ansicht überein. Zu diesen Forschungsergebnissen gehört eine klassische Studie der Auswirkungen von Angstappellen auf Zahnhygiene, bei der der schwächste Angstappell am wirksamsten war.[37] Doch das Parallel-Reaktions-Modell ermöglicht eine andere Erklärung, die mit neueren Forschungen übereinstimmt: daß nämlich die Erregung großer Angst jemanden daran hindert, mit der tatsächlichen Gefahr fertig zu werden.

Wir können diese Hypothese prüfen, indem wir die Wirksamkeit der Empfehlungen variieren. Das Trieb-Modell der Furcht setzt voraus, daß hochwirksame Empfehlungen die Furcht herabsetzen und akzeptiert werden, daß aber unwirksame Empfehlungen die Angst nicht reduzieren werden, so daß Verteidigungsmaßnahmen und Widerstand gegen die Empfehlungen aufgebaut werden. In einem Experiment, in dem die spürbare Wirkung eines Mittels gegen Rundwürmer (von 90 zu 30 Prozent) manipuliert wurde, erwies sich die Bereitschaft zur Anwendung des Mittels als größer auf dem Niveau der Erregung von großer Furcht als auf dem Niveau der Erregung von geringer Furcht - *ohne Rücksicht auf die Wirksamkeit des Mittels.*[38]

Mit Sicherheit können wir die Annahme zurückweisen, daß in diesem Fall starke Furchterregung die Beeinflussung stört, indem Schutzmaßnahmen aufgebaut werden. Wäre dies nämlich der Fall, würde starke Furchterregung, kombiniert mit unwirksamen Empfehlungen, weniger Beeinflussung hervorrufen als starke Furchterregung, kombiniert mit wirksamen Empfehlungen, welche Schutzmaßnahmen unnötig machen. Mehrere andere Forschungsergebnisse stimmen mit dieser Ansicht überein.[39] Infolgedessen scheint es, daß starke Furchterregung in Fällen, wo sie die Beeinflussung beeinträchtigt, auch die Beeinträchtigung der Bewältigungsreaktionen bewirkt.

Faktoren, welche die Bewältigung oder das Coping der Gefahr beeinflussen Es gibt mehrere Faktoren, die das Bewältigen oder Coping der Bedrohung beeinflussen können, welche in einer zur Beeinflussung bestimmten Kommunikation enthalten sein kann: (1) Persönlichkeitszüge, welche Coping-Handlungen beeinträchtigen oder erleichtern, (2) andere Merkmale des Teilnehmers, die nicht zur Persönlichkeit gehören, aber mit Coping-Handlungen verbunden sind; und (3) Situationsbedingungen, die auf das Coping einwirken. In einer der Untersuchungen wurden Versuchspersonen mit Hilfe eines Wort-Assoziations-Tests in "Vermeider" und "Coper" eingeteilt.[40] Die "Vermeider" waren weniger geneigt, eine Empfehlung zu akzeptieren, die in einer Kommunikation mit starker Furchterregung enthalten war, als in einer

---

[37] Janis & Feshbach, 1953; [38] Chu, 1966

[39] Leventhal & Niles, 1964; Singer & Jones, 1965; Leventhal, Jones & Trembly, 1966

[40] Goldstein, 1959

mit niedriger Furchterregung. Andererseits reagierten "Coper" auf Kommunikationen mit starker und schwacher Furchterregung gleich. Mehrere Forschungsergebnisse zeigen, daß Teilnehmer mit niedriger Selbstachtung weniger dazu neigen, die Empfehlungen von Botschaften mit starker Furcht zu akzeptieren als Teilnehmer mit hoher Selbstachtung. [41]

Eine andere Bedingung, die die Reaktionen eines Menschen auf eine drohende Gesundheits-Kommunikation beeinflussen dürfte, ist sein Gefühl einer Anfälligkeit gegen Krankheit. Er kann das Gefühl einer Immunität haben, oder er kann sich besonders anfällig vorkommen. Wenn ein Mensch in einem dieser Zustände eine furchterregende Kommunikation erlebt, wird sein gegenwärtiger Zustand seine Reaktion beeinflussen, auch seine Coping-Reaktion. Wir können erwarten, daß ein sich anfällig fühlender Teilnehmer weniger wahrscheinlich den Empfehlungen in einer starken Furcht erregenden Kommunikation folgen wird. Dafür gibt es mehrere mögliche Gründe, wie: (1) sein Gefühl der Anfälligkeit könnte ihn dazu führen, lieber mit der Furcht als mit der Gefahr zu ringen; oder (2) sein Gefühl der Anfälligkeit könnte ihn glauben machen, die Furcht sei unkontrollierbar. Mehrere Untersuchungen sind mit diesen Gedanken konsistent, haben aber keine klare Entscheidung unter den möglichen alternativen Erklärungen zur Folge. [42]

Eine experimentelle Manipulation des Gefühls, anfällig für Lungenkrebs zu sein, trägt zur Klärung dieses Problems bei. [43] Vier Versuchsbedingungen wurden geschaffen: (1) eine Kontrollgruppe, die keiner Kommunikation ausgesetzt wurde; (2) eine Gruppe, die man einer Kommunikation aussetzte, welche Gefühle der Anfälligkeit gegen Krebs schuf; (3) eine Gruppe, die man einer Kommunikation aussetzte, welche starke Furcht vor Krebs hervorrief; (4) eine Gruppe, welche man Kommunikationen aussetzte, die sowohl Gefühle der Anfälligkeit gegen Krebs als auch der Furcht vor ihm hervorrief. Eine Woche später, und wiederum einen Monat später, rauchten die zwei Gruppen, die man der Furcht bzw. dem Anfälligkeitsgefühl ausgesetzt hatte, weniger als die Kontrollgruppen. Doch die Versuchspersonen, die man dazu gebracht hatte, sich sowohl anfällig zu fühlen als auch angstvoll, rauchten ebenso weiter wie die Kontrollgruppe. Es ist daher wohl anzunehmen, daß diese Teilnehmer die empfohlene Handlungsweise ablehnten, weil die gleichzeitigen Gefühle der Anfälligkeit und Furcht ein realistisches Bewältigen verhindern und die Adressaten veranlassen, sich auch nach Ablauf eines Monats nur mit ihren Furchtgefühlen zu befassen.

Emotionales Rollenspiel Das Trieb-Modell der Furcht und das Parallel-Reaktions-Modell sind wichtig zur Interpretation von Untersuchungen in Form von Rollenspiel - mit dem Ziel der Änderung von Einstellungen oder von

---

41 Dabbs, 1964; Dabbs & Leventhal, 1966; Kornzweig, 1967; Leventhal & Trembly, 1968

42 Berkowitz & Cottingham, 1960; Leventhal et al. 1965; Leventhal & Watts, 1966; Leventhal et al. 1966

43 Watts, 1966

Verhalten. Janis und Mann führten ein Rollenspiel-Experiment mit Raucherinnen durch. Der Reihe nach spielte jede Frau die Rolle der Patientin, und ihr "Arzt" (der Versuchsleiter) sagte ihr, sie habe Lungenkrebs und sollte einer bestimmten Behandlungsempfehlung folgen.[44] Kontrollpersonen hörten die Sitzung vom Tonband, spielten aber keine "Rolle".

Bei diesem Versuch erlebten jene Frauen, die die Rolle der Patienten gespielt hatten, stärkere Gefühle der Anfälligkeit und stärkere Intentionen, das Rauchen aufzugeben, als die Frauen der Kontrollgruppe. Eine Folge-Untersuchung nach achtzehn Monaten zeigte bei den Versuchspersonen, die als Patienten fungiert hatten, eine bemerkenswerte Verminderung des Rauchens - verglichen mit den Personen der Kontrollgruppe.[45] Janis und Mann halten diese Form von Rollenspiel mit beträchtlicher Angsterregung für erfolgreich, weil sie die Schutzfassade durchbricht, welche Menschen davon abhält, ihre Anfälligkeit zu erkennen und danach zu handeln.

Diese Interpretation ist aber nicht konsistent mit dem Parallel-Reaktions-Modell. Diesem zufolge würden sich Menschen weiterhin "unverwundbar" fühlen, so daß sie die Gefahr bewältigen könnten. Bei der Überprüfung der früheren Experimente stellte Leventhal fest, daß eine korrekte statistische Analyse so geringe Wirkungen eines emotionalen Rollenspiels erbracht hatte, daß sie nicht als signifikant gelten können.[46] Darüber hinaus stützen neuere Rollenspiel-Forschungen die Interpretation des Parallel-Reaktions-Modells, wonach jene Teilnehmer die geringste Übernahme der Empfehlungen zeigen, denen man das Gefühl der höchsten Anfälligkeit gibt.

Im Verlauf der Untersuchungen wurden vier Gruppen gebildet: (1) Teilnehmer, welche die Rolle eines Patienten mit Lungenkrebs spielten; (2) Teilnehmer, welche einen Arzt spielten, der seinen Patienten informierte, daß dieser Lungenkrebs hatte; (3) Teilnehmer, welche die Interaktion zwischen Arzt und Patient beobachteten; (4) eine Kontrollgruppe.[47] Die Anfälligkeits-Interpretation nimmt an, daß der Teilnehmer, der die Rolle des Patienten spielt, die geringste Herabsetzung des Rauchens zeigt, weil er dazu gebracht worden ist, sich sehr anfällig und höchst bedroht zu fühlen. Die Ergebnisse standen im Einklang mit dieser Interpretation: Die Patientengruppe änderte ihre Rauchergewohnheiten nicht anders als die Kontrollgruppe, während die Arztgruppe und die Beobachtergruppe einen beträchtlichen Rückgang in der Durchschnittszahl der von ihnen gerauchten Zigaretten aufwies.

C o p i n g u n d H a n d l u n g s i n s t r u k t i o n e n Leventhal hat die Art und Weise besonders betont, wie ein Mensch die aktuelle Gefahr bewältigt.[48] Er weist darauf hin, daß Motivation nicht ausreicht, sondern daß der Mensch auch handeln muß, um die Gefahr zu bewältigen. Diese speziellen Handlungen

---

[44] Janis & Mann, 1965; Mann & Janis, 1968

[45] Mann & Janis, 1968;

[46] Leventhal, 1970

[47] Mauser & Platt, 1968;

[48] Leventhal, 1970

müssen den Zwischenraum zwischen der erlebten Kommunikation zur abschliessenden Reaktion überbrücken (z. B. Herausfinden, wohin man zu einer Tetanusimpfung gehen muß, einen Termin dafür erhalten und den Termin einhalten). So ergibt sich die Möglichkeit des Experimentierens mit verschiedenen Handlungsinstruktionen, um die wirkungsvollste Form zu finden, in der sie dargeboten werden können.

In einem Versuch, Studenten zu beeinflussen, sich einer Tetanusimpfung zu unterziehen, wurden folgende Bedingungen festgelegt: (1) Hohe Furchterregung plus Handlungsinstruktionen; (2) Niedrige Furchterregung plus Handlungsinstruktionen; (3) Hohe Furchterregung ohne Handlungsinstruktionen; (4) Niedrige Furchterregung ohne Handlungsinstruktionen; und (5) Keine Furchterregung mit Handlungsinstruktionen.[49] Die Handlungsinstruktionen waren wie folgt: Es wurde ein Plan des College-Geländes vorgelegt, auf dem das Sanitätsgebäude eingekringelt war; an mehreren Beispielen wurde gezeigt, wie man beim Vorlesungswechsel oder auf dem Weg zu verschiedenen Gebäuden am Sanitätsgebäude vorbeikommen konnte, und die Studenten wurden gebeten, nach Durchsicht ihres Vorlesungsplanes die geeignete Zeit für die Tetanusimpfung zu wählen.

Hohe Furchterregung bewirkte ein größeres Bedürfnis nach einer Tetanusimpfung, aber Handlungsinstruktionen hatten keine Einwirkung auf das Bedürfnis. Allerdings reichte das Bedürfnis nicht aus, um eine Handlung herbeizuführen; nur 3 Prozent von denen, die keine Handlungsinstruktion erhielten, ließen sich impfen, während 29 Prozent der Versuchspersonen unter Bedingungen hoher Angsterregung und niedriger Angsterregung, die auch Handlungsinstruktionen enthalten hatten, sich der Tetanusimpfung unterzogen. Doch Handlungsinstruktionen allein genügten nicht zur Beeinflussung der Versuchspersonen, sich impfen zu lassen: Kein einziger von denen, die nur Handlungsinstruktionen ohne Furchterregung erhalten hatten, unterzog sich der Tetanusimpfung. Während also ein gewisses Maß von Furchterregung für die Wirksamkeit von Handlungsinstruktionen erforderlich ist, wächst die Einwilligung nicht mit einem Anwachsen der Furcht.

Dieses Experiment hat bedeutende Auswirkungen auf geplante Beeinflussung von Verhalten. Jene Studenten, welche keine Handlungsinstruktionen erhalten hatten, kannten trotzdem die Lage des Sanitätszentrums und konnten also dorthin gelangen. Darüber hinaus waren jene in den Gruppen mit hoher Angsterregung nach ihrer eigenen Absichtserklärung dazu motiviert, sich gegen Tetanus impfen zu lassen. Trotzdem taten es nur wenige von ihnen. Die Studenten indessen, die Furcht hatten und die man mit einem spezifischen Plan versehen hatte, der die Impfung in einen größeren Ablauf von Terminen während eines Tages einpaßte, unterzogen sich der Impfung.

Das eben beschriebene Experiment erweiterte die normalen Aktivitäten des

---

[49] Leventhal, Singer & Jones, 1965

Studenten um ein zusätzliches Vorhaben. Ein anderes Forschungsunternehmen versuchte, die Wirkungen von Handlungsinstruktionen auf eine etablierte Gewohnheit zu bestimmen.[50] Seine Anlage ähnelt der vorigen Untersuchung, aber die Handlungsinstruktionen gaben detaillierte Techniken zur Vermeidung des Kaufs und des Genusses von Zigaretten. Eine Woche, nachdem man die Studenten einer Furcht erregenden Kommunikation ausgesetzt hatte, zeigten sich keine Unterschiede zwischen den Gruppen. Doch einen Monat später und drei Monate danach hatten beträchtlich mehr jener Versuchspersonen, die ein hohes oder niedriges Angstgefühl erlebt und zusätzlich Handlungsinstruktionen erhalten hatten, das Rauchen herabgesetzt. Eine nationale Erhebung von Raucherverhalten vervollständigt diese Ergebnisse.[51] Weder die Erkenntnis der Gefahr des Rauchens, noch das Bewußtsein, selbst Raucher zu sein, ergab statistische Beziehungen zur Herabsetzung des Rauchens. Jedoch stand der Glaube an eine Kontrollmöglichkeit der Gewohnheit in Beziehung zu einer Herabsetzung des Rauchens.

Z u s a m m e n f a s s u n g : B e e i n f l u s s u n g s m ö g l i c h k e i t d u r c h F u r c h t e r r e g e n d e A p p e l l e Erste Untersuchungen, von denen in wissenschaftlichen Zeitschriften und in der ersten Auflage des vorliegenden Buches berichtet wird, haben zu dem Schluß geführt, daß schwache Furchtappelle beeinflussender sind als starke Furchtappelle. Dies wird durch neuere Forschungen nicht bestätigt. Spätere Arbeiten stützen mehr die gegenteilige Annahme: Je stärker der Furchtappell, desto größer die Beeinflussung. Darüber hinaus wird der Gedanke, daß Furcht als Trieb wirkt und den Adressaten zur Annahme des Beeinflussungsversuches motiviert, durch neuere Daten nicht bestätigt.

Wir haben dem Leventhalschen Parallel-Reaktions-Modell viel Raum gewidmet, welches erklärt, daß es auf die Kommunikations-Situation zwei unabhängige, doch einander beeinflussende Reaktionen gibt. Eine Reaktion bewirkt, die auf die Bedrohung ausgelöste Furcht unter Kontrolle zu bringen, zum Beispiel durch Rückzug aus der Situation oder durch Äußerung von Gegenargumenten. Die andere Reaktion bewältigt die Gefahr, indem zum Beispiel die wirksame Empfehlung der Kommunikation angenommen wird. Das eine kann unabhängig von dem anderen erfolgen: Ein Mensch kann seine Furcht kontrollieren, nicht aber die Gefahr, oder umgekehrt.

Ein beträchtlicher Teil des Beweismaterials ist konsistent mit dem Parallel-Reaktions-Modell. Wo große Furcht erregt und eine sofortige Reaktion erforderlich wird, ist die Kommunikation wirkungslos, wahrscheinlich, weil der Adressat damit beschäftigt ist, mit der Furcht fertig zu werden. Wenn es möglich ist, zu einem späteren Zeitpunkt zu reagieren, nachdem die Furcht etwas abgeflaut ist, sind starke Furchtappelle wirkungsvoller. Ein Persönlichkeitsmerkmal, Selbstachtung, kommt in einer solchen Situation dazu. Personen mit hoher Selbstachtung sind anscheinend in der Lage, mit starker Furcht fertig zu werden und akzeptieren die Empfehlungen unter der Versuchs-

[50] Leventhal, Watts & Pagano, 1967; [51] Horn, 1968

bedingung "starke Furcht", nicht aber jene Personen mit niedriger Selbstachtung. Ein weiterer Faktor wirkt sich so aus, daß starke Furcht Handlungen unterbricht, die andernfalls die Gefahr bewältigen würden.

Das "Coping" mit der von der Kommunikation aufgezeigten Gefahr (durch Handlungen wie das Aufgeben des Rauchens, sich einer Durchleuchtung zu unterziehen oder einer Tetanusimpfung) wird von mehreren verschiedenen Faktoren beeinflußt: (1) Persönlichkeitszüge des Zuhörers; (2) andere Merkmale des Teilnehmers in Verbindung mit "Coping"-Handlungen; und (3) Situationsbedingungen, die das "Coping" betreffen. Manche Menschen scheinen eine gewohnheitsmäßige Problemlösungs- oder "Coping"-Orientierung gegenüber Belastung oder Gefahr zu besitzen, während andere die Gefahr meiden oder vor ihr zurückweichen. Diese zwei Personen-Gruppen reagieren verschieden auf Furcht erregende Kommunikationen. Personen können sich auch bezüglich ihrer Anfälligkeit gegenüber einer Gefahr unterscheiden; aus verschiedenen Gründen können manche das Gefühl haben, nicht anfällig gegen Lungenkrebs zu sein, andere fühlen sich dagegen sehr anfällig. Solche Unterschiede führen dazu, daß die Personen verschieden auf Furcht-Kommunikationen reagieren.

Ältere Forschungen über emotionales Rollenspiel führen zu der Annahme, daß Rauchen herabgesetzt werden kann, indem durch Erregen von Furcht das Gefühl der Nicht-Anfälligkeit gebrochen wird. Neuere Befunde weisen auf das Gegenteil hin, daß nämlich Furcht, kombiniert mit Anfälligkeit, die Änderung verhindert, indem sie die Aufmerksamkeit auf die Furchtverminderung richtet und dadurch die "Coping"-Reaktionen unterbricht.

Es hat sich gezeigt, daß die Instruktion für "Coping"-Handlungen die Wahrscheinlichkeit, nach Empfehlung zu handeln, unter bestimmten Bedingungen erhöht. Diese Instruktionen schlagen vor, die empfohlenen Handlungen in die tägliche Routine der jeweiligen Person einzupassen. Man knüpft diese Handlungen an einen entsprechenden Punkt mit Sequenzen oder an Episoden an, die regelmäßig in Lebenssituationen vorkommen. Handlungsinstruktionen sind gewöhnlich nicht wirksam bei Abwesenheit von Furchterregung oder Bedrohung. Wenn aber ein Minimum von Erregung vorhanden ist, haben Instruktionen eine signifikante Bedeutung, die nicht wächst, wenn die Intensität der Erregung erhöht wird.

Organisation der Botschaft

Beeinflussungsmöglichkeit wird auch bestimmt durch die Art und Weise, in der eine Kommunikation organisiert ist. Viele Aspekte von Organisation sind erforscht worden. Eine Frage betrifft die Auswirkung folgender Möglichkeiten: Das Ignorieren der Argumente der Opposition im Vergleich zu der Wirkung eines aktiven Zurückweisens: Soll ein Kommunikator gerade nur die Argumente darbieten, die für die Schlußfolgerung günstig sind, deren Akzeptierung er vom Publikum erwartet, oder sollte er auch einige der Gegenargumente anerkennen und darlegen? Eine andere Frage ist die: Soll die Botschaft ihren eigenen Schluß ziehen, oder soll dem Publikum die Schlußfolgerung überlassen bleiben? Das primacy-recency-Problem stellt die Frage: Ist die zuerst dargebotene Information wirksamer oder die zuletzt präsentierte? Ein weiterer Aspekt der Botschafts-Struktur ist die Abfolge-Anordnung von zwei Arten von Elementen: (1) solche, die ein Bedürfnis oder Motiv erregen, und (2) solche, die ein Mittel anbieten, das Bedürfnis zu befriedigen. Viele Kommunikationen müssen Argumente pro und kontra enthalten; die wirkungsvollsten Arten, diese anzuordnen, sind ebenfalls erforscht worden. Schließlich sind die Wirkungen des menschlichen Bedürfnisses nach Wissen und ihr Verhältnis zum Aufbau der Kommunikation untersucht worden. Diese beiden Themen sollen in diesem Abschnitt behandelt werden.

Sollen Gegenargumente ignoriert oder zurückgewiesen werden? Jeder von uns kennt den Handelsvertreter, der eine Reihe von überspitzten Argumenten zugunsten seines Produktes vorbringt und nicht bereit ist, auch nur andeutungsweise zu akzeptieren, daß das Erzeugnis auch seine Grenzen haben könnte. Ein solcher Kommunikator vertritt das Extrem der Einseitigkeit. Bis zu welchem Ausmaß ist einseitige Darbietung wirksam? Kann die Einführung von einzelnen Argumenten, die im Gegensatz zur Position des Kommunikators stehen, seine Effektivität verbessern, was die Beeinflussung anderer zur Annahme seines Produktes betrifft?

Eines der bekanntesten Experimente auf diesem Gebiet wurde während des Zweiten Weltkrieges durchgeführt.[52] Als Deutschland kapitulierte, fürchtete das Oberkommando, daß die Soldaten im allgemeinen nicht in der Lage sein würden, die außerordentlichen Anstrengungen zu beurteilen, die für den Sieg über Japan erforderlich sein würden.[+] Die meisten Soldaten, glaubte man, würden nach Hause gehen wollen, lange bevor sie tatsächlich entlassen werden konnten.

Bei der Entwicklung eines Informationsprogramms zur Überzeugung der Soldaten, daß der Krieg gegen Japan noch lange dauern und schwer werden würde, wurde von den Sozialpsychologen ein Experiment entworfen: Es ging um den Vergleich einer einseitigen Botschaft ohne die geringste Erwähnung von Gegenargumenten mit einer Botschaft, in der Argumente von beiden Seiten vorgebracht wurden. Die einseitige Botschaft erwähnte Argumente wie die große Länge der Nachschubwege zu den alliierten Streitkräften im Pazifik, die Hilfsquellen und Vorräte Japans, die Größe und Qualität der japanischen Armee und die Entschlossenheit des japanischen Volkes. Die zweiseitige Kommunikation erörterte die gleichen Punkte, anerkannte aber einige Faktoren, die für einen kurzen Krieg sprachen, wie etwa alliierte Seesiege und -überlegenheit, der Fortschritt in einem Zwei-Fronten-Krieg, japanische Schiffsverluste und künftige Zerstörungen durch den Luftkrieg. Solche Argumente

---

52 Hovland, Lumsdaine & Sheffield, 1949

\+ Zu diesem Zeitpunkt konnte die plötzliche Kapitulation Japans als Folge des Abwurfs der Atombomben nicht vorausgesehen werden.

von der anderen Seite wurden kaum anerkannt; beide Botschaften sagten jedenfalls einen langen Krieg von mindestens zweijähriger Dauer voraus. Diese Kommunikationen wurden verschiedenen Gruppen von Soldaten vom Tonband dargeboten, deren Meinungen vor und nach der Kommunikation festgestellt wurden. Eine Kontrollgruppe erhielt keine Kommunikation, sie hatte aber die Anfangs- und Abschlußfragebogen auszufüllen.

Das Ergebnis war, daß weder die einseitige noch die zweiseitige Botschaft irgendeine allgemeine Veränderung in den Einstellungen der Soldaten bewirkte. Beide Botschaften steigerten die allgemeinen Schätzungen der Soldaten über die Kriegsdauer.

Wichtiger war die Entdeckung, daß die zwei Kommunikationen verschiedene Wirkungen auf Soldaten von verschiedenem Bildungsniveau hatten. Unter den Soldaten, welche die High School nicht abgeschlossen hatten, wurde ein größerer Teil durch die einseitige Kommunikation beeinflußt als durch die Kommunikation, welche Argumente zu Gunsten eines langen Krieges anerkannte. Umgekehrt wurde von den High School-Absolventen ein größerer Teil durch die Botschaft beeinflußt, welche solche Argumente anerkannte. Unterschiede ergaben sich auch im Hinblick auf die ursprünglichen Meinungen der Soldaten, bevor sie der Kommunikation ausgesetzt wurden. Jene, welche ursprünglich geglaubt hatten, es würde ein kurzer Krieg werden, wurden durch die zweiseitige Kommunikation wirksamer beeinflußt, und jene, welche eine mindestens zweijährige Kriegsdauer erwartet hatten, wurden durch die einseitige Kommunikation wirksamer beeinflußt.

Werbung ist typisch einseitig und enthält selten eine negative Bemerkung über einen wenn auch nur unbedeutenden Aspekt des Produkts. Das bedeutet, daß sie den geringsten Wirkungsgrad bei den Menschen erreicht, die informiert oder gebildet sind. Die Hineinnahme von negativen Informationen in einen insgesamt günstigen Kontext könnte also sehr wohl eine höhere Glaubwürdigkeit hervorrufen. Ein Beispiel findet sich in der Schlagzeile einer Anzeige für den englischen Ford: "Hier ist der Wagen, dessen innerer Türgriff zu weit hinten ist - doch alles andere ist hervorragend."[53] In einem Versuch, die beide Seiten berücksichtigende Methode für die Werbung anzuwenden, entwickelte Faison inhaltlich einseitig gehaltene Anzeigen und solche, die zwei Aspekte berücksichtigten - für Autos, Gasherde und Fußbodenwachs. Diese wurden an etwa 500 Schülern von High Schools, Berufsschulen und Colleges getestet; dabei wurde herausgefunden, daß die zwei Seiten berücksichtigenden Anzeigen signifikant mehr Einstellungsänderung zu Gunsten des Produkts hervorriefen. Diese Änderung war nach sechs Wochen noch immer festzustellen. Sehr wahrscheinlich stellt die Verwendung von Benennungen wie "Käfer", "Wanze", "Box" und "häßlich" in der Volkswagenwerbung eine Anerkennung einer negativen Seite dar, um die Vorteile dieses Automobils besser herauszustreichen.

---

[53] Faison, 1961

Einseitige und zweiseitige Kommunikationen unterscheiden sich auch in ihren Möglichkeiten, den Adressaten gegen spätere Gegenpropaganda zu "impfen". In einem Versuch wurde gezeigt, daß die zweiseitige Kommunikation unerhört wirksam war, was das Immunisieren des Zuhörers betraf.[54] Verschiedene Gruppen, die gehört hatten, daß Rußland auf mindestens fünf Jahre hinaus nicht imstande sein würde, Atombomben in größeren Mengen herzustellen, wurden zu einem späteren Zeitpunkt einer Gegenkommunikation ausgesetzt. Sie unterschieden sich in ihrer Aufnahmebereitschaft gegenüber der Gegenkommunikation radikal, je nachdem, ob die Erstbotschaft Gegenargumente anerkannte oder nicht. Nur 2 Prozent derjenigen, die ursprünglich einer einseitigen Kommunikation ausgesetzt gewesen waren, behielten die von dieser Kommunikation befürwortete Position bei, während 67 Prozent derjenigen, die ursprünglich einer Gegenargumente enthaltenden Kommunikation ausgesetzt waren, die Position dieser Kommunikation trotz der folgenden Gegenkommunikation beibehielten.

Mit anderen Worten, die Wirkung der einseitigen Kommunikation wurde durch die Gegenkommunikation vollkommen ausgelöscht, doch die zweiseitige Kommunikation mit den in ihr enthaltenen Gegenargumenten behielt ihre Wirkung. Das wird durch die Tatsache demonstriert, daß der Grad der Akzeptierung der ursprünglichen Kommunikation durch eine Kontrollgruppe, die man keiner Gegenkommunikation ausgesetzt hatte, fast gleich stark war, wie bei der Gruppe, die man der zweiseitigen Kommunikation gefolgt von der Gegenkommunikation ausgesetzt hatte - nämlich 69 Prozent. Die Forscher vermuten, daß die Darbietung gegensätzlicher Argumente in einem Kontext, der sie zurückweist, ihre zukünftige Wirksamkeit schwächt.

Eine weitere Frage betrifft die Art, in der gegensätzliche Argumente behandelt werden sollten. Solche Argumente können beispielsweise nur so angeführt werden, wie dies in den schon beschriebenen Versuchen geschah; sie können sowohl angeführt als auch aktiv zurückgewiesen werden unter Darbietung von Beweismaterial zur Stützung der Zurückweisung. Es überrascht nicht, daß Versuche, diese verschiedenen Kommunikationen zu prüfen, widersprüchliche Ergebnisse erbracht haben.[55] Wie McGuire bemerkt, gibt es verschiedene Möglichkeiten, Gegenargumente zu erwähnen oder abzulehnen.[56] Die ausdrückliche Erwähnung gegensätzlicher Argumente kann Vorbehalte wecken, die der Zuhörer vorher nicht gehabt hat, besonders, wenn er wenig informiert und nicht sehr gebildet ist. Oder aber die Erwähnung von Gegenargumenten erweckt den Eindruck, daß das Problem umstritten ist und könnte Zweifel darüber aufwerfen, was für eine Position der Kommunikator wirklich einnimmt. Wir werden auf dieses Thema später in unserer Erörterung von "Widerstand gegen Beeinflussung" zurückkommen.

---

[54] Lumsdaine & Janis, 1953;

[55] Janis, Lumsdaine & Gladstone, 1951; Lumsdaine & Janis, 1953; Paulson 1954; Thistlethwaite & Kamenetzky, 1955; Thistlethwaite, Kamenetzky & Schmidt, 1956; Ludlum, 1958

[56] McGuire, 1969

Reihenfolge der Darbietung einzelner Kommunikationen

Neben der Frage der Darbietung, Anerkennung und Zurückweisung von Gegenargumenten gibt es zwei weitere Fragen zur Organisation der Kommunikation: (1) Welches ist die wirkungsvollste Reihenfolge der Darbietung einzelner Kommunikationen? (2) Welches ist die wirksamste Anordnung der Elemente in einer Kommunikation? Ein typisches Beispiel für die erste Frage ist, ob beim Auftreten zweier Politiker im selben Fernsehprogramm hintereinander der erste oder der zweite im Vorteil ist. Die zweite Frage kann unterschiedlich beantwortet werden. Um nur eine Schwierigkeit aufzuzeigen: Wenn eine einzelne Kommunikation Argumente enthält, die das Publikum hören möchte (z. B. Steuern können herabgesetzt werden) und auch Argumente, welche weniger gern aufgenommen werden (z. B. die Landesverteidigung ist schwach), in welcher Reihenfolge sollten sie gebracht werden? Ein ganzer Band ist über die Reihenfolge der Darbietung veröffentlicht worden, und viele Einzelversuche sind in der Forschungsliteratur erwähnt. Nur die Schlaglichter dieses Themas sollen hier erörtert werden.[57] Eine mehr ins einzelne gehende Diskussion ist von McGuire vorgelegt worden.[58] In diesem Abschnitt interessieren wir uns für die Primacy-Recency-Frage in ihrer Anwendung für aufeinander folgende Überredungskommunikationen sowie für die Elemente einer einzelnen Kommunikation.

Die Frage ist aufgeworfen worden, ob für Überredungsvorgänge ein "Gesetz des primacy-Effekts gilt. Haben Initial-Kommunikationen - wie erste Eindrücke - eine stärkere Schlagkraft als spätere? Im Jahre 1957 haben Hovland und Mandell gefunden, daß, obwohl einige Versuche signifikante Ergebnisse zugunsten des primacy-Effekts ergeben haben, andere Versuche diese Ergebnisse nicht bestätigen konnten und manche Fälle für den Recency-Effekt sprachen. Sie deuten darauf hin, daß Primacy-Effekt mit größerer Wahrscheinlichkeit in einem Versuch auftritt, wo der Lektor als Versuchsleiter fungiert. Die Studenten könnten die erste Kommunikation als etwas aufnehmen, das gelernt werden soll, und das Prestige des Instrukteurs könnte sie zu dieser Annahme bringen. In diesem Zusammenhang wird die zweite Kommunikation - wenn ihr Inhalt gegensätzlich zur ersten ist - wahrscheinlich verwirren und daher weniger Chancen haben, akzeptiert zu werden. Eine Übersicht von Lana betont, daß Primacy-Effekt nur unter bestimmten Bedingungen auftritt und es der gegenwärtige Stand der Forschung nicht erlaubt, Primacy-Recency-Effekte aus Versuchsbedingungen genau vorauszusagen.[59]

Mehrere Diskussionen deuten auf einen anderen Grund hin, warum Forschungen zum Problem Primacy-Recency-Effekt oft keine konsistenten Ergebnisse bringen.[60] Das zeitliche Arrangement der Kommunikationen und der Tests, mit denen das Wissen der Versuchspersonen über den Inhalt der Kommunikationen gemessen wird, hat wahrscheinlich deutliche Auswirkungen auf Erinnerung und Annahme der Botschaften. Von dem reichen Forschungsmaterial über

---

57 Hovland, 1957;

58 McGuire, 1969

59 Lana, 1964

60 Bateman & Remmers, 1941;Hovland et al., 1953;Miller & Campbell, 1959

Vergessen wissen wir: Wenn zwei Kommunikationen gleich gut gelernt werden, wird die zuletzt gelernte besser behalten. Doch dieser Unterschied variiert mit dem Zwischenraum zwischen den Darbietungen und mit dem Intervall zwischen der letzten Darbietung und dem Behaltenstest. Jeder Student, der sich auf seine Schlußprüfung vorbereitet, weiß, daß der am Anfang des Semesters gelernte Stoff nicht so leicht reproduziert werden kann wie der gegen Ende des Semesters gelernte. Er weiß auch, daß es am Ende des Semesters kaum einen Unterschied ausmacht, ob Stoff reproduziert wird, der in der zweiten oder dritten Woche des Semesters gelernt wurde, auch wenn letzterer zeitlich näher liegt. Zwei Faktoren sprechen daher für den Recency-Effekt: (1) Ein längeres Intervall zwischen hintereinander folgenden Kommunikationen; (2) Vorgabe eines Behaltenstests über den Stoff sofort nach der letzten Kommunikation.

Was die Reproduktion betrifft, rechnet die Lerntheorie mit einem Recency-Effekt bei dem typischen Versuch über aufeinander folgende Beeinflussungskommunikationen. Kommunikationen werden typisch dargeboten in unmittelbarer Abfolge, gefolgt von einem sofortigen Behaltenstest. Obwohl die sukzessive Darbietung weder Primacy noch Recency begünstigt, wirkt der sofortige Behaltenstest zugunsten von Recency. Deshalb ist es überraschend, daß Primacy-Effekte überhaupt erzielt worden sind. Wenn bei diesen Versuchen spätere Tests über Annahme und Behalten vorgegeben worden wären, wären die Ergebnisse möglicherweise in einem größeren Ausmaße zugunsten von Primacy ausgefallen, als es tatsächlich der Fall war. Ein Versuch mit Beeinflussungskommunikation bestätigt, daß ein Höchstmaß von Zwischenraum zwischen Kommunikationen und Sofortigkeit des Behaltenstests den Recency-Effekt begünstigt.[61] Der Versuch zeigt weiter, daß ein Primacy-Effekt eintritt bei Akzeptierung (nicht Erinnerung) der Kommunikation unter Bedingungen, welche die Neuheit der Kommunikation auf ein Minimum herabsetzen. Mehrere spätere Untersuchungen erbringen eine zusätzliche Stützung,[62] während eine andere Studie diesen Gedankengang nicht bestätigt.[63]

Abschließend noch eine Mahnung zur Vorsicht: Unter nicht-experimentellen Bedingungen können viele andere Faktoren dazutreten und die jeweiligen Vorteile beeinflussen, ob man erster oder letzter Kommunikator ist. Beispielsweise kann im Gerichtssaal oder in einer Debatte die zweite Seite ihre Darbietung modifizieren, indem sie die vorangegangene Kommunikation berücksichtigt.

Wo Zuhörer nicht gefesselt sind, können Kommunikationen, die sie als erste erreichen, wirkungsvoller sein, denn die Menschen können sich entschließen, den späteren, eventuell widersprüchlichen Kommunikationen nicht beizuwohnen. Dies unterstreicht, daß es wünschenswert ist, in einer Situation des

---

[61] Miller & Campbell, 1959

[62] Insko, 1964; Anderson, 1972; Anderson & Hubert, 1963

[63] Schultz, 1963

praktischen Lebens als erster eine Botschaft zu überbringen, doch es bedeutet natürlich nicht, daß spätere Kommunikationen "schwächer" sind. Ein möglicher Grund, warum Initial-Kommunikationen in einer nicht-experimentellen Situation mehr Wirkung haben können, ist, daß Menschen öffentlich Zustimmung zu einer vorgebrachten Position äußern können, und sich deshalb gezwungen sehen, konträre Kommunikationen zurückzuweisen.

Indessen erbringen drei Untersuchungen zum Thema "Primacy-Recency" unter dem Gesichtspunkt von Commitment keine Unterstützung für diese Annahme.[64]

Anordnung der Elemente innerhalb einer Kommunikation
Viele Fragen ergeben sich bezüglich der Anordnung der Elemente innerhalb einer Kommunikation, doch die meisten von ihnen sind noch wenig erforscht. Darüber hinaus sind die Befunde zu diesem Thema wenig konsistent, und wir werden sie deshalb nur kurz zusammenfassen. Eine mehr ins einzelne gehende Übersicht findet man an anderer Stelle.[65] Die Kommunikation, in der die Schlußfolgerung ausdrücklich gezogen wird, ist gewöhnlich wirkungsvoller als jene, in der die Schlußfolgerung dem Zuhörer überlassen bleibt. Für manche Menschen und unter gewissen Bedingungen ist eine weniger deutliche Kommunikation wirkungsvoller. Das ist besonders bei hochintelligenten Adressaten der Fall, die ihre Schlußfolgerung selber ziehen.

Relevanter für die Anordnung der Elemente innerhalb einer Kommunikation ist die Frage, ob es wirksamer ist, die Schlußfolgerung früh oder spät zu ziehen. Die Darbietung einer Schlußfolgerung vor der Darbietung von Argumenten oder unterstützender Beweise könnte den Zuhörer abschrecken, besonders dann, wenn er ursprünglich nicht mit ihr übereinstimmte. Andererseits machte eine sofortige Darbietung der Schlußfolgerung die Botschaft klarer und verständlicher, und indirektes Beweismaterial spricht für diese Art des Vorgehens.

Wenn eine Kommunikation einzelne Elemente enthält, mit denen die Zuhörer übereinstimmen und andere, mit denen sie nicht einverstanden sind: welche Anordnung sollte vorgenommen werden? Der Kommunikator könnte einen günstigen Anfangseindruck schaffen, indem er die übereinstimmenden Elemente zuerst darbietet; er könnte sie aber auch am Schluß darbieten, so daß bei der Zuhörerschaft ein günstiges Gefühl zurückbleibt. Für eine Darbietung des günstigen Materials am Anfang spricht der Gedanke, daß die Zuhörerschaft auf diese Weise aufmerksamer zuhören würde. Wenn das anfängliche Material unangenehm ist, kann das Publikum eine Tendenz des Nicht-Beachtens entwickeln, so daß das später vorgebrachte günstige Material nicht total aufgenommen wird. Obwohl die Beweise nicht ganz konsistent sind, spricht doch dafür, das angenehme Material zuerst darzubieten.

---

[64] Hovland, Campbell & Brock, 1957; Luchins, 1957b; Anderson, 1959

[65] McGuire, 1969

Verschiedene andere Überlegungen betreffen: (1) die Darbietung von Material, welches ein Bedürfnis hervorruft, gefolgt von einem anderen Teil, der das Bedürfnis befriedigt; (2) die Frage, ob man Gegenargumente vor oder nach der Darbietung seiner eigenen Position zurückweisen soll; (3) das Problem, ob man mit dem stärksten Argument beginnen soll oder nicht; und (4) das Maß, bis zu dem Elemente wiederholt werden sollten. Die Forschungen zu diesen Themen sind zu minimal, um aus ihnen endgültige Schlußfolgerungen ziehen zu können.

Zusammenfassung: Organisation der Botschaft Es sind viele Aspekte der Organisation der Kommunikation erforscht worden. Ein Aspekt ist, ob einseitige oder zweiseitige Botschaften wirkungsvoller sind. Diese Frage kann nicht generell beantwortet werden: Die relative Wirkung der beiden Arten von Kommunikationen ändert sich unter verschiedenen Bedingungen. Einseitige Kommunikationen scheinen wirkungsvoller als zweiseitige Botschaften zu sein, wenn sich die Zuhörerschaft bereits in wesentlicher Übereinstimmung mit dem Kommunikator befindet, oder aber, wenn den Zuhörern das Wissen über die Probleme und Argumente fehlt. Zweiseitige Kommunikationen scheinen auch eine Person gegen spätere Gegenpropaganda zu immunisieren, der sie vielleicht ausgesetzt sein wird. Obwohl man Kommunikationen, welche Schlußfolgerungen für die Zuhörer ziehen, verglichen hat mit Botschaften, die es den Zuhörern ermöglichen, ihre eigenen Schlüsse zu ziehen, haben sich keine klaren Befunde zugunsten einer der beiden ergeben.

Zwei weitere Fragen zur Organisation der Kommunikation sind: (1) Welches ist die wirkungsvollste Anordnung der Darbietung von einzelnen Kommunikationen? (2) Welches ist die wirkungsvollste Anordnung von Elementen innerhalb einer Kommunikation? Die erste Frage hat zu einer Anzahl von Experimenten geführt, um festzustellen, ob eine Botschaft wirkungsvoller ist, wenn sie vor oder nach einer anderen Kommunikation dargeboten wird. Das wird gewöhnlich als die "primacy-recency-Frage" bezeichnet: Wenn die erste Kommunikation wirkungsvoller ist, spricht man von einem "Primacy-Effekt"; wenn die letzte wirkungsvoller ist, von einem "Recency-Effekt".

Eine Anzahl methodologischer Fragen im Umfeld dieser Forschungen machen es schwierig zu bestimmen, ob Primacy oder Recency der Kommunikation ein Vorteil ist. Gewöhnlich wurde so vorgegangen, daß die zwei Kommunikationen unmittelbar hintereinander dargeboten wurden, worauf sich ein sofortiger Test anschloß, der Behalten und Einstellungsänderung untersuchte. Die Darbietung der Kommunikationen in unmittelbarer Abfolge ergibt wenig Vorteil für Recency; die Darbietung des Tests unmittelbar nach der letzten Kommunikation begünstigt offensichtlich den Recency-Effekt. Diese Wirkungen gelten auch im Hinblick auf die Quantität der Informationen, die von der Kommunikation gelernt werden. Sie treffen auch für eine sich aus der Annahme der Kommunikation ergebende Einstellungsänderung zu, obwohl für eine Akzeptierung der Primacy-Effekt etwas stärker sein dürfte als der Recency-Effekt. Unter nicht-experimentellen Bedingungen weist wahrscheinlich der Primacy-Effekt Vorteile auf gegenüber des Recency-Effektes.

Wenn eine Kommunikation zwei Arten von Elementen enthält, von denen das eine dazu tendiert, ein Bedürfnis zu erregen, und das andere, das Bedürfnis zu befriedigen, ist jene Anordnung am wirkungsvollsten, welche jene Elemente zuerst darbietet, die ein Bedürfnis erregen, und die die Elemente zur Befriedigung des Bedürfnisses zuletzt darbietet. Kommunikationen enthalten oft einzelne Elemente (genannt Pro-Argumente), welche die Position des Kommunikators begünstigen, und andere Argumente (genannt Kontra-Argumente), die im Gegensatz zu seiner Position stehen. Wenn die Kontra-Argumente nicht ins Auge springen (d. h. von dem Rezipienten wahrscheinlich nicht erwogen werden), ist die wirkungsvollste Sequenz ihrer Darbietung: Pro-Argumente zuerst, Kontra-Argumente zuletzt. Dieser Befund stimmt mit den von der Lerntheorie abgeleiteten Annäherungs-Vermeidungskonzeptionen überein. Eines der Experimente betrachtet Argumente als verstärkend für den Rezipienten, wenn sie zu günstigen Folgen führen, und als bestrafend für ihn, wenn sie ungünstige Konsequenzen hervorrufen. Die Darbietung der günstigen Argumente an erster Stelle wurde für wirkungsvoller gehalten - ein mit der Hypothese übereinstimmendes Ergebnis, daß eine Gewohnheit von Annahme oder Ablehnung aufgebaut wird, je nach der Anordnung, in der die Argumente dargeboten werden.

DIE ZIELPERSON

Das Individuum, welches Ziel der Beeinflussung ist, wird hier bei der Erörterung des Überredungsprozesses zuletzt betrachtet, auch wenn es gewiß nicht unwichtig ist. Wir können uns diese Rolle in zwei - teilweise voneinander verschiedenen - Bedeutungen vorstellen: erstens, seine Situation gegenüber dem Kommunikator, und, zweitens, die individuellen Eigenschaften, die es mehr oder weniger einer Beeinflussung zugänglich machen. Als Hauptthemen zur ersten Betrachtungsweise sollen diskutiert werden: (1) der Prozeß, in dem sich der Mensch freiwillig verschiedenen Kommunikatoren und Themen aussetzt, (2) die Auswirkungen einer Einstellungsposition, die eine Distanz zu der des Kommunikators aufweist, und (3) die Dynamik des Widerstandes gegenüber Beeinflussungsversuchen. Später wird dann das Ausmaß erörtert werden, bis zu dem die Beeinflußbarkeit von Menschen eine persönliche Eigenschaft ist, welche unter verschiedenen Bedingungen und bei verschiedenen Themen relativ gleich ist.

Die freiwillige Selbstselektion von Information

Individuen, die größere Mengen von Menschen beeinflussen möchten, sehen sich dem Problem gegenüber, wie sie diese erreichen können. Politiker, Erzieher und Verfechter zahlreicher Ideen streben danach, ihre Botschaft an Menschen heranzubringen, die ihnen vielleicht bedeutende Unterstützung geben könnten. Doch die Personen, die der Kommunikator am dringendsten zu erreichen wünscht, sind gerade jene, die seine Botschaft sehr wahrscheinlich nicht erreicht. So zeigen beispielsweise Untersuchungen des Wählerverhaltens in Wahlkämpfen eindeutig, daß Wähler, die sich bereits festgelegt haben, die Wahlreden am häufigsten hören und lesen.[66]

Der Prozeß, durch den sich ein Mensch selektiv Kommunikationen aussetzt, die konsonant mit seinen Einstellungen sind, ist bekannt als Selbstselektion oder "selective exposure". Das ist keineswegs so unkompliziert und einfach, wie es aussieht. Loyale Parteiwähler können etwa der Opposition beträchtliche Aufmerksamkeit widmen. So erbrachte beispielsweise eine Untersuchung quantitative Maße über die Anzahl der gelesenen oder gehörten Argumente zugunsten jedes der beiden Präsidentschafts-Kandidaten der Wahlen von 1948.[67] Obwohl 54 Prozent der Republikaner mehr Argumente zugunsten des Republikanischen Kandidaten Dewey hörten oder lasen, hörten oder lasen 46 Prozent von ihnen mehr Argumente zugunsten von Truman. Daß fast die Hälfte der Republikaner mehr Argumente zugunsten von Truman und Dewey erreichten, ist noch überraschender, wenn man bedenkt, daß die gesamte Medien-Information Dewey unverhältnismäßig begünstigte. Diese Zahlen bedeuten, daß im großen und ganzen Parteigänger geneigt sind, sich sowohl Argumenten der Opposition als auch der eigenen Partei auszusetzen.

Eine Untersuchung der Fernseh-Diskussionen zwischen Nixon und Kennedy während der Wahlen im Jahre 1960 ergab ebenso überraschend, daß Gegenargumente kaum vermieden wurden.[68] Da beide Kandidaten im selben Programm erschienen, waren natürlich gegensätzliche Argumente schwerer zu vermeiden, als wenn ein einzelner Kandidat ein einzelnes Programm angeboten hätte. Nichtsdestoweniger wäre es für die Zuschauer möglich, ihrem eigenen Kandidaten genau zuzuhören, ihre Aufmerksamkeit aber anderen Dingen zuzuwenden, sobald der Gegenkandidat erschien. Selbstselektion kann auch stattfinden, wenn der Kommunikator und Empfänger sich in enger Kommunikation miteinander befinden - wie jeder College-Professor aus seiner Hörsaal-Erfahrung mit Studenten weiß. Eine Untersuchung des Ausmaßes, in dem Argumente von Gegenkandidaten in Fernsehdebatten behalten wurden, läßt indessen ein Minimum von Selbstselektion annehmen, denn die Zuschauer behielten Argumente von beiden Seiten gleich gut. Das gilt für Zuschauer, die sagten, daß beide Kandidaten wirkungsvolle Argumente brachten, und auch für jene, die meinten, nur ihr eigener Kandidat habe wirkungsvolle Argumente vorgebracht. Nur Zuschauer, die meinten, daß keiner der Kandidaten wirkungsvolle Argumente angeboten habe, behielten erheblich mehr Argumente ihres eigenen Kandidaten als Argumente der Opposition.

Daß die dem freiwilligen Medienkonsum zugrunde liegenden Ursachen nicht nur auf der Suche nach konsonanter Information beruhen, wird erhellt durch eine Untersuchung von Teilnehmern der Wehrdienstverweigerungsbewegung.[69]

---

[66] Lazarsfeld, Berelson & Gaudet, 1948; Berelson, Lazarsfeld & McPhee, 1954; Campbell et al. 1960; Trenaman & McQuail, 1961

[67] Berelson et al. 1954; [68] Carter, 1962

[69] Janis & Rausch, 1970

Studenten der Yale-Universität, die sich widersetzten, eine Verpflichtung zum Kriegsdienst in Vietnam zu unterzeichnen, zeigten wenig Interesse daran, Argumente gegen eine Verpflichtung zu lesen, die konsonant mit ihrer Position waren; dies offenbar darum, weil sie mit den Argumenten bereits bestens vertraut waren. Männer, die für die Unterzeichnung der Verpflichtung waren, interessierten sich sehr für die Argumente gegen eine Verpflichtung. Eine Reihe von Interviews zeigte, daß das Interesse beider Gruppen an Gegenargumenten weitgehend darauf beruhte, sich mit den möglichen Konsequenzen der Unterzeichnung oder Nichtunterzeichnung der Verpflichtung vertraut zu machen.

Die bisher diskutierten Daten sind durch Befragungsmethoden gesammelt worden. Bei solchen Untersuchungen ist es außerordentlich schwierig zu bestimmen, warum sich Menschen bestimmten Informationen und nicht anderen Informationen aussetzen. Eine der ersten Annahmen war, daß Menschen dann zuhören oder lesen, wenn das Material mit ihren Überzeugungen und Wertvorstellungen übereinstimmt, und daß sie konträren Informationen aktiv ausweichen. Wie wir gerade gesehen haben, wird das nicht von allen Untersuchungen unterstützt, die wir zitiert haben. Sogar in jenen Fällen, wo es klar zu sein scheint, daß sich Menschen einer Kommunikation ausgesetzt haben, die ihren Ansichten entgegenkommt, bleiben andere Interpretationen möglich. So unterscheiden sich beispielsweise Gruppen bezüglich ihres Bildungsniveaus, der sozialen Klasse und des Einkommens - lauter Eigenschaften, die die gleichen Auswirkungen wie Selbstselektion hervorbringen können. Diese Eigenschaften sind jedoch nicht immer kontrolliert worden.

Auf Grund der Schwierigkeiten bei der Interpretation von Feldstudien wandten sich die Sozialpsychologen dem Labor zu. Dort wollten sie versuchen, die Faktoren besser zu verstehen, welche die freiwillige Selbstselektion kontrollieren. Etwa zum Zeitpunkt dieser Wendung tauchte die Dissonanztheorie als populäres Instrument zur Durchführung von Laborversuchen auf. Das führte - was sich rückschauend als unzulässige Betonung des Gedankens einer s e l e k t i v e n V e r m e i d u n g erwies, zu einer selektiven Vermeidung von Beeinflussungskommunikationen, welche dissonant sind zu der Position, auf die man sich festgelegt hat. Einige der frühen Untersuchungen stützen die Hypothese, daß Menschen Material vermeiden, das im Widerspruch zu einer Position steht, auf die sie sich gerade festgelegt haben, und daß sie sich einem Material aussetzen, welches konsonant mit dieser Position ist. Nachdem sich im Labor zusätzlich gewonnene Forschungshinweise angesammelt hatten, stützten diese oft die gegensätzlichen Schlußfolgerungen - daher sind die gesamten Daten höchst inkonsistent und nicht schlüssig. Über diese Forschungen gibt es mehrere zusammenfassende Berichte.[70]

Die Suche nach den Faktoren, welche bestimmen, ob man sich Beeinflussungskommunikationen aussetzt, wurde somit erweitert auf die Überprüfung von

---

[70] Freedman & Sears, 1965; Rhine, 1967; Mills, 1968; Sears, 1968; Katz, 1968; McGuire, 1968; McGuire, 1969; Sears & Abeles, 1969; Fishbein & Ajzen, 1972.

Motiven, die andere sind als die Suche nach konsonanten Informationen und die Vermeidung von dissonantem Material. Sears hat bemerkt, daß im täglichen Leben weit mehr unterstützendes oder konsonantes Material existiert als dissonantes, so daß sogar eine Zufallsauswahl meist unterstützendes Material erbringen würde.[71] Ein weiterer Faktor, der in manchen Situationen wichtig zu sein scheint, ist die Nützlichkeit der Informationen: Menschen suchen oft Informationen, die für sie nützlich sind. Diese Informationen können je nach den Umständen mit ihrer eigenen Position übereinstimmen oder nicht übereinstimmen.

Forschungsergebnisse stützen die Bedeutung der Nützlichkeit. Frauen wurde die Auswahl gelassen zwischen einem Vortrag über Umweltfaktoren und einem Vortrag über erbliche Faktoren im kindlichen Verhalten. Der erstere wurde für nützlicher gehalten und im Verhältnis von drei zu eins bevorzugt.[72] Eine andere Untersuchung, bei der Hausfrauen eine Broschüre über kindliche Sauberkeitserziehung angeboten wurde, zeigte, daß Mütter mit einem Kleinkind in der betreffenden Altersstufe die Broschüre am häufigsten anforderten und sie auch tatsächlich lasen.[73]

Mehrere Untersuchungen aus jüngster Zeit schaffen Bedingungen, unter denen Informationen nützlich werden und sie zeigen, daß nützliche Informationen bevorzugt werden. Im Verlauf von zwei Forschungsprojekten wurde den Teilnehmern mitgeteilt, daß sie entweder Gründe für die Wahl eines bestimmten Artikels vorzubringen hätten (und auf diese Weise unterstützende Informationen nützlicher machen würden) oder daß sie sich in eine Debatte einzulassen hätten, um die Argumente der Gegenseite zu entkräften (günstig für nicht-unterstützende Informationen).[74] Man fand Versuchspersonen zur Auswahl jener Artikel, die für sie nützlicher waren, und zwar unabhängig davon, ob sie ihrer eigenen Position entgegenkamen oder nicht. Eine andere Untersuchung variierte die Nützlichkeit, indem sie verschiedene Teilnehmer vor die Wahl stellte, (1) Informationen durch die Post zu erhalten, (2) sich darauf einzustellen, nach Erhalt der Informationen in eine Debatte verwickelt zu werden, oder (3) sich darauf einzustellen, nach Erhalt der Informationen einer Diskussionsgruppe beizutreten.[75] Das Interesse an unterstützender Information war am größten, wenn die Teilnehmer eine Debatte erwarteten. Wir können wohl annehmen, daß Informationen von beiden Seiten weniger Nützlichkeit haben werden, wenn die Entscheidung eines Menschen unumstößlich ist, als wenn er noch in der Lage ist, seine Meinung zu ändern. Das wurde auch experimentell nachgewiesen.[76]

Nicht alle Forschungshinweise auf Nützlichkeit sind positiv.[77] Verschiedene Untersuchungen stützen die Bedeutung der Neuheit; darüber hinaus ist dem

---

[71] Sears, 1968;

[72] Adams, 1961;

[73] Maccoby, Maccoby, Romney & Adams, 1961

[74] Canon, 1964; Freedman, 1965;

[75] Clarke & James, 1967

[76] Lowe & Steiner, 1968; Albert & Becker, 1970

[77] Brock & Balloun, 1967; Brock,

Gesamtzusammenhang, in dem die Information aufgenommen wird, einige Aufmerksamkeit gewidmet worden. Die Darbietung von stark einseitig gefärbten Informationen mit der Möglichkeit, zusätzliche Informationen zu erhalten, hatte eine starke Vorliebe für Informationen von der anderen Seite zur Folge.[78] So weckte beispielsweise die Information, die einen Menschen eindeutig schuldig (oder eindeutig unschuldig) an einem Mord erscheinen ließ, eine Vorliebe für zusätzliche Informationen, die der anfänglichen Bewertung widersprachen. Die Auswahl des Materials hängt allerdings bis zu einem gewissen Grad von der Menge der Informationen ab, die eine Person besitzt. Informierte Teilnehmer bevorzugen Kommunikationen, die ihrer Position widersprechen, naive Teilnehmer sind mehr für Kommunikationen, die ihren eigenen Standpunkt stützen.[79] Mit einem Wort: die These, daß man sich beeinflussenden Kommunikationen freiwillig aussetzt, weil man Material zur Stützung seiner Ansichten zu finden hofft, konträre Argumente aber vermeiden will - diese These hat in Wirklichkeit kaum eine Basis und ist eine grobe Vereinfachung der Motivationen, die Menschen bei der Suche nach Informationen bewegen. Die Hartnäckigkeit dieser Meinung angesichts der angehäuften negativen Forschungshinweise reflektiert zum Teil den Wunsch der Forscher, vereinfachende Prinzipien zu finden, die von eindeutigen Forschungshinweisen gestützt werden. Doch die Erkenntnis läßt sich nicht vermeiden, daß diese Vorgangsweise der Natur des Menschen keine Gerechtigkeit widerfahren läßt; sie postuliert eine etwas mechanische Reaktion auf ein Merkmal der Stimulus-Situation.

Die neuere Forschung hat in einem größeren Ausmaß die Komplexität des Vorgangs erkannt, der abläuft, wenn man sich einer Information aussetzt und eine Reihe von Faktoren identifiziert, die unter bestimmten Bedingungen wirken. Unterstützendes Material findet sich häufiger in Alltags-Situationen als im Labor, und schon aus diesem Grunde sind ihm Menschen mehr ausgesetzt. Wichtig scheint auch der Grad zu sein, in dem die Information einem Zweck des Empfängers dienen kann. Diese Nützlichkeit überwiegt Erörterungen über Konsonanz und Dissonanz dort, wo zum Beispiel ein Mensch Material für Zwecke der Argumentation oder der Debatte braucht, oder wo er eine vorläufige Entscheidung getroffen hat, die noch immer revidiert werden kann. Der Vorrat eines Menschen an Informationen hat auf zukünftige Entscheidungen in mehrfacher Weise Einfluß. Material, mit dem man vertraut ist, ist weniger interessant und weniger gefragt. Neuartiges Material wird oft bevorzugt. Weiter: Wenn ein Mensch im Besitz von deutlich einseitigen Informationen ist, wird er oft aufnahmebereit für Material sein, das im Gegensatz zu seinen gegenwärtigen Ansichten steht. Eine als Vorschlag gedachte allgemeine Bemerkung für zukünftige Forschungsvorhaben möchte darauf hinweisen, daß die Art und Weise, wie Information zum Nutzen des einzelnen beitragen kann, das leitende Prinzip bei ihrer Übernahme oder Zurückweisung ist.

---

[78] Freedman, 1965; Sears, 1965, 1966; Rosnow, Gitter & Holz, 1969

[79] Sears & Abeles, 1969

Distanz zwischen Informationsquelle und Zielperson

Die Erörterung der einseitigen Kommunikation hat erbracht, daß Menschen, die anfänglich gegen die vom Kommunikator eingenommene Position eingestellt waren, durch eine Botschaft, in der Gegenargumente anerkannt wurden, wiederum beeinflußt wurden. Umgekehrt wurden jene, die im wesentlichen mit der Position des Kommunikators übereinstimmten, verstärkt durch eine einseitige Botschaft beeinflußt. Somit ist die Reaktion des Rezipienten deutlich bestimmt von der Diskrepanz (oder Übereinstimmung) zwischen der Position des Kommunikators und der eigenen.

Sherif und seine Kollegen haben die Auswirkungen von Diskrepanzen zwischen der Position des Kommunikators und der des Rezipienten systematisch analysiert.[80] Zunächst ist die Position des Kommunikators, wie sie vom Empfänger wahrgenommen wird, nicht notwendigerweise die gleiche, wie sie etwa durch den sozialen Konsens bestimmt wird. Die erwähnten Versuche zeigen die Einwirkung von systematischen Fehlern oder Verzerrungen. Zwei wichtige Prozesse sind Assimilation und Kontrast.

Ein Rezipient, dessen eigene Position relativ nahe bei der des Kommunikators ist, wird wahrscheinlich die Position des Kommunikators als sogar noch näher erleben, als sie ist: Dies ist der Assimilations-Effekt. Dagegen wird ein Empfänger, der eine Position ziemlich weit von der des Kommunikators einnimmt, wahrscheinlich die Position des Kommunikators sogar als noch entfernter sehen: Dies ist der Kontrast-Effekt. Experimentelle Arbeiten haben diese Effekte bestätigt. Infolgedessen muß die Wahrnehmung des Rezipienten, was die Position des Kommunikators betrifft, bei der Bestimmung der möglichen Wirkung der Kommunikation auf den Rezipienten berücksichtigt werden.

Ob eine Kommunikation als fair und unverzerrt angesehen wird, steht in Zusammenhang mit der Distanz zwischen der Position des Kommunikators und der des Rezipienten. Für jeden Rezipienten und jedes Thema gibt es eine Spanne, innerhalb der sich die Position des Kommunikators von der des Rezipienten unterscheiden kann und die Kommunikation doch als fair und unverzerrt bewertet wird. Positionen außerhalb dieser Spannweite werden vom Rezipienten nicht günstig bewertet. Eine ähnliche Spannweite gibt es bei der Ablehnung der Kommunikation.

Dies illustriert ein Versuch, in dem eine nicht-autoritäre Kommunikation, mit der beabsichtigt war, Vorurteile zu vermindern, das Gegenteil erreichte: sie vermehrte die Vorurteile von stark autoritären Individuen um ein Geringes. Dagegen erreichte eine autoritäre Kommunikation mit der Absicht einer Vorurteilserhöhung bei Personen mit extrem niedriger autoritärer Einstellung eine leichte Verminderung der Vorurteile. Dieses umgekehrte Ergebnis wird

---

[80] Sherif & Hovland, 1961; Sherif, Sherif & Nebergall, 1965; Sherif & Sherif, 1967

mit dem Fachausdruck Bumerang-Effekt bezeichnet. (Autoritäre Einstellung korreliert stark mit Voreingenommenheit) In beiden Fällen, in denen der Rezipient in eine Richtung gegensätzlich zu der Kommunikation ging, waren seine eigene Ausgangsposition und die des Kommunikators in beträchtlicher Distanz voneinander.

Die Beziehung zwischen dem eigenen Standpunkt eines Menschen und seiner Bewertung einer Kommunikation wird auch gut veranschaulicht in einem Versuch in einer Region, in der die Prohibition ein aufregendes Diskussionsthema war.[81] Er war kurz zuvor in einer Volksbefragung den Wählern von Oklahoma vorgelegt worden, wo die legale Prohibition von alkoholischen Getränken Sache jedes einzelnen Landkreises war. Der Ausdruck trocken wird hier für den Standpunkt zugunsten einer Prohibition benutzt, der Ausdruck naß für einen Standpunkt zugunsten eines uneingeschränkten Verkaufs von alkoholischen Getränken. Der untersuchten Gruppe ("Sample") gehörten auch Personen mit extrem trockenen Positionen an, wie etwa die Mitglieder der "Woman's Christian Temperance Union". Vergleichbare Extreme am anderen ("nassen") Ende des Einstellungs-Kontinuums waren schwieriger zu erhalten, doch wählten die Forscher einzelne Individuen, meist College-Studenten, aus ihrem persönlichen Bekanntenkreis aus.

Die eigene Position jedes einzelnen Individuums wurde mit Hilfe einer Liste von Einstellungsäußerungen beurteilt, die von extrem trockenen bis zu extrem nassen Positionen reichte. Sodann wurde eine Skala mit fünf Items benutzt, um zu bestimmen, wie jeder einzelne die Fairness und Unparteilichkeit von Kommunikationen mit drei verschiedenen Positionen bewertete. Es ergab sich eine sehr enge Beziehung zwischen der Bewertung einer Äußerung und ihrer Distanz zu der Position des Rezipienten. Sehr günstig bewertet wurde beispielsweise die extrem nasse Äußerung von jenen Rezipienten, die selbst eine extrem nasse Position einnahmen. Sobald der Standpunkt des Rezipienten von einer extrem nassen Position abwich, bewertete er die extrem nassen Äußerungen weniger günstig. Diejenigen zum Beispiel, die extrem trockene Positionen einnahmen, betrachteten die extrem nasse Äußerung als vollkommen unfair und voreingenommen. Ähnliche Ergebnisse wurden bei einer extrem trockenen Äußerung erzielt: Je näher der eigene Standpunkt des Rezipienten bei dem der Äußerung war, desto günstiger war die Bewertung. Schließlich wurde eine Äußerung, die eine mäßig nasse Position vertrat, von jenen Empfängern am günstigsten bewertet, die eine ähnliche Position einnahmen.

Fassen wir also zusammen: Der Spielraum zwischen Annahme und Ablehnung variiert je nachdem, ob das Thema ein bekanntes oder unbekanntes ist, ob das Thema für die Empfänger besonders interessant ist oder ob es sie besonders berührt, ob der Kommunikator eine hohe oder geringe Glaubwürdigkeit besitzt und ob die zu dem Problem gehörenden Fakten mehrdeutig oder klar sind. Bei dem eben erörterten Versuch war der Spielraum der Annahme wegen der hohen Ichbeteiligung und der Vertrautheit relativ eng. Dieselben

---

[81] Hovland, Harvey & Sherif, 1957

Faktoren v e r b r e i t e r n den Spielraum der A b l e h n u n g.

Bis jetzt haben wir unsere Aufmerksamkeit auf die Bewertung der Kommunikation gerichtet. Während eine günstige Bewertung eine stärkere Einstellungsänderung wahrscheinlich macht, muß die Beziehung der Einstellungsänderung zu dem Grad von Diskrepanz zwischen Informationsquelle und Zielperson direkt untersucht werden. Mehrere Untersuchungen zeigen, daß bei hoher Glaubwürdigkeit das Ausmaß der Einstellungsänderung eine direkte Funktion der Diskrepanz ist, und zwar über einen weiten Skalen-Bereich.[82] Bei sehr extremen Skalenpositionen ist unter bestimmten Bedingungen weniger Überredung möglich.[83]

Eine andere wichtige Bedingung, welche das Verhältnis zwischen Diskrepanz und Einstellungsänderung beeinflußt, ist der Grad, in dem die Zielperson innerlich an dem Thema beteiligt ist. Die oben (unter "Freiwilliger Selbstselektion") referierten Studien zum Wählerverhalten illustrieren den Effekt von hoher Ich-Beteiligung. Die meisten Wähler fühlen eine starke Parteibindung und wählen dementsprechend. Wegen dieser hohen inneren Beteiligung ist die Bandbreite der Annahme politischer Kommunikationen, welche von der eigenen Position abweichen, sehr schmal, und die Bandbreite der Ablehnung ist breit. Diese Konzeptionen sind konsistent mit den Befunden von Forschungen zum Wahlverhalten, denen zufolge politische Kommunikationen sehr geringe Änderung der Wählerpositionen hervorrufen.

Diese Überlegungen haben folgende Tragweite: Bei Themen von großer persönlicher Bedeutung für Menschen und dort, wo die Glaubwürdigkeit des Kommunikators nicht sehr stark von der Position der Empfänger abweichen, wenn sie überhaupt Erfolg haben soll. Wenn er ihre Position merklich ändern will, kann er das anscheinend nur durch eine Serie von Kommunikationen erreichen, von denen jede den Rezipienten nur einen kleinen Schritt weiterbringt. Wenn andererseits ein Thema für einen Empfänger von geringer Bedeutung ist und der Kommunikator sehr glaubwürdig, wird ein Kommunikator eine Änderung effektiver erreichen können, wenn seine Position weiter entfernt von der des Rezipienten ist.

Man entwarf einen Plan für ein Laborexperiment, in dem diese Überlegung geprüft werden sollte.[84] Da der Versuch im Labor stattfand, war der Kommunikator sehr glaubwürdig. Es wurden Themen wie die Erwünschtheit einer Wahlpflicht und die Angemessenheit von fünf Stunden Schlaf je Nacht ausgewählt, damit die Versuchspersonen keine starke innere Beteiligung erleben sollten. Der Befund lautete: Je größer die Diskrepanz zwischen der Position des Kommunikators und der des Rezipienten ist, desto mehr wird der Empfänger beeinflußt. Mit anderen Worten, je größer die von dem Kommunikator befürwortete Änderung, desto größer die Einstellungsänderung beim Rezipien-

---

[82] Bergin, 1962; Aronson, Turner & Carlsmith, 1963; Bochner & Insko, 1966

[83] Hovland, Harvey & Sherif, 1957;Fisher & Lubin, 1958;Whittaker, 1954a, 1964b Insko, Murashima & Saiyadain, 1966;Hovland & Pritzker, 1957

[84] Hovland & Pritzker, 1957

ten. Dieser Schluß gilt nur dort, wo alle Bedingungen, wie in diesem Experiment der Fall, eine sehr große Bandbreite von Annahme begünstigen.

Die Auswirkungen von Diskrepanz werden kompliziert durch Faktoren, welche die Bandbreite der Annahme reduzieren. Wenn es um ein Thema der Ichbeteiligung beim Teilnehmer geht, ist die Zahl der diskrepanten Einstellungspositionen, die er akzeptieren wird, sehr viel geringer, als wenn das Thema ihn nicht betrifft. Wenn eine niedrige Ichbeteiligung vorliegt, lautet die Voraussage, daß eine mäßige Diskrepanz zwischen der Position des Kommunikators und der des Rezipienten mehr Änderung hervorrufen wird als geringe Diskrepanz, aber große Diskrepanzen werden weniger Änderung hervorrufen als mäßige.[85] Obwohl komplizierende Umstände inkonsistente Ergebnisse erbringen, wird diese Voraussage im großen und ganzen durch die Versuchergebnisse bestätigt.[86]

Vergleicht man hohe, mäßige und geringe Glaubwürdigkeit des Kommunikators, wird das Ergebnis dem Grad der Ichbeteiligung entsprechen: Die Diskrepanz vermehrt Einstellungsänderung nur bis zu einem gewissen Punkt.[87]

Zusammenfassend: Die Bewertung einer Kommunikation hängt zusammen mit der wahrgenommenen Distanz zwischen der Position des Kommunikators und der des Rezipienten. Für jeden Rezipienten und jedes Thema gibt es eine Spannweite, innerhalb der die Position des Kommunikators von der des Rezipienten abweichen kann und doch noch als fair und unparteiisch bewertet werden kann. Diese Bandbreiten von Annahme und Ablehnung variieren je nachdem, ob das Thema ein vertrautes oder unvertrautes ist, ob es eines ist, an dem die Rezipienten besonders interessiert oder in das sie involviert sind, ob der Kommunikator hohe oder geringe Glaubwürdigkeit besitzt und ob die Fakten zu diesem Thema widersprüchlich oder klar sind. Wenn daher ein Kommunikator Erfolg haben will, muß er dafür sorgen, daß seine Position innerhalb der Annahme-Spannweite des Rezipienten liegt.

Die Notwendigkeit dafür, sich innerhalb der Annahme-Spannweite zu befinden, erzeugt eine Art von Dilemma für denjenigen Kommunikator, dessen Position ziemlich weit von der des Rezipienten ist. Wie soll er es vermeiden, abgelehnt zu werden? Ein Vorschlag hierzu kommt von einer Feldstudie, die eine Technik des "Fuß-in-der-Tür" verwendet.[88] Die Untersucher setzen vor einen großen Wunsch, der wahrscheinlich verweigert wird, einen kleinen Wunsch, um zu sehen, ob dieser später eine leichtere Zusage zur Erfüllung des größeren Wunsches hervorruft. Obwohl sich diese Untersuchung nicht mit Einstellungsänderung beschäftigt, deutet sie darauf hin, daß eine Reihe von kleinen Beeinflussungsversuchen eine Person stufenweise zu einer bemerkenswerten Änderung ihrer Ausgangsposition bewegen könnte.

---

85 Sherif, Sherif & Nebergall, 1965

86 Zimbardo, 1960; Freedman, 1964; Johnson & Scileppi, 1969; Rhine & Severance, 1970

87 Bochner & Insko, 1966; Johnson & Scileppi, 1969; Rhine & Severance, 1970

88 Freedman & Fraser, 1966

Bei dieser Untersuchung war es das Hauptziel des Interviewers, Frauen, die er in ihren Wohnungen interviewte, zu der Erlaubnis zu bewegen, auf ihren Rasen Verkehrserziehungs-Tafeln für eine Woche oder länger aufstellen zu dürfen. Er zeigte den Frauen das Bild einer ziemlich schlecht bemalten Tafel vor einem schönen Haus, wie es einen großen Teil des Hauses und Haupteingangs verdeckte. Je nach der Behandlung, zu der man sie ausersehen hatte, waren einige Frauen schon früher von einem anderen Interviewer aufgesucht worden mit der Bitte, entweder ein kleines Verkehrserziehungs-Schild (3 Zoll im Quadrat) ins Fenster zu stellen oder eine Petition zu unterzeichnen, "Kalifornien schön zu erhalten". Von einer Kontrollgruppe, die vorher keinen Kontakt gehabt hatte, erklärten sich 17 Prozent bereit, das große Verkehrserziehungs-Schild zu akzeptieren. Doch 76 Prozent der Frauen, die das kleine Schild akzeptiert hatten, akzeptierten später das große Schild, und 49 Prozent derjenigen, die die (beziehungslose) Petition unterschrieben hatten, akzeptierten das Schild.

Es zeigte sich somit, daß die Erfüllung einer Bitte des Interviewers die Annahme eines späteren größeren Wunsches stark erhöht hatte. Dies scheint nicht die Folge davon zu sein, daß man innerlich in das Problem hineingezogen wird (zumindestens nicht gänzlich), denn die Annahme eines Beeinflussungsversuches, der keine innere Beziehung schafft ("unrelated"), erhöht ebenfalls die Wahrscheinlichkeit einer späteren Annahme. Die Forscher sind der Meinung, daß das Ergebnis eine eher allgemeine Änderung in den Gefühlen eines Menschen ist, die bewirkt, für die Dinge, an die er glaubt, etwas zu tun und sich für eine gute Sache zu engagieren.

Empfänglichkeit für Beeinflussung

Menschen unterscheiden sich deutlich in ihrer Empfänglichkeit für beeinflussende Kommunikationen. Daß manche Menschen auf Verkäufertricks leicht hereinfallen, ist allgemein bekannt. Werbung hat bei einigen Menschen mehr Erfolg als bei anderen. In zwischenmenschlichen Situationen können manche Personen leicht dazu überredet werden, den Vorschlägen ihrer Freunde oder Partner zu folgen, während andere stur bei ihrer Meinung bleiben. Manche Studenten übernehmen in unkritischer Weise viel von dem, was ihnen ihr Professor erzählt; andere dagegen prüfen seine Gedanken kritisch.

Oder *sind* Menschen so gleichmäßig resistent oder empfänglich für Beeinflussung, wie wir gewöhnlich annehmen? Vielleicht beobachten wir nur ausgewählte Beispiele, wo ein Mensch nachgibt, bemerken aber jene Fälle nicht, wo er widersteht - und umgekehrt. Unter Beeinflußbarkeit (persuasibility) verstehen wir die Tendenz eines Menschen, beeinflussende Kommunikationen zu akzeptieren oder zurückzuweisen. Eine der zu beantwortenden Fragen, die das Verhältnis der Beeinflußbarkeit eines Menschen durch verschiedene Themen und in verschiedenen Situationen im allgemeinen untersucht, lautet: Ist seine Beeinflußbarkeit im Verhältnis zu anderen Personen, was diese verschiedenen Gelegenheiten betrifft, ungefähr gleich?

Mehrere Untersuchungen haben das Ausmaß geprüft, bis zu dem die Beeinflußbarkeit konsistent ist, und zwar nicht nur bei verschiedenen Themen, sondern auch bei verschiedenen Arten von Appellen (z. B. rationale und emotionale).[89] Im allgemeinen lassen diese Untersuchungen den Schluß zu, daß das Ausmaß, in dem ein Mensch beeinflußbar ist, in irgendeiner Weise konsistent ist für verschiedene Themen und Appelle. Dazu gehören auch jene, die konträr zu seinen Einstellungen sind und jene, über die er beträchtliches oder nur wenig Wissen besitzt.

Gleichzeitig fördern diese Untersuchungen eine erhebliche individuelle Variationsbreite bei der Reaktion auf diese verschiedenen Aspekte von Kommunikations-Situationen zutage. Auch dann, wenn das durchschnittliche Beeinflußbarkeits-Niveau eines Menschen in manchen Situationen höher ist als das durchschnittliche Niveau der meisten Menschen, kann er einen ziemlich weiten Bereich von Reaktionsweisen auf jene Kommunikations-Situationen zeigen, wie sie in jenen eben aufgezeigten Hinsichten differieren. Auf Grund dieser Variationsbreite sollten die Meßwerte für die Darstellung individueller Beeinflußbarkeits-Niveaus aus einem zusammengesetzten Score für jede Person bestehen, das aus einer Reihe verschiedenartiger Themen und Appelle gewonnen worden ist. Die weitgehenden Unstimmigkeiten zwischen den Untersuchungen über die Beziehung zwischen Persönlichkeit und Beeinflußbarkeit deuten darauf hin, daß die Auswirkungen der Persönlichkeit auf die Beeinflußbarkeit durch eine Menge von Situationen und anderen Bedingungen beeinflußt werden, die in jedem adäquaten Bericht berücksichtigt werden müssen. Die folgende Erörterung richtet sich hauptsächlich nach der ausgezeichneten Analyse von McGuire, in der dieser eine Berücksichtigung dieser Faktoren fordert.[90]

Intelligenz und Empfänglichkeit für Beeinflussung. Der gesunde Menschenverstand läßt annehmen, daß der intelligentere Mensch weniger empfänglich für Beeinflussungskommunikationen ist, als der weniger intelligente. Wahrscheinlich würde der intelligentere Mensch beispielsweise kritischer zu einer Propagandabotschaft eingestellt sein, denn er ist gewöhnlich besser informiert, hat ein tieferes Verständnis für die Logik von Argumenten und besitzt die Fähigkeit, Beweismaterial abzuwägen. Doch zeigten frühe Untersuchungen bis 1937 fast keine Korrelation zwischen Widerstand gegen Überredungskommunikationen und Intelligenzniveau.[91]

Eine Übersicht von Hovland und seinen Kollegen über jüngere Untersuchungen zeigt allerdings, daß Intelligenz positiv verknüpft ist mit Widerstand gegen gewisse Arten von Kommunikationen und negativ verknüpft mit Widerstand gegen andere Arten.[92] Diese Autoren meinen, daß Untersuchungen widersprüchlich oder nicht schlüssig sind, weil die verschiedenen Komponenten von Intel-

---

89 Janis & Hovland, 1959; Janis & Field, 1956; Abelson & Lesser, 1959; Linton & Graham, 1959

90 McGuire, 1968

91 Murphy, Murphy & Newcomb, 1937

92 Hovland, Janis & Kelley, 1953; Hovland & Janis, 1959

ligenz verschiedene Wirkungen für eine Reaktion auf beeinflussende Kommunikationen haben.

Um zu dieser Meinung gelangen zu können, hat McGuire mehrere Komponenten identifiziert, die bei der Reaktion auf eine beeinflussende Kommunikation vorkommen.[93] Wenn wir nur zwei Komponenten betrachten - das Nachgeben gegenüber dem Beeinflussungsversuch und das Ausmaß, in dem die Botschaft beachtet und begriffen wird -, können wir leicht einsehen, daß Intelligenz gegensätzliche Auswirkungen für diese Komponenten hat. Je intelligenter ein Mensch ist, desto mehr Vertrauen wird er in seine eigenen Ansichten haben, desto kritischer wird er sein und desto besser wird er imstande sein, Gegenargumente zu entwickeln. Im Hinblick auf das Nachgeben scheint es daher, als ob intelligentere Menschen weniger empfänglich wären als weniger intelligente Menschen.

Doch auch im Hinblick auf die Fähigkeit, sich eine Reihe von Argumenten anzuhören und sie zu begreifen, dürfte das intelligente Individuum überlegen sein. Diesbezüglich könnte der intelligente Mensch leichter zu beeinflussen sein, denn er begreift die Beeinflussungsbotschaft besser. McGuire bemerkt, daß bei Versuchen, in denen die Kommunikation einfach zu erfassen ist, intelligente Menschen eher dazu neigen, Widerstand zu leisten. Dort, wo die Botschaft kompliziert ist, sind sie empfänglicher. Ob Intelligenz einen positiven oder negativen Bezug zur Beeinflußbarkeit hat, hängt deshalb von dem Ausmaß ab, in dem die Kommunikations-Situation Nachgeben oder Begreifen betont.

Beeinflußbarkeit und andere Persönlichkeitskorrelate

Einige Forscher haben versucht, eine Beziehung zwischen Beeinflußbarkeit und einigen Persönlichkeitsmerkmalen aufzuzeigen, von denen einzelne relativ überdauernde sind und andere ziemlich situationsspezifisch (z. B. chronische Angst gegenüber situationsbedingter Furcht). Unter den erforschten Merkmalen waren Selbsteinschätzung, Aggressivität, neurotische Abwehrhaltung ("defensiveness"), Wahrnehmungsabhängigkeit ("perceptual dependence"), Innen-Gerichtetheit und Außen-Gerichtetheit, Autoritarismus, Dogmatismus, soziale Isolierung, Phantasie-Reichtum und Geschlechtszugehörigkeit. Praktisch ausnahmslos wurden keine starken und konsistent erhärteten Beziehungen zwischen diesen Merkmalen und Beeinflußbarkeit gefunden.

Paradoxerweise bedeutet das nicht, daß Persönlichkeit keine Rolle dabei spielt, ob Menschen erfolgreich beeinflußt werden können. Es bedeutet vielmehr, daß wir nicht nach einfachen Beziehungen zwischen Persönlichkeit und Beeinflußbarkeit suchen sollten. Dazu wird die Beeinflußbarkeit von einer Reihe von bedingenden Faktoren kompliziert, bei denen wahrscheinlich die Persönlichkeit eine bedeutende Rolle spielt. Dieser Abschnitt gibt eine Erläuterung (in nichttechnischer Sprache) von einigen der komplizierenden Faktoren, die von McGuire und von anderen beobachtet worden sind.[94] Viele dieser Er-

[93] McGuire, 1968;

[94] McGuire, 1968

klärungen stellen zwingende logische Möglichkeiten dar, sind jedoch durch empirische Forschungen noch nicht nachgewiesen worden.

Wir haben bereits die nachgebenden und begreifenden Komponenten des Beeinflussungsprozesses vermerkt, die im Fall von Intelligenz potentiell mitwirken. Diese können auch bei einigen Persönlichkeitsmerkmalen Komplikationen verursachen. So könnten wir beispielsweise erwarten, daß Menschen mit hoher Selbsteinschätzung eine Botschaft bereitwilliger lernen als Menschen mit niedriger Selbsteinschätzung, denn geringe Selbsteinschätzung ist verknüpft mit Ablenkbarkeit, fehlender Intelligenz und sozialer Zurückgezogenheit. Weil aber Menschen mit hoher Selbsteinschätzung auch unabhängiger sind, ist es wiederum weniger wahrscheinlich, daß sie Beeinflussungsargumenten nachgeben. Daher wird die Beziehung variabel sein bei Botschaften von verschiedener Komplexität. Ferner können Beeinflussungssituationen mit variierenden Zwängen das Problem weiter komplizieren. Wo die Situation hochgradig zwingend ist, spielen individuelle Variationen bezüglich des Nachgebens eine geringere Rolle - das Lernen der Botschaft ist wichtiger.

Situationsbedingte (zeitweilige) und chronische überdauernde Persönlichkeitsmerkmale können auch durcheinandergebracht werden. Einzelne Untersuchungen schaffen variierende Niveaus von Selbsteinschätzung, indem sie Erfolgs- oder Mißerfolgserlebnisse manipulieren, und messen dann die Beeinflußbarkeit. Im Gegensatz zu der Erwartung, daß sich situationsbedingte und chronische Merkmale gegenseitig ergänzen und ähnliche Ergebnisse erbringen, hat McGuire eine Anzahl von Gründen genannt, warum statt dessen die Ergebnisse inkonsistent sein könnten.[95] Die situative Bedingung kann beispielsweise beträchtlich schwächer sein als die chronische (die Überängstlichkeit einzelner Menschen kann im Labor nur schwer erzeugt werden und ist auch aus ethischen Gründen kontraindiziert).

Überdauernde Persönlichkeitseigenschaften korrelieren fast immer mit anderen Eigenschaften, die verantwortlich sein können für die Ergebnisse, anstatt für das Merkmal, auf das die Aufmerksamkeit gerichtet war. Situationsspezifische Merkmale haben diese Unzulänglichkeit nicht, wenn eine gute Versuchsanordnung besteht. Ein weiterer ähnlicher Faktor ist die Möglichkeit, daß im Labor herbeigeführte Persönlichkeitsbefindlichkeiten weniger echt sein können, indem sie in wichtigen Bezügen von dem überdauernden Merkmal abweichen. McGuires Zusammenfassung der empirischen Befunde über das Verhältnis der Beeinflußbarkeit zur situationsspezifischen und überdauernden Selbsteinschätzung stützt die Hypothese, daß diese Faktoren bedeutende Quellen der Verwirrung sein können.[96]

Verschiedene andere situationsbedingte Komplikationen können ebenfalls eine Auswirkung haben. Manche Persönlichkeitsmerkmale beziehen sich mehr auf den Kommunikator oder die Quelle als auf die Nachgebens- oder Verstehens-

---

[95] McGuire, 1968;

[96] McGuire, 1968

komponente der Überredung. Das Niveau der Selbsteinschätzung des Rezipienten kann diesen in verschiedenem Maße empfänglich für Kommunikatoren mit verschiedenem Status machen (z. B. ein Mensch mit geringer Selbsteinschätzung wird wahrscheinlich von einem Kommunikator mit hohem Status beträchtlich beeinflußt werden). Die autoritäre Einstellung eines Rezipienten wird wahrscheinlich gleichfalls komplexe Beziehungen zum Status und der Autorität des Kommunikators mit sich bringen.

In der Botschaft selbst enthaltene Faktoren haben auf manche Persönlichkeitsmerkmale eine Auswirkung. Das beste Beispiel dafür war die weiter oben stehende Beschreibung der ausgedehnten Forschungen zur Variierung der von den Kommunikationen erregten Ausmaße der Furcht. Selbsteinschätzung, überdauerndes Angstniveau, Fähigkeit zum Coping und Gefühle der Anfälligkeit - um nur ein paar Merkmale zu nennen - alle schränken die Wirkungen von Furcht auf Beeinflussung ein.

Nur wenig ist über die Wirkungen von Medienfaktoren bekannt. Doch es ist sogar möglich, daß verschiedene Beziehungen zwischen Beeinflußbarkeit und Persönlichkeit gefunden werden könnten, würde man verschiedene Kommunikationsmedien verwenden - in einem speziellen Kontrast zwischen Kommunikation von Angesicht zu Angesicht und unpersönlichen Medien. Schließlich ergeben sich eine Menge technischer Probleme beim Studium der Relation zwischen Beeinflußbarkeit und Persönlichkeit, die irreführende Ergebnisse hervorbringen können. Während man zum Beispiel eine negative Beziehung zwischen Beeinflußbarkeit und der Aggressivität des Empfängers vermuten würde, weisen Janis und Rife darauf hin, daß die gewöhnlichen Meßinstrumente für Aggressivität, die Fragebogen, aggressive Menschen - weil sie wahrscheinlich auch abwehrend sind - davor zurückschrecken lassen, solche Items anzukreuzen, die ihre Aggressivität enthüllen könnten.[97]

Zusammenfassung: Anfälligkeit für Beeinflussung Die Diskussion hat klargemacht, daß individuelle Anfälligkeit für Beeinflussung von komplexen Faktoren abhängt, die es schwierig machen, Generalisierungen vorzunehmen. Es ist eine empirische Tatsache, daß Menschen, die konsistent beeinflußbar oder konsistent resistent gegen verschiedene Kommunikationen und in verschiedenen Situationen sind, schwer zu finden sind. Eine spekulative Analyse von McGuire vermutet, daß dies teilweise auf die multiplen Komponenten zurückzuführen ist, die bei Reaktionen auf Kommunikationen auftreten. So war es z. B. möglich zu zeigen, daß nur drei Komponenten - Nachgeben gegenüber einer Beeinflussungskommunikation, Begreifen der Kommunikation und die Komplexität der Kommunikation - ausreichen, sowohl positive als auch negative Assoziationen zwischen der Intelligenz des Empfängers und seiner Annahme der Kommunikation vorauszusagen. Ähnliche Komplikationen wurden für Persönlichkeitsmerkmale nachgewiesen. Eine weitere Komplikation liegt in den verschiedenen Wirkungen von situationsspezifischen (zeitwei-

---

97 Janis & Rife, 1959

ligen) und chronischen überdauernden Eigenschaften auf Beeinflußbarkeit.

Prozesse der Änderungsresistenz

Im zwanzigsten Jahrhundert ist der Durchschnittsmensch von allen Seiten vom Sperrfeuer einer ungeheuren Menge von Kommunikation umgeben; manche Fachleute haben ernstliche Zweifel an seiner Fähigkeit geäußert, Identität und Unabhängigkeit zu behalten. Sowohl klassische als auch zeitgenössische Zukunftsromane haben wiederholt das Bild einer zukünftigen Welt gezeichnet, in der Kommunikationssysteme benutzt werden, um eine Überwachung und Kontrolle der Bürger durchzuführen. Obwohl es zweifellos wahr ist, daß die moderne Technologie beträchtliche Fortschritte in der Verteilung und im Abhören von Informationen erzielt hat, der moderne Mensch auch viel zahlreicheren Beeinflussungsversuchen ausgesetzt ist als seine Vorväter, hat doch das Individuum heutzutage nach wie vor viele Mittel zur Verfügung, der Beeinflussung in allen Gesellschaften zu widerstehen, abgesehen von ganz starken Beeinflussungen.

Selektives Sichaussetzen kann eine Quelle der Resistenz sein: Der Mensch kann häufig selektiv Kommunikationen *vermeiden*. Menschen können einen anderen Sender einschalten oder eine andere Seite aufschlagen. Sogar bei unmittelbarer Präsenz von visueller oder auditiver Information können sie unaufmerksam sein, die Botschaft nicht aufnehmen oder sie in verstümmelter Form verstehen. Weiter können gewisse Gruppenprozesse, wie sie in Kapitel 5 erörtert werden, dazu verwendet werden, der Beeinflussung zu widerstehen. Dieser Abschnitt erörtert verschiedene kognitive und Motivationsprozesse, die sich oft aus dem Versagen einer Botschaft ergeben, den Empfänger zu beeinflussen.

Kognitives Ausbalancieren als Abwehrprozeß Widerstand gegen Einstellungsänderung kann aufgefaßt werden im Sinne des Bedürfnisses des Organismus, einen Zustand von Konsonanz, kognitive Balance, Kongruenz oder Konsistenz zu erhalten. In dieser Hinsicht wird jede Beeinflussungskommunikation, welche dissonant mit existierenden Einstellungen ist, Abwehrreaktionen hervorrufen. Die meisten Psychologen, die eine Theorie besitzen, welche auf der Konsistenz basiert, haben sich mit diesem Problem der Abwehr-Reaktionen beschäftigt. Eine Reihe von Prozessen, die von Abelson vorgeschlagen worden sind, soll hier zu Erläuterungszwecken verwendet werden.[98] Rosenberg und Abelson haben diese Prozesse weiter ausgearbeitet und formalisiert.[99]

Im wesentlichen stellt ihr System fest, daß kognitive Elemente entweder einen positiven oder negativen Wert haben, und daß zusätzlich die Relation zwischen Elementen entweder positiv oder negativ sein kann. Daher haben

98 Abelson, 1959; 99 Rosenberg & Abelson, 1960

Begriffe wie "Mutter", "Geld" und "Gott" positive Werte für die meisten Menschen, und "Tod", "Verletzung" und "Einkerkerung" haben negative Werte. Positive Relationen zwischen Elementen werden illustriert durch Ausdrücke wie "liebt", "hilft", "ist konsistent mit"; während negative Relationen erklärt werden durch Ausdrücke wie "haßt", "kämpft", "opponiert", "ist inkonsistent mit". Ein ausbalancierter Zustand existiert unter folgenden Bedingungen:

1. Zwei Elemente haben eine positive Relation. Beispiel: Mein bester Freund (+) gewann (+) einen Preis (+).
2. Zwei negative Elemente haben eine positive Relation. Beispiel: Ein korrupter Richter (-) ist verurteilt worden (+) wegen passiver Bestechung (-).
3. Ein positives Element und ein negatives Element haben eine negative Relation. Beispiel: Der Staatsanwalt ("district attorney") (+) hat korrupte Magistratsbeamte (-) bekämpft (-).

Ein unausbalancierter Zustand existiert unter folgenden Bedingungen:
1. Ein positives Element ist negativ verknüpft ("related") mit einem anderen positiven Element. Beispiel: Mein bester Freund (+) hat nur Ablehnungen erhalten (-) für seinen neuesten Roman, der hervorragend ist (+).
2. Zwei negative Elemente haben eine negative Relation. Beispiel: Mein schlimmster Feind (-) wurde von Einbrechern (-) ausgeraubt (-).
3. Ein positives Element und ein negatives Element haben eine positive Relation. Beispiel: Mein bester Freund (+) mag (+) meinen schlimmsten Feind (-).

Unausbalancierte Zustände werden als störend angesehen und gewöhnlich auf verschiedene Weise beseitigt. Man bezeichnet sie als Überzeugungsdilemmas wegen des fehlenden Gleichgewichtes. In den vorgegebenen Beispielen scheint diese Ansicht intuitiv richtig zu sein, mit Ausnahme des zweiten Ungleichgewichts-Beispiels, welches nicht störend wirkt oder eine Lösung fordert. Dieses Beispiel zeigt, daß Ungleichgewicht nicht immer klar ist, für den Fall mit drei negativen Vorzeichen. Abelson hat einige Methoden zur Lösung von Überzeugungsdilemmas vorgeschlagen, darunter die folgenden:[100]

1. Leugnung. Leugnen ist die einfachste Methode der Lösung eines Überzeugungsdilemmas. Der Wert eines Objektes wird geleugnet, oder das Vorzeichen der Relation wird "wegerklärt", wie es Figur 4-1 zeigt. Beispielsweise bewertet der starke Zigarettenraucher das Rauchen positiv, doch Lungenkrebs negativ. Eine Kommunikation, die Rauchen mit Lungenkrebs verbindet, wird wahrscheinlich Widerstand finden, denn sie schafft Ungleichgewicht. Leugnen kann verwendet werden, um die positive Relation zwischen Lungenkrebs und Rauchen "wegzuerklären", indem es vorschlägt, daß dieser Korrelationsbefund nicht Ursache und Wirkung demonstriert, oder daß die Beweise für diese Relation nicht ausreichen. Eine andere weniger wahrscheinliche Methode der Lösung durch Leugnen verschiebt den Wert des Rauchens vom Positiven zum Negativen.

---

[100] Abelson, 1959

Figur 4-1
Erreichen des Gleichgewichts durch Leugnen Eine ungleichgewichtige Struktur kann in eine gleichgewichtige verwandelt werden durch Änderung eines der Elemente oder der Relation zwischen ihnen. (Adaptiert mit Genehmigung von R. P. Abelson: "Modes of resolution of belief dilemmas". Journal of Conflict Resolution, 1959, 3, 343-352.)

Ursprünglich unausbalancierte Strukturen | Gleichgewichtige Strukturen

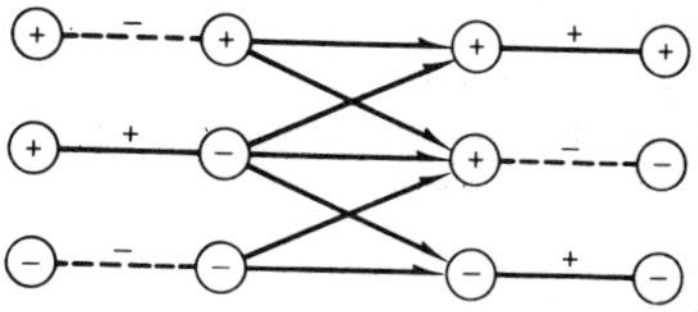

2. Abpolstern. Eines der beiden Objekte eines bestimmten Falles kann zusätzlich abgepolstert werden, indem man es in ausgewogener Weise mit anderen kognitiven Objekten verbindet, wie in Figur 4-2 dargestellt. So kann beispielsweise ein Raucher, der Angst vor Lungenkrebs hat, sich sagen, daß Rauchen ein Hochgenuß sei, seine Nerven beruhige und zu seinem gesellschaftlichen Leben gehöre. Das Ungleichgewicht zwischen Lungenkrebs und Rauchen ist nicht eliminiert, das Gesamtgleichgewicht im System der verbundenen Elemente ist jedoch verbessert. Dieser Mechanismus ähnelt der Festingerschen Ansicht (besprochen im Kapitel 3), zur Verminderung der Dissonanz neue kognitive Elemente ins Spiel zu bringen.

Figur 4-2
Reduktion von Ungleichgewicht durch Abpolstern. In der unterstützten Struktur sind die Einheiten AC, AD und AE gut ausbalanciert. Die entsprechende Wirkung der unausbalancierten Einheit AB ist daher reduziert. (Nach Abelson wie Fig. 4-1).

Ursprünglich unausbalancierte Struktur | Abgepolsterte Struktur

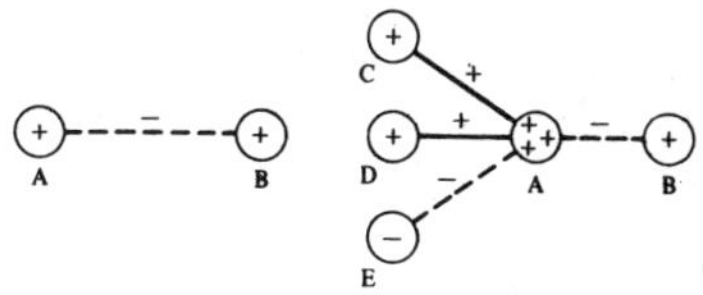

3. Differenzierung. Leugnen und Abpolstern sind Schutzmaßnahmen, welche die Identität der Elemente erhalten. Differenzierung stellt das Gleichgewicht durch Aufsplitterung eines Elementes in zwei Teile her, die zueinander eine negative Relation haben, wie es Figur 4-3 verdeutlicht. So wird beispielsweise der Bau von Kernkraftwerken wegen der Erleichterung auf dem Energieversorgungssektor von vielen Menschen positiv bewertet, gleichzeitig aber wegen der Gefahren der Strahlung und der Umweltverschmutzung negativ bewertet. Für Menschen mit beiden Wertvorstellungen herrscht Ungleichgewicht im Hinblick auf Pläne zum Bau von Kernkraftwerken. Dieses Ungleichgewicht kann gelöst werden, indem man das Einstellungsobjekt in zwei Teile

zerlegt: den Bau von Kraftwerken, die die Umwelt nicht verschmutzen, und den Bau von "verschmutzenden" Kraftwerken. Das Lungenkrebs-Problem bietet ein ähnliches Beispiel: Rauchen kann zerlegt werden in das Rauchen von gewöhnlichen Zigaretten und in das Rauchen von Filterzigaretten. Wenn ein Mensch meint, daß Filterzigaretten gegen Lungenkrebs schützen, kann er Gleichgewicht herstellen, indem er diese raucht.

Wenn also kognitive Balance oder Konsistenz durch eine Beeinflussungskommunikation bedroht ist, hat der Mensch verschiedene Möglichkeiten zur Wiederherstellung der Balance, ohne dem durch die Kommunikation ausgeübten Druck nachzugeben.

Figur 4-3
Erreichen von Gleichgewicht durch Differenzierung. Ein Element wird in zwei Elemente mit gegenteiligen Vorzeichen aufgesplittert, die beide gleichgewichtige Relationen zu dem verbleibenden Element aufweisen. (Nach Abelson, wie Fig. 4-1.)

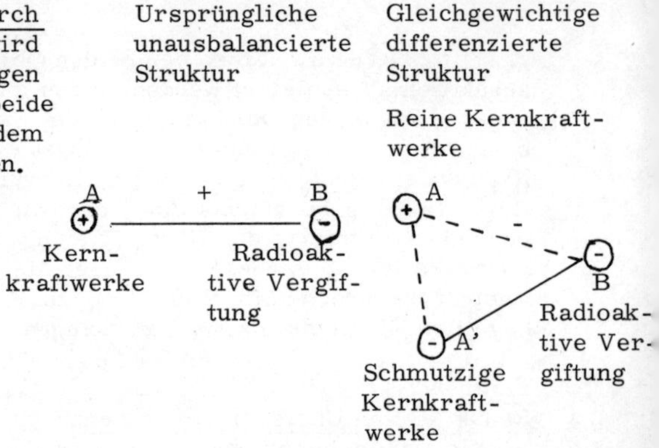

Immunisierung gegen Gegenpropaganda. Einige der frühesten Arbeiten vermitteln den Eindruck, daß eine Furcht erregende Kommunikation Schutzhaltungen hervorrufen kann, die bei einer späteren Darbietung ähnlicher Kommunikationen zu weniger Furcht und geringerer Einstellungsänderung führen würden. In einem Versuch, der durchgeführt wurde, bevor es öffentlich bekannt war, daß die Sowjetunion eine Atombombe hergestellt hatte, wurde einer Versuchsgruppe eine pessimistische Kommunikation über die Atombombe vorgegeben - daß nämlich Rußland bereits eine Atombombe, Atomfabriken usw. habe.[101] Kontrollgruppen erhielten diese Kommunikation nicht. Ein paar Monate darauf verkündete Präsident Truman, daß Rußland tatsächlich eine Atombombe habe. Die Reaktionen der Versuchs- und der Kontrollgruppe auf diese Eröffnung wurden sofort studiert und verglichen. Die Gruppe, der man bereits gesagt hatte, daß Rußland die Atombombe habe, reagierte auf die Botschaft Trumans mit geringerer Betroffenheit und Sorge als die Gruppe, die erst durch die Botschaft des Präsidenten davon erfahren hatte.

---

[101] Janis, Lumsdaine & Gladstone, 1951

Die Forscher nehmen an, daß eine Form von "emotionaler Impfung" stattfindet, wenn eine Furcht erregende Kommunikation dargeboten wird, und daß infolgedessen spätere Kommunikationen weniger effektiv werden. Anscheinend kommen als Folge der Erregung von Furcht verschiedene Schutzreaktionen des Individuums ins Spiel. Studien über das intensive und andauernde Luftbombardement in England, Deutschland und Japan während des Zweiten Weltkrieges deuten ebenfalls darauf hin, daß der Durchschnittsbürger zunächst zwar in große Furcht gerät, er aber später den folgenden Luftangriffen gegenüber relativ abgehärtet ist.[102]

Eine etwas systematischer gehaltene Serie von Untersuchungen überprüft einen anderen, aber verwandten Gedanken: Abwehrmechanismen, entwickelt gegen eine Überzeugung, können als Impfung gegen Gegenpropaganda dienen. Wenn eine Überzeugung in einer Gesellschaft weit verbreitet ist, so daß das Individuum kaum jemals widersprechende Ansichten antreffen wird, kann diese Überzeugung leicht durch einen starken überredenden Angriff beeinflußt werden. Dem liegt die Argumentation zugrunde, daß unter solchen Umständen das Individuum keine Gelegenheit zu einer Entwicklung von Resistenz gegenüber Konträrkommunikationen oder zum Ausdenken von Argumenten zur Stützung seiner Überzeugung gehabt hat. Wenn aber vor einem Angriff auf die Überzeugung Argumente gegen diese in abgeschwächter Form dargeboten werden, könnte das Individuum eine gewisse Resistenz gegenüber späteren Angriffen entwickeln. Je öfter solche Argumente zu aktiver Formulierung von Abwehrmechanismen gegen die Attacken führen, desto intensiver wird das Individuum gegen weitere Attacken immunisiert sein.

In der ersten Untersuchung zur Prüfung dieser Überlegungen wurden vier Überzeugungen, was Gesundheit angeht, ausgewählt, darunter "Die Wirkungen von Penicillin sind fast ausnahmslos eine große Wohltat für die Menschheit gewesen" und "Die meisten Formen von Geisteskrankheit sind nicht ansteckend".[103] Jede Versuchsperson wurde durch zwei experimentelle Sitzungen geschleust - eine Immunisierungssitzung und eine Testsitzung. In der ersten Sitzung erhielten Versuchspersonen der Kontrollgruppe keine Behandlung; die anderen wurden unterschiedlich behandelt - mit der Absicht, sie gegen spätere Angriffe zu immunisieren. Zu den Immunisierungsverfahren gehörten aktive Abwehrmechanismen wie das Schreiben eines Aufsatzes, der Argumente für die Überzeugung enthielt, sowie das Schreiben eines Aufsatzes, der Gegenargumente zurückwies. Es kamen passive Abwehrmechanismen dazu, wie das Lesen eines vom Versuchsleiter vorgelegten Aufsatzes, der entweder die Überzeugung verteidigte oder schwache Gegenargumente vorbrachte.

In der Testsitzung wurden starke Argumente gegen die Überzeugung angeboten. Die Ergebnisse stimmten mit den Vorhersagen überein. Wenn die ursprünglichen Überzeugungen keine Immunisierungsbehandlung erhalten hatten, wurden sie durch die starken Gegenargumente in der Testsituation

---

102 Janis, 1951; 103 McGuire & Papageorgis, 1961

beträchtlich geschwächt. Ursprüngliche Überzeugungen, die in der Immunisierungssitzung unterstützende Argumente erhalten hatten, wurden durch diese Argumente weiter gestärkt; wenn man sie jedoch später Gegenargumenten aussetzte, wurden die ursprünglichen Überzeugungen faktisch so geschwächt, als ob sie keine unterstützende Behandlung erhalten hätten. Im Gegensatz dazu wurden ursprüngliche Überzeugungen, die man durch eine Behandlung mit schwachen Gegenargumenten immunisiert hatte, von nachfolgenden starken Gegenargumenten weniger beeinflußt - womit gezeigt wurde, daß die Überzeugungen eine gewisse Immunität gegen Konträrkommunikationen erworben hatten.

Ein weiterer Versuch stellte fest, daß, wenn man die Überzeugung schwachen Gegenargumenten aussetzte, dies Resistenz hervorrief - nicht nur gegen die später in einer stärkeren Form dargebotenen spezifischen Gegenargumente, sondern auch gegen weitere Argumente, die im Zuge des Immunisierungsverfahrens noch nicht vorgebracht worden waren.[104] Dieser Effekt entsteht wahrscheinlich, weil der Empfänger, den man irgendwelchen Gegenargumenten aussetzt, wohl dazu gebracht wird, sich verschiedene stützende Argumente für seine Überzeugung auszudenken. Einige werden es ihm ermöglichen, Widerstand gegen Konträrargumente zu leisten, die er noch nicht gehört hat. Dieser Abwehrprozeß ist wahrscheinlich auch deshalb effektiv, weil er gegenüber späteren Gegenkommunikationen eine geringere Glaubhaftigkeit hervorruft - das heißt, er produziert eine größere Anzahl von kognitiven Elementen, welche dissonant zu der späteren Kommunikation sind.

Aktive Abwehr bewirkt die größte allgemeine Immunisierung - dies zeigt eine andere Versuchsbedingung, wie sie in diesem und einem nachfolgenden Experiment abgewandelt wurde.[105] Wenn ein Rezipient, den man schwachen Gegenargumenten ausgesetzt hatte, einen Aufsatz zur aktiven Verteidigung seiner Überzeugung schreiben mußte, wirkte der Immunisierungsprozeß sowohl auf neue Gegenargumente als auch auf die ursprünglichen Argumente. Wenn jedoch die Versuchsperson nur einen Aufsatz lesen mußte, in dem seine Überzeugung verteidigt wurde, wirkte der Immunisierungseffekt nicht verallgemeinernd auf neue Argumente. Schließlich zeigt eine Untersuchung von McGuire, daß aktive Zurückweisung auch eine über einen längeren Zeitraum anhaltende Resistenz bewirkt, welche aufgebaut wird, wenn man einen Rezipienten ausschließlich unterstützenden Argumenten aussetzt. Diese Persistenz gilt auch für Gegenargumente, die anders sind als die ausdrücklich zurückgewiesenen.[106] Infolgedessen wird ein Aussetzen ("exposure"), das eher einen aktiven Abwehrprozeß in Gang bringt als einen passiven, wahrscheinlich die allgemeinste Form von Immunität gegen Konträrargumente hervorrufen. Resistenz gegen die Gegenargumente ist sofort nach der Vorgabe der ursprünglichen Kommunikation als auch zwei Tage danach gleich stark. Sieben Tage später ist die Resistenz etwas abgeschwächt, aber noch immer bedeutend. Ein späterer Versuch zeigt, daß aktive Teilnahme am Kommunikationsprozeß sechs Wochen

---

[104] Papageorgis & McGuire, 1961

[105] McGuire, 1961; [106] McGuire, 1962

später eine größere Einstellungsänderung bewirkt.[107] Weiterhin entsteht durch die Vorgabe einer Kommunikation, welche von der Haltung des Rezipienten abweicht und mindestens ein Gegenargument enthält, beim Empfänger ein Anreiz zur Suche nach weiteren Gegenargumenten; ferner erschwert eine hohe Stellung ("competence") des Kommunikators die Hervorbringung von Gegenargumenten.[108]

Hier muß eine Einschränkung vermerkt werden. Während es vollkommen klar ist, daß ein Angebot einstellungskonträrer Informationen mehr Resistenz gegen später angebotene Gegeninformationen zur Folge hat, ist jedoch der Mechanismus des Gegenarguments bis jetzt nicht endgültig identifiziert worden. Ein Studium dieser Untersuchungen und eine Betrachtung anderer möglicher Mechanismen erbringt klar, daß gewisse Mittel zur Entdeckung des Vorhandenseins von konträrem Argumentieren gefunden werden müssen, wenn diese Erklärung überzeugend sein soll.[109] Die Schwierigkeit ergibt sich aus der Tatsache, daß das Entstehen von Gegenargumenten gewöhnlich ein verborgener, unbeobachtbarer Prozeß ist, und daß eine gewisse Art von Versuchen, den Prozeß zu messen, diesen sehr wohl in Gang setzen kann, wenn er vor dem Messungsversuch noch nicht vorhanden war. Nichtsdestoweniger erscheint die Theorie der Immunisierung ziemlich abgesichert, und die Entwicklung von Gegenargumenten dürfte gegenwärtig die bestmögliche Erklärung sein.

Wenn wir davon ausgehen, daß diese Befunde im allgemeinen gelten, stellen wir fest, daß sie wichtige Implikationen beinhalten. Die zentralen Werte der amerikanischen Kultur könnten überraschend einer Änderung zugänglich sein, wenn man die Menschen zwangsweise Gegenargumenten aussetzte, einfach deshalb, weil keine Schutzhaltungen gegen Angriffe auf diese Werte entwickelt worden sind. So könnte der praktisch unter allen Amerikanern verbreitete Glaube an eine demokratische Regierungsform sehr wohl einer Änderung unterliegen - in einer Situation, in der ein Amerikaner isoliert von seinen Mitgläubigen ist und Gegenargumenten ausgesetzt wird - wie in koreanischen Gefangenenlagern, wo die chinesischen Kommunisten intensive Gehirnwäscheprozeduren anwendeten. Die experimentelle Forschung über Immunisierung läßt vermuten, daß eine Herausforderung der Konzeptionen und Prinzipien der Demokratie das Individuum zwingen wird, Schutzhaltungen zu entwickeln und dadurch Resistenz gegenüber solchen Angriffen aufzubauen.

---

107 Watts, 1967; 108 Cook, 1969

109 Miller & Baron, 1973

KAPITEL 5

MASSENKOMMUNIKATION UND DIE SOZIALE STRUKTUR

Die vorangegangenen Kapitel haben sich vorwiegend auf das Individuum konzentriert. Die Beeinflußbarkeit wurde diskutiert, deren Relation zur Persönlichkeit des Individuums sowie innere Prozesse wie Dissonanz und Konsistenz. Diese Behandlung hat möglicherweise ein Bild der beeinflussenden Kommunikation als Vorgang gezeichnet, der zwischen einem einzelnen Kommunikator und einem einzelnen Empfänger stattfindet. Die Auffassung, die viele Beobachter in den Jahrzehnten vor dem Zweiten Weltkrieg über Massenkommunikation hatten, wird von Katz und Lazarsfeld gut charakterisiert:

> Zunächst einmal war ihr Bild das einer atomistischen Masse von Millionen von Lesern, Hörern und Kinogängern, die darauf vorbereitet waren, die Botschaft aufzunehmen; zweitens stellten sie jede Botschaft als einen direkten und starken Anreiz zum Handeln dar, der eine sofortige Reaktion auslösen würde. Kurz, man betrachtete die Kommunikationsmedien als eine neue Art von einigender Kraft - eine einfache Art von Nervensystem - die bis zu jedem Auge und Ohr reicht, in einer Gesellschaft, welche gekennzeichnet ist von einer amorphen sozialen Organisation und von Armut an zwischenmenschlichen Beziehungen. [1]

So stellte man sich daher jedes Individuum als vor dem Fernsehschirm sitzend oder die Zeitung lesend vor, wie es auf die Botschaft in einer Weise reagiert, die wenig mit seiner sonstigen Art zu leben oder mit seinen Beziehungen zu anderen Personen und Gruppen zu tun hat. Dies ist ein falsches Bild des Kommunikationsprozesses. Die Forschung hat hinreichend klar gemacht, daß die Wirkungen einer Kommunikation von den entsprechenden Positionen des Kommunikators und des Rezipienten in der Gesellschaftsstruktur und von deren direkten Beziehungen zu anderen Personen und Gruppen abhängen. Diese zwei Ansichten über Massenkommunikation sind in Figur 5-1 schematisch dargestellt.

Figur 5-1

Zwei Ansichten über Massenkommunikation

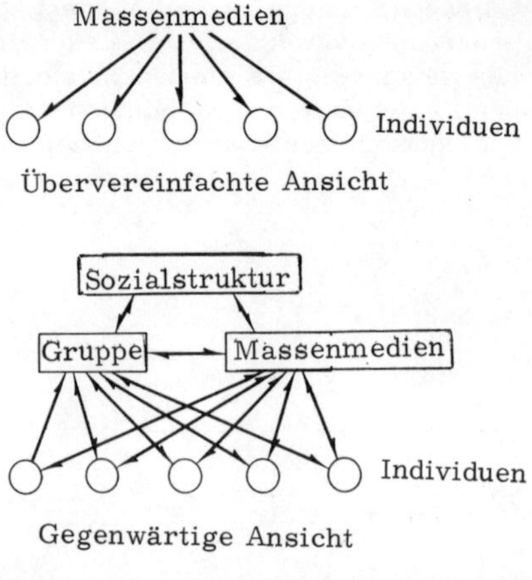

---

1 Zitiert mit freundlicher Genehmigung aus: E. Katz & P.F. Lazarsfeld, "Personal Influence". Chicago - The Free Press of Glencoe, III, 1955, S. 16

ERHEBUNGEN ODER LABORUNTERSUCHUNGEN?

Ein Vergleich der Erhebungen zur Untersuchung der Massenmedien, wie Radio und Fernsehen, mit Methoden der Erforschung des Kommunikationsprozesses im Versuchslabor zeigt die Bedeutung der sozialen Struktur im Kommunikationsprozeß. Laboruntersuchungen haben mehrere charakteristische Merkmale: Sie verwenden Botschaften, die für das Experiment passend konstruiert wurden; die von ihnen angeschnittenen Probleme sind für die Rezipienten nicht von äußerster Wichtigkeit und oft nicht aktuell, und schließlich ist das Publikum ein abhängiges, indem es häufig aus College-Studenten oder Schülern der High-School besteht.

Erhebungen dagegen versuchen die Wirkungen von tatsächlichen Botschaften in den Massenmedien zu erfassen, wie etwa die Auswirkungen eines politischen Feldzuges auf das Wählerverhalten, und sie verwenden eine repräsentative Stichprobe der Population. Beispielsweise ist ein häufig verwendetes Verfahren bei Erhebungen über das Wählerverhalten die Panel-Technik.[2] Eine Stichprobe von Wählern wird als "Panel" ausgesucht. Sie werden während und unmittelbar nach Abschluß des Wahlfeldzuges mehrere Male interviewt. Dieses Vorgehen ermöglicht den Forschern herauszufinden, wie Wähler ihre Entschlüsse fassen, so oder so zu wählen, und wie verschiedene Faktoren - einschließlich der Massenmedien - den Entscheidungsprozeß beeinflussen.

Die Unterschiede in den Methoden der Erhebungen einerseits und der Laboruntersuchungen andererseits hatten als Ergebnis weit auseinandergehende Wirkungen von Beeinflussungskommunikationen in den beiden verschiedenen Situationen. Während von einem Drittel bis zur Hälfte der Empfänger im typischen Laborversuch ihre Einstellungen in der vom Kommunikator befürworteten Richtung änderten, veränderten sich nur etwa 5 Prozent der Empfänger bei Erhebungen in der gewünschten Richtung. Die Grenzen von Massenfeldzügen sind mehrfach belegt worden. Eine in Allentown (Pennsylvanien) durchgeführte Untersuchung benutzte Flugblätter, um den Bürger dahingehend zu beeinflussen, die Sozialistische Partei zu wählen, die in den Dreißigerjahren viel stärker war als heute.[3] Obwohl die Propaganda-Flugblätter als überdurchschnittlich in ihrem Aufforderungscharakter beurteilt worden waren, schätzte man, daß 10 000 Flugblätter nötig wären, um nur 72 zusätzliche Stimmen für die Sozialistische Partei zu gewinnen. Der Versuchsleiter schätzte ferner, daß etwa die Hälfte dieser 72 zusätzlichen Stimmen wahrscheinlich auch ohne die Hilfe der Flugblätter erreicht worden wäre, und zwar auf Grund zahlreicher anderer Faktoren, die nichts mit dem Versuch zu tun hatten. Eine spätere Untersuchung befaßte sich mit einem Sechs-Monate-Feldzug zur Information der Einwohner von Cincinnati über die Vereinten Nationen.[4] Hunderte von Filmen wurden gezeigt, Rundfunkstationen sendeten wöchentlich 150 Kurzsendungen, Zeitungen spielten die Vereinten Nationen hoch, in 2 800 Klubs wurden Vorträge gehalten und 59 588 gedruckte Informationen wurden verteilt. Doch

---

[2] Lazarsfeld, Berelson & Gaudet, 1948; Berelson, Lazarsfeld & McPhee, 1954

[3] Hartman, 1936; [4] Star & Hughes, 1950

der Prozentsatz der Bürger, die von dem Vetorecht des Sicherheitsrates der Vereinten Nationen wußten, wuchs nur um 3 Prozent, von 34 auf 37 Prozent. Der Prozentsatz derjenigen, die die Funktion des Vetorechts erklären konnten (7 Prozent), änderte sich überhaupt nicht.

Eine Reihe einsichtiger Gründe für die deutliche Diskrepanz zwischen Effektivität von beeinflussender Kommunikation im Labor und in Erhebungen wird nachstehend erörtert. Die meisten von ihnen werden bei Hovland erwähnt. [5]

Selektive Auswahl könnte teilweise die Ursache für den Unterschied sein, der zwischen den beiden Formen auftritt. Studenten in einem Hörsaal stellen eine kompakte Zuhörerschaft dar, die man zwangsweise den experimentellen Kommunikationen aussetzt. Wenn aber eine Kommunikation auf die allgemeine Population mittels Fernsehen, Rundfunk, Flugblättern oder eines anderen Massenmedium gestreut wird, hat das Individuum die Freiheit der Wahl, sie anzuhören oder zu lesen. Diejenigen, die gegen die Position des Kommunikators opponieren und jene, die neutral sind, können sich entscheiden, die Kommunikation zu ignorieren und werden daher nicht von ihr beeinflußt. Die Forschungshinweise für diese Tatsache sind eindeutig, wie im vorangegangenen Kapitel gezeigt werden konnte. Immerhin ist es wahrscheinlich, daß sich Menschen Informationen aussetzen, die nützlich für sie sind.

Bei der Erhebung werden die Rezipienten nicht isoliert von Kommunikationen, die möglicherweise in Widerstreit zu der zu untersuchenden Kommunikation stehen. Bei der Beurteilung der Wirkung einer durch die regulären Massenmedien geschleusten Anzeige ist es beispielsweise unmöglich, den Rezipienten von allen anderen konkurrierenden Anzeigen zu isolieren, bevor der Meinungsforscher ihn erreicht, um seine Reaktionen zu messen. In experimentellen Untersuchungen hingegen, wo die Meinung beurteilt wird, bevor der Empfänger das Labor verläßt, hat dieser keine Möglichkeit, nachfolgenden Gegen-Kommunikationen ausgesetzt zu sein. Natürlich gibt es in vielen Laboruntersuchungen zwischen der Kommunikation und der Messung der Meinungsänderung eine Zeitspanne von oft mehr als einer Woche, während der der Rezipient sehr wohl verschiedenen Gegen-Kommunikationen ausgesetzt sein kann. Auch hier allerdings, wo das Thema der Laboruntersuchung kaum einem Thema in den Massenmedien entsprechen dürfte, wird der Empfänger wohl keinen Gegen-Kommunikationen ausgesetzt sein.

Oft ist der Kommunikator im Labor oder Hörsaal glaubwürdiger als der Kommunikator in alltäglichen Kommunikations-Situationen. Für ihn bürgt von vorneherein der Lektor der Studentengruppe und die Unterrichtsinstitution, in der das Experiment stattfindet. Wir haben im vorigen Kapitel festgestellt, daß die Erwartungen ("demand characteristics") eines Versuches oft starke Auswirkungen auf die Versuchspersonen haben. Da bei Versuchen über Einstellungsänderung der Zweck oder die "Forderung" ("demand") häufig ergründet werden kann, werden sich die Teilnehmer ebenso häufig in einer Richtung ändern, die

---

[5] Hovland, 1959

mit den experimentellen Bedingungen übereinstimmt.

Andererseits ist der Kommunikator in Massenmedien häufig anonym, wie in den meisten Zeitungsartikeln, und manchmal ist er ausgesprochen verdächtig. Beinflussungsversuche werden unter anderem von Werbungstreibenden, Politikern, Handelsvertretern und vielen anderen unternommen, die möglicherweise von der Annahme ihrer Botschaft profitieren; daher kommt es vor, daß der Rezipient den Beeinflussungsversuch mit großer Vorsicht aufnimmt.

Ein weiterer Unterschied ist, daß Kommunikationen in Erhebungen häufig von beträchtlichem Interesse für den Rezipienten sind. Er ist oft persönlich in Angelegenheiten der Wahl von Orts-, Staats- oder Bundespolitikern engagiert und nimmt starken Anteil an nationalen oder internationalen Angelegenheiten. Als Folge davon hat er ein unabdingbares Interesse daran, seine Meinung nicht zu ändern. Themen bei Laboruntersuchungen haben seltener derartige Gefühle erregt, obwohl es auch da Ausnahmen gibt. Seiner ganzen Natur nach macht der Laborversuch die Kommunikation zu einer Angelegenheit, in der der Rezipient weniger engagiert ist - sie ist häufig keine Kommunikation, die ihn anregt, hinauszugehen und danach zu handeln.

Schließlich ist das Labor-Publikum relativ isoliert, und die Versuchsbedingungen sind der Art, daß eine Interaktion unter den Mitgliedern sehr eingeschränkt ist. Im Gegensatz dazu kann eine über die Massenmedien verbreitete Botschaft mit Freunden, Verwandten und Bekannten diskutiert werden, die wahrscheinlich die gleichen Ansichten haben wie der Rezipient selbst, und die dazu beitragen, daß er seine Einstellung trotz aller Versuchungen nicht ändert. Wenn im Labor die Interaktion eingeschränkt wird, ist Annahme oder Ablehnung mit Wahrscheinlichkeit eine individuelle Entscheidung.

Die vielen Unterschiede zwischen der Versuchsanordnung im Labor und der Kommunikation im täglichen Leben erfordern eine Beachtung der Rolle in der sozialen Struktur, wenn Kommunikationen vermittelt werden sollen. Der Rest dieses Kapitels ist diesem Problem gewidmet. Es soll vermerkt werden, daß, wenn sich auch die im Labor erhaltenen Resultate oft von den in Erhebungen erhaltenen Resultaten unterscheiden, die Laborversuche spezielle Möglichkeiten haben. Sie verfügen über ein nützliches Gerüst für das Konzept der Einstellungsorganisation und -änderung in einem Individuum, und sie haben das Verdienst, auf die verschiedenen möglichen Quellen der Resistenz hingewiesen zu haben. Die in Kapitel 3 erörterten allgemeinen Prinzipien zu Dissonanz, Konsistenz, Konträrverhalten und Änderungsresistenz betreffen auch die Kommunikation in der sozialen Struktur.

FUNKTIONEN VON GRUPPEN IM KOMMUNIKATIONSPROZESS

Es ist vorhin festgestellt worden, daß Gruppen die Wirkung einer Kommunikation verstärken oder stören können. Dieser Abschnitt erörtert die Art und Weise, in der solche Prozesse wirksam werden. Da die Forschungen auf diesem Gebiet die Beziehungen kleiner Gruppen zum Kommunikationsprozeß in zwei verschiedenen Zusammenhängen untersucht haben, wird die Erörterung in zwei sich überschneidenden Teilen vor sich gehen. Ein Teil beschäftigt sich primär mit dem Funktionieren der Gruppen selbst und stützt sich in hohem Maße auf Forschungen mit Gruppen im Versuchslabor. Der andere Teil hat einen etwas breiteren Rahmen und umfaßt die Beziehungen des Rea gierenden zu anderen Personen sowie seinen Platz in größeren Sozialstrukturen. Dies wird gewöhnlich mit Methoden der Erhebung ("survey methods") erforscht. Kleine Gruppen im Beeinflussungsprozeß werden erörtert als (1) Ursache für Änderungsresistenz, und als (2) Ursache für Änderung. Der Platz des Individuums in größeren sozialen Strukturen und die Auswirkungen dieses Platzes auf dessen Aufnahme von Kommunikationen sollen später in diesem Kapitel diskutiert werden.

Gruppen als Determinanten für Änderungsresistenz

Gruppen können die Wirkungen einer Kommunikation über ein Medium auf drei verschiedene Arten verstärken oder stören: (1) durch die Wirkungen der Gruppenstruktur auf den Medienkonsum, (2) durch Festsetzung der Glaubwürdigkeit verschiedener Kommunikatoren, und (3) durch soziale Unterstützung von gewissen Einstellungen.

Wirkungen der Gruppenstruktur auf den individuellen Medienkonsum Die Gruppenstruktur kann die Art beeinflussen, in der eine Kommunikation gefiltert wird, während sie von einer Person zu einer anderen weitergegeben wird. Dieser Filterungsprozeß bestimmt den Grad, in dem Gruppenmitglieder die verschiedenen Elemente der Kommunikation konsumieren. Wie in Kapitel 9 gezeigt wird, haben Gruppen eine Kommunikationsstruktur. Es ist hier von besonderer Bedeutung, daß einzelne Mitglieder aktiver als andere bei der Verbreitung von Botschaften innerhalb der Gruppe sind. Gewöhnlich reflektieren diese aktiven Mitglieder die Wertstruktur der Gruppe. Infolgedessen können sie Botschaften blockieren oder verstümmeln, wenn diese dissonant zu den Gruppenwerten sind, sie können ferner den Weg von Botschaften steuern, wenn diese konsonant sind.

Untersuchungen zum Wählerverhalten haben beispielsweise gezeigt, daß über Politik vor allem mit Freunden und Familienmitgliedern gesprochen wird. Da diese Menschen gewöhnlich ähnliche politische Einstellungen haben, sind die Chancen, durch interpersonelle Kanäle auf dissonante Ansichten zu stoßen, gering. Das Ausmaß, in dem Familienmitglieder ähnliche politische Einstellungen haben, wird betont durch die Untersuchung einer Wählerstichprobe in einem Bezirk ("county"): dort hatten nur 4 Prozent der Wähler Verwandte, die anders als sie selbst wählten. [6] Darüber hinaus wird einer Diskussion mit Leuten, die mit der eigenen Ansicht nicht übereinstimmen, oft aktiv aus dem Wege gegangen. So sagt etwa ein Republikaner: "Alle meine Nachbarn sind Demo-

---

[6] Lazarsfeld et al. 1948

kraten, daher hat es keinen Sinn, mit ihnen über Politik zu sprechen."[7]

Brodbeck versuchte, eine Form von Selbstselektion innerhalb der Gruppe aufzuzeigen.[8] Das Ergebnis war, daß Mitglieder einer Gruppe, deren Vertrauen in ihre eigene Überzeugung durch eine Konträrkommunikation erschüttert worden ist, Diskussionspartner suchen, die mit ihren Überzeugungen übereinstimmen. Eine Anzahl kleiner Gruppen von Versuchspersonen hatte die Wahl, über ein Einweg-Telephon entweder einen Partner abzuhören, der mit ihrer Position übereinstimmte oder nicht übereinstimmte. Nach einem Vergleich der Teilnehmer, die mit der Kommunikation nicht übereinstimmten, deren Vertrauen jedoch erschüttert war, mit Teilnehmern, die mit der Kommunikation übereinstimmten, schloß Brodbeck, daß die Hypothese bestätigt worden war. Steiner indessen hat aufgezeigt, daß die Zahl der nichtübereinstimmenden Individuen mit erschüttertem Vertrauen, welche einen Diskussionspartner mit der gleichen Einstellung wählten, ein Zufallsergebnis nicht überschritt: Nur neun von siebenundzwanzig Personen trafen eine solche Wahl, -die Erwartung lag bei elf von siebenundzwanzig Personen -, wenn alle Mitglieder rein zufällig ausgewählt wurden.[9] Sehr viel mehr als elf Mitglieder hätten Partner mit der gleichen Einstellung ausgewählt, wenn die Brodbecksche Hypothese richtig gewesen wäre.

Fehlende Bereitschaft, auf Menschen zu hören, die anderer Meinung sind, sollte nicht mit mangelndem Interesse verwechselt werden, nicht mit ihnen zu reden. Unter gewissen Bedingungen richtet sich ein beträchtliches Ausmaß an Kommunikation auf eine Person, die von der Gruppenmeinung abweicht, wie später in diesem Kapitel und in Kapitel 10 erörtert werden soll.

Glaubwürdigkeit von Kommunikatoren

Die Mitglieder einer Gruppe haben wahrscheinlich nicht nur ähnliche Meinungen über eine Vielfalt von Problemen, sondern auch ähnliche Meinungen über die Glaubwürdigkeit von verschiedenen Kommunikatoren.
Für eine sehr religiöse Gruppe, zum Beispiel, hat ein Geistlicher ihres Glaubens hohe Glaubwürdigkeit, ein Atheist hat dagegen geringe Glaubwürdigkeit. Für eine Gruppe von Ärzten hat ein Chirurg hohe Glaubwürdigkeit, wenn aber ein Sporttrainer über Gesundheit spricht, hat er für sie eine viel geringere Glaubwürdigkeit. Im allgemeinen wird Kommunikatoren, die Botschaften übermitteln, die konsonant mit Gruppeneinstellungen und -werten sind, eine hohe Glaubwürdigkeit zugeschrieben; jenen mit dissonanten Kommunikationen wird dagegen geringe Glaubwürdigkeit zugeschrieben. Ein Faktor, der die Effektivität von auf Gruppen gerichtete, sehr glaubwürdige Kommunikationen vervielfacht, ist der, daß Schlüsselpositionen in der Kommunikationsstruktur der Gruppe von Mitgliedern eingenommen werden, welche Gruppenwerte verkörpern: Sie sind geneigt, Kommunikationen weiterzugeben, die konsonant mit ihren Wertvorstellungen sind, dissonante Kommunikationen dagegen zu filtern.

---

7 Berelson, Lazarsfeld & McPhee, 1954, S. 102

8 Brodbeck, 1956, 1960;

9 Steiner, 1962

Gruppenunterstützung für Einstellungen Gruppen sind nicht in dem Maße homogen, und die Kommunikationskanäle sind ebenfalls nicht so gleichbleibend, als daß Menschen niemals Konträrkommunikationen ausgesetzt wären. Ein Mensch in einer modernen Gesellschaft wird ununterbrochen durch eine große Vielfalt von Botschaften bombardiert, deren viele konträr zu seiner Einstellung sind. Die vielleicht bedeutendste Quelle des Widerstandes gegen fortgesetzten Druck findet sich in der sozialen Unterstützung durch eine Gruppe, mit der sich das Individuum identifiziert. Diese Unterstützung ist einer der wichtigsten Gründe dafür, warum unsere Einstellungen sich nicht ständig in die Richtung jeder neuen Beeinflussung von Kommunikationen verlagern. Im wesentlichen kann die Unterstützung der Gruppe in folgender Form charakterisiert werden.

Menschen fühlen sich zu anderen hingezogen, welche ähnliche Einstellungen wie sie selbst haben. Sobald sie mit einem Menschen konfrontiert werden, dessen Einstellungen sich von den ihrigen unterscheiden, üben sie Druck auf ihn aus, sich zu ändern. Festinger vermutet, daß diese Tendenzen aus einem Bedürfnis entstehen, seine eigenen Einstellungen zu bestätigen - für sie Unterstützung zu finden in der sozialen Realität.[10] Die Auffassung von sozialer Realität, wie sie eingehender in Kapitel 10 erörtert werden soll, beruht auf dem Mangel an Beweisen im naturwissenschaftlichen Sinne für die Bestätigung oder Widerlegung der Wahrheit vieler unserer Einstellungen. Diese Abhängigkeit von anderen Menschen beginnt beim kleinen Kind, dessen Eltern bestimmen, was sicher oder gefährlich, was gut und was schlecht ist, zusätzlich zahlloser anderer Definitionen der Eltern.

Dieser Druck zur Gleichförmigkeit, welcher aus dem Bedürfnis zur Bestätigung von Einstellungen entsteht, ist besonders wirksam in kleinen, intimen Gruppen, denn Menschen in solchen Gruppen sind normalerweise stark voneinander abhängig, was die Befriedigung ihrer emotionalen Bedürfnisse wie Zuneigung, Freundschaft und Ermutigung betrifft. Solche Gruppen werden seit langem als Primärgruppen bezeichnet. Die Vorgänge, durch die Gruppenmitglieder Einfluß aufeinander ausüben, um Konformität zu erreichen, werden ausführlicher in Kapitel 10 behandelt werden.

Ein ausgezeichnetes Beispiel dafür, wie Mitgliedschaft in einer Primärgruppe starken Widerstand gegen Beeinflussungskommunikationen hervorrufen kann, liefert eine Analyse der Deutschen Wehrmacht im Zweiten Weltkrieg.[11] Dieser Untersuchung zufolge war der wichtigste Faktor für die starke Resistenz der deutschen Truppen gegenüber der alliierten Propaganda - trotz der Hoffnungslosigkeit ihrer Lage gegen Ende des Krieges - die Loyalität des Soldaten zu seiner eigenen Einheit. Die Einheit erfüllte seine körperlichen Bedürfnisse, versorgte ihn mit Essen, Kleidung, Obdach und Schutz, und gewährte ihm auch Zuneigung, Achtung und Unterstützung. Die alliierte Propaganda in Form von Flugblättern, die zur Übergabe aufforderten, hatte wenig Wirkung auf

---

10 Festinger, 1954; 11 Shils & Janowitz, 1948

Soldaten, die zu diesen Einheiten gehörten. Einen Soldaten zur Übergabe aufzufordern, hatte wenig Erfolgsaussichten, wenn es für ihn bedeutete, daß er seine Kameraden verlassen müßte. Noch weniger Wirkung zeigten alliierte Kommunikationen mit dem Versuch, Zweifel an der Nazi-Ideologie aufkommen zu lassen: Die meisten Soldaten kümmerten sich nicht um Politik, und der Glaube an den Faschismus war keine Basis für ihre Resistenz gegenüber alliierter Propaganda.

Wenn andererseits die Primärgruppe zerbrochen war oder ihre Funktionen durch Mangel an Verpflegung oder Munition unterbrochen waren, wurde das Bedürfnis nach physischem Überleben so stark, daß Beeinflussungskommunikationen häufig Erfolg hatten, wenn sie zur Übergabe aufforderten und freies Geleit garantierten. Infolgedessen war die praktische Auflösung der Primärgruppe, oder die Zustimmung der ganzen Gruppe zur Übergabe eine notwendige Vorbedingung für die Effektivität von Überredungskommunikationen der Alliierten. Ähnliche Loyalitätsgefühle gegenüber der Primärgruppe existierten bei den amerikanischen Soldaten. Wenn diese gefragt wurden, welche Umstände sie zum Ausharren veranlaßten, auch wenn es hart zuging, betonten sie, sie könnten ihre Einheit nicht im Stich lassen, daß Kameraden von ihnen abhingen usw. [12]

Andere Beispiele dafür, wie Gruppen dem Individuum helfen, Beeinflussungen zu widerstehen, gibt eine Untersuchung über Gefängnisse und kriminelle Banden. Obwohl angenommen wird, daß Gefängnisse der Rehabilitierung des Verbrechers dienen, werden Einflüsse in dieser Richtung gewöhnlich wirkungsvoll durch Bildung starker informeller Gruppen unter den Gefangenen blockiert. Diese Gruppen unterstützen und fördern das Fortbestehen von Einstellungen, die die Fortsetzung krimineller Aktivitäten nach der Entlassung begünstigen. In ähnlicher Weise sind Mitglieder krimineller Banden gegen Reformbestrebungen von Polizei, Sozialarbeitern und anderem Fürsorgepersonal erheblich resistent.

Mehrere Quellen geben Aufschluß darüber, daß Versuche der chinesischen Kommunisten zur Gehirnwäsche gefangener amerikanischer Soldaten des Korea-Konflikts erfolgreich waren, um eine Brechung des Widerstandes und minimale Kooperation zu erreichen. Der Versuch gelang auch deshalb, weil man Primärgruppen absichtlich auseinandergebrochen hatte. [13] Die chinesischen Aufseher sonderten Führer und Widerständler ab, richteten ein Informantensystem ein, gewährten denen, die mit ihnen kooperierten, besondere Privilegien und entfernten alle militärischen Rangabzeichen. Als Folge davon stand der Durchschnittsamerikaner allein gegen seine Gefangenenhalter, obwohl er sich physisch mitten unter seinen Mitgefangenen befand.

Im Gegensatz dazu widerstanden praktisch alle türkischen Gefangenen desselben Krieges erfolgreich jedweden Versuchen ihrer Gefangenenhalter, sie zur

---

[12] Shils, 1950

[13] Committee on Government Operations, 1956; Schein, 1958

Kooperation zu bewegen. Sie wurden wahrscheinlich auf Grund des Mangels an türkisch sprechenden Chinesen beisammen gelassen. Sie zogen Vorteil aus diesem Zusammenbleiben, indem sie ein hohes Maß an Disziplin und Organisation aufrechterhielten, wobei der ranghöchste Türke an der Spitze der Einheit verblieb und volle Unterstützung von anderen türkischen Gefangenen erhielt. Ein Laborversuch hat gezeigt, daß eine hohe Bewertung der eigenen Gruppe mit Resistenz gegen Kommunikationen verknüpft ist, die konträr zu den Gruppenwerten laufen.[14] Das Experiment wurde mit Pfadfindern durchgeführt: Ein Kommunikator behauptete, für junge Menschen in der modernen Welt sei die Beschäftigung mit ihren Städten und deren kommunalen Problemen lehrreicher als die typischen Pfadfinder-Aktivitäten. Messungen der Einstellung vor und nach der Kommunikation ergaben, daß jene, die ihre Mitgliedschaft in der Gruppe hoch bewerteten, sich innerlich gegen die kritische Botschaft des Kommunikators stellten und sogar eine noch günstigere Position gegenüber den Pfadfinder-Aktivitäten bezogen. Jungen, die die Gruppe nicht so hoch bewerteten, wurden durch den Kommunikator nicht oder nur soweit beeinflußt, daß sie den Pfadfinder-Aktivitäten gegenüber etwas ungünstigere Einstellungen einnahmen.

Die bisherige Darstellung hat gezeigt, daß die Gruppe ihre Mitglieder unterstützt bei der Resistenz gegen Kommunikationen, die konträr sind zu gemeinsamen Einstellungen, welche die zentralen Werte der Gruppe darstellen und von dieser stark sanktioniert werden. Es wäre auch interessant zu wissen, ob Einstellungen, die allen Mitgliedern gemeinsam, für die Ziele der Gruppe aber von keiner besonderen Bedeutung sind, wegen der Gruppenunterstützung ebenso änderungsresistent sind. Mehrere Untersuchungen zeigen, daß auch bei Themen von geringer Bedeutung die Gruppe einen gewissen Druck auf Personen ausübt, die abweichen.

Während eines Experimentes wurden Laborgruppen eingerichtet, die sich auf zwei Arten unterschieden: (1) in der Kraft der Gruppe, ihre Mitglieder zusammenzuhalten, und (2) in der Bedeutung oder Wichtigkeit der Aktivitäten, über die sich die Macht der Gruppe erstreckte.[15] Wie vorher mit dem Versuchsleiter vereinbart worden war, wichen einzelne bezahlte Teilnehmer von etablierten Gruppeneinstellungen ab. Wenn die vom Abweichler gezeigten Handlungsweisen für die Gruppe nicht besonders wichtig waren, übte diese einen gewissen Druck auf ihn aus, sich anzupassen, aber keinen so starken wie bei bedeutungsvolleren Handlungsweisen. In einer Untersuchung über Freundschafts-Verbindungen wurden Einstellungen, die wenig Bedeutung für Freundschaft haben (Ansichten über Großkonzerne), trotzdem häufig angenommen, weil die Individuen von ihren Freunden annahmen, daß diese Druck auf sie ausübten, ihre Einstellungen zu übernehmen.[16]

Eine Untersuchung scheint direkte Beweise dafür zu liefern, daß Urteile, die für die Gruppe als solche keine besondere Bedeutung haben, von der Gruppe

---

[14] Kelley & Volkart, 1952; [15] Schachter, 1951

[16] Steiner, 1954

trotzdem gestützt werden.[17] Sie beschäftigte sich mit scheinbar zählbaren Schlägen, die ein Taktgenerator in drei Situationen hervorrief: (1) in einem Gruppenkontext, (2) bei einem zeitweiligen "Zusammensein" mit einer anderen Person, zu der es keine persönlichen Bindungen gab, und (3) eine einzelne Versuchsperson in einer Einzelsituation mit dem Versuchsleiter. Paare von Versuchspersonen in der Gruppensituation gehörten zu derselben Clique im College. Die Situation des Zusammenseins wurde einfach dadurch geschaffen, daß man für die Aufgabe zwei Studenten heranzog, die sich nicht kannten. Während der Anfangs-Situation bildeten alle drei Gruppen normative Urteile über die Anzahl der produzierten Schläge. (Eine soziale Norm - siehe Kapitel 10 - ist eine gemeinsame Erwartung von Gruppenmitgliedern, welche ein Verhalten umschreibt, das für eine gegebene Situation als angemessen erachtet wird.) In der unklaren Situation mit dem Taktgenerator einigten sich die Versuchspersonen in einer Gruppe auf einen engen Bereich von Urteilen als "richtig" - ein Bereich, der von Gruppe zu Gruppe variierte. Später wurde jede Versuchsperson mit einer anderen zusammengesetzt, deren Norm sich von der eigenen unterschied. Wie angenommen, waren diejenigen, die ihre normativen Urteile im Gruppenkontext gebildet hatten, stärker resistent gegen Änderung als jene, die Normen in einer Einzelsituation gebildet hatten.

Zusammenfassung: Gruppen als Determinanten für Änderungsresistenz Gruppen können die Wirkung einer Kommunikation aus einer Mediumquelle in mehrfacher Weise beeinflussen. Eine Möglichkeit ist die Kommunikationsstruktur innerhalb der Gruppe, die als Filter für die Aussonderung dissonanter Kommunikationen dient. Eine andere Möglichkeit ist die Bestimmung des Niveaus der Glaubwürdigkeit von Kommunikatoren, je nach dem Grad von Konsonanz oder Dissonanz zwischen ihren Einstellungen und denen der Gruppe. Schließlich liefern Gruppen soziale Unterstützung für die Einstellungen ihrer Mitglieder, indem sie Belohnungen für Konformität und Sanktionen für Abweichung vorsehen. Der Grad, in dem Sanktionen ausgeübt werden, ändert sich mit der Macht der Gruppe und mit der Bedeutung der Einstellung für die zentralen Werte der Gruppe. Primärgruppen sind besonders erfolgreich beim Aufbau von Änderungsresistenz.

Gruppen als Determinanten für Änderung

Die Gruppe kann Änderung in mehrfacher Weise erleichtern, jede Art soll einzeln erörtert werden: (1) indirekt, durch Entzug der Unterstützung für eine Einstellung, (2) durch Erzeugen von Diskussionen, die zu klareren und etwas anderen Konzeptionen darüber führen, welche Einstellungen von Gruppenmitgliedern geteilt werden, und (3) durch Gruppenentscheidungs-Prozesse.

Entzug der Unterstützung für eine Meinung Wenn die Gruppe durch äußere oder innere Belastungen geschwächt wird, kann sie ihre gemein-

---

[17] Unveröffentlichte Studie von Pollis, beschrieben in Sherif, Sherif & Nebergall, 1965

samen Einstellungen aufgeben und neue annehmen, gegen die unter anderen Umständen starker Widerstand geleistet worden wäre. Die Rolle der kleinen Kampfeinheit bei der Erhaltung des Kampfgeistes der Deutschen Wehrmacht im Zweiten Weltkrieg ist schon vermerkt worden. Zunächst hatte die alliierte Propaganda, die zur Kapitulation aufforderte, wenig Wirkung auf deutsche Truppen. Gegen Ende des Krieges allerdings, als die Primärgruppen desorganisiert und von alliierten Streitkräften zerschlagen worden waren, ergaben sich die Soldaten bereitwillig. Viele von ihnen erwähnten, daß das Flugblatt mit der Zusicherung für freies Geleit, wie es von der alliierten Propaganda herausgegeben worden war, einen bedeutenden Einfluß auf ihren Entschluß gehabt hatte.[18] Ähnlich wurden die Nordkoreaner, welche von ihren militärischen Einheiten getrennt waren, von der amerikanischen Propaganda beeinflußt, die vor der Trennung wenig Wirkung auf sie gezeigt hatte.[19]

Ein weiteres Experiment zeigt, daß wahrgenommene Unterstützung für eine konträre Meinung zu Änderung führt.[20] Studenten, die eine auf Band aufgenommene, von ihren Normen abweichende Kommunikation abhörten, und die Applaus von einer angeblich ihnen ähnlichen Zuhörerschaft vernahmen, nahmen die Konträr-Kommunikation eher an als Studenten, die der Meinung waren, der Applaus sei von anonymen Außenseitern gekommen.

Diskussion Klapper macht aufmerksam auf die Rolle von Kommunikation und Diskussion unter Gruppenmitgliedern, wenn es darum geht, eine Meinungsänderung zu bewirken.[21] Verschiedene Probleme und Krisen, mit denen die Gruppe konfrontiert wird, können eine intensive Diskussion anregen, welche Gruppeneinstellungen klären. Mitglieder, die vorher die Gruppeneinstellungen falsch verstanden haben, werden möglicherweise mit ihnen nicht einverstanden sein, wenn das Mißverständnis aufgeklärt ist; die Einstellungen werden Ziele für Änderung. Nach Katz und Lazarsfeld kann eine solche Diskussion auch das Vorhandensein einer bisher unvermuteten Minderheits-Gruppenunterstützung für Meinungen aufdecken, die konträr zu den Normen sind.[22] So werden Individuen, die privat abweichende Meinungen haben, dazu ermutigt, sie offen auszusprechen.

Der Gruppenentscheidungs-Prozeß Eine etwas direktere Sicht der Gruppe als Determinante von Änderung macht auf einen Prozeß aufmerksam, der allgemein als Gruppenentscheidung bekannt ist. Dieser Prozeß war erstmalig Gegenstand einer Reihe von Versuchen, die von Lewin und seinen Mitarbeitern während des Zweiten Weltkrieges durchgeführt wurden.[23] Für den Stand unseres heutigen Wissens ist der Ausdruck "Gruppenentscheidung" nicht wirklich angemessen, denn der Prozeß enthält eine beträchtliche Anzahl von Elementen, die zum Prozeß der Gruppenentscheidung hinzukommen

---

[18] Herz, 1954
[19] Riley, Schramm & Williams, 1951
[20] Kelley & Woodruff, 1956;
[21] Klapper, 1961
[22] Katz & Lazarsfeld, 1955;
[23] Lewin, 1958

Eine Gruppenentscheidung wird gewöhnlich schrittweise herbeigeführt: (1) Der Gruppenführer legt ein Problem vor, das einen Handlungsablauf nach sich zieht, der mit den bestehenden Motivationen der Zuhörer verbunden werden kann. (2) Er fordert die Zuhörer auf, ihre Ansichten im Hinblick auf eine Zustimmung zu den beschriebenen Handlungsweisen zu diskutieren und in die Diskussion mögliche Einwände einzubeziehen. (3) Der Führer akzeptiert Einwendungen ohne Mißbilligung und unterstützt die Rechte der Mitglieder, Einwände zu erheben. (4) Er erfüllt Wünsche nach Informationen. (5) Er fördert die Diskussion unter den Mitgliedern, damit möglichst viele Einwände zur Sprache kommen. (6) Am Schluß der Diskussion fordert der Führer die Mitglieder auf, sich zu entscheiden, ob sie die gewünschten Handlungen ausführen wollen oder nicht (ein Verfahren, das man als *individuelles Commitment* bezeichnet). (7) Er gibt sodann den Mitgliedern die Haltung der anderen Mitglieder, was die getroffene Entscheidung betrifft, bekannt.

Viele Elemente des Gruppenentscheidungsprozesses sind in anderen Zusammenhängen seit langem als Mittel zur Beeinflussung eines Menschen bekannt. Jemanden zu zwingen, ein Gelübde zu tun, einen Eid abzulegen oder auf die Bibel zu schwören, ist die seit Jahrtausenden praktizierte Methode, ihm ein individuelles Commitment zu entlocken. Neuere Formen sind etwa die Anregung, einen Schein zu unterzeichnen, mit dem man sich verpflichtet, einen bestimmten Betrag für wohltätige Zwecke zu spenden, auf eine Anzeige durch Ausschneiden und Einsenden eines Coupons zu antworten oder einen vorläufigen Kaufvertrag zu unterschreiben usw. Die von den "Anonymen Alkoholikern" benutzten Techniken sind gute Beispiele für eine kombinierte Verwendung von individuellen Commitments und Gruppenkonsens. Das neue Mitglied gelobt, nicht mehr zu trinken und gewinnt auch Unterstützung, indem es mit anderen Mitgliedern der Ortsgruppe bekannt wird, die ähnliche Commitments eingegangen sind; so wird die Macht des Gruppenkonsens geschlossen hinter seinem neuen Entschluß stehen, mit dem Trinken aufzuhören.

In den von Lewin referierten Versuchen war das Ziel, Hausfrauen zu überreden, verstärkt Gebrauch von gewissen unpopulären Fleischsorten zu machen - Bries, Rinderherz und Nieren- um die Fleischknappheit während des damaligen Krieges zu verringern. Drei Kontrollgruppen wurden konventionellen Beeinflussungstechniken ausgesetzt, - interessante Vorträge, welche das Ernährungsproblem mit den Kriegsanstrengungen verknüpften, den Vitamin- und Mineralwert der drei Fleischsorten betonten und gesundheitliche und wirtschaftliche Werte herausstellten. Auch Rezepte wurden verteilt. In drei anderen Gruppen sollte eine Gruppenentscheidung angeregt werden, mit Hilfe der oben angeführten sieben Schritte. Zu einem späteren Zeitpunkt wurden Frauen aus den zwei verschiedenen Gruppen befragt, ob sie die Fleischsorten verwendeten oder nicht. Von den Frauen, die sie vorher nie verwendet hatten, gebrauchten sie jetzt nur 3 Prozent derjenigen, die die Vorträge gehört hatten, während sich 32 Prozent derer der Fleischsorten bedienten, die am Gruppenentscheidungsprozeß teilgenommen hatten. Ähnliche Experimente zur Erhöhung

Tabelle 5-1
Mögliche Wirksamkeitsfaktoren bei Gruppenentscheidung im Vergleich zu Vorträgen

GRUPPENENTSCHEIDUNG	VORTRAG
Zuhörer nehmen aktiv teil und werden wahrscheinlich persönlich involviert	Zuhörer sind passiv; nehmen keinen Anteil
Mitglieder nehmen die Bereitschaft anderer Mitglieder zur Auflockerung von festgefahrenen Einstellungen wahr	Zuhörer schweigen; Mitglieder können Neigungen anderer nicht wahrnehmen
Die nachgiebige Haltung des Leiters gegenüber Einwänden kann den Wunsch, ihm zu helfen, stärken, indem man sich in der vorgeschlagenen Weise verhält	Zuhörer nehmen keinen Anteil; daher kann der Leiter keine Unterstützung durch Nachgiebigkeit gewinnen
Mitglieder müssen sich zu der gewünschten Handlung verpflichten	Zuhörer müssen keine Entscheidung über die gewünschte Handlung treffen
Mitglieder nehmen wahr, daß sich andere zu der gewünschten Handlung verpflichten	Zuhörer sind nicht in der Lage, private Entscheidungen anderer wahrzunehmen

des Haushaltsverbrauchs von Frisch- und Kondensmilch und zur Förderung des Gebrauchs von Orangensaft und Lebertran für Kleinkinder erbrachten ebenfalls Ergebnisse zugunsten des Gruppenentscheidungsprozesses.[24]

Lewin interpretierte Gruppenentscheidungsverfahren als Drei-Stufen-Prozeß: "Auftauen" der Gruppeneinstellungen, die gewöhnlich der Änderungsresistenz dienen, Bildung neuer Einstellungen, und "Einfrieren" der neuen Einstellungen. Dies scheint eine vernünftige Interpretation dessen zu sein, was sich abspielt. Was allerdings nicht klar ist, ist die Frage, welche Elemente des Gruppenentscheidungsprozesses für die Änderungen verantwortlich sind. Ein Blick auf Tabelle 5-1 zeigt, daß verschiedene Faktoren Ursache für die Differenz in der Wirksamkeit des Propagandavortrages und des Gruppenentscheidungsverfahrens sein können.

Glücklicherweise unternahm es später eine Versuchsleiterin, die entsprechende Effektivität der verschiedenen Aspekte des Gruppenentscheidungsprozesses zu bestimmen.[25] Sie arbeitete mit einer großen Anzahl von Gruppen, so daß die Wirkungen jedes Faktors separat bestimmt und die verbleibenden Faktoren kontrolliert werden konnten. Der Versuch erforschte die Bedeutung folgender

[24] Lewin, 1958; [25] Bennett, 1955

Bedingungen: Entscheidung/Nicht-Entscheidung, Diskussion/Keine Diskussion, Öffentliches Commitment/Privates Commitment und intensiv wahrgenommener Gruppenkonsens/schwach wahrgenommener Konsens. Die Versuchsleiterin versuchte, Studenten zu beeinflussen, sich freiwillig zur Teilnahme an verschiedenen psychologischen Experimenten zu melden, die während des Semesters durchgeführt werden sollten. Das Kriterium für Effektivität war die Anzahl der Studenten bei jeder Versuchsbedingung, welche sich freiwillig meldeten.

Die Untersuchung führte zu folgenden Schlußfolgerungen: Gruppendiskussion war kein wirkungsvollerer Beweggrund zum Handeln als ein Vortrag. Auch eine Entscheidung, die ein öffentliches Commitment involvierte, war nicht wirksamer als eine weniger publik oder anonym getroffene Entscheidung. Auf der positiven Seite war eine Entscheidung im Hinblick auf zukünftiges Handeln bei der Herbeiführung dieser Handlung effektiver als überhaupt keine Entscheidung. Effektiv war auch ein hohes Maß von tatsächlicher oder wahrgenommener Gruppenübereinstimmung über die Durchführung der gewünschten Handlung.

Eine frühere Untersuchung deutet darauf hin, daß zusätzliche Bedingungen, die den Gruppenentscheidungsprozeß beeinflussen, identifiziert werden müssen.[26] Obwohl sie auch zeigt, daß sich mehr Versuchspersonen freiwillig melden, wenn sie wahrnehmen, daß andere gewillt sind, sich freiwillig zu melden, sind ihre Ergebnisse insofern anders als die von Bennett, als die Möglichkeit zu einer privaten Entscheidung zu häufigeren freiwilligen Meldungen führt als eine Entscheidung, die ein öffentliches Commitment erfordert. In einem noch anderen Versuch, wo die Entscheidung das Verhalten der Gruppe als Ganzes betraf - und nicht Einzelhandlungen -, spielte die Gruppendiskussion eine wichtige Rolle, was eine Änderung angeht.[27]

Ein anderer Versuch stellte die Art von Beziehung in Rechnung, die der Leiter zu seinen Mitgliedern hat.[28] Die Untersuchung von Kipnis verglich partizipatorische Leitung mit einer Führung im Vortragsstil unter drei Bedingungen: (1) der Führer bot den Versuchspersonen Belohnungen für Einwilligung an, (2) der Führer drohte denjenigen mit Bestrafung, die nicht einwilligten, und (3) der Führer reagierte nicht mit Sanktionen. Ein Ergebnis war, daß, wenn der Führer Vollmacht zur Belohnung hatte oder keine Sanktionen ausübte, die partizipatorische Leitung mehr private Einstellungsänderung herbeiführte als Führung im Vortragsstil. Die Androhung einer Bestrafung erbrachte mehr Änderung unter "Führung im Vortragsstil" als unter Führung mit Beteiligungsmöglichkeit: Gruppendiskussion in der Teilnahmeversuchsbedingung verstärkte die Änderungsresistenz.

Menschen-verändernde Gruppen Wenn in Gruppen von Fremden durch Gruppenentscheidungsprozesse eine gewisse Änderung herbeigeführt

---

[26] Schachter & Hall, 1952; [27] Pennington, Haravey & Bass, 1958
[28] Kipnis, 1958

werden kann, so folgt daraus, daß umfassende Änderungen bewirkt werden könnten durch sogenannte Wohngruppen oder Wohngemeinschaften ("living groups"), die für diesen Zweck organisiert werden. Betrachten wir einmal den Typ einer Gruppe, zu der nur Mitglieder zugelassen werden, die versprechen, sich radikal zu ändern; darüber hinaus eine Gruppe, deren Mitglieder zusammen essen, zusammen arbeiten, zusammen spielen und im selben Gebäude wohnen; eine Gruppe, die über einen langen Zeitraum besteht. Nicht viele Gruppen weisen diese Qualifikationen auf, denn die meisten solcher Gruppen stabilisieren sich schnell und erzwingen mehr Konformität als Änderung. Man akzeptiert nur solche Mitglieder, die so sind wie ältere Mitglieder, und nicht solche, die anders sind als sie. Eine solche Ansammlung ("set") organisierter Gruppen ist die Synanon-Stiftung ("Synanon Foundation")[29] Mitglieder dieser Gruppen sind ehemalige Drogensüchtige, und die neuen Mitglieder sind Menschen, die meist verzweifelt zu "Synanon" kommen, um von ihrer Sucht loszukommen.

Wer Mitglied werden will, wird intensiv befragt, und die Stärke seiner Beitrittsmotivation wird bestimmt. Wenn er nicht gewillt ist, sich den Regeln des Hauses zu unterwerfen, wird er nicht aufgenommen. Ein Synanon-Haus bildet eine Primärgruppe. Die Mitglieder entwickeln enge Bindungen und erleben unter den Hausbedingungen intensive Emotionen. Sobald ein Mitglied beigetreten ist, wird es von Synanon vollkommen abhängig im Hinblick auf jede grundlegende Lebensfunktion: Wohnen, Essen, Schlafen, Arbeiten und Spielen. Diese starke Abhängigkeit, bei der Synanon alle Hilfsquellen kontrolliert, gibt dem Haus eine enorme Macht über die Mitglieder. (Siehe Kapitel 8 betreffs einer Analyse der Machtquellen.)

Obwohl es keine sorgfältig durchgeführte, bewertende Untersuchung von Synanon gibt, ist diese Organisation augenscheinlich wirkungsvoll bei der Rehabilitation von Menschen, die abhängig von Drogen sind. Im Mittelpunkt des Änderungsprozesses stehen Gruppensitzungen, genannt "synanons", die dreimal wöchentlich abgehalten werden und an denen zehn bis fünfzehn Personen teilnehmen. Ein älteres, erfahrenes Mitglied des Hauses dient in unverbindlicher Form als Leiter. Die Betonung liegt auf äußerster Offenheit und Ehrlichkeit, und Meinungsäußerung und Emotionen werden gefördert. Es ist typisch, daß ein Süchtiger irgendwelche Selbsttäuschungen über sich selbst und sein Verhalten aufbaut und negative Verhaltensweisen sowohl beim Leben im Hause als auch in der Gruppe an sich hat. Alle ausweichenden Verhaltensweisen und Scheingründe werden von den Mitgliedern des Synanon heftig angegriffen. Das Ziel ist, das Individuum zu zwingen, eine realistischere Ansicht über sich selbst anzunehmen und sein Benehmen zu verbessern. Zugrunde liegt diesen harten Attacken der Gruppenmitglieder ein starkes Akzeptieren und eine emotionale Unterstützung des Individuums. Das Haus ist sein einziges Heim, und die anderen Mitglieder sind die einzigen Freunde, die es hat und sind auch seine Familie. Das Individuum hat keine Alternativen. Der "Draußenstehende"

---

[29] Yablonsky, 1965

("outside") ist hoffnungslos; er muß in seiner neuen Umgebung Erfolg haben oder vollständig versagen. Der folgende Auszug vermittelt etwas von der Atmosphäre einer Synanon-Sitzung mit dem Thema "Antivorurteil". (Die Haupt-Charaktere sind der Jude Don und die zwei Schwarzen Pepe und Wilbur. Die anderen Mitglieder sind Weiße.)

Nancy: Don, du kannst hier das Richtige tun, indem du deinen Vorurteilsmüll in ein Synanon spuckst, wo mehr Leute wie du ihn sehen können. Bring ihn raus, hier und jetzt. Dann wirst du ihn vielleicht nicht im ganzen Haus verstreuen.
Pete: Du feiges Schwein, du willst ihm (Wilbur) nichts ins Gesicht sagen. Du beschimpfst ihn lieber hinter seinem Rücken. Warum schimpfst du ihm nicht ins Gesicht?
Don: Wir haben über mein Vorurteil schon in "synanons" gesprochen.
Pete: Sag's ihm jetzt.
Don: Ich werde es ihm nicht noch einmal sagen. Ich hab' ihm gesagt, was ich über ihn denke.
Pete: Also, wie denkst du über ihn?
Don: (in einer lächerlichen Untertreibung seiner Gefühle) Ich kann mir keinen farbigen Kerl vorstellen, der an leitender Stelle tätig ist oder mein Vorgesetzter ist.
Jack: Was hast du unlängst zu Sherry (eine Schwarze) gesagt? Du weißt, alle farbigen Weiber sollen nichts anderes tun als Aufräumen, weißt du?
Don: Wann hab ich ihr das gesagt?
Jack: In einem der letzten Synanons -
Don: Oh, du sagst eine Menge, um die Gruppe aufzuputschen.
Jack: Das sind deine Gefühle. Mann, warum gibst du sie nicht zu? Heraus damit. Dir wird danach vielleicht besser sein!
George: Das sind deine Gefühle. Du weißt, du hast sie dein ganzes Leben lang gehabt. All die farbigen Frauen, die kommen und dein Haus aufräumen und so weiter, einmal in der Woche oder jede zweite Woche, nicht wahr? Und das sind die Verhältnisse, die du gehabt hast.
Pete: Du fetter, blöder Ochse, das ist es genau, was du bist. Und du hast keinen Schneid - nicht eine Spur in deinem ganzen dreckigen Leib. Du bist das größte Schwein im Haus und der größte Feigling.
Don: (versucht sich unprovoziert zu geben) Stimmt.
Pete: Ich könnte wahrscheinlich jetzt aufstehen und dir jetzt gleich ins Gesicht spucken, und alles, was du tun würdest, wäre, es abzuwischen.
Don: Los, probier es.
Pete: Du blöder Feigling.
Don: Los, probier es.
(Eine strenge Hausregel gegen körperliche Gewalt ermöglicht das Ausdrücken wirklicher Gefühle ohne Vergeltung.)
Pete: Was denkst du jetzt von mir?
Don: Was erwartest du von mir, soll ich jetzt böse auf dich sein?
Pete: Ich bin allerdings auf dich Arsch ganz schön sauer. Weißt du, was du für mich bist?
Don: Was?

Pete: Du bist genau so wie die Dummköpfe unten in Birmingham letzte Woche, die Hunde auf Menschen losließen, damit sie das taten, was sie selbst nicht tun konnten ...
Don: Das ist gut; das bedeutet, du respektierst mich, du hast Angst vor mir.
Pete: (sarkastisch) Ja, ich respektiere dich schon.
Don: Ohne Zweifel.
Herb: Glaubst du, daß dich hier irgend jemand respektiert, Don?
Don: Nein.[30]

So wie die "lebenden Gruppen" von Synanon machtvolle Determinanten für Änderung zu sein scheinen, funktionieren auch viele andere Gruppen zeitweise in einer Art, die Änderung bewirkt. Wie in den Kapiteln 15 bis 17 gezeigt wird, sozialisieren Familien ihre Kinder mit Hilfe von Gruppenprozessen. Therapiegruppen, die zu psychotherapeutischen Zwecken über lange Zeiträume zusammenkommen, sind weit verbreitet. Ein neueres Phänomen ist die Encounter-Sensitivity-Gruppe. Alle diese Gruppen scheinen vorübergehend Änderung zu bewirken, obwohl Encountergruppen geringen Dauereffekt auf das Individuum auszuüben scheinen und bisweilen ernstlich schaden können.[31]

Zusammenfassung: Gruppen als Determinanten für Änderung Eine Gruppe kann Einstellungsänderung auf indirekten Wegen erleichtern. Alle Handlungen oder Prozesse, die die Gruppe schwächen, öffnen den Weg zur Änderung. Auch ausgedehnte Diskussionen können Gruppeneinstellungen klären, so daß sie Ziele für Änderung werden. Diskussionen können auch Minderheitenunterstützung für Einstellungen aufdecken, die von den Gruppennormen abweichen und damit die abweichenden Einstellungen von Mitgliedern stärken, die ihre Einstellung geheim halten.

Der Prozeß der Gruppenentscheidung ist wiederholt als gezieltes Mittel benutzt worden, um eine Änderung herbeizuführen. Ein Leiter fördert die Diskussion über ein Thema, das eine Handlungsrichtung beinhaltet, die mit bestehenden Motivationen der Gruppenmitglieder verknüpft werden kann. Er anerkennt Einwände gegen die vorgeschlagene Handlungsweise und erfüllt Wünsche nach Informationen, gestattet aber der Gruppe, über die Annahme der Handlungsweise ihre eigene Entscheidung zu treffen. Zum gegenwärtigen Zeitpunkt scheinen die Elemente, welche die Änderung bewirken, folgende zu sein: (1) Das Zustandekommen einer Entscheidung oder das Eingehen eines Commitments durch die Mitglieder, (2) die Wahrnehmung, daß sich ein großer Teil der Mitglieder für die Änderung eingesetzt hat, und (3) Gruppendiskussionen in Situationen, in denen der Führer entweder Macht zur Belohnung hat oder keine Art von Sanktion ausübt.

Wohngemeinschaften sind stärkere Kräfte für Änderung, denn sie verschaffen

---

[30] Genehmigter Nachdruck aus L. Yablonsky. Synanon. The tunnel back. New York: The Macmillan Company, 1965, S. 144 - 145

[31] Back, 1972

den Mitgliedern eine tiefere Befriedigung und erzeugen eine starke Abhängigkeit. In dem Ausmaß, in dem dem Mitglied alternative Quellen von Befriedigung fehlen, wird die Macht dieser Gruppen intensiviert.

POSITION IN DER SOZIALSTRUKTUR

Bezugsgruppen und der Kommunikationsprozeß

Bisher erstreckte sich die Erörterung in erster Linie auf die Wirkung kleiner, intimer Gruppen auf den Kommunikationsprozeß. Der Platz des Individuums in der breiteren Sozialstruktur ist auch von Bedeutung für seine Akzeptierung oder Ablehnung einer Kommunikation. Ein Mensch muß nicht einmal Mitglied einer Gruppe sein, damit sie ihn beeinflußt, wenn er nur anstrebt, Mitglied zu werden, können die Einstellungen der Gruppe als Leitlinien für seine Ansichten und für sein Verhalten dienen. Das gleiche gilt, wenn ein Mensch eben einer Gruppe beigetreten ist und noch nicht als Mitglied im vollen Sinne angesehen wird.

So verlagerten im Zweiten Weltkrieg kriegsunerfahrene Ersatzmannschaften, mit denen Fronteinheiten aufgefüllt wurden, welche man vorübergehend aus der vordersten Linie zurückgezogen hatte, ihre anfängliche Einstellung der Kampfbegierde auf die Annahme einer Einstellung, daß'Kampf eine Hölle ist'. Kampferfahrene Ersatzmannschaften, die man unerfahrenen Einheiten zuteilte, erfuhren keine solche Veränderung ihrer Einstellung gegenüber dem Kampf. [32] Wahrscheinlich wollten die Ersatzmannschaften, die man kampferprobten Einheiten zuteilte, von den Frontkämpfern akzeptiert werden und veränderten deshalb ihre Meinungen, um sich anzupassen.

D e r B e g r i f f d e r "B e z u g s g r u p p e" Der Einfluß einer Gruppe auf die Einstellungen eines Individuums wird oft unter dem Begriff "Bezugsgruppe" [33] behandelt. Eine Bezugsgruppe ist eine soziale Einheit, von der das Individuum meint, daß sie gemeinsame Interessen, Einstellungen und Werte mit ihm selbst besitzt und die er als Grundlage für Selbsteinschätzung und Einstellungsbildung nimmt. [34] Eine solche Gruppe kann eine oder zwei Funktionen haben: (1) die n o r m a t i v e F u n k t i o n -, nämlich Setzen und Durchsetzen von Maßstäben für Verhalten und Überzeugung; und (2) die V e r g l e i c h s - f u n k t i o n, die als Maß oder Vergleichspunkt dient, an dem Personen sich und andere messen. [35]

Die Vergleichsfunktion soll an einzelnen Untersuchungen dargestellt werden, die man an Männern durchführte, welche im Zweiten Weltkrieg eingezogen wurden. Fast die Hälfte der verheirateten Männer glaubten, sie hätten nicht

---

[32] Merton & Kitt, 1950;
[33] Hyman, 1942, 1960
[34] Merton, 1957a
[35] Kelley, 1952

eingezogen werden dürfen, doch nur 10 Prozent der unverheirateten Männer hatten diese Einstellung. Verheiratete Männer hatten dieses Gefühl der Ungerechtigkeit, weil sie, im Vergleich mit unverheirateten Männern, ein größeres Opfer brachten und weil ihre verheirateten Freunde in Zivil diesem Opfer überhaupt entgingen.[36] Vergleichsprozesse werden eingehender in der Erörterung von Status in den Kapiteln 9 und 12 behandelt. Die Erörterung hier ist in der Hauptsache auf die normative Funktion von Bezugsgruppen beschränkt.

Die gegenwärtige Untersuchung muß weiter eingeschränkt werden. Ursprünglich wurde die Bezeichnung Bezug ("reference") sowohl auf das einzelne Individuum als auch auf die Gruppe angewandt, doch in neuerer Zeit bezeichnet man ein Bezugsindividuum als Meinungsführer. Vieles von der Erörterung über Bezugsgruppen bezieht sich hier auch auf Meinungsführer, doch diese Führer sollen in einem späteren Abschnitt besonders diskutiert werden.

Eine Bezugsgruppe kann eine Mitgliedschafts- oder Nichtmitgliedschaftsgruppe sein. Gewöhnlich sind selbstverständlich Gruppen, zu denen ein Mensch gehört, Bezugsgruppen für ihn. Obwohl eine Bezugsgruppe gewöhnlich eine Gruppe ist, deren Akzeptierung und Billigung erwünscht ist, kann ein Mensch in manchen Fällen von einer Gruppe beeinflußt werden, die er ablehnt oder gegen die er rebelliert. In diesem Fall wird er motiviert, Einstellungen anzunehmen, die denen der Gruppe entgegengesetzt sind, und die Gruppe wird als negative Bezugsgruppe bezeichnet. Während beispielsweise normalerweise die Familie eine positive Bezugsgruppe ist, kann sie insofern eine negative Bezugsgruppe werden, als jene, die gegen sie rebellieren, oft eine politische Stellung beziehen, die denen ihrer Eltern widerspricht.[37]

Bezugsgruppen als soziale Unterstützung Bezugsgruppen spielen im Kommunikationsprozeß oft eine ähnliche Rolle, wie sie bereits für Primärgruppen erörtert worden ist. Sie können verschiedene Niveaus von Glaubwürdigkeit für den Kommunikator herstellen und damit eine Selbstselektion verursachen, ebenso können sie soziale Unterstützung für die Einstellungen des Individuums gewähren. Diese soziale Unterstützung findet häufig in der Form statt, daß sie einen Bezugsrahmen oder ein Umfeld schafft, innerhalb dessen die Kommunikation aufgenommen und interpretiert wird. Ein Beispiel dafür ist der Befund, daß Menschen, die auf der sozio-ökonomischen Leiter aufsteigen, mit größerer Wahrscheinlichkeit Republikaner als Demokraten sind - ein Phänomen, welches vermuten läßt, daß sie Gruppen, in die sie gerne aufgenommen werden möchten, als Bezugssystem für ihre politischen Einstellungen benutzen.[38] Mehrere Untersuchungen deuten darauf hin, daß dort, wo die Werte der Bezugsgruppe sich verändern, das Individuum seine Urteile in derselben Richtung verändert.[39]

Viele Kommunikationen im täglichen Leben wenden sich an ein antizipiertes

---

[36] Stouffer, Suchman, DeVinney, Star & Williams, 1949

[37] Newcomb, 1943; Maccoby, 1954; [38] Maccoby, 1954

[39] Zitiert in: Sherif et al., 1965, S. 65

Publikum - an ein Individuum oder eine Bezugsgruppe, der man die Botschaft übermitteln oder mit der man sie besprechen könnte. Eine Untersuchung zeigt eindeutig, daß ein solches antizipiertes Publikum die Art beeinflussen kann, in der die Kommunikation aufgenommen wird.[40] Der Versuchsleiter gab zwei Gruppen zwei Serien von Argumenten für und gegen eine Herabsetzung des Wahlalters auf achtzehn Jahre und forderte sie auf, Reden für einen Wettbewerb vorzubereiten. Für die eine Gruppe war der Preis vorgesehen für ein Thema "Die Gesellschaft für konstitutionelle Regierung - gewidmet zur unveränderten Erhaltung der Verfassung der Vereinigten Staaten"; für die andere sollte er verliehen werden für "Die Vereinigung zur Herabsetzung des Wahlalters auf 18 - wenn sie kämpfen können, können sie auch wählen." Diese Gruppen, zusammen mit einer Kontrollgruppe, die keine Kommunikation erhielt, wurde mittels Einstellungsmessungen vor und nach der Kommunikation überprüft. Jede der beiden Gruppen, so ergab sich, sammelte mehr Argumente, welche konsonant mit den Zielen der Organisation waren, die den Preis vergab. Ein gleichartiges Experiment erbrachte ähnliche Ergebnisse.[41] Es scheint daher, daß Menschen dazu neigen, eine Botschaft in einer Richtung zu interpretieren, die konsonant mit den Einstellungen positiver Bezugsgruppen ist oder mit Personen, die mit der Kommunikation verbunden sind.

Mehrere Untersuchungen machen deutlich, daß Wahlentscheidungen stark von Bezugsgruppen beeinflußt werden.[42] Beispielsweise gibt ein Mensch, der zu Anfang eines Wahlfeldzuges einen Kandidaten favorisiert, der von seiner Familie oder von seinen engsten Freunden abgelehnt wird, häufig am Ende seine Stimme für deren Kandidaten ab und nicht für seinen eigenen. Da die meisten Wählerdiskussionen über Politik mit Freunden, Mitarbeitern und im Familienkreise stattfinden, liegt die Vermutung nahe, daß Umstimmungen auf tatsächlichen Druck der Gruppe zurückzuführen sind. Ein Beispiel dafür sind die berühmten Fernseh-Debatten zwischen Nixon und Kennedy. Die meisten Leute sahen die Debatten zusammen mit anderen Gruppenmitgliedern, gewöhnlich mit einer Familie an, und sprachen hauptsächlich mit Personen, die mit ihren eigenen Ansichten übereinstimmten, was ihre Wahlneigungen verstärkte.[43] Andererseits änderten jene, die mit Leuten sprachen, welche den Gegenkandidaten favorisierten, häufig ihre Wahlintention.

Eine genauere Demonstration darüber, wie Wahlverhalten mit der politischen Zugehörigkeit von Freunden zusammenhängt, gibt eine Studie des Wählerverhaltens im Bezirk Elmira, New York.[44] Achtzig Prozent der Protestanten und 36 Prozent der Katholiken wählten Republikaner. Doch Katholiken oder Protestanten, die Freunde mit solcher politischer Ausrichtung hatten, die sich von der ihrer religiösen Gruppe unterschieden, wählten wie ihre Freunde und nicht wie ihre religiöse Gruppe. Dieser Effekt wird aus Tabelle 5-2

---

[40] Schramm & Danielson, 1958; [41] Zimmermann & Bauer, 1956

[42] Lazarsfeld et al., 1948; Berelson et al. 1954

[43] Katz & Feldman, 1962; [44] Kaplan, 1968

ersichtlich: je mehr republikanische Freunde die Wähler hatten, desto häufiger wählten sowohl Katholiken als auch Protestanten republikanisch. Dieser Effekt ist besonders stark bei Katholiken, die normalerweise demokratisch wählen.

Tabelle 5-2 Gute Freunde als Bezugsgruppe für Wahlverhalten

	PROZENTSATZ REPUBLIKANISCH WÄHLENDER	
Freunde	Katholiken	Protestanten
RRR	61	93
RRD	42	84
DDR	36	+
DDD	10	21

Anmerkung: Jedes R steht für einen republikanischen Freund und jedes D für einen demokratischen Freund.

+ Die Anzahl der Protestanten, die als gute Freunde zwei Demokraten und einen Republikaner hatten, war zu klein, um einen verläßlichen Prozentrang auszurechnen. Quelle: Abdruck mit Erlaubnis von Norman Kaplan, "Reference groups and interest group theories of voting." In: Herbert H. Hyman und Eleanor Singer (Eds.), "Readings in reference group theory and research". New York: Free Press, 1968, Pp. 461-472

Der Bezug auf Bezugsgruppen ist nicht immer offensichtlich. In einer Untersuchung wurden weiße Studenten, die man als voreingenommen oder unvoreingenommen gegen Schwarze eingestuft hatte, in einer Laborsituation um ihr Einverständnis gebeten, sich zusammen mit einer schwarzen Person des anderen Geschlechts photographieren zu lassen. Das Bild sollte dann in weiteren Sitzungen der Versuchsreihe verwendet werden.[45] Sie wurden aufgefordert, eine Erklärung zu unterschreiben, die es erlaubte, die Photographie in einer Serie von künftigen Situationen in verschiedenen Veröffentlichungen zu verwenden (z. B. in Experimenten, in Studentenzeitschriften oder in einer gesamtstaatlichen Kampagne). In einem darauffolgenden Interview berichteten drei Viertel der Teilnehmer, daß sie bei der Erwägung, ob sie unterzeichnen sollten oder nicht, an eine Bezugsgruppe gedacht hatten, die ihre Entscheidung beeinflußte, am häufigsten an eine Peergruppe, d. h. eine Gruppe Gleichaltriger.

Bedeutsamkeit von Bezugsgruppen Jeder hat viele Bezugsgruppen, doch nicht jede Gruppe ist relevant für jede Kommunikation. So ist zum Beispiel die religiöse Gruppe, zu der ein Mensch gehört, wahrscheinlich keine bedeutsame Gruppe, wenn er sich ein Sportereignis im Fernsehen ansieht.

45 De Fleur & Westie, 1958

Mehrere Untersuchungen haben das Argument unterstrichen, daß eine Bezugsgruppe bedeutsam gemacht werden muß, bevor sie auf Einstellungen wirken kann.[46] Dies wurde von Gruppen auch in einem praktischen Sinne anerkannt und hat die Entwicklung von Hilfsmitteln gefördert, mit denen eine Gruppe "bedeutsam" gemacht werden soll - zum Beispiel Uniformen, Bänder, Nadeln, Insignien und gewisse Rituale wie das Salutieren. Es sind weitere Untersuchungen erforderlich, um die Bedingungen zu umreißen, unter denen eine Bezugsgruppe bedeutsam für eine Kommunikationssituation ist. So gibt es zum Beispiel gewisse Forschungshinweise darauf, daß das Individuum den Einfluß der Gruppe auf seine Einstellungen nicht klar wahrnehmen muß. College-Studentinnen, die ihr zweites Jahr antraten, ("sophomore women") wurden gefragt, in welchen College-Häusern sie wohnen wollten.[47] Häuser in der "Reihe", frühere Vereinshäuser ("soroity houses") hatten den höchsten Status, und Mädchen, die mehr Status-orientiert waren, bevorzugten diese Häuser ganz besonders. Nicht allen Mädchen wurden allerdings Häuser ihrer Wahl zugewiesen, und jene, die in Häuser mit geringerem Status eingewiesen wurden und die während ihres zweiten Jahres dort wohnten, änderten ihre Einstellungen und legten weniger Wert auf Status. Dies geschah sogar bei Frauen, die am Ende ihres zweiten ("sophomore"-) Jahres erneut ihre Vorliebe für ein"Row"-Haus ausdrückten. Sie wurden also durch ihre Mitgliedschaftsgruppe beeinflußt, weniger Wert auf Status zu legen, obwohl sie das "Row"-Haus als Bezugsgruppe verwendeten. Die größte Änderung ergab sich unter Frauen, die zu Ende ihres zweiten College-Jahres in einem Nicht-"Row"-Haus verbleiben wollten.

Auf der anderen Seite können Leute sich bei einer Handlung oder Absicht sehr wohl ihrer Bezugsgruppe bewußt sein. Als der Katholik Kennedy sich um das Amt des Präsidenten bewarb, waren sich, einer Untersuchung zufolge, Protestanten im Südwesten seiner religiösen Bindung sehr stark bewußt und betrachteten sie als wichtigen Faktor bei ihrer Wahlentscheidung.[48] Für Protestanten im Nordwesten war hingegen seine Bindung weniger wichtig. Eine andere Untersuchung hat gezeigt, daß seine Bindung die größte Auswirkung auf das Wahlverhalten von Wählern hatte, die aktive Kirchenbesucher waren.[49] Ein gutes Beispiel dafür, wie das "Bedeutsammachen" einer Bezugsgruppe zur Änderung von Einstellungen und Verhalten beiträgt, findet sich in den Bemühungen der chinesischen Kommunisten, die Intellektuellen ihres Landes zu reformieren (Gelehrte, Lehrer, Schriftsteller, Künstler und andere Akademiker).[50] Gedankenreform wurde als Kampf betrachtet, durch den jedes Individuum geht, ein Kampf zwischen seiner alten und seiner neuen Ideologie. In diesem Prozeß, als Mitglieder von besonderen Gruppen oder Schulen, wurden Individuen immer wieder angeregt, ihr Leben und ihre Gedanken *im Lichte der kommunistischen Ideologie* zu sehen. Man verlangte von ihnen, ihre spezifischen Verhaltensweisen und Gedanken der neuen Ideologie anzugleichen. Dies wurde aktiv in Studiengruppen und anderen Umfeldern unter-

---

46 Festinger, 1950; Kelley, 1955; Charters & Newcomb, 1958

47 Siegel & Siegel, 1957;

48 Sherif et al. 1965

49 Converse, 1961;

50 Chen, 1960

nommen. "Bekenntnisse" wurden gefördert, bestehend aus Eingeständnissen von Schuld, sich wie ein Bourgeois verhalten oder gedacht zu haben. Individuen, die sich weigerten zu bekennen, wurden heftig angegriffen und jedes ihrer Worte und Handlungen unter ideologischen Gesichtspunkten kritisiert. Das war eine Methode par excellence, die kommunistische Ideologie zu einem bedeutsamen Bezugspunkt für all ihre Gedanken und Handlungen zu machen.

Arten von Bezugsgruppen Viele Untersuchungen ergeben eindeutige Beweise, daß die Wirkungen einer Kommunikation auf den Empfänger mit der Art der Bezugsgruppen variieren, die er hat, obwohl die genaue Natur des Prozesses nicht immer klar ist. Eine Untersuchung bestimmt z. B. die Wirkungen der Massenmedien auf Heranwachsende in der Vorpubertät und Pubertät im Hinblick auf zwei Bezugsgruppen: ihre Eltern und ihre Freunde oder Altersgenossen.[51] Die Versuchspersonen wurden eingeteilt je nachdem, ob ihre Familie ihre einzige Bezugsgruppe war, oder ob sie auch Altersgenossen als Bezugsgruppe hatten. Zwischen den zwei Einteilungen wurden deutliche Unterschiede bei der Vorliebe für bestimmte Arten von Comics, Hörfunkprogrammen und Fernsehprogrammen herausgefunden. Kleine Kinder, die nur die Familie als Bezugsgruppe hatten, bevorzugten Comics vom Typ "Big Bunny" und Action-Programme wie Western im Gegensatz zu Kindern, die sowohl Familie als auch gleichaltrige Freunde als Bezugsgruppen hatten. Unter Jugendlichen zeigten jene, die nur die Familie als Bezugsgruppe hatten, eine stärkere Vorliebe für Action-und Gewalt-Programme. In einem gewissen Ausmaß können Vorlieben für bestimmte Massenmedien direkte Werte von Gruppen von Gleichaltrigen widerspiegeln. Kleine Kinder und Jugendliche, die neben ihrer Familie als Bezugsgruppe auch die Werte von Gruppen von Gleichaltrigen betonten, hatten auch die stärksten Vorlieben für Medien, die Werte wie Sport, Unterhaltungsmusik, Beliebtheit beim anderen Geschlecht und Zugehörigkeit zur Jugendgruppe reflektierten. Die Daten scheinen die Ansicht zu stützen, daß die Art von Gruppenzugehörigkeit die Wirkung von Massenmedien auf Individuen beeinflussen kann. Eine andere Interpretation besagt allerdings, daß Programm-Vorlieben individuelle Persönlichkeitsmerkmale reflektieren können, die auch die Zugehörigkeit des Individuums zu Gruppen bestimmen.

Zusammenfassung: Bezugsgruppen Eine Bezugsgruppe kann zwei Funktionen haben: eine normative Funktion und eine Vergleichsfunktion. Die normative Funktion ist das Setzen und Durchsetzen von Standards für Verhalten und Überzeugung. Die Vergleichsfunktion etabliert einen Standard- oder Vergleichspunkt, mit dem Personen sich selbst und andere vergleichen können. Diese Erörterung hat sich hauptsächlich auf die normative Funktion beschränkt; die Vergleichsfunktion soll in den Kapiteln 9 und 12 erörtert werden.

Ein Mensch braucht nicht tatsächlich ein Mitglied der Gruppe zu sein, um sie als Bezugsgruppe zu verwenden. Bezugsgruppen etablieren verschiedene

---

51 Riley & Riley, 1951

Glaubwürdigkeitsniveaus für Kommunikatoren, stützen das Individuum, wenn es sich selektiv verschiedenen Kommunikationen aussetzt und gewähren soziale Unterstützung für die Einstellungen einer Person. Ein Mensch, der die von seiner Bezugsgruppe eingenommene Position akzeptiert, wird bereitwillig Kommunikationen akzeptieren, die eine ähnliche Position befürworten, dagegen wahrscheinlich solche zurückweisen, die konträr zu dieser sind. Die Wirkungen einer Bezugsgruppe hängen von ihrer Bedeutsamkeit für eine bestimmte Kommunikation ab. Es gibt gewisse Beweise dafür, daß die Arten von Bezugsgruppen, die ein Mensch hat, seine Reaktion auf verschiedene Kommunikationen beeinflussen.

Interpersonelle Kommunikationsnetze

Es ist bereits hervorgehoben worden, daß die Gruppe die Rolle einer verhältnismäßig stabilen Struktur oder eines Systems von Kanälen spielt, durch welche die Kommunikationen fließen; Kommunikationen, die konträr zu Gruppenüberzeugungen sind, können niemals durch das ganze Netz wandern, um alle Mitglieder der Gruppe zu erreichen, während solche, die mit Gruppeneinstellungen übereinstimmen, wahrscheinlich frei übermittelt werden. Kommunikationskanäle reichen auch über die Gruppe hinaus und etablieren die Glaubwürdigkeitsniveaus von verschiedenen Kommunikatoren. Der längere Kommunikationsprozeß ist der, bei dem Botschaften von den Massenmedien oder anderen allgemeinen Quellen wandern, um schließlich den Empfänger zu erreichen.

Der zweistufige Kommunikationsfluß Vieles von dem, was gesagt worden ist, betont die Funktion von Gruppen im Beeinflussungsprozeß, da sie sowohl die Selbstselektion beeinflussen als auch die Annahme oder Zurückweisung einer Kommunikation. Solche Betonungen lassen es möglich erscheinen, daß Beeinflussungsversuche durch Sekundärquellen wie die Massenmedien relativ unwirksam sind. Doch Kommunikationen durch die Massenmedien modifizieren oder verstärken anscheinend doch Überzeugungen, wenn auch oft in einer indirekten Weise, die als "*zweistufiger Kommunikationsfluß*" bekannt ist.[52] Das bedeutet, daß nicht alle Personen einer Gruppe Informationen direkt von den Medien erhalten. Manche erhalten sie aus zweiter Hand, vermittelt durch einen Meinungsführer; man glaubt daher, daß Meinungsführer eine wichtige Rolle in der Massenkommunikation spielen.

In ihrer Analyse der Präsidentenwahlen von 1940 beobachteten Lazarsfeld, Berelson und Gaudet, daß persönliche Kontakte bei der Beeinflussung des Wählerverhaltens wirksamer waren als Massenmedien.[53] Sie vertraten die Meinung, daß von den Massenmedien aus Gedanken zu gewissen Schlüsselpersonen

---

[52] Lazarsfeld et al. 1948;   [53] Lazarsfeld et al. 1948; Katz, 1957

fließen, und von diesen Meinungsführern zu weniger aktiven Individuen. Daher sind sie der Meinung, daß Massenmedien hauptsächlich durch Meinungsführer Einfluß ausüben. Auch andere Untersuchungen haben die Bedeutung der interpersonalen Kommunikationskanäle hervorgehoben. Klapper vermerkt, daß in totalitären Staaten der Inhalt von Rundfunkprogrammen der "Stimme Amerikas" und des Senders "Freies Europa" durch Kontakt von Person zu Person unter gewissen Teilen der Bevölkerung verbreitet wurde.[54] Weitere Untersuchungen, die später beschrieben werden, haben die Wichtigkeit von interpersonalen Kanälen in Kontexten wie Öffentliche Angelegenheiten, Kinobesuch, Verkaufspolitik, Mode, die Einführung eines neuen Medikamentes bei den Ärzten oder Änderungen der Bodenbearbeitungsmethoden durch die Farmer gezeigt.

Tatsächlich scheint es, daß der Kommunikationsfluß in entwickelten Ländern anders gestaltet ist als in solchen, die sich in der Entwicklung befinden. In den Vereinigten Staaten sind die Massenmedien für die meisten Menschen die erste Quelle von Informationen. Andere Leute sind nur für eine relativ kleine Anzahl von Menschen Erstquellen für Neuigkeiten, sogar für wichtige Ereignisse.[55] Eine Ausnahme bildete die Ermordung des Präsidenten Kennedy, wo anscheinend eine sehr große Zahl von Menschen die Neuigkeit zuerst von einer anderen Person erfuhr - eine Ausnahme, die man hauptsächlich der außerordentlich starken emotionalen Wirkung des Ereignisses zuschreibt. Allgemein kann man sagen, daß sogar relativ bedeutende Ereignisse zunächst durch die Massenmedien verbreitet werden. Es ist bezeichnend, daß Fernsehen das wichtigste Berufsziel eines Journalisten darstellt, Zeitungen das zweitwichtigste, während Magazine und Rundfunk weit dahinter rangieren.[56]

Im Gegensatz dazu sind in den Entwicklungsländern die mündliche Kommunikation und der Kontakt von Angesicht zu Angesicht vorherrschend. Wie Untersuchungen an Menschen in Indien und China ergaben, war der wichtigste Übermittlungsweg die persönliche Kommunikation.[57] Natürlich zeigt dies auch die viel geringere Verbreitung von Rundfunkgeräten und Zeitungen, ganz zu schweigen von Fernsehgeräten. Ein weiterer Faktor ist das Analphabetentum, so daß sogar gedrucktes Material nicht unbedingt zur Kenntnis genommen werden würde.

Medien sind indessen in solchen Ländern nicht ganz unbedeutend, und auch die Anzahl der Zeitungen und Rundfunkempfänger gibt nicht das tatsächliche Publikum wieder. Solche Quellen werden nicht für deren Besitzer übermittelt, sondern auch an viele andere Menschen weitergeleitet. So ist es in Indien üblich, daß eine Zeitung von mehreren Leuten in einem Dorf gelesen und vielen anderen, die nicht lesen können, laut vorgelesen wird.[58] Daher geben die Auflageziffern von Zeitungen nicht ihre wirkliche Leserschaft wieder.

---

[54] Klapper, 1961; [55] Weiss, 1971; [56] Weiss, 1971
[57] Weiss, 1971; [58] Eapen, 1967

Andere Untersuchungsergebnisse deuten darauf hin, daß die Konzeption, ein zweistufiger Kommunikationsfluß besitze nur eine Relais-Funktion, eine Übervereinfachung ist.[59] Insbesondere haben Untersuchungen des Prozesses der Verteilung oder der Ausbreitung neuer Elemente innerhalb einer Population viele Einzelheiten zur Erkenntnis eines zweistufigen Flusses erbracht. Sie haben ein besseres Verständnis der Bedingungen ermöglicht, unter denen Massenkommunikationen durch interpersonelle Kanäle verbreitet werden, aber auch ein Verständnis der Bedingungen, unter denen Massenkommunikationen den Empfänger direkt erreichen. Erstens können bisweilen mehr als zwei Stufen beteiligt sein. Meinungsbildner können eine Botschaft an ihre eigenen Meinungsführer weitergeben, die diese ihrerseits an ihre eigenen weitergeben. Auf diese Weise kann eine Kette von interpersonalen Gliedern an Stelle eines einzelnen Gliedes die ursprüngliche Quelle mit ihren Empfängern verbinden. Zweitens wird der Fluß nicht notwendigerweise von den Massenmedien durch interpersonale Kontakte zu den letztlich betroffenen Personen verlaufen. Der Fluß kann umgedreht werden: Interpersonale Kommunikationskanäle können Menschen veranlassen, die Massenmedien zu konsultieren. In einer Untersuchung über Informations-Ausbreitung in einem Industriebetrieb wandten sich viele Angestellte, die von einer bevorstehenden Reorganisation durch persönliche Kontakte gehört hatten, an solche Medien wie die Werkzeitung, um zusätzliche Informationen zu erhalten.[60]

Ob ein Mensch Informationen direkt von den Massenmedien oder indirekt von anderen Personen erhält, hängt teilweise von seiner Position in der sozialen Struktur ab. Ärzte, die in eine ärztliche Gemeinschaft integriert waren - gemessen an der Zahl anderer Ärzte, welche die ersteren als Freunde betrachteten und als Personen, deren Rat ihnen wertvoll war -, wurden häufiger durch interpersonale Kanäle beeinflußt als weniger integrierte Ärzte.[61] In einer Gruppe wie der Ärztegemeinschaft, wo Normen und Wertvorstellungen Innovationen begünstigen, werden solche voll integrierten Ärzte führend bei der Anwendung eines neuen Medikamentes sein. Dagegen werden in Gruppen, in denen die Normen ungünstig für Innovationen sind, wie etwa in gewissen landwirtschaftlichen Gemeinden, integrierte Personen kaum führend sein, wenn es um die Übernahme einer Innovation geht.[62] Der Grad, in dem ein neues Verfahren über interpersonale Kanäle verbreitet wird sowie die Verbreitungsgeschwindigkeit hängen weitgehend davon ab, ob integrierte Personen oder isolierte Personen das Verfahren übernehmen. Wenn ein Verfahren von integrierten Menschen übernommen wird und die Normen günstig für Innovationen sind, wird sich die Innovation wahrscheinlich schnell über die ganze Gruppe ausbreiten.[63]

Ob Menschen eher geneigt sind, direkt durch die Massenmedien beeinflußt zu werden oder indirekt durch interpersonale Kommunikationen, hängt vom Stadium des Übernahmeprozesses ab, aber auch davon, ob Personen "frühe

---

59 Rogers & Beal, 1958; 60 Wagner, 1962; 61 Menzel & Katz, 1965
62 Mauser & Coleman, 1956; 63 Becker, 1970

Übernehmer" oder "späte Übernehmer" sind. Soziologen, die das Landleben untersuchen, haben bei der Untersuchung der Übernahme neuer bäuerlicher Verfahren einen Prozeß festgestellt, der aus den folgenden fünf Stadien besteht:[64]

1. Stadium des Kennenlernens. Der Mensch wird zum erstenmal der neuen Methode ausgesetzt, doch fehlen ihm Einzelheiten über sie.
2. Informations-Stadium. Er verschafft sich Informationen über die neue Methode.
3. Anwendungsstadium. Er wägt die Vor- und Nachteile der neuen Methode gegeneinander ab und trifft eine Entscheidung.
4. Versuchsstadium. Er probiert die Innovation auf einer begrenzten und zeitweiligen Basis aus.
5. Übernahmestadium. Er trifft die Entscheidung, mit der neuen Methode aufzuhören oder sie auf permanenter Basis fortzusetzen.

In einer Untersuchung über die Übernahme eines neuen Typs eines landwirtschaftlichen Sprühmittels fand man heraus, daß die Massenmedien wichtiger als interpersonale Einflüsse in der ersten Phase waren, in der Menschen mit dem Produkt bekanntgemacht wurden.[65] In den späteren Phasen, der Gewinnung zusätzlicher Informationen und der Entscheidung, das Produkt für einen begrenzten Zeitraum auszuprobieren, herrschten interpersonale Einflüsse vor. Auch Personen, die das Produkt relativ spät übernahmen, waren mehr durch interpersonale Kommunikationen beeinflußt als "frühe Übernehmer". Diese Befunde stützen die von Katz hervorgehobene Unterscheidung zwischen dem Erhalt von Informationen und der Legitimierung oder Sanktionierung durch eine Gruppe, die die Innovation begünstigt.[66]

Katz gelangt zu dieser Schlußfolgerung mittels eines Vergleiches zweier Untersuchungen über die Informations-Ausbreitung. In beiden Fällen spielten kommerzielle oder offizielle Quellen eine bedeutende Rolle bei der Verbreitung von Informationen über die Innovation; doch bei ihrer Ausprobierung und Übernahme spielten persönliche Kommunikationen mit Freunden, Nachbarn und Kollegen die entscheidende Rolle für die Rechtfertigung ihrer Verwendung. Farmer gewannen Informationen über eine neue Sorte von hybridem Mais zunächst von Firmenvertretern und aus landwirtschaftlichen Nachrichten; Ärzte erhielten Informationen über ein neues Medikament von Ärztebesuchern der pharmazeutischen Industrie und aus medizinischen Fachzeitschriften. Farmer wurden zum Ausprobieren oder zur Übernahme des neuen Produkts am meisten durch ihre Nachbarn beeinflußt, Ärzte durch ihre Kollegen und durch Fachzeitschriften.

Meinungsführer und der Informationsfluß Eine Anzahl von Untersuchungen haben gezeigt, daß Meinungsführer spezialisiert sind: Sie sind Führer in ausschließlich einem Themenbereich.[67]

---

64 Rogers & Beal, 1958; 65 Rogers & Beal, 1958; 66 Katz, 1961
67 Merton, 1949; Katz & Lazarsfeld, 1955

Je nach dem Themenbereich haben sowohl die Meinungsführer als auch die Personen, die sie beeinflussen, gewisse Merkmale. So sind wahrscheinlich auf dem Gebiet der Mode junge und aufgeschlossene Frauen Führer, doch in öffentlichen Angelegenheiten ist der Meinungsführer wahrscheinlich eine reife Persönlichkeit, von hohem Status und sehr gebildet.

Obwohl die Persönlichkeit des Meinungsführers je nach dem Themenbereich verschieden ist, hat Katz einige konsistente Merkmale von Meinungsführern festgestellt: (1) Sie verkörpern bestimmte Wertvorstellungen, (2) sie sind kompetent und (3) sie sind im sozialen Gefüge strategisch günstig lokalisiert.[68] Ein von Weiss ins Gespräch gebrachtes viertes Merkmal ist, daß sie nicht notwendigerweise aktive "Bekehrer" sind, sondern auch nur passive Informationsquellen sein können.[69] Im Hinblick auf das erste Merkmal repräsentieren Meinungsführer oft die Wertvorstellungen und Einstellungen ihrer Gruppe stärker als irgendein anderer. Infolgedessen verkörpert ein Meinungsführer für die Mitglieder ihre Wertvorstellungen, daher identifizieren sie sich mit ihm und unterstützen ihn. In einer Untersuchung über Ferienlager für Knaben (boys' camp) wurde beispielsweise gezeigt, daß die Führer die wichtigen Gruppenwerte repräsentierten - kämpferische Fähigkeit und im Lagerleben erforderliche Geschicklichkeit (campcraft).[70] Die Jungen ahmten diese Führer nach, auch wenn die Führer keinen Versuch gemacht hatten, sie zu beeinflussen.

Das zweite Merkmal, Kompetenz, bedeutet oft, daß der Führer mehr Fachwissen hat als andere. So waren die Führer in Jungenlagern die kompetentesten beim Kämpfen und bei den im Lager erforderlichen handwerklichen Arbeiten (campcraft). Ärzte, die ausschlaggebend für die Einführung neuer Medikamente waren, kannten die Fachliteratur und die Forschungsinformationen häufiger, die bei Ärztetagungen verbreitet wurden.[71] Ähnlich waren die Farmer, die öfter in die Stadt kamen, führend bei der Übernahme einer neuen Art von hybridem Mais.[72]

Was das dritte Merkmal betrifft, nämlich Lokalisation in der Kommunikations-Struktur, haben Meinungsführer einen größeren Bekanntenkreis als Nicht-Meinungsführer, und sie nehmen zentrale Positionen ein.[73] So waren beispielsweise die Ärzte, die die meisten gesellschaftlichen Kontakte mit anderen Ärzten hatten, fast immer auch jene, die andere Ärzte der Freundesgruppe beeinflußten, ein neues Medikament zu übernehmen. Ähnliche Befunde ergaben sich bei den Ärzten, die von Kollegen am häufigsten konsultiert und mit denen Fälle am häufigsten erörtert wurden. Ein weiterer Aspekt der sozialen Lokalisierung, der die Meinungsbildner charakterisiert, ist die Tatsache, daß sie oft ein Verbindungsglied zwischen außenstehenden Medien oder Agenturen und dem kleineren Kommunikationssystem bilden, in dem sie Einfluß haben. Männer sind oft Meinungsführer in der Politik, weil sie im

---

[68] Katz, 1957; [69] Weiss, 1969

[70] Lippitt, Polanski, Redl & Rosen, 1952 ; [71] Coleman, Katz & Menzel, 1957

[72] Katz, 1961; [73] Menzel & Katz, 1956

Gegensatz zu Frauen seltener zu Hause sind. Meinungsführer in der Politik gehören auch einer größeren Anzahl von Organisationen an als Nicht-Meinungsführer.[74] Eine andere Studie hat einige Persönlichkeitsmerkmale von Innovatoren auf dem Gebiete des Sports ermittelt: Wagemut, Vorstellungsvermögen, Dominanz, Geselligkeit und Selbstbewußtsein.[75] Mit Ausnahme von staatlich und kommerziell zur Meinungs- und Verhaltensänderung eingesetzten Personen sind Meinungsführer, die durch normale Forschungsmethoden eruiert werden, oft eher Ratgeber, bei denen man Informationen holt, als aktive Eiferer, die eine Änderung herbeiführen wollen.[76] Die angewandten Untersuchungsmethoden eruieren nur Personen, von denen Menschen Informationen erhielten; sie überprüfen nicht den Prozeß der Beeinflussung selbst.

Klapper hat auf eine bisher vernachlässigte Funktion des Meinungsführers aufmerksam gemacht, nämlich auf die der Änderungs-Resistenz.[77] Da der Meinungsführer sich wahrscheinlich am stärksten an die Gruppennormen hält, scheint es, als ob die meisten seiner Kommunikationen mit anderen in Richtung dieser Normen gehen würden, und daß er von außerhalb kommenden Kommunikationen, die konträr zu den Normen sind, wahrscheinlich widerstehen wird. Dieser Hang, sich entsprechend der Norm zu verhalten, wird durch den oben erwähnten Befund illustriert, daß Wähler, die zu Beginn des Wahlkampfes beabsichtigt hatten, anders als ihre Familie und ihr Bekanntenkreis zu wählen, öfter doch am Ende ihre Meinung änderten und so wie ihre Primärgruppe wählten.[78] Daß die politische Diskussion in solchen Gruppen in den späteren Phasen des Wahlkampfes stark zunahm, läßt vermuten, daß Meinungsführer bei der Änderung des Wahlverhaltens eine Rolle spielten. Diese Rolle von Meinungsführern bei der Stabilisierung von Normen und bei Beeinflussungsresistenz verdient weiter erforscht zu werden.

Der Außenseiter: Druck und Gegendruck   Manche Menschen nehmen eine Position in der Sozialstruktur ein, die sie gegensätzlichen Standpunkten aussetzt. Bei einer Wahl zum Beispiel können die Familienmitglieder eines Menschen einen bestimmten Kandidaten unterstützen, seine besten Freunde dagegen einen anderen. Eine der frühesten Untersuchungen ergab, daß diese Außenseiter mit größerer Wahrscheinlichkeit ihren Entschluß erst später während des Wahlkampfes faßten, ihre Wahlabsichten änderten und häufige Änderungen vornahmen.[79] Solche Außenseiter sind oft als besonders anfällig für Beeinflussungskommunikationen angesehen worden. In der Tat argumentieren politische Strategen, daß Massenfeldzüge sich wohl gegen unentschlossene Personen richten könnten, denn es ist wiederholt bewiesen worden, daß Individuen mit feststehenden Positionen von den Massenmedien kaum beeinflußt werden können. Eines der Probleme in diesem Zusammenhang ist allerdings, daß sich Außenseiter diesem Dilemma oft entziehen, indem sie sich von dem

[74] Katz & Lazarsfeld, 1955; [75] Loy, 1969
[76] Weiss, 1969; [77] Klapper, 1961
[78] Lazarsfeld et al. 1948; [79] Lazarsfeld et al. 1948

betreffenden Thema abwenden. So haben zum Beispiel Wähler, welche Druck aus verschiedenen Richtungen unterworfen sind, geringeres Interesse an der Wahl als andere; daher werden sie durch Massenfeldzüge wahrscheinlich nicht erreicht.[80]

Bedingungen für die Bedeutung der persönlichen Einflußnahme Eine Mahnung zur Vorsicht ist vielleicht im Hinblick auf die Hypothese des zweistufigen Flusses angebracht. Meinungsführer sind nicht notwendigerweise Bindeglied zwischen den Massenmedien und dem Rezipienten. Manche Zielpersonen erhalten Informationen direkt von den Medien. Ferner wurde bereits erwähnt, daß die Rolle des persönlichen Einflusses je nach dem Thema der Beeinflussung beträchtlich variiert. Eine Untersuchung der Fernsehdiskussionen zwischen Kennedy und Nixon vor der Wahl von 1960 läßt beispielsweise vermuten, daß mindestens eine Minderheit der Wähler direkt durch das Fernsehprogramm beeinflußt wurde.[81] Eine experimentelle Untersuchung über Flugblatt-Kommunikationen stimmt mit diesem Befund überein: Sie zeigte, daß mit zunehmenden Umfang von Informationen die interpersonalen Kommunikationskanäle verhältnismäßig geringere Bedeutung erlangten.[82] Mehrere Untersuchungen über die Verbreitung wichtiger Nachrichten unterstützen die Ansicht, daß wichtige Nachrichten in den Massenmedien Personen direkt erreichen, obwohl eine Mehrheit dieser Personen sie daraufhin mit anderen bespricht.[83] Mit anderen Worten: wenn eine Massenkampagne nicht sehr intensiv ist und kein wichtiges Thema zum Inhalt hat, kann ihre Effektivität durch Informationsverbreitung über persönliche Kanäle vergrößert werden; wenn aber ein Feldzug ein wichtiges Thema betrifft und durch die Fernsehdiskussionen einen hohen Bekanntheitsgrad erreicht hat, nehmen persönliche Kommunikationen eine etwas geringere Bedeutung ein.

Im Gegensatz zu den Fernsehdiskussionen wird die Vergrößerung des persönlichen Einflusses bei vermindertem Informationsfluß dramatisch aufgezeigt in einer Untersuchung des kleinen griechischen Dorfes Kalos, wo der Meinungsführer des Ortes der einzige der beiden Dorfbewohner war, die lesen konnten.[84] Er erhielt eine Zeitung und gab daraus jene Nachrichten weiter, die er für wichtig hielt. Ein Meinungsführer in einer solchen strategischen Position wird Torhüter oder Gatekeeper genannt, weil er den Informationsfluß kontrolliert.[85]

Zusammenfassung: Interpersonale Kommunikationsnetze Kommunikationen von Mensch zu Mensch spielen eine wichtige Rolle bei der Verbreitung von Botschaften, die von den Massenmedien kommen. Kommunikationen folgen zuweilen einem zweistufigen Fluß-System, und zwar von den Medien zu einem Meinungsführer und vom Meinungsführer zu anderen Rezipienten. In diesem Prozeß dient der Meinungsführer nicht nur zur Weitergabe

---

80 Lazarsfeld et al. 1948; 81 Goeke, 1961; 82 De Fleur & Larsen, 1958
83 Larsen & Hill, 1954;Danielson, 1956;Deutschmann & Danielson, 1960
84 Stycos, 1952; 85 Lewin, 1958

der Informationen, sondern auch als Beeinflussungsvermittler. Meinungsführer können auch in anderer Weise wirken: Sie können Menschen dazu bringen, die Massenmedien zu benutzen.

Die Positionen der Menschen in der sozialen Struktur, im Hinblick auf die Häufigkeit ihrer Kommunikation mit anderen, bestimmen sowohl Gefolgschaft als auch Führung bei der Annahme von Innovationen. Der Prozeß, durch den Innovationen übernommen werden, hat mehrere Stadien, beginnend mit dem Kennenlernen der Information über ein Ausprobieren bis zu einer endgültigen Entscheidung, die neue Methode auf Dauer zu übernehmen. Direkt von den Massenmedien stammende Informationen spielen in den ersten Stadien eine wichtige Rolle, während in den späteren Stadien interpersonale Einflüsse vorherrschen.

Meinungsführer sind gewöhnlich spezialisiert; ihre Führung ist häufig auf ein bestimmtes Inhaltsgebiet beschränkt. Allerdings hat man drei allgemeine Merkmale von Meinungsführern herausgefunden: (1) Meinungsführer verkörpern die Wertvorstellungen der Gruppe; (2) sie sind kompetent, und (3) sie sind im sozialen Gefüge strategisch günstig lokalisiert. Als Repräsentanten der Gruppennormen können Meinungsführer auch dazu dienen, Änderungsresistenz zu zeigen.

Eine besondere Art Rezipient ist der Außenseiter, welcher Druck aus verschiedenen Richtungen ausgesetzt ist - als Mitglied von Gruppen mit gegensätzlichen Einstellungen. Man könnte den Außenseiter als leicht beeinflußbar ansehen, jedoch mangelt es ihm oft an Interesse für die Themen, die im Mittelpunkt des Konfliktes zwischen den Gruppen stehen; oder aber er weicht ihnen aktiv aus.

GESELLSCHAFT UND MASSENKOMMUNIKATION

Bisher hat sich die Diskussion zum größten Teil auf die Einwirkung der Primärgruppen des Rezipienten und dessen engstem Umfeld auf seine Annahme der Kommunikation konzentriert. Dieser Aspekt der sozialen Struktur wurde in der Forschung am meisten betont und ist zweifellos von allergrößter Bedeutung im Beeinflussungsprozeß. Der Rahmen der größeren Gesellschaft, in der Kommunikation stattfindet, kann allerdings ebenfalls den Kommunikationsprozeß in verschiedener Weise steuern.

Die Primärgruppe und die umfassendere Sozialstruktur

Die Funktion von Primärgruppen bei der Hilfe für das Individuum, Beeinflussungsversuchen zu widerstehen, wird oft gestützt durch die umfassenderen sozialen Systeme, in die die Individuen integriert sind. So stützten zum Beispiel Aspekte des umfassenderen deutschen militärischen Systems die oben erwähnte Rolle der kleinen Kampfeinheiten der Wehrmacht, indem sie dem einzelnen Soldaten behilflich waren, der alliierten Propaganda Widerstand zu leisten.[86] Ein kleiner, aber fanatischer Kern von Nazi-Offizieren diente als Verbindungsglied zwischen den Streitkräften und den Führern der Nazipartei und kontrollierte das deutsche Militär. Gewisse politische Grundzüge dieses umfassenderen Systems stärkten die Primärgruppen in ihrem Widerstand gegen Propaganda. Solidarität wurde dadurch gepflegt, daß man die Männer in denselben kleinen Einheiten über einen langen Zeitraum zusammenhielt. Die Nazi-Offiziere warnten die Soldaten vor strengen Strafen für Desertion. Dazu wurden Briefe von Zuhause, welche die militärischen Anstrengungen billigten, gefördert, doch gab es strenge Kontrollen für Briefe, welche Entbehrungen zu Hause erwähnten und dadurch die Loyalität des Soldaten zu seiner Kampfeinheit auf seine Familie verlagern konnten.

Meinungsführer als Bindeglieder zwischen Gesellschaft und Individuum

Die umfassendere soziale Struktur beeinflußt auch die Effektivität des Meinungsführers. In einer Untersuchung des Eingliederungsprozesses von neuen Einwanderern in Israel waren jene Meinungsführer anfänglich am erfolgreichsten, welche Gemeindeführer waren, z. B. Rabbiner, Lehrer oder örtliche Geschäftsleute.[87] Eine ihrer Hauptaufgaben war die Bestimmung, welche wirtschaftlichen, politischen und beruflichen Tätigkeiten für den Einwanderer am wünschenswertesten waren - kurz, die Interpretation der neuen Gesellschaft für den Einwanderer. Die folgende Äußerung eines Einwanderers illustriert diese Rolle des Meinungsführers bei der Eingliederung in die umfassendere Gesellschaft.

> Wenn wir nicht wissen, was wir tun sollen, fragen wir sie... Sie können uns sagen, was wir zu tun haben, wie wir unsere Arbeit am besten tun, in welche Schulen wir unsere Kinder schicken sollen. Diese Parteien und Wahlen sind auch so verwirrend, und wir wissen nicht, wofür sie gut sind, und wie man sich hier verhalten soll... Sie erklären es uns und beraten uns, was wir tun sollen. Wenn das nicht so wäre, wären wir wahrscheinlich verloren und würden viel leiden...[88]

In einem späteren Stadium der Assimilierung der Einwanderer verloren diese Gemeindeführer allerdings die Gunst jener Einwanderer, die sich ein besseres Verständnis des neuen Landes und seiner Wertvorstellungen erworben hatten. Sie betrachteten nunmehr ihre früheren Führer als allzu konservativ und nicht repräsentativ für die neue Gesellschaft. Diese Verschiebung der Einstellung war begleitet von einer größeren Abhängigkeit von Kommunikationen über die

---

86 Shils & Janowitz, 1948; 87 Eisenstadt, 1951, 1952

88 Nachdruck mit Genehmigung der "University of Chicago Press. Von S. N. Eisenstadt 'The place of elites and primary groups in the process of absorption of new immigrants in Israel'. American Journal of Sociology, 1951, 57, 222 - 231.

Massenmedien. Die erwähnte Studie zeigt, daß ein Großteil der Stärke des Meinungsführers abhängig ist von seinem Verhältnis zur umfassenderen Sozialstruktur, sowie von seinem Platz in dieser, aber auch von seiner Beziehung zu den Menschen, die er beeinflußt.

Die Wertstruktur und der Kommunikator

Die in einer Gesellschaft vorherrschenden Wertvorstellungen bestimmen den Grad, in dem Kommunikatoren motiviert sind und es ihnen gestattet ist, die Situation zu strukturieren, um Beeinflussung zu erleichtern. Ein extremes Beispiel, weiter oben zitiert, sind die Bemühungen der Chinesen, die Intellektuellen zu bekehren.[89] Nachdem die Kommunisten die gesamte Kontrolle über China gewonnen hatten, wollte die Regierung keine Meinungsäußerungen dulden, die im Widerspruch zur kommunistischen Ideologie standen. Individuen, die versuchten, das Regime zu kritisieren oder sich weigerten, die Parteilinie zu akzeptieren, wurden zu wiederholten Gelegenheiten in der Öffentlichkeit heftig attackiert. Das Regime benutzte Arreststrafen und andere Formen der Bestrafung, um Intellektuelle zur Raison zu bringen. Diese Bemühungen wurden viele Jahre lang unerbittlich fortgesetzt, und die meisten Rebellen beugten sich schließlich.

Tatsächlich setzen alle Gesellschaften gewisse Grenzen für eine Meinungsäußerung, sie unterscheiden sich jedoch im Hinblick auf den Bereich der Wertvorstellungen, die geäußert werden können und im Hinblick auf gewisse strukturelle Merkmale, die solche Einschränkungen wirksam werden lassen. In einer demokratischen Gesellschaft, wo der Bereich, innerhalb dessen Meinungen geäußert werden können, weit gesteckt ist und wo Einschränkungen nicht genügend kontrolliert werden, hört man manche Ansichten öfter als andere. In den Vereinigten Staaten kann ein Bürger den Sturz der Regierung nicht befürworten, ohne sich Strafsanktionen auszusetzen; wohl aber kann er die Regierung in vieler Hinsicht frei kritisieren. Wie weiter unten gezeigt werden wird: je enger der Bereich der Werte ist, über die Äußerungen erlaubt sind, desto wirksamere Kommunikation wird es wahrscheinlich auf der Basis dieser Wertvorstellungen geben.

Der Gegensatz zwischen totalitären und demokratischen Gesellschaften ist allerdings nicht so groß, als er scheinen mag; in demokratischen Gesellschaften wird die Kommunikation in einem größeren Ausmaß kontrolliert und "kanalisiert", als man weithin glaubt. In den Vereinigten Staaten wird die Kommunikation beeinträchtigt von Faktoren wie die ständig sinkende Zahl von Zeitungen, denen es gelingt, einen Bankrott zu vermeiden; die Häufigkeit von Zeitungsfusionen, das Anwachsen von Zeitungsketten, die dominierende Stellung der Nachrichtenagenturen und die Macht der Radio- und Fernsehnetze.

---

[89] Chen, 1960

Diese Umstände legen unvermeidlich die Verantwortung für eine unverfälschte Verbreitung von Nachrichten in die Hände einer relativ kleinen Anzahl von Menschen.

Zunächst ist allein schon der Umfang von Nachrichten so groß, daß nur ein kleiner Teil verbreitet werden kann. Die Torhüter der Massenmedien entscheiden darüber, welche Nachrichten überregional verbreitet werden sollen. Eine Untersuchung des Nachrichtenflusses von der Associated Press zu vier regionalen Tageszeitungen in Wisconsin dokumentiert diese Feststellung einleuchtend.[90] Etwa 100 000 bis 125 000 Worte an Nachrichten fließen in einem Tagescyklus zu der Agentur "Associated Press". Die Hälfte der Worte wird von den Redakteuren zur Weiterleitung über Nebenlinien ausgewählt. Von dieser Hälfte wählt das für Wisconsin zuständige AP-Büro nur ein Viertel zur Weiterleitung an Tageszeitungen in Wisconsin aus, ergänzt sie allerdings durch Nachrichten aus Wisconsin. Vier typische Tageszeitungen druckten 55 bis 87 Prozent des auf diese Weise erhaltenen Materials. So wird also nur ein kleiner Teil aller Nachrichten schließlich in diesen Zeitungen gedruckt.

Die zweite und vielleicht wichtigste Tatsache ist folgende, daß die Kontrolleure der Massenmedien wegen ihrer überregionalen Zuhörer nur solches Material darbieten, das zu einem überwiegenden Teil mit den vorherrschenden Wertvorstellungen und Einstellungen des Publikums übereinstimmt. Divergierende Meinungen können in der Regel keine weitverbreitete Zustimmung erreichen, auch wenn Meinungsfreiheit herrscht. Menschen, deren Ansichten nicht mit vorherrschenden Ansichten übereinstimmen, sind auf Medien beschränkt, die ein sehr kleines und spezialisiertes Publikum aufweisen. Infolgedessen dienen die Massenmedien in einer freien ebenso wie in einer totalitären Gesellschaft weitgehend dazu, den Status quo zu erhalten.

In einer freien Gesellschaft können indessen informelle Kommunikationskanäle mit denen in einer totalitären Gesellschaft divergieren. Gruppen, die innerhalb eines weitgesteckten Rahmens abweichende Einstellungen und Wertvorstellungen haben, können frei kommunizieren und ihre Ansichten an andere weitergeben. Eine freie Gesellschaft enthält gewöhnlich sehr viele Gruppen und Organisationen mit verschiedenen Zielen und Zwecken, die von den zentralen Wertvorstellungen der Gesellschaft abweichen. Solche informelle Kanäle gibt es in gewissem Maße auch in totalitären Gesellschaften, doch sind sie notwendigerweise geheim und in ihrem Umfang sehr eingeschränkt.

DIE EFFEKTIVITÄT VON MASSENKOMMUNIKATIONEN

Zweifellos wollen die meisten Menschen, die am Beeinflussungsprozeß interessiert sind, gerne wissen, wie effektiv die Massenmedien bei der Verbreitung von Informationen und bei der Einführung der gewünschten Handlungsweisen sind. Wie dieses Kapitel bereits gezeigt hat, ist allerdings eine generelle

---

[90] Cutlip, 1954

Antwort auf diese Frage nicht sehr hilfreich. Die Effektivität variiert je nach Art der Kommunikation, der Situation, den Kommunikationskanälen und den vorherrschenden Einstellungen und Verhaltensweisen der Rezipienten.

Man kann sich vorstellen, daß Massenkommunikationen verschiedene Arten von Wirkungen haben. Ein Effekt ist, Menschen Informationen über verschiedene Aspekte der Wirklichkeit zu liefern, angefangen bei Nachrichten über die Geschehnisse der internationalen Szene bis zu den neuesten Trends in der Kochkunst. Eine zweite Wirkung macht es aus, Menschen zu beeinflussen, zu wählen, zu kaufen oder sich anderweitig in einer Weise zu verhalten, die den Wünschen des Kommunikators entspricht. Eine dritte Klasse von Wirkungen, die wenig zu tun hat mit Beeinflussungsabsichten, umfaßt die vielen Arten von Reaktionen auf den Unterhaltungsinhalt der Massenmedien.

Bekanntmachungs- und Beeinflussungsfunktionen der Massenmedien

Es scheint wenig Zweifel darüber zu bestehen, daß Massenmedien durch wiederholte Darbietung viele Menschen mit einem kommerziellen Produkt bekanntmachen können. So können zum Beispiel zahlreiche Personen auf Anhieb gewisse Werbesprüche aus Rundfunk oder Fernsehen auswendig hersagen. Ob eine solche Darbietung zu einer Akzeptierung des Produkts führt oder nicht, hängt von vielen anderen Faktoren ab, wie etwa der Einstellung der Person zu einer Verwendung des Produkts; dem Ausmaß, in dem seine Gewohnheiten bereits eingeschliffen sind, und der Anzahl der konkurrierenden Kommunikationen. Wenn die Einstellung des Individuums relativ neutral ist, wenn es keine festgefahrenen Vorlieben hat und wenn es nur wenige konkurrierende Kommunikationen gibt, kann ein intensiver Werbefeldzug sehr effektiv sein. Das gilt besonders für Erzeugnisse, die leicht zugänglich sind und die impulsiv gekauft werden, wie etwa die Dinge auf den Regalen der Supermärkte. Wird der Konsument mit einer Vielfalt von Marken für das gleiche Produkt konfrontiert, wird er wahrscheinlich das ihm bekannte auswählen, wenn solche Faktoren wie Zugang und Preis relativ gleich sind. Doch bisweilen kann ihn der Wunsch nach Neuem und die Neugier auf das Unbekannte dazu bringen, ein neues Erzeugnis auszuprobieren.

Wo allerdings Kommunikationen konträr zu wichtigen Einstellungen laufen, kann ein ganz anderes Ergebnis erwartet werden. Die intensivsten Studien der Massenmedien sind auf dem Gebiet des Wahlverhaltens betrieben worden, wo der Mensch gewöhnlich fest etablierte Einstellungen besitzt, welche stark änderungsresistent sind, und wo er stark unterstützt wird durch Gruppeneinstellungen.[91] Trotz der populären Ansicht von Kommentatoren, Politikern und Journalisten, daß der politische Feldzug, besonders über die Massenmedien, einen entscheidenden Einfluß auf Wahlen besitze, sprechen viele Forschungshinweise dafür, daß die Medien nur einen ganz kleinen Teil der Wähler beeinflussen.

---

[91] Katz & Feldman, 1962

Wenn eine Wahl sehr knapp auszugehen verspricht, kann ein Feldzug sehr wohl entscheidend sein; wenn aber zwischen den Kandidaten ein weiter Abstand ist, wird ein Feldzug diesen Abstand kaum ausgleichen.

Ein Wahlfeldzug bekehrt nur wenige Menschen zu neuen politischen Überzeugungen.[92] Der Feldzug scheint in erster Linie vorhandene Überzeugungen zu vertiefen, schwache zu stärken und den Wählern ein gewisses Minimum an Informationen über die Kandidaten und ihre Programme zu vermitteln. Eine Untersuchung brachte, daß es keine Beziehung zwischen der für Radio- und Fernsehprogramme ausgegebenen Geldsumme und der Wahl von Kandidaten für die Ämter von Senatoren, Gouverneuren und Präsidenten gab.[93] Allerdings scheint ein gewisses Minimum von Sendungen erforderlich zu sein. Freie Fernsehzeit in England erbrachte Gewinne für die Partei der Liberalen, die vorher zuwenig in der Öffentlichkeit bekannt war.[94] Eine andere Untersuchung zeigte, daß Ausgaben für Rundfunksendungen eine signifikante Auswirkung auf das A u s m a ß ("margin") des Sieges in beiden Häusern des Kongresses hatten.[95] Doch diese Wirkung war fünfmal größer im Senat, und nur dort war sie ausreichend, um die Wahlergebnisse zu tangieren. Die Untersuchung zeigte auch, daß für weniger bekannte Kandidaten eine gewisse Mindestausgabe erforderlich schien. Ein Kandidat, der bereits Inhaber des neu angestrebten Amtes war, war allgemein bekannt, und Ausgaben waren weniger wichtig.

Eine weitere populäre Ansicht meint, daß das Fernsehen in der Lage sei, ein günstiges "image" eines Kandidaten aufzubauen - sogar ein solches Image, das ihn in die Lage versetzt, die Wahl zu gewinnen. Sicherlich vermittelt das Fernsehen die persönliche Erscheinung eines Kandidaten sowie seine Manieren und gibt Hinweise auf verschiedene Persönlichkeitsmerkmale. Doch ergibt eine Übersicht von Weiss über Forschungsergebnisse zum Problem des "image", daß verschiedene Zuschauer von derselben Sendung über einen Kandidaten verschiedene Eindrücke haben, und daß sogar dann, wenn einige deutliche Image-Merkmale erzeugt werden, diese gewöhnlich wenig Wirkung auf das Wahlverhalten haben.[96] Zahlreiche Studien über die Fernsehdiskussionen zwischen Nixon und Kennedy kamen ebenfalls zu dem Schluß, daß, obwohl die Diskussionen einen bedeutenden Teil der Wählerschaft erreichten, ihr Effekt im großen und ganzen darin bestand, vorher vorhandene Wählerneigungen zu verstärken, anstatt sie zu ändern.[97]

Andere, nicht beeinflussende Wirkungen der Massenmedien

Bis jetzt hat die Erörterung in den Kapiteln über soziale Beeinflussung und Einstellungsänderung eine Reihe von Wirkungen nicht erwähnt, die sich aus Massenkommunikationen ergeben können, die aber wenig Beziehungen zu der Absicht des Kommunikators haben. Einige dieser nicht der Beeinflussung

92 Blumer & McQuail, 1969; Weiss, 1971;

93 Alexander, 1966

94 Rose, 1967;

95 Dawson & Zinser, 1971

96 Weiss, 1971;

97 Katz & Feldman, 1962

dienenden ("nonpersuasive") Auswirkungen sind: (1) die Effekte auf die menschlichen Wertvorstellungen über Verbrechen und Gewalt in den Massenmedien, (2) die Effekte von eskapistischen Medieninhalten und (3) die Effekte der Publikumspassivität beim Medienkonsum.

Verbrechen und Gewalt Eltern, Erzieher und andere haben oftmals ihre Sorge zum Ausdruck gebracht, was den hohen Anteil von Verbrechen und Gewalt in den Massenmedien sowie dessen Auswirkungen auf Kinder, besonders aber was die Möglichkeit ihres Beitragens zur Jugendkriminalität betrifft. Von Zeit zu Zeit stellen Persönlichkeiten des öffentlichen Lebens die Frage nach diesen Wirkungen, und der Kongress hat im Laufe der Jahre eine Anzahl von Untersuchungen durchgeführt. Gegenwärtige Diskussionen ziehen Parallelen zwischen den Beschuldigungen gegen ältere Medien wie Filme und gegen Comics. Alle drei Quellen sind häufig beschuldigt worden, zu einem Anstieg von Verbrechen und Gewalt beigetragen zu haben. Inhaltsanalysen haben bestätigt, daß die Massenmedien tatsächlich Verbrechen und Gewalt sehr häufig darstellen, und zwar in fiktiver Form. Eine Untersuchung aus dem Jahre 1969 schätzte, daß 64 Prozent der führenden Charaktere in den Fernsehprogrammen Gewalt gebrauchten.[98] Darüber hinaus enthielten über 90 Prozent der Zeichentrickfilme für Kinder Gewalt, und 88 Prozent ihrer führenden Charaktere wendeten Gewalt an. Während der Kriegsjahre in Vietnam wurde parallel zu der fiktiv dargestellten Gewalt die Gewalt im wirklichen Leben ausführlich gezeigt - Erschießen, Bombardieren, Verbrennen - und es wurden die verwundeten, verstümmelten oder toten Opfer zur Schau gestellt. Es ist auch bekannt, daß Kinder einen großen Anteil der Fernsehzuschauer ausmachen;[99] daher wurde besondere Besorgnis über mögliche Auswirkungen auf Kinder geäußert. Doch erlaubt die Tatsache, daß Kinder im Fernsehen Szenen von Gewalttätigkeit ausgesetzt sind, nicht die Schlußfolgerung, daß solche Szenen sie veranlassen, selbst gewalttätiges Verhalten zu zeigen. Das Verhalten eines jeden Individuums ist eine komplexe Funktion vieler Faktoren, und der Anblick von Gewalttätigkeit im Fernsehen hat wahrscheinlich an sich einen geringen Einfluß auf das Verhalten der meisten Menschen. Die meisten aggressiven Handlungen sind einer intensiven Formung durch Sozialisierungseinflüsse in der Gesellschaft unterworfen (z. B. Eltern und andere bedeutsame Personen).

Es soll in den Kapiteln 15 bis 17 detaillierter erläutert werden, daß als Folge dieses Prozesses die Kinder moralische Wertvorstellungen entwickeln - innere Standards von Recht und Unrecht, die ihr Verhalten in einem gewissen Maße steuern. Gewisse Handlungen, die im Fernsehen gezeigt werden, würden von den meisten Zuschauern nicht nachgeahmt werden, eben wegen ihrer inneren Kontrollinstanzen oder moralischen Standards. So werden zum Beispiel die meisten Kinder und Erwachsenen nicht mit Absicht einen anderen Menschen töten oder ihn ernstlich verletzen.

Ob in Situationen des täglichen Lebens aggressive Handlungen auftreten oder nicht, hängt auch von der Art der Situation ab. Die meisten Situationen haben

---

[98] Gerbner, 1971; [99] Tannenbaum & Greenberg, 1968

normative Kontrollen im Hinblick auf verschiedene Verhaltensweisen, einschließlich der Gewalt. Zum Beispiel ist Gewalt in Interaktionen unter Familienmitgliedern oder Arbeitskollegen eher die Ausnahme als die Regel, doch wird sie von militärischem Personal in Kriegszeiten erwartet. Doch auch im Krieg ist nur der Feind ein erlaubtes Ziel für Gewalt.

Es gibt mehrere Übersichten über die Forschungen zur Aggression und zum Fernsehen, darunter den ersten von sechs Bänden über Forschungen zum Thema Fernsehen und Gewalt, herausgegeben vom National Institute of Mental Health[100]. Obwohl sich einige sehr klare Befunde ergeben haben, gibt es noch viele unerforschte Faktoren. Mindestens zwei Prozesse lassen sich beim Anblick von Gewalt und des darauf folgenden aggressiven Verhaltens feststellen: (1) Imitation und (2) Anregung ("instigation"). Viele Laborversuche haben gezeigt, daß Kinder dazu fähig sind, Handlungen von erfundenen Charakteren oder lebenden Menschen zu imitieren. Der Prozeß der Imitation wird ausführlicher in Kapitel 15 zu besprechen sein.

Doch die Tatsache, daß Kinder oder Erwachsene lernen können, gewalttätige Handlungen auszuführen, die sie beobachtet haben, bedeutet nicht notwendigerweise, daß sie sie ausführen *werden*. Was entscheidend ist, sind die Faktoren oder Bedingungen, welche die Gewalt anregen. Berkowitz und andere haben intensivere Forschungen über die Bedingungen durchgeführt, die dazu beitragen, Aggression anzuregen.[101] Im Labor sind Medien-Darbietungen, die zur Anregung von Aggression entworfen wurden, nur dann wirksam, wenn eine Anzahl von Bedingungen erfüllt wird. Ein Mensch, der Medien-Gewalttätigkeit gesehen hat, wird gegen eine Person, die ihn frustriert, nur dann aggressiv werden, wenn (1) die in den Medien gezeigte Gewalttätigkeit durch den Kontext gerechtfertigt wird, (2) der Zuschauer daraufhin von einer Person frustriert wird, (3) die Ursache seiner Frustration in irgendeiner Weise mit dem zuvor gesehenen Opfer in der Mediendarbietung assoziiert wird, (4) sowohl die äußeren als auch die inneren Barrieren gegen Aggression äußerst gering sind.[102] Eine Schwäche sogar dieser qualifizierten Generalisation ist, daß in allen Untersuchungen der experimentelle Kontext dergestalt eingerichtet war, den Versuchspersonen den Eindruck zu geben, daß Aggression nicht nur erlaubt, sondern möglicherweise sogar ermutigt wurde. In Untersuchungen, in denen der Teilnehmer dem Urheber einer Frustration einen elektrischen Schlag versetzen mußte, nachdem ihm in einem Film Aggression vorgeführt wurde, hatte er beispielsweise nicht die Wahl, Schocks zu verabreichen, sondern nur die Wahl der Intensität des elektrischen Schlages.

Wie in vielen anderen psychologischen Untersuchungen hat die Betonung auf meßbarem Verhalten in gewissem Maße die zu erforschende abhängige Variable erschwert. Es wurden Fragen aufgeworfen, ob das erforschte Ver-

---

[100] Goranson, 1970; Weiss, 1969, 1971; Surgeon General's Scientific Advisory Committee on Television and social Behavior, 1971

[101] Berkowitz, 1964, 1965, 1969, 1970

[102] Berkowitz, 1965; Berkowitz & Geen, 1966

halten tatsächlich ein aggressives ist. Ist beispielsweise das Schlagen einer Gummipuppe oder das Zerknallen eines aufgeblasenen Ballons aggressiv? Gewöhnlich wird Aggression definiert als Verhalten, das andere Menschen verletzt, doch in der Forschung ist die Definition erweitert worden auf Verhalten, das, wenn es auf eine andere Person gerichtet wäre, verletzen würde; nach diesem Standard ist das Schlagen einer Puppe aggressiv. Doch kann eine Handlung nur dann aggressiv sein, wenn ihre Absicht ist, zu verletzen. Ein Schaden, der einem anderen Menschen zufällig zugefügt wird, ist nicht aggressiv. Die meisten Forscher haben diesem Element der Absicht wenig Aufmerksamkeit geschenkt; tatsächlich ist auch keine der logischen Eigenschaften des Konzeptes von aggressivem Handeln beachtet worden. In den meisten Untersuchungen wird beispielsweise die Frage, ob die Versuchspersonen, die irgendeine "aggressive" Handlung ausführten, Zorn fühlten, überhaupt nicht gestellt. Weiss unterstreicht dieses Versäumnis, die Bedeutung der ausgeführten Handlungen zu studieren:

> Allgemeiner gesprochen, gibt es eine vollkommene Lücke von Informationen über die genauen Erklärungen der Versuchssituation durch die Versuchspersonen und über die Meinungen und Interpretationen, die sie dem Film oder dem Verhalten des Modells beimessen, aber auch im Hinblick auf ihre Reaktionen während der Beobachtung des Modells oder des Films. Bei dem Mangel an solchen Kenntnissen und im Hinblick auf die Tatsache, daß die Kampfszenen aus ihrem normalen Zusammenhang gerissen sind und dem ungebührlichen Betragen des erwachsenen Modells kein Grundprinzip zugrunde gelegt wurde, sollte irgendwelche leichtfertige Annahme über die Reaktionen der Zuschauer und über deren Interpretationen mit beträchtlicher Vorsicht aufgenommen werden.[103]

Neuere Untersuchungen haben sich der Frage zugewandt, in welchem Ausmaß Fernsehprogramme tatsächliche aggressive Handlungen bei Kindern und Jugendlichen anregen.[104] Bei diesen Forschungen wurden Fernsehprogramme oder Filme, die gewalttätige Szenen enthielten, einer Gruppe von Kindern gezeigt, und relativ nicht gewalttätiges Material einer anderen Gruppe. In diesen Untersuchungen waren die Programme tatsächliche Programme aus dem Fernsehen,oder sie waren ihnen ähnlich - im Gegensatz zu den Filmausschnitten vorangegangener Untersuchungen. Nach der Vorführung wurden die Kinder auf verschiedene aggressive Handlungen hin beobachtet, nicht nur im Hinblick auf die Imitation der Handlungen, die sie in den Programmen gesehen hatten. Zumindestens potentiell scheinen diese Arten von Untersuchungen für die Generalisierung auf das Kind, das zu Hause fernsieht, geeigneter gewesen zu sein.

---

103 Genehmigter Nachdruck aus W. Weiss, "Effects of the mass media on communication". In: G. Lindzey & E. Aronson (Eds.), "The handbook of social psychology. (2d ed.) Vol. 5 Reading, Mass.: Addison-Wesley Publishing Company, Inc., 1969. Pp. 77 - 195

104 Ekman, Liebert, Friesen, Harrison, Zlatchin, Malmstrom & Baron, 1971;Feshbach, 1971;Leifer & Roberts, 1971;Liebert & Baron, 1971; Stein & Friedrich, 1971

Keine dieser Untersuchungen ergab aufregende Unterschiede zwischen der Gruppe, der Gewaltdarstellungen dargeboten worden waren, und den Kindern der Kontrollgruppe; der allgemeine Trend jedoch ging zu einem wachsenden aggressiven Verhalten bei Kindern, denen Gewaltdarstellungen gezeigt worden waren. Dieser Effekt war allerdings nicht gleichförmig, tatsächlich war nur eine Minderheit der Kinder für die Unterschiede in der Aggressionsmessung voll verantwortlich. Außerdem waren diese Kinder schon ursprünglich (vor dem Zusehen) aggressiver als die anderen Kinder. Nichts anderes ist bekannt über die Merkmale von Kindern, die von Gewaltdarstellungen im Fernsehen beeinflußt werden, und von jenen, die nicht betroffen sind. Korrelations-Studien des Fernsehens Erwachsener und ihrer aggressiven Handlungen erbrachten gleichfalls positive, jedoch geringe Beziehungen zwischen dem Ansehen von Gewaltdarstellungen und aggressivem Verhalten.[105] Diese Befunde sind schwieriger zu interpretieren, und zwar weil die Möglichkeit besteht, daß diejenigen, die sich aggressiver verhalten, gewalttätigere Programme ansehen (Korrelation zeigt keine kausale Beziehung), oder weil geringe Beziehungen dieser Art auf eine Assoziation von Fernsehen und aggressivem Verhalten mit irgendeinem unbekannten dritten Faktor zurückzuführen sind (z. B. kann elterliche Erziehung zu nicht-aggressivem Verhalten ein weniger aggressives Verhalten hervorrufen und auch selteneres Betrachten von gewalttätigen Programmen).

Eine seinerzeit populäre Hypothese war, daß das Betrachten von aggressivem Verhalten einen k a t h a r t i s c h e n E f f e k t habe. Es wurde angenommen, daß ein Mensch das Bedürfnis aufbaut, aggressive Handlungen auszuführen und daß dieses Bedürfnis befriedigt oder in seiner Stärke herabgesetzt wird, wenn die Person sich entsprechend ihrem Bedürfnis verhält. Katharsis ist eine alternative Art, dieses Bedürfnis herabzusetzen. Da sich der Zuschauer mit dem Aggressor identifiziert, erlebt er eine gewisse Erleichterung durch die Betrachtung aggressiver Handlungen, so, als ob er sie selbst ausführen würde. Erste Versuche mit dem Ziel einer Überprüfung der Hypothese, daß das Betrachten einer Aggression das aggressive Verhalten eines Menschen vermindert, erbrachten widersprechende und magere Ergebnisse.

Indessen zeigte eine neuere Fernseh-Untersuchung, daß Jungen von acht bis achtzehn Jahren, denen man sechs Wochen hindurch komprimiert Fernseh-Gewalttätigkeit vorgesetzt hatte, v e r m i n d e r t e Aggressivität in ihren Wertvorstellungen und ihrem gewöhnlichen Verhalten gegenüber Gleichaltrigen zeigten, im Vergleich zu Jungen, denen man gewaltlose Fernseh-Unterhaltung vorgesetzt hatte.[106] Die Forscher argumentieren, daß diese Ergebnisse auf einen kathartischen Effekt hindeuten. Leider hat eine Wiederholung dieser Untersuchung diese Befunde nicht bestätigen können.[107]

Fassen wir zusammen: Die Forschungen zur Gewalttätigkeit in den Massenmedien zeigten eindeutig, daß zumindest manche Kinder angespornt oder

---

[105] Surgeon General's Scientific Advisory Committee, 1971

[106] Feshbach, 1971; [107] Wellis, 1971

beeinflußt werden, sich aggressiv zu verhalten, nachdem sie Gewalttätigkeit in den Medien gesehen haben. Bis jetzt ist es allerdings nicht möglich zu beschreiben, wie viele Kinder auf diese Weise betroffen sind, ferner kann auch der Grad, in dem sie beeinflußt werden, nicht bestimmt werden. Zudem ist nicht genug bekannt über die Eigenschaften dieser Kinder. Solche, die schon eine Tendenz zur Gewalttätigkeit aufweisen, sind durch das Betrachten gewalttätiger Programme mehr betroffen, doch sind andere Faktoren, die vielleicht wichtig sind, noch unbekannt. Ferner sind Bedingungen, die die Wirkung von Fernseh-Gewalttätigkeit entweder fördern oder hindern, noch nicht eindeutig festgestellt worden. Einige Befunde deuten beispielsweise darauf hin, daß starke Familiennormen gegen aggressives Verhalten die Wirkungen von Fernseh-Gewalttätigkeit mildern, doch sind diese Materialien nicht ganz konsistent, außerdem ist wenig bekannt über andere Bedingungen, die möglicherweise wichtig sind.[108] Gegenwärtig laufende Forschungsvorhaben sollten dazu beitragen, diese Probleme zu lösen.

Eskapistische Inhalte in den Massenmedien Eine andere Kritik an den Massenmedien enthält den Vorwurf, daß ihre Sendungen eskapistische und Phantasie-Inhalte enthalten. Dazu gehören Fernseh-Familienkomödien, leichte Belletristik ("fiction"), Serien und oft sogar, was von den Fernsehleitern als seriöses Drama bezeichnet wird. Behauptungen und Gegenbehauptungen über solche eskapistischen Sendungen kann man immer wieder hören. Manche Kritiker meinen, daß die Zuschauer fernseh-süchtig und apathisch werden und nicht mehr in der Lage sind, "der realen Welt ins Auge zu schauen". Die Anhänger solcher Sendungen argumentieren andererseits, daß solche Themen Entspannung bringen. Klapper bemerkt, daß viele Sendungen der Massenmedien tatsächlich ihrer Natur nach "eskapistisch" sind, folgert aber, daß solche Stoffe trotzdem keine bestimmte Lebensweise ("life pattern") verursachen.[109] Eine solche Sendung dient allerdings gewissen psychologischen Bedürfnissen und Verstärkungsmustern, die bereits vorher charakteristisch für das Publikum waren.

Passivität beim Empfang von Massenkommunikationen Eine weitverbreitete Kritik an den Massenmedien, besonders an deren Sendungen mit fiktiven Inhalten, ist, daß der Konsum dieser Sendungen eine passive Beschäftigung ist, welche an die Stelle von spontaneren und kreativeren Tätigkeiten tritt, die der Mensch im anderen Fall ausüben würde. Es scheint wenig Zweifel darüber zu bestehen, daß besonders das Fernsehen einen beträchtlichen Teil der Freizeitbeschäftigung eines durchschnittlichen Kindes ausmacht. Eine ausführliche Untersuchung hat geschätzt, daß das durchschnittliche Schulkind in den ersten Klassen zwei Stunden täglich vor dem Fernsehschirm verbringt und in der sechsten oder siebenten Klasse drei bis vier Stun-

---

108 Surgeon General's Scientific Advisory Committee, 1971

109 Klapper, 1961

den - ein Höhepunkt, der im Laufe der folgenden Jahre in der High School langsam absinkt. [110] Zehn Jahre später bestätigt eine andere Studie die durchschnittlich vor dem Fernsehgerät verbrachte Zeit von zwei Stunden am Tag. [111] Frühere Untersuchungen heben auch die durchgreifenden Änderungen hervor, die ein solches extensives Fernsehen bei den Freizeitbeschäftigungen hervorgerufen hat. Die Wirkungen waren: weniger Zeit für Kino, Hörfunk, für das Lesen von Comics und Massenmagazinen, sowie weniger Zeit für das Spielen. Im allgemeinen herrscht das Fernsehen über die Freizeit des Kindes. Im großen und ganzen lassen diese Daten allerdings vermuten, daß das Fernsehen nicht an die Stelle von aktiven Beschäftigungen getreten ist, sondern daß es andere passive Beschäftigungsfelder verdrängt hat. Die ausführlichste Untersuchung zu diesem Thema wurde in England durchgeführt. Auch sie zeigt, daß Fernsehen nicht Passivität hervorruft. [112]

Die allgemeine Schlußfolgerung, die zum gegenwärtigen Zeitpunkt im Hinblick auf die nicht zur Beeinflussung gehörenden Wirkungen ("nonpersuasive effects") der Massenmedien gezogen werden kann, ist, daß solche Medien von verschiedenen Menschen selektiv benutzt werden, und zwar je nach ihren Neigungen und schon vorhandenen Einstellungen. Bei den meisten Kindern besteht ihre Wirkung - wenn es überhaupt eine gibt - in der Verstärkung bereits existierender Merkmale und weniger in der Einführung von neuen. Doch ist es auch wahrscheinlich, daß eine kleine Anzahl von Kindern direkt beeinflußt wird, Verhaltensweisen anzunehmen, die im Fernsehen weit verbreitet sind, wie zum Beispiel Gewalttätigkeit und andere Formen physischer Aggression, und daß sie eine akzeptierende Einstellung gegenüber solchen Handlungsweisen adaptieren.

---

110 Schramm, Lyle & Parker, 1961; 111 Gerbner, 1971
112 Himmelweit, Oppenheim & Vince, 1958

KAPITEL 6

EINSTELLUNGEN ZWISCHEN GRUPPEN

Die vielleicht intensivst erforschten Einstellungen sind jene zu den ethnischen Minderheiten. Eine ausgedehnte Literatur befaßt sich mit dem Vorurteil gegen Gruppen von Minoritäten aller Arten in den verschiedensten Ländern auf der Welt. In den letzten Jahren hat sich die Aufmerksamkeit mehr und mehr auf Konflikte zwischen Gruppen und ihre Lösungen konzentriert, wobei die Themen von Cliquenstreitigkeiten bei primitiven Stämmen bis zu Kriegen zwischen Nationen reichen. Drei Grundfragen können über Einstellungen zwischen Gruppen gestellt werden: (1) Welches sind die Bedingungen, unter denen ungünstige Einstellungen gegenüber Gruppen entstehen? (2) Durch welche Mittel werden ungünstige Einstellungen aufrechterhalten? (3) Wie können ungünstige Einstellungen in einer günstigeren Richtung verändert werden? Obwohl die Antworten sich zum Teil überschneiden, ist jede Frage relativ unabhängig von der anderen.

Ungeachtet einer voluminösen Forschungsliteratur ist die Theorie über Einstellungen zwischen Gruppen noch sehr wenig entwickelt. In den ersten Forschungen zu diesem Thema wurde die Notwendigkeit einer theoretischen Begründung der Einstellungen zwischen Gruppen ebensowenig klar erkannt wie bei der Sozialpsychologie im allgemeinen. Die Vorurteils-Forschung leidet auch daran, daß die früheren empirischen Arbeiten meist auf Wahrnehmungen und Gefühle gerichtet waren und dem Verhalten zwischen Gruppen[1] weniger Aufmerksamkeit gewidmet wurde. In jüngster Zeit ist das Interesse an einer Theorie über das Verhalten zwischen Gruppen merklich gewachsen. Besonders wichtig für das steigende Interesse sind das neue Selbstbewußtsein und der Stolz, die bei den ethnischen Minderheiten entstanden sind. Geführt von der "black power"-Bewegung haben ethnische und andere Minoritäten aktive Schritte unternommen, ihr Bewußtsein als Volk mit einer Geschichte und einer Bestimmung anzuheben. Die Idee von Amerika als Schmelztiegel, mit ihrer Betonung auf Anpassung und Assimilierung der Minoritätsgruppen, wurde von einigen Gruppen aufgegeben. Anstatt sich darauf einzurichten, die Mehrheit als Muster und Vorbild zu nehmen, betonen nunmehr viele ethnische Gruppen ihre Einzigartigkeit und Besonderheit und bauen auf diese Weise eine eigene Identität auf. Die Schwarzen ragen diesbezüglich am meisten heraus, indem sie die Betonung auf Afrika-Forschung, schwarze Literatur und andere kulturelle Errungenschaften legen, zusammen mit einer bestimmten Art von Kleidung und dem Schlagwort "Black is beautiful". Diese neue Betonung sollte zu einer verstärkten Forschung auf dem Gebiet der Einstellungen von Minderheiten gegenüber Mehrheitsgruppen führen, ein Gebiet, das bisher sehr vernachlässigt worden ist.

---

[1] Katz, 1970

Während der vergangenen zwei Jahrzehnte hat sich die sozialpsychologische Theorie schneller entwickelt als in der Zeit davor, und sie hat in der Sozialpsychologie eine zentralere Rolle eingenommen. In dem vorliegenden Kapitel soll versucht werden, aus dieser Entwicklung Vorteil zu ziehen und ein besser ineinander greifendes Wissen über Vorurteil und Diskriminierung zusammenzutragen.

Vorurteil, Diskriminierung und Konflikt

V o r u r t e i l ist eine Einstellung, die einen Menschen prädisponiert, von einer Gruppe oder ihren einzelnen Mitgliedern in günstiger oder ungünstiger Weise zu denken; eine Einstellung, die einen Menschen prädisponiert, wahrzunehmen, zu fühlen und zu handeln. Ob ein voreingenommenes Individuum sich tatsächlich in Übereinstimmung mit seiner Einstellung verhalten wird, hängt von Situations- und anderen Faktoren ab. Daher betont der Ausdruck "Vorurteil" den wahrnehmungsmäßigen, kognitiven und emotionalen Gehalt der inneren Prädispositionen und Erfahrungen des Individuums. Er bedeutet nicht notwendigerweise, daß das Verhalten mit solchen Erfahrungen übereinstimmt.

Der wahrnehmungsmäßig-kognitive oder Meinungsgehalt von "Vorurteil" ist bereits ausführlich im Kapitel 2 im Abschnitt über Stereotype besprochen worden. Mitglieder einer Gruppe oder Personenkategorie werden so gesehen, als ob sie gewisse Züge oder Eigenschaften hätten, die andere sind als jene der allgemeinen Bevölkerung. Ein solches Stereotypisieren hat drei Merkmale: (1) Menschen werden nach gewissen identifizierenden Eigenschaften in Kategorien eingeteilt; (2) man ist sich im allgemeinen einig über die Merkmale, die die Personen in der Kategorie besitzen; (3) zwischen den zugeschriebenen Zügen und den tatsächlichen Zügen besteht eine Diskrepanz. Obwohl manche Stereotype bestimmter sind als andere, ist für die meisten bekannten Minoritätsgruppen bei den Beobachtern die Übereinstimmung sehr hoch über dem Niveau, das erreicht würde, wenn die Eigenschaften der Gruppe nach dem Zufallsprinzip zugeordnet würden.

Sozialpsychologen denken sich die emotionale Stärke des Vorurteils in einem bestimmten Individuum als einen Punkt auf einem Kontinuum, welches von "extrem ungünstig" zu "extrem günstig" reicht. So kann das Vorurteil eines Individuums "stark ungünstig", "mäßig ungünstig" usw. sein. Es können auch andere emotionale Aspekte von "Vorurteil" studiert werden, wie etwa der tatsächliche Gehalt von Emotionen, wie er vom Individuum verbal ausgedrückt wird, oder die Konsistenz, mit der solche Gefühle in einer Fülle von Situationen ausgedrückt werden. Das in der Forschung am häufigsten verwendete Maß für "Vorurteil" ist allerdings der Grad von positivem (oder negativem) Gefühl, den das Individuum gegenüber der ethnischen Gruppe empfindet.

D i s k r i m i n i e r u n g ist die ungerechte Behandlung von Menschen, von denen die Zugehörigkeit zu einer bestimmten sozialen Gruppe angenommen wird.[2] Wie Simpson und Yinger bemerken, ist Diskriminierung gewöhnlich der offen zutage tretende oder am Verhalten festzumachende Ausdruck von "Vorurteil"; sie ist die kategorische Behandlung einer Person wegen ihrer Zugehörigkeit zu einer bestimmten Gruppe[3]. Im allgemeinen werden einem so behandelten Individuum Privilegien oder Rechte verweigert, die anderen Mitgliedern der Gesellschaft zustehen, welche nicht zu der Minoritätsgruppe gehören. Simpson und Yinger bemerken allerdings auch, daß Diskriminierung ohne das begleitende Gefühl von Vorurteil auftreten kann - z. B., wenn ein Geschäftsinhaber sich weigert, Mitglieder einer Minoritätsgruppe als Kunden anzunehmen, weil er glaubt, sie würden seinem Geschäft schaden. Er ist vielleicht nicht voreingenommen, meint aber, er müsse sein Geschäft vor alle anderen Erwägungen setzen; oder er ist vielleicht tatsächlich voreingenommen und benutzt einfach sein Geschäft als Mittel, sein Vorurteil zum Ausdruck zu bringen.

URSPRÜNGE VON VORURTEIL UND DISKRIMINIERUNG

Der vorliegende Abschnitt führt die Bedingungen an, unter denen Vorurteil und Diskriminierung gegen eine bestimmte Gruppe entstehen. Er ist der Frage gewidmet, warum eine Gruppe eher als eine andere als Objekt von Vorurteil und Diskriminierung ausgesucht wird. Die Faktoren, die für die Aufrechterhaltung von Vorurteil und Diskriminierung verantwortlich sind, sollen später diskutiert werden. Es ist zweckmäßig, die Bezeichnungen "Eigengruppe" ("ingroup") und "Fremdgruppe" ("outgroup") zu verwenden. Eine *Eigengruppe* besteht aus Personen, die ein Gefühl der Zusammengehörigkeit erleben, ein Gefühl, die gleiche Identität zu haben. Eine Fremdgruppe ist - betrachtet vom Standpunkt der Mitglieder der Eigengruppe - eine Gruppe von Personen mit bestimmten Merkmalen, die sie von der Eigengruppe unterscheiden.

Quellen von Vorurteil

Ein erster Grundsatz ist: Die Art der bestehenden Relationen zwischen Eigengruppe und Fremdgruppe erzeugt Einstellungen zueinander, die mit diesen Relationen konsonant sind. Mit anderen Worten, ungleicher Status und ungleiche Macht zwischen zwei Gruppen erzeugt Gefühle von Vorurteil. Wenn zum Beispiel eine dominante Gruppe eine andere Gruppe im Zustand der Sklaverei hält, werden Sklaven wahrscheinlich als faul und verantwortungslos angesehen. Diese Meinungen entstehen, weil Sklaven auf Befehl ihrer Herren handeln und ihnen die Möglichkeit verwehrt ist, Initiative oder Verantwortung zu zeigen. Daher sind die Meinungen über sie konsonant mit ihrem Verhalten, welches von der Struktur der Relation bestimmt wird.

---

[2] Williams, 1947

[3] Simpson & Yinger, 1965

Ein anderes Beispiel kommt aus der historischen Entwicklung des Vorurteils gegen Juden. Das Bild der Juden als reich, habgierig und schlau erwuchs aus ihrer beruflichen Rolle als Geldverleiher[4]. Im zehnten und elften Jahrhundert bewirkte die Entwicklung der Städte ein scharfes Anwachsen des Kapitalbedarfs in Form von Geld. Die katholische Kirche verbot den Christen das Verleihen von Geld gegen Zinsen, gestattete aber den Christen, Geld von Juden zu leihen. So wurden Juden zu Bankiers in einer Zeit, da dieser Beruf außerordentlich profitabel war, und die der Rolle entsprechenden "images" wurden kognitiv fixiert. Dazu kamen zweifellos noch Konkurrenzgründe, die eine Feindseligkeit gegen die Juden hervorriefen: diese weigerten sich, an manche Interessenten Geld zu verleihen, sie verlangten höhere Zinsen, als von den Entleihern als fair empfunden wurde, und sie wurden wegen ihres Reichtums beneidet.

Daten, die während der Grenzstreitigkeiten zwischen Indien und China gesammelt wurden, sind ein weiteres Beispiel für die deutliche Änderung in der Wahrnehmung einer Fremdgruppe, wenn eine Veränderung in der Struktur der Beziehungen zwischen Gruppen auftritt.[5] Stereotype, die die Inder von den Chinesen hatten, wurden vor dem Konflikt gemessen und dann erneut, als die Spannungen stark waren. College-Studenten der Universität Patna in Indien wurden im Februar 1959 und erneut im Dezember aufgefordert, aus einer Liste von achtzig Eigenschaften fünf auszuwählen, die die Bewohner von neun Ländern, zu denen auch China gehörte, am besten charakterisierten. Es ergab sich eine außerordentliche Veränderung bei den den Chinesen zugeschriebenen Merkmalen. Nur drei von den ursprünglich am häufigsten den Chinesen zugeschriebenen Merkmalen wurde ihnen während des Streites zugeordnet. Vor dem Streit wurden die Chinesen als freundlich, fortschrittlich, ehrlich, nationalistisch, tapfer, kultiviert und aktiv angesehen, in der Folge wurden sie jedoch als aggressiv, betrügerisch, egoistisch, kriegshetzerisch, grausam, schlau und dumm bezeichnet. Nur geringe Änderungen ergaben sich bei den Stereotypen über die anderen Länder. Eine Reihe von anderen Untersuchungen haben ähnliche Veränderungen bei den nationalen Stereotypen gezeigt, die sich als Folge von Weltereignissen ergeben haben.[6]

Ursprünge von Diskriminierung

Ungleicher Status zwischen Gruppen erzeugt also Vorurteil. Beim Versuch zu bestimmen, wie ein ungleicher Status in erster Linie entsteht, ist ein Prinzip der Austausch-Theorie von Bedeutung: Wo die Kosten-Nutzen-Ergebnisse zweier voneinander abgegrenzter Gruppen als einander ausschließend empfunden werden, so daß jede Gruppe ihre Netto-Effekte nur auf Kosten der anderen verbessern kann, streben die Mitglieder jeder Gruppe danach, ihre

---

[4] Simpson & Yinger, 1965; [5] Sinha & Upadhyaya, 1960

[6] Dodd, 1935; Dudycha, 1942; Seago, 1947; Buchanan, 1951

Netto-Effekte zu halten oder zu verbessern. Mit anderen Worten, das Bemühen der mächtigeren Eigengruppe, die Netto-Effekte der Fremdgruppe auf einem niedrigeren Niveau und die eigenen auf einem hohen Niveau zu halten, ist eine der Grundlagen von Diskriminierung und Konflikt. Wenn die zwei Gruppen ungleich in ihrer Macht sind, werden sich verschiedene Netto-Effekte einstellen, wenn das nicht durch Normen verhindert wird, die eine Ausbeutung der schwächeren durch die mächtigere unmöglich machen sollen. Diese verschiedenen Netto-Effekte schaffen Unterschiede im Status der zwei Gruppen.

Das Ausmaß, in dem sich Mitglieder der Fremdgruppe diskriminiert fühlen und die Eigengruppe nicht leiden können und als feindlich betrachten, ist eine Funktion der Relation zwischen ihrem eigenen Vergleichsniveau und dem der Eigengruppe, sowie der relativen Ergebnisse beider Gruppen. In der Diskussion der Austausch-Theorie in Kapitel 7 wird das Vergleichsniveau definiert als das Ergebnis, von dem ein Individuum glaubt, daß es dieses Niveau zu erreichen verdiene. Wenn die Fremdgruppe dasselbe Vergleichsniveau wie die Eigengruppe hat, jedoch einen erheblich niedrigeren Netto-Effekt erreicht, wird sie wahrscheinlich unzufrieden und feindselig sein. Wenn jedoch das Vergleichsniveau im Verhältnis zu dem der Eigengruppe genügend niedrig ist, werden keine solchen Gefühle erlebt. Ob die Fremdgruppe das Vergleichsniveau der Eigengruppe zur Bestimmung ihres eigenen Vergleichsniveaus verwendet, hängt von früheren Erfahrungen der Fremdgruppe ab, von den in alternativen Relationen erreichbaren Netto-Effekten und von strukturellen und kulturellen Faktoren. Beispielsweise würden unterschiedliche Netto-Effekte mit größerer Wahrscheinlichkeit Unzufriedenheit in einer Gesellschaft mit starken Gleichheits-Wertvorstellungen schaffen, als in einer Gesellschaft, wo das Kastensystem die akzeptierte Lebensform ist.

Fremdgruppen mit steigenden Vergleichsniveaus, denen keine passenden Netto-Effekte entsprechen, sind sehr wahrscheinlich unzufrieden. Solange z. B. das Vergleichsniveau des amerikanischen Schwarzen sehr niedrig gehalten wurde, drückte dieser Unzufriedenheit nicht offen aus. Seit dem Zweiten Weltkrieg allerdings haben die Erfolge der Schwarzen bei der teilweisen Beseitigung der Rassenschranken und anderer diskriminierender Praktiken zu einem ansteigenden Vergleichsniveau beigetragen, jedoch nur geringe Gewinne beim Netto-Effekt erbracht, so daß sich eine viel größere Unzufriedenheit einstellte. In der ersten Auflage dieses Buches wurde vorausgesagt, daß Massendemonstrationen, organisierte Proteste und heftigere Formen der Rebellion mit einem ansteigenden Vergleichsniveau zunehmen würden.[7] Ein Jahrzehnt später ist es offensichtlich, daß die Geschichte die Vorhersage bestätigt hat. Da heute eine beträchtliche Kluft zwischen Erwartungen und Netto-Effekten für ethnische Gruppen wie Neger, Puertorikaner und Mexiko-Amerikaner besteht, kann ein andauernder Konflikt angenommen werden.

---

7 Secord & Backman, 1964a, S. 415

Das persönliche Urteil des Menschen, welcher das Ziel von Vorurteil und Diskriminierung ist, ist entscheidend. Es sind nicht die Realitäten einer Situation, die das Verhalten bestimmen, sondern das Urteil , daß Netto-Effekte sich gegenseitig ausschließen, die Beurteilung der eigenen Netto-Effekte im Vergleich zu denen der anderen Gruppe und die Beurteilung möglicher Bedrohungen des gegenwärtigen Niveaus der Netto-Effekte.

Somit entstehen Diskriminierung und Konflikt aus Konkurrenz-Situationen, besonders aus solchen, bei denen eine Seite größere Macht und höheren Status hat als die andere, und bei denen die Vergleichs-Niveaus der zwei Gruppen von denselben Erwartungen bestimmt werden. Eine Illustration bietet ein Laborversuch, in dem der Versuchsleiter zwei Status-Niveaus für zwei Gruppen von Jungen aufstellte. Sie spielten mehrere Spiele, bei denen der einen Gruppe vom Versuchsleiter immer ein niedriger Status zugewiesen wurde. Das Spiel "menschliches Krocket" wird vom Versuchsleiter wie folgt beschrieben:

> In diesem Spiel stehen die Mitglieder eines Teams Seite an Seite in einer Linie, und jedes Mitglied beugt sich vor, um einen Bogen oder "Tor" zu bilden. Die Mitglieder des anderen Teams stehen in einer Reihe hintereinander, und - auf ein Zeichen des Versuchsleiters - kriecht das erste Mitglied durch die Tore und zurück, worauf es das zweite Mitglied berührt, das sodann hin- und zurückkriecht, und so weiter. Die Güte der Leistung eines Teams hängt davon ab, wie lange alle seine Mitglieder brauchen, um diesen Vorgang zu beenden.[8]

Der springende Punkt ist, daß das Team, dem die passive Rolle des "Tors" zugewiesen war, nicht die andere Rolle annehmen durfte, um zu zeigen, wie es das Spiel meistere. Ähnlich war es bei einem anderen Spiel dem Team von hohem Status erlaubt, mit Bohnen gefüllte Säckchen auf ein Ziel zu werfen, das vom Team mit niedrigem Status gehalten wurde, welches auch die Bohnensäckchen aufsammelte. Dem Team von niedrigem Status wurde keine Möglichkeit gegeben, Säckchen auf das Ziel zu schleudern.

Während der ganzen Untersuchung begünstigte der Versuchsleiter beharrlich die Gruppe von hohem Status. Diese Bedingungen riefen eine ziemliche Feindseligkeit hervor, besonders beim Team mit niedrigem Status gegen das Team mit hohem Status. Sie drückte sich in solchen Bemerkungen aus, wie: "Meine kleine Schwester kann es besser", sowie durch Schimpfnamen, Treten, Stoßen, Ohrfeigen und Schlagen. Das Team mit hohem Status schien zwar einen gewissen Triumph zu erleben, doch auch Schuldgefühle, die sich aus den Normen für "fair play" ergeben, welche Ausbeutung einschränken. In diesem Versuch wurde allerdings in höherem Maße ein feindseliges Gefühl von der benachteiligten Einheit mit niedrigem Status gegen das Team mit

---

[8] Thibaut 1950, S. 257

hohem Status zum Ausdruck gebracht. Eine gewisse Feindseligkeit wurde wahrscheinlich auch gegen den Versuchsleiter erregt, jedoch wegen dessen Status und Autorität auf das Team mit hohem Status umgeleitet.

In einem etwas ausführlicheren Feldversuch wurden zwei Gruppen in eine Wettbewerbssituation versetzt, bei der beide Seiten Verluste erlitten.[9] In beiden Gruppen entwickelte sich beträchtliche Feindseligkeit. In einer Ferienlagersituation wurden zwei verschiedene Gruppen von Jungen aufgestellt. In den ersten zwei Tagen wußte keine der beiden Gruppen, daß die andere vorhanden war, und zwischen beiden fand keine Interaktion statt. Während dieser Periode etablierten sich feste Gruppenstrukturen und auch Eigengruppen-Gefühle. Im nächsten Stadium wurden zwischen den beiden Gruppen verschiedene Wettbewerbs-Situationen geschaffen, wie etwa ein Tauziehen, das von den "Klapperschlangen" gewonnen wurde. Die "Adler" rächten sich durch Verbrennen der Flagge der Klapperschlangen. Solche Vorfälle häuften sich und produzierten eine extreme soziale Distanz zwischen den Gruppen. Dazu bildeten sich stereotype "images". Die Jungen verwendeten Ausdrücke wie "tapfer", "hart" und "freundlich" für Mitglieder ihrer eigenen Gruppe, und "heimtückisch", "neunmalklug" und "Schufte" für die Fremdgruppe. Vorurteil wurde illustriert durch die Tatsache, daß die Leistung von Mitgliedern der Fremdgruppe unterschätzt wurde, während die Leistung der Eigengruppe überschätzt wurde.

Das Prinzip, daß Handlungen einer Fremdgruppe, welche die Kosten-Nutzen-Nettoergebnisse der Eigengruppe verringern, zu Diskriminierung und Konflikt führen, wird von anderen Feldversuchen gestützt. In einer Studie von "Nachbarschaften" in Gebieten nahe Chicago, die kurz zuvor von Negern besiedelt worden waren, fand der Forscher, daß Weiße mit niedrigem Einkommen in dem am nächsten zu den neuen schwarzen Nachbarschaften gelegenen Viertel feindseliger waren als Weiße mit niedrigem Einkommen, deren Nachbarschaften etwas weiter entfernt waren.[10] Nach der Auswertung der Antworten aus Interviews kam der Forscher zu dem Schluß, daß die Feindseligkeit ihren Hauptgrund im Wettbewerb um Wohneinheiten inmitten einer ernsten Wohnungsknappheit hatte. Die weißen Bewohner meinten nicht ohne gewisse Berechtigung, daß sie vertrieben werden sollten, weil ihre Hausherren an Schwarze vermieteten, die bereit waren, eine höhere Miete zu zahlen.

Zusammenfassung: Ursprünge von Vorurteil und Diskriminierung

Ein Prinzip, das den Ursprüngen von Vorurteil und Diskriminierung zugrundeliegt, ist: die Art der bestehenden Relationen zwischen Eigengruppe und Fremdgruppe erzeugt Einstellungen gegeneinander, die konsonant mit diesen Relationen sind. Mit anderen Worten, die Struktur der Relation zwischen

[9] Sherif, Harvey, White, Hood & Sherif,1961

[10] Winder, 1955

zwei Gruppen im Hinblick auf relativen Status und Macht produziert Erkenntnisse und Gefühle, die dieser Struktur angemessen sind. Eigenschaften und Meinungen, die nicht direkt relevant für diese Beziehung zwischen Gruppen sind, können ebenfalls wahrgenommen werden: Wenn eine Fremdgruppe einen von der Eigengruppe verschiedenen Status hat, und zwar im Hinblick auf gewisse Eigenschaften, werden ihre Mitglieder wahrscheinlich so wahrgenommen, als ob sie andere Eigenschaften und Meinungen hätten, die kongruent mit diesem Status sind.

Diskriminierung und Feindseligkeit entstehen aus einer Relation, in der zwei Gruppen ungleichen Status haben. Der ungleiche Status zwischen Gruppen wird im Sinne der Austauschtheorie erklärt. Mitglieder von Gruppen, bei denen Interaktion stattfindet, tendieren in ihrem Verhalten dazu, die ihnen zufallenden Kosten-Nutzen-Nettoergebnisse zu maximieren. Wenn zwei Gruppen ungleich in ihrer Macht sind, werden die Mitglieder der mächtigeren Gruppe wahrscheinlich günstigere Kosten-Nutzen-Nettoergebnisse durchsetzen als die Mitglieder der weniger mächtigen Gruppe. Wenn die Vergleichsniveaus der zwei Gruppen durch gleiche Bedingungen determiniert werden, wird die Gruppe mit niedrigerem Status sich wahrscheinlich gegenüber der Mehrheitsgruppe diskriminiert fühlen und Abneigung und Feindseligkeit gegen sie hegen.

AUFRECHTERHALTUNG VON VORURTEIL UND DISKRIMINIERUNG

Einige der Bedingungen, welche Vorurteil und Diskriminierung schaffen, sind ziemlich offensichtlich. Die Faktoren, welche Vorurteil und Diskriminierung über einen längeren Zeitraum aufrechterhalten, sind vielleicht etwas subtiler. Wir können sehen, wie diese Faktoren auf drei Ebenen operieren: Sozialstruktur, individuelle Persönlichkeitsdynamik und Kultur.

Faktoren der Sozialstruktur

Konformität mit der Vorurteilsnorm Sobald Vorurteil und Diskriminierung gegen eine Fremdgruppe gut etabliert sind, werden die begleitenden Kognitionen, Gefühle und Verhaltensweisen gegenüber der Fremdgruppe zu *sozialen Normen*. Soziale Normen sind Einstellungen, die von den Mitgliedern der Eigengruppe *geteilt* werden: die Mitglieder *erwarten* voneinander, solche Einstellungen zu haben. Ein gutes Beispiel zeigt ein Untersuchungsprojekt über Wohnungsverhältnisse.[11] Es wurde angenommen, daß weiße und schwarze Hausfrauen in einem integrierten Wohnungskomplex mehr Kontakte miteinander haben würden als weiße und schwarze Ehemänner, und deshalb wurde erwartet, daß die weißen Hausfrauen we-

---

11 Works, 1961

niger Vorurteile haben würden als ihre Ehemänner. Diese Hypothese bestätigte sich nicht. Der Versuchsleiter nahm zur Erklärung an, daß die Ehefrauen ihre Männer beeinflußten, ihre Vorurteile zu revidieren. Interviews mit Ehemännern unterstützten diese Annahme.

Pettigrews Untersuchung des Vorurteils gegen Schwarze im Süden und Norden der USA und in der Union von Südafrika hat vielleicht den besten Beweis dafür geliefert, daß Konformität mit den sozialen Normen ein wichtiger Faktor beim Vorurteil ist.[12] Es ist festzuhalten, daß diese Untersuchung in der Mitte der Fünfzigerjahre angestellt wurde, als das Vorurteil gegen Schwarze eine weitverbreitete soziale Norm in den untersuchten Regionen war. Die Untersuchung zeigt, daß die Personen, die sich am ehesten den Normen ihrer Gesellschaft anpaßten, auch die größten Vorurteile hatten. Das Ausmaß des Vorurteils gegen Afrikaner unter weißen südafrikanischen Studenten wurde durch eine Einstellungs-Skala ermittelt, und zwei Gruppen wurden gebildet: jene mit überdurchschnittlich großem und jene mit unterdurchschnittlich großem Vorurteil. Ein weiterer mit einer Skala versehener Fragebogen sollte die Konformität mit sozialen Normen messen, die unabhängig von Vorurteil waren, z. B. Kirchenbesuch. Die mit den überdurchschnittlich großen Vorurteilen behaftete Gruppe kreuzte jedes Item der Skala an und zeigte so eine direkte Verbindung zwischen Konformität und Vorurteil. Es wurden sodann andere Merkmale untersucht, die möglicherweise mit der Akzeptierung der sozialen Normen des Vorurteils in Zusammenhang stehen. Man fand heraus, daß die Studenten in höherem Maße antischwarz waren, wenn sie in Südafrika geboren waren, wenn sie sich mit der Nationalistischen Partei identifizierten und wenn ihre Väter einer manuellen Beschäftigung nachgingen.

Bei der Untersuchung der südlichen USA meinte Pettigrew, daß sechs soziokulturelle Dimensionen mit größerer Konformität mit sozialen Normen verbunden wären und es so möglich sein würde, Personen mit größeren Vorurteilen herauszufinden. Diese sechs Dimensionen waren alle - wie die Befunde ergaben - mit höherem Vorurteil assoziiert. Frauen hatten mehr Vorurteile als Männer, Kirchenbesucher mehr als Nicht-Kirchgänger, die Mobileren mehr als die Nichtmobilen, Demokraten oder Republikaner mehr als Unabhängige, die, die nicht beim Militär gewesen waren, mehr als die Veteranen, die weniger Gebildeten in einem höheren Grad als die Gebildeten. Der entscheidende Faktor bei der Interpretation dieser Daten ist, daß im Norden der Vereinigten Staaten diese sozio-kulturellen Dimensionen entweder gar nicht oder in einem geringeren Ausmaß mit Vorurteil assoziiert waren. Das wurde auch erwartet, denn Vorurteil gegen die Schwarzen ist als soziale Norm im Norden weniger durchdringend. Dort tritt es mehr verdeckt auf und gilt sozial als nicht sehr akzeptabel. In ihrer Schlußfolgerung weist die Untersuchung darauf hin, daß sowohl in Südafrika als auch in den südlichen Vereinigten Staaten, wo Vorurteil eine wichtige soziale Norm ist, Personen, die mehr Konformität mit den Normen zeigen, auch mehr Vorurteile aufweisen. Eine mögliche alternative Interpretation - daß nämlich

---

12 Pettigrew 1958

die Konformisten voreingenommener waren, weil sie in ihrer Persönlichkeit autoritärer waren - wurde ausgeschlossen durch eine statistische Analyse der Maße autoritärer Einstellung, gewonnen an Südafrikanern und an Amerikanern in den Süd- und Nordstaaten.

Die Faktoren, die der Konformität mit den Normen des Vorurteils zugrundeliegen, können im Sinne der variierenden Kosten-Nutzen-Nettoergebnisse erläutert werden, die sich aus Konformität oder Nichtkonformität ergeben. Wenn Vorurteil und Diskriminierung gegen eine andere Gruppe die Norm sind, dann wird die offene Äußerung des Vorurteils und die Ausführung diskriminierender Handlungen wahrscheinlich Zustimmung bei den anderen Mitgliedern hervorrufen.[13] Umgekehrt wird durch das Zeigen einer freundlichen Einstellung gegenüber Mitgliedern der Fremdgruppe oder dadurch, daß man diese nicht diskriminiert, die Norm des Vorurteils verletzt. Dies kommt möglicherweise insofern teuer zu stehen, als dadurch Mißbilligung und andere Sanktionen von Gruppenmitgliedern hervorgerufen werden. Das ist konsistent mit der Beobachtung, daß Menschen in gewissen Gemeinden der Südstaaten, die es wagten, sich im Sinne der Integration zu äußern, oft beleidigende Briefe und Anrufe erhielten sowie Feuerkreuze und Bombendrohungen.[14]

Eine Illustration des Nutzens von Konformität ist der Erfolg von Politikern der Südstaaten, die an die Macht kamen, weil sie für Rassentrennung und weiße Vorherrschaft eintraten. So zeigt eine Studie des Wählerverhaltens in Arkansas, daß vor der Rassenkrise von Little Rock, bei der es um die Integration in den öffentlichen Schulen ging, die Wähler eines Bezirkes ("county"), je mehr sie für die Rassentrennung waren, umso weniger wahrscheinlich für die Wahl von Gouverneur Faubus eintraten.[15] Nachdem er allerdings seine Aufsehen erregende Rolle als Verteidiger der Rassentrennung angenommen hatte, kehrte sich das Bild um: Jene Bezirke, die am meisten für die Rassentrennung waren, gaben ihm verhältnismäßig mehr Stimmen. Eine andere Untersuchung des Wählerverhaltens für S. Strom Thurmond, Präsidentschaftskandidat der "Dixiekraten" im Jahre 1956, zeigt, daß er große Unterstützung auf Grund seiner Betonung der weißen Vorherrschaft erhielt.[16]

Die wahrgenommenen Kosten des Non-Konformismus sind sehr verschieden und bewirken in vielfacher Weise eine Verstärkung des Vorurteils gegen ethnische Gruppen. So verteidigten sich zum Beispiel Leiter von gewissen Universitäten, an denen ein Quotensystem eingeführt ist, das alle Mitglieder ethnischer Gruppen bis auf einen kleinen Teil ausschließt, folgendermaßen: Wenn ihre Institutionen nicht mit den Vorurteilen der Studenten und des Professorenkollegiums konform gingen, würde die Moral der Hochschulgemeinschaft ("campus community") schwer beeinträchtigt.[17] Glücklicher-

---

[13] Hyman & Sheatsley, 1954

[14] Pettigrew, 1961

[15] Pettigrew & Campbell, 1960

[16] Heer, 1959

[17] Epstein & Forster, 1958

weise hat sich diese Einstellung sehr gewandelt, und die meisten Colleges und Universitäten "rekrutieren" aktiv mehr Studenten aus ethnischen und Minderheiten-Gruppen. Ein anderes Beispiel ist ein leitender Angestellter, der so argumentiert: da Juden in verschiedenen exklusiven Klubs nicht aufgenommen werden, in denen bedeutende geschäftliche Transaktionen abgeschlossen werden, kann er sie in seiner Firma nicht als leitende Angestellte beschäftigen:

> Es ist wichtig für unser Geschäft ... daß unsere Werksdirektoren einen gewissen Status in ihren Gemeinden aufrechterhalten. Sie müssen dem Country Club und dem führenden Klub der Stadt beitreten. Heute werden dort die großen Abschlüsse diskutiert und gemacht. Sie müssen für die führenden Bank- und Geschäftsleute der Stadt akzeptabel sein. Sie müssen in der Lage sein, zwanglose und unbekümmerte Beziehungen zu den Leuten aufrecht zu erhalten, die zählen. Wenn wir jüdisches Personal in Schlüsselpositionen aufrücken lassen, gehen wir das Risiko der sozialen Nicht-Akzeptierbarkeit ein. Wir vermeiden das, indem wir andere Leute einstellen.[18]

Die Kosten der Non-Konformität werden auch sichtbar an dem Dilemma, mit dem protestantische Geistliche in der Krise von Little Rock konfrontiert wurden. Die überregionale protestantische Führung hatte sich stark für die Integration ausgesprochen. Verschiedene Meinungsumfragen zeigten allerdings, daß nur einer von sechs Südstaatlern für eine Aufhebung der Rassentrennung war. Wenn sich daher ein Geistlicher von seinen Kirchenführern leiten ließ und sich für die Rassenintegration in den Schulen stark machte, geriet er in Gefahr, sowohl Kirchenbesucher als auch Kirchenbeiträge - ja sogar Mitglieder - zu verlieren. Eine Untersuchung des Verhaltens von Geistlichen in Little Rock, die mit diesem Dilemma konfrontiert waren, zeigte folgendes: Obwohl ihre öffentlichen Erklärungen zunächst im Sinne einer Integration gehalten waren, nahmen sie nach den Unruhen an der Central High School keine klare Haltung zum Problem der Integration ein, sondern begnügten sich damit, die Gewalt zu beklagen und Frieden und Gebet zu betonen.[19]

In allen diesen Fällen sind es die *wahrgenommenen* Kosten der Konformität, welche das Verhalten bestimmen. So ist beispielsweise die Diskriminierung ethnischer Gruppen bei geschäftlichen Transaktionen auf lange Sicht kostspieliger als Nicht-Diskriminierung; doch tatsächliche Langzeit-Kosten wirken nicht auf das Verhalten, wenn sie nicht wahrgenommen werden.

---

18 Genehmigter Nachdruck aus N. C. Belth, Discrimination and the power structure. In N. C. Belth (Ed.), Patterns of discrimination against Jews. New York: Anti-Defamation League of B'Nai B'rith, 1958.P 11

19 Campbell & Pettigrew, 1959

Interaktions-Muster Vorurteil und Diskriminierung schaffen bestimmte Interaktionsmuster, die zur Erhaltung des Status quo beitragen. Mehrere solcher Interaktions-Muster erhöhen die Kohäsion und stärken so die Macht der Gruppe, Konformität mit den Normen von Vorurteil und Diskriminierung zu erzwingen. Jeder Faktor, der Mitglieder von der Eigengruppe verstärkt abhängig macht, wird wahrscheinlich die Kohäsion erhöhen. So beeinflussen sich zum Beispiel Mitglieder der Eigengruppe häufiger gegenseitig und reduzieren eine "Interaktion" mit Mitgliedern der Fremdgruppe. Eine solche Beeinflussung ("interaction") ruft positive Gefühle und eine größere Kohäsion unter Mitgliedern der Eigengruppe hervor und gibt ihnen mehr Macht, Konformität zu erzwingen.

Interaktion innerhalb der Eigengruppe kann auch die wirtschaftliche Abhängigkeit der Mitglieder voneinander erhöhen. Geschäftsleute und freiberuflich Tätige, die ausschließlich mit Mitgliedern der Eigengruppe zu tun haben, sehen sich mit dem Verlust von Investitionen und Einkommen konfrontiert, wenn sie sich bei Fragen von Vorurteil oder Diskriminierung weigern, sich auf die Seite der Eigengruppe zu stellen. Auch die Tatsache, daß ein Gruppenmitglied von anderen Mitgliedern eine Bestätigung seiner Einstellungen und Meinungen erwartet, setzt es dem Konformitätsdruck verstärkt aus. Wenn schließlich die Interaktion innerhalb jeder Gruppe im Hinblick auf Interaktion über die Gruppengrenzen hinweg vorherrscht, wird die Entwicklung von für jede Gruppe einzigartigen Mustern des Denkens, Fühlens und Verhaltens gefördert. Solche Interaktionsmuster vertiefen den kulturellen Graben, der die beiden Gruppen trennt. So erhöht beispielsweise die Rassentrennung der amerikanischen Schwarzen Interaktionen unter Schwarzen und unter Weißen, reduziert aber Interaktion zwischen diesen beiden rassischen Gruppen. Mangel an Interaktion trägt zu Unterschieden in Einstellungen und Wertvorstellungen zwischen den zwei Gruppen bei.

Unterstützung durch die Führung Ein weiterer Aufrechterhaltungs-Prozeß ist das Auftauchen von Führern, welche Normen von Vorurteil und Diskriminierung unterstützen. Wie schon früher bemerkt, kommen politische Führer wahrscheinlich in dem Ausmaß zur Macht, als sie die für die Wählerpopulation charakteristischen Normen verkörpern. Personen mit Einstellungen, die von den Normen abweichen, sind gewöhnlich bei Wahlen nicht erfolgreich. Wenn also Führer Macht gewinnen, üben sie weiteren Einfluß zur Stützung des Status quo aus. In der Vergangenheit war wahrscheinlich dieser Prozeß im Süden von extremer Bedeutung bei der Aufrechterhaltung des Vorurteils gegen die Schwarzen. In der letzten Zeit sind allerdings in manchen Südstaaten und örtlich begrenzten Regionen einzelne führende Anhänger der Rassentrennung durch etwas gemäßigtere ersetzt worden. Dieser Wechsel wurde zum Teil hervorgerufen durch eine Annäherung an die Lösung des Konflikts zwischen südstaatlichen Wertvorstellungen und gesamtstaatlichen Wertvorstellungen von Gleichheit. Eine Rolle spielte aber auch die gerichtliche Durchsetzung der in den Fünfzigerjahren ergangenen oberstgerichtlichen Entscheidung zur Aufhebung der Rassentrennung, und schließlich auch die Industrialisierung im Süden, die diese Region in Richtung nationaler an Stelle regionaler Normen bewegt.

Unterstützungen für Vorurteil aus der Umgebung Krech und Crutchfield haben beobachtet, daß dort, wo Vorurteil weit verbreitet ist, die daraus entstehende Diskriminierung soziale Bedingungen und individuelle Merkmale schafft, die die vorurteilsbehafteten Einstellungen unterstützen.[20] Es wurde oben festgestellt, daß Vorurteil und Diskriminierung aus einer besonderen Art von Relation zwischen einer Eigengruppe und einer Fremdgruppe entstehen und daß schließlich Einstellungen zur Fremdgruppe einen normativen Charakter annehmen.

Am Ende werden diese Einstellungen in die sozialen Institutionen der Gesellschaft eingebaut, in denen sie vorherrschen. Bis nach dem Zweiten Weltkrieg spiegelten sich beispielsweise Einstellungen gegen Schwarze in der Praxis der militärischen Waffengattungen wieder: Diese faßten schwarze Soldaten und Matrosen in rassisch getrennten Einheiten zusammen und halfen auf diese Weise, die vorurteilsbehafteten Einstellungen zu stabilisieren. In den Südstaaten ist die Rassentrennung in Parks, Schulen, Restaurants, Bahnhöfen und anderen öffentlichen Einrichtungen durch Gemeinde- und Staatsgesetze länger als ein Jahrhundert legalisiert gewesen, bis sie vom Obersten Gericht der USA als verfassungswidrig erklärt wurde. Die Rassentrennung betonte auf diese Weise die Verschiedenheit der Schwarzen und Weißen und erleichterte es, ihnen ungünstige Merkmale zuzuschreiben.

In der Literatur, in Film und Fernsehen sind den Mitgliedern ethnischer Gruppen oft Rollen zugesprochen worden, die den Stereotypen für Minoritätsgruppen entsprechen.[21] Eine im Jahre 1969 durchgeführte Untersuchung zeigt, daß diese Praxis relativ selten geworden ist.[22]

Weiter hat das sogenannte black movement zur Produktion von Filmen und anderen Medien geführt, in denen ein günstiges Bild von den Schwarzen gezeichnet wird. Allerdings stellen einzelne Filme eine Ausnahme zu dieser Wandlung dar. Andere Institutionen, wie die Kirche und das Schulsystem, haben ebenfalls zur Stützung von Vorurteil und Diskriminierung beigetragen; erst neuerdings als Folge der Entscheidung des Obersten Gerichtes von 1954, die die Rassentrennung in Erziehungsinstitutionen als ungesetzlich erklärt, gibt es weitverbreitete Versuche, den Einfluß der Norm "Vorurteil" in öffentlichen Schulen und Colleges auszuschalten.

Schließlich sind, als Folge der Diskriminierung, gewisse objektive Eigenschaften einzelner Minoritätsgruppen, wie der Schwarzen, in der Tat konsistent mit vorurteilsbehafteten Einstellungen. Es gibt zwei Arten von Eigenschaften, die von der Diskriminierung geschaffen werden. Da, erstens, die

---

[20] Krech & Crutchfield, 1948

[21] Berelson & Salter, 1946

[22] Cox, 1969

meisten Schwarzen eine geringe Bildung erhalten, da sie niedrige Einkommen haben, in untergeordneten Berufen arbeiten und in schlechten Wohnungen hausen, unterscheiden sie sich tatsächlich von vielen Mitgliedern der weißen Majoritätsgruppe. Diese Unterschiede liefern der vorurteilsbehafteten Person Beweis für die "Validität" ihrer Meinungen und Gefühle über die Schwarzen. Weil sie in hohem Maße herabgesetzt werden, illustrieren die Schwarzen die Bedeutung solcher Umwelteinflüsse.

Ein weiterer Unterschied resultiert aus der Reaktion des Mitgliedes der ethnischen Gruppe auf die Diskriminierung. Allport führt eine Reihe solcher Reaktionen an, die solche Umwelteinflüsse belegen.[23] So könnte beispielsweise ein Mitglied einer ethnischen Gruppe in ständiger Furcht vor einer Vorurteilerreaktion in einer zwischenmenschlichen Situation überempfindlich gegen mögliche Vorurteile werden. Seine Einstellung kann nun von vorurteilsbehafteten Personen gegen es selbst benutzt werden, indem sie behaupten, es sei ein "Kampfhahn". Ein gegenteiliger Mechanismus kann ebenfalls als Illustration benutzt werden. Als Reaktion auf Vorurteil können sich Mitglieder der Minoritätsgruppe vom Kontakt mit Mitgliedern der Majoritätsgruppe zurückziehen: Sie werden dann bezichtigt, übertrieben Clan-bewußt zu sein.

Individuelle Prozesse

Die Sozialstruktur hat viel damit zu tun, die besonderen Gruppen zu bestimmen, die Ziele von Vorurteil und Diskriminierung werden, und sie etabliert auch verschiedene Bedingungen, die dazu beitragen, Vorurteile gegen diese Gruppen aufrechtzuerhalten. Allerdings sollten bestimmte Prozesse, die sich auf dem Niveau der Einzelpersönlichkeit abspielen, nicht ignoriert werden. Vorurteil wird in jedem Individuum etabliert und durch Lernen und andere individuelle Prozesse aufrecht erhalten.

Frustration und Aggression: Die Errichtung von Sündenböcken oder "scapegoating". Freud war einer der ersten, der in aller Ausführlichkeit die Ansicht vertrat und erläuterte, daß, wenn ein Mensch daran gehindert wird, seine Bedürfnisse zu befriedigen, er wahrscheinlich in aggressives Verhalten ausweichen wird.[24] Die ersten experimentellen Arbeiten zu dieser Hypothese erbrachten für diese Annahme einige Unterstützung.[25] Oft ist der Urheber dieser Frustration wegen seiner großen Macht kein geeignetes Ziel für Feindseligkeit. In solchen Fällen kann die Feindseligkeit gegen einen Sündenbock gerichtet werden, einen unschuldigen Teil. Simpson und Yinger beschreiben diesen Prozeß und bemerken, daß Mitglieder ethnischer Gruppen oft als Ziele gewählt werden:

---

[23] Allport, 1958 [24] Freud, 1915

[25] Dollard, Doob, Miller, Mowrer & Sears, 1939

> Es gibt eine Menge Forschungshinweise darauf, daß das Blockieren von zielgerichtetem Verhalten oft feindselige Impulse im Individuum schafft. In vielen Fällen kann diese Feindseligkeit nicht gegen die Quelle der Frustration gerichtet werden; es gibt entweder keinen menschlichen Urheber, oder der Urheber ist unbekannt oder zu mächtig, als daß man ihn treffen könnte... Die Feindseligkeit kann unter solchen Umständen aufgestaut werden, oder sie kann gegen sich selbst gerichtet werden oder gegen irgendein Ersatzziel, welches zugänglicher ist oder weniger in der Lage, zurückzuschlagen. Mit anderen Worten, eine "freischwebende", ungerichtete Feindseligkeit kann aus Frustration entstehen, wenn die eigentlich frustrierende Person nicht attackiert werden kann; oft begünstigt das soziale Umfeld die Übertragung dieser Feindseligkeit auf Angehörige von Minoritätsgruppen.[26]

Im Prozeß des "scapegoating" wird die wirkliche Basis der Frustration nicht beseitigt. So wird dauernd Feindseligkeit erzeugt und fortwährend gegen die Fremdgruppe zum Ausdruck gebracht. Eine Untersuchung von Streitigkeiten zwischen Stämmen in Marokko läßt annehmen, daß dieser soziale Konflikt ziemlich funktional ist.[27] Unter den dort herrschenden harten Lebensbedingungen bilden feindliche Stämme ein Ventil für die Aggressionen eines Menschen; darüberhinaus stärkt der andauernde Streit mit diesen Stämmen das Gefühl der Sicherheit, welches das Individuum durch seine Stammeszugehörigkeit empfindet.

Eine ganze Anzahl von Untersuchungen haben sich mit dem Versuch beschäftigt, die Hypothese des "scapegoating" experimentell zu überprüfen.[28] Nicht alle Untersuchungen haben die Hypothese gestützt, einige indessen doch.[29] Die letzteren haben auch einige Grenzen jener Versuche aufgezeigt, denen es nicht gelungen war, die Hypothese des "scapegoating" zu verifizieren.[30] Untersuchungen zur Sündenbock-Suche stellen im allgemeinen eine Situation her, in der die Teilnehmer dazu gebracht werden, bei einer Aufgabe zu versagen, indem sie vom Versuchsleiter beleidigt oder an der Erreichung eines Zieles gehindert werden, an dem sie interessiert sind. Von einer solchen Frustration wird angenommen, daß sie Aggression erzeugt, von der ein Teil in einem Anwachsen von Vorurteil auf Skalen sichtbar wird, die den Teilnehmern nach dem frustrierenden Experiment vorgelegt werden. Die Forschungen variieren allerdings beträchtlich in den Methoden, mit denen

---

[26] Simpson & Yinger, 1958, p. 56; [27] Lewis, 1961

[28] Miller & Bugelski, 1948; Rosenblith, 1949; Lindzey, 1950; Stagner & Congdon, 1955; Cowen, Landes & Schaet, 1958; Berkowitz, 1961; Weatherley, 1961; Berkowitz & Green, 1962

[29] Cowen et al. 1958; Berkowitz, 1959, 1961; Weatherley, 1961; Berkowitz & Green, 1962

[30] Zawadski, 1948; Lindzey, 1950; Stagner & Congdon, 1955.

Menschen frustriert werden, in den für das Messen von Vorurteil verwendeten Maßen und in den Gesamtsituationen, die das Umfeld der Versuche bestimmen.

Zu den besser angelegten Untersuchungen gehört die von Weatherley.[31] Er gab einer großen Anzahl von männlichen, nicht-jüdischen College-Studenten eine Antisemitismus-Skala vor und wählte zwei Gruppen mit hohem Antisemitismus und zwei Gruppen mit niedrigem Antisemitismus aus. Eine Gruppe in jeder Kategorie wurde einer Aggression erregenden Situation ausgesetzt: Der Versuchsleiter machte stark beleidigende Bemerkungen, während die Versuchspersonen einen kurzen Fragebogen ausfüllten. Die Kontrollgruppen, die ebenfalls aus einer Gruppe mit hohem und einer Gruppe mit niedrigem Antisemitismus bestanden, füllten den gleichen Fragebogen in einer freundlichen und nicht provozierenden Atmosphäre aus.

Ein Mitarbeiter des Versuchsleiters, der vorgeblich nichts mit den früheren Sitzungen zu tun hatte, legte dann beiden Gruppen Tests mit Bildgeschichten vor. Die Bilder waren acht Bleistift-Skizzen, je zwei von vier verschiedenen männlichen Personen, denen Name, Alter und Beruf zugeordnet waren. Zwei der Namen klangen jüdisch und zwei nicht. Der Versuchsleiter forderte die Versuchspersonen auf, eine Geschichte über jedes Bild zu erzählen. Als die Geschichten ausgewertet wurden, um die Anzahl der aggressiven Handlungen gegen jede der abgebildeten Personen zu bestimmen, waren folgende Befunde bezeichnend: (1) die von den stark antisemitischen Versuchspersonen erfundenen Geschichten richteten verstärkt aggressive Handlungen gegen die jüdischen Charaktere als die Geschichten der weniger antisemitisch eingestellten Personen; (2) es gab keinen Unterschied zwischen den Gruppen mit hoher und niedriger antisemitischen Einstellung, was die Anzahl der Reaktionen, die sie den nicht-jüdischen Charakteren zuordneten, betraf.

Obwohl viele andere Studien die Hypothese der Sündenbock-Suche überprüft haben, der zufolge vorurteilsbehaftete Personen eine allgemeine Tendenz haben, Aggression zu übertragen, prüft die genannte Untersuchung die spezifische Hypothese, daß eine stark antisemitische Person möglicherweise eine starke Tendenz hat, Aggression gegen Juden zu übertragen, jedoch nicht notwendigerweise gegen andere Objekte. Eine der Grenzen dieser Untersuchung ist allerdings, daß die meisten der Unterschiede zwischen stark und gering antisemitisch eingestellten Versuchspersonen einem Beurteilungsfehler gegenüber Juden bei den gering antisemitisch eingestellten Versuchspersonen zugeschrieben werden können, kaum aber einem Beurteilungsfehler gegen Juden bei den stark antisemitisch eingestellten Teilnehmern. Die gering antisemitisch eingestellte Versuchsgruppe unterschied sich von der Kontrollgruppe mit geringem Antisemitismus dadurch, daß sie bedeutend weniger aggressive Handlungen gegen die jüdischen Charaktere richtete als gegen die nichtjüdischen. Ähnlich richtete die Versuchsgruppe mit niedriger

---

[31] Weatherley, 1961

antisemitischer Einstellung weniger aggressive Handlungen gegen die jüdischen Charaktere als gegen die nichtjüdischen.

Zwei andere Untersuchungen betonen ebenfalls die Stimulus-Qualitäten des Sündenbocks. In der ersten wurden Versuchspersonen, die paarweise arbeiteten, dazu gebracht, ihre Partner sympathisch oder unsympathisch zu finden.[32] In der Folge frustrierte der Versuchsleiter die Hälfte der Paare und ließ der anderen Hälfte eine angenehmere Behandlung zuteil werden. Im letzten Teil der Untersuchung wurden die zwei Mitglieder jedes Paares und ein neutraler Kollege ("peer"), ein Vertrauter des Versuchsleiters, auf eine gemeinsame Aufgabe angesetzt. Nach der Theorie der Sündenbock-Suche sollte, wenn die Versuchspersonen später aufgefordert würden, ihre Partner zu beurteilen, die vom Versuchsleiter erregte Feindseligkeit eher auf den unbeliebten Partner als auf den neutralen Partner übertragen werden. Diese Hypothese bestätigte sich.

Eine andere Forschungsarbeit verglich Feindseligkeit, die sich gegen zwei frustrierende Personen richtete. Der eine hatte den gleichen Namen wie das Opfer einer Aggression in einem den Versuchspersonen vorgeführten Film, der andere einen differierenden Namen.[33] Gegen den ersteren richtete sich mehr Feindseligkeit als gegen den letzteren. Solche Untersuchungen zeigen, daß eine Person, die unbeliebt ist oder die das Opfer einer Aggression geworden ist, ein geeignetes Objekt für "scapegoating" ist. Es kann also impliziert werden, daß Personen, die Objekte für Vorurteil sind, auch mögliche Kandidaten für "scapegoating" sein können.

Ökonomische- und Status-Gewinne Man könnte erwarten, daß "scapegoating" am häufigsten auftritt, wenn der Wettbewerb sehr hart und der Status bedroht ist. Es gibt keine direkten Beweise für diese Ansicht, doch das Vorurteil scheint unter solchen Bedingungen am größten zu sein. Eine Untersuchung in einem Bezirk ("county") der Südstaaten brachte einen "harten Kern" von weißen Männern zutage, welche sagten, sie würden nötigenfalls Gewalt anwenden, um die Aufhebung der Rassentrennung zu verhindern.[34] Diese Männer waren als Gruppe am untersten Ende der Status-Hierarchie im Hinblick auf Bildung, Einkommen und Beruf; von allen weißen Männern im Bezirk hatten sie die geringsten Chancen für eine Verbesserung ihrer Lage, und sie wurden durch das Wachsen des Status der Schwarzen am meisten bedroht. Menschen in solcher Lage glauben wahrscheinlich, daß sie viel durch Aufrechterhalten von Vorurteil und Diskriminierung gegen die Schwarzen zu gewinnen haben.

Simpson und Yinger bemerken wechselnde Einstellungen zu den Negern in Übereinstimmung mit sich ändernden wirtschaftlichen Perioden.[35] Während

[32] Berkowitz & Green, 1962; [33] Berkowitz & Green, 1967
[34] Tumin, 1958; [35] Simpson & Yinger, 1965

der ersten Jahre der Vereinigten Staaten, als es Arbeit genug gab für geschulte Personen wie Zimmerleute und Maurer, war der Anteil der Schwarzen unter diesen Handwerkern relativ hoch. Als die Menge der angebotenen Arbeit zurückging, wurde der Anteil der Schwarzen in diesen Berufen allmählich herabgesetzt; von 1910 bis 1940 fiel er in den Südstaaten von 26 Prozent auf 15 Prozent. Wahrscheinlich wurde dadurch in diesen Berufen Platz gemacht für Unterklassen-Weiße, für die sich ein ökonomischer Gewinn ergab.

Bedürfnisse der Persönlichkeit Eine Menge von Persönlichkeitsbedürfnissen können Vorurteile stützen. Ein Bedürfnis, das intensiv erforscht worden ist, ist Intoleranz gegenüber Mehrdeutigkeit oder Ambiguität. Menschen unterscheiden sich durch das Ausmaß, in dem sie durch verwirrende oder mehrdeutige Situationen gestört werden. Ein Extrem ist, daß Menschen alles in Begriffen von "gut" und "schlecht" geklärt haben möchten, das andere, daß einige nicht im geringsten durch verwirrende oder ungewisse Situationen gestört werden. Im allgemeinen sind Menschen , die intolerant gegen Ambiguität sind und Vieldeutigkeit nicht ertragen können, oft auch vorurteilsbehaftet.[36] Vorurteil kann den Bedürfnissen solcher Leute entsprechen, denn ein Vorurteil klärt mehrdeutige und verwirrende Situationen. Ein weißer Arbeiter, der seine Arbeit verloren hat und nur schwer eine andere findet, mag zum Beispiel zu der Ansicht kommen, daß die Ursache seiner Schwierigkeiten das Einströmen Schwarzer in seine Stadt ist.

Ähnlich kann das Bedürfnis nach höherem Status durch Vorurteil unterstützt werden, wenn dieses eine Gruppe von Menschen in einen niedrigeren Status einstuft, als man selbst innehat. Ein Mensch kann auch durch Vorurteil ein Gefühl der Identifizierung mit seinesgleichen empfinden. Allport beschreibt klar, wie ein Mensch seine Selbstachtung erhöhen kann, indem er seine Aufmerksamkeit auf Fremdgruppen richtet:

> Die Idee, die man jemandem am leichtesten andrehen kann, ist, daß er besser ist als jemand anderer. Die Anziehungskraft des Ku Klux Klan und rassistischer Agitatoren beruht auf dieser Art von Verkaufen. Snobbismus ist eine Art, sich an seinen Status zu klammern, und er ist ebenso oder noch mehr verbreitet bei denen, die am unteren Ende der Leiter sind. Indem sie ihre Aufmerksamkeit auf unbeliebte Fremdgruppen richten, werden sie dadurch in die Lage versetzt, aus dem Vergleich ein Quentchen von Selbstachtung abzuleiten. Fremdgruppen haben als Statusbilder den besonderen Vorteil, immer bei der Hand zu sein, sichtbar (oder zumindest benennbar) und durch gemeinsame Vereinbarung eine niedrigere Position einzunehmen, so daß sie soziale Unterstützung abgeben für eigene Ziele der Status-Erhöhung.[37]

---

[36] Adorno, Frenkel-Brunswick, Levinson & Sanford, 1950

[37] Allport, 1958

Das Bedürfnis nach Sicherheit kann befriedigt werden durch Ablehnung einer Fremdgruppe. Viele Autoren haben bemerkt, daß ein Konflikt zwischen einer Eigengruppe und einer Fremdgruppe zu wachsender Solidarität unter den Mitgliedern der Eigengruppe führt.[38] Solche Reibungen verschärfen die Grenzen zwischen den Gruppen und bekräftigen die Identität der Eigengruppe. Zwei bereits zitierte Experimente stützen diese Vorstellungen.[39] So können wir erwarten, daß Diskriminierung und Konflikt mit einer Fremdgruppe wahrscheinlich einem Individuum ein sichereres Gefühl seiner Eigengruppen-Mitgliedschaft geben wird - ein größeres Gefühl des Dazugehörens.

Die verhältnismäßig junge Bewegung, Stolz auf ethnische Identität zu entwickeln - für Schwarze verkörpert in dem Schlagwort "Black is beautiful" - gehört hierher.[40] Dieser Trend zu einer Betonung des Besonderen und Einmaligen einer ethnischen Gruppe, zu seiner Identität als Volk, ist geeignet, eine Anzahl von Konsequenzen nach sich zu ziehen. Eine davon ist das wachsende Ausmaß, in dem Mitglieder der umfassenderen Gruppe als verschieden von der Eigengruppe wahrgenommen werden; sie werden verstärkt als Fremdgruppe angesehen, was wiederum geeignet ist, Vorurteil und Diskriminierung gegen sie zu erhöhen. Zur gleichen Zeit steigen ihre Vergleichsniveaus, und ihre Unzufriedenheit mit ihrem Status wird akuter, wenn ihre Netto-Effekte nicht genügend schnell steigen. Pettigrew betrachtet diesen Trend zu einer Separierung von der Gesellschaft als Ganzes und die Kohäsion innerhalb der ethnischen Gruppe mit Besorgnis. Er bemerkt, daß dies das Erlernen von allen gemeinsamen Wertvorstellungen verhindert und Wertvorstellungen entwickelt, die kennzeichnend für die ethnische Gruppe sind und Kontakt und Kommunikation zwischen ihr und anderen Gruppen reduzieren.[41]

Guttentag hat andererseits die positiven Werte von ethnischer Identität betont.[42] Der durch sie hervorgerufene Konflikt zwischen der ethnischen Gruppe und der umfassenderen Gesellschaft ist geeignet, die Kohäsion der ethnischen Gruppe zu erhöhen und ihre Position und ihre Motivation zur Verbesserung der Netto-Effekte zu stärken. Mitglieder ethnischer Gruppen, die bisher nicht in der Lage gewesen sind, sich entweder mit ihrer eigenen Gruppe oder mit der umfassenderen Gesellschaft zu identifizieren, können mit Hilfe eines Gefühls für ethnische Identität einen Platz unter ihren "Brüdern und Schwestern" finden. Selbsthaß, ein bei unterdrückten Gruppen gewöhnlich vorhandenes Phänomen, würde wahrscheinlich reduziert werden. Bei einem Überblick über die Geschichte vieler verschiedener Gruppen beobachtet Guttentag, daß jene ethnischen Gruppen die Armut überlebt haben, deren Ideologie ihre Überlegenheit gegenüber anderen Gruppen oder der umfassen-

---

38 Coser, 1956;
39 Thibaut, 1950; Sherif et. al. 1961
40 Caplan, 1970;
41 Pettigrew, 1969
42 Guttentag, 1970

deren Gesellschaft hervorgehoben hatte. Die 1936 erschienene Übersicht von Lewin über die Geschichte des jüdischen Volkes in früheren Jahrhunderten führte ihn zu der gleichen Schlußfolgerung.[43]

Die autoritäre Persönlichkeit Kapitel 2 beschrieb den Typ eines Menschen mit einer autoritären Persönlichkeit, ein Gefüge von Zügen, das eine bedeutende Relation zu Vorurteil zeigt. Dieses bei einem erwachsenen Menschen gefundene Gefüge scheint Bezüge zu haben zu bestimmten Aspekten der Familienstruktur und der als Kind erlebten Disziplinierung. Von seinen Eltern wird angenommen, daß sie eine rigorose Disziplin ausgeübt haben, wobei Zuneigung erst nach Billigung seines Verhaltens gezeigt wurde. Dominanz, Unterwerfung und besonderer Status wurden betont. Die Äußerung von Feindseligkeit war streng verboten, besonders gegen seine Eltern oder andere Familienmitglieder. Die Theorie besagt, daß ein Kind, das in einer solchen Atmosphäre aufwächst, repressive Mechanismen zur Verschleierung seiner eigenen Feindseligkeit und zur Kontrolle seiner Impulse entwickelt. Diese Mechanismen führen zu einem Mangel an Einsicht in sein eigenes Funktionieren und zu starren Einstellungen gegenüber Interaktion mit anderen Menschen. Die Wertvorstellungen des autoritären Menschen und die Art, in der er mit sich und seiner Umgebung interagiert, scheinen speziell zur Bildung von Vorurteilen gegen Fremdgruppen geeignet. Er betont allerdings Macht, Status und Dominanz. Seine feindseligen Einstellungen sind unterdrückt, und das Vorurteil gegen Fremdgruppen, sanktioniert von seiner Gesellschaft, bildet ein Ventil für diese Feindseligkeiten. Seine Starrheit und mangelnde Flexibilität bringen ihn dazu, unter anderen Personengruppen strikte Diskriminierungen vorzunehmen.

Einstellungskonsistenz Kapitel 3 erörterte die Tendenz verschiedener Einstellungs-Komponenten, miteinander konsistent zu sein. Das Individuum strebt nach einem Zustand von Konsistenz zwischen Gefühl, Kognition und Verhaltensdispositionen. Infolgedessen wird den Kräften zur Veränderung einer dieser Komponenten so lange Widerstand geleistet, als die anderen Komponenten unverändert bleiben. Dieses Prinzip bewirkt eine gewisse Verzerrung oder falsche Auffassung des Verhaltens der Fremdgruppe. Ein Mensch, der ein bestimmtes Bündel von Kognitionen und ein gegebenes Gefühlsniveau gegenüber einer Fremdgruppe hat, wird wahrscheinlich Handlungen der Fremdgruppe, die von seinen vorgefaßten Meinungen abweichen, falsch auffassen und sie als konsistent mit seinen vorgefaßten Meinungen einstufen. Ähnlich wird er freundliches Verhalten gegenüber der Fremdgruppe vermeiden, denn ein solches Verhalten würde inkonsistent mit seinem feindseligen Gefühl und seinen Erkenntnissen sein.

Eine von Allport referierte Anekdote illustriert die Verzerrung der Erkenntnis in Richtung Vorurteil:

---

[43] Lewin 1948

> In einer Sitzung eines Sommerkurses näherte sich eine erzürnte Dame mittleren Alters dem Leiter und sagte: "Ich glaube, hier ist ein Mädchen mit Negerblut in der Klasse." Auf die indifferente Antwort des Leiters insistierte die Dame: "Aber Sie würden keinen Nigger in der Klasse haben wollen, nicht wahr?" Am nächsten Tag kam sie wieder und insistierte: "Ich weiß, sie ist ein Niggermädchen, denn als ich ein Stück Papier auf den Boden warf und ihr befahl, es aufzuheben, tat sie es. Das beweist, daß sie nur ein schwarzes Dienstmädchen ist, das aus ihren Verhältnissen herauskommen möchte."[44]

Obwohl in Kapitel 3 einige Unterstützung für das Prinzip der Konsistenz zitiert worden ist, gibt es noch nicht genügend empirische Hinweise zur Stützung der Konsistenz bei evaluativen, kognitiven und verhaltensmäßigen Komponenten von Vorurteil. Dazu kommt, daß dort, wo die Konsistenz verlangt, daß das Individuum die evaluativen Komponenten seiner Einstellung ändert, die starke Verankerung der Gefühle in physiologischen Funktionen geeignet ist, Widerstand gegen Änderung hervorzurufen. Evaluative Komponenten von Vorurteil sind oft Gefühle im Innern, wahrscheinlich durch wiederholte Konditionierung hervorgerufen.

Mehrere Forschungsarbeiten haben gezeigt, daß Versuchspersonen eine ausgeprägte galvanische Haut-Reaktion (galvanic skin response - GSR - ein Maß der mit dem autonomen Nervensystem gekoppelten emotionalen Reaktion) haben, wenn ihnen eine schmeichelhafte Behauptung über eine Gruppe vorgelesen wird, gegen die sie stark voreingenommen sind.[45] Die neueste dieser Untersuchungen weist darauf hin, daß solche Reaktionen nicht auftraten bei Gruppen, gegen die das Individuum weniger starke Gefühle hegte. Eine andere Arbeit berichtet, daß voreingenommene weiße Individuen größere GSRs auf das Zeigen von Bildern Schwarzer aufwiesen als unvoreingenommene Weiße. Allerdings variierten die Ergebnisse beträchtlich mit dem Geschlecht der Versuchsperson und dem Geschlecht der Person auf dem Reiz-Bild.[46]

Diese Untersuchungen stützen die Ansicht, daß das Vorurteil gegen eine Minoritätengruppe wahrscheinlich eine starke emotionale Komponente aufweist, die es gegen Änderung resistent macht.

Eine weitere Form von Konsistenz betrifft die Konsistenz zwischen verschiedenen Einstellungen. Zum Beispiel würde das Vorurteil gegen Minori-

---

[44] Genehmigter Nachdruck aus G. W. Allport, "The Nature of prejudice". Garden City, N. Y.: Doubleday & Company, Inc., 1958

[45] Cooper & Singer, 1956; Cooper & Siegel, 1956; Cooper & Pollock, 1959; Cooper, 1959

[46] Westie & de Fleur, 1959

tätsgruppen unvereinbar sein mit Glauben an Demokratie, welche gleiches Recht und Gerechtigkeit für alle betont. Vorurteilsbehaftete Einstellungen scheinen mehr als alle anderen Arten von Einstellungen verbunden zu sein mit solchen individuellen Prozessen wie Wahrnehmungsverzerrung, Einteilen in abgeschlossene Gruppen und Rationalisierung, aber auch mit dem Gruppenprozeß der Entwicklung kollektiver Meinungen wie etwa die Ideologie der Rassenbeziehungen. Diese Mechanismen können interpretiert werden als Hilfsmittel zur Erleichterung der Inkonsistenz zwischen Vorurteil und anderen Einstellungen. Sie weisen ferner auf die Bedeutung des Prinzips der Konsistenz hin. Schließlich hat Scott bemerkt, daß nicht alle Einstellungen eine rationale Struktur haben: Das Individuum ist nicht immer in der Lage, die Wertvorstellungen darzulegen, die mit der Einstellung und ihren Objekten und Ergebnissen verbunden sind.[47] Wahrscheinlich hat das Vorurteil einen hohen Grad von solcher Nicht-Rationalität, die es zu einem gewissen Grad von anderen Einstellungen isoliert.

V o r u r t e i l e u n d U n t e r s c h i e d e i n d e r Ü b e r z e u g u n g Rokeach, Smith und Evans haben behauptet, daß Verschiedenheit in der religiösen Überzeugung als Determinante von Vorurteil und Diskriminierung wichtiger ist als ethnische oder rassische Zugehörigkeit.[48] Mit anderen Worten, ein Mensch wird eher bereit sein, einen anderen abzulehnen ("dislike"), wenn er glaubt, daß dieser andere Überzeugungen hat als er selbst, als wenn er glaubt, der andere sei von einer anderen Rasse. Diese Annahme ist konsistent mit der Theorie der interpersonalen Attraktion, wie sie im Kapitel 7 umrissen wird.

Um ihre Hypothese zu überprüfen, bereiteten Rokeach und seine Kollegen ein Bündel hypothetischer Personenbeschreibungen vor. In einem vorgegebenen Paar von Beschreibungen wurde die Rasse variiert, während die Überzeugung konstant gehalten wurde, in einem anderen wurde die Überzeugung variiert, während die Rasse konstant gehalten wurde, und in einem dritten wurden beide variiert. Im folgenden Beispiel wird im Paar die Rasse variiert, doch die Überzeugung konstant gehalten:

Eine weiße Person, die an Gott glaubt
Eine schwarze Person, die an Gott glaubt

Das folgende Paar variiert die Überzeugung, hält aber die Rasse konstant:

Eine weiße Person, die an Gott glaubt
Eine weiße Person, die Atheist ist

Die Forscher ließen weiße Versuchspersonen bei jeder Beschreibung das Ausmaß ankreuzen, bis zu dem sie glaubten, sie k ö n n t e n m i t e i n e r s o l c h e n P e r s o n b e f r e u n d e t s e i n. Eine statistische Auswertung

---

[47] Scott, 1958; [48] Rokeach, Smith & Evens, 1960

der verschiedenen Reaktionen zeigte deutlich, daß für das von den Teilnehmern zum Ausdruck gebrachte Freundschaftsgefühl die Gleichheit in der Überzeugung wichtiger war als die gleiche Rasse. Triandis allerdings hat diese Untersuchung mit der Begründung kritisiert, daß das verwendete Maß ein Maß der Freundschaft sei und nicht des Vorurteils.[49] Seine Analyse seiner eigenen Daten, bei denen Maße der sozialen Distanz verwendet wurden, hält die Rasse für weit wichtiger.[50] Zwei neue Untersuchungen über Gleichheit der Überzeugungen zeigen ebenfalls, daß die Rasse wichtiger ist für intimere Situationen (z. B. Ehe und Rendezvous), während Gleichheit der Überzeugungen schwerer wiegt in nicht-intimen Verhältnissen.[51]

Mehrere andere Untersuchungen lassen allerdings vermuten, daß angenommene Differenz der Überzeugungen sehr wohl eine Rolle bei Vorurteil spielen kann. Eine Untersuchung zeigt, daß vorurteilsbehaftete Weiße annehmen, daß Schwarze andere Überzeugungen haben als sie selbst, während vorurteilsfreie Weiße dies nicht tun.[52]

Sie zeigt auch, daß Gleichartigkeit der Einstellungen positive Beurteilungen der anderen Person nach sich zieht und Ungleichartigkeit der Einstellungen negative Beurteilungen hervorruft, unabhängig von der Rasse der anderen Person.

In einer experimentellen Konformitäts-Situation forderte ein Versuchsleiter Gruppen von Versuchspersonen auf, Urteile über ihre Wahrnehmungen abzugeben.[53] In jeder Gruppe war die Mehrheit vorher vom Versuchsleiter instruiert worden, eine abweichende Beurteilung von dem abzugeben, was die Versuchspersonen als richtig wahrnehmen sollten. Der Versuchsleiter erwartete, daß die weißen Individuen von den Urteilen der schwarzen Majorität nicht beeinflußt würden, doch in Wirklichkeit gingen sie mit einer schwarzen Majorität ebenso oft konform wie mit einer weißen Majorität. Dieser Versuch läßt also ebenfalls eine größere Wichtigkeit von Gleichheit der Überzeugung im Vergleich zu Rassenungleichheit annehmen. Leider bestimmten die Versuche nicht, ob eine Verminderung des Vorurteils stattfand.

In diesen verschiedenen Untersuchungen, die eine Verbindung zwischen Ablehnung ("dislike") oder Vorurteil auf der einen Seite und Ungleichheit auf der anderen zeigen, ist die kausale Abfolge nicht klar. Als Stützung für eine Theorie des Vorurteils leiden diese Studien an der möglichen Tatsache, daß das Vorurteil die Wahrnehmung der Ungleichheit verursachen könnte. Dienstbier hat das durch eine weitere Studie klar gemacht.[54] Er hat gezeigt, daß die einem Menschen zugeschriebenen Überzeugungen, sofern er ein Objekt

---

49 Triandis, 1961; 50 Siehe auch Rokeach, 1961

51 Tan & de Vera, 1970; Mezel, 1971; 52 Byrne & Wong, 1962

53 Long, 1970; 54 Dienstbier, 1972

von Vorurteil ist, zu seinem Stereotyp passen müssen. Unter bestimmten Umständen kann das Vorurteil Überzeugungen beeinflussen, unter anderen Umständen können Überzeugungen das Vorurteil beeinflussen. Beide Prozesse können gleichzeitig ablaufen und komplexe Einflüsse aufeinander ausüben.

Kulturelle Faktoren

Vorurteil in einer Gesellschaft perpetuiert sich selbst durch Beiträge zu der Entwicklung von Ideologien, die das Vorurteil stützen, außerdem durch Garantien, daß die Kinder entsprechend indoktriniert werden.

W e r t v o r s t e l l u n g e n   u n d   V o r u r t e i l   Letzten Endes können Einstellungen zu Minoritätsgruppen Teil einer kulturellen Ideologie werden - ein komplexes System von Ideen, Einstellungen und Meinungen, die eng mit kulturellen Wertvorstellungen verbunden sind. Beispielsweise können Weiße glauben, daß Schwarze affenähnlicher und primitiver als Weiße sind und daß sie auf verschiedene andere Weise biologisch inferior sind: daß Rassenmischung biologisch unerwünscht ist und daß Züge wie Sexualität, Unfähigkeit, Verantwortung zu übernehmen und Gewalttätigkeit mit einer Rasse verquickt sind. Die weitverbreitete Akzeptierung solcher Ideologien trägt dazu bei, Vorurteil und Diskriminierung zu stützen. Eine der wichtigsten Arten, wie Ideologien Vorurteile aufrecht erhalten helfen, ist, sie als Mittel zu benutzen,für Arbeitseinstellungen und Wertvorstellungen, die de facto inkonsistent miteinander sind, zu einem scheinbar konsistenten System zu verarbeiten. Wenn man beispielsweise glaubt, daß Schwarze "Untermenschen" ("subhuman") sind, dann ist Diskriminierung für sie nicht inkonsistent mit einem Glauben an gleiche Recht für alle m e n s c h l i c h e n Wesen.

Ideologien werden oft für Gruppen entwickelt, die nicht einmal Rassen darstellen, wie in dem nazideutschen Mythus, der verbreitete, daß die angeblich unerwünschten Eigenschaften der Juden solche seien, wie sie von denen zu erwarten seien, die nicht zur "arischen Rasse" gehörten. Es gibt noch keinen schlüssigen Beweis dafür, daß die den Angehörigen verschiedener Rassen allgemein zugeordneten Eigenschaften in irgendeiner Weise mit den morphologischen und physiologischen Eigenschaften der Rasse zusammenhängen. Trotz dieser wohlbekannten Tatsachen halten sich solche Ideologien und liefern zusätzliche Unterstützung für Vorurteil und Diskriminierung.

Eine Analyse von Vorurteil gegenüber drei Gruppen in drei verschiedenen Kulturen hat gezeigt, wie Unterschiede in Wertvorstellungen das Vorurteil stützen oder nicht stützen können. Die Juden, die Armenier und die Parsen hatten in ihren jeweiligen Ländern die Rolle des Vermittlers oder Händlers eingenommen.[55] Die Juden und die Armenier waren Objekte von Vorurteil, die Parsen in Indien jedoch nicht, auch wenn sie eine Rolle einnahmen, die

---

[55] Stryker, 1959

als niedrig im Status betrachtet wurde. Der Forscher schrieb diese Tatsache einem Unterschied in den politischen Wertvorstellungen in Indien zu. Die anderen Länder schätzten einen auftauchenden Nationalismus, der die Wichtigkeit betonte, Gruppen dazu zu bringen, sich konform zu einem nationalen Muster zu verhalten; Gruppen, die "anders" waren, wurden daher benachteiligt. In Indien jedoch waren interne Unterschiede zwischen Gruppen keine Bedrohung für eine wichtige Wertvorstellung; daher gab es keine Notwendigkeit für Vorurteil gegen Parsen.

Eine Untersuchung derRassenbeziehungen in Panama und in der Kanalzone zeigt ebenfalls die Bedeutung der zentralen Wertvorstellungen der Gesellschaft.[56] In der von den USA kontrollierten Kanalzone wurden Rassentrennung und differenzierter Status zwischen weißen Amerikanern und Panamesen praktiziert, während außerhalb der Zone, in Panama, Integration und gesellschaftlicher Verkehr auf gleicher Ebene vorherrschte. Die Forscher nehmen an, daß dieser Zustand zum Teil durch die unterschiedlichen Wertvorstellungen zwischen diesen beiden Gruppen verstärkt wurde. In der Kanalzone wurde Wert auf hohe technische Rationalität und hoch entwickelte berufliche Rollen gelegt, während in Panama das Leben viel zwangloser ablief. Weil die Panamesen schlecht vorbereitet waren, die formalen Erfordernisse des Lebens in der Kanalzone zu erfüllen, stützte der Formalismus und die Disziplin der Region das Gefüge der Diskriminierung gegen sie, der informelle Charakter des Lebens in Panama hatte jedoch den gegenteiligen Effekt.

Sozialisation des Kindes Das Kind wird ohne jedes Vorurteil geboren. Doch es wird gewöhnlich in eine Familie hineingeboren, die die vorherrschenden Einstellungen der Gesellschaft reflektiert. Es ist für die Befriedigung seiner Bedürfnisse von den erwachsenen Familienmitgliedern abhängig, und es wird letzten Endes von ihm erwartet, deren Einstellungen und Wertvorstellungen zu übernehmen. Sozialisationsprozesse werden eingehend in den Kapiteln 15 bis 17 erörtert; hier geschieht das nur im Hinblick auf Vorurteil und Diskriminierung im Kind.

Vorurteil entwickelt sich bei Kindern in einem relativ frühen Alter, nämlich in den Vorschul- und ersten Schuljahren. Wenn sie mit Hilfe von Bildern oder hypothetischen Situationen getestet werden, zeigen sie eine gewisse Vorliebe dafür, sich mit anderen Angehörigen der Majoritätsgruppe zusammenzutun und Angehörige von Minoritätsgruppen zu meiden.[57] Die einzelnen Gruppen, die Ziele von Vorurteil sind, werden bestimmt durch die herrschenden Vorurteile in der Gesellschaft. Solche Vorurteile sind zunächst schwach, werden jedoch während der Kindheitsjahre stärker. In einem frühen Alter sind sich die Kinder ihrer Vorurteile nicht bewußt; Erwachsene schätzen, daß sie erst mit zwölf oder dreizehn Jahren Vorurteile haben.[58]

---

56 Biesanz & Smith, 1951; 57 Horowitz, 1936; Criswell, 1937

58 Allport & Kramer, 1946

Kleine Kinder sind auch nicht in der Lage, die gewöhnlichen Gründe für Vorurteile anzugeben; sobald sie aber älter werden, lernen sie die unterstützende Ideologie und führen traditionelle kulturelle Gründe für Vorurteile an.[59]

Daß Vorurteil eine direkte Funktion der Sozialisation ist, wird deutlich in einer Untersuchung aus dem Jahre 1936 demonstriert. Sie vergleicht die Entwicklung von Vorurteilen gegen Schwarze bei mehreren Gruppen von Schulkindern aus Tennessee und mehreren Gruppen von weißen Kindern in der Stadt New York.[60] Vorurteile waren in der ersten Klasse sichtbar und wuchsen während der Unterstufenjahre. Es gab weder einen Unterschied zwischen Vorurteilen der Kinder aus dem Norden und aus dem Süden, noch gab es einen Unterschied zwischen Kindern aus einer rein weißen Schule in New York und einer gemischten Schule in New York. Diese Gleichheit der Einstellungen wurde vorausgesehen, denn sowohl die Kinder aus Tennessee als auch die aus New York waren durchgehend einem Vorurteil gegen die Schwarzen ausgesetzt. Ein auffallender Unterschied von allen anderen Kindern wurde allerdings bei denjenigen Kindern festgestellt, die in einem kooperativen Wohnungsprojekt einer kommunistischen Organisation lebten; ein Element der kommunistischen Weltanschauung, das besonders in den Dreißigerjahren zu beobachten war, als die Untersuchung durchgeführt wurde, ist der Glaube an die Gleichheit aller Rassen. Kinder kommunistischer Eltern lernen wahrscheinlich diese Überzeugung von ihren Eltern, eine Erwartung, die mit den Untersuchungsergebnissen konsistent war.

Zusammenfassend kann man sagen: Einstellungen gegen Minoritätsgruppen sind letzten Endes verwoben zu einem komplexen Muster von Vorstellungen, Einstellungen und Meinungen, die eng mit kulturellen Wertvorstellungen verknüpft sind. Die weitverbreitete Existenz solcher Ideologien trägt dazu bei, Vorurteil und Diskriminierung zu stützen. Wenn Vorurteil und Diskriminierung in einer Gesellschaft weit verbreitet sind, ist die Sozialisierung des Kindes in Richtung der herrschenden Ideologien und des Verhaltens gegenüber Minoritätsgruppen gesichert.

Zusammenfassung: Aufrechterhaltung von Vorurteil und Diskriminierung

Faktoren, die Vorurteil und Diskriminierung aufrechterhalten, sind auf drei Ebenen diskutiert worden: Sozialstruktur, individuelle Persönlichkeitsdynamik und Kultur. Mehrere strukturelle Prozesse tragen zur Aufrechterhaltung von Vorurteil und Diskriminierung bei. Sobald Erkenntnisse und Gefühle, welche Vorurteil und Diskriminierung begleiten, gut etabliert sind, nehmen sie eine normative Qualität an. Von Gruppenmitgliedern wird erwartet, sie einzuhalten, und positive und negative Sanktionen werden von der Gruppe gegen Einzelmitglieder angewendet, die konform oder nicht konform gehen. Erhöhte Interaktion unter Mitgliedern der Eigengruppe erhöht die ge-

[59] Simpson & Yinger, 1958; [60] Horowitz, 1936

genseitige Zuneigung und Abhängigkeit, und Interaktion zwischen Eigengruppe und Fremdgruppe auf der Basis von ungleichem Status stützt Vorurteil und Diskriminierung. Interaktion innerhalb der Gruppe führt auch zu Entwicklung und Aufrechterhaltung eines spezifischen Subkultur-Musters von Denken und Verhalten, das dazu verwendet werden kann, Diskriminierung zu rechtfertigen. Die Personen, die am engsten mit denjenigen Normen konform gehen, zu denen Vorurteil und Diskriminierung gehören, werden wahrscheinlich in Führungspositionen aufsteigen und damit weiter Vorurteil und Diskriminierung stützen.

Gewisse individuelle Prozesse stützen Vorurteile: Individuelle Aggression, welche durch Frustration erregt wird, kann auf Minoritätsgruppen übertragen werden. Persönlichkeitsbedürfnisse, wie Intoleranz gegen Ambiguität und das Bedürfnis nach Status und Sicherheit, tragen wahrscheinlich auch dazu bei. Ein Mensch mit einer autoritären Persönlichkeit ist wahrscheinlich ziemlich vorurteilsbehaftet, denn Vorurteil ist konsistent mit seinen dominierenden Wertvorstellungen, zu denen Betonung von Status und Macht gehören sowie das Festhalten an konventionellen sozialen Normen. Vorurteil und Diskriminierung werden häufig als zum ökonomischen Gewinn beitragend beobachtet. Die Tendenz eines Individuums, Konsistenz unter den affektiven, kognitiven und Verhaltens-Komponenten vorurteilsbehafteter Einstellung aufrecht zu erhalten, produziert Änderungs-Resistenz und führt insbesondere zu falscher Wahrnehmung der Minoritätsgruppe . Die emotionale Komponente des Vorurteils macht es möglich, daß die affektiv-kognitive Konsistenz in Richtung der Aufrechterhaltung des Vorurteils arbeiten wird. Das erklärt, warum vorurteilsbehaftete Menschen häufig von verschiedenen Mechanismen Gebrauch machen, die tatsächliche Inkonsistenzen lösen oder übertünchen.

Die Existenz von Vorurteil in einer Gesellschaft trägt zu deren eigener Erhaltung bei. Menschen sind sogar in der Lage, Eigenschaften ihrer Umgebung zu beobachten, welche vorurteilsbehaftete Einstellungen stützen. Solche Eigenschaften werden auch bei Behörden und in den Massenmedien beobachtet. Sogar die objektiven Charakteristika der Minoritätsgruppen geben diesen Leuten weitere Nahrung für ihre Vorurteile, Charakteristika, hervorgerufen, weil sie den Erwartungen entsprechen. Einstellungen gegen Minoritätsgruppen sind verwoben zu einem komplexen Muster von Ideen, Einstellungen und Meinungen, die mit kulturellen Wertvorstellungen eng verknüpft sind. Diese Ideologien scheinen in sich konsistent ("self-consistent") zu sein, und sie helfen so dem Individuum, tatsächliche Inkonsistenzen in seinen Einstellungen und Wertvorstellungen zu lösen. Die weitverbreitete Existenz von Vorurteil und Diskriminierung in einer Gesellschaft sichert auch, daß Kinder entsprechend der herrschenden Einstellungen sozialisiert werden.

DIE ÄNDERUNG DES VORURTEILS ZWISCHEN GRUPPEN

Eine Überprüfung der zahlreichen Untersuchungen über die Bedingungen, die eine Reduktion - oder einen Zuwachs - von Vorurteil und Diskriminierung herbeiführen, liefert weiteres Material, das mit den bisher umrissenen Prinzipien konsistent ist. Ferner gibt sie weitere Einsichten in die Natur von Vorurteil und Diskriminierung.

Frühe Untersuchungen stellten die Hypothese auf, daß, je größer der Kontakt zwischen Gruppen sei, desto wahrscheinlicher das Vorurteil reduziert würde. Es wurde allerdings bald offensichtlich, daß die Art der Beziehung zwischen den Gruppen wichtig ist. Wie wir schon gesehen haben, können gewisse Arten von wettbewerbsorientierten Kontakten das Vorurteil erhöhen. Gleicherweise wird ein häufiger Kontakt zwischen Herr und Diener oder zwischen anderen Personen mit ungleichem Status wenig dazu beitragen, Vorurteile zu reduzieren. Die vorangegangene Erörterung, welche zeigte, daß Vorurteil aus Relationen mit ungleichem Status entsteht, könnte zu der Meinung führen, daß Reduktion von Vorurteil auftritt als Folge von Relationen auf der Basis von gleichem Status.

Die Hypothese von gleichem Status scheint ziemlich konsistent zu sein mit verschiedenen Untersuchungen über Vorurteil. Sie ist von Forschern, die sich mit Beziehungen zwischen Gruppen beschäftigen, weitgehend akzeptiert worden. Eine genaue zweiteilige Erläuterung und eine Übersicht über die wichtigsten Forschungshinweise folgt untenstehend. Viele dieser Hinweise stammen aus Untersuchungen in den Vierziger- und Fünfzigerjahren, und zwar aus gutem Grund. Damals war die Lehre von der Gleichheit aller als soziale Norm noch nicht so weit verbreitet wie heute. Daher war es leichter, Menschen zu finden, die sich zu ihrem Vorurteil bekannten, und Kontrollsituationen mit Rassentrennung zu finden, die zu Vergleichszwecken benutzt werden konnten. Die zwei Grundprinzipien der Autoren für die Reduktion von Vorurteil können wie folgt formuliert werden:

1. Inkongruente Rollen. Interaktion mit einem Menschen, der eine Rollenkategorie besetzt, die unvereinbar oder inkongruent ist mit dem ihm gewöhnlich zugeordneten ethnischen Stereotyp, wird zu einer Reduktion von Vorurteil führen.

2. Voneinander abhängiges Verhalten und gemeinsames Schicksal. Interaktion zwischen zwei Menschen unter Verhältnissen, in denen sie dasselbe Ergebnis oder Schicksal erleben werden, und in denen das Ergebnis davon abhängt, daß beide kooperativ auf ein gemeinsames Ziel hin arbeiten, wird Vorurteile herabsetzen.

Inkongruente Rollen und Reduktion von Vorurteil

Jedes Beispiel von Kontakt zwischen Gruppen, das untersucht worden ist, stammt aus einer bestimmten Situation: gemeinsames Wohnen, militärischer Kampf, Besatzung auf Schiffen und verschiedene Arbeitssituationen. Damit Kontakte zwischen Gruppen genauer beschrieben werden können, werden schon hier zwei Konzepte eingeführt, die in den Kapiteln 13 und 14 genauer erörtert werden: (1) Positions- oder Rollenkategorie, und (2) Rollenerwartungen. Eine Position ist eine Kategorie von Menschen, die einen Platz in einer sozialen Beziehung einnehmen. Beispiele für Beziehungen, die in dieser Diskussion eine Rolle spielen, sind: Infanterist, Matrose, Nachbar, Arbeitskollege, Schwarzer, Jude. Verbunden mit jeder Positions- oder Rollenkategorie sind Erwartungen darüber, wie ein Mensch, der diese Kategorie einnimmt, sich verhalten und welche persönlichen Merkmale er besitzen sollte.

Vom Standpunkt dieser Konzepte könnte jede Kontakt-Situation wie folgt dargestellt werden: Wegen der Positions- oder Rollenkategorie eines Menschen als Angehöriger einer ethnischen Gruppe werden ihm wahrscheinlich bestimmte Stereotyp-Merkmale ("stereotyped characteristics") zugeordnet, und bestimmte Handlungen von ihm erwartet. Wenn er allerdings eine andere Rolle einnimmt, wie der Arbeitskollege oder der Nachbar, werden wahrscheinlich gegensätzliche Erwartungen an sein Verhalten und seine Eigenschaften gestellt werden. Auf der einen Seite besteht die Tendenz, ihm die Eigenschaften zuzuordnen, die für Angehörige einer ethnischen Gruppe als angemessen erachtet werden; auf der anderen Seite besteht die Tendenz, ihm die Merkmale zuzuordnen, die zu einem Arbeitskollegen oder Nachbarn gehören. Im Gegensatz zu Situationen, in denen ein Angehöriger einer ethnischen Gruppe eindeutig eine zusätzliche Rolle einnimmt, stehen Situationen von rein zufälligem Kontakt, in denen er wahrscheinlich im Sinne seiner ethnischen Gruppenrolle wahrgenommen wird und in denen man sein Verhalten ihm gegenüber dementsprechend einrichtet. Auch wird, wie schon früher bei der Erörterung der Milieuunterstützungen bemerkt, das Vorurteil verstärkt, wenn die ethnische Gruppenrolle mit anderen Rollen vereinbar ist. So wird beispielsweise das Negerstereotyp gestützt, solange die Tätigkeit des Schwarzen auf dienende Arbeiten beschränkt ist.

Fortgesetzte Interaktion mit einem Angehörigen einer ethnischen Gruppe, der zwei Rollen einnimmt, hat bestimmte logische Konsequenzen. In dem Maße, in dem das Verhalten eines Angehörigen einer ethnischen Gruppe eher vereinbar ist mit Erwartungen für die Rollenkategorie des Arbeitskollegen als mit denen der ethnischen Gruppe, werden die mit der Kategorie der ethnischen Gruppe verbundenen Erwartungen wahrscheinlich allmählich modifiziert oder aufgegeben. Wenn also die Erwartung an einen Arbeitskollegen so aussieht, daß er eher aktiv als faul sei, und wenn die Erwartung an einen Angehörigen einer ethnischen Gruppe von ihm fordert, eher faul als aktiv zu sein, wird aktives Verhalten über einen Zeitraum hinweg von einem Angehörigen einer ethnischen Gruppe, der ein Arbeitskollege ist, wahrscheinlich zu einer Aufgabe der Ansicht führen, daß er faul ist.

Allgemeiner: Wenn Kontakte mit Angehörigen ethnischer Gruppen eine Rolle betreffen, die unvereinbar ist mit ihrem ethnischen Gruppenstatus, werden die mit der unvereinbaren Rolle verbundenen Erwartungen wahrscheinlich zu einem neuen Verhalten ihnen gegenüber führen sowie zu angemessenen Änderungen in den entsprechenden Wahrnehmungen ihrer Merkmale. Doch ist es wichtig festzuhalten: Das Neu-Wahrnehmen dieser Individuen hängt damit zusammen, daß diese eine bestimmte Rollenkategorie einnehmen. Es kann erwartet werden, daß die modifizierten Wahrnehmungen auf Situationen beschränkt bleiben, in denen die Individuen die fragliche Rolle einnehmen, und daß in vielen Fällen solche Wahrnehmungen nicht für andere Situationen verallgemeinert werden können.

Inkongruente Rollen sind wahrscheinlich besonders effektiv bei der Änderung stereotyper Konzeptionen über den Rollenpartner - im Gegensatz zur Änderung der Gefühle ihm gegenüber. Dieser Punkt soll nach einer Schilderung der Forschungen zu inkongruenten Rollen und Vorurteils-Reduktion weiter erörtert werden.

Die Wichtigkeit von aktiver Rollenverwicklung ("involvement") mit dem Angehörigen der ethnischen Gruppe muß hier betont werden. Wenn ein Angehöriger einer ethnischen Gruppe nur eine Rolle einnimmt, deren "Erwartungen" unvereinbar mit unserem Stereotyp von ihm sind, und wenn wir wenig Interaktion mit ihm haben, werden unsere Gefühle ihm gegenüber vielleicht dieselben bleiben. Es ist beispielsweise eines, zu wissen, daß ein schwarzer Nachbar ein geschickter Chirurg ist; eine andere Situation ist es aber, sein Patient zu sein und eine von ihm durchgeführte erfolgreiche Operation über sich ergehen zu lassen. Eine Untersuchung von Kontakten zwischen mehreren amerikanischen Studenten und Israelis über einen Zeitraum von einigen Monaten hinweg unterstützt die Wichtigkeit von aktiver Teilnahme im Gegensatz zu bloßer Gegenwart, obwohl nur Beobachtungen informell mitgeteilt wurden.[61]

Die Wirkungen der Annahme von anderen Rollenkategorien zusätzlich zu ethnischem Gruppenstatus werden durch eine Untersuchung verdeutlicht, die den Betrag von sozialer Distanz zeigt, wie sie Schwarzen gegenüber in verschiedenen Berufsrollen erlebt wird.[62] Der Untersuchungsleiter wählte weiße Teilnehmer in Indianapolis nach der Zufallsmethode aus und befragte sie in ihren Wohnungen. Weiße der unteren Klassen gaben an, daß sie sich sozial fern von den Schwarzen fühlten; sie machten dabei kaum Unterschied zwischen Negern in verschiedenen Berufen. Weiße der mittleren und oberen Klassen verrieten hingegen weniger soziale Distanz und zeigten größeren Unterschied in ihren Gefühlen gegenüber den Schwarzen in so verschiedenen Berufssparten wie Medizin, Bankwesen, Maschinen-Operator und Hilfsarbeiter. Diese Untersuchung veranschaulicht die Tatsache, daß die Gefühle

---

61 Schild, 1962; 62 Westie, 1952

mancher Leute gegenüber einem Angehörigen einer ethnischen Gruppe mit anderen Positionen verknüpft sind.

Eine der klarsten Illustrationen zur Bedeutung von Rollenkategorien ist eine Untersuchung, von Minard an schwarzen und weißen Bergleuten in den Kohlengruben von Pocahontas in Westvirginia durchgeführt.[63] Er beschreibt eine Situation, in der die Gruben völlig integriert sind, wobei die Schwarzen und Weißen Seite an Seite arbeiten, während das sonstige Gemeinschaftsleben vollständig nach Rassen getrennt verläuft:

> Die Grenzlinie zwischen den zwei Gemeinschaften ist gewöhnlich der Schachteingang. Die Verwaltung hilft den Bergleuten beim Erkennen ihres Einganges in die draußen befindliche Gemeinschaft mit Status-Unterscheidungen, indem sie separierte Bäder und Umkleideräume vorsieht. Das heißt, die Farbgrenze wird hier sofort sichtbar, wenn die an die innere Dunkelheit gewöhnten Augen des Bergmannes sich an das Licht der Außenwelt akkommodiert haben...
>
> Der weiße Bergmann paßt sich diesen gegensätzlichen Einflüssen an, indem er eine Doppelrolle einnimmt. Innerhalb des Bergwerkes nimmt er eine Rolle gegenüber seinen Arbeitskollegen an, die auf Akzeptierung einer praktischen Statusgleichheit beruht. Draußen bringt seine Rolle als Angehöriger der weißen Gemeinschaft eine Erhöhung des Status mit sich, indem er Mitglied einer überlegenen Kastengruppe wird.[64]

Wenn die Rolleninterpretation einer Reduktion von Vorurteil und Diskriminierung richtig ist, sollten quantitative Ergebnisse zu Einstellungen gegenüber Angehörigen ethnischer Gruppen bei Merkmalen Veränderungen zeigen, die für die Rolle relevant sind, nicht aber bei solchen, die für die Rolle irrevelant sind. Das heißt, wenn der Angehörige der ethnischen Gruppe ein Arbeitskollege ist, sollte die Wahrnehmung seiner Merkmale, die relevant für seine Arbeit sind, angepaßt werden; jedoch sollte sich die Wahrnehmung von Merkmalen, die beispielsweise für persönliche Freundschaft relevant sind, nicht verändern. Obwohl die Ergebnisse verschiedener Untersuchungen oft nicht vollständig und bisweilen alternativen Interpretationen unterworfen sind, ergeben sie, zusammengenommen, ein ziemlich überzeugendes Muster, das mit diesem Standpunkt konsistent ist.

In zwei Warenhäusern, in denen man schwarze Arbeiter angestellt hatte, wurde eine Untersuchung durchgeführt.[65] Im Interesse dieser Untersuchung wurden weiße Arbeiter in drei Gruppen eingeteilt. Die Gruppe mit gleichem Status bestand aus Weißen, die in Abteilungen arbeiteten oder gearbeitet hatten, in denen sich mindestens ein Schwarzer befand - mit gleichem oder

---

[63] Minard, 1952; [64] Minard, 1952, S. 30

[65] Harding & Hogrefe, 1952

höherem Status als sie selbst. Die Gruppe mit ungleichem Status bestand aus weißen Personen, die in Abteilungen arbeiteten oder gearbeitet hatten, in denen alle schwarzen Personen von niedrigerem Status waren als sie selbst. Eine dritte Gruppe bestand aus Weißen, die noch nie mit Schwarzen gearbeitet hatten. Der Untersuchungsleiter stellte jedem Angehörigen der drei Gruppen die Fragen der Tabelle 6-1. Diese Fragen wurden nicht hintereinander gestellt, sondern vermischt mit Fragen, die sich nicht auf Schwarze bezogen.

Die Prozentsätze der Personen in jeder Gruppe, die auf jede Frage Antworten von günstiger Gesinnung gaben, sind in Tabelle 6-1 aufgeführt. Arbeiter in der Gruppe mit gleichem Status zeigten günstige Einstellungen gegenüber Schwarzen in arbeitsbezogenen Fragen, doch nicht in Fragen zu öffentlichen Verkehrsmitteln, Restaurants, Wohnungen und Freundschaft. So ergibt sich, daß bei nicht arbeitsbezogenen Fragen die Angestellten, die mit Schwarzen auf gleicher oder ungleicher Basis zusammenarbeiten, gegenüber Schwarzen nicht günstiger eingestellt sind als diejenigen, die keine Arbeitskontakte haben. Doch bei Fragen zu Arbeitsbeziehungen haben jene, die mit Schwarzen auf gleicher Basis arbeiten, die günstigsten Einstellungen. Das läßt stark darauf schließen, daß das Einwirken der Rollen-Situation rollenbezogene Einstellungen verändert, sich jedoch nicht auf andere Situationen übertragen hat. Obwohl die Schwarzen in dem einen der Betriebe vier Jahre und in einem anderen weniger als ein Jahr beschäftigt waren, gab es im Hinblick auf die vorherrschenden Einstellungen gegenüber Schwarzen keinen Unterschied zwischen den zwei Betrieben.

Die Bedeutung der Anforderungen der Rollensituation an die Herbeiführung von "Akzeptierung" wird gut illustriert durch eine Fallstudie über die Einstellung schwarzer Arbeiter in einer Fleischkonservenfabrik in Chicago. Ein Schwarzer mit beträchtlichem Dienstalter wurde in den Maschinenraum versetzt, der bisher für Schwarze gesperrt gewesen war. Sein eigener Bericht zeigt, wie der Druck der Arbeitsanforderungen eine begrenzte "Akzeptierung" während der ersten zwei Wochen herbeiführte:

> Montagfrüh kam ich hin, und es gab viel Geflüster und Herüberschauen, müssen Sie wissen. Jeder kam vorbei und schaute mich an, als ob er noch nie einen solchen Menschen gesehen hätte. Also wartete ich, und wenn ein Mann vom Vorarbeiter einen Helfer verlangte, und der Vorarbeiter zu mir herüberschaute und sagte, ich sei der einzige Helfer, der noch übrig sei, dann sagte der Mann, er brauche schließlich keinen Helfer. Das ging zwei Tage lang so. Keiner wollte mit mir arbeiten. Sie ließen mich allein arbeiten, Pumpen und anderes Zeug auseinandermontieren und aufräumen. Wenn ich zu einem Mann an einer Drehbank ging und ihn etwas fragte, antwortete er mir mit einem Wort oder überhaupt nicht. Endlich, am dritten Tag, hatten sie eine Arbeit für zwei Leute, und da ich der einzige verfügbare Helfer war, akzeptierte mich der Mann, und wir arbeiteten zusammen. Am nächsten Tag arbeitete ich mit einem anderen

Tab. 6-1 Prozentsatz von für Schwarze günstigen Antworten, bezogen auf verschiedene Gruppen und Themen ("items")

FRAGEN	GLEICH-RANGIGER KONTAKT	UNGLEICH-RANGIGER KONTAKT	KEIN KONTAKT
Arbeitsbezogene Themen			
Wie würden Sie darüber denken, eine neue Arbeit anzunehmen, bei der sowohl Neger als auch Weiße die gleiche Arbeit verrichten wie Sie?	73	61	48
Wie würden Sie darüber denken, unter der Aufsicht eines Negers zu arbeiten?	37	29	33
Glauben Sie, daß Neger die gleiche Chance haben sollten, jede Art von Arbeit zu erhalten, oder glauben Sie, daß Weiße die erste Chance bei jeder Art von Arbeit haben sollten?	65	51	57
Themen, die nicht arbeitsbezogen sind			
Was halten Sie davon, neben Negern in Autobussen oder Zügen zu sitzen?	73	71	70
Wie würden Sie darüber denken, in einem Speisesaal oder Café am Tisch eines Negers Platz zu nehmen?	51	53	51
Würden Sie in einem neuen Wohngebäude wohnen wollen, in dem sowohl weiße als auch Neger-Familien leben?	13	22	18
Wie würden Sie darüber denken, einen Neger zum persönlichen Freund zu haben?	12	16	20
Anzahl der Befragten	82	49	79

Quelle: Genehmigter Nachdruck aus: J. Harding & R. Hogrefe. Attitudes of white department store employees toward Negro co-workers. Journal of Social Issues, 1952, 8, (1), 22

Mann. Jetzt sind es fünf Männer, mit denen ich gearbeitet habe und die zu mir herüberkommen und von sich aus ein Gespräch beginnen. Die anderen wollen nicht mit mir reden, wenn ich sie nicht zuerst anspreche.[66]

Trotz der Tatsache, daß sie den schwarzen Mann am Arbeitsplatz akzeptierten, wollten die fünf weißen Männer, die mit ihm arbeiteten, nicht mit ihm essen oder Kaffeepausen machen - eine weitere Illustration für den besonderen Charakter der Rollenbeziehung.

Eine Untersuchung von Angestellten einer Gewerkschaft mit kämpferischen Antidiskriminierungs-Grundsätzen zeigte, daß Weiße sehr günstige Einstellungen gegenüber schwarzen Mitarbeitern hatten.[67] Leider wurden keine passenden Kontrollgruppen verwendet. Die Ergebnisse wurden nur mit anderen Untersuchungen verglichen, die geringfügig verschiedene Einstellungs-Items benutzt hatten sowie Stichproben von Personen, die wahrscheinlich in den für Einstellungen relevanten Merkmalen abwichen. Fast alle Fragen betrafen Arbeitsbeziehungen. Es ist vielleicht wichtig festzuhalten, daß diese Arbeiter weniger günstig auf eine Frage über schwarze Nachbarn antworteten als Personen, die in einer staatlichen Wohnanlage lebten. Auch das läßt vermuten, daß Änderungen in der Arbeitsrolle sich nicht auf die Nachbar-Rolle ausdehnen.

Bei einer Untersuchung von integrierten Kinderlagern kam heraus, daß weiße Kinder Freundschaften weitgehend mit schwarzen Kindern schlossen, mit denen sie in Wohnhütten untergebracht waren.[68] In umfassenderen Situationen wie beim Schwimmen, Spielen und anderen Erholungsbeschäftigungen gab es häufiger kleine, nach Rassen getrennte Gruppen.

Änderungen, die den Rollen-Beziehungen angemessen waren, die aber nicht zu Verallgemeinerungen führten, werden auch in einer Nachkriegsuntersuchung von Einstellungen gegen Japan-Amerikaner berichtet, die an die Universität von Colorado in Boulder gebracht worden waren, um während des Zweiten Weltkrieges dem Marinepersonal Japanisch beizubringen.[69] Es wurden Einstellungen von Nachbarn und Nicht-Nachbarn der Japan-Amerikaner verglichen. Auf Fragen zu der Nachbar-Rolle, ob sie an Japan-Amerikaner vermieten wollten oder ob sie unglücklich wären, wenn Japan-Amerikaner Häuser in der Nachbarschaft kaufen würden, erwiesen sich Nachbarn freundlicher als Nicht-Nachbarn. Bei der Beantwortung der Frage nach der nationalen Haltung ("national policy") zum "Oriental Exclusion Act" zeigten Nachbarn indessen keinen stärkeren Wunsch nach Modifizierung dieses Gesetzes als Nicht-Nachbarn.

Eine weitere Untersuchung während des Zweiten Weltkrieges überprüfte sowohl das Ausmaß des Kontaktes zwischen schwarzen und weißen Infanteristen in Kampfsituationen wie das Ausmaß des Vorurteils der Weißen gegen-

---

[66] Palmore, 1955, S. 28;
[67] Gundlach, 1956
[68] Campbell & Yarrow, 1958;
[69] Irish, 1952

über den Schwarzen. In den am meisten integrierten Fällen wurden schwarze Züge (etwa 50 Mann) weißen Kompanien (etwa 200 Mann) zugeteilt. In anderen Fällen waren schwarze Züge Teil eines Regiments (3000 Mann), einer Division (13 000 Mann) oder sogar größerer Feldeinheiten, die beträchtlich in ihrer Größe variierten. Die Zuteilungen verursachten progressiv weniger Kontakt zwischen schwarzen und weißen Soldaten. In den weniger integrierten Einheiten wurden weniger günstige Einstellungen gegenüber den Schwarzen beobachtet. Das Beweismaterial deutete darauf hin, daß die günstigen Einstellungen in besser integrierten Einheiten zu einem gewissen Grad auf schwarze Soldaten als Kampf-Gefährten beschränkt blieb. Die Forscher geben dazu den folgenden Kommentar:

> (Viele Soldaten) bemerkten, daß die Beziehungen im Kampf besser als die Beziehungen in der Garnisons-Situation waren. Nicht, daß es ernstliche offene Reibungen zwischen Negern und weißen Soldaten gegeben hätte. Solche Beispiele waren, soweit bekannt, auf isolierte Fälle beschränkt und betrafen weiße Soldaten von anderen Einheiten, die die Kampftätigkeit der Negersoldaten nicht kannten. Allerdings gab es gewisse Spannungen in stationierten Kompanien, wo ein freundlicher Kontakt mit der befreiten Bevölkerung möglich war, und es gab Äußerungen zugunsten einer Rassentrennung in Garnisonen..."
>
> Beziehungen im Kampf konnten mehr als Arbeitsbeziehungen denn als soziale Beziehungen angesehen werden. Genauer gesagt, sie konnten mehr auf eine spezifisch funktionale Basis eingeengt werden als auf die Kontakte im Leben einer Gemeinschaft. Im besonderen war die Kampfsituation eine ausschließlich männliche, und die Probleme von sozialen Beziehungen zwischen Männern und Frauen existierten nicht, wie das in der Garnison der Fall war. Weit davon entfernt, ein "Testfall" für gewöhnliche Beziehungen zwischen Negern und Weißen zu sein, mag das Kampfgeschehen als ein Spezialfall für die Herstellung guter Beziehungen angesehen werden, denn der Sinn für gemeinsame Gefahr und gemeinsame Pflicht war hoch ausgeprägt, das Bedürfnis nach Einigkeit war maximal, und es herrschte ein starkes Bewußtsein von gemeinsamer Erfahrung einer intensiv emotionalen Art.[70]

Einige Untersuchungen in den frühen Fünfzigerjahren, vor der Entwicklung der Bewegung zu schwarzer Identität und Stolz, verglichen die Einstellungen Weißer, die in Wohnanlagen mit Schwarzen unter verschiedenen Stufen der Integration zusammenlebten, also unter Bedingungen, auf die die Mieter keinen Einfluß hatten.[71] Die Schlußfolgerungen dieser Untersuchungen waren ziemlich konsistent: Weiße in integrierten Anlagen zeigten weni-

---

[70] Star, Williams & Stouffer, 1958, S. 598 - 600

[71] Wilner, Walkley & Cook, 1955

ger Vorurteile und hatten günstigere Einstellungen zu Schwarzen als solche in Anlagen mit Rassentrennung. Ferner waren Weiße, die in engerer Nachbarschaft mit Schwarzen lebten - entweder, weil sie in einer der stark integrierten Anlagen wohnten, oder weil sie in einer nahe bei einer von Schwarzen belegten Wohnung wohnten -, weniger mit Vorurteilen behaftet als Weiße, die weniger Kontakte zu Schwarzen hatten.

Diese Untersuchungen scheinen mehr als irgendwelche anderen einen Zusammenhang zwischen günstigen Einstellungen und engem persönlichen Kontakt zu zeigen. Die Erklärung liegt in der Definition der Nachbar-Rolle. Man soll freundlich und gesellig zu seinem Nachbarn sein, soll ihn respektieren und ihm helfen, und man soll umgekehrt Hilfe von ihm erwarten. Die Rolle des Nachbarn unterscheidet sich von der des Arbeitskollegen durch ein starkes Element von Geselligkeit und Freundlichkeit. Wenn die Umstände einen Angehörigen einer ethnischen Gruppe in eine Nachbar-Rolle bringen, sollen entsprechende Rollenerwartungen zu einem freundlichen Gefühl und Verhalten ihm gegenüber führen. Die verschiedenen Untersuchungen belegen die Annahme, daß diese Rolle wichtig ist. Sie beeinhalten beispielsweise, daß in integrierten Wohnanlagen ein beachtlicher Teil der Bewohner angaben, sie hätten Schwarze zu Freunden; in Anlagen mit Rassentrennung behauptete niemand, Schwarze als Freunde zu haben.

Wenig Aufmerksamkeit wurde in Nachbar-Untersuchungen der entscheidenden Frage gewidmet, ob Änderungen in Einstellungen auf andere Rollen verallgemeinert werden können. Ein Forschungsprojekt legte eine aus fünf Items bestehende Ethnozentrismus-Skala weißen Mietern in vier Gebäuden einer Wohnanlage vor.[72] Leider wurden die Ergebnisse nicht separiert für jedes Item veröffentlicht. Ein Item bezog sich auf eine Arbeits-Situation: "Es wäre ein Fehler, Neger jemals als Vorarbeiter oder Führer über Weiße zu setzen." Ein anderes bezog sich auf Schulen, aber auch auf allgemeinen Kontakt: "Neger haben ihre Rechte, doch ist es am besten, sie in ihren Vierteln und Schulen zu halten und zuviel Kontakt mit Weißen zu verhindern." Die restlichen drei Items waren allgemeine Feststellungen über Schwarze.

Es ist interessant zu bemerken, daß, wenn Mieter mit mehr Kontakten zu Schwarzen verglichen werden mit solchen, die weniger Kontakte haben, nur eines der vier Wohn-Gebäude einen signifikant differierenden Anteil von Personen aufwies, die mit den verschiedenen Items übereinstimmten. Es handelte sich um eine integrierte Wohnanlage, in der die Einstellungen Weißer zu Schwarzen günstig waren. Die andere integrierte Anlage und die zwei rassengetrennten zeigten keine signifikanten Unterschiede. Die veröffentlichten Informationen sind nicht detailliert genug und können daher nicht zeigen, ob der Mangel, eine nennenswerte Differenz zu erhalten, auf das Vorhandensein der oben erwähnten Nicht-Rollen-Items zurückzuführen ist; doch kamen die Forscher zu einer Schlußfolgerung, die insofern konsistent mit der obigen

[72] Wilner et al. 1955, S. 69

Interpretation ist, als sie nur eine geringe Generalisierung auf Nicht-Wohnungs-Situationen anzeigt:

> Es scheint daher, daß Nähe verknüpft ist mit günstiger Einstellung zu den bestimmten Negern in der Kontaktsituation und mit einer Akzeptierung der besonderen inter-rassischen Erfahrung. Darüber hinaus werden die günstigeren Einstellungen der "Nahen" zu den bestimmten Negern in einem gewissen Ausmaß auf Neger als Gruppe generalisiert, doch keinesfalls vollständig. Es herrscht auch eine leichte Tendenz für die stärkere Akzeptierung der konkreten inter-rassischen Erfahrung auf der Seite der "Nahen" in Richtung einer Akzeptierung von Negern in anderen sozialen Situationen.[73]

Eine andere neuere Untersuchung stützt diese Schlußfolgerung: Einstellungen über gemischt rassisches Wohnen änderten sich günstig als Folge von Kontakt zwischen Gruppen auf der Basis von gleichem Status, doch traten keine solchen Änderungen in anderen Aspekten der ethnischen Einstellung auf.[74]

Wohnen und andere Lebenssituationen werden kompliziert durch viele Faktoren, die in der Laboratoriumssituation nicht auftreten. Untersuchungen von Dörfern und Städten mit hohen Zahlen von Einwanderern weisen darauf hin, daß die Aufnahmebereitschaft gegenüber Einwanderergruppen merklich variiert - je nach ursprünglichen Einstellungen und verschiedenen Lebensgewohnheiten. Europäer sind mit ihren Nachbarn in einer heterogenen Nachbarschaft weniger zufrieden als Nordafrikaner und Menschen aus dem Nahen Osten in derselben Nachbarschaft.[75] Doch wurde in einer Untersuchung von Einwandererstädten in Israel herausgefunden, daß die meisten Leute indifferent gegenüber der ethnischen Herkunft ihrer Nachbarn waren und die Bewohner desto aufnahmebereiter für Angehörige anderer ethnischer Gruppen, je heterogener die Nachbarschaft war.[76] Schließlich ergab eine Untersuchung in England, daß Einstellungen zu Italienern eine Funktion des Ausmaßes von erlebtem Kontakt mit der Gruppe waren. Menschen, die relativ isoliert von Italienern waren, drückten Indifferenz aus; diejenigen, die Kontakt in "öffentlichen" Situationen gehabt hatten, wiesen ungünstige Einstellungen auf, und jene mit ständigen oder häufigen persönlichen Beziehungen hatten positive Einstellungen.[77]

Eine weitere Veranschaulichung des komplizierten Systems von Faktoren, die in Lebenssituationen auf das Vorurteil einwirken, findet sich in Untersuchungen zur Aufhebung der Rassentrennung in Schulen.[78] Es wäre zu

---

73 Wilner et al. 1955, S. 69;
74 Meer & Freedman, 1966;
75 Shuval, 1962;
76 Soen & Tishler, 1968;
77 Chadwick-Jones, 1962
78 Carithers, 1970

stark vereinfachend, würde man sagen, daß Schulen mit aufgehobener Rassentrennung das Vorurteil herabsetzen. In einer so großen Organisation, wie eine Schule, verschmelzen verschiedenartige Gruppen und Cliquen angesichts einer Vielfalt von Wertvorstellungen und Zielen. In vielen Schulen, in denen die Rassentrennung aufgehoben wurde, besonders in den höheren Klassen und auf dem College-Niveau, verbinden sich Weiße, Schwarze und andere ethnische Gruppenangehörige weitgehend mit anderen, die sie als ihnen ähnlich wahrnehmen, und erhalten so die Spaltung entlang von ethnischen Grenzen aufrecht. Ferner nimmt die Aktion zwischen Gruppen oft Formen an, die das Vorurteil eher erhöhen als vermindern. In anderen Schulen wiederum gibt es beträchtliche soziale Vermischungserscheinungen - Vorurteile werden hier bisweilen reduziert.

Die Betonung, welche in diesem Abschnitt auf den Rollenbeziehungen unter ethnischen und gesellschaftlichen Gruppen liegt, sollte die Bedeutung von Persönlichkeitsfaktoren bei einem Vorurteil nicht verdunkeln. Die obige Erörterung von individuellen Prozessen beim Vorurteil ist noch immer gültig: In den beschriebenen Arten von Kontaktsituationen reagieren nicht alle Individuen in derselben Weise. In Minards Untersuchung von weißen und schwarzen Bergleuten in den Kohlengruben von Pocahontas schalteten beispielsweise etwa 60 Prozent der weißen Bergleute ihre Rollenbeziehung zu Schwarzen beim Eintreten und Verlassen der Grube um, indem sie sich innerhalb der Grube auf der Basis von gleichem Status verhielten und außerhalb auf einer Basis von Überlegenheit.[79]

Weitere 20 Prozent blieben innerhalb und außerhalb der Grube stark vorurteilsbehaftet. Die restlichen 20 Prozent hielten außerhalb und innerhalb der Grube freundliche, nicht von Vorurteilen beeinflußte Einstellungen aufrecht. Mit anderen Worten, 20 Prozent der Bergleute waren so stark vorurteilsbehaftet, daß sie die Schwarzen innerhalb und außerhalb des Bergwerkes diskriminierten, und weitere 20 Prozent waren genügend günstig gegen Schwarze eingestellt, so daß sie sich sowohl in der Gemeinde als auch in der Grube freundlich verhielten. Die mittleren 60 Prozent hatten einen mäßigen Grad von Vorurteil, das angesichts der starken Kräfte der Arbeitssituation nachließ, das aber wirksam blieb, wo Gemeinschaftsunterstützung vorhanden war. Ähnliche individuelle Differenzen, die in vielen anderen Kontaktsituationen auftreten, können ebenfalls den bereits erörterten Persönlichkeitsfaktoren zugeschrieben werden.

Interaktion mit Menschen, welche Rollen einnehmen, die unvereinbar mit deren ethnischem Stereotyp sind, bewirkt also eine Änderung von Vorurteilen. Es handelt sich wahrscheinlich um einen kognitiven Mechanismus. Die Rollenerwartungen und die mit dem Stereotyp verbundenen Meinungen sind inkonsistent, und fortgesetzte Betonung der Rollenerwartungen sollte die stereotypen Meinungen schwächen. Diese Änderung sollte ihrerseits das

---

79 Minard, 1952

Vorurteil reduzieren. Ein Mensch bewegt sich von einer negativen Bewertung zu einer positiven, die konsistent ist mit den positiven Rollenerwartungen. Doch dieser Änderung im Gefühl oder in der Emotion steht der Konflikt zwischen kognitiven Elementen im Weg.

Interdependentes Verhalten und gemeinsames Schicksal

Die Implikation der obigen Erörterung ist, daß Rollen-Unvereinbarkeit im Endergebnis eine kognitive Änderung bewirkt, die ihrerseits Vorurteile reduziert. Das zweite, zu Anfang dieses Abschnittes formulierte Prinzip stellte die Hypothese auf, daß gewisse Umstände im Endergebnis direkt eine Änderung der effektiven Komponente bewirken. In Kapitel 7 soll eine Reihe von Formen der Interaktion besprochen werden, die wahrscheinlich ein Anwachsen der interpersonellen Attraktion bewirken. Zunächst können wir erwarten, daß jede Form von Interaktion, die gewöhnlich Zuneigung zwischen Menschen bewirkt, zu einer Reduktion von Vorurteil führt. Doch ein genaueres Hinsehen enthüllt, daß bei einem Vorurteil die ursprüngliche Beziehung von Abneigung und Mißtrauen erfüllt ist, also ganz verschieden von einem Start in einer neutralen Position, wie er in vielen Untersuchungen als Ausgangspunkt angenommen wird. Wenn wir mit einem Menschen interagieren, dem gegenüber wir ein Vorurteil haben, werden wir wahrscheinlich seine Handlungen in einer verzerrten Weise wahrnehmen, um sie in Einklang ("consistent") mit unserem bestehenden Vorurteil zu bringen. Ferner wird, je nachdem die Umstände es erlauben, unser Verhalten wahrscheinlich vorsichtig, voller Mißtrauen und entzweiend sein.

Daraus folgt, daß effektive Reduktion von Vorurteil nur in einer Situation auftritt, die so strukturiert ist, daß sie eine der erhöhten Attraktion angemessene Interaktion induziert oder erzwingt. Wenn falsche Wahrnehmung oder unangemessene Interaktion möglich ist, wird eine Reduktion von Vorurteil nicht auftreten. Eine Situation, die eindeutig dieses Kriterium erfüllt, betrifft Verhalten, das interdependent ist und zu einem gemeinsamen Schicksal oder Ergebnis führt. Wenn zwei Menschen durch starke Kräfte in einer Situation festgehalten werden, und wenn beide das gleiche Ergebnis ersehnen, es aber nur durch kooperative Zusammenarbeit erreichen können, sagt man, ihr Verhalten sei interdependent und einem gemeinsamen Schicksal (Versagen oder Erfolg haben) unterworfen. Sowohl experimentelle als auch Feld-Beobachtungen stützen folgende Hypothese: Interdependentes Verhalten, das zu einem gemeinsamen Schicksal führt, veranlaßt die Beteiligten, positivere Gefühle füreinander zu hegen. Dieser Zuwachs an Attraktion wird wahrscheinlich intensiviert, wenn die Beteiligten irgendeiner äußeren Bedrohung oder Gefahr ausgesetzt sind.

Gewisse Wohnungs-Situationen und Arbeits-Situationen werden wahrscheinlich teilweise dieses Kriterium von interdependentem Verhalten und gemeinsamem Schicksal erfüllen, besonders, wenn die Mieter eine Organisation zum Kampf gegen den Hausherrn bilden oder die Arbeiter in den Streik treten. Weiße Soldaten, die Seite an Seite mit schwarzen gegen einen gemeinsamen Feind kämpften, schienen eine günstigere Einstellung zu Schwarzen anzunehmen.[80] Weiße Matrosen der Handelsmarine, die mit schwarzen unter feindlichem Feuer gestanden hatten, hegten weniger Vorurteile als solche, die nicht in einer solchen Lage waren.[81] In dem Experiment in Jungenlagern, wie es zu Anfang dieses Kapitels beschrieben ist, in dem Feindseligkeiten zwischen den "Adlern" und "Klapperschlangen" absichtlich in "intergroup"-Wettbewerben hervorgerufen wurden, schuf eine Reihe von bedrohlichen Situationen eine interdependente Situation, die eine Kooperation zwischen den Gruppen erforderlich machte.[82] So wurde beispielsweise die Wasserzufuhr abgeschnitten, und alle Jungen mußten zusammenarbeiten, um die Notlage zu meistern. Zu einer anderen Zeit versagte ein LKW und konnte nur gestartet werden, wenn ihn die zwei Jungengruppen gemeinsam mit dem Seil in Bewegung setzten. Solche erzwungenen kooperativen Situationen angesichts einer Bedrohung schufen ein einzelnes Ziel, das beide Gruppen zu erreichen suchten, und das nur durch Kooperation erreicht werden konnte. Diese Situationen führten zu einer merklichen Reduktion der Feindseligkeit zwischen den Gruppen.

Mehrere Laboruntersuchungen erweisen sich als weiterer Beweis für die Wirksamkeit von interdependentem Verhalten in einer Situation des gemeinsamen Schicksals als Mittel zur Reduktion von Vorurteil. Eine Untersuchung befand, daß geteilte Gefahr ("shared threat") eine Abnahme von Vorurteil gegen Schwarze hervorrief, daß aber persönliche, alleinige ("non-shared") Gefahr dies nicht bewirkte.[83] In einer anderen Untersuchung wurden weiße Versuchspersonen (mit verschiedenen Graden von Vorurteil gegen Schwarze unter Bedingungen gemeinsam geteilter Bedrohung oder Nicht-Bedrohung) in Gruppen aufgeteilt, die Kooperation erforderten, um die vom Versuchsleiter gesetzte Aufgabe zu lösen.[84] Ein Mitglied jeder Gruppe war ein Schwarzer, der ein Vertrauter des Versuchsleiters war und die Problemlösungsaufgabe schon kannte. Die Bedrohung für die Mitglieder der Versuchsgruppe wurde durch die Mitteilung geschaffen, daß das Department für Psychologie und die Universität ein Projekt begonnen habe, das vorsah, die Studenten mit Hilfe dieser Versuchs-Situationen zu bewerten und die fertiggestellten Unterlagen ihrer Leistungen dauernd aufzubewahren. Der schwarze Vertraute verhielt sich während der bedrohlichen und der nicht bedrohlichen Situationen in einer vorher festgelegten Weise. Wie angenommen, enthüllten die Messungen des Vorurteils vor und nach der Versuchs-Situation ein signifikantes Absinken des Vorurteils bei der Versuchsgruppe, doch nicht bei der Kontrollgruppe, die der Gefahr nicht ausgesetzt war. Schließlich ergab eine neuere experimentelle Forschungsarbeit, daß weiße Versuchspersonen, die kooperativ mit einer schwarzen Person arbeiteten, eine günstigere Ein-

[80] Star et. al. 1958;
[81] Brophy, 1946;
[82] Sherif et al. 1961;
[83] Feshbach & Singer, 1957;
[84] Burnstein & Mc Rae, 1962;

stellung dieser gegenüber hatten als Teilnehmer, die in ihrer Gegenwart arbeiteten, aber unabhängig von ihnen.[85]

Insgesamt läßt sich sagen: Interaktion mit einem Menschen unter Verhältnissen, bei denen das Ergebnis der Zusammenarbeit beider für ein gemeinsames Ziel erforderlich ist, wird Vorurteil reduzieren. Anders als die unvereinbare ("incongruent") Rolle, die wahrscheinlich negative Gefühle indirekt durch eine Änderung der mit dem ethnischen Gruppen-Stereotyp verknüpften Meinungen verändert, ruft das interdependente Verhalten und gemeinsame Ziel anscheinend eine Gefühlsänderung durch direkte Mittel hervor. Viele Arten von Interaktion, die gewöhnlich zu wachsender Attraktion führen, werden das Vorurteil nicht reduzieren, denn der ursprüngliche Stand des Vorurteils erlaubt das Einwirken von Verzerrung und Mißtrauen und verändert zuweilen den Charakter der Interaktion. Interdependentes Verhalten mit einem gemeinsamen Schicksal für die Teilnehmer ist wirksam, denn diese sind in einer Situation eingeschlossen, die sie zu kooperativer Arbeit zwingt, sowie zur Erreichung eines positiven Ergebnisses durch gemeinsame Bemühungen.

Vorurteilsreduktion und Persönlichkeitsdynamik

Das Vorurteil kann gewissen inneren Bedürfnissen dienlich sein. Es kann die Äußerung angestauter Feindseligkeit erlauben, es kann zu wirtschaftlichen Gewinnen führen, und es kann das Gefühl der Überlegenheit vermitteln. Unter den Techniken, die zur Reduktion des Vorurteils eines Individuums benutzt werden können, sind Psychotherapie, Umerziehung, Katharsis und Änderung der Lebensverhältnisse des Individuums, damit Frustration, Feindseligkeit und andere, im Dienste des Vorurteils stehende Bedürfnisse reduziert oder eliminiert werden können. Während verschiedene Experimente zeitweilig begrenzte Erfolge mit solchen Maßnahmen gehabt haben, haben erstere oft überhaupt nicht gewirkt. Darüber hinaus ist die Veränderung eines Menschen ein sehr teurer, zeitraubender Prozeß - gar nicht zu reden von der Tatsache, daß viele Leute gar nicht geändert werden wollen. Schließlich ist die Veränderung von Individuen relativ fruchtlos, wenn die sozialen Bedingungen, welche Vorurteil hervorrufen, unverändert belassen werden.

Entstehung von Dissonanz und Einstellungsänderung

Es ist hervorgehoben worden, daß aktives In-Beziehung-treten mit einem Rollenpartner bei der Interaktion mit Angehörigen ethnischer Gruppen, welche Rollen einnehmen, die unvereinbar sind mit ihren Stereotypen, wichtig für die Änderung von Einstellungen ist. Der Zweck dieses Abschnittes ist die Überprüfung des Verhaltens der Vorurteilsbehafteten in solchen Situationen und die Konsequenzen für mögliche Einstellungsänderungen. Im Kapitel 3

[85] Ashmore, 1969

wurde die Erregung von Dissonanz als Folge des Sich-Einlassens in einstellungsdiskrepantes Verhalten ausführlich erörtert; ferner die Art und Weise, in der Dissonanz zu Einstellungsänderung führt. Solche Konzeptionen scheinen nun für die gegenwärtige Situation relevant zu sein.

Ein vorurteilsbehafteter Mensch, der sich entschieden hat, in eine öffentliche Wohnanlage zu übersiedeln, findet sich auf eine Situation festgelegt, in der er bis zu einem gewissen Grad gezwungen ist, sich in einer einstellungskonträren Weise zu verhalten. So kommen beispielsweise Hausfrauen in der Wohnanlage häufig in Kontakt mit Nachbarinnen von verschiedener ethnischer Herkunft, etwa in der Wäscherei, auf dem Hof, auf den Kinderspielplätzen und an vielen anderen Orten. Der Zwang der Nachbar-Rolle bringt sie dazu, sich in einer freundlichen und herzlichen Art zu verhalten. Wenn eine Hausfrau vorurteilsbehaftet ist, wird ihr freundliches Verhalten innerliche Dissonanz hervorrufen. Letzten Endes kann die Dissonanz aufgelöst werden durch Modifikation der Aspekte ihrer Einstellungen zu diesen ethnischen Minoritäten, wenn sie dissonant mit ihrer Rolle als Nachbarin sind. Andererseits kann eine berufstätige Frau oder ein Mann, die oder der in der Wohnanlage leben, in relativer Isolierung von den Nachbarn bleiben und wenig Dissonanz mit ihnen erleben.

In Dissonanz-Situationen brauchen nur die für die Rollensituation relevanten Aspekte von Einstellungen verändert werden; diese sind die einzigen Elemente, die wahrscheinlich dissonant sind. Eine Regel für weitere allgemeine Änderungen ist allerdings folgende: Irgendwelche Bedingungen, welche nicht zur Rolle gehörende Elemente der Einstellung relevant für das Verhalten in der Rollensituation machen, erleichtern wahrscheinlich auch eine Änderung dieser für die Rolle nicht relevanten Elemente. In einer Arbeitssituation, gehören z. B. zu den relevanten Elementen Berufswissen ("competence") und Kooperation. Wenn aber Angehörige verschiedener ethnischer Gruppen in der Betriebsmannschaft zusammen kegeln und einen Preis gewinnen, können sie einen gemeinsamen Teamgeist entwickeln, der emotional gestützt wird. So kann die Einstellungsänderung über die Arbeitssituation geweitet werden.

Kontaktsituationen zwischen Gruppen benötigen allerdings gezieltere Forschung vom Standpunkt der Dissonanz-Konzeptionen, bevor irgendwelche festen Schlüsse gezogen werden können. In der allgemeinen Erörterung von Einstellungsänderung wurde die Rolle des Commitment als Beitrag zur Dissonanz hervorgehoben. Der in den verschiedenen Kontaktsituationen vom Commitment gespielte Part ist noch keineswegs geklärt. Die persönliche Entscheidung, in eine Wohnanlage zu übersiedeln, scheint eindeutig freiwillig zu sein, doch handelt eine Person, die von den Behörden in eine Anlage mit oder ohne Rassentrennung eingewiesen wird, nicht freiwillig. Ferner werden in Arbeitssituationen Arbeitnehmer verschiedener ethnischer Herkunft vom Arbeitgeber angeworben, und der Arbeitnehmer hat gewöhnlich keinen Einfluß auf die Entscheidung. Andererseits kann in solchen Arbeits-Situationen irgendeine Art von persönlichem Engagement wirksam werden.

Der einzelne Arbeiter kann das Gefühl haben, daß er die Wahl hat, ob er sich seinem Arbeitskollegen gegenüber in einer vorurteilsbehafteten oder vorurteilsfreien Weise verhalten will. Die Arbeiter, welche reduziertes Vorurteil zeigen, mögen sehr wohl jene sein, welche eine bewußte Entscheidung getroffen haben, ihre Arbeitskollegen aus Minoritätsgruppen auf gleicher Ebene zu behandeln. Eine weitere Erforschung von Kontaktsituationen zwischen Gruppen ist erforderlich, um diese Möglichkeiten zu verifizieren.

Sanktionierung für bestimmte Rollen

In Untersuchungsberichten zu staatlichen Wohnprojekten haben Forscher die Meinung vertreten, daß die offizielle Haltung der Wohnungsbehörde wichtig war für die Akzeptierung der Situation und daß sie indirekt eine Reduktion von Vorurteil herbeiführte. Daß jede Familieneinheit in einer staatlichen Wohnanlage lebte, verlieh dem von der Behörde etablierten System von integriertem oder rassengetrenntem Wohnen eine offizielle Sanktionierung. Die Einweisung in eine bestimmte Wohneinheit wurde von der Behörde vorgenommen; die einzelne Familie war nicht berechtigt, sich die Lage auszusuchen.

Ähnlich sanktionierte in einigen der untersuchten Arbeitssituationen eine aktive Nichtdiskriminierungspolitik der Unternehmer oder der Gewerkschaft eine Gleichrangigkeit von Rollenrelationen. Die autoritäre Struktur des Militärs, in der das Personal daran gewöhnt ist, Befehle von Vorgesetzten entgegenzunehmen, scheint ebenfalls zur Pflege von integrierten Interaktions-Systemen geeignet zu sein. Solche offiziellen Sanktionierungen tragen zur Aufstellung sozialer Normen bei, die wiederum eine Interaktion auf der Basis von gleichem Status begünstigen.

Andererseits können Sanktionierungen durch Behörden oder durch wichtige Bezugspersonen oder -gruppen auch Vorurteile aufrechterhalten oder erhöhen. Untersuchungen weißer Wohngebiete, in die Schwarze einzuströmen begannen, ergaben, daß diese Bezirke bald vollständig schwarz wurden. Die rapide Übersiedlung von Weißen aus einem Gebiet wird beschleunigt durch eine Reihe von Druckmitteln "autoritativer" Personen oder Gruppen. Wenn Schwarze in ein Gebiet strömen, fürchten weiße Hausbesitzer eine Entwertung ihres Besitzes. Auf Grund des Mangels an adäquaten Wohnungen für Schwarze werden viele schwarze Kaufinteressenten aufmerksam, wenn ein Gebiet nicht mehr der Rassentrennung unterliegt. Makler drängen daher weiße Bewohner zum Verkauf an Schwarze, von denen sie bessere Preise erzielen können. Kreditinstitute und staatliche Versicherungen warnen weiße Kaufinteressenten vor einer Geldanlage in diesem Gebiet. Ein ähnlicher Druck kommt von Lehrerkollegien an öffentlichen Schulen, religiösen Institutionen und Hausbesitzervereinen. Ohne irgendeine Art von Kontrolle ist es daher schwierig, ein gemischtes Wohnviertel zu erhalten. In manchen Fällen wurden zweirassige Organisationen gebildet, um das bestehende integrierte System zu erhalten.

Die Sanktionierung durch Behörden braucht nicht immer eine Änderung in die befürwortete Richtung herbeiführen. Unter Umständen kann ein behördlicher Versuch zur Änderung der Normen dazu führen, daß Gegen-Normen entwickelt werden. So führte beispielsweise die Serie oberstgerichtlicher Entscheidungen über die Aufhebung der Rassentrennung zur Bildung verschiedener Gruppen, die gegen die Aufhebung opponierten und zum aktiven Widerstand aufriefen, wie etwa die weißen Bürgerräte ("White Citizens' Councils") im Süden. Die Bedingungen, unter denen mit Wahrscheinlichkeit Normen gebildet oder verändert werden, sollen ausführlich im Kapitel 10 erörtert werden,und zwar in der Diskussion über entstehende Normen und Konformität. Die dort umrissenen Prinzipien sind auf die gegenwärtige Diskussion anwendbar.

Zusammenfassung: Veränderung von "intergroup"-Vorurteil

Mindestens zwei wichtige Prinzipien sind bei der Reduktion von Vorurteilen zwischen Gruppen wirksam. Erstens wird Interaktion mit einem Menschen, der eine Rolle einnimmt, die unvereinbar oder inkongruent mit dem ihm gewöhnlich zugeschriebenen ethnischen Stereotyp ist, zur Reduktion von Vorurteil führen. Das negative Gefühl wird wahrscheinlich reduziert durch Änderungen in den Meinungen, die mit dem Stereotyp verknüpft sind. Da diese Meinungen inkonsistent mit den Rollenerwartungen und dem tatsächlichen Verhalten des Rollenpartners sind, werden sie geschwächt und durch neue Meinungen ersetzt, die mit der Rolle der anderen Person vereinbar sind. Es muß betont werden, daß die Beteiligten aktiv in der Interaktion engagiert sein müssen, wenn dieser Effekt eintreten soll.

Ein zweites Prinzip ist, daß Interaktion mit einem Menschen unter folgenden Umständen Vorurteil reduzieren wird: Beide erleben das gleiche Ergebnis oder Schicksal, und das Ergebnis ist abhängig davon, daß beide Beteiligte kooperativ auf ein bestimmtes Ziel hinarbeiten. Interdependentes Verhalten und gemeinsames Schicksal bewirken anscheinend eine Änderung des Gefühls, eher durch direktere Mittel als durch unvereinbare Rollen. Viele Interaktionen führen zu erhöhter Attraktion unter Menschen, die gegeneinander nicht vorurteilsbehaftet sind; sie werden jedoch Vorurteile unter den Vorurteilsbehafteten nicht reduzieren, weil der anfängliche Zustand das Einwirken von Verzerrung und Mißtrauen ermöglicht und in manchen Fällen den Charakter der Interaktion verändert. Interdependentes Verhalten mit einem gemeinsamen Schicksal für die Beteiligten reduziert Vorurteil, weil die Beteiligten in eine Situation eingeschlossen sind, die sie zwingt, kooperativ zu arbeiten und ein positives Ergebnis durch gemeinsame Bemühungen zu erreichen.

Das Entstehen von Dissonanz als Ergebnis davon, daß sich jemand in ein Verhalten einläßt, das diskrepant zu einer vorurteilsbehafteten Einstellung ist, kann in manchen Fällen Vorurteil reduzieren. Dazu gehört die Situation "interdependentes Verhalten und gemeinsames Schicksal". Da aber wenige Versuche durchgeführt worden sind, bei denen die Dissonanztheorie zur Reduktion von Vorurteil verwendet worden ist, muß ihr Gebrauch zur Vorurteilsreduktion in Frage gestellt werden. Mehrere Faktoren können die Wahrscheinlichkeit von Vorurteilsreduktion in unvereinbaren Rollensituationen oder Situationen mit gemeinsamem Schicksal erhöhen. Dazu gehören die Sanktionierung von Vorurteilslosigkeit ("nonprejudice") durch autoritative Urheber, Druck auf die interagierenden Partner in Form von äußerlichen Bedrohungen oder Gefahren und der Vergleich von Interaktions-Situationen mit egalitären Wertvorstellungen der Gesellschaft.

TEIL ZWEI

GRUPPENSTRUKTUR UND GRUPPENPROZESS

In diesem Teil und dem darauffolgenden wird Entstehung, Aufrechterhaltung und Veränderung von Regelmäßigkeiten in der Interaktion untersucht. Teilweise lassen sich derartige Regelmäßigkeiten im Denken, Fühlen und Verhalten durch das Vorhandensein von Erwartungen, Normen und Verhaltensregeln erklären, die das Verhalten in sozialen Situationen steuern. Dieser Ursprung von Regelmäßigkeiten, die institutionalisierte Struktur, wird in Teil Drei behandelt, und zwar unter Zuhilfenahme des Konzepts der sozialen Rolle.

In Teil Zwei liegt der Schwerpunkt auf Regelmäßigkeiten, deren Ursprung subinstitutionell ist: in dem direkten Austausch primärer Verstärkungen. Primäre Verstärkungen sind unmittelbar mit der Interaktion selbst verknüpft und haben nicht die Funktion, bestimmte Verhaltensweisen auszulösen. Ein Beispiel dafür ist eine Gruppe von Freunden, die sich freuen, zusammen zu sein, oder Arbeitskollegen, die ein gemeinsames Gespräch genießen. Im Gegensatz dazu werden institutionalisierte Regelmäßigkeiten durch sekundäre Verstärker gestützt, etwa durch Geld oder soziale Zustimmung. Ein Arbeiter wird zum Beispiel formal für seine Produktivität durch ein komplexes Entlohnungssystem belohnt.

Subinstitutionelle Regelmäßigkeiten, von Homans *elementares Sozialverhalten* genannt, sind in verschiedenen Situationen von unterschiedlicher Bedeutung. Das Verhalten einer Gruppe von Fremden in einem Kleingruppenlabor wird zum Beispiel weniger von institutionellen Kontrollen beeinflußt als das Verhalten einer gut etablierten formell organisierten Gruppe. Ähnlich werden Interaktionen in informellen Situationen, wie sie zum Beispiel beim Treffen zweier Freunde vorzufinden sind oder bei einer spielenden Kindergruppe, eher elementares Sozialverhalten auslösen. Durch die Untersuchung solcher Situationen können die Prinzipien, die elementarem Sozialverhalten zugrunde liegen, leichter erkannt werden.

Elementares Sozialverhalten findet man nicht nur in neu gebildeten Gruppen. Auch sind diese sozialen Einheiten nicht frei von institutionellen Kontrollen. Eine gegenseitige Zuneigung, ein Beispiel für elementares Sozialverhalten, kann zwischen zwei Kindern entstehen, deren Spiel relativ frei von institutionellen Kontrollen ist. In anderen Fällen aber kann eine solche Zuneigung eng mit einem ganzen Heer institutioneller Prozesse verwoben sein. Ein Beispiel für den zuletzt erwähnten Fall ist die Liebe zwischen Eheleuten: sie ist in die Institution Familie eingebettet. Elementares Sozialverhalten und institutionelles Verhalten sind also analytisch weitgehend voneinander zu trennen; die meisten konkreten Verhaltensweisen sind jedoch Beispiele für beide Arten des Verhaltens.

Unter dem Konzept der *Struktur* versteht man bestimmte Regelmäßigkeiten, die sich im Fühlen, Wahrnehmen und Handeln ausgebildet haben und durch die bestimmte Aspekte der Interaktion von Gruppenmitgliedern charakterisiert sind. Das Beziehungsgefüge der Sympathie unter Gruppenmitgliedern bezeichnet man zum Beispiel als *Affekt-* oder *soziometrische* Struktur. Diese wird graphisch durch ein *Soziogramm* dargestellt, wobei Punkte, welche die einzelnen Mitglieder repräsentieren sollen, durch Pfeile verbunden sind, die die Richtung der Sympathie von Mitglied zu Mitglied angeben. Die Gliederung und Struktur solcher Soziogramme stellt konkret dar, was mit Struktur gemeint ist.

Unter dem Begriff *Prozeß* versteht man das sich über einen bestimmten Zeitraum hin wandelnde Muster von Beziehungen zwischen den Elementen einer Struktur. So kann zum Beispiel der Prozeß, der in einer neu gebildeten Gruppe von zunächst fremden Personen zur Entwicklung von Freundschaften führt, aufgezeichnet werden, indem die zu verschiedenen Perioden der Entwicklung bestehenden Affektstrukturen dargestellt werden. Derartige Prozesse können am besten mit Hilfe eines theoretischen Konzepts verstanden werden, das eine Interaktion als einen zwischen den Mitgliedern stattfindenden Austausch von Belohnungen und Kosten begreift. Obgleich es schwierig ist, die Belohnungen und Kosten, die in der Interaktion ausgetauscht werden, isoliert zu betrachten und zu messen, um dadurch diese Theorie direkt überprüfen zu können, so erfüllt doch die Austausch-Theorie (Exchange Theory) eine Aufgabe einer Theorie in bewundernswerter Weise, jene nämlich, viele unterschiedliche empirische Befunde in einem zusammenhängenden Rahmen miteinander in einen Zusammenhang zu bringen.

Die folgenden Kapitel über Gruppenstruktur und Gruppenprozeß zeigen sehr deutlich, daß die Beziehung zwischen zwei Menschen mehr ist als bloß eine Funktion ihrer Eigenschaften als Individuen. Selbst wenn man die Eigenschaften beider Personen kennt, kann man ihr Verhalten nicht vorhersagen, ohne etwas über die Geschichte ihrer gegenseitigen Beziehung und ihrer Beziehungen zu anderen Menschen zu wissen.

Kapitel 7, eine Erörterung des Themas der interpersonalen Attraktion[+] behandelt als Hauptgegenstand die Ursachen zwischenmenschlicher Anziehungskräfte. Ein Großteil dieser Erörterung ist dem Thema Sympathie und Freundschaft zwischen zwei Menschen gewidmet. Es wird auch auf die Attraktivitäts-Struktur von Gruppen eingegangen - sie wird oft auch als *soziometrische Struktur* bezeichnet. Dieser Strukturtyp war einer der ersten Formen elementaren Sozialverhaltens, die untersucht worden sind. Inzwi-

---

[+] Anm. des Übersetzers: Der engl. Begriff 'attraction' (Anziehung) wird zum Zweck einer einheitlichen Terminologie in Anlehnung an das Handbuch der Psychologie, Bd. VII/2 "Sozialpsychologie", Göttingen 1972, mit Attraktivität oder Attraktion übersetzt.

schen hat sich eine große Menge von Literatur in diesem Forschungsbereich angesammelt. Das Kapitel behandelt auch Prozesse, die eine zunehmende Modifikation der Attraktivität bewirken. Im Vergleich dazu ist das Phänomen der sozialen Macht, das in Kapitel 8 behandelt wird, nicht sehr intensiv erforscht worden; die Erörterung hat folglich einen stärker spekulativen Charakter. Unter sozialer Macht versteht man die unterschiedlich ausgeprägte Fähigkeit von Menschen, andere Gruppenmitglieder zu beeinflussen. Diese Macht ist, wie wir sehen werden, von einer Vielfalt von Faktoren abhängig und kann verschiedene Formen annehmen. Je nach Machttyp sind die Konsequenzen einer längerfristigen Machtausübung verschieden. Unsere Aufmerksamkeit gilt zwar auch der legitimen Macht, die in der institutionellen Struktur verankert ist, doch widmen wir uns in unserer Erörterung mehr den Formen der Macht, die auf einem direkten Austausch von Belohnungen und Kosten basieren.

Eines der in Kapitel 9 erörterten Themen handelt von Status. Dieser Begriff verweist auf die durch gegenseitige Beurteilung zustande gekommenen Strukturen der unterschiedlichen Bewertung und Wertschätzung von Gruppenmitgliedern. Wie die soziale Macht, so hängt auch der Status von einer Vielfalt von Kriterien ab. Es werden die Determinanten von Status-Einstufungen erörtert und die Prozesse untersucht, die eine Veränderung dieser Einschätzungen bewirken. Da die Beziehung zwischen Status und verschiedenen Kommunikationsmustern von Gruppen oft ein Gegenstand empirischer Untersuchungen war, ist die Kommunikationsstruktur der Gruppe das andere Thema dieses Kapitels.

Kapitel 10 beschäftigt sich mit einem Phänomen, das für das Funktionieren aller Gruppen grundlegend ist: mit der Entstehung von Normen. Die Angehörigen einer Gruppe kommen zu einem Konsens darüber, welche Gefühle, Wahrnehmungen und Verhaltensweisen angemessen oder unangemessen sind. Es wird eine Theorie vorgestellt, welche erklärt, wie und wo solch ein Konsens eintritt und in welchem Maße sich die Gruppenmitglieder mit diesen Normen konform verhalten. Kapitel 10 beschäftigt sich primär mit der Frage, wie solche normativen Strukturen entstehen. Später, in Teil Drei, wird den Auswirkungen fest verankerter Normen auf das Verhalten eines Individuums mehr Aufmerksamkeit geschenkt.

Die Psychologie der Führerschaft, das zentrale Thema von Kapitel 11, ist für Verhaltenswissenschaftler lange Zeit ein populäres Thema gewesen. Ihre Forschungen haben allmählich zu einem Abrücken von der Laienansicht geführt, daß jemand auf Grund einer bestimmten Eigenschaft eine Führungsposition einnehme. Führerschaft wird verhaltenswissenschaftlich als eine Rolle oder Funktion begriffen, die in einer Gruppe entsteht und die von einer Anzahl von Gruppenmitgliedern in unterschiedlichem Maße ausgefüllt und ausgeführt wird, und zwar je nach den situativen Erfordernissen und den Eigenschaften der Gruppenmitglieder.

Die vorangegangenen Kapitel haben bisher eher die Determinanten als die

Konsequenzen der Strukturen und Prozesse ins Auge gefaßt, die durch die Interaktion in Gruppen entstehen. In Kapitel 12 wenden wir uns den am gründlichsten erforschten Konsequenzen von Variationen in der Gruppenstruktur und dem Gruppenprozeß zu: der Effektivität, mit der eine Gruppe ihre Aufgaben ausführt, und ihrer Fähigkeit, den Gruppenmitgliedern Befriedigung zu verschaffen. Es wird untersucht, welche Auswirkungen verschiedene strukturelle Variablen und andere Faktoren, wie zum Beispiel die Gruppengröße, auf die Effektivität und Zufriedenheit der Gruppenmitglieder haben.

KAPITEL 7

INTERPERSONALE ATTRAKTION

Die zwischenmenschliche Interaktion ist komplex und hat viele Facetten. Dies macht es schwierig, einen konkreten Ablauf irgendwie vollständig zu erfassen. Der Sozialpsychologe geht deshalb so vor, daß er verschiedene allgemeine Merkmale der Interaktion zu finden sucht und jedes davon dann getrennt untersucht. Auf diese Art und Weise kann jedes einzelne Merkmal genauer betrachtet werden. In diesem Kapitel liegt der Schwerpunkt auf den Aspekten der Interaktion, die mit Sympathie, Zuneigung, Freundschaft und Liebe in Zusammenhang stehen.

Der Spielraum einer solchen Interaktion reicht von einer kleinen Plauderei bis zum tiefen Verstricktsein in eine romantische Liebe. Für das Gefühl des Wohlbefindens ist die Teilnahme am sozialen Leben wesentlich. Dies ist eine Erkenntnis, die sich in dem bekannten amerikanischen Sprichwort niedergeschlagen hat: "All work and no play makes Jack a dull boy." (Etwa: Ständiges Arbeiten ohne ein Spiel macht aus Hans einen stumpfsinnigen Menschen.) Sozialer Austausch ist befriedigend,und seine Auswirkung ist eine wechselseitige Attraktion unter den Beteiligten. Eine solche Attraktion erzeugt eine wachsende Bindung und kann letztlich zu Freundschaft oder Liebe führen. Zusätzlich hat die Attraktion einen Einfluß auf die Struktur und das Funktionieren von Gruppen. Selbst in großen formellen Organisationen bestimmt die Attraktion bis zu einem gewissen Grade die Struktur der Verbindungen, der Kommunikation und der Beeinflussungsprozesse mit, die unter ihren Mitgliedern zu beobachten sind. Gegenstand dieses Kapitels ist die Frage, wie und warum die Attraktivität zur Freundschaft und zu vielfältigen Gruppenstrukturen führt.

Das Kapitel zerfällt in zwei Hauptteile, wovon der erste sich mit dyadischer Attraktivität beschäftigt und der zweite mit der *Affektstruktur* von Kleingruppen. *Dyadisch* bedeutet 'zwei Personen umfassend': eine *Dyade* ist eine Zwei-Personen-Gruppe. Die *Affekt-Struktur* einer Gruppe erhält man dadurch, daß man das Muster der unter den Gruppenmitgliedern vorherrschenden Sympathien und Antipathien erfaßt.

DYADISCHE ATTRAKTION

Obgleich hinter vielen früheren Untersuchungen über das Phänomen der Attraktion keine systematische Theorie stand, hat die Ansammlung empirischer Befunde in den letzten Jahren zu einer systematischeren Erfassung der Faktoren der interpersonalen Attraktion geführt. Die theoretischen Ansätze, die das Phänomen der Attraktion erklären sollen, lassen sich in zwei breite, nicht vollständig sich einander ausschließende Klassen einteilen: Es gibt Ansätze, die die Attraktion als Auswirkung der Eigenschaften der Personen erklären, die eine Dyade bilden; und es gibt Ansätze, in deren Mittelpunkt die Belohnungen und Kosten stehen, die mit dem Interaktionsprozeß verbunden sind. Jede dieser Klassen von Erklärungsansätzen wird getrennt diskutiert.

Erklärungen, die von den Eigenschaften der Personen ausgehen

In drei Erklärungsansätzen der zwischenmenschlichen Attraktion wird die Ähnlichkeit der beteiligten Personen als Grundbedingung postuliert. Sie unterscheiden sich jedoch in der Begründung, warum diese Ähnlichkeit zur Entstehung von Attraktion führt. In dem einen Ansatz wird argumentiert, Attraktion entstehe deshalb, weil Ähnlichkeit einen Balance-Zustand erzeuge. Ein anderer Ansatz geht von der These aus, daß ähnliche Menschen sich gegenseitig Verstärkungen (Belohnungen) verschaffen, und der Grundgedanke des dritten Ansatzes lautet: Ähnlichkeit habe zur Folge, daß man das Gefühl, der andere finde einen sympathisch, antizipiere, was wiederum Sympathie für den potentiellen Freund hervorrufe. Jeden dieser Ansätze werden wir im einzelnen diskutieren.

Ähnlichkeit-und Balance-Theorie. Newcomb hat in der Nachfolge von Heider eine Theorie entwickelt, welche die zwischenmenschliche Attraktion in Zusammenhang bringt mit den gemeinsamen Einstellungen, die Personen gegenüber bestimmten Objekten haben.[1] Diese Theorie wird aus Gründen, die kurz erklärt werden müssen, häufig als die ABX-Theorie der Attraktivität bezeichnet. Die Elemente der Theorie sind folgende: Menschen, die miteinander in Interaktion stehen, leben in einer Welt gemeinsamer Objekte (hiermit sind auch andere Menschen gemeint). Ihre Erfahrung mit diesen Objekten führt zur Entwicklung bestimmter Einstellungen gegenüber diesen Objekten. Die Einstellungen können negativ oder positiv sein. Ein Balance-Zustand herrscht dann vor, wenn beide Personen einander mögen und ähnliche Einstellungen zu den Objekten ihrer Umwelt haben. Wenn sie sich sympathisch finden, aber verschiedene Einstellungen haben, oder wenn zwischen ihnen Antipathie herrscht, sie aber dieselben Einstellungen haben, oder wenn zwischen ihnen Antipathie herrscht, sie aber dieselben Einstellungen haben, dann existiert ein Spannungszustand oder Zustand der "Imbalance". Im Zustand der Imbalance ändern sich wahrscheinlich eine oder mehrere Komponenten, damit wieder ein Balancezustand hergestellt wird.

Newcombs ABX-Theorie ist in Abb. 7-1 sehr präzise formal dargestellt. Der Zustand der Balance oder der Spannung wird stets vom Standpunkt einer einzelnen sich im System befindlichen Person aus gesehen. In Abb. 7-1 stellt A diese Person dar. Betrachtet wird ihre Einstellung gegenüber einem Objekt X und die Einstellung, die ihrer Meinung nach Person B gegenüber X und gegenüber ihr selbst hat. So stellen in Abb. 7-1 die durchgezogenen Richtungspfeile A's Einstellung gegenüber B und X dar, und die unterbro-

---

[1] Newcomb, 1961

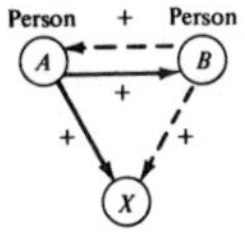

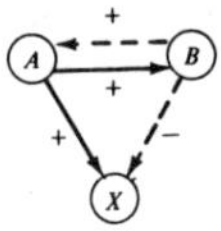

Einstellungsobjekt
oder Person

Ausbalanciertes System

Nicht ausbalanciertes System

Ein Zustand der "Imbalance" kann auf drei verschiedene Arten in einen Balancezustand zurückverwandelt werden:

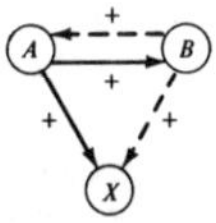

A. Aufgelöst durch Wahrnehmungsverzerrung oder Überzeugung

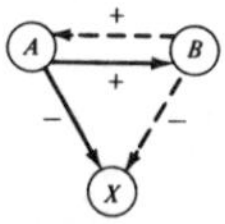

B. Aufgelöst durch Einstellungsänderung

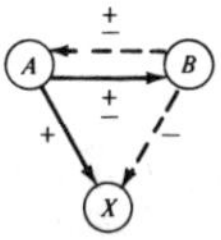

C. Aufgelöst durch Nachlassen der Attraktivität und der wahrgenommenen Attraktivität

Abb. 7-1: Das ABX-System von Person A: Die durchgezogenen Linien stellen A's Einstellungen dar, die unterbrochenen die Einstellungen, welche A der Person B zuschreibt.

chenen Richtungspfeile zeigen A's Wahrnehmung von B's Einstellung gegenüber ihr selbst und X an. Das System oben links ist ausbalanciert, da alle Einstellungen positiv sind (was durch + angezeigt wird). Es ist zu beachten, daß B's tatsächliche Einstellungen nicht in das System eingehen, sondern nur insofern als sie die Grundlage von A's Wahrnehmung bilden. Natürlich werden diese Einstellungen in Rechnung gestellt, wenn wir den Systemzustand von A und B betrachten, und sie müssen in der Tat in jeder gründlichen Untersuchung der zwischenmenschlichen Attraktion berücksichtigt werden.

Betrachten wir nun ein nicht-ausbalanciertes System, indem wir ein Element ändern: Die graphische Darstellung oben rechts zeigt an, daß B eine Abneigung gegenüber X hat. Dieses unausbalancierte System könnte auf verschiedene Weise wieder in ein ausbalanciertes zurückverwandelt werden. Es könnte erstens eine Änderung bei A eintreten, und zwar in A's Wahrnehmung von B's Einstellung. Person A könnte zu dem Schluß kommen, daß sie B fälschlicherweise eine negative Einstellung (angezeigt durch -) zugeschrieben hat. Diese Form der Lösung, die in Teil A dargestellt ist, könnte man als Wahrnehmungsverzerrung ("misperception") bezeichnen. A kann zweitens B davon überzeugen, daß sie sich über X im Irrtum befinde, wobei es ebenfalls wieder zu dem System kommt, das in Teil A dargestellt ist. A könnte drittens ihre eigene Einstellung in Richtung von B's Einstellung ändern und somit eine ähnlich negative Einstellung gegenüber X entwickeln, wie es in Teil B illustriert wird. Viertens könnte A, wie in Teil C gezeigt wird, die aus der "Imbalance" resultierende Spannung etwas reduzieren, indem die Attraktivität von B nachläßt und sie wahrnimmt, daß auch B weniger von ihr angezogen wird.[+]

Der Systemzustand wird überdies durch bestimmte zusätzliche Faktoren beeinflußt. Je höher die Bedeutsamkeit und gemeinsame Relevanz des Einstellungsobjektes für die Personen der Dyade ist, desto stärker ist die Attraktion. Die Bedeutsamkeit eines Objekts spiegelt sich im Ausmaß der Gefühle, der Intensität der Meinungen und dem Grad des Engagements für dieses Objekt. Gemeinsame Relevanz zeigt sich in dem Grad, in dem das Objekt in den Augen der betreffenden Personen für sie gemeinsame Konsequenzen hat. Beispielsweise ist für die meisten verheirateten Paare die Übereinstimmung in der Frage, ob sie Kinder mögen, relevanter als in der Frage, ob sie beide einen bestimmten Autotyp mögen. Eine Übereinstimmung in der erstgenannten Frage wird zu größerer Attraktion führen als die Übereinstimmung in der letztgenannten Frage.

Aus dieser Theorie leitet Newcomb folgende Voraussage ab: Treffen Fremde in einer neuen Gruppe aufeinander und treten in Interaktion, wobei sie sich über ihre gegenseitigen Einstellungen informieren, so werden jene füreinander am attraktivsten sein, die ähnliche Einstellungen gegenüber Objekten haben, welche für sie beide bedeutsam und von gemeinsamer Relevanz sind.[2] Diese Vorhersage wurde in einer Untersuchung mit zwei Gruppen geprüft. Beide setzten sich aus College-Studenten zusammen, die anfänglich einander fremd waren und die in einem Haus zusammen wohnten, das ihnen vom Versuchsleiter zur Verfügung gestellt worden war. Ihre Einstellungen zu einer Vielfalt von Objekten, einschließlich ihrer Einstellungen zueinander, und die Struktur der Attraktivität, die sich entwickelt hatte, wurden zu verschiedenen Zeitpunkten in einer Periode von sechs Wochen gemessen.

Die Beobachtungen und die Veränderungen, die während der Beobachtungsphase registriert wurden, stimmten mit der Theorie überein. Schon vor der Bekanntschaft bestehende Ähnlichkeiten, die durch Fragebogen mit Fragen über eine Vielzahl von Themen erfaßt und durch die Einschätzung bestimmter Werte gemessen wurden, führten in einem späten Stadium der sechswöchigen

---

+ Um nicht die Darstellung weiter zu verkomplizieren, sind zwei weitere Änderungsmöglichkeiten ausgelassen worden. Da der Grad der Spannung teilweise eine Funktion der Bedeutung und der gemeinsamen Relevanz von Person X für Person A ist, können auch Änderungen in diesen beiden Variablen zur Spannungsreduktion führen.

2 Newcomb, 1956

Periode, nicht jedoch in einem frühen Stadium, zur Entwicklung verschiedener Muster zwischenmenschlicher Attraktion. Da sich die Werteinstellungen während der Untersuchungsperiode nicht im geringsten änderten, kann man annehmen, daß sich diejenigen, die beim Kennenlernen ihrer gegenseitigen Werte Ähnlichkeiten feststellten, attraktiv fanden. Nahmen zwei Personen ähnliche Haltungen gegenüber sich selbst und anderen Hausinsassen ein, so war es sehr wahrscheinlich, daß sie sich attraktiv fanden. Mit zunehmender Vertrautheit stieg auch der Konsens in den Eigenschaften an, die das Paar den anderen Hausinsassen gegenüber hatte, und parallel dazu fand eine Zunahme der gegenseitigen Attraktion statt.

Wenn man von der Voraussetzung ausgeht, daß man sich selbst positiv bewertet, dann müßte theoretisch ein enger Zusammenhang bestehen zwischen der Sympathie, die man für andere hegt, und der Meinung, man selbst würde wiederum von diesen sympathisch gefunden werden. Diese Vermutung stellte sich auch als richtig heraus: Man findet solche Menschen sympathisch, die einem gegenüber dieselben Gefühle hegen, die man sich selbst gegenüber hegt. Der Zusammenhang zwischen der Attraktivität, die eine Person für einen hat,und der Feststellung, daß sie ähnliche Einstellungen hat, gilt auch für die kognitive Seite: Jedes Gruppenmitglied hatte sich selbst durch Ausfüllen einer aus Adjektiven bestehenden Kontrolliste zu beschreiben und anschließend die gleiche Adjektivenliste zur Beschreibung des Bildes zu benutzen, das ihrer Meinung nach jedes einzelne der anderen Gruppenmitglieder von ihr hat. Es wurde ein enger Zusammenhang festgestellt zwischen der Attraktivität einer Person und der Annahme eines Gruppenmitglieds, daß diese ein Bild von ihm habe, welches seiner Selbstbeschreibung entspreche.[3] Dies scheint für ungünstige wie für günstige Items zu gelten: Man fühlte sich von solchen Menschen angezogen, die einen der eigenen Meinung nach so sehen, wie man sich selbst sieht, und zwar sowohl in Bezug auf die eigenen Fehler wie auf die eigenen Tugenden. Diese Befunde über das Selbst als Objekt sind von anderen bestätigt worden.[4] Eine Untersuchung, die weiter unten geschildert wird und die auf einem anderen theoretischen Hintergrund durchgeführt worden ist, zeigt, daß die Attraktivität nicht nur durch die wahrgenommene Ähnlichkeit bestimmt ist, sondern auch durch die tatsächlich existierende Ähnlichkeit.[5] Eine kürzlich vorgenommene Replikation der Newcomb'schen Untersuchung kam zu einem ähnlichen Ergebnis, nämlich daß man Personen, die einem gegenüber günstige Einstellungen haben, sympathisch findet.[6] Nur schwach fühlte man sich jedoch von Personen angezogen, die einem diejenigen Eigenschaften zuschrieben, die sie sich selbst auch zuschrieben.

Schließlich liefert noch eine weitere experimentelle Untersuchung - bei der allerdings Attraktivität als abhängige Variable fungierte - einen Beweis dafür,

---

[3] Newcomb, 1956;

[4] Doherty & Secord, 1971

[5] Backman & Secord, 1962;

[6] Curry & Emerson, 1970

daß ein Druck nach Ausgleich im Sinne eines Balance-Zustandes besteht.[7] In einem Wahrnehmungsexperiment wurden zwei ausbalancierte und zwei nicht-ausbalancierte Bedingungen geschaffen: Beobachtet werden konnte (1) ein sympathischer Partner, der Urteile abgab, die den eigenen ähnlich waren, (2) ein unsympathischer Partner, der Urteile abgab, die den eigenen unähnlich waren, (3) ein sympathischer Partner, der Urteile abgab, die den eigenen unähnlich waren, und (4) ein unsympathischer Partner, der Urteile abgab, die den eigenen ähnlich waren. Es bestätigte sich die Voraussage, daß die Versuchsteilnehmer ihr Urteil häufiger in den nicht-ausbalancierten Situationen (oben Situation 3 und 4) ändern. In einer ähnlichen Untersuchung jedoch, in der Urteile über den Ausgang von Gerichtsverhandlungen abzugeben waren, bestätigte sich die Voraussage, die Versuchsteilnehmer würden so antworten, daß sie sich von einem unsympathischen Partner unterscheiden und einem sympathischen ähnlich sind, in weniger überzeugender Weise.

Eine Reihe von Untersuchungen - eingeschlossen eine partielle Wiederholung der Studentenwohnheim-Untersuchung von Newcomb, aber mit Personen, die Mitglieder der erfolgreichen amerikanischen Mount-Everest-Expedition waren - lassen vermuten, daß die Bedeutung dieser Ausbalancierungstendenzen sowohl vom Typ der Gruppe als auch von der zeitlichen Phase ihrer Existenz abhängig ist.[8] Die Ausbalancierungstendenzen scheinen als Determinanten der Attraktivität in solchen Gruppen von größerer Bedeutung zu sein, deren primäre Funktion die Befriedigung sozial-emotionaler Bedürfnisse ist; weniger bedeutsam scheinen sie hingegen in aufgaben-orientierten Gruppen zu sein, wie zum Beispiel in dem Mount-Everest-Team oder in Problemlösungsgruppen im Labor. Sie haben auch eine größere Bedeutung in den Frühphasen der Gruppenentwicklung als in ihren späteren Phasen, wo vielleicht andere Bedingungsfaktoren der Attraktion ausreichend stark sind, die Spannungen zu überwinden, die durch unähnliche Einstellungen entstehen.

Die Aussagen der Balance-Theorie haben sich nicht im selben Maße für Situationen als zutreffend erwiesen, in denen anderen Personen gegenüber negative, und nicht positive Gefühle gezeigt worden sind. Die Untersuchung einer "natürlichen" Gruppe von dienstunfähigen Veteranen ergab, daß die soziometrischen Triaden selten in Fällen ausbalanciert waren, in denen negative Gefühle im Spiel waren.[9] Eine experimentelle Untersuchung, in der negative Gefühle einbezogen waren, erbrachte jedoch Ergebnisse, die mit der Balance-Theorie übereinstimmten.[10] Die Versuchsteilnehmer wurden zunächst vom Versuchsleiter freundlich oder schroff behandelt. Später konnten sie eine Situation belauschen, in der ein Supervisor den Versuchsleiter entweder schroff oder freundlich behandelte. Zu einem noch späteren Zeitpunkt wurde ihnen in einem anderen Zusammenhang die Gelegenheit gegeben, dem Supervisor zu helfen. Jene Versuchsteilnehmer, die vom Versuchsleiter schroff behandelt worden waren, boten einem Supervisor, der den Versuchs-

---

7 Sampson & Insko, 1964;
8 Lester, 1965
9 Davol, 1959;
10 Aronson & Cope, 1968

leiter genauso schroff behandelt hatte, mehr Hilfe an als einem, der ihm gegenüber freundlich war. Es hat sich also der Spruch bewahrheitet, der besagt: "Meines Feindes Feind ist mein Freund."

Unterschiede in der angewandten Methode als auch in der Art der untersuchten Populationen können zwar die Unterschiede zwischen diesen verschiedenen Untersuchungen teilweise erklären; doch ist heute zumindest für Fälle negativen Affekts der Beweis für die Gültigkeit der Balance-Theorie zweifelhaft.

Schließlich ist noch darauf hinzuweisen, daß die Bedeutsamkeit einer Einstellung und ihre Relevanz in der konkreten Situation die Wirkung der Ähnlichkeit zu modifizieren scheint. In Untersuchungen, in denen man nicht die erwarteten Zusammenhänge zwischen Ähnlichkeit und Attraktivität finden konnte, waren entweder die verwendeten Einstellungen für die Versuchsteilnehmer unbedeutend und die Ähnlichkeit zwischen ihnen war von geringem Wert oder ihre Wirkung war vielleicht sogar überlagert durch das Funktionieren der Gruppe.[11] In aufgaben-orientierten Gruppen zum Beispiel können Unterschiede in Einstellungen und Werten die Ausführung der Aufgabe erleichtern, und zwar dadurch, daß sie nützliche Kritik entstehen lassen. Die Anziehungskräfte, die dadurch entstehen, können ein Gegengewicht zu den Kräften bilden, die durch mangelnde Übereinstimmung entstehen.

Ähnlichkeit als Quelle der Verstärkung. In einer Reihe von Experimenten zeigten Byrne und seine Kollegen, daß Ähnlichkeit mit gegenseitiger Attraktion in Zusammenhang steht. In einer weiteren Serie versuchten sie zu zeigen, daß ähnliche Einstellungen einen Verstärkungs-Wert haben können.

In einem Experiment, in dem der Einfluß anderer Variablen weitgehend eliminiert war, konnten Byrne und seine Mitarbeiter zeigen, daß die Versuchsteilnehmer sich in dem Maße von einer hypothetischen Person angezogen fühlten, wie sie glaubten, daß diese Person eine ähnliche Einstellung habe.[12] Die grundlegende Methode der Autoren war folgende: Die Versuchsteilnehmer beantworteten einen Einstellungsfragebogen. Zu einem späteren Zeitpunkt wurden sie im Rahmen einer Untersuchung, deren Ziel es angeblich war, zu erforschen, wie andere Menschen unter Bedingungen begrenzter Information beurteilt werden, gebeten, eine Einstellungsskala durchzulesen, die angeblich von einer anderen Person ausgefüllt worden war. Die Anzahl der Aussagen, in denen diese Person mit denen zuvor vom Versuchsteilnehmer gemachten Aussagen übereinstimmte, war für verschiedene Versuchsteilnehmer verschieden groß. In dem Fragebogen, in welchem der Versuchsteilnehmer auf der Grundlage dieser begrenzten Information sein Urteil über die andere Person abgeben sollte, waren auch zwei Items enthalten, die die Messung der Attraktivität erlaubten.

[11] Moran, 1966; [12] Byrne & Nelson, 1965

In einer Reihe experimenteller Variationen dieser methodischen Vorgehensweise ergab sich, daß die Stärke der Attraktion direkt mit der Zahl ähnlich beantworteter Items in Zusammenhang stand: je ähnlicher die andere Person in ihrer Einstellung zu sein schien, desto stärker war die Sympathie zu ihr. Aussagen über die eigenen Einstellungen, die den Versuchsteilnehmern auf Band oder in Tonfarbfilmen vorgespielt wurden, hatten dieselbe Auswirkung wie diejenigen, die in Form von Fragebögen präsentiert wurden.[13] Diese Befunde stützen sich nicht nur auf Untersuchungen mit College-Studenten, sondern auch auf solche mit Kindern und Heranwachsenden in der vierten bis zwölften Klasse, mit Mitgliedern von Berufsgenossenschaften, hospitalisierten Alkoholikern und Schizophrenen.[14]

Nicht nur Items aus Einstellungsskalen, sondern auch andere Items wurden als Ähnlichkeitsdimensionen benutzt: Items aus Persönlichkeitsfragebogen und aus Fragebogen über die persönlichen Finanzen.[15] Unterschiede in der Ähnlichkeit wurden auch dadurch geschaffen, daß man die Anzahl der positiven oder negativen Urteile, die eine andere Person angeblich über den Versuchsteilnehmer gefällt hatte, variierte.[16] In jeder dieser Dimensionen stand die Zahl ähnlich beurteilter Items in direktem Zusammenhang mit der Attraktionsstärke. Items, die ein Urteil über den Versuchsteilnehmer enthielten, hatten besonders starke Auswirkungen auf die Attraktion, ungefähr dreimal so starke wie die Einstellungsitems.

Eine große Zahl von Sozialpsychologen ist der Ansicht, der Mensch habe das Bedürfnis, die soziale Realität richtig zu erfassen. Während Aspekte der physikalischen Welt häufig durch den optischen Sinn oder andere Sinne kontrolliert werden können, können Ansichten über soziale Sachverhalte nur von anderen Menschen bestätigt werden. Deshalb nimmt man an, daß jeder Mensch andere zur Überprüfung seiner Version der sozialen Wirklichkeit braucht. Dieser Prozeß, in dem andere Menschen unsere Ansichten bekräftigen, ist als Validierung durch Übereinstimmung ("consensual validation") bezeichnet worden. Ähnlich hört sich die Vermutung von Byrne an, der Mensch besitze einen erlernten Trieb, logisch zu sein und seine Stimulus-Welt korrekt zu interpretieren. Er ist der Meinung, daß es befriedigend sei, bei einem anderen Menschen ähnliche Einstellungen vorzufinden, und zwar deshalb, weil man erwarten kann, daß jemand mit ähnlichen Einstellungen die eigene Weltanschauung teilt und nicht bedroht.

Byrne und Clore überprüften die Richtigkeit dieses Gedankens, indem sie das Bedürfnis, bei der Interpretation der gegenwärtigen Situation durch die Zu-

---

13 Byrne & Clore, 1966

14 Byrne & Griffitt, 1966; Byrne, Griffitt, Hudgins & Reeves, 1969

15 Byrne, Griffitt & Stefaniak, 1967; Byrne, Clore & Worchel, 1966

16 Byrne & Rhamey, 1965

stimmung anderer Unterstützung zu finden, verschieden stark werden ließen.[17] Dies wurde auf dreierlei Art bewerkstelligt, und zwar (1) dadurch, daß man den Versuchsteilnehmern besonders vorbereitete Filme zeigte, deren Inhalt bedeutungslos und verwirrend war; (2) dadurch, daß man ihre Erwartungen über ihr Abschneiden in einem Intelligenztest nicht bestätigte und (3) dadurch, daß man ihnen die Antworten vorhielt, die ein Fremder in einem Einstellungsfragebogen gegeben hatte und die sich von den ihren unterschieden. Nach diesen Manipulationen wendeten sie ihr Standardverfahren an, mit dessen Hilfe die Attraktivität von Menschen erfaßt wurde, deren Einstellungen denen der Versuchsteilnehmer im unterschiedlichen Grade ähnlich waren. Man vermutete, daß die Attraktivität desto größer sein würde, je stärker das Bedürfnis wäre, durch die Zustimmung anderer Unterstützung zu finden. Im Gegensatz zur Hypothese lassen die Ergebnisse dieser Untersuchungen durchgängig vermuten, daß ein mittelstarkes Bedürfnis nach Unterstützung die Wirkung der Ähnlichkeit auf die Attraktion anwachsen läßt, während Zustände hoher Bedürfnisspannung diesen Effekt eher dämpfen.

In einem anderen Experiment versuchte man zu bestimmen, ob eine Ähnlichkeit in Einstellungen beim Erlernen einer einfachen Diskriminationsaufgabe als Verstärker benutzt werden könnte.[18] Die Analyse der Ergebnisse ergab, daß Einstellungen als Belohnungen oder Bestrafungen wirken können. Eine spätere Untersuchung legt jedoch die Vermutung nahe, daß dieser Effekt nicht auf die Ähnlichkeit oder Unähnlichkeit der geäußerten Einstellungen zurückgeht, sondern auf die positiven oder negativen Konnotationen dieser Äußerungen.[19] Die Richtigkeit dieser Vermutung wurde durch einen Konditionierungsversuch demonstriert: Sinnfreie Silben erhielten durch ihre Paarung mit Adjektiven, die von den Versuchsteilnehmern entweder als positiv oder negativ getönt angesehen worden waren, eine unterschiedliche Attraktivität. Ein solcher Effekt konnte jedoch nicht hergestellt werden durch die Paarung mit Adjektiven, die bloß beschreibenden Charakter hatten. Es ist also möglich, daß die Einstellungen, die von Byrne und Mitarbeitern erfaßt worden sind, sowie auch andere Indikatoren der Ähnlichkeit, wie etwa bestimmte Persönlichkeitszüge, eher deswegen ihre Auswirkungen auf die interpersonale Attraktion haben, weil sie positiv bewertet werden, und nicht, weil sie mit Eigenschaften des beurteilenden Individuums Ähnlichkeit aufweisen. Die erwähnte Untersuchung läßt, wie andere Autoren meinen, Zweifel aufkommen an der Hypothese, daß Ähnlichkeit an sich als Ursache von Sympathie anzusehen ist.[20]

Eine kritische Überprüfung vieler Experimente, die die Wirkung von Ähnlichkeit in Einstellungen auf die Attraktion feststellen sollten, macht deutlich, daß eine Verallgemeinerung dieser Ergebnisse auf Situationen außerhalb

---

17 Byrne & Clore, 1967

18 Byrne, Young & Griffitt, 1966

19 Stalling, 1970

20 Levinger, 1972; Fishbein & Aizen, 1972

des Labors ziemlich begrenzt ist. In dem von Byrne und Kollegen durchgeführten Modell-Experiment wurden den Teilnehmern äußerst wenig Informationen über eine hypothetische Stimulus-Person gegeben. Diese Informationen bestanden typischerweise aus zwölf Items aus Einstellungsfragebogen. Es gab mehrere Reihen solcher Items, und jede stellte eine andere Reiz-Person dar. Die Ähnlichkeit zwischen den Einstellungen der verschiedenen Reiz-Personen und denen des Versuchsteilnehmers war verschieden groß. Unter diesen äußerst eingeschränkten Bedingungen waren die einzigen Informationen, die von den Versuchsteilnehmern zur Beantwortung der Items über die Attraktion der Reiz-Person benutzt werden konnten, diejenigen über Ähnlichkeit-Unähnlichkeit; darüberhinaus war ihnen nichts weiter über die Reiz-Person berichtet worden. Die Tatsache, daß eine beachtliche Mehrheit bei der Beurteilung der Attraktivität der Reiz-Person Ähnlichkeit als Beurteilungsgrundlage wählte, spiegelt wahrscheinlich eher eine Art persönlicher Logik wider als einen echten empirischen Zusammenhang zwischen Sympathie und Ähnlichkeit.

Es ist außerdem zu bedenken, daß durch die Vorlage einer Beurteilungsreihe implizit die Genauigkeit des Urteils betont wurde und daß die Versuchsteilnehmer gebeten wurden, zwei Items zu beantworten, die etwas über die Attraktivität der Reiz-Person aussagten. Zusätzlich ist in Betracht zu ziehen, daß man dadurch eventuell das Bedürfnis nach "Validierung durch Übereinstimmung" hervorrief und die Beurteiler dazu verleitete, besonders logisch und rational bei der Beurteilung der Attraktivität zu sein. Außerhalb des Versuchslabors jedoch wird die Attraktivität eines Menschen eher spontan erlebt, und nicht ausdrücklich beurteilt. Es ist weiterhin nicht vollständig klar, wieso Ähnlichkeit im Persönlichkeitsbereich und sozialen Hintergrund eher das "Bedürfnis nach Übereinstimmung" befriedigt und somit größere Attraktion zur Folge hat als Ähnlichkeit in den Einstellungen. Die positiven oder negativen Konnotationen einer Persönlichkeit und eines sozialen Hintergrundes könnten hingegen die Attraktion erklären.

Schließlich ließen sich in neueren Untersuchungen, die mit verschiedenen experimentellen Verfahren arbeiteten, nur sehr schwache oder inkonsistente Zusammenhänge zwischen Attraktion und Ähnlichkeit finden. Wir haben an früherer Stelle darauf hingewiesen, daß man in einer Replikation der Newcomb'schen Studentenwohnheim-Untersuchung viel schwächere Zusammenhänge zwischen Ähnlichkeit der Einstellungen und Attraktion fand, - mit einer Ausnahme allerdings, nämlich dann, wenn das Einstellungsobjekt das Selbst des Versuchsteilnehmers war.[21] Zwei Feldstudien über zeitliche Veränderung der Attraktion -, die eine über die gegenseitige Attraktion von Zimmergenossen und die andere über die sich umwerbender Pärchen, - erbrachten keine Bestätigung der Hypothese, daß zwischen Ähnlichkeit in den Einstellungen und Attraktion ein Zusammenhang besteht.[22] Eine mit Hilfe von

[21] Levinger, 1972; [22] Lester, 1965; Curry & Emerson, 1970

Fragebogen durchgeführte Untersuchung über die Eigenschaften von Freunden in einer städtischen Gegend fand, wenn überhaupt, so nur eine geringe Bestätigung für die Annahme eines Zusammenhangs zwischen Ähnlichkeit in Einstellungen und Freundschaft.[23] Untersuchungen mit gleichgeschlechtlichen Freunden, die differenzierte Maße für die Attraktivität und verschiedene Ähnlichkeitsmaße benutzten, lassen vermuten, daß die Auswirkungen von Ähnlichkeit sowohl vom Typ der Ähnlichkeit als auch vom Geschlecht der Individuen abhängig sind.[24] Die in bestimmten Punkten bestehende wahrgenommene oder tatsächliche Übereinstimmung ließ keine Attraktion entstehen; hingegen zeigte es sich, daß Männer, die für dieselben Aktivitäten eine Vorliebe hatten, sich zueinander hingezogen fühlten. Bei den Frauen fanden sich solche sympathisch, die in abstrakten Werten übereinstimmten.

Attraktion und die Antizipation der Sympathie anderer. Die Attraktivität einer Person, die ähnliche Einstellungen hat, ist auch erklärt worden als Ergebnis einer Antizipation der Sympathie dieser Person.[25] Die Feststellung, daß jemand ähnliche Einstellungen hat, kann den Schluß nahelegen, daß die andere Person einen sympathisch findet. Das Gefühl, die Sympathie der anderen Person zu haben, könnte wiederum Sympathie für den potentiellen Freund hervorrufen.

In einer Untersuchung bat man die Teilnehmer anzugeben, ob sie glaubten, ein bestimmter Fremder finde sie sympathisch. Waren sie der Meinung, der Fremde finde sie sympathisch, so hielten auch sie fast immer den Fremden für sympathisch.[26] Die Sympathie für den Fremden stand in Zusammenhang mit der Ähnlichkeit zwischen dessen Einstellungen und den eigenen. Dies könnte den Schluß nahelegen, man sei diesem Fremden sympathisch. Die Autoren machen darauf aufmerksam, daß ihre Untersuchung beide Interpretationen zulasse: Ähnlichkeit könnte von sich aus die empfundene Attraktivität einer Person bewirken oder sie könnte indirekt durch eine Antizipation der Sympathie der anderen Person verursacht sein. Die Untersuchungen von Byrne und Kollegen lassen auch die folgende alternative Interpretation zu: Ähnlichkeiten in Einstellungen und in der Persönlichkeitsstruktur könnten als Hinweis dafür betrachtet werden, daß man wahrscheinlich von der anderen Person günstig beurteilt wird.

Die Antizipation der Sympathie ähnlicher Personen scheint besonders wichtig zu sein für Menschen, die unsicher sind oder sich Gedanken darüber machen, ob sie anderen sympathisch sind. Ein Versuchsleiter ließ eine Gruppe von Versuchsteilnehmern glauben, eine Gruppe von Fremden, denen er die Teilnehmer vorstellen werde, würde sie unsympathisch finden. Eine andere

---

[23] Laumann, 1969;

[24] Wright & Crawford, 1971

[25] Aronson & Worchel, 1966; Nelson, 1966; McWhirter & Jecker, 1967

[26] McWhirter & Jecker, 1967

Gruppe ließ er glauben, sie würden sympathisch gefunden. Einer Kontrollgruppe wurde vorher kein bestimmter Eindruck suggeriert.[27] Im Vergleich mit der Kontrollgruppe wählte die erste Gruppe häufiger solche Fremde zu Partnern, die ihnen ähnlich zu sein schienen, und die zweite Gruppe wählte häufiger Personen, die ihnen unähnlich waren. In einem anderen Experiment fand man bei älteren Schülern der höheren Schule (High School) und bei Anfängern am College einen Zusammenhang zwischen Ähnlichkeit und Persönlichkeitseigenschaften; kein Zusammenhang zwischen beiden Variablen ergab sich jedoch bei College-Studenten.[28] Wenn man von der Annahme ausgehen kann, daß Heranwachsende unsicherer sind als ältere College-Studenten, so bestätigt dieser Befund die Hypothese, daß unsichere Personen ähnlich geartete Freunde wählen, weil sie glauben, deren Sympathie antizipieren zu können.

Zusammenfassung: Ähnlichkeit als Grundlage interpersoneller Attraktion: Es gibt drei Erklärungsmöglichkeiten für das allgemeine Ergebnis, daß interpersonelle Attraktion mit Ähnlichkeit in Zusammenhang steht. Die Überprüfung dieser Erklärungsmöglichkeiten mit Hilfe der Ergebnisse experimenteller Arbeiten führte uns zu der Erkenntnis, daß die erste dieser Erklärungen - eine Variante der Balance-Theorien, die als Newcombs ABX-Theorie bezeichnet wird - teilweise als bestätigt gelten kann. Die Theorie scheint sich sehr gut für die Erklärung von Sympathie zu bewähren, nicht aber für die Erklärung von Antipathie; sie scheint eher zu gelten für die Erklärung sozial-emotionaler Beziehungen als für aufgabenzentrierte soziale Beziehungen, eher für Einstellungen gegenüber dem Selbst und eher für die Anfangsphasen als die späteren Stadien einer Freundschaft.

Die Vorstellung von Byrne, daß durch Ähnlichkeit das Bedürfnis befriedigt wird, die eigene Meinung durch Zustimmung anderer bestätigt ("validiert") zu wissen, und daß auf diese Weise die andere Person für uns attraktiv wird, ist nicht die einzige Interpretationsmöglichkeit dieser Daten, obgleich sie im allgemeinen mit den Forschungsergebnissen übereinstimmt. Man kann sich zu einer anderen Person mit ähnlichen Einstellungen, Persönlichkeitseigenschaften oder sonstigen Eigenschaften hingezogen fühlen, weil man die Eigenschaften dieser Person positiv bewertet, und nicht, weil man eine ähnliche Eigenschaft besitzt. Das experimentelle Modell, welches vielfach diesen Forschungsarbeiten zugrunde liegt und eine Kontrolle der Außenvariablen erbringen soll, sowie die Feststellung einer eindeutigen Beziehung zwischen Ähnlichkeit und Attraktion möglich machen soll, vernachlässigt die externe Validität - die Fähigkeit, die Befunde einfach auf Situationen außerhalb des Labors übertragen zu können.

Die Ansicht, für die die meisten empirischen Daten sprechen, besagt, Ähnlichkeit führe zur Antizipation der Sympathie der anderen Person, wodurch dann die Attraktivität des möglichen Freundes erhöht wird. Diese Interpre-

---

[27] Walster & Walster, 1963; [28] Izard, 1963

tation steht in Einklang mit Ergebnissen von Untersuchungen, die die Versuchsteilnehmer in Situationen versetzten, in denen sie sich unterschiedlich stark mit dem Gedanken beschäftigten, ob sie anderen sympathisch seien. Dies wurde dadurch erreicht, daß bei den Versuchsteilnehmern eine allgemeine Unsicherheit von verschiedenen Intensitätsgraden erzeugt wurde. Diese Interpretation läßt sich auch vereinbaren mit dem allgemeinen Ergebnis, daß Ähnlichkeit öfter in den Anfangsstadien einer Freundschaft mit der Attraktion in Zusammenhang stand.

Erklärung mit dem Vorhandensein komplementärer Bedürfnisse

Der vielleicht bekannteste Erklärungsansatz, in dem die Unterschiede mehr betont werden als die Ähnlichkeiten zwischen zwei Partnern, geht von der Vorstellung aus, daß komplementäre Bedürfnisse eine interpersonelle Attraktion entstehen lassen.[29] Diese Vorstellung, die größtenteils im Kontext von Untersuchungen über die Wahl von Ehepartnern entwickelt oder überprüft worden ist, wird als allgemeines Prinzip der Bildung einer Dyade angesehen. Die Wahl des Ehepartners soll nur einen speziellen Fall darstellen. Winch bestreitet zwar nicht, daß Menschen, die sich ineinander verlieben und heiraten, sich gewöhnlich in gewisser Beziehung ähnlich sind, wie etwa in den Eigentümlichkeiten des sozialen Hintergrundes; er behauptet jedoch, daß die Bedürfnisstruktur von Menschen, die sich zueinander hingezogen fühlen, eher verschieden oder komplementär sei als ähnlich.

Zur Erklärung der gegenseitigen Attraktion von Menschen, die komplementäre Bedürfnisse haben, führt Winch zwei grundsätzlich verschiedene Gründe an: (1) gegenseitige Bedürfnisbefriedigung und (2) Attraktivität eines Ich-Ideals. Man hat meist den erstgenannten Ursachentyp im Auge gehabt, wenn man von komplementären Bedürfnissen sprach und dieses Thema erforschte. Über den zweiten Ursachentyp gibt es wenig Untersuchungen. Bei der gegenseitigen Bedürfnisbefriedigung findet jedes Glied der Dyade die Interaktion für sich und für den anderen befriedigend, weil es seine Bedürfnisse in einem Verhalten ausdrücken kann, das für das andere Mitglied der Dyade befriedigend ist. Als Beispiel läßt sich der Fall einer Person anführen, die ein starkes Abhängigkeitsbedürfnis hat und von einem Menschen, der einen starken Pflegetrieb besitzt, beschützt und gepflegt wird. Auf diese Weise befriedigt jeder von beiden seine Bedürfnisse und wird wiederum befriedigt.

Die Attraktivität eines Ich-Ideals muß man sich folgendermaßen vorstellen: Man findet jene Menschen attraktiv, die Eigenschaften besitzen, welche man einst erstrebte, die man aber auf Grund bestimmter Umstände nicht entwickeln konnte. Statt dessen hat man sich in seiner Entwicklung an dem Bild

---

[29] Winch, 1958

eines Menschen orientiert, der gegensätzliche Eigenschaften besitzt. Man hat aber noch eine sehnsüchtige Bewunderung behalten für Menschen, welche die einst heftig begehrten Eigenschaften besitzen.

Komplementäre Bedürfnisse können in beiden Formen auftreten. Die Personen A und B gelten etwa als komplementär in ihren Bedürfnissen, weil A eine hohe und B eine niedrige Ausprägung in einem oder mehreren Bedürfnissen und B eine hohe oder niedrige Ausprägung in bestimmten anderen Bedürfnissen zeigt. Zur ersten Form, der "Komplementarität" vom Typ I, zählt die gegenseitige Attraktion von Menschen, von denen der eine ein sehr starkes Dominanzbedürfnis hat, der andere ein sehr geringes. Ein Beispiel für "Komplementarität" vom Typ II ist der oben beschriebene Fall einer mit einem Pflegebedürfnis ausgestatteten Person und einer abhängigen Person, die sich zueinander hingezogen fühlen.

Es gibt noch keine endgültigen Beweise für die Wirkung der "Bedürfniskomplementarität" auf die interpersonelle Attraktion. Winch und seine Mitarbeiter untersuchten die Bedürfnisstrukturen von fünfundzwanzig verheirateten Paaren. Sie kamen zu dem Schluß, daß Winch's allgemeine Hypothese der Komplementarität durch die empirischen Daten im breiten Umfang bestätigt sei. Die meisten nachfolgenden Untersuchungen konnten jedoch nicht Winch's Schlußfolgerungen bestätigen.[30] Einige Untersuchungen erbrachten jedoch Ergebnisse, die als teilweise Bestätigung der These aufzufassen sind.[31]

Die Nichtbestätigung der einleuchtenden Hypothese der "Bedürfniskomplementarität" ist wahrscheinlich zurückzuführen auf begriffliche Schwächen oder auf methodische Mängel in den Untersuchungen, die bisher zu ihrer Überprüfung geplant worden sind. Rosow und Levinger sind der Meinung, daß die Bedürfniskombinationen, die als komplementär gelten, theoretisch unangemessen spezifiziert sind und daß einige komplementäre Bedürfnisse zudem ähnlich und nicht gegensätzlich sind.[32] So kann man zum Beispiel von der Erwartung ausgehen, daß zwei Menschen, die beide ein starkes Anlehnungsbedürfnis haben, gerne zusammen sind. Rosow macht auf ein methodologisches Problem aufmerksam: Dieses besteht darin, daß die "Bedürfniskomplementarität" manchmal eher verdeckt oder sogar unbewußt, und nicht offen, ihre Wirkung ausüben kann.[33]

Levinger und Tharp halten es für fraglich, ob man das Auftreten eines Bedürfnisses und die Befriedigung desselben unabhängig von bestimmten Rollenbeziehungen betrachten kann.[34] Besonders Tharp behauptet, ein gegebenes persönliches Bedürfnis stehe nur insofern mit Attraktion und Verträglichkeit in Zusammenhang, als es Menschen, die in einer besonderen Rol-

---

[30] Bowerman & Day, 1956; Schellenberg & Bee, 1960; Murstein, 1961; Hobart & Lindholm, 1963; Levinger, Senn & Jorgensen, 1970

[31] Kerckhoff & Davis, 1962; Katz, Cohen & Castiglione, 1963; Rychlak, 1965

[32] Rosow, 1957; Levinger, 1964; [33] Rosow, 1957

[34] Tharp, 1963, 1964; Levinger, 1964

lenbeziehung, etwa in einer Freundschaft oder Ehe, zueinander stehen, die Erfüllung ihrer Rollenerwartungen erleichtert. Die meisten Untersuchungen, die die "Bedürfniskomplementaritäts-Hypothese" nicht bestätigen konnten, haben Papier-und-Bleistift-Tests verwendet. Hiermit wurden die allgemeinen Bedürfnisse der Versuchsteilnehmer, nicht aber die in einer Rollenbeziehung auftauchenden, erfaßt. Eine solche Hypothesenüberprüfung basiert auf einer traditionellen Betrachtungsweise der Persönlichkeit, nach der Persönlichkeitseigenschaften als allgemeine Eigenschaften angesehen werden, die ein Individuum in allen Situationen und allen Beziehungen zeigt. Es gibt jedoch zunehmend mehr Beweise für die Annahme, daß diese Betrachtungsweise der Persönlichkeit inkorrekt ist: Es scheint vielmehr so zu sein, daß ein großer Teil der Stabilität, die man im Verhalten eines Individuums feststellen kann, situationsspezifisch ist, sowie von der Art der sozialen Beziehung abhängt. So kann es zum Beispiel sein, daß ein Mann in der Beziehung zu seiner Frau oder zu seinen Kindern dominant ist, aber seinem Chef gegenüber ganz unterwürfig.

Die empirischen Daten lassen vermuten, daß die Bedürfnisbefriedigung und der Ausdruck eines Bedürfnisses tatsächlich rollenspezifisch sind. Es konnte demonstriert werden, daß man je nach Rollenbeziehung verschiedene Prioritäten für die Interaktion setzt. In einer Untersuchung zeigte sich, daß man in der Rollenbeziehung zum Vorgesetzten eher die Ähnlichkeit, in der Beziehung zum Nachbarn eher die "Komplementarität" bevorzugt.[35] Eine andere Untersuchung, die eine Skala benutzte, welche zur Messung der spezifisch in einer Ehebeziehung auftretenden Bedürfnisbefriedigung modifiziert worden war, gibt weitere Hinweise für das Bestehen einer "Komplementarität" von Pflege- und Abhängigkeitsbedürfnis bei verheirateten Paaren.[36] Schließlich können auch noch innerhalb der ehelichen Beziehung mehrere Typen von Rollenbeziehungen existieren, von denen nicht alle durch "Bedürfniskomplementarität" gekennzeichnet sind. In einer Arbeit wurden 25 Paare untersucht, die sich für die traditionelle Rolle von Ehemann und Ehefrau aussprachen, sowie 24 Paare, die für eine Beziehung auf der Grundlage gleichberechtigter Partnerschaft waren.[37] Nur die Paare der erstgenannten Gruppe zeigten Bedürfniskomplementarität; die anderen Paare waren in ihren Bedürfnissen ähnlich.

Rosow hat behauptet, daß durch die alleinige Untersuchung einer besonderen Art von Beziehung, wie sie die eheliche Beziehung darstellt, die Möglichkeit übersehen werden könnte, daß Bedürfnisse oft durch eine "Komplementarität" zu Beziehungen außerhalb dieser Rollenbeziehung befriedigt werden. Dies führe dazu, daß die Daten, die man für die Gatten-Rolle erhalte, den Anschein erwecken, als falsifizierten sie die Hypothese von der Existenz einer "Bedürfniskomplementarität".[38] Auch eine andere Untersuchung, die mit einer Gruppe von Schwesternschülerinnen durchgeführt wurde, zeigte, daß die Stabilität von Dyaden, welche Zimmergenossinnen bildeten, von zwei unab-

---

[35] Rychlak, 1965;
[36] Katz et al., 1963
[37] Holz, 1969;
[38] Rosow, 1957

hängigen Faktoren bestimmt war: sowohl vom Prinzip der "Bedürfniskomplementarität" als auch vom Prinzip der Ähnlichkeit in der Konformität gegenüber der normativen Rolle von Schwesternschülerinnen.[39]

Erklärungen mit Hilfe des Interaktionsprozesses

Vier Ansätze leiten die interpersonelle Attraktion aus dem Interaktionsprozeß ab. Im ersten Ansatz gilt als entscheidender Faktor der Sympathiebildung, daß eine andere Person durch das Zeigen von Übereinstimmung die Erfahrung der in Frage stehenden Person "validiert" (=für gültig erklärt). Dies führt besonders dann zu einer starken Sympathiebildung, wenn das Bild, das man von sich selbst hat, durch die andere Person bestätigt wird. Zweitens ist festgestellt worden, daß in Situationen, in denen ein Individuum dadurch eine Dissonanzreduktion bewirken konnte, daß es seine Gefühle gegenüber einer anderen Person änderte, für diese Person Sympathie oder Antipathie erzeugt wird. Eine dritte Erklärungsmöglichkeit beruht auf dem Konditionierungsprinzip: Attraktion trete dann auf, wenn der Interaktionsprozeß Reiz-Reaktions-Sequenzen erzeugt, denen eine Verstärkung folgt. Schließlich wird eine umfassende Erklärung durch die Austausch-Theorie (Exchange Theory) angeboten. Diese wurde in ihren Einzelheiten von Homans, von Thibaut und Kelley und von Blau entwickelt.[40] Ihr Ansatz basiert auf einer Analyse der Nutzen ("rewards") und Kosten ("costs"), welche in der Interaktion ausgetauscht werden, und betrachtet die interpersonale Attraktion als eine Funktion des Verhältnisses dieser "E r t r ä g e" oder Netto-Effekte ("outcomes") zu den vom Individuum gehegten Erwartungen. Die ersten drei Ansätze werden in diesem Abschnitt diskutiert. Eine ausführlichere Behandlung der Austausch-Theorie erfolgt in einem der nächsten Abschnitte.

A t t r a k t i o n a l s e i n e F u n k t i o n d e r V a l i d i e r u n g[+] d u r c h Ü b e r e i n s t i m m u n g . Das Konzept der "Validierung durch Übereinstimmung" ("consensual validation") ist bereits im Zusammenhang mit den von Byrne stammenden Vorstellungen über die Entstehung von Attraktion erwähnt worden. Nach diesen Vorstellungen kommt die (wahrgenommene) Ähnlichkeit einer anderen Person dem menschlichen Bestreben entgegen, die soziale Wirklichkeit korrekt zu erfassen; dies führe zu Sympathie für diese Person. Die "Validierung durch Übereinstimmung" kann aber auch in anderer Form auftreten.

In zwei Untersuchungen kommt das allgemeine Konzept der Validierung durch

---

39 Bermann, 1966

40 Thibaut & Kelley, 1959; Homans, 1961; Blau, 1964

\+ Der engl. Ausdruck "validation" (=Gültigkeitserklärung, Bestätigung) wird hier in Anlehnung an die testtheoretische Literatur im Deutschen mit "Validierung" wiedergegeben.

Übereinstimmung vor. In einer dieser Untersuchungen zeigten die Versuchsteilnehmer, die Erstgeborene waren, jenen gegenüber Sympathie, die mit ihnen zusammen einen Elektroschock erhalten und dadurch Stress erlebt hatten.[41] Nach der Interpretation der Untersucher deuten diese Ergebnisse darauf hin, daß die Versuchsteilnehmer das Bedürfnis hatten, ihre eigenen Reaktionen mit Reaktionen zu vergleichen, die andere in ähnlichen Stress-Situationen zeigen. Die Befriedigung dieses Bedürfnisses habe zu wachsender Sympathie geführt.

Die zweite Untersuchung zeigt, daß man Menschen, deren Verhalten im Gegensatz zu den mit der betreffenden sozialen Situation verknüpften Erwartungen steht, weniger sympathisch findet als solche, deren Verhalten angemessen und vorhersagbar ist.[42] Partner, die - der Situation angemessen - unter einer als kooperativ definierten Bedingung ihre Belohnung, die sie für das Ausführen der Aufgabe erhalten hatten, teilten und Partner, die die Belohnung nicht in einer Wetteifer-Situation teilten, galten als sympathischer als jene, die - der Situation unangemessen - in einer Wetteifer-Situation die Belohnung teilten und in einer Kooperationssituation nicht teilten.

Secord und Backman haben eine Theorie der Stabilität und Veränderung von Verhalten entworfen, die sich auf die erörterte Thematik bezieht (vgl. in Kap. 17 die ausführlichere Behandlung dieser Theorie).[43] Sie sind der Meinung, daß man sich von solchen Menschen angezogen fühlt, deren Verhaltensweisen und sonstigen Eigenschaften die Aufrechterhaltung von *Kongruenz* fördern. Ein solcher wahrgenommener, kognitiver Zustand ist dann in der Beziehung zu einer anderen Person erreicht, wenn diese Eigenschaften oder Verhaltensweisen besitzt, die mit Elementen des eigenen Verhaltens und des Selbstbildes einer Person kongruent sind (=übereinstimmen). Zwei Formen der Kongruenz sind hier zu nennen, die für die interpersonelle Attraktion besonders relevant sind: (1) die *Kongruenz durch Implikation* -, hierbei stellt ein Individuum fest, daß das Verhalten der anderen Person direkt eine Komponente des eigenen Selbst bestärkt, - und (2) die *Kongruenz durch Validierung*: hier wird ein Individuum durch das Verhalten der anderen Person dazu gebracht, sich so zu verhalten, daß ein Aspekt des Selbst bestärkt wird. Ein konkretes Beispiel für die erste Art von Kongruenz stellt der Fall eines Menschen dar, der sich selbst als reif und verantwortlich betrachtet und wahrnimmt, daß andere diese Eigenschaften bemerken und achten. Ein konkretes Beispiel für die zweite Art von Kongruenz ist ein Individuum, das sich selbst für hilfsbereit hält und einer Person begegnet, die Hilfe braucht. Dies erlaubt ihm, sich gegenüber dieser Person so zu verhalten, daß der Aspekt 'Hilfsbereitschaft' in seinem Selbst bestärkt wird.

Dies sind Formen der Validierung des Selbstkonzepts durch Übereinstimmung.

---

[41] Latané, Eckman & Joy, 1966; [42] Kiesler, 1966

[43] Secord & Backman, 1961, 1965

Eine große Zahl von Untersuchungen bestätigt die Ansicht, daß jemand, der das Selbstkonzept eines Menschen durch Zeigen von Übereinstimmung validiert, als sympathisch erlebt wird. Eine Untersuchung, die in einer Studentinnen-Verbindung durchgeführt worden ist, zeigt, daß sich die einzelnen Mitglieder am meisten zu den Mädchen hingezogen fühlten, die ihrer Meinung nach und auch tatsächlich Ansichten hatten, welche mit den ihren übereinstimmten.[44] Eine weitere Untersuchung mit Freundespaaren läßt vermuten, daß zwischen Freundschaft und einer durch Validierung des Selbstkonzepts geschaffenen Kongruenz Zusammenhänge bestehen.[45] Für eine ganze Anzahl von Bedürfnissen bestätigte sich die Regel, daß jemand, der sich eine hohe Ausprägung in bestimmten Bedürfnissen zuschrieb, der Meinung war, bei seinen Freunden seien kongruente Bedürfnisse besonders stark. So glaubten zum Beispiel Personen, die ein starkes Abhängigkeitsbedürfnis hatten, daß ihre Freunde ein starkes Pflegebedürfnis hätten. Bedürfnisse, die nicht zur Validierung und damit auch nicht zur Kongruenz beitrugen, waren bei Freunden schwach ausgeprägt. Die Auswirkungen von Kongruenz sind offensichtlich denen der "Bedürfniskomplementarität" ähnlich. Es muß jedoch betont werden, daß die Kongruenztheorie zwar in einigen ihrer Voraussagen der Theorie der "Bedürfniskomplementarität" ähnelt, daß aus ihr aber auch Voraussagen über bestimmte Bedürfnisse abgeleitet werden, die nicht mit dem Prinzip der "Bedürfniskomplementarität übereinstimmen".

Die positive oder negative Bewertung durch andere kann zum eigenen Selbstkonzept in Kongruenz oder in Inkongruenz stehen und so zu Sympathie oder Antipathie führen. In einer Untersuchung ließ man einige Versuchsteilnehmer bei der Bearbeitung einer Aufgabe erfolgreich sein, andere Mißerfolg empfinden. Den Teilnehmern wurde außerdem mitgeteilt, wie sie von Personen, die am Experiment teilgenommen hatten, angeblich bewertet worden waren.[46] In der folgenden Zusammenfassung der Ergebnisse ist die Reihenfolge, in der die Experimentalbedingungen aufgezählt werden, so gewählt, daß als erstes diejenigen geschildert werden, unter denen die Person P die Person O am sympathischsten fand, und zuletzt diejenigen, unter denen O von P am wenigsten sympathisch gefunden wurde: (1) Person P hatte Erfolg, und O bewertete sie günstig; (2) Person P hatte Mißerfolg, und O bewertete sie ungünstig; P hatte Mißerfolg, und O bewertete sie günstig. (3) P hatte Erfolg, und O bewertete sie ungünstig. Diese Ergebnisse stellen eine partielle Bestätigung der Kongruenz-Theorie dar; und zwar ganz besonders dadurch, daß eine Person P, die Mißerfolg hatte und von O ungünstig bewertet wurde, O sympathischer fand, als wenn sie Erfolg hatte und von O ungünstig bewertet wurde. Andererseits aber hatte eine positive Bewertung durch O, ganz gleich, ob sie kongruent war oder nicht kongruent war, auch Sympathie zur Folge.

---

44 Backman & Secord, 1962; 45 Secord & Backman, 1964 b

46 Deutsch & Solomon, 1959

Eine andere Untersuchung verwandte fünf verschiedene Grade der Diskrepanz zwischen der eigenen Bewertung und der n e g a t i v e n Bewertung, die von einer anderen Person abgegeben worden war. [47] War die Bewertung, die die andere Person abgegeben hatte, kongruent oder fast kongruent, so wurde diese Person günstiger eingeschätzt. Bei wachsender Inkongruenz kam es hingegen zu zunehmend ungünstigeren Einschätzungen der anderen Person. Eine weitere Studie zeigt, daß jemand, der beschließt, eine Aufgabe nicht anzugehen, weil er an seiner eigenen Fähigkeit, sie bewältigen zu können, zweifelt, sich zu solchen Menschen hingezogen fühlt, die ihm die eigene Meinung über seine Unfähigkeit, die Aufgabe erfolgreich zu meistern, bestätigen. [48] Zwei Untersuchungen über den Zusammenhang zwischen der Auswahl von Personen zu Zimmergenossen und der Kongruenz bestätigen die Hypothese, daß eine "Validierung durch Übereinstimmung" zur Attraktion zwischen den beteiligten Personen führt. [49]

Zusammenfassend läßt sich feststellen, daß die Verhaltensweisen eines Menschen, die direkt oder indirekt die eigene Erfahrung, besonders aber das Selbstkonzept, validieren, uns diesen Menschen sympathisch machen. Der Beweis für die Richtigkeit dieser Hypothese ist am eindeutigsten für den Fall, daß ein positives Selbstkonzept durch eine positive Bewertung validiert wird. Negative Bewertungen, die kongruent sind, rufen jedoch nicht immer Sympathie hervor.

Interpersonelle Attraktion als Mittel zur Auflösung von Dissonanzen. Man hat die als Folge verschiedener Erlebnisse auftretenden Veränderungen der interpersonellen Attraktion auch durch die Dissonanztheorie (vgl. Kap. 3) zu erklären versucht. Allgemein gilt: Wenn das Gefühl der Sympathie oder Antipathie eines der Elemente ist, die einen Dissonanzzustand bedingen, dann stellt die Veränderung dieser Gefühle eine Möglichkeit der Dissonanzreduktion dar. Mehrere Experimente sind der Überprüfung der Wirksamkeit dieses Mittels zur Auflösung von Dissonanzen gewidmet. Hielt sich jemand selbst dafür verantwortlich, daß einer anderen Versuchsperson ein Elektroschock verabreicht wurde, so stellte er dadurch wieder eine stärkere Konsonanz her, daß er der leidenden Person wenig wünschenswerte Eigenschaften zuschrieb. [50] In einer ähnlichen Versuchssituation nahm für Versuchsteilnehmer, deren Selbstachtung durch eine bestimmte experimentelle Anordnung momentan angestiegen war, die Attraktivität der Person ab, der sie einen Elektroschock verabreicht zu haben glaubten. Auf diese Weise konnte die Dissonanz reduziert werden, die als Folge ihres aggressiven Verhaltens und des günstigen Selbstbildes entstanden war. [51]

Stellt man fest, daß man sich mit der ungünstigen Beurteilung einer Person geirrt hat, so kommt es auch vor, daß man die Dissonanz dadurch reduziert,

---

47 Harvey, 1962; 48 Wilson, 1962

49 Broxton, 1963; Doherty & Secord, 1971

50 Lerner & Matthews, 1967; 51 Glass, 1964

daß man die betreffende Person weniger sympathisch findet.[52] Man ist in seinem ungünstigen Urteil festgefahren und versucht es zu rechtfertigen, indem man diese Person für wenig sympathisch hält. Zwei andere Untersuchungen haben gezeigt, daß Personen, die sich bemühten, Mitglieder einer Gruppe zu werden, dabei aber eine Menge Unannehmlichkeiten hatten, später erhöhte Sympathie für die übrigen Gruppenmitglieder zeigten.[53] Die wachsende Sympathie rechtfertigte die Unannehmlichkeiten, die bei dem Bemühen, ein Mitglied der Gruppe zu werden, erlitten worden waren, und reduzierte so die ursprünglich erzeugte Dissonanz. Ein ähnlicher Effekt wird in einer anderen Untersuchung berichtet.[54] Versuchsteilnehmer, die glaubten, ihnen werde eine Person mit ungünstigen Zügen als Partner zugeordnet, übertrieben die Eigenschaften ihrer Partner in positiver Richtung und wählten diese Partner freiwillig, wenn sie später dazu Gelegenheit hatten. Teilnehmer, die jedoch glaubten, der Partner, den sie nehmen müßten, könnte sowohl ein positiv wie ein negativ zu bewertender Partner sein, zeigten diese Verhaltensweisen nicht im selben Maße.

Wir können den Schluß ziehen, daß in einer Vielzahl von Situationen, die man als dissonanz-erzeugende ansehen kann, das Auftregen von Sympathie und Antipathie die Funktion hat, eine Dissonanzreduktion zu bewirken.

Attraktion als Funktion von Verstärkung. Lott und Lott haben aus Prinzipien zur Lerntheorie eine Vielzahl von Erklärungen für die Entwicklung von Sympathie abgeleitet und ihre Hypothesen in Experimenten mit Kindern überprüft.[55] Ihre Erklärungen reichen vom klassischen Konditionieren bis zur stellvertretenden Verstärkung.

Das Wesen des Konditionierens besteht darin, daß ein Organismus, der bestimmte Reaktionen zeigt, auf die eine Verstärkung folgt, lernt, diese Reaktionen auf solche Reize hin zu zeigen, die wiederholt beim Auftreten jener Reaktionen vorhanden gewesen sind. So lernte Pawlows Hund, als Reaktion auf einen Summer, der wiederholt kurz vor der Darbietung des Futters ertönt war, Speichel abzusondern. Lott und Lott benutzten diesen Grundgedanken des Konditionierens in folgender Weise zur Erklärung der Entwicklung von Sympathie:

1. Gehen wir von der Annahme aus, daß ein Mensch in der Gegenwart einer anderen Person verschiedene Arten von Verstärkungen erhält, etwa ein zustimmendes Lächeln, Lob, die Freude über eine gemeinsame Aktivität.

2. Der Betreffende reagiert irgendwie auf diese Verstärkungen: Ein Kind, das gelobt wird, lächelt zum Beispiel und erlebt ein Gefühl der Freude.

---

[52] Walster & Prestholdt, 1966

[53] Aronson & Mills, 1959; Gerard & Mathewson, 1966

[54] Berscheid, Boye, & Darley, 1968

[55] Lott & Lott, 1968

3. Derartige Reaktionen werden - wie jede Reaktion - auf alle diskriminierbaren Reize (einschließlich der anderen Person), die zum Zeitpunkt der Verstärkung anwesend sind, konditioniert.

4. Eine Person, die wiederholt während solcher Reaktions-Verstärkungs-Sequenzen anwesend ist, kann schließlich diese Reaktionen durch ihre bloße Anwesenheit hervorrufen.

Die Sympathie, die man für eine Person empfindet, besteht also - kurz zusammengefaßt - aus einer Reihe von Reaktionen (oder Reaktionsvarianten), die man in Gegenwart einer anderen Person zeigt, weil sie früher in Gegenwart dieser Person zur Verstärkung geführt haben. Dazu gehören nicht nur offene Reaktionen wie Lächeln und Sprechen, sondern auch verdeckte Reaktionen, wie zum Beispiel Gefühle. Diese auf der Konditionierungstheorie basierende Interpretation der Sympathie und ihrer Ursprünge erfordert nur, daß die andere Person während der Reaktions-Verstärkungs-Sequenz anwesend ist, nicht, daß sie selbst die Verstärkung gibt. So würde von diesem Standpunkt aus ein Kind, das mit Hilfe einer speziell ersonnenen Vorrichtung mechanisch gefüttert wird, trotzdem seine Mutter (oder eine andere Person) lieben lernen, wenn diese beständig während der Fütterungssituation anwesend ist.

Verschiedene, von Lott und seinen Mitarbeitern durchgeführte Experimente haben Resultate erbracht, die mit der konditionierungstheoretischen Erklärung der Sympathie übereinstimmen. In diesen Experimenten fungierten Kinder als Versuchsteilnehmer. Die Versuche waren im allgemeinen in Spielsituationen eingebettet.[56] Einige der Untersuchungen, die im Zusammenhang mit anderen Erklärungsansätzen der Sympathie berichtet worden sind, lassen ebenfalls eine konditionierungstheoretische Interpretation zu. Die Autoren kamen jedoch zu der Erkenntnis, daß ihre Befunde einen Ansatz nahelegen, der über die einfache konditionierungstheoretische Erklärung der Sympathie hinausgehen müsse. Dies wird in Kürze, bei der Besprechung der Austausch-Theorie, näher erläutert werden.

Ein weiteres Prinzip der Lerntheorie lautet: eine verzögerte Verstärkung ist weniger effektiv als eine unmittelbare Verstärkung. Die Richtigkeit dieser Aussage wurde in einem Experiment mit Kindern überprüft.[57] In Gegenwart des einen erwachsenen Betreuers erhielten die Kinder eine unmittelbare Verstärkung und in Gegenwart des anderen eine um zehn Sekunden verzögerte Verstärkung. Die Versuchsleiter hatten die Erwartung, daß die Kinder den ersten Betreuer wegen der geringeren Wirkung der vom zweiten Betreuer gegebenen Verstärkung sympathischer finden würden. Die Sympathie wurde auf fünf verschiedene Arten gemessen. Die Ergebnisse lagen zwar in allen Fällen in der vorausgesagten Richtung, waren jedoch nur in drei von fünf Fällen statistisch signifikant. Die Autoren sind der Meinung, daß in den beiden nicht-signifikanten Maßen die Ergebnisse deshalb weniger deutlich ausgefallen sind, weil die Kinder versucht hätten, fair zu sein und

---

56 Lott & Lott, 1960; James & Lott, 1964; Lott, Lott & Matthews, 1969

57 Lott et al., 1969

jedem Erwachsenen bei der Betreuung die gleiche Chance zu geben.

Lott, Lott und Matthews dehnten ihre lerntheoretische Interpretation von Sympathie auf das Imitations- und Modell-Verhalten aus.[58] Sie stellten die Hypothese auf, daß man nicht unbedingt selbst eine Belohnung erhalten müsse, sondern daß die bloße Beobachtung, daß ein anderer Mensch belohnt wird, genügt, um die Sympathie zur belohnenden Person anwachsen zu lassen. Sie sind der Meinung, daß der Beobachter, der sieht, wie eine andere Person belohnt wird, bei dieser bestimmte Sympathiereaktionen erkennen oder erschließen kann und durch Einfühlung in entsprechend ähnliche Reaktionen so reagiert, als sei er selbst belohnt worden. Diese Gedankengänge aber weiten die Verstärkungstheorie bis zur Unkenntlichkeit aus.

Zusammenfassung: Interpersonelle Attraktion als Folge von Interaktionen. Es sind mehrere Interaktionsformen aufgezählt worden, die als gemeinsame Wirkung die Entstehung von Sympathie haben. Sympathie wird erzeugt durch Handlungen und Bewertungen einer Person, durch welche die eigene Erfahrung und das Selbstkonzept eines Menschen bestätigt ("validiert") werden. Dieser Effekt tritt am konsequentesten dann ein, wenn die Bewertungen positiven Charakter haben. Es ist auch gezeigt worden, daß Sympathie und Antipathie als Folge von Dissonanzreduktion auftreten können. Die Erklärung der interpersonellen Attraktion mit Hilfe eines konditionierungstheoretischen Ansatzes kann sich zwar auf viele experimentell gewonnene Daten stützen, doch bedarf sie oft der Erweiterung durch kognitive Variablen, etwa durch die Einbeziehung der Vorstellung der Beteiligten über das, was belohnend und was nicht belohnend ist. Dies wird im nächsten Abschnitt unser Diskussionsgegenstand sein.

Austausch-Theorien der interpersonellen Attraktion

In den letzten zehn Jahren haben eine Reihe von Theoretikern versucht, die Interaktion als eine Form von Austauschprozessen aufzufassen.[59] Zwar spielen Konzepte der Verstärkungstheorie, die Begriffe Belohnung und Strafe, in diesen Theorien eine hervorragende Rolle, doch unterscheidet sich dieser Ansatz von lerntheoretischen Interpretationen in zweierlei Hinsicht. Erstens gilt das Interesse der Austausch-Theorie eher der Beziehung zwischen Individuen als den Individuen selbst. Im Mittelpunkt steht die Frage, wie verschiedene Eigenarten einer Beziehung entstehen und wie sich dieser Prozeß auf Grund wechselseitiger Verstärkung der Individuen ändert. Zweitens spielen in diesen Theorien kognitive Elemente eine viel zentralere Rolle als in der traditionellen Verstärkungstheorie. Belohnungen und Strafen haben nach den Austausch-Theorien nur dann eine Wirkung, wenn sie durch die Erwartungen und die wahrgenommenen Intentionen der interagierenden Personen vermittelt sind. Es wird angenommen, daß diese Erwartungen von normativen Vorstellungen, etwa von Regeln der Gerechtigkeit

[58] Lott et al., 1969;

[59] Thibaut & Kelley, 1959; Homans, 1961; Blau, 1964

und der Äquivalenz im Austausch, beeinflußt werden. So kann zum Beispiel eine milde, aber ungerechte Strafe als härter empfunden werden als eine harte, aber gerechte Strafe. In all diesen Theorien ist die interpersonelle Attraktion ein zentrales Thema, denn sie stellt eine der stärksten Belohnungen dar, die in der Interaktion ausgetauscht werden können.

Die Austausch-Theorie ist durch vier grundlegende Begriffe charakterisiert: Ertrag oder Nutzen ("reward"), Aufwand oder Kosten ("costs"), Ergebnis ("outcome") und Vergleichsniveau ("comparison level"). Der Begriff Ertrag oder Belohnung ist uns vertraut. In der vorangegangenen Übersicht über andere Theorien ist deutlich gemacht worden, welche recht wichtigen Belohnungen man in der Interaktion erhalten kann. Dazu gehört die Möglichkeit, seine Einstellungen gegenüber anderen und gegenüber sich selbst von anderen bestätigt zu bekommen sowie die Möglichkeit, Dissonanzen aufzulösen oder negativ empfundene Triebzustände zu reduzieren. Jegliche menschliche Aktivität, die zur Befriedigung des Bedürfnisses eines anderen beiträgt, kann von dessen Standpunkt aus als Ertrag angesehen werden. Der Begriff Aufwand oder Kosten deckt ein ähnlich breites Feld ab. Die Kosten der Ausübung einer Tätigkeit bestehen nicht nur in "Strafen", die man sich durch die Ausführung einer Handlung zuziehen kann, wie etwa Müdigkeit oder Angst, sondern ergeben sich auch - wie Homans ausführt - aus dem Ertragswert, der durch das Unterbleiben alternativer Tätigkeiten verloren geht.

Der Begriff Ergebnis bezieht sich auf die Differenz aus Ertrag und Aufwand. Ist das Ergebnis einer Interaktion positiv, so kann man von Gewinn sprechen, ist es negativ, so spricht man von Verlust. Wenn jemand aus einer Interaktion mit einem anderen Menschen profitiert, heißt das jedoch nicht notwendigerweise, daß er diesen sympathisch finden müsse. Wenn eine Attraktion entstehen soll, muß das Ergebnis über einem minimalen Erwartungsniveau liegen, über dem sogenannten Vergleichsniveau (engl. comparison level). Die Höhe dieses Niveaus ist bestimmt durch die bisher in der betreffenden Beziehung gemachten Erfahrungen, durch die bisherigen Erfahrungen in vergleichbaren Beziehungen, durch das Urteil über die Ergebnisse, die von ähnlichen Personen erzielt werden, und die Ergebnisse, die man glaubt in alternativen Beziehungen erzielen zu können.

Die Ergebnisse empirischer Untersuchungen deuten darauf hin, daß verschiedene Personen unterschiedliche Vergleichsniveaus haben, und zwar infolge der Unterschiede der für sie charakteristischen Betonung von Aufwand und Ertrag.[60] Einige scheinen bei ihren Vergleichen mehr an Ertrag, andere mehr an Aufwand orientiert zu sein.

Daß in einer bestimmten Dyade das Entstehen von Sympathie von den Ergebnissen abhängt, die in alternativen Beziehungen erreichbar sind, zeigt sich recht deutlich in einer Untersuchung, in der die Interaktionseffekte von isolierten Gruppen verglichen werden.[61] Jedes von neun Paaren arbeitete und

---

60 Upshaw, 1967;   61 Altman & Haythorn, 1965

lebte ohne jeden Außenkontakt zehn Tage lang in einem kleinen Zimmer (d.h. es waren keine alternativen Beziehungen erlaubt.). Die Situation der als Kontrollgruppen fungierenden Dyaden war ähnlich. Sie konnten jedoch mit anderen Leuten zusammentreffen und hatten mit Menschen außerhalb der Dyaden Beziehungen. Die Interaktion der isolierten Dyaden unterschied sich stark von der der Kontrollgruppen. Sie erzählten viel mehr von sich, sogar über einige sehr private Angelegenheiten. Die Tiefe dieser Selbstenthüllung ähnelte jener, die unter engen Freunden üblich ist. Die Beobachter stellten in den isolierten Dyaden ein viel freundlicheres und sozialeres Verhalten fest als bei den Kontrollgruppen.

Ähnlichkeit, gegenseitige Attraktivität und Austauschtheorie Die Austausch-Theorie kann auch die Beziehungen zwischen Ähnlichkeit und interpersoneller Attraktivität erklären, die im vorangegangenen Abschnitt diskutiert worden sind. Grundlage dieser Erklärungen ist die Analyse der Kosten und Nutzen, die durch zwischenmenschliche Ähnlichkeit gegeben sind. Die Ähnlichkeiten, die Freunde in einer Vielfalt von Eigenschaften des sozialen Hintergrundes und in demographischen Eigenschaften, wie Religion, ländliche oder städtische Herkunft, Klasse im College und Lebensalter, aufweisen, lassen sich sehr gut erklären als Produkt zweier Prozesse, die beide mit sozialem Austausch zu tun haben.

Erstens stehen viele derartige Eigenschaften durch die soziale Struktur mit der Häufigkeit der Interaktion in Zusammenhang. Unter sonst gleichen Bedingungen kann man erwarten, daß Personen, die derselben College-Klasse oder demselben Jahrgang angehören, wegen der größeren Gelegenheit zur Interaktion häufiger miteinander Kontakt haben. Zwischen der Häufigkeit einer Gelegenheit zur Interaktion und der interpersonellen Attraktivität besteht ein Zusammenhang. So kann die Ähnlichkeit von Freunden einfach ein Resultat davon sein, daß ähnliche Menschen mehr Gelegenheit zur Interaktion haben und infolgedessen Freunde werden. Zweitens besteht ein Zusammenhang zwischen der Ähnlichkeit in Eigenschaften des sozialen Hintergrundes[62] und einer Ähnlichkeit in Werten. Eine Ähnlichkeit in Werten wirkt als Verstärkung, weil jeder zu geringem persönlichen Aufwand dem anderen eine 'Validierung durch Übereinstimmung' möglich macht.

Die Ähnlichkeit in Fähigkeiten und Persönlichkeitseigenschaften ist komplexer Natur, da Ertrag und Aufwand teilweise von der speziellen Fähigkeit oder Eigenschaft abhängig sind, mit der man es gerade zu tun hat. Bei bestimmten Eigenschaften oder Fähigkeiten kann die Attraktivität zwischen ähnlichen Menschen darauf beruhen, daß die Eigenschaft oder Fähigkeit ihnen erlaubt, eine Tätigkeit auszuüben, die eine gegenseitige Verstärkung bewirkt. Dies ist am offensichtlichsten im Falle der Fähigkeiten und Fertigkeiten. Beim "Bridge" zum Beispiel erlauben ähnliche Fertigkeiten den Partnern, sich am gegenseitigen Wetteifer zu erfreuen. Die Verärgerung und Enttäuschung, die man verspürt, wenn der Partner deutlich unterlegen ist, ist bekannt. In die-

[62] Lazarsfeld & Merton, 1954

sem Zusammenhang ist eine Theorie von Festinger zu erwähnen, die vom Autor durch eine Menge Daten belegt wird und die die Annahme macht, daß jeder Mensch das Bedürfnis hat, seine Fähigkeiten mit denen von anderen zu vergleichen, die ähnliche Fähigkeiten besitzen.[63] Da die Interaktion mit Menschen, die ähnliche Fähigkeiten haben, allgemein zur Befriedigung dieses Bedürfnisses nach Vergleich führt, dürfte dies interpersonelle Attraktivität zur Folge haben.

Die Austausch-Theorie erklärt auch die widersprüchlichen Befunde über die Wirkung, die Ähnlichkeit oder Verschiedenheit in Persönlichkeitseigenschaften auf die interpersonelle Attraktivität haben. Menschen, die in Eigenschaften wie Ordnungsliebe ähnlich sind, finden wahrscheinlich ihre Interaktion sehr vorteilhaft. Bei einigen anderen Eigenschaften werden wahrscheinlich eher Menschen mit verschiedenen, aber komplementären Eigenschaften einander ein Maximum an Belohnungen bei minimalen Kosten garantieren. Als anschauliches Beispiel kann wiederum das Verhältnis zwischen einer Person mit starkem Pflegebedürfnis und einer abhängigen Person zitiert werden.

Austausch-Theorie und Gelegenheit zur Interaktion

Eine der interessantesten Fragen wirft das Problem auf, daß der Faktor der Nähe und andere Faktoren, die die Gelegenheit zur Interaktion beeinflussen, mit Sympathie in Zusammenhang stehen. Obgleich individuelle Eigenschaften als bedeutsame Determinanten der gegenseitigen Attraktivität hervorgehoben worden sind, hat auch die bloße Leichtigkeit und die Häufigkeit der Interaktion ziemlich starke Auswirkungen auf die Attraktivität. Homans meint dazu: "Man kann mit der Zeit auch ziemlich seltsame Burschen sympathisch finden, wenn man mit ihnen lang genug zusammen ist."[64]

Thibaut und Kelley haben eine Reihe von Möglichkeiten genannt, wie physische Nähe und Attraktivität in Zusammenhang stehen können.[65] Erstens werden wahrscheinlich jene, die eng zusammenwohnen, häufiger in Interaktion treten wegen der geringen Kosten, die mit der Aufnahme einer solchen Interaktion verbunden sind. Dies wiederum macht es wahrscheinlicher, daß beide Seiten belohnende Verhaltensweisen entdecken.

Zweitens sind Menschen, die physisch eng zusammenwohnen, sich oft ähnlicher als jene, die fern voneinander wohnen. So haben zum Beispiel Leute, die in derselben Nachbarschaft wohnen, gewöhnlich denselben sozio-ökonomischen Hintergrund und gehören oft ähnlichen ethnischen und religiösen Gruppen an. Die Ähnlichkeit in gemeinsamen Werten hat wiederum eine 'Validierung durch Übereinstimmung' zur Folge.

Drittens: Wenn zwei Menschen ständig in Interaktion stehen, kann allmählich jeder von beiden das Verhalten des anderen voraussagen. Vorhersagbarkeit aber steht mit interpersoneller Attraktivität in Zusammenhang.[66] Eine solche

---

[63] Festinger, 1964; [64] Homans, 1950, S. 115;
[65] Thibaut & Kelley, 1959; [66] Kiesler, 1966

Vorhersagbarkeit reduziert die Kosten der Interaktion und läßt die Höhe der ausgetauschten Erträge anwachsen. Kosten, wie die Anstrengung beim Erlernen der Reaktionsweisen des anderen oder wie die Angst, etwas Falsches zu tun oder zu sagen, werden reduziert, wenn man den anderen so gut kennengelernt hat, daß man seine Reaktionen vorhersagen kann. Eine solche Vorhersagbarkeit macht es auch möglich, den anderen wirkungsvoller zu belohnendem Verhalten zu veranlassen. Das Netto-Ergebnis ist eine günstige Bilanz.

Ein vierter Faktor besteht nach Homans und nach Thibaut und Kelley darin, daß eine fortgesetzte Interaktion mit Menschen, die in physischer Nähe wohnen, weniger Zeit und Kraft kostet als eine Interaktion mit solchen, die weiter weg wohnen.[67] Unter sonst gleichen Umständen ist also der Profit aus Beziehungen zu Menschen, zu denen man leichter Zugang hat, größer. Thibaut und Kelley sind der Meinung, daß in Anbetracht dessen Beziehungen, die man trotz weiter Entfernung aufrecht erhält, in stärkerem Maße belohnend sein müssen als solche mit anderen, die in (physischer) Nähe wohnen. Sie zitieren eine Untersuchung von Williams, die diese Hypothese in gewisser Weise stützt.[68] Einwohner einer vorstädtischen Wohnsiedlung, die Freunde außerhalb der unmittelbaren Siedlungsgemeinschaft hatten, zeigten eine größere Übereinstimmung in ihren Werten mit diesen Freunden als mit Personen, die in derselben Gegend wohnten. Wie schon früher erwähnt, ist die Unterstützung der eigenen Werte eine wichtige Belohnung, die man in der Interaktion mit anderen erhalten kann.

Ein fünfter möglicher Zusammenhang zwischen Sympathie und Interaktion ist von Newcomb aufgezeigt worden.[69] Wenn man mit anderen in Interaktion steht, oder - um die Ausdrucksweise Newcombs zu gebrauchen - wenn man sich in Kommunikationsverhalten einläßt, tauscht man Informationen aus. Allein dies erhöht schon den Grad der Ähnlichkeit zwischen zwei Menschen und trägt weiter zur gegenseitigen Attraktivität bei.

Andere oben erwähnte Ergebnisse passen in diesen Rahmen einer Theorie von Belohnungen und Kosten, die der Beziehung immanent sind oder von außen an sie herangetragen werden.[70] Sympathie für Menschen, die uns auch sympathisch finden, uns in einem günstigen Licht sehen und unsre guten wie schlechten Seiten kennen, läßt sich vom Standpunkt einer Belohnungs-Kosten-Theorie folgerichtig erklären. Die Unterstützung der Eigenvorstellung ist eine besondere Belohnung, die einem in der Interaktion mit anderen zuteil wird. Wenn die Effekte der in einer gegebenen Situation erhaltenen Belohnungen sich auf andere Aspekte der Situation verallgemeinern, Personen eingeschlossen, dann ist der Befund, daß Menschen, die in der verstärkenden Situation zugegen sind, sympathisch sind, ebenfalls in diesem theoretischen Rahmen verständlich.[71]

Austausch-Theorie, Freundschaft und Liebe   Die Austausch-

---

[67] Homans, 1961; Thibaut & Kelley, 1959; [68] Williams, 1959
[69] Newcomb, 1956; [70] Sidowski, Wyckoff & Tabory, 1956; Sidowski, 1957; Kelley, Thibaut & Mundy, 1962; 71 Kelley et al., 1962

Theorie hat den wesentlichen Vorteil, daß sie gemeinsame Prinzipien aufdeckt, die den vielfältigen empirisch begründeten Aussagen über interpersonelle Attraktivität zugrunde liegen. Noch wichtiger ist jedoch, daß ein derartig verschiedene Befunde vereinigender theoretischer Rahmen eine Erklärung für die Ausnahmen von diesen Verallgemeinerungen liefert. Selbst eine flüchtige Prüfung der eigenen freundschaftlichen Beziehungen zeigt Ausnahmen. Man kann vielleicht seinen Nachbarn nicht ausstehen oder irgend eine andere Person, mit der man sehr häufig in Interaktion gestanden hat. Der beste Freund kann sich von einem sowohl in einigen Aspekten des sozialen Hintergrunds unterscheiden als auch in einer Reihe von Einstellungen. Er kann einen gelegentlich wegen schlechter oder - noch schlimmer - wegen guter Seiten kritisieren. Die Austausch-Theorie behandelt diese Probleme gekonnt mit Hilfe einer Prozeßanalyse der Entstehung einer Freundschaft.

Eine solche Analyse legt das Schwergewicht auf die sequentiellen Ereignisse und Stadien, die zur Entwicklung einer Freundschaft führen. Diese Prozesse können wir näher untersuchen, wenn wir sie am Beispiel einer imaginären Gruppe beschreiben. Nehmen wir an, daß sich eine Gruppe von Studenten aus verschiedenen Universitäten, alle ursprünglich einander fremd, zu einem Wochenendseminar treffen. Die Bildung von Dyaden, welche sich durch eine hohe Interaktionsrate auszeichnen und durch positive Affekte, kann an Hand der folgenden Sequenz beschrieben werden.

Bei der ersten Begegnung der hypothetischen Gruppe läuft im Gesprächsfluß unterschwellig ein Prozeß ab, der als Ausmusterung ("sampling") und Einschätzung ("estimation") bezeichnet wird. Jeder macht mit unterschiedlichem eigenen Kostenaufwand die Erträge ausfindig, die ihm die potentiellen Beziehungen mit den anderen erbringen können. Betrachten wir zum Beispiel einen Mann namens Gary und eine Frau namens Sandra. Obgleich Zufallsfaktoren in dieser Phase im Spiele sind, ist eine wichtige Determinante dafür, daß es zur Annäherung zwischen Gary und Sandra kommt, seine Einschätzung des potentiellen Aufwands und Ertrags.

Seine Einschätzung des Aufwands wird beeinflußt von Faktoren, die von bloßer Entfernung - es kostet weniger Mühe, mit dem Mädchen neben sich zu sprechen als mit Sandra, die in der anderen Ecke des Zimmers steht - bis zu seiner Einschätzung der Wahrscheinlichkeit reichen, ob er mit ihr ein Gespräch führen könne. Wenn sie sich bereits mit mehreren anderen eifrig unterhält, kann er entmutig sein durch die Kosten, die entstehen, wenn er in den Gesprächskreis eindringt, und die auch dadurch entstehen, daß er wahrscheinlich seine Belohnungen mit anderen teilen muß. Die subjektiv empfundenen Kosten und Belohnungen werden immer abgewogen gegen die Einschätzung der Erträge aus Belohnungen und Kosten, die zur Zeit in anderen Beziehungen zur Verfügung stehen. Was die Einschätzung der Belohnungen angeht, so mag Gary aus einer Vielfalt von Hinweisen entnehmen, daß Sandra diesbezüglich Möglichkeiten bietet. Vielleicht legt ihr Gesichtsausdruck, der auf Grund von Prozessen wahrgenommen wird, die in Kapitel 2 diskutiert worden sind, die

Vermutung nahe, daß sie gewisse Persönlichkeitseigenschaften besitzt, die Gary bei anderen belohnend findet. Sie mag auf Grund ihrer Kleidung und ihres Benehmens die Vermutung nahelegen, sie könne dieselben Interessen wie Gary haben, oder sie mag in auffallender Weise seinen Schönheitsvorstellungen entsprechen.

Nehmen wir an, Gary habe sich Sandra genähert und beginne mit ihr ein Gespräch. Das Gespräch wird wahrscheinlich, zumindest anfänglich, von den Regeln der Höflichkeit reagiert; man wird aber auch wahrscheinlich ein bestimmtes Quantum an "Exploration" feststellen können. So ist zum Beispiel häufig für die Eröffnung von Gesprächen charakteristisch, daß jeder versucht zu entdecken, was er mit den anderen gemeinsam hat. Man fragt nach, wo der andere herkommt, ob man einen gemeinsamen Bekannten habe, welches sein Hauptfach am College sei, und vielleicht, was er von dem Zweck des Studienseminars halte. Was man beim anderen vorfindet, hängt zum Teil davon ab, welche Aspekte jeder einzelne von sich zeigt. Dies wird zum Teil bestimmt durch die Stärke des Wunsches, die Interaktion fortzusetzen, was wiederum von den ausgetauschten Kosten und Belohnungen abhängt und von seiner Einschätzung der künftigen Kosten und Nutzen in Relation zu jenen, die er in alternativen Beziehungen zu erhalten glaubt. Es ist auch davon abhängig, wie er die Wirkung verschiedener Mitteilungen einschätzt.

An diesem Punkt beginnt ein anderer Prozeß, den wir mangels eines besseren Ausdrucks als "Verhandeln" ("Bargaining") bezeichnet haben. Der Begriff Verhandeln mag an einen klar bewußten, rationalen Prozeß denken lassen; in dieser Hinsicht ist das Wort unangemessen. Der Prozeß ist nicht klar bewußt, und dennoch treten Handlungen auf, wie man sie auf einem Marktplatz vorfindet. Jeder versucht, eine Definition der Situation und der resultierenden Beziehung auszuhandeln, die sein Ergebnis maximiert.

Teilweise nehmen solche Versuche die Form bestimmter Strategien an, deren gemeinsames Ziel es ist, die Wahrnehmung der anderen Person zu beeinflussen in bezug auf das, was sie gibt und erhält und was sie in der Zukunft erwarten kann. Man wird etwa den eigenen Wert für andere übertreiben und auch die Kosten, die man für das zahlt, was man anbietet. Hat zum Beispiel Gary Sandras Interesse für Skifahren entdeckt, so wird er vielleicht sein eigenes Interesse für diesen Sport übertreiben. Oder beide machen deutlich, daß andere alternative Beziehungen für sie offen stehen und daß sie einige Kosten auf sich nehmen würden, wenn sie das Gespräch miteinander forsetzen. Eine Funktion des "Namen-Fallen-Lassens" besteht darin, dem anderen die Zahl und den hohen Wert der einem zur Verfügung stehenden alternativen Beziehungen aufzuzeigen.

Teilweise jedoch nehmen Versuche, dem anderen Belohnungen für sich selbst zu entlocken, die Form an, ständig größere Belohnungen zu geben; diese sollen den anderen veranlassen, dies in gleicher Weise zu tun. Bei Gary und Sandra kann dies etwa ein besonders warmherziges Lächeln sein und eine besondere Aufmerksamkeit füreinander. Zur gleichen Zeit wird wahrscheinlich jeder versuchen, die Kosten des anderen zu verringern, um dessen Gewinn-Position zu verbessern und den Fortbestand des Austauschs zu sichern. Beide mögen etwa entdecken, daß sie zu irgendeinem Thema unterschiedliche Ansichten haben, und stillschweigend darin übereinkommen, das Thema zu meiden. Jeder erkennt, daß die Kosten einer Auseinandersetzung den Gewinn des anderen bis zu einem Punkt reduzieren können, an dem die laufend von ihm erhaltenen Belohnungen durch die Beendigung der Beziehung beseitigt würden. Wenn der Prozeß des Verhandelns in dieser Weise fortschreitet, kann man einen Spiraleffekt beobachten. Da jeder zunehmend Belohnungen erhält, ist er wiederum motiviert, den Gewinn des anderen zu erhöhen. Man kann erwarten, daß dieser Prozeß sich an dem Punkt stabilisiert, an dem die Kosten der Gewinnerhöhung der anderen Person so groß werden, daß mehr in einer alternativen Beziehung zu gewinnen ist.

Obgleich wir das Schwergewicht der Diskussion nur auf die Dyade gelegt haben, ist nicht zu vergessen, daß die Interaktion von Gary und Sandra auf dem Hintergrund von Alternativen abläuft. In der Tat macht im Laufe des Abends jeder die Alternativen aus und schätzt seine Möglichkeiten in anderen Beziehungen ab. Entwickelt sich die Beziehung im Laufe des Abends, so wird es zunehmend unwahrscheinlich, daß Gary und Sandra dies tun. Andere haben ebenfalls Untergruppen gebildet, und ein solches Gruppieren erhöht zunehmend die Kosten der Interaktion mit alternativen Personen. Gary hätte vielleicht bei Alma sehr gut einen höheren Gewinn erzielen können, ihre Beschäftigung mit anderen entmutigte jedoch die Prozesse des Ausmusterns und Verhandelns, deren Resultat eine gegenseitige Attraktivität hätte sein können.

Ein weiterer Prozeß wird Verpflichtung oder commitment genannt. Die beiden ein Paar bildenden Partner reduzieren in zunehmendem Maße das Ausmustern von anderen Personen und widmen sich einem gemeinsamen Abend. Sie binden sich an eine bestimmte Person. Gary und Sandra hören beide auf, auf andere ein Auge zu werfen. Sollte diese Verbindung über den Abend hinaus andauern, und sollte das Paar die Verbindung auf einer zunehmend ausschliessenderen Ebene fortsetzen, so wird ein Endstadium erreicht, das Institutionalisierung genannt wird.

Im Stadium der Institutionalisierung kommen Erwartungen auf, in denen die Rechtmäßigkeit oder Legitimität der Exklusivität der Beziehung und der entwickelten Austauschstruktur anerkannt wird. Diese Erwartungen haben nicht nur die Angehörigen der Dyade, sondern auch alle übrigen Gruppenmitglieder. Vielleicht gehen am Ende des Seminars Gary und Sandra "fest miteinander". Sie bilden dann eine Beziehung, die in der amerikanischen Gesellschaft institutionalisiert worden ist.

Diese Darstellung der Austausch-Theorie soll nicht den Eindruck vermitteln, daß die Entscheidungen und Handlungen, die beim Prozeß des Freundschaftschließens auftreten, in derselben Weise berechnet und geplant sind, wie man dies beim Kauf eines Automobils tut. Solche bewußten und rationalen Prozesse werden in der Tat durch die Begriffe Ausmusterung, Einschätzung und V e r h a n d e l n nahegelegt. Nach Ansicht der Autoren lernt man jedoch durch lange Erfahrungen in sozialen Situationen, sich ohne bewußte Planung entsprechend zu verhalten; die Handlungen sind spontan, nicht berechnet. Wenn überhaupt, so wird man mehr von Gefühlen als von schlußfolgernden Prozessen geleitet. Man hat gelernt, sich so zu verhalten, daß die eigenen Gefühle bei der Maximierung der Ergebnisse in sozialen Situationen leiten. Hat man dies allerdings nicht adäquat gelernt, so gilt man meist als emotional gestört oder neurotisch: Die Gefühle stören rationales Verhalten, statt es zu erleichtern.

Die Diskussion ist bisher wenig auf die intensiveren Formen der interpersonalen Attraktivität, wie zum Beispiel Schwärmerei und Verliebtsein, eingegangen. Sich-Verlieben ist oft ein intensives, relativ schnell ablaufendes Erlebnis. Theorien der interpersonalen Attraktivität, die auf dem Konditionieren, der Ähnlichkeit oder Komplementarität beruhen, scheinen ziemlich adäquat, diese Phänomene zu erklären, während die Austausch-Theorie hierbei von gewissem Nutzen ist. Um diese intensive Form der Attraktivität zu erklären, müssen physiologische Determinanten der allgemeinen emotionalen Erregung und auch die vitale Rolle sozialer Definitionen von Liebe und Romanze, die diesem emotionalen Zustand eine Bedeutung geben, betont werden.

Walster und Berscheid haben eine Theorie der leidenschaftlichen Liebe entwickelt, die sowohl physiologische wie soziale Determinanten der Liebe betont.[72] Sie zitieren Schachter und behaupten, daß das subjektive Erleben eines emotionalen Zustandes, der durch eine physiologische Veränderung geschaffen worden ist, bestimmt wird durch situative Faktoren, durch die jemand veranlaßt wird, seinen Zustand in der Weise zu definieren, wie er es tut. Derselbe physiologische Zustand kann zum Beispiel als Furcht oder Ärger erlebt werden, was von der vorherrschenden sozialen Situation abhängig ist. Durch soziales Lernen wird emotionale Erregtheit mit bestimmten Typen von Erlebnissen assoziiert. Das Kind ist impulsiv und relativ unkontrolliert, wenn es emotional erregt ist und seine Gefühle ausdrückt. Allmählich lernt es, Gefühle zu kontrollieren oder zu mäßigen, sie zu beeinflussen, so daß sie weniger intensiv und sozial akzeptabler werden. Es kann auch lernen, unter bestimmten Umständen, die anfänglich keine emotionale Bedeutung hatten, erregt zu werden. Am wichtigsten aber ist die Tatsache, daß es mit zunehmender Erfahrung lernt, diesen Zuständen soziale Bedeutung zu verleihen.

Nach Wahlster und Berscheid ist also das Gefühl der Liebe ein Zustand physiologischer Erregtheit, der sozial oder kognitiv als Liebe definiert wird.[73] Dies impliziert nicht, daß dieser Erregungszustand derselbe ist wie jener für andere Emotionen. Die Physiologie sexueller Erregung ist ohne Zweifel eine bedeutsame Komponente. Aber wir sollten nicht den Fehler machen zu glauben, daß sexuelle Erregtheit an sich schon Liebe erklärt. Andere Aspekte der Interaktion mit dem anderen Geschlecht können ebenfalls machtvolle Emotionen

---

72 Walster, 1971; Schachter, 1964; 73 Walster, 1971

hervorrufen. Eine starke Erhöhung der Selbstachtung eines Individuums kann euphorische Gefühle erzeugen, die zum Erlebnis der Verliebtheit führen können.

Romantische Liebe ist hauptsächlich ein Produkt der westlichen Gesellschaft und anderer Gesellschaften, die von der westlichen Kultur beeinflußt sind; sie beschränkt sich auf diese. Dies bedeutet, daß die Natur des Gefühls der Verliebtheit, die Gedanken und Einstellungen dem Liebesobjekt gegenüber sowie das ihm gegenüber angemessene Verhalten sozial definiert sind. Im Laufe seiner Entwicklung hat ein Kind zu lernen, was Verliebtsein bedeutet, sonst wird es nicht dieses Erlebnis haben. Kulturelle Normen geben genau an, wer die verliebten Partner sein sollen, und setzen einige der Bedingungen, die Verliebtsein erleichtern oder erschweren. Die Rendezvous von Heranwachsenden bereiten das Verliebtsein vor. Das Inzest-Tabu hindert Mitglieder derselben Familie daran, sich ineinander schwärmerisch zu verlieben; nur dem Ehemann und der Ehefrau ist dies erlaubt. Eine weitverbreitete Norm scheint auch den Altersunterschied zwischen den Partnern in einer Richtung abzugrenzen - Frauen sollten gleichaltrig oder jünger sein als Männer oder wenigstens nicht viel älter als der Mann.

Aus der Art der Interaktion zwischen einander liebenden Partnern, besonders aus der von länger bestehenden Beziehungen, lassen sich Informationen zum weiteren Verständnis intensiver Beziehungen entnehmen. Zu den Faktoren, die von besonderer Bedeutung zu sein scheinen, zählt die Gegenseitigkeit der Attraktivität, die Exklusivität der Beziehung und die Bereitschaft, sich zu verlieben. Diese Bedingungen können alle mit Hilfe der Austausch-Theorie erklärt werden.

In einer Liebesbeziehung trägt die g e g e n s e i t i g e A t t r a k t i v i t ä t in besonderer Weise zur emotionalen Erregung und Befriedigung bei. Gegenseitige Attraktivität erzeugt einen Sinn für den persönlichen Wert der Partner; das Gefühl, geliebt zu werden, führt dazu, den andern zu mögen; durch gemeinsame Erlebnisse erhält man wiederholt in Gegenwart des anderen Belohnungen und durch das Anvertrauen persönlicher Gedanken erhält man vom anderen eine "Validierung durch Übereinstimmung". Außerdem ist die gegenseitige Attraktivität ein Zustand, in dem die psychologischen Kosten der Interaktion minimal werden. Einseitige Attraktivität steht immer unter dem Risiko der Zurückweisung. Ein Individuum, das anfänglich von einer anderen Person angezogen wird, ohne daß jene die Sympathie erwidert, macht wahrscheinlich Anstrengungen, ihr doch noch zu gefallen, Anstrengungen, die psychologisch kostspielig sind. In ähnlicher Weise sind unachtsame Selbstmitteilungen in gewöhnlichen Interaktionen immer ein Risiko. Besteht gegenseitige Attraktivität, so sind diese Kosten beseitigt durch die Sicherheit, daß das Vertrauen akzeptiert wird. So liegt also ein Teil der Erklärung einer Liebesbeziehung in ihrer Gegenseitigkeit.

Blau behauptet, daß dieses feine Gleichgewicht der Gegenseitigkeit für die Festigung oder Schwächung der Beziehung wesentlich ist.[74] Wenn eine Seite

74 Blau, 1964a

sich intensiver engagiert als die andere, ist der Fortbestand der Beziehung bedroht. Blau erklärt, wie die Erklärung eines intensiveren Engagements einer Seite die psychologischen Kosten der weniger engagierten Seite ansteigen läßt und somit ihre Ergebnisse in der Beziehung reduziert. Diese Kosten entstehen aus Faktoren wie dem Unwillen, die Zeit zu opfern, die von der anderen Seite gewünscht wird, und dem Unwillen, sich selbst in dem gleichen intensiven Ausmaß zu binden. Diese Verringerung der Ergebnisse verändert ihr Verhalten in einer für den Partner sichtbaren Weise und macht das Ungleichgewicht noch größer.

Ein Faktor, der die Erträge in einer Liebesbeziehung intensiviert, ist die Entwicklung der Vorstellung, daß die andere Person eine ausschließliche Quelle von Belohnungen ist.[75] Das Gefühl, daß die andere Person einzigartig ist, ist allen, die verliebt sind, gemeinsam. Warum dies gerade auftritt, ist nicht vollständig klar. Dies kann teilweise ein Resultat der breiten Vielfalt an Aktivitäten sein, die die Liebenden gemeinsam erleben, und kann im Gedächtnis oder der Phantasie haften bleiben. Einige dieser Aktivitäten können überdies einzigartig sein wegen der außerordentlichen Natur der Beziehung.

Teilweise kann dies auch dadurch kommen, daß das Selbst durch Kongruenz und Validierung durch Übereinstimmung Unterstützung erhält. Geliebt zu werden ruft leicht ein starkes Gefühl persönlichen Wertes hervor, das sich sehr schnell auf Aspekte des Selbst generalisieren kann, die zuvor keine Unterstützung gefunden haben oder früher negativ bewertet worden sind. Der Liebhaber wird so als einzigartig bewertet, um diese besondere Quelle der Unterstützung des Selbst zu bewahren. Die totale Bindung an die Beziehung unter Ausschluß alternativer Befriedigungsquellen trägt wahrscheinlich auch zu dem Gefühl der Exklusivität bei. Die Dissonanz-Theorie behauptet, daß die Bindung an eine ausschließliche Befriedigungsquelle den Wert dieser Quelle erhöht. Wenn wir die Entwicklung einer Liebesgeschichte nach und nach betrachten, können wir Faktoren erkennen, die mit der Gegenseitigkeit der Beziehung in Zusammenhang stehen. In den frühen Stadien einer Liebesbeziehung ist der Austausch recht subtil. Er kann die Folge einer besonderen Aufmerksamkeit für die andere Person sein, einer Sensitivität für ihre Handlungen und Gefühle, der Aufrechterhaltung einer minimalen Distanz zu ihr und einer Trägheit und Unwilligkeit, ihre Gesellschaft zu verlassen. Mehrere Untersuchungen legen nahe, daß der Wunsch nach einer Verbindung mit einer anderen Person und die Gefühle des Angezogenseins von ihr mit einer größeren Häufigkeit des Augenkontakts verbunden sind.[76] Es gibt auch die Hypothese, daß die Häufigkeit des Augenkontakts zwischen Paaren, besonders die langer Blickkontakte, mit Intimität in Zusammenhang steht.[77]

---

[75] Simmel, 1950

[76] Exline & Winters, 1965; Exline, Gray & Schuette, 1965; Rubin, 1970

[77] Argyle & Dean, 1965; Rubin, 1970

Obgleich dies alles nonverbale Verhaltensweisen sind, teilen sie wahrscheinlich sehr klar das Gefühl starken Angezogenseins mit. In den Anfangsstadien einer Liebesbeziehung können diese und andere Handlungen mit ähnlicher Bedeutung ohne Kosten vollzogen werden, und zwar deshalb, weil keine offene, explizite Bindung an die andere Person gezeigt wird, eine Bindung, die kostspielig sein würde, würde sie nicht von der anderen Person erwidert. Später können natürlich Symbole für das Bestehen einer Beziehung ausgetauscht werden, etwa Händchen-Halten. Schließlich kann der Verstärkungscharakter der Beziehung durch sexuelle Beziehungen stark intensiviert werden.

Die Entwicklung einer Liebesbeziehung zwischen zwei Menschen erfordert einen bestimmten Zustand der Bereitschaft, der mit Hilfe der Austausch-Theorie beschrieben werden kann. Nach der Austausch-Theorie müssen Erlebnisse, die das Vergleichsniveau einer Person senken, sie besonders anfällig machen, eine andere Person attraktiv zu finden. Die Austausch-Theorie besagt, daß die Bereitschaft für eine neue Beziehung durch ein niedriges Vergleichsniveau für Belohnungen hervorgerufen wird, was mit der Selbstbewertung und dem Bedürfnis nach emotionaler Unterstützung in Zusammenhang steht. Hat ein Mann von seinen weiblichen Partnerinnen nicht viel emotionale Unterstützung erfahren, so werden seine Erwartungen hinsichtlich der emotionalen Unterstützung unter diesen Umständen (das Vergleichsniveau) niedrig sein, und eine neue Befriedigungsquelle wird ihn stärker beeinflussen als jemanden mit höherem Vergleichsniveau.

Diese Vorstellung entspricht den experimentell gewonnenen Befunden.[78] Einige, jedoch nicht alle Versuchsteilnehmer, zeigten mehr Sympathie jenen gegenüber, von denen sie zuerst negativ und dann positiv bewertet wurden. Vermutlich lag der Effekt der negativen Bewertung in der Reduktion ihres Vergleichsniveaus, der einer vorangehenden positiven Bewertung hingegen in ihrer Anhebung. Das Selbstbewußtsein der Versuchsteilnehmer wurde zeitweise dadurch manipuliert, d. h. entweder angehoben oder gesenkt, daß man sie mit den Ergebnissen eines Persönlichkeitstests konfrontierte, die so präpariert waren, daß sie entweder aus positiven oder negativen Aussagen bestanden. Frauen, deren Vergleichsgrundlage gesenkt worden war, reagierten mit größerer Sympathie auf einen gutaussehenden Mann, der sie um ein Rendezvous bat, als solche, deren Vergleichsniveau angehoben worden war. Die Bestätigung, die dieses Experiment für die These liefert, daß Menschen mit niedrigem Vergleichsniveau eher zu Liebesbeziehungen bereit sind, wird etwas abgeschwächt durch die Tatsache, daß diese Untersuchung nicht mit demselben Erfolg wiederholt werden konnte.

In bestimmten wohlbekannten Lebenssituationen bewirkten Austauschprozesse die Erhöhung oder Erniedrigung des Attraktivitätsniveaus oder führen zur Aufgabe der Beziehung und zum Eingehen einer neuen Beziehung. Dazu gehören die Schwärmereien von Jugendlichen, unglücklich verlaufende Liebesbeziehun-

---

[78] Aronson & Lindner, 1965; Walster, 1965

gen und Scheidung. Die Prozesse können im einzelnen wie folgt dargestellt werden.

Die Adoleszenz ist eine Periode, in der der Jugendlich sich teilweise von dem emotionalen Rückhalt der Eltern gelöst hat: Er wünscht, nicht länger "bemuttert" zu werden. Obgleich die Gruppe der Gleichaltrigen einen Ersatz für diese elterliche Unterstützung darstellt, gewährt sie dennoch oft nicht die enge, intime Unterstützung, deren man sich in der Familie erfreuen konnte. In der Adoleszenz und im frühen Erwachsenenalter vergleicht man sich eventuell mit Freunden, die schon feste Freundinnen oder Ehefrauen haben und findet sich im Nachteil. Durch diese Erfahrung ist das eigene Vergleichsniveau in bezug auf emotionalen Rückhalt niedrig. Zusätzlich tauchen noch neue Aspekte des Selbst auf, für die der Jugendliche emotionale Unterstützung braucht. Begegnet er einem Mädchen, das ihm durch ihr Verhalten zeigt, daß sie sich von ihm stark angezogen fühlt, so mag er ihr positives Verhalten ihm gegenüber enorm verstärkend finden. Wenn auch sie ein geringes Vergleichsniveau hat, wird sein positives Verhalten ihr gegenüber auch für sie eine enorme Verstärkung sein. Diese sehr guten Ergebnisse zusammen mit einem niedrigen Vergleichsniveau intensivieren ihre gegenseitige Attraktivität weiterhin. Was also stattfindet, ist ein schnell ablaufender Prozeß sich steigernder Ergebnisse, und das Paar wird dies als "Liebe" definieren. Die gegenseitigen Erträge werden weiter intensiviert durch befriedigende sexuelle Beziehungen.

Ob die Beziehung andauert, hängt von ihrem weiteren Fortgang ab. Im Laufe der fortbestehenden Interaktion werden neben der gegenseitigen Attraktivität noch andere Arten von Ertrag und Aufwand innerhalb der Beziehung auftreten. Wenn das Paar feststellt, daß beide Partner gleiche Werte, Interessen und Aktivitäten haben, werden die Erträge wahrscheinlich maximiert, die Kosten minimiert, wenn sie andererseits aber feststellen, daß sie nicht gleiche Werte, Interessen und Aktivitäten haben, werden die Kosten der Interaktion mit der Zeit immer deutlicher, und die Interaktion wird unbefriedigend.

Nach dem unglücklichen Ausgang einer Liebesbeziehung oder nach einer Scheidung kann zeitweise eine Periode der Desillusioniertheit über das andere Geschlecht eintreten und eine gewisse Vorsicht in der Interaktion. Aber wie der Jugendliche, so hat der zurückgewiesene Liebhaber oder die geschiedene Person ein sehr geringes Vergleichsniveau, was den emotionalen Rückhalt anbetrifft. So verliebt sich zum Beispiel ein geschiedener Mann leicht, wenn er eine Frau trifft, die ihm durch ihr Verhalten zu verstehen gibt, daß sie ihn attraktiv findet. Dieses Phänomen ist so bekannt, daß die englische Sprache einen eigenen Ausdruck dafür hat: "falling in love on the rebound" (etwa: "sich verlieben, um sich nach einem Fehlschlag vom Gegenteil zu überzeugen.").

Der Fall eines verheirateten Mannes oder einer verheirateten Frau mittleren Alters, die eine außereheliche Beziehung haben, ist dem analog. In vielen Fällen nehmen die emotionalen Ergebnisse von der Jugend zum mittleren Erwachsenenalter leicht ab, vermutlich aus einer Vielzahl von Gründen.[79] Jeder Partner entwickelt wahrscheinlich unabhängige Interessen (der Mann in seinem Beruf oder seiner Arbeit, die Frau in bezug auf die Kinder und das Heim). Dies bewirkt, daß sie sich nur ungenügende emotionale Unterstützung gewähren können. Das Vergleichsniveau für die emotionale Unterstützung sinkt allmählich ab, um mit den Ergebnissen Schritt zu halten. So hat eine Ehefrau mittleren Alters oft ein Vergleichsniveau, das dem eines Jugendlichen oder eines Geschiedenen ähnlich ist. Trifft sie jemanden, der Ergebnisse bietet, die ihr gesenktes Vergleichsniveau beträchtlich überschreiten, so wird die Attraktivität dieser neuen emotionalen Befriedigungsquelle wahrscheinlich beträchtlich sein. Die erhöhten Ergebnisse der neuen Beziehung können eine Erhöhung ihres Vergleichsniveaus bewirken, und zwar bis zu einem Punkt, der das Niveau der Ergebnisse erreicht oder übersteigt, die sie in der Beziehung zu ihrem Ehemann erhält, woraufhin die Ehe an Anziehung verliert und es eventuell so zu ihrer Beendigung kommt.

Bei einem Ehemann in den mittleren Jahren kommt manchmal ein zusätzlicher Austauschprozeß hinzu. Vielleicht erhält er nicht nur ein relativ niedriges Niveau an emotionaler Unterstützung von Seiten seiner Ehefrau, sondern hat in manchen Fällen eine Position mit relativ hohem Status erreicht (in Beruf und Arbeit, in seinem Einkommen und seinem Besitz). Dies wird wahrscheinlich zur Erhöhung seines Vergleichsniveaus für Alternativen führen, was ihn dazu veranlaßt, eine Frau von Schönheit, Charme, Jugend und anderen hohen Status-Attributen zu begehren.

Die Austauschprozesse, die bei der Entstehung von Freundschaft und Liebe ablaufen, können folgendermaßen skizziert werden: Trifft sich eine Gruppe von Fremden, so erhält jede Person in der Interaktion mit anderen verschiedene Ergebnisse. Nach der "Ausmusterung" (sampling) verschiedener Interaktionen und der Einschätzung ihrer Erträge zeigt sie eine Bindung an die Interaktion mit der Person, bei der sie die höchsten Erträge erzielt. In einer Dyade beginnt der Prozeß des Verhandelns (bargaining) damit, daß einer dem anderen Belohnungen entlockt für sein eigenes belohnendes Verhalten dem anderen gegenüber. Verhandeln ist charakterisiert durch den Versuch, maximale Erträge zu minimalen Kosten zu erhalten. Teilweise werden im Laufe dieses Prozesses die eigenen Möglichkeiten falsch dargestellt in der Absicht, den anderen zu belohnenden Reaktionen zu ermutigen. Verhandeln zielt insgesamt darauf ab, den Ertrag für beide Angehörigen einer Dyade zu maximieren und die Kosten möglichst gering werden zu lassen. Die Termini Ausmusterung (sampling), Einschätzung (estimation) und Verhandeln (bargaining) sollen nicht einen bewußt geplanten Prozeß implizieren, sondern beziehen sich auf spontane, auf Erfahrung beruhende Entscheidungen für bestimmte Partner.

Ist eine Beziehung aufgebaut, so ist ein Stadium erreicht, das Verpflichtung (committment) genannt wird. In diesem Stadium werden die Interaktionen mit alternativen Personen möglichst gering gehalten oder insgesamt

---

[79] Blood & Wolfe, 1960

eingestellt, und die Angehörigen einer Dyade konzentrieren sich auf die gemeinsame Interaktion. Eventuell wird ein Stadium erreicht, in dem die Beziehung institutionalisiert wird, etwa durch eine Verlobung, durch Zusammenleben oder Heirat.

Bei dem gesamten Prozeß spielt die Befriedigung eine wichtige Rolle, die durch Interaktionen unter der besonderen Bedingung gegenseitiger Attraktivität erreicht wird. Dieser Typ von Erträgen ist besonders wesentlich für die Bildung intensiver Anziehung in einer neuen Beziehung. Ein wichtiger Faktor, der eine intensive Anziehung in einer neuen Beziehung bedingt, ist ein niedriges Vergleichsniveau für emotionale Unterstützung.

Einige Details von länger dauernden, fortlaufenden Austauschprozessen in dauerhaften Beziehungen wie lang währende Freundschaften oder Ehen, sind bisher noch nicht erörtert worden. In diesen dauerhafteren Dyaden treten Veränderungen in Ertrag und Aufwand sowie in dem Vergleichsniveau auf.

Veränderungen in Aufwand und Ertrag Wie schon erwähnt, sehen Austauschtheorien die interpersonale Attraktivität als Funktion der Ergebnisse aus Ertrag und Kosten an, die von den Betreffenden an einem für diese Ergebnisse bestehenden Erwartungsniveau (an dem *Vergleichsniveau*) gemessen werden. Von diesem Gesichtspunkt aus kann jede Änderung in den Gefühlen, sei sie in positiver oder negativer Richtung, als eine Änderung in den Kosten und Nutzen oder als eine Änderung des Vergleichsniveaus analysiert werden. So kann es sein, daß die Attraktivität einer Person zurückgeht, weil die Kosten im Verhältnis zum Nutzen rapide ansteigen, das Vergleichsniveau aber konstant bleibt, oder daß die Ergebnisse konstant bleiben, während das Vergleichsniveau ansteigt.

Veränderungen in Kosten und Nutzen, die sich in Beziehungen mit anderen Menschen einstellen können, können fünf verschiedene Gründe haben: Erstens können die Ergebnisse einfach auf Grund vergangener Austauschprozesse geringer werden oder ansteigen. Beim fortgesetzten Austausch von Belohnungen kann ein Verhalten, welches für den anderen belohnend ist, infolge von Ermüdung, Hemmungen oder des Verlusts alternativer Erträge zunehmend mehr Kosten verursachen. Gleichzeitig kann der Wert der Erträge absinken, wenn die relevanten Bedürfnisse jedes Partners gesättigt sind. Es können aber auch in ähnlicher Weise Veränderungen auf Grund vergangener Austauschprozesse auftreten, die einen Anstieg der Erträge und eine Reduktion der Kosten bewirken. Es können Abhängigkeiten geschaffen worden sein, und es kann sein, daß durch Übung ein Verhalten aufgebaut worden ist, das die wachgerufenen Bedürfnisse effektiver und zu geringeren Kosten befriedigt.

Um sich den Fall einer Ertragsverringerung deutlicher vor Augen zu führen, stelle man sich eine mögliche eheliche Beziehung vor, in der ein Partner ständig eine Unterstützung seiner unsicheren Eigenvorstellung fordert. Solchen Forderungen kann der andere Partner nur mit wachsendem Aufwand nachkommen: es wird sich ein Gefühl des Verlusts der Integrität, wachsender Widerwille und das Gefühl, die Gelegenheit zu befriedigenden Interaktionen mit anderen zu verpassen usw., einstellen. Um sich einen Anstieg des Ergebnisses zu verdeutlichen, stelle man sich eine Dyade vor, in der beide Partner gemeinsam einer befriedigenden Aktivität nachgehen (einer Sportart, einem Hobby, einem Geschäftsunternehmen), darin zunehmend geschickter werden und so sich gegenseitig ihre Ergebnisse erhöhen. Damit hängt auch zusammen, daß die Erfahrung, die man auf Grund vergangener Austauschprozesse gewonnen hat, das Verhalten des Partners vorhersagbar macht. Dies wiederum verringert Kosten, die auf Grund von Unsicherheit entstehen, und verbessert die Fähigkeit jedes einzelnen, dem Partner befriedigendes Verhalten zu entlocken.

Ein zweiter Grund für eine Änderung von Kosten und Nutzen liegt in der Veränderung von Eigenschaften der Dyadenmitglieder. Obgleich dies auch als Resultat von früher in der Beziehung stattgefundenen Austauschprozessen auftreten kann, kommen solche Änderungen häufig auf andere Weise zustande. Durch die in anderen Beziehungen und mit der nicht-sozialen Umwelt gemachten Erfahrungen werden Meinungen, Einstellungen und Eigenvorstellungen entwickelt, die nach einer Validierung durch Übereinstimmung verlangen. Zusätzlich tauchen andere Arten von Bedürfnissen auf, und es werden neue Ziele in Angriff genommen. Diese Veränderungen modifizieren den Ertragswert und auch die Kosten, die das Verhalten eines Menschen anderen gegenüber hat und die deren Verhalten ihm gegenüber hat. Solche Veränderungen können zu größerer Attraktivität zwischen zwei Menschen führen, wie etwa dann, wenn man eine neue Einstellung erworben hat und entdeckt, daß jemand, dessen frühere Ansichten von geringer Bedeutung waren, nun ein wertvoller Verbündeter ist, weil er eine ähnliche Ansicht vertritt. Die Attraktivität kann aber auch geringer werden. Das Verhalten des anderen, das früher hohen Ertragswert hatte, kann nun von geringem Wert sein, oder vielleicht kann nun das vom anderen geforderte Verhalten, das zu einer bestimmten Zeit mit geringem Kostenaufwand ausgeführt werden konnte, ein beträchtliches Opfer sein.

Ein dritter Grund für Veränderungen ist die Modifikation der äußeren Situation, wodurch das Verhalten der miteinander in Beziehung stehenden Personen andere Nutzen-Kosten-Werte annimmt. Ein Beispiel dafür ist der plötzliche Anstieg der Attraktivität eines Experten in einer Situation, die neue Fertigkeiten und ein bestimmtes Wissen verlangt. Ein anderes Beispiel ist der Fall eines erfolgreichen Geschäftsführers, dessen Frau genügsam und infolge dessen ihm in Jahren des Aufstiegs eine Hilfe war, aber deren Verhalten jetzt, wo der Erfolg erreicht ist, unangemessen ist und Kosten produziert.

Ein vierter Grund für eine Veränderung liegt in der Beziehung selbst. Gewinnbringende Interaktionen motivieren zunehmend, die Fortsetzung der Interaktion abzusichern, und zwar durch Erhöhung des "Profits" der anderen Person. Ein solcher Zyklus, in dem jeder den anderen motiviert und wiederum in ähnlicher Weise motiviert wird, kann auch in umgekehrter Richtung verlaufen.

So kann jemand, dessen Nutzen-Kosten-Ertrag zu seinem Nachteil beeinflußt wird, motiviert sein, die Profite des anderen zu reduzieren; dieser übt dann Vergeltung und setzt so den Zyklus fort.

Eine fünfte Form der Veränderung tritt ein durch die Verbindung von Verhaltensweisen, die bestimmte Nutzen-Kosten-Werte besitzen, mit Verhaltensweisen, die einen ganz anderen Wertaspekt haben. Dies kann etwa dadurch geschehen, daß Verhaltensweisen jeder Person, die anfänglich neutral waren, durch ihre Verbindung mit ausgetauschten Verhaltensweisen, die Nutzen oder Kosten produzierend sind, selbst Nutzen oder Kosten produzierenden Charakter annehmen. Man kann das Spielen von Bridge lieben lernen, weil man dieses Spiel mit anderem Nutzen assoziiert, der während des Spiels ausgetauscht worden ist. Diese Assoziation kann auch dadurch zustande kommen, daß das Verhalten jeder Person, das anfänglich für den Partner einen Nutzen darstellte, mit der Zeit für den Akteur selbst zur Belohnung wird, weil es regelmäßig mit den belohnenden Reaktionen des Partners verknüpft war. Jemand kann Freude am Bridge-Spiel haben, weil sein Partner dabei früher schätzenswerte Reaktionen gezeigt hat. Durch einen ähnlichen Assoziationsprozeß kann Verhalten, das für einen selbst oder den anderen mit Kosten verbunden ist, allmählich gehemmt werden.

Veränderungen des Vergleichsniveaus Nutzen und Kosten können dieselben bleiben, und dennoch kann sich die affektive Einstellung in einer Beziehung ändern, und zwar durch Verringerung oder Anhebung des Vergleichsniveaus der Partner. Das Vergleichsniveau kann durch eine Reihe von Faktoren beeinflußt werden, etwa durch die in einer Dyade erhaltenen Nutzen und Kosten, durch die Wahrnehmung der Erfahrung anderer in ähnlichen Beziehungen und durch das, was jeder der Partner legitimerweise in alternativen Beziehungen glaubt erwarten zu können.

Thibaut und Kelley behaupten, daß das Vergleichsniveau allmählich ansteige, wenn sich die Ergebnisse der Dyadenmitglieder zunehmend verbessern, oder daß es absinke, wenn sie sich verschlechtern.[80] Dieser Anstieg des Vergleichsniveaus in Abhängigkeit von dem erhaltenen Gewinn mag dem allgemein bekannten Phänomen zugrunde liegen, daß die Befriedigung nach einer anfänglichen Intensität, die viele Beziehungen in ihren Anfangsstadien, etwa eine Verliebtheit in einen Angehörigen des anderen Geschlechts, charakterisiert, merklich abfällt. Ähnlich kann ein Absinken des Vergleichsniveaus in dem Fall, daß Ergebnisse reduziert werden, gut erklären, wieso jemand in Situationen Befriedigung findet, wo er es niemals erwartet hatte. Das allgemein bekannte Phänomen des Neides, der aufkommt, wenn die Ergebnisse einer anderen Person im Verhältnis zu den eigenen verbessert werden, kann als ein Anstieg des Vergleichsniveaus interpretiert werden, welcher durch die Wahrnehmung der verbesserten Ergebnisse der anderen Person zustande gekommen ist. Besonders wenn der andere ein Partner in einem Austauschprozeß ist, kann mit einem solchen Neidgefühl ein starkes Ungerechtigkeitsgefühl ein-

---

[80] Thibaut & Kelley, 1959

hergehen.

Die Diskussion hat Faktoren kenntlich gemacht, die das Affektniveau beeinflussen; sie hat sich aber nicht mit den Determinanten der Dauerhaftigkeit einer Beziehung befaßt. Offensichtlich ist die affektive Einstellung bedeutsam für die Dauerhaftigkeit. In den meisten Beziehungen gibt es einen Zusammenhang zwischen einer positiven affektiven Einstellung und der Dauerhaftigkeit einer Beziehung; in einigen ist dies aber nicht der Fall. Man kann Beziehungen aufrechterhalten, selbst wenn die erhaltenen Ergebnisse unter dem eigenen Vergleichsniveau liegen und man eher von dem Partner abgestoßen als angezogen wird.

Die lieblose Ehe ist so ein Fall. Das Paar bleibt zusammen, selbst wenn die erhaltenen Befriedigungen unter dem Niveau liegen, das positive Anziehung bringen würde. Sie tun dies, weil sie einsehen, daß in den verfügbaren Alternativen die Kosten größer oder der Nutzen geringer sind. Eine Ehefrau, deren Ergebnisse unter ihrem Vergleichsniveau liegen, kann das Gefühl haben, keine Chance zu haben, einen besseren Ehemann zu bekommen, und daß ohne einen Mann ihre Aussichten auf eine adäquate Unterstützung für sie und die Kinder trüb sind. Zu anderen Kosten, die eine Fortsetzung solcher Beziehungen bewirken, gehören Schuldgefühle, den Kindern den Vater fortzunehmen, religiöse Sanktionen und die Furcht vor Einsamkeit. Thibaut und Kelley erklären solche Bedingungen durch das *Vergleichsniveau für Alternativen.* [81] Solange wie eine Beziehung Ergebnisse liefert, die über dem Vergleichsniveau für Alternativen liegen, wird sie weiterbestehen, selbst wenn diese Ergebnisse unter dem Vergleichsniveau liegen und die Partner nicht voneinander angezogen werden.

Zusammenfassung: Austauschtheorie und interpersonale Attraktivität Die Austauschtheorie legt den Schwerpunkt eher auf die Beziehung zwischen Individuen als auf die Individuen selbst und eher auf den Prozeß als auf die strukturellen Aspekte einer Beziehung. Die Austauschtheorie sieht die interpersonale Attraktivität als eine Funktion des Grades an, in dem man in seiner Interaktion mit anderen ein Ergebnis aus Ertrag und Aufwand erreicht, der ein gewisses Minimum übersteigt. Jegliche Aktivität einer Person, die zur Befriedigung der Bedürfnisse einer anderen beiträgt, wird als Belohnung betrachtet. Zu den Kosten gehören die Strafen, die man sich zuzieht, und bestimmte Aspekte, die einen von einer Interaktion mit anderen abschrecken, wie zum Beispiel Müdigkeit, Angst und Furcht vor Unannehmlichkeiten als auch Belohnungen, die einem durch diese Interaktion verloren gehen. Das Ergebnis aus Nutzen und Kosten muß zumindest leicht über einem Minimum liegen, das jemandem seiner Meinung nach zusteht. Dieses Vergleichsniveau wird von früheren Erfahrungen in der Beziehung und in vergleichbaren Beziehungen beeinflußt, von der Wahrnehmung, was andere in ähnlichen Beziehungen erhalten, und der Wahrnehmung von Nutzen und Kosten, die in alternativen Beziehungen erhalten werden können.

---

[81] Thibaut und Kelley, 1959

Die Austauschtheorie bietet eine Erklärung für den Zusammenhang zwischen zwischenmenschlicher Ähnlichkeit und gegenseitiger Attraktivität an. Ähnlichkeit im sozialen Hintergrund und in den Werten erzeugt für beide Mitglieder der Dyade hohen Nutzen bei geringen Kosten. Ähnlichkeit in Fähigkeiten und - in geringerem Maße auch - in Persönlichkeitseigenschaften hat vergleichbare Effekte. In einigen Fällen können verschiedenartige oder komplementäre Eigenschaften die Grundlage dafür sein, daß in der Interaktion ein hohes Nutzen-Kosten-Ergebnis erzielt wird. Die Austauschtheorie erklärt auch den Zusammenhang zwischen interpersonaler Attraktivität und der Gelegenheit zur Interaktion: Je größer die Gelegenheit zur Interaktion, desto geringer die Interaktionskosten.

In den Anfangsphasen einer Freundschaft mustert jeder in der Interaktion die anderen Mitglieder einer Gruppe und schätzt seine Ergebnisse ein. Im allgemeinen geht er mit jenen eine Beziehung ein, mit denen er in der Interaktion die höchsten Ergebnisse erzielt. In einer Dyade beginnt dann ein Prozeß des Verhandelns: man entlockt dem anderen Nutzen im Austausch für das eigene belohnende Verhalten, welches man ihm gegenüber zeigt -, ein Prozeß, der eine Maximierung von Ertrag und Minimierung von Aufwand zum Ziel hat. Die Ausmusterung von Interaktionen und die Einschätzung von Ergebnissen wird durch das Commitment an die Beziehung zu einer bestimmten Person stark reduziert.

In intensiveren Beziehungen, etwa bei Verliebten, sind die Gedanken und Gefühle sozial definiert. Beim Verliebtsein ist die besondere Art von Befriedigung wichtig, die durch Interaktionen bei gegenseitiger Attraktivität entstehen. Am Ende nehmen die Erträge, die vom Partner geliefert werden, den Charakter der Ausschließlichkeit an.

Bestimmte Bedingungen erzeugen eine erhöhte Bereitschaft, sich zu verlieben. Ein geringes Vergleichsniveau für emotionale Unterstützung ist geeignet, die Bereitschaft, sich zu verlieben, zu erhöhen. Ein solches Vergleichsniveau kann sich durch zeitweilige Rückschläge verschiedenster Art einstellen, durch einen allgemeinen Zustand der Unsicherheit, durch eine in die Brüche gegangene Liebesbeziehung oder eine Scheidung oder durch einen allmählichen Abfall der Ergebnisse, für den eine ganze Menge von Faktoren verantwortlich sein kann.

Ertrag und Aufwand können sich ändern auf Grund (1) vergangener Austauschprozesse, welche die Kosten-Nutzen-Werte gegenwärtiger Verhaltensweisen ändern, (2) von Veränderungen in den Eigenschaften der Dyadenmitglieder, die durch Übung, Ausbildung oder andere Erfahrungen eingetreten sind, (3) von Änderungen in den äußeren Umständen, die neue Erträge und Aufwand entstehen lassen und den Wert der alten modifizieren, (4) von Faktoren, die im Verlauf der Beziehung selbst entstanden sind, etwa durch eine größere Befriedigung in den gegenwärtigen Beziehungen als Resultat vergangener belohnender Erfahrungen in der Dyade, und (5) des gemeinsamen Auftretens mit anderen Verhaltensweisen, die andere Nutzen-Kosten-Werte haben. Das Vergleichsniveau kann sich auf verschiedene Art und Weise ändern. Es steigt an, wenn die Ergebnisse ansteigen, oder fällt ab, wenn sich die Ergebnisse verringern. Die Beständigkeit einer Beziehung ist eine gemeinsame Funktion der in der Beziehung erzielten Ergebnisse und des Vergleichsniveaus für alternative Beziehungen. Solange eine Beziehung Ergebnisse liefert, die über dem Vergleichsniveau für Alternativen liegen, wird sie fortbestehen, selbst wenn die Ergebnisse unter dem Vergleichsniveau liegen, dad durch diese Beziehung geschaffen worden ist, und die Betreffenden nicht mehr voneinander angezogen sind.

DIE AFFEKTSTRUKTUR DER GRUPPE

Im Zentrum der Diskussion stand bisher hauptsächlich die Dyade. Im verbleibenden Teil dieses Kapitels befassen wir uns mit größeren Gruppen und untersuchen die Sympathie- und Antipathiebeziehungen, die die *Affektstrukturen* solcher Gruppen bilden. Zuerst wird die *soziometrische Methode*, eine Methode zur Untersuchung von Affektstrukturen, betrachtet, und dann werden wir uns einigen Prozessen zuwenden, die mit diesen Strukturen in Zusammenhang stehen.

Die soziometrische Methode

Jede Gruppe von Menschen, die man über eine gewisse Zeit hinweg beobachtet, zeigt Regelmäßigkeiten in der Struktur ihrer Beziehungen. Können die Gruppenmitglieder wählen, mit wem sie sich bei einer gegebenen Aktivität zusammentun möchten, dann werden einige häufiger gewählt als andere. Ferner wählt jeder regelmäßig bestimmte Personen und ignoriert andere. Ist die Interaktion von sozial-emotionalem Verhalten bestimmt, so gründen die Wahlentscheidungen auf Sympathie oder positiven Affekten, die man dem Gewählten gegenüber hat. Die vielfältigen Anziehungskräfte unter den Gruppenmitgliedern kann man sich als Muster oder Struktur vorstellen. Die Beschreibung oder Offenlegung einer solchen Struktur kann von Nutzen sein, denn eine derartige Beschreibung sagt uns viel über die Gruppe aus. Die soziometrische Methode ist ein Verfahren, mit dessen Hilfe man ein Bild von dieser Struktur erhalten kann. Man bezeichnet sie als *Affektstruktur* oder *soziometrische Struktur*. Die soziometrische Methode und einige der frühen Analysetechniken zur Auswertung der damit erhaltenen Daten wurden von Moreno entwickelt.[82] Seine Schüler und andere Verhaltenswissenschaftler arbeiteten die Verfahren weiter aus und gebrauchten sie zur Untersuchung vielfältiger Gruppenphänomene.

---

[82] Moreno, 1953

Der soziometrische Test

Im wesentlichen ist ein soziometrischer Test ein Mittel, quantitative Daten zur Beantwortung der Frage zu erhalten, mit wem sich die Gruppenmitglieder mit Vorliebe zusammentun. In einem soziometrischen Test gibt man an, welche anderen Gruppenmitglieder man für eine besondere Aktivität oder für einen besonderen Kontext als Partner wählen oder ablehnen würde. Da die meisten Menschen gegenüber Sympathie oder Antipathie, die ihnen entgegenbracht werden, empfindlich sind, erfolgt die Durchführung eines soziometrischen Tests so, daß die Geheimhaltung der Wahlentscheidungen garantiert wird, so daß niemand Angst zu haben braucht, seine wahren Gefühle zu offenbaren. Für die Wahlentscheidung kann man fast jedes Kriterium benennen. Man kann die Gruppenmitglieder angeben lassen, welche Personen sie als Freunde bevorzugen, oder einfach, wen sie sympathisch oder unsympathisch finden. Des öfteren wird ein spezifisches Kriterium herangezogen, etwa die Wahl eines Stubenkameraden bei College-Studenten, die Wahl eines Flugkameraden bei Piloten der Luftwaffe, die Wahl eines Gruppenführers in einer Studentenverbindung oder die Wahl eines Arbeitskollegen durch Angestellte.

Die Analyse soziometrischer Daten

Die in einem soziometrischen Fragebogen gegebenen Antworten können auf verschiedene Art und Weise zusammengefaßt werden. Die vielleicht bekannteste Methode ist eine graphische Darstellung, genannt Soziogramm. Ein Soziogramm besteht aus Kreisen, die wie in Abb. 7 - 2 durch Linien oder Pfeile miteinander verbunden sind. Jeder Kreis stellt eine Person dar. Die durchgezogenen Linien in diesem speziellen Soziogramm stellen die Wahl eines Gruppenmitglieds dar, die gestrichelten Linien seine Ablehnung. Die Pfeile zeigen die Richtung der Wahl an.

Abb. 7 - 2 Muster eines Soziogramms.

Jeder Kreis stellt ein Gruppenmitglied dar. Durchgezogene Pfeile stellen die Wahl von Gruppenmitgliedern, gestrichelte ihre Ablehnung dar. (Übernommen mit Genehmigung aus M. Jahoda, M. Deutsch, S.W. Cook (Eds.). Research methods in social relations. Vol. 2, New York: Holt, Rinehart u. Winston, Inc. 1951)

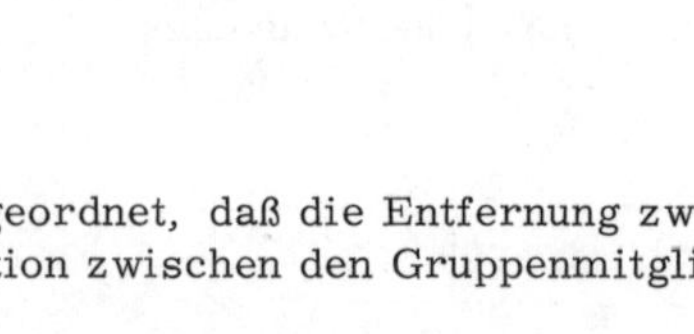

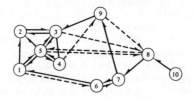

Die Kreise eines Soziogramms sind so angeordnet, daß die Entfernung zwischen ihnen den Grad der positiven Attraktion zwischen den Gruppenmitgliedern darstellt. So sind zum Beispiel die Kreise, die zwei Mitglieder darstellen, welche sich gegenseitig wählen, enger aneinandergerückt als Kreise, die zwei Personen darstellen, von denen nur die eine die andere wählt. Solche Kreise liegen wiederum enger zusammen als Kreise, die Gruppenmitglieder darstellen, von denen keines das andere wählt. In Abb. 7 - 2 ist das Paar, das aus den sich gegenseitig anziehenden Personen 2 und 3 besteht, in geringerem Abstand zueinander gezeichnet als das Paar, das aus den Personen 3 und 9 besteht, wo die Attraktivität nur einseitig ist. In ähnlicher Weise ist die Entfernung zwischen dem Paar 5 und 8 - beide lehnen sich gegenseitig ab,- größer als bei dem Paar 8 und 9, wo nur von einer Seite eine Ablehnung vorliegt.

Das Soziogramm stellt in leicht erkennbarer Form eine Anzahl von typischen Eigenschaften einer soziometrischen Struktur dar. Einige Gruppenmitglieder stehen im Schnittpunkt vieler durchgezogener Linien. Solche oft gewählten Personen bezeichnet man häufig als soziometrische Stars (siehe Person 5!). Andere, wie zum Beispiel Person 10, sind relativ isoliert, werden wenig gewählt und wählen selbst wenig andere Gruppenmitglieder. Cliquen oder Subgruppen können durch die Zusammenballung von nahe beieinander liegenden Punkten erkannt werden und auch daran, daß diese Punkte durch Linien verbunden sind, die gegenseitige Wahlen anzeigen. Ein Beispiel dafür wäre die Clique, die sich aus den Personen 1, 2, 3, 4 und 5 zusammensetzt. Abspaltungen in Untergruppen werden durch die Distanz zwischen den Gruppen dargestellt, was darauf hinweist, daß beide Gruppen sich gegenseitig ablehnen.

Obgleich ein Soziogramm leicht einen Eindruck von der Gruppenstruktur vermittelt, ist die Konstruktion eines solchen Diagramms oft das Resultat eines Versuch-und-Irrtum-Prozesses, in dem bestimmte Aspekte ausgelassen werden in dem Bestreben, eine einfache Struktur zu erhalten. Überdies sind solche Diagramme unhandlich, wenn die Zahl der Gruppenmitglieder groß ist und wenn es ihnen erlaubt ist, viele Personen zu wählen. Für diese Fälle hat man eine Vielzahl statistischer Verfahren zur Verarbeitung soziometrischer Daten entwickelt, Methoden, die zu kompliziert sind, hier dargestellt zu werden.[83]

Zusammenfassend kann man sagen, daß die soziometrische Analyse ein Mittel ist, die Gefühle einer Gruppe gegenüber ihren eigenen Mitgliedern und gegenüber anderen Gruppen quantitativ und objektiv darzustellen. Eine solche Analyse macht es möglich, objektiv zu erkennen, welche Gruppenmitglieder beliebt sind, unbeliebt sind oder ignoriert werden. Benutzt man Kriterien, die spezifischer sind als die der Sympathie oder Antipathie, so kann man andere Schlüsselpersonen entdecken, zum Beispiel Führer und Gefolgsleute oder Personen, die bedeutsame Kommunikationsverbindungen in der Gruppe herstellen. Eine solche Analyse macht es auch möglich, Cliquen innerhalb einer Gruppe zu erkennen und herauszufinden, welche Art von Gefühlen zwischen der Clique und anderen Subgruppen oder zwischen der Clique und der Gruppe als Ganzem besteht.

---

83 vgl. Forsyth & Katz, 1946; Festinger, 1949; Proctor & Loomis, 1951; Lindzey & Borgatta, 1954; Coleman & McRae, 1960; McRae, 1960; Alexander, 1963; Lindzey & Byrne, 1968

Korrelate des Wahl-Status

Die vorangegangene Diskussion der Theorien der interpersonalen Attraktivität sowie zahlreiche Untersuchungen der soziometrischen Struktur von Gruppen deuten auf eine Vielzahl von Faktoren hin, welche die soziometrischen Wahlen von Gruppenmitgliedern bestimmen. Diese können folgendermaßen zusammengefaßt werden: Man tendiert dazu, folgende Gruppenmitglieder zu wählen: (1) solche, mit denen man Gelegenheit zur häufigeren Interaktion hat, (2) solche, die Eigenschaften besitzen, die nach den Normen und Werten der Gruppe sehr wünschenswert sind, (3) solche, die einem am ähnlichsten sind in Einstellungen, Werten und den Eigenschaften des sozialen Hintergrunds, (4) solche, die einen so sehen, wie man sich selbst sieht und (6) solche, in deren Gesellschaft man eine Befriedigung seiner Bedürfnisse erlangt hat.

Austauschtheorie und soziometrische Wahl

Mit Hilfe der Austauschtheorie läßt sich erklären, warum Gruppenmitglieder, die von vielen in einem soziometrischen Test gewählt werden, die Eigenschaften haben, welche sie haben. Solche Personen müssen Eigenschaften besitzen, die beträchtlichen Ertragswert für eine merkliche Anzahl von Gruppenmitgliedern haben; ebenso muß es möglich sein, mit diesen bevorzugten Mitgliedern zu geringen Kosten in Interaktion zu treten. Die folgende Analyse zeigt, warum dies der Fall ist.

Erstens macht das bevorzugte Gruppenmitglied lohnende Interaktionen für andere leichter. Jennings erwähnt, daß Mädchen in einer Berufsschule, die häufig von anderen Gruppenmitgliedern gewählt werden, anderen helfen, andere beschützen, den Ertrag anwachsen lassen und die Kosten reduzieren, die andere Mädchen, besonders die weniger beliebten, in Interaktionen mit ihnen sowie mit anderen Gruppenmitgliedern erleben. Über die bevorzugten Gruppenmitglieder, die er Gruppenführer nennt, schreibt Jennings folgendes:

> Jede Gruppenführerin "verbessert" vom Standpunkt der Gruppenmitglieder aus durch die eine oder andere Methode das soziale Klima. Jede erweitert das soziale Feld (und indirekt ihren eigenen sozialen Raum) für die Teilnahme anderer, indem sie ihnen Aktivitäten schmackhaft macht, neue Aktivitäten einführt und die Toleranz eines Gruppenmitglieds gegenüber dem anderen fördert. Jede Führerin hat ein Gefühl dafür, wann sie tadeln und wann sie loben muß, und sie fühlt sich offensichtlich intellektuell und emotional "unwohl", wenn andere sich "unglücklich" oder "unbeachtet" fühlen.[84]

Zweitens verringert die Fähigkeit des bevorzugten Gruppenmitglieds, mit sei-

---

[84] Abgedruckt mit Druckerlaubnis aus H. H. Jennings. Leadership and isolation (2d ed.) New York: Longmans, Green & Co., Inc. 1950, S. 203. Copyright by David McKay Company, Inc.

nen eigenen emotionalen Problemen fertig zu werden, die Kosten für andere in der Interaktion mit ihm. Jennings schreibt weiter:

> Überdies scheint jede Führerin erfolgreich ihre eigenen Stimmungen kontrollieren zu können, zumindest in dem Maße, daß andere nicht in negative Gefühle der Depression oder Angst versetzt werden. Jede scheint mit sich selbst zu Rate zu gehen und anderen, außer einer oder zwei ausgesuchten Freundinnen, nicht ihre persönlichen Sorgen anzuvertrauen. Selbst unter Gruppenführerinnen ist diese sehr sorgfältige Verschwiegenheit üblich. Jede scheint fähig zu sein, schnell und wirkungsvoll eine Beziehung mit einer großen Zahl von Persönlichkeiten herzustellen und ihr Vertrauen zu gewinnen. Jede scheint in höherem oder geringerem Maße die ungewöhnliche Fähigkeit zu besitzen, sich mit anderen so zu identifizieren, daß sie sich um sie sorgt und in ihrem Interesse handelt. Durch die eine oder andere ihrer Verhaltensweisen erleichtert jede Gruppenführerin die "Bürde" anderer Gruppenmitglieder.[85]

Für eine ganz andere Bevölkerungsgruppe, nämlich für männliche College-Studenten, entsteht ein ähnliches Bild der bevorzugten Gruppenmitglieder: Sie besitzen Persönlichkeitseigenschaften, welche die Belohnungen anwachsen lassen und die Kosten für andere senken.[86] Die Ergebnisse einer Untersuchung über die Eigenschaften von Personen, die in einem soziometrischen Test abgelehnt werden, stimmen ebenfalls mit der Austauschtheorie überein.[87] Es konnte gezeigt werden, daß solche Personen dominierende, aggressive und rücksichtslose Verhaltensweisen haben, welche für andere die Kosten der Interaktion mit ihnen erhöhen.

Wahl, Gruppenfaktoren und Austauschtheorie

Die Eigenschaften von bevorzugten Gruppenmitgliedern könnten die Tatsache erklären, daß man oft in mehreren Gruppen einen ähnlichen Wahl-Status hat. Wenn man zum Beispiel einen hohen Status in einer Gruppe hat, hat man auch einen hohen in mehreren anderen Gruppen. Dies ist der Fall, weil dieselben Eigenschaften eigentlich in jeder Gruppe günstige Ergebnisse aus Ertrag und Aufwand möglich machen. Besonders dann, wenn die betreffende Person eine Eigenschaft besitzt, die von mehreren Gruppen ähnlich bewertet wird, ist ihr Wahlstatus an diesen Gruppen wahrscheinlich ähnlich. Dies tritt nicht nur auf Grund der Implikationen ein, die diese Eigenschaft oder das in Frage stehende Verhalten in bezug auf Nutzen und Kosten haben, sondern auch, weil man wahrscheinlich glaubt, die betreffende Person habe auch noch

---

85 Abgedruckt mit Druckerlaubnis aus H. H. Jennings. Leadership and isolation (2d ed.). New York: Longmans, Green & Co., Inc., 1950. S. 203 - 204. Copyright by David McKay Company, Inc.

86 Bonney, Hoblit & Dreyer, 1953; 87 Kidd, 1951

andere hoch zu bewertende Eigenschaften. Ein gutes Beispiel dafür stellt die körperliche Attraktivität dar. Es sollte nicht überraschen, daß eine Reihe von Untersuchungen gezeigt haben, daß körperliche Attraktivität eine bedeutsame Determinante von Sympathie ist.[88] Menschen, deren körperliche Eigenschaften den Normen für körperliche Attraktivität in einer bestimmten Kultur entsprechen, liefern ästhetische Belohnung für andere. Außerdem glaubt man, daß attraktive Menschen auch noch andere wünschenswerte Eigenschaften besitzen, während unerwünschte Eigenschaften unattraktiven Menschen zugeschrieben werden.[89] Drei Faktoren haben darauf Einfluß, welche individuellen Eigenschaften mit dem Wahlstatus in Zusammenhang gebracht werden: (1) die besonderen Eigenschaften der anderen Gruppenmitglieder, (2) Eigenschaften der Gruppe und (3) die allgemeine Situation, in der die Interaktion stattfindet.[90] Daß der Charakter der Gruppe den Wahlstatus beeinflußt, wird durch Homans Analyse einiger von Jennings gefundener Ergebnisse deutlich, in der die Feststellung gemacht wird, daß die Erwünschtheit von Eigenschaften davon abhängt, wer sie beurteilt.[91] Bei der Untersuchung mit den Mädchen wurden auch die Hausmütter des Internats interviewt, um festzustellen, welches Verhalten sie bei den verschiedenen Mädchen guthiessen und welches sie mißbilligten. Ein Vergleich der Personen, die häufig, selten und in einer mittleren Zahl von Fällen gewählt worden sind, legt die Vermutung nahe, daß in den m e i s t e n Fällen die Hausmütter wie die Mädchen dieselben Eigenschaften belohnend empfanden. Nach Ansicht der Hausmütter besitzen die bevorzugten Mädchen gutzuheißende Eigenschaften und jene, die am wenigsten bevorzugt werden, zu mißbilligende Eigenschaften. Homans bemerkt dazu, daß auch die A u s n a h m e n mit der Austauschtheorie übereinstimmen:

> Die wenigen Verhaltensweisen, die die Hausmütter mißbilligten, von denen sie aber oft erwähnten, daß sie bei den sehr häufig Gewählten (den bevorzugten Gruppenmitgliedern) zu finden seien, waren genau die Verhaltensweisen, bei denen die Mädchen selbst geneigt waren, sie als weit günstiger zu betrachten. Ihr rebellierendes Verhalten, beschrieben als "Weigern, das zu tun, was von einer Autoritätsperson gefordert wird", ihr Verhalten als Initiatoren (Verhalten, das als zu selbstbestimmend und zu selbstvertrauend betrachtet wird") und ihre Verschwiegenheit ("kommt nicht mit persönlichen Problemen zur Hausmutter") ist sicherlich charakteristisch für unabhängige Mädchen, die bereit sind, ihre Kameradinnen zu führen und sie zu unterstützen, wenn sie sich bisweilen gegen die Hausmutter zur Wehr setzten. Wenn - kurz gesagt - die Hausmütter die meisten Aktivitäten der sehr häufig Gewählten für belohnend hielten, so hielten wahrscheinlich die Mädchen selbst all ihre Aktivitäten für belohnend. Und je wertvoller für die anderen Gruppenmitglieder die Aktivitäten waren, die ein Mädchen zeigte, desto höher war die Achtung, die ihr entgegengebracht wurde.[92]

---

[88] Walster, Aronson & Abrahams, 1966; Byrne, Lendon & Reeves, 1968; Stroebe, Insko, Thompson & Layton, 1971

[89] Berscheid & Walter, 1972a, 1972b; [90] Jennings, 195/; Bonney et al. 1953

91 Homans, 1961; 92 Homans, 1961, S. 160

Eine Eigenschaft kann mit dem Wahlstatus auch deshalb in Zusammenhang stehen, weil durch sie das Erreichen irgendeines Ziels, das die Gruppenmitglieder gemeinsam haben, erleichtert wird. Eigenschaften, die häufig mit der Führerschaft in einer Gruppe in Verbindung stehen, wie etwa Intelligenz, Wissen und Aggressivität, können zur Beliebtheit in einer Situation führen, wo die Ausführung einer bestimmten Aufgabe für die Gruppe einen hohen Ertrag bedeutet.

Sind die individuellen Eigenschaften bestimmte Einstellungen, so haben jene, deren Einstellungen den Gruppennormen entsprechen, einen hohen Wahlstatus. Eine Form des Ertrags, den man in der Interaktion erhalten kann, ist die Validierung durch Übereinstimmung. Diejenige Person, deren Einstellungen und Verhaltensweisen den Normen entsprechen, liefert vielen anderen in der Gruppe Erträge zu sehr geringen Kosten für sich selbst. Sie tut dies, weil Normen, die sich auf die für Gruppenmitglieder bedeutsamen Einstellungsobjekte beziehen, per definitionem einer großen Zahl von Gruppenmitgliedern gemeinsam sind.

Elemente der Struktur

Das Wahlkriterium und die Struktur Sowohl die Affektstruktur, die durch einen soziometrischen Test aufgedeckt wird, wie auch die Korrelate des Wahlstatus hängen teilweise von dem in einem soziometrischen Fragebogen benutzten Wahlkriterium ab. In ihrer ersten Arbeit fand Jennings, daß die Wahlstruktur verschieden war, je nachdem, ob es um die Wahl von Partnern für Freizeit, Arbeit oder Zusammenleben ging.[93] Die Analyse der Gründe, die ihre Versuchspersonen für die Wahl oder Ablehnung von Personen gaben, läßt zweierlei Wahlgrundlagen vermuten. Bei dem Kriterium Freizeitgestaltung wählten die Versuchspersonen jemanden, der ihre sozial-emotionalen Bedürfnisse befriedigen konnte, etwa das Bedürfnis nach Unterstützung der Eigenvorstellung, das nach Validierung der eigenen Weltanschauung usw. Wahlentscheidungen, die an dem Kriterium des Zusammenlebens oder Zusammenarbeitens ausgerichtet waren, scheinen von der Gruppenrolle der einzelnen abhängig zu sein, von ihren Beiträgen zum reibungslosen Funktionieren der Gruppe, von ihrer Konformität gegenüber Gruppenstandards usw.

Jennings spricht von Psychegruppe, wenn sie die Struktur meint, welche durch den Gebrauch des Freizeit-Kriteriums aufgedeckt wird, und von Soziogruppe, wenn sie jene meint, die durch den Gebrauch des Kriteriums des Zusammenarbeitens und Zusammenlebens aufgedeckt wird. Diese beiden Begriffe sind ganz einfach analytische Schemata, die zwei verschiedene Grundlagen einer Wahl zum Ausdruck bringen. Eine in irgendeiner Situation vorgenommene Wahl spiegelt beide Aspekte im gewissen Grade wider. Es ist trotzdem nützlich, die Unterscheidung zu beachten, weil die Wahlgrundlage bestimmte Züge der Struktur mitbedingt.

---

93 Jennings, 1950

Jennings fand zum Beispiel, daß Psychegruppen im Gegensatz zu Soziogruppen durch stärkere Gegenseitigkeit der Wahlen ausgezeichnet sind: jeder wählt weniger Gruppenmitglieder, aber die Wahl ist häufiger gegenseitig. Unter den über 400 Mädchen in einer staatlichen Institution beruhten ungefähr 70 % der nach dem Freizeit-Kriterium getroffenen Wahlen auf Gegenseitigkeit. Im Gegensatz dazu beruhten bei einem Kriterium des Zusammenlebens und -arbeitens nur 35 % der Wahlen auf Gegenseitigkeit. Außerdem waren die getroffenen Wahlen gleicher verteilt, wenn ein Freizeit-Kriterium benutzt wurde: Weniger Personen vereinigten eine große Zahl von Wahlstimmen auf sich und mehr Personen erhielten zumindest eine Wahlstimme.

Diese Befunde hätte man nach dem in der obigen Diskussion über die interpersonelle Attraktivität und die Art des Unterschieds zwischen den Grundlagen der Attraktivität in einer Psychegruppe und einer Soziogruppe Gesagten erwarten können. Wenn das Kriterium dem einer Soziogruppe entspricht, müßten die Wahlen aller Mitglieder auf ein paar Personen konzentriert sein, deren Gruppenrolle entscheidend ist. Erfolgt die Wahl anderer nach dem Psychegruppen-Kriterium, so müßten die Wahlen breiter über die Mitglieder gestreut sein, da die Bedürfnisse der Gruppenmitglieder deutlich verschieden sind. Die Gegenseitigkeit der Wahl müßte auch in einer Psychegruppe schon deshalb höher sein, weil die Gegenseitigkeit der Wahl mit der Befriedigung sozial-emotionaler Bedürfnisse in Zusammenhang steht.

E i g e n s c h a f t e n d e r G r u p p e n m i t g l i e d e r u n d d i e G r u p p e n s t r u k t u r   Bei einem gegebenen Kriterium wird die Affektstruktur durch die Verteilung der Bedürfnisse und Befriedigungsmöglichkeiten der beteiligten Personen beeinflußt. Welche Eigenschaften relevant werden, hängt zum Teil von den besonderen Persönlichkeiten ab und anderen Eigenschaften der beteiligten Personen und von den Alternativen, die ihnen für eine Bedürfnisbefriedigung offen stehen, wie auch von den Erfordernissen der Situation. Die Situation wirkt sich auf die resultierende Struktur aus, indem sie die Relevanz der individuellen Eigenschaften und die Häufigkeit und Leichtigkeit der Interaktion bestimmt. Außerdem hängt die Entscheidung, welche Eigenschaften relevant sind, teilweise von der Vorgeschichte der Gruppe ab und von den Werten, die in diesem historischen Prozeß entstanden sind. Eine der Newcomb' schen Gruppen begann sich sehr früh in zwei Gruppen aufzuspalten, und zwar nach städtischer oder ländlicher Herkunft. [94] Die Aufspaltung wurde geschaffen durch die Entwicklung von Stereotypen, die die Mitglieder jeder Gruppe voneinander hatten. Die Stereotypen beschleunigten den Prozeß der weiteren Trennung von der Fremdgruppe und erhöhten die Attraktivität der Eigengruppe, indem sie den Gruppenmitgliedern Wahrnehmungsschemata für Ähnlichkeiten und Unterschiede lieferten, die auf die interpersonale Attraktivität einen Einfluß hatten.

Keine Analyse, die sich allein auf die Eigenschaften der Gruppenmitglieder stützt, wird eine vollständige Erklärung des Wahlverhaltens liefern.

---

[94] Newcomb, 1961

Ein Grund dafür besteht darin, daß man nicht genau die Eigenschaften der anderen erfassen kann, und ein anderer liegt darin, daß die entstehende Endstruktur immer ein Kompromiß ist. Die Gruppenstruktur strebt nach einem Gleichgewicht, in dem die Position jeder Person in der Affektstruktur die beste ist, die sie, was ihre Ergebnisse aus Nutzen und Kosten angeht, erreichen kann. Zwei einzelne Aspekte der soziometrischen Struktur, die Entwicklung der Gegenseitigkeit und die Tendenz, Personen zu wählen, die den gleichen Wahlstatus haben wie man selbst, sind ein Ergebnis dieses Kompromißprozesses oder Strebens nach einem Gleichgewichtszustand.

Mit der Zeit wird die interpersonale Attraktivität zunehmend eine gegenseitige. Newcomb fand in der genannten Gruppenstudie, daß die Gegenseitigkeit mit zunehmender Bekanntschaft größer wird, besonders unter Personen, die nicht übermäßig beliebt oder unbeliebt waren.

Newcomb meint, daß diese Befunde in Übereinstimmung stehen mit dem Prinzip, daß Systeme zu einem ausbalancierten Zustand tendieren. Wenn wir annehmen, daß unser gemeinsamer Orientierungsschwerpunkt das Selbst ist, und wenn wir weiterhin annehmen, daß man sich selbst gewöhnlich positiv bewertet, so ist die Wahrnehmung, daß ein anderer, den man sympathisch findet, diese Gefühle nicht erwidert, spannungserzeugend. Eine solche Spannung könnte durch die Abnahme des Gefühls des Angezogenseins von diesem Menschen reduziert werden. Man würde in ähnlicher Weise Spannung empfinden, wenn man feststellen müßte, daß ein anderer Mensch, dem gegenüber man wenig Gefühle hat, für einen eine echte Zuneigung empfindet. Ein ausbalancierter Zustand wäre erreicht, wenn diesem Menschen gegenüber warmherzige Gefühle entwickelt würden.

Damit im Zusammenhang steht die Tendenz, daß man solche Menschen wählt, die einem im Wahlstatus gleich sind. Nach Homans spiegelt sich diese Tendenz in den Befunden von Jennings wider, nach denen die Mädchen als Freizeit-Partner solche Mädchen wählten, die ihnen in ihrem Arbeits- und Lebensstil ähnlich waren.[95] Homans Überlegung stützt sich auf die Beziehung zwischen Positionen in zwei verschiedenen soziometrischen Strukturen, wovon eine die persönliche Sympathie oder Anziehung widerspiegelt und die andere die Bewertung der Beiträge der betreffenden Person für die Gruppe. Aber die Arbeit von Newcomb wie auch die von Backman und Secord, die ebenfalls Daten zur Unterstützung der These veröffentlicht haben, daß gegenseitig sich anziehende Gruppenmitglieder die Tendenz nach Gleichheit im Wahlstatus haben, legt nahe, daß bei dem undifferenzierten Kriterium der Sympathie solche Personen, die im Attraktivitätsstatus gleich sind, bevorzugt werden.[96] Gegenseitigkeit und die Wahl von Partnern, die dem Wählenden im Wahlstatus ähnlich sind, können als ein Ergebnis der Stabilisierung der Beziehungen betrachtet werden, wobei jede Person die für sie bestmöglichen Ergebnisse aus

[95] Homans, 1961; Jennings, 1950; [96] Newcomb, 1961; Backman & Secord, 1964

Nutzen und Kosten erhält. Eine andere Untersuchung zeigte, daß man sich bei der Aufgabe, über die mögliche Freundschaft mit hypothetischen Personen ein Urteil abzugeben, am ehesten solche Reiz-Personen auswählt, die einem im Status am ähnlichsten sind.[97] Einige Untersuchungen haben gezeigt, daß jemand mit niedrigem Status eher Personen mit höherem Status wählt als mit gleichem Status.[98] Derartige Wahlentscheidungen spiegeln jedoch eher einen einseitigen Wunsch wider, sich mit einer Person zusammenzutun; sie sind kein Indikator für die stabile Freundschaftsstruktur einer Gruppe.

Eine Analyse bestimmter Abweichungen von dem erwähnten Gleichgewichtszustand einer Gruppe sollte die Bestrebungen nach einem Gleichgewichtszustand sichtbar machen. Zwei Annahmen wurden gemacht. Die eine lautet, daß die nach dem Wahlstatus aufgestellte Rangordnung der Gruppenmitglieder die Rangordnung der Werte darstellt, die ihrem Verhalten und ihren Eigenschaften verliehen werden. Eine zweite Annahme, die aus der Definition des Wahlstatus folgt, lautet: Die Rangordnung des Wahlstatus spiegelt die Menge an alternativen Beziehungen wider, die jedem Gruppenmitglied gegeben sind. Je größer die Zahl derer ist, die eine bestimmte Person wählen, desto größer die Zahl jener, die gewillt sind, eine Beziehung mit ihr einzugehen.

Betrachten wir zuerst den Fall, daß sich Person A, die einen geringen Status hat, von Person B, die einen hohen Status hat, angezogen fühlt. Die Chance, eine beidseitig zufriedenstellende Beziehung zu entwickeln ist gering, weil beide wahrscheinlich Ergebnisse erzielen werden, die geringer ausfallen als die in alternativen Beziehungen erreichbaren. Wahrscheinlich ist der Profit von B in einer solchen Beziehung relativ gering, weil A's Verhalten von geringem Wert ist. In diesem Falle würden wir erwarten, daß B die Beziehung nicht fortsetzt.

Unter bestimmten Umständen könnte es B möglich sein, A zu einem Verhalten zu veranlassen, das für B von hohem Wert ist. Da aber A einen niedrigen Wahlstatus hat, ist ein derartig wertvolles Verhalten nicht typisch für sie und würde normalerweise nur zu hohen Kosten für A erbracht werden können. Wäre dies der Fall, so würden die Erträge für A niedrig sein, und A würde sich von der Beziehung zurückziehen. Eine derartige Beziehung würde nur aufrechterhalten in Fällen, wo die oben gemachten Annahmen nicht zutreffen; zum Beispiel in dem Fall, wo einige Aspekte von A's Verhalten von besonderer Bedeutung für B sind, aber nicht für andere, oder wo dieses Verhalten von A zu geringen Kosten erbracht werden kann, oder schließlich in solchen Fällen, wo B entweder durch ungenaues Erfassen seiner Alternativen oder durch die Macht der Umstände davon abgehalten wird, wertvollere Alternativbeziehungen aufzubauen.

Die Tatsache, daß das Streben nach Gegenseitigkeit und Gleichheit des Wahl-

---

97 Triandis, Vassiliou & Thomanek, 1966

98 Hurwitz, Zander & Hymovitch, 1960; Tagiuri, Kogan & Long, 1958

status ziemlich früh bei der Gruppenbildung bei den Wählenden zu beobachten ist, besonders beim Vorhandensein starker Anziehungskräfte, läßt vermuten, daß man eine relativ große Erfahrung bekommt in der Abschätzung seiner Chancen für zufriedenstellende Ergebnisse in einer Beziehung. Dies geht unzweifelhaft auf früher gemachte Erfahrungen in Beziehungen mit Personen von deutlich verschiedenem Status zurück, die zu geringen Erträgen geführt hatten. Wahrscheinlich stellen Episoden der Verliebtheit im Jugendalter, die durch einen Mangel an Gegenseitigkeit und Gleichheit charakterisiert sind, ein nützliches Training dar, das bewirkt, daß man um jene wirbt und sich in jene verliebt, deren Wert auf dem Heiratsmarkt ungefähr dem eigenen entspricht. Einige experimentell erbrachte Beweise stimmen mit diesen Spekulationen überein. Bei der Wahl von Arbeitskollegen in einem Laborexperiment und bei der Wahl von Zimmergenossen schienen die von den Versuchspersonen getroffenen Wahlen einen Kompromiß widerzuspiegeln zwischen dem Grad der Erwünschtheit der anderen Person und einer Einschätzung ihrer Verfügbarkeit.[99] Vermutlich hatten die einzelnen Personen gelernt, daß das Streben nach zu hohen Zielen zur Zurückweisung oder einer unbefriedigenden Beziehung führt. In einer Untersuchung fand man keinen Hinweis auf einen Kompromißprozeß.[100] College-Studenten, die eine Tanzveranstaltung besuchten, und dort nach Zufall zu Paaren zusammengestellt wurden, zeigten dieses Bestreben nicht. Sie wünschten sich solche Partner und fanden solche Partner sympathisch, die körperlich attraktiver waren; aber im Gegensatz zu den Erwartungen beeinflußte ihre eigene Attraktivität nicht ihre Wahlentscheidung. Vielleicht dämpfte die Neuartigkeit der Situation und die Tatsache, daß die Situation für sie keine ernsthafte Bindung bedeutete, die Tendenz, sich bei der Wahl durch realistische Erwägungen leiten zu lassen. In einer neueren Studie wurden die einzelnen Teilnehmer gebeten, Bilder von unterschiedlich attraktiven Personen nach ihrer Erwünschtheit in einer ganzen Reihe von Aspekten, unter anderem auch nach ihrer Erwünschtheit als Rendezvous-Partner, in eine Rangreihe zu bringen.[101] Verglichen mit Versuchspersonen, die sich selbst als attraktiv einschätzten, dachten jene, die sich selbst als unattraktiv einschätzten, eher daran, unattraktive Personen als Rendezvous-Partner zu nehmen statt attraktive.

Der Kompromißprozeß besteht also aus Anpassungsvorgängen in Beziehungen unter Gruppenmitgliedern. Diese tendieren in Richtung eines Gleichgewichtszustandes, in dem für jede Person die bestehenden Ergebnisse aus Nutzen und Kosten maximiert sind. Dieser Balancezustand ist charakterisiert durch viele gegenseitige Wahlen, besonders zwischen Personen, die im Wahlstatus gleich sind.

K o h ä s i o n Wie bereits erwähnt, ziehen sich die Mitglieder einer Dyade in dem Maße an, in dem ihre Ergebnisse aus Nutzen und Kosten ihr Vergleichsniveau übersteigen. Jedoch kann man selbst dann in einer Beziehung bleiben,

---

99 Rosenfeld, 1964; Bechtel & Rosenfeld, 1966

100 Walster et al., 1966; 101 Stroebe et al., 1971

wenn die erhaltenen Ergebnisse unter das Vergleichsniveau sinken und man nicht länger angezogen wird. Man bleibt so lange in der Beziehung, wie die Erträge über dem Vergleichsniveau für Alternativen liegen. In diesem Falle ist die bindende Kraft nicht Attraktivität, sondern das Bewußtsein, die Ergebnisse in der Beziehung seien besser als jene, die außerhalb der Beziehung erreichbar sind. Bei Gruppen, die aus mehr als zwei Personen bestehen, wird der Begriff Kohäsion zur Bezeichnung der Kräfte benutzt, die Gruppenmitglieder veranlassen, in der Gruppe zu bleiben. Obgleich Kohäsion generell mit der Attraktivität einer Gruppe gleichgesetzt wird, läßt sich aus unserer vorangegangenen Analyse erschließen, daß diese Interpretation in mancherlei Hinsicht nicht adäquat sein kann. Über die Grundlagen der Anziehungskraft einer Gruppe ist eine Vielzahl von Hypothesen aufgestellt worden. Diese lassen sich in eine von drei Kategorien einteilen.[102]

1. Die Grundlage der Anziehungskraft einer Gruppe kann die Interaktion selbst sein. Die Interaktion hat für ihre Teilnehmer hohe Nutzen-Kosten-Erträge zur Folge, weil die Bedürfnisse verschiedener Gruppenmitglieder komplementärer sind, ihre Interessen und Einstellungen ähnlich sind und weil die Organisation der Gruppe und die Situation, in der die Interaktion stattfindet, zu einer kooperativen, freundlichen Interaktion führen. So können sich zum Beispiel die Mitglieder einer politischen Aktionsgruppe an einem Gedankenaustausch erfreuen, weil sie ähnliche Werte haben.

2. Die Gruppenmitglieder können sich zur Gruppe hingezogen fühlen, weil jeder einzelne die Gruppenaktivitäten *an sich* lohnenswert findet. Beispiele dafür sind Gruppen, die mit dem Zweck gebildet worden sind, einer bestimmten Freizeittätigkeit oder einem Hobby nachzugehen, etwa Golf, Tennis oder Schach. In einer solchen Gruppe hat jedes Mitglied an der Aktivität selbst Spaß.

3. Eine Gruppe kann auf ihre Mitglieder deshalb eine Anziehungskraft haben, weil die Mitgliedschaft ein Mittel ist, andere Ziele zu erreichen. Die Gruppenmitglieder können der Meinung sein, daß ein bestimmtes Ziel, etwa die Durchsetzung des Erlasses eines bestimmten Gesetzes, nur durch eine Gruppenaktion erreichbar ist. Oder die Mitgliedschaft ist vielleicht eine Bedingung für ein günstiges Nutzen-Kosten-Ergebnis, und zwar durch den Status, den man durch sie unter Leuten außerhalb der Gruppe erreichen kann.

Diese Aussagen über die Grundlagen der Kohäsion sind in einer Kohäsionstheorie zusammengefaßt worden, die die Anziehungskraft einer Gruppe auf eine bestimmte Person als eine Funktion von vier interagierenden Variablenreihen erklärt:[103] (1) durch die Motivationsgrundlage einer Person, die die Gruppe für sie attraktiv macht; d. h. durch ihre Bedürfnisse und Werte, die von den Gruppenmitgliedern befriedigt werden können; (2) durch die Anreize, die eine Gruppe bietet, wozu die Ziele, Programme, Aktivitäten und Eigenschaften der Gruppenmitglieder gehören, die für die Motivationsgrundlage der Person relevant sind; (3) durch ihre Erwartung, eine tatsächliche Mit-

---

102 Thibaut, 1950; Festinger & Kelley, 1951; Libo, 1953; Cartwright & Zander, 1960;

103 Cartwright, 1968

gliedschaft werde günstige oder ungünstige Ergebnisse erbringen und (4) durch ihr Vergleichsniveau. Während der Erforschung der ersten beiden Variablenreihen viele Untersuchungen gewidmet sind, gibt es über die letzten beiden nur wenige. Die Darstellung der Austauschtheorie sollte die Bedeutung des Vergleichsniveaus der Gruppenmitglieder unterstreichen. Die Berücksichtigung eines damit in Zusammenhang stehenden Konzepts, das des Vergleichsniveaus für Alternativen, legt die Vermutung nahe, daß die Gesamtheit der Kräfte, die auf die Gruppenmitglieder einwirken, nicht nur eine Funktion der Attraktivität der Gruppe, sondern auch der in alternativen Beziehungen außerhalb der Gruppe erreichbaren Ergebnisse ist.

Einige Gruppen zeigen hohe Kohäsion, obgleich ihre Mitglieder geringe Nutzen-Kosten-Ergebnisse aufweisen. Eine Baseball-Mannschaft, die an fünfter Stelle steht, kann dennoch einen guten Mannschaftsgeist haben. Die Attraktivität unter den Gruppenmitgliedern kann höher sein, als man es auf der Basis der erhaltenen Ergebnisse erwartet hätte. Dies ist deshalb vorstellbar, weil das Ergebnis in Relation zum Vergleichsniveau betrachtet werden muß. Wenn die Mannschaft bisher immer den letzten Platz belegt hatte, geben sowohl das früher erreichte niedrige Ergebnisniveau als auch die Berücksichtigung dessen, was nach der Feststellung der Mannschaft andere ähnliche Spieler erreichen, einen Hinweis auf ein niedriges Vergleichsniveau. Da die Attraktivität einer Gruppe eine Funktion des Grades ist, in dem ihre Ergebnisse über dem Vergleichsniveau liegen, kann interpersonelle Attraktivität unter den Mitgliedern der Mannschaft, die den fünften Platz belegt, sogar höher sein als dies von ihrem Rangplatz allein zu erwarten wäre.

Ähnlich können Menschen an einer Beziehung festhalten, selbst wenn die Anziehungskraft fehlt und ihr Ergebnis unter das Vergleichsniveau sinkt. Dies kommt jedoch nur dann vor, wenn ihre Ergebnisse über dem Vergleichsniveau für Alternativen bleiben. Sie bleiben in der Gruppe, weil sie erkennen, daß ein Verlassen der Gruppe ein noch geringeres Ergebnis zur Folge haben würde. Die Einbeziehung der Variable Erwartung in die obige Theorie hilft, Veränderungen der Gruppenkohäsion zu erklären, die sonst verwirrend sein könnten. So kann sich die Gruppenkohäsion oft ändern, nicht weil die Fähigkeit der Gruppe, die Bedürfnisse ihrer Mitglieder zu befriedigen, sich geändert hat, sondern weil die Erwartungen der Gruppenmitglieder eine Änderung erfahren haben. In den Anfangsphasen des Bestehens einer Gruppe haben die Gruppenmitglieder vielleicht unrealistisch hohe Erwartungen und halten so ein höheres Kohäsionsniveau aufrecht als das, was formal erreicht worden wäre, wenn die Erwartungen durch Erfahrung realistischer wären.

Zusammenfassung: Die Affektstruktur der Gruppe

Der Schwerpunkt dieses Abschnitts lag auf der Struktur von Sympathie und Antipathie zwischen Gruppenmitgliedern. Durch die an die Gruppenmitglieder herangetragene Bitte, anzugeben, wen von den anderen Mitgliedern sie am liebsten als Partner haben würden, kann man verschiedene graphische und quantitative Beschreibungen der Affektstruktur einer Gruppe erhalten. Diese Technik ist nützlich, wenn man Auskunft darüber haben möchte, wer sehr beliebt und wer in der Gruppe relativ isoliert ist. Durch sie kann man auch Cliquen erkennen und andere Aspekte einer Gruppe, etwa das Gruppenklima. Wegen der Wichtigkeit der Affektstruktur haben viele Wissenschaftler die Faktoren untersucht, die die Partnerwahl bestimmen. Empirische Befunde weisen darauf hin, daß Gruppenmitglieder geneigt sind, solche Personen als Partner zu wählen, (1) mit denen sie eine größere Gelegenheit zur Interaktion haben, (2) die die wünschenswertesten Eigenschaften besitzen, gemessen an den Normen und Werten der Gruppe, (3) die ihnen in Einstellungen, Werten und Eigenschaften des sozialen Hintergrundes am ähnlichsten sind, (4) von denen sie glauben, daß sie selbst von diesen gewählt würden oder daß diese ihnen günstige Eigenschaften zuordnen, (5) von denen sie so gesehen werden, wie sie sich selbst sehen, und (6) in deren Gesellschaft ihre Bedürfnisse am besten befriedigt werden. Diese empirischen Befunde stimmen mit den Voraussagen der Austauschtheorie überein.

Eine Variation der soziometrischen Struktur beruht auf einer Reihe von Faktoren. Erfolgt die Wahl auf Grund eines Freizeit-Kriteriums, so ist die Struktur stärker durch gegenseitige Wahlen und gleichartige Verteilung der Wahlstimmen charakterisiert. Erfolgt die Wahl auf Grund eines Arbeits-Kriteriums, so sind die Wahlstimmen stärker auf ein paar Personen konzentriert, die eine entscheidende Rolle bei der Ausführung der Aufgabe spielen. Die entstehende Gruppenstruktur kommt durch einen Kompromißprozeß zustande. In diesem Prozeß erfolgen Anpassungsleistungen in den Beziehungen unter den Gruppenmitgliedern; diese gehen in Richtung eines Gleichgewichtszustandes, in dem das Nutzen-Kosten-Ergebnis jeder Person maximiert wird. Dieser Balance-Zustand ist charakterisiert durch gegenseitige Wahlen, besonders zwischen Personen, die im Wahlstatus gleich sind.

Kohäsion steht in Zusammenhang mit der Affektstruktur einer Gruppe. Der Begriff Kohäsion deutet auf Kräfte hin, die bewirken, daß Gruppenmitglieder in der Gruppe bleiben. Diese bestehen teilweise aus Anziehungskräften, die drei verschiedene Grundlagen haben: (1) hohe Ergebnisse aus Ertrag und Aufwand, die direkt der Interaktion der Gruppenmitglieder entstammen, (2) Gruppenaktivitäten, die in sich selbst eine Belohnung darstellen und (3) Mitgliedschaft in der Gruppe als Mittel zur Erreichung anderer Ziele. Die Attraktivität einer Gruppe basiert auch auf dem Vergleichsniveau der Gruppenmitglieder, und die Gesamtkraft, die die Gruppenmitglieder veranlaßt, in der Gruppe zu bleiben, ist nicht nur eine Funktion der Attraktivität der Gruppe, sondern auch der Ergebnisse in alternativen Beziehungen außerhalb der Gruppe.

KAPITEL 8

SOZIALE MACHT

Im letzten Kapitel wurde gezeigt, daß man die Gesamtheit der sozialen Interaktion erfassen und ein spezielles Merkmal, wie etwa Affekt oder Gefühl, auswählen kann. In diesem Kapitel widmen wir uns dem Thema der sozialen Macht. Betrachten wir einmal die Beziehungen in den folgenden Dyaden: Direktor und Angestellter, Offizier und Soldat, Eltern und Kind, Politiker und Wähler, Doktor und Patient, Lehrer und Schüler. All diese Dyaden haben einen gemeinsamen Wesenszug: Eines der Dyadenmitglieder hat mehr soziale Macht als das andere. Das gleiche kann von den Mitgliedern fast jeder Gruppe gesagt werden, denn die soziale Macht ist selten unter den Gruppenmitgliedern gleich verteilt. Man kann auch von der relativen sozialen Macht zweier Gruppen sprechen. Unsere Diskussion wird sich jedoch primär mit der sozialen Macht beschäftigen, die sich in der Interaktion zwischen zwei Personen oder unter den Mitgliedern von Kleingruppen manifestiert, weil das Interesse der Sozialpsychologie dieser Ebene sozialen Lebens gilt und weil es wenig Forschungsarbeiten gibt über die soziale Macht in größeren sozialen Einheiten.

Soziale Macht ist eine Eigenart der Beziehung zwischen zwei oder mehr Personen und kann am besten mit Hilfe der Austauschtheorie verstanden werden. Eine vorläufige Definition von sozialer Macht könnte lauten: Die Macht einer Person P über eine Person O ist eine gemeinsame Funktion ihrer (P's) Fähigkeit, die Ergebnisse von O in Relation zu ihren eigenen Ergebnissen zu beeinflussen. So hat die Person P um so mehr Macht über O, je mehr Kontrolle sie über die Ergebnisse von O hat und je weniger die Effekte einer solchen Kontrolle für ihre eigenen Ergebnisse negativ sind. Einfacher ausgedrückt heißt das: Wenn P unter minimalen Kosten für die Person O eine Menge tun kann oder wenn sie zu geringen Kosten einen starken Zwang ausüben kann, kann sie eine beträchtliche Macht über O ausüben. Dies ist eine vorläufige und partielle Aussage, denn soziale Macht ist eine komplexe Funktion von bestimmten weiteren Faktoren.

Soziale Macht wird oft angewandt, um auf das Verhalten anderer Einfluß auszuüben, ist jedoch begrifflich von sozialem Einfluß zu trennen. Jemand kann eine beträchtliche soziale Macht haben, sie jedoch selten zur Geltung bringen. Soziale Macht entsteht nicht auf Grund der persönlichen Merkmale eines Individuums, das Macht ausübt, sondern ist abhängig von der jeweiligen zwischenmenschlichen Beziehung und dem Stellenwert jener Beziehung im Kontext der größeren sozialen Struktur. Die Macht des Präsidenten einer Aktiengesellschaft zum Beispiel gründet primär in der Autorität, die seiner Position verliehen ist, welche ihn befähigt, Entscheidungen zu treffen, die für die Angestellten dieser Gesellschaft und für ihre Tätigkeit von grundlegendem Einfluß sind.

Aber selbst auf einem weniger formellen Niveau, etwa in einer Interaktion zwischen zwei Freunden, gründet die soziale Macht eines jeden in bestimmten Eigentümlichkeiten ihrer Beziehung zueinander und ihrer Beziehung zu anderen. In einer dauerhaften Beziehung bedeutet jede Machtausübung auf beiden Seiten eine Aufwendung von Nutzen und Kosten und hat für jeden spezifische Ergebnisse zur Folge. Ein Kind, das sich bei seinen Eltern durchsetzt, indem es einen Wutausbruch zeigt, bekommt die Erträge, die es will, aber nur auf Kosten eines Ausbruchs an Emotionen. Die Eltern sind durch die Lösung der emotionalen Krise erleichtert. Dies kostet sie jedoch etwas, denn sie lassen das Kind etwas tun, was sie nicht wollen. Diesem "Geschäft" liegt die gegenseitige Abhängigkeit des Kindes von seinen Eltern zugrunde, die über Belohnungen und Bestrafungen die Kontrolle haben und die Abhängigkeit der Eltern von ihrem Kind (sie wollen von ihm, daß es sich nach bestimmten Richtlinien verhält). Diese gegenseitige Abhängigkeit ist die Grundlage der Macht, die jede Seite über die andere hat. Jede Machtausübung läßt sich als ein Austauschprozeß verstehen. Die mächtigere Person kann von der weniger mächtigen Gehorsam erzwingen; aber von ihr selbst wiederum wird erwartet, daß sie sich gutwillig verhält, Zustimmung zeigt oder aus irgendeiner anderen Quelle ihre Erträge entnimmt.

DETERMINANTEN DER SOZIALEN MACHT

Explizit oder implizit werden in den meisten zeitgenössischen Diskussionsbeiträgen zum Problem der sozialen Macht drei unabhängige Merkmale einer Beziehung als Determinanten des Machtumfangs anerkannt, den einzelne in einer gegebenen Situation besitzen können: (Macht-)Mittel, Abhängigkeiten und Alternativen. Ein (Macht-) Mittel ist das Vermögen oder das Bedingungsgefüge eines Individuums - ein Besitz, ein Merkmal seiner äußeren Erscheinung oder seiner Persönlichkeit, eine von ihm eingenommene Position oder eine bestimmte Verhaltensweise-, auf Grund dessen ihm es möglich ist, die Belohnungen und Kosten einer anderen Person zu modifizieren. Der Wert solcher (Macht-)Mittel ist primär bestimmt durch die Abhängigkeit der anderen Person von ihnen. Die Schönheit einer Frau zum Beispiel ist nur ein (Macht-)Mittel in Beziehungen zu solchen Männern, die sich von weiblicher Schönheit angezogen fühlen. Der Wert eines Machtmittels variiert mit der Situation: Schönheit wird eher ein (Macht-)Mittel sein bei einem Rendez-vous als bei der Arbeit als Labortechnikerin, wo die fachliche Kompetenz gefragt ist. Einige Situationen schaffen zeitweilige Abhängigkeiten: In einem Notzustand kann eine Gruppe verzweifelt nach einem Experten suchen, der ein Problem lösen kann.

Die Möglichkeiten, in einer zwischenmenschlichen Beziehung Einfluß auszuüben, hängen jedoch noch von mehr Faktoren ab als bloß von den Eigenschaften jeder Person und von der Situation. Sie werden auch von Faktoren mitbestimmt, die außerhalb der Dyade selbst liegen, und sind eine Funktion der Verfügbarkeit alternativer Mittel des Ertrags und alternativer Möglichkeiten zur Reduktion von Aufwand außerhalb der Dyade. Die Macht eines

Experten zum Beispiel hängt von der Seltenheit des Vorkommens von Menschen mit seiner Erfahrung ab und von der geringen Zahl von Quellen des Expertenwissens. In dieser einfachen Beschreibung sind die Determinanten von (Macht-)Mitteln, Abhängigkeiten und Alternativen nicht erschöpfend behandelt. Die folgende Darstellung wird sie in detaillierterer Form erörtern.

Macht-Mittel ("resources")

French und Raven haben bestimmte Typen der sozialen Macht unterschieden, wobei sie sich hauptsächlich an den ihnen zugrunde liegenden Macht-Mitteln orientierten. [1] Mit jedem Typ sind bestimmte Nutzen und Kosten verbunden. Außerdem haben diese Forscher gezeigt, daß die Machttypen sich in bestimmten Faktoren unterscheiden, in dem Verhaltensspielraum, der ihrem Einfluß unterliegt, und in dem Grad, in dem die Ausübung der Macht das zwischenmenschliche Machtgleichgewicht verändert. Diese Machttypen sind nicht vollständig unabhängig voneinander, und man findet sie in konkreten Situationen selten in reiner Form. Die meisten beeinflussenden Handlungen stellen eine Kombination aus mehreren Typen dar. Dennoch ist die Unterscheidung jener reinen Formen eine nützliche Hilfe für das Verständnis von Macht in sozialen Beziehungen.

Macht zur Belohnung und zur Bestrafung (reward and coercive power) Der erste Machttyp ist der der Macht zur Belohnung. Dieser Typ, von einer Person P auf eine Person O ausgeübt, basiert auf der Wahrnehmung von O, daß P die Fähigkeit besitzt, ihr befriedigende Erlebnisse zu verschaffen. Ein Bürovorsteher hat Macht über einen Angestellten, weil dieser weiß, daß sein Bürovorsteher einen Gehaltsanstieg empfehlen kann oder ihn sogar befördern lassen kann. In ähnlicher Weise wird ein zweiter Machttyp als Macht zur Bestrafung bezeichnet. Er basiert auf der Wahrnehmung von O, daß P die Fähigkeit besitzt, sie (=O) zu bestrafen. Ein Bürovorsteher gilt als jemand, der fähig ist, einem den Gehaltsanstieg vorzuenthalten, oder zu veranlassen, daß man "gefeuert wird".

Diese beiden Machttypen sind sich in mehrfacher Hinsicht ähnlich. Bei beiden ist die Macht auf einen Spielraum von Verhaltensweisen beschränkt, für die P die Person O belohnen oder bestrafen kann. Die Stärke beider Machttypen erscheint als eine gemeinsame Funktion des Ausmaßes an vorhandenen Belohnungen und Bestrafungen und der erlebten Wahrscheinlichkeit, mit der man sich diese einhandelt, wenn man P eine Einflußnahme zugesteht oder nicht zugesteht. Diese erlebte Wahrscheinlichkeit ist eine Funktion von zwei Faktoren. Einer besteht in dem Grad, in dem O glaubt, von P überwacht zu werden. Je größer die Überwachung durch P, desto eher wird O glauben, daß sein Verhalten belohnt oder bestraft wird. Der andere Faktor besteht in den historischen Erfahrungen von O mit der Beziehung zu P. Wenn ein Bürovorsteher selten einen Angestellten belohnt oder bestraft hat, weder direkt noch indirekt, wird

[1] French & Raven, 1959

seine Macht zur Belohnung oder Bestrafung eher gering sein. Die Effektivität der Belohnungen und Bestrafungen wird auch davon abhängen, wie genau P abschätzt, welche Verhaltensweisen für O lohnend oder aufwendig sind.[2] Schließlich sollte noch ein Unterschied zwischen der Macht zur Belohnung und der zur Bestrafung erwähnt werden. Thibaut und Kelley sind der Ansicht, daß die Überwachung im Falle der Macht zur Bestrafung eher schwieriger ist. Während man Verhalten, das eine Chance hat, belohnt zu werden, offen zeigt, verbirgt man Verhalten, das eine Bestrafung zur Folge hat.[3] So wird die Ausübung der Macht zur Bestrafung aufwendiger für P sein als der Gebrauch der Macht zur Belohnung, da P für die notwendige Überwachung ihre Energien von anderen Aktivitäten abwenden muß.

B e z u g s p e r s o n e n - M a c h t   Die Macht zur Belohnung hat eine Eigentümlichkeit, welche der Macht zur Bestrafung fehlt: Sie kann allmählich transformiert werden in eine B e z u g s p e r s o n e n - M a c h t (referent power). Die Bezugspersonen-Macht basiert auf Identifikation. Die verschiedenen Determinanten der Identifikation, von denen eine die persönliche Anziehungskraft ist, werden in detaillierterer Form in Kapitel 15 diskutiert. Person O wird sich in dem Maße an P ausrichten, wie sie sich von P angezogen fühlt, und wird sich dadurch von P's Verhalten beeinflussen lassen. Eine mögliche Erklärung dieser Transformation von der Macht zur Belohnung in Bezugspersonen-Macht besagt, daß durch die von P ausgeübte Macht zur Belohnung zuerst eine Anziehungskraft auf O entsteht und daß dann, zweitens, diese Anziehungskraft P zum Identifikationsobjekt werden läßt. Die Vermutung, daß die Macht zur Belohnung P attraktiv macht, ergibt sich aus einem Experiment, welches zeigt, daß Menschen, deren Macht allein auf der Belohnungsfunktion beruht, günstiger eingestuft werden als jene, deren Macht allein auf Bestrafung beruht.[4] Frenck und Raven sind der Auffassung, daß die Stärke der Bezugspersonen-Macht von P über O, als auch der Verhaltensspielraum, auf die sie sich erstreckt, mit der Stärke der Anziehungskraft von P auf O variiert.

Eine andere Determinante der Identifikation ist das Bedürfnis nach V a l i d i e r u n g   d u r c h   Ü b e r e i n s t i m m u n g. Wir haben schon an früherer Stelle bemerkt, daß eine Person bei Nichtvorhandensein irgendeiner physikalischen Basis zur Abschätzung der Validität ihrer Meinungen und Gefühle ihre Erfahrungen mit den Erfahrungen anderer Menschen vergleicht, besonders mit denen von Menschen, die ihr ähnlich sind. So kann Person P auf Person O dadurch einen Einfluß ausüben, daß sie ihr ein Modell liefert, nach dem sie ihr Verhalten strukturieren und ihre Erfahrungen interpretieren kann. Diese Form der Macht scheint besonders effektiv zu sein in dem Fall, wo P der Person O ähnlich ist und die Situation zweideutig ist. Unter diesen Bedingungen ist O besonders geneigt, eine Identifikation mit P lohnend zu finden.

Obgleich das Zeigen der Verhaltensweisen, die O als Folge von P's Bezugspersonenmacht übernimmt, anfänglich von O's Beziehung zu P abhängig ist, können einige Verhaltensweisen mit der Zeit von P unabhängig werden. Anders

---

[2] Collins & Raven, 1969; [3] Thibaut & Kelley, 1959; [4] Brigante, 1958

als im Falle der Macht zur Belohnung und der zur Bestrafung hängt das Fortbestehen eines solchen Verhaltens nicht von P's Fähigkeit ab, es zu überwachen. Tatsächlich kann im Gegensatz zum Machttypus der Belohnung und Bestrafung O auch dann von der Bezugspersonen-Macht beeinflußt werden, wenn weder sie noch P sich dieses Einflusses bewußt sind oder wenn sie sich dessen bewußt sind, aber jeglicher Ausübung von Einfluß abgeneigt sind. Hierin liegt ein Unterschied zwischen der Macht von Eltern und Polizeioffizieren: Elterliche Macht ist größtenteils Bezugspersonen-Macht, Polizeimacht beruht aber hauptsächlich auf Bestrafung. So benehmen sich Kinder eventuell auch gut in Abwesenheit ihrer Eltern, aber Verkehrsregeln werden häufig gebrochen, wenn kein Polizist in der Nähe ist. Die Frage der Überwachung als einer notwendigen Bedingung für die Kontrolle wird detaillierter in Kapitel 10 behandelt.

Das bisher Ausgeführte gilt für die positive Bezugspersonen-Macht. P kann O auch beeinflussen, Verhaltensweisen zu zeigen, die zu P's Verhalten im Gegensatz stehen. Dieses Phänomen ist als negative Bezugspersonen-Macht [5] bezeichnet worden. Obgleich Befunde dafür sprechen, daß die Stärke dieses Machttyps mit dem Grad variiert, in dem P für O unattraktiv ist, [6] ist noch nicht adäquat gezeigt worden, ob sich diese Form der Macht auch in anderer Hinsicht zu ihrer positiven Form analog verhält.

Experten-Macht   Experten-Macht beruht auf O's Feststellung, daß P in einer gegebenen Situation ein spezielles Wissen besitzt. Ein Beispiel ist der Fall eines Patienten, der von seinem Arzt beeinflußt wird, einer bestimmten Lebensweise zu folgen. (Eine ausführlichere Erörterung der Determinanten der Experten-Macht findet man bei Thibaut und Kelley[7]). Die Belohnungen, die O durch die Anerkennung von P's Experten-Macht erhält, bestehen im Gefühl des Vertrauens und der Sicherheit, daß der Handlungsverlauf korrekt ist. Kosten, die durch Konsultierung eines Experten vermieden werden können, sind Gefühle der Unsicherheit und der Furcht, etwas falsch zu machen. Die Stärke dieses Machttyps variiert mit dem Grad der Erfahrenheit, den O der Person P zuschreibt. Obgleich die Macht des Experten gewöhnlich auf Verhalten beschränkt ist, das für sein Fachgebiet relevant ist, kann jemand, der in einem Gebiet Experte ist, Erwartungen entstehen lassen, er sei auch in anderen Gebieten tüchtig. [8] Ob Verhalten, das durch die Wahrnehmung von P's Tüchtigkeit herbeigeführt worden ist, fortbesteht, hängt von seiner Verknüpfung mit dem Rat des Experten ab, Das Fortbestehen von P's Experten-Macht über O ist jedoch nicht abhängig von dem Grad, in dem O's Verhalten einer Überwachung durch P unterliegt. Experten-Macht kann auch verloren gehen, wenn der Experte sein Wissen und seine Fertigkeiten vermittelt hat.

Legitimierte Macht   Legitimierte Macht beruht auf O's Bereitschaft, internalisierte Normen und Werte zu akzeptieren, die ein bestimmtes Ver-

---

5 Collins & Raven, 1969;   6 Osgood & Tannenbaum, 1955

7 Thibaut & Kelley, 1959;   8 Allen & Crutchfield, 1963

halten vorschreiben. Dazu kann die Akzeptierung der Autorität von P gehören, die auf Grund bestimmter Eigenschaften erfolgt, etwa auf Grund ihres Lebensalters, ihrer sozialen Klasse oder Kaste, auf Grund ihrer Position in irgendeiner anerkannten Hierarchie; oder sie erfolgt, weil P von irgendeiner Autorität das legitime Recht erhalten hat, der Person O in einem oder mehreren Gebieten ihr Verhalten vorzuschreiben. Der soziale Austausch bei der Ausübung legitimierter Macht besteht darin, daß die einzelnen Personen ein Gefühl der Zufriedenheit haben, wenn ihr Verhalten mit ihren Werten und Normen übereinstimmt. Ist ihr Verhalten aber nicht konform, so tragen sie Kosten in Form von Schuldgefühlen davon. Beide Seiten können Belohnungen und Bestrafungen von außerhalb erhalten.

Beispiele für legitimierte Macht gibt es in Hülle und Fülle. Die Macht von Offizieren beim Militär, von Vorstandsmitgliedern einer Gesellschaft, von Regierungsbeamten und Eltern beruht zum Teil auf legitimierter Macht. Etwas überraschend jedoch ist es festzustellen, welcher Grad an legitimierter Macht der Beziehung Versuchsleiter-Versuchsperson innewohnt. Obgleich schon geraume Zeit bekannt war, daß College-Studenten extrem langweilige und scheinbar irrelevante Aufgaben auf die Bitte eines Versuchsleiters ausführen, ist die Stärke der Macht, die in der institutionalisierten Position des Versuchsleiters begründet ist, in dramatischer Weise von Milgram[9] aufgezeigt worden. In diesen Experimenten verabreichte jeder Versuchsteilnehmer auf die Bitte des Versuchsleiters einer anderen Person Elektroschocks. Die Versuchsteilnehmer erhöhten bereitwillig die Stärke des Schocks bis zu einer Intensität, die offensichtlich gefährlich hoch lag, selbst wenn das Opfer, ein "Verbündeter" des Versuchsleiters, starkes und wachsendes Unbehagen kundgab. Die Legitimität dieser Situation ist in der Position des Versuchsleiters als eines Wissenschaftlers von einer Universität mit hohem Prestige begründet, in dem Status des Versuchsteilnehmers wie seines Opfers als Freiwillige und in verschiedenen Kommentaren, die der Versuchsleiter immer dann gab, wenn sich die Versuchsperson gegen eine weitere Verabreichung von Schocks sträubte, zum Beispiel: "Bitte weiter!", "Das Experiment muß weitergehen.", "Es ist sehr wesentlich, daß Sie weitermachen."

Bei der Ausübung legitimierter Macht können auch Normen geschaffen werden, die zwar nicht explizit von O fordern, P's Einfluß zu akzeptieren, dennoch aber von O fordern, sich in einer Weise zu verhalten, die P begünstigt. Eine machtvolle Norm, die den zwischenmenschlichen Austauschprozeß bestimmt, ist die N o r m d e r R e z i p r o z i t ä t.[10] Damit ist die allgemein akzeptierte Vorstellung gemeint, daß man, wenn jemand einem einen Gefallen tut, verpflichtet ist, ihm wiederum einen zu tun. Immer wenn P diese Norm entstehen läßt, die von O verlangt, daß er eine soziale Schuld abzahlt, übt P auf O einen Einfluß aus. Ebenfalls weit verbreitet ist die N o r m d e r s o z i a l e n V e r a n t w o r t l i c h k e i t, die befiehlt, daß man anderen, die in Not sind, hilft. Eine Reihe von Untersuchungen hat die Kraft dieser Norm deutlich ge-

---

9 Milgram, 1963; Mixon, 1972;

10 Gouldner, 1960; Blau, 1964b

macht.[11] In dem Maße, wie sie O von sich als abhängig erlebt, ist P motiviert, sich für O einzusetzen.

Der Fortbestand des Verhaltens, das durch die Ausübung legitimierter Macht veranlaßt worden ist, hängt nicht von seiner Beobachtbarkeit ab, sondern vom Weiterbestehen der entsprechenden Werte und Normen, die ihm zugrunde liegen. Die Stärke legitimierter Macht hängt von dem Grad ab, in dem O an diesen zugrunde liegenden Normen und Werten festhält. Obgleich sich die legitimierte Macht gelegentlich auf einen breiten Verhaltensbereich erstrecken kann, ist ihr Einflußbereich häufig klein. Während zum Beispiel eine Mutter über einen großen Bereich des kindlichen Verhaltens legitimierte Macht ausüben kann, muß der Abteilungsleiter einer Firma seine legitimierte Macht auf Verhalten beschränken, das mit dem Beruf im Zusammenhang steht.

Wenig untersucht, aber offensichtlich bedeutsam, ist das Ausmaß, in dem diese verschiedenen Machttypen in Alltagssituationen von Bedeutung sind. Eltern zum Beispiel üben natürlich alle fünf Machttypen über ihre kleinen Kinder aus. Wenn aber die Kinder älter werden, wird die Experten-Macht, die Macht der Eltern zur Belohnung sowie die zur Bestrafung geringer. Letztlich kann, besonders in der Adoleszenz, sogar die Bezugspersonen-Macht verloren gehen oder negativ werden, und ihre legitime Macht kann stark angezweifelt werden. Lehrer haben legitimierte Macht nur in bezug auf die Disziplin im Klassenzimmer und in bezug auf schulische Erfordernisse. Im Gebrauch der Macht zur Belohnung und zur Bestrafung sind sie stark eingeschränkt. (Als Übung könnte der Leser für sich die Machttypen ausarbeiten, die Polizisten, Richter, Babysitter und Geschäftsführer haben.)

D a u e r h a f t e   A u s ü b u n g   d e r   M a c h t   Ein bedeutsamer Beitrag der Austausch-Theorie besteht in der Erkenntnis, daß eine Person in einer dauerhaften Beziehung ihre Machtmittel zur Beeinflussung der anderen Person nur bis zu einem bestimmten Kostenaufwand benutzt.[12] Die Stärke ihrer Macht über eine andere Person ist also nicht nur eine Funktion ihrer Machtmittel, sondern auch des Aufwands, der beim Gebrauch dieser Mittel entsteht. Eltern, die ihr Kind schlagen, damit es sich richtig benimmt, machen dadurch, daß sie ihrem Kind Schmerz zufügen, emotionalen Aufwand. Je mehr der Einsatz des Machtmittels kostet, desto geringer die Netto-Stärke von P's Macht über O. Ein Liebhaber, der mit Selbstmord droht für den Fall, daß ihn seine Geliebte verläßt, benutzt ein sehr kostbares Mittel, sein eigenes Leben, und wird damit wahrscheinlich nicht viel Wirkung ausüben. Ein Gesetzgeber mag eine Anzahl von Begünstigungen haben, die er verschiedenen anderen Gesetzgebern verdankt, und diese Gunst verleiht ihm eine gewisse Macht über ihre Stimmen. Der Gebrauch der Macht aber ist kostspielig. Wird ihm einmal die Gunst entzogen, so ist die Macht verloren. Er wird sie folglich wahrscheinlich nur in Fällen gebrauchen, die ihm sehr wichtig erscheinen und bei denen er erwartet, daß

---

[11] Berkowitz & Daniels, 1963; Berkowitz & Daniels, 1964; Berkowitz, Klanderman & Harris, 1964; Schopler & Bateson, 1965; Goranson & Berkowitz, 1966

[12] Harsanyi, 1962

die meisten seiner Wähler ihm zustimmen.

Bei dauerhafter Ausübung gibt es zwischen den Machttypen einen Unterschied in der Dauer des Fortbestehens ihrer Wirkung. Eine Änderung in der Machtbeziehung, die durch Ausübung der Macht entsteht, kann auf zweierlei Weise eintreten: (1) durch ihre Auswirkungen auf Nutzen und Kosten und (2) durch die Schaffung von Bedingungen, welche die Grundlagen der Macht verändern.

Die erste Art von Änderungen tritt auf, weil ein andauernder Gebrauch der Macht durch P über O direkt die erlebten Nutzen und Kosten affiziert. Gibt P wiederholt denselben Nutzen, so kann dies sie für O weniger befriedigend werden lassen, da ihre Bedürfnisse gesättigt werden. Wenn zum Beispiel das Gehalt eines Geschäftsführers ständig ansteigt, werden seine Hauptbedürfnisse relativ gesättigt, und andere Kosten in Gestalt von Verantwortung und Zeitbeanspruchung steigen ständig an. Das Versprechen einer weiteren Gehaltssteigerung wird wahrscheinlich als Kontrollmittel über sein Verhalten wenig wirkungsvoll sein. Im Gegensatz dazu stehen andere Arten von Nutzen: die Abhängigkeit anderer wird größer und seine Macht erhöht sich so. Der Geschäftsführer kann sowohl eine starke persönliche Bindung an seinen Vorgesetzten entwickeln als auch sich stark mit dem Erfolg der Gesellschaft identifizieren.

An früherer Stelle wurde erwähnt, daß die Macht zur Belohnung in die Bezugspersonen-Macht transformiert werden kann. Diese Transformation ist ein Beispiel für die Veränderung der Machtbasis, die die Folge der andauernden Machtausübung ist. In ähnlicher Weise wird wahrscheinlich der fortgesetzte Gebrauch der Macht zur Bestrafung dazu führen, daß O's Gefühle für P verschwinden und die Identifikation mit ihm abnimmt, wodurch P's positive Bezugspersonen-Macht reduziert wird oder vielleicht negative Bezugspersonen-Macht erzeugt wird. Im letzteren Falle würde O motiviert sein, das Gegenteil von dem zu tun, was P wünscht. Im Gegensatz zur Macht zur Belohnung und Bestrafung zeigt die fortgesetzte Ausübung legitimierter Macht keine Tendenz zu einem Anwachsen oder einer Verringerung der Macht, es sei denn dort, wo sie zur weiteren Festigung oder zur Infragestellung von Normen und Werten führt.

Blau hat betont, daß der Austausch von Machtmitteln, die Gehorsam erzwingen, durch Normen der Gerechtigkeit geleitet wird, die die mächtigere Person vor einer Ausbeutung abschrecken.[13] Nur wenn die legitimierte Macht gerecht ausgeübt wird, behält sie ihre Stärke oder wird vergrößert. Die Experten-Macht wird meist nicht durch fortgesetzten Gebrauch angegriffen, außer in solchen Fällen, wo ihr Fortbestehen P's Position als Experte stärkt oder schwächt oder zur Folge hat, daß O das Wissen erwirbt, auf dessen Besitz die Experten-Macht P's beruht. Der Gebrauch der Macht zur Belohnung oder Bestrafung zur Erzeugung öffentlichen Gehorsams ohne vorherige Änderung der privaten Einstellungen kann eine Änderung der privaten Einstellungen mit sich bringen, und zwar unabhängig von künftigen Belohnungs- und Bestrafungs-

---

13 Blau, 1964a

bedingungen (vgl. Kapitel 3).[14]

S t a t u s a l s M a c h t m i t t e l Obgleich die vorangegangene Erörterung der Machtmittel den Eindruck erweckt, die Macht von P über O beruhe auf irgendeiner Eigenschaft von P, die objektiv mit O's Befriedigung in Verbindung steht, ist dies nicht immer der Fall. Machtmittel, die P in einer bestimmten Situation Macht geben, können sogar zur Aufrechterhaltung ihrer Macht in einer anderen Situation führen, wo sie irrelevant sind.[15] So kann ein reicher Geschäftsmann oder ein hervorragender Staatsmann merken, daß die anderen bereitwillig seinen Forderungen in nicht-geschäftlichen oder nicht-politischen Situationen beipflichten. In ähnlicher Weise kann jemand höhere Macht erwerben, weil er Eigenschaften wie ein bestimmtes Lebensalter oder Schönheit besitzt, obwohl diese offenbar in keinem Zusammenhang stehen mit der Tätigkeit in vielen Situationen.

Z u s a m m e n f a s s u n g : M a c h t m i t t e l Ein Machtmittel ist eine Eigenschaft oder ein Bedingungszustand eines Individuums - sein Besitz, ein Aspekt seines Verhaltens oder seine bloße Gegenwart -, wodurch es befähigt ist, Nutzen und Kosten, die von einer anderen Person erfahren werden, zu beeinflussen. Der Wert eines Machtmittels wird nicht allein von diesem Individuum, sondern auch von der Abhängigkeit der anderen Person von ihm bestimmt.

Fünf Machttypen sind unterschieden worden, von denen jeder auf etwas anderen Machtmitteln beruht. Der erste ist die M a c h t z u r B e l o h n u n g. Sie beruht auf der Wahrnehmung der Person O, daß P sie direkt oder indirekt belohnen kann. Der zweite, die M a c h t z u r B e s t r a f u n g, ist der Gegenpart zur Macht zur Belohnung und beruht auf der Wahrnehmung der Person O, daß P sie direkt oder indirekt bestrafen kann. Beide Arten von Macht erstrecken sich nur auf das Verhalten, das P belohnen oder bestrafen kann, und ihre Stärke ist eine gemeinsame Funktion der Stärke der Belohnung und Bestrafung und der Wahrscheinlichkeit, mit der man sie erhält. Die Macht zur Belohnung hat jedoch eine Eigentümlichkeit, die der Macht zur Bestrafung fehlt: Sie kann allmählich in einen dritten Machttyp transformiert werden, in die Bezugspersonen-Macht. B e z u g s p e r s o n e n - M a c h t beruht auf dem Mechanismus der Identifikation. Im Unterschied zur Macht zur Belohnung und Bestrafung erfordert sie nicht eine kontinuierliche Überwachung von O durch P, um die Konformität von O's Verhalten mit den Wünschen von P sicherzustellen. Ein vierter Machttyp, E x p e r t e n - M a c h t, gründet sich auf das Spezialwissen, das P besitzt und welches O braucht. Der fünfte Typ, die l e g i t i m i e r t e M a c h t beruht darauf, daß Person O internalisierte Normen und Werte akzeptiert, die ihr diktieren, die Einflußnahme von Seiten P's zu akzeptieren.

Zwischen diesen Machttypen gibt es einen Unterschied in der Dauer des Fortbestehens ihrer Wirkung bei fortgesetzter Ausübung der Macht. Sie beeinflussen sich gegenseitig in ihren Auswirkungen: Eine Form kann die Wirkung einer

---

[14] Collins & Raven, 1969; [15] Berger, Cohen & Zelditch, 1966

anderen erhöhen oder reduzieren. Eine Änderung der Machtbeziehung, die durch fortgesetzte Ausübung der Macht entsteht, kann auf zweierlei Weise eintreten: (1) durch ihre direkten Auswirkungen auf Nutzen und Kosten und (2) durch die Schaffung von Bedingungen, welche die Grundlagen der Macht modifizieren. So kann der fortgesetzte Gebrauch bestimmter Arten von Nutzen zur Sättigung führen oder umgekehrt zu vermehrter Abhängigkeit. Die fortgesetzte Ausübung von Macht kann Veränderungen in der Identifikation hervorrufen, in den Normen und Werten oder im Expertenwissen und so in ähnlicher Weise die Machtgrundlagen modifizieren.

Aus der Sicht der Austauschtheorie ist jede Machtausübung ein Austausch von Nutzen und Kosten. Machtmittel können in dieser Weise interpretiert werden, und die Austauschtheorie kann nützlich sein bei der noch an späterer Stelle dieses Kapitels erfolgenden Behandlung von Machtprozessen.

Abhängigkeiten

Das Verhalten oder andere Eigenschaften einer Person bilden nur dann ein Machtmittel, wenn sie einer anderen Person Befriedigung bringen. Ein Verständnis der Tatsache, daß eine Person P fähig ist, O zu beeinflussen, erfordert genauso viel Kenntnis von O's Abhängigkeiten wie von P's Machtmittel. Solche Abhängigkeiten können ihre Ursache in Eigenschaften des Individuums oder der Situation haben oder in irgendeiner Kombination aus beiden. Eigenschaften einer Person treten in Form sozialer Bedürfnisse auf oder in Form anderer Eigenarten, welche P's Machtmittel für O besonders wertvoll machen. Ein Mensch mit starkem Bedürfnis nach Zustimmung und emotionaler Unterstützung zum Beispiel wird von solchen Personen abhängig sein, die ihm dies gewähren können.

Kinder sind offenbar abhängig von der Freundlichkeit und Hilfsbereitschaft anderer Kinder. Eine Studie der Macht in Kindergruppen macht deutlich, daß Kinder, deren Verhalten die Befriedigung sozial-emotionaler Bedürfnisse anderer Kinder erleichtert, in der Gruppe eine hohe Macht haben. Der Untersucher faßt seine Ergebnisse folgendermaßen zusammen:

> Die Daten zeigen, daß die Kinder mit größerer Macht als Gruppe in der Tat freundlicher sind, eher ihren Altersgenossen gegenüber hilfsbereit sind und auf Grund ihrer psychischen Anpassung in sozialen Beziehungen sich eher mitteilen können, während die Kinder mit geringer Macht als Gruppe ganz anders sind und zum Beispiel eher körperliche Gewalt als eine Methode benutzen bei dem Versuch, ihre Altersgenossen zu beeinflussen und eher dazu neigen, Symptome tiefer liegender Störungen zu zeigen.[16]

---

[16] Abgedruckt mit Genehmigung der American Sociological Association. Aus M. Gold. Power in the classroom. Sociometry, 1958, 21, 59.

Die Vermutung, daß dieses Prinzip nicht auf Gruppen von Kindern beschränkt ist, wird durch eine andere Studie nahegelegt.[17] Die Untersucher fanden, daß Eigenschaften, die in einer Gruppe von zwölf bis vierzehnjährigen Jungen mit dem Besitz hoher Macht in Zusammenhang standen, im allgemeinen auch unter erwachsenen Frauen gefunden wurden. Bei den Jungen war die Reihenfolge, in der die Eigenschaften mit hoher Macht in Zusammenhang standen, folgende: Hilfsbereitschaft, Fairness, Geselligkeit, Erfahrenheit, Furchtlosigkeit und körperliche Stärke. Bei den Frauen war die Reihenfolge der Items die gleiche, außer das Fairness vor Hilfsbereitschaft plaziert war.

Je häufiger Situationen ein besonderes Mittel verlangen, desto abhängiger wird wahrscheinlich ein Individuum von diesem Mittel sein. Die Feststellung, daß von den Jungen und den Frauen den mächtigen Personen nicht die Eigenschaften Furchtlosigkeit und körperliche Stärke zugeschrieben wurden, läßt sich durch die Tatsache erklären, daß diese Mittel in relativ wenigen Situationen gefragt sind. Die Fähigkeit, sozial-emotionale Bedürfnisse zu befriedigen, ist ein weit bedeutsameres Mittel, wie wir im vorangegangenen Kapitel bei der Diskussion der Eigenschaften von Individuen mit hohem soziometrischen Wahlstatus bemerkt haben. Die Diskussion deckte eine hohe Korrelation zwischen Beliebtheit und sozialer Macht auf, besonders in kleinen, informellen Gruppen, wo die Befriedigung sozial-emotionaler Bedürfnisse dominiert.

Alternativen

Macht ist nicht nur bestimmt durch die (Macht-)Mittel von P und durch die Abhängigkeit O's von P, sondern auch durch die Konsequenzen, die die Nichtbefriedigung von P's Wünschen nach sich zieht. O vergleicht ihren Ertrag aus Nutzen und Kosten für den Fall der Befolgung von P's Wünschen mit dem bei Nichtbefolgung. Je größer die Ungleichheit zwischen diesen Ergebnissen, desto größer P's Macht über O. Diese Ungleichheit ist im wesentlichen eine Funktion der Alternativen, die sich O bieten. Wenn O ein bestimmtes Mittel in ausreichender Menge selbst besitzt oder wenn er das Mittel zu geringeren Kosten in Beziehungen mit anderen Personen als P bekommen kann, wird es für P als Machtmittel über O relativ unwirksam sein. Dies ist am offensichtlichsten im Falle der Experten-Macht: Der Experte beeinflußt andere durch den Besitz von seltenem Wissen. Wäre jeder ein Experte (ein begrifflicher Widerspruch), würde der Experte machtlos sein.

Die Konsequenzen einer Nichtbefolgung haben eine besondere Bedeutung, wenn der Einflußversuch von P auf Drohungen beruht. Es besteht die Möglichkeit, daß P seine Drohung trotzdem nicht ausführt. So ist die Macht, welche P über O hat, mitbedingt von dem Ausmaß, in dem P's Drohung überzeugend wirkt. Eine der interessantesten Formen von Drohungen, jene nämlich, die auf dem Versprechen eines gegenseitigen Schadens beruht, ist von Schelling gründlich analysiert worden.[18] Eine Gewerkschaft kann einen Streik androhen, der für

---

[17] Rosen, Levinger & Lippitt, 1961; [18] Schelling, 1960

sie selbst kostspielig ist, wenn das Management die Löhne nicht um ein paar Pfennige anhebt. Ein wütender Autofahrer kann damit drohen, einen anderen Wagen mit seinem eigenen zu Schrott zu fahren, wenn ihm die Vorfahrt nicht belassen wird. Die gegenseitige Abhängigkeit jeder Person von den Handlungen der anderen wird gut illustriert im "Feigling"-Spiel (chicken-play), das in Matrix-Form in Abbildung 8-1 dargestellt ist. Derartige Matrizen sind sehr nützlich zur Verdeutlichung der Anwendung der Austausch-Theorie.

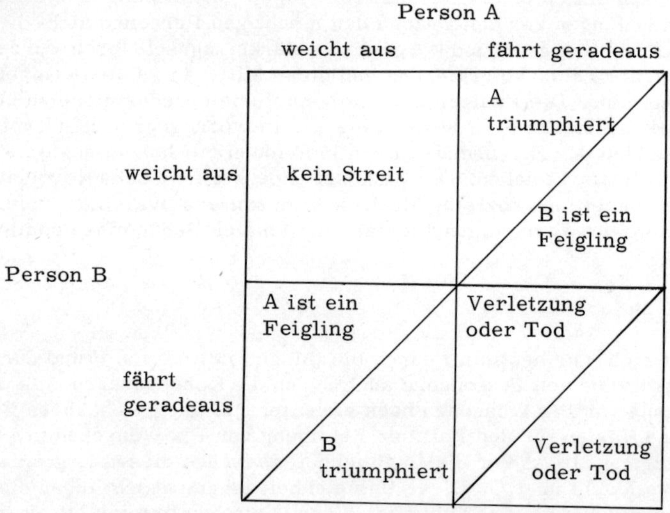

Abb. 8 - 1: Erträge eines Austauschs zwischen zwei Personen, die das "Feigling"-Spiel spielen. Die vier möglichen Ergebnisse für A und für B sind als gemeinsame Funktion ihrer getroffenen Wahlen dargestellt.

Schelling meint, daß in diesen Fällen P in Wirklichkeit wenig bestrebt ist, seine Drohung auszuführen, und zwar wegen der Kosten für ihn selbst. Im Falle solcher Drohungen scheint die Macht mit dem Grade zu variieren, in dem P die Person O glauben machen kann, daß sie entschlossen ist, die Drohung wahr zu machen. Ein Fahrer kann die Geschwindigkeit so stark heraufsetzen, daß eine Kollision nicht vermieden werden kann, wenn die andere Seite ihm nicht die Vorfahrt läßt. Jegliches Mittel, durch das P seine Kontrolle über die Ausführung der Drohung aufgibt, ist eine Strategie, die seine Macht sichern soll. Ein Liebling der Kriminalschriftsteller ist der Erpresser, der ein vernichtendes Geheimpapier bei einer anderen Person, die O unbekannt ist, hinterlegt mit Instruktionen, es im Falle seines Todes zu veröffentlichen.

MACHTPROZESSE

In der vorangegangenen Diskussion wurde betont, daß wir Macht nicht als eine Eigenschaft einer Person begreifen. Die Ausübung von Macht ist eine Funktion der Eigenschaften des Beeinflussenden wie des Beeinflußten sowie der Eigenschaften anderer Personen in der Situation. Aber die Analyse muß noch weiter getrieben werden: Macht muß im Kontext fortlaufender Interaktionsprozesse untersucht werden.

Vom Standpunkt der Austauschtheorie ist die Konzeption von Macht als eines Prozesse, in dem eine Person im Verhalten der anderen Veränderungen verursacht, inadäquat, weil sie die Symmetrie ignoriert, die im Wort *Austausch* impliziert ist. Nicht eine, sondern beide Personen üben Einfluß aus und werden beeinflußt. Sie tauschen Verhaltensweisen aus, die für sie bestimmte Kosten und bestimmte Nutzen zur Folge haben. Was ausgetauscht wird, ist verschieden je nach ausgeübtem Machttyp. Wenn ein Angestellter den legitimen Bitten des Büroleiters entspricht, erhält er im Austausch dafür ständige Anerkennung. Hinter dieser Anerkennung steht natürlich die Macht des Büroleiters, die Beförderung des Angestellten zu begünstigen oder zu verzögern. Beruht Macht auf Identifikation, so gewinnt der sich Identifizierende dadurch physische Befriedigung, daß er in seinem Verhalten dasjenige des Modells kopiert.

Wenn es zutrifft, daß jede Person die andere beeinflußt, warum sehen wir dann eine Person als mächtiger an? Die Antwort liegt in der Natur des *Handels*, der zwischen den Beteiligten stattfindet. Jene Person ist mächtiger, die im Austausch für Verhalten, das sie zu geringen Kosten *produzieren* kann, von der anderen Person Verhaltensweisen registrieren kann, die für sie recht wertvoll sind. Ein beifälliges Nicken für eine gut ausgeführte mühselige Aufgabe macht die Ungleichheit in dem, was jede Person gibt, deutlich. Dies läßt sich auch noch folgendermaßen ausdrücken: Die Person mit hoher Macht kann die Erträge der Person mit niedriger Macht in stärkerem Maße beeinflussen als umgekehrt.

Elemente von Machtprozessen

Emerson hat eine Reihe von Machtprozessen beschrieben. Er definiert Macht wie folgt: "Die Macht (PAB)+, d. h. die Macht eines Akteurs A über einen Akteur B, ist der Grad des Widerstandes von B, der potentiell von A überwunden werden kann." Diese Macht liegt in der Abhängigkeit B's von A, die nach

+ P steht in diesem Zusammenhang als Abkürzung für "power" (engl.) = Macht (Anm. des Übersetzers)

Vorschlag durch folgende Variablen determiniert ist: "Die Abhängigkeit (DBA)[+], d. h. die Abhängigkeit des Akteurs B von Akteur A, ist (a) direkt proportional dem motivationalen Einsatz von B für Zwecke, die ihr durch A erreichbar gemacht werden, und (b) umgekehrt proportional zu der Erreichbarkeit dieser Zwecke für B außerhalb der A-B-Beziehung."[19] So ist also, wie an früherer Stelle betont wurde, Macht nicht nur eine Funktion von A's Machtmitteln, sondern auch von B's Abhängigkeiten und Alternativen.

Die in einer Beziehung durch die unterschiedliche Macht gegebene Macht-Abhängigkeits-Beziehung zwischen A und B kann nach Emerson als ein Paar von Gleichungen beschrieben werden:

PAB = DBA
PBA = DAB

Dies kann wie folgt übersetzt werden: Die Macht, die A über B hat, ist gleich der Abhängigkeit B's von A. In ähnlicher Weise ist die Macht, die B fähig ist, über A auszuüben, gleich der Abhängigkeit A's von B.

Machtbeziehungen, die auf diese Weise beschrieben werden, können in zwei voneinander unabhängigen Richtungen variieren. Eine Variationsmöglichkeit stellt der unterschiedliche Grad dar, in dem jede Person relativ zur anderen Macht ausüben kann. Dieser ergibt sich aus der Stärke der Abhängigkeiten, die zwischen zwei Personen existieren. Sie können relativ unabhängig voneinander sein, wie im Falle zweier Liebenden, von denen jeder die Macht hat, die Ergebnisse des anderen in hohem Maße zu beeinflussen. Ein zweiter Aspekt, in dem Machtbeziehungen variieren können, ist der Grad an Gleichheit zwischen beiden Personen. Emerson charakterisiert eine Beziehung als ausbalanciert, wenn unabhängig vom Grad oder Niveau der Abhängigkeit die Partner gleiche Macht über einander haben. Mit Hilfe seiner Gleichungen wird dies folgendermaßen dargestellt:

PAB = DBA

PBA = DAB

Eine Beziehung wird als nicht-ausbalanciert beschrieben, wenn ein Akteur größere Macht hat als der andere. Symbolisch könnte dies etwa so dargestellt werden:

PAB = DBA

PBA = DAB

In diesem Falle ist die Macht von A über B (PAB) größer als die Macht von B über A (PBA), weil die Abhängigkeit B's von A (DBA) größer ist als A's Abhängigkeit von B (DAB).

+ D steht als Abkürzung für "Dependency" (engl.) = Abhängigkeit.

19 Emerson, 1962

Konsequenzen hoher, aber gleicher Macht: Ausbalancierte Beziehungen

Wo beide Partner eines Paares hohe Macht über einander haben, scheint die Macht jeder Person durch die Gegenmacht der anderen ausbalanciert zu sein, wodurch ein Minimum an wechselseitigem Einfluß entsteht. Es hat den Anschein, daß jede Person infolge ihrer starken Abhängigkeit von der anderen sich sträubt, Forderungen zu stellen, da die andere ihr in gleichem Maße kostspielige Gegenforderungen auferlegen kann oder ihre Befriedigung stören kann, indem sie die Beziehung abbricht. Man kann weiter annehmen, daß die Wahrscheinlichkeit eines Konfliktes in einer solchen Beziehung groß ist. Dennoch zeigen alltägliche Beobachtungen wie auch systematisch erhobene Befunde, daß Menschen, die eng miteinander befreundet sind, aufeinander beträchtlichen Einfluß ausüben und gleichzeitig die freundschaftlichen Beziehungen aufrechterhalten.[20] Dies kommt vor, weil bestimmte Arrangements getroffen werden, die Einflußversuche erleichtern, ohne einen Konflikt heraufzubeschwören.

In einem solchen Arrangement haben verschiedene Aktivitäten für beide Seiten einen unterschiedlichen Wert. Normen werden aufgestellt, die diktieren, daß in einer Situation die eine Seite nachgibt und in einer anderen Situation die andere. Zwei Freunde zum Beispiel, die unterschiedliche Präferenzen haben, kommen überein, eine Woche zum Schlittschuhfahren und die nächste zum Tennisspielen zu gehen. Ein zweiter Typ von Arrangements ist dadurch charakterisiert, daß Normen auf irgendeine Art eine Abwechslung im Vorteil festlegen, wie etwa im Falle zweier Kinder, die gleich mächtig und gleich motiviert sind, mit einem bestimmten Spielzeug zu spielen, und die übereinkommen, sich abzuwechseln. Viele der "Fairness"-Regeln haben die Funktion, Kosten zu vermeiden, die durch Machtkämpfe entstehen könnten. Dadurch, daß zwei Personen kaum vollkommen gleich in der Macht sind, kann drittens ein Konflikt auch vermieden werden durch eine regelrechte Ergebenheit des weniger mächtigen Partners. Es mag auch sein, daß sich die Partner der Bedingung leichter Ungleichheit nicht bewußt sind, und dies mag der Grund sein, weshalb sich der stärkere von beiden kaum die ganze Zeit über durchsetzt.

Möglichkeiten der Auflösung von Ungleichgewicht

Emerson vertritt die These, daß eine nicht ausbalancierte Beziehung instabil ist, da sie zur Ausübung der Macht ermutigt, was wiederum Prozesse in Bewegung bringt, die er Kosten-Reduktion und Ausbalancierungs-Operationen genannt hat.[21] Diese Prozesse werden in folgendem hypothetischen Beispiel erläutert.

Stellen wir uns einen Mann und eine Frau vor, die miteinander eine Liebesaffäre hatten. Nehmen wir an, daß im gegenwärtigen Stadium das Interesse einer Seite (gekennzeichnet durch den Buchstaben P) etwas geringer geworden

---

[20] Back, 1951; [21] Emerson, 1962

ist, während das Interesse der anderen Seite (O) gleich geblieben ist. In jenem Falle ist die Macht von P über O größer als die von O über P. Wenn P dieses Machtdifferential benutzt, wird P vielleicht bei Verabredungen weniger pünktlich sein, mehr andere Verpflichtungen haben und mehr besetzte Wochenenden haben und gelegentlich jemand anderen treffen.

Diese Aktivitäten erhöhen in starkem Maße die psychologischen Kosten von O. Aber O kann diese Kosten etwas reduzieren, indem sie Entschuldigungen für P's Verhalten findet oder die Ursachen dafür unabsichtlichen Verfehlungen in ihrem eigenen Verhalten zuschreibt. Diese Lösung reduziert nicht den Machtverlust von O. Eine zweite Lösung hilft dazu, die Balance wiederherzustellen: O kann die Beziehung als eine nicht ernsthafte, vorübergehende neu definieren und gelegentlich sich mit anderen zum Rendez-vous treffen. Dieser partielle Rückzug aus der Beziehung reduziert O's Abhängigkeit von P und zwar möglicherweise bis zu einem Punkt, wo sie P's Abhängigkeit von O gleich ist.

Ein vollständiger Rückzug aus einer Beziehung tritt ein, wenn die Kosten, welche der mächtige Partner hat, einen Ertrag aus Belohnungen und Kosten zur Folge haben, der unter dem von einigen Alternativen liegt, einschließlich der Alternative, gar keine Beziehung einzugehen. In einer freiwilligen Beziehung setzt dies ein Limit für die Ausbeutung des weniger mächtigen Partners durch den mächtigeren.

Der Prozeß des partiellen Rückzugs ist eine von vier Operationen, mit deren Hilfe Ungleichheit korrigiert werden kann. Durch die zweite Ausbalancierungsoperation, das Bilden alternativer Beziehungen (von Emerson als Erweiterung des Machtnetzes bezeichnet) wird die Abhängigkeit einer Seite ebenfalls so verringert, daß sie der des anderen Partners gleich ist. Im oben zitierten Fall zum Beispiel könnte O mit einer anderen Person als P eine befriedigende Beziehung entwickeln.

Die dritte und vierte Art von Ausbalancierungsoperationen bedürfen einer ausführlicheren Diskussion, da sie mit einer Reihe von Eigenarten des Interaktionsprozesses und der Interaktionsstruktur in Zusammenhang stehen. Emerson leitet das Phänomen des Status oder der differentiellen Bewertung aus der dritten Ausbalancierungsoperation ab. Der Status, welcher dem mächtigeren Partner verliehen wird, ist für ihn eine Befriedigungsquelle, die ihm von der weniger mächtigen Person geliefert wird. Da der mächtigere Partner in zunehmendem Maße motiviert ist, von der weniger mächtigen Person positiv bewertet zu werden, wird seine Abhängigkeit von letzterer ansteigen, wodurch sich die Machtdiskrepanz zwischen beiden verringert. Der Mißbrauch der Macht von Seiten des Mächtigeren wird entmutigt durch die Aussicht, ein solches Verhalten könne zu einem Statusverlust führen.

Die vierte Art von Ausbalancierungsoperationen ist charakterisiert durch einen Vorgang, dem man beträchtliche Aufmerksamkeit geschenkt hat: der

Koalitionsbildung.[22] Seitdem dieses Phänomen von Simmel beobachtet worden ist, haben Untersucher auf Dreiergruppen eingewirkt mit der Absicht, eine Struktur entstehen zu lassen, die aus einem Paar und einer dritten Person besteht.[23] Emerson sieht dies als ein Modell des Prozesses an, der zur Entstehung von Normen führt, die das Funktionieren der Gruppe absichern gegen einen Machtmißbrauch, der zur Spaltung führen kann. Die Macht jedes Gruppenmitglieds ist eingeschränkt durch die potentielle Kombination der anderen Gruppenmitglieder, wodurch es gezwungen wird, sich (norm-)konform zu verhalten.

Es ist schwierig, dieses Phänomen deutlich zu machen, und zwar deshalb, weil solche Normen ein wesentlicher Teil jeder Gruppensituation sind. Sie werden nur sichtbar, wenn sie verletzt werden. Selbst in neu gebildeten Gruppen werden die Mitglieder von Normen geleitet (wie zum Beispiel von jener der Höflichkeit), welche den unbeschränkten Gebrauch von Macht kontrollieren. Sie sind in einem anderen Gruppenkontext entwickelt worden. In einer Krise jedoch, die durch einen übermäßigen Gebrauch der Macht zustande kommen kann, kann dieser Koalitionsbildungsprozeß leicht beobachtet werden, wie im Falle von Arbeitern, die sich zusammentun und fordern, ihr Arbeitgeber solle Regeln zustimmen, welche die Forderungen, die er ihnen stellen kann, einschränken. Ein besseres Beispiel stellt vielleicht der Fall dar, wo zwei Kinder drohen, nicht mit einem dritten zu spielen, wenn es nicht aufhört, sich so aufzuspielen. In Situationen, in denen ein Mann eine dominierende Rolle gegenüber ihm untergeordneten Frauen hat und wo er infolgedessen die Beziehung in sexueller Hinsicht ausnutzen könnte, halten ihn Normen, die seiner Macht Grenzen stecken, unter Kontrolle. Dies zeigt sich an Normen, die private Zusammenkünfte und andere Formen der Verbindung zwischen einem Vorarbeiter und einer Arbeiterin oder zwischen einem Lehrer und einer Schülerin verbieten. Eine vollständigere Diskussion der Entstehung von Normen in derartigen Situationen ist in Kapitel 10 zu finden.

Ein letzter Aspekt, den Emerson nicht erwähnt, mag noch hinzugefügt sein. Im Allgemeinen wird eine andauernde Interaktion zwischen zwei Menschen bewirken, daß der motivationale Einsatz jedes einzelnen für die Ziele größer wird, die ihm durch den anderen vermittelt werden können und die zu grösserer Gleichheit in der Beziehung führen, wenn es nicht bestimmte Schutzvorrichtungen gegen diesen Prozeß gibt. Dies kann aus einer Reihe von Gründen geschehen. Die Erträge jedes Mitglieds einer Dyade wachsen bei fortgesetzter Interaktion, weil jeder zunehmend geschickter wird und auch zunehmend zur Produktion von Belohnungen für den anderen motivierter ist und weil beide sie zu geringen Kosten produzieren können. Weil aber der Partner mit der größeren Macht fähig ist, mehr in der Beziehung zu verlangen, wird seine Abhängigkeit schneller ansteigen. Der weniger mächtige Partner liefert Belohnungen zu größeren Kosten und kann schließlich die Last

---

22 Mills, 1953;54, 56; Caplow, 1956; Vinacke & Arkoff, 1957; Gamson, 1964

23 Simmel, 1950

als zu beschwerlich empfinden. Das Machtverhältnis wird sich demnach in Richtung einer stärkeren Gleichheit verändern. Außerdem wird durch eine vermehrte Interaktion zwischen den Partnern sowohl der Grad der Abhängigkeit von anderen Menschen als auch die Möglichkeit von Beziehungen mit ihnen verringert. Diese Prozesse und die Trägheit, die menschlichen Beziehungen anhaftet, erklären in hinreichendem Maße das Fortbestehen einer Beziehung, die zumindest für den Außenstehenden als eine ausbeuterische Beziehung erscheint.

Die Aufrechterhaltung von Machtunterschieden

Ist es wesentlich, daß Machtunterschiede aufrecht erhalten bleiben, so gibt es verschiedene Aspekte der sozialen Struktur, welche bewirken, daß es nicht zu einer gegenseitigen Abhängigkeit kommt. Beim Militär sind Offiziere und gewöhnliche Soldaten bis zu einem gewissen Grade voneinander getrennt, und ein formeller Ton wird in ihren Beziehungen aufrecht erhalten, wie es etwa das Grüßen deutlich macht und der Gebrauch von Titeln und Zunamen. In ähnlicher Weise bauen in Geschäftsorganisationen die leitenden Angestellten eine Vielfalt von Schranken zwischen sich und ihren Untergebenen auf, etwa durch getrennte Speisesäle und Pausenräume. Die bekannteste Form einer Abhängigkeit, die zwischen Vorgesetzten und Untergebenen zu entstehen droht, ist Freundschaft, die das Machtdifferential, welches für das gute Funktionieren der Organisation erforderlich ist, zusammenstürzen läßt. Weitere Mechanismen mit ähnlicher Funktion findet man in anderen Beziehungen, die ein Machtdifferential erfordern, wie zum Beispiel in der Lehrer-Schüler-Beziehung und der Offizier-Soldat-Beziehung. In all diesen Situationen ist es für das Erreichen der Ziele der Organisation wesentlich, daß die mächtigere Person die Macht der Entscheidung und die Kontrolle über die Beziehung behält.

Die Wahrnehmung von Macht

Macht ist solch ein durchgängiger und vitaler Aspekt der Interaktion, daß die meisten Menschen Machtfragen gegenüber recht sensitiv sind. Es gibt einige systematisch erhobene Daten, die belegen, daß die meisten Menschen ziemlich genau die Machtstruktur einer Gruppe wahrnehmen sowie ihre eigene relative Position in der Struktur, und weiterhin, daß ihr Verhalten, das sie anderen gegenüber zeigen, mit dieser Wahrnehmung in Einklang steht. In einer Studie über die Macht in zwei Zeltlagern von Jungen fand man, daß die Jungen die relative Macht der Gruppenmitglieder, einschließlich ihrer eigenen, genau wahrgenommen hatten.[24] Außerdem entsprach jener Wahrnehmung die Häufigkeit und die Art der Versuche, die jeder Junge zur Beeinflussung eines anderen unternahm. Jungen, die ihre eigene Macht als hoch ansahen, machten mehr Versuche, andere zu beeinflussen, und waren auch in einem der Lager bei ihren Versuchen direktiver. Eine Studie an gewöhnlichen Luft-

[24] Lippitt, Polansky, Redl & Rosen, 1952

waffensoldaten, die Laborprobleme zu lösen hatten, liefert ähnliche Befunde.[25] Wie stark ein Soldat auf andere Einfluß auszuüben versuchte, war proportional dem Ausmaß seiner Beliebtheit und der Akzeptierung seines Beeinflussungsversuches.

Vielleicht noch eindrucksvoller sind die Ergebnisse einer anderen Studie.[26] Die Wahrnehmung der relativen Macht von Partnern, die zusammen an einer Aufgabe arbeiteten, wurde experimentell über eine Serie von miteinander in Verbindung stehenden Entscheidungsversuchen verändert. Bei den einzelnen Personen wurden zu Beginn verschiedene Einschätzungen ihrer relativen Machtmittel - relativ zum Partner - und ihrer Fähigkeit, die Aufgabe zu lösen, erzeugt. Der Partner (der in Wirklichkeit der Assistent des Versuchsleiters war) akzeptierte die Beeinflussungsversuche des naiven Versuchsteilnehmers oder wies sie in verschieden starkem Maße zurück. Es wurde erwartet, daß Veränderungen der anfänglichen Informationen und Änderungen in der Rückmeldung von Informationen vom Partner entsprechende Änderungen in der Wahrnehmung der eigenen Macht bei dem Versuchsteilnehmer hervorrufen würden. Weiterhin erwartete man, daß er sich dieser Wahrnehmung entsprechend verhalten werde. Würde er zum Beispiel glauben, seine Macht sei gering, so erwartete man, daß er seine Beeinflussungsversuche reduzieren würde, seinem Partner gegenüber mehr nachgeben und beim Gespräch mit ihm weniger Selbstvertrauen offenbaren würde. Diese Hypothesen wurden bestätigt. Als wichtigste Determinante der Wahrnehmung von Macht und machtrelevantem Verhalten erschien besonders das Nachgeben bei Beeinflussungsversuchen oder der ihnen gegenüber geleistete Widerstand.

Zusammenfassung: Machtprozesse

Untersucht man die Ausübung von Macht im Kontext der Interaktion, so wird man feststellen, daß eine Reihe von Phänomenen damit in Verbindung stehen. Jede Machtausübung ist ein interpersoneller Austausch, oft ein unsymmetrischer Austausch von Verhalten, das in seinem Wert für jede Seite unterschiedlich ist. Macht wird als eine direkte Funktion der Abhängigkeit O's von P betrachtet. Je größer O's Abhängigkeit, desto stärker P's Macht über O. Abhängigkeiten können wechselseitig oder ausbalanciert sein, oder sie sind ungleichartig und nicht ausbalanciert, wenn ein Partner des Paares beträchtlich abhängiger ist. Dieser Typ einer nicht-ausbalancierten Situation führt oft zu Bemühungen, den Balancezustand wiederherzustellen. Zu solchen Ausbalancierungsoperationen gehört der Rückzug aus der Beziehung, die Bildung alternativer Beziehungen, die Erhöhung des Status und die daraus resultierende Abhängigkeit der mächtigeren Person, sowie eine Koalitionsbildung. Eine Ausbalancierung tritt nicht immer ein: Bestimmte Elemente der sozialen Struktur bewirken eine Aufrechterhaltung der Machtunterschiede.

---

[25] French & Snyder, 1959; [26] Levinger, 1959

INTERPERSONELLE STRATEGIEN

In den letzten Jahren haben Verhaltenswissenschaftler untersucht, in welcher Art und Weise Menschen ihre Macht in Form bestimmter Strategien ausüben. So gab es, erstens, eine Reihe von Untersuchungen über die Strategien, die man in alltäglichen Situationen anwendet, um andere zu veranlassen, sich in einer gewünschten Art und Weise zu verhalten. Zweitens hat man das Verhalten von Menschen in Situationen untersucht, die ein Verhandeln erfordern. Bei diesen Verhandlungen handelte es sich um Spiele, die in Laborsituationen durchgeführt wurden, aber auch um bewußt hervorgerufene oder tatsächliche Situationen, in denen bestimmte Vereinbarungen zwischen Arbeiter und Management oder zwischen Nationen ausgehandelt wurden. Verschiedene Strategien arbeiten mit dem direkten Anbieten oder der Zurückhaltung eigener Machtmittel, mit der Anrufung verschiedener Normen, von denen man glaubt, sie würden das Verhalten der anderen Seite einschränken oder kontrollieren, und mit Versprechungen und Drohungen in der Absicht, die Meinung der anderen Seite über deren und die eigenen vergangenen und zukünftigen Handlungen zu ändern. Wichtig für den gesamten Prozeß ist die Art der Beziehung zwischen beiden Seiten. Sie kann kooperativ oder durch Konkurrenzverhalten ausgezeichnet sein oder aus einer Mischung zwischen beidem bestehen; es kann in ihr Vertrauen oder Mißtrauen vorherrschen.

Strategien in alltäglichen Interaktionen

Es ist gezeigt worden, daß man alltägliche Strategien auf Grund ihrer verschiedenen Machtgrundlagen auf einfache Weise klassifizieren kann.[27] In einer Vielfalt von hypothetischen Situationen, in denen es galt, einem anderen ein wünschenswertes Verhalten zu entlocken, bekamen einzelne Personen eine Liste von sechzehn Strategien vorgelegt, wie zum Beispiel Versprechungen machen oder Drohungen aussprechen, einen moralischen Appell oder die Erinnerung an Verpflichtungen. Sie wurden daraufhin gebeten, auf einer Einschätzskala für jede Strategie anzugeben, wie groß die Wahrscheinlichkeit sei, daß sie diese benutzen würden. Ihre Angaben wurden statistisch analysiert, um herauszufinden, ob die Strategien in dieselben oder in verschiedene Kategorien einzugruppieren seien.

Es ergaben sich Klassen, die größtenteils eng mit den Grundlagen der Macht in Beziehung standen, die zuvor diskutiert worden sind. Ein Verband von Strategien stand zum Beispiel offensichtlich mit der Macht zur Belohnung im Zusammenhang und ein anderer mit der zur Bestrafung. Für eine andere Klasse von Strategien war der Gebrauch von Expertenwissen charakteristisch. Sie stand also in Verbindung mit der Expertenmacht. Eine weitere Klasse, bei der es um die Beeinflussung anderer durch Erinnerung an ihre Verpflichtungen ging, stützte sich in den Fällen, wo die Verpflichtung eine persönliche war, auf den Gebrauch der Bezugspersonen-Macht und auf die legitimierte

---

[27] Marwell & Schmitt, 1967

Macht, wenn die Verpflichtung eine unpersönliche war. In einer anderen Untersuchung, welche mit hypothetischen Situationen arbeitete, und zwar mit solchen zwischen Kunden und bürokratischen Beamten, ließen sich die Beeinflussungsversuche wiederum nach den gleichen Machtgrundlagen gruppieren.[28]

Direkter Gebrauch der eigenen Machtmittel Eine sehr direkte einfache Strategie besteht darin, an die andere Seite ein Machtmittel im Austausch für ein erwünschtes Verhalten anzubieten. Ein Geschäftsmann kann seinen eigenen Gewinn beschneiden, um ein Geschäft zu machen. Bei Verhandlungen mit Arbeitnehmern kann das feste Angebot eines Lohnzuwachses von Seiten der Gesellschaft oder das Angebot anderer Vergütungen Ausdruck einer solchen Strategie sein. Ein anderes Beispiel ist eine alltägliche Situation, in der man jemandem einen Gefallen tut. Eine der allgemeinen Strategien, die in diesem Zusammenhang zu nennen sind, besteht in Versuchen, die eigene Anziehungskraft für die andere Person größer werden zu lassen. Jones und Mitarbeiter haben eine Reihe von Techniken unter der Bezeichnung "Anschmeichelungsmethoden" (engl. ingratiation) aufgezählt (vgl. Kapitel 2).[29] Dazu gehört: das Anschmeicheln, die Steigerung des Selbst der anderen Person, Konformität in der Meinung, im Urteil und Verhalten und Taktiken der Selbstdarstellung, die entweder die Stärken oder Tugenden desjenigen, der sich beliebt machen will, anpreisen oder implizit die Stärken und Tugenden des anderen, der Zielscheibe derartiger Taktiken ist, größer erscheinen lassen.

Anrufung von Normen Man kann die legitimierte Macht als eine strategische Basis benutzen, in dem man Normen "anruft". Dadurch, daß man sich in einer bestimmten Identität darstellt - sich selbst als einen bestimmt gearteten Menschen darstellt - läßt man oft Normen relevant werden, die von anderen ein Verhalten abverlangen, das für einen selbst von Vorurteil ist.Jemand, der sich selbst als Martyrer gibt, läßt Normen der Gerechtigkeit thematisch werden, wodurch andere gezwungen werden, ihm gegenüber etwas wieder gut zu machen.[30] In ähnlicher Weise implizieren verschiedene Techniken, mit deren Hilfe jemand in eine Rolle gedrängt wird, die sog. "Altercasting-Techniken", den Gebrauch der Macht zur Belohnung wie zur legitimierten Macht. Weinstein und Deutschberger benutzen diesen Begriff, um auf einen Prozeß anzuspielen, in dem eine andere Person (ein "alter" = anderer -lat.) eine Identität bekommt oder in eine Rolle hineinversetzt wird, die von ihr fordert, sich so zu verhalten, daß es für den Manipulator von Vorteil ist.[31] Schüler können zum Beispiel einem Lehrer eine Reihe von Fragen stellen, um ihn dadurch davon abzuhalten, zuviel neuen Stoff durchzunehmen. Er geht in diese Falle, weil er aufgefordert ist, seine Rolle als Lehrer auszuüben. Einige Identitäten und Rollen (wie zum Beispiel die der ehrlichen Person oder des Freundes) haben positiv bewertete Eigen-

---

[28] Katz & Danet, 1966; [29] Jones, 1964
[30] Leventhal, 1967; [31] Weinstein & Deutschberger, 1963

schaften, und es ist lohnend, in sie hineingedrängt zu werden. In diesem Falle ist altercasting eine Form der Erhöhung des Selbstwertgefühls der anderen Person.

Im allgemeinen jedoch wird die Technik, jemanden in eine Rolle hineinzudrängen, benutzt, um für andere normative Zwänge zu schaffen. Wo man jemanden in eine Rolle hineindrängt, um dadurch legitimierte Macht ausüben zu können, wird wahrscheinlich eine von folgenden Normen "angerufen": Erstens die Norm der Fairness oder Gerechtigkeit. Hierbei bestimmen den Austauschprozeß Erwartungen darüber, was ein gerechter und fairer Austausch ist. In manchen Fällen bedeutet Gerechtigkeit, daß jeder einzelne äquivalente Ergebnisse erhalten sollte. Ein Beispiel dafür sind zwei Partner, die den gleichen Arbeitsaufwand in eine Aufgabe investieren: Jeder wird eine 50-zu-50-Aufteilung des Profits erwarten. In anderen Situationen kann das Prinzip der Billigkeit vorschreiben, daß jemand mehr erhält, weil er mehr beigetragen hat. Zweitens kann die altruistische Norm angerufen werden. Je hilfloser oder je stärker sich jemand von anderen abhängig gibt, desto mehr werden jene, mit denen er in Interaktion steht, sich verpflichtet fühlen, ihm zu helfen. [32]

Schließlich gibt es noch die Norm der Reziprozität, die als durchgängige Erwartung den Austauschprozeß bestimmt. [33] Man erwartet, daß jemand, mit dem man in Interaktion steht, die Wohltaten, die man ihm gewährt hat, zurückzahlt und auf diese Weise seine sozialen Schulden minimal hält. So erwartet man normalerweise von jemandem, den man zu einer Abendgesellschaft einlädt, daß er eine äquivalente soziale Einladung ausspricht oder, wenn dies unmöglich ist, ein Geschenk mitbringt. So gibt es eine Technik, legitimierte Macht auszuüben, indem man selbst in der Rolle eines Gläubigers auftritt oder indem man den anderen auf Grund eines Gefallens, den man ihm getan hat, ohne dafür wiederum einen getan zu bekommen, in die Identität eines Schuldners drängt.

Der erfolgreiche Umgang mit sozialen Verpflichtungen als Gegenstrategie Die Durchgängigkeit, die die Norm der Reziprozität im Austauschprozeß hat, hat Blau dazu veranlaßt zu behaupten, dies sei der für die Status- und Machtdifferenzierung in Gruppen grundlegende Mechanismus. [34] Wenn jemand nicht die Mittel hat, jenen die Wohltaten zu vergüten, die über Mittel gebieten, von denen er abhängig ist, muß er seinen Wohltätern dies auf andere Weise zurückzahlen, nämlich in Form von Hochachtung und zukünftigem Gehorsam. Es ist eine kostspielige Angelegenheit, zukünftigen Forderungen entgegenzusehen. Weil die Hochachtung, die man anderen gegenüber zollt, den eigenen Status erniedrigt, ist dies zu kostspielig. Man verwendet deshalb bestimmte Strategien, um die Verpflichtung minimal zu halten und um sicherzustellen, daß andere keinen übermäßigen Gebrauch von ihrer vorteilhaften Position machen.

---

[32] Berkowitz & Daniels, 1963; [33] Gouldner, 1960

[34] Blau, 1964a

Teilweise verlangt der erfolgreiche Umgang mit solchen sozialen Verpflichtungen oder Schulden eine kognitive Neustrukturierung der Situation.[35] Der Umfang der sozialen Schulden hängt nicht nur von den Belohnungen und Kosten der Wohltäter und Empfänger von Wohltaten ab, sondern auch davon, in welchem Grade die Handlungen des Wohltäters dem Empfänger als freiwillig, beabsichtigt und frei von versteckten und dunklen Motiven erscheinen.[36] Wenn der Empfänger der Meinung ist, daß die Handlungen des Spenders auf Grund von dessen Rolle gefordert sind oder unbeabsichtigt oder unaufrichtig sind, werden jegliche Schulden, die man gemacht hat, reduziert. Ist die Situation zweideutig, so kommt es meist zu einer kognitiven Neustrukturierung.

Diese Vorstellungen werden von den Ergebnissen mehrerer Untersuchungen bestätigt. In einer dieser Untersuchungen zeigte es sich, daß das Urteil darüber, wie dankbar man jemandem sein müsse, der einem in einer Reihe von hypothetischen Situationen einen Gefallen getan hatte, in direktem Zusammenhang stand mit der Unabsichtlichkeit des Gefallens, mit den Kosten, die er für den Wohltäter verursacht hatte, und mit dem Wert des Gefallens für den Empfänger.[37] In einer anderen Untersuchung stand das Ausmaß der Hilfeleistung und die Absicht des Helfers direkt mit der Bereitschaft von Spielern in Zusammenhang, ihm dies zurückzuzahlen.[38] In ähnlicher Weise stand in einer experimentellen Spielsituation die Zahl der Belohnungen, die eine Person einer anderen gab, in direktem Zusammenhang mit der Zahl vergangener Belohnungen, die diese von der anderen erhalten hatte.[39] Diese Zahl war auch dann größer, wenn die Mittel der anderen Person in der Vergangenheit gering, in der Zukunft aber umfangreich waren. Diese Ergebnisse, die Bezug nehmen auf die Mittel, welche die andere Person in der Vergangenheit hatte, legen die Vermutung nahe, daß das Schuldmaß teilweise bestimmt wird durch die Größe des Opfers, welches die andere Person brachte. Der Autor glaubt außerdem, daß die Wirkung des Umfangs an zukünftigen Mitteln eine bestimmte Interpretation der Norm der Reziprozität unterstützt: Man fühlt sich gedrängt, anderen einen Gefallen zu tun, die einem selbst einen Gefallen getan haben, damit man sich zukünftiger Wohltaten erfreuen kann. Hat jemand in der Zukunft umfangreiche Mittel zur Verfügung, so wünscht man sich in einer Position, in der man ihn um einen Gefallen bitten kann.

Man vermeidet auch dadurch, daß man die Hilfeleistungen eines anderen nur unter angemessenen Bedingungen akzeptiert, eine zu große Verpflichtung zur Gegenleistung. Tut jemand einem unaufgefordert einen Gefallen oder wird einem von einem Menschen ein Gefallen getan, der seiner Rolle nicht angemessen ist, so kann dies als eine Verhaltensweise betrachtet werden, die einem eine geringe Verpflichtung aufbürdet. In einem Experiment wurde den Versuchsteilnehmern von jemandem unaufgefordert ein Gefallen getan. An-

---

35 Scott & Lyman, 1968;

36 Greenberg, 1968

37 Tesser, Gatewood & River, 1968;

38 Frisch & Greenberg, 1968

39 Pruitt, 1968

schließend wurden die Versuchsteilnehmer gebeten, diesen genau einzuschätzen. Jene, die man glauben ließ, daß diese Einschätzungen von großer Bedeutung seien, waren zu einer späteren Gelegenheit weniger geneigt, eine Gegenleistung für den Gefallen zu bringen als andere. Die Untersucher interpretierten das folgendermaßen: Waren die Einschätzungen wichtig, so hätte das Eingehen einer Verpflichtung die Freiheit desjenigen, dem zuvor ein Gefallen getan worden war, in stärkerem Maße beschränkt. Folglich behauptete er seine Freiheit, indem er keine Gegenleistung für den Gefallen erbrachte. [40] In einer anderen Untersuchung hatten die Interviewer die Aufgabe, einem interviewten Mädchen eine Blume zu überreichen in einer Situation, wo das Interview sehr formellen Charakter hatte. In einer anderen Situation, die informellen Charakter hatte, hatten sie dieselbe Aufgabe. [41] Die formelle Situation war für diese Handlung weniger angemessen, und die in jener Situation interviewten Mädchen waren bei Gelegenheit weniger geneigt, eine Gegenleistung für diesen Gefallen zu erbringen. Dies ist so zu interpretieren, daß dann, wenn der Gefallen unangemessen ist, der Begünstigte dem Handelnden egoistische Motive unterstellt, etwa den Wunsch, ihn zu manipulieren, und daß er deshalb für den Gefallen keine Gegenleistung erbringt. Wenn dies zutrifft, würden wir auch erwarten, daß der Begünstigte denjenigen, der ihm einen unangemessenen Gefallen tut, nicht mag. Diese Annahme stimmt mit den Ergebnissen einer Untersuchung überein, in der gezeigt werden konnte, daß man sich zu einem, der einem einen Gefallen tut, welcher seiner Rolle nicht angemessen ist, weniger hingezogen fühlt (etwa wenn er in einer Wettbewerbssituation mit einem seine Gewinne teilt). [42]

Studien über die Reaktionen, die einzelne Personen zeigen, wenn sie andere verletzt haben, machen deutlich, daß es Verhaltensweisen gibt, die Verpflichtungen reduzieren. Ebenso wie man eine Verpflichtung eingehen kann, wenn man sich von jemandem einen Gefallen tun läßt, kann man auch eine eingehen, wenn man jemanden verletzt. Der alltägliche Gebrauch von "Entschuldigung" oder "Pardon", wenn man mit jemandem zusammenstößt, ist ein Mittel, die Absichtlichkeit der Handlung zu verneinen und somit auch die Verantwortlichkeit oder Verpflichtung. Zwei gewöhnliche Reaktionen, die in Studien über Reaktionen auf die Verletzung einer Person gefunden wurden, waren: Hatte jemand einen anderen verletzt, so setzte er den Wert des Opfers herab oder schob ihm selbst die Schuld für sein Schicksal zu. Außerhalb des Versuchslabors kann in Fällen, wo eine adäquate Entschädigung möglich ist und andere Reaktionen, wie etwa Rechtfertigung oder Selbstbestrafung ineffektiv oder zu kostspielig sind, das Opfer entschädigt werden, womit man der Norm der Reziprozität Folge leistet.

Manchmal ist eine Entschädigung unmöglich oder kann nur mit hohem Kostenaufwand vorgenommen werden, etwa durch einen Statusverlust oder durch eine übermäßige Verpflichtung. In diesen Fällen ist es wahrscheinlich, daß die Danksagung mit Verärgerung begleitet ist. Dies kann sehr gut als Erklärung dienen für die ambivalenten Gefühle, die viele arme Leute gegenüber

[40] Brehm & Cole, 1966; [41] Schopler & Thompson, 1965; [42] Kiesler, 1966

Wohltätigkeit haben: Sie können die empfangene Hilfeleistung nicht vergelten. Beim Empfang von Arbeitslosenunterstützung können sie sich jedoch wohl fühlen, und zwar deshalb, weil sie früher der Regierung Steuern gezahlt haben.

Drohungen und Versprechungen Auch der Wirksamkeit von Drohungen und Versprechungen wurde eine gewisse Beachtung geschenkt. Entscheidend ist die Glaubwürdigkeit der Drohung oder des Versprechens. In dem Maße, wie die andere Seite glaubt, daß das versprochene oder angedrohte "Ergebnis" notwendig als Konsequenz ihrer Handlungen auftreten wird, wird sie zum Handeln veranlaßt oder davon abgeschreckt. Die in diesem Zusammenhang erhobenen empirischen Daten geben bei weitem noch kein einheitliches Bild. Gestützt auf eine Reihe von Experimenten, zu denen ein Spiel im Versuchslabor gehörte, hat Deutsch den Schluß gezogen, daß der Gebrauch einer Drohung das Erreichen einer kooperativen Lösung in einer Konfliktsituation verhindert. Eine Drohung erhöht das Konkurrenzbedürfnis der Spieler und läßt das Spiel zu einem Konkurrenzkampf um die Selbstachtung werden, in dem jeder einen Rückzug als Verlust der Selbstachtung betrachtet.[43]

Andere konnten für die schädliche Wirkung von Drohungen keine Beweise finden.[44] Drohungen können als eine Form von Kommunikation die Koordination erleichtern und damit verbesserte "Ergebnisse" fördern und vor Konkurrenzverhalten oder ausbeuterischen Reaktionen abschrecken.[45] Vielleicht kann eine Drohung beiderlei Konsequenzen haben, - jeweils in Abhängigkeit von der Situation. Eine neuere Untersuchung legt nahe, daß jemand, der das Bedürfnis hat, sein Gesicht zu wahren, Vergeltung üben wird, selbst wenn dies zu einer Reduktion seiner eigenen "Ergebnisse" führt, und er wird dies um so eher tun, wenn die andere Seite die Kosten der Vergeltung nicht kennt.[46] Das heißt, daß eine auf eine Drohung hin erfolgende feindselige Reaktion mit negativen Konsequenzen verbunden ist, wenn jemand so reagiert, um auf diese Art und Weise sein Gesicht zu wahren, und dies unterstützt insofern Deutschs Argument, daß eine Drohung zu einer Gegendrohung führen kann und zu einer Spirale von Feindseligkeit, die das Erreichen maximaler Erträge verhindert.

Eine andere Untersuchung läßt vermuten, daß das Maß der auf dem Spiele stehenden Belohnung bestimmt, mit welcher Wahrscheinlichkeit die Drohung ausgesprochen wird.[47] Waren die Belohnungen hoch oder niedrig, so wurden weniger oft Drohungen ausgesprochen. Eine Interpretation dieses Befunds lautet: Drohungen werden wahrscheinlich nicht ausgesprochen, wenn wenig auf dem Spiele steht, und zwar deshalb nicht, weil sie als ineffektiv angesehen werden; bei hoher Belohnung hingegen werden sie deshalb nicht ausgesprochen, weil ihr Gebrauch als zu kostspielig gilt.[48]

---

[43] Deutsch & Krauss, 1960, 1962; Hornstein, 1965

[44] Schomer, Davis & Kelley, 1966; Geivitz, 1967

[45] Geivitz, 1967; Meeker, Shure & Moore, 1964

[46] Brown, 1968; [47] Swingli, 1967; [48] Vinacke, 1969

Verhandlung und Strategiespiele

Der Prozeß der Aushandlung eines Vorteils ist im Versuchslabor an Hand von Strategiespielen und Scheinverhandlungen untersucht worden. In den meisten Verhandlungssituationen und Strategiespielen findet man kooperatives und Konkurrenzverhalten. Es wird kooperiert, weil die "Ergebnisse" jedes Teilnehmers vom Verhalten der anderen Teilnehmer abhängig sind. Gleichzeitig gibt es eine Motivation zu Konkurrenzverhalten, da die gegenseitige Abhängigkeit der Ergebnisse einem erlaubt, auf Kosten des anderen zu gewinnen. Weil in diesen Situationen sowohl das Bedürfnis nach Kooperation wie das nach Konkurrenz auftritt, hat man sie als Situationen mit gemischten Motiven bezeichnet.[49]

Eine Modellsituation für eine Verhandlung kann wie folgt beschrieben werden. Stellen wir uns zwei Menschen vor, die eine Verhandlung über ein einziges Verhandlungsobjekt führen, etwa über die Anpassung von Zolltarifen zwischen Staaten oder über den Rückzug von Truppen zwischen Staaten, die miteinander im Krieg stehen. Die Wahlmöglichkeiten jeder Seite können in einer Entscheidungs-Matrix dargestellt werden, ähnlich der, die oben beim Feigling-Spiel präsentiert wurde. Die Alternativen, welche die beiden Nationen, die über die Reduktion der Zolltarife verhandeln, ins Auge fassen, sind in Abb. 8-2 dargestellt.[50] Jede Seite kann entweder bei den gegenwärtig hohen Tarifen bleiben oder ihre Tarife senken.

Die resultierenden Ergebnisse, die durch die gemeinsame Entscheidung beider Seiten bestimmt werden, sind in den 4 Feldern der Abbildung in Form von Zahlen dargestellt. Diese geben den Nutzen bei jeder der vier möglichen gemeinsamen Entscheidungen wider. Wenn beide Seiten sich für eine Beibehaltung der Tarife entscheiden, wird der Status quo beibehalten. Der Nutzen für jede Seite ist in dem Feld oben links als Null angegeben, da keine von beiden irgend etwas gewinnt. Wenn jedoch eine Seite ihre Tarife senkt, während die andere einen hohen Tarif beibehält, gewinnt die letztgenannte und die erstgenannte verliert, was durch die +10 und -5 in dem unteren linken und oberen rechten Feld angegeben ist. Wenn sie schließlich einen Kompromiß schließen und beide ihre Tarife senken, gewinnen beide, obgleich die Höhe des Gewinns, der in dem unteren rechten Feld angegeben ist, weniger ist als jede Seite gewonnen hätte, wenn sie bei ihrem Tarif geblieben und die andere ihre Tarife gesenkt hätte. Eine derartige Situation verkörpert ein Dilemma. Das Dilemma entsteht, weil keiner gewinnt, wenn er einen maximalen Ertrag zu erzielen versucht. Wenn aber eine Seite ihr Ziel herabsetzt, die andere aber nicht, verliert sie, während der Gegner gewinnt. Nur wenn beide Seiten gewillt sind, einen Kompromiß zu schließen, gewinnen beide, und keiner von beiden hat eine Garantie, daß der andere kooperieren will.

---

[49] Schelling, 1960

[50] Sawyer & Guetzkow, 1965

Alternativen für Nation B Alternativen für Nation B	Bleibt bei dem gegenwärtig hohen Tarif	Senkt den Tarif bis zu einem Kompromißniveau
Bleibt bei dem gegenwärtig hohen Tarif	Ergebnis: Beide Tarife bleiben hoch Nützlichkeit: O für A O für B	Ergebnis: A's Tarif bleibt hoch, B's Tarif wird gesenkt Nützlichkeit: +10 für A - 5 für B
Senkt den Tarif bis zu einem Kompromißniveau	Ergebnis: A's Tarif wird gesenkt, B's Tarif bleibt hoch Nützlichkeit: - 5 für A + 10 für B	Ergebnis: Beide Tarife werden gesenkt Nützlichkeit: + 5 für A + 5 für B

Abb. 8 - 2: Matrix zur Darstellung der Ergebnisse und des Nutzens, wenn zwei Nationen alternativ bei dem gegenwärtig hohen Niveau bleiben oder ihre Tarife auf ein "Kompromiß-Niveau" senken. (Abgedruckt mit Genehmigung aus: J. Sawyer und H. Guetzkow. Bargaining and negotiation in international relations. On: H. C. Kelman (Ed.). International behavior. New York: Holl, Rinehart & Winston, Inc., 1965, S. 474).

Die Situation von zwei Nationen, die miteinander im Krieg liegen, kann ähnlich dargestellt werden, wenn die Alternativen einfach darin bestehen, weiterzukämpfen oder die Truppen zurückzuziehen. Während gegenseitiger Rückzug den Krieg beenden könnte, wird die resultierende politische Situation für den

Fall, daß eine Nation die andere zum einseitigen Rückzug bewegen kann, zum Vorteil der Seite sein, die ihre Truppenstärke in der strittigen Zone aufrechterhalten kann.

Das "Prisoner's Dilemma-Spiel", das ein Paradigma für ein im breiten Umfang verwendetes Laborversuchsspiel abgibt, welches für das Studium von Verhandlungen und Determinanten von Vertrauen geeignet ist, hat im wesentlichen dieselbe Matrix-Struktur. Dieses Spiel ist folgendermaßen beschrieben worden:

> Zwei Verdächtige werden verhaftet und voneinander getrennt. Der Staatsanwalt ist sich gewiß, daß sie eines bestimmten Verbrechens schuldig sind, aber er hat keine adäquaten Beweise, sie vor Gericht zu überführen. Er macht jedem Gefangenen klar, daß jeder zwei Alternativen hat: das Verbrechen zu gestehen, bei dem die Polizei sicher ist, daß sie es getan haben, oder kein Geständnis abzulegen. Legen beide kein Geständnis ab, dann - so legt der Staatsanwalt dar - wird er sie einer sehr geringfügigen erdichteten Sache wegen anklagen, etwa eines kleinen Diebstahls oder des illegalen Waffenbesitzes, und sie werden beide eine kleine Strafe bekommen. Legen sie beide ein Geständnis ab, so werden sie verurteilt, aber er wird nicht das härteste, sondern ein milderes Urteil empfehlen. Wenn aber einer ein Geständnis ablegt, der andere nicht, dann wird der Geständige dafür milde behandelt, daß er dem Staat Beweise geliefert hat, während der andere die ganze Härte der Strafe zu spüren bekommt.[51]

Wie in der zuvor beschriebenen Verhandlungssituation ist jeder vor die Wahl zwischen zwei Alternativen gestellt, in diesem Falle, ein Geständnis abzulegen oder still zu schweigen. Sein Ergebnis hängt sowohl von seiner eigenen Entscheidung als auch von der des anderen ab. Die Situation kann in einer Entscheidungsmatrix dargestellt werden, wobei die Ergebnisse für jede Seite durch die Länge der zu erwartenden Haftzeit angegeben sind. Aus Abbildung 8-3 kann entnommen werden, daß das beste Ergebnis für das Paar, nämlich wenn keiner von beiden ein Geständnis ablegt, nicht so gut ist wie das, was jeder bekommen kann, wenn er selbst gesteht und sein Partner dies nicht tut.

Bei der Untersuchung von Strategien besteht der "Lohn" eher in einer finanziellen Belohnung als in Haftzeiten. Außerdem verleitet die Beziehung der Werte, die in den verschiedenen Feldern zu finden ist, dazu, ein kooperatives Bündnis zu verlassen. Durch eine typische "Lohn"-Matrix, wie jene in Abb. 4-8, wo der erste Eingang zu jeder Zelle den Lohn von Spieler X und der zweite den von Spieler Y darstellt, wird deutlich, daß dann, wenn beide die Alternative 1 wählen, jeder 5 bekommt. Wenn jedoch Spieler X die Alternative 1 wählt, Spieler Y die 2. Alternative, wird der erstgenannte 5 ver-

---

[51] Abgedruckt mit Genehmigung von R. D. Luce a. H. Raiffa Games and decisions. New York: John Wiley & Sons, Inc. 1957, S. 95

		Gefangener Y	
		gesteht nicht	gesteht
Gefangener X	gesteht nicht	1 Jahr für jeden	X bekommt 10 Jahre, Y bekommt 3 Monate
	gesteht	Y bekommt 10 Jahre, X bekommt 3 Monate	8 Jahre für jeden

Abb. 8 -3: Das "Prisoner' s dilemma"-Spiel (Gedruckt mit Genehmigung von L. Ofshe u. R. Ofshe. Utility and choice in social interaction. Englewood Cliffs, N. J.: Prenctice-Hall, Inc., 1970, S. 139

		Spieler Y	
		1	2
Spieler X	1	+ 5, + 5	- 5, + 5
	2	+ 10, - 5	+ 1, + 1

Abb. 8-4: "Lohn"-Matrix (Gedruckt mit Genehmigung von L. Ofshe u. R. Ofshe.Utility and choice in social interaction, Englewood Cliffs, N. J.: Prentice-Hall, Inc., 1970, S. 139

lieren und der letztere 10 gewinnen. Wir sollten noch bestimmte Vorbedingungen erwähnen, die für diese Situation wichtig sind. Häufig ist keine direkte Kommunikation zwischen den Teilnehmern erlaubt. Jede Seite kann die Absichten der anderen nur durch die Beobachtung der Art der Wahlentscheidungen bewerten. Die Werte in den Zellen sind überdies festgelegt und beiden Seiten bekannt. Dies schließt von vornherein den Gebrauch der meisten Strategien aus, die nicht darauf abzielen, die Wahrnehmung der anderen Seite über das, was jeder bei jedem Versuch wahrscheinlich tun wird, zu ändern. In den meisten Situationen jedoch, die Verhandlungen erfordern, sind die Werte nicht festgelegt oder bekannt, und deshalb ist es für jeden Partner von Vorteil, den anderen davon zu überzeugen, daß die Werte der zu erwartenden Ergebnisse für eine bestimmte Entscheidung sprechen, die ihr nützen, welche aber in Wirklichkeit für die sie überzeugende Person günstig sind.

Eine wichtige Bedingung beim Handeln und Verhandeln ist das Vertrauen. Jemand zeigt Vertrauen, wenn er sich so verhält, daß es einem anderen möglich ist, ihn auszunützen. Wählt jeder Spieler die erste Matrix-Alternative im Prisoner's dilemma-Spiel, so kann das als eine kooperative oder von Vertrauen geleitete Reaktion angesehen werden. Eine solche Wahlentscheidung bedeutet auch, daß die Situation als eine definiert wird, in der der andere auch die erste Alternative wählen wird, und zwar trotz der Versuchung, seine Gewinne durch die Wahl der zweiten Alternative zu maximieren. Bei jedem Spiel befindet sich jeder einzelne in einem Dilemma: Er kann Vertrauen zeigen, indem er die erste Alternative wählt und sich der Möglichkeit der Ausbeutung durch den Partner aussetzt, oder er kann die zweite Alternative wählen und hoffen, daß sein Partner kooperativ reagiert, was ihm einen maximalen Ertrag einbringt. Im letztgenannten Falle geht er das Risiko ein, daß sein Partner ebenfalls diese Taktik versucht und die zweite Alternative wählt, was einen maximalen Ertrag für beide erbringen würde.

Wenn beide Spieler die erste Alternative wählen, gewinnt jeder fünf Punkte. Durch Kooperation bei solch einer Wahlentscheidung könnte jeder Spieler seinen Netto-Gewinn maximieren, da keiner von beiden irgendwelche Verluste haben würde. Aber diese kooperative Wahlentscheidung ist nicht die beliebteste. Abhängig von den experimentellen Bedingungen, liegt der Prozentsatz der kooperativen Wahlentscheidungen zwischen 10 % und 90 %; 45 % ist repräsentativ.[52] Eine große Vielfalt von Aufgaben-, Situations und Persönlichkeitsvariablen sind zu der relativen Häufigkeit kooperativer Reaktionen in Bezug gesetzt worden.[53] Im Allgemeinen lassen sich die erhaltenen Beziehungen als Hinweise verstehen, die Aufschluß geben, wie eine gegebene Variable die Definition jedes Spielers von der Situation beeinflußt, wie sie seine Wahrnehmung des Zwecks der Spiele, der Werte und Absichten seines Partners beeinflußt[54] sowie die Wahrnehmung der Absichten, die mit dem Experiment verfolgt werden. Diese Zusammenhänge sind am deutlichsten bei der Variation der Instruktion des Versuchsleiters für die Spieler. Wo die Instruktion betont, daß die Spieler Partner sind und beide gewinnen können, wählen sie öfter die kooperative Alternative. Wo die Instruktion ihre Beziehung als Konkurrenzverhältnis definiert, treffen sie eine von Konkurrenz bestimmte Wahlentscheidung[55]. Wo Kommunikation möglich ist, und besonders dann, wenn die Versuchspersonen ihre eigenen Absichten und Erwartungen darüber angeben können, wie jeder sich verhalten wird, entsteht eine kooperative, wechselseitig vorteilhafte Beziehung.[56]

In einer Studie wurden die Reaktionen, die die "Komplizen" des Versuchsleiters in einer Spielsituation zeigten, in der die Spieler entweder mit koopera-

---

[52] Scheff & Chewning, 1968;
[53] Scheff & Chewning, 1968; Vinacke, 1969
[54] Scheff, 1967;
[55] Deutsch & Krauss, 1960
[56] Loomis, 1959; Scheff, 1967

tivem oder Konkurrenzverhalten reagieren konnten, vorher mit dem Versuchsleiter abgesprochen.[57] Einige "Komplizen" nahmen eine "Halt-die-andere-Wange-hin"-Strategie an; d. h. sie reagierten auf Angriffe oder Drohungen mit belohnendem Verhalten und zeigten ansonsten kooperative Reaktionen. In einer zweiten experimentellen Situation nahmen die "Komplizen" eine impunitive Strategie an, verteidigten sich bei Angriffen, ansonsten aber antworteten sie dem Partner mit dem gleichen Verhalten. Eine dritte Gruppe von "Komplizen" nahmen eine Abschreckungsstrategie an: sie gingen im Falle eines Angriffs zu Gegenangriffen über und kooperierten, wenn die Partner kooperatives Verhalten zeigten. Zwei weitere Gruppen von "Komplizen" änderten plötzlich mitten im Spiel ihr Verhalten: eine Gruppe nahm nach ihrem bisherigen aggressiven und drohenden Verhalten eine impunitive Strategie an, und die andere schaltete auf die "Halt-die-andere-Wange-hin"-Strategie um.

Sowohl die Reaktionen der Spieler als auch ihre Wahrnehmung der "Komplizen" waren deutlich vom Typ der benutzten Strategie beeinflußt. Die Spieler kooperierten mehr mit den impunitiven Partnern, nutzten jene aus, die die "Halt-die-andere-Wange-hin"-Strategie benutzten, und konkurrierten stärker mit jenen, die die Abschreckungsstrategie übernommen hatten. Die Autoren meinen, daß die relative Ineffektivität der pazifistischen Strategie zum Teil einer speziellen Eigenart der Experimentalsituation zugeschrieben werden kann. Die Versuchspersonen könnten ein solches in einer Wettbewerbssituation gezeigtes Verhalten für töricht und unangemessen halten. In anderen Studien, in denen die experimentellen Bedingungen die Normen des Wettbewerbs, die normalerweise in Gesellschaftsspielen wirksam sind, thematisch werden ließen, stieg das Wettbewerbsverhalten an. Wo zum Beispiel ein kumulativer Wert den Spielern erlaubt, ihren Stand gegenüber dem ihrer Partner festzustellen, steigen die Konkurrenzreaktionen deutlich an.[58] Zur gleichen Zeit dienen Aspekte der Spielsituation, die die Kosten des Wettbewerbs durch erniedrigte Erträge hervortreten lassen, dazu, Konkurrenzreaktionen zu dämpfen. So kommt es, daß durch einen Zuwachs an möglichen Belohnungen im allgemeinen die Kooperation stärker wird.[59]

Auch für Verhandlungen außerhalb des Versuchslabors ist die Frage erörtert worden, welche Rolle das Vertrauen spielt. Osgood meint, daß durch Zugeständnisse eher Vertrauen entsteht; Siegel und Fouraker aber behaupten, Zugeständnisse würden eher die andere Seite zu einem härteren Kurs ermutigen.[60] Osgoods Verhandlungsmodell, das einen Zustand friedlicher Koexistenz zwischen Nationen möglich machen soll, basiert auf der Vorstellung, daß gegenseitiges Mißtrauen und Spannung die Unterhändler vor Zugeständnissen zurückhält. Er meint, daß die einzige Möglichkeit, einen Fortschritt in Verhandlungen zu erzielen, die Initiative einer Seite und unilaterale Konzessionen sind. Dies, so meint er, wird eine Reduktion der Spannung und des Mißtrauens bewirken und die andere Seite zu Zugeständnissen ermuntern. Das

57 Deutsch, Epstein, Canavan & Gumput, 1967; 58 McClintock & McNeel, 1966
59 Gallo, 1966; 60 Osgood, 1959, 1962; Siegel & Fouraker, 1960

Resultat ist eine Spirale von gegenseitigen Zugeständnissen, die zunehmend größer werden, bis es zur Übereinstimmung kommt.

Die Befunde über die Wirksamkeit von Zugeständnissen für das Gewinnen von Vertrauen sind widersprüchlich. In zwei Untersuchungen fand man, daß die Einnahme einer starken Verhandlungsposition (d. h. nur geringe Zugeständnisse machen) am vorteilhaftesten ist. [61] Die Autoren geben jedoch in beiden Untersuchungen der Überzeugung Ausdruck, daß diese Verhandlungsführung das Risiko eingeht, nicht zu einer Übereinstimmung zu kommen. Eine gemäßigt starre Position könnte vorteilhaft sein; eine extreme Position kann jedoch jegliche Chance einer Übereinkunft so drastisch reduzieren, daß die Verhandlungen scheitern, was kostspielig für beide Seiten ist. Dies würde besonders dann der Fall sein, wenn die Kosten bei einer nicht erreichten Übereinkunft hoch sind, wie zum Beispiel im Falle eines langen Streiks wegen einer Uneinigkeit zwischen Gewerkschaften und Management, im nuklearen Krieg oder einem größeren Konflikt zwischen Nationen. Unglücklicherweise war es in Laboruntersuchungen von Verhandlungen nicht möglich, Kosten vergleichbarer Größe im Falle mangelnder Übereinkunft entstehen zu lassen, so daß die Auswirkungen einer starken Verhandlungsposition nicht dieselben Konsequenzen im Labor hatten wie in einer natürlichen Situation.

Ein anderer Aspekt der typischen Laborsituation, der es schwierig macht, einen adäquaten Test für den relativen Wert dieser beiden Positionen zu konstruieren, liegt darin begründet, daß die Einstellungen der Versuchsteilnehmer in einem Labor sowohl in ihrem Inhalt wie in ihrem Ursprung sehr verschieden sein können von Einstellungen, die in Konflikten außerhalb des Labors herrschen. Das Modell von Osgood nimmt einen Zustand hoher Spannung und Mißtrauen zwischen beiden Parteien an, wie zum Beispiel im kalten Krieg, der durch eine Geschichte sich gegenseitig eskalierender Konflikte charakterisiert ist. Die Teilnehmer in einem Versuchslaborspiel oder in einer simulierten Verhandlungsposition können einfach motiviert sein, beim Spiel ihren Vorteil zu maximieren, ohne auf die Kosten zu achten. Während unilaterale Zugeständnisse von feindlichen Nationen, die am Rande eines nuklearen Konflikts stehen, die Resultate haben können, die Osgood anvisiert, können sie auch gut in einem Spiel als Schwäche oder zumindest als dummes oder unangemessenes Verhalten ausgelegt werden. Auf jeden Fall ist beträchtlich mehr Forschungsarbeit notwendig, bevor irgendwelche sicheren Schlußfolgerungen gezogen werden können.

Zusammenfassung: Interpersonelle Strategien

Es gibt verschiedene interpersonelle Strategien. Alle haben den Zweck, mehr Macht in einer gegebenen Situation zu erringen. Die eigenen Machtmittel können in einer direkten, offensichtlichen Strategie zur Gewinnung von Macht angeboten oder zurückgehalten werden. Hier sind etwa bestimmte Versuche zu

---

61 Bartos, 1965; Komorita & Brenner, 1968

nennen, bei denen die eigene Anziehungskraft für eine andere Person durch Anschmeichelungstaktiken als auch durch Reklame für die eigenen Qualitäten erhöht wird. Bestimmte Machtmittel sind unmittelbar mit der normativen Sozialstruktur gegeben und beherrschen viele soziale Interaktionen. Indem man in einer bestimmten Identität auftritt - indem man selbst als eine bestimmt geartete Person auftritt - läßt man oft jene Normen thematisch werden, die an andere die Forderung stellen, sich einem gegenüber so zu benehmen, daß man daraus seinen Vorteil ziehen kann. Oder aber man drängt, wie beim "altercasting", den anderen in eine Identität, was einen ähnlichen Effekt hat. Bei diesem Prozeß werden oft die Normen der Gerechtigkeit, des "fair play", die altruistische Norm und die Norm der Reziprozität "angerufen". Der andere fühlt sich unter Druck, die Norm zu beachten. Unter bestimmten Bedingungen kann der Interaktionspartner verärgert sein, weil er einer anderen Person gegenüber in einer Position der Verpflichtung ist. Dies hängt von vielen Faktoren ab, wie zum Beispiel von den Absichten der anderen Seite, der Größe des Opfers, das sie bringt, und der Fähigkeit dessen, dem ein Gefallen getan wird, die Schuld zurückzuzahlen.

Alltagssituationen und Versuchslaborsituationen, bei denen sowohl kooperatives als auch Konkurrenzverhalten aufkommt, werden als Situationen mit gemischten Motiven bezeichnet: Die Teilnehmer sind sowohl zu kooperativem wie zu Konkurrenzverhalten motiviert. Grundlegend für solche zwischenmenschlichen Beziehungen ist das Vertrauen. Dieses ist dann vorhanden, wenn jemand sieht, daß der andere hilfsbereit oder wahrscheinlich hilfsbereit ist. Ein Mensch, der einem anderen vertraut, ist eher kooperativ. Mißtrauen führt zu Konkurrenz und zu Versuchen, auf Kosten des Gegners für sich einen maximalen Gewinn zu erreichen. Kooperatives Verhalten kann als eine Strategie benutzt werden, das Vertrauen des anderen zu gewinnen. Oder man kann sich impunitiv verhalten gegenüber den Verhaltensweisen des Gegners, in der Hoffnung, sein Vertrauen und seine Zusammenarbeit zu gewinnen. Die Wirksamkeit solcher Strategien variiert deutlich mit den Bedingungen des Laborspiels oder den Phasen von laufenden Verhandlungen. Zugeständnisse in Verhandlungen zu machen, ist als eine Möglichkeit betrachtet worden, Vertrauen zu gewinnen. Es ist aber auch behauptet worden, daß Zugeständnisse nur dazu führen, daß der andere noch härter verhandelt. Wie man erwarten kann, besteht ein großer Unterschied zwischen der Wirksamkeit solcher Strategien in Spielsituationen des Versuchslabors und in tatsächlichen Verhandlungen zwischen Nationen.

KAPITEL 9

STATUS UND KOMMUNIKATION

Die beiden vorangegangenen Kapitel handelten von den Aspekten der Affektivität und der sozialen Macht in interpersonellen Beziehungen. Eine weitere Dimension interpersoneller Beziehungen kennzeichnet der Begriff Status. Starathleten werden von Sportbegeisterten vergöttert; der erfolgreiche Geschäftsmann wird vom Durchschnittsbürger bewundert; Wissenschaftler, Professoren und Ärzte werden von den meisten Leuten geachtet; schöne Frauen werden von Männern bewundert; vorzügliche Staatsmänner rufen die Ehrerbietung vieler hervor, und Helden werden von allen geehrt. In Kleingruppen wird der Wert eines jeden Gruppenmitglieds durch Übereinstimmung aller Gruppenmitglieder bestimmt. Die Form, die diese Bewertungen annehmen, ist als Statusstruktur der Gruppe bekannt. Die erste Hälfte dieses Kapitels wird erörtern, was Status bedeutet. Es wird die Eigenschaften von Statusstrukturen, wie man sie in Gruppen findet, feststellen und Prozesse beschreiben, die mit dem Status in Zusammenhang stehen.

Zusätzlich zu Affekt-, Macht- und Statusstrukturen kann eine vierte Art von Strukturen in Gruppen beobachtet werden. Durch systematische Beobachtung entdeckt man, daß einige Gruppenmitglieder häufiger als andere die Kommunikation beginnen. Die einzelnen Botschaften werden auch nicht gleichermaßen an alle gerichtet: einige Gruppenmitglieder sind häufiger die Empfänger von Botschaften als andere. Man kann also auch von einer Kommunikationsstruktur der Gruppe sprechen. Die letzte Hälfte dieses Kapitels besteht aus der Beschreibung einer Vielzahl von Prozessen, die mit jener Struktur in Zusammenhang stehen. Die Status-und Kommunikationsstrukturen stehen miteinander in Verbindung: Status ist eine der Determinanten jener Strukturen, die durch Kommunikation gebildet werden.

STATUS

Das Wesen des Status

Status ist der von einer Gruppe oder Klasse von Menschen geschätzte Wert einer Person. Sehr oft, aber nicht immer, gründet der einem Menschen zuerkannte Status in der sozialen Kategorie oder Position, die er einnimmt, zum Beispiel in seinem Beruf oder seiner Rolle als Führer einer Gruppe. Grundlage dieser Bestimmung des Wertes eines Menschen ist das Ausmaß, in dem die Eigenschaften, Charakterzüge, der Besitz oder die Rolle in den Augen der Gruppe oder Klasse von Menschen, welche ihm den Status zuerkennen, einen Beitrag leisten zur Erreichung der gemeinsamen Werte und zur Befriedigung der gemeinsamen Bedürfnisse.

Welche Eigenschaften den Status mitbestimmen, hängt von den Personen ab, die die Statusbewertung vornehmen. Statusattribute können im Zusammenhang stehen mit Werten und Bedürfnissen, die nur einer kleinen Gruppe oder die der ganzen Gesellschaft gemeinsam sind. In unserer eigenen Gesellschaft sind Beispiele für Statusattribute, die weithin als Statuszeichen angesehen werden, Schönheit, besonders bei einer Frau, und der Besitz von Reichtum. Beispiele für Eigenschaften, deren Bedeutung für die Statuszuweisung von Gruppe zu Gruppe variiert, sind folgende: Unter Ärzten hat der Chirurg einen hohen Status, unter Heranwachsenden verleiht der Besitz eines Wagens einen hohen Status,und unter Professoren trägt die Publikation von bedeutsamen Forschungsergebnissen zum Status bei. Die Eigenschaften sind manchmal recht breit definiert, wie zum Beispiel Schönheit bei Frauen. Diese Eigenschaften können in spezifischere Gruppen von Eigenschaften zerfallen, in diesem Falle in Wahrnehmungsqualitäten wie die Form und Konfiguration der Gesichts-und Körperzüge.

Nur jene Eigenschaften, die von den Gruppenmitgliedern ähnlich bewertet werden, bestimmen den Status mit. Der Besitz einer einzigartigen Eigenschaft, die nur für ein anderes oder zwei andere Mitglieder einer großen Gruppe von Wert sind, bestimmen nicht den Status einer Person. Nehmen wir zum Beispiel an, daß nur zwei Mitglieder eines Tennisclubs Schach spielen können. Obgleich diese beiden Mitglieder dieser Fähigkeit einen Wert zusprechen und jeder von beiden den anderen positiv bewertet, würde der Besitz dieser Fähigkeit ihnen keinen Status verleihen. Andererseits wird der beste Tennisspieler im Club einen sehr hohen Status besitzen.

Determinanten des Status

Wie die Aspekte von Affekt- und Machtstrukturen, so kann die Austauschtheorie auch erklären, welche Faktoren bestimmte Eigenschaften zu Statusattributen werden lassen. Zu den Faktoren, die den Status begründen, gehört die Fähigkeit eines Menschen, jene zu belohnen, mit denen er in Interaktion steht; es gehören dazu die Seltenheit jener Fähigkeit, das Ausmaß an Belohnungen, die ihm selbst, wie die anderen feststellen, zuteil wird, sowie die Art der von ihm gemachten Kosten und seine Investitionen.

Der Belohnungswert von Personen mit hohem Status Ein hoher Status wird jemandem in dem Maße zuerkannt, wie seine Eigenschaften und sein Verhalten für einen beträchtlichen Prozentsatz der Gruppenmitglieder belohnend wirken. Diejenige Eigenschaft, die der größten Zahl das Höchstmaß an Belohnung bringt, erhält eine maximale soziale Zustimmung und somit einen hohen Status. Ein zusätzliches Element ist jedoch durch die relative Seltenheit der belohnenden Eigenschaft gegeben. An bestimmten Aktivitäten, die für sehr wichtige Werte der Gruppe von Bedeutung sind, sind alle Gruppenmitglieder beteiligt. Folglich hat kein einziges Mitglied davon für seinen Status einen Vorteil. Nur die Eigenschaften, die selten vorkommen, verleihen einen hohen Status. Die Mitglieder einer Fußballmannschaft, die eine durchschnittliche Spielerbegabung haben, verleihen dem Mann einen hohen Status, der das Spiel retten kann durch seine hervorragende Fähigkeit, ein Tor zu erzielen oder einen Spielzug zu vollenden, indem er einen Paß erläuft und ein Tor schießt. In ähnlicher Weise hat in einem wissenschaftlichen Forscherteam ein Mann, der tiefe Einsicht und Brillianz zeigt, einen hohen Status, weil er die Fähigkeit besitzt, schwierige wissenschaftliche Probleme zu lösen, die von den anderen Teammitgliedern als unlösbar angesehen werden.

Auf dem Hintergrund der Austauschtheorie trägt Blau die These vor, Statusbewertungen entstünden aus der Unfähigkeit von Gruppenmitgliedern, die wertvollen Beiträge jener Personen adäquat zu vergelten, die seltene, aber bedeutsame Mittel besitzen.[1] Die Entgegennahme dieser Mittel verpflichtet die Mitglieder diesen Personen gegenüber zum Dank. Die Gruppenmitglieder zahlen diese Schuld ab, indem sie sich denjenigen gegenüber, die seltene Mittel haben, ehrerbietig verhalten, ihnen einen Status zuerkennen. Dies motiviert diese wertvollen Gruppenmitglieder, in der Gruppe zu bleiben. Davis und Moore haben eine ähnliche Theorie zur Erklärung der unterschiedlichen Statusebenen (auch unter dem Namen *soziale Stratifikation* oder *Schichtung* bekannt) in ganzen Gesellschaften: Ungleichheiten im Prestige und Ansehen entwickeln sich unbewußt in allen menschlichen Gesellschaften, um sicherzustellen, daß die wichtigsten Positionen mit den am besten Qualifizierten besetzt werden.[2]

Der erhaltene Ertrag und gemachte Kosten Man teilt anderen um so eher einen hohen Status zu, je häufiger man beobachtet, daß sie Belohnungen erhalten. Einer Person, die Empfänger von Dingen ist, die in unserer Gesellschaft hoch bewertet werden, wie etwa ein hohes Einkommen, wird leicht ein hoher Status zuerkannt. Dies scheint in der menschlichen Neigung begründet zu sein, andere möglich konsistent und ganzheitlich zu bewerten. Besitzt jemand eine gute Eigenschaft, so werden ihm noch andere zuerkannt. Ansehen ist eine andere Art von Belohnung oder Ertrag, und je öfter man feststellt, daß jemand von anderen hoch angesehen ist, desto eher erhält er eine hohe Einstufung in der Statusdimension. So ist man, wenn man nur erfährt, daß ein anderer allgemeine soziale Zustimmung hat, geneigt, ihm einen hohen Status zuzuweisen.

In ähnlicher Weise kann man Menschen nach den Kosten, die sie aufwenden mußten, einstufen. Die große Auszeichnung, die ein Soldat erhält, der die Ehrenmedaille des Kongresses entgegennimmt, steht in direktem Verhältnis zu seinem persönlichen Opfer und der Mißachtung seiner eigenen Sicherheit; oft geschieht diese Verleihung nachträglich. Im Unterschied zu dem Ertrag haben nicht alle Kosten eine Bedeutung für den Status. Nur jene Kosten, die bei der Verwirklichung der Gruppenwerte gemacht wurden und nicht von fast jedem, sind mit hohem Status verknüpft. Der Soldat, der sich selbst unnötig dem Feind aussetzt, ohne ein Ziel dadurch zu erreichen, wird eher einen

---

[1] Blau, 1964a; [2] Davis & Moore, 1945

Verweis erhalten, statt eine Medaille zu bekommen. In ähnlicher Weise stellen bestimmte Aspekte eines Berufs, wie Verantwortung und Plackerei, Kosten dar, jedoch nur die erstgenannte Art von Kosten trägt zu hohem Status bei.

Investitionen Ein weiteres Phänomen, das mit Status verknüpft ist, stellen die Investitionen eines Menschen dar. [3] Während die bisher diskutierten Eigenschaften Belohnungswert haben, können Investitionen - müssen aber nicht - einen intrinsischen Wert haben. Eine Investition, die keinen intrinsischen Wert hat, kann einen Wert durch einen Meinungskonsens erhalten. Die Investition verleiht einem das Recht, einen bestimmten Status zugeteilt zu bekommen. Beispiele für Investitionen dieser Art sind Rasse, ethnische Herkunft, Familie und Geschlecht. Eine Investition, die wenigstens einen gewissen intrinsischen Wert besitzt, ist das Dienstalter. Unabhängig vom intrinsischen Wert ist der Wert, den man einer Investition zuerkennt, dasjenige, was letztlich zählt. Ein Fabrikarbeiter, der schon lange in diesem Beruf ist, erwartet bestimmte Privilegien, die relativ neuen Kollegen nicht zuteil werden. Er erwartet zum Beispiel, einen höheren Lohn ausgezahlt zu bekommen, bestimmte Urlaubsprivilegien zu erhalten und im Falle einer Drosselung der Produktion nicht entlassen zu werden, während neuere Arbeiter entlassen werden. In ähnlicher Weise bringt das Dienstalter in einer wissenschaftlichen Fakultät bestimmte Privilegien mit sich. Fakultätsmitglieder im Range eines Ordinarius können eher die Stunden bestimmen, in denen sie lehren wollen, die interessanteren Kurse auswählen und größere, privater eingerichtete Dienstzimmer haben und bekommen auch höhere Gehälter ausgezahlt.

Zusammenfassend läßt sich also sagen, daß Status die Interaktion von Gruppenmitgliedern zur Voraussetzung hat. Man erkennt jemandem um so eher einen hohen Status zu, je nützlicher seine Eigenschaften den Gruppenmitgliedern erscheinen. Um für den Status relevant zu sein, müssen jedoch diese Eigenschaften relativ selten vorkommen: nur jene seltenen Eigenschaften verleihen einen Status. Je mehr andere feststellen, daß jemand Belohnungen zuteil werden, desto höher wird wahrscheinlich sein Status sein. In ähnlicher Weise ist hoher Status verknüpft mit seltenen Kosten, die zur Verwirklichung von Gruppenwerten gemacht worden sind. Die Investitionen eines Menschen - seine Vergangenheit oder sein sozialer Hintergrund - haben ebenfalls auf den Status einen Einfluß.

Vergleichsprozesse und Status

Für das Phänomen Status ist der Vergleichsprozeß grundlegend. Man vergleicht sich mit anderen im Hinblick auf die erhaltenen Belohnungen, die gemachten Kosten und die angesammelte Zahl an Investitionen. Die Menschen sind in unterschiedlichem Maße bei diesen Vergleichen zufrieden oder unzu-

---

[3] Homans, 1961

frieden. Homans meint, daß die Reaktionen auf solche Vergleiche durch zwei Prinzipien erklärt werden können: gerechte Verteilung ("distributive justice") und Status-Kongruenz ("status congruence").[4]

Gerechte Verteilung Eine gerechte Verteilung ist erreicht, wenn die Ergebnisse oder der Gewinn jedes einzelnen - sein Ertrag minus Kosten - seinen Investitionen direkt proportional ist. Da Homans feststellte, daß man im allgemeinen seine Ergebnisse nicht so exakt mißt und vergleicht, meint er, daß man beim Vergleich tatsächlich nur seine eigene Position in diesen Variablen relativ zu der eines anderen betrachtet und sich als höher als jener, niedriger als jener oder ihm gleichwertig hält.

Dieses Prinzip könnte in folgender Gleichung wiedergegeben werden:[5]

$$\frac{\text{meine Investitionen}}{\text{seine Investitionen}} = \frac{\text{mein Ertrag minus Kosten}}{\text{sein Ertrag minus Kosten}}$$

Herrscht Gleichheit vor, so ist eine gerechte Verteilung erreicht. Deutliche Ungleichheit wird als ungerecht betrachtet.

Homans gibt zur Verdeutlichung aus seinen eigenen Forschungen ein Beispiel dafür, wie das Gefühl der Ungerechtigkeit entsteht, wenn die Investitionen den Ergebnissen nicht proportional sind.[6] In einem Unternehmen gab es zwei Gruppen von weiblichen Angestellten, die Buchhalterinnen und die Kassiererinnen. Die Bezahlung und Unabhängigkeit der Gruppen war gleich; die Buchhalterinnen hatten jedoch höhere Investitionen, wie etwa Alter und Wissen, und ihre Kosten in Form von Verantwortung waren größer. Obgleich ihre Arbeit ein höheres intrinsisches Interesse hatte und mehr Abwechslung, stand dies offensichtlich nicht im Verhältnis zu ihren höheren Investitionen und Kosten nach dem Prinzip der gerechten Verteilung, und so beschwerten sie sich über die Ungerechtigkeit einer Unterbezahlung und über mangelnde Unabhängigkeit.

Eine andere Untersuchung von Arbeitern in einer Ölraffinerie trägt ebenfalls zur Stützung der Annahme des Prinzips der gerechten Verteilung bei.[7] Es wird zum Beispiel berichtet, daß in den Fällen, wo jemand, der als Vergleichsmaßstab herangezogen wurde, mehr verdiente als der Befragte, aber in Investitionen wie Dienstalter und Ausbildung überlegen war, nur 14 % der Befragten unzufrieden waren, wenn sie ihren eigenen Lohn mit dem des anderen verglichen. Wenn sie sich selbst aber der Vergleichsperson in bezug auf ihre Investitionen und Kosten gleich oder überlegen fühlten, waren 75 % mit der Tatsache unzufrieden, daß jene mehr verdienten.

Status-Kongruenz Die Beobachtung, daß man seine Stellung mit der von anderen vergleicht, läßt vermuten, daß in Gruppen eine Bedingung vor-

---

4 Homans, 1961;
5 Homans, 1961
6 Homans, 1954;
7 Patchen, 1961

herrscht, die Homans Status-Kongruenz nennt. Status-Kongruenz ist erreicht, wenn alle Statusattribute einer Person einheitlich einen höheren, gleichen oder niedrigeren sozialen Rang haben als entsprechende Attribute eines anderen. Das bedeutet, daß die sozialen Ränge der Attribute konsistent sind. So erwartet ein Fakultätsmitglied im Range eines Professors von sich selbst, daß es nicht nur ein besserer Lehrer ist als ein jüngerer Dozent, sondern auch ein weiseres Ausschußmitglied und ein talentierterer Gelehrter. Homans gibt das Beispiel von jemandem, der einem anderen in den meisten Statusattributen überlegen ist, der sich aber in der Gefahr, seine Überlegenheit in einem Bereich zu verlieren, bemüht, seine Überlegenheit aufrechtzuerhalten. Er berichtet, daß in bestimmten Supermärkten Ganztagskräfte mehr Lohn bekamen und ein höheres Dienstalter hatten als Teilzeitkräfte. Das Bemühen, die Status-Kongruenz zu erhalten, trat auf, als eine Ganztagskraft und eine Teilzeitkraft dieselbe Tätigkeit zu verrichten hatten. Dies wurde treffend von einem ausgedrückt, der ganztags arbeitete: "Ein Mann, der als Ganztagskraft beschäftigt ist, hat den Teilzeitkräften zu zeigen, daß er schneller arbeiten kann als sie. Es ist zwar besser, mit ihnen als gegen sie zu arbeiten, aber er hat ihnen zu zeigen, daß er der bessere Mann ist. [8]

Das Phänomen der Status-Kongruenz erklärt auch die Statussymbole. Eigenschaften, die anfänglich keinen Statuswert haben, die aber regelmäßig mit einem bestimmten Statusniveau verknüpft sind, werden im Laufe der Zeit als Symbole für einen bestimmten Status betrachtet. In einem amerikanischen Geschäftsunternehmen wird der Status eines leitenden Angestellten oft repräsentiert durch die private Atmosphäre und Größe seines Büros, die Kosten der Büromöbel und die Zahl der Sekretärinnen und Telephone, die er zur Verfügung hat. Die Bedeutung von Statussymbolen wird verdeutlicht durch den Bericht, daß in einer Gesellschaft, in der ein leitender Angestellter niedrigeren Ranges in ein Büro umzog, das früher einem stellvertretenden Vizedirektor gehörte, ein Monteur in das Büro geschickt wurde, um etwa 30 Zentimeter Teppichstoff von den Kanten des Zimmers aus zu entfernen, damit das Büro nicht mehr einen Wand-zu-Wand-Teppich hatte, ein Symbol für höhergestellte Angestellte. [9]

Wie das Prinzip der gerechten Verteilung, so läßt sich auch die Status-Kongruenz aus der Austauschtheorie ableiten: man hat gelernt, daß andere sich einem gegenüber unvorhersagbar verhalten - manchmal belohnend, ein anderes Mal nicht belohnend -, wenn in der Repräsentation des Status keine Kongruenz besteht. Ein leitender Angestellter einer Firma, der keinen College-Abschluß hat, wird anderen nichts von seiner Ausbildung sagen oder sie unrichtig angeben, aus der Sorge heraus, andere würden ihn eher seinem Ausbildungsniveau entsprechend behandeln als nach seinem Einkommen oder Beruf. So strebt man nach Homans Auffassung von Statuskongruenz danach, ein Stadium zu erreichen, in dem man in allen Aspekten gleich eingestuft wird,

---

[8] Homans, 1961; [9] Hartley & Hartley, 1952

weil man in einem solchen Stadium die lohnenswerte Gewißheit hat, daß andere sich einem gegenüber in konsistenter Weise verhalten.[10]

Eine Vielzahl von Untersuchungen über die Auswirkungen einer Status-Inkonsistenz oder Status-Inkongruenz gehen von der Ansicht aus, daß Status-Inkongruenz Unsicherheit und Probleme in der Interaktion heraufbeschwört. Ohne Zweifel können jedoch auch einige der Befunde das Ergebnis der Reaktion anderer auf die Verletzung des Prinzips der gerechten Verteilung sein. In einer älteren Arbeit wurde der Grad der Status-Kongruenz zwischen den Dimensionen Einkommen, Beruf, Ausbildung und ethnischer Stellung für jedes Individuum in der Gruppe bestimmt.[11] Hatte jemand eine geringe Status-Kongruenz, so war er, politisch gesehen, "liberal", was bedeutet, daß er mit dem gegenwärtigen Zustand unzufrieden war, sich frustriert fühlte und den sozialen Wandel suchte. Hatte jemand eine hohe Status-Kongruenz, so war er weniger frustriert, zufriedener und in seiner politischen Auffassung konservativer. Mit diesen Ergebnissen stimmt die Feststellung einer umgekehrten Beziehung zwischen Status-Kongruenz und dem Wunsch nach einer Veränderung der Machtverteilung in der Gesellschaft überein.[12] Je geringer die Status-Kongruenz eines Individuums, desto mehr wünscht es eine Veränderung.

Neuere Forschungsergebnisse und theoretische Überlegungen haben aber einige Zweifel an diesen Schlußfolgerungen entstehen lassen. Obgleich noch einige weitere Belege für die Beziehung zwischen Status-Inkongruenz und Liberalismus gefunden wurden,[13] konnten andere Untersuchungen nur eine schwache oder gar keine Beziehung zwischen Liberalismus und Status-Inkongruenz aufdecken.[14] Derartig sich widersprechende Resultate sind schwer miteinander in Einklang zu bringen und haben zu einer Reihe kritischer Bemerkungen methodologischer Art an diesen Literaturberichten geführt.[15] Ein Hauptproblem scheint die Trennung der Effekte der Status-Kongruenz von den Effekten anderer damit verknüpfter Bedingungen zu sein. Treiman zum Beispiel meint, daß der oben zitierte Befund des Bestehens einer Beziehung zwischen Status-Inkongruenz und politischem Liberalismus dadurch erklärt werden kann, daß jene, die einen geringen ethnischen Status haben, die Tendenz haben, politisch liberal zu sein, und zwar unabhängig von ihrer Position in anderen Status-Dimensionen.[16]

Man versuchte zu bestimmen, unter welchen Bedingungen eine Status-Inkongruenz ihre Auswirkungen hat. Nach einer der bestehenden Hypothesen wird Status-Kongruenz nur dann eine ausschlaggebende Wirkung haben, wenn die dabei beteiligten Dimensionen so miteinander in Verbindung stehen, daß man durch die Einnahme verschiedener Positionen zu widersprüchlichen Erwartungen kommt. Für diese Vorstellung spricht einiges.[17] Weiterhin kann man an-

---

[10] Homans, 1961; [11] Lenski, 1954; [12] Goffman, 1957
[13] Lenski, 1967; [14] Kenkel, 1956; Kelly & Chambliss, 1966
[15] Jackson & Curtis, 1968; [16] Treiman, 1966; [17] Sampson, 1963, 1969; Brandon, 1965

nehmen, daß dort, wo eine Statusdimension wichtiger und vorrangiger wird, die Auswirkungen der Inkonsistenz reduziert werden.[18] Schließlich wird Status-Inkongruenz bevorzugt, wenn die Auflösung der Inkongruenz eine wachsende Inkonsistenz zwischen dem Selbst und der Rolle, die man einnimmt, bewirkt, oder wenn sie das Erstreben eines maximalen Ertrages aus Belohnungen und Kosten stört. In einem solchen Falle wird die Status-Inkongruenz das Individuum nicht beeinträchtigen.[19]

Interpersoneller Vergleich Der interpersonelle Vergleich ist für das Phänomen Status grundlegend. Durch einen periodisch vorgenommenen Vergleich mit anderen entwickelt man im Laufe der Zeit eine klare Vorstellung vom eigenen Status. Man vergleicht häufig sein Einkommen, seinen Besitz, seine Fähigkeiten und weitere Eigenschaften mit denen von anderen. Man vergleicht sich selbst allerdings nicht mit irgend jemandem. Man mag sich verärgert oder unangenehm berührt fühlen, wenn bestimmte Leute mehr Geld machen als man selbst, aber das Einkommen irgendwelcher Leute ist nicht von Interesse. Mit wem man sich vergleicht und in welchem Ausmaß man das tut, wird durch das Prinzip der gerechten Verteilung bestimmt, durch die Wahrnehmung der eigenen Macht und Bedingungen, welche den Vergleich leicht machen.

Thibaut und Kelley haben mehrere Bedingungen beobachtet, unter denen Statusvergleiche bevorzugt vorgenommen werden.[20] Erstens muß jeder in der Lage sein, Nutzen, Kosten und Investitionen anderer zu beobachten, so daß er sie mit seinen eigenen vergleichen kann. Zweitens muß jeder im Hinblick auf eine mächtigere Autorität ungefähr die gleiche Macht haben, Nutzen zu erhalten und Kosten zu vermeiden, da dies eine Rivalitätssituation schafft. Drittens vergleicht man sich eher mit jemandem, dessen Nutzen und Kosten nicht zu sehr von den eigenen verschieden sind. Das Prinzip gerechter Verteilung legt eine vierte Bedingung nahe: Vergleiche stellt man eher mit Personen an, die ähnliche Investitionen haben, und zwar deshalb, weil man der Meinung ist, solche Personen sollten ähnliche Kosten und Nutzen haben. Viele Kleingruppen erfüllen diese Bedingungen. Beispiele dafür sind Männer im Gefängnis, Minderheitsgruppen, die in Ghettobedingungen leben, Studenten eines akademischen Instituts, neue Mitglieder einer studentischen Verbindung und verschiedene Arbeitsgruppen in der Industrie. Diese Bedingungen sind gewöhnlich auch in der Familie erfüllt, wo man Geschwisterrivalität findet. Thibaut und Kelley meinen, Geschwisterrivalität trete dort auf, wo die Kinder im wesentlichen die gleiche Behandlung von einem Elternteil fordern und erhalten. Jeglicher Unterschied in der Menge der Belohnungen, die man unter solchen Umständen erhält, ist deutlich sichtbar. Geschwisterrivalität kann nur vermieden werden, wenn die Eltern übermäßig gerecht sind oder wenn irgendeine Art von Ungleichheit zwischen den Kindern besteht. Eine solche Ungleichheit bildet sich leicht aus, wenn der Altersunterschied zwischen den Kindern groß ist.

---

[19] Sampson, 1969; Kimberly & Crosbie, 1967; [20] Thibaut & Kelley, 1959

Es werden sowohl die Kosten als auch der Nutzen beim Vergleich herangezogen. Dies zeigt sich klar am Beispiel des Kindes, das extrem entrüstet darüber ist, daß sein Bruder für etwas nicht bestraft wird, wofür es selbst bestraft wurde. Ähnliche Reaktionen findet man bei Erwachsenen, wenn sie auch durch liebevolle Beteuerungen verdeckt sein können. Wenn wir von der Annahme ausgehen, daß man Kosten auf sich nimmt, wenn man der Versuchung zu Verbrechen widersteht, so könnte ein ähnlicher Kostenvergleich der öffentlichen Entrüstung über die milde Bestrafung eines Verbrechers zugrunde liegen.

Zusammenfassung: Vergleichsprozesse und Status Status entsteht durch den Vergleich der Belohnungen, Kosten und Investitionen verschiedener Menschen mit Hilfe der Prinzipien der gerechten Verteilung und der Statuskongruenz. Gerechte Verteilung ist erreicht, wenn die Erträge jedes einzelnen seinen Investitionen direkt proportional sind. Es besteht die Theorie, daß die Belohnungen größer und die Kosten höher sein sollten, wenn die Investitionen einer Person umfangreicher sind als die einer anderen. Statuskongruenz besteht unter der Bedingung, daß alle Statusattribute, die jemand zeigt, gleichermaßen einen höheren, gleichen oder niedrigeren Rang haben als die Attribute einer anderen Person. Wenn die Statusattribute keinen einheitlichen Charakter haben, werden sich andere der betreffenden Person gegenüber in einer unvorhersagbaren Weise benehmen, manchmal belohnend, manchmal nicht belohnend.

Einige experimentell erzielte Ergebnisse sprechen für die Vorstellung, daß Status-Inkongruenz und ungerechte Verteilung von innerer Spannung, Unzufriedenheit und dem Wunsch nach Veränderung begleitet sind; andere Untersucher konnten jedoch das Auftreten dieser Reaktionen nicht nachweisen. Dies legt die Vermutung nahe, daß Status-Inkongruenz nur unter bestimmten Bedingungen störend ist. Untersuchungen haben ergeben, daß dann, wenn eine der sich widersprechenden Dimensionen vorrangiger wird oder wenn die Status-Inkongruenz von einer Konsistenz zwischen Selbst und Verhalten begleitet wird, keine Unzufriedenheit auftritt und die Inkongruenz nicht aufgelöst wird.

Statusvergleiche werden dann eher angestellt, wenn man die Belohnungen, die jemand erhält, und seine Kosten beobachten kann,wenn jemand relativ gleich große Macht hat, Belohnungen zu erhalten und Kosten zu vermeiden, und wenn sich Nutzen und Kosten verschiedener Personen nicht zu stark voneinander unterscheiden.

Stabilität der Statusstruktur

Die meisten Statusstrukturen sind recht stabil: Jedes Gruppenmitglied bleibt über eine ansehnliche Zeitspanne auf der gleichen relativen Stufe. Diese Stabilität ist ein Produkt mehrerer Prozesse. Eine Gruppe von Prozessen besteht aus solchen, welche die Status-Kongruenz und gerechte Verteilung sichern. Eine zweite Gruppe von Prozessen trägt zur Stabilität durch Erhöhung des Wertkonsenses in einer Gruppe bei. Da Statusattribute von Gruppenwerten abhängen, wird die Stabilität des Systems um so größer sein, je größer der Konsens in den Gruppenwerten ist. Drittens erlaubt die Position einer Person in der Statusstruktur ihr und ermutigt sie, sich sozu verhalten, daß ihr Status bestätigt wird.

Zudem haben Benoit-Smullyan und andere die Aufmerksamkeit auf Prozesse der Statusumwandlung (Status conversion) gelenkt, die zur Status-Kongruenz führen.[21] Zu solchen Prozessen gehört etwa die Tendenz, andere in verschiedenen Statusdimensionen ähnlich zu beurteilen. Man kann die jemandem durch seine Position in einer Statusdimension zur Verfügung stehenden Machtmittel benutzen, um seine Position in einer anderen Dimension zu verbessern, wie im Falle eines reichen Mannes, der sein Geld zum Machtgewinn benutzt, oder eines Lehrers, der seine Autorität zur Disziplinierung dazu benutzt, einem Studenten, der unbequeme Fragen stellt, das Wort zu verbieten. Oder aber man kann sein Verhalten und seine äußere Erscheinung sorgfältig überwachen, damit man keine Inkongruenz zeigt. Ein solcher Fall liegt dem Problem der Hilfeleistung unter Arbeitern zugrunde. Arbeiter vermeiden es, andere um Hilfe zu bitten, die sie als Gleichgestellte ansehen, da eine derartige Bitte implizieren würde, daß sie weniger kompetent sind und einen niedrigeren Status verdienen. Dieses Phänomen ist beobachtet worden in einer Gruppe von Angestellten eines Regierungsbüros und unter Arbeitern einer Maschinenfabrik.[22]

Der Status-Kongruenz kommt die Tendenz von Wahrnehmungsprozessen zugute, ausbalanciert zu sein. Man ist geneigt, den Status eines Menschen global zu sehen, d. h. nimmt jemand in einer Dimension eine hohe Stellung ein, so wird ihm ebenfalls eine hohe Position in einer anderen zugeschrieben. Erhält jemand in einem Aspekt eine günstige Beurteilung, so wird er auch in anderen Aspekten günstig beurteilt. Die allgemeine Idealisierung von Helden ist ein alltägliches Beispiel: man erwartet nicht, daß sie auch Persönlichkeitszüge oder Eigenschaften besitzen könnten, für die sie nicht bewundert werden können. Dieses Phänomen entspricht der Balance-Theorie, die von Heider und anderen vorgetragen wird (vgl. Kapitel 3)[23]. Eine andere Tendenz besteht darin, zu glauben, daß Menschen, die zusammen gesehen werden, den gleichen Status haben. Benoit-Smullyan erinnert in diesem Zusammenhang daran, daß Diener eines Königs ein überlegen wirkendes Verhalten gegenüber Nichtroyalen zeigen, so als ob sie auch königliches Blut hätten.[24] Ein der Alltagserfahrung geläufiges Beispiel ist das einer Arzthelferin, die beim Umgang mit Patienten den höheren Status ihres Arbeitgebers, des Arztes, annimmt.

---

[21] Benoit-Smullyan, 1944; Blau, 1955; Homans, 1961

[22] Blau, 1955; Zaleznik, Christensen & Roethlisberger, 1956

[23] Heider, 1958; [24] Benoit-Smullyan, 1944

Bisher sind verschiedene innere Prozesse aufgezählt worden, die zur Status-Kongruenz beitragen, und es ist die Hypothese vorgetragen worden, daß der Wunsch, seinen Status zu erhalten, einen inneren Widerstand gegenüber Änderungen erzeugt. Die Stabilität des Systems ist auch teilweise eine Funktion externer Faktoren, die einen Wertkonsens bewirken. Die Determinanten von Wertkonsens werden in vollem Umfang in Kapitel 10 diskutiert, aber ihre Beziehung zu der Statusstruktur soll hier erwähnt werden. Offensichtlich treten jene, die in verschiedenen Statusdimensionen einen hohen Rangplatz einnehmen, für Werte ein, die mit diesen Dimensionen verknüpft sind. Nicht so offensichtlich jedoch ist es, daß Menschen mit niedrigem Status dieselben Werte vertreten, obgleich diese Werte mit Dimensionen in Zusammenhang stehen, in denen diese eine niedrige Einstufung erfahren. Der Arme, der andere nach ihrem Reichtum beurteilt, ist ein hierzu passender Fall.

Thibaut und Kelley haben eine Reihe von möglichen Gründen für diesen Wertkonsens genannt.[25] Teilweise sehen jene, die eine unvorteilhafte Stellung einnehmen, eine gewisse Aussicht, einen hohen Status im Sinne dieser Werte zu erreichen. Eine andere Stütze der Werte ist aber auch die funktionale Bedeutung, die sie im Alltag haben. Selbst wenn ein armer Mann der Meinung ist, daß Geld nicht alles ist, weiß er sehr genau, daß er Schwierigkeiten haben würde, mit weniger, als er zur Zeit hat, durchzukommen.

Ein vielleicht subtilerer Grund für den Wertkonsens, ein Grund, der im vorangegangenen Kapitel erwähnt worden ist, besteht darin, daß eine Person mit niedrigem Status, welche die besseren Eigenschaften der Person mit hohem Status anerkennt, die Macht jenes Höhergestellten zu einem gewissen Grade reduziert.[26] Der hohe Status einer Person ist abhängig von der Bereitschaft anderer, mit niedrigem Status ausgestatteter Personen, den Werten zuzustimmen, die den hohen Status des anderen begründen. Nur wenn sie deren Status anerkennen, hat jene ihn. Deshalb kann jemand, der einen hohen Status innehat, nicht seine Position mißbrauchen, indem er Machtmißbrauch betreibt, denn er könnte dadurch seinen Status verlieren. Der Würdenträger, dem der beste Tisch zur Verfügung gestellt und der in einem feinen Restaurant aufmerksam bedient wird, darf sich nicht beschweren: er muß vielmehr durch großzügiges Trinkgeld anerkennen, daß ihm ein hoher Status zugebilligt wurde. Dies zeigt in plastischer Form, warum Personen mit niedrigem Status oft zur Stützung des hohen Status von anderen beitragen: sie können daraus direkten Gewinn ziehen. Besitzt jemand zum Beispiel in einer Gemeinde einen hohen Status, so muß er viel Zeit und Geld für gemeinnützige Zwecke aufbringen. In einer Geschäftsorganisation wird von Personen mit hohem Status erwartet, daß sie, wenn nötig, Überstunden machen, ohne dafür bezahlt zu werden. So ist also eine Person mit niedrigem Status von viel Verantwortung und vielen Verpflichtungen entlastet, die ein hoher Status mit sich bringt.

---

[25] Thibaut & Kelley, 1959; [26] Blau, 1964a

Mehrere Untersuchungen legen nahe, daß man sich so verhält, als ob man seinen Status bestätigen wolle, und daß man damit sowohl zur Erhaltung der Statusstruktur der Gruppe als auch zu der der eigenen Position beiträgt. Whyte berichtet in seiner klassischen Studie einer Straßenbande, daß die beim Bowling erzielten Punkte, wenn Bowling in der Gruppe gespielt wurde, in konsistenter Weise den Status der Bandenmitglieder widerspiegelte. In einigen Fällen zeigten sich aber deutliche Abweichungen von diesen Punktzahlen, und zwar dann, wenn sie nicht mit der Gruppe Bowling spielten.[27] Whyte erklärt diese Konsistenz mit der Statusstruktur als eine Funktion der Übereinstimmung zwischen dem Selbstvertrauen eines Bandenmitglieds und seinem Gruppenstatus und auch als ein Resultat von Gruppendruck. Wenn die Punktzahlen von Bandenmitgliedern, die einen niedrigen Status hatten, momentan unüblicherweise hoch anstiegen, wurden die Betreffenden oft gnadenlos belästigt, bis ihr Selbstvertrauen erschüttert und ihre Leistung dadurch beeinträchtigt war.

Eine andere Untersuchung läßt vermuten, daß Selbstvertrauen und Status in Zusammenhang stehen. Sie zeigt, daß die Erwartungen, die eine Versuchsperson über ihr zukünftiges Abschneiden in einem Wurfpfeilspiel hat, ihrem Gruppenstatus entsprechen.[28] Schließlich machte eine Untersuchung einer Gruppe von Jungen deutlich, daß die Gruppenmitglieder die Leistung von Jungen mit hohem Status bei einem Wettstreit im Baseballwerfen überschätzten, und daß sie die Leistung von Gruppenmitgliedern mit niedrigem Status unterschätzten.[29]

Die Vorstellungen, die jemand von seinen Leistungen in bestimmten Gebieten hat, stehen mit allgemeineren Aspekten seines Selbst in Beziehung und auch mit Bewertungen, die andere ihm geben. Man hat bedeutsame Korrelationen gefunden zwischen der Leistung, die jemand in mehreren Studienfächern zeigt, und seiner Selbsteinschätzung in bezug auf seine Fähigkeiten im allgemeinen und in speziellen Gebieten.[30] Diese Einschätzung der Fähigkeit korreliert auch mit den Vorstellungen darüber, was andere von den eigenen Fähigkeiten denken.

Zusammenfassung: Stabilität der Statusstruktur Da Statuskongruenz und gerechte Verteilung lohnenswerte Bedingungen sind, leistet man Widerstand gegenüber Veränderungen, die diese Bedingungen bedrohen. Dadurch trägt man zur Stabilität der Statusstruktur bei. Statusumwandlungsprozesse bewirken ebenfalls Statuskongruenz: man gibt sich vor anderen so, daß man von diesen in verschiedenen Statusdimensionen ähnlich beurteilt wird, oder man gebraucht ein Machtmittel, das einem durch die Stellung in einer Statusdimension zukommt, um seine Position in einer anderen Dimension zu verbessern. Nach den Annahmen der Balance-Theorie wird Status global wahrgenommen: es besteht die Tendenz, alle Statusdimensionen ent-

---

27 Whyte, 1943;
28 Harvey, 1953
29 Sherif, White & Harvey, 1955;
30 Brookover, Thomas & Paterson, 1964

weder in einem günstigen Licht oder einem ungünstigen zu betrachten. Kommt eine Person mit niedrigem Status häufig mit einer anderen, die hohen Status hat, zusammen, so führt dies mit hoher Wahrscheinlichkeit zu einer Erhöhung ihres Status.

Bestimmte externe Prozesse, die den Wertkonsens unter Gruppenmitgliedern fördern, tragen auch zur Stabilität der Statusstruktur bei. Offensichtlich unterstützen Personen, die eine hohe Position in verschiedenen Statusdimensionen haben, Werte, die mit diesen Dimensionen in Beziehung stehen. Aber Personen mit niedrigem Status unterstützen diese Werte ebenfalls. Der Grund dafür ist teilweise darin zu sehen, daß diese eine gewisse Aussicht zu haben glauben, selbst jene Werte zu erreichen. Die Werte haben auch im Alltag ihre funktionelle Bedeutung: sie bringen Belohnungen und reduzieren Kosten. Ein subtilerer Faktor für die Anerkennung der Werte liegt darin begründet, daß durch die Anerkennung der überlegeneren Eigenschaften der Person mit hohem Status die niedriger gestellte Person die Macht der anderen reduziert. Schließlich ist es jedem erlaubt, und er wird sogar dazu ermutigt, sich in einer seiner Position in der Statusstruktur adäquaten Weise zu verhalten.

Veränderungen in der Statusstruktur

Status-Kongruenz, das Prinzip der gerechten Verteilung und der Wertkonsens sind aus der Perspektive der Stabilität der Statusstruktur betrachtet worden. Aber dieselben Variablen haben zusammen mit einer vierten, dem Bedürfnis nach Selbstwerterhöhung, auch ihre Bedeutung für eine Analyse der Veränderungen in dieser Struktur. Das Bedürfnis nach Selbstwerterhöhung, das in größerem Umfang in Kapitel 17 diskutiert wird, zeigt sich im Auftreten verschiedener Einzelprozesse, die den Status auf ein möglichst hohes Niveau bringen sollen. Man kann sich selbst so geben, daß der eigene Status in einer speziellen Dimension erhöht wird. Man kann auch die eigenen Eigenschaften und die der anderen falsch wahrnehmen, um sich selbst zu überzeugen, daß man einen höheren Status besitzt. Selbst wenn solche Akte die Position eines Individuums verändern, stören sie die Stabilität des Statussystems in einer Gruppe so lange nicht, wie der Wettstreit um Positionen nicht zu brisant wird.

Ein anderer Reaktionstyp erschüttert die Stabilität jedoch, weil er den Wertkonsens reduziert. Von den Dimensionen, nach denen Leute beurteilt werden, sind einige entscheidender als andere. Eine Möglichkeit, die Einschätzung des eigenen Status relativ zu dem der anderen positiv zu beeinflussen, besteht darin, die Eigenschaften, die man besitzt, hoch zu bewerten und jene zu entwerten, die einem fehlen. Die Ergebnisse einer Reihe von Untersuchungen legen nahe, daß dieser Prozeß bei vielen so abläuft. Der ältere Industriearbeiter betont das Dienstalter stärker als die Ausbildung. Gehört jemand erst seit kurzem der Mittelklasse an, so betont er die Rolle des Reichtums als bestimmende Größe für die Klassenposition und schreibt der Herkunft aus einer Familie, die seit mehreren Generationen der Mittelklasse angehört, geringeren Wert zu. Wenn Gruppenmitglieder auf diese Art und Weise verschiedene Werte unterschiedlich einschätzen, kommt die Stabilität der Statusstruktur ins Wanken.

Der Wertkonsens innerhalb einer Gruppe kann auch im Laufe der Zeit abgeschwächt werden, und zwar dadurch, daß sich die objektiven Bedingungen der Wertstruktur der Gruppe ändern. Eigenschaften, die zu einer bestimmten Zeit bedeutsame Determinanten von Status waren, weil durch sie wichtige Werte und Ziele erreicht werden konnten und weil sie relativ selten waren, haben nicht länger ein solches Gewicht. Im Frühstadium der Existenz einer Gruppe können zum Beispiel die Fähigkeiten eines Mitglieds, das sich für die Gruppe engagiert, ihm einen hohen Status einbringen. Aber nachdem die Gruppe entstanden ist, können Verwaltungsfähigkeiten wichtiger werden.

Die Status-Kongruenz wurde als ein Stabilitätsfaktor einer Gruppenstruktur dargestellt. Es wurde argumentiert, daß gegen Abweichungen von einem solchen Zustand Widerstand besteht. Gleichzeitig aber kann Status-Kongruenz dazu führen, daß Änderungen in einer Dimension sich auf andere Dimensionen ausbreiten. Entsteht eine neue Dimension oder gewinnt eine Dimension mehr Gewicht, so bewirkt die Einordnung der Person in dieser Dimension, daß die Rangplätze, die sie in anderen Dimensionen innehat, erneut angeglichen werden und daß so die Kongruenz auf einem neuen Niveau wiederhergestellt ist. Ähnliche Effekte treten als Folge eines Mangels an gerechter Verteilung auf.

Unterscheidung zwischen Status- und Affektstrukturen

Unglücklicherweise sind Status- und Affektstrukturen bei soziometrischen Untersuchungen nicht klar voneinander getrennt worden. Teilweise ist es schwierig, bei Untersuchungen, deren auf unterschiedlichen Wahlkriterien beruhenden Ergebnisse miteinander vermengt worden sind, zu erkennen, ob die daraus abgeleiteten Schlußfolgerungen auf die Affektstruktur, die Statusstruktur oder beide Arten von Strukturen zutreffen. Doch mit Affekt und Status verbinden sich unterschiedliche Empfindungen, und sie begründen unterschiedliche Gruppenstrukturen. Es gibt eine subtile, jedoch sehr wirklichkeitsnahe Unterscheidung zwischen affektiver Zuwendung und Bewunderung, die der enttäuschte Liebhaber sehr gut kennt, dem gesagt wurde: "Ich bewundere dich sehr, aber ich liebe dich nicht."

Eine Unterscheidung zwischen Affekt und Status wurde in der Diskussion von Psychegruppen und Soziogruppen vorgenommen. Die Wahlentscheidung bei einer soziometrischen Wahl in einer Psychegruppe spiegelt die relativ individuellen Bedürfnisse der Mitglieder wider; bei einer Wahl nach einem Soziogruppen-Kriterium findet man die Bedürfnisse der Gruppenmitglieder widergespiegelt, die durch die gemeinsame Aufgabe, die Gruppe und Situationsfaktoren, mitbestimmt sind. Entsprechend ist für die Struktur einer Psychegruppe eine gleichmäßigere, auf alle Mitglieder sich erstreckende Verteilung der Wahlen charakteristisch und für die Soziogruppenstruktur eine Konzentration auf bestimmte Personen.[31]

31 Jennings, 1950

Eine Untersuchung über die Popularität von Heranwachsenden fand eine viel stärkere Konzentration der Wahlentscheidungen, wenn Status das Wahlkriterium war, und eine gleichmäßigere Verteilung, wenn es Sympathie war. [32] Dieser Unterschied zwischen den beiden Strukturen spiegelt einen Unterschied in den gemeinsamen Bewertungsgrundlagen wider. Man spricht anderen einen Status zu auf Grund von Werten und Bedürfnissen, die allen Gruppenmitgliedern g e m e i n s a m sind. Die Sympathie der Gruppenmitglieder ist bestimmt durch relativ einzigartige Werte und Bedürfnisse. Dies heißt nicht, daß affektive Zuwendung auf vollständig einzigartigen Werten beruht. Bestimmte Menschen finden bei relativ vielen Sympathie, weil ihr Verhalten allgemeinen Bedürfnissen entgegenkommt und mit weit verbreiteten Werten übereinstimmt. Aber Sympathiereaktionen besitzen eine ziemlich große einzigartige Komponente, Status jedoch nicht.

Wegen dieses Unterschieds besteht in der Statusstruktur eine stärkere Hierarchie als in der Affektstruktur, und dies wiederum hilft uns zu verstehen, warum man so um seinen Status besorgt ist. Welche Bedürfnisse und Werte jemand auch hat, er wird wahrscheinlich irgendeinen finden, der ihn sympathisch findet. Wenn aber seine Bedürfnisse und Werte der Gruppe nicht wichtig erscheinen, wird ihm niemand einen hohen Status zugestehen. Dies ist so, weil die Statuszuweisung auf gemeinsam akzeptierten Kriterien beruht, Sympathie jedoch nicht. Hier ist also der Charakter von Statuskriterien als allgemein akzeptierten Kriterien entscheidend. Daraus ergibt sich das moralische Element, das dem Status eigen ist, ebenso wie seine Bedeutung für das Individuum. Statusvergleiche bedeuten immer die Zuweisung eines relativen Wertes. Jeder wird im Vergleich mit Gleichgestellten beurteilt. Er wird danach eingeschätzt, wie gut er den allgemein akzeptierten, bedeutenden Werten entspricht. Da die Werte im breiten Umfang akzeptiert werden, hat dies zur Folge, daß die anderen einheitlich auf das Individuum reagieren. Sie orientieren sich dabei an dem Grad, in dem sein Verhalten mit den Werten übereinstimmt. Es gibt zwar Menschen, denen man auf Grund seiner einzigartigen Bedürfnisse und Werte sympathisch ist; ein hoher oder niedriger Status wird einem jedoch von allen zugewiesen. Da man umso mehr verstärkt wird, je mehr das eigene Verhalten mit den Werten anderer übereinstimmt, verknüpft man Status eng mit den Verstärkungen, die man in Interaktionen erhält. Als Folge davon lernt man, ernstlich um seinen Status besorgt zu sein.

KOMMUNIKATIONSSTRUKTUR UND KOMMUNIKATIONSPROZESS

Die Kommunikationsstruktur steht in einer bestimmten Beziehung mit der Statusstruktur. An Personen mit höherem oder gleichem Status werden allgemein mehr Botschaften gerichtet als an jene mit niedrigerem Status. Wo die Gleichheit des Status von zwei Personen in Zweifel steht, vermeiden sie eher die Kommunikation miteinander. Wie weiter unten gezeigt wird, sind

---

[32] Coleman, 1961

diese Beziehungen bestimmt durch Prozesse, die unmittelbar mit der Kommunikations- und Statusstruktur zusammenhängen, und auch durch Faktoren, die gleichzeitig auf die Kommunikations-, Status-, Affekt- und Machtstrukturen einwirken.

Es ist eine alltägliche Beobachtung, daß einige Menschen mehr reden als andere. Weiterhin stellt man fest, daß sie ihre Botschaften bevorzugt an bestimmte Personen richten. Diesen Phänomenen liegt die Kommunikationsstruktur der Gruppe zugrunde. In der Vergangenheit haben sich die meisten Sozialpsychologen mit Untersuchungen über die Determinanten und Konsequenzen der Kommunikationsstruktur beschäftigt und mit deren Beziehung zur Statusstruktur. Wenige Studien haben den fortlaufenden Kommunikationsprozeß zum Objekt ihrer Untersuchung gemacht, um die subtileren Formen zu erkennen, die die Kommunikation annimmt. Glücklicherweise hat sich das Forschungsinteresse auf den fortlaufenden Kommunikationsprozeß verlagert.

Nonverbale Elemente im Kommunikationsprozeß

In denletzten Jahren machte sich ein starkes Interesse an nonverbaler Kommunikation bemerkbar. Birdwhistell schätzt, daß die soziale Bedeutung von Worten bei der Unterhaltung in einem Anteil von nicht mehr als 30 bis 35 Prozent auszudrücken ist.[33] Eine Vielzahl paralinguistischer Züge der Sprache, wie etwa der Klang der Stimme, die Modulation der Stimme, die Sprechgeschwindigkeit und Pausen, dienen ebenfalls der Bedeutungsübertragung. In ähnlicher Weise wird eine Vielzahl von Bedeutungsgehalten durch die Körpergebärden, die Kleidung und andere Aspekte der äußeren Erscheinung übermittelt. Argyle unterscheidet in einer kürzlich zusammengestellten Literaturübersicht viele Arten nonverbaler Symbole im Kommunikationsprozeß.[34] Der Gebrauch dieser Symbole variiert von Situation zu Situation, von Gruppe zu Gruppe und von Kultur zu Kultur. Er zählt folgende Arten auf:

1. Körperlicher Kontakt. Zum körperlichen Kontakt gehören Verhaltensweisen wie Schlagen, Stoßen, Hauen, Händeschütteln, Umarmen, Küssen, Berühren und eine Vielzahl anderer Aktivitäten. Sie werden je nach Art der Beziehung und je nach Situation angewandt: beim Kontakt mit Personen des gleichen Geschlechts sind es andere als im Kontakt zwischen Menschen verschiedenen Geschlechts, in der Öffentlichkeit andere als in privater Umgebung. Körperlicher Kontakt scheint etwas weniger üblich zu sein in Nordwesteuropa als in arabischen und lateinischen Kulturen.

2. Nähe. Die Distanz, die Menschen in der Interaktion mit anderen aufrechterhalten, dient unter anderem als Signal für den Beginn oder das Ende einer Begegnung. Sie scheint auch anzuzeigen, in welchem Grade Menschen aufeinander Anziehung ausüben. Wiederum gibt es situative und kulturelle Unterschiede. Die Distanz bei einem Gespräch zwischen Menschen, die sich in

---

[33] Birdwhistell, 1952; [34] Argyle, 1972

einem großen Raum befinden, wird im allgemeinen bei ungefähr 1, 50 m liegen. In Privatwohnungen ist jedoch die Spanne größer, nämlich zwischen 2, 50 m und 3, 00 m zwischen den Stühlen.[35] In romanischen und arabischen Ländern steht man viel enger beim Gespräch zusammen als in Nordeuropa.

3. Orientierung. Orientierung meint den Winkel, in dem Menschen zueinander sitzen oder stehen. Man kann sich direkt gegenüber sitzen oder stehen, Seite an Seite oder in irgendeinem anderen Winkel. Solche Einnahmen von Positionen scheinen die Art der zwischenmenschlichen Beziehung widerzuspiegeln. Kooperierende Personen sitzen eher Seite an Seite an einem Tisch. Miteinander konkurrierende Personen sitzen sich gegenüber, und solche, die sich unterhalten, sitzen im rechten Winkel zueinander.[36] Wiederum treten kulturspezifische Unterschiede auf: Araber ziehen etwa die Aug - in - Aug oder frontale Position vor,[37] und Schweden vermeiden das Sitzen im rechten Winkel zueinander.

4. Geruch. Geruch in Form von Parfum oder Toilettewasser kann von Frauen im westlichen Kulturkreis zumindest als Signal für sexuelle Anziehung benutzt werden. Argyle berichtet auch, daß in einigen Ländern der Geruch des Atems als ein Signal benutzt werden kann, jemanden zu größerer Nähe einzuladen.

5. Körperhaltung. Die verschiedenen Arten des Stehens, Sitzens und Liegens haben vielfältige Bedeutungsgehalte. Konventionen fordern für verschiedene Situationen bestimmte Arten der Körperhaltung. Die Körperhaltung, die man von jemandem erwartet, der in der Kirche oder in der Schule sitzt, unterscheidet sich von Haltungen, die man in einem informellen Kontext erwartet.
Die Körperhaltung hat oft die Funktion, einen höheren oder untergeordneten Status mitzuteilen oder emotionale und affektive Zustände wie Spannung und Feindseligkeit anzuzeigen. Da die Körperhaltung weniger gut kontrollierbar ist wie die Stimme, kann sie als Schlüssel zum Erkennen emotionaler Zustände dienen, die sonst erfolgreich verborgen werden könnten.[38] Obgleich die Körperhaltung wie der Gesichtsausdruck in einem gewissen Ausmaß universelle Bedeutung zu haben scheinen, gibt es kulturspezifische Unterschiede im Bedeutungsgehalt, besonders deshalb, weil diese Bedeutungsgehalte durch Konventionen geprägt sind, die für bestimmte soziale Situationen gelten.

6. Kopfnicken. Argyle meint, daß das Kopfnicken als Verstärker für einen Gesprächspartner eine bedeutende Rolle spielt, wobei es Aufmerksamkeit und Zustimmung signalisiert. Es dient auch als Geste, mit der dem anderen die Erlaubnis zum Weitersprechen gegeben wird.[39] Er beobachtete, daß das Kopfnicken wie auch bestimmte andere Körperbewegungen zwischen zwei

---

[35] Argyle, 1972; [36] Argyle, 1972; [37] Argyle, 1972
[38] Argyle, 1972; [39] Argyle, 1972

in Interaktion stehenden Menschen aufeinander abgestimmt sind, so daß es den Anschein hat, als führten sie einen "Gebärdentanz" aus.

7. Gesichtsausdruck. In Kapitel 2 wurde diskutiert, wie der Gesichtsausdruck als Faktor den Eindruck mitbestimmt, den man von einem anderen Menschen hat. Argyle beobachtete, daß der Gesichtsausdruck oft in enger Kombination mit dem Sprechen auftritt, zur Betonung oder Modifikation von Bedeutungsgehalten und zur Rückmeldung.[40] Vine hat beobachtet, daß ein Zuhörer seine Reaktionen auf das, was gesagt wird, durch kleine Bewegungen der Augenbrauen und des Mundes signalisiert und so Überraschung, Freude, Verlegenheit, Ablehnung der Meinung und andere Reaktionen ausdrückt. In ähnlicher Weise signalisiert ein Sprecher durch entsprechende Ausdrucksmerkmale den Kontext, in dem seine Worte zu interpretieren sind, ob sie ernste, lustige, freundliche oder kalte Atmosphäre ausdrücken.[41]

8. Gesten. Handbewegungen können eine andere Form der Sprache sein, wie uns die Zeichensprache der Gehörlosen zeigt. Gewöhnlich drücken sie jedoch Emotionen aus oder beschreiben Objekte von besonderer Gestalt und scheinen streng auf die Sprache abgestimmt zu sein. Im Einklang mit Ekman und Friesen schließt Argyle, daß solche Handbewegungen starke individuelle Züge tragen und wenig dem Zuhörer mitteilen.[42]

9. Blickbewegungen. Visuelle Interaktion in Form intermittierender Blickbewegungen, Änderungen im Blickwinkel und direkten Blickkontakten spielen in der Kommunikation eine bedeutsame Rolle. Der Blickkontakt kann nicht nur gegenseitige Anziehung widerspiegeln und andere emotionale Zustände, sondern scheint auch als Faktor bei der Regulierung des Kommunikationsflusses eine Rolle zu spielen. Kendon meint, daß Gesprächspartner, die abwechselnd sprechen, das Ende jedes Beitrags durch Blickkontakt signalisieren. Seine Forschungen zeigen, daß ein Sprecher nach Beendigung seines Beitrags direkt den Zuhörer anblickt, als ob er ihm die Gesprächsführung übertragen wollte. Begann der Zuhörer zu sprechen, so wendete er momentan das Auge vom früheren Sprecher ab.[43] Weitere Forschungen von Duncan haben jedoch offenbart, daß ein "Wechsel" im Gespräch viel komplizierter abläuft. Die Kopfrichtung erwies sich als zuverlässiger als der Blick. Signale zum Wechsel wurden nicht nur durch die Kopfrichtung, sondern auch durch die Intonation, die Verlängerung oder Verkürzung einzelner Silben und durch Abweichungen in der Lautstärke oder in der Tonhöhe, als auch durch Körperbewegungen wie Gesten, Schulterbewegungen, Gesichtsausdruck, Fuß- und Beinbewegungen, Änderungen der Körperhaltung und die Hinwendung zu Gegenständen wie Pfeifen, Papier, Schreibunterlagen usw.[44] gegeben.

Die Geschlechter sollen sich - so wird berichtet - in der Struktur ihrer visuellen Interaktion unterscheiden.[45] Frauen schauten den Sprecher mehr an

---

[40] Argyle, 1972; [41] Vine, 1970; [42] Ekman & Friesen, 1967; Argyle, 72
[43] Kendon, 1967; [44] Duncan, 1969, 1972, 1973;
[45] Exline, Gray & Schuette, 1965

als Männer, und beide schauten ihn weniger an, wenn der Inhalt des Gesprächs sie in Verlegenheit brachte. Im allgemeinen schaut man als Zuhörer den anderen weit mehr an als als Sprecher. Die Untersuchungsergebnisse zeigen auch, daß Nähe und wechselseitiger Blickkontakt Hinweise für gegenseitige Intimität sind. Wenn Menschen einander näher kommen, sinkt die Frequenz ihrer gegenseitigen Blickkontakte. Schließlich sollte vermerkt werden, daß viele sehr empfindsam zu sein scheinen gegenüber Hinweisen dafür, daß sie beobachtet werden.[46]

10. Nonverbale Aspekte der Sprache. Eine Vielzahl nonverbaler oder paralinguistischer Eigenarten der Sprache, wie etwa der Ton der Stimme, die Lautstärke, der zeitliche Ablauf, die Tonhöhe, Versprecher und Pausen oder Zögern sind untersucht worden mit dem Ziel herauszufinden, wie sie Bedeutungsgehalte mitteilen und wie sie den Austausch von Botschaften zwischen Menschen, die in Interaktion stehen, bestimmen. Solche Sprachphänomene, wie die Intonation der Stimme, geben Schlüsselwörtern in der Instruktion von Versuchsleitern eine unterschiedliche Betonung und stellen eine Möglichkeit dar, seine Erwartungen über den Ausgang des Experiments zu übermitteln.[47] Der Ton der Stimme, Zögern und Versprecher scheinen auch emotionale Zustände mitzuteilen.

Schließlich sollte man daran denken, daß der soziale Kontext Kommunikations- und Bedeutungsaspekte hat. Verschiedene Züge des sozialen Kontextes sind an sich schon bedeutungsträchtig; sie modifizieren und transformieren auch die Bedeutung anderer Elemente. So haben beleidigende Äußerungen, die man in einem freundschaftlichen Kontext zu hören bekommt oder in einer Situation freundlicher Rivalität, eine ganz andere Bedeutung als dann, wenn sie zwischen Fremden auftreten oder in einem ernsten Gespräch. Daß Hinweise sich gegenseitig modifizieren, ist sowohl von Haley als auch von Watzlowich, Beavin und Jackson betont worden.[48] Sie unterscheiden zwischen Kommunikation und Metakommunikation, wobei unter Metakommunikation die Kommunikationen darüber zu verstehen sind, wie eine Botschaft zu interpretieren ist. Solche Botschaften wie "Das ist ein Befehl" und "Ich scherze nur", die verbal mitgeteilt werden oder durch den Ton der Stimme oder vielleicht durch ein Augenzwinkern, dienen zur Modifikation des Kommunikationsgehalts, der sie begleitet. Unerwartetes oder der Situation unangemessenes Verhalten, wozu unter anderem ein Verhalten gehört, das als symptomatisch für zugrunde liegende neurotische oder psychotische Zustände gilt, werden auch von Watzlowich und seinen Kollegen als Formen der Kommunikation betrachtet, besonders wenn sie Botschaften übermitteln, die dazu verhelfen, die Beziehung zwischen einer Person und den anderen ihrer Umgebung zu definieren.

---

[46] Argyle & Dean, 1965; Wardwell, 1963;

[47] Duncan & Rosenthal, 1968

[48] Haley, 1963; Watzlowich, Beavin & Jackson, 1967

Funktionen nonverbaler Elemente in der Kommunikation
Eine Funktion nonverbaler Elemente ist es, wie in Kapitel 2 herausgestellt wurde, Hinweise zu geben über die Art der Einstellungen, über die Eigenschaften eines Menschen und seine Identität als eine bestimmte Person. Eine zweite Funktion nonverbaler Informationen ist die Aufrechterhaltung und Regulierung des Kommunikationsprozesses.[49] Es wurde bereits bemerkt, daß nonverbale Informationen eine bedeutsame Rolle bei der Regulation von Veränderungen im zwischenmenschlichen Gesprächsfluß haben. Kopfnicken, Grunzen und ein Wechsel im Blick oder Ton der Stimme sind entscheidend. Goffmans Beschreibung einer zwischenmenschlichen Begegnung schildert diesen Prozeß:

> Zu Beginn einer Begegnung macht irgendeiner der Partner eine Eröffnungsbewegung, für die ein besonderer Ausdruck der Augen typisch ist, aber manchmal auch eine Bemerkung oder ein besonderer Ton der Stimme zu Beginn der Bemerkung. Die Kommunikation beginnt erst richtig, wenn diese Ouvertüre von dem anderen bestätigt wird, der mit seinen Augen, seiner Stimme oder seiner Stellung zurücksignalisiert, daß er sich dem anderen zum Zwecke gegenseitiger Blickkontakt-Aktivität zur Verfügung gestellt hat, manchmal bittet er auch nur den Initiator, seine Bitte um Gehör zurückzustellen.
>
> Es besteht die Tendenz, die Initialbewegung und als Antwort das "Genehmigungs"-Zeichen fast simultan mit allen Teilnehmern auszutauschen. Dabei verwenden sie beide Zeichen, vielleicht um einen Initiator davor zu bewahren, sich in eine Position zu begeben, wo er von anderen abgelehnt wird. Besonders Blicke machen diese eindrucksvolle Simultanität möglich. In der Tat kann der erste Blick des Initiators beim Zusammentreffen der Augen so provisorisch und zweideutig sein, daß er ihm erlaubt, so zu handeln, als ob er keine Initiative beabsichtigt hätte, falls es deutlich wird, daß seine Ouvertüre nicht erwünscht ist.[50]

Hat einmal ein Gespräch seinen Anfang genommen, so helfen nonverbale Signale, es aufrecht zu erhalten, indem sie einen ständigen Fluß an Rückmeldungsinformationen liefern über die Reaktionen des anderen - ob er weiterhin der Botschaft Aufmerksamkeit schenkt. Dies wird übertragen durch Mittel wie positive Orientierung und Blick, Reaktionen des Glaubens oder Nichtglaubens und Lächeln. Nonverbale Signale, die von der Körperhaltung und Gestik ausgehen, können ebenfalls die Kommunikation aufrechterhalten helfen, indem sie durch Aussagen, die in der verbalen Botschaft gemacht, unterstrichen oder verdeutlicht werden. Argyle meint, man müsse sich beim Fehlen solcher nonverbalen Signale, wie etwa bei einem Telefongespräch,

---

49 Argyle & Dean, 1965

50 Abgedruckt mit freundlicher Genehmigung aus E. Goffman. Behavior in public places/ Notes on the social organization of gatherings. New York: The Free Press of Glencoe, 1963, S. 91-92

auf verbalisiertes Zuhörerverhalten verlassen, um das Gespräch aufrechtzuerhalten.[51] Typisch dafür ist, daß man am Telefon Ausdrücke wie "klar", "wirklich" und "wie interessant" gebraucht.

Schließlich kann nonverbale Kommunikation unter Bedingungen, in denen die verbale Kommunikation zusammenbricht, als Ersatz dienen. Wenn eine starke Geräuschkulisse die verbale Kommunikation stört oder wenn Stille gefordert ist, entstehen leicht nonverbale Kommunikationssysteme. Tatsächlich berichtet Argyle, daß in einigen Ländern, etwa in Griechenland, eine Gestensprache sich entwickelt hat, die häufig bei alltäglichen Angelegenheiten benutzt wird, und zwar auch dann, wenn man sprechen könnte.[52]

Beobachtung und Analyse der Kommunikationsstruktur

Dem fortschreitenden Kommunikationsprozeß, der oben diskutiert wurde, liegen verschiedene Kommunikationsstrukturen zugrunde, die weiter unten erörtert werden.

Hätte man über einen Zeitabschnitt hinweg eine systematische Beobachtung von Gruppen vorzunehmen, etwa bei Bewohnern eines Studentenwohnheims, die gelegentlich Vorfälle auf dem Campus diskutieren, oder bei einem Komitee, das sich auf Nachbarschaftsprobleme konzentriert, oder bei Hausfrauen, die miteinander in verschiedenen Intervallen ihrer täglichen Arbeit reden, so würde man bestimmte Regelmäßigkeiten in der Kommunikation der Gruppenmitglieder feststellen. Solche Regelmäßigkeiten sind für die Kommunikationsstruktur konstitutiv. Würden die Kommunikationsakte jedes einzelnen gezählt, so könnte man ein ansehnliches Maß an Konsistenz in der Häufigkeit dieser Akte über längere Zeit hinweg entdecken. Wenn zusätzlich zu der Häufigkeit, mit der jemand eine Kommunikation beginnt, aufgezeichnet wird, wie häufig erKommunikationsempfänger ist, so würde man beobachten, daß bestimmte Gruppenmitglieder viel mehr Botschaften empfangen als andere. Dieselben Personen werden wahrscheinlich dazu neigen, verschiedene andere Gruppenmitglieder und die Gruppe als Ganze häufiger anzusprechen, als andere dies tun. Würde der Kommunikationsinhalt ebenfalls in Rechnung gestellt, so würde man bestimmte systematische Unterschiede feststellen. Einige Gruppenmitglieder werden öfter ihre Meinung kundgeben, und andere werden mehr um die Meinung anderer bitten oder Zustimmung oder Ablehnung zu den geäußerten Meinungen ausdrücken.

Bales hat eine Methode erfunden, genannt *Interaktions-Prozeß-Analyse*, mit der die Kommunikation in systematischer Weise beobachtet werden kann.[53] Die Methode besteht im Kern aus einem Kategoriensystem, das in Abb. 9 - 1 dargestellt ist. Das System wird zur Klassifikation der Interaktion, die in einer Gruppe stattfindet, benutzt. Jede Verhaltenseinheit, ob ein (verbaler) Kommentar oder bloß ein Achselzucken oder Lachen, wird ei-

---

[51] Argyle, 1972; [52] Argyle, 1972; [53] Bales, 1970

ner der Kategorien, die in Abb. 9 - 1 zu sehen sind, zugeordnet und gekennzeichnet. Für jede Interaktionseinheit wird die Person, die den Anfang gemacht hat, und die Person (oder Personen), an die die Botschaft gerichtet ist, festgestellt. Bales liefert einen hypothetischen Fall zur Erklärung dieser Aufzeichnungsprozedur. Hier ist der erste Teil seiner Schilderung:

> Der Vorsitzende bringt mit einigen informativen Bemerkungen die Versammlung auf den neuesten Stand. Er sagt: "Am Ende unseres letzten Zusammentreffens beschlossen wir, unser Budget zu erörtern, bevor wir detailliertere Pläne machen." Der Beobachter sitzt da, den Beobachtungsbogen vor sich liegend, und überschaut die Liste der zwölf Kategorien und beschließt, daß diese Bemerkung ... die Gestalt einer "versuchsweise gegebenen Antwort" auf dieses Problem annimmt, und so ordnet er sie der Kategorie 6 zu, "gibt Informationen". ... Der Beobachter hat bereits beschlossen, den Vorsitzenden mit der Nummer 1 zu bezeichnen, und jede Person am Tisch der Reihe nach durch die Nummern 2, 3, 4 und 5. Die Gruppe als Ganze wird mit dem Symbol O bezeichnet. Diese Bemerkung wurde vom Vorsitzenden gemacht und war offensichtlich an die Gruppe als Ganzes gerichtet; deshalb schreibt der Beobachter die Symbole 1-0 in eines der Felder, die sich an Kategorie 6 des Beobachtungsbogens anschließen.
> Mit dieser einen Tätigkeit hat der Beobachter also eine Sprecheinheit isoliert oder die Nummer dessen festgestellt, der diesen Akt ausführte, und die Person oder Personen, an die er gerichtet war. Würde er auf einem ablaufenden Band schreiben statt auf einem Papierbogen, wie wir es aus mehreren Gründen tun, so hätte er auch die genaue Position des Aktes in der Abfolge aller anderen festgestellt.[54]

Beobachtungen, die auf diese Weise aufgezeichnet werden, können auf verschiedene Weise analysiert werden. Eine Möglichkeit stellt die Konstruktion einer "Wer-zu-wem"-Matrix dar. In dieser Matrix, die in Tab. 9 - 1 gezeigt wird, werden die Gruppenmitglieder auf einer Achse als Initiatoren und auf der anderen als Empfänger einer Botschaft angeordnet. Viele der empirischen Untersuchungen, die in den folgenden Abschnitten diskutiert werden, machen von diesem Typ einer Matrix bei der Datenanalyse Gebrauch.

---

[54] Abgedruckt mit freundlicher Genehmigung der American Sociological Association. Aus R. F. Bales. A set of categories for the analysis of small group interaction, American Sociological Review, 1950, 15, 259-260.

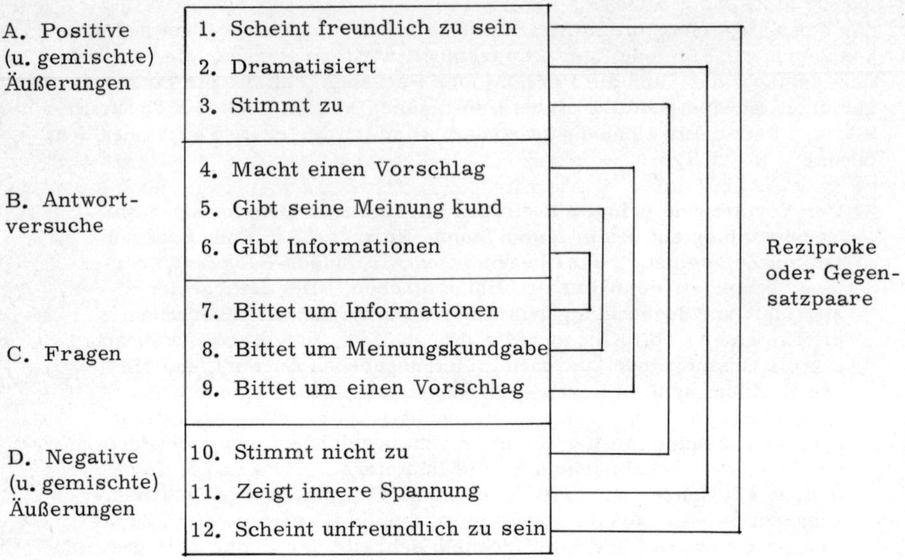

Abb. 9-1: Kategorien für die Interaktions-Prozeß-Analyse. Merke: Kategorie 1 war früher "zeigt Solidarität", Kategorie 12 war "zeigt Widerspruch" und Kategorie 2 war "zeigt Spannungsreduktion" (Abgedruckt mit Erlaubnis aus: R. F. Bales. Personality and interpersonal behavior. New York: Holt, Rinehart and Winston, Inc., 1970, S. 92)

Tab. 9-1: Sammelmatrix für achtzehn Sechs-Mann-Gruppen

Person, von der die Äußerungen ausgingen	Individuen als Empfänger der Äußerungen						Gesamt an Individuen	an die Gruppe als Ganzes	Gesamt begonnen
1		1238	961	545	445	317	3506	5661	9167
2	1748		443	310	175	102	2778	1211	3989
3	1371	415		305	125	69	2285	742	3027
4	952	310	282		83	49	1676	676	2352
5	662	224	144	83		28	1141	443	1584
6	470	126	114	65	44		819	373	1192
Gesamtzahl d. empfangenen Äußerungen	5203	2313	1944	1308	872	565	12205	9106	21311

Quelle: Abgedruckt mit freundlicher Genehmigung aus R. Bales, F. Strodtbeck, T. Mills & Mary E. Roseborough. Channels of communication in small groups. AmericanSociological Review, 1951, 16, 463.

Die Kommunikationsstruktur und ihre Korrelate

In einer Untersuchung wurde eine Reihe von Beobachtungsdaten gesammelt, die man in mehreren Gruppen unter vielfältigen Situationen erhoben hatte. Es waren Gruppen, in denen sich die Gruppenmitglieder direkt gegenüber saßen. Die Daten wurden in einer Matrix zusammengestellt.[55] (Tab. 9-1) Es stellte sich heraus, daß die Gruppenmitglieder bei ihrer Einordnung nach der Gesamtzahl der Äußerungen, deren Initiatoren sie waren, einen ähnlichen Rangplatz bekamen, wie bei ihrer Einordnung nach der Gesamtzahl der Botschaften, deren Rezipienten sie waren, und bei der Einordnung nach der Anzahl der Botschaften, die sie an andere richteten und der Zahl, die sie an die Gruppe als Ganzes richteten. Gruppenmitglieder, die häufig die Kommunikation begannen, unterschieden sich nicht nur von den anderen im Umfang und der Richtung ihrer Botschaften, sondern auch im Inhalt ihrer Botschaften. Jene, die sehr häufig bei einer Kommunikation den Anfang machten, gaben mehr Informationen und Meinungen von sich, als sie empfingen, während die Bemerkungen derjenigen, die weniger oft kommunizierten, in die Kategorien der "Zustimmung - Ablehnung" und "Bitten um Information" fielen.

Diese Aspekte der Kommunikation scheinen in Beziehung zu stehen mit der Aufgabe, der sich die Gruppe gegenübergestellt sieht, mit den Bedingungen, unter denen die Gruppe besteht, mit der Größe der Gruppe, mit der räumlichen Verteilung der Gruppenmitglieder, mit der Persönlichkeit der Gruppenmitglieder, der normativen Struktur der Gruppe, mit bestimmten Eigenschaften des Kommunikationsprozesses und mit den Affekt-, Macht- und Statusstrukturen der Gruppe. Diese Faktoren werden weiter unten diskutiert.

Größe und räumliche Verteilung. Die Gruppengröße wurde mit verschiedenen Aspekten der Kommunikationsstruktur und verschiedenen anderen Kommunikationsvariablen in Beziehung gesetzt.[56] Die Ergebnisse zweier Untersuchungen lassen vermuten, daß mit Zunahme der Gruppengröße die aktivsten Kommunikatoren zunehmend aktiver werden im Vergleich zu den anderen Gruppenmitgliedern.[57] In einer anderen Aufgabensituation erhielt man dieses Resultat jedoch nicht, was gewisse Zweifel an der Generalität dieser Befunde wachwerden läßt.[58]

Der Kommunikationsinhalt scheint ebenfalls mit der Gruppengröße zu variieren. Eine Untersuchung kam zu dem Ergebnis, daß bei Anwachsen der Gruppengröße die Häufigkeit der Kommunikation in den Kategorien anwuchs, die Spannungsreduktion und Lösungsvorschläge beinhalten; gleichzeitig fiel die Häufigkeit der Kommunikationsakte ab, die zu den Kategorien Spannung-Zeigen, Übereinstimmung-Zeigen und um die Meinung bitten gehörten.[59] Andere Untersuchungen zeigen, daß kleinere Gruppen den Ausdruck von Meinungs-

---

[55] Bales, 1952; [56] Thomas & Fink, 1963

[57] Stephan & Mishler, 1952; Bales & Borgatta, 1956

[58] Miller, 1951; [59] Bales & Borgatta, 1956

verschiedenheit und Unzufriedenheit hemmen.[60]

Was die räumliche Verteilung anbetrifft, so legen eine Reihe von Untersuchungen nahe, daß "Proximität" oder Nähe als auch andere räumliche Eigenschaften, die die Wahrscheinlichkeit des Kontakts ansteigen lassen, auch die Häufigkeit der Kommunikation zwischen den Gruppenmitgliedern und die interpersonelle Attraktion beeinflussen.[61] Vermutlich geht dies auf die verringerten Kosten zurück, unter diesen Umständen zu kommunizieren.

Individuelle Unterschiede in der Kommunikation. Unterschiede sowohl in bezug auf die Häufigkeit und die Länge der Kommunikationsakte scheinen eine Funktion von Persönlichkeitseigenschaften, aber auch von Eigenarten der Beziehungen zwischen den Betroffenen zu sein. Indizes der zeitlichen Struktur mit Aktivitätsphasen und Phasen des Schweigens einzelner Personen in Gesprächen sind sehr stabil und stehen in Beziehung mit Persönlichkeitseigenschaften, wie sie in psychiatrischen Diagnosen benutzt werden. So haben etwa chronisch Schizophrene im Vergleich zu Normalen stark unregelmäßige Handlungslängen und koordinieren ihre Handlung nicht mit der eines Interviewers.

Es ist ebenfalls bewiesen worden, daß die Häufigkeit des Beitrags eines Individuums von der Häufigkeit der Kommunikation anderer Leute abhängt, mit denen er in Interaktion steht.[62] Die Häufigkeit der Kommunikation der einzelnen Personen wird ebenfalls von der Kommunikationshäufigkeit der anderen in der Gruppe beeinflußt: Je niedriger die Kommunikationsrate der anderen, desto höher die Häufigkeit der Beiträge des einzelnen. Jeder scheint jedoch eine obere Grenze zu haben, die er nicht überschreitet. Klein gibt auf Grund ihrer Beobachtung der Teilnahme von Gruppenmitgliedern an der Kommunikation dazu folgenden Kommentar:

> Überdies scheint es, als ob jedes Gruppenmitglied eine Standardzeit besitzt, die auszufüllen es sich berechtigt fühlt, so daß es, wenn es glaubt, in der ersten halben Stunde der Begegnung zu viel oder zu wenig gesprochen zu haben, seinen Redefluß in der zweiten Hälfte modifiziert, um so im großen und ganzen als Durchschnitt das Maß an Kommunikation zu erhalten, das es sich selbst gestattet.[63]

Diese Art von Zuteilung spiegelt mehr als Persönlichkeitsfaktoren wider. Sie hängt ab von der Beziehung zwischen den in einem Kommunikationsaustausch sich befindlichen Partnern. Eine Untersuchung der Kommunikationshäufigkeit zwischen Partnern, die sich anfänglich nicht kannten und einander kennenlernen sollten, kam zu dem Ergebnis, daß die Länge von Kommunikationen in umgekehrter Beziehung zueinander standen. Mit anderen Worten,

---

60 Berkowitz, 1958; Slater, 1958; Thomas & Funk, 1963

61 Festinger, Schater & Back, 1950; Wilner, Walkley & Cook, 1952; Byrne & Buehler, 1955;

62 Borgatta & Bales, 1953

63 Abgedruckt mit frdl. Genehmigung aus J. Klein. The Study of groups. London: Routledge and Kegan Paul, Ltd., 1956, S. 166-167

wenn ein Partner häufig redete, reduzierte der andere seinen Redeanteil.[64] Eine andere Untersuchung zeigt, daß die Zeiten, die jeder einzelne von zwei Partnern aufbringt, um mit dem anderen zu kommunizieren, positiv miteinander korrelieren, wenn beide eng miteinander befreundet sind.[65] Bales und Hare verglichen die Interaktionsprofile verschiedener Gruppentypen miteinander und fanden deutliche Unterschiede in den Profilen.[66] Schwurgerichte zum Beispiel zeigten mehr Übereinstimmung und weniger Spannung und Gegensätzlichkeit als die durchschnittliche Gruppe.

Die Häufigkeit der Kommunikation verschiedener Gruppenmitglieder ist auch mit den Affekt-, Macht- und Statusstrukturen in Zusammenhang gebracht worden. Was die Beziehung zur Affektstruktur angeht, so berichtet Bales, daß Personen, die häufig eine Kommunikation beginnen, auch einen hohen Grad an Beliebtheit und einen hohen Status haben - ihr Status spiegelt sich in der Tatsache wider, daß man von ihnen glaubt, sie hätten die besten Ideen und könnten die Diskussion wirksamer leiten. Dies steht in Übereinstimmung mit der Austauschtheorie: solche Personen helfen der gesamten Gruppe, ihren Zielen näher zu kommen. Ein anderer Autor berichtet Korrelationen zwischen Status und der Häufigkeit der aktiven Teilnahme[67] an der Kommunikation. In einer Untersuchung jedoch war die Korrelation zwischen der Häufigkeit der aktiven Teilnahme und der Sympathie, die den Betreffenden entgegengebracht wurde, beträchtlich niedriger als jene zwischen Ausmaß der Teilnahme und der Häufigkeit, mit der man als das produktivste Mitglied bezeichnet wurde.[68] Dies stimmt mit dem anfänglich erwähnten Befund von Bales überein, der festgestellt hatte, daß die Beziehung zwischen Sympathie, die man bei anderen hat, und der Häufigkeit, mit der man eine Kommunikation beginnt, kurvenlinear ist: Derjenige, der am häufigsten in einer Fünf-Mann-Gruppe die Kommunikation begann, war weniger beliebt als jemand, der am zweit- oder dritthäufigsten die Kommunikation begann. Er war auch unbeliebter als alle anderen.[69] Möglicherweise erhöht derjenige, der am häufigsten Kommunikationen beginnt, die Kosten der anderen Mitglieder, und zwar dadurch, daß er zuviel von der zum Gespräch zur Verfügung stehenden Zeit verbraucht.

In Kapitel 7 wurden Forschungshinweise zur Unterstützung der Ansicht zitiert, daß unter sonst gleichen Umständen ein Anstieg in der Interaktion einen Anstieg in der Sympathie zur Folge hat. Hier kann der umgekehrte Fall festgestellt werden: Ein Anstieg in der Sympathie hat einen Anstieg in der Interaktionsrate zur Folge. Ein Untersucher bildete zwei verschiedene Typen von Zwei-Mann-Diskussions-Gruppen.[70] In der einen waren die Teilnehmer Freunde und in der anderen keine Freunde. Die Diskussion unter Freunden war länger, und jeder von beiden hatte einen ziemlich gleichen Beitrag in der Diskussion. Personen, die keine Freunde waren, hatten kürzere Diskussionszeiten und weniger gleichlange Beiträge. Da Interaktion zu Sympathie führt und

---

[64] Bales & Hare, 1965; [65] Strodtbeck & Mann, 1956
[66] Bales & Hare, 1965; [67] Bales, 1953
[68] Norfleet, 1948; [69] Bales, 1953; [70] Potashin, 1946

Sympathie zu weiterer Interaktion, werden solche sequentiellen Effekte mit der Zeit in zunehmendem Maße die Kommunikation einschränken auf Gruppenmitglieder, die miteinander befreundet sind. Dies erinnert an einen Diskussionsbeitrag von Klein, der meint, daß in informellen Freundesgruppen die Affektstruktur ein ziemlich genaues Bild der Kommunikationsstruktur liefert.[71] Eine Untersuchung über die Weitergabe von Gerüchten unter Nachbarn hat diese Meinung empirisch untermauern können.[72]

Macht, Status und Kommunikation

Die strukturelle Variable, die am häufigsten in ihrer Beziehung zur Kommunikation untersucht worden ist, ist der Status, obgleich sich in den untersuchten Situationen oft auch Machtunterschiede vorfinden lassen. Zwei Untersuchungen, die sich primär mit der Beziehung zwischen Macht und Kommunikation befassen, werden zuerst zitiert.

Ehemänner und Ehefrauen wurden in einer Situation untersucht, die von ihnen verlangte, Meinungsverschiedenheiten beizulegen.[73] Die Daten ergaben Belege für einen Zusammenhang zwischen der Häufigkeit der Kommunikation und Macht. Der Ehepartner, der die höchste Kommunikationsfrequenz aufwies, setzte am häufigsten seine Meinung durch. Weitere empirische Daten zur Stützung der Annahme eines Zusammenhangs zwischen Häufigkeit der Kommunikation und Macht brachte eine Untersuchung von Problemlösungs-Gruppen.[74] Personen, die sich in ihrer Gesprächigkeit unterscheiden, war ein Hinweis gegeben worden, wie das Problem einzigartig gut gelöst werden konnte. Der Untersucher kam zu dem Ergebnis, daß gesprächigere Gruppenmitglieder in höherem Maße die Bereitschaft der anderen beeinflussen konnten, diese Lösung anzunehmen.

Man kann zwei Arten von Zusammenhängen zwischen Kommunikation und Status annehmen: (1) die Kommunikation wird häufiger an Personen gerichtet, die einen hohen oder den gleichen Status haben und weniger an Personen mit niedrigem Status und (2), wenn die Gleichheit des Status zweier Gruppenmitglieder zweifelhaft ist, versuchen sie, die Kommunikation miteinander zu vermeiden. Beweise für beide Annahmen werden unten aufgeführt.

Eine Reihe von Untersuchungen läßt vermuten, daß die Tendenz besteht, die Kommunikation entsprechend den Status- und Machthierarchien nach oben zu richten. In jeder der beiden Untersuchungen wurden die Statusunterschiede dadurch geschaffen, daß einer Teilnehmergruppe gesagt wurde, ihre Aufgabe sei wichtiger als die der anderen Gruppe, mit der sie zusammenarbei-

---

[71] Klein, 1956

[72] Festinger, Cartwright, Barber, Fleischl, Gottsdanker, Keysen & Leavitt, 1948

[73] Strodtbeck, 1958; [74] Riecken, 1958

tete.[75] Eine dieser Untersuchungen schuf noch zusätzlich den Eindruck von Machtunterschieden, indem den Teilnehmern mit geringem Status gesagt wurde, die Gruppe mit hohem Status würde bestimmen, ob es ihnen später erlaubt sei, sich der Gruppe mit hohem Status anzuschließen. Eine Analyse der schriftlichen Botschaften, die unter den Gruppen ausgetauscht wurden, legte in beiden Untersuchungen eine klare Tendenz offen: Botschaften, die für die Aufgabe irrelevant waren, wurden in der Statushierarchie nach oben gerichtet.

Andere Untersucher beobachteten die Kommunikationsabläufe zwischen Angehörigen verschiedener Berufe, die eine Konferenz für psychische Gesundheit besuchten.[76] Vor dem Treffen der Diskussionsgruppen wurde jeder Teilnehmer gefragt, wie sehr er sich seiner Meinung nach von den verschiedenen anderen Personen beeinflussen lassen werde. Die Personen, denen man den größten potentiellen Einfluß zuschrieb, wurden als Personen mit hoher Macht klassifiziert, und jene, von denen man glaubte, sie hätten wenig potentiellen Einfluß, wurden als Personen mit geringer Macht klassifiziert. Die spätere Beobachtung der Häufigkeit und Richtung der Kommunikationen ergab, daß das spätere Kommunikationsverhalten mit dieser Klassifikation der Personen (als solche mit hoher bzw. niedriger Macht) übereinstimmte. Weniger Mächtige richteten häufiger Kommunikationen an Personen mit hoher Macht als an solche mit niedriger Macht.

Kelley hat die Meinung vertreten, eine mögliche Belohnung für eine nach oben gerichtete Kommunikation bestehe darin, daß sie als ein Ersatz für die Aufwärtsbewegung in Richtung eines höheren Status angesehen werde.[77] Der aufwärts verlaufende Kommunikationsfluß geht teilweise aber auf Prozesse zurück, die den Kommunikations- und Statusstrukturen inhärent sind, und auf Prozesse, welche die Kommunikations- und Statusstrukturen voneinander abhängig werden lassen, so daß die Position einer Person in einer solchen Struktur durch ihre Position in der anderen Unterstützung erfährt. Über die sich gegenseitig bestärkende Beziehung zwischen Sympathie und Häufigkeit der Interaktion wurde bereits gesprochen. Sympathie führt zu häufiger Interaktion, und zunehmende Interaktion ruft Sympathie hervor. Eine ähnliche Beziehung existiert zwischen der Häufigkeit der Interaktion und Status. Von Menschen, die häufig Kommunikationen beginnen, glaubt man meist, sie hätten die besten Ideen und würden das meiste zur Leitung der Diskussion tun: Dies dürfte demjenigen, der viele Beiträge bringt, einen höheren Status einbringen.

In ähnlicher Weise unterscheiden sich Personen von hohem oder niedrigem Status im Inhalt ihrer Kommunikation. Der Inhalt entspricht ihrem jeweiligen Status. Kommunikatoren mit hohem Status geben öfter Informationen, bekunden häufiger ihre Meinung und zeigen Aktivitäten, die mit hohem Status

---

[75] Kelley, 1951; Cohen, 1958

[76] Hurwitz, Zander & Hymovitch, 1960; [77] Kelley, 1951

verknüpft sind, während die Reaktionen von Personen mit niedrigem Status passiver Natur sind, wozu Reaktionen zählen wie Zustimmung, Ablehnung und die Bitte um Informationen.[78] Eine Analyse des Inhalts der Botschaften, die zwischen Gruppenmitgliedern mit hohem und niedrigem Status ausgetauscht werden, zeigt ebenfalls, daß die Mitglieder mit hohem Status ihre Positionen schützen, indem sie ihre Tätigkeit nicht in den Botschaften kritisierten, die an Personen mit geringem Status gerichtet waren.[79] Gleichzeitig wurden in den Botschaften von Personen mit geringem Status Unklarheiten über die Aufgabe zugegeben, ein Kommunikationsinhalt, der dem geringen Status entspricht.

Weitere indirekte Beweise zeigen, daß ein hoher Status mit hohen Kommunikationsraten verknüpft ist.[80] Personen mit hohem Status richten ihre Botschaften an andere mit hohem Status, während Personen mit geringem Status weniger ungezwungen in der Interaktion sind, Hemmungen in ihren Reaktionen zeigen und, wenn sie kommunizieren, dies hauptsächlich mit Personen von hohem Status tun. Da Personen mit hohem Status öfter Botschaften empfangen und da solche Botschaften normalerweise eine Reaktion verlangen, kann man von ihnen eine große Häufigkeit an Antworten erwarten. Diese verschiedenen Prozesse sind zusammen zumindest teilweise verantwortlich für den Zusammenhang zwischen einer hohen Position in der Statusstruktur und einer aktiven Position in der Kommunikationsstruktur.

Mehrere Untersuchungen belegen die Aussage, daß Gruppenmitglieder, die gleichen Status haben, eher miteinander kommunizieren als mit anderen, die höheren oder niedrigen Status haben. Eine Untersuchung erstellte auf Grund eines Fragebogens, den Mädchen des 9. und 10. Schuljahres auszufüllen hatten und in dem sie anzugeben hatten, mit wem in ihrer Klasse sie am liebsten über eine Reihe von Themen sprechen würden, eine Matrix, die in Tabelle 9-2[81] wiedergegeben wird. Die einzelnen Mädchen wurden nach ihrem Status als Initiatoren von Kommunikationen auf der vertikalen Achse eingetragen und auf der horizontalen als Rezipienten von Botschaften. Die Zahlen innerhalb der Zellen stellen das relative Ausmaß an Themen dar, über die sie gerne sprechen wollten - mit anderen Worten, das erwünschte Maß an Kommunikation. Die Matrix liefert quantitative Daten dafür, daß man am ehesten von jenen Botschaften erhält, die den gleichen Status haben, und daß man es außerdem auf allen Statusebenen vorzieht, seine Botschaften an solche Personen zu richten, die höheren Status haben. Dies kann man leicht ablesen, wenn man die Matrix auf folgende Weise betrachtet. Einmal ist aus den wachsenden Zahlen in jeder Reihe klar zu entnehmen, daß man es auf allen Statusebenen vorzieht, mit jenen zu kommunizieren, die höheren Status haben. Je höher der Status des Rezipienten einer Botschaft, desto mehr Botschaften werden an ihn gerichtet. Zweitens liegt in jeder der Spalten - eine Ausnahme bildet nur die erste - die höchste Zahl auf der Hauptdiagonalen der Matrix. Die größte Anzahl von Botschaften erhält man von Personen, die einen

---

[78] Bales, 1952; [79] Kelley, 1951; [80] Hurwitz et al., 1960

[81] Riley, Cohn, Toby & Riley, 1954

Status besitzen, der dem eigenen gleich ist. Vermutlich ist es am wenigsten kostenaufwendig, mit Personen von gleichem Status zu kommunizieren. Die Kommunikation nach oben ist riskant: Man ist nie sicher, ob einen die Person mit hohem Status belohnt. Gleichwertige Personen haben genügend Gegenmacht, um einen gleichwertigen Austausch zu sichern.

Tab. - 9-2: Status und der Wunsch zu kommunizieren

Status des Initiators		Status des Rezipienten					
		Niedrig 0	1	2	3	4	Hoch 5
Niedrig	0	0. 07	0. 26	0. 22	0. 26	0. 41	0. 49
	1	0. 11	0. 26	0. 26	0. 26	0. 47	0. 60
	2	0. 07	0. 20	0. 38	0. 42	0. 54	0. 69
	3	0. 07	0. 18	0. 36	0. 62	0. 76	0. 81
	4	0. 05	0. 19	0. 33	0. 52	0. 81	0. 88
Hoch	5	0. 04	0. 16	0. 25	0. 39	0. 66	1. 36

Quelle: Abgedruckt mit Genehmigung aus Matilda W. Riley et al. Interpersonal orientations in small groups: A consideration of the questionnaire approach. American Sociological Review, 1954, 19, 715-724.

Die zweite Annahme, daß bei einem Zweifel an der Gleichheit im Status zweier Personen die Interaktion eher vermieden wird, war eine Vermutung von Homans.[82] Die Interaktion ist potentiell kostenaufwendig, weil man am Ende mit deutlich niedrigerem Status dastehen könnte. Wenn man die Interaktion meidet, kann man zumindest eine unsicher ausbalancierte subjektive Gleichheit im Status erhalten. Eine Untersuchung über Machtbeziehungen und den Wunsch nach Interaktion zwischen verschiedenen Berufen gibt uns einige Daten an die Hand, die als Stütze für diese Vorstellungen interpretiert werden können.[83]

Die normative Struktur und der Kommunikationsprozeß

Eine ganze Struktur von Regeln oder Verhaltensnormen bestimmen im einzelnen, welches sprachliche Verhalten angemessen ist. Dazu gehören nicht nur die grammatikalischen Regeln der Sprache, sondern auch jene Regeln, die den Inhalt und die Häufigkeit der den Interaktionsfluß zwischen den Gruppenmitgliedern regulierenden Botschaften bestimmen. Teilweise sind diese Regeln als Reaktionen auf Aspekte der Affekt-, Status- und Machtstrukturen, die

[82] Homans, 1961; [83] Zander, Cohen & Strotland, 1959

oben beschrieben worden sind, anzusehen. Teilweise ergeben sich jedoch diese Kommunikationsweisen auch aus Regeln, die einer speziellen institutionellen Struktur immanent sind. Letzteres zeigt sich deutlich am Kommunikationsfluß in einem Klassenzimmer: man erwartet, daß der Lehrer spricht und die Schüler zuhören. Weniger offensichtlich ist die Rolle solch normativer Elemente bei weniger institutionell vorbestimmten Zusammenkünften: zu denken ist etwa an die Versammlung von Menschen in einem Park oder auf einer belebten Straße, an die Teilnehmer einer Cocktail-Party, aber auch an Situationen, in denen Personen an einem Ritual, wie etwa einer Beerdigung oder einer Trauung teilnehmen. In solchen Fällen wird das Kommunikationsverhalten von einer Vielfalt von Regeln bestimmt. Diese schreiben vor, in welchem Maße jeder mit dem anderen kommunizieren darf, wie stark man sich gegenseitig dabei engagieren darf, welche Aufmerksamkeit dieser größeren Zusammenkunft gewidmet werden muß, etc. Diese Regeln sind Themen von Büchern über Etiquette und sind vor kurzem von Goffman in seiner durchdringenden Analyse "Behavior in Public Places" (Verhalten in der Öffentlichkeit) zum Untersuchungsgegenstand gemacht worden. Er beschreibt die Normen ziviler Unaufmerksamkeit, die die Kommunikation und die daraus resultierende Organisation der Interaktion unter Fremden auf der Straße und in anderer Umgebung bestimmen, in der sie im Blickkontakt miteinander sind.

Es scheint erforderlich zu sein, daß man von den anderen optisch genügend Notiz nimmt, um zu zeigen, daß man die Anwesenheit des anderen schätzt (und daß man offen zugibt, ihn gesehen zu haben), während man im nächsten Moment die Aufmerksamkeit von ihm zurückzieht, als wollte man ausdrücken, daß er kein Objekt besonderer Neugierde oder Pläne darstelle.

> Bei dieser Zeremonie können die Augen des Hinschauenden die Augen des anderen streifen; es ist dabei aber typischerweise kein "Erkennen" erlaubt. Führen zwei Personen, die auf der Straße aneinander vorbeigehen, diese Zeremonie aus, so kann die zivile Unaufmerksamkeit folgende Form annehmen: Der andere wird so lange betrachtet, bis er etwa 2,50 m entfernt ist. Während dieser Zeit regelt man durch Gestik, wer auf welcher Seite der Straße gehen soll. Wenn der andere dann vorbeigeht, schlägt man die Augen nieder - eine Art von Verdunkelung der Lichter. Auf jeden Fall haben wir hier ein Verhalten, das vielleicht als das subtilste der interpersonalen Rituale bezeichnet werden kann, jedoch als eines, das ständig den sozialen Umgang mit den Mitgliedern unserer Gesellschaft reguliert.[84]

In ähnlicher Weise beschreibt er, wie Normen in einer sozialen Situation den Zugang eines Menschen zum anderen regeln. Diese Normen machen den Zugang zum anderen möglich, schützen diesen aber gleichzeitig vor einem unwillkommenen Sich-Aufdrängen und machen auch ein höfliches Sich-Absetzen vom

---

[84] Abgedruckt mit frdl. Genehmigung aus:E. Goffman. Behavior in public places: Notes on the social organization of gatherings. New York: The Free Press of Glencoe, 1963, S. 84

anderen möglich. In seinen Bemerkungen, die besonders den Regeln gewidmet sind, die für die Beendigung eines Gesprächs gelten, sagt Goffman:

> Ebenso wie der einzelne verpflichtet ist, jene wieder zu entlassen, mit denen er sich eingelassen hat, wenn sie durch konventionelle Hinweise den Wunsch ausdrücken, entlassen zu werden (sonst haben sie einen zu hohen Preis für ihr Taktgefühl zu zahlen, nicht offen von ihm Abschied nehmen zu wollen). Eine Mahnung an diese Regeln des "Entlassens" kann man in der Grundschule finden, wo die Praktiken des "Entlassens" noch gelernt werden, wenn etwa eine Lehrerin, die einen Schüler zu ihrem Pult gerufen hat, um dessen Übungsheft zu korrigieren, ihn umdreht und ihn sanft zu seinem Platz treibt, um das Interview zu beenden.[85]

Zusammenfassung: Die Kommunikationsstruktur

Gruppen, die eine gewisse Zeit lang existieren, haben eine bestimmte Kommunikationsstruktur. Die einzelnen Mitglieder zeigen eine Konsistenz in der Anzahl der Kommunikationsbeiträge, die sie empfangen, in der Anzahl der von ihnen begonnenen Botschaften und in dem Inhalt dieser Botschaften. Die Kommunikationshäufigkeit steht in Zusammenhang mit dem Status, den jemand in einer Gruppe einnimmt: Je höher der Status, desto eher wird er Kommunikationen beginnen und empfangen. Normalerweise jedoch sind Personen mit dem höchsten Status nicht die beliebtesten. Je größer die Gruppe, desto größer ist die Ungleichheit zwischen den häufig sprechenden und den selten sprechenden Kommunikatoren.

Individuelle Unterschiede in der Häufigkeit der Kommunikationsbeiträge hängen sowohl mit Persönlichkeitsunterschieden zusammen als auch mit der Position, die jemand in der Affekt- und Statusstruktur der Gruppe einnimmt. Die Kommunikationshäufigkeit wird zusätzlich noch bestimmt von dem Grad an Konformität, den jemand gegenüber den Gruppennormen zeigt.

Bestehen dem anderen gegenüber positive Gefühle, so ist eher mit einer starken Tendenz zu kommunizieren zu rechnen: Freunde kommunizieren mehr miteinander als Personen, die nicht miteinander befreundet sind. In informellen Freundesgruppen ähnelt die Affektstruktur sehr der Kommunikationsstruktur. Zwischen Kommunikation und Status sind zwei verschiedene Zusammenhänge gefunden worden: (1) Kommunikationsbeiträge werden häufiger an Personen mit hohem oder gleichwertigem Status gerichtet als an Personen mit geringem Status, und (2) ist die Gleichheit des Status zweier Personen zweifelhaft, so wird die Kommunikation miteinander eher vermieden. Diese Zusammenhänge ergeben sich aus Prozessen, die den Kommunikations- und Statusstrukturen inhärent sind, und aus Prozessen, die gleichzeitig die Kommunikations-, Status-, Affekt- und Machtstrukturen bestimmen. Teilweise sind dies Austauschprozesse. Kommunikationen finden deshalb zwischen Personen mit gleichem Status statt, weil jeder einzelne genügend Gegenmacht hat, die Ausgewogenheit beim Austausch zu sichern. Man richtet seine Kommunikationsbeiträge oft nach oben, weil man sich aus einer Kommunikation mit einer Gruppe von hohem Status höhere Nutzen-Kosten-Ergebnisse verspricht.

---

85 Abgedruckt mit frdl. Genehmigung aus E. Goffmann: Behavior in public places: Notes on the social organization of gatherings. New York: The Free Press of Glencoe, 1963, S. 110

KAPITEL 10

NORMENGENESE UND KONFORMITÄT

In allen Gruppen weisen deren Mitglieder gewisse Regelmäßigkeiten der Interaktionsmuster auf. Bei näherer Betrachtung dieser Muster zeigt sich, daß damit oft ein Verhalten verbunden ist, das von den Gruppenmitgliedern als erwünscht angesehen wird. Dazu gehören ferner oft Verhaltensweisen, durch die die Mitglieder einen gegenseitigen Druck ausüben, um eine Konformität mit anerkannten Standards zu erreichen. Derartige Regelmäßigkeiten im Gruppenverhalten hat man als soziale Normen bezeichnet. Eine soziale Norm ist eine Erwartung, die von den Gruppenmitgliedern geteilt wird und ein Verhalten festlegt, das für eine gegebene Situation als angemessen betrachtet wird. Verhalten umfaßt hier im weitesten Sinne nicht nur offenes, sondern auch verbales Verhalten in Verbindung mit den individuellen Wahrnehmungen, Gedanken oder Gefühlen. Kleingruppen legen nicht nur Standards für das äußere Verhalten fest, sondern versuchen auch, die Worte, Gefühle und Gedanken ihrer Mitglieder zu kontrollieren. So wird z. B. ein Kind von seinen Eltern nicht nur zurechtgewiesen, wenn es seinen Bruder schlägt, sondern auch, wenn es gesagt hat, daß es ihn haßt. In ähnlicher Weise werden in den meisten Gruppen Äußerungen fehlender Loyalität von seiten der Mitglieder zensiert.

Als Beispiel können die für eine Studentenverbindung typischen Normen beschrieben werden. Eine Verbindung hält im allgemeinen folgendes Verhalten für angemessen: ein durchschnittlich gutes Examen machen, sich mit Mädchen verabreden, die selbst ganz bestimmten Verbindungen angehören, bei Projekten der Verbindung mithelfen, gegenüber der Verbindung loyal empfinden, sich mit den Bundesbrüdern gut verstehen und davon überzeugt sein, daß die eigene Verbindung die beste auf dem Campus ist. Verhaltensweisen wie schlechtes Abschneiden bei Prüfungen, Verabredungen mit Mädchen aus der "falschen" Verbindung, Weigerung, sich an gemeinsamen Projekten zu beteiligen, Geringschätzung der Verbindung und Handgreiflichkeiten mit Bundesbrüdern werden in der Regel als unangebracht angesehen.

Eng mit sozialen Normen hängen die Mechanismen zusammen, durch die diese verstärkt werden. In dieser Diskussion sind die Mittel von Interesse, mit denen die Gruppenmitglieder anderen die Art des angemessenen oder unangemessenen Verhaltens mitteilen sowie die Art und Weise, in der sie auf andere Mitglieder einen Druck in Richtung auf Konformität ausüben. Ebenfalls von Bedeutung sind die Bedingungen, die diese norm-definierenden und normverstärkenden Prozesse maximieren oder minimieren. Dieses Kapitel beschränkt sich in erster Linie auf diese Vorgänge und Bedingungen, während es in Kap. 13 und 14 um Normen als Verhaltensregeln in Verbindung mit dem Begriff der sozialen Rollen geht.

NORMEN UND DIE BILDUNG VON NORMEN

Die Formierung einer Norm als Bezugsrahmen, anhand dessen die eigenen Wahrnehmungen beurteilt werden, kann durch ein ziemlich bekanntes Experiment verdeutlicht werden, das Sherif durchgeführt hat.[1] Bei jedem Versuch setzte man drei Personen in einen dunklen Raum und sagte ihnen, es werde ein Lichtpunkt erscheinen, sich eine kurze Strecke weit bewegen und wieder verschwinden. Die Anweisung sah vor, daß die Teilnehmer laut sagen sollten, wie weit sich der Punkt bewegt hatte. In bestimmten Intervallen erschien der Punkt immer wieder, und jedesmal mußte eine Schätzung abgegeben werden. Es gab keine bestimmte Reihenfolge; jeder sagte seine Zahl, sobald er soweit war.

Obwohl die einzelnen anfangs etwas unterschiedliche Zahlen nannten, verringerten sich diese Unterschiede mit wachsender Anzahl der Versuche. Am Schluß lagen die Urteile dreier Personen um ein bis zwei Inches beieinander. Jemand schätzt z. B. beim ersten Aufleuchten des Lichtpunktes 2, ein anderer 12 und ein Dritter 8 Inches. Wiederholte Versuche führen jedoch zu einer Verschiebung der Urteile, bis sie sich um ein Mittel von, sagen wir, 7 Inches einpendeln, mit einer Abweichung von einem Inch rechts und links. Die Mitglieder dieser kleinen Gruppe stimmen also schließlich darin überein, welche Entfernung ihrer Ansicht nach der Punkt bei jedem Versuch zurücklegt.

Die Urteile in diesem Experiment beruhen auf einem wohlbekannten Wahrnehmungseffekt. Ein Lichtpunkt in Ruhelage, der in einem dunklen Raum kurz und zu wiederholten Malen gezeigt wird, scheint sich zu bewegen, ein Phänomen, das als autokinetischer Effekt bekannt ist. Die Teilnehmer haben also keine reale Basis, um die Größe der Bewegung zu bestimmen: diese ist tatsächlich gleich null. Angesichts eines völligen Mangels an Anhaltspunkten, an denen die Wahrnehmung sich orientieren könnte, halten sich die Teilnehmer anscheinend jeweils an die Urteile der anderen. Man hat viele Gruppen in solchen und ähnlichen Situationen untersucht, und das Endergebnis besteht fast immer aus einem Konsensus innerhalb eines sehr engen Bereichs von Urteilen (s. Abb. 10. 1). Dieser Bereich der Übereinstimmung ist als soziale Norm bezeichnet worden. An diese experimentell erzeugten Normen lassen sich eine Reihe von Beobachtungen knüpfen. Hat ein Individuum in der Gruppensituation eine Norm ausgebildet und wird es später allein getestet, so richtet es sich weiter ein nach der Norm. Wenn die Teilnehmer dagegen ihre Norm jeder für sich ausbilden und später zu einer Gruppe zusammengestellt werden, so ändern sie allmählich ihre individuelle zugunsten einer Gruppennorm. Bemerkenswert ist ferner, daß die meisten Individuen in dieser experimentellen Situation behaupten, sie seien durch die Schätzungen der anderen Teilnehmer nicht beeinflußt worden. Das Experiment zeigt also, daß eine kleine Personengruppe, die sich einer neuartigen, mehrdeutigen Situation konfrontiert sieht, innerhalb kurzer Zeit zu einer normativen Interpretation kommt, die von allen geteilt wird. Dabei sind sich die Teilnehmer

---

[1] Sherif, 1948

Abb. 10.1 Konvergenz der Urteile über den autokinetischen Effekt in einer Zwei-Personen-Gruppe

Dargestellt sind die Unterschiede zwischen den Durchschnitts-Urteilen zweier Personen von jeweils zehn Versuchen, die aufeinander folgten. (Die Daten für die Zeichnung wurden einer unveröffentlichten Studie von D. Schweitzer entnommen)

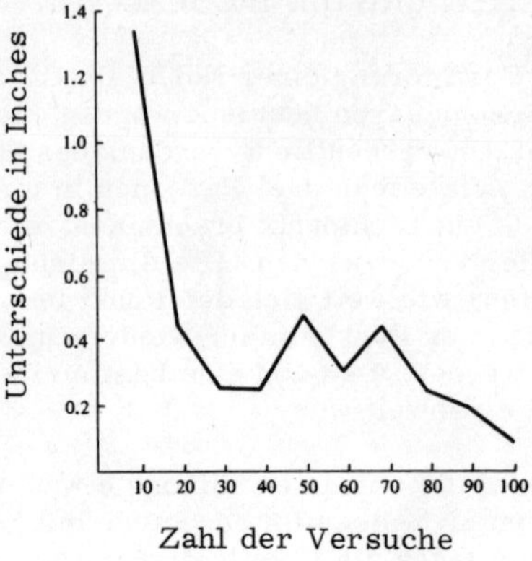

nicht einmal bewußt, daß sie sich gegenseitig beeinflußt haben, und die Norm bleibt auch in späteren Situationen unverändert bestehen.

Daß in dieser Situation tatsächlich Formen eines Druckes in Richtung auf Konformität bestehen, hat man in verschiedenen experimentellen Variationen zeigen können. In einer Versuchsanordnung bildete man Zweiergruppen aus je einer uneingeweihten Person und einer Person mit hohem Status, die in Absprache mit dem Versuchsleiter eine Norm festlegte und dann absichtlich zu einer anderen hinüberwechselte. Dabei war zu beobachten, daß der nicht eingeweihte Teilnehmer den Urteilen der Person mit hohem Status folgte. Wurden die Änderungen zu häufig und zu rasch vollzogen, so wurde die Versuchsperson nervös, wahrscheinlich, weil sie sich in einem Konflikt befand, ob sie in ihrem Urteil der eigenen subjektiven Wahrnehmung oder der Schätzung der Person mit hohem Status folgen sollte. Wieweit in diesen oder in anderen Situationen tatsächlich eine Änderung des Urteils erfolgt, scheint vom Ausmaß der Diskrepanz zwischen den beiden Meinungen abzuhängen. Ein geringer Unterschied zwischen zwei oder mehr Teilnehmern scheint wenig oder gar keinen Einfluß auf die darauffolgenden Schätzungen zu haben; mittlere Unterschiede haben eine signifikant höhere Auswirkung; große Unterschiede zeigen wiederum geringe oder keine Effekte, während extrem große Unterschiede starke negative oder Bumerang-Effekte aufweisen.[2]

Kräfte, die eine Normenbildung fördern

Daß Individuen, die im Labor dem autokinetischen Effekt ausgesetzt werden, eine Übereinstimmung in ihren Schätzungen erreichen, ist überzeugend gezeigt worden. Darüberhinaus kommt es jedoch auch in vielen anderen Situationen zu einem Konsensus, in denen die Individuen miteinander interagieren,

---

[2] Whitaker, 1964b

und zwar nicht nur innerhalb des Labors. Ein vordringliches Ziel in diesem Kapitel ist die Klärung der Frage, warum Personen in der Interaktion allmählich gewisse Gleichförmigkeiten ihres Verhaltens ausbilden.

Zu einem Konformitätszwang im Verhalten von Gruppenmitgliedern kommt es immer dann, wenn die Kosten-Nutzen-Bilanzen durch Nonkonformität negativ beeinflußt werden, und zwar vor allem dann, wenn das Verhalten für das Erreichen von Gruppenzielen relevant ist. Es ist beispielsweise sofort einsichtig, daß durch Regeln verhindert werden muß, daß alle Mitglieder eines Komitees zur gleichen Zeit reden. Oder für eine Flugzeugstaffel ist die strikte Ausführung genau festgelegter Manöver unumgänglich, um Zusammenstöße zu vermeiden. Diese Beispiele, in denen es um zielrelevantes Verhalten geht, leuchten sofort ein, aber wir haben bereits bemerkt, daß es auch einen Zwang zur Konformität von Gedanken und Gefühlen gibt. Wir können uns beispielsweise fragen, warum auch Meinungen oder Vorstellungen zur Konformität tendieren.

Physische und soziale Realität

Festinger hat angenommen, daß es im menschlichen Organismus einen Trieb zur Bewertung von Meinungen gibt.[3] Er bemerkt, daß irrige Ansichten unangenehme oder sogar fatale Konsequenzen haben können. Der erste Fall wäre etwa die irrtümliche Annahme, daß das Mädchen, mit dem man verabredet ist, in einen verliebt ist, so daß man sich auf eine unangemessene, verwirrende Weise verhält. Der andere Fall mit fatalen Konsequenzen wird durch den Satz charakterisiert: "Ich war der Meinung, der Revolver sei nicht geladen."

Es gibt zwei Quellen, auf die wir uns verlassen, um die Gültigkeit unserer Meinungen zu bestimmen: die physische und die soziale Realität. Einen Großteil der Information über die physische Realität empfangen wir über unsere Sinne. Bis zu einem gewissen Grade werden unsere Vorstellungen von dieser Art Information validiert. Eine zweite Informationsquelle sind jedoch andere Personen. Zum großen Teil sind sie es, die die Welt für uns interpretieren. Solange wir noch Kinder sind, warnen uns die Eltern vor den Gefahren in unserer Umgebung und erklären unsere unbegründeten Ängste weg. Auf der anderen Seite bringen sie uns die belohnenden Aspekte der Umwelt nahe. Schließlich lernen wir, uns stark auf die Meinungen anderer zu verlassen, um unsere eigene zu bestätigen. Ein wichtiger Unterschied zwischen physischen und sozialen Informationsquellen besteht darin, daß die soziale Wirklichkeit oft ungewisser ist: häufig besteht zwischen den Meinungen mehrerer Personen nur eine geringe Übereinstimmung.

Die relativen Gewichte dieser Informationsquellen variieren unter verschiedenen Umständen. Die experimentelle Forschung, die unten diskutiert wird,

---

[3] Festinger, 1950, 1954

liefert Anhaltspunkte für die Faktoren, die das Ausmaß beeinflussen, in dem jemand von der physischen bzw. sozialen Realität abhängt. Allgemein läßt sich sagen, daß beim Vorliegen von klaren Anhaltspunkten für ein Wahrnehmungsurteil oder von Informationen, die zu einer offensichtlich richtigen Antwort führen, der einzelne von den Urteilen anderer nur wenig beeinflußt wird. Sind die Hinweise jedoch spärlich oder so strukturiert, daß die richtige Antwort nicht ohne weiteres klar ist, wie in der autokinetischen Situation, so ist der einzelne eher geneigt, sich auf das Urteil anderer zu verlassen. Der soziale Druck kann jedoch in verschiedenen Situationen variieren. Eine einstimmige Meinung wirkt besonders stark, und es kann gezeigt werden, daß sie die Antworten eines einzelnen auch dann beeinflußt, wenn die sinnliche Wahrnehmung zum gegenteiligen Ergebnis kommt. Dies wird in der klassischen Untersuchung von Asch demonstriert.[4]

Bei diesem Experiment betrat ein Student mit sieben anderen zusammen einen Raum und mußte sich an das Ende der Sitzreihe setzen. Der Versuchsleiter erklärte, bei der Untersuchung gehe es um die Fähigkeit, bestimmte Diskriminationsleistungen der Wahrnehmung zu erbringen. Er zeigte jeweils verschiedene Linien unterschiedlicher Größe sowie eine "Standardlinie". In jedem Durchgang mußte die Linie bezeichnet werden, die dieselbe Länge wie die Standardlinie hatte. Insgesamt gab es 18 Durchgänge, bei denen die einzelnen Teilnehmer ihr Urteil abgaben.

Bei den ersten Versuchen stellte der Student fest, daß die Aufgabe leicht und die Gleichheit der Längen jeweils offensichtlich war - man brauchte nicht Student zu sein, um das Problem zu lösen. Was ihn jedoch beim nächsten Versuch irritierte, war der Umstand, daß die anderen Teilnehmer nicht ebenfalls die Linie angaben, die er für die offensichtlich richtige gehalten hatte. Einstimmig bezeichneten sie eine Linie, die zweifelsohne länger als die Standardlinie war. Im Verlauf des Experimentes stellte sich heraus, daß der Rest der Gruppe nur in einem Drittel der Fälle mit dem Urteil des Studenten übereinstimmte.

Die meisten Personen, die man in diese Situation versetzte, empfanden einen starken Zwang, ihre eigenenWahrnehmungen zu ignorieren und sich zum Rest der Gruppe konform zu verhalten, d. h. offensichtlich falsche Antworten zu geben. Etwa die Hälfte von ihnen gab diesem Druck etwas nach und gab bei zwei oder mehr Versuchen konforme Antworten. Ein Viertel der Teilnehmer verhielt sich bei vier oder mehr Versuchen konform. Andere widerstanden dem Druck, fühlten sich allerdings äußerst unbehaglich dabei. Was der Teilnehmer nicht wußte: die sieben anderen Studenten waren Mitarbeiter des Versuchsleiters und gaben absichtlich falsche Urteile ab. In diesem Experiment führte der starke soziale Druck durch den einstimmigen Konsensus der sieben anderen Studenten häufig zu einem konformen Verhalten des einzelnen, obgleich die in der Situation gegebenen Anhaltspunkte klar und eindeutig waren.

---

[4] Asch, 1956

Man hat eine Variante dieses Versuchs entworfen, um die andere Behauptung zu testen: daß nämlich Urteile, die auf leichte Weise aus klaren und eindeutigen Informationen gewonnen wurden, weniger einem Konformitätszwang unterliegen als Urteile, die sich ausschließlich auf soziale Realität gründen.[5] Außerdem wurde erwartet, daß schwierige Urteile eher mit konformem Verhalten verbunden sind als einfache. Bei dieser Studie konnte jeder Teilnehmer über Kopfhörer die Antworten von vier anderen Personen mithören. Dabei wurde der Eindruck erweckt, als befänden sich diese in den angrenzenden Räumen; tatsächlich wurden die Antworten vom Band abgespielt. Der Teilnehmer sollte sein Urteil erst abgeben, nachdem er die vier Antworten gehört hatte. Er mußte 1. eine einfache Aufgabe lösen (Anzahl der Schläge eines Metronoms angeben), 2. Meinungen äußern, die sich ausschließlich auf soziale Realität gründeten - Antworten auf Fragen über Krieg und Frieden) und 3. mathematische Aufgaben unterschiedlicher Schwierigkeit lösen. Der Versuch war so angeordnet, daß die simulierten Antworten in bezug auf das Metronom und die Mathematikaufgaben häufig falsch und die Meinungsäußerungen meist unpopulär waren. (Unpopularität wurde durch die Antworten einer Standardisierungsgruppe ähnlich der Gruppe der Versuchsleiter gemessen).

Wie zu erwarten, waren die Teilnehmer bei den Antworten der ersten und dritten Aufgabe weniger geneigt, sich konform zu verhalten als bei der Frage der Meinungsäußerung. Bei den Versuchen, in denen falsche Antworten vom Band gespielt wurden, gaben immerhin 57 Prozent der Teilnehmer die richtige Anzahl der Schläge des Metronoms an, und 63 Prozent lösten die Mathematikaufgaben richtig. Bei der Meinungsäußerung hingegen wählten nur 20 Prozent die Antworten der Kontrollgruppe. Ein großer Anteil der übrigen entschied sich für die Antwort, die einstimmig von der simulierten Gruppe über Tonband gegeben worden war. In ähnlicher Weise traten bei den schweren Mathematikaufgaben mehr konforme Antworten auf als bei den leichteren. Viele andere Experimente mit unterschiedlichem Material und verschiedenen Situationen führten zu ähnlichen Ergebnissen.[6] Es ist nicht ganz geklärt, ob es auch in Fragen des persönlichen Geschmacks oder besonderer Vorlieben zu einem wirksamen Konformitätszwang kommt. Ein diesbezügliches Experiment verlief negativ.[7] Andererseits führte eine Untersuchung, in der es um die Beurteilung von Schönheit ging, zu tendenziell konformen Antworten.[8]

Es kann geschlossen werden, daß je größer die Verankerung einer Beurteilungssituation in einer eindeutigen Reizinformation ist, desto stärkerer Widerstand einem Konformitätsdruck entgegengesetzt wird. Der Widerstand wird umso geringer, je schwieriger die Information zu beurteilen ist. Beurteilungssituationen, die nur in der sozialen Realität verankert sind, werden in beträchtlichem Maße zu konformem Verhalten führen.

---

5 Blake, Helson & Mouton, 1956

6 Crutchfield, 1955; Weiner, Carpenter & Carpenter, 1956; Kelley & Lamb, 1957; Coleman, Blake & Mouton, 1958; Patel & Gordon, 1960; Radloff, 1961

7 Crutchfield, 1955; 8 Madden, 1960

Mechanismen, die der Konformität zugrunde liegen

Von besonderem Interesse sind die Mechanismen, die einer Konformität im geschilderten Sinne zugrunde liegen. Deutsch und Gerard haben darauf hingewiesen, daß im typischen Laborexperiment über soziale Einflüsse, etwa dem von Sherif und Asch, zwei ganz verschiedene Prozesse ablaufen könnten.[9] Das eine ist der normative Einfluß, der dann auftritt, wenn ein Individuum der Erwartung einer anderen Person oder Gruppe entspricht, und zwar aufgrund der dadurch bewirkten befriedigenden Gefühle. Nun bemerken die Autoren jedoch, daß die Teilnehmer dieser Experimente keine Gruppe in dem Sinne bildeten, daß sie einer gemeinsamen Aufgabe gegenüber standen, die eine kollektive Anstrengung erfordert hätte. Es handelte sich vielmehr um Einzelpersonen, die zwar in einem Raum saßen, ihre Beurteilungen jedoch "unabhängig" voneinander abgaben.

Dies läßt vermuten, daß eine andere Art des Einflusses wirksam war und zu konformem Verhalten führte, der Informationseinfluss. Das ist dann der Fall, wenn eine Information aus einer Quelle außerhalb als Evidenz über die Realität akzeptiert wird. Man kann sich diese beiden Einflüsse als voneinander unabhängig vorstellen: jemand kann mit dem Urteil einer anderen Person übereinstimmen, weil es ihn befriedigt oder weil er dadurch eine Unsicherheit vermeiden kann, oder die Übereinstimmung erfolgt, weil er glaubt, daß die Antwort des anderen die richtige ist. Unsere bisherige Diskussion läßt vermuten, daß der Informationseinfluß soweit maximiert wird, bis die Beurteilungssituation ausschließlich in sozialer Realität verankert ist, eine Situation, in der keine objektiven Tatsachen vorliegen, die die gegebene Information widerlegen könnten. Genau diese Bedingung ist in Sherifs Experiment mit dem autokinetischen Effekt erfüllt, aber nicht bei Asch, wo die Länge verschiedener Strecken geschätzt werden sollte.

Bei einem Experiment von Deutsch und Gerard gelang es zum Teil, Situationen herzustellen, in denen nur eine Form des Einflusses wirksam werden konnte.[10] Ein Vergleich dieser Situationen machte deutlich, daß die Tendenz zu konformem Verhalten seitens der Teilnehmer größtenteils aufgrund des Informationseinflusses erfolgte. Natürlich spielte auch der normative Einfluß eine Rolle, da man diese Quelle schwerlich ganz ausschalten kann. Bei dem Experiment wurde eine öffentliche Bedingung mit einer anonymen kontrastiert. Unter der Bedingung der Öffentlichkeit kam es zu stärkerer Konformität mit den Urteilen der anderen Gruppenmitglieder, und zwar teilweise, weil die Teilnehmer nicht gewillt waren, ihre abweichende Meinung öffentlich zu äußern, und teilweise, weil die Urteile der anderen als Anhaltspunkte für eine richtige Antwort dienten.

Bei dieser Untersuchung konnte man auch Vorgänge beobachten, die einen Widerstand gegenüber solchen Einflüssen erzeugen und als Gegennorm-

---

[9] Deutsch & Gerard, 1955; [10] Deutsch & Gerard, 1955

E f f e k t e bezeichnet werden.+ Einer der Vorgänge, die einen Widerstand hervorriefen, wird als Selbst-Commitment bezeichnet. Bevor die Versuchsperson die Urteile der anderen vernahm, schrieb sie ihr Urteil entweder auf ein Blatt Papier und händigte es dem Versuchsleiter aus oder auf eine "magische Tafel", wo es sogleich wieder gelöscht wurde. Beide Formen der Verpflichtung reduzierten die Konformität gegenüber den Urteilen anderer Teilnehmer.

In einem anderen Bericht weist Gerard auf eine subtilere Form des Selbst-Commitments hin, die in Anwesenheit der Gruppe stattfindet: nach einer einmal getroffenen Entscheidung fühlt sich der Teilnehmer auch weiterhin verpflichtet, Wahlen zu treffen, die damit übereinstimmen. Gerard schließt daraus:

> Sobald eine Entscheidung getroffen und auf ihrer Grundlage agiert wurde, wäre jede Änderung oder Umkehr des Subjekts während der folgenden Versuche mit seiner ursprünglichen Entscheidung inkonsistent und mit den Überlegungen unvereinbar, die zunächst zu dieser Entscheidung geführt haben, da die prinzipiellen Bedingungen innerhalb der einzelnen Versuche relativ unverändert bleiben. Eine Verhaltensänderung würde ferner notwendig den ursprünglichen Konflikt aktivieren und den Betreffenden dazu zwingen, dieselben Zweifel und Unsicherheiten wie zuvor durchzuarbeiten. Die ursprüngliche Entscheidung verpflichtet also den einzelnen, wenngleich nicht unwiderruflich, der Gruppe nachzugeben oder unabhängig zu sein, und zwar immer dann, wenn die beiden zwei Alternativen bei aufeinander folgenden Versuchen auftauchen.[11]

Der einzelne stützt seinen Standpunkt ab, indem er entsprechende Bewertungen seiner selbst, seines Gegenübers und dessen Einschätzung von ihm vornimmt. Wenn er es vorzieht, unabhängig zu sein, so tendiert er mit der Zeit dazu, die eigene Vorgehensweise als günstig zu beurteilen, dagegen die von Personen mit abweichendem Urteil als ungünstig, und er wird von diesen annehmen, daß sie auch seine Antworten negativ bewerten.

Obwohl bei den ersten Studien von Asch angenommen wurde, daß der noramtive Einfluß von der Gruppe ausging, konnte gezeigt werden, daß bestimmte Teilnehmer auch dem unabsichtlichen normativen Einfluß seitens des Versuchsleiters ausgesetzt sind. Ein derartiger Effekt verringert die Konformität mit der Gruppe, da die Teilnehmer erwarten, daß der Versuchsleiter sie danach bewertet, ob ihre Antwort richtig oder falsch ist.[12] Schließlich sollten wir anmerken,

---

+ Deutsch und Gerard beziehen sich auf die eigenen Erwartungen eines Individuums als Einflußquelle und bezeichnen dies als normativen Einfluß. Unser Begriff erscheint uns weniger verwirrend.

[11] Abgedruckt mit frdl. Genehmigung aus: H. B. Gerard, Deviation, conformity and commitment. In: I. D. Steiner & M. Fishbein (Ed.), Current studies in social psychology. New York, Holt, Rinehart & Winston, Inc., S. 264

[12] Schulman, 1967

daß ein Individuum, das sich unabhängig verhält, nicht unbedingt der eigenen Bewertung der Information folgt. Es kann auch einen entschieden nonkonformistischen Standpunkt vertreten.[13]

Meinungen unterliegen besonders dann einem Zwang zur Konformität, wenn sie mit einem Verhalten konfligieren, das für den Zusammenhalt der Gruppe oder das Erreichen von Gruppenzielen höchst relevant ist. Der Pessimismus eines Gruppenmitgliedes in bezug auf das angestrebte Erreichen des Gruppenzieles steht quer zu den aktiven Bemühungen der Gruppe, das Ziel zu verwirklichen. Im Gegensatz dazu führen Meinungen, die für die Aufrechterhaltung der Gruppe oder die Verwirklichung deren Ziele von geringer Bedeutung sind, nur zu schwachem Konformitätsdruck.

Während Normen oft eine Bestrafung abweichenden Verhaltens mit sich bringen, können sie unter bestimmten Umständen zu einer Kostenreduzierung führen. Thibaut und Kelley haben auf einen leichten Vorteil hingewiesen, den die Etablierung von Normen gegenüber einer Diskussions-Interaktion aufweist.[14] Betrachten wir zwei Personen, die nicht gleichzeitig ihre besten Ergebnisse erzielen können, etwa einen Ehemann, der abends ins Kino und seine Frau, die ins Tanzlokal gehen möchte. Diese Situation erfordert, daß eine Seite Macht anwendet, um das gewünschte Verhalten auf der anderen Seite hervorzubringen. Der andauernde Gebrauch persönlicher Macht ist jedoch mit Kosten verbunden und ist nicht notwendig, wenn beide sich auf eine Regel einigen, nach der sie einen Handel abschließen, daß sie einmal ins Kino und an einem anderen Tag ins Tanzlokal gehen. Eine schließliche Übereinstimmung in bezug auf diesen Handel manifestiert sich in einer Regelmäßigkeit der Verhaltenssequenz. Wird sie unterbrochen, so beruft sich die unterlegene Partei auf die Regel, um die richtige Sequenz wiederherzustellen.

Wie Thibaut und Kelley bemerken, sind derartige Normen ein ausgezeichneter Ersatz für persönliche Einflußnahme.[15] Ein gutes Beispiel hierfür findet sich in dem neueren Trend in Richtung auf formelle oder informelle Ehekontrakte, wie sie von der "Woman's Liberation"-Bewegung gefordert werden, und zwar mit dem Argument, daß bei einer gewöhnlichen Hochzeit, bei der die Rechte und Pflichten eines jeden Partners nicht ausgesprochen werden, das Hauptkonfliktpotential in den unterschiedlichen Konzeptionen liegt, die die beiden Partner von ihren Rechten und Pflichten haben. Dieser Konflikt führt zu wiederholten Versuchen, den Partner in Richtung auf das gewünschte Verhalten zu beeinflussen. Die stattdessen empfohlenen Verträge würden aus einer Liste der Rechte und Pflichten beider Partner bestehen, auf die sie sich gemeinsam und ausdrücklich geeinigt haben. Diese stellen dann im Prinzip Normen für die betreffende Zweierbeziehung dar.

Der Vorteil derartiger Normen besteht darin, daß sie den andauernden Machtkampf überflüssig machen, der sonst überhandnehmen würde. Statt zu versu-

---

[13] Thibaut & Kelley, 1959; [14] Thibaut & Kelley, 1959; [15] Thibaut & Kelley, 59

chen, den Partner durch Ausübung von Macht zu beeinflussen, ist lediglich ein Verweis auf die jeweilige Norm nötig. Man bringt das gewünschte Verhalten nicht dadurch hervor, daß man sich an sein Gegenüber wendet, sondern an eine unpersönliche Norm appelliert. Da die Anwendung von Macht immer auf Tausch beruht, bringt sie in der Regel eine Verpflichtung mit sich. D. h. jede Ausübung von Macht führt zwar zur Zustimmung der anderen Partei, macht jedoch den Machthaber bereit, an anderer Stelle etwas dafür einzutauschen. Die Berufung auf eine Norm führt nicht zu derartigen Konsequenzen, so daß beide Parteien ihre Kosten reduzieren, wenn sie eine Regel festlegen.

Einige Normen haben den Zweck, die Mitgliedschaft einer Gruppe zu kennzeichnen. Die Befriedigungen, die Personen erfahren, wenn sie solchen Normen entsprechen, stammen aus dem Gefühl, daß man einer Gruppe zugehört, deren Mitgliedschaft hoch bewertet wird. Konformität mit den Anstandsregeln und den Regeln für eine korrekte Ausdrucksweise bezeichnet die Zugehörigkeit zur wohlerzogenen Mittelstandsgesellschaft, während ein Erfüllen der Norm "Härte" etwa die Zugehörigkeit zu einer Jungenbande der Unterschicht bedeutet.

Prozesse der Normenübermittlung

Nach Thibaut und Kelley entwickeln sich Normen in der Regel in einer Situation, in der die beteiligten Personen die entsprechenden Einstellungen oder Verhaltensweisen nicht ohne weiteres übernehmen.[16] Es bedarf keiner Gruppenkontrolle, wenn jemand spontan aus eigenem Antrieb bestimmte Verhaltensweisen an den Tag legt. Wenn hingegen die Umgebung nur wenig strukturiert ist, oder wenn der einzelne bestimmte Widerstände hat, Handlungen durchzuführen, die für das Funktionieren der Gruppe notwendig sind, so entstehen normative Prozesse, um die Struktur herzustellen oder um sicherzustellen, daß das Verhalten auch durchgeführt wird. Die Vorgänge, über die Normen mitgeteilt und verstärkt werden, sind als *Prozesse der Normenübermittlung* bezeichnet worden.[17] Die Übermittlung von Normen weist drei wesentliche Komponenten auf: 1. die Definition der betreffenden Einstellungen oder Verhaltensweisen, 2. die Überwachung, inwieweit jemand der Norm entspricht und 3. die Anwendung von Sanktionen (Belohnung oder Bestrafung) für Konformität bzw. Nonkonformität.

Die Übermittlung von Normen kann auf verschiedene Weise erfolgen. Ein Beispiel ist das der direkten, expliziten Normenübermittlung. Der Lehrer einer Klasse kann ganz klar angeben, welche Bücher die Schüler lesen, auf welchen Examensstoff sie präpariert sein und in welcher Weise sie am Unterricht teilnehmen müssen. In ähnlicher Weise vermitteln Eltern gegenüber ihrem Kind mit Worten bestimmte Normen. Es soll nicht lügen, keine Fratzen schneiden, kein Geschirr zerschmeißen. Der größte Teil der Normenübermittlung erfolgt

---

16 Thibaut & Kelley, 1959; 17 Rommetveit, 1955

jedoch über indirekte Kommunikation. Die Normen für das angemessene Verhalten eines Studenten höheren Semesters verdeutlichen diesen Prozeß.

Von einem Studenten höheren Semesters erwartet man, daß er selbstverantwortlich zu unabhängigem Studium in der Lage ist. Wenn er Seminare schwänzt und übernommene Referate nicht hält, so verletzt er die Norm. Man erwartet ferner von ihm, daß er seine Arbeit und den Beruf ernst nimmt, auf den er sich vorbereitet. Wenn einige seiner Verhaltensweisen mit diesen Erwartungen nicht in Einklang zu bringen scheinen, so haben die Mitglieder der Fakultät wahrscheinlich eine geringe Meinung von ihm. In den meisten Fällen werden diese Erwartungen dem Studenten jedoch nicht mit so vielen Worten mitgeteilt. Außer der Bewertung der Arbeiten des Studenten durch die Verleihung bestimmter akademischer Grade werden die Normen seitens der Fakultät durch Beispiele und die verschiedenartigsten subtilen Sanktionen übermittelt.

Zunächst liefert der Professor, der in seiner Forschungsarbeit engagiert ist und eine Menge Zeit damit verbringt, ein Beispiel für den Studenten. Durch die Vergabe umfangreicher Semesterarbeiten gibt er zu verstehen, daß er von den Studenten hohe Leistungen verlangt. Insbesondere macht er sich über Einwände und Entschuldigungen lustig, die normalerweise von Anfangssemestern gebraucht werden. So würde die Frage eines höheren Semesters, wieviele Seiten sein Referat umfassen sollten, allenfalls das ironische Heben einer Augenbraue bewirken.

Sodann gehen viele Studenten aus den höheren Semestern in irgendeiner Weise einer professionellen Beschäftigung unter der Obhut ihrer Professoren nach. Dabei stellt sich für den Hilfsassistenten bald heraus, daß sein persönliches Leben seiner Arbeit untergeordnet ist. Er steht jederzeit zur Verfügung, einschließlich an Wochenenden und Feiertagen, falls es erforderlich ist. In der Regel muß er innerhalb einer bestimmten Zeitspanne nach genauen Richtlinien eine komplizierte Aufgabe erfüllen. Nach eventuellen anderen Verpflichtungen, die er vielleicht noch hat, wird er nicht gefragt. Man nimmt automatisch an, daß sie eine zweitrangige Rolle spielen.

Während also die normativen Erwartungen der Fakultätsmitglieder gegenüber Studenten höherer Semester normalerweise nicht so wortreich ausgedrückt werden, werden die Normen dem Studenten dennoch durch Beispiel, Übertragung von Aufgaben und durch indirekte Sanktionen übermittelt. Übrigens ist damit nicht gemeint, daß das Fakultätsmitglied der einzige Normenübermittler ist. Auch die anderen fortgeschrittenen Studenten üben in dieser Hinsicht eine wichtige Funktion aus.

Zusammenfassung: Normen und ihre Entstehung

Eine soziale Norm ist eine Erwartung, die von allen Gruppenmitgliedern geteilt wird und die ein Verhalten festlegt, das als einer bestimmten Situation angemessen angesehen wird. Im allgemeinen wird soziale Norm so verstanden, daß sie sich nicht nur auf offenes Verhalten, sondern auch auf sprachliches Verhalten in Verbindung mit den Wahrnehmungen, Gedanken oder Gefühlen eines Individuums bezieht. Zu einem Konformitätsdruck auf das Verhalten von Gruppenmitgliedern kommt es immer dann, wenn das Kosten-Nutzen-Ergebnis durch Nichtkonformität negativ beeinflußt würde und wenn das Verhalten für das Erreichen von Gruppenzielen relevant ist.

Normen kontrollieren auch Meinungen und Vorstellungen, vor allem, wenn sie für den Fortbestand der Gruppe oder das Erreichen ihrer Ziele von Bedeutung sind. Anscheinend ist das Bedürfnis nach Validierung der eigenen Ansichten für alle Menschen grundlegend. Obgleich dieses Bedürfnis zum Teil von den eindeutigen Informationen befriedigt wird, die die physikalische Umwelt liefert, ist auch das Verhalten anderer eine wichtige Quelle zur Einschätzung der eigenen Ansichten. Besonders in Situationen, in denen jemand unsicher oder verwirrt ist und nicht weiß, wie er reagieren soll, kann jemand sich an das Verhalten anderer Personen halten und eine stabile Welt herstellen. Diese soziale Wirklichkeit liefert ihm einen Bezugspunkt für das eigene Verhalten. Je mehrdeutiger die nichtsoziale Reizsituation, umso höher ist die Wahrscheinlichkeit, daß jemand sich zur Orientierung auf die soziale Wirklichkeit verläßt.

Vorgänge, durch die Normen mitgeteilt und verstärkt werden, sind als Prozesse der Normenübermittlung bezeichnet worden. Die Normenübermittlung besteht aus drei wesentlichen Komponenten: 1. Definition des betreffenden Verhaltens bzw. der Einstellungen, 2. Überwachung des Umfangs, in dem jemand der Norm entspricht und 3. Anwendung von Sanktionen (Belohnung oder Bestrafung) für Konformität oder Nonkonformität. Normen können auf die verschiedenste Weise - direkt oder versteckt - mitgeteilt und verstärkt werden. Zwei Formen des Einflusses, die in kleinen Gruppen wirksam werden, sind 1. Informationseinfluß, wenn ein Individuum Informationen über die Wirklichkeit von einem anderen akzeptiert und 2. normativer Einfluß, wenn jemand sich entsprechend den Erwartungen einer anderen Person verhält.

EINE THEORIE DES NORMATIVEN VERHALTENS

Jede Theorie, die den Versuch unternimmt, den normativen Charakter sozialer Interaktion nachzuweisen, muß drei Fragen über den Gegenstand, den Umfang und die Verteilung von Konformität innerhalb einer Gruppe beantworten können.

1. Was bestimmt die Verhaltensweisen oder Einstellungen, die zum Gegenstand der Normenübermittlung werden? Diese Frage gewinnt noch an Schärfe angesichts der Beobachtung einer nahezu unermeßlichen Vielfalt zwischen den einzelnen Gruppen bezüglich der Bereiche, in denen Konformität erforderlich ist. Dies gilt ganz besonders für Gruppen mit weitgehend unterschiedlichen Kulturen. Tatsächlich liegt die Faszination der Untersuchung anderer Gesellschaften hauptsächlich in den Unterschieden zwischen ihren Normen und den unsrigen. Aber auch Beispiele aus der eigenen Gesellschaft verdeutlichen das

Problem. In bestimmten Bereichen ist die persönliche Entfaltung durch Normen nur geringfügig eingeschränkt. Es spielt kaum eine Rolle, welchen Schuh wir am Morgen zuerst anziehen, den linken oder den rechten. Niemand kümmert sich um die Farbe unserer Schlafanzüge oder darum, welche Straßenseite wir benutzen, und wir können unsere Mahlzeiten aus einer Vielzahl von Nahrungsmitteln zusammenstellen, ohne daß uns jemand darüber Vorschriften macht. In anderen Bereichen ist die individuelle Variabilität hingegen beschnitten. Für bestimmte Berufe müssen wir bestimmte Anzüge, Hemden oder Krawatten tragen. Wenn man in Gesellschaft ißt, so wird von einem erwartet, daß man bestimmte Regeln des feinen Benehmens beachtet. Eine zureichende Theorie muß erklären können, warum bestimmte Verhaltensweisen und Einstellungen einer normativen Kontrolle unterworfen sind und andere nicht.

2. Warum findet sich in bestimmten Gruppen eine größere Normenkonformität als in anderen? So halten sich beispielsweise bestimmte religiöse Gruppen weit strenger an ihre Glaubensregeln als andere. In ähnlicher Weise besteht in einigen Militäreinheiten eine stärkere Disziplin und Gehorsamsbereitschaft als in anderen. Eine zureichende Theorie muß auch solche Unterschiede erklären können.

3. Was bestimmt die Verteilung von Konformität *innerhalb* der Gruppe? Um es nochmals anhand des religiösen Verhaltens zu verdeutlichen: einige Angehörige derselben Religionsgemeinschaft leben viel strenger nach ihrer Religion als andere. Einige Studenten machen ihre Semesterarbeiten viel sorgfältiger und fehlen weniger im Seminar als andere. Innerhalb jeder sozialen Gruppe entsprechen bestimmte Mitglieder den normativen Anforderungen stärker als andere.

So bezieht sich also jede dieser drei Fragen auf den Gegenstand, den Umfang und die Verteilung von Normenkonformität. Indem wir uns wiederum weitgehend auf Begriffe aus der Austauschtheorie stützen, können wir sie hinsichtlich der Auswirkungen von vier Bedingungen beantworten: 1. der Umfang, in dem die Gruppenmitglieder das Verhalten oder die Einstellung anderer als Nutzen oder als Aufwand empfinden, 2. die Machtstruktur der Gruppe, definiert durch die Verteilung von Resourcen, Abhängigkeiten und Alternativen, 3. den Grad, in dem ein Verhalten in Übereinstimmung mit der Norm intrinsisch als Ertrag oder als Aufwand zu Buche schlägt und 4. das Ausmaß, in dem das Verhalten einer Überwachung und einer Auferlegung von Sanktionen gegenüber offen ist.

Die drei folgenden Abschnitte befassen sich mit dem Gegenstand, dem Umfang und der Verteilung von Konformität im Hinblick auf diese vier angeführten Bedingungen.

Bereiche, in denen Normen entstehen

Normen führen zu einer Vielzahl von Nutzen-Kosten-Ergebnissen. Sie machen z. B. die fortgesetzte Anwendung interpersoneller Macht überflüssig oder dienen dazu, die Zugehörigkeit einer Person zu einer Gruppe zu bestätigen. Eine eingehendere Diskussion der Konformitätstheorie würde eine Erörterung dieser indirekten Ergebnisse mit umfassen, hier geht es jedoch um die direkteren Ergebnisse in bezug auf die Bedürfnisse, die im Prozeß der Gruppenbildung und -entwicklung entstehen.

Nutzen und Kosten von Konformität Personen schließen sich zu Gruppen zusammen, um eine Vielzahl von Bedürfnissen zu befriedigen. Normative Kontrollen entstehen in den Verhaltensbereichen, in denen die Gruppenmitglieder zur Bedürfnisbefriedigung auf die Gruppe angewiesen sind. Diese Normen fördern ein Verhalten, das die Zufriedenheit des einzelnen Mitglieds maximiert, und sie entmutigen ein Verhalten, das diese Befriedigung verhindert. Das Vorherrschen und die Stärke der Normen hängen zum Teil von dem Grad ab, in dem die Mitglieder sich bei der Befriedigung der bestimmten entstandenen Bedürfnisse auf die Gruppe verlassen und zum Teil von der Intensität dieser Bedürfnisse.

Im allgemeinen dienen Gruppen einer oder zwei Arten von Bedürfnissen: aufgabenorientierte und sozial-emotionale Bedürfnisse. Verhaltensweisen, die dazu beitragen, eine Gruppenaufgabe zu erfüllen, werden eher einer normativen Kontrolle unterworfen, weil sie zum Erreichen der Gruppenziele und zur Zufriedenheit der Gruppenmitglieder und zur Vermeidung von Mißerfolgen beitragen. Somit entwickeln sich Normen, um eine kooperative Aktion zu sichern und um Übereinstimmung über die Einstellungen herzustellen, die für die Gruppenziele von Bedeutung sind. Von den Gruppenmitgliedern muß beispielsweise gefordert werden, möglichst regelmäßig an Gruppentreffen teilzunehmen, wenn die Gruppe überleben soll. Mitglieder, die für ein Amt gewählt wurden, müssen bereit sein, dieses auch zu übernehmen; andere müssen etwa bereit sein, in einem Ausschuß mitzuarbeiten. Infolgedessen entwickeln sich Normen, die eine regelmäßige Teilnahme an den Gruppentreffen sowie die Bereitschaft zur Mitarbeit ermutigen, während für ein Verhalten, das hiervon abweicht, Sanktionen verhängt werden.

Daß die Notwendigkeit, Gruppenziele erfolgreich zu erreichen, zur Entwicklung von Normen führt, wird durch Sutherlands klassische Studie über den professionellen Dieb unterstrichen.[18] Verhaltensweisen, aus denen ein Fehlschlag mit dem Risiko einer Verhaftung resultieren könnte, werden mit strengen negativen Sanktionen belegt, während solche, die für ein erfolgreiches Unternehmen wesentlich sind, eine unbedingte Verpflichtung bedeuten. Wenn Diebe beispielsweise für einen Coup zusammenarbeiten, so ist strikte Pünktlichkeit unumgänglich. Wer nicht zur festgesetzten Zeit zur Stelle ist, gefährdet den Erfolg des Unternehmens und riskiert möglicherweise eine Entdeckung. Aus diesem Grunde warten beispielsweise Diebe nie aufeinander, und wer zu spät kommt, hat mit Sanktionen zu rechnen. Ebenso verlangen professionelle Diebe voneinander, keine Bekanntschaften mit Fremden oder Nachbarn einzugehen. Eine engere Bekanntschaft mit Nichtkriminellen durchbricht die Anony-

---

[18] Sutherland, 1937

mität des Kriminellen und führt möglicherweise zur Entdeckung und Verhaftung auch seiner Mitarbeiter.

In Gruppen, die vorwiegend aus sozial-emotionalen Bedürfnissen heraus gegründet wurden, werden ganz andere Bedürfnisse befriedigt. Diese Gruppen betonen individuelle Bedürfnisse besonders stark, etwa die nach Freundschaft und Zuneigung, nach Möglichkeiten, die eigenen Erfolge oder Mißerfolge mitzuteilen oder nach Zugehörigkeit, Akzeptiertwerden und Unterstützung. Beispiele für diese Art von Gruppen sind studentische Verbindungen, in denen soziale Bedürfnisse nach Freundschaft und gemeinsamen Unternehmungen befriedigt werden und die Familie, in der emotionale Unterstützungen gewährt werden. In diesen Gruppen entstehen Normen, die einen freundlichen Umgang miteinander ermutigen und Konkurrenzverhalten und Aggressivität verhindern sollen. So erwartet man etwa von Verbindungsstudenten in den USA, daß sie nicht um die Zuneigung desselben Mädchens konkurrieren. In der Familie werden aggressive Handlungen der Kinder gegeneinander oder gegen die Eltern hart bestraft.

Die Trennung in aufgabenorientierte und sozial-emotionale Bedürfnisse darf man sich nicht als absolut vorstellen; die meisten Gruppen befriedigen teilweise beide Formen. Man hat z. B. gezeigt, daß Arbeitsgruppen in der Industrie für die einzelnen Arbeiter emotionale Unterstützung bedeuten, wodurch verschiedenen Einflüssen in der Arbeitssituation entgegengewirkt wird, die bestimmte Ängste erzeugen.[19]

Machtstruktur der Gruppe Die Einstellungen und Verhaltensweisen, die für die Befriedigung der mächtigsten Personen in der Gruppe notwendig sind, werden am ehesten einer normativen Kontrolle unterworfen. In einer Familie mit kleinen Kindern entwickeln sich beispielsweise aufgrund des bestehenden Machtgefälles die Normen eher in eine von den Eltern als von den Kindern gewünschte Richtung. Je größer die Kinder jedoch werden, umso mehr verschiebt sich das Machtgleichgewicht, so daß sich auch die Normen ändern. Dies geschieht, weil der Jugendliche zunehmend über alternative Möglichkeiten der Befriedigung vor allem in den peergroups verfügt und andererseits von seinen Eltern ökonomisch etwas unabhängiger wird, sobald er einen kleinen Job übernehmen kann. Diese Verschiebungen der Normen können daran verdeutlicht werden, daß der Heranwachsende das Verhalten seiner Eltern öfters kritisiert, sowie an dem größeren Freiheitsspielraum, den er während der Aktivitäten hat, bei denen er von seinen Eltern nicht mehr kontrolliert wird.

Intrinsische Kosten und Nutzen Bestimmte Verhaltensweisen lassen sich schlechter kontrollieren als andere, und zwar aufgrund der Tatsache, daß sie intrinsisch mit sehr hohen Nutzen oder Kosten verbunden sind, die nichts mit einem konformen Verhalten zu tun haben. Somit führen diese Verhaltensweisen zu Nutzen oder Kosten, die - verglichen mit den positiven oder negativen Sanktionen seitens der Gruppenmitglieder - einen relativ bedeutenden

[19] Seashore, 1954; Roethlisberger & Dickson, 1939

Einfluß auf die gesamte erfahrene Befriedigung haben. Jedes Verhalten, das mit starken biologischen oder sozialen Motiven verbunden ist, kann in die Kategorie fallen, die mit hohem Nutzen verbunden ist. So läßt sich etwa das Rauchen, das zu einer schwer zu durchbrechenden Dauergewohnheit wird und wahrscheinlich durch physiologische Antriebe verstärkt wird, kaum erfolgreich über gesetzliche oder andere normative Kontrollen verhindern. Auch "teure" Verhaltensweisen sind oft von normativer Kontrolle ausgenommen; in diesem Fall können andere von einem Individuum nicht einfach verlangen, das Verhalten zu zeigen. So wird z. B. ein Kommandounternehmen hinter die feindlichen Linien nicht als normative Forderung betrachtet, und man nimmt dazu nur Freiwillige.

Wenn eine Verhaltensweise mit hohen Kosten verbunden ist, so entstehen meistens Normen, die die Kosten reduzieren. Der Medizinstudent etwa sieht sich einer solchen Fülle von Studienanforderungen gegenüber, daß er sie kaum bewältigen kann. Unter diesen Umständen muß er bestimmte Prioritäten setzen. Dieses Problem gilt jedoch generell für alle Medizinstudenten. Um in einem derartigen Fall eine übertriebene Konkurrenz durch die eifrigen Studenten zu unterbinden, werden die Gruppenmitglieder wahrscheinlich Normen darüber entwickeln, welche Arbeiten sie erledigen, in welchem Umfang sie dies tun und wie weit sie zusammenarbeiten, um sich die Arbeit gegenseitig zu erleichtern.[20]

Das gleiche geschieht, wenn bestehende Normen zu unbefriedigenden Nutzen-Kosten-Ergebnissen führen. Dann können alte Normen verschwinden und neuen Normen Platz machen, die zufriedenstellendere Ergebnisse bewirken. Eine Anzahl vonForschern, die abweichende Subkulturen untersuchten, hat den Prozeß verfolgt, bei dem alte Normen durch neue ersetzt werden.[21] Der Initiierung dieses Vorgangs liegt eine mangelnde Integration zwischen den normativ gebilligten Mitteln und den Zielen der Gruppe zugrunde: das in der bisherigen Weise gebilligte Verhalten resultiert nicht in einer erfolgreichen Verwirklichung der Ziele. Der junge Arbeiter mit relativ wenig Erfahrung etwa, der die Mittelschichtnorm übernommen hat, man müsse sich bemühen, durch harte Arbeit die gesellschaftliche Stufenleiter hochzukommen, stellt vielleicht fest, daß er nirgendwo eine Anstellung findet. Wenn viele Personen sich in einer ähnlichen Lage befinden, so können sie in wechselseitiger Interaktion für sich neue normativ gebilligte Mittel entwickeln, die zum Erreichen der Ziele führen, oder sie können vielleicht kollektiv neue normativ gebilligte Ziele entwickeln, die sich mit den zur Verfügung stehenden Mitteln erreichen lassen.

Bestimmte Muster von Banden-Delinquenz sind so erklärt worden. Jungen aus der Unterschicht oder Angehörige von Minderheiten, die in ihren Bemühungen blockiert wurden, die Erfolgsziele der dominanten Mittelschichtkultur zu erreichen, bilden kollektiv eine Reihe normativer Erwartungen aus, eine Lebensauffassung, in der Ziele und Mittel miteinander vereinbar sind. Solche Mittel,

---

[20] Becker, Geer, Hughes & Strauss, 1961;

[21] Cohen, 1955; Merton, 1957b; Cloward & Ohlin, 1960

wie Diebstahl und Ziele wie das Aufputschen durch Drogen werden zwar von der Gesamtgesellschaft mißbilligt, innerhalb der kriminellen Subkultur jedoch akzeptiert.

Überwachung und Sanktionen Offensichtlich können Einstellungen und Verhaltensweisen, die schwierig zu überwachen sind, weniger leicht einer normativen Kontrolle unterworfen werden. Sanktionen können nur verhängt werden, wenn eine Verletzung von Normen beobachtet wird. So wird das öffentliche oder offene Verhalten stärker von Normen kontrolliert als das private Verhalten und die persönlichen Glaubensvorstellungen. Die Bedeutung einer Überwachung kann durch einen Vergleich von offener Feindseligkeit mit einer versteckten Äußerung von Aggressionen demonstriert werden. Das Letztere kommt sehr viel häufiger vor. Offene Feindseligkeit gegenüber anderen, etwa in Form von körperlicher Gewaltanwendung, kann leichter beobachtet werden und unterliegt darum eher einer Sanktion, während die verschiedensten subtilen Formen von Aggression, z. B. eine Kritik unter dem Deckmantel einer wohlwollenden Haltung, schwer nachzuweisen sind und deshalb auch nicht so leicht bestraft werden können.

Zusammenfassung: Das Zentrum der Konformität Personen schließen sich zu Gruppen zusammen, um eine Reihe von Bedürfnissen zu befriedigen. Normative Kontrollen entstehen in den Verhaltensbereichen, in denen die Mitglieder zu ihrer Bedürfnisbefriedigung von der Gruppe abhängig geworden sind. In Gruppen, die in erster Linie aufgabenorientiert sind, entwickeln sich beispielsweise Normen, die eine kooperative Aktion sichern und eine Übereinstimmung bezüglich zielrelevanter Einstellungen herstellen. In Gruppen, die in erster Linie sozial-emotionale Bedürfnisse befriedigen, werden wahrscheinlich solche Verhaltensweisen eher einer normativen Kontrolle unterworfen, die zu emotionaler Unterstützung, Freundschaft oder Zuneigung führen. Ferner werden solche Einstellungen und Verhaltensweisen oft durch Normen gestützt, die die Bedürfnisse der mächtigsten Gruppenangehörigen befriedigen.

Verhaltensweisen, die mit starken physiologischenAntrieben verbunden oder sehr kostenaufwendig sind, können nur schwer einem normativen Druck unterworfen werden. In Situationen, in denen ein kostenaufwendiges Verhalten zum Erreichen von Gruppenzielen erforderlich ist, werden meist Normen entstehen, um diese Kosten für die Gruppenmitglieder zu minimieren. Wo ein bestehendes normatives Verhalten zu relativ unbefriedigenden Ergebnissen führt, kommt es leicht zu einer Modifikation der Normen und damit zu günstigeren Nutzen-Kosten-Ergebnissen. Schließlich werden Verhaltensweisen, deren Überwachung schwierig ist, weniger leicht einer normativen Kontrolle unterworfen.

Der Grad der Konformität in verschiedenen Gruppen

Die zweite Frage, die jede Theorie des normativen Verhaltens beantworten muß, ist die, warum in einigen Gruppen eine stärkere Konformität zu beobachten ist als in anderen. Warum ist z. B. die Disziplin und die Gehorsamsbereitschaft in Militäreinheiten größer als in einer Schulklasse? Die Antworten auf diese Frage finden sich wiederum in den erwähnten vier Bedingungen. Die erste ist der Grad, in dem Gruppenmitglieder das Verhalten von anderen Personen in der Gruppe als belohnend oder als aufwendig empfinden.

N u t z e n u n d K o s t e n v o n K o n f o r m i t ä t Festinger, Schachter und Bach haben angenommen, daß der Umfang, in dem eine Gruppe auf ihre Mitglieder Druck ausüben kann, um einer bestimmten Norm zu entsprechen, von der Kohäsion der Gruppe abhängig ist.[22] In Kap. 7 hatten wir Kohäsion in bezug auf die Kräfte definiert, die auf ein Mitglied wirken, in der Gruppe zu verbleiben. Wir haben mehrere Gründe für die Anziehungskraft einer Gruppe angeführt: 1. Günstige Nutzen-Kosten-Bilanz aufgrund der Interaktion zwischen den Gruppenmitgliedern, 2. Gruppenaktivitäten, die aus sich heraus belohnend wirken und 3. die Gruppenmitgliedschaft als Mittel zum Erreichen anderer Ziele. Die Anziehungskraft ist ferner abhängig von den Vergleichsniveaus der Gruppenmitglieder. Die Summe aller Kräfte, die den einzelnen zum Verbleiben in der Gruppe bewegen, ist nicht nur eine Funktion dieser Ergebnisse innerhalb der Gruppe, sondern auch eine Funktion möglicher Ergebnisse in alternativen Beziehungen außerhalb der Gruppe.

Da die Stärke der negativen Sanktionen, die eine Gruppe gegenüber ihren Mitgliedern verhängen kann, durch die Stärke der Kräfte beschränkt ist, die die Mitglieder an die Gruppe binden, so ist zu erwarten, daß die Intensität der negativen Sanktionen einem unwilligen Mitglied gegenüber mit der Stärke der kohäsiven Kräfte variiert. Kohäsion hängt ihrerseits von dem Umfang ab, in dem die Nutzen-Kosten-Bilanz der Mitglieder deren Erwartungsniveaus übersteigt. Fallstudien an Gruppen, die ihre Mitglieder mit strengen negativen Sanktionen belegen können, unterstützen diese Annahme. In derartigen Gruppen sind die Bilanzen für die Mitglieder entweder sehr günstig, oder die Mitglieder haben sehr niedrige Vergleichsniveaus für Alternativen, weil sie über wenig alternative Beziehungen verfügen oder weil Alternativen blockiert sind.

Die meisten Gruppen von heranwachsenden Jugendlichen bringen für die einzelnen Mitglieder günstige Bilanzen mit sich, da sie oft starke Bedürfnisse befriedigen und einen engen Zusammenhalt gewährleisten. Militärische Einheiten, religiöse Sekten und Gruppen von Gefängnisinsassen bestehen aus Mitgliedern mit niedrigen Vergleichsniveaus und Vergleichsniveaus für Alternativen. Die Alternative zu Konformität in einer militärischen Situation ist oft Kriegsgericht und Arrest oder eine unehrenhafte Entlassung. Mitglieder von religiösen Sekten haben oft geringe alternative Möglichkeiten der Bedürfnisbefriedigung.[23] Das kommt vielleicht daher, daß ihre besonderen Werte und

---

[22] Festinger, Schachter & Back, 1950; [23] Pope, 1942

Verhaltensmuster eine Interaktion mit Außenstehenden aufwendiger machen, oder weil sie von anderen Gruppen zurückgewiesen werden. Daraus folgt, daß Sekten ihre Mitglieder sehr wirksam über Mechanismen wie Ächtung zu kontrollieren vermögen, falls diese versuchen sollten, von den Normen der Sekte abzuweichen. Ähnliche Überlegungen gelten auch für Gruppen von Gefängnisinsassen, da ein Gefangener dadurch, daß er auf dem Dienstweg einem bestimmten Block zugewiesen wird, gezwungen ist, sich bestimmten anderen Gefangenen anzuschließen, und weil keine anderen Gruppen zur Auswahl zur Verfügung stehen.

Damit hängt die Tatsache eng zusammen, daß bei einer Mitgliedschaft in mehr als einer Gruppe, konformes Verhalten teuer zu stehen kommen kann, und zwar dann, wenn in den Gruppen konfligierende Normen existieren. Wenn jemand beispielsweise einer Studentenverbindung angehört, in der zur Norm erhoben wird, daß keiner seine Studienarbeiten mit einer besseren Note als "befriedigend" abschließen soll, gleichzeitig aber Mitglied einer Arbeitsgruppe ist, die Wert auf aktive Mitarbeit legt, so wird er feststellen, daß eine Konformität mit den Normen der letzteren Gruppe aufwendig wird. Daraus läßt sich schließen, daß eine Gruppe in dem Maße, in dem sie ihre Mitglieder entmutigt, sich zusätzlich anderen Gruppen mit konfligierenden Normen anzuschliessen, die Kosten verringert und eine gesteigerte Intensität konformen Verhaltens bewirkt.

Verschiedene empirische Untersuchungen haben systematische Forschungshinweise dafür zusammengetragen, daß in einer kohäsiveren Gruppe ein stärkerer Konformitätsdruck besteht. In einer Studie wurde die Gleichförmigkeit von Einstellungen und Verhaltensweisen studentischer Wohnheimgruppen mit unterschiedlichem Grad der Kohäsion untersucht.[24] Es stellte sich heraus, daß die Einstellungen und Verhaltensweisen der Mitglieder umso ähnlicher waren, je kohäsiver die Gruppe war. Außerdem wurden in den Gruppen mit stärkerer Innenbindung Personen, die von der Norm abwichen, weniger leicht als Freunde akzeptiert.

Die Austausch-Theorie unterstellt, daß der Grund dafür, daß die Konformität mit den Meinungen der Gruppenmitglieder in Gruppen mit stärkerer Innenbindung größer ist als in Gruppen mit geringerer Innenbindung, darin zu suchen ist, daß im ersteren Fall Konformität nützlicher und abweichendes Verhalten aufwendiger ist. Bei starker Innenbindung legen die Mitglieder mehr Wert auf Belohnungen wie Beliebtsein. Und wenn man sich zu diesem Zweck einer bestimmten Norm entsprechend verhalten muß, dann ist in derartigen Gruppen eher mit Konformität zu rechnen.

Diese Interpretation wird von einem Experiment gestützt.[25] In einer Versuchsanordnung wurden die Mitglieder zweier Gruppen mit niedriger bzw. hoher Kohäsion zu der Annahme gebracht, man müsse den Ansichten anderer Mitglieder zustimmen, wenn man beliebt sein wolle. In einer zweiten Anordnung unter

---

[24] Festinger et al., 1950; [25] Walker & Heyns, 1962

sonst gleichen Bedingungen hieß es, es spiele für die Beliebtheit keine Rolle, ob man mit der Meinung der anderen Mitglieder übereinstimme oder nicht. Im ersten Fall stimmte die überwiegende Mehrheit der Mitglieder der Gruppe mit starker Innenbindung vom Band gespielte Meinungen zu, die angeblich von Gruppenmitgliedern stammten. Diese Tendenz ließ sich in der Gruppe mit geringer Innenbindung nicht nachweisen. Im zweiten Fall zeigten die Mitglieder der Gruppe mit starker Innenbindung ebenfalls keine Tendenz zu Konformität. Daraus können wir schließen, daß Konformität mit einer Gruppennorm von dem Ausmaß abhängt, in dem eine derartige Konformität als nützlich betrachtet wird.

Machtstruktur der Gruppe Da der Umfang, in dem Personen in einer Gruppe sich gegenseitig beeinflussen können, von der zwischen den Mitgliedern bestehenden Machtbasis abhängt, so ist zu erwarten, daß die Gruppenkonformität von dieser Machtbasis abhängt. Diese Annahme wird von einigen empirischen Untersuchungen gestützt, wie weiter unten noch ausgeführt wird. In dem Maße, in dem die Machtstruktur der Gruppe auf Machtformen beruht, die im Laufe der Zeit zunehmen, wird das Konformitätsniveau der Gruppenmitglieder wahrscheinlich ansteigen. Wo jedoch die Grundlagen der angewandten Kontrollmethoden mit der Zeit ihre Wirksamkeit verlieren, wird das Konformitätsniveau in der Regel absinken.

Ein extensiver Gebrauch von Macht in Form von Zwang erhöht zunächst die Wahrscheinlichkeit von Konformität - vor allem öffentliches Einverständnis -, führt jedoch langfristig zu Widerstand gegen die Normen. Gleichzeitig bewirkt die Ausübung von Zwang ein Nachlassen der Attraktivität. Der Zusammenhang zwischen der Anwendung von legitimierter Macht bzw. Macht aufgrund von Strafgewalt und Konformität ist experimentell untersucht worden.[26] Um eine Basis für legitimierte und nicht legitimierte Machtausübung festzulegen, informierte man die Versuchsteilnehmer darüber, welche Geldbußen darauf standen, wenn sie zu langsam arbeiteten. Wenn der Supervisor nun diese legitimierten Grenzen überschritt und zu hohe Bußen verhängte, wuchs der Widerstand gegen die Normenkonformität. Daraus können wir schließen, daß eine wichtige Bedingung für die Minimierung von Widerstand gegenüber einer Normenkonformität in der Vermeidung von Sanktionen besteht, die als nicht legitimiert wahrgenommen werden. Eine andere Untersuchung läßt vermuten, daß Belohnungen eine Konformität effektiver bewirken können als Strafen, vor allem weil Strafen einen Widerstand provozieren.[27]

Der in einer experimentellen Situation ausgeübte Zwang ist relativ mild. Eine Ausnahme unserer Verallgemeinerung über die Wirkungslosigkeit der Macht aufgrund von Strafgewalt zur normativen Kontrolle kann unter extremen Bedingungen des Zwanges auftreten: die Grundlage der Macht wird in die Macht der Bezugsperson (referent power) verkehrt. Eine Reihe von Personen, die über Jahre hinweg in nationalsozialistischen Konzentrationslagern gefangen lebten,

[26] French, Morrison & Levinger, 1960; [27] Zipf, 1960

identifizierten sich sehr stark mit ihren Wächtern: sie übernahmen einige deren Einstellungen und Verhaltensweisen und nähten sich sogar Teile von Gestapo-Uniformen in ihre Kleidung ein. Dies geschah vermutlich weitgehend deshalb, weil die furchtbare Strafgewalt der Lagerwärter auch als belohnende Macht fungieren konnte. In der Terminologie der Verstärkungstheorie: die Vermeidung einer bestrafenden Kontingenz wirkt belohnend. Indem also bestimmte Strafverschärfungen gelockert wurden, manchmal als Gegenleistung für eine Information oder kooperatives Verhalten in anderer Form, können seitens der Wärter äußerst effektive Verstärkungen bewirkt werden. Geschieht dies über den Zeitraum mehrere Jahre hinweg, so ist es nicht überraschend, daß aus der Macht infolge Strafgewalt eine Macht der Bezugsperson wird.

In Fällen, in denen normative Kontrollen von Anfang an in erster Linie auf Macht der Bezugsperson beruhen, kommt es in der Regel über einen längeren Zeitraum hinweg zu starkem Konformitätsdruck innerhalb der Gruppe. Dies erklärt die Dauerhaftigkeit der elterlichen Kontrolle in den meisten Familien sowie die relative Dauer der Religionszugehörigkeit einer Person. Außerdem wird ein größerer Bereich von Verhaltensweisen durch Macht von Bezugspersonen kontrolliert als durch Macht von Experten oder von Personen mit Strafgewalt.

Intrinsische Kosten und Nutzen In Gruppen, in denen ein Verhalten, das zufällig mit den Gruppennormen übereinstimmt, aus sich heraus bereits belohnend ist, kommt es meist zu hoher Konformität. Das ist oft für Gruppen charakteristisch, in denen die Befriedigung sozial-emotionaler Bedürfnisse überwiegt oder in aufgabenorientierten Gruppen, in denen die Aufgaben selbst schon Spaß machen. Beispiele sind Studentenverbindungen bzw. Sportvereine. Führt Konformität jedoch zu einem kostenaufwendigen Verhalten, etwa wenn die Aufgaben langweilig, ermüdend oder gefährlich sind, so wird der Konformitätsgrad niedriger sein, es sei denn, die Kosten für nicht-konformes Verhalten steigen im selben Maße an. In Arbeitssituationen, in denen nur schwache Sanktionen für Nonkonformität bestehen, kann das Konformitätsniveau gegenüber offiziellen Normen der Produktivität niedrig sein. Dieser Einwand wird oft als Argument gegen das Prinzip der Seniorität, gegen ein Angestelltenverhältnis des Arbeiters und gegen einen zivilen Arbeitsdienst vorgebracht, weil dadurch die Arbeiter vor härteren Sanktionen geschützt wären.

Überwachung und Sanktionen Wo konformes Verhalten nicht zu intrinsischer Befriedigung führt oder hinsichtlich Zeitaufwand, Anstrengung oder persönlicher Freude kostenaufwendig ist, wird eine Überwachung erforderlich. Ein Verhalten, das nicht in irgendeiner Form kontrolliert wird und keinen Sanktionen für mangelnde Konformität unterliegt, wird selten gezeigt werden. Ein offensichtliches Beispiel ist die Truppe, wo viele Aktivitäten keineswegs aus sich heraus befriedigend sind. Ebenso finden sich an den meisten Arbeitsplätzen organisierte Systeme der Überwachung und Sanktionierung. Fabrikarbeiter stechen die Zeitkarte, mit der ihre Arbeitszeit kontrolliert werden kann, ein Pfeifton markiert den Anfang oder das Ende einer Schicht, und Vorarbeiter und Kontrolleure überprüfen die Arbeitsvorgänge, um die Arbeit möglichst flüssig ablaufen zu lassen.

Mit zunehmender intrinsischer Befriedigung der Arbeit nehmen Überwachung und Sanktionen ab. Ein Beispiel dafür sind die Tätigkeiten von Facharbeitern und universitären Lehrkräften. So arbeitet etwa der Facharbeiter mit einem Minimum an Kontrolle, und die Lehrtätigkeit eines Professors wird kaum überwacht. Wenn diese Personen nicht intrinsisch motiviert sind, leisten sie auch keine gute Arbeit.

Empirische Forschungsergebnisse lassen den Schluß zu, daß unter bestimmten Bedingungen kaum Überwachung erforderlich ist. Bei einer Untersuchung an Personen, die sich von den übrigen Gruppenmitgliedern nur mäßig akzeptiert fühlten und der Meinung waren, sie hätten die Möglichkeit, völlig akzeptiert zu werden, zeigten diese sowohl in ihrem öffentlichen als auch im privaten Verhalten einen hohen Grad der Normenkonformität.[28] Demgegenüber verhielten sich Personen, die kaum akzeptiert wurden und das Gefühl hatten, von der Gruppe meist abgewiesen zu werden, in der Öffentlichkeit sehr stark normenkonform und im privaten Bereich abweichend. Es gibt also anscheinend die Möglichkeit, bestimmte motivierende Bedingungen zu schaffen, unter denen jemand sich ohne Überwachung sowohl öffentlich als auch privat konform verhält. Wenn das Hauptmotiv für Konformität in der Statusunsicherheit liegt, dann ist eine hohe Konformität im öffentlichen und eine niedrige im privaten Verhalten zu erwarten.

Zwei andere Bedingungen, die eine genaue Überwachung erfordern, wenn eine Konformität erstrebt wird, sind die Ausübung von Macht aufgrund von Strafgewalt und die Ausübung nicht legitimierter Macht. Unter den Bedingungen einer Kontrolle führen diese Vorgänge leicht zu öffentlicher Billigung, jedoch in Verbindung mit deutlichem Widerstand, der sich in heftigen Abweichungen der privaten Einstellungen äußert. Dieser Schluß wird durch verschiedene Experimente gestützt.[29]

Zusammenfassung: Konformität in verschiedenen Gruppen

In dem Maße, in dem Konformität kostenaufwendig ist, muß die Kraft zu deren Durchsetzung geringer sein als die Kraft, mit der die Gruppe das Mitglied an sich bindet. In Kap. 7 haben wir gesehen, daß diese letztere Kraft eine Funktion der Kohäsion einer Gruppe ist. Verschiedene Formen der Anziehungskraft können zur Kohäsion beitragen: 1. ein günstiges Kosten-Nutzen-Verhältnis als direkte Folge der Interaktion zwischen den Gruppenmitgliedern, 2. Gruppenaktivitäten, die an sich motivierend wirken und 3. eine Mitgliedschaft in der Gruppe als Mittel für andere Zwecke. Kohäsion beruht ferner auf den Vergleichsniveaus der Mitglieder, und die Gesamtkraft, die auf die Gruppenmit-

---

[28] Dittes & Kelley, 1956

[29] Raven & French, 1958a; French, Morrison & Levinger, 1960

glieder in Richtung auf ein Verbleiben in der Gruppe wirkt, ist nicht nur eine Funktion der Gruppenanziehung, sondern auch der Ergebnisse, die in Beziehungen außerhalb der Gruppe verfügbar sind. Es ist einsichtig, daß das Ausmaß, in dem Gruppen nichtkonformes Verhalten mit negativen Sanktionen belegen können, von ihrer Kohäsion abhängt. Sowohl Fallstudien als auch experimentelle Beobachtungen stimmen mit dieser Ansicht überein.

Konformität variiert ebenso deutlich mit der Machtstruktur der Gruppe und mit den Grundlagen der Macht. Die Macht einer Bezugsperson führt eher zu einer relativ andauernden Konformität, während Macht aufgrund von Strafgewalt in der Regel nur unter der Bedingung einer Überwachung zu zeitweiliger Konformität führt. Extremer Zwang kann jedoch in Macht der Bezugsperson verkehrt werden. Die Ausübung von Macht aufgrund von Strafgewalt vergrößert die Widerstände gegenüber konformem Verhalten. Möglicherweise bedeuten diese Widerstände im Grunde eine Abschwächung anderer Machtformen, etwa der Macht der Bezugsperson. Schließlich kann der andauernde Gebrauch von Macht zu Verschiebungen der Nutzen-Kosten-Bilanz führen, so daß das Verhältnis zur Macht gestärkt oder abgeschwächt wird.

Gruppen unterscheiden sich deutlich in dem Umfang, in dem das für ihre Funktionen und Ziele relevante Verhalten intrinsisch befriedigend ist. Konformität ist tendenziell in den Gruppen hoch, in denen ein Verhalten, das zufällig den Gruppennormen entspricht, auch für sich schon belohnend ist. Dies ist oft charakteristisch für Gruppen, in denen vor allem sozial-emotionale Bedürfnisse befriedigt werden oder für ziel-orientierte Gruppen, in denen die zielgerichteten Aktivitäten aus sich heraus Spaß machen. Ist Konformität mit einem kostspieligen Verhalten verbunden, so wird sie weniger stark ausgeprägt sein. Schließlich wird da eine Überwachung notwendig, wo das konforme Verhalten nicht intrinsisch befriedigend ist.

Verteilung von Konformität in der Gruppe

Die dritte Frage, die von einer Theorie des normativen Verhaltens beantwortet werden muß, ist die, warum es unter den Gruppenmitgliedern Unterschiede in der Intensität gibt, mit der sie den Normen entsprechen. Während die Antworten auf die beiden ersten Fragen weitgehend auf Gruppenprozesse zurückgriffen, müssen zur Beantwortung der dritten Frage zusätzlich Persönlichkeitsfaktoren berücksichtigt werden. Bestimmte Gruppenbedingungen, etwa die Machtstruktur der Gruppe, können die Unterschiede zwischen den einzelnen Mitgliedern vergrößern oder verkleinern. Aber auch Persönlichkeitsfaktoren spielen eine wesentliche Rolle dabei, sofern sie sich auf Strukturen oder Prozesse beziehen, die eine bestimmte Gruppe charakterisieren. Der folgende Abschnitt behandelt sowohl Gruppen- als auch individuelle Faktoren zur Erklärung von unterschiedlicher Verteilung konformen Verhaltens innerhalb der Gruppe.

N u t z e n u n d K o s t e n d e s V e r h a l t e n s Wie schon gezeigt, kommt es zu einer Gleichförmigkeit der Einstellungen und Verhaltensweisen der Gruppenmitglieder, wenn die in der Gruppe erfahrenen Ergebnisse günstig und die in alternativen Beziehungen verfügbaren Ergebnisse ungünstig sind. Somit verhalten sich alle Gruppenmitglieder in annähernd demselben Maße konform. Wo jedoch eine geringe Kohäsion besteht, wird es zu einer größeren Variationsbreite an Konformität kommen. Die Mitglieder, die auch außerhalb der Gruppe wesentliche Bedürfnisse befriedigen können, werden von der Norm häufig abweichen, genau wie die Mitglieder, die innerhalb der Gruppe ein geringes Maß an Befriedigung erfahren. Dies wird durch eine Untersuchung von Büchern verdeutlicht, die von Priestern über Psychologie und von Psychologen über die Religion geschrieben wurden.[30] Die Untersuchung zeigt, wie jede Person Einstellungen entwickelt, die von den Normen ihrer Gruppe abwichen. Für die Priester war Psychologie oder Psychiatrie eine wichtige Bezugsgruppe, ohne daß sie ihr zugehörten; für die Psychologen waren wiederum Religionsgemeinschaften wichtige Bezugsgruppen. Somit führt die Orientierung an Außengruppen zu abweichendem Verhalten von den Normen der eigenen Gruppe. Ein anderes Beispiel ist die bereits zitierte Studie über Konformitätsdruck in Wohngemeinschaften: wer den Normen am wenigsten entsprach, hatte die meisten Beziehungen zu Außengruppen.[31]

Ein anderer Faktor ist der unterschiedliche Druck, der auf verschiedene Personen in der Gruppe ausgeübt wird. Wenn ein Gruppenmitglied allmählich vom normativen Verhalten abweicht, üben andere Mitglieder einen wachsenden Konformitätsdruck auf diese Person aus.[32] Nach der Austausch-Theorie geschieht dies, weil das abweichende Verhalten die Belohnungen anderer Mitglieder verringert und deren Kosten vergrößert. Wenn sich jedoch jemand zunehmend abweichend verhält, so gibt es auf dem Kontinuum zunehmenden Konformitätsdruckes einen bestimmten Punkt, von dem ab der Druck nachläßt und das Mitglied abgelehnt wird.[33] Dies kann zum Teil die Funktion eines anderen Prinzips sein, für das es erst fragmentarische Belege gibt, nämlich daß Konformitätsdruck auf eine Person mit der Annahme verbunden ist, daß sie sich wieder konform verhalten wird.[34] Wird eine Person als "hoffnungslos" abweichend angesehen, so ist der Konformitätsdruck ziemlich schwach. Versuche, sie zu konformem Verhalten zu bewegen, erscheinen als zu kostenaufwendig, da sie Zeitverlust, Energieaufwand und Frustration bedeuten. Wenn eine solche Person in der Gruppe verbleibt, so genießt sie einen sehr niedrigen Status und erfährt nur geringen Konformitätsdruck.

---

30 Klausner, 1961

31 Festinger et al., 1950

32 Festinger, 1950

33 Schachter, 1951

34 Festinger, 1950

Personen unterscheiden sich auch bezüglich ihrer Reaktion auf Konformitätsdruck. Aus der Literatur zu diesem Punkt geht hervor, daß für Druck anfällige Individuen unterwürfig sind, kein starkes Selbstbewußtsein haben, wenig zu nervösen Spannungen neigen, autoritär, nicht sehr intelligent und nicht sehr originell sind, eine geringe Leistungsmotivation haben, ein starkes Bedürfnis nach sozialer Zustimmung, konventionelle Wertvorstellungen und ein starkes Konformitätsbedürfnis aufweisen.[35] In dem Maße, in dem sich die Mitglieder einer Gruppe bezüglich dieser Eigenschaften unterscheiden, wird auch die Variationsbreite der Konformität vergrößert.

Persönlichkeits- oder andere individuelle Unterschiede hängen nicht immer auf dieselbe Weise mit Konformität zusammen, ihre Wirkung variiert je nach der Situation. In einer Untersuchung von individueller Konformität ging es um drei verschiedene Aufgaben: ein Wahrnehmungsurteil, ein Selbstzeugnis darüber, wieweit man mit den Normen der Peer-group übereinstimmte und eine Selbsteinschätzung darüber, wie weit man einem autoritativen Druck nachgab. Man stellte einen schwachen, aber konsistenten Trend fest, daß Personen, die sich in einer dieser Situationen konform verhielten, dies auch in den beiden anderen taten.[36] Aus einer ähnlichen Untersuchung über Konformität in verschiedenen Situationen geht hervor, daß die normalerweise in derartigen Studien beobachteten geringen Korrelationen durch die Personen zustande kommen, die an den extremen Enden der Verteilung Konformität-Nonkonformität rangieren, und daß die Konformität der Personen, die zwischen diesen Extremen liegen, meistens stark durch Situationsvariablen beeinflußt wird.[37]

Schließlich: je wichtiger die Norm ist, umso weniger Abweichung wird geduldet. Wo die Normen sich auf weniger bedeutsame Werte beziehen, ist zu erwarten, daß eine größere Anzahl von Personen ein abweichendes Verhalten zeigt und somit die Variabilität der Gruppenkonformität erhöht wird. Diese Annahme wird indirekt durch Daten über Meinungen gestützt, die in Kap. 4 behandelt wurden und aus denen hervorgeht, daß die Bandbreite abweichender Meinungen zu wichtigen Punkten relativ schmal ist.

Machtstruktur der Gruppe Verschiedene Untersuchungen stützen die Auffassung, daß je höher der Status einer Person, umso größer die Wahrscheinlichkeit einer Konformität mit der Gruppennorm ist. Beispielsweise weisen die beliebtesten Studenten den höchsten Anteil konformer Eigenschaften auf,[38] Campus-Sprecher entsprechen am ehesten den Werten

---

[35] Blake & Mouton, 1961

[36] Back & Davis, 1965

[37] Vaughan, 1964

[38] Riley & Cohn, 1958

der Universität [39], die Arbeiter in einer industriellen Arbeitsgruppe mit hohem Status erfüllen am strengsten die Produktionsnormen,[40] und Politiker entsprechen den Wertvorstellungen ihrer Wähler.[41] Verba nimmt an, daß dieses Bedürfnis nach größerer Konformität seitens der Führer aus deren zentraler Stellung in der Gruppe entspringt, besonders aus ihrer Funktion als Vertreter und Sprecher der Gruppe.[42] In dieser Rolle müssen sie die Meinung der Gruppe vertreten und nicht ihre eigene.

Ein anderer Aspekt seiner Rolle verlangt jedoch vom Führer gelegentlich, die Norm zu durchbrechen. Er verfügt über die meisten Kontakte zu Teilen des sozialen Systems außerhalb der Gruppe. Unter bestimmten Umständen muß sich die Gruppe ändern, um wirksam zu funktionieren. Dann hat der Führer die Rolle, Änderungen der Normen einzuführen. Hollander hat darauf hingewiesen, daß der Führer zwar von den Gruppenormen abweichen muß, um einen Wandel zu initiieren, damit aber gleichzeitig sich zu den Erwartungen der Gruppe bezüglich seiner Rolle k o n f o r m verhält.[43] Hollander ist bei der Lösung des offensichtlichen Paradoxons noch einen Schritt weiter gegangen, daß nämlich ein Führer oft gleichzeitig konformes und abweichendes Verhalten zeigt. In den frühen Interaktionsphasen wird ein Führer sich konform verhalten, um seinen Status und seine Macht zu vergrößern. Bei diesem Vorgehen schafft er sich einen Kredit - ein Übergewicht an positiven Einstellungen ihm gegenüber. In späteren Interaktionsphasen kann er ein abweichendes Verhalten zeigen und dabei auf diesen Kredit zurückgreifen.

Man könnte diesen Sachverhalt auch im Hinblick auf die "Sicherheit" des Führers formulieren. Eine Untersuchung hat gezeigt, daß bei Bedrohung der Sicherheit des Führers einer kriminellen Bande dieser sich zu den Gruppennormen streng konform verhält.[44] Andererseits kann ein Führer, dessen Position schwer zu erschüttern ist, mit geringen Kosten ein abweichendes Verhalten zeigen. Die Sicherheit des Führers ist in hohem Maße eine Funktion der Basis und des Umfanges seiner Macht. Beruht seine Position auf Expertenwissen oder auf legitimierter Macht, so kann er leichter von den Gruppennormen abweichen. Das gleiche gilt, wenn sie auf seiner Kompetenz in einer zielorientierten Gruppe beruht, während er weniger Spielraum hat, wenn er vor allem die sozial-emotionalen Bedürfnisse der Gruppenmitglieder zu be-

---

[39] Newcomb, 1943

[40] Roethlisberger & Dickson, 1939; Homans, 1954

[41] Fromm, 1941

[42] Verba, 1961

[43] Hollander, 1958

[44] Short, 1961

friedigen vermag.[45]

Der Grad, in dem Personen mit hohem Status einem Konformitätszwang unterliegen, hängt auch von dem betreffenden Verhalten ab. Personen mit hohem Status werden für geringe Abweichungen weniger hart bestraft als andere Gruppenmitglieder, jedoch schwerer, wenn sie damit das Erreichen wichtiger Gruppenziele verhindern.[46] Homans hat ausführlich den Zusammenhang zwischen dem Umfang an Konformität und Statusniveau diskutiert.[47] Aus einer Anzahl von Untersuchungen zieht er den Schluß, daß sowohl Personen mit hohem als auch solche mit geringem Status sich weniger konform verhalten als Personen mit mittlerem Status. In diesen Untersuchungen sollten Personen unterschiedlicher Beliebtheit in einer Gruppe zwischen zwei Antworten wählen: 1. die eine schien richtig zu sein, wich jedoch von den Beurteilungen der Gruppe ab, 2. die andere war offensichtlich falsch, wurde jedoch von den Gruppenmitgliedern unterstützt. Für jedes Statusniveau (Grad der Beliebtheit) zählt Homans den Nutzen und eventuelle Kosten auf, die von den einzelnen Personen antizipiert werden.

Ob sie mit der Gruppe einig ist oder unabhängig handelt, eine Person mit hohem Status hat wenig zu verlieren, wenn sich ihre Antwort später als falsch herausstellt: sie vergibt etwas von ihrem Kredit. Verhält sie sich jedoch unabhängig und ist die Antwort richtig, so bestätigt dies nur ihren hohen Status. Somit begünstigt die Bilanz möglicher Ergebnisse für Personen mit hohem Status in einer derartigen Situation ein unabhängiges Verhalten.

Ebenso steht es mit einer Person mit niedrigem Status: ob sie der Gruppe zustimmt oder sich unabhängig verhält, sie hat wenig zu verlieren, falls ihre Antwort sich als falsch herausstellt. Da sie sich bereits am Ende der Statushierarchie befindet, kann sie sich nicht mehr verschlechtern. Es kann sogar sein, daß ihr falsches Verhalten ignoriert wird. Wenn sie sich mit der Gruppe konform verhält und die Antwort sich als richtig erweist, ist wenig gewonnen, sie hat sich nur wie die anderen Gruppenmitglieder auch verhalten. Wenn sie dagegen unabhängig handelt und eine richtige Antwort gibt, erfährt sie die Befriedigung, es den anderen gezeigt zu haben. Auch für sie begünstigt die Bilanz möglicher Ergebnisse ein nicht-konformes Verhalten.

Für Personen mit mittlerem Status, die nach höherem Status streben, stellt sich die Sachlage anders dar. Verhalten sie sich konform und ist die Antwort richtig, so wird der Status leicht erhöht. Ist sie falsch, so befinden sich diese Personen in guter Gesellschaft mit den anderen Gruppenmitgliedern und verlieren wenig. Verhalten sie sich hingegen unabhängig und die Antwort ist

---

[45] Back & Davis, 1965

[46] Wiggins, Dill & Schwartz, 1965

[47] Homans, 1961

falsch, so ist dies mit beträchtlichem Statusverlust verbunden. Sie verfügen nicht über den Kredit der Mitglieder in den oberen Rängen, und nach unten ist auf der Rangskala noch viel Platz. Dieses Risiko ist viel größer, als die Vorteile, die sich aus einem unabhängigen Verhalten und einer richtigen Antwort ergeben würden. In diesem Falle begünstigt die Bilanz möglicher Ergebnisse ein konformes Verhalten.

Eine Untersuchung über den Zusammenhang zwischen Konformität und soziometrischem Status in Banden krimineller Jugendlicher liefert weitere Belege für den Zusammenhang zwischen Status und Konformität. Bei einem Vergleich von Jungen aus Cliquen, mit maximal fünf Mitgliedern stellt sich heraus, daß die Nonkonformität am größten beim Anführer war, am zweitgrößten bei dem Jungen in der niedrigsten und am geringsten bei dem in der zweithöchsten Position.[48]

So weit unterstützt also diese Erörterung die Ansicht von Homans, daß Personen mit mittlerem Status sich konformer verhalten als solche mit hohem oder niedrigem Status. Die Beziehung zwischen Status und Grad der Konformität wird jedoch auch durch die Quelle des Status beeinflußt: ist er innerhalb der Gruppe erworben, stammt er von außerhalb oder aus beiden Quellen zugleich? Dies ist deshalb wichtig, weil sich je nach der Quelle Nutzen und Kosten anders verteilen.

Die Bedeutung der Statusquelle ist von Emerson in einer Untersuchung über Konformität demonstriert worden, in der die Beteiligten aufgefordert wurden, in einem dunklen Raum die Entfernung zwischen zwei Lichtpunkten zu schätzen, und zwar einmal bevor und einmal nachdem man ihnen eine fiktive Gruppennorm mitgeteilt hatte.[49] Die Teilnehmer waren Pfadfinder, die sich kannten und jeweils einer Pfadfindersippe angehörten. Der Status eines jeden Jungen wurde danach bestimmt, wie oft er von Jungen der eigenen und der anderen Sippen gewählt wurde. Jungen mit niedrigem Status, die von beiden Seiten selten gewählt wurden, verhielten sich streng konform. Jungen mit mittlerem Status, die häufig, aber nur von einer Seite gewählt wurden, verhielten sich nicht konform, während sich die mit hohem Status, die von beiden Seiten häufig gewählt wurden, wieder konform verhielten. Somit bestand eine Verbindung zwischen Konformität und hohem bzw. niedrigem, aber nicht mit mittlerem Status. Dieses Ergebnis widerspricht dem oben zitierten sowie der Auffassung von Homans.

Emerson erklärte dieses Ergebnis mit seiner in Kap. 8 beschriebenen Theorie der Machtabhängigkeit. Personen, die von Mitgliedern sowohl der eigenen Gruppe als auch von anderen hoch bewertet werden, haben die meiste Macht.

---

[48] Harvey & Consalvi, 1960

[49] Emerson, 1964

Eine Möglichkeit, mit der die Gruppenmitglieder die Macht einer solchen Person im Vergleich zur eigenen reduzieren können, besteht darin, ihr Status zu gewähren. In dem Maße, in dem mächtige Personen von der Wertschätzung anderer Gruppenmitglieder abhängig werden, werden sie sich einem Konformitätszwang unterwerfen. Wer hingegen nicht von beiden dieser Quellen geschätzt wird, hat weniger Macht und Status zu verteidigen und kann somit leichter von der Norm abweichen. Diese Prozesse laufen in der Regel nur in längerfristig bestehenden Gruppen ab, aber nicht in ad hoc zusammengestellten Laboratoriumsgruppen von Fremden. Außerdem unterschieden sich die kriminellen Jugendlichen dadurch von den Pfadfindern, daß bei ihnen Status nur innerhalb der Gruppe erworben werden konnte.

Intrinsische Kosten und Nutzen Einige Gruppenmitglieder erfahren bereits aus dem normativen Verhalten selbst eine intrinsische Befriedigung, nicht nur, weil es von anderen Mitgliedern belohnt wird und damit Gruppenziele erreicht werden können, sondern auch weil das Verhalten bestimmte Bedürfnisse des Betreffenden befriedigt. In einer sozial-emotionalen Gruppe, in der freundliches, kooperatives Verhalten die Norm ist, kommt Personen mit starken Bedürfnissen nach Zuwendung ein normenkonformes Verhalten entgegen. Andere Mitglieder können jedoch ein normatives Verhalten überhaupt nicht als befriedigend empfinden. So können etwa Personen mit ausgeprägten Gefühlen der Feindseligkeit nur schwer konformes Verhalten an den Tag legen, da sie das Bedürfnis haben, ihre Aggressionen auszudrücken. In aufgabenorientierten Gruppen werden Personen mit hoher Leistungsmotivation und Fähigkeiten bezüglich der betreffenden Aufgabe an den Gruppenaktivitäten Spaß haben. Personen hingegen, die darin ungeschickt sind, werden dabei zuviel Schwierigkeiten und Frustrationen erleben.

Was wir beschrieben haben, ist im Prinzip eine Interaktion zwischen Gruppenprozessen und Persönlichkeitseigenschaften, die zu unterschiedlichen Nutzen-Kosten-Bilanzen führt, wenn sich verschiedene Gruppenmitglieder konform verhalten. Eine Reihe von Untersuchungen stützen diese Interpretation der Austausch-Theorie, die Konformität als abhängig von intrinsischer Motivation begreift. So hat beispielsweise eine Studie gezeigt, daß Personen, die sich von der Gruppe akzeptiert fühlen, von dieser eher angezogen werden, wenn sie eine geringe Meinung von sich selbst haben, und daß sie eine stärkere Konformität aufweisen.[50] Wahrscheinlich haben diese Personen ein stärkeres Bedürfnis, akzeptiert zu werden, möglicherweise, weil sie weniger Alternativen wahrnehmen. Zwei andere Studien haben gezeigt, daß Personen mit ausgeprägten Bedürfnissen nach sozialer Zustimmung sich eher konform verhalten als Personen, bei denen derartige Bedürfnisse weniger intensiv sind.[51] Dementsprechend sind Personen mit hohem Selbstvertrauen

---

50 Dittes, 1959

51 Moeller & Applezweig, 1957; Strickland u. Crowne, 1962

in aufgabenorientierten Gruppen weniger abhängig von dem Urteil anderer und verhalten sich weniger konform.[52]

Eine andere Untersuchung hat zwei Reaktionsmuster identifiziert, die zu Konformität führen.[53] Das eine stellt einen Prozess s o z i a l e r A n p a s s u n g (social accomodation) dar, in dem ein Drang nach Aufrechterhaltung positiver Beziehungen mit beliebten Personen zur Konformität beiträgt. Der andere Vorgang ist der der S e l b s t k o r r e k t u r. Das Individuum registriert eine Diskrepanz zwischen den Meinungen anderer und der eigenen als Information, mit deren Hilfe man zu einer "richtigen" Meinung gelangen kann. Diese Prozesse der sozialen Anpassung und Selbstkorrektur lassen sich mit einer weiteren Annahme vergleichen: Konformität kann primär eine Reaktion auf die Quelle einer Mitteilung (eine Person) oder auf die Mitteilung selbst sein.[54] Man nimmt an, daß Personen, die auf die Quelle reagieren, von einem Bedürfnis nach Akzeptanz, und diejenigen, die auf die Mitteilung reagieren, von einem Bedürfnis nach Erfolg bewegt werden.

Diese Unterscheidungen entsprechen denen, die von Deutsch und Gerard als N o r m e n e i n f l u ß und als I n f o r m a t i o n s e i n f l u ß bezeichnet wurden, und können auch andere Unterschiede des konformen Verhaltens zwischen Personen gut erklären.[55] Damit wird z. B. das Untersuchungsergebnis verständlich, daß männliche Erstgeborene, die leistungsorientierter sind, sich eher konform verhalten.[56] Männer mit höherer Leistungsmotivation nehmen eine Testsituation eher als Leistungstest wahr. Dies unterwirft sie leichter einem I n f o r m a t i o n s e i n f l u ß, besonders wenn die Situation für sie genügend vieldeutig ist, um dem eigenen Urteil zu mißtrauen. Während in dieser Studie bei erstgeborenen Männern keine überdurchschnittlichen Bedürfnisse sozial-emotionaler Art festgestellt wurden, war dies in anderen Untersuchungen der Fall.[57] Somit könnte man argumentieren, daß Erstgeborene ebenso gut einem eher normativen Einfluß unterliegen.

In diesem Zusammenhang ist die Theorie der Entfremdung wichtig. Ein Autor nimmt an, daß Entfremdung sich aus drei Komponenten zusammensetzt: Machtlosigkeit, soziale Isolierung und Normlosigkeit.[58] Er hat festgestellt, daß Skalen zur Messung dieser Komponenten hoch untereinander korrelieren und den Schluß nahelegen, daß abweichendes Verhalten (Normlosigkeit) häufig eine Funktion von Machtlosigkeit und sozialer Isolierung sein kann. Eine andere Untersuchung läßt vermuten, daß der Grad, in dem sich jemand konform

---

52 Bray, 1950; Hochbaum, 1954; Smith, 1961

53 Wilson, 1960

54 McDavid, 1959

55 Deutsch & Gerard, 1955

56 Sampson & Hancock, 1967

57 Wrightsman, 1960

58 Dean, 1961

verhält, eine kombinierte Funktion seiner Bedürfnisse nach Zuwendung von anderen sowie verschiedener Bedingungen sozialer Unterstützung ist.[59] Wenn jemand also starke Bedürfnisse nach Zuwendung hat und seine Meinung einhellig von anderen Gruppenmitgliedern opponiert wird, so wird er seine Meinung ändern, um sich den anderen anschließen zu können. Ist die Meinung der Gruppenmitglieder hingegen geteilt, so wird er seine Ansicht wahrscheinlich nicht ändern, genauso wenig, wenn ein Gruppenmitglied seine Position gegen die Mehrheit unterstützt. Personen mit geringen Bedürfnissen nach Zuwendung seitens der Gruppe passen sich einer gegenteiligen Ansicht der Gruppenmehrheit nicht an. Diese Ergebnisse stehen in Einklang mit der Austauschtheorie, besonders wenn die vertretbare Annahme eingeführt wird, daß Personen mit geringen Bedürfnissen nach Zugehörigkeit alternative Möglichkeiten finden, die für sie befriedigend sind. In einigen Fällen können diese Personen sogar eine perverse Befriedigung daraus beziehen, daß sie von anderen nicht akzeptiert werden.

Überwachung und Sanktionen Eine wichtige Determinante von Konformität scheint der Grad zu sein, in dem ein Gruppenmitglied durch seine Position der Öffentlichkeit ausgesetzt ist. Bestimmte Arten von Positionen mit hohem Status unterliegen einer Überwachung, die mit Strafmöglichkeiten verbunden ist. Schulrektoren oder Zivil- oder Regierungsbeamte empfinden z. B. einen starken Zwang, bestimmten Normen zu entsprechen. Sie sind nur in dem Sinne relativ frei, sich nicht konform zu verhalten, als ihre Position selbst ein Verhalten verlangt, das von dem Verhalten anderer Personen abweicht. Gewisse andere Formen von Führungspositionen sind hingegen von weniger öffentlichem Charakter, so daß der Betreffende weniger durch Überwachung eingeengt ist.

Ob Personen mit niedrigem Status in einer Gruppe einer Überwachung und Sanktionen unterliegen, hängt von bestimmten Bedingungen ab. Dem Verhalten einer Person mit geringem Status wird im allgemeinen weniger Aufmerksamkeit geschenkt als dem von Personen mit hohem Status, und sie wird weniger leicht bestraft, wenn sie die Normen verletzt. Andererseits kann jemand durch bestimmte Persönlichkeitsfaktoren oder Eigenschaften der Gruppenstruktur der Öffentlichkeit ausgesetzt sein. Hat er ein besonderes Interesse daran, innerhalb der Gruppe aufzusteigen, oder hat er Angst davor, daß er eventuell von der Gruppe zurückgewiesen werden könnte, oder führen die Bedingungen innerhalb der Gruppe zu Unsicherheitsgefühlen, so kann er sich bemühen, sein Verhalten öffentlich zu machen, in der Hoffnung, seine Konformität werde ihm den Aufstieg erleichtern. Ein gängiges Beispiel ist der Angestellte mit relativ niedrigem Status, der sich bei Mitarbeiterbesprechungen selbst verleugnet, um mit seinem älteren Vorgesetzten übereinzustimmen.

---

[59] Hardy, 1957

Z u s a m m e n f a s s u n g : V e r t e i l u n g v o n K o n f o r m i t ä t i n n e r h a l b d e r G r u p p e Bei hoher Kohäsion der Gruppe kommt es eher zu einer Konformität der Einstellungen und Verhaltensweisen der Gruppenmitglieder. Bei niedriger Kohäsion kommt es zu einer viel grösseren Variationsbreite der Konformität. Mitglieder, denen außerhalb der Gruppe wesentliche Möglichkeiten der Zufriedenstellung zur Verfügung stehen, werden häufig von der Norm abweichen, ebenso diejenigen, deren Bedürfnisse in der Gruppe nur wenig befriedigt werden. Der unterschiedliche Druck, der auf verschiedene Personen in der Gruppe ausgeübt wird, führt ebenfalls zu individuellen Unterschieden der Konformität. Eine Person, die geringfügig von der Norm abweicht, erfährt zunächst einen starken Konformitätsdruck. Verhält sie sich jedoch selten konform, so verringert sich im allgemeinen der Konformitätsdruck; sie wird in gewissem Sinne als hoffnungsloser Fall angesehen.

Eine Person, die in der Machtstruktur ziemlich hoch rangiert und eine Führerposition einnimmt, sieht sich zwei entgegengesetzten Anforderungen gegenüber. Zum einen muß sie den Normen getreuer entsprechen als ein Durchschnittsmitglied, und zum anderen muß sie von den Normen abweichen, um Veränderungen der Gruppenziele und -aktivitäten einzuführen. Empirische Untersuchungen zeigen übereinstimmend, daß sich Führer je nach den Umständen besonders konform bzw. nicht-konform verhalten können. Allgemein ausgedrückt besteht ein Zusammenhang zwischen Konformität und Status. Am meisten konform verhalten sich Personen mit mittlerem Status, gefolgt von den Personen mit dem niedrigsten Status. Personen mit dem höchsten Status verhalten sich am wenigsten konform. In bezug auf Personen mit niedrigem Status gelten diese Ergebnisse hauptsächlich da, wo der niedrige Status relativ andauernd ist und wenig Gelegenheit oder Hoffnung besteht, den Status aufzuwerten.

Zwischen Gruppenprozessen und Persönlichkeitseigenschaften besteht eine Interaktion, die auf seiten der Gruppenmitglieder zu unterschiedlichen Nutzen-Kosten-Bilanzen bei konformem Verhalten führt. In sozial-emotionalen Gruppen werden Personen mit starken Bedürfnissen nach Zugehörigkeit am ehesten ein konformes Verhalten zeigen, da Konformität mit ihren Bedürfnissen in Einklang steht. Personen mit feindseligen Gefühlen oder Kontaktschwierigkeiten verhalten sich hingegen sehr wenig konform. In aufgabenorientierten Gruppen führen Leistungsmotivation und Fähigkeiten, die für die Erreichung der Gruppenziele von Bedeutung sind, meistens zu Konformität. Fehlen diese Eigenschaften hingegen, so ist das Gegenteil der Fall. Diese Hypothesen werden durch empirische Untersuchungen bestätigt.

Schließlich hängt Konformität noch von dem Ausmaß ab, in dem die Position einer Person der Öffentlichkeit ausgesetzt ist. Außerdem fördern bestimmte Bedingungen oder persönliche Eigenschaften, die jemanden dazu veranlassen, sein Verhalten öffentlich zu machen, ein konformes Verhalten.

KONFORMITÄT MIT NORMEN SOZIALER VERANTWORTUNG

In den 60er Jahren wurde ein junges Mädchen, Kitty Genovese, in einer Wohnsiedlung New Yorks von einem Mann überfallen, der mehrmals mit einem Messer auf sie einstach. Sie schrie um Hilfe und versuchte, den Mann abzuwehren, starb jedoch schließlich an den zahlreichen Stichwunden. Während der ganzen Zeit des Überfalls hielten sich achtunddreißig Personen in der Sicherheit ihrer Wohnungen auf, sahen teilweise vom Fenster aus zu, ohne daß ihr ein einziger zu Hilfe gekommen wäre.[60] Dieses Verbrechen erfuhr ein weites Echo in den Massenmedien, wobei etliche Betrachtungen darüber angestellt wurden, warum in derartigen Situationen kein Mensch dem anderen zu Hilfe kommt. Aufgrund dieses Vorfalls versuchte eine Reihe von Sozialpsychologen die Bedingungen zu klären, unter denen Personen anderen Menschen, die sich in einer Gefahrensituation befinden, zu Hilfe bzw. nicht zu Hilfe kommen.

Hinter der Vorstellung, daß Menschen anderen Menschen in einer Gefahrensituation helfen sollten, steht eine *Norm der sozialen Verantwortung*. Man erwartet von Menschen, daß sie denjenigen helfen, die hilflos von ihnen abhängig sind, die sich in einer gefährlichen Situation nicht verteidigen können oder die auf andere Weise einer wirksamen Hilfe bedürfen. Dem entspricht eine andere Norm, daß man nämlich von anderen erwartet, daß sie niemanden absichtlich verletzen. Wie wir gleich sehen werden, spielen bei der Konformität mit der Norm der sozialen Verantwortung situationsspezifische Faktoren eine wichtige Rolle. Diese Faktoren werden wahrscheinlich durch ihren Effekt auf Nutzen und Kosten eines konformen Verhaltens wirksam oder dadurch, ob im Einzelfall die Norm als relevant oder als irrelevant für die Situation definiert wird.

In der Regel bedeutet ein heroisches oder altruistisches Verhalten für den einzelnen Kosten, die durch den Ertrag der Situation nicht zureichend kompensiert werden. Personen kommen diesen Normen deshalb nach, weil andernfalls ihre Selbsteinschätzung beeinträchtigt würde und sie Schuldgefühle hätten. Solche Kosten können jedoch umgangen werden, indem man die Situation so umdefiniert, daß sich die Norm nicht mehr darauf bezieht. Schwartz hat in seiner Analyse von Situationen, in denen es zu einer Entscheidung über mora-

---

[60] Rosenthal, 1964

lisches Verhalten kommt, angenommen, daß zwei Bedingungen erfüllt sein müssen, damit jemand sich verpflichtet fühlt, in Übereinstimmung mit einer moralischen Norm zu handeln.[61] Erstens muß der Betreffende die Situation so wahrnehmen, daß die Konsequenzen seines Verhaltens das Wohlergehen anderer berühren, und er muß zweitens die Situation so definieren, daß er sich die Verantwortung für sein Handeln und dessen Konsequenzen zuschreibt. In dem Maße, in dem eine der beiden Bedingungen nicht oder nur geringfügig erfüllt sind, bleibt das Verhalten einer Person von der betreffenden Norm unberührt, gleichgültig, wie stark sie von deren Richtigkeit überzeugt ist.

Aufgrund von Selbstberichten und einem projektiven Verfahren schätzte Schwartz diese beiden Bedingungen ein, die als relativ andauernde persönliche Eigenschaften gelten können. Dann versetzte er die von ihm befragten Personen in hypothetische Situationen, in denen sie die Möglichkeit hatten, sich altruistisch zu verhalten. Es stellte sich heraus, daß die Teilnehmer, die sich als im allgemeinen bereitwillig sahen, Verantwortung zu übernehmen und sich über die Konsequenzen ihres Verhaltens im klaren waren, sich mit altruistischen Normen konform verhielten.[62] In einer späteren Untersuchung wurden Freiwillige darum gebeten, Knochenmark zur Transplantation bei einem sterbenden Patienten zu spenden, wobei künstliche Situationen hergestellt wurden, die sich in den Konsequenzen des Verhaltens des Teilnehmers für den Patienten unterschieden sowie in dem Ausmaß, in dem diese sich dafür verantwortlich fühlten, das Leben des Patienten zu retten.[63] Das Ergebnis war wiederum, daß eine Maximierung der beiden Bedingungen zu altruistischem Verhalten führte.

Untersuchungen über das Eingreifen Unbeteiligter bei scheinbaren Notfällen stimmen mit dieser Annahme überein. In einem Experiment hörten die Teilnehmer über eine Wechselsprechanlage, wie ein anderer Teilnehmer anscheinend einen epileptischen Anfall erlitt.[64] Über 80 Prozent der Personen, die der Ansicht waren, außer ihnen sei niemand auf die schlimme Lage dieses Teilnehmers aufmerksam geworden, meldeten den Fall, ehe der Anfall vorüber war und die Sprechanlage ausgeschaltet wurde. Von den Teilnehmern hingegen, die der Ansicht waren, daß auch die vier anderen Teilnehmer den Anfall mitbekommen hatten, verhielten sich weniger als ein Drittel hilfsbereit. Die Autoren, Darley und Latané, schlossen aus ihren Beobachtungen, daß die Möglichkeit, *anderen Personen die Verantwortung zuzuschieben*, deren Wahrnehmung von den mit der Situation verbundenen Kosten änderte. Sie nahmen an, daß der Anfall einen Vermeidungs-

---

61 Schwartz, 1968a

62 Schwartz, 1968b

63 Schwartz, 1970

64 Darley & Latané, 1968

Vermeidungskonflikt schuf. (Vermeidungs-Vermeidung ist ein Standard-Konzept der Lerntheorie und ist durch eine räumlich arrangierte Situation gekennzeichnet, in der ein Individuum zwei Objekte oder Sachverhalte zu meiden sucht, jedoch vor dem Dilemma steht, daß eine Entfernung vom einen eine Annäherung an das andere bedeutet.)

Die betroffenen Personen konnten Schuldgefühle dadurch vermeiden, daß sie dem Opfer zu Hilfe eilten. Andererseits konnten sie nur durch passives Verhalten vermeiden, sich lächerlich zu machen (durch übereifrige Reaktion, Verderben des Experimentes durch Verlassen der Wechselsprechanlage und Zerstören der Anonymität der Situation). Befand sich der Teilnehmer allein im Raum, so war die offensichtliche Notlage des Opfers und sein Hilfsbedürfnis so wichtig, daß der Konflikt leicht zugunsten des Leidenden gelöst werden konnte. Für die Teilnehmer, die wußten, daß noch andere Zeugen des Vorfalles zugegen waren, verringerten sich die Kosten dafür, nicht zu helfen, und der Konflikt, in dem sie sich befanden, war noch aktuell. In dem Dilemma zweier negativer Alternativen befangen, das Opfer weiter leiden zu lassen oder das Experiment abzubrechen, wurden diese Personen hin und hergerissen, ohne sich zu einem Handeln entschließen zu können.[65]

In anderen Situationen war die Unfähigkeit der Beteiligten, zu handeln, darauf zurückzuführen, daß diese die Situation so definierten, daß kein Eingreifen erforderlich war. Das heißt, es wurde angenommen, daß Passivität keine negativen Folgen für das Wohlergehen eines anderen haben würde. Auch hier bestand ein Zusammenhang zwischen der Gegenwart anderer und der Unfähigkeit zu handeln. In einer Situation befanden sich die Teilnehmer in einem Raum, in den durch den Ventilator Rauch eindrang.[66] Einige Teilnehmer waren allein, einige waren zusammen mit zwei heimlichen Mitarbeitern des Versuchsleiters, die den Rauch ignorierten, und einige befanden sich zusammen mit zwei ebenfalls uneingeweihten Personen in dem Zimmer. Von den Einzelpersonen meldeten drei Viertel den Rauch. Aber nur bei einem Drittel der Gruppen, die nur aus nicht eingeweihten Personen bestanden, wurde von mindestens einem Teilnehmer der Vorfall gemeldet. Unter Anwesenheit zweier Mitarbeiter des Versuchsleiters, die keine Reaktion zeigten, sank der Prozentsatz der gemeldeten Fälle auf 10 Prozent.

In etwa die gleichen Ergebnisse wurden in einer anderen Situation berichtet.[67] In diesem Fall hörten die Teilnehmer im Nebenraum eine Frau hinfallen und aufschreien. Dies geschah unter vier unterschiedlichen Bedingungen:

---

[65] Darley & Latané, 1968, S. 382

[66] Latané & Darley, 1968

[67] Latané & Rodin, 1969

1. die Teilnehmer warteten allein, 2. zusammen mit einem Mitarbeiter des Versuchsleiters, der sich so passiv wie möglich verhalten sollte, 3. zusammen mit einem Fremden, der nicht eingeweiht war und 4. zusammen mit einem Freund.

Auch hier verhinderte die Anwesenheit einer dritten Person, die auf den Notfall nicht reagierte, deutlich ein Eingreifen. Drei Viertel der Einzelpersonen eilten dem Opfer zu Hilfe. Von denjenigen, die sich in Gesellschaft eines Mitarbeiters des Versuchsleiters befanden, intervenierte nur jeder Vierzehnte. Bei weniger als der Hälfte der Gruppen, die sich aus drei sich fremden Teilnehmern zusammensetzten, bot zumindest eine Person ihre Hilfe an. Der Anteil lag bei den Freundespaaren etwas höher, allerdings geringer als zu erwarten wäre, wenn von der Gegenwart Dritter kein behindernder Effekt ausginge. Außer der Annahme, daß die Anwesenheit anderer Personen zu einer Diffusion von Verantwortung und zu verringertem Druck führt, den normativen Anforderungen der Situation zu entsprechen, vermuten Latané und Rodin die Wirkung eines anderen Vorganges, der den Betreffenden dazu verleitet, die Situation falsch zu interpretieren, so daß diese keine Handlungsaufforderung mehr enthält.

> "Der Zeuge eines Notfalles muß zunächst zu einer allgemeinen Interpretation der Situation gelangen. Erst aufgrund dieser Interpretation kann er sich entscheiden, was er unternehmen soll. Viele Notfälle sind ziemlich vieldeutig: es besteht Unklarheit, ob wirklich irgend etwas nicht in Ordnung ist, oder ob man überhaupt etwas tun kann. In einem unserer Experimente hätte Rauch so viel wie Feuer bedeuten können, es hätte aber auch Heizungsdampf sein können. Im anderen Experiment hätte man aus einem dumpfen Schlag und dem Geräusch von Schluchzen auf ein Mädchen mit einem schwerverletzten Bein schließen können, genauso gut aber auch auf eine leichte Verrenkung und starke Wehleidigkeit. Bei der Entscheidung darüber, wie eine bestimmte Konfiguration von Anzeichen für einen Notfall zu interpretieren ist, wird ein Zeuge sowohl von seiner Erfahrung beeinflußt als auch von seinen Wünschen und von dem, was er sieht. Wenn außerdem noch andere Personen zugegen sind, so wird er beim Ordnen seiner Eindrücke auch durch deren äußere Raktionen geleitet. Unglücklicherweise müssen diese kein zuverlässiger Indikator für deren innere Gefühle sein. Äußere Passivität und fehlende Betroffenheit seitens anderer Beobachter kann bedeuten, daß sie den Notfall nicht sehr ernst nehmen, es kann aber ebenso gut anzeigen, daß sie noch keine Zeit fanden, ihre eigene Interpretation auszuarbeiten oder daß sie die unbeteiligte Haltung nur einnehmen, um ihre innere Unsicherheit und Betroffenheit zu verbergen. Die Gegenwart anderer Beobachter liefert für jeden einzelnen ein Modell, gleichzeitig jedoch auch ein Publikum für alles, was er unternimmt.

Amerikaner möchten in der Öffentlichkeit gern ausgeglichen und kontrolliert wirken. Somit ist es möglich, daß sich ein Zustand "pluralistischer Unwissenheit" entwickelt, in dem jeder Augenzeuge sich an dem offensichtlichen Desinteresse der anderen orientiert und die Situation als weniger ernst interpretiert, als er es getan hätte, wenn er allein gewesen wäre. In dem Maße, in dem er die Situation nicht als Notfall ansieht, wächst die Wahrscheinlichkeit dafür, daß er keine Hilfsmaßnahmen ergreifen wird."[68]

Der Unterschied zwischen den Reaktionen von Fremden und denen von Freunden kann nach Ansicht der Autoren teilweise dadurch erklärt werden, daß Freunde tendenziell weniger Angst vor möglichen Schwierigkeiten haben und daß sie die Inaktivität des anderen weniger leicht fehlinterpretieren. Es kann auch sein, daß Freunde weniger geneigt sind als Fremde, die Verantwortung der anderen Partei zuzuschieben.

Während die Autoren daraus den Schluß ziehen, daß das alte Sprichtwort wohl nicht unbedingt gilt, wonach jemand umso eher gerettet wird, je mehr Zuschauer da sind, legt eine andere Untersuchung über eine Feldsituation den gegenteiligen Schluß nahe.[69] Vier Untersuchungsteams, die jeweils aus einem Opfer, gegebenenfalls aus einem Helfer (der als Vorbild fungieren sollte) und zwei Beobachtern bestanden, mimten in der New Yorker Untergrundbahn einen Kollaps. Bei diesen "Vorfällen", in die 4000 ahnungslose Fahrgäste als Teilnehmer einbezogen wurden, "waren die Opfer einmal Neger und einmal Weiße, und sie stellten sich entweder betrunken oder krank." In manchen Situationen wurde kein Helfer als Modell eingesetzt, in anderen griffen Helfer relativ früh bzw. spät ein. Anders als die Teilnehmer in der experimentellen Situation reagierten die Umstehenden hier in einer weit höheren Zahl von Fällen mit Hilfsbereitschaft. In 62 von 65 Fällen wurde dem anscheinend kranken Opfer spontane Hilfe zuteil, ehe das Modell eingriff. Selbst den "Betrunkenen" wurde in der Hälfte aller Fälle spontan geholfen.

Diese Autoren haben zwei denkbare Erklärungen für den Unterschied zwischen ihren und den früheren Untersuchungsergebnissen. Erstens waren die Versuchsbedingungen deutlich voneinander verschieden. Die Umstehenden konnten das Opfer direkt sehen, wodurch jede Tendenz abgeschwächt wurde, evtl. nicht auf das Vorliegen eines Notfalles zu schließen. Ferner wurden dadurch möglicherweise Überlegungen beiseite geschoben, denen eine Tendenz zugrunde lag,

---

68 Abgedruckt mit freundl. Genehmigung der Academic Press sowie von B. Latané und J. Rodin. A lady in distress: Inhibiting effects of friends and strangers on bystander intervention. Journal of Experimental Social Psychology, Vol. 5 (1969), S. 198 f.

69 Piliavin, Rodin u. Piliavin, 1969

die Verantwortung anderen zuzuschieben. Zweitens, selbst wenn eine Tendenz auftrat, die Verantwortung wegzuschieben, wurde diese durch die erhöhte Wahrscheinlichkeit dafür aufgewogen, daß wenigstens durchschnittlich einer der 45 Fahrgäste schließlich helfen würde. Betrunkenen Opfern wurde vermutlich deshalb weniger oft geholfen, da die damit verbundenen Kosten als höher wahrgenommen wurden, weil man das Opfer zumindest teilweise als selbst verantwortlich für seine mißliche Lage ansah, und weil die Situation als weniger dringlich betrachtet wurde.

Eine Anzahl anderer Untersuchungen zeigt die Bedingungen auf, unter denen Verantwortung übernommen und die Konsequenzen gesehen werden, und die ihrerseits das Ausmaß beeinflussen, in dem eine Person sich nach moralischen Normen verhält. Eine Studie variierte den Grad, in dem die Teilnehmer dem Opfer nahe waren. Dies reichte von einer Versuchsanordnung, in der das Opfer, das anscheinend Elektroschocks erhielt, sich in einem separaten Raum befand, so daß man lediglich seine protestierenden Schläge an der Wand hören konnte, bis zu einer Anordnung, in der das Opfer sich in Körperkontakt mit den Teilnehmern befand, die den Auftrag hatten, die Hand des Opfers an eine Metallplatte zu halten, so daß es einen Elektroschock erhielt, dessen Stärke mehr als 150 Volt betrug.[70] Wahrscheinlich bedeutet die unmittelbare Gegenwart des Opfers, das darüberhinaus noch gezwungen wird, einen Elektroschock zu empfangen, sowohl eine Erhöhung der Verantwortung als auch der Bewußtheit der Konsequenzen.

War das Opfer nicht im selben Raum, so weigerte sich nur einer von drei Teilnehmern, die Anordnungen des Versuchsleiters zu befolgen und damit eine Norm zu akzeptieren, nach der anderen Personen schwere Schmerzen zugefügt werden sollten. Befanden sich die Teilnehmer in engem Kontakt mit den Opfern, so weigerten sich zwei von drei, dem Opfer einen Schock zu verabreichen. Offensichtlich ist es schwieriger, die eigene Verantwortung zu leugnen oder die Konsequenzen seines Tuns nicht zu sehen, wenn man diese Konsequenzen sowie die Reaktionen des Opfers direkt beobachten kann.

Ein weiterer Faktor in dieser Serie von Untersuchungen betrifft die Rolle, die der Versuchsleiter spielt. Je strenger die Normen sind, die das Verhältnis des Versuchsleiters zur Versuchsperson bestimmen und je größer der Anteil der Verantwortung ist, den der Teilnehmer dem Versuchsleiter zuschiebt, um so größer ist die Bereitschaft des Teilnehmers, dem Opfer einen schmerzhaften Schock zu erteilen. Mit dieser Annahme steht die Tatsache in Einklang, daß die Teilnehmer am ehesten bereit waren, den Anordnungen des Versuchsleiters Folge zu leisten und dem Opfer einen Schock zu versetzen, wenn dieser physisch präsent war und somit den Teilnehmer überwachen konnte.[71]

---

70 Milgram, 1965

71 Milgram, 1965

Auch die Ergebnisse von anderen Untersuchungen bestätigen die Vermutung, daß eine hilfsbereite Haltung gegenüber Dritten sowohl davon abhängt, daß der Helfer sich der Folgen seines Handelns bewußt ist als auch von dem Ausmaß, in dem er sich die Verantwortung für diese Folgen zuschreibt. In dem Ausmaß, in dem jemand wahrnimmt, daß das Wohlergehen seines Gegenübers von ihm abhängt, wird er sich zugunsten des anderen bemühen.[72] Versuchsanordnungen, aus denen im einzelnen die Folgen seines Handelns für andere klar wird, erhöhen den Grad, in dem dieser der Norm der sozialen Verantwortung nachkommt. In dem Maße jedoch, in dem sich die Teilnehmer in der Situation weniger verantwortlich fühlen, wird eine derartige Konformität verringert.

Diese Schlußfolgerungen sind durch zwei andere Studien über Reaktionen auf die Abhängigkeit des Teilnehmers von einer anderen Person bestätigt worden.[73] In beiden Fällen wurde der abhängigen Person weniger Hilfe gewährt, wenn der Helfer das Gefühl hatte, die Abhängigkeit sei aufgrund des eigenen Verhaltens zustande gekommen statt durch äußere Einflüsse. Ferner wurde um so mehr Hilfe gewährt, je größer die Entscheidungsfreiheit darüber war, ob man helfen sollte oder nicht. Die Bedingung der Wahlfreiheit vergrößerte also die Effekte in Richtung auf eine Übernahme von Verantwortung. Die Kosten einer Hilfsmaßnahme - von denen nachgewiesen wurde, daß sie den Umfang der geleisteten Hilfe beeinflussen[74] - können unter Umständen auch aufgrund der Auswirkungen dieser Kosten auf die Bereitschaft zur Verantwortung mit Normenkonformität zusammenhängen. Die Personen, die am ehesten die mit einer Hilfeleistung verbundenen Mühen ertragen können, haben die geringsten Kosten und verspüren somit die größte Verantwortung, Hilfe zu leisten.

Wie wir gesehen haben, führen unterschiedliche Bedingungen infolge ihrer Auswirkungen auf das Verantwortungsbewußtsein und der Wahrnehmung der Konsequenzen eines Individuums zu Konformität. Andere Bedingungen scheinen eine Konformität dadurch zu fördern, daß sie die Relevanz von Normen in einer gegebenen Situation ins Bewußtsein rufen. So erhöht etwa die Beobachtung der hilfreichen Aktion eines anderen die Wahrscheinlichkeit, daß jemand bedürftigen Personen zu Hilfe kommt. Die Beobachtung, daß einer Dame bei einer Reifenpanne auf einer Bundesstraße geholfen wurde, steigerte z. B. die Anzahl der Autofahrer, die bei einem anderen Wagen anhielten und ihre Hilfe anboten, der einige Kilometer weiter absichtlich mit einer ähnlichen Panne aufgebaut war.[75] In ähnlicher Weise erhöhte das Beispiel eines

---

[72] Berkowitz & Daniels, 1963; Goranson & Berkowitz, 1966; Berkowitz, Klanderman & Harris, 1964

[73] Schopler & Mathews, 1965; Horowitz, 1968

[74] Midlarsky, 1968; Wagner & Wheeler, 1969

[75] Bryan & Test, 1967

Modells, das bei einer Kollekte der Heilsarmee spendete, die Spendenhäufigkeit der Umstehenden.[76]

In einer anderen Studie "fanden" Fußgänger einen offenen Umschlag, aus dem eine Brieftasche heraussah. Außerdem befand sich ein Brief an den Eigentümer dabei, aus dem hervorging, daß ein vorhergehender Finder die Tasche zurückschicken wollte; dieser hatte anscheinend die Tasche ein zweites Mal verloren. Der Brief enthielt ferner die Gedanken des Finders, die ihn zur Rückgabe bewogen hatten. Die Finder dieses Briefes schickten in der Mehrzahl der Fälle den Brief ihrerseits weiter, wenn sie zwischen sich und dem vorherigen Finder bestimmte Ähnlichkeiten sahen und wenn die in dem Brief ausgedrückten Gedanken einen positiven Inhalt hatten. Wurde der vorhergehende Finder als unähnlich gesehen, so hatten dessen in dem Brief ausgedrückten Gefühle - ob positiv oder negativ - keinen Einfluß auf die Anzahl der unversehrt zurückgeschickten Brieftaschen.[77] Dieses Ergebnis steht in Einklang mit der Theorie des Lernens am Modell, die später in Kap. 15 behandelt wird.

Die Norm der Gegenseitigkeit

Offensichtlich erhöhen auch eine Reihe anderer Bedingungen die Wahrscheinlichkeit eines helfenden Verhaltens, da sie die Relevanz einer Folge der Norm der sozialen Verantwortung betonen - die Norm der Gegenseitigkeit.[78] Die Norm der Gegenseitigkeit bedeutet, daß ein helfendes Verhalten dadurch intensiviert wird, daß man früher selbst von jemandem Hilfe empfangen hat, gleichgültig, ob dieser später in Not ist oder nicht. Dies wird durch Experimente bestätigt.[79]

Auch die Blockierung oder Behinderung einer Person statt einer Hilfeleistung folgt einer Norm der Gegenseitigkeit. Wer schon einmal selbst behindert wurde, wird dies auch bei einem Opfer tun, das dem Urheber der Behinderung ähnlich ist, andernfalls wird man dem Opfer helfen. Die erhöhte Tendenz, dem unähnlichen Opfer zu helfen, nachdem man früher selbst einmal behindert wurde, folgt aus der verstärkten Wahrnehmung der Norm der Verantwortung. Möglicherweise macht sich in einigen Situationen ein verstärkter Gerechtigkeitssinn bemerkbar, was aus einem Experiment hervorgeht, in dem

---

[76] Bryan & Test, 1967

[77] Hornstein, Fisch & Holmes, 1968

[78] Gouldner, 1960

[79] Goranson & Berkowitz, 1966; Greenglass, 1969

Personen, die von ihren früheren Partnern getäuscht worden waren, sich bei einem späteren - ebenfalls getäuschten - Partner mehr Mühe gaben als mit einem Partner, der belohnt worden war.[80] Es hat den Anschein, als ob es zu altruistischem Verhalten kommt, um die soziale Gerechtigkeit wiederherzustellen.

Normen und das Verletzen einer anderen Person

Von anderen Personen erwartet man nicht nur, daß sie jemandem in Notfällen helfen, sondern einige Normen verlangen auch, daß man es in den meisten Fällen unterläßt, andere zu verletzen. Die Tatsache, daß die Verletzung eines anderen unter bestimmten Umständen als gerechtfertigt erscheint (z. B. zur Selbstverteidigung oder in Fällen gerechter Vergeltung) läßt die Vermutung zu, daß zwischen den Normen, niemanden zu verletzen und den allgemeineren Normen der Gleichheit und Fairness im mitmenschlichen Umgang ein Zusammenhang besteht. Walster und Berscheid, die die Literatur unter dem Gesichtspunkt der Gleichheitsnorm durchgesehen haben, nehmen an, daß jemand, der einen anderen verletzt, ein Unbehagen empfindet, das sich aus zwei Quellen speist.[81] Die eine ist Angst vor einer möglichen Vergeltung und die andere ist die Scham darüber, daß man sich in einer Weise verhalten hat, die die eigenen ethischen Grundsätze und die Erwartungen an sich selbst verletzt. Diese Scham kann dadurch erleichtert werden, daß durch einen aktuellen Austausch die Gleichheit wiederhergestellt wird, indem man dem Opfer Kompensation leistet oder sich selbst bestraft oder durch bestimmte psychische Prozesse.

Diese Prozesse beinhalten dieselben Mechanismen, die wir bereits bei der Erörterung der Reaktionen behandelt haben, die auf eine nicht geleistete Hilfsmaßnahme folgen. So kann etwa der Urheber der Verletzung sein Opfer erniedrigen und es in irgendeiner Form als für sein Schicksal selbst verantwortlich erklären. Er kann die zugefügte Verletzung herunterspielen oder die Verantwortung dafür abstreiten. Ob die Gleichheit durch einen tatsächlichen Austausch oder mit psychischen Mitteln hergestellt wird, hängt von mehreren Bedingungen ab. Vor allem scheint eine Verbesserung der Bilanz des Opfers durch Kompensation sehr viel verbreiteter zu sein als eine Verschlechterung der Bilanz des Urhebers der Verletzung durch eine Selbstbestrafung. Dies entspricht dem allgemeinen Grundsatz, daß im allgemeinen die Technik bevorzugt wird, die langfristig mit den geringsten Kosten verbunden ist.

Eine Kompensation wird dann vorgezogen, wenn dies ohne hohe Kosten möglich ist und nicht zu künftigen Ungleichheiten führt. Aus zwei Experimenten geht

---

[80] Simmons & Lerner, 1968

[81] Walster, Berscheid & Walster, 1973

beispielsweise hervor, daß Personen, denen außer anderen Mitteln zur Wiederherstellung eines Gleichheitszustandes nur Über- oder Unterkompensation des Opfers zur Verfügung standen, von einer Kompensation weniger Gebrauch machten, als wenn die mögliche Kompensation ihrem Umfange nach angemessen erschien. Ein Experiment, das später wiederholt wurde, wird wie folgt zusammengefaßt:

> "Frauen aus verschiedenen Arbeitsgruppen einer Kirchengemeinde wurden dazu bewogen, andere Gemeindemitglieder um Tauschbriefmarken zu betrügen, um auf diese Weise für sich mehr Marken herauszuschlagen. Als man den Frauen anschließend eine Möglichkeit bot, dem Opfer Kompensation zu leisten (ohne, daß sie das etwas gekostet hätte) stellte sich heraus, daß die Angemessenheit der Kompensation entscheidend dafür war, ob die Frau sich zu einer Kompensation entschloß oder nicht. Die Frauen, denen eine Kompensation möglich war (voller Ersatz der Anzahl von Markenheften, die der Partner verloren hatte), leisteten diesen Ersatz viel eher als Frauen, denen entweder kein kompletter Ersatz möglich war (da sie nur wenige Marken hatten) oder die allenfalls eine übermäßige Kompensation (in Form einer großen Anzahl von Markenheftchen) hätten leisten können."[82]

Wenn die verfügbaren Möglichkeiten einer Kompensation unangemessen oder zu teuer sind, greift ein Individuum oft auf Wahrnehmungsverzerrungen zurück, die eine psychische Gleichheit wiederherstellen, indem sie sein Verhalten auf eine Weise rechtfertigen, die ihm selbst und anderen als einleuchtend erscheint. Die Art der vorgebrachten Rechtfertigung sowie der Grad, in dem ein psychisches Gleichgewicht erfolgreich wiederhergestellt werden kann, hängen von der Glaubwürdigkeit der Rechtfertigungen ab, die zur Verfügung stehen. Die Glaubwürdigkeit hängt ihrerseits von dem Umfang ab, in dem die Rechtfertigungen die Realität verzerrt wiedergeben. Ein Festhalten an derartigen Verzerrungen wird vor allem bei Personen schwierig sein, die in der Vergangenheit viel miteinander zu tun hatten und dies auch für die Zukunft vorhaben. So neigt man eher dazu, einen Fremden zu erniedrigen als einen Freund, wenn er das Opfer eines verletzenden Aktes ist. "Aus den Augen, aus dem Sinn." Die Mitglieder einer dominanten Gruppe können der Ansicht sein, die Mitglieder einer benachteiligten Minderheit seien faul oder träge oder glücklich mit dem wenigen, was sie zum Leben haben, solange sie zu diesen durch unterschiedliche Formen der Segregation eine entsprechende Distanz wahren. So weit diese Rechtfertigungen wirksam sind, kann ein Verhalten fortgesetzt werden, das den Normen widerspricht, man solle anderen helfen oder sie mindestens nicht verletzen.

---

82 Abgedruckt mit freundl. Genehmigung aus: E. Walster, E. Berscheid & G. W. Walster, New directions in equity research. Journal of Personality and Social Psychology, Vol. 25 (1973), S. 159

In Kap. 17 werden wir ein von den Normen abweichendes Verhalten, das trotzdem fortgesetzt wird, eingehender besprechen. Dort werden die Mechanismen diskutiert, mit denen ein positives Selbstbild beibehalten wird, selbst wenn sich jemand entgegen den von ihm akzeptierten Normen verhält. Diese Mechanismen, die sich auf das Selbstbild beziehen, mindern die Kosten einer verringerten Selbstachtung und von Schuldgefühlen, und mit ihnen läßt sich teilweise erklären, warum sich Personen häufig nicht normengerecht verhalten.

Zusammenfassung: Normen der sozialen Verantwortung

Die Ansicht, daß Menschen anderen Personen helfen sollten, die sich in einer Notlage befinden oder der Hilfe bedürfen, ist weit verbreitet und etwa gleichbedeutend mit einer Norm der sozialen Verantwortlichkeit. Damit verbunden ist die Norm, daß niemand einen anderen absichtlich verletzen sollte. Bei der Befolgung der Norm der sozialen Verantwortung spielen situationsspezifische Faktoren eine wichtige Rolle. Diese Faktoren operieren durch ihren Einfluß auf den Nutzen von Konformität bzw. deren Kosten oder dadurch, inwieweit der einzelne die Norm als relevant oder irrelevant für die Situation definiert. In der Regel ist ein altruistisches Verhalten mit Kosten verbunden, die von dem Nutzen in der Situation nicht angemessen ausgeglichen werden. Es kommt zu einem hilfsbereiten Verhalten, weil anderenfalls verringerte Selbstachtung und Schuldgefühle Kosten bedeuten würden.

Zwei entscheidende Aspekte der Situationsdefinition einer Person bestimmen, ob diese einem Menschen in einer Notlage hilft. Sie wird um so eher helfen, je mehr sie sich die Verantwortung für eine Hilfeleistung zuschreibt und je mehr sie sich der Konsequenzen bewußt ist, die ihr Handeln auf das Wohlergehen des anderen haben. So sind Personen leichter zu Hilfsmaßnahmen bereit, wenn sie glauben, daß nur sie dazu in der Lage sind. Die Hilfsbereitschaft sinkt, wenn auch andere Personen zugegen sind, weil dann die Verantwortung auf diese verteilt wird. Wenn für den einzelnen der Sinn seiner Hilfsbereitschaft nicht unmittelbar einsichtig ist, so ist er ebenfalls weniger geneigt zu helfen.

Die Norm, andere Personen nach Möglichkeit nicht zu verletzen, ist wahrscheinlich nicht nur aus der Norm der sozialen Verantwortung abgeleitet, sondern scheint auch für die Gleichheit oder Fairness im mitmenschlichen Umgang eine Rolle zu spielen. Andere Personen können z. B. verletzt werden, wenn dies durch Notwehr gerechtfertigt ist. Das Unbehagen, das man bei der Verletzung anderer empfindet, scheint sich aus zwei Quellen zu speisen: 1. Angst vor möglicher Vergeltung und 2. Scham über eine Verhaltensweise, die die eigenen ethischen Grundsätze oder Selbsterwartungen durchbrochen bzw. getäuscht hat. Der Kummer kann dadurch verringert werden, daß man das Opfer entschädigt, sich selbst bestraft oder zu psychischen Mechanismen greift, indem man das Opfer erniedrigt, beschimpft oder eine Verletzung oder die Verantwortung dafür abstreitet.

NORMEN UND DEVIANZ IN DER GESELLSCHAFT

Bisher haben wir in erster Linie über Normen und Konformität in Kleingruppen gesprochen. Es liegen jedoch auch eine große Anzahl von Untersuchungen über Konformität in der Gesamtgesellschaft vor. Im allgemeinen wurde dabei mehr die andere Seite der Medaille betont, nämlich abweichendes statt konformes Verhalten, aber viele der bei Kleingruppen angesprochenen Prinzipien gelten auch in größerem Kontext und sind Bestandteile der modernen Theorien über abweichendes Verhalten.

Abweichung von Normen als Differenz zwischen Mitteln und Werten

Das erste Thema haben wir kurz bei der Erörterung der Kräfte berührt, die zur Entstehung neuer Gruppennormen führen. Wo Personen keine befriedigenden Nutzen-Kosten-Bilanzen erzielen können, indem sie sich zu Normen konform verhalten, die festlegen, wie diese zu verwirklichen sind, kommt es zu einem Druck, der zu einer Auflösung der Übereinstimmung oder des Konsensus darüber führt, welches Verhalten das angemessene ist; daraus entsteht ein Zustand der relativen Normlosigkeit.

Dieser Zustand ist als A n o m i e bezeichnet worden. Merton, der Hauptverfechter dieser These, hat behauptet, daß die weit verbreiteten Werte des materiellen Erfolges in einer demokratischen Gesellschaft in Verbindung mit der Tatsache, daß dieser Erfolg auf legitime Weise von vielen Gruppen aufgrund bestimmter Barrieren gar nicht erreicht werden kann (z. B. den niederen Einkommensklassen oder ethnischen wie religiösen Minderheiten), die hohen Quoten abweichenden Verhaltens in derartigen Gruppen erklären.[83] Cloward hat diese These um ein weiteres Argument bereichert.[84] Er behauptet, daß in solchen Gruppen nicht nur deshalb eine starke Devianz besteht, weil diesen der Zugang zu legitimen Mitteln verwehrt ist, sondern auch, weil diesen eher der unmittelbare Zugang zu illegitimen Mitteln offen steht als anderen Gruppen, in denen es seltener zu abweichendem Verhalten kommt. D. h. die im Stadtkern lebenden Armen haben einen direkteren Zugang zu Prostitution, Drogenhandel und anderen Formen krimineller Betätigung.

---

[83] Marton, 1957b

[84] Cloward, 1959

Ein gesellschaftlicher Zustand der Anomie kann auf der individuellen Ebene als psychischer Zustand der Entfremdung erfahren werden. Seemann hat eine Anzahl von Dimensionen dieses Gefühlszustandes beschrieben. Zu ihnen gehören Machtlosigkeit, Sinnlosigkeit, Normlosigkeit, Isolierung und Selbstentfremdung.[85] Die Dimension der Machtlosigkeit beinhaltet die Erwartung des Betreffenden, daß sein Verhalten keinen Einfluß darauf hat, was ihm widerfährt. Sinnlosigkeit bedeutet eine geringe Erwartung, daß über die zukünftige Entwicklung zuverlässige Aussagen gemacht werden können. Normlosigkeit beschreibt das Gefühl oder die Erwartung, daß man bestimmte Ziele nur unter Anwendung gesellschaftlich mißbilligter Mittel erreichen kann. Der Begriff Isolierung bezieht sich nicht auf fehlende Zuwendung durch mitmenschliche Beziehungen, sondern auf eine Art des Losgelöstseins, wodurch sich der Betreffende von den normalerweise in seiner Gesellschaft hochbewerteten Zielen und Ansichten nur geringe Belohnungen verspricht. Schließlich bedeutet auch der Begriff Selbstentfremdung etwas anderes, als er auf den ersten Blick zu beinhalten scheint, nämlich ein Gefühl, daß den eigenen Tätigkeiten die intrinsische Befriedigung fehlt. Man nimmt etwa die eigene Arbeit nur als Mittel zum Zweck wahr, ohne sie aus sich heraus als befriedigend zu empfinden.

Diese Auffassung, daß Anomie auf einer subkulturellen Ebene eine Entfremdung auf der individuellen Ebene entspricht, und daß zwischen beidem und abweichendem Verhalten ein Zusammenhang besteht, ist in einer Gemeindestudie detailliert überprüft worden.[86] Dabei wurde der Versuch unternommen, sowohl die unterschiedlichen Quoten abweichenden Verhaltens bei drei ethnischen Gruppen zu erklären, aus denen die Bevölkerung einer kleinen Gemeinde im Westen bestand, als auch die individuellen Unterschiede der Devianz innerhalb der einzelnen Gruppen. Zwischen den Gruppen konnten deutliche Unterschiede beobachtet werden, und zwar standen die Indianer mit den meisten Fällen abweichenden Verhaltens an der Spitze, gefolgt von der Gruppe der Spanisch-Amerikaner und der Anglo-Amerikaner. Diese Unterschiede hingen mit drei Bedingungen zusammen. Erstens unterschieden sich die Gruppen bezüglich des Umfanges, in dem sie über legitime oder gesellschaftlich gebilligte Mittel ihre Ziele erreichen konnten. Aufgrund ihres sozio-ökonomischen Status war dies den Anglo-Amerikanern bedeutend leichter möglich als den Spanisch-Amerikanern oder den Indianern, wobei die letzteren noch etwas günstiger abschnitten. Zweitens unterschieden sich die Gruppen bezüglich des Ausmaßes, in dem ihre Mitglieder mit den Normen übereinstimmten; die Anglo-Amerikaner wiesen einen geringeren Grad der Anomie auf als die beiden anderen Gruppen. Drittens unterschieden sich die Gruppen bezüglich des Umfanges, in dem ihnen zur Erreichung ihrer Ziele illegitime Möglichkeiten offenstanden, etwa durch Bekanntschaft mit devianten Rollenvorbildern, Gelegenheiten, sich

---

[85] Seeman, 1969

[86] Jessor, Graves, Hanson & Jessor, 1968

abweichend zu verhalten und Schutz gegenüber einer möglichen Bestrafung für ein derartiges Verhalten. Wiederum war die anglo-amerikanische Gruppe bevorzugt, da sie zu illegitimen Mitteln weniger Zugang hatte als die Indianer oder die Spanisch-Amerikaner.

Die untersuchten Personen wurden nach persönlichen Indikatoren eingestuft, die diesen Gruppenindikatoren entsprachen, und der Zusammenhang zwischen jedem dieser Indikatoren mit individuellen Unterschieden wurde festgestellt. Dazu gehörte ein Maß für die Intensität, mit der sie erwarteten, hoch bewertete Ziele auch erreichen zu können, ein Index für die von Seaman beschriebene Dimension der Entfremdung sowie Maßzahlen für innere Kontrollen, etwa Einstellungen gegenüber abweichendem Verhalten, Tendenzen einer Vorausplanung und der aufgeschobenen Bedürfnisbefriedigung.

Es stellte sich heraus, daß außer den letztgenannten Maßzahlen für innere Kontrolle alle Indikatoren mit Devianz zusammenhingen, wobei diese sich ausdrückte in exzessivem Alkoholgenuß und einer Vielzahl anderer Formen, angefangen vom Gebrauch harter Drogen bis zu Diebstahl. Das bestätigt die These, daß abweichendes Verhalten das Ergebnis eines Druckes in Richtung auf Devianz ist, und zwar infolge einer Diskrepanz zwischen kulturell gebilligten Zielen und Mitteln auf der einen und geringer gesellschaftlicher oder individueller Macht auf der anderen Seite. (Die These wird außerdem durch eine Studie gestützt, aus der hervorgeht, daß je größer der Druck auf Erfolg ist, der von Eltern ausgeübt wird, um so mehr Täuschungsversuche von den Kindern in einem Experiment unternommen werden.[87]) Daß ein anomischer Zustand auf der gesellschaftlichen Ebene auf der persönlichen Ebene zur Entfremdung führen kann, wurde zum Teil dadurch bestätigt, daß bei Indianern und Spanisch-Amerikanern ein höherer Grad der Entfremdung festgestellt wurde als bei den Anglo-Amerikanern, deren Gruppe am wenigsten Anomie aufwies. Mit der Theorie, wonach Gruppen eine Entfremdung erfahren, wenn für sie der Zugang zu sozial hochgeschätzten Zielen begrenzt ist, stimmt auch das Ergebnis überein, daß in einer Gemeinde der Südstaaten bei der Gruppe der Schwarzen und der Personen mit niedriger Schulbildung eine stärkere Entfremdung vorherrscht als bei der weißen Bevölkerung und dem Personenkreis mit besserer Schulbildung.[88]

Wahrscheinlich besteht auch ein Zusammenhang zwischen bestimmten Komponenten der Entfremdung und dem bei Aufständen zu beobachtenden Verlust normativer Kontrollen. So wurde etwa in einer Untersuchung über die von Aufständen heimgesuchten Gebiete von Watts festgestellt, daß die Schwarzen,

---

87 Pearlin, Yarrow & Scarr, 1967

88 Middleton, 1963

die bezüglich der Dimension "Isolierung, "Machtlosigkeit" und "rassische Unzufriedenheit" hoch rangierten, eher geneigt waren, sich an Gewalttätigkeiten zu beteiligen.[89]

Labeling-Theorie und Abweichung als normativer Prozeß

Ein zweiter Ansatz zur Erklärung abweichenden Verhaltens wird als Labeling (od. Etikettierungs-Theorie) bezeichnet und findet sich in den jüngsten Schriften von Becker, Lemert und Matza, die alle von der gesellschaftlichen Reaktion gegenüber den Devianten ausgehen.[90] Zahlreiche Untersuchungen haben Belege dafür erbracht, daß sich die meisten Menschen zu irgendeinem Zeitpunkt abweichend verhalten haben, und zwar so schwerwiegend, daß es hätte gerichtlich geahndet werden müssen.[91] Ein derartiges Verhalten ist in den meisten Fällen nicht andauernd, aber die Devianz einzelner Personen wird bekannt, und diese werden dann zur Zielscheibe öffentlicher Verfahren oder Bestrafung. Diese Einzelpersonen sind es, deren Devianz andauert. Es erhebt sich die Frage, ob die Reaktion der Gesellschaft auf den Devianten ein abweichendes Verhalten verstärkt und für dessen Dauer verantwortlich ist.

Theorien der sozialen Kontrolle oder der Etikettierung stellen zwei Arten in den Vordergrund, auf die die Reaktionen anderer zur Initiierung und Permanenz abweichenden Verhaltens beitragen können. Zunächst muß, wie Lemert betont hat, eine bestimmte Handlung als abweichend definiert werden.[92] Innerhalb einer bestimmten Gruppe oder eines gegebenen Kontextes kann ein verschiedenartiges oder sogar verletzendes Verhalten als normal und akzeptierbar definiert werden, und eine Person, die sich dementsprechend verhält, wird nicht als abweichend definiert. Tut sie dies jedoch in einem anderen Zusammenhang, so gilt es als deviant. In Intimgruppen wie der Familie wird ein Verhalten seitens der Familie als normal definiert, was ansonsten als neurotisch angesehen würde. In Firmen werden Praktiken, die einem Diebstahl gleichkommen, von den Angestellten verharmlost, indem sie als "Schrumpfung des Lagerbestandes" definiert werden.

---

[89] Ransford, 1969

[90] Becker, 1963; Lemert, 1967; Matza, 1969

[91] Porterfield, 1946; Wallerstein & Wyle, 1947; Kinsey, Pomerouy & Martin, 1949

[92] Lemert, 1967

Ob ein bestimmtes Verhalten als normal oder als abweichend definiert wird, hängt von den damit verbundenen Kosten ab, vor allem für Personen in Machtpositionen, denen die Maschinerie der sozialen Kontrollen zur Verfügung steht.[93] Somit ist die gesellschaftliche Reaktion inhärent ein Teil dessen, was zu abweichendem Verhalten führt. Devianz ist nicht die Eigenschaft einer bestimmten Handlung an sich, sondern eine Frage der Definition, die andere dafür bereithalten.

Dies wird deutlich, wenn man verschiedene Handlungen betrachtet, die ungewöhnlich oder verletzend sein können oder nicht und die als abweichend definiert werden können oder nicht. Es gibt genügend Belege dafür, daß Rauchen gesundheitsschädlich ist; trotzdem wird Rauchen nicht als abweichendes Verhalten abgesehen. Die Praxis der Hexerei, die wir heute als harmlos ansehen würden, wurde zu ihrer Zeit als extrem abweichendes Verhalten betrachtet, das mit dem Tod bestraft werden konnte. Somit würde ein Labeling-Theoretiker argumentieren, daß zur Erklärung abweichenden Verhaltens auch berücksichtigt werden muß, wie ein derartiges Verhalten erfolgreich als abweichend definiert wird. Diese Erklärung ist im Prinzip dieselbe wie die, die wir bereits bei der Erörterung der Faktoren erwähnt haben, die mit dem Entstehen von Normen zusammenhängen. Tendenziell werden solche Verhaltensweisen als abweichend definiert, die die Ergebnisse der mächtigsten Gruppenmitglieder negativ beeinflussen.

Die Reaktion der Gesellschaft wirkt sich noch auf eine zweite Weise aus, da die *erfolgte Etikettierung* als Deviant ein wichtiger Schritt im Prozeß der Verfestigung des abweichenden Verhaltens ist. Becker hat diesen Prozeß im Rahmen des Konzeptes von beruflicher *Laufbahn* und *Laufbahnkontingenz* (career contingency) beschrieben, das zur Untersuchung von Berufsrollen verwendet wird.[94] Laufbahn bezieht sich auf eine Abfolge von Bewegungen, die jemand normalerweise in einem Berufssystem von einer Position zur anderen macht. Laufbahnkontingenz bezieht sich auf diejenigen Faktoren, von denen die Bewegung von einer Position zur anderen abhängt. Dazu gehören nicht nur die objektiven Fakten der Sozialstruktur, die für die Bewegung erforderlichen Schritte etc., sondern auch die Veränderungen in den Perspektiven und Motivationen des einzelnen, die die Bewegung begleiten. Der erste Schritt in der Laufbahn eines Devianten besteht offensichtlich in der Ausführung einer Handlung, die potentiell als abweichend klassifiziert werden kann. Dieser Schritt kann unabsichtlich erfolgen, wenn jemand etwa eine Regel aus Unwissenheit verletzt oder weil der Mangel an legitimen Mitteln zur Erreichung bestimmter Ziele ihn unter Druck

---

[93] Lemert, 1967

[94] Becker, 1963

setzt. Was die Rolle der Motivation betrifft, die im allgemeinen in der wissenschaftlichen wie in der Populärliteratur zur Erklärung von Devianz in den Vordergrund gestellt wird, so lautet das Argument von Becker, daß es darauf ankommt zu erklären, warum einige Personen Impulsen zu abweichendem Verhalten nachgeben und andere nicht. In diesem Zusammenhang ist eine Gruppe von Kontingenzen das Commitment des einzelnen an herkömmliche Institutionen und Verhaltensweisen.

> "Wenn ich von Bindung spreche, so meine ich damit jenen Prozeß, durch den verschiedene Arten des Interesses eng damit verbunden werden, bestimmten Verhaltensregeln zu folgen, denen sie formal äußerlich zu sein scheinen. In Wirklichkeit geschieht Folgendes: aufgrund früherer Handlungen oder des Einflusses verschiedener institutioneller Schablonen ist der einzelne der Ansicht, bestimmten Verhaltensregeln folgen zu müssen, da viele andere Tätigkeiten als die, die er gerade ausführt, negativ beeinflußt würden, wenn er es nicht täte. Der Jugendliche aus der Mittelschicht darf die Schule nicht verlassen, da seine berufliche Zukunft von einer gewissen Schulbildung abhängt. Der Konventionelle muß sein Bedürfnis nach Rauschmitteln z. B. unterdrücken, weil damit mehr verbunden ist als nur eine unmittelbare Befriedigung. Für ihn sieht es so aus, als hinge seine Stelle, seine Familie und sein Ruf in der Nachbarschaft davon ab, daß er permanent der Versuchung aus dem Weg geht."[95]

Von Kindheit an werden die meisten Menschen zunehmend auf herkömmliche Normen verpflichtet. Die Investitionen in ein normengerechtes Verhalten sind so bedeutend, daß es zu teuer wird, sich von seinen Impulsen mitreißen zu lassen. So zeigte sich z. B. bei Heranwachsenden, denen an einer ständigen Wertschätzung seitens der Eltern und Lehrer gelegen war und die von einer Lenkung durch diese Personen abhängig waren, ein geringerer Anteil derjenigen, die sich kriminell verhalten hatten oder von der Polizei verhaftet worden waren als bei Heranwachsenden, die sich aus ihrer Beziehung zu Eltern und Lehrern nichts machten.[96] Diese Bindungen führten auch dazu, daß der erstgenannte Personenkreis in einer experimentellen Situation seltener einen Täuschungsversuch unternahm, als ihm vom Versuchsleiter eine Gelegenheit dazu geboten wurde.

Andere Personen haben jedoch derartige Verpflichtungen vermieden, entweder weil sie beim Heranwachsen nicht an konventionelle Verpflichtungen gebunden wurden oder weil sie gelernt haben, konventionelle Verhaltensregeln dadurch

---

[95] Abgedruckt mit freundl. Genehmigung aus: H. S. Becker, Outsiders: Studies in the sociology of deviance. New York, The Free Press, 1963, S. 27

[96] Piliavin, Hardyck & Vadum, 1968

zu neutralisieren, daß sie umfangreiche Rechtfertigungen zu deren Umgehung entwickelt haben. Sykes und Matza haben einige der Techniken beschrieben, mit denen Kriminelle den Einfluß von Normen neutralisieren und eine Rechtfertigung zu deren Verletzung bereitstellen.[97] Dazu gehört etwa, anderen die Schuld für das eigene Verhalten zuzuschreiben, das Abstreiten, daß von dem Verhalten jemand ernstlich betroffen wird, das Verhalten angesichts des Charakters des Opfers als gerechtfertigt anzusehen sowie diejenigen als Heuchler zu bezeichnen, die einen verurteilen.

Sobald jemand eine abweichende Handlung begangen hat, wird er ein derartiges Verhalten möglicherweise fortsetzen. Dies hängt unter anderem davon ab, wieweit er an einer solchen Tätigkeit Geschmack findet. Eine entscheidende Kontingenz ist häufig die Bekanntschaft mit erfahreneren Devianten, die dem Neuling behilflich sind, neue Erfahrungen zu machen und diese als angenehm zu definieren. Becker hat dies in seiner klassischen Untersuchung über Marihuanaraucher dokumentiert, denen in der Regel von anderen Verwendern beigebracht werden muß, mit den anfänglich unangenehmen Reaktionen auf Marihuana fertig zu werden und gleichzeitig andere Auswirkungen als angenehm zu empfinden und zu definieren. Er zitiert einen erfahrenen Marihuanaraucher bei dessen Beschreibung seines Verhaltens gegenüber jemandem, der gerade damit anfängt, Marihuana zu rauchen:

> "Also manchmal werden die ganz schön high. Der Durchschnittstyp ist darauf noch nicht präpariert und bekommt manchmal Angst dabei. Ich meine, bisher waren sie nur mal im Suff "high", aber das Zeug hier bringt sie höher als je, und sie wissen nicht, was mit ihnen los ist, weil sie immer höher gehen, rauf, rauf, rauf, bis sie durchdrehen oder irgendwas Komisches anstellen. Man muß ihnen eine Art Absicherung geben und ihnen sagen, daß alles o. k. ist. Man muß ihnen einfach ausreden, daß sie vor irgendetwas Angst haben. Dauernd auf sie einreden, sie beruhigen, und sagen, daß alles in Ordnung ist. Und die eigenen Erfahrungen anbringen: "Genau dasselbe ist mir auch passiert. Du wirst es bestimmt auch bald mögen." Man muß immer so weitermachen, dann haben sie sehr schnell keine Angst mehr. Und außerdem kriegen sie mit, daß man es selbst auch tut, ohne daß einem was Scheckliches passiert, und das gibt ihnen noch mehr Vertrauen."[98]

---

97 Sykes & Matza, 1957

98 Abgedruckt mit freundl. Genehmigung aus: H. S. Becker, Outsiders: Studies in the sociology of deviance. New York, The Free Press, 1963, S. 55

Ein weiterer wichtiger Schritt auf dem Weg zum Devianten ist die Erfahrung, erwischt zu werden und öffentlich als Deviant etikettiert zu werden. Hier hängen die Kontingenzen nicht so sehr davon ab, was der Deviante tut, sondern was andere Personen tun. Die Konsequenzen einer Entdeckung wirken sich auf künftige gesellschaftliche Anteilnahme des Devianten und auf dessen Selbstbild aus. Er erhält eine neue öffentliche Identität. Je nach der Art seines Verhaltens wird er als Schwuler, Hippie, Streber oder als Querulant etikettiert.

Becker behauptet, daß die Zuordnung eines Devianten-Status entscheidende Auswirkungen hat, da sie dazu führt, daß dem Betroffenen auch andere unangenehme Charaktereigenschaften zugeschrieben werden. Außerdem handelt es sich dabei um einen d o m i n i e r e n d e n S t a u s (master status), etwa gleich dem Status, den man in unserer Gesellschaft aufgrund seiner Rassenzugehörigkeit hat. Eine Person wird in erster Linie im Hinblick auf diesen Status behandelt und dann erst im Hinblick auf einen untergeordneten Status. Sobald jemand also als Krimineller, Homosexueller oder als Fixer klassifiziert ist, so überschattet diese Charakterisierung alle anderen und bewirkt, daß man von anderen Personen ganz generell als deviant und als von ihnen verschieden angesehen wird. Dadurch wird eine Prophezeihung in die Welt gesetzt, die sich selbst erfüllt. Der Deviant, der als anders als die anderen betrachtet wird, wird oft von der Teilnahme an konventionellen Gruppen ausgeschlossen sowie aus den alltäglichen Gewohnheiten, die mit einer herkömmlichen Lebensweise verbunden sind. Man braucht sich nur daran zu erinnern, welchen direkten Zwängen die sozialen Interaktionen von Homosexuellen, Alkoholikern oder Rauschgiftsüchtigen unterliegen. Sind sie einmal als solche identifiziert, verlieren sie oft ihren Arbeitsplatz und die meisten ihrer Freunde und sind bei vielen ihrer früheren Bekannten nicht mehr willkommen.

Während ein Labeling nicht unweigerlich zu andauernder Devianz führt, ist es häufig schwierig, wenn nicht unmöglich, den Trend umzukehren, denn selbst wenn der Rauschgiftsüchtige entwöhnt ist oder der Kriminelle die schiefe Bahn verlassen hat, können sie von anderen immer noch als deviant behandelt werden.

Der letzte Schritt des Prozesses bedeutet häufig den Anschluß an eine organisierte deviante Gruppe. Dies ist für das Selbstbild und die Lebensweise des Devianten von entscheidender Bedeutung. Diese Gruppen liefern ihm eine Rationalisierung zur Rechtfertigung seines abweichenden Verhaltens. Zwar verfügen nicht alle devianten Gruppen über eine ausgefeilte Ideologie, aber bei Homosexuellen ist dies besonders der Fall, wie Becker bemerkt:

> "Zeitschriften und Bücher von Homosexuellen für Homosexuelle enthalten historische Artikel über berühmte Homosexuelle in der Geschichte, Artikel über die biologischen und physiologischen Vorgänge der Sexualität, die zeigen sollen, daß Homosexualität eine "normale" sexuelle Reaktion ist.

Sie enthalten juristische Abhandlungen, in denen für bügerliche Freiheiten der Homosexuellen plädiert wird. Dieses Material stellt alles in allem eine praktische Philosophie für den aktiven Homosexuellen dar, die ihm erklärt, warum er so ist, wie er ist, daß auch andere Leute schon so waren und warum es schon in Ordnung ist, daß er so ist."[99]

Solche Gruppen bieten dem Devianten Lösungen an, die aus der Gruppe heraus entwickelt wurden, und zwar für Probleme, mit denen sie als Deviante im allgemeinen oft zu tun haben. Der junge Dieb lernt beispielsweise von älteren, erfahreneren Mitgliedern, wie die gestohlene Ware mit einem Minimum an Risiko abgesetzt werden kann. Das bestätigt den Devianten nur noch in der von ihm eingeschlagenen Richtung. Er hat nicht nur gelernt, Risiken zu vermeiden, sondern auch sein Verhalten zu rationalisieren. Am Ende hat er vielleicht sogar gelernt, die konventionelle Welt abzulehnen.

Zusammenfassung: Normen und Devianz in der Gesellschaft

Konformes Verhalten in der Gesamtgesellschaft hat in der Forschung weitgehende Beachtung gefunden, allerdings unter dem Aspekt der Abweichung von der Norm. In den gegenwärtigen Theorien über Devianz finden sich zwei allgemeine Hypothesen. Die erste besagt, daß ein Zwang in Richtung auf abweichendes Verhalten und die anschließende Durchbrechung von Konformität das Ergebnis einer Diskrepanz ist zwischen normativ gebilligten Mitteln und kulturell vorgeschriebenen Werten in einer Gesellschaft. Einige Personen können durch ein normengerechtes Verhalten keine befriedigende Nutzen-Kosten-Bilanz erzielen. Dies führt zum Zusammenbruch der normativen Struktur. Zur Erreichung ihrer persönlichen Ziele verschaffen sich diese Personen Zugang zu illegitimen Mitteln oder sie entwickeln diese selbst. Der diesem Anomiezustand der Gesellschaft entsprechende seelische Zustand des einzelnen ist als Entfremdung bezeichnet worden, wozu Gefühle der Machtlosigkeit, Sinnlosigkeit, Normlosigkeit, Isolierung und der Selbstentfremdung zählen.

Das zweite Konzept, mit dem abweichendes Verhalten erklärt wird, ist die Labelingtheorie, die die Reaktion der Gesellschaft auf die Person hervorhebt, die sich abweichend verhält. Dabei gibt es zwei Möglichkeiten, wie die Reaktionen anderer zum Entstehen und Fortdauern abweichenden Verhaltens beitragen können. Erstens müssen bestimmte Handlungen als abweichend definiert sein. Ein und dieselbe Verhaltensweise kann in einem Kontext als abweichend und im anderen als normal definiert werden. Zweitens ist die Etikettierung als Devianter ein entscheidender Schritt auf dem Weg, deviant zu bleiben. Durch diese Etikettierung wird eine neue öffentliche Identität geschaffen, verstärkt durch die übereinstimmende Zuschreibung anderer unerwünschter Eigenschaften durch andere, die zu einer entscheidenden Veränderung der Gesellungs-

---

99 Abgedruckt mit freundl. Genehmigung aus : H.S. Becker, Outsiders: Studies in the sociology of deviance. New York, The Free Press, 1963, S. 38

muster führt. Eine Person begeht eine Anzahl von Handlungen, die in zunehmendem Maße zu abweichendem Verhalten führen. Diejenigen, die keine festen Bindungen an konventionelle Normen entwickelt haben, sind besonders anfällig für diese fortschreitende Bewegung auf ein abweichendes Verhalten hin. Im Laufe dieses Prozesses können die Wahrnehmungen und Motivationen des Betreffenden einen tiefgreifenden Wandel erfahren, so daß sein Verhalten mit der Orientierung auf eine Devianz vereinbar wird. Ein anderer Faktor, der bei diesem Vorgang eine große Rolle spielt, ist die Interaktion mit Individuen in derselben Situation, die einen Druck hinsichtlich *ihrer* Normen ausüben und die sich nicht in Übereinstimmung mit denen der größeren Gesellschaft befinden.

KAPITEL 11

F Ü H R U N G

Seit der frühesten überlieferten Geschichte hat Führung eine lebenswichtige Rolle für die Menschheit gespielt. Historiker richten ihr besonderes Augenmerk auf die Rolle von Politikern und Staatsmännern, die diese bei der Entwicklung von Imperien, Territorien und Nationen spielen. Auch in einer modernen Gesellschaft unterscheiden sich informelle Tätigkeiten sowie Tätigkeiten im Rahmen einer Organisation nach dem Beitrag, den die einzelnen Teilnehmer dazu leisten. Einige Personen setzen mehr an Energie und Können ein als andere und sie unterscheiden sich bezüglich des Umfanges, in dem sie aufeinander Einfluß ausüben. Wirtschaftsorganisationen, der Verwaltungsapparat, politische Parteien und gemeinnützige Institutionen verdeutlichen die Betonung der Führung, indem sie für ihre Führer ungewöhnlich hohe Belohnungen bereitstellen, permanent auf der Suche nach Personen mit Führungsqualitäten sind und besonderen Wert auf ein Training von Führungskräften legen.

Dieses weitverbreitete Interesse an Führung ist ein Zeichen dafür, daß es sich hier um einen wichtigen Punkt handelt. Aber sowohl die allgemeine Auffassung von Führung als auch die frühen Untersuchungen der Verhaltenswissenschaft haben die Bedeutung der Rolle des einzelnen Führers unterschätzt. Heute sieht man das Problem anders und interessiert sich mehr für die Art und Weise des Führerverhaltens in Verbindung mit der individuellen Persönlichkeit, für die Zusammensetzung und Funktion der Gruppe, für die Situation und die Gruppenstruktur.

Die Geschichte der Forschungsarbeiten über Führung spiegelt im Kleinen die allmähliche Evolution der Sozialpsychologie in eine zunehmend komplexe und verfeinerte Struktur wider. Wie auch in anderen Bereichen der Verhaltenswissenschaften verglich man in den Anfängen der Forschung über Führung Individuen miteinander, d. h. man versuchte, den Unterschied zwischen Führern und Nicht-Führern festzustellen. Dieses Vorgehen erwies sich als nicht vielversprechend: man fand nur wenig stabile Unterschiede. Ein späterer Ansatz konzentrierte sich auf Führungs v e r h a l t e n und stellte diejenigen Handlungen heraus, die entweder zum Erreichen von Zielen führten oder zur Aufrechterhaltung und Stärkung der Gruppe dienten. Dabei wurde von sämtlichen Gruppenmitgliedern angenommen, daß sie in unterschiedlichem Maß alle irgendeine Führertätigkeit ausübten. In der Folge ermöglichte die Identifikation verschiedener Arten des Führerverhaltens die Feststellung einiger individueller Eigenschaften, die mit diesen Verhaltensweisen zusammenhingen.

Die Konzentrierung auf das Führerverhalten war begleitet von einem Interesse an den situationsspezifischen Auswirkungen sowie der Gruppenzusammensetzung auf das Führerverhalten. Ebenfalls von Bedeutung waren die Auswirkungen der verschiedenen Arten oder Stile des Führerverhaltens auf die Produktivität und die Zufriedenheit der Mitglieder. Abseits dieser Forschungsrichtung wandte sich das Interesse den strukturellen Determinanten der Führung zu: Es wurde angenommen, daß sich relativ überdauernde Muster der Gruppeninteraktion herausbildeten und einen Kontext herstellten, innerhalb dessen die Führung ausgeübt wurde. Ein hieraus entstandener Ansatz betonte die Führer-Gefolgschaft-Beziehung unter Berücksichtigung der Tatsache, daß das Verhalten des Führers vom komplementären Verhalten der Geführten abhängt. Ferner wurde zunehmend klar, daß ein bestimmter Typ oder Stil des Führerverhaltens, der in einer Situation effektiv ist, dies nicht auch in einer anderen Situation sein muß. Schließlich betrachten heute viele Forscher zu diesem Thema Führung als Zuordnung von Führerrollen zu bestimmten einzelnen Mitgliedern der Gruppe. Eine solche Rollenzuweisung kann gut mit der Austauschtheorie erklärt werden, die diesen Vorgang unter dem Gesichtspunkt der Nutzen-Kosten-Bilanzen der Führer und der Geführten untersucht. Wir werden in diesem Kapitel die verschiedenen Theorieansätze vorstellen, wobei die moderneren Forschungsstrategien im Vordergrund stehen werden. Im darauffolgenden Kapitel geht es dann um den Zusammenhang zwischen der Führungsstruktur (einschließlich der Führungsstile) und der Gruppenproduktivität.

WESEN DER FÜHRUNG

Die frühe Forschung über Führung beging genau wie der Durchschnittsmensch einen grundlegenden Fehler, den wir in Kap. 2 erwähnt haben: sie hatte die Tendenz, Personen als die Urheber von Handlungen anzusehen. Man nahm an, daß ein Führerverhalten seinen Ursprung in den persönlichen Fähigkeiten des Führers hatte und der Anteil der Gruppenstruktur und der jeweiligen Situation an diesem Verhalten wurde nur ungenügend beachtet. Eine extreme Form dieses Fehlers schlägt sich z. B. in der Behauptung nieder: "Ein Offizier ist ein Führer von Männern", was impliziert, daß ihn seine persönlichen Qualitäten befähigen, Rekruten in sämtlichen Situationen zu führen.

Empirische Untersuchungen haben Führer mit Nicht-Führern verglichen und dabei besonders auf persönliche Eigenschaften in der Hoffnung geachtet, die Grundlagen der Führung zu entdecken. Unglücklicherweise erwies sich, daß der Zusammenhang zwischen Persönlichkeitseigenschaften und Führerrolle komplizierter war als ursprünglich angenommen. Im Anschluß an eine Übersicht über die Forschungsliteratur bis 1952 kam Gibb zu dem Schluß, daß die Versuche gescheitert waren, ein konsistentes Muster von Verhaltenseigenschaften zu finden, mit dem man einen Führer hätte charakterisieren können.[1] Er wies darauf hin, daß die Attribute der Führung dieselben Persönlichkeitseigenschaften sind, die in jeder spezifischen Situation einer Person ermöglichen, entweder zum Erreichen eines Gruppenzieles beizutragen oder doch in der Weise von den anderen Gruppenmitgliedern wahrgenommen zu werden, als ob sie es täten.

Wie Cartwright und Zander festgestellt haben, führten die unbefriedigenden Ergebnisse dieses Ansatzes zu einer neuen Vorgehensweise, die sich auf das Führungs verhalten konzentrierte:

> "Die ungenügenden Ergebnisse dieses Ansatzes haben dann zu einer Auffassung von Führung geführt, die die Gruppeneigenschaften betont sowie die Situation, in der sich diese befindet. Eine derart orientierte Forschung versucht nicht, bestimmte invariante Charakterzüge der Führer festzustellen. Sie versucht stattdessen herauszufinden, welche Handlungen der Gruppe unter verschiedenen Bedingungen erforderlich sind, wenn sie ihre Ziele erreichen will und auf welche Weise verschiedene Gruppenmitglieder an diesen Handlungen teilhaben: Führung wird als die Durchführung der Handlungen betrachtet, die es der Gruppe ermöglichen, die von ihr erwünschten Ergebnisse zu erzielen. Diese Handlungen können als Gruppenfunktion bezeichnet werden. Noch deutlicher ausgedrückt: Führung besteht aus den Handlungen der Gruppenmitglieder, die zur Definition von Gruppenzielen beitragen, die Gruppe in Richtung auf die Ziele bewegen, die Qualität der Interaktionen der Gruppenmitglieder verbessern, die Kohäsion der Gruppe herstellen oder der Gruppe Hilfsquellen zur Verfügung stellen. Im Prinzip kann Führung von einem oder von mehreren Mitgliedern der Gruppe ausgeübt werden."[2]

Aus diesem Zitat geht hervor, daß eine Vielfalt von Handlungen, die von der jeweiligen Situation und dem Charakter der Gruppe abhängen, als Führerverhalten bezeichnet werden können. Hinsichtlich dieser Auffassung, daß Führerverhalten aus den Handlungen besteht, die funktional bezogen sind auf das Erreichen von Zielen oder die Aufrechterhaltung oder Stärkung der Gruppe, hat sich in jüngster Zeit eine wachsende empirische[3] und theoretische[4] Konvergenz ergeben. Zu den Handlungen, mit denen die Ziele der Gruppe erreicht werden sollen, gehören Handlungsvorschläge, Einschätzung der Zweckmäßigkeit der

---

[1] Gibb, 1954

[2] Abgedruckt mit freundl. Genehmigung aus D. Cartwright und A. Zander (Hg.), Group dynamics: Research and theory, New York (Harper & Row), 2. Aufl. 1960, S. 492 - 493

[3] Halpin & Winer, 1952

Handlungen, Verhinderung von Aktivitäten, die im Hinblick auf das Ziel irrelevant sind sowie das Anbieten von Lösungen zum Erreichen der Ziele. Zu den Handlungen, die über die Befriedigung sozial-emotionaler Bedürfnisse die Gruppe stärken sollen, gehören die Ermutigung anderer Mitglieder, Verringerung aufkommender Spannungen sowie die Schaffung von Möglichkeiten, daß jeder sich ungehindert ausdrücken kann.

Kurz gesagt, die Attribute von Führung bestehen aus einzelnen oder allen Persönlichkeitseigenschaften, die in einer bestimmten Situation einer Person ermöglichen, zum Erreichen eines Gruppenzieles beizutragen, beim Zusammenhalt der Gruppe mitzuwirken oder *in dieser Weise von anderen Mitgliedern gesehen zu werden*. Diese letztere Eigenschaft, die die Wahrnehmungen der anderen Gruppenmitglieder betrifft, ist sehr wichtig. Bestimmte Eigenschaften eines Individuums oder sein Verhalten brauchen nicht wirklich funktional mit dem Erreichen von Zielen oder dem Zusammenhalt und der Stärkung der Gruppe zusammenzuhängen. In dem Maße jedoch, in dem sie so gesehen werden, werden die anderen Mitglieder den Personen einen Führerstatus zuerkennen, die über diese Eigenschaften verfügen oder das entsprechende Verhalten zeigen. Die Betonung wird somit auf das Führerverhalten gelegt: die Handlungen, die tatsächlich funktional für das Erreichen von Zielen oder der Aufrechterhaltung und Stärkung der Gruppe sind oder so wahrgenommen werden. Ein derartiges Verhalten weisen alle Gruppenmitglieder in mehr oder weniger starkem Maße auf. Gleichzeitig werden bestimmte individuelle Persönlichkeits- oder andere Eigenschaften mit den Personen verbunden, die bei der Durchführung dieser Funktionen die Führung übernehmen, jedoch variieren diese Charakteristiken je nach Gruppentyp und Aufgabenstellung.

ROLLENDIFFERENZIERUNG

Der verhaltensorientierte oder funktionale Ansatz zur Erklärung von Führung geht davon aus, daß das Führerverhalten an jedem Mitglied beobachtet werden kann; allerdings zeigen zu einem relativ frühen Zeitpunkt des Gruppenlebens bestimmte Personen dieses Verhalten in stärkerem Maße als andere. Diese Spezialisierung ist begrifflich als *Rollendifferenzierung* gefaßt worden.[5] Da eine Rollendifferenzierung am leichtesten in Gruppen mit einer minimal ausgebildeten Struktur beobachtet werden kann, bezieht sich der größte Teil der relevanten Forschungsarbeiten auf ad hoc zusammengestellte Laboratoriumsgruppen. Zwar können viele dieser Ergebnisse auf das Führerverhalten in ausgeformten Gruppen übertragen werden, jedoch muß man trotzdem mit Verallgemeinerungen vorsichtig sein.

---

[5] Bales & Slater, 1955

DAS WESEN DER ROLLENDIFFERENZIERUNG

Wie wir in Kap. 9 bei der Diskussion der Kommunikationsstruktur bemerkt haben, bildeten sich zu einem relativ frühen Zeitpunkt der Entwicklung einer neu entstandenen, ursprünglich führerlosen Gruppe Häufigkeit, Richtung und Inhalt der Kommunikation aus und zwar für die einzelnen Mitglieder auf unterschiedlichen Ebenen. Die Person, die am meisten sprach, wurde auch von den anderen am häufigsten angesprochen. Sie richtete einen größeren Anteil ihrer Kommentare an die Gruppe als Ganzes statt an einzelne Mitglieder, und diese Kommentare gehörten häufiger zu positiven, aufgabenorientierten Kategorien - Äußerung von Vorschlägen, Informationen und Meinungen. Die anderen Gruppenmitglieder neigten eher dazu, die Person, die am häufigsten Handlungen initiierte, als jemanden anzusehen, der die besten Ideen hatte und am meisten dafür tat, daß die Diskussion effektiv verlief. Eine solche Spezialisierung des Verhaltens und die Entwicklung eines Konsensus in der Anerkennung der Spezialisierung bilden die Elemente der Rollendifferenzierung.

Heinicke und Bales, die die Entwicklung dieses Konsensus in Gruppen über mehrere Sitzungen hinweg beobachtet haben, beschreiben diese als einen frühen Kampf zwischen Personen mit Spitzenstatus, aus dem schließlich der Sieger als der Führer hervorgeht, auf den sich alle geeinigt haben.[6] Obgleich die untersuchten Gruppen am Ende der ersten Sitzung einen hohen Grad der Statusübereinstimmung erreicht hatten, verminderte sich dieser während der zweiten Sitzung und es entstand eine etwas andersgeartete Form der Hierarchie. Die zweite Sitzung war durch einen Statuskampf gekennzeichnet, der sich hauptsächlich zwischen den beiden Personen in Spitzenpositionen abspielte. Am Ende wurde der Kampf jedoch entschieden und der Konsensus der alten Struktur wiederhergestellt, zusammen mit einer positiveren sozialemotionalen Atmosphäre.

Die Rollen der beiden Individuen mit Spitzenstatus waren kritisch. Während der ersten beiden Sitzungen spielte "Nummer Eins" eine sehr aktive Rolle, offensichtlich, um seine Position zu festigen und zu verteidigen. Er machte viele Vorschläge und erhielt viel Zustimmung und Kritik. Seine Aktivität während der zweiten Sitzung erschien als Verteidigung seiner Spitzenposition, die von "Nummer Zwei" infrage gestellt wurde. Da seine Position jedoch während der dritten und vierten Sitzung sicherer wurde, konnte er anderen Personen gestatten, aktivere Rollen zu übernehmen. Obwohl er weiterhin der Adressat der Mehrzahl der Reaktionen - vor allem Zustimmungen - war, brauchte er sich nicht länger übermäßig anzustrengen, um seine Stellung zu halten.

---

[6] Heinicke & Bales, 1953

Einige der von diesen Autoren untersuchten Gruppen zeigten jedoch nicht die Tendenz zur Ausbildung von Konsensus. Bei diesen Gruppen fluktuierte die Übereinstimmung der Mitglieder in bezug auf den Status sehr unregelmäßig. Dies schien von dem Umfang abzuhängen, in dem am Ende der ersten Sitzung Übereinstimmung erzielt worden war. Die Gruppen mit hohem Konsensus waren durch eine starke Übereinstimmung der Mitglieder untereinander am Ende der ersten Sitzung bezüglich der relativen Ränge gekennzeichnet. Die Gruppen, die selbst in späteren Sitzungen keinen stabilen Konsensus herstellen konnten, waren von Anfang an durch einen niedrigen Grad der Übereinstimmung gekennzeichnet. Dies ist ein Anhaltspunkt dafür, warum sie keinen Konsensus erzielen konnten: die Gruppen, bei denen frühzeitig eine hohe Übereinstimmung bestand, zeichneten sich durch einen starken ursprünglichen Wertekonsensus aus, während die anderen Gruppen aus Mitgliedern bestanden, die unterschiedliche Wertvorstellungen hatten. Bales und Slater nehmen an, daß diese anfängliche Übereinstimmung es den Mitgliedern ermöglichte, auch darüber übereinzustimmen, wer die besten Ideen zur Lösung der Gruppenaufgabe vorbrachte, und daß man diesen Personen gestattete und sie auch ermutigte, sich in dieser Richtung aktiv zu spezialisieren.

Kürzlich ist gezeigt worden, daß es in einigen Gruppen spontan zu einer Differenzierung der Intensität der Teilnehmer kommt.[7] In etwa der Hälfte der untersuchten Diskussionsgruppen entwickelten sich während der ersten fünfundvierzig Minuten allmählich unterschiedliche Grade der Beteiligung der einzelnen Mitglieder, ebenso in den Gruppen, die von Heinicke und Bales über mehrere Sitzungen hinweg untersucht wurden, wofür es eine ähnliche Erklärung wie die angeführte gibt. Für die übrigen Gruppen jedoch erschien eine solche Differenzierung schon innerhalb der ersten Minute voll ausgebildet. Eine mögliche Erklärung sowohl für frühen Konsensus wie für frühzeitige Differenzierung ist, daß sich die Gruppenmitglieder in bezug auf Herkommen, Persönlichkeitseigenschaften und gemeinsame interpersonelle Wahrnehmungen ähnlich waren.

Aufgabenorientierte und sozial-emotionale Spezialisierung

Die Rollendifferenzierung zwischen Führer und Nicht-Führer ist nicht die einzige Differenzierung, die auftreten kann. Unter bestimmten Umständen kann es zu einem aufgabenorientierten und zu einem sozial-emotionalen Führer kommen. Der a u f g a b e n o r i e n t i e r t e F ü h r e r ist derjenige, der Ideen und Hinweise der Gruppe im Hinblick auf eine Problem-

---

[7] Fisek & Ofshe, 1970

lösung unterstützt. Der sozial-emotionale Führer ist behilflich, die Gruppenmoral zu stärken und Spannungen aufzufangen, wenn die Situation einmal schwierig ist. Eine derartige Differenzierung wurde in den von Bales und Slater untersuchten Gruppen beobachtet.[8] In ihrer Untersuchung hatte der Aufgabenspezialist eine hohe Stellung in bezug auf das Ergreifen von Initiativen, Eingehen auf Vorschläge und das Geben von Hinweisen, aber er war nicht der Beliebteste. Normalerweise war der sozial-emotionale Führer das beliebteste Mitglied. In aufeinanderfolgenden Sitzungen kam es zu einer wachsenden Spezialisierung dieser beiden Funktionen. In etwas mehr als der Hälfte aller Gruppen war am Ende der ersten Sitzung die Person mit den besten Ideen auch die beliebteste, am Ende der vierten Sitzung galt dies nur noch für 9 Prozent aller Gruppen.

Rollendifferenzierung und Ausgewogenheit Man hat eine derartige Rollendifferenzierung theoretisch und empirisch in Beziehung gesetzt zu bestimmten grundlegenden Tendenzen in Richtung auf einen Zustand der Ausgewogenheit in Gruppen.[9] Das Problem der Ausgewogenheit wird etwas detaillierter in Kap. 12 behandelt, aber es kann an dieser Stelle kurz angemerkt werden, daß eine stärkere Orientierung in Richtung auf Aufgabenlösungen in Gruppen bestimmte Bedürfnisse frustriert und neue Kosten bewirkt. Es bilden sich Tendenzen heraus, die die Gruppenaktivitäten von der Aufgabe ablenken, so daß stattdessen die Bedürfnisse der Teilnehmer thematisiert und Möglichkeiten gesucht werden, die Kosten zu reduzieren oder zu kompensieren. Da diese ablenkenden Tätigkeiten eine Durchführung der Gruppenaufgabe behindern, machen sie schließlich Kräfte frei, die die Gruppe wieder zur Aufgabe zurückführen.

Der Effekt dieser beiden Tendenzen besteht darin, einen Ausgleich oder eine Ausgewogenheit zwischen den aufgabenorientierten und den sozial-emotionalen Funktionen der Gruppe herzustellen. Eine Manifestation der Kräfte in Richtung auf eine Ausgewogenheit ist die Entwicklung von feindseligen Gefühlen gegenüber dem aufgabenorientierten Führer, der die Gruppe dazu drängt, die Aufgabe durchzuführen. Bales und Slater beschreiben diesen Vorgang bei Gruppen mit hohem Status Konsensus und deutlicher Trennung zwischen aufgabenorientierten und sozial-emotionalen Rollen.[10] Nach diesen Autoren verschafft sich der aufgabenorientierte Führer anfangs dadurch Beliebtheit,

---

8 Bales & Slater, 1955

9 Lewin, Lippitt & White, 1939; Parsons & Bales, 1955; Coch & French, 1958

10 Bales & Slater, 1955

daß er die Bedürfnisse der Mitglieder nach Durchführung der Aufgabe befriedigt. Gleichzeitig aktiviert er infolge seines Prestiges Gefühle der Feindseligkeit, da er die meiste Zeit spricht und von den anderen Mitgliedern verlangt, sich auf die Aufgabe zu konzentrieren. Je mehr er redet, umso ambivalenter sind die Gefühle, die ihm entgegengebracht werden. Schließlich übertragen die Mitglieder einen Teil der Beliebtheit auf eine andere Person, die weniger aktiv ist und zu einem Nachlassen der bestehenden Spannungen beiträgt, indem sie etwa Witze macht oder die Gruppe in kritischen Situationen von Spannungen ablenkt. Dieser sozial-emotionale Führer macht die erwünschten Werte und Einstellungen wieder geltend, die durch die Anforderungen der Aufgabe in den Hintergrund gedrängt, entwertet oder unterdrückt worden waren.

Offensichtlich kommt es in dem Maße zu einer Differenzierung zwischen den beiden Rollen, in dem sich gegenüber dem aufgabenorientierten Führer feindselige Gefühle entwickeln. Für diese Annahme gibt es zwei Gründe. Erstens vereiteln diese feindseligen Gefühle die gleichzeitige Übernahme beider Rollen, und zweitens sind die Charaktereigenschaften der Mitglieder, die jeweils eine der beiden Rollen attraktiv finden und sie übernehmen könnten, sehr wahrscheinlich verschieden.[11] Der sozial-emotionale Spezialist muß andere mögen können und selbst beliebt sein, um die sozial-emotionalen Bedürfnisse der anderen befriedigen zu können. Im Gegensatz dazu muß der aufgabenorientierte Führer emotional distanziert sein. Wenn er die Gruppe führen soll, um eine Aufgabe zu Ende zu bringen, darf er von den anderen Mitgliedern nicht in der Art emotional abhängig werden, daß er über sie keine Macht mehr ausüben kann.

Empirische Daten über Unterschiede zwischen dem Aufgabenspezialisten und der beliebtesten Person stützen diese Annahme.[12] Die beliebtesten Personen mögen die anderen Gruppenmitglieder sehr und ungefähr gleich gern. Der Aufgabenspezialist verteilt seine Sympathien weit differenzierter: er mag einige Gruppenmitglieder viel lieber als andere. Aus anderen Forschungsarbeiten geht hervor, daß effektive Führer zwischen den Geführten stärker differenzieren als ineffektive Führer: sie nehmen die Persönlichkeitseigenschaften der von ihnen am meisten und am wenigsten gemochten Mitgliedern in stärkerem Maße als unterschiedlich wahr.[13] Bales und Slater vermuten, daß diese Unterschiede ein Ausdruck für Persönlichkeitsunterschiede zwischen den Personen sind, die später zu sozial-emotionalen Spezialisten werden und denen, die als aufgabenorientierte Führer fungieren. Wenn jemand alle anderen Mitglieder sehr und gleich gut leiden kann, so kann dies bei denjenigen ein

---

[11] Bales & Slater, 1955

[12] Fiedler 1960

[13] Bales & Slater, 1955

Bedürfnis nach Beliebtheit ausdrücken, die dann sozial-emotionale Führer werden. Aufgrund dieses Bedürfnisses haben sie oft ein beträchtliches Geschick entwickelt, sich bei anderen Leuten beliebt zu machen. Der aufgabenorientierte Führer kann andererseits recht gut jemand sein, der in der Lage ist, auch negative Reaktionen von anderen zu akzeptieren.

Günstige Bedingungen für maximale Rollendifferenzierung Das Argument hierzu ist, daß der Umfang der Rollendifferenzierung direkt mit dem Ausmaß zusammenhängt, in dem aufgabenorientierte Funktionen keinen Ertrag erbringen oder sogar einen Aufwand erfordern. Je weniger Befriedigung erfahren wird, wenn man auf ein Ziel hin arbeitet und je höher die damit verbundenen Kosten sind, um so wahrscheinlicher werden aufgabenorientierte und sozial-emotionale Funktionen auf verschiedene Personen konzentriert. Der Ertrag ist niedrig, wenn der Erfolg bei der Aufgabe nichts mit den Bedürfnissen der Teilnehmer zu tun hat. Die Kosten sind hoch, wenn zwischen den Mitgliedern weder eine Übereinstimmung über die Wichtigkeit der Aufgabe besteht noch darüber, wie sie anzugehen ist. Dementsprechend sind die Kosten tendenziell in dem Maße hoch, in dem Beeinflussungsversuche unter den Gruppenmitgliedern weitgehend persönlicher Natur sein müssen. Diese Bedingungen herrschen in Gruppen vor, in denen die Affekt-, Status-, Macht- und Kommunikationsstrukturen relativ unentwickelt sind und ein geringer Konsensus über Werte besteht, über die Angemessenheit bestimmter Aktivitäten, über die vorliegenden Fakten und wie diese Fakten einzuschätzen sind. Wie wir in Kap. 10 bemerkt haben, wird dann, wenn die Mitglieder sich über die Normen einig sind und sich danach verhalten, eine Konformität ohne die hohen Kosten erreicht, die bei der Ausübung von persönlichem Einfluß entstehen.

Diese Annahmen können geprüft werden, indem man die Fälle untersucht, in denen es zu einer sehr starken Rollendifferenzierung gekommen ist bzw. nicht gekommen ist. Verba hat behauptet, daß die ad hoc gebildeten kleinen Experimentalgruppen, die von Bales und seinen Mitarbeitern untersucht wurden, unter Bedingungen arbeiteten, die eine Rollendifferenzierung besonders begünstigten.[14] Unter der Vorgabe für die Gruppe, zu einer gemeinsamen Lösung eines hypothetischen Problems mitmenschlicher Beziehungen zu gelangen, wäre zu erwarten, daß Meinungsverschiedenheiten aufgrund unterschiedlicher Wertvorstellungen zutage treten. Die offensichtlich experimentelle Atmosphäre ist jedoch nicht dazu angetan, sich bei der Aufgabe sehr zu engagieren, so daß die aufgabenorientierten Bemühungen eines Führers keinen besonderen Anklang finden werden. Außerdem bestanden diese ursprünglich führerlosen Gruppen aus Universitätsstudenten, die mit wenigen Ausnahmen einander nicht kannten und deren Statuseigenschaften (z. B. Alter, Geschlecht etc.) eine zu

---

14 Verba, 1961

schmale Basis für eine Differenzierung abgaben, und somit wurden Versuche, eine Führerrolle zu übernehmen, kaum durch festgelegte Statuseigenschaften oder eine ausgebildete Gruppenstruktur gefördert. Experimentelle Untersuchungen über neu auftretende Führer und Führer in Gruppen mit ausgeprägter Gruppenstruktur legen die Vermutung nahe, daß letztere weniger dirigistisch sind und bei den Geführten weniger Widerstand hervorrufen als die ersteren. Verba zieht daraus folgenden Schluß:

> "Aus diesem Grunde wurden in den Experimenten Personen, die auf eine interpersonelle Kontrolle durch andere überhaupt keinen Wert legen, in Gruppen zusammengebracht, in denen die Ausübung einer derartigen Kontrolle durch keinerlei Hierarchie außerhalb der Gruppe abgestützt wurde. Die Mitglieder kennen sich gegenseitig nicht und weisen keine sichtbaren Statusunterschiede auf, die dem einen eine größere Einflußmöglichkeit in der Gruppe einräumen würden als dem anderen. Unter diesen Umständen ist es nicht verwunderlich, daß das aktivste Gruppenmitglied, selbst wenn es am meisten zur Gruppenleistung beiträgt, hinsichtlich sozio-emotionaler Kriterien von der Gruppe zurückgewiesen wird. Seine Kontrollversuche werden als Willkür und als direkte persönliche Herausforderungen angesehen. Und sein dirigistisches Verhalten führt leicht zu negativen Reaktionen. Wie Frank es ausgedrückt hat: 'Es kommt sofort zu Widerstand gegenüber einer Aktivität, wenn damit eine Unterwerfung unter eine persönliche Forderung irgendeines anderen verbunden ist, was einer persönlichen Niederlage gleichkommt.' "[15]

Diese Bemerkungen sind nicht so zu verstehen, daß in strukturierten Gruppen außerhalb der besonderen Laboratoriumsatmosphäre keine Rollendifferenzierung auftritt. Die alltägliche Erfahrung und auch empirische Untersuchungen zeigen, daß es unter mehreren Umständen in ausgebildeten Gruppen zu einer Rollendifferenzierung kommen kann.[16] In vielen Gesellschaften sind Belege für eine derartige Differenzierung in der Familienstruktur gefunden worden,[17] andere Studien lassen wiederum Zweifel aufkommen, ob eine solche Differenzierung auch gleichförmig innerhalb der amerikanischen Gesellschaft auftritt.[18]

---

15 Abgedruckt mit freundl. Genehmigung aus S. Verba, Small groups and political behavoir: A study of leadership, Princeton N.J.: (University Press), 1961, S. 169 - 170

16 Zelditch, 1955; Grusky, 1957

17 Zelditch, 1955

18 Leik, 1963; Levinger, 1964b

Unter natürlichen Bedingungen ist in ausgebildeten Gruppen eine Zweiteilung der Rollen zu erwarten, wenn zwischen dem Führer und anderen Mitgliedern ein ausgeprägter Unterschied besteht in bezug auf das Engagement an der Aufgabe und deren Einschätzung. In Arbeitskolonnen der Industrie ist der Vorarbeiter aufgrund seiner Position in der Unternehmenshierarchie in der Regel mehr daran interessiert, eine Aufgabe zu Ende zu bringen als der Arbeiter, und er wird auch die Arbeitssituation anders wahrnehmen. Unter diesen Umständen überrascht es nicht, wenn ein anderer eine informelle Führerrolle einnimmt und eine sozial-emotionale Funktion ausübt. Tatsächlich kann eine Vielzahl von Umständen unterschiedliche Einstellungen und Wertvorstellungen zwischen einem aufgabenorientierten Führer und den Geführten hervorbringen und somit das Aufsteigen eines sozial-emotionalen Führers begünstigen.

Andererseits erhöht jede Konstellation von Umständen, die diese Differenzen verringert, die Wahrscheinlichkeit dafür, daß eine Person in der Lage ist, beide Funktionen zugleich zu übernehmen, was der allgemeine Fall zu sein scheint. Aus verschiedenen Untersuchungen geht hervor, daß dort, wo die Bedingungen entweder die Durchführung einer Aufgabe oder die Lösung emotionaler Probleme besonders vordringlich werden lassen, diejenige Person am beliebtesten ist, die das vordringliche Problem zu lösen hilft, so daß es nur zu einer minimalen Spaltung in zwei Rollen kommt.[19] Es ist zu erwarten, daß der aufgabenorientierte Führer dann besonders geneigt ist, auch eine sozial-emotionale Funktion zu übernehmen, wenn ein äußerst gekonntes und eng koordiniertes Teamwork erforderlich ist; in Situationen also, die ein Risiko beinhalten. Solche Bedingungen bringen Spannungen mit sich, die immer wieder gelöst werden müssen, wenn die Gruppe gut als Team zusammenarbeiten soll. Goffman erörtert diese Funktion am Beispiel des Chefarztes, der sein Team während einer Operation überwacht. Einige Beispiele für das Auflösen von Spannungen sind:

> "(Der Medizinalassistent hält den Retraktor an das falsche Endes des Einschnittes und ist geistesabwesend, da ihn die Operation nicht interessiert).
>
> Der Chefarzt (mit spottendem englischen Akzent): 'Sie müssen das nicht unbedingt dorthin halten, vielleicht versuchen Sie es mal weiter unten. Sie wollen wohl schon wieder ins Bett, alter Knabe!'
>
> Chefarzt (der unabsichtlich vom Assistenzart mit einem Skalpell in den Finger gestochen wird): "Wenn ich Syphilis (sic) kriege, dann weiß ich auch von wem, hier sind Zeugen.'"[20]

---

19 Marcus, 1960; Turk, 1961; Meile, 1962; Burke, 1967, 1968

20 Abgedruckt mit freundl. Genehmigung aus E. Goffman, Encounters: Two studies in the sociology of interaction, Indianapolis (The Bobbs-Merrill Company Inc.), 1961, S. 122

Die Feindseligkeit dem Führer gegenüber und die Rollendifferenzierung nehmen ebenfalls ab, wenn durch den Führungsstil eine breite Verteilung dirigierender Handlungen ermutigt wird, so daß niemand zur einzigen Zielscheibe von Feindseligkeiten wird, wenn sich durch diese Handlungen die Nutzen-Kosten-Bilanzen verschlechtern. So kann der demokratische Führer, der eine Aufteilung der Verantwortung und eine Mitbestimmung an Entscheidungen ermutigt, sehr wohl in der Lage sein, wie Thibaut und Kelley behaupten, sowohl eine aufgabenorientierte als auch eine sozial-emotionale Rolle zu übernehmen.[21] Die infolge der Aktivitäten eines aufgabenorientierten Führers auftretende Feindseligkeit kann sich auch als Suche nach einem Sündenbock oder als Verlagerung der feindseligen Gefühle auf ein Mitglied mit niedrigem Status in der Gruppe äußern. In Gruppen, in denen nur geringe Motivation und Interesse an einer Aufgabe bestanden, wurde ein relativ starker Zusammenhang beobachtet zwischen dem Grad, in dem der aufgabenorientierte Führer den anderen in Aktivitäten voraus war, die mit der Aufgabe zu tun hatten, und dem Umfang an Feindseligkeiten, die sich auf die Person richtete, die am wenigsten an der Durchführung der Aufgabe beteiligt war.[22] War die Legitimation der aufgabenorientierten Aktivität stark - ausgedrückt in den Motivationen und Interessen der Teilnehmer - so bestand nur ein geringer Zusammenhang zwischen diesen Indikatoren einer Rollendifferenzierung und der Suche nach einem Sündenbock.

L e g i t i m a t i o n   v o n   F ü h r u n g   Die Laboratoriumsgruppen, an denen die Spaltung der Führerrolle zuerst untersucht worden war, wiesen noch in anderer Hinsicht einen Unterschied auf, der zu einem Verständnis wichtig ist, warum dieses Phänomen bei Gruppen weniger offensichtlich ist, die schon längere Zeit existieren. Wie bereits bemerkt, kommt es leicht zu feindseligen Gefühlen gegenüber dem aufgabenorientierten Führer, wenn die Gruppenmitglieder die für sie entstehenden Kosten dessen persönlicher Handlungsweise zuschreiben. Thibaut und Kelley weisen jedoch darauf hin, daß dann, wenn Gruppenmitglieder die dirigierenden Versuche des Führers als l e g i t i m wahrnehmen, kaum feindselige Reaktionen zu erwarten sind. Zu diesem Punkt führt Verba aus:

> "Eine der wirksamsten Möglichkeiten, für die instrumentellen Anweisungen des Gruppenführers Legitimation zu gewinnen und zu vermeiden, daß diese als persönliche, willkürliche Herausforderung gegenüber den anderen Gruppenmitgliedern aufgefaßt werden, besteht darin, daß der Führer in seinen Handlungen nicht als Einzelperson wahrgenommen wird, sondern als Agent einer unpersönlichen Macht, etwa der situationsbedingten "Sachzwänge" oder der Normen und Traditionen der Gruppe. Die Berufung des Gruppenführers auf eine äußere Autorität befreit den Geführten von der Last, die Kontrolle

---

21 Thibaut & Kelley, 1959

22 Burke, 1969

eines anderen Individuums akzeptieren zu müssen. In ihrer Untersuchung über Machtverhältnisse in einer Zweierbeziehung kommen Thibaut und Kelley zu dem Schluß, daß Gruppennormen den Effekt haben, die Spannungen zwischen den mächtigeren und den weniger mächtigen Mitgliedern der Gruppe zu lockern. Die Entpersönlichung von Verhaltenserwartungen durch die Übernahme von Normen macht die Einflußbeziehung zwischen dem mächtigeren und dem weniger mächtigen Gruppenmitglied für beide stabiler und annehmbarer. Für das weniger mächtige Mitglied würde die Ausübung von Kontrollen ohne normative Basis diese als willkürlich und unvorhersehbar erscheinen lassen und zu Widerständen seinerseits führen. Für das mächtigere Mitglied einer Zweierbeziehung wäre die Anwendung rein persönlicher Macht ebenfalls unangenehm. Entweder muß es die erstrebte Kontrolle reduzieren (und damit möglicherweise das Erreichen des Gruppenzieles gefährden), oder es riskiert negative Reaktionen seines Gegenübers. Somit ist die Ausübung von Kontrolle im Namen einer Reihe von Normen, die die Kontrolle legitimieren, zum beiderseitigen Vorteil für Führer und Geführte."[23]

Eine Möglichkeit, für die Handlungen des Führers Legitimation zu beanspruchen, ist die der formalen Anerkennung seiner Führerrolle. Dies ist in einem Experiment gezeigt worden, in dem je ein Aufsichtführender gewählt bzw. vom Versuchsleiter bestimmt wurde.[24] Unter diesen Umständen stellte sich heraus, daß die gewählte Aufsichtsperson, die wahrscheinlich als Person mit der größeren legitimierten Macht wahrgenommen wurde, in ihrer Arbeitsgruppe stärkeren Einfluß ausübte als die nicht gewählte Person.

Eine andere Untersuchung, die in einer Schulsituation durchgeführt wurde, läßt vermuten, daß das Aufkommen feindseliger Gefühle gegenüber dem Lehrer in direktem Zusammenhang damit stand, wie weit er die legitimen Erwartungen der Schüler dadurch verletzte, daß er mehr den eigenen Neigungen als den Bedürfnissen der Schüler folgte.[25] In Klassen des ROTC (Reserve Officers Training Corps, A. d. Ü.) sollten die Teilnehmer Papierobjekte herstellen. Dabei wurden die Instruktionen so schnell vorgetragen, daß sie gar nicht richtig aufgenommen werden konnten. Anschließend sollte unter den zwei folgenden Bedingungen darüber abgestimmt werden, ob die Instruktionen wiederholt werden soll-

---

[23] Abgedruckt mit freundl. Genehmigung aus S. Verba, Small groups and political behavoir: A study of leadership, Princetown N.J.: (University Press), 1961, S. 172 f.

[24] Raven & French, 1968

[25] Horwitz, 1963

ten oder nicht: unter lehrerzentrierter Bedingung wurde in den Studenten die Erwartung geweckt, die Stimme des Lehrers wiege zweimal so viel wie die der Gruppe. In der Situation mit studenten-zentrierter Bedingung erwarten die Studenten, die Stimme des Lehrers habe nur ein Viertel des Gewichts der Gruppenmeinung.

Spontane Äußerungen, die sich für ein Fortfahren des Unterrichts bzw. für eine Wiederholung der Instruktionen aussprachen, wurden nicht beachtet. Die Stimmabgaben erfolgten entsprechend einem Arrangement, nach dem der Lehrer sich eher dafür aussprach, zum nächsten Punkt überzugehen, während die Gruppe dazu neigte, die Instruktionen zur Herstellung der Papierobjekte zu wiederholen. Aufgrund dieser Einschätzung war ein Fortfahren des Unterrichts in der lehrer-zentrierten Gruppe legitim, da die Stimme des Lehrers den Ausschlag gab. Für die studenten-orientierte Gruppe bedeutete eine Fortführung des Unterrichts hingegen, daß der Lehrer das Gewicht der studentischen Wünsche zugunsten seiner eigenen Meinung willkürlich reduzierte, und dieses Vorgehen wurde als illegitim betrachtet. Unter dieser Bedingung wurde dem Lehrer, als der Versuchsleiter die Teilnehmer anschließend zu einem Urteil aufforderte, viel mehr Feindseligkeit entgegengebracht.

Ein anderer Typus der sozialen Norm bewahrt den aufgabenorientierten Führer vor den negativen psychischen Auswirkungen des Entzugs positiver Affekte. Es entwickeln sich rasch Normen, die zwischen dem Führer und einem Großteil der Geführten ein bestimmtes Maß an sozialer Distanz fördern und die Entwicklung einer emotionalen Abhängigkeit des Führers von der Mehrheit der Geführten verhindern. Dies ermöglicht ihm, seine aufgabenorientierten Funktionen zu erfüllen, ohne die emotionalen Zurückweisungen, die er erfährt, als zu schmerzhaft zu empfinden.

Wie Homans bemerkt, sollte man unterscheiden zwischen Beliebtheit und Achtung.[26] Führer werden oft geachtet, besonders wenn sie sich durch eine geschickte Führung Respekt erworben haben, aber sie sind seltener beliebt. In dem Maße, in dem es einem aufgabenorientierten Führer gelingt, der Gruppe viele Belohnungen zu verschaffen, wird er beliebt sein. Langfristig führen jedoch seine Kontrolle über Nutzen und Kosten der Gruppe und sein überlegener Status zu ambivalenten Gefühlen ihm gegenüber. So kommt es in den meisten Gruppen außerhalb der speziellen Laboratoriumsbedingungen nicht zu einer ausgeprägten Unterscheidung zwischen aufgabenorientierter und sozial-emotionaler Führerschaft. Die Tendenz der Unvereinbarkeit, sobald beide Funktionen von einer Person übernommen werden, resultiert in einer bestimmten Ambivalenz dem Führer gegenüber und trägt zweifellos zu den Kosten bei, die dieser aufzuwenden hat.

---

[26] Horwitz, 1963

Zusammenfassung: Rollendifferenzierung
Unter bestimmten Bedingungen treten ein aufgabenorientierter und ein sozial-emotionaler Führer zur Führung der Gruppe auf. Der aufgabenorientierte Spezialist organisiert und dirigiert die Aktivitäten der Mitglieder so, daß diese sich darauf konzentrieren, Gruppenziele mit einem Maximum an Effizienz zu erreichen. Der sozial-emotionale Spezialist stärkt die Moral und schwächt die Spannungen ab, die im Laufe der Gruppenaktivitäten aufkommen. Diese beiden Spezialisten tragen dazu bei, die Gruppe in einem Zustand der Ausgewogenheit zu halten. Aktivitäten zur Erfüllung einer Aufgabe führen innerhalb von Gruppen zu Frustrationen von Bedürfnissen und bedeuten Kosten, so daß sich Kräfte bemerkbar machen, die die Gruppenaktivitäten von der Aufgabe ablenken und den Bedürfnissen und der Reduktion oder Kompensation der Kosten zuwenden. Der sozial-emotionale Spezialist hilft durch Späße oder Ermunterung oder durch Bildung von Corpsgeist, diese gegenläufigen Tendenzen zu neutralisieren.

Der aufgabenorientierte Spezialist ist selten das beliebteste Gruppenmitglied. Seine Rolle, die darin besteht, die Anstrengungen der anderen Mitglieder auf die Erfüllung der Aufgabe zu konzentrieren, verhindert dies und führt gelegentlich sogar zu feindseligen Gefühlen ihm gegenüber. Um seine Funktionen angemessen erfüllen zu können, darf er außerdem von den anderen Mitgliedern emotional nicht so abhängig sein, daß er keine Macht mehr über sie ausüben kann. Dies drückt sich in seinen stark selektiven Sympathien für andere Mitglieder aus, im Gegensatz zum sozial-emotionalen Führer, der die anderen Mitglieder nicht nur sehr gern, sondern auch etwa gleich gern mag.

Ob es zu einer Rollendifferenzierung kommt, hängt direkt von dem Ausmaß ab, in dem aufgabenorientierte Funktionen keinen Nutzen erbringen oder sogar Kosten verursachen. Sie ist am ehesten in Gruppen zu erwarten, in denen die Affekt-, Status-, Macht- und Kommunikationsstrukturen relativ unentwickelt sind und ein geringer Konsensus besteht in bezug auf Werte, die Angemessenheit von Handlungen, über die in einer Situation vorliegenden Fakten sowie darüber, wie diese Fakten einzuschätzen sind. In Gruppen, die schon länger bestehen, und in denen die Macht des Führers in der Hauptsache auf Legitimation beruht, sind feindselige Gefühle und Reaktionen ihm gegenüber etwas geringer. Seine Forderungen werden nicht als persönliche oder willkürliche Bedürfnisse wahrgenommen, sondern als situationsspezifische oder gruppennormative Erfordernisse. In den meisten Gruppen außerhalb des Laboratoriums kommt es nicht zu einer ausgeprägten Unterscheidung zwischen aufgabenorientierter und sozial-emotionaler Führerschaft. Finden sich diese Funktionen in einer Person vereinigt, so führen sie zu Gefühlen der Feindseligkeit ihr gegenüber und erhöhen ihre Kosten.

Eine Aufspaltung der Führerschaft ist ferner dann weniger wahrscheinlich, wenn die Bedingungen für alle Gruppenmitglieder entweder die Erfüllung einer Aufgabe oder die Befriedigung sozial-emotionaler Bedürfnisse vordringlich werden lassen, so daß der anderen Funktion nur eine geringe Bedeutung zukommt. In diesem Fall wird die Person die beliebteste sein, die am meisten zu der relevanten Funktion beisteuert. Ein anderer Faktor, der Feindseligkeit gegenüber dem aufgabenorientierten Führer reduziert, ist die Verteilung der Verantwortlichkeit für und der Mitbestimmung an Entscheidungen, so daß niemand zur alleinigen Zielscheibe feindseliger Gefühle werden kann.

ROLLENZUORDNUNG UND AUSTAUSCHTHEORIE

Die Austauschtheorie geht davon aus, daß die Übernahme einer Führungsfunktion von den Nutzen-Kosten-Bilanzen abhängt, die der Betreffende und die von ihm Geführten erfahren. Nutzen und Kosten sind eine Funktion der situationsspezifischen Erfordernisse, etwa der Art der gestellten Aufgabe, der Eigenschaften, Bedürfnisse und Fähigkeiten des Betreffenden und der Geführten, seiner Position innerhalb der Macht- und Kommunikationsstrukturen und in einigen Fällen auch der Affektstrukturen. Diese Nutzen und Kosten werden im Folgenden eingehender behandelt.

Nutzen und Kosten des Führers

Der Nutzen für Führung ist ein zweifacher: erstens die Befriedigung, die sich aus der erfolgreichen Bewältigung einer Aufgabe ergibt und zweitens der Nutzen, der sich aus der Führung selbst ergibt. Dazu gehört die Befriedigung von Leistungs- und Dominanz- sowie von sozial-emotionalen Bedürfnissen.

Personen, die eine Führerrolle einnehmen, nehmen auch etliche Kosten auf sich. Zusätzlich zu dem Aufwand der direkt mit zielorientierten Aktivitäten in Verbindung steht, erwachsen dem Führer Kosten in Form von Zwang durch die Notwendigkeit, als Modell für das Gruppenverhalten zu dienen. Andere Kosten sind etwa die Angst vor einem stets möglichen Mißerfolg, Widerstände gegenüber seinem Führungsanspruch und daraus folgender Statusverlust und Scham- und Schuldgefühle, wenn seine Anweisungen zwar befolgt wurden, der Gruppe jedoch einen Mißerfolg einbrachten. Da sein eigenes Verhalten schließlich die Nutzen-Kosten-Bilanzen der anderen Mitglieder oft gegenteilig beeinflußt, kann ihn dies deren Freundschaft kosten. Er riskiert nicht nur seinen Status, sondern auch seine Popularität. Eng damit zusammen hängen die Kosten der Einsamkeit. Der Führer wird oft gemieden, nicht nur, weil er vielleicht feindselige Gefühle erweckt hat, sondern auch aufgrund seiner Macht: andere betrachten eine Interaktion mit ihm als riskant im Hinblick auf negative Nutzen-Kosten-Bilanzen.

Nutzen und Kosten der Gefolgschaft

Wer einem Führer folgt, wird auf verschiedene Weise belohnt. Als erstes ist das Erreichen eines Zieles zu nennen. Oft sind die Geführten bereit, sich führen zu lassen, da sie einsehen, daß die Ziele der Gruppe ohne Führung nicht erreicht werden können. Zweitens werden genau wie beim Führer auch hier bestimmte persönliche Bedürfnisse befriedigt, vor allem solche nach Abhängigkeit. Verfügt der Führer über hoch bewertete Eigenschaften, so können andere Bedürfnisse symbolisch dadurch befriedigt werden, daß man sich mit ihm identifiziert. Ebenso können die Geführten durch die Identifikation mit dem Führer einen Sinn für ein gemeinsames Ziel entwikkeln, was ihre Wahrnehmung der sozialen Wirklichkeit unterstützt.[27] Beide Konsequenzen der Identifikation mit dem Führer können dem Phänomen des Charismas zugrunde liegen, eine besondere Qualität, von der man annimmt, daß sie viele Führer auszeichnet.[28] Mit anderen Worten, es wird vermutet, daß Charisma eine Funktion des Ausmaßes ist, in dem die Geführten sich mit einem Führer identifizieren können, ihn als Modell ansehen, dem sie entweder in der Phantasie oder in Wirklichkeit nacheifern. Schließlich besteht ein Nutzen des Geführten in der Umgehung von Kosten. Durch die Übernahme der Rolle des Geführten vermeidet er die Angst vor dem Risiko eines Mißerfolges in einer Führerrolle sowie die damit verbundenen Schamgefühle.

Zu den Kosten der Geführten gehört ihr niedriger Status. In einigen Gruppen, z. B. am Arbeitsplatz, erhält der geführte Arbeiter auch weniger Lohn. Der Geführte hat ferner weniger Kontrolle über die Aktivitäten der Gruppe und über andere Mitglieder. Somit können diese Tätigkeiten für ihn weniger belohnend und teurer sein als es der Fall wäre, wenn er ein größeres Maß an Kontrolle hätte. Es entgeht ihm ferner die intrinsische Befriedigung, die sich aus einem Engagement in Führungsaufgaben ergeben würde: es ist wahrscheinlicher, daß ihm die uninteressanteren alltäglichen Jobs übertragen werden.

Situationsspezifische Determinanten der Führung

Die mit den verschiedenen Verhaltensweisen von Führern und Geführten verbundenen Nutzen und Kosten sind zum Teil eine Funktion situationsbedingter Erfordernisse. In einer Reihe von Untersuchungen wird vermutet, daß dann, wenn angesichts situationsspezifischer Anforderungen die Kosten eines inak-

---

[27] Hollander & Julian, 1969

[28] Weber, 1968

tiven Verhaltens genügend hoch sind, die Gruppenmitglieder darauf mit einem angemessenen Verhalten reagieren werden. So werden etwa in ursprünglich führerlosen Laboratoriumsgruppen oder in Gruppen, die zwar unter natürlichen Bedingungen untersucht wurden, deren bisherige Führer jedoch nicht in der Lage waren, ihrer Führerrolle gerecht zu werden, bestimmte Mitglieder diese Situation ausnutzen.[29] Welches Verhalten dann auftritt und bei wem, wird zum Teil von den Anforderungen der Situation bestimmt. Ein Autor stellte fest, daß der sozial-emotionale Spezialist in einer Gruppe von psychisch Kranken seine Führerrolle eher übernahm, wenn es zwischen den Patienten zu Konflikten kam.[30] Andere haben gezeigt, daß im Verlauf des Problemlösungsprozesses die Gruppenmitglieder mit einem Verhalten reagieren, das jeweils dem Problem angemessen ist, dem die Gruppe in den einzelnen Phasen konfrontiert ist.[31]

Wer darauf reagiert, hängt von Nutzen und Kosten ab, die sich aufgrund der Wechselwirkung zwischen den situationsspezifischen Anforderungen und den persönlichen Eigenschaften der einzelnen ergeben. Die unterschiedliche Verteilung bestimmter Fähigkeiten beeinflußt die Kosten der Mitglieder; wer über die benötigten Fähigkeiten in hervorragendem Maße verfügt, kann auf die Situation mit geringerem Kostenaufwand reagieren als diejenigen, die solche Fähigkeiten nicht aufweisen. Das wird von Untersuchungen von Gruppen belegt, in denen es zu einer Verschiebung in der Führung kam, sobald die Art der Aufgabe sich änderte. In einer Studie wurde etwa eine Gruppe bei der Lösung sechs verschiedener Aufgaben beobachtet und für jedes Mitglied in jeder Situation dessen Führung eingeschätzt.[32] Die Daten wurden einer statistischen Analyse unterzogen, um festzustellen, welche Basisfunktionen den einzelnen Aufgaben zugrunde lagen. Die Analyse ließ vermuten, daß es zwei Aufgabentypen gibt, die einer Führung in Gruppen zugrunde liegen. Der eine war gekennzeichnet durch die Fähigkeit, in Situationen zu führen, die *intellektuelle* Problemlösungen verlangen und der andere durch die Fähigkeit, in Situationen die Führung zu übernehmen, in denen eine *Hantierung mit Gegenständen* erforderlich ist.

Situationen, die unterschiedliche Interessen verlangen, führen ebenfalls zu unterschiedlichen Nutzen-Kosten-Bilanzen der Mitglieder, die eine Führungsrolle übernehmen. Außer dem etablierten Führer einer Gruppe übernehmen solche Personen in einer Situation eine führende Rolle, wenn sie an dem entsprechenden Problem besonders interessiert sind.[33]

---

29 Bales & Slater, 1955

30 Parker, 1958

31 Bales & Strodtbeck, 1951

32 Carter, Haythorn & Howell, 1950

33 Crockett, 1955

PERSÖNLICHKEITS-EIGENSCHAFTEN UND FÜHRUNGSVERHALTEN

Zu Beginn des Kapitels haben wir bemerkt, daß Untersuchungen über individuelle Eigenschaften zwischen Führern und Gefolgschaft sich als nicht sehr fruchtbar erwiesen haben. Das soll jedoch nicht heißen, daß zwischen der Übernahme einer Führerrolle durch einzelne Gruppenmitglieder und deren Persönlichkeit kein Zusammenhang besteht. Während es zwar keine Persönlichkeitseigenschaft gibt, die die Übernahme einer Führerrolle in allen Situationen garantiert, so lassen doch Untersuchungen über die relative Häufigkeit verschiedener Eigenschaften bei Führern und Geführten sowie Studien über den Allgemeinheitsgrad bzw. die Spezifität von Führung je nach Situation und Gruppe vermuten, daß bestimmte persönliche Eigenschaften die Wahrscheinlichkeit erhöhen, daß jemand in einer Vielfalt von Situationen die Rolle des Führers bzw. des Geführten einnimmt. Das gilt insbesondere, wenn man Führungs v e r h a l t e n s - w e i s e n miteinander vergleicht, im Gegensatz zu festen Eigenschaften, von denen angenommen wird, sie seien relativ überdauernde Charakteristika der Person.

Aus etlichen Untersuchungen geht hervor, daß Führung in unterschiedlichen Problemsituationen einen gewissen Allgemeinheitsgrad aufweist.[34] Dieser ist am höchsten, wenn der Inhalt der einzelnen Probleme zueinander in Beziehung steht. Dies wurde in der bereits erwähnten Untersuchung demonstriert, in der die gestellten Aufgaben entweder die Fähigkeit verlangten, in intellektuellen Problemlösungssituationen zu führen oder aber in Situationen, in denen es um die Hantierung mit Gegenständen ging.[35] Innerhalb jeder Aufgabengruppe übernahmen in der Regel jeweils dieselben Personen die Führung. In einer anderen Studie variierte man die Zusammensetzung von Gruppen aus drei Personen, die dasselbe Problem bearbeiten sollten.[36] Diejenigen, die in Hinsicht auf Fähigkeit zur Problemlösung, Selbstbewußtsein und soziometrische Popularität in der ersten Gruppe am besten abschnitten, taten dies auch in den drei folgenden Gruppensitzungen, in denen sie mit anderen Personen zu tun hatten.

In vielen Situationen können bestimmte Eigenschaften wie Intelligenz, oder bestimmte allgemeine Fähigkeiten wie Wortgewandtheit mit Führerschaft zusammenhängen, da unter diesen Umständen die Führerrolle ohne große Kosten übernommen werden kann. Die Führer- und die Geführtenrolle kann

---

[34] Carter & Nixon, 1949; Gibb, 1954; Katz, McClintock & Sarnoff, 1957

[35] Carter, Haythorn & Howell, 1950

[36] Borgatta, Couch & Bales, 1954

mit persönlichen Eigenschaften zusammenhängen, da die durch die Rolle geforderten Aktivitäten zur Befriedigung dominierender persönlicher Bedürfnisse dienen. Dies steht mit der Beobachtung in Einklang, daß Führer im allgemeinen bezüglich solcher Eigenschaften wie Überlegenheit[37] und Dominanz[38] hoch rangieren, und es stimmt überein mit dem Argument, daß diejenigen, die bereitwillig die Geführtenrolle übernehmen, darin die Befriedigung ihrer Bedürfnisse nach Abhängigkeit finden.[39]

Untersuchungen an einer Vielzahl von Gruppen unter natürlichen Bedingungen zeigen, daß aufgabenorientierte Führer von effektiveren Gruppen in höherem Maße zu einer Differenzierung ihrer Gruppenmitglieder in der Lage sind als Führer von weniger effektiven Gruppen.[40] Sie nehmen ihre stärksten und schwächsten Mitarbeiter als unähnlicher wahr, als dies weniger effektive Führer tun. Da diese Wahrnehmungseigenschaft mit dem effektiven Funktionieren der Gruppe zusammenhängt, wird sie im folgenden Kapitel eingehender erörtert werden. In den Fällen, wo es zu einer Aufteilung der Führerrollen kommt, kommt es auch - wie schon erwähnt - zu unterschiedlichen Sympathieverteilungen bei aufgabenorientierten bzw. sozial-emotionalen Führern. Ein von Bales und Slater durchgeführter Vergleich zwischen beiden Typen ergab, daß der sozial-emotionale Führer jedes Gruppenmitglied sehr gern mag und dabei kaum Unterschiede macht, während der aufgabenorientierte Führer seine Sympathien selektiver verteilt. Die Autoren interpretieren diesen Unterschied, wie auch die aufgrund hoher Werte auf der F-Skala (s. Kap. 2) festgestellte Rigidität und absolute Haltung des sozial-emotionalen Führers, dahingehend, daß der letztere ein starkes Bedürfnis nach Beliebtheit hat:

> "Diese beliebtesten Personen sagen dann tatsächlich: 'Ich mag jeden'. In Verbindung mit ihrem hohen Wert auf der F-Skala legt dies die Möglichkeit einer gewissen Rigidität in den Einstellungen vieler sehr beliebter Personen hinsichtlich zwischenmenschlicher Beziehungen nahe. Es ist gut möglich, daß sie 'geliebt werden müssen' und sich in dieser Hinsicht profilieren müssen, und zwar aufgrund der einschmeichlerischen Fähigkeiten, die sie zeit ihres Lebens erworben haben, indem sie die gewünschte Situation herstellten. Ihre Meidung von differenzierten Sympathien kann ein Ausdruck der zwanghaften und kritiklosen Art dieses Strebens sein."[41]

---

[37] Guetzkow, 1970

[38] Hunter & Jordan, 1939; Richardson & Hanawalt, 1943

[39] Fromm, 1941

[40] Fiedler, 1960

[41] Abgedruckt mit freundl. Genehmigung aus R. F. Bales und P. E. Slater: Role differentiation in small decision-making groups. In: T. Parsons und R. F. Bales (Hg.), Family, socialization and interaction process. Chicago (The Free Press of Glencoe), Ill., 1955, S. 294 f.

Die niedrigeren Werte auf der F-Skala, die der aufgabenorientierte Führer aufweist, sowie seine mehr selektiven Sympathien gegenüber anderen Gruppenmitgliedern, werden von Bales und Slater als Fähigkeit interpretiert, ein bestimmtes Maß an negativen Gefühlen seitens anderer aushalten zu können:

> "Für den aufgabenorientierten Führer scheint es wichtig zu sein, ein gewisses Maß an negativen Gefühlen ihm gegenüber zu ertragen, ohne seine Rolle aufzugeben, und seine offensichtliche Bereitschaft zur Sympathiedifferenzierung kann als Anzeichen dafür angesehen werden, daß er diese Fähigkeit zumindest in einem gewissen Grade besitzt. Das Wissen darum, nicht jedermann gern haben zu müssen, impliziert das Bewußtsein und das Akzeptieren der Tatsache, daß man nicht von jedermann geliebt zu werden braucht."[42]

Schließlich können einige persönliche Eigenschaften insofern mit der Übernahme von Führerrollen zusammenhängen, als ihr Besitz andere dazu bringt, dem Betreffenden die Führerschaft zu gestatten. Welche Eigenschaften dies sind hängt davon ab, welche Nutzen-Kosten-Bilanzen sich daraus für die Geführten ergeben. Sanfords Untersuchung, welcher Führungsstil von autoritären und egalitären Individuen bevorzugt wird, liefert hierfür ein Beispiel.[43] Er fand heraus, daß sich autoritäre und egalitäre Personen hinsichtlich des bevorzugten Führungsstils als auch ihrer Reaktionen gegenüber einem Führerverhalten unterscheiden. Autoritäre Personen ziehen Führer vor, die hohen Status und Stärke aufweisen und eine straffe Führung ausüben. Schwache Führer werden von ihnen abgelehnt, sie reagieren sogar feindselig darauf. Im Gegensatz dazu sind egalitäre Personen zwar in der Lage, falls es die Situation erfordert, sich einer strengen Führung zu unterwerfen, finden daran jedoch keine Befriedigung. Sie bewerten die Führer danach, wie weit diese auf Gruppenmitglieder und das Wohlergehen der Gruppe Rücksicht nehmen, während autoritäre Persönlichkeiten zielorientiert sind.

Zusammenfassung: Persönlichkeit und Führerschaft

Selbst bei unterschiedlichen Aufgaben weist Führerschaft einen gewissen Allgemeinheitsgrad auf, vor allem wenn die Aufgaben ähnliche Inhalte haben. Auch übernehmen in der Regel dieselben Personen in unterschiedlichen

---

[42] Abgedruckt mit freundl. Genehmigung aus R. F. Bales und P. E. Slater: Role differentiation in small decision-making groups. In: T. Parsons und R. F. Bales (Hg.), Family, socialization and interaction process. Chicago (The Free Press of Glencoe), Ill., 1955, S. 295

[43] Sanford, 1952

Gruppen die Führung, wenn die Aufgabe dieselbe bleibt. Bestimmte persönliche Eigenschaften, etwa Intelligenz oder verbale Überzeugungskraft, können auch bei unterschiedlichen Aufgaben mit Führerschaft zusammenhängen, wenn diese Fähigkeiten für eine erfolgreiche Erfüllung der Aufgabe erforderlich sind. Eine Eigenschaft, die anscheinend bei vielen aufgabenorientierten Führern anzutreffen ist, ist die Fähigkeit, zwischen sich und den meisten anderen Gruppenmitgliedern eine emotionale Distanz zu bewahren. Der sozial-emotionale Führer wiederum hat anscheinend ein starkes Bedürfnis, von allen in der Gruppe geliebt zu werden. Schließlich fördern bestimmte Eigenschaften der Geführten diejenigen Personen als Führer, die für die betreffenden Personen die günstigsten Nutzen-Kosten-Bilanzen erzielen können.

EINFLÜSSE VON GRUPPENSTRUKTUREN AUF DIE FÜHRERSCHAFT

Bisher hat die Diskussion die folgenden Punkte in den Vordergrund gestellt: 1. Personen zeigen in dem Maße Führerverhalten, in dem ein derartiges Verhalten sowohl für den Führer wie für den Geführten günstige Nutzen-Kosten-Bilanzen erbringt. 2. Je nach den situationsspezifischen Anforderungen übernehmen die Personen mit den entsprechenden Fähigkeiten, Interessen und Bedürfnissen eher die Führung als andere. 3. Wo eine stabile Führung besteht, verfügt der Führer über Eigenschaften, die in vielen unterschiedlichen Situationen zu ähnlichen Ergebnissen führen. In Laboratoriumsgruppen, deren Existenz gewöhnlich nur von sehr kurzer Dauer ist, können diese verschiedenen Faktoren angemessen erklären, warum es einigen Personen gelingt, ihre Führungsrolle über eine bestimmte Periode hindurch aufrechtzuerhalten. In Gruppen, die genügend lange zusammengearbeitet haben, um stabile Strukturen und bestimmte Routinen zu entwickeln, kann jedoch ein Großteil der Stabilität der Besetzung der Führerrolle anders erklärt werden. Vielleicht können wir das am besten verstehen, wenn wir uns fragen, warum die Führer-Geführter-Beziehung, die in einer Situation entsteht, in einer neuen Situation forgesetzt wird.

Die Antwort liegt zum Teil in der Tatsache begründet, daß das gegenseitig belohnende Muster in der vorherigen Situation bestimmte Stabilitäten der Kommunikations-, Macht- und Statusstrukturen geschaffen hat, wodurch die anfänglich ausgebildeten Führungsmuster verstärkt werden. Zu dieser Strukturstabilisierung kann es auf verschiedene Weise kommen. In bezug auf die Kommunikationsstruktur nimmt Klein an, daß Kommunikationsgewohnheiten, die zur Lösung einer Reihe ähnlicher Probleme verwendet wurden, in eine Situation führen, die durch neue Probleme gekennzeichnet ist:

"Nehmen wir nun an, daß dasselbe Problem in der Geschichte der Gruppe häufig aufgetreten ist. In diesem Fall wird die Sequenz, in der Beiträge zur Durchführung der Aufgabe geleistet werden, dazu tendieren, zur Gewohnheit zu werden. Für bestimmte Mitglieder wird es zur Gewohnheit, zu sprechen, bevor andere dies tun; Jack wird warten, bis John gesprochen hat. Auf diese Weise kommt es zu Einschränkungen einer freien Kommunikation. Das Bedürfnis nach Ordnung und Vorhersehbarkeit des Verhaltens wird diese Tendenz noch unterstreichen. Sobald eine derartige Routine sich eingeschliffen hat, wird sie leicht beibehalten, selbst wenn die Aufgabe nicht zur Routine gehört. So kann es vorkommen, daß die Kommunikationsstruktur unabhängig von dem Problem wird, das gelöst werden soll..."[44]

Wie einige Autoren bemerkt haben, hebt die erfolgreiche Beendigung einer Tätigkeit, die zum Erreichen des Gruppenzieles beiträgt, den Status der betreffenden Person.[45] Sobald sich eine Statusstruktur herausgebildet hat, in der den Führenden ein hoher Status zugeschrieben wird, wird diese in der Regel andauern. Berger, Cohen und Zelditch haben behauptet, daß vor allem beim Fehlen anderer Informationen ein Status, der aufgrund einer bestimmten Fähigkeit beim Lösen eines Problems in einem Bereich erworben wurde, auch auf andere Bereiche übertragen wird.[46] Ebenso bemerkt Hollander, daß frühzeitige Problem-Kompetenz und Konformität mit den Gruppennormen einem Führer Statuskredite einbringen, wie wir in Kap. 9 gesehen haben. Später kann der Führer diese Kredite "einlösen", um seinen Einfluß in den Situationen zu stärken, in denen er die Erwartungen enttäuschen muß, um als Führer innovativ wirken zu können.[47]

Die Kommunikations- und die Statusstrukturen verstärken sich gegenseitig und hängen ihrerseits auf eine sehr komplexe Weise mit Macht zusammen. Vor allem hoher Status kann oft die Macht einer Person vermehren, er kann jedoch gleichzeitig als Bremse von Macht dienen: er ist gefährdet, wenn die Macht zu frei ausgeübt wird (s. Kap. 9). Der Zusammenhang zwischen Macht, Führerschaft und Zentralität in der Kommunikation (communication centrality) ist ebenfalls von Bedeutung. Klein hat behauptet, daß die zentralste Person in einem Kommunikationsnetz größeren direkten und indirekten Zugang zu den Informationen hat, über die andere verfügen, und da viele ihren Einfluß auf die Gruppe über ihn ausüben

---

44 Abgedruckt mit freundl. Genehmigung aus J. Klein: The Study of Groups, London (Routledge & Kegan, Paul, Ltd.), 1956, S. 25

45 Parsons, Bales & Shils, 1953

46 Berger, Cohen & Zelditch, 1966

47 Hollander, 1960

müssen, kann er den Informationsfluß zu seinem Vorteil kanalisieren. Außerdem macht allein seine zentrale Stellung die Gruppe in höchstem Grade von ihm abhängig, da er Führungsfunktionen wahrnimmt.[48] Sowohl er als auch andere werden ihn als Führer definieren. Daß er so definiert wird, wird von einer Anzahl Untersuchungen gestützt, die im nächsten Kapitel eingehender besprochen werden. Bei diesen Experimenten wurden die Informationskanäle, die den Mitgliedern von problemorientierten Gruppen offen standen, so arrangiert, daß einige Personen viel zentralere Positionen innehatten als andere. Als die Teilnehmer aufgefordert wurden anzugeben, wer in ihren Gruppen der Führer war, wurden am häufigsten die Personen in den zentralsten Positionen genannt.

Schließlich beeinflußt die Besetzung eines bestimmten Status, ob der eines Führers oder eines Geführten, die Fähigkeiten und Motive des Betreffenden in der Weise, daß eine bestehende Struktur aufrecht erhalten wird. In einer Erörterung der Neigung von Führern aus der Arbeiterbewegung, ihre Stellung beizubehalten, bemerkt Michels, daß Führer eine Geschicklichkeit bei der Ausübung von Führerfunktionen entwickeln, während den Geführten diese Möglichkeit oft verweigert wird.[49] Gleichzeitig mündet der größere Aufwand an Zeit und Energie sowie die Hereinnahme der Rolle in das Selbst in eine starke Motivation der Führer, ihre Position zu erhalten. Das entsprechend geringere Engagement des Geführten, das oft einem Gefühl der Verpflichtung dem Führer gegenüber parallel läuft, trägt ebenfalls dazu bei, daß beide in ihren Rollen verharren.

Führung, Autorität und die normative Struktur

Stabilität der Führerschaft ist auch eine Folge der normativen Struktur. Die Verhaltenserwartungen, die die Gruppenmitglieder gegenseitig an sich richten, gehen sehr schnell in die Richtung, daß vom Führer erwartet wird, daß er führt und daß der Geführte damit einverstanden ist. Erwartungen, die durch von der Gruppe verhängte Sanktionen verstärkt werden, bilden die Grundlage der Autorität des Führers. Blau hat das Entstehen von Autorität in formellen wie informellen Gruppen beschrieben.[50] In informellen Gruppen beruht der anfängliche Einfluß des Führers auf einen Geführten auf einem Austausch, bei dem der Geführte für seine Einwilligung in die Forderungen des Führers aufgabenbezogene Belohnungen zu geringen Kosten erhält, und zwar aufgrund der Aufgabenkompetenz des Führers. Nach und nach respektieren die Geführten die Anweisungen des Führers, seine Kom-

---

[48] Klein, 1956

[49] Michels 1949

[50] Blau, 1964a

petenz, Fairness und sein Interesse an einer Gruppenleistung. Im Austausch ihrer Ansichten über seine Führung gelangen sie schließlich zu einem Konsensus. An diesem Punkt entstehen soziale Zwänge, um eine fortdauernde Unterstützung und Anerkennung des Führers zu sichern: seine Position ist l e g i t i m i e r t. Diese sozialen Zwänge hindern einzelne Mitglieder, die den Führer normalerweise bekämpfen würden, ihren Widerstand zu äußern. Sobald jemand als der legitime Führer einer Gruppe anerkannt ist, sind die meisten Mitglieder mit seinen Anweisungen einverstanden, was für beide Seiten mit geringem Kostenaufwand möglich ist.

Allerdings weist die Untersuchung von Blau auf ein fundamentales Dilemma der Führung hin.[51] Um Führer zu werden, muß man über Macht verfügen, und die Gruppe muß der Anwendung dieser Macht zustimmen. Andererseits sind die Erringung von Macht und von sozialer Zustimmung miteinander unvereinbar. Die Anforderungen, die ein Führer an die Mitglieder stellen muß, können deren Bilanzen verschlechtern und die Bemühungen des Führers vereiteln, eine positive Beziehung zur Gruppe herzustellen. Macht wird dadurch errungen, daß man anderen Möglichkeiten verschafft, die ihre Bilanzen verbessern und sie abhängig machen, aber sie verlangt auch, daß der Führer unabhängig von den Möglichkeiten bleibt, die ihm von den Mitgliedern angeboten werden. So kann er auch keine Gefälligkeiten annehmen, die sie ihm erweisen wollen, um ihre Verpflichtungen ihm gegenüber zu verringern, und seine Weigerungen werden schnell als Zurückweisungen betrachtet. So ist es für ihn nicht leicht, von ihnen die Zustimmung zu seiner legitimen Führerschaft zu erhalten.

Die Lösung diese Dilemmas ist eine vorübergehende. In der frühen Phase der Existenz einer Gruppe setzt der Führer seine Macht auf eine Art und Weise ein, die bei den Geführten höchstens die Zustimmung bewirkt, die er benötigt, um die Führung zu übernehmen, aber in späteren Phasen bedient er sich der Macht so, daß seine Führerschaft gebilligt und legitimiert wird. So zögert er in den frühen Phasen nicht, mit den anderen Gruppenmitgliedern um Macht zu konkurrieren. Er versucht, seine Kompetenz zu demonstrieren, für den Job des Führers der geeignetste Mann zu sein. Der potentielle Führer einer Bande setzt beispielsweise seine körperliche Überlegenheit zuerst gegenüber anderen Bandenmitgliedern ein, um seine Dominanz zu bestätigen. Erst dann kann er ihre Aktivitäten organisieren und sie bei ihren Raubzügen anführen. In gleicher Weise demonstriert derjenige, der in einer problemorientierten Gruppe seine Intelligenz, Ausbildung und Erfahrung anwendet, zunächst seine Führungskompetenz. Sobald er fest im Sattel sitzt, kann er seine nun vermehrten

---

[51] Blau, 1964a

Möglichkeiten darauf verwenden, die Gruppenmitglieder bei Laune zu halten und ihre Zustimmung und Anerkennung als der legitime Führer der Gruppe zu gewinnen.

Im Falle einer formalen Autorität wird diese erste Phase der Mobilisierung von Macht übersprungen. Die ursprüngliche Macht eines formalen Führers, etwa eines Managers in einer Firma, beruht auf den Bedingungen des Arbeitsvertrages. Danach ist es ihm erlaubt, bei Handlungen, die seinen Anweisungen zuwiderlaufen, den widersetzlichen Angestellten mit Sanktionen zu belegen, etwa ihn zu versetzen oder zu entlassen. Mit der Zeit wird jedoch auch er durch die Art und Weise, in der er seine Macht gebraucht, die auf formalen Sanktionen beruht, legitime Autorität erwerben.

> "Die offizielle Position und Macht des Managers geben ihm verschiedene Möglichkeiten, seinen Untergebenen wichtige Dienste zu erweisen, die diese ihm gegenüber verpflichten. Sein überlegenes Wissen und seine Fähigkeiten, aufgrund deren er wahrscheinlich für diese Position ausgesucht wurde, ermöglichen ihm, Neulinge einzuweisen und erfahrenere Mitarbeiter zu beraten. Sein formaler Status eröffnet ihm den Zugang zu den Männern an den Spitzen und zu den Abteilungsspezialisten des Unternehmens, so daß er die benötigten Informationen an seine Untergebenen weiterleiten und ihre Interessen an höherer Stelle vertreten kann. Während seine offiziellen Pflichten als Manager von ihm *verlangen*, ein Minimum dieser Dienste für seine Untergebenen zu leisten, führt der zusätzliche Aufwand, den er zu deren Gunsten betreibt, zu sozialen Verpflichtungen. In diesem Zusammenhang sind die Statusvorrechte und die formale Macht des Managers von besonderer Bedeutung, da er den Respekt seiner Untergebenen schon dadurch gewinnen kann, daß er keinen Gebrauch davon macht: indem er nicht auf der seinem Rang zustehenden Ehrerbietung besteht, einen unpopulären Punkt der Hausordnung nicht durchsetzt, und indem er nicht darauf schaut, wieviel Zeit die Untergebenen beim Frühstück zubringen, so lange sie nur ihre Pflicht tun. Jedes Privileg, das der Manager genießt und jede Vorschrift, die er aufgrund seiner Stellung durchsetzen kann, vermehren das Kapital, von dem er profitieren kann, um sich die Untergebenen zu verpflichten. Ein bestimmter Teil seiner Macht wird nicht gebracht, sondern in soziale Verpflichtungen investiert. Die Vorteile, die die Untergebenen daraus ziehen, verpflichten sie ihrerseits dazu, sich mit seinen Forderungen und Anweisungen einverstanden zu erklären."[52]

---

[52] Blau, 1964, S. 206

Das Einverständnis mit den Forderungen eines Vorgesetzten ist bestimmt nicht immer zufriedenstellend, und das führt zu einer weiteren Entwicklung und Stärkung der legitimen Macht des Führers. Blau geht davon aus, daß von Zeit zu Zeit Zweifel auftauchen, ob dieses Einverständnis es wert ist, gegen die vom Führer geschaffenen Möglichkeiten eingetauscht zu werden, so daß es zu kognitiven Dissonanzen kommt.[53] Wie in Kap. 3 bemerkt, führt ein Verhalten, das den eigenen Einstellungen widerspricht, zu kognitiver Dissonanz. Eine derartige Dissonanz wird nach Blau dadurch gelöst, daß die Mitglieder die vom Führer empfangenen Vorteile höher und die Kosten ihrer Einwilligung niedriger einschätzen. Schließlich glauben sie, ihr Einverständnis freiwillig gegeben zu haben, und sie betrachten die Anweisungen des Managers nicht als Ausdruck seiner Willkür, sondern als seine Pflicht oder Verantwortlichkeit. Auf diese Weise wird die kognitive Dissonanz aufgelöst und die Position des Führers legitimiert.

In dem Maße, in dem also die Macht eines Managers zur Durchsetzung von Einverständnis durch die Normen einer Gruppe legitimiert und damit die Autorität transformiert wird, beruht das Einverständnis auf einer neuen Qualität des Tausches, nämlich zwischen Geführten, bei denen die Einwilligung in die Anweisungen des Managers getauscht werden gegen die Zustimmung der anderen Geführten.

Natürlich beruht in vielen Fällen die Autorität, die ein Führer einem Geführten gegenüber ausübt, nicht auf der Interaktion zwischen beiden, sondern auf dem Sozialisationsprozeß. Beide Seiten haben die kulturellen Standards internalisiert, die festlegen, daß jemand mit den Forderungen eines anderen einverstanden sein muß, sobald dieser eine bestimmte Position inne hat. Blau bezeichnet das als institutionalisierte Autorität.[54] Diese Form des Einflusses ist in Kap. 8 als legitimierte Macht erörtert worden.

Zusammenfassung: Gruppenstruktur und Führung

In ausgebildeten Gruppen hängt die Bildung stabiler Strukturen sehr davon ab, daß bestimmte Personen über einen langen Zeitraum hinweg eine Führung behalten. Die wechselseitigen Belohnungen, die von den Mitgliedern einer erfolgreichen Gruppe erfahren werden, führen zu stabilen Kommunikations-, Macht- und Statusstrukturen, wodurch die anfangs entstandenen Führungsmuster verstärkt werden. Dies ist ein Ergebnis fester Kommunikationsgewohnheiten sowie des Zusammenhanges zwischen Kommunikations-, Macht- und Statusstrukturen. Die Besetzung einer zentralen Position in der Kommunikationsstruktur verschafft dem Führer den anderen gegenüber einen Vorteil in bezug auf die Fortführung der Initiierung, Dirigierung und

---

[53] Blau, 1964

[54] Blau, 1964

Durchführung von Aktivitäten. Etablierte Führer haben außerdem die beste Möglichkeit, Führungsfähigkeiten zu entwickeln sowie die stärkste Motivation, da sie danach streben, ihren Status zu erhalten. Das Fehlen der entsprechenden Möglichkeit für die Geführten, ihr geringeres Engagement und das Gefühl der Verpflichtung dem Führer gegenüber tragen ebenfalls zur Stabilisierung der Führungsstruktur bei.

Schließlich kommt es zu normativen Erwartungen, die das Recht des Führer zur Führung und das der Geführten zur Einwilligung festlegen und die auch durch Sanktionen verstärkt werden, die von der Gruppe ausgehen und die dazu dienen, die Führer-Geführten-Beziehung zu legitimieren.

KAPITEL 12

GRUPPENPRODUKTIVITÄT UND ZUFRIEDENHEIT

Über einen wichtigen Gruppenprozeß haben wir bisher noch nicht gesprochen: den Verlauf der Arbeitsaktivität einer Gruppe, die eine Aufgabe erfüllen oder ein Problem lösen will. Dieser Prozeß ist unterschiedlich bezeichnet worden, und zwar als Gruppenentscheidung, Problemlösen in Gruppen und Gruppenproduktivität. Von diesem Aspekt des Gruppenverhaltens ist das tägliche Leben überall durchdrungen. Die wahrscheinlich wichtigsten Entscheidungen werden in menschlichen Gesellschaften durch Gruppen gelöst. Primitive Gesellschaften haben ihren Stammesrat, und in modernen Gesellschaften gibt es unzählige Gruppen zur Entscheidungsfindung wie Gesetzgebende Versammlungen, Kabinette, Gerichtshöfe, Jurys, verschiedenste Ausschüsse und Ämter, Kommissionen und informellere, individuellere Gruppen wie Komitees, Arbeitsgruppen, Familien und Freundesgruppen. Außerdem kommen fast alle produzierten Güter und Dienstleistungen der menschlichen Gesellschaften in Gruppensituationen zustande. Zweigstellen oder Abteilungen von Fabriken, Büros oder Institutionen bestehen aus kleinen Gruppen von Arbeitenden, die sich hinsichtlich der Qualität und Quantität des produzierten Gutes bzw. der Dienstleistung gegenseitig beeinflussen.

Der Prozeß, in dem solche Gruppen zu Entscheidungen über verschiedene Probleme gelangen, denen sie sich gegenüber sehen, ist für uns interessant. Alle Gruppen, die eine Aufgabe erfüllen müssen, werden mit zwei Arten von Problemen konfrontiert. Die eine Art entsteht durch die Aufgabe und deren Rahmen. Hier handelt es sich in der Regel darum, die verfügbaren Ressourcen der Gruppe so auszunützen, daß eine größtmögliche Produktivität erreicht wird. Die zweite Art dreht sich um die Aufrechterhaltung interner Beziehungen, die eine Zufriedenheit fördern und dafür sorgen, daß die Mitglieder in der Gruppe bleiben und zu deren Bemühungen beitragen. In diesem Zusammenhang von besonderer Bedeutung ist, daß die Verteilung von Belohnungen so erfolgt, daß ein Optimum an Motivation und Zufriedenheit erhalten wird.

Frühe Laboratoriumsuntersuchungen stellten den Gruppen eine Aufgabe, die nur eine richtige Lösung hatte. In Alltagssituationen kommen Gruppen jedoch oft zu einer Übereinstimmung über Probleme, auf die es mehrere Antworten gibt. Viele neuere Studien haben darum den Experimentiergruppen diese Art von Aufgaben gestellt; beispielsweise simulierte Komitee-Entscheidungen, Urteile einer Jury und Fallbesprechungen. Außerdem hat man viele Gruppentypen in aktuellen Feldsituationen untersucht; dazu gehörten Jurys, Komitees, Konferenz- und alle Arten von Arbeitsgruppen. Die Produktivität von problemlösenden Laborgruppen ist gewöhnlich nach der Qualität und Schnelligkeit beurteilt worden, mit der die vom Versuchsleiter gestellten Aufgaben gelöst wurden. In Feldsituationen geht es dagegen um Aufgaben der täglichen Arbeit.

INDIVIDUEN VERSUS GRUPPEN

Verhaltenswissenschaftler untersuchen oft Probleme, die in einer bestimmten Beziehung zum gesunden Menschenverstand oder zu laienhaften Vorstellungen stehen. Eine solche Vorstellung bezüglich des Denkens oder Problemlösens drückt sich etwa in der Wendung aus: "Zwei Köpfe sind besser als einer". Ein Großteil früher Untersuchungen über das Lösen von Problemen in Gruppen drehte sich um die Frage: Werden Probleme von Individuen oder von Gruppen besser gelöst? Mit wachsender Zahl der Untersuchungsergebnisse wurde offensichtlich, daß die Antwort darauf komplizierter war, als man ursprünglich angenommen hatte. Die zahlreichen widersprüchlichen Ergebnisse der einzelnen Studien lassen vermuten, daß die Antwort abhängt von der Art der gestellten Aufgabe, dem Meßinstrument für Effektivität und der Art der Gruppe, einschließlich der Möglichkeiten und Fähigkeiten ihrer Mitglieder.

Um individuelle Anstrengungen mit denen einer Gruppe vergleichen zu können muß erst ein grundsätzliches Meßinstrument entwickelt werden, mit dem sich individuelle Leistung messen läßt. In der Regel ist dieses Basis-Maß eine Funktion des Leistungsniveaus, das erreicht worden wäre, wenn die Individuen allein arbeiten müßten (d. h. ohne sich gegenseitig in der Leistung zu beeinflussen). Gruppenleistungen, die von diesem Basis-Maß abweichen, sind *echte Gruppen-Effekte*.

Zur Konstruktion dieses Grundmaßes sind verschiedene Modelle erstellt worden. Man vergleicht die Leistungen aktueller Gruppen, um festzustellen, ob ihre Leistungen über oder unter den Werten liegen, die das Modell erwarten läßt. Eine Analyse der Abweichungen von diesen Modellen dient zur Klärung der Art und Weise, in der Gruppenfaktoren die Erfüllung einer Aufgabe behindern oder begünstigen.

Der Unterschied zwischen diesen Modellen hängt weitgehend davon ab, auf welchen von drei allgemeinen Typen von Aufgaben sie angewandt werden: Aufgaben des Gruppenlernens, des Problemlösens und der Entscheidungsfindung in Gruppen. Die beiden letzten Aufgabentypen sind am häufigsten angewandt worden, und zwar unter besonderer Berücksichtigung des Problemlösens. Steiner hat eine Klassifizierung der Modelle vorgenommen, über die die potentielle Produktivität von Gruppen festgestellt werden soll.[1] Ein solches Modell, das ursprünglich unabhängig voneinander von Taylor und Lorge und Solomon entwickelt wurde, geht davon aus, daß die potentielle Leistungsfähigkeit einer Gruppe derjenigen ihres besten Mitgliedes gleichkommt.[2] Es gibt Aufgaben von der Art, daß wenn irgendein Mitglied der Gruppe die Lösung findet, diese für alle offenkundig ist. Die Chancen, daß die Gruppe erfolgreich ist, hängen in diesem Fall von der Gruppengröße und der Wahrscheinlichkeit ab, daß die für die Gruppe charakteristischen Personen in der Lage sind, das Problem zu lösen.

Ein etwas komplizierteres Modell ist von Lorge und Solomon konstruiert worden.[3] In diesem Modell muß ein Problem in zwei oder mehr Schritten gelöst werden; kein Teilnehmer der Gruppe kann alle Teile lösen, aber eine oder mehrere Personen können jeden Schritt allein lösen. Dieses Modell verlangt nicht, daß die Mitglieder sich gegenseitig beeinflussen können, und trotzdem prognostizierte es die Ergebnisse einer früheren Untersuchung korrekt, in der nachgewiesen werden sollte, daß die Gruppe dem einzelnen überlegen war.[4] Es sind noch eine Reihe anderer Modelle entwickelt worden, um die Überlegenheit einer Gruppe nachzuweisen, die ebenfalls nicht von der Voraussetzung echter Gruppeneffekte ausgehen.

Bei Vergleichen der Prognosen aus diesen Modellen mit tatsächlichem Gruppenverhalten ergaben sich Zweifel an der Annahme von Gruppenvorteilen. Häufig lagen die Gruppenleistungen niedriger, manchmal jedoch höher als erwartet. Aufgrund dieser Ergebnisse hat man untersucht, wie Gruppenprozesse das tatsächliche Problemlösen erleichtern oder erschweren. Kelley und Thibaut vermuten in einer Durchsicht der betreffenden Literatur, daß es vom Problemtyp abhängt, welche Leistung eine Gruppe hinsichtlich ihres tüchtigsten Mitgliedes erbringt.[5]

Ist ein Problem relativ einfach und eine Lösung leicht zu finden, so ist die Aussicht groß, daß die Lösung der besten Mitglieder zur Gruppenlösung wird, d. h. die Gruppe leistet so viel wie das tüchtigste Mitglied. Besteht das Problem aus mehreren Teilen und unterscheiden sich die Gruppenmitglieder in ihren Fähigkeiten zur Lösung der einzelnen Teile,

---

[1] Steiner, 1966

[2] Taylor, 1954; Lorge & Solomon, 1955

[3] Lorge & Solomon, 1955

[4] Shaw, 1932

[5] Kelley & Thibaut, 1969

so kann die Gruppenleistung höher liegen als die der einzelnen Teilnehmer. So kann es leicht vorkommen, daß keiner in der Gruppe genügend Talent hat, alle Teile des Problems zu lösen, die Gruppe jedoch aus Personen besteht, von denen alle Teile gelöst werden können. Indem also Fähigkeiten kumuliert werden, kann die Gruppe ein Problem lösen, das selbst der Tüchtigste unter den Mitgliedern nicht allein lösen kann.

Ist ein Problem so gelagert, daß die Aktivitäten der Gruppenmitglieder sich gegenseitig behindern oder kollidieren, und ist die Lösung nicht offensichtlich, so daß dem Akzeptierten der besten Antwort Widerstand entgegengesetzt wird, so ist zu erwarten, daß die Gruppenleistung schlechter ist, als wenn die tüchtigsten Mitglieder alleine eine Lösung gesucht hätten. Von entscheidender Bedeutung dafür, ob die individuelle oder die Gruppenleistung höher liegt, ist der Schwierigkeitsgrad der Aufgabe bezüglich der Fähigkeiten der Teilnehmer. Hierzu heißt es bei Thibaut und Kelley:

> "Es hat den Anschein, daß bei den leichteren Aufgaben die fähigeren Teilnehmer die meisten Probleme allein lösen und einander durch Gruppendiskussion wenig helfen können. Werden die Aufgaben schwerer, so ist es wahrscheinlich, daß jede fähige Person einige, aber nicht alle Probleme lösen kann; so kann ein Paar solcher Personen durch die Addierung ihrer komplementären Fähigkeiten seine Leistung verbessern. Bei Personen mit geringen Fähigkeiten liegt der Fall umgekehrt. Bei schweren Aufgaben tun sie sich als einzelne sehr schwer und können sich gegenseitig wenig helfen (auch niemandem, der bessere Fähigkeiten hat), wenn das Problem gemeinsam gelöst werden soll. Bei leichteren Problemen kann jede Person einige von ihnen allein lösen, und bei Paaren ergibt sich ein kumulierender Effekt. Insgesamt scheint der Kumulationseffekt vorauszusetzen, daß die Gruppenmitglieder Aufgaben eines m i t t l e r e n Schwierigkeitsgrades vor sich haben, weder zu leicht noch zu schwer." [6]

Daß Gruppen in der Problemlösung weniger erfolgreich sind als zu erwarten wäre aufgrund ihrer größeren Ressourcen, hat zu Untersuchungen darüber geführt, inwiefern Gruppenstrukturen die Möglichkeiten der Gruppe begrenzen. In den meisten Fällen hängen diese Faktoren mit den Eigenschaften der Gruppenstruktur und der Situation zusammen, in der die Aufgabe gestellt wird.

---

[6] Abgedruckt mit freundl. Genehmigung aus H. H. Kelley & J. W. Thibaut, Group problem solving. In: G. Lindzey & E. Aronson (Hg.) The handbook of social psychology (2. Auf.), Vol. 4, Reading (Mass.) 1969, S. 71

GRUPPENSTRUKTUR UND AUFGABENSITUATION

Das Ergebnis einer Aufgabensituation wird von Gruppenfaktoren beeinflußt, wenn sie in folgenden Punkten eine Änderung herbeiführt: 1. den der Gruppe verfügbaren Ressourcen, 2. der Anwendung dieser Ressourcen auf die Aufgabe und 3. der Wahrscheinlichkeit dafür, daß die Aufgabe gelöst wird oder zumindest der Wahrscheinlichkeit dafür, daß eine Übereinstimmung über eine angemessene Lösung erzielt wird.

Stadien der Problemlösung durch Gruppen

Beobachtet man aufgabenorientierte Gruppen bei ihrer Tätigkeit, so läßt sich ein sehr einförmiger Ablauf feststellen. Die Gruppenmitglieder tauschen untereinander Informationen aus, die für das Problem von Bedeutung sind. Aufgrund dieser Informationen werden eine oder mehrere Lösungen vorgeschlagen, und schließlich wird eine Übereinstimmung erreicht. In Alltagssituationen impliziert die Lösung, auf die man sich geeinigt hat, in den meisten Fällen Änderungen des zukünftigen Verhaltens der Gruppenmitglieder: in irgendeiner Weise führen sie anschliessend die Aufgabe aus. So werden z. B. die Entscheidungen einer Arbeitsgruppe bezüglich neuer Produktionsmethoden dadurch realisiert, daß sie ihre Arbeitstätigkeit ändern. Bei Laboratoriumsuntersuchungen wird dieses Stadium des Problemlösungsprozesses manchmal nicht beachtet oder als Bestandteil der vorhergehenden Phase der Entscheidungsfindung angesehen. Wenn man jedoch den Zusammenhang zwischen einem Einzelfaktor und der Qualität des von der Gruppe erzielten Ergebnisses diskutiert, sollte man alle vier Phasen im Auge behalten. Das ist deshalb notwendig, da die Einflüsse einer Bedingung zwar hinsichtlich eines Stadiums eine hohe Qualität bewirken können, in einem anderen Stadium jedoch genau das Gegenteil. Ein bestimmter Faktor beeinflußt die Qualität des von der Gruppe erzielten Ergebnisses durch seine Einflüsse auf die Gruppenstruktur und auf bestimmte Folgen der Interaktion wie Bezugsrahmen und Kohäsion der Gruppe.

In einem gegebenen Stadium der Problemlösung sind bestimmte Strukturen oder emotionale bzw. kognitive Zustände wichtiger als andere. Es ist weitgehend die Kommunikationsstruktur, die darüber entscheidet, wie effektiv eine Gruppe ihre Ressourcen einsetzt; die Machtstruktur bestimmt die besondere Kombination von Elementen, aus der die Gruppenlösung sich zusammensetzt; und der Zusammenhalt der Gruppe bestimmt, wie schnell eine Gruppe eine Übereinstimmung erzielt und wie weit sie motiviert ist, die Lösung zu realisieren.

Struktureinflüsse auf die frühen Phasen

Da die Bedeutung verschiedener Eigenschaften der Affekt-, Status-, Kommunikations- und Machtstrukturen vom jeweiligen Stadium des Problemlösungsprozesses abhängt, erörtern wir frühe und späte Phasen getrennt voneinander. Die in diesem Kapitel behandelten frühen Phasen beinhalten das Zusammenfassen von solchen Ressourcen wie die relevanten Informationen über das Problem und das Umfeld, und die anschließend besprochenen späteren Phasen beziehen sich auf das Kombinieren der Ressourcen zu einem Vorschlag für späteres aktives Gruppenhandeln und dessen Realisierung durch die Gruppenmitglieder. Da in der Forschungsliteratur die Einflüsse der Führungsstruktur zu einem gewissen Teil von den anderen Struktureigenschaften diskutiert wurden, behandeln wir diese später.

Einflüsse der Gruppengrösse Die Einflüsse durch den Umfang der Gruppe liefern ein anschauliches Beispiel dafür, wie komplex die Beziehung zwischen einer Bedingung und dem Prozeß der Problemlösung sein kann. Man könnte erwarten, daß mit wachsender Gruppengröße deren Effektivität als Folge der Akkumulation von Ressourcen wie Ideen und Informationen steigen würde. Aber zwischen der Produktivität von Ideen und Gruppengröße besteht ein linearer Zusammenhang. Wie Gibb behauptet hat, ist die Ideenproduktivität eine immer langsamer wachsende Funktion der Gruppengröße.[7] Es hat den Anschein, als ob dies weitgehend aus den Einflüssen der Gruppengröße auf die Kommunikationstruktur resultiert. In Kap. 9 haben wir festgestellt, daß mit wachsender Gruppengröße stärkere Einschränkungen der Kommunikation auftreten, Einschränkungen, die anscheinend nur von wenigen Personen durchbrochen werden können. Jeder hat diese Auswirkungen schon beobachtet. Bei kleinen Gruppen ist der Grad an Teilnahme für alle Mitglieder etwa gleich, in großen Gruppen jedoch wird der Hauptteil der Unterhaltung von wenigen Personen bestritten, und die meisten bleiben weitgehend still.[8]

Ein Anwachsen der Gruppengröße führt also zu einer Zunahme des Fundus an Information, nur wird dieser Vorteil wieder durch zunehmende Einschränkungen der Kommunikation neutralisiert. Außerdem gibt es bei grösseren Gruppen noch andere Nachteile, über die wir später sprechen werden.

---

7 Gibb, 1951

8 Kelley & Thibaut, 1954

Kommunikationsstruktur Eine wichtige Eigenschaft von Kommunikationsstrukturen ist der Grad, in dem jeder einzelne zu den anderen Gruppenmitgliedern direkten Zugang hat. Eine Person kann eine zentrale Position einnehmen, die es ihr ermöglicht, direkt mit vielen anderen Mitgliedern zu kommunizieren, oder sie kann sich in einer Randposition befinden, so daß sie nur indirekt über einen Dritten, mit den meisten anderen in Kontakt treten kann. Die Mehrzahl der experimentellen Studien über den Einfluß von Kommunikationsstrukturen auf das Problemlösungsverhalten sind von Kommunikationsnetzen ausgegangen, die sich bezüglich der Zentralität oder Peripheralität unterscheiden.

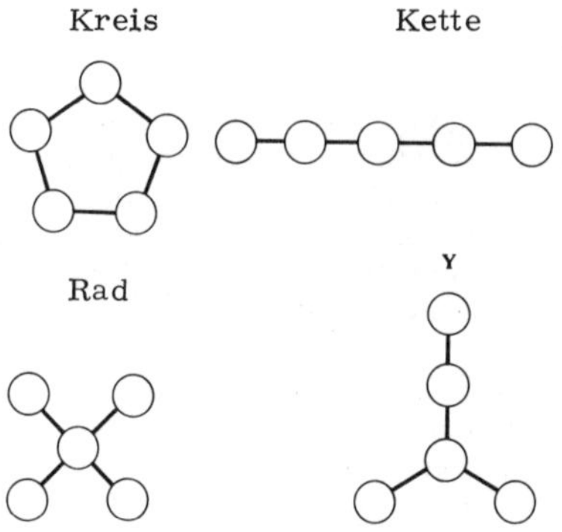

Abb. 12.1 Unterschiedliche Kommunikationsmuster.

Jede Kommunikationsverbindung ist durch einen Strich dargestellt. (Übernahme mit Genehmigung der American Psychological Association und H. J. Leavitt, Some Effects of Certain Communication patterns on Group Performance, Journ. of Abn. and Soc. Psych., 1951, 46. Jg., S. 38 - 50)

In einem Experiment lösten Gruppen, die aus fünf Personen bestanden, ein einfaches Problem, und zwar entsprechend den in Abb. 12.1 wiedergegebenen Kommunikationsmustern.[9] Jeder Teilnehmer erhielt eine Karte mit fünf verschiedenen Symbolen. Die Aufgabe bestand darin, das Symbol zu finden, daß allen Karten gemeinsam war. Die Gruppenmitglieder einigten sich am schnellsten auf einen Führer und etablierten eine stabile Gruppenstruktur, wenn sie entsprechend dem Rad organisiert waren; die Schnelligkeit wurde geringer, wenn die Organisationsform dem Y, der Kette und dem Kreis entsprach, wobei sich im letzten Fall überhaupt keine stabile Struktur ergab. Analog hierzu war die Leistung beim Rad am besten und beim Kreis am schwächsten. Die Teilnehmer des kreisförmigen Netzwerkes machten mehr Mitteilungen und hatten mehr Fehler zu korrigieren als die der anderen Gruppen. Andererseits machte ihnen die Aufgabe größeren Spaß als den Teilnehmern in anderen Gruppen, die eine Randposition innehatten. Bei den anderen Organisationsformen waren die Führer in den zentralen Positionen befriedigter als die Teilnehmer in

---

9 Leavitt, 1951

Randpositionen. Leavitt faßt das Ergebnis kurz zusammen:

> "Wenn wir den einzelnen Mustern folgen, so unterscheiden sich die Ergebnisse fast immer in der Reihenfolge K r e i s, K e t t e, Y, R a d.
>
> Wir können die auftretenden Unterschiede grob in folgender Weise charakterisieren: der Kreis, als ein Extrem, ist aktiv, führungslos, unorganisiert, regellos, macht aber den Teilnehmern Spaß. Das Rad, als das andere Extrem, ist weniger aktiv, hat einen ausgeprägten Führer, ist straff und stabil organisiert, ist weniger ziellos, macht jedoch den meisten Teilnehmern keinen Spaß." [10]

Eine Reihe von Untersuchungen durch andere Autoren kann zur Erklärung beitragen, warum Leistung und Zufriedenheit mit Zentralität zusammenhängen. Leavitt hatte angenommen, daß die relative Unabhängigkeit im Handeln, wodurch sich die zentrale Position gegenüber den anderen auszeichnet, den Inhaber dieser Position in den Augen der anderen als Führer erscheinen läßt und daß dieser sich auch selbst so wahrnimmt, was dann zu seiner Befriedigung beiträgt. Der letzte Teil dieser Annahme ist durch empirisches Material teilweise bestätigt worden. [11]

Die Bedingungen, die der relativen Effektivität von Gruppen mit unterschiedlicher Kommunikationsstruktur zugrunde liegen, sind noch nicht klar herausgearbeitet worden. Die meisten Untersuchungen deuten an, daß der Einfluß der Kommunikationsstruktur auf die Leistung von der Aufgabe abhängt. [12] Dafür hat man eine Reihe verschiedener Erklärungen vorgeschlagen. Es ist schwierig, sich für eine von ihnen zu entscheiden, da jede sich in gewissem Grad empirisch stützen läßt. Christie, Luce und Macy haben angenommen, daß die Eigenschaften des Kommunikationsgesetzes zunehmend an Bedeutung gewinnen, wenn die einzelnen der Regel folgen, mit demjenigen zu kommunizieren, der den größten Nutzen davon hat, (der die meisten neuen Bruchstücke an Information erhält). [13] Die Kommunikation ist am effizientesten, wenn der Austausch an Information minimal ist.

---

[10] Abgedruckt mit freundl. Genehmigung aus H. J. Leavitt, Some effects of certain communication patterns on group performance, Journ. Abn. Soc. Psych., Jhg. 46 (1951), S. 46

[11] Trow, 1957; Shaw, 1954

[12] Shaw, 1964

[13] Christie, Luce & Macy, 1952

Wenn die einzelnen dieser Regel folgen (und Christie et al. zeigen, daß sie dies mit wachsender Anzahl der Versuche tun), so ist die Wahrscheinlichkeit in einigen Netzwerken höher als in anderen mit einem Minimum an Informationsaustausch ein optimales Ergebnis zu erzielen. Wenn wir biespielsweise die Kette mit dem Kreis vergleichen, so führen die Einschränkungen für das Endglied der Kette - er kann sich nur an eine einzige Person wenden - zu einem Prozeß, bei dem die Befolgung der Regel eines optimalen Transfers eine optimale Leistung nach sich zieht. Im Kreis hingegen, wo alle Teilnehmer ihre erste Wahl zufällig treffen müssen, und nur eine bestimmte Kombination der einzelnen Wahlentscheidungen zu einer Lösung führt, der ein Minimum an Austausch vorangeht, sind die Chancen für ein optimales Ergebnis viel geringer.

Das am stärksten eingeschränkte Netzwerk ist natürlich das Rad. In diesem Falle müssen vier von fünf Personen sich an einen einzigen wenden: der Mann in der Mitte. Jedesmal, wenn ein Informationsaustausch erlaubt ist, gibt jeder seine Information an eine Person weiter, und die Teilnehmer, die entsprechend unserer Regel handeln, kommunizieren mit dem Mann in der Mitte und gelangen schließlich zu einem Minimum an Austausch, d. h. sie kommunizieren in diesem Falle fünfmal. Bei diesem Beispiel erzwingen die Eigenschaften des Netzwerkes eine optimale Organisation der Gruppe.

In ihren Experimenten kommen Guetzkow und Simon ebenfalls zu dem Ergebnis, daß Netzwerke mit einer Zentralstruktur zu den besten Leistungen führen.[14] Aber sie haben dafür eine andere Erklärung: diese Netzwerke begünstigen einen optimalen Informationsaustausch und helfen so den einzelnen, die e f f e k t i v s t e O r g a n i s a t i o n zu finden. Netzwerke, die einen Informationsaustausch einschränken, haben anscheinend zwei negative Effekte.[15] Erstens reduzieren sie den Umfang spezifischer möglicher Organisationsformen und die Verbreitung planender Ideen innerhalb der Gruppe. Zweitens reduzieren sie die Bereitschaft, mit der die effektivsten Mitglieder angemessen plaziert werden können.

Diese beiden Erklärungen (maximaler Informationstransfer und optimale Organisation) begünstigen zentralistische Strukturen. Das Prinzip des maximalen Informationstransfers erklärt die Experimente von Christie, Luce und Macy am besten, da es den Teilnehmern hierbei nicht erlaubt war, Informationen über die Organisation der Gruppe auszutauschen, während das Prinzip der optimalen Organisation die Untersuchungen von

---

14 Guetzkow u. Simon, 1955

15 Guetzkow u. Dill, 1957

Guetzkow und Simon am besten erklärt, da hier die Teilnehmer über die Gruppenorganisation kommunizieren durften.

Shaw hat aus zwei Gründen Guetzkows Folgerungen, die die verursachenden Effekte der Organisation betreffen, widersprochen.[16] Erstens glaubt er, daß diese Erklärung mit einigem früheren Beweismaterial nicht übereinstimmt, und zweitens, daß eine von ihm vorgeschlagene Theorie nicht nur dieselben Einflüsse der Organisation prognostiziert, sondern außerdem ein ökonomischerer Ansatz ist, da er viele andere Ergebnisse ebenfalls zu erklären vermag.

Er nimmt an, daß die Effekte unterschiedlicher Kommunikationsstrukturen in Begriffen der Theorie der Unabhängigkeit und Sättigung erklärt werden können. U n a b h ä n g i g k e i t bezieht sich auf die Freiheit, mit der ein Individuum innerhalb der Gruppe agieren kann. Die Unabhängigkeit einer Person ist beeinflußt durch den Zugang zu Informationen, den sie aufgrund ihrer Position im Netzwerk hat und durch andere Bedingungen, etwa dem Aufgabentyp, dem die Gruppe sich gegenüber sieht. Im Denkmodell beeinflußt die Unabhängigkeit in erster Linie die Zufriedenheit des Gruppenmitglieds. Personen, deren Positionen einen hohen Grad der Unabhängigkeit zulassen, sind sehr zufrieden, da sie Bedürfnisse wie Autonomie, Anerkennung und Leistung befriedigen können. Voraussehbare Ergebnisse sind, daß Teilnehmer in zentraleren Positionen zufriedener sind als Teilnehmer in Randpositionen. Außerdem beeinflußt Unabhängigkeit die Leistung, indem sie für eine wachsende Bereitschaft sorgt, unter autonomeren Bedingungen die Aufgabe besser zu lösen.

Shaw definiert S ä t t i g u n g in weitem Sinn als die Anforderungen, die innerhalb einer Kommunikationsstruktur mit einer Position (gleichgültig welchen Ursprungs) verbunden sind, die vom Teilnehmer in dieser Position eine Aktion verlangen.[17] Diese Anforderungen sind eine Funktion der Anzahl von Eingangs- und Ausgangskanälen, die mit der Position und der Art der Aufgabe verbunden sind.

Sättigung steht primär mit der Leistung im Zusammenhang. Eine Betrachtung darüber, wie der Organisationstyp die Sättigung beeinflußt, läßt vermuten, daß die verschiedenen bisherigen Ergebnisse mit dem Konzept von Unabhängigkeit und Sättigung vereinbar sind. Anfänglich steigert der Effekt einer zentralisierten Struktur die Sättigung für die Individuen in zentralen Positionen, besonders bei komplexen Aufgaben, bei denen zunächst eine

---

[16] Shaw, 1964

[17] Shaw, 1964

Menge Informationen ausgetauscht werden müssen, um die Mitglieder über die Aufgabe zu orientieren. Wird das Problemlösen zur Routine, und lernen die Mitglieder ihre Rolle, so nimmt die Sättigung ab.

Diese Aussage deckt sich mit vorliegenden Untersuchungsergebnissen.[18] Außerdem löst sie einen bisher bestehenden scheinbaren Widerspruch zwischen experimentellen Daten, nach denen bei einer komplizierten Aufgabe in einer nach dem "Rad" strukturierten Gruppe die Leistung anfangs schwächer und später besser als die der Gruppe mit der Kreis-Struktur war.[19] Daß Gruppen mit der Zeit lernen, ihre Arbeitsweise effizienter zu organisieren, stimmt auch mit einer Studie überein, in der berichtet wird, daß anfängliche Unterschiede in der Anzahl richtiger Lösungen einer einfachen Aufgabe zwischen Gruppen, die nach dem Rad bzw. Kreis strukturiert waren, nach einer großen Anzahl von Versuchen verschwanden, weil dadurch die Geschwindigkeit und Genauigkeit der Lösungen bekräftigt wurde.[20]

Shaw hat angenommen, daß die Auswirkungen einer Vielzahl anderer Variablen bei Untersuchungen von Kommunikationsstrukturen verständlich werden, wenn man sie auf Unabhängigkeit und Sättigung bezieht.[21] Untersuchungen über die Auswirkungen von Veränderungen in der Kommunikationsstruktur lassen die Vermutung zu, daß Gruppen nach Möglichkeit den Organisationstyp beibehalten, der sich unter den Bedingungen einer Struktur entwickelt hat, selbst wenn diese durch eine andere ersetzt wird.[22] Ist jedoch die ursprüngliche Kommunikationsstruktur relativ ineffizient und der neuen Struktur unterlegen, kommt es zu einer Verschiebung zugunsten der letzteren. D. h. Gruppen, deren eher kettenförmige Kommunikationsstruktur durch eine zentralistischere ersetzt wird, neigen leichter zu einer Änderung; dieses Ergebnis stimmt überein mit einer Abnahme der Sättigung und einer Zunahme an Unabhängigkeit.

Aufgrund anderer Ergebnisse sollte man jedoch vorsichtig sein, wenn man aus diesen Untersuchungen mit isolierten Kommunikationsstrukturen

---

18 Leavitt, 1951; Shaw, 1954

19 Mulder, 1960

20 Burgess, 1968

21 Shaw, 1964

22 Lawson, 1965; Cohen, 1962; Cohen, Bennis & Wolkon, 1962

Schlüsse auf Situationen ziehen will, bei denen diese Strukturen nur Teile innerhalb einer größeren Organisation sind.[23] Im Experiment stellte man vier Organisationen zusammen, die jeweils aus Teilgruppen zu fünf Personen bestanden, die wiederum entweder als Rad oder als total verbundenes Netzwerk, in dem jeder zu jedem direkten Zugang hatte, organisiert waren. Innerhalb der Untergruppen mußten sich die Teilnehmer an diese Struktur halten, innerhalb der Gesamtorganisation konnten sie jedoch mit jeder anderen Person kommunizieren. Die vier Organisationen unterschieden sich in dem Ausmaß, in dem ihre Untergruppen dem zentralisierten oder dezentralisierten Typ angehörten. Im Gegensatz zu isolierten Strukturen war die Wahrscheinlichkeit für dezentralisierte Subgruppen mit total verbundenem Netzwerk ein zentralisiertes Vorgehen zur Problemlösung zu wählen, dieselbe wie für zentralisierte Subgruppen. Die Leistungen der dezentralisierten Subgruppen lagen höher, Unterschiede in der Zufriedenheit hingen nicht mit der Position innerhalb der Struktur zusammen, und gegenüber zentralisierten Gruppen lag die Zufriedenheit höher. Die Autoren nehmen an, daß das Bestehen alternativer Kommunikationskanäle innerhalb der größeren Organisation diese Unterschiede bewirkt.

Daß solche Faktoren außerhalb der Kommunikationsstruktur eine Rolle spielen, wird durch eine Fülle an Material belegt. Eine Untersuchung zeigt z.B., daß der Grad der Anteilnahme zum Teil vom Feedback bestimmt wird, das die Mitglieder erhalten.[24] In dieser Studie steigerte sich die Anzahl der Beiträge bestimmter, willkürlich ausgewählter Teilnehmer, wenn man ihnen sagte, ihre Beiträge seien sehr brauchbar. Die Beiträge anderer Mitglieder nahmen dementsprechend ab, wenn man diese als weniger brauchbar deklarierte. Darüberhinaus beeinflußt die Stellung des einzelnen in anderen als in Kommunikationsstrukturen, wie z. B. in Affekt-, Status- und Machtstrukturen, sehr stark die Reaktionen anderer auf dessen Beitrag. Ist sein Status hoch, kann er z. B. für mittelmäßige Beiträge Zustimmung erhalten. Unter diesen Umständen wird der Input von Vorschlägen in einer frühen Phase des Problemlösens wahrscheinlich umgekehrt beeinflußt.

Manchmal können die Kommunikationsmuster von Gruppen außerhalb des Laboratoriums sich experimentellen Strukturen ungefähr annähern. Letztlich unterliegen alle Situationen außerhalb des Laboratoriums bestimmten Einschränkungen. Und fast immer spielen einige Gruppenmitglieder bei der Kommunikation eine zentralere Rolle. Selbst wenn die Gruppenmitglieder in direkter Interaktion operieren, so daß theoretisch für alle die Möglichkeit besteht, die Beiträge anderer zu registrieren,

---

[23] Cohen, Robinson & Edwards, 1969

[24] Oakes, Druge & August, 1960

so ist der Kommunikationsfluß von Vorschlägen oder Ideen doch oft durch den Status oder andere Erwägungen eingeschränkt, und oft nimmt er sogar eine hierarchische Struktur an. Die Beiträge von Teilnehmern mit niedrigem Status beispielsweise werden vielleicht nur dann allgemeine Beachtung finden, wenn man sie überhaupt wahrnimmt und weitergibt. In einer klassischen Untersuchung über eine Straßenbande beobachtete Whyte, daß die Vorschläge von Jungen mit niedrigem Status erst beachtet wurden, wenn sie von den Jungen mit höherem Status aufgegriffen und erneut vorgetragen wurden.[25]

Affekt-, Macht- und Statusstrukturen Die in den vorhergehenden Kapiteln behandelten Affekt-, Macht- und Statusstrukturen beeinflussen die Kommunikationsform, die innerhalb von Gruppen auftreten und hängen auf diese Weise mit erfolgreicher Leistung zusammen. Soziometrische Präferenzen sind in den seltesten Fällen gleichverteilt. In der Mehrzahl ist es eine Minorität innerhalb der Gruppe, deren Mitglieder bevorzugt werden. Auch kann es oft vorkommen, daß einige Untergruppen teilweise oder völlig von den anderen Gruppenmitgliedern isoliert sind. Infolgedessen besetzen einige Personen in der Freundschaftsstruktur eine zentrale Position und verfügen über mehr Information als andere. Ihre Vorstellungen erfahren eine stärkere Verbreitung und höhere Aufmerksamkeit. Ein ganz anderer Einfluß auf die Kommunikation entsteht dadurch, daß Personen oft in sozial-emotionalen Dimensionen kommunizieren, die mit der Aufgabe nichts zu tun haben. Da diese Art der Kommunikation spürbar Zeit und Energie von der Lösung der Aufgabe abzieht, können wir folgern, daß starke Affekte meist mit der Kommunikation über die Aufgabe kollidieren.

Die Status- und Machtstrukturen bestärken teilweise die durch die Beliebtheit einzelner auftretenden Einflüsse auf die Kommunikationsstruktur. Unterschiede im Status können die Kommunikation zwischen Gruppenmitgliedern erleichtern oder erschweren. Da Macht in der Regel mit Status verbunden ist, scheint sie sich ähnlich auszuwirken; jedoch müssen Machteinflüsse so untersucht werden, daß der Status dabei konstant gehalten wird. So weit wir sehen, sind solche Untersuchungen bisher nicht durchgeführt worden.

Diese förderlichen oder hinderlichen Einflüsse durch Unterschiede im Status und der Macht interagieren ferner mit dem Inhalt der Kommunikation. Vor allem werden Beiträge von Individuen, die als gegensätzlich

---

25 Whyte, 1943

zu denen von Mitgliedern mit hohem Status wahrgenommen werden, nicht weitergegeben, zumindest nicht an diese Mitglieder, selbst wenn es sich um hochqualifizierte Vorschläge handelt. Jemand mit niedrigem Status wird wahrscheinlich keinen Vorschlag machen, wenn er befürchtet, daß jemand mit hohem Status dagegen opponiert.

Ähnlich wie bestimmte Affektbedingungen können Unterschiede in Status und Macht zu Verhaltensweisen führen, die von der Aufgabenlösung Zeit und Energie abziehen. Wie in Kap. 9 erörtert, können die Mitglieder eine Kommunikation eingehen, die für die Aufgabe irrelevant ist, als Ersatz für Aufwärtsmobilität innerhalb der Status-Hierarchie oder als Versuch, den eigenen Status durch "Status-Ansteckung" (status contagion) aufzuwerten. Ebenso gibt es Gründe für die Annahme, daß ein bestimmter Energiebetrag einzelner Mitglieder für einen Kampf um Macht- und Status-Positionen verwendet wird, was in Einklang steht mit unserer Feststellung, daß die Stabilität der Struktur eine notwendige Bedingung für Schnelligkeit und Qualität des Problemlösens durch Gruppen ist.

Man könnte annehmen, daß Status-Inkongruenz (s. Kap. 9) die gegenteilige Wirkung haben könnte, als es starke Affekte auf die Kommunikation haben. Sie könnte z. B. zu Angst über den eigenen Status und zu defensivem Verhalten führen, wodurch ein effektives Arbeiten behindert wird. Das scheint jedoch nicht der Fall zu sein. Eine Untersuchung zeigt zwar, daß Status-Kongruenz bei Mannschaften der Air Force mit individueller Zufriedenheit zusammenhängt, aber auch mit geringer Leistung.[26] Eine mögliche Erklärung hierfür hat man in Arbeitsgruppen der Industrie gefunden, wo Status-Kongruenz die Produktion verlangsamte, indem der Kommunikationsumfang und die Orientierung an der Aufgabe verändert wurden.[27] Status-Kongruenz erleichtert die Interaktion - die einzelnen sind sich ihres Standortes gegenüber den anderen sicher. Dadurch wird die allgemeine Zufriedenheit innerhalb der Gruppe gesteigert und ein gut Teil n i c h t a u f g a b e n b e z o g e n e r A k t i v i t ä t gefördert. Auch steigt dadurch die Konformität bezüglich der Produktionsnormen der Gruppe, Normen, die häufig der Produktivität Grenzen setzen. (In den Fällen, wo die Gruppennormen eine hohe Produktivität festlegen, wird Status-Kongruenz wahrscheinlich zu hohem Output führen). Manchmal ergibt sich aus Status-Kongruenz auch Unzufriedenheit, weil ein solcher Zustand eine der Gerechtigkeitsnormen verletzt, nämlich die, daß alle Mitglieder gleich behandelt werden sollten. Wo Status-Kongruenz besteht, erzielen die Mitglieder mit hohem Status ein viel besseres Ergebnis als

---

[26] Adams, 1953

[27] Zaleznik, Christensen & Roethlisberger, 1958

die mit niedrigem Status, und dies kann hinsichtlich der Gleichbehandlung in den Augen derjenigen mit niedrigem Status eine Ungerechtigkeit bedeuten.[28]

"Brainstorming" Während des ganzen Problemlösungsprozesses steuern die Gruppen auf einen vorzeitigen Schluß zu. Noch ehe die Dimensionen des Problems hinreichend geprüft sind, werden vielleicht Lösungen angeboten, und bevor man zu vielen möglichen Lösungen gelangt ist, kommt es zu einem Bewertungsvorgang, der eine Entscheidung herbeiführt, die viele möglicherweise brauchbare Alternativen ignoriert. Osborn hat die Technik des "Brainstorming" als eine Möglichkeit vorgeschlagen, um zu verhindern, daß der Bewertungsprozeß die frühere Phase der Ideenproduktion kurzschließt.[29] Die Anweisungen zum Brainstorming ermutigen die Gruppenmitglieder, alle Ideen aufzuschreiben, die ihnen in den Sinn kommen, selbst die unsinnigsten, und anfangs sämtliche Versuche aufzugeben, über deren Qualität zu befinden. Während einige Forscher durch die Anwendung dieser Technik deren Nützlichkeit demonstriert haben,[30] weisen andere darauf hin, daß Brainstorming-Gruppen jedoch nicht so viele Ideen produzieren wie dieselbe Anzahl Personen, von denen jede für sich arbeitet.[31] Ein anderer Versuch hat ergeben, daß Instruktionen, nach denen die Gruppenmitglieder darauf achten sollten, erst das Problem zu klären und dann die möglichen Lösungen zu diskutieren, die Gruppenleistungen verbessern.[32]

Zusammenfassung: Struktur und frühe Phasen

Zu den frühen Phasen bei der Problemlösung gehören der Informationsaustausch und das Anbieten einer Vielzahl von Lösungen oder Plänen für das Vorgehen. Wir haben die Beziehungen der Gruppengröße, Kommunikations-, Affekt-, Status- und Machtstruktur zu diesen Phasen erörtert. Die Produktivität von Ideen ist eine mit abnehmenden Raten wachsende Funktion der Gruppengröße, die weitgehend aus den Einflüssen der Gruppengröße auf die Kommunikationsstruktur resultiert. Gruppen mit größe-

---

[28] Brandon, 1965

[29] Osborn, 1957

[30] Parnes & Meadow, 1959

[31] Taylor, Berry & Block, 1958; Dunette, Campbell & Jaastad, 1963

[32] Davis & Restle, 1963

rem Umfang bauen einer Kommunikation gegenüber bestimmte Barrieren auf, die nur von wenigen überwunden werden.

Man hat Situationen des Problemlösens an Gruppen untersucht, die eine Vielzahl experimentell hergestellter Kommunikationsnetze aufwiesen. Das Hauptkennzeichen dieser Strukturen besteht darin, daß die einzelnen Mitglieder sich darin unterscheiden, wie weit ihnen die direkte Kommunikation mit anderen Mitgliedern offensteht und welchen Zugang die anderen Mitglieder zu ihnen haben. Einige Mitglieder nehmen zentrale Positionen ein; sie können Kommunikation direkt empfangen und direkt an andere weitergeben. Andere befinden sich in Randpositionen; mit den meisten anderen Gruppenmitgliedern können sie nur indirekt kommunizieren, und zwar über eine dritte Person oder eine Kette von Personen. Eine bestimmte Kommunikationsstruktur kann hinsichtlich Zentralität bzw. Peripheralität relativ unspezifisch sein; alle Mitglieder können eine ähnliche Position innehaben. Sie kann aber auch sehr differenziert sein, so daß einige Mitglieder zentrale und andere Mitglieder periphere Positionen einnehmen. Empirische Untersuchungen bestätigen übereinstimmend, daß die relativ undifferenzierte Struktur zu größerer Zufriedenheit der einzelnen Mitglieder führt. Bei einfachen Problemen ist die differenzierte Struktur die effektivste; bei komplizierteren Aufgaben muß dies jedoch nicht mehr zutreffen. Dies kann dann geschehen, wenn die Personen in zentralen Positionen als Bindeglieder der Kommunikation überlastet werden.

Die Affektstruktur hat entscheidende Auswirkungen auf die Leistungen von aufgabenorientierten Gruppen, vor allem durch ihre Verbindung mit der Kommunikationsstruktur. Falls keine besonders restriktiven Bedingungen vorherrschen, läuft die Kommunikation im allgemeinen über freundschaftliche Beziehungen ab. Ein hohes Maß an Sympathie fördert in der Regel eine Kommunikation. Wenn die Kommunikation hingegen in der sozial-emotionalen Dimension abläuft und nicht an der Aufgabe ausgerichtet ist, hat dies negative Folgen für die Problemlösung durch die Gruppe.

Status- und Machtstrukturen kollidieren in tendenziell gleicher Weise mit der Kommunikation. Vorschläge, die als gegensätzlich zu denen der Personen mit hoher Macht- oder Status-Position wahrgenommen werden, werden in der Regel nicht weitergegeben. Um ihre niedrige Position zu kompensieren, können hingegen die betreffenden Personen eine Kommunikation eingehen, die für die Aufgabe bedeutungslos ist. Einige Energie kann dafür verwendet werden, um Status und Macht zu kämpfen, die im anderen Falle der Aufgabe zugute gekommen wäre. Status-Kongruenz fördert die Interaktion der Gruppenmitglieder untereinander, diese muß sich jedoch nicht auf die Aufgabe beziehen. Legen Gruppennormen eine niedrige Produktivität fest, so verringert Status-Kongruenz die Produktivität, indem sie die Konformität mit diesen Normen steigert. Gruppen neigen dazu, vorzeitig die angebotenen Lösungen zu bewerten, ohne daß weitere mögliche Lösungen entwikkelt worden wären. Um dieser Tendenz entgegenzuwirken, hat man zum einen das "Brainstorming" vorgeschlagen, zum anderen eine Instruktion der Teilnehmer, bei ihrem Vorgehen mehr auf das Problem als auf die Lösung zu achten.

Faktoren, durch die spätere Phasen beeinflußt werden

Ebenso wie in der Phase der Informationssammlung tritt auch in den späteren Phasen der Problemlösung manchmal die Tendenz auf, vorzeitig zum Abschluß zu kommen. Die Gruppe kann sich für eine Lösung entscheiden, die schwächer ist als die, die sie gefunden hätte, wenn der Entscheidungsprozeß weniger schnell beendet worden wäre. Selbst eine Mehrheitsentscheidung ist keine Garantie für die beste Lösung.[33] So hat man gezeigt, daß bestimmte Techniken die Leistungsqualität der Gruppe steigern können, wenn sie sie auf dem Weg der Problemlösung abbremsen:[34] Schutz von Minderheitsmeinungen[35] und Aufforderung an die Gruppe, ihre Schritte zu wiederholen und eine zweite Lösung zu finden.[36]

Ein wesentlicher Grund dafür, daß vorzeitiges Beenden zu schlechteren Lösungen führt, ist, daß die Einigung einer Gruppe auf eine Lösung nicht notwendig auf deren Qualität schließen läßt. Persönliche und strukturbedingte Eigenschaften, beide unabhängig von der Qualität der Beiträge des einzelnen, beeinflussen oft die Übereinkunft. So hat in einem Beispiel allein die Geschwätzigkeit eines Gruppenmitgliedes die schließliche Gruppenentscheidung beeinflußt.[37] In dem Maße, in dem Reden nicht mit Intelligenz zusammenhängt, ist dieser Einfluß kaum positiv.[38] Entsprechend können Personen, die in früheren Gruppenaktivitäten erfolgreich waren, aufgrund ihres Rufes einen unzweckmäßigen Einfluß ausüben. Wenn ihre Erfahrungen aus der Vergangenheit den gegenwärtigen Bemü-

---

[33] Bass, 1963

[34] Maier & Maier, 1957

[35] Maier & Solem, 1952

[36] Maier & Hoffmann, 1960

[37] Riecken, 1958; Hoffmann & Maier, 1964

[38] Mann, 1959

hungen nicht dienlich sind, so kann ihr Einfluß die möglicherweise wertvollen Beiträge anderer Mitglieder torpedieren.

Eine Anzahl struktureller Gruppeneigenschaften verhindern oft die effektive Ausnutzung von Ressourcen, was ebenfalls erklärt, warum Gruppen nicht so effektiv sind, wie sie sein könnten. Diese Eigenschaften werden nunmehr erörtert.

K o h ä s i o n Obgleich ein hohes Maß an Sympathie zwischen den Gruppenmitgliedern den Informationsaustausch begünstigen kann, kann es auch die Qualität der Lösung beeinträchtigen. In einer stark kohäsiven Gruppe ist ein Höchstmaß an Versuchen zu erwarten, andere zu beeinflussen und sich von anderen beeinflussen zu lassen. Wenn wir einmal annehmen, daß für jede Person die gleiche Wahrscheinlichkeit besteht, ein zur Lösung notwendiges Element beizutragen, und daß es unwahrscheinlich ist, daß ein Mitglied über sämtliche notwendigen Elemente verfügt, dann ist zu erwarten, daß starke gegenseitige Sympathie sowohl die Aufnahme als auch die Wiedergabe von Informationen maximiert und somit die gemeinsame Produktion einer optimalen Lösung fördert.

Diese Überlegung muß jedoch mit einer wichtigen Einschränkung versehen werden. Eine hohe Kohäsion ist mit einem ausgeprägten Grad an Symmetrie im Prozeß der Beeinflussung verbunden.[39] In stark kohäsiven Gruppen besteht ein so hoher Druck in Richtung auf eine Übereinstimmung, daß die einzelnen die Kosten eines Widerstandes scheuen; sie geben nach, um die Eintracht zu wahren. Die Folge davon kann sein, daß wertvolle, für die Lösung notwendige Elemente verloren gehen. Bei wechselseitigem Akzeptieren jedermanns Ideen wird Kohäsion die Problemlösung nur dann erleichtern, wenn alle Mitglieder zu gleichermaßen wertvollen Beiträgen in der Lage sind. In der typischen Experimentalsituation, in der Probleme so ausgesucht werden, daß die individuellen Ressourcen möglichst geringe Unterschiede aufweisen und die Teilnehmer (meist Universitätsstudenten) relativ homogen sind, kann diese Bedingung in etwa erfüllt werden. Aber außerhalb des Laboratoriums wird sie in den meisten Fällen nicht erfüllt. Ist die Gruppe sehr kohäsiv, in ihren Fähigkeiten hingegen heterogen, werden wahrscheinlich in der Lösung qualitativ geringwertige Elemente enthalten sein. Selbst Mitglieder von Laboratoriumsgruppen, bei denen infolge der kurzfristigen Zusammenstellung nur ein sehr geringer Kohäsionsgrad besteht, gestehen sich oft gegenseitig denselben Zeitaufwand zu, selbst wenn die Beiträge völlig unterschiedlich sind.

---

39 Back, 1951

S t a t u s u n d M a c h t Unterschiede im Status und in der Macht beeinflussen nicht nur die Häufigkeit, mit der verschiedene Mitglieder eine Information beisteuern oder einen Vorschlag machen, sondern auch das Gewicht der Beiträge von unterschiedlichen Teilnehmern. Die Beiträge von Personen mit hohem Status und hoher Machtstellung wiegen für das Erreichen der endgültigen Lösung aus zwei Gründen schwerer: Erstens verfügen diese Personen über eine relativ stärkere Kontrolle der Kosten-Nutzen-Ergebnisse der Mitglieder. Der zweite leitet sich aus deren zentraler Stellung innerhalb der Kommunikationsstruktur ab. Sie verfügen über mehr Information über das Problem, den Hintergrund, die Meinungen und Vorschläge der anderen, was ihnen bewußt oder unbewußt die Möglichkeit gibt, diese Informationen so zu filtern, daß ihr eigener Lösungsvorschlag unterstützt wird.

Ob Unterschiede in Status und Macht die Qualität einer Lösung verbessern oder verschlechtern, hängt vom Konzentrationsgrad und der Basis der Macht ab. Man könnte erwarten, daß in dem Maße, in dem Macht innerhalb der Gruppe von Expertentum abhängt, eine Machtkonzentration unter sonst gleichen Bedingungen die Qualität verbessert. Besteht jedoch ein negativer Zusammenhang zwischen Machtstellung und Güte der Beiträge, so hat diese einen nachteiligen Effekt. Jeder hat schon Fälle erlebt, in denen die Gruppe sich abquälte, da von Personen mit der meisten Macht die unbrauchbarsten Vorschläge kamen. Eine Untersuchung von Mannschaften der Air Force, die sich einem harten Überlebens-Training unterzogen, verdeutlicht dies: Die Besatzungen verließen sich weit mehr auf ihren Kommandeur, der in der Gruppe die höchste Machtposition innehatte, der jedoch über Techniken des Überlebens weit weniger Bescheid wußte als der Leiter des Trainings.[41]

Die Realisierung der Lösung ist ebenfalls von Bedeutung. Ausgeprägte Unterschiede zwischen den Mitgliedern bezüglich des Umfanges, in dem sie sich an der Entwicklung einer Lösung beteiligen, können später eine Verwirklichung der Lösung ernsthaft beeinträchtigen. Werden Personen von einer aktiven Teilnahme an der Entwicklung einer Lösung infolge von Macht- oder Statuseinflüssen gehindert, so wächst ihr Widerstand gegenüber der Umsetzung der Lösung in die Realität. Die zweitbeste Lösung, die von den Gruppenmitgliedern auch verwirklicht wird, ist in den meisten Fällen der besten denkbaren Lösung vorzuziehen, die nicht übernommen oder nur unvollständig ausgeführt wird.

---

40 Davis & Restle, 1963

41 Torrance, 1955

F e e d b a c k   Es gilt als ziemlich sicher, daß individuelles Lernen leichter vonstatten geht, wenn man darüber informiert wird, wie gut man seine Sache macht. Demnach müßte auch die Gruppenleistung bei der Problemlösung ansteigen, wenn man für ein Feedback sorgt. Diese Hypothese ist durch mehrere Experimente geprüft worden.[42] In einer Untersuchung[43] gab man Gruppen, die aus sieben Personen bestanden, ein i n d i r e k t e s[44] oder ein d i r e k t e s Feedback darüber, ob die Geschwindigkeit, mit der sie auf einen bestimmten Reiz reagierten, ausreichend war oder nicht. Das i n d i r e k t e Feedback bestand darin, daß man den einzelnen Mitgliedern lediglich mitteilte, ob die G r u p p e ein bestimmtes Limit der Reaktionszeit überschritten hatte; beim d i r e k t e n Feedback informierte man j e d e n e i n z e l n e n über die eigene Leistung, die der anderen Teilnehmer und die der Gruppe insgesamt. Das Ergebnis war, daß direktes Feedback die Leistungen am meisten verbesserte, indirektes hingegen nur einen leichten Anstieg bewirkte.

Diese Experimente setzten der Kommunikation künstliche Grenzen, sind jedoch dessen ungeachtet den Bedingungen analog, denen sich Gruppen gegenübersehen, die außerhalb der Laborsituation Probleme lösen. So ist z. B. für Kleingruppen in bestimmten Situationen das Kriterium für gute Leistungen nicht immer klar, was einem fehlenden angemessenen Feedback entspricht. In größeren Organisationsstrukturen können die Segmentierung und Aufteilung von Arbeitsaufgaben unter eine große Anzahl von Einzelpersonen sowie die damit zusammenhängenden Kommunikationsschwierigkeiten eine Situation herbeiführen, die in etwa dem indirekten Feedback entspricht.

Berkowitz und Levy haben festgestellt, daß Gruppen, die auf ihre Leistung besonders stolz sind, generell produktiv sind.[45] Sie nehmen an, daß dies daher kommt, daß die einzelnen sich des hohen Leistungsniveaus bewußt sind; mit anderen Worten, die einzelnen sind dann stolz, wenn sie ein Feedback über eine gute Leistung bekommen. Levy und Berkowitz führten bei einem simulierten Luftverteidigungsmanöver ein Experiment durch. Man gab den Pilotengruppen günstige oder ungünstige Urteile über die Leistung der Gruppe insgesamt oder der einzelnen

---

42 Rosenberg & Hall, 1958; Pryer & Bass, 1959; Zajonc, 1962

43 Zajonc, 1962

44 Rosenberg & Hall, 1958

45 Berkowitz & Levy, 1956

Mitglieder. Es stellte sich heraus, daß die Gruppen, die insgesamt günstig beurteilt worden waren, über ihre Leistung stolzer und motivierter waren als Gruppen mit ungünstigen Urteilen und als die Gruppen, in denen jeweils die einzelnen ein Feedback erhalten hatten.

Das heißt also, daß bei einer Studie das Feedback über die gesamte Gruppenleistung die Leistungen relativ wenig verbesserte, in einer anderen Studie dagegen sehr positive Auswirkungen hatte. Ein Feedback über die erzielte Leistung ist für problemorientierte Gruppen offensichtlich von Bedeutung, aber es sind noch weitere Untersuchungen notwendig, um die besondere Form des Feedback festzustellen, die für die unterschiedlichen Arten von Aufgaben und Situationen am wirkungsvollsten ist.

Zusammenfassung: Späte Phasen

Obgleich ein hohes Maß an Kohäsion innerhalb der Gruppe den Informationsaustausch erleichtern kann, kann es gleichzeitig die Qualität der Lösung beeinträchtigen. Kohäsion egalisiert das Gewicht der Beiträge jedes einzelnen Gruppenmitgliedes. Die Chancen einer hochqualifizierten Lösung des Gruppenproblems verringern sich, wenn die Fähigkeiten der einzelnen unterschiedlich verteilt sind. Auf der anderen Seite kann Kohäsion zur effektiven Verwirklichung der Lösung beitragen, wenn nur geringe Unterschiede in der Fähigkeit zwischen den Mitgliedern bestehen.

Beiträge von einzelnen in hoher Macht- oder Statusposition erhalten ein starkes Gewicht aufgrund der relativ umfassenderen Kontrolle der Betreffenden über die Nutzen-Kosten-Ergebnisse der Mitglieder und aufgrund der zentralen Stellung der Betreffenden innerhalb der Kommunikationsstruktur. Ob diese Bedingung einer guten Lösung abträglich ist, hängt von der Kompetenz der Personen in hoher Macht- und Statusposition ab. Sind sie besonders kompetent, liegt die Gruppenleistung hoch; liegt ihre Kompetenz unter dem Gruppendurchschnitt, so verhindern die Status- und Machtstrukturen eine gute Leistung.

Weder ein Feedback über die Gesamtleistung der Gruppe noch über die Einzelleistungen ist durchgängig überlegen. Es bedarf weiterer Untersuchungen, um die Bedingungen zu klären, unter denen der jeweilige Typ des Feedback zum Erfolg führt.

Risikobereitschaft des einzelnen und der Gruppe

Aus einer Studie von Stoner, die vor mehr als einem Jahrzehnt durchgeführt wurde, geht hervor, daß Gruppenentscheidungen nach einer Diskussion gewagter sind als die Entscheidungen des einzelnen vor der Diskussion.[46] Dieses Ergebnis ist nicht nur deshalb von Interesse, weil es der weitverbreiteten Ansicht widerspricht, Gruppen seien vorsichtiger und konservativer als einzelne, sondern auch weil viele Entscheidungen in Firmen, Hochschulen und Regierungen von Gruppen getroffen werden. Seit damals sind viele Untersuchungen durchgeführt worden, um die Allgemeingültigkeit jener Ergebnisse zu überprüfen sowie die Gültigkeit von Erklärungen, die man für das Phänomen angeboten hat. Es ist sehr lehrreich, sich diese Studien und die Vorschläge anzusehen, die man zur Erklärung der Ergebnisse ausgearbeitet hat, um die Komplexität und den vielschichtigen Charakter von Gruppenprozessen zu demonstrieren und die Grenzen einfacher Theoriebildungen über diese Vorgänge aufzuzeigen.

In der Regel werden die einzelnen zu Entscheidungen aufgefordert, die eine Handlung in einer Situation betreffen, mit der ein Risiko verbunden ist (z. B. die Übernahme eines besser bezahlten, aber weniger sicheren Jobs als der bisherige). Sodann wird eine experimentelle Maßnahme eingeführt, die meist aus einer Gruppendiskussion besteht, während der die einzelnen zu einem Konsensus darüber gelangen, was man nun tun soll. Die Differenz im Ausmaß der Risikobereitschaft zwischen der Durchschnittsposition der Gruppenmitglieder vor der Diskussion und der Entscheidung, die schließlich getroffen wird, bezeichnet in der Regel die Veränderung der Risikobereitschaft (risky shift), d. h. die Verschiebung in Richtung auf ein höheres Risiko nach einer Diskussion.

Man hat drei allgemeine Typen von Risiko-Situationen angewandt: einer, und zwar der häufigste, wird in einem "Papier-und-Bleistift-Test" angewandt, dem Wahl-Dilemma-Fragebogen. Das Instrument ist wie folgt beschrieben worden:

> "Es besteht aus zwölf hypothetischen Situationen, die "aus dem Leben gegriffen" sind, in denen eine fiktive Person sich zwischen einem riskanten und einem konservativen Handlungsablauf entscheiden muß. Dabei wurde die riskantere Wahl so konstruiert, daß sie zwar wünschenswerter, aber weniger erfolgversprechend erschien. In einer Situation wird beispielsweise ein Elektro-Ingenieur beschrieben, der die Wahl

---

[46] Stoner, 1961

hat (a) seine gegenwärtige, sichere Position zu behalten, die ihm ein ausreichendes, aber kaum noch wachsendes Gehalt sichert, oder (b) in eine neue Firma zu wechseln, deren Zukunft höchst ungewiß ist, aber die Möglichkeit bietet, Anteilseigner zu werden. Die Aufgabe besteht nun für den Betreffenden darin, anzugeben, wie hoch die Erfolgsaussichten für die riskantere Alternative mindestens sein müssen, wenn er der fiktiven Person diese Alternative empfehlen sollte. Hierbei kann der Betreffende zwischen den Erfolgswahrscheinlichkeiten 1:10, 3:10, 5:10, 7:10 und 9:10 wählen. Außerdem gibt es noch die Möglichkeit, die riskante Alternative in jedem Fall abzulehnen, ungeachtet ihrer Erfolgsaussichten."[47]

Ein zweiter Typ einer risikoreichen Situation verlangt von den einzelnen, sich für einen bestimmten Schwierigkeitsgrad von alten College-Examensaufgaben zu entscheiden, die sie lösen sollen. Die Schwierigkeitsgrade werden in Prozenten einer nationalen Stichprobe derjenigen Studenten angegeben, die die Aufgabe nicht lösen konnten. Je schwerer die Aufgabe ist, um so größer ist das Risiko eines Mißerfolges, falls man sich für sie entscheidet. Ein dritter Typ besteht aus experimentellen Spielsituationen, in denen die Teilnehmer wählen müssen zwischen Einsätzen mit kleinen Gewinnauszahlungen, die jedoch relativ häufig vorkommen und solchen mit größeren Gewinnauszahlungen, die eine geringere Warscheinlichkeit ihres Auftretens haben.

Das Phänomen der Verschiebung der Risikobereitschaft ist unter einer Vielzahl von Versuchsbedingungen beobachtet worden, mit oder ohne der Forderung, einen Gruppenkonsensus zu erreichen,[48] und mit und ohne direkte Kommunikationsmöglichkeiten.[49] Es tritt auch unter experimentellen Bedingungen auf, in denen zwar keine Gruppendiskussion stattfindet, die Teilnehmer jedoch die Risiko-Präferenzen der anderen Gruppenmitglieder erfahren,[50] oder wenn sie aufgefordert werden, sich die einzelnen

---

47 Abgedruckt mit freundl. Genehmigung aus K. L. Dion, R. S. Baron & N. Miller, Why do groups make riskier decisions than individuals? In: L. Berkowitz (Hg.), Advances in experimental social psychology, Vol. 5, New York, 1970. S. 308

48 Wallach & Kogan, 1965

49 Kogan & Wallach, 1967a; Lamm, 1967; Kogan & Wallach, 1967b

50 Teger & Pruitt, 1967

Wahlsituationen noch einmal anzusehen und sich danach erneut zu entscheiden.[51] Diese Veränderung der Risikobereitschaft sowie ihr Gegenteil, eine Veränderung zu größerer Vorsicht, ist in einigen Fällen bei unterschiedlichen Personentypen und Aufgabenformen beobachtet worden, wenngleich Dion, Baron und Miller bemerken, daß bei Spiel- oder Wettaufgaben die Ergebnisse übereinstimmen. Gleichzeitig weisen diese Autoren darauf hin, daß die einzelnen experimentellen Aufgaben im allgemeinen keinerlei reale Konsequenzen für die Teilnehmer bedeuten.[52]

Man hat vier größere Ansätze samt einigen kleineren Variationen angeboten, um die Verschiebung der Risikobereitschaft zu erklären. Einer der frühesten Vorschläge war der der Verteilung der Verantwortlichkeit.[53] Ursprünglich betonte diese Erklärung, daß eine Gruppenentscheidung eine Verringerung der Angst bewirke, einen Mißerfolg zu erleiden, da die Verantwortung auf alle verteilt würde, die die Entscheidung getroffen hätten. Spätere Ergebnisse jedoch, die zeigten, daß es auch dann zu der Verschiebung kam, wenn gar keine Gruppenentscheidung getroffen wurde, führten zu einer Modifikation dieser Erklärung. Nach Dion und Mitarbeitern legt der bisherige Stand der Diskussion die folgende Kausalkette nahe:

> 1. Gruppendiskussion führt zu affektiven Beziehungen; 2. affektive Beziehungen erlauben eine Verteilung der Verantwortlichkeit; 3. Verteilung der Verantwortlichkeit verringert die Angst vor einem Mißerfolg; 4. verringerte Angst vor einem Mißerfolg führt zu verstärkter Risikobereitschaft.[54]

Die Forschung auf diesem Gebiet hat im allgemeinen zu widersprüchlichen Ergebnissen geführt. Wie bereits bemerkt, kommt es zu einer Verstärkung der Risikobereitschaft auch ohne Gruppenentscheidung oder -diskussion, wenn die einzelnen stattdessen über die Entscheidungen der anderen Gruppenmitglieder informiert wurden,[55] oder diese hören konnten[56] oder ihnen erlaubt wurde, die Diskussion einer anderen Gruppe zu

---

51 Bateson, 1966; Flanders & Thistlethwaite, 1967

52 Dion u. a., 1970

53 Kogan & Wallach, 1967c

54 Abgedruckt mit freundl. Genehmigung aus K. L. Dion u. a. (s. Anm. 47), S. 312

55 Teger & Pruitt, 1967; Blank, 1968

56 Kogan & Wallach, 1967d

verfolgen.[57] Die Forschungshinweise auf die konzeptuelle Verknüpfung sind widersprüchlich, und aus dem gegenwärtigen Stand der Forschung und der Theorie über die Auswirkungen der Angst vor Mißerfolgen auf die Motivation geht nicht klar hervor, daß eine verringerte Angst vor Mißerfolgen zu einem durchschnittlichen Anstieg der Bereitschaft führen muß, ein Risiko zu übernehmen.[58] Trotzdem ist es möglich, wie Dion und Mitarbeiter feststellen, daß eine verstärkte Risikoübernahme das Ergebnis einer Verteilung der Verantwortlichkeit sein kann, die ihrerseits jedoch auf anderen Variablen beruht als den angegebenen und so zumindest einige der Effekte erklären kann, die sich an Gruppen beobachten lassen, die ein Risiko übernehmen sollen.

Eine zweite Erklärung besagt, daß Personen, die überzeugender sind, eine riskantere Position einnehmen, entweder, weil sie ein größeres Selbstvertrauen besitzen oder weil sie über eine durchschlagendere Rhetorik verfügen, mit der sie ihren Fall begründen. Kelley und Thibaut haben angenommen, daß solche Personen über eine dramatischere Rhetorik verfügen als andere, die weniger überzeugend wirken, und daß die mit der riskanteren Alternative verbundenen Konflikte und Unsicherheiten dazu führen, daß sie ihre Argumente intensiver und ausführlicher vorbringen.[59] Individuen, die als stärker beeinflussend wahrgenommen werden, übernehmen tatsächlich eher eine riskantere Position.[60]

Eine dritte Erklärung ist die, daß eine Verstärkung der Risikobereitschaft einfach aufgrund zunehmender Gewöhnung erfolgt.[61] Die anfängliche Fremdheit der Wahlsituation erfordert zunächst eine vorsichtige Haltung, die zunehmend aufgegeben wird, wenn die Teilnehmer nach und nach eine größere Vertrautheit und ein wachsendes Verständnis der Lage gewonnen haben, was durch eine Diskussion erreicht wird. Man hat diese These dadurch getestet, daß man die Teilnehmer die Wahl-Dilemma-Situation erneut durchdenken ließ, angeblich, um eine spätere Diskussion vorzubereiten (die jedoch nicht stattfand). Obgleich die Ergebnisse posi-

---

57 Lamm, 1967

58 Atkinson, 1964

59 Kelley & Thibaut, 1969

60 Wallach, Kogan & Bem, 1962; Wallach, Kogan & Burt, 1965; Flanders & Thistlethwaite, 1967

61 Bateson, 1966; Flanders & Thistlethwaite, 1967

tiv waren, konnten sie durch andere Untersuchungen nicht bestätigt werden.[62] Diese Erklärung kann außerdem nicht begründen, warum es in zwei Fällen der Test-Items zu einer Abschwächung der Risikobereitschaft kommt, die regelmäßig zu beobachten ist.

Eine vierte Erklärung, die Brown vorgeschlagen hat und die wohl am umfassendsten die Daten berücksichtigt, die die Verstärkung der Risikobereitschaft betreffen, geht aus von W e r t und R e l e v a n z.[63] Wenn Individuen sich Situationen ausgesetzt sehen, die mit einem Risiko verbunden sind, so sind zwei Werte mit im Spiel: Wagnis und Vorsicht. In einigen Situationen (z. B. den meisten, die in dem erwähnten Fragebogen aufgeführt sind) wird eine Risikoübernahme innerhalb der amerikanischen Gesellschaft hoch bewertet. So werden Personen etwa dazu ermutigt, ihr augenblickliches Vermögen zugunsten künftig zu erwartender Gewinne aufs Spiel zu setzen. In anderen Situationen, in denen möglicherweise das Geld unbeteiligter oder anderer Personen mit auf dem Spiel steht, wird ein vorsichtiges Verhalten hoch bewertet. Stellt man einen dieser Werte besonders heraus, so wächst die Häufigkeit der Argumente im Verlauf der Gruppendiskussion, die für diesen Wert sprechen, und das Gewicht dieser Argumente als Determinanten der Gruppenentscheidung wird erhöht.

Der zweite Teil von Browns Erklärung lautet, daß die Gruppenmitglieder ihre Einstellung dem Wert angleichen, der für die Situation relevant ist. Vor der Gruppendiskussion sehen sich die einzelnen so, daß sie die bewertete Eigenschaft zumindest in durchschnittlichem Maße besitzen. Wenn es also in einer bestimmten Situation auf den Wert ankommt, ein Risiko zu übernehmen, so ist der einzelne bereit, ein mindestens ebenso großes Risiko auf sich zu nehmen wie das durchschnittliche Gruppenmitglied. Solange über die Risikopräferenzen anderer Personen nichts bekannt ist, muß der einzelne sich mit Vermutungen begnügen. Wenigstens einige dieser Vermutungen sind falsch. Wenn im Verlauf der Diskussion die tatsächlichen Präferenzen der einzelnen bekannt werden - gleichgültig auf welche Weise - so verstärken diejenigen ihre Risikobereitschaft, die näher am Durchschnitt liegen, erhöhen so den Gruppendurchschnitt und bewirken den Effekt einer verstärkten Risikobereitschaft.

Diese Erklärung bietet gegenüber den anderen einige Vorzüge. Der wichtigste besteht darin, daß sie sowohl eine Verstärkung wie eine Abschwächung der Risikobereitschaft einbezieht, und daß auch das Eintreten der Verschiebung ohne Gruppendiskussion erklärt wird (wo die einzelnen ihren relativen Standort dem betreffenden Wert gegenüber dadurch erfahren,

---

[63] Brown, 1965

daß sie der Diskussion einer anderen Gruppe zuhören oder daß der Versuchsleiter die relevante Information liefert).

Daß die Brownsche Theorie die Fakten besser integrieren kann, heißt nicht, daß die von den anderen Theorien angenommenen Mechanismen nicht ebenfalls für einige der beobachteten Ergebnisse verantwortlich sein können. Ferner haben die experimentellen Situationen mit hypothetischen oder relativ folgenlosen Risiken gearbeitet, und so sollte man vorsichtig sein, wenn die Ergebnisse für die Wirklichkeit verallgemeinert werden. Und schließlich, wie Brown festgestellt hat, ist die Theorie noch unvollständig, und so ist es schwer, vorherzusagen, ob in einer bestimmten Situation eine Verstärkung oder eine Abschwächung der Risikobereitschaft eintreten wird.[64] Das hängt von den unbekannten Bedingungen ab, die entweder Vorsicht oder Risiko als Wert ins Spiel bringen.

Führungsstruktur und Aufgabenbewältigung

Auf die Zufriedenheit und die Produktivität einer Gruppe hat auch der Führungsstil einen Einfluß. Innerhalb der Verhaltenswissenschaften haben wenige Untersuchungen eine größere Bedeutung erlangt als die über Führungsstile. Kelley und Thibaut haben die Forschungsarbeiten von Lewin, Lippitt und White, die 1939 durchgeführt wurden, im Folgenden knapp zusammengefaßt:

> "Man stellte vier Gruppen von elfjährigen Jungen so zusammen, daß sich die persönlichen und soziometrischen Eigenschaften der Mitglieder einigermaßen glichen. Vier Erwachsene spielten eine Reihe vorgeplanter Führerrollen ("autoritär", "demokratisch" und "laissez-faire"), so daß mit geringen Ausnahmen jeder Erwachsene jede Führerrolle spielte und jede Gruppe jedem Führungsstil ausgesetzt war. Die Aktivitäten der einzelnen Gruppen blieben relativ konstant, da man den demokratischen und den Laissez-faire-Gruppen erlaubte, sich eine bestimmte Beschäftigung auszusuchen und diese dann der oder den Gruppen vorgab, die parallel dazu von einer autoritären Person geführt wurden.
>
> Die Ergebnisse, die sich am ehesten auf Problemlösungen beziehen, können kurz zusammengefaßt werden. Eine a u t o r i t ä r e Führung induzierte anscheinend die folgenden charakteristischen Reaktionen in der Gruppe: starke Abhängigkeit vom Führer, ausgeprägte "Reizbarkeit

---

64 Brown, 1965

und Aggressivität" der Mitglieder untereinander, geringe Häufigkeiten an "Vorschlägen für Gruppenaktionen und Gruppenpolitik", Unzufriedenheit mit den Gruppenaktivitäten, hohe Qualität und niedrige Qualität der Produktivität.... Unter den L a i s s e z - f a i r e - Bedingungen zeigten die Gruppen eine geringe Abhängigkeit vom Führer, starke "Reizbarkeit und Aggressivität" der Mitglieder untereinander, hohe Häufigkeiten von "Vorschlägen für Gruppenaktionen und Gruppenpolitik", begleitet von Desinteresse an Fortschritt und Leistung, beträchtliche Unzufriedenheit mit den Gruppenaktivitäten und offensichtlich durchschnittliche Produktivität. D e m o k r a t i s c h e Führung führte zu geringer Abhängigkeit vom Führer, geringem Auftreten von "Reizbarkeit und Aggressivität" zwischen den Mitgliedern, hohe Häufigkeiten von "Vorschlägen für Gruppenaktionen und Gruppenpolitik", ausgeprägte Zufriedenheit mit den Gruppenaktivitäten sowie eine durchschnittliche Produktivität mit hoher Qualität." [65]

Spätere Untersuchungen haben diese Ergebnisse im wesentlichen bestätigt. Darunter waren weitere experimentelle Studien, in denen teilnehmende (demokratische) mit Aufsicht führenden (laissez-faire) Führern verglichen wurden[66] sowie Studien an Schulklassen[67] und in einer Vielzahl von Arbeitssituationen.[68] Einige der Schlüsse, die in der ursprünglichen Untersuchung gezogen wurden, bedürfen jedoch einer Einschränkung. In einer Studie über Entscheidungsfindungs-Gruppen in Regierung und Industrie wurde ein Zusammenhang zwischen einem hohen Maß an Partizipation und einer n i e d r i g e n Zufriedenheit beobachtet.[69] Wahrscheinlich erwarteten und wünschten die Teilnehmer in dieser Art Gruppen eine starke Führung und wurden in ihren Erwartungen getäuscht. Persönliche Eigenschaften bestimmen ebenfalls das Ausmaß, in dem autoritäre oder demokratische Führung eine Zufriedenheit bewirkt, wie bereits in Kap. 11 fest-

---

65 Abgedruckt mit freundl. Genehmigung aus H. H. Kelley u. J. W. Thibaut, Experimental studies of group problem solving and process. In: G. Lindzey (Hg.), Handbook of social psychology, Vol. 2, Reading (Mass.), 1954, S. 776

66 Selvin, 1960

67 Anderson & Brewer, 1945, 1946; Anderson, Brewer & Reed, 1946; Robbins, 1952; Preston & Heintz, 1949

68 Katz & Kahn, 1952

69 Berkowitz, 1953

gestellt. Schließlich hängen die Reaktionen auf Führungsstile auf eine sehr komplizierte Weise mit solchen Eigenschaften zusammen wie Alter, Familienstand und Schulbildung.[70]

Trotz dieser Einschränkungen der ursprünglichen Untersuchungen ist es angesichts der nur vage definierten Variablen überraschend, daß sich eine derartige Bestätigung ergeben hat. Zu einem tieferen Verständnis soll nun eine systematischere theoretische Analyse beitragen, die auf der Erörterung von Führung in Kap. 11 beruht sowie eine etwas eingehendere Betrachtung der betreffenden Untersuchungen. Die folgende Analyse erfolgt in zwei Teilen; im ersten wird die Zufriedenheit, im zweiten die Produktivität erörtert.

F ü h r u n g u n d Z u f r i e d e n h e i t Zufriedenheit läßt sich als das Ergebnis einer Bedürfnisbefriedigung ansehen. Im Verlauf des Problemlösens können individuelle Bedürfnisse durch Erfüllen der Aufgabe, die Arbeitsaktivität selbst oder durch die Interaktionen mit den anderen an der Arbeit Beteiligten befriedigt werden. Studien wie die vom Survey Research Center an der Universität Michigan haben gezeigt, daß die Gruppen, die mit ihrer Arbeit am zufriedensten waren, eine Aufsicht hatten, von der sie nicht streng bewacht wurden, sondern die ihnen bei der Ausführung der einzelnen Tätigkeiten einen bestimmten Grad an Selbstbestimmung zugestand.[71] Wahrscheinlich erlaubte diese Situation den Arbeitern, Bedürfnisse nach Selbstbestimmung und Selbstverwirklichung zu befriedigen.

Eine andere Studie widerspricht anscheinend den negativen Auswirkungen strenger Überwachung.[72] In einer Gruppe von Angestellten führte die Anwesenheit strenger Beaufsichtigung zu Unzufriedenheit.[73] Damit wird die Tatsache hervorgehoben, daß Belohnungen stets bestehende Erwartungshaltungen berücksichtigen müssen. Nach Homans waren diese Angestellten mit ihrer Situation weniger zufrieden, da die fehlende strenge Aufsicht in ihnen die Erwartung geweckt hatte, größere Belohnungen zu erhalten als dies tatsächlich der Fall war; da sie eine größere Verantwortung trugen, waren sie der Ansicht, nunmehr auch ein besseres Gehalt zu bekommen.[74]

---

[70] Selvin, 1960

[71] Katz & Kahn, 1952

[72] Morse, 1953

[73] Homans, 1961

[74] Homans, 1961

Die Untersuchung von Vorgesetzten deckte zwischen diesen auch andere Unterschiede auf, die vermuten ließen, daß diese sich in dem Ausmaß unterscheiden, in dem sie die Bedürfnisse der ihnen unterstellten Mitarbeiter befriedigen.[75] D. h., daß mitarbeiterorientierte Vorgesetzte mit zufriedeneren Gruppen arbeiteten als produktionsorientierte. Mitarbeiterorientierte Vorgesetzte berücksichtigten die Bedürfnisse der Angestellten. So gaben sie z. B. die Gründe für eine Änderung des Arbeitsablaufs an, bezogen auch andere Aspekte der Arbeitssituation als nur den der Produktivität in ihre Überlegungen ein und setzten vernünftige Leistungsmaßstäbe. Außerdem verwendeten sie mehr Zeit auf ihre Tätigkeit als anleitende Vorgesetzte. Im Gegensatz dazu konzentrierten sich die produktionsorientierten Vorgesetzten auf die Produktion und schenkten den anderen Aspekten der Arbeit und den persönlichen Bedürfnissen ihrer Untergebenen keine Aufmerksamkeit. Bei ihrer Aufsichtstätigkeit brachten sie weniger Zeit zu und widmeten sich stattdessen mehr ihren sonstigen anstehenden Aufgaben.

Kurz gesagt, die Vorgesetzten, deren Führungsstil die in der Arbeitssituation wichtigen Bedürfnisse am ehesten befriedigt, haben die zufriedenen Angestellten. Das stimmt mit den bereits früher erörterten Ergebnissen über Führung und Gruppenprozeß überein.

Führung und Produktivität Wir haben bereits festgestellt, daß Gruppen bei der Behandlung komplizierterer Probleme weniger effektiv sind, wenn die Kommunikationsstruktur nur ein oder wenige Mitglieder in zentralen Positionen aufweist. Die Mitglieder in den zentralen Positionen werden von den Kommunikationen überlastet oder gesättigt und sind nicht mehr in der Lage, etwas damit anzufangen. Shaw ist der Ansicht, daß der fehlende Zusammenhang zwischen den Mitgliedern und der Sättigungsfaktor zusammenwirken und so die beobachteten Auswirkungen des Führungsstils auf Moral und Leistung zustande bringt:

> "Alles in allem glauben wir, daß der Führungsstil das Gruppenverhalten nicht durch den fehlenden Zusammenhang oder die Sättigung allein beeinflußt, sondern eher eine Kombination dieser beiden Prozesse. Eine autoritäre Führung verringert im allgemeinen die Unabhängigkeit der meisten Gruppenmitglieder (wodurch die Moral sinkt) sowie die Sättigungseffekte für die einzelnen (und steigert dadurch die Leistung). Eine nicht-autoritäre Führung steigert wahrscheinlich die Unabhängigkeit aller Teilnehmer (und damit deren Moral), gleichzeitig aber auch

---

[75] Kahn & Katz, 1953

die Sättigung aller Mitglieder (und verringert dadurch die Leistung)."[76]

Diese Annahmen waren das Ergebnis von Shaws Beobachtungen an Gruppen mit unterschiedlichen Kommunikationsstrukturen und Formen der Führung. Wie Lippitt und White stellte er bei den demokratisch geführten Gruppen eine bessere Moral fest.[77] Was die Leistung angeht, so waren die Ergebnisse bis auf eine Ausnahme mit den obigen Überlegungen konsistent: in autoritär geführten Gruppen lag die Leistung höher, sowohl quantitativ, was den Zeitaufwand und die nötigen Informationsvermittlungen als auch qualitativ, was die begangenen Fehler betrifft.

Man könnte annehmen, daß der Führungsstil die Qualität und Quantität der Produktion in einer Gruppe beeinflußt, da er sich auf die Qualität der Lösungen und die Motivation der Realisierung auswirkt. Wir haben bereits darauf hingewiesen, daß zunehmende Gruppengröße zu einer Kommunikationsstruktur führt, die sehr stark differenziert ist, und daß dieser Umstand sich auf die frühen Phasen des Problemlösungsprozesses negativ auswirkt. Es gibt einige Belege dafür, daß ein Diskussionsleiter diesen Effekt dadurch ausgleichen kann, daß er eine allgemeine Beteiligung fördert.

In einer Untersuchung wurden vierunddreißig Gruppen von einem Führer geleitet, der die Diskussion in einer permissiven Art führte, Denkanstöße gab, die Teilnahme aller Mitglieder ermutigte und die Äußerung verschiedener Gesichtspunkte förderte, seine eigenen Ansichten hingegen zurückhielt.[78] Man verglich die Leistungen dieser Gruppen hinsichtlich einer Problemlösung mit der von dreiunddreißig Gruppen, die es nicht mit einem Diskussionsleiter, sondern mit einem Beobachter zu tun hatten, der der Diskussion des Problems lediglich zuhörte. Die Gruppenmitglieder notierten ihre Antworten vor und nach einer achtminütigen Diskussion und zwar jedes für sich. Vor der Diskussion gab es bei den Antworten keine wesentlichen Unterschiede zwischen den Gruppen; nach der Diskussion lag der Anteil der richtigen Antworten jedoch signifikant höher bei den Gruppen, die einen Diskussionsleiter hatten. Eine genauere Analyse ergab, daß es vor allem in solchen Gruppen zu dieser Verbesserung kam, wo eine Minderheit von Anfang an die richtige Lösung hatte.

---

76 Abgedruckt mit freundl. Genehmigung aus M. E. Shaw, A comparison of two types of leadership in various communication nets, Journ. Abn. Soc. Psych., Jahrg. 50 (1955), S. 128

77 Lippitt & White, 1943

78 Maier & Solem, 1952

In diesen Fällen hatte der Diskussionsleiter die Funktion, so ermutigend zu wirken, daß die Minderheiten (oft war es nur ein einzelner) ihre Meinungen äußerten und die Gruppe diese dann auch erörterte, statt sie durch ihre Mehrheit zu unterdrücken.

Wie wir in Kap. 11 bemerkt haben, ist eine Folge des Gruppenentscheidungsprozesses die gestiegene Wahrscheinlichkeit dafür, daß die Entscheidung von den Gruppenmitgliedern auch realisiert wird. Das scheint einmal daher zu kommen, daß das Verständnis für die Lösung zunimmt, zum anderen durch das Entstehen einer normativen Struktur, die Handlungen favorisiert, die mit der Lösung in Einklang stehen. Unter diesen Umständen bildet sich nach und nach eine Lösung heraus, während die Gruppenmitglieder die Situation immer mehr auf eine ähnliche Weise sehen und bewerten. Durch die Aufteilung der Information und die Ausübung sozialen Druckes, indem soziale Zustimmung gewährt oder verweigert wird, wird mit der Zeit ein Konsensus erreicht.

Ein derartiger Konsensus ist nicht nur für kooperative Handlungen förderlich, falls diese zur Verwirklichung der Lösung erforderlich sind, sondern verstärkt auch die individuelle Motivation zur Verwirklichung. Diese Interpretation steht in Einklang mit experimentellen Studien über die Auswirkungen von Gruppenentscheidungen, wie sie in Kap. 5 erörtert wurden und stützt auch die Beobachtung, daß in einer industriellen Struktur Änderungen leichter durchgeführt wurden, denen eine Gruppenentscheidung zugrunde lag. Bei dieser Untersuchung variierten die Autoren den Umfang, in dem die Arbeiter an der Entwicklung neuer Arbeitsvorgänge beteiligt wurden. Der Bereich umfaßte: keinerlei Beteiligung, indirekte Beteiligung durch Vertreter und direkte Beteiligung.[79] Es bestand ein direkter Zusammenahng zwischen dem Grad der Beteiligung und der Produktivität.

In den meisten Arbeitssituationen werden die Regeln, die die Qualität und Quantität der Produktion betreffen, durch das Management aufgestellt, einen Agenten a u ß e r h a l b der Arbeitsgruppe. Es ist seit längerem bekannt, daß innerhalb der Gruppe sehr schnell Normen entstehen, die die Qualität und Quantität der Produktion bestimmen. Wie weit diese Normen von den Standards beeinflußt werden, die vom Management festgelegt wurden, hängt zum Teil von den Einstellungen der Arbeiter gegenüber diesem ab. In dem Maße, in dem der Kontrolleur durch seinen Aufsichtsstil günstige Einstellungen sich selbst und dem Management gegenüber herbeiführen kann, werden auch die von ihm vertretenen Produktions-

---

79 Coch & French, 1958

vorschriften die Gruppennormen beeinflussen. Das kann schon ein wichtiger Grund sein, warum die "demokratischen" Kontrolleure in den bereits erwähnten Untersuchungen die Gruppen mit der höheren Produktivität hatten.[80]

Obgleich diese Diskussion weitgehend die Vorteile der demokratischen gegenüber der autoritären Führung betont hat, hängen diese Vorteile auch von situationsspezifischen Anforderungen, der Verteilung der Fähigkeiten innerhalb der Gruppe, den Erwartungen der Gruppe sowie anderen Variablen ab. Leider sind diese Einschränkungen, wie Gibb anmerkt, oft vernachlässigt worden:

> "In unserer Kultur ist es ein Gemeinplatz geworden, eine autoritäre Führung negativ zu bewerten. Manches von dieser Einstellung scheint sich einer verlängerten Periode ideologischer Opposition gegenüber autoritär organisierten Kulturen zu verdanken sowie einer falschen Unterstellung einer Identität zwischen einem autoritären Führungsstil und autoritären politischen Systemen. Untersuchungen an Gruppen in Aktion zeigen, daß unter bestimmten Umständen eine autoritäre Führung sehr hoch bewertet wird. In der amerikanischen Gesellschaft besteht eine ambivalente Haltung gegenüber Führungstechnik, und manchmal ist die Moral höher und die Zufriedenheit optimal, wenn man sich autoritärer Führungsmethoden bedient."[81]

Des weiteren stellt er fest, daß es Gruppensituationen gibt, bei denen eine autoritäre Art der Führung effektiver als eine demokratische ist:

> "...die Führung ist autoritärer, diktatorischer und einschränkender, wenn 1. Formalitäten hinter Schnelligkeit und Effektivität zurücktreten müssen und 2. wenn die Neuartigkeit der Situation die einzelnen Mitglieder daran hindert, auf ihre je persönliche Weise an das Problem heranzugehen, so daß Anweisungen von ihnen nicht als Kritik an ihren Fähigkeiten aufgefaßt werden. Sieht sich die Gruppe einem Notfall gegenüber, dann ist das Führungsverhalten das effektivste, das schnell und entschieden erfolgt und das in den Augen der anderen am ehesten Herr der bedrohlichen Situation zu werden verspricht. Solche Umstände verlangen praktisch eine autoritäre Führung."[82]

---

[80] Katz & Kahn, 1952; Likert, 1961

[81] Abgedruckt mit freundl. Genehmigung aus C. A. Gibb, Leadership. In: G. Lindzey & E. Aronson (Hg.), The handbook of social psychology (s. Aufl.), Vol. 4, Reading (Mass.), 1969, S. 262

[82] Siehe Anm. 81; S. 263

Was die Identifizierung situationsbedingter und anderer Variablen angeht, von denen die Effektivität des Führungsstils beeinflußt wird, so sind hier einige Fortschritte erzielt worden. Fiedler hat ein Modell vorgeschlagen, das auf einer Klassifizierung von Situationen entsprechend den Möglichkeiten beruht, die der Führer hat, um die Leistung der Gruppe zu beeinflussen.[83] Es gibt drei situationsspezifische Komponenten: 1. die persönlichen Beziehungen zwischen dem Führer und den Gruppenmitgliedern, d. h. der Umfang, in dem er beliebt und anerkannt ist; 2. der Grad der Strukturiertheit der Aufgabe, ob sie eine Routineangelegenheit, eine klar formulierte Aufgabe oder ein vage und unzulänglich definiertes Problem ist; und 3. die legitime Macht und Autorität, die mit der Position des Führers verbunden ist.

Er behauptet, daß ein Führer, der bei seiner Gruppe beliebt ist und von ihr geachtet wird, der sich einer äußerst struktuierten Aufgabe gegenübersieht und der aufgrund der mit seiner Position verbundenen Autorität eine beträchtliche Macht ausübt, sich in einer relativ günstigen Lage befindet, die Gruppe zu beeinflussen. Ein bei der Gruppe unbeliebter Führer, der einer verschwommenen, wenig strukturierten Aufgabe konfrontiert wird und nur über wenig formale Macht verfügt, wird Schwierigkeiten haben, einen Einfluß auszuüben. Ein Führungsstil, der aktive Intervention und Kontrolle beinhaltet, ist vor allem in sehr vorteilhaften oder sehr ungünstigen Situationen effektiv. In weniger ungünstigen Situationen hat jedoch ein demokratischer, mehr permissiver Stil, der die zwischenmenschlichen Beziehungen berücksichtigt, mehr Erfolg. Eine Vielzahl von Situationen, die von Fiedler und Mitarbeitern, aber auch von anderen Autoren untersucht wurden, scheinen diesem Modell zu entsprechen.[84]

Zusammenfassung: Führung

Abgesehen von einigen Ausnahmen schafft ein demokratischer Führungsstil eine größere Zufriedenheit unter den Gruppenmitgliedern und ein effektiveres Zusammenwirken als ein autokratischer oder ein Laissez-faire-Stil. Zu Ausnahmen kommt es dann, wenn die Mitglieder eine ausgeprägte Führung erwarten; in diesem Falle sind sie mit einem demokratischen Führer wahrscheinlich unzufrieden.

Zufriedenheit hängt auf eine sehr komplexe Weise mit einer Anzahl von Gruppenvariablen zusammen. In betrieblichen Situationen besteht ein höheres Maß an Zufriedenheit, wenn die Vorgesetzten keine zu strenge

---

83 Fiedler, 1964

84 Fiedler, 1964

Aufsicht führen, sondern den Untergebenen eine teilweise Selbstbestimmung gewähren. Aber unter bestimmten Bedingungen muß diese Verallgemeinerung eingeschränkt werden: in einer Untersuchung führte die Aufhebung der Beaufsichtigung zu abnehmender Zufriedenheit, anscheinend weil die Angestellten aufgrund ihrer nunmehr gesteigerten Verantwortung eine Gehaltserhöhung erwarteten, die jedoch nicht gewährt wurde. Auch bei Arbeitern läßt sich durch die Aufsichtspersonen eine gesteigerte Zufriedenheit erreichen, wenn sie ein besonderes Interesse am Wohlbefinden der Arbeiter zeigen. Auch schaffen offenbar die Führer eine größere Zufriedenheit, die in erster Linie ihre Führerrolle spielen, statt sich als einer der Arbeiter zu geben.

Der Zusammenhang zwischen Führungsstil und Produktivität läßt sich über die Begriffe der Unabhängigkeit der Gruppenmitglieder und der Sättigung oder Überlastung mit Kommunikation erklären. Eine autoritäre Führung reduziert die Unabhängigkeit und Überlastung; deshalb bewirkt sie in der Regel eine geringere Zufriedenheit, aber eine höhere Produktivität. In größeren Gruppen kann ein Diskussionsleiter teilweise die unerwünschten Auswirkungen der Gruppengröße neutralisieren, indem er vor allem die Teilnahme der Minderheit aktiviert. Das verbessert die Qualität des Gruppenergebnisses. In diesem Fall und wenn der Führer Gruppenentscheidungen ermutigt führt eine Beteiligung ebenfalls zu einer hohen Motivationsebene und erhöht dadurch die Wahrscheinlichkeit dafür, daß die Aufgabe effektiv durchgeführt wird.

Die meisten Arbeitssituationen lassen informelle Gruppennormen entstehen, die ein angemessenes Produktionsniveau festsetzen. Eine Führung, die auf der Seite der Arbeiter eine positive Einstellung zum Management fördert, wird wahrscheinlich dazu beitragen, eine hohe Produktionsnorm zu setzen. Diese Bedingung wird in den meisten Fällen dann vorliegen, wenn der Führungsstil demokratisch ist. Unter anderen Umständen kann jedoch der autoritäre Stil höchst effektiv sein, z. B. in Notsituationen, die ein rasches Handeln erfordern und in Situationen, in denen eine klug angewandte autoritäre Führung die Ungleichheiten der einzelnen bezüglich Persönlichkeit, Temperament und Fähigkeit am besten einsetzen kann. Situationen, bei denen sich der Führer entweder in einer sehr starken oder in einer sehr schwachen Position befindet, begünstigen einen autoritären Stil; hat er dagegen nur beschränkte Einflußmöglichkeiten, so fördert das einen demokratischen Stil.

Der Prozeß des Problemlösens

Bisher haben wir das Problemlösen von Gruppen in erster Linie unter dem Gesichtspunkt der Faktoren betrachtet, die einen Einfluß auf die Qualität des Ergebnisses haben und der Zufriedenheit der Gruppenmitglieder nur gelegentlich unsere Aufmerksamkeit gewidmet. Jetzt wollen wir bestimmte Eigenschaften im Ablauf des Problemlösungsprozesses und dessen Zusammenhang mit Zufriedenheit erörtern.

Phasen im Ablauf des Prozesses In der Diskussion von Führungs- und Kommunikationsstrukturen haben wir bestimmte Regelmäßigkeiten der Interaktion der Mitglieder von Problemlösungsgruppen festgestellt. Diese Gleichförmigkeiten sind beobachtet worden, nachdem die Verhaltensweisen von Gruppenmitgliedern in Begriffen der Bales'schen Kategorien für die Analyse des Interaktionsprozesses untersucht worden waren (s. Kap. 9). Dabei wurde die ablaufende Interaktion in drei Teile aufgeteilt: Anfangs-, mittlere und Endphasen. Verglich man besondere Charakteristiken verschiedener größerer Verhaltenskategorien, so stellte sich heraus, daß in Phase I solche Aktionen am häufigsten vorkamen, die mit Problemen der Orientierung und Bewertung zusammenhingen. In Phase II stiegen die Handlungen, die sich auf Bewertung bezogen, leicht an und erreichten ihr Maximum, während Orientierungshandlungen sichtlich abfielen. Von Phase zu Phase stiegen dagegen Aktionen an, die sich auf Probleme der Kontrolle bezogen sowie die relativen Häufigkeiten positiver und negativer Responsen, wobei das Maximum in der Endphase erreicht wurde.

Die Verschiebung von Problemen der Orientierung zu denen der Bewertung und schließlich der Kontrolle erscheint zunächst lediglich den Erwartungen zu entsprechen. Es scheint sinnvoll, wenn eine Gruppe ein Problem zu lösen versucht, daß deren Mitglieder zunächst Informationen über das Problem und die Situation austauschen, dann die Information bewerten und schließlich das weitere Vorgehen vorschlagen. Wenn man jedoch über die Ursachen dieser Sequenz tiefer nachdenkt und das Ansteigen positiver und negativer Reaktionen im Verlauf des Prozesses in Erwägung zieht, so entdeckt man eine Reihe von Prinzipien, die wir bereits in der Diskussion über Konformität behandelt haben. Diese Prinzipien erklären auch die Reibungen, die im Verlauf der Gruppeninteraktion häufig auftreten. Wir haben bereits festgestellt, daß positive und negative Reaktionen - soziale Zustimmung und deren Verweigerung - Formen des Drucks sind, die innerhalb der Gruppe eine Konformität herstellen sollen. Das geschieht nicht nur deshalb, weil fehlende Konformität ein koordiniertes Handeln erschweren würde, sondern auch, weil die Präsenz von Konformität aus sich heraus belohnend ist. Dies folgt aus der Annahme, daß Personen eine Tendenz haben, ihre Meinungen zu bewerten und daß sie dies angesichts fehlender nicht-sozialer Kriterien dadurch tun, daß sie sie mit den Meinungen anderer vergleichen, die den eigenen Meinungen nahe kommen.

Das zunehmende Auftreten negativer und positiver Reaktionen im Verlauf der Phasen ist ein Ausdruck für den wachsenden Konformitätsdruck, wenn die Gruppe von den Orientierungsproblemen zu denen der Beurteilung übergeht. Von den einzelnen Mitgliedern werden die vorliegenden Fakten der Situation im allgemeinen in gleicher Weise wahrgenommen. Tatsächlich hatte man den Teilnehmern der Bales'schen Studie dieselben Fakten mitgeteilt. Wenn die Gruppe jedoch nicht dieselben Werte gemeinsam hat, so ist es wahrscheinlich, daß in der Beurteilungsphase Abweichungen in den Meinungsäußerungen über die Aufgabe und die Situation auftreten. Bei der von den Autoren untersuchten Problemlösungssituation waren Probleme ausgewählt worden, zu denen man unterschiedliche Meinungen der Teilnehmer vermutete. Die Unterschiede führen normalerweise zu einer wachsenden Anzahl positiver und negativer Reaktionen bis eine Konformität erreicht ist. Geht die Gruppe zu schnell vor, ohne eine Wertekonformität abzuwarten, so daß die einzelnen bereits Vorschläge zur Realisierung machen, so wird die Gruppe sehr schnell auf das ungelöste Problem der fehlenden Konformität zurückgestoßen. Dadurch steigt die Anzahl der Verhaltensweisen der Beurteilung, während kontrollierende Maßnahmen verringert werden. Sind diese Differenzen beseitigt, werden wieder mehr Vorschläge zur Verwirklichung akzeptiert. Dann tritt die Gruppe in die Schlußphase ein.

Die höhere Quote negativer Reaktionen in der letzten Phase scheint meist in deren erster Hälfte aufzutreten und ist wahrscheinlich die Folge noch ungelöster Wertedifferenzen. Am Ende der Schlußhase scheinen die positiven Reaktionen zu dominieren. Das ist nicht nur deshalb der Fall, weil die Teilnehmer eine Übereinstimmung und erfolgreiche Beherrschung des Problems als belohnend empfinden, sondern auch, weil die Gruppenmitglieder versuchen, ihr Reservoir an positiven Gefühlen wiederherzustellen, das sich geleert hatte, während einzelne versucht hatten, aufeinander Druck in Richtung auf eine Änderung auszuüben.

Die Versuche, in solchen Gruppen Einfluß oder Macht auszuüben, beruhen weitgehend auf dem Austausch sozialer Zustimmung zu konformem Verhalten. Wenn wir, nach dem Schema von Homans davon ausgehen, daß jeder Tausch einer Einheit sozialer Zustimmung zwischen A und B für eine Änderungseinheit in Richtung auf die Meinung des anderen zu einem geringeren Anwachsen des beiderseitigen Profits führt, dann verringert sich die Wahrscheinlichkeit dafür, daß beide sich beeinflussen können.[85] In jedem Fall sind die Kosten der Meinungsänderung hinsichtlich der eigenen Integrität und des Verlustes an Belohnung seitens anderer, ähnlich denkender Personen höher, und aufgrund zunehmender Sättigung ist die Belohnung niedriger. Unter der Annahme, daß beide Personen eine Fortsetzung der Interaktion erwarten, stellt eine derartige Situation eine Bedrohung dar. Dadurch wird ein Austausch einer beträchtlichen Zahl von Einheiten sozialer Zustimmung motiviert, mit der die Profitebene so angehoben wird, daß jeder wieder geneigt ist, künftig weiterhin solche Tauschhandlungen zu tätigen.

Dieses Prinzip läßt sich anscheinend auf viele Situationen anwenden, in denen Individuen ihre Machtreserven gegenüber anderen sehr stark ausgeschöpft haben. Wenn jemand als Ergebnis wiederholter Anforderungen seine Macht gegenüber einem anderen beträchtlich verringert hat, so ist das Machtgleichgewicht gestört, und die Drohung des Verlustes künftiger Belohnungen wird ihn wahrscheinlich dazu bringen, die mächtigere Person mit Belohnungen zu überhäufen, um zu versuchen, die eigene Macht in einem erträglichen Maß wiederherzustellen. Die Vorsätze, Versprechungen und andere vorsorgende Verhaltensweisen nach einem Krach zwischen Verliebten verdeutlichen den Sachverhalt.

Diese Erörterung weist auf ein Problem hin, das wir bis jetzt nur ungenügend beachtet haben. Nach einer Bemerkung von Barnard muß jede menschliche Organisation zwei Probleme lösen.[86] Das erste ist das der Effektivität, d. h. Verwirklichung von Gruppenzielen. Das zweite ist das der "Effizienz" und bezieht sich darauf, daß für die Zufriedenheit der einzelnen Mitglieder Sorge getragen werden muß. Bei den kurzlebigen Experimentalgruppen, die man in der Regel untersucht, spielt Befriedigung nur eine geringe Rolle. Wahrscheinlich erfahren die Teilnehmer dieser Untersuchungen entweder genügend Befriedigung, so daß sie die Situation akzeptieren, oder der Aufwand ist ihnen zu hoch, ihre Mitarbeit an der Studie zu verweigern. Anders als im Laboratorium muß die Gruppe in Alltagssituationen jedoch das Problem der Zufriedenheit lösen, oder sie wird sich auflösen.

Formen der Zufriedenheit von Mitgliedern

Wie bereits festgestellt, wird Zufriedenheit im allgemeinen als Funktion der Bedürfnisbefriedigung angesehen. Um Zufriedenheit in problemorientierten Gruppen zu verstehen, ist es zweckmäßig, bei den Bedürfnissen nach der Quelle der Belohnung zu unterscheiden, die zu ihrer Befriedigung führt. Eine dieser Quellen liegt auf der Hand: die Belohnung, die in Aus-

---

[85] Homans, 1961 [86] Barnard, 1938

sicht gestellt wird, sobald die Aufgabe erfüllt ist. Sie besteht in der Arbeitssituation fast ausschließlich aus Geld. In anderen Gruppen kann es sich dabei um Status, soziale Zustimmung von anderen Mitgliedern oder um andere "psychische" Belohnungen handeln. Eine zweite Quelle liegt in den Eigenschaften des Problemlösungsvorganges selbst begründet, der es erlaubt, Bedürfnisse wie Selbstdarstellung, Selbstentfaltung und Selbstbestimmung zu befriedigen.

So weit sind die Bedürfnisse und Belohnungen, von denen wir gesprochen haben, direkt oder indirekt auf die Problemlösung bezogen. Eine dritte Gruppe von Bedürfnissen und Belohnungen bezieht sich auf die Eigenschaften der Gruppe und entsteht jenseits der problemorientierten Aktivität. Zaleznik, Christensen und Roethlisberger haben in ihrer Untersuchung über die Zufriedenheit und Produktivität von Arbeitern diese Bedürfnisse und Belohnungen hervorgehoben und bezeichnen sie als *interne* oder von der Gruppe selbst kontrollierte Belohnungen, um sie von Belohnungen zu unterscheiden, die von außen oder seitens der Betriebsleitung kommen. Sie beschreiben sie so:

> "Zu den internen Bedürfnissen und Belohnungen gehört das Bedürfnis nach Gruppenzugehörigkeit; nach dem Zusammenschluß mit anderen Menschen; nach Äußerungen und Anteilnahme von Gefühlen der Treue, Freundschaft und Zuneigung; nach Gewährung und Empfang emotionaler Unterstützung; nach Anzeichen der Zustimmung durch die Gruppe, was wir für gewöhnlich als Prestige und Wertschätzung bezeichnen. All diese Bedürfnisse leiten sich aus der Verbindung und der Interaktion von Menschen in Gruppen ab. Infolgedessen können wir von der Befriedigung dieser Bedürfnisse als "Belohnung durch die Gruppe" sprechen, um sie gegenüber Belohnungen seitens der Betriebsleitung abzugrenzen, durch die Bedürfnisse nach Status am Arbeitsplatz befriedigt werden."[87]

Determinanten der Zufriedenheit Die Befriedigungen, die die einzelnen erfahren, sind nicht nur eine Funktion des *Umfanges* der Belohnung, die sie in einer Gruppe bekommen. Ob es sich dabei um einen Geldbetrag, eine intrinsische Befriedigung durch die Arbeit oder um Zustimmung handelt, aus einer Reihe von Gründen kann bei verschiedenen Individuen bei gleichem Umfang der Belohnung die Zufriedenheit unterschiedlich sein. Erstens gibt es Variationen in der Intensität der Bedürfnisse. Zweitens gibt es Unterschiede in der An-

---

[87] Abgedruckt mit freundl. Genehmigung aus A. Zaleznik, C. R. Christensen & F. J. Roethlisberger, The motivation, productivity, and satisfaction of workers: A prediction study. Boston, 1958, S. 324

zahl der Alternativmöglichkeiten der Bedürfnisbefriedigung. Jemand, der von anderen Gruppen beträchtliche Gratifikationen erhält, ist in dieser Beziehung von einer bestimmten Gruppe weniger abhängig und deshlab möglicherweise in der Lage, von der Gruppe mehr Belohnungen zu erzwingen als ein anderer, der von der Gruppe abhängiger ist. Drittens bestehen Unterschiede in den Vergleichnievaus, was die einzelnen ihrer Ansicht nach legitimerweise von der Gruppe e r w a r t e n können.

Für ein Verständnis der Beziehungen zwischen Belohnungen einerseits und Produktivität und Zufriedenheit andererseits ist es wichtig, die Erwartungen zu berücksichtigen, von denen die Auswirkungen beeinflußt werden. Ob eine Belohnung angemessen ist hängt davon ab, was der Betreffende in der Situation erwartet - von seinem Vergleichsniveau -, was er als gerechte und billige Belohnung ansieht. Wir haben betont, daß der Austauschprozeß sehr stark von den Auffassungen über Gerechtigkeit oder Billigkeit beeinflußt wird (s. Kap. 9). Belohnungen und Kosten müssen in einem viel komplizierteren Rahmen begriffen werden, der über Bedürfnisbefriedigung und -deprivation hinausgeht. Kosten, wie z. B. die Erfahrung von Ungerechtigkeit, oder Belohnungen, wie die Schaffung eines gerechten Zustandes, müssen als ein Teil des in Arbeitssituationen zustandegekommenen Ergebnisses angesehen werden.

Die Formulierung der Theorie der Gerechtigkeit - soweit sie sich auf Arbeitssituationen bezieht -, die sich am meisten durchgesetzt hat, stammt von Adams.[88] Der Gerechtigkeitstheorie liegt der s o z i a l e V e r g l e i c h zugrunde. Individuen vergleichen ihren Einsatz und ihre Entschädigungen mit denen von anderen Personen. Adams Konzept der Einsätze gleicht Homans' Vorstellung von Investitionen (s. Kap. 9). Einsätze können aus jeder Gruppe von Eigenschaften bestehen, die bei einem Austausch von beiden Partnern anerkannt werden und die deren Besitzer als Vergleichsbasis dienen. Wird eine Eigenschaft für eine bestimmte Situation relevant, dann wird von deren Besitzer eine gerechte Gegenleistung erwartet. In Arbeitssituationen ist der offensichtlichste Einsatz das Bemühen, eine Aufgabe zu erfüllen. Aber in Abhängigkeit von Gruppennormen oder -werten kann fast jede Eigenschaft als relevant angesehen werden, einschließlich Geschlecht, Rasse oder Schulbildung. In gleicher Weise ist Entschädigung eine umfassende Kategorie, zu der alles gehört, was beide Partner anerkennen und was für den Empfänger von geringem Nutzen ist. Das Ergebnis kann ein positives oder negatives Vorzeichen haben; die Kosten können höher als die Belohnungen sein und umgekehrt. Die Vergleiche werden entweder zwischen zwei Parteien in

---

[88] Adams, 1965

einer reziproken Austauschsituation vorgenommen, wenn z. B. zwei Personen an einer Aufgabe zusammenarbeiten, oder wenn jeder sich in einer Austauschsituation mit einer dritten Person befindet, wie in dem Fall von zwei Arbeitern, die von einem Dritten oder von einem Unternehmen angestellt werden.

Nach Adams liegt dann ein gerechter Zustand vor, wenn das Verhältnis von Einsatz und Nettoeffekt eines Individuums dasselbe ist wie das einer Person, mit der es sich vergleicht.[89] Das G e r e c h t i g k e i t s - p r i n z i p besteht also darin: je mehr sich jemand im Vergleich zu einem anderen bei einer Aktivität einsetzt, eine um so höhere Gegenleistung sollte er bekommen. Dabei können zwei Zustände der Ungerechtigkeit auftreten. Im einen Fall ist das Verhältnis von Nettoeffekt zu Aufwand einer Person P im Vergleich zu einer anderen Person O geringer, was von P als ungerecht oder unfair empfunden wird. Im zweiten Fall hat P einen objektiven Vorteil, weil sein Quotient jetzt höher liegt als der von O. Dies führt leicht zu Schuldgefühlen und Verlegenheit. D. h., es wird angenommen, daß beide Zustände der Ungerechtigkeit aversiv oder psychisch unbefriedigend sind; allerdings behauptet Adams, daß das Unbehagen im zweiten Fall weniger stark empfunden wird.

Da beide Abweichungen vom gerechten Zustand aversiv sind, besteht für den einzelnen eine Motivation, die Ungerechtigkeit zu verringern. Daß Personen versuchen werden, eine Situation zu ändern, die für sie objektiv mit Nachteilen verbunden ist, wird kaum jemanden überraschen, das Gegenteil jedoch um so mehr. Eine solche Reduktion von Ungerechtigkeit könnte auf einige Situationen erhellend wirken, in denen kein direkter Zusammenhang zwischen Produktivität bzw. Zufriedenheit und dem Umfang der Belohnungen besteht.

Versuche, wieder einen gerechten Zustand herzustellen, können in der unterschiedlichsten Form erfolgen. Jemand kann versuchen, seinen Aufwand oder seine Entschädigung oder die von anderen Personen real so zu ändern, daß die Gleichheit wiederhergestellt wird oder sie so verzerrt wahrzunehmen, daß sich eine scheinbare Gleichheit einstellt. Er kann es unterlassen, seine Entschädigungen mit denen einer bestimmten Person zu vergleichen und stattdessen eine andere aussuchen, oder er kann schließlich aus dem Feld gehen (z. B. seinen Job aufgeben). Die kognitive Verzerrung von Einsatz und Entschädigung bei sich oder bei anderen

---

[89] Adams, 1965

kann ebenfalls auf mehrere Arten erfolgen. Man kann einen bestimmten Aufwand oder eine Entschädigung übertreiben oder herunterspielen oder das Gewicht eines bestimmten Attributes zur Determination des Aufwandes bzw. der Entschädigung ändern. So kann der ältere Arbeiter, der für dieselbe Arbeit sehr viel besser bezahlt wird als sein jüngerer Kollege, zu dem Entschluß kommen, es sei nur gerecht, daß das höhere Dienstalter für die Festsetzung des Lohnes eine entscheidende Rolle spiele. Entschädigungen oder Einsätze, die zuvor irrelevant waren, können eine neue Relevanz bekommen, damit ein gerechter Zustand erreicht wird. Der Leiter eines Zweigwerkes in San Francisco kann für sich zu dem Ergebnis kommen, daß das Leben in dieser Stadt von genügend hohem Wert ist, so daß der Quotient aus Aufwand und Entschädigung im Vergleich mit dem seines besser bezahlten New Yorker Kollegen egalisiert wird.

Adams nennt eine Anzahl von Bedingungen, von denen der gewählte Modus bestimmt wird. Er bemerkt unter anderem, daß Personen im allgemeinen versuchen werden, positive Entschädigungen zu maximieren und erhöhte Einsätze zu vermeiden, die für eine Änderung aufwendig und teuer sind. Vor allem wird der einzelne einer realen oder nur in der Wahrnehmung bestehenden Änderung von Aufwand und auch Entschädigungen sich widersetzen, die für sein Selbstkonzept und seine Selbstachtung von zentraler Bedeutung sind. Da er seinen eigenen Einsatz und die Gegenleistung eher wahrnimmt, wird es für ihn schwieriger sein, diese kognitiv zu ändern, statt die von anderen Personen. Zu einem Verlassen des Feldes, es sei denn bei einer vorübergehenden Abwesenheit, wird es nur dann kommen, wenn die Ungerechtigkeit ausgeprägt ist und keine anderen Möglichkeiten bestehen.

Soweit sie sich auf Situationen am Arbeitsplatz bezog, hat ein großer Teil der auf der Gerechtigkeits-Theorie beruhenden Forschungsarbeit sich auf die Auswirkungen ungerechter Entlohnung sowie auf die den Erwartungen zuwiderlaufende Prognose konzentriert, daß zu hohes Gehalt zu verringerter Produktivität und Zufriedenheit führen kann. Daß dies der Fall sein kann, ging aus zwei Untersuchungen hervor, bei denen Studenten als Interviewer beschäftigt und zu der Annahme gebracht wurden, sie seien zu hoch bezahlt, (da sie dasselbe bekamen wie qualifizierte Interviewer).[90] In der ersten Untersuchung wurden sie auf Stundenbasis bezahlt, und die Prognose lautete, die zu hoch bezahlten Studenten würden die Ungerechtigkeit dadurch verringern, daß sie mehr Interviews durchführten und so den Einsatz erhöhten. Diese Voraussetzung bestä-

---

90 Adams & Rosenbaum, 1962

tigte sich. Das zweite Experiment stellte zum Teil eine Wiederholung des ersten dar, nur daß zusätzlich einige Gruppen gerecht bzw. ungerecht entsprechend den fertiggestellten Interviews bezahlt wurden. Für die ungerecht entlohnte Gruppe war die Prognose etwas komplizierter. Hier konnten die Teilnehmer ihren Einsatz nicht erhöhen, ohne damit gleichzeitig die Bezahlung zu verbessern. Aus diesem Grund lautete die Hypothese, daß die pro Interview und zu hoch bezahlten Teilnehmer eine geringere Stückzahl abliefern würden. Auch diese Hypothese wurde bestätigt.

In einer Reihe von Supermärkten hat man eine Feldstudie durchgeführt, die den Fall der zu geringen Bezahlung illustriert.[91] Bei dieser Untersuchung ging es um die Produktivität von Paaren, die aus je einem Kassierer und einem Packer bestanden. Die Kassierer hatten in verschiedener Hinsicht einen höheren Status. Sie waren ganztags beschäftigt und wurden besser bezahlt als die Packer, die nur stundenweise arbeiteten. Außerdem waren sie den Packern psychologisch überlegen, da es so aussehen konnte, als ob die Packer für die Kassierer arbeiteten. Andererseits hatten die Packer hinsichtlich anderer Variablen wie Geschlecht, Alter und Schulbildung häufig die höher bewerteten Eigenschaften. So konnte es vorkommen, daß ein Student mit einer jüngeren Kassiererin zusammenarbeitete, die nur die Mittelschule besucht hatte. In diesen Fällen erhielt der Student mit höher bewertetem Einsatz eine geringere Entschädigung in Form von weniger Geld und untergeordnetem Status. Interviews ergaben, daß in diesem Fall der Packer langsamer arbeitete und so den totalen Einsatz mit der Gesamtentschädigung zum Ausgleich brachte. Daß diese Technik weitverbreitet war, ergab sich aus einer Analyse der einzelnen Geschäfte. Man bildete für die einzelnen Läden je eine Rangreihe bezüglich der Arbeitseffektivität und nach einem Index, aus dem die Diskrepanz zwischen Kassierer und Packer hervorging, und stellte eine fast vollständige Korrelation fest.

Im allgemeinen haben die Untersuchungen über zu niedrige Bezahlung die aus der Gerechtigkeits-Theorie abgeleiteten Prognosen bestätigt;[92] die neueren Ergebnisse über die Auswirkungen zu hoher Entlohnung sind jedoch aus einer Reihe von Gründen infrage gestellt worden. Zunächst ist eingewandt worden, daß die Manipulation, mit der man die Bedingung der Überbezahlung hergestellt hat, sowohl die Selbstachtung der einzelnen als auch ihre Sicherheitsgefühle bedrohte, was die weitere Arbeit oder die Fortsetzung der hohen Bezahlung betraf. Die Reaktion auf diese

---

[91] Clark, 1958

[92] Pritchard, 1969

Effekte könnte auch in einer verbesserten Qualität bei verringerter Quantität bestehen.[93] Ferner läßt zumindest eine Studie vermuten, daß die durch Überbezahlung hervorgerufenen Effekte schnell verschwinden, entweder weil die einzelnen an Sicherheit gewinnen und sich sehr schnell als fähig erweisen oder weil sie sich überzeugen können, daß ihre Leistung eine hohe Bezahlung verdient. Eine andere Vermutung geht dahin, daß in den alltäglichen Arbeitssituationen für eine ungerechte Bezahlung eine unpersönliche Firma verantwortlich ist, so daß der in der besseren Position befindliche Arbeiter wahrscheinlich weniger die Empfindung hat, seine bessere Bezahlung sei ein Unrecht, das er anderen antue.[94]

Es gibt Untersuchungen, die versucht haben, diese Schwierigkeiten zu berücksichtigen.[95] Die Ergebnisse sind zwar nicht völlig konsistent, stützen jedoch die aus der Gerechtigkeits-Theorie abgeleiteten Prognosen bezüglich Überbezahlung. Diese Untersuchung sowie eine neue Arbeit von Leventhal lassen vermuten, daß bestimmte Bedingungen die durch Ungerechtigkeit auftretenden Effekte verstärken oder auch aufheben. Dieselben Variablen, die den Grad der Verpflichtung beeinflussen, die durch die Norm der Gegenseitigkeit induziert wurde (s. Kap. 10), beeinflussen auch die Einschätzung des Gerechtigkeitszustandes. D. h., der Einsatz eines anderen wird hinsichtlich der Schwierigkeiten und Beschränkungen beurteilt, unter denen er arbeitet,[96] der zur Verfügung stehenden Hilfsmittel[97] und seiner Absichten. Gefühle der Ungerechtigkeit und Versuche, diese zu vermindern, treten weniger auf, wenn die Ungerechtigkeit zufällig und nicht mit Absicht einer der Parteien zustande kommt, oder wenn die zur Ungerechtigkeit führenden höheren Einsätze von der fähigsten Person ausgehen (die entweder über die besseren Hilfsmittel oder situationsbedingte Möglichkeiten verfügt).

Zusammenfassung: Der Problemprozeß

In verschiedenen Phasen des Problemlösungsprozesses treten bestimmte Aktionen mit maximaler Häufigkeit auf. In der frühen Phase überwiegen Handlungen, die sich auf Probleme der Orientierung und Beurteilung beziehen, in der Schlußphase dagegen solche, die sich auf Probleme der

---

93 Lawler, 1968

94 Pritchard, Dunette & Jorgensen, 1971

95 Andrews, 1967; Lawler, 1968; Pritchard u. a., 1971

96 Leventhal & Michaels, 1969, 1971

97 Leventhal, Younts & Lund, 1970

Kontrolle beziehen. Insgesamt besteht ein Trend, daß die relativen Häufigkeiten der positiven und negativen Reaktionen von Phase zu Phase zunehmen. Das relative Überwiegen der verschiedenen Aktionsformen in den einzelnen Phasen erfolgt zum Teil aufgrund der Notwendigkeit des Problemlösens und den damit verbundenen Anforderungen, zum Teil aber auch aus der Interaktion mehrerer anderer Variablen.

Eine davon besteht in dem Bedürfnis der Gruppe nach Konformität ihrer Mitglieder. Während die Gruppe von der Orientierung zur Beurteilung übergeht, reagiert sie negativ gegenüber denjenigen, die sich nicht konform, und positiv auf die, die sich konform verhalten. Zu Beginn der Schlußphase, in der es um Kontrolle geht, kommt es zu einer hohen Anzahl negativer Reaktionen infolge ungelöster Wertedifferenzen. Der letzte Teil dieser Phase wird durch viele positive Reaktionen gekennzeichnet. Diese dienen anscheinend dazu, in der Gruppe wieder ein positives Gefühl herzustellen, das während der zahlreichen Versuche abgebaut wurde, andere zu beeinflussen, um so zu einer Übereinstimmung zu gelangen.

Zufriedenheit in Gruppen kann verschiedene Formen annehmen. Einige Befriedigung kann in der Belohnung für die Erfüllung einer Aufgabe liegen, die in Geld- oder "psychischer" Form erfolgen kann. Letzteres wird verdeutlicht durch den Status oder die soziale Zustimmung, die den Mitgliedern für erfolgreiche Leistung gewährt werden sowie durch die Befriedigung von Bedürfnissen nach Selbstdarstellung, Selbstentfaltung und Selbstbestimmung. Eine andere Form der Befriedigung hängt nicht mit der Aufgabe zusammen; sie resultiert aus der Freude an sozialer Interaktion.

Befriedigungen sind nicht einfach eine Funktion des Umfanges an Belohnungen, die in einer Gruppe erfahren werden. Zwischen den einzelnen gibt es Unterschiede bezüglich der Stärke ihrer Bedürfnisse, der Anzahl alternativer Befriedigungen und dessen, was sie von der Gruppe erwarten. Die Beziehungen zwischen Belohnungen einerseits und Produktivität bzw. Zufriedenheit andererseits können in Begriffen von Gerechtigkeitsprinzipien verstanden werden. Ob eine Belohnung angemessen ist hängt davon ab, was die einzelnen von der Situation erwarten - ihren Vergleichsniveaus - sowie davon, was sie als billige und gerechte Belohnung ansehen. Individuen vergleichen ihren Aufwand (oder ihre Investitionen) und den Ertrag mit denen von anderen. D. h., je mehr ein einzelner im Vergleich zu einem anderen in eine Aktivität hineinsteckt, um so mehr sollte er seiner Ansicht nach dafür als Gegenleistung erhalten. Ein gerechter Zustand besteht dann, wenn der Quotient aus Aufwand und Ertrag gleich dem Quotienten eines anderen ist, mit dem der Betreffende sich vergleicht. Während es keiner Frage bedarf, daß jemand verärgert oder unzufrieden ist, wenn er weniger bekommt als ihm gerechterweise zusteht scheint weniger selbstverständlich, daß es auch zu Unbehagen, Verwirrung und Schuldgefühlen führen kann, wenn jemand über dem angemessenen Niveau belohnt wird. In beiden Fällen kann er versuchen, das Ungleichgewicht zu verringern, obwohl dies weniger wahrscheinlich ist, wenn das Ergebnis zu seinen Gunsten ausfällt.

Zufriedenheit und Produktivität

Dieser Schlußabschnitt erörtert ein höchst verwickeltes Problem: den Zusammenhang zwischen Gruppenproduktivität und Zufriedenheit. In vielen Organisationen wird Personalpolitik unter der Voraussetzung betrieben, zufriedene Arbeiter seien produktiver; diese Annahme wird von der Forschung jedoch nicht bestätigt. In einer kritischen Übersicht der betreffenden Literatur kommen Brayfield und Crockett zu dem Schluß:

> "Insgesamt hat es den Anschein, daß es in der vorliegenden Literatur wenig Belege dafür gibt, daß die Einstellungen von Angestellten, jedenfalls in der Form, wie sie durch Interviews ermittelt werden, in irgendeiner einfachen oder für unsere Zwecke nennenswerten Beziehung zu ihrer Arbeitsleistung stehen."[98]

Befriedigung oder Moral hängt hingegen mit Fehlzeiten und Stabilität des Beschäftigungsverhältnisses zusammen.[99] Weniger zufriedene Arbeiter weisen höhere Fehlzeiten auf und wechseln eher ihre Arbeitsstelle. Diese Ergebnisse stimmen mit dem allgemeinen Prinzip überein, daß Individuen bestrafende Situationen vermeiden und stattdessen belohnende suchen; sie bleiben einer Arbeit fern, die sie nicht mögen und suchen sich eine aus, die ihnen mehr liegt. Ein etwas jüngerer Literaturbericht kommt im wesentlichen zu denselben Ergebnissen.[100]

Daß man zwischen Produktivität und Zufriedenheit keinen direkten Zusammenhang finden konnte, hat dazu geführt, die Argumente etwas eingehender zu prüfen, mit denen in frühen Untersuchungen ein positiver Zusammenhang

---

[98] Abgedruckt mit freundl. Genehmigung aus A. H. Brayfield & W. H. Crockett, Employee attitudes and employee performance. In: Psychological Bulletin, Jhg. 52 (1955), S. 408

[99] Brayfield & Crockett, 1955

[100] Vroom, 1964

erwartet wurde. Eine Argumentationskette nimmt an, Befriedigung und Produktivität seien beide eine Funktion von Belohnungen und variieren deshalb gemeinsam. Der Zusammenhang zwischen Produktivität und Belohnungen muß jedoch selbst wieder überprüft werden. Erstens hängt Produktivität von weit mehr ab als nur von der Motivation. Wir haben in diesem Kapitel bereits eine große Anzahl von Faktoren besprochen, von denen Qualität und Quantität der Produktion beeinflußt werden. Es gibt einige gute Gründe dafür, daß Belohnungen, Zufriedenheit und Produktivität in den typischen Arbeitssituationen nicht notwendig zusammen variieren. Wie Katz und Kahn argumentiert haben, werden derartige Belohnungen nicht nur je nach Ort und mit der Zeit aufgehoben; anstatt der Produktivität des Arbeiters zu entsprechen werden sie auch oft anhand sehr weiter Klassifikationen wie Dienstalter, Art der Arbeit und ähnlicher Kennzeichen verteilt.[101]

Außerdem stellen sie fest, daß nur derjenige solche Belohnungen erhält, der innerhalb des Systems bleibt; sie können also vielleicht eine Motivation dafür schaffen, daß man gerade so viel arbeitet, daß keine Kündigung erfolgt, daß es andererseits aber auch nicht zu Differenzen zwischen den Arbeitern innerhalb einer Organisation kommt.

Das Argument einer direkten Beziehung zwischen Produktivität und Belohnung enthält implizit die Annahme, daß die Belohnungen, die von der Unternehmensführung als entscheidend angesehen werden, für den Arbeiter tatsächlich unwichtig sind. Brayfield und Crockett haben behauptet, daß die Bedeutung unterschiedlicher Belohnungen in Form von Verdienst stark unterschätzt worden ist. Während neueres Material[102] die Vermutung zuläßt, daß Löhne nicht unwichtig sind, spielen in der Arbeitssituation auch andere Quellen eine Rolle, die die Unterschiede zwischen Produktivität und Zufriedenheit erklären. Die Arbeit von Likert und anderen sowie die von Argyris befaßt sich vornehmlich mit der Befriedigung, die mit der Art der Tätigkeit selbst zusammenhängt, insbesondere soweit sie vom Stil der Überwachung beeinflußt wird.[103] In einer langen Serie von Untersuchungen sind die Belohnungen in den Vordergrund gestellt worden, die sich aus der Interaktion ableiten (angefangen bei den berühmten Hawthorne-Studien), unter dem Einfluß von Mayo und später vor allem in der Arbeit von Zaleznik, Christensen und Roethlisberger.[104] Tatsächlich fanden Zaleznik und seine Mitarbeiter in einer Untersuchung über Zufriedenheit und Produktivität in Betrieben keinen Zusammenhang

---

[101] Katz & Kahn, 1952

[102] Lawler, 1971

[103] Likert, 1961; Argyris, 1960

[104] Zaleznik u. a., 1958

zwischen Zufriedenheit, Produktivität und Entlohnung. Wie ihre Vorgänger stellten die Autoren fest, daß die Produktivität sehr stark von den Gruppennormen beeinflußt wurde, die ein angemessenes Produktivitätsniveau bestimmten - ein "faires Tagespensum". Wer von der Gruppe abhängig war und von ihr belohnt wurde, paßte sich diesen Normen an.

Diese Ergebnisse liefern ein anderes Argument dafür, daß Produktivität in Betrieben - anders als im Laboratorium - nicht einfach eine Funktion von Belohnungen ist, die von einem Individuum außerhalb der Gruppe verteilt werden. Der Arbeiter, der aufgrund seiner hohen Arbeitsleistung vom Unternehmen eine Prämie bekommt, kann vielleicht von der Gruppe sozial-emotional geächtet werden, weil er die Gruppennorm nicht eingehalten hat. Solche sozial-emotionalen Belohnungen sind jedoch für die meisten Arbeiter sehr wichtig; aus diesem Grunde ergeben sich auch meistens nur geringe Unterschiede zwischen den Arbeitern und ihrer Leistung, selbst wenn das Entlohnungssystem derartige Unterschiede erwarten ließe. Treten dennoch Unterschiede auf, so können diese weitgehend durch die Stellung des einzelnen innerhalb der Gruppe erklärt werden, die auf die Konformität mit den Gruppennormen einen Einfluß hat und wiederum von dieser beeinflußt wird.

In bestimmten Situationen sind Belohnungen in Geldform wahrscheinlich von Bedeutung, z. B. wenn die Organisation des Arbeitsplatzes die Arbeiter voneinander isoliert, oder wenn die Arbeit eintönig und zur Routine geworden ist.

Bisher hat sich die Diskussion weitgehend um die Unterschiede zwischen der experimentellen Situation gedreht, in der ein Zusammenhang zwischen Produktivität und Belohnung besteht, und der Arbeitssituation, in der er nicht nachweisbar ist. Man hat angenommen, daß Zufriedenheit und Produktivität nicht notwendigerweise über die Belohnungen miteinander korrelieren müssen, da der unterstellte Zusammenhang zwischen Produktivität und Belohnung nicht besteht. Die Belohnungen in der betrieblichen Situation sind komplizierterer Natur, und deren Anwendung hängt nicht einheitlich und abgrenzbar mit unterschiedlicher Produktivität zusammen. Vroom - aufgrund einer Literaturübersicht - und Porter und Lawler - aufgrund einer Untersuchung an sieben Organisationen - haben Erklärungen für die Beziehung zwischen Belohnungen, Arbeitsleistung und Zufriedenheit vorgeschlagen.[105] Beide wenden die Erwartungs-Theorie an.[106] Der Arbeitsaufwand hängt insoweit mit der Leistung zusammen,

---

105 Vroom, 1964; Porter & Lawler, 1968

106 Atkinson, 1958

als der Arbeiter wahrnimmt, daß zunehmende Leistung tatsächlich zu wachsender Belohnung führt. Ebenfalls erkennen beide an, daß die Arbeitsleistung mehr als bloß eine Funktion der Motivation ist, daß zu den Determinanten der Motivation mehr gehört als lediglich Belohnungen in Geldform, und daß die Einflüsse von Belohnungen immer von den Erwartungen darüber relativiert werden, was als recht und billig angesehen wird.

Zusammenfassung: Zufriedenheit und Arbeitsleistung

Zwei in der Arbeitswelt gängige Annahmen sind wahrscheinlich beide nicht gerechtfertigt: daß ein enger Zusammenhang zwischen Zufriedenheit und Arbeitsleistung besteht, und daß diese eine direkte Funktion der Höhe der vom Arbeiter empfangenen Belohnung seien. Erstens werden Belohnungen selten so verteilt, daß sie den Arbeitsleistungen proportional sind. Zweitens sind Belohnungen in Geldform in der Regel weniger wichtig als Belohnungen, die aus der Arbeit selbst und aus der Gruppen-Interaktion stammen. Anscheinend sind diese beiden Faktoren, zusammen mit dem Stil der Arbeitsüberwachung als Determinanten von Arbeitsleistung und Produktivität wichtiger als finanzielle Belohnungen. Außerdem addieren sich die verschiedenen Belohnungsformen, die dem Arbeiter zur Verfügung stehen, nicht einfach zu einer insgesamt höheren Belohnung: unter bestimmten Umständen konfligieren sie miteinander. Außerdem liefern Modelle, die auf den Erwartungen darüber beruhen, was als recht und billig anzusehen ist, angemessene Erklärungen für die komplexe Beziehung zwischen Belohnungen, Arbeitsleistung und Zufriedenheit.

TEIL DREI

DAS INDIVIDUUM UND DAS SOZIALE SYSTEM

Im zweiten Teil wurden Gruppenstrukturen und -prozesse an Hand von ad hoc zusammengestellten Versuchsgruppen demonstriert, von stabileren Einheiten wie z. B. Arbeitsgruppen und von institutionalisierten Gruppen wie die Familie. Dabei haben wir besonders Analysen von Gruppenstrukturen im Hinblick auf Affekt, Macht, Status und Kommunikation betont, und wir haben die Beziehung dieser Strukturen zu bestimmten Gruppenprozessen diskutiert. Unter Anwendung des Konzepts der sozialen Rolle als größere Untersuchungseinheit berücksichtigt der dritte Teil in detaillierterer Form Strukturen und Prozesse in Institutionen wie Familie oder Schule.

Der zweite Teil erörterte zwei Prozesse eingehender, die zur Entwicklung einer institutionalisierten Struktur beitragen. Kapitel 10 beschrieb, wie soziale Normen entstehen. Kapitel 11 beschrieb den Prozess der Rollendifferenzierung, indem die Entwicklung der Führerrolle verfolgt wurde. Es wurde gezeigt, daß in vergleichsweise kurzer Zeit ein Einvernehmen darüber erzielt wird, wer der Führer der Gruppe ist, eine Tatsache, die die Anerkennung einer Führerrolle oder -position bedeutet. Diese Zustimmung der Gruppe zu dem initiierenden Verhalten des Führers läßt vermuten, daß die Differenzierung mit einer Zunahme an Normen einhergeht, die festlegen, daß der Führer die Gruppenaktivitäten leiten (dirigieren) sollte. Diese Normen entstehen in einem Prozeß von Auseinandersetzungen, bei denen sowohl der Führer als auch die von ihm geführten zu für sie befriedigenden Ergebnissen gelangen. Einige der in Kapitel 8 diskutierten Machtprozesse gehen von dieser Auseinandersetzung aus.

Die Doppelprozesse der Normenbildung und Normendifferenzierung führen zum Konzept eines *sozialen Systems*, *Rollenkategorien*, und den entsprechenden *Rollenerwartungen*, von denen die Interaktion bestimmt wird. Solche Systeme konstituieren die *institutionale Struktur*. Obwohl die Entwicklung einer Struktur Führer-Gefolgschaft unter den höchst vereinfachten Bedingungen kleiner Laboratoriumsgruppen beobachtet wurde, so lassen sich doch dieselben Beobachtungen mit Leichtigkeit bei nicht-experimentellen Gruppen machen. Wenn formale Organisationen gegründet werden, z. B. Verbindungen, Clubs, geschäftliche Unternehmen oder Sekten, oder wenn sie entscheidenden Veränderungen unterzogen werden, so kann man sehen, wie neue Positionen und damit verbundene Erwartungen entstehen, mittels derer das Verhalten der Mitglieder beherrscht wird.

Die einzelnen Kapitel des dritten Teils befassen sich mit den Konsequenzen solcher sozialer Systeme für die Gruppenmitglieder. Kapitel 13 führt in die grundlegenden Konzepte ein, mittels derer solche Systeme analysiert werden. Kapitel 14 beschreibt die Eigenschaften der Systeme, die zu Zwängen führen, die mit individuellen und Gruppenfunktionen konfligieren und die Mittel, durch die diese Zwänge aufgehoben werden.

KAPITEL 13

SOZIALE ROLLEN

Die beiden folgenden Kapitel befassen sich mit der Natur von Interaktionen unter einem perzeptiv-kognitiven Gesichtspunkt. Bis zu einem bestimmten Grad sind perzeptiv-kognitive Aspekte der Interaktion bereits in den Kapiteln über Gruppenstrukturen und Gruppenprozesse behandelt worden. So fanden wir zuerst, daß sich übereinstimmende Wahrnehmungen entwickeln hinsichtlich der Position, die jedes Gruppenmitglied in der Gruppenstruktur einnimmt. So wurde beispielsweise plausibel gemacht, daß Personen, die beträchtliche Macht haben, andere zu beeinflussen, von den Gruppenmitgliedern auch als Personen in einer Machtposition wahrgenommen werden. In gleicher Weise stimmen Gruppenmitglieder darin überein, wer innerhalb der Gruppe über wenig Macht verfügt. Personen, die am häufigsten Gruppenaktivitäten initiieren oder dirigieren, werden von anderen Gruppenmitgliedern als Personen in Führungspositionen anerkannt. Wer dagegen Aktivitäten selten initiiert und im allgemeinen der Führung von anderen folgt, wird als Anhänger oder Mitläufer angesehen.

Ein zweites Kennzeichen der Interaktion, das schon erwähnt wurde, besteht darin, daß Gruppenmitglieder in ihren Erwartungen bezüglich jener Personen übereinstimmen, die innerhalb der Gruppenstruktur besondere Positionen einnehmen. Von einer Person in hoher Machtposition wird erwartet, andere oft und wirksam zu beeinflussen, von einem Führer wird erwartet, daß er konstruktive Aktionen vorschlägt, die zur Erreichung von Gruppenzielen führen, und von einem Mitläufer nimmt man an, daß er keine eigenen Vorschläge macht und statt dessen mit den Ideen des Führers übereinstimmt.

Ein drittes entwickeltes Konzept war das der sozialen Norm, definiert als eine von den Gruppenmitgliedern geteilte Erwartung, durch die ein Verhalten spezifiziert wird, das einer bestimmten Situation angemessen erscheint. Soziale Normen umfassen nicht nur offenes, sondern auch verbales Verhalten zusammen mit den individuellen Wahrnehmungen, Gedanken oder Gefühlen. Meistens wurden Normen in Betracht gezogen, soweit sie allen Gruppenmitgliedern gemeinsam waren, wenngleich wir die Tatsache durchaus betonten, daß von Führern und Mitläufern unterschiedliche Erwartungen ausgehen. Größere Aufmerksamkeit wurde den Mechanismen gewidmet, durch die Normen durchgesetzt werden, sowie jenen Bedingungen, die die Prozesse der Normendefinition und Normendurchsetzung minimieren bzw. maximieren. Die nun folgenden Kapitel erstrecken sich auf alle möglichen Formen menschlicher Interaktion, wobei das Konzept von Normen als Verhaltensregel hervorgehoben und auf jedes Individuum angewandt wird, das innerhalb der Sozialstruktur eine bestimmte abgegrenzte Position einnimmt. In diesem Sinne wird *soziale Norm* zweckmäßigerweise dem Konzept der *sozialen Rolle* untergeordnet.

DIE NATUR SOZIALER ROLLEN

Zwei Kennzeichen von Erwartungen

Zum Verständnis des Konzeptes der sozialen Rolle sind zwei Charakteristika der Erwartungen besonders von Bedeutung: Ihr antizipatorischer Charakter und ihre normierende Eigenschaft.

Der antizipatorische Charakter der Erwartung. In der Regel erwartet ein Individuum von sich, daß es sich in einer bestimmten Weise verhalten wird, und für gewöhnlich hat es auch genaue Erwartungen bezüglich des Verhaltens von Personen, mit denen es interagiert. Die Bedeutung dieses Aspekts der Interaktion kann leicht eingesehen werden, wenn man Situationen betrachtet, bei denen solche Erwartungen minimal sind; so z. B. das Heimweh eines Kindes, das es während seines ersten Ferienlagers verspürt, die gespannte Erwartung eines Teenagers beim ersten Rendezvous, die ungewohnte Erfahrung eines jungen Mannes bei einem anderen und ungewohnten Job. Ebenso illustrativ sind die Unsicherheitsgefühle und die daraus resultierende tastende und wechselnde Art und Weise der Interaktion bei neu gebildeten Gruppen. Diese Situationen, bei denen die Erwartungen äußerst unspezifisch sind, können solchen gegenübergestellt werden, bei denen schon ausgeprägte Erwartungen vorherrschen: beispielsweise die weiche, abgestimmte Interaktion zwischen zwei alten Freunden.

Dieser antizipatorische Charakter der Interaktion ist deshalb wichtig, weil er das Verhalten eines Individuums steuert, ein Punkt, auf den George Herbert Mead hingewiesen hat.[1] Man nimmt in Gedanken vorweg, wie der andere auf verschiedene Aktionen reagieren könnte, und modifiziert entsprechend das eigene Verhalten. Oft wird auf diese Weise die gesamte Interaktion "geprobt", bevor sie sich wirklich ereignet. Aus versteckten Hinweisen wie Erscheinung, Gesichtsausdruck und Körperhaltung des anderen werden Schlüsse auf dessen Einstellung gezogen, und auch durch den Kontext der Situation, in der die Interaktion stattfindet. Aus solchen Informationen zieht der einzelne Schlüsse darüber, was der andere von ihm denkt und hält und wie er sich ihm gegenüber wahrscheinlich verhalten wird. In der Alltagsinteraktion wird der Prozeß der Vorwegnahme der Einstellungen und Verhaltensweisen des Gegenüber stark vereinfacht. Auf Grund langer Erfahrung klassifiziert der einzelne das Verhalten anderer in den verschiedensten Situationen anhand von Kategorien, die die verschiedenen Einstellungen bezeichnen, die bei Begegnungen zwischen Personen auftreten können. Dies befähigt ihn, bei jeder neuen Begegnung die Einstellung des anderen einfach dadurch vorwegzunehmen, daß er ihn und die Situation in die dazu passende Kategorie einordnet.

Diese Aspekte über den antizipatorischen Charakter der Interaktion sind

---

[1] Mead, 1934

von Garfinkel überzeugend illustriert worden, der in einer Versuchsanordnung seine Studenten aufforderte, sich im Gegensatz zu Alltagserwartungen zu verhalten.[2] In einer dieser Studien wurden die Studenten gebeten, sich eine Zeitlang so zu benehmen, als seien sie bei sich zuhause keine Familienangehörige, sondern lediglich Kostgänger. In den meisten Fällen wurden die anderen Familienmitglieder dadurch aus der Fassung gebracht. Sie hatten große Mühe, sich die seltsamen Verhaltensweisen einsichtig zu machen und die Situation wieder zu normalisieren. Dazu folgende Beispiele:

> Ein Student verblüffte seine Mutter in Gegenwart ihrer Freunde mit der Frage, ob er wohl aus dem Eisschrank etwas zu essen nehmen dürfe. "Ob du dir was zu essen nehmen darfst? Du hast dich hier jahrelang selbst bedient, ohne mich um Erlaubnis zu fragen. Was soll das denn heißen?!" Eine Mutter war wütend darüber, daß ihre Tochter nur mit ihr redete, wenn sie angesprochen wurde, und beschimpfte sie lauthals wegen ihrer angeblichen Respektlosigkeit und Aufsässigkeit; sie ließ sich auch nicht von der Schwester der Studentin beruhigen.[3]

Der normative Charakter von Erwartungen. Da Personen das Verhalten von anderen antizipieren, fungieren Interaktionen als Kontingenz. Das Verhalten einer Person hängt von deren Antizipation ab, wie der andere auf sie reagieren wird. Wenn er einen Witz macht, nimmt er vorweg, daß der andere darüber lacht oder amüsiert ist; andernfalls würde er ihn wahrscheinlich nicht erzählen. Wenn er einen persönlichen Kummer anvertraut, erwartet er gewisse Sympathiebezeugungen; wenn er kein Mitgefühl sucht, wird er das Problem bei sich behalten. Da viele starke sozial-emotionale Bedürfnisse nur über Interaktionen mit anderen befriedigt werden können, muß ein Individuum fähig sein, Reaktionen von anderen auf sein eigenes Verhalten vorwegzunehmen, um solche Bedürfnisse befriedigen zu können. Jemand, der sich gern unterhalten möchte, muß vorwegnehmen können, welche seiner Verhaltensweisen bei seinem Gegenüber eine dafür empfängliche Stimmung bewirken.

Normalerweise sind solche Antizipationen nur bei Situationen richtig und eingespielt, die das Individuum früher schon erlebt hat, in denen es und die dabei Beteiligten gewisse gemeinsame Erfahrungen geteilt haben. Jeder Teilhaber an einer Interaktion teilt Erwartungen, die sein Verhalten und das der anderen betreffen. Solche fest eingespielten geteilten Erwartungen haben für gewöhnlich verbindlichen Charakter. Man erwartet vom anderen nicht nur, daß er sich in einer bestimmten Weise verhält; sondern man ist

---

[2] Garfinkel, 1967

[3] Abdruck mit freundlicher Genehmigung aus H. Garfinkel, Studies in Ethnomethodology, Englewood Cliffs, N. J.: 1967, S. 47 - 48

der Ansicht, daß er sich so verhalten müßte. Werden die Erwartungen nicht erfüllt, so ist die Folge in der Regel Überraschung, Mißvergnügen, Verärgerung, Indigniertheit, wie in den angeführten Beispielen. Dieser normative Charakter von Erwartungen kommt daher, daß nur dann, wenn jemand beständig das Verhalten von anderen antizipieren kann, sich ein Optimum in der Kosten-Nutzen-Bilanz ergibt. Der Grad, bis zu dem Erwartungen normativ sind, steht in Relation zu der Wichtigkeit der damit verbundenen Kosten und Nutzen. Normen haben bedeutende Belohnungen oder Sanktionen zur Folge, je nach ihrer funktionalen Integration in die Wertestruktur der Gruppe, ein Punkt, auf den wir später noch im Detail eingehen werden.

Einige Rollenkonzepte

Position oder Rollenkategorie; Rollenträger oder -spieler. Die Begriffe Rollenkategorie und Position beziehen sich auf die Gruppierung von Personen, deren Verhalten ähnlichen Erwartungen unterliegt. Die Person, die sich in der Rollenkategorie befindet, wird als Rollenträger oder Rollenspieler bezeichnet. In Kapitel 2 wurde die Beobachtung von Schutz erwähnt[4], daß die Objekte in der Welt eines Individuums typifiziert werden, einschließlich des Klassifizierens von Menschen. Dort wurde gezeigt, daß Kinder und Erwachsene Personen in ihrem Umkreis typisieren, manchmal sogar als Stereotype. Einige dieser Typisierungen sind Rollenkategorien.

Es gibt drei Möglichkeiten, Personen in eine Rollenkategorie einzuordnen: (1) wenn sie dieselbe Position in einer sozialen Beziehung oder einem sozialen System einnehmen, (2) wenn sie in einer kleinen Gruppe eine spezielle Position innehaben und (3) wenn ihre Qualitäten von bestimmtem Typus sind (einen Typus bilden). Der erste Fall ist der häufigste. Als Illustration mag dienen, daß die Träger der Mutterrolle im sozialen System Familie einem breiten Spektrum an Verhaltenserwartungen ausgesetzt sind. Nur solche Kategorien von Rollenbildern, die von zwei oder mehr Personen auf dieselbe Weise definiert werden, erfüllen die Kriterien, mit denen eine Position definiert wird. Rollenkategorien können von allen Mitgliedern einer Gesellschaft in derselben Weise wahrgenommen werden oder nur von einigen wenigen. Ein Beispiel von Gruppierungen, über die weithin Einverständnis besteht, ist die Position Alter - Geschlecht: "kleiner Junge", "kleines Mädchen", "junger Mann", "junge Frau", "alter Mann", "alte Frau". Personen, deren Beruf es mit sich bringt, daß sie zahlreiche Kontakte zu Personen außerhalb ihres Berufskreises haben, befinden sich ebenfalls in Positionen, die weitgehend in gleicher Weise wahrgenommen werden. Beispiele sind Arzt, Taxifahrer, Rechtsanwalt, Professor und Friseur.

---

4 Schutz, 1964

Beim zweiten Typ einer Rollenkategorie werden klar definierte Kategorien von Personen nur von einer kleinen Anzahl von Menschen geteilt. Die meisten Kleingruppen haben solche Positionen, die speziell auf sie zugeschnitten sind. Ein gutes Beispiel hierfür ist vielleicht der bei Homans erwähnte "lunch-boy".[5] In einer Fabrik wurde dem jüngsten in einer Arbeiterkolonne die Position des Brötchenholers zugeschoben, was von ihm verlangte, für seine Arbeitskollegen aus der Kantine das Essen zu holen. Dieses Beispiel legt einen anderen Ausgangspunkt nahe, Personen in Rollenkategorien einzuordnen, nämlich nach deren Funktion innerhalb der Gruppe. So haben Benne und Sheates bei Kleingruppen Rollen unterschieden wie Meinungsführer, Lotse, Clown, Experte und Direktor.[6]

Der dritte Ausgangspunkt für eine Klassifizierung in Rollenkategorien bezieht sich primär auf die Eigenschaften des Akteurs, der die Rolle einnimmt. Als Beispiel mag der "liebe Hans" oder der "Jasager" dienen. Kategorien dieser Art sind als soziale Typen bezeichnet worden.[7] In den meisten Fällen befaßt sich eine derartige Analyse mit Rollenkategorien in einer sozialen Beziehung oder einem sozialen System.

Rollenerwartungen; soziale Rolle. Erwartungen haben wir beschrieben in Termini der antizipatorischen und normativen Qualität von Interaktionen. Rollenerwartungen sind Erwartungen, die mit einer Rollenkategorie verknüpft sind. Wie im Falle der Rollenkategorien kann die Anzahl der Personen, die hinsichtlich einer besonderen Kategorie die gleichen Erwartungen hegen, von zwei bis zu allen Mitgliedern einer nach Millionen zählenden Gesellschaft variieren. Erwartungen, die mit Alter-Geschlecht-Positionen verbunden sind, können als Beispiel für gesamtkulturelle Erwartungen gelten.

In der amerikanischen Gesellschaft beispielsweise schließen Erwartungen, die mit der Rolle "kleines Mädchen" verbunden sind, die Ansicht ein, dieses sollte sich für Puppen und Kleider interessieren, öfter weinen und leidenschaftlicher reagieren als sein Bruder, und es sollte im Vergleich zu kleinen Jungen wohlerzogener sein. Diese Erwartungen schließen auch Ansichten darüber ein, was es nicht tun sollte: es sollte beim Raufen nicht stärker als alle Jungen aus der Nachbarschaft sein, sich nicht besonders für Cowboy- und Indianerspiele interessieren und sich beim Spielen auf der Straße weniger schmutzig als Jungen machen. Zur Zeit werden solche Unterschiede der normativen Erwartungen gegenüber Jungen und Mädchen - und Männern und Frauen - von der "Woman's Liberation"-Bewegung hart attackiert,[8] die prinzipiell für die Aufhebung von Geschlechterrollen plädiert und dafür, daß man jedem Individuum gestattet, sich nach seinen eigenen Möglichkeiten zu entwickeln, unabhängig von seinem Geschlecht.

---

[5] Homans, 1961;

[6] Benne u. Sheates, 1948

[7] Klapp, 1962

[8] Mednick u. Tangri, 1972

Erwartungen von kleineren Gruppen können ebenfalls illustriert werden: Eltern der unteren sozioökonomischen Schichten haben etwas andere Erwartungen gegenüber der Rolle "Kind". Eher als Eltern der Mittelschicht erwarten sie von ihren Kindern im allgemeinen, daß sie Erwachsenen gehorchen, sie respektieren und ihnen gefällig sind.[9] Schließlich können Erwartungen, die mit einer bestimmten Position verbunden sind, relativ einmalig sein, so, wenn eine bestimmte Mutter und deren Kind die Erwartung teilen, daß sie ihm ein Schlaflied vor dem Einschlafen singen sollte.

Rollenerwartungen, die mit einer Rolle verknüpft sind, können hinsichtlich des Konsensus variieren. Über einige Erwartungen besteht weitgehende Übereinstimmung; andere sind auf bestimmte Individuen beschränkt. In unserer Gesellschaft sind die meisten sich darin einig, daß jemand in der Rolle des Ehemannes zumindest einen Teil seines Einkommens für die Familie verwenden sollte. Daß man auch von der Frau erwarten sollte, durch Arbeit zum Einkommen beizutragen, ist eine weniger weit verbreitete Ansicht.

Der allgemeinere Begriff *soziale Rolle* (oder einfach *Rolle*) wird gebraucht sowohl in Bezug auf eine Position als auch auf die damit verbundenen Erwartungen. Wenn von der Mutterrolle die Rede ist, ist sowohl ihre Position im Familiensystem gemeint als auch die damit zusammenhängenden Erwartungen.

Rollenverhalten. Rollenverhalten sind jene Verhaltensweisen eines Rollenträgers, die für die mit der Rolle verknüpften Erwartungen relevant sind. Diese Verhaltensweisen können den Erwartungen entsprechen oder auch nicht. Angenommen, ein Professor erklärt eine Theorie in sehr wenigen, unpräzisen Worten. Für seine Rolle ist das Erklären von Theorien wichtig, und folglich zeigt er Rollenverhalten, wenngleich es der Erwartung nicht entspricht, wonach ein Professor sich klar ausdrücken sollte. Während er seine Rolle spielt, zeigt er auch Verhalten, das hierfür irrelevant ist. So kann er etwa während der Vorlesung eine Zigarette anstecken, ein Vorgang, der mit seiner Rolle nichts zu tun hat.

Rollenverhalten und Rollenerwartungen sollten klar voneinander unterschieden werden. Erwartungen zeigen an, wie die Akteure in einer Rolle vermutlich handeln werden; einzelne Individuen jedoch können durchaus in ihrem konkreten Verhalten davon deutlich abweichen. Verhaltensweisen, die ein bestimmtes Rollenspiel konstituieren, sind gewöhnlich das Ergebnis von Verhandlungen zwischen Rollenträgern. Die ursprünglich bei den Rollenpartnern bestehenden Erwartungen erlauben oft eine beträchtliche Abweichung im Verhalten; ebenso befinden sich die Partner in den seltensten Fällen in voller Übereinstimmung. Oft wird dieses breite Spektrum durch Verhandlungen zwischen

---

[9] Kohn, 1963

den Partnern zusammengeschoben, die schließlich zu größerer Übereinstimmung gelangen sowie zu klareren, bestimmteren Erwartungen.

Zusammenfassung: Die Natur sozialer Rollen

Eine Position oder Rollenkategorie ist eine Kategorie von Personen, die in einer sozialen Beziehung einen bestimmten Platz einnehmen. Einige Rollenkategorien werden innerhalb der ganzen Gesellschaft anerkannt, während einige, verhältnismäßig seltene, nur von wenigen Personen wahrgenommen werden. Rollenerwartungen sind die Erwartungen, die mit einer Rollenkategorie verbunden sind. Bei Rollenerwartungen kann eine weitgehende Übereinstimmung bestehen, oder es können verschiedene Abstufungen an Meinungsverschiedenheiten zwischen den Teilhabern am Beziehungssystem existieren. Soziale Rolle bezieht sich sowohl auf die Rollenkategorie wie auf die damit verknüpften Erwartungen. Schließlich sind die Verhaltensweisen eines Rollenträgers diejenigen, die für seine momentane Rolle relevant sind.

DAS SOZIALE SYSTEM

Einzelne soziale Rollen können nicht isoliert von ihrer Beziehung zu anderen sozialen Rollen betrachtet werden. Jede soziale Rolle ist auf andere soziale Rollen bezogen. Die Gesamtheit der aufeinander bezogenen sozialen Rollen ergibt ein System oder eine Struktur, innerhalb derer die Personen interagieren. Solche ineinander greifenden sozialen Rollen werden von Sozialpsychologen im allgemeinen als soziale Systeme bezeichnet. Die Familie ist ein Beispiel für ein derartiges soziales System - nicht eine bestimmte Familie, sondern die systematischen Beziehungen zwischen den Positionen von Mann und Frau, Vater und Kind, Mutter und Kind, Bruder und Schwester usw. Andere Beispiele für ein soziales System sind: Gefängnis, Kloster, Krankenhaus und Schule. Dieser Abschnitt führt in eine Reihe wichtiger Systemkonzepte ein.

Beziehungen zwischen sozialen Rollen

Rollenpartner. Die mit einer Rollenkategorie verknüpften Erwartungen spezifizieren bestimmte Verhaltensweisen gegenüber Schauspielern in anderen, darauf bezogenen Rollenkategorien. Akteure, die solche entsprechenden Rollen spielen, bezeichnet man als Rollenpartner; dieser Begriff stammt von Bredemeier und Stephenson.[10] Beispiele sind, Mutter und Kind, Arzt und Patient, Lehrer und Schüler. Ein Akteur kann viele Rollenpartner haben: Die Partner einer Mutter sind nicht nur ihre Kinder, sondern auch der Vater, Lehrer, Spielkameraden, Nachbarn, Kinderarzt und Zahnarzt ihrer Kinder. Wenn diese Personen sich als Rollenpartner verhalten, beziehen sie sich in der Interaktion auf sie als Mutter dieser Kinder.

---

[10] Bredemeier u. Stephenson, 1962

Rollenpflichten und -Rechte. Die feste Verbindung zwischen aufeinander bezogenen Rollenkategorien können noch klarer gemacht werden, wenn Rollenbeziehungen in Begriffen von Rechten und Pflichten gefaßt werden. Betrachten wir die beiden Rollen von Ehemann und Ehefrau. Mit der Position des Ehemannes sind bestimmte Erwartungen verbunden. Erwartungen, wie er als Akteur gegenüber seinem Rollenpartner, nämlich seiner Frau, agieren sollte, und wie sie ihrerseits sich ihm gegenüber verhalten sollte. Diese Beziehungen können vom Standpunkt des Mannes oder von dem der Frau aus beschrieben werden.

Vom Standpunkt der Rolle des Ehemannes werden die Erwartungen gegenüber seinem Verhalten als Rollenpflichten bezeichnet, und die Erwartungen gegenüber dem Verhalten seiner Frau als Rollenrechte oder Privilegien. Vom Standpunkt der Frau kehren sich die Verhältnisse entsprechend um. So besteht beispielsweise entsprechend der traditionellen amerikanischen Arbeitsteilung innerhalb der Familie für den Ehemann die Verpflichtung gegenüber seiner Frau, für Nahrung, Kleidung, Wohnung und Annehmlichkeiten des Lebens zu sorgen. Von der Frau aus gesehen genießt sie das als Recht oder als Privileg. Andererseits erwartet der amerikanische Ehemann traditionellerweise, daß seine Frau sich um das Haus kümmert, um das Einkaufen, Saubermachen und die Wäsche. Von seinem Standpunkt aus kommt ihm das als Recht seiner Rolle zu; es ist eine Verpflichtung, die mit der Rolle der Frau verbunden ist. Kurz gesagt, die Pflichten des einen Akteurs sind die Rechte seines Rollenpartners; seine eigenen Rechte dagegen sind die Pflichten seines Rollenpartners.

Soziale Rollen im Verlauf der Interaktion

Zu jedem Zeitpunkt kann ein Rollenträger gleichzeitig mehrere Positionen einnehmen: Er wie seine Rollenpartner definieren ihn in Begriffen verschiedener Rollen, und sein Verhalten wird von den Erwartungen, die sich mit diesen Rollen verbinden, beeinflußt. Als Beispiel mag ein Arzt dienen, der ein Mitglied seiner eigenen Familie behandelt, oder eine Lehrerin, die ihr eigenes Kind unterrichtet. Im nächsten Kapitel soll noch ausführlicher dargelegt werden, daß die gleichzeitige Besetzung von mehr als einer Position äußerst wichtig ist, da in vielen Situationen ein Individuum zwei Rollen ausübt, deren Erwartungen sich widersprechen, so daß Rollendruck entsteht.

Zu keinem Zeitpunkt jedoch verhält sich eine Person allen Rollen gemäß, die sie im Lauf ihrer täglichen Aktivitäten einnimmt. In einem bestimmten Moment sind einige ihrer Positionen aktiv; sie werden von ihr und anderen Personen besetzt, um ihr Verhalten zu antizipieren und dessen Angemessenheit zu prüfen. Später werden andere Positionen aktiviert, während die ersteren latent bleiben; die Person befindet sich nicht mehr in den ursprünglichen Rollenkategorien. Dieser Wechsel von einer Rolle zur anderen, der Wandel von aktiven Positionen zu latenten während des Tagesablaufs ist von Linton in einer klassischen Stelle lebendig dargestellt worden:

> Angenommen, jemand arbeitet tagsüber als Verkäufer in einem Geschäft. Während er hinter der Ladentheke steht, ist sein aktiver Status der eines Verkäufers, wie er durch seine Position innerhalb unseres gesellschaftlichen Systems von spezialisierten Berufen festgelegt ist. Diese Rolle, zusammen mit seinem Status, stattet ihn für den Umgang mit den Kunden mit bestimmten Verhaltensmustern aus. Diese Muster sind ihm und den Kunden genau bekannt und ermöglichen ihm, Geschäfte mit einem Minimum an Verzögerung und Mißverständnissen abzuwickeln. Zieht er sich in den Frühstücksraum(auf eine Zigarettenlänge) zurück und trifft dort andere Angestellte, so wird sein Verkäuferstatus latent, und er nimmt einen anderen aktiven Status an, der von seiner Position innerhalb der Gesamtheit der im Hause Beschäftigten abhängt. In diesem Status werden seine Beziehungen zu anderen Angestellten von einer Reihe kultureller Muster bestimmt, die nicht mit jenen übereinstimmen, die er beim Umgang mit den Kunden an den Tag legte. Da er außerdem die meisten anderen Angestellten kennen wird, wird die Realisierung dieser Kulturmuster von seinen persönlichen Sympathien und Abneigungen gegenüber einzelnen Personen modifiziert sein, sowie durch Berücksichtigung des eigenen Status und dem der anderen auf der Prestigeskala innerhalb aller Beschäftigten des Hauses. Nach Ladenschluß werden Verkäufer- und prestigebestimmter Status abgelegt; auf dem Heimweg gilt nur der Status bezüglich des gesellschaftlichen Systems Alter/Geschlecht. Falls es sich um einen jungen Mann handelt, wird er sich verpflichtet fühlen, in der Straßenbahn seinen Platz einer Dame anzubieten, während er in höherem Alter wohl lieber sitzenbleibt. Sobald er daheim angekommen ist, wird eine Reihe neuer Rollen aktiviert. Diese Rollen verdanken sich den verwandtschaftlichen Beziehungen mit den einzelnen Mitgliedern der Familiengruppe. Zu den Rollen, die mit dem jeweiligen Familienstatus verknüpft sind, gehört, daß er zu seiner Schwiegermutter herzlich ist, liebevoll gegenüber seiner Frau und daß er seinem Sohn gegenüber strenge Maßnahmen ergreift, weil dessen Schulnoten einen neuen Tiefstand erreicht haben. Sollte an diesem Abend gerade eine Sitzung seiner Loge sein, so wird gegen acht Uhr jeder Familienstatus latent. Sobald er den Logenraum betritt und seine Uniform als großkaiserliche Eidechse aus dem ehrwürdigen Orden der Dinosaurier anlegt, nimmt er einen neuen Status an, der seit der letzten Logenzusammenkunft latent geblieben ist, und verhält sich entsprechend dieser Rolle, bis es Zeit ist, die Uniform abzulegen und nach Hause zu gehen.[11]

---

[11] Abdruck mit freundlicher Genehmigung von R. Linton, The Cultural Background of Personality. N. Y., 1945, S. 78

Kontext der Interaktion. Zu jedem Zeitpunkt ist der Kontext der Interaktion ein wichtiger Bestimmungsfaktor der Rollen, die jemand ausübt, der damit verbundenen Erwartungen sowie des Umfangs möglichen Verhaltens, dessen Grenzen von den Erwartungen markiert werden. Zwei Aspekte des interaktionalen Kontextes sind bestimmend für diese Faktoren: Die Charakterstiken der Situation und die Charakteristiken der Rollenträger.

Zum einen werden Personen entsprechend ihren Eigenheiten und ihrem Verhalten in eine Rollenkategorie gesteckt. Wie sie eingeordnet werden, wird die daraus entstehenden Erwartungen bestimmen. Wenn jemand eine Bank betritt und mit dem Scheckheft in der Hand auf eine Dame zugeht, die hinter einem vergitterten Schalter steht, so wird jeder von beiden bestimmte Informationen benutzen, um den anderen einzuordnen: Er definiert sie als Kassiererin und sie ihn als Bankkunden. Sobald eine derartige Einordnung vollzogen ist, und solange sie aufrechterhalten wird, werden bestimmte Erwartungen entstehen und bestimmte Interaktionen ablaufen. Man tauscht höfliche Begrüßungen aus, das Scheckbuch wird durchgereicht etc. Sollte er jedoch unvermittelt eine Pistole ziehen, würde er von der Kassiererin anders eingeschätzt werden, so daß zweifellos neue Erwartungen und verändertes Verhalten ihrerseits zu beobachten wären. Gleicherweise würde er seine Erwartungen und Verhaltensweisen ändern, falls sie ihm zu verstehen gäbe, daß sie nicht die Kassiererin sei. Dieses Beispiel illustriert das Prinzip, daß Erwartungen stets mit Kategorien der Personen ebenso verbunden sind wie mit Kategorien der Situation. Ehe Erwartungen entstehen, muß eine Kategorisierung erfolgen; und wenn die Einordnung während einer bestimmten Interaktion sich wandelt, ändern sich auch die Erwartungen.

Wie bereits in Kapitel 10 erörtert, können bestimmte Bedingungen der Situation sehr wohl zu veränderten Erwartungen führen oder sie zumindest unwirksam machen, was den Einfluß auf das Verhalten angeht. Die Erwartungen, daß ein Passant jemandem bei einem Unfall zu Hilfe kommen sollte, scheint dann gegenstandslos zu werden, wenn eine bestimmte Strukturierung der Situation (z. B. die Anwesenheit vieler anderer Zuschauer, die auch helfen könnten) ihm erlaubt, davon auszugehen, daß ein Eingreifen von seiner Seite aus weder notwendig ist noch eine moralische Verpflichtung hierzu besteht.

Zusammenfassung: Das soziale System

Ein soziales System ist eine Gruppe von aufeinander bezogenen Rollen. Jede Rollenkategorie in einem sozialen System bezieht sich auf eine oder mehrere andere Rollenkategorien. Personen, die diese anderen Kategorien einnehmen, nennt man Rollenpartner. Die Verpflichtungen eines Akteurs in einer Rollenkategorie sind die Rechte des Rollenpartners; seine eigenen

Rechte sind die Pflichten des anderen Partners. Individuen übernehmen zu verschiedenen Zeiten und Gelegenheiten verschiedene Rollen. Manchmal spielen sie mehr als eine Rolle gleichzeitig. Sind Erwartungen, die mit diesen verschiedenen Rollen verbunden sind, miteinander unvereinbar, ist Rollendruck die Folge. Die Rollenkategorien, die ein Akteur übernimmt, die an die Rolle geknäpften Erwartungen und der Bereich erlaubten Verhaltens, der von den Erwartungen abgesteckt wird, sind Funktionen des interaktionalen Kontextes. Zwei Kriterien des interaktionalen Kontextes bestimmen diese Faktoren: Die Charakteristika der Situation und die Besonderheiten des Rollenträgers.

SOZIALE NORMEN UND ROLLEN

Am Eingang von diesem Kapitel wurden zwei wichtige Eigenschaften von Erwartungen hervorgehoben: ihr antizipatorischer und ihr verpflichtender Charakter. Der Rollenträger bleibt nicht indifferent, wenn seine Erwartungen durch das Verhalten des anderen bestätigt werden oder nicht. Er nimmt nicht nur das Verhalten seines Gegenübers vorweg, sondern spürt auch, daß der andere verpflichtet ist, sich in Übereinstimmung mit seinen Antizipationen zu verhalten. Er nimmt an, daß der andere mit ihm bestimmte gemeinsame Rollenerwartungen teilt. Das heißt also, daß Rollenerwartungen normativ sind, und der Rollenträger in unterschiedlich starkem Maß verunsichert ist, wenn der andere sich nicht konform mit den Erwartungen verhält. Obwohl in Kapitel 10 Gruppennormen diskutiert wurden, beschränkte sich die Erörterung weitgehend auf Konformitätszwang und auf die Bedingungen, die verschiedene Abstufungen konformen Verhaltens bewirken. Dieser Abschnitt behandelt normative Erwartungen unter der weiteren Perspektive sozialer Rollen.

Soziale Normen haben eine Reihe von Eigenschaften:

1. Sie formen das Verhalten in Richtung auf gemeinsame Werte oder wünschbare Zustände (Verhältnisse).
2. Sie unterscheiden sich in dem Ausmaß, in dem sie wichtigen Werten funktional zugeordnet sind.
3. Sie werden durch das Verhalten anderer verstärkt.
4. Sie variieren in dem Umfang, in dem sie allgemein geteilt werden; es kann die ganze Gesellschaft sein oder Gruppen mit unterschiedlicher Größe bis hin zu einer Zweipersonengruppe.
5. Sie unterscheiden sich im Umfang des erlaubten Verhaltens; einige Normen setzen dem Verhalten engere Grenzen als andere.

Normen und die Wertestruktur

Verhalten, das entgegen den Erwartungen abläuft, erzeugt Überraschung, Mißvergnügen, Ärger oder Mißbilligung. Auf der psychologischen Untersuchungsebene können diese Reaktionen in Begriffen des sozialen Lernens erklärt werden. Ein echter Moslem hat gelernt, auf das Essen von Schweinefleisch mit Abscheu zu reagieren, so wie Amerikaner als Mitglieder ihrer Gesellschaft auf das Verspeisen von Raupen reagieren würden. In ähnlicher Weise würde der typische Mann aus der amerikanischen Mittelschicht mit einer Gefühlsskala reagieren, die von Verblüffung bis zur Entrüstung reicht, wenn ihm ein Gastgeber anbieten würde, als Gast mit dessen Frau zu schlafen. In Gesellschaften jedoch, in denen unter solchen Umständen ein derartiges Angebot erwartet wird, reagiert ein Gast sehr wahrscheinlich auf dieselbe Weise, wenn das Angebot nicht erfolgt.

Auf der soziologischen Untersuchungsebene werden diese Reaktionen auf die Wertestruktur der Gruppe bezogen. Ebenso wie Rollenträger innerhalb einer Gruppe gemeinsame Erwartungen über das Verhalten der anderen teilen, teilen sie Ansichten darüber, welche Verhältnisse oder Bedingungen wünschenswert sind. Diese Bedingungen werden Werte genannt. Werte können danach in eine Rangreihe eingeordnet werden, wie wichtig sie für die Mitglieder einer Gruppe sind. Hervorstechende Werte etwa in einer Gruppe von Naturschützern sind wahrscheinlich solche Bedingungen oder Zustände wie die ästhetischen Qualitäten der Landschaft, Schutz gegen Eingriffe in die Natur durch Menschen und Maschinen, Erhaltung wildlebender Tierarten sowie das Verbringen von möglichst viel Zeit an der frischen Luft. Eine Rangreihe der Werte würde die Wertehierarchie dieser Gruppe ausmachen. Solche Wertehierarchien differieren von Gruppe zu Gruppe; so würde sich diejenige der Naturschützer sehr wahrscheinlich von derjenigen der Holzfäller oder Bergarbeiter unterscheiden. Normen sind Werten funktional so zugeordnet, daß das Befolgen bestimmter Verhaltensregeln das Erreichen bestimmter erwünschter Zustände begünstigt. Gesundes Wohlbefinden beispielsweise wird in einer westlichen Gesellschaft als Wert betrachtet, und die verschiedenen Hygieneregeln sind Normen, die das Verhalten in Richtung auf jenen hoch bewerteten Zustand hin dirigieren.

Der Grad der funktionalen Abhängigkeit zwischen Werten und Normen variiert. Es kann sein, daß die Verletzung bestimmter Normen einen Wert kaum gefährdet, wohingegen die Verletzung anderer Normen sehr wohl das Erreichen einer wünschenswerten Lage in Frage stellen kann. Um es an einem Beispiel klar zu machen: die Normen, die absolute Sauberkeit in den Operationssälen von Krankenhäusern fordern, sind in stärkerem Maße mit dem Wert "Gesundheit" verbunden als die Erwartung, daß jemand, der niesen muß, sich in Gegenwart anderer ein Taschentuch vor das Gesicht hält.

Verstärkung von Normen

Normen werden mittels Sanktionen verstärkt. Dieser Begriff bezieht sich auf solche Aktionen von anderen oder vom Rollenträger selbst, die im Endeffekt normenkonformes Verhalten belohnen, nicht konformes Verhalten dagegen bestrafen, indem sie mit der Bedürfnisbefriedigung des Individuums zusammenfallen bzw. kollidieren. Positive Sanktionen beeinhalten das Mittel der Belohnung oder anderer Formen der Befriedigung wie Lob oder Zustimmung. Negative Sanktionen beeinhalten die Anwendung von Strafen oder den Entzug von Befriedigungsmöglichkeiten. Ferner wird, wo die Quelle von Belohnung bzw. Bestrafung das Verhalten der anderen ist, der Begriff externe Sanktionen angewandt. Liegt die Quelle im Handelnden selbst, spricht man von interner Sanktion. Beispiele für externe Sanktionen sind das Aufbessern des Gehaltes eines Angestellten oder die Gehaltskürzung für jemanden, der öfter zu spät zur Arbeit kommt. Beispiele für interne Sanktionen sind das Gefühl des Stolzes, wenn man sich normengerecht verhalten hat, trotz starker Versuchung, die Norm zu durchbrechen oder ein Schuldgefühl, wenn man sich einmal nicht konform verhalten hat.

In Verbindung mit dem erwähnten Beispiel des Studenten, der zur Verblüffung seiner Familie bei sich daheim den Kostgänger spielte, gibt Garfinkel eine Reihe Beispiele für Sanktionen, die von den Familienmitgliedern angewandt wurden:

Bezeichnungen wie "gemein" und "ekelhaft" für den Studenten.

Anbrüllen und wütendes Anfahren.

Sich über den Studenten lustig machen, indem das Spiel mitgespielt wird (eine der Antworten lautete z. B. "Aber gewiß, Herr Herzberg!")

Ihn sarkastisch einen klugen Knaben nennen.

Ächtung (kommt in Kommentaren wie diesem zum Ausdruck: "Laßt ihn in Ruhe, er hat wieder seine Launen!")

Drohen mit Vergeltung (wie in folgendem Kommentar: "Beachte ihn nicht, aber warte bloß, bis er mich um was bittet!" oder: "Du schneidest mich, na gut, ich schneide dich auch, du wirst schon noch sehen!")[12]

Die Stärke der Sanktion hängt von der Bedeutung des Wertes ab und vom Umfang, innerhalb dessen die Norm zur Erreichung des Zieles notwendig ist. Während man auf externe Sanktionen fast ausschließlich zurückgreift, um Normen von geringerer Bedeutung zu verstärken, werden Normen, die sich auf wichtige Werte beziehen und in hohem Maße zur Erreichung dieser Werte notwendig sind, selten, wenn überhaupt ausschließlich durch externe Sanktionen verstärkt. Gruppen sozialisieren ihre Mitglieder derart, daß sie für solche Normen strenge interne Sanktionen entwickeln. Die Prozesse der Sozialisation und Internalisierung werden in den Kapiteln 15, 16 und 17 ausführlicher behandelt.

Variationen in der Verbindlichkeit normativer Erwartungen

Erwartungen können von jeder beliebigen Anzahl von Personen geteilt werden; die Skala reicht von einer großen Gesellschaft bis zur Zweipersonen-

---

12 Garfinkel, 1967

gruppe. In westlichen Gesellschaften werden Verhaltensweisen wie das Händeschütteln, der Kuß und der gesenkte Kopf beim Gebet von gesamtgesellschaftlichen Normen geregelt. Viele Verhaltensweisen sind jedoch für kleinere Gruppen typisch. Eine bestimmte religiöse Sekte verlangt zum Beispiel von ihren Mitgliedern besondere rituelle Verhaltensweisen; Nichtmitglieder nehmen daran nicht teil, und man erwartet das auch gar nicht von ihnen. Kleingruppen, die eine Interaktion Auge in Auge eingehen, entwickeln unvermeidlich eine Reihe sozialer Normen, um das Verhalten der Mitglieder zu steuern. Arbeitsgruppen beispielsweise setzen Standards darüber fest, wieviel Arbeit an einem Tag gemacht werden soll, und Mitglieder, die diese Standards mißachten, werden bestraft. An den meisten Universitäten gibt es Teilgruppen von Studenten, die eine Norm aufstellen, wieviel Zeit für das Studium aufgewendet werden soll. Diejenigen, die zu intensiv studieren, werden mit abwertenden Bezeichnungen versehen wie "Büffler", "Streber" und "Eierkopf".

Schließlich kann die kleinste Einheit, ein Paar wie Ehemann und Ehefrau ein Verhalten zeigen, das im wesentlichen normativ ist, aber speziell für sie gilt. So zum Beispiel, wenn der Mann jeden Morgen den Hund ausführt und die Frau die Kinder mit dem Auto zur Schule bringt.

Variationen des Verhaltensspielraums

Aus persönlicher Erfahrung wissen wir, daß einige Regeln innerhalb eines relativ weiten Verhaltensspielraums befolgt werden können, während andere anspruchsvoller sind und eine bestimmte Ausrichtung des Verhaltens verlangen. Das heißt, man kann Normen ansehen als Spezifikationen der Grenzen erlaubten oder geforderten Verhaltens in einem interaktionalen Kontext - Grenzen, die weit oder eng gesteckt sein können, was teils von den speziellen Normen, teils von anderen Komponenten des interaktionalen Kontextes abhängt. Der Umfang erlaubten oder geforderten Verhaltens kann durch ein Beispiel illustriert werden, bei dem wir die Zeitpunkte des Eintreffens der Gäste zu einem Abendessen betrachten. Normalerweise hat der Gastgeber den Gästen eine bestimmte Uhrzeit angegeben, zu der das Essen beginnen soll. Die wenigsten Gäste erscheinen pünktlich, die meisten kommen mehr oder weniger später. Aber der Bereich, innerhalb dessen die Gäste gerade noch zu spät kommen dürfen, ist relativ eng, und wenn die Grenze überschritten ist, werden von den späten Gästen wortreiche Entschuldigungen verlangt. Andererseits ist dieser Bereich wiederum viel größer, wenn es sich um eine Cocktailparty handelt.

SOZIALE ROLLEN UND SOZIALE INTERAKTION

Im restlichen Teil dieses Kapitels untersuchen wir soziale Interaktion in Begriffen von Rollenkonzepten. Die bisherige Betonung des normativen Aspekts von Erwartungen sollte nicht bedeuten, daß Rollenverhalten lediglich Konformität mit Rollenerwartungen meint. Rollenerwartungen sorgen für ein umfangreiches Drehbuch des Rollenspiels - ein riesiges Spektrum möglicher Improvisationen. Und aus Erfahrung wissen wir, daß Aufführungen, bei denen verschiedene Schauspieler dieselbe Rolle spielen, beträchtlich voneinander abweichen. Selbst wenn man zum Beispiel einen einzelnen Modus von Erwartungen an die Rolle eines Professors ausmachen könnte, so benehmen sich doch nicht alle Professoren bei ihren Veranstaltungen in derselben Weise. Einige von ihnen verhalten sich sehr unkonventionell, reißen Witze, reden die Studenten mit Vornamen an, und zeigen ein persönliches Interesse an ihnen - d. h. sie verhalten sich gemäß der Führerrollen: der funktionalen und der emotionalen (siehe Kapitel 11). Andere Professoren sind förmlicher und ernster, sie verhalten sich primär als funktionale Führer und gehen selten auf die Studenten persönlich ein.

Es besteht ein großes Interesse daran, die Ursachen ausfindig zu machen, die die Ausführung einer Rolle in verschiedene Richtungen beeinflussen. Drei dieser Ursachen sind situationsbedingte Anforderungen, Persönlichkeit und rivalisierende Rollen. Darüber hinaus wird konkretes Rollenverhalten innerhalb bestimmter Interaktionen in einem Prozeß des Rollenverhandelns herausgebildet. Diese vier Ursachen wirken zusammen bei der Dirigierung des Rollenspiels innerhalb des weiten Bereichs der mit der Rolle verbundenen Erwartungen. Wir behandeln nacheinander jede dieser Ursachen.

Situationsspezifische Anforderungen

Sarbin und Allen haben festgestellt, daß viele Situationen eine bestimmte Art der Rollendurchführung verlangen.[13] Sie bezeichneten die Elemente der Situation, die das konkrete Rollenverhalten bestimmen, als Rollenanforderungen. Ein gutes Beispiel hierfür findet sich in der Diskussion in Kapitel 3 über die demand-characteristics eines Experimentes. Gewisse Elemente eines Experimentes, die außerhalb des interessierenden Untersuchungsrahmens liegen, üben auf die Teilnehmer am Experiment einen starken Druck aus, sich in Übereinstimmung mit den Untersuchungshypothesen zu verhalten. Das Prestige des institutionellen Rahmens, innerhalb dessen die Untersuchung abläuft, sowie das des Experimentators selbst, zusammen mit der Studentenrolle - Individuum in der Ausbildungsphase - machen diesen kooperationsbereit und geneigt, sich zufriedenstellend zu verhalten. Die Autoren haben jedoch den Ausdruck situationsbedingte

[13] Sarbin u. Allen, 1969

Anforderungen dem Terminus Rollenanforderungen vorgezogen - unter Berücksichtigung der Tatsache, daß die Anforderungen nicht mit einer Rolle oder Position, sondern vielmehr mit der Situation zusammenhängen. Es kommt darauf an, daß dieselbe Rolle von verschiedenen Akteuren in verschieden gelagerten Situationen eingenommen wird. Jede spezifische Situation bringt ihre eigenen Anforderungen mit sich.

Anforderungen seitens der Situation werden durch eine Untersuchung illustriert, bei der Studenten des ROTC (Reserve Officers' Training Corps; d. Ü.) zwei Versuchsanordnungen in einem Test bezüglich Berufsinteressen und ästhetischen Vorlieben unterzogen wurden: (1) in den Räumlichkeiten der militärischen wissenschaftlichen Abteilung, wobei die Durchführung des Versuchs in den Händen eines Armee-Offiziers lag und (2) in den Räumen eines psychologischen Instituts, dessen Wände mit Kunstwerken ausgestattet waren, und wo ein Psychologe den Test überwachte.[14] Der im Militärgebäude angesetzte Test wurde als Test zur Feststellung militärischer Befähigung vorgestellt, der andere, der inmitten vieler Kunstwerke stattfand, als Test künstlerischer Begabung bezeichnet. Bei der Durchführung dieser beiden identischen Tests ergaben sich beträchtliche Unterschiede, die die Annahme nahelegen, daß die Test-Anordnung, die Versuchsleiter und die Etikettierung des Tests situationsbedingte Anforderungen produzierten, die für die Testsituation relevant waren.

Persönlichkeit und Rollengeschicklichkeit

Eine zweite Ursache, die die Rollendurchführung beeinflußt, rührt von den Merkmalen der Person her und von der Geschicklichkeit des Rollenträgers. Wie er die Rolle spielt, hängt von seiner Eignung ab, seiner Selbsteinschätzung, seinen Einstellungen, Bedürfnissen und seiner Rollenidentität. Im nächsten Kapitel bringen wir viele Beispiele dafür, wie Disparitäten zwischen der Eignung oder der Persönlichkeit und den Rollenerwartungen einen beträchtlichen Rollenkonflikt erzeugen; ein pazifistischer, friedliebender junger Mann ist wahrscheinlich überhaupt nicht oder nur unter größten Schwierigkeiten in der Lage, im Kriegsfalle die Soldatenrolle zu übernehmen. In diesem Abschnitt geht es darum, welche spezielle Richtung die Persönlichkeit und die Rollengeschicklichkeit der Rollendurchführung zu geben vermögen. Zwei Lehrer mit sehr unterschiedlicher Persönlichkeitsstruktur und Fähigkeit können beide erfolgreich als Lehrer sein, und trotzdem die Rolle auf ganz unterschiedliche Weise ausführen.

McCall und Simmons haben die Aufmerksamkeit auf die Bedeutung der Rollenidentität gelenkt, definiert als Charakter und die Rolle, die das Individuum als Rollenträger in einer Rolle für sich ausdenkt - die Art und Weise, wie er sich gern selbst und als handelndes sieht.[15] Eine Rollenidentität ist

[14] Kroger, 1967;

[15] McCall u. Simmons, 1966

eine etwas idealisierte Konzeption des Rollenverhaltens. Und doch besteht sie aus mehr als aus bloßen Tagträumen. Derartige Gedanken und Antizipationen sind die primäre Quelle von Handlungsplänen. Diese Einbildungen beinhalten oft alternatives Verhalten - Proben der zu spielenden Rollen. Die phantasierten Reaktionen (eingebildeten R.) anderer Personen auf das eigene Rollenverhalten dienen als Kriterien zur Bewertung und Modifizierung dieser Pläne. Diese idealisierten Auffassungen über das eigene Verhalten können auch hilfreich sein, um im nachhinein zu beurteilen, wie man die Rolle ausgeführt hat - um Fehler festzustellen, überzogenes und zu flaues Rollenverhalten zu identifizieren.[16]

Rollenidentitäten sind ein Ausdruck wichtiger Aspekte, der Selbstauffassung eines Akteurs. Das Selbstbild kann als eine Reihe verzahnter, ineinander greifender Ansichten aufgefaßt werden, die jemand über sich als Person hat. Es dient als Ausgangspunkt, von dem aus Rollenidentitäten in Verbindung mit den Rollenkategorien, die der Akteur übernimmt, formuliert werden.

Rivalisierende Rollen

Eine dritte Einflußquelle liegt innerhalb des Rollensystems selbst. Das Verhalten eines Akteurs wird, wenn überhaupt, nur selten von einer einzigen Rolle bestimmt. Er übernimmt gleichzeitig eine ganze Reihe von Rollen. Während in einer gegebenen Situation im allgemeinen eine Rolle dominierender ist als die anderen, können diese anderen Rollen sein Verhalten doch in gewissem Umfang beeinflussen. So kann die Ausfüllung einer speziellen Rolle, der eines Arztes beispielsweise, durch einen Mann oder eine Frau Unterschiede aufweisen, da deren Geschlechtsrollen mit hineinspielen. Außerhalb der Universität, etwa bei einem studentischen Verbindungskommers, kann ein Professor die Rolle eines guten "Kumpels" spielen, und doch wird sich seine Rolle als Professor in gewisser Weise bemerkbar machen. Der nächste Abschnitt erörtert etwas eingehender die Auswirkungen von Systemeigenschaften, die ein bestimmtes Rollenverhalten erleichtern oder mit ihm kollidieren können.

Rollenverhandlung

Ein vierter Einfluß stammt aus dem Prozeß des Aushandelns von jeweiligen[17] Rollen. Ein Rollenträger und seine Partner können aufgefaßt werden, als fänden sie direkt oder indirekt durch Verhandlungen heraus, wie jeder sich bei bestimmten Begegnungen und Situationen verhält und wie sich die allge-

---

16 Mc Call u. Simmons, 1966

17 Goode, 1960

meineren Konturen ihrer Beziehung über einen längeren Zeitraum hinweg entwickeln werden. Der Gebrauch des Terminus Verhandlung sollte nicht so ausgelegt werden, daß der Vorgang sich so bewußt abspielt wie wenn zwischen Käufer und Verkäufer ein Preis ausgehandelt wird. Ein Rollenhandel kann sehr unterschwellig und indirekt ablaufen, ohne daß einem oder beiden Partnern klar ist, daß sie in eine Rollenverhandlung eingetreten sind.

Die Art der sich entwickelnden Rollenverhandlung hängt unter anderem von folgenden Faktoren ab: (1) Die Rollenidentitäten beider Parteien, (2) den situationsbedingten Anforderungen, (3) der sozialen Machtstellung der einzelnen Personen bezüglich ihrer Möglichkeiten, Abhängigkeiten und verfügbaren Alternativen, (4) den interpersonellen Fähigkeiten beider Partner und (5) der Wirksamkeit dritter Personen, das Endergebnis der Verhandlung zu beeinflussen. Viele der Prinzipien interpersoneller Strategie, die bereits in Kapitel 8 behandelt wurden, können auf die Rollenverhandlung angewandt werden.

In gewisser Weise läuft in jeder Beziehung ein Aushandeln von Rollen ab, aber unter folgenden entscheidenden Umständen ist sie eine besonders wichtige Determinante des Rollenverhaltens: (1) wenn die Grenzen der Rollen so weitgesteckt sind, daß sie über die spezielle Form der Rollenausführung nichts aussagen, (2) wenn die vom Akteur und seinem Partner gehegten Rollenerwartungen an ihre wechselseitigen Rollen (komplementären R.) nicht miteinander übereinstimmen, (3) wenn persönliche Eigenschaften des Akteurs ihn daran hindern, die Rolle in der gewohnten (normalen) Weise zu spielen, (4) wenn situationsbedingte Anforderungen mit der Ausführung der Rolle kollidieren, (5) wenn andere Rollen bei der Rollendurchführung hineinspielen und (6) wenn die Disparität (Differenz, der Unterschied) der sozialen Macht zwischen beiden Partnern nicht so groß ist, daß er ein Aushandeln von vornherein ausschließt.

Rollenverhandeln kann an einer Ehebeziehung gezeigt werden, wo mindestens gelegentlich alle angeführten Umstände vorliegen. Die Rollen von Ehemann und Ehefrau sind kulturell nur innerhalb weiter Grenzen vorgeschrieben; die Partner stimmen selten in allen Aspekten ihrer Rollen überein; oft sind Persönlichkeit, Fähigkeiten, Neigungen oder Rollenidentitäten von einem oder beider Partner der Rolle des Gatten oder der Ehefrau nicht gänzlich angemessen; situationsbedingte Anforderungen beeinträchtigen oft die Rollendurchführung; andere Rollen (z. B. berufliche Karriere) spielen oft mit hinein; und die relative Differenz bezüglich der sozialen Macht ist zumindest in westlichen Gesellschaften nicht so groß.

Die Änderungen, die sich gegenwärtig bei den Rollen von Mann und Frau in allen Gesellschaften vollziehen, nicht nur innerhalb einer Ehebeziehung, sondern überhaupt, können zum Teil auf die Wirkungen größeren sozialen Wandels auf dem Gebiet des Rollenaushandelns zwischen den Geschlechtern zurückgeführt werden. Eine Untersuchung dieser Wirkungen könnte die Theorie des Rollenaushandelns, wie sie hier dargestellt wurde, illustrieren (veranschaulichen) und zeigen, wie interpersonelle Prozesse von sozialem und kulturellem Wandel beeinflußt werden und auf diesen wiederum zurückwirken. Zwei Formen größeren sozialen Wandels haben auf das Rollenaushandeln zwischen den Geschlechtern einen bedeutenden Einfluß ausgeübt, insbesondere, soweit es die Rollen von Ehemann und Ehefrau betrifft. Der erste bestand in einem Wandel in der ökonomischen Struktur moderner Gesellschaften, wodurch Frauen eine neue ökonomische Rolle außerhalb der Familienwirtschaft erwachsen ist. Der zweite bestand in einer Änderung des kulturellen Vorstellungssystems in Bezug auf Unterschiede zwischen den Geschlechtern sowie in Bezug auf die Prinzipien, nach denen Beziehungen zwischen Personen gestaltet sein sollten.

Die Vorstellung, daß traditionelle Unterschiede zwischen den Geschlechtern das Ergebnis sozialer Definitionen ist, hat weitgehend die Vorstellung (Ansicht) verdrängt, dies sei ein Ergebnis biologischer Notwendigkeiten. Die Norm der Gleichheit und die Idee, daß der Status einer Person als ein Individuum Vorrang vor jeder anderen Form eines spezifischeren Status hat, werden zunehmend Allgemeingut. Diese Änderungen haben ihrerseits den Inhalt und das Hervortreten der Rollenidentitäten beeinflußt, die beide Geschlechter in die Beziehung hineinbringen. In einer Ehe beeinhaltet beispielsweise die Identität, die viele Frauen für ihre Rolle planen, die Erwartung, daß sie in der Lage sein werden, einen Beruf auszuüben, der sie den ganzen Tag in Anspruch nimmt. Diese Erwartung bei den Frauen ist durch veränderte Sozialisationsprozesse begünstigt worden, durch die ihre Qualifikationen verbessert und ihre Ansprüche für die neue ökonomische Rolle angehoben wurden, sowie durch verbesserte Möglichkeiten, diese Rolle auch zu spielen. Das letztere war ein Ergebnis der Mechanisierung des Haushalts und des Abbaus traditioneller Schranken, was die Gleichberechtigung am Arbeitsplatz angeht.

Diese Formen des Wandels sowie Änderungen in der Funktion einer Ehe in modernen städtischen Gesellschaften haben die Verhandlungsposition der Frau gestärkt: Sie hat jetzt mehr Möglichkeiten und Alternativen. Wachsende Berufsaussichten der Frauen, das Schrumpfen der Familiengröße und die erweiterte persönliche Freiheit, die Frauen zugestanden wird, in Verbindung mit dem Schwinden des Stigmas, das bisher einer Scheidung anhaftete, haben den Frauen diese Alternative zu einer unbefriedigenden Ehebeziehung schmackhafter gemacht, als dies in der Vergangenheit der Fall war. Gleichzeitig haben diese Wandlungen dazu geführt, daß Männer von einer Ehebeziehung abhängiger wurden. Arbeitende Frauen tragen zum gesamten Familieneinkommen oft einen beträchtlichen Teil bei. Bei einem großen Teil der Familien wird der Lebensstil des Ehemannes bzw. der Ehefrau in zunehmendem Maße abhängig von deren Beitrag zum Familieneinkommen. Da außerdem die hohe Mobilität und andere Begleiterscheinungen des städtischen Lebens die Möglichkeiten starker emotionaler Unterstützung durch Beziehungen außerhalb der Ehe reduzieren, sind Männer heutzutage psychisch wahrscheinlich stärker von einer Ehebeziehung abhängig als früher. In dem Maße, in dem der Ehemann die neuen Werte und Normen bezüglich Gleichberechtigung der Geschlechter verinnerlicht hat, kann seine Frau diese Normen als Mittel legitimer Macht beim Rollenaushandeln innerhalb der Ehe einsetzen.

Die Anhäufung zahlloser Episoden von Rollenaushandeln zwischen Ehepartnern, die von der Änderung in den Machtbeziehungen innerhalb der Ehe beeinflußt wurden, führte zu einer Verschiebung in Richtung Gleichberechtigung, und diese Verschiebung wird zunehmend allgemein akzeptiert, vor allem in jenen Bereichen westlicher Gesellschaften, wo die Kräfte, die das Machtverhältnis zwischen den Geschlechtern beeinflußten, die größte Wirkung erzielten.

Der tatsächliche Prozeß des Rollenaushandelns reicht von einsichtiger Diskussion und Argumentation bis zum Ausspielen der verschiedenen Formen persönlicher Einflußnahme, die in diesem Buch erörtert werden. Wenn durch Diskussionen keine Übereinstimmung erzielt werden kann, wird für gewöhnlich auf verschiedene Weise soziale Macht ausgeübt. Der eine Teil kann versuchen, besonders nett zum anderen zu sein, etwa indem er ihm ein Geschenk macht oder einen besonderen Gefallen erweist. Das appelliert an die Norm der Gegenseitigkeit, weil sich der Partner dadurch verpflichtet fühlt, in gleicher Weise zu handeln. (Es kann auch zu Schuldgefühlen führen, was neue Probleme aufwirft). Wird der Konflikt über die Rollenauffassungen vertieft (verschärft), kommt es zu Drohungen oder Deprivationen. Die Partner können sich etwa weigern, miteinander zu reden. Sie können aufhören, sich gegenseitig die bisherigen kleinen Alltagsgefälligkeiten zu erweisen. Härtere Maßnahmen sind die Drohung, die Wohnung zu verlassen, eine andere Beziehung einzugehen oder sich scheiden zu lassen; in einigen Fällen kann es auch zur Anwendung physischer Gewalt kommen. Aber in der Hauptsache dreht es sich beim Aushandeln von Rollen, zumindest bei jungverheirateten Paaren, um unterschiedliche Erwartungen, die in rationalen Diskussionen geklärt werden, um eventuell eine normative Übereinstimmung bezüglich der Rollenausführung zu erzielen.

Wie von Goode betont worden ist, können oft dritte Parteien in den Verhandlungsprozeß mit eintreten.[18] Wenn andere Mitglieder aus dem engeren oder weiteren Verwandtschaftskreis mit dem Ehepaar zusammenleben, ist dies besonders der Fall. Ein anderer Faktor, der dritte Personen ins Spiel bringt, ist die dauernde (finanzielle oder psychische) Abhängigkeit der Ehepartner von ihren Eltern. Während dieser Faktor für verschiedene Familien sich unterschiedlich stark bemerkbar macht, ist er bei einigen ein echtes Problem. Manche der sprichwörtlichen Schwiegermutterwitze beruhen auf deren Einmischung in den Verhandlungsprozeß - ein Ereignis, das jedoch nur vorkommen kann, wenn die Ehepartner es zulassen.

Obwohl es bisher wenige Determinanten von Untersuchungen über Rollen-

---

[18] Goode, 1960

skizzen (entwürfe) gibt, liegen einige Studien vor, deren Ergebnisse sich mit den obigen Ausführungen in Einklang bringen lassen. In einem Experiment über Rollenspiel konnte gezeigt werden, daß in dem Maße, in dem ein bestimmter Rollenentwurf mit einer wichtigen Dimension des Selbst nicht übereinstimmte, Akteure sich dem Versuch des anderen Partners widersetzten, sie dazu zu bringen, diese Rolle zu spielen.[19] In einer Versuchsanordnung z. B. widerstanden Männer, die sich als dominant einschätzten, dem Versuch einer weiblichen Mitarbeiterin des Versuchsleiters (Experimentators), die sie dazu bewegen wollte, mit ihr auszugehen, wofür sie allerdings eine unterwürfige Rolle hätten spielen müssen. Die Stärke des Widerstandes variierte mit der Attraktivität der Mitarbeiterin. Die männlichen Teilnehmer waren eher geneigt, eine Identität anzunehmen, die konträr zu ihrer Selbsteinschätzung stand, wenn die Mitarbeiterin attraktiv war, als umgekehrt.

Schließlich waren diejenigen, die auf einer Machiavellismus-Skala hoch rangierten, (dabei wurden deren Motivation und Fähigkeiten gemessen, andere zu manipulieren), eher geneigt, eine ihrer Selbsteinschätzung entgegengesetzte Rolle zu spielen, wenn dabei eine Verabredung mit dem Mädchen heraussprang. Die Tatsache, daß das Verhalten der Teilnehmer an der Studie davon beeinflußt wurde, ob die Geschichte ihres Rollenspiels privat bleiben oder von anderen beobachtet werden würde, unterstützt die obige Behauptung, wonach die letztliche Rollenverhandlung, die entsteht, sowohl von dritter Seite als auch seitens der beiden Akteure selbst beeinflußt wird.[20]

Zusammenfassung: Soziale Rollen und soziale Interaktion

Für eine vorgegebene soziale Rolle sind viele Arten der Rollenausführung möglich. Die Richtung, in die das konkrete Rollenspiel geht, wird außer von den Rollenerwartungen noch von anderen Kräften beeinflußt: situationsbedingte Anforderungen, individuelle Persönlichkeit und Rollengeschicklichkeit, rivalisierende Rollen und Rollenaushandeln zwischen den Partnern. Elemente der aktuellen Situation, die eine besondere Art der Rollenperformanz verlangen, machen die situationsbedingten Anforderungen aus. Persönlichkeit und Rollengeschicklichkeit beeinhalten individuelle Züge und Eigenschaften, Fähigkeiten, Bedürfnisse, Rollenidentität und die Identität des Individuums, d. h. eine Erweiterung seines Selbstbildes. Durch das soziale System miteinander rivalisierende Rollen spielen mit hinein in Fällen, wo für eine bestimmte Rollendurchführung mehr als eine Rollenerwartung relevant wird.

Aushandeln von Rollen entsteht dann (erfolgt), wenn über die angemessene Rollenausführung zwischen den Partnern Meinungsverschiedenheit bestehen. Situationsbedingte Anforderungen und dritte Parteien, die an der Interaktion teilnehmen, führen notwendig ebenfalls zur Verhandlung zwischen Rollenpartnern. Die Verhandlung läuft nicht unbedingt bewußt ab; eine oder beide

19 Blumstein, 1970 ; 20 Blumstein, 1970

Parteien sind sich eventuell gar nicht darüber im klaren, daß sie eine spezielle Rollenverhandlung anstreben. Der tatsächliche Prozeß der Verhandlung reicht von rationaler Diskussion und Argumentation bis zur Anwendung vieler anderer Formen interpersoneller Einflußnahme.

SOZIALE ROLLE ALS INTEGRATIONSBEGRIFF

Der Begriff der sozialen Rolle steht in den Verhaltenswissenschaften an zentraler Stelle. Er vermag die verschiedenen Handlungen eines Individuums zu integrieren, er zeigt, wie die diversen Aktionen der Mitglieder einer Grupp eine einheitliches Gruppenhandeln ergeben, und er liefert das Bindeglied zwischen dem Individuum und der Gruppe bzw. der Gesellschaft.

Wenn man einer Person auf Schritt und Tritt folgte, so würde man feststellen, daß die Handlungsweisen dieser Person zu verschiedenen Zeitpunkten auffallende Unterschiede aufweisen: Erst der "liebende Vater" seiner Tochter, ein weniger liebender, dafür strengerer Vater eines Sohnes, ein freundlicher Kamerad gegenüber seiner Frau, ein Arzt, der mit Krankenschwestern und Patienten relativ unpersönlich umgeht und ein fairer Sportkamerad im Kreise seiner Kegelfreunde. Er verfügt über eine Reihe von Rollenidentitäten, als Verlängerungen seines Selbstbildes. Nimmt man diese Rollen zusammen, vermag man ihn als Person zu sehen (aufzufassen) und so in seinen verschiedenen Aktionen eine Einheit zu sehen.

Das Konzept der sozialen Rolle ist auch in der Lage, drei große wichtige Gebiete miteinander zu verbinden: Soziale Systeme, Persönlichkeit und Kultur. Soziologen, die sich vornehmlich mit der Analyse von sozialen Systemen beschäftigen, und Anthropologen, die komparative Studien sozialer Strukturen betreiben, sind sich darüber einig, daß es sich als zweckmäßig erwiesen hat, die Systeme wechselseitiger Interaktionen in Gruppen in Termini des Konzepts der sozialen Rolle begrifflich zu fassen. Bei jeder Gruppe kann das ablaufende Verhalten mittels dieser Begriffe analysiert werden. In einer Universität zum Beispiel lassen sich täglich Interaktionen beobachten, die sich wiederholen. In einem Hörsaal nach dem anderen finden bestimmte standardisierte Interaktionen statt: Eine Person, steht einer Gruppe anderer Personen gegenüber: sie trägt etwas vor, was die anderen sich notieren. Dieses Muster kann in Begriffen des Rollenverhaltens derjenigen, die die Position eines Lehrers bzw. eines Schülers einnehmen, analysiert werden. In anderen Räumlichkeiten der Universität laufen standardisierte Interaktionen zwischen anderen Rollenträgern ab: Zwischen Dekanen und Sekretärinnen, Professoren und Laborassistenten, Mitgliedern der Lehrausschüsse und Verwaltungsangestellten. Diese ganzen Muster können in Begriffen von Position und Rollenerwartungen ausgedrückt und als System untersucht werden - als Einheit interdependenter Teile. Gewisse umfangreiche Probleme können auf einer derartigen Untersuchungsebene angegangen werden, z. B.: Was passiert mit den anderen Teilen des sozialen Systems, wenn eine bestimmte Position herausfällt (verschwindet), oder wenn die mit einer Rolle verbundenen Erwartungen sich ändern?

In der Vergangenheit waren die Sozialpsychologen in erster Linie an solchen Rollentypen auf der kulturellen Seite des Kontinuums interessiert, da sie es hauptsächlich mit gesamtgesellschaftlichen Gleichförmigkeiten des Verhaltens zu tun hatten und weniger mit Regelmäßigkeiten, die kleineren Gruppen gemeinsam sind. In der letzten Zeit, als man sich in der Sozialpsychologie mehr der Kleingruppenforschung zuwandte, sind für sie die Rollen am anderen Ende des Kontinuums interessanter geworden.

Auf einer etwas anderen Ebene interessiert sich die Sozialpsychologie auch für jene Eigenschaften sozialer Systeme, die sich auf die Ausbildung der Persönlichkeit beziehen. Gewiß sind solche Aspekte eines Systems wie die Transparenz von Rollenerwartungen, der Grad an Übereinstimmung bezüglich dieser Erwartungen bei den Rollenträgern sowie deren Integration, so daß der Akteur keine konfligierenden Erwartungen erfährt, für Probleme auf den Gebieten der Persönlichkeitsentwicklung und der sozialen Interaktion von Bedeutung sein. Ein Teil der Erörterung sozialer Rollen im Zusammenhang mit dem Entstehen von Persönlichkeit muß bis zur Untersuchung der Prozesse sozialen Lernens in Kap. 15 aufgeschoben werden.

Kap. 14 befaßt sich mit den hier angeschnittenen Fragen in Verbindung mit dem Rollenkonzept und deren Beitrag zu einem besseren Verständnis menschlicher Interaktion.

KAPITEL 14

ROLLENDRUCK UND DESSEN LÖSUNG

Dieses Kapitel befaßt sich mit den Einflüssen des sozialen Systems, den Einflüssen von Persönlichkeitsvariablen und kulturellen Elementen auf das Rollenverhalten, und zwar unter besonderer Berücksichtigung des sozialen Systems. Diesen Ausführungen liegt der Begriff des Rollendrucks zugrunde bzw. die Schwierigkeiten, die Personen haben, wenn sie eine bestimmte Rolle ausfüllen. Wenn jemand vergeblich versucht, die Rolle so auszufüllen, daß der Druck auf ein Minimum reduziert wird, so kann das entweder daran liegen, daß der Rollenpartner nicht zufrieden ist, oder aber an bestimmten Determinanten innerhalb des Rollensystems. Diese zuletzt genannte Ursache wird auf drei Ebenen untersucht: auf der Ebene des sozialen Systems, der Persönlichkeit und Rollengeschicklichkeit des Individuums und auf der Ebene des kulturellen Systems. Wird menschliches Verhalten in Begriffen des sozialen Systems gefaßt, so stehen wiederholte Interaktionen zwischen Individuen im Vordergrund der Betrachtung und werden in Kategorien von Rolle und Position analysiert. Auf dieser Ebene geht es nicht um die Eigenschaften der Rollenträger selbst, sondern um die Eigenschaften des Beziehungssystems zwischen ihnen. Bezogen auf das Indivuum, erfolgt die Untersuchung in Termini der Persönlichkeit und Rollengeschicklichkeit; hier geht es um die Rollengeschicklichkeit und um die verschiedenen begrifflichen Dimensionen der Persönlichkeit in Beziehung zu den Rollenanforderungen: Bedürfnisse, Selbstwahrnehmung und Einstellungen. Komponenten des kulturellen Systems untersuchen wir in Begriffen geteilter Wahrnehmung der sozialen und nichtsozialen Welt.

Soziologen arbeiten in erster Linie an Untersuchungen auf der Ebene sozialer Systeme; Psychologen bewegen sich bei ihren Studien auf der Individualebene, während sich die Anthropologen mit dem kulturellen System befassen. Sozialpsychologen hingegen stellen zwar das Individuum in den Vordergrund, versuchen aber, dessen Verhalten zu allen drei Untersuchungsebenen in Beziehung zu setzen. Wem das Werk von Talcott Parsons bekannt ist, der weiß, daß diese Unterscheidungen von ihm stammen.[1] Statt jedoch seine Terminilogie in diesem Buch direkt zu übernehmen, sind viele seiner Gedanken in Begriffen ausgedrückt, die auf unserem Arbeitsgebiet gebräuchlicher sind; außerdem wurden auch die Beiträge anderer Soziologen entsprechend berücksichtigt.

VARIABLE DES SOZIALEN SYSTEMS UND ROLLENDRUCK

In der gesamten bisherigen Erörterung ist die Bedeutung von Erwartungen beim Interaktionsprozeß betont worden. Solche Erwartungen machen Interaktionen in dem Umfang möglich, als sie allgemein geteilt und von den Mitgliedern einer Gruppe erfüllt werden. Interaktion wird in dem Maße er-

---

[1] Parsons u. Shils, 1951

schwert oder unmöglich, als die Gruppenmitglieder keine gemeinsamen Erwartungen haben oder bestehende Erwartungen nicht erfüllen. Wo Personen miteinander in Konflikt stehende Erwartungen hegen, wird Druck erzeugt, und zwar einmal durch den im Aushandeln von Rollen entstehenden Konflikt, zum anderen dadurch, daß das ausgehandelte Ergebnis kaum alle Beteiligten zufriedenstellen kann. Auf der individuellen Persönlichkeitsebene bedeutet Druck, daß man widerstreitende Handlungsimpulse und Insuffizienzgefühle verspürt, sowie Schuld, Unsicherheit und Frustration empfindet. Auf der Ebene des sozialen Systems ist Druck mit interpersonellem Konflikt und der Unfähigkeit des Systems verbunden, das Erreichen seiner Ziele maximal zu fördern. Die Intensität des Druckes kommt beim kulturellen System in der Inkonsistenz zwischen dessen Elementen zum Ausdruck.

Ein Beispiel für Rollendruck, der aus unterschiedlichen Auffassungen über die Rolle beim Rollenträger und Gegenpart stammt, bieten die ersten Sitzungen einer Psychotherapie. Normalerweise kommt ein neuer Patient zu den therapeutischen Sitzungen mit der Erwartung, daß der Therapeut ihm für seine Probleme wie ein Arzt Rezepte zur Lösung anbietet. Er erwartet vom Therapeuten, daß dieser die Initiative ergreift, ihm Fragen stellt und ihm sagt, wie er mit seinen Problemen fertig werden kann. Der Therapeut seinerseits erwartet in der Regel, daß der Patient nach und nach seine Probleme selbst in einem Prozeß löst, bei dem dieser aktiv über seine Gefühle und Gedanken sowie über seine diesbezüglichen Reaktionen spricht, und in dessen Verlauf er allmählich eine neue Einschätzung von sich und seinem Platz in der Umwelt gewinnt. Kurz gesagt, der Therapeut erwartet, daß der Patient den größten Teil des Gesprächs bestreitet und sieht seine eigene Rolle darin, dem Patienten die Verbalisierung zu erleichtern, während der Patient seine Rolle als passiv und abhängig auffaßt und erwartet, daß der Therapeut die meiste Zeit spricht. Wie dies zu Rollendruck führt, wird durch die verschiedenen Reaktionen einzelner Patienten auf die Inaktivität des Therapeuten veranschaulicht:

> "1. Patient: Vor ein paar Sekunden, äh....herrschte hier ein Schweigen, so daß ich kein Wort herausbrachte, selbst wenn ich gewollt hätte. Und gerade als Sie etwas sagen wollten, ging mir durch den Kopf, äh...., daß mir nicht klar war, w e r den Anfang machen sollte und w a r u m.
> 2. Patient: Ich versuchte, mehreres zugleich in den Griff zu kriegen. (Seufzer). Die Reaktion des Analytikers, der nur da saß, mich ansah und darauf wartete, daß ich etwas sagte oder an etwas dachte, erweckte in mir verschiedene Gefühle. Eines davon ist, daß ich, anstatt aus mir herauszugehen und eines Gedanken fähig zu sein, entweder eine Pleite erlebe oder äh... die Sache durchstehen und versuchen muß, mir etwas aus den Fingern zu saugen, nur um die Lücke zu füllen.
> 3. Patient: Also, wenn ich ganz ehrlich sein soll, habe ich mir alles ganz anders vorgestellt. Es ist ziemlich frustrierend. Es ist schwer für mich, eine Ein-Mann-Unterhaltung mit mir selbst zu führen, das habe ich noch nie gekonnt.

4. Patient: Ich dachte äh..., es gäbe mehr äh...Interaktion, zumindest ein versuchsweises Hin und Her, um sowas in Gang zu setzen; denkt an eure eigenen Reaktionen, dann wißt ihr, was ich meine."

Klarheit und Konsensus bei Rollenerwartungen

Erwartungen, die in einem sozialen System mit Rollen verknüpft sind, variieren in ihrer Bestimmtheit und im Grad an Zustimmung oder Konsensus zwischen einzelnen Personen. Wo Erwartungen unbestimmt sind, ist Rollendruck die Folge, weil unklar ist, was von einem erwartet wird. Auch wegen der vielen miteinander in Widerspruch stehenden Interpretationen über das jeweils angemessene Rollenverhalten.

Vor allem neu entwickelte Rollen sind oft unbestimmt. In einer Studie beklagten sich beispielsweise die Schwestern einer psychiatrischen Klinik, von denen die Übernahme einer neuen, äußerst vage definierten Rolle verlangt wurde, daß diese im Gegensatz zu früher keine klar umschriebene Basis für ihre Tätigkeit abgebe.[3] Man hatte die Schwestern instruiert, die Patienten als Individuen zu behandeln, die Bedürfnisse eines jeden Einzelnen wahrzunehmen und nach Möglichkeit zu befriedigen. Die neue Rolle erlaubte den Patienten - die alle chronisch schizophren waren - äußerste Freiheit, unter Berücksichtigung von deren Gesundheit und Sicherheit sowie des körperlichen und seelischen Wohlbefindens der Schwestern.

Diese Erwartungen an die Rolle von Schwester und Patient kollidierten nicht nur mit den persönlichen Normen, Präferenzen, Fähigkeiten und der traditionellen Rolle der Schwestern sowie den institutionellen Erfordernissen des Hospitals, sondern sie gaben auch keine genügend bestimmten Handlungsanweisungen für eine konsistente Behandlung der Patienten durch verschiedene Schwestern. Zu diesem fehlenden Konsensus bemerkt Schwartz:

"Die Betonung des individuellen Eingehens auf die Patienten und die daraus folgende Reduktion geteilter Handlungsmuster führt dazu, daß die Schwestern auf dasselbe Patientenverhalten in unterschiedlicher Weise reagierten. Schwestern, die die Stille des Schwesternbüros brauchten, um dort Berichte zu schreiben, stellten fest, daß andere Schwestern den Patienten den Zugang zum Büro erlaubt hatten, was oft zu unerfreulichem Ärger führte. Einige wollten den Wagen, in dem die Speisen gebracht wurden, nach dem Essen wieder wegbringen; andere wollten den Wagen den ganzen Abend auf der Station lassen, obwohl einer der Patienten immer mit dem Essen

---

[2] Abgedruckt mit freundl. Genehmigung aus H. L. Lennard u. A. Bernstein, The Anatomy of Psychotherapy. N. Y., 1960, S. 168

[3] Schwartz, 1957

spielte und damit in den Räumen herumwarf."[4]

Schwartz meint weiter, daß das Fehlen klar umschriebener Erwartungen bei den Schwestern dazu führte, daß sie nicht mehr wußten, wie sie sich verhalten sollten. Eine der Schwestern bemerkte in einem Interview über den Stationsleiter, der die neue Rolle eingeführt hatte:

> "Ich glaube nicht, daß er sich darüber im klaren war - und falls doch, so versuchte er, uns davon abzubringen - daß wir genau definierte Richtlinien brauchen und wollen, an die wir uns halten können. Darüber hinaus, einverstanden, sind wir permissiv, machen es den Patienten nett und tun dies, das und jenes. Aber wir brauchen einfach bestimmte Anker und Orientierungspunkte; sonst haben wir das Gefühl, den Boden unter den Füßen zu verlieren."[5]

Andere Studien über neu entstehende Rollen belegen in ähnlicher Weise, daß das Fehlen von Klarheit bei neuen Rollen zu Rollendruck führt. Auch Wardwell beobachtet in einer Untersuchung über eine relativ neue Berufsrolle, die des Chiropraktikers, daß mangelnde Bestimmtheit zu Rollendruck führt. Dort heißt es:

> "Zusätzlich zur Mehrdeutigkeit bei der Definition der Arztrolle überhaupt ist die Rolle des Chiropraktikers aus mehreren Gründen unbestimmt. Auf Seiten der augenblicklichen und potentiellen Patienten herrscht weitgehend Unklarheit darüber, was Chiropraktiker tun, und, noch wichtiger, die Chiropraktiker sind sich selbst nicht darüber einig, wie eine chiropraktische Behandlung aussehen sollte. Die "Puristen" beschränken sich darauf, nur die Wirbelsäule zu behandeln und "justieren" lediglich die oberen Halswirbel, während die "Mixer" auch Bestrahlung, Licht, Luft, Wasser, Übungen, Diät und elektrische Methoden in ihre Behandlung mit einbeziehen. Die Gesetze der einzelnen Bundesstaaten unterscheiden sich ebenfalls beträchtlich, was den von ihnen erlaubten Behandlungsspielraum angeht. In den meisten Staaten sind den Chiropraktikern nur Behandlung der Wirbelsäule und einfache Gesundheitsmaßnahmen gestattet, während sie in anderen Staaten Aufgaben der niederen Chirurgie übernehmen, Entbindungen durchführen und Totenscheine ausstellen dürfen..."[6]

---

[4] Abgedruckt mit freundl. Genehmigung aus C. G. Schwartz, Problems for Psychiatric Nurses in Playing a New Role on a Mental Hospital Ward. In: Greenblatt, Levinson, Williame (Hrsg.), The Patient and the Mental Hospital, N. Y., 1957, S. 412

[5] Abgedruckt mit freundl. Genehmigung aus C. G. Schwartz, a. a. O.

[6] Abgedruckt mit freundl. Genehmigung der University of Chicago Press und W. A. Wardwell, The Reduction of Strain in a Marginal Social Role, American Journal of Sociology 1955, Vol. 61, S. 17

Wo aus irgendeinem Grunde die Rollenerwartungen in einem sozialen System unklar sind, führt der Druck zu periodischen Versuchen der Rollenträger in bestimmten Positionen, ihre Rollen zu klären. In großen Systemen wie Firmenorganisationen kann ein derartiger Versuch so aussehen, daß Tätigkeitsbeschreibungen entwickelt und ausgearbeitet werden, aus denen hervorgeht, was von jedem Positionsinhaber innerhalb des Systems erwartet wird. Derselbe Vorgang läßt sich an kleinen Systemen wie einer Familie oder sogar einer Zweierbeziehung beobachten. Eine Funktion der Zwistigkeiten beispielsweise bei Verliebten ist die, ihre gegenseitigen Beziehungen neu zu definieren - in der Terminologie unserer Diskussion: ihre reziproken Rollen zu klären.[7]

Bis jetzt blieb die Diskussion auf die *Erwartungen* beschränkt, die in einem gegebenen System mit den Positionen verbunden sind. Die Positionen oder Rollenkategorien selbst können ebenfalls einen Mangel an Bestimmtheit aufweisen, was zu ähnlichen Konsequenzen führt. Beim Einordnen anderer Personen kann man sich an einer Reihe äußerer Anzeichen orientieren wie Kleidung, Stimme oder Benehmen, aber auch an Titeln oder Uniformen, die einem direktere Informationen zur Identifizierung liefern. Stone hat eine eingehende Analyse der Hinweise durchgeführt, die sich bei einer Interpretation aus der Kleidung ergeben.[8] Wo eine solche Einordnung weder zuverlässig noch exakt möglich ist, treten Unsicherheit, inadäquates Verhalten und - damit verbunden - Rollendruck auf. Weitere Bestätigung liefert eine Studie, bei der Studenten und andere Befragte über mehr als 1000 Vorfälle berichten, die sie verunsichert hatten.[9] Eine häufige Ursache hierfür war eine Rollenverwechslung; (es wurde unter anderem berichtet, daß ein Mann zufällig einen Raum betrat, der nur für Damen bestimmt war; einen Jungen mit langen Haaren hatte man für ein Mädchen gehalten; ein Kunde wurde irrtümlich als Verkäufer angesehen).

Formen der Meinungsverschiedenheit über Rollenerwartungen Zwei Aspekte von Meinungsverschiedenheiten stehen hier zur Debatte; der eine bezieht sich darauf, in welcher *Weise* Rollenträger sich uneinig sind, der andere Aspekt bezieht sich auf das *worüber*. Wenn jede Art Konsensus fehlt, kommt es nicht zu gemeinsamem Handeln, und die Rollenträger sind wahrscheinlich ängstlich und unsicher über ihre Rechte und Pflichten.

Die Art und Weise, in der Rollenträger in derselben Rollenkategorie über Erwartungen anderer Meinung sein können, nimmt zumindest fünf Formen an: 1. Rollenträger können darüber uneins sein, welche Erwartungen mit einer gegebenen Rolle verbunden sind. 2. Sie können über den Umfang dessen, was an Verhalten erlaubt oder verboten ist, verschiedener Meinung sein. 3. Sie

---

[7] Waller u. Hill, 1951

[8] Stone, 1959, 1962

[9] Gross u. Stone, 1964

können sich nicht über die Situation einigen, auf die eine bestimmte Erwartung zutrifft. 4. Sie können unterschiedlicher Ansicht sein, ob das erwartete Verhalten unbedingt erwartet oder lediglich einem anderen vorgezogen wird. 5. Sie können sich nicht einigen, welcher Erwartung der Vorrang gebührt, falls mehrere Erwartungen miteinander in Widerspruch stehen.

Ein gutes Beispiel für fehlenden Konsens ist die Rolle der Ehefrau in unserer Gesellschaft - vor allem, wenn der Ehemann noch traditionelle Vorstellungen der Ungleichheit hat - da hier alle der angeführten Formen vorkommen: 1. Es kann sein, daß keine Übereinstimmung darüber besteht, ob die Rolle der verheirateten Frau verlangt, ihren Beruf aufzugeben. 2. Es können sich Meinungsverschiedenheiten ergeben, ob Teilzeitarbeit erlaubt ist, Ganztagsbeschäftigung jedoch nicht. 3. Die Meinungen können geteilt sein, ob die Frau nur in wirtschaftlichen Notsituationen arbeiten gehen sollte. 4. Er kann die Ansicht vertreten, daß sie überhaupt keiner Beschäftigung nachgehen sollte, und sie hält es für besser, wenn sie es doch täte. 5. Schließlich kann er der Meinung sein, daß die Pflichten der Frau gegenüber der Familie Vorrang vor einer beruflichen Tätigkeit haben, und sie kann der genau entgegengesetzten Meinung sein. Obwohl diese Beispiele sich auf einen Rollenträger und dessen Rollenpartner beziehen, lassen sich diese fünf Formen fehlender Übereinstimmung auch auf Rollenträger in derselben Position anwenden.

Die verschiedenen Partner eines Rollenträgers können dessen Rolle ebenfalls unterschiedlich definieren. Kann ein derartiger Konflikt weder vermieden noch gelöst werden, so sieht sich das Individuum von mindestens einem seiner Partner negativen Sanktionen ausgesetzt, indem ihm Zuwendung und Aufmerksamkeit entzogen wird, oder seitens seines Selbst in Form von Scham- und Schuldgefühlen. Ein alltägliches Beispiel ist das Kind, dessen Eltern über die einer Kinderrolle angemessenen Erwartungen entschieden andere Auffassungen haben.

Da die Sanktionen für fehlende Konformität mit den Rollenerwartungen nicht nur von den Rollenpartnern ausgehen müssen, können sich widersprechende Erwartungen seitens dieser signifikanten anderen ebenso zu Druck führen. Ein bekanntes Beispiel dafür ist die Schwiegermutter, die sich in die Ehebeziehung ihrer Tochter einmischt und versucht, die Rollenerwartungen des jungen Paares bezüglich der Positionen von Mann und Frau umzudefinieren.

B e d i n g u n g e n f ü r K o n s e n s u s   Obwohl wir anfangs unterstellt haben, daß über Rollenerwartungen im allgemeinen eine weitgehende Übereinstimmung besteht, haben empirische Studien gezeigt, daß dies für einige Rollenerwartungen nicht zutrifft.[10] Die weitere systematische Forschung hat ei-

---

[10] Davis, 1954; Hall, 1955; Borgatta, 1955; Rommetveit, 1955; Gross, Mason, McEachern, 1958; Biddle, Rosencranz, Rankin, 1961; Snyder, 1964

nige der Bedingungen aufgedeckt, unter denen geringer Konsensus zustande kommt. In einer Studie über Schulinspektoren und Schulräte wurden zwei Typen der Übereinstimmung untersucht.[11] Der erste war Übereinstimmung zwischen Rollenträgern, die dieselbe Position innehatten, der zweite Typ war Konsensus zwischen einem Akteur und den Partnern in den Komplementärrollen. Das Folgende ist eine knappe Zusammenfassung dieser umfangreichen Untersuchung.

Beim Vergleich von Rollenträgern in derselben Position bei verschiedenen Schultypen zeigte sich, daß der Grad der Übereinstimmung abhing von 1. dem Inhalt der Rollenerwartung, 2. dem Ausmaß der Ähnlichkeit des sozialen Hintergrundes der Rollenträger, 3. dem Grad, in dem die Rollenträger Organisationen gleicher oder unterschiedlicher Größe angehörten. Innerhalb einzelner Schultypen korrelierte Ähnlichkeit in ausgewählten Attributen mit Konsensus bei den Rollenträgern. Die Interaktion zwischen Mitgliedern des "Schoolboard" war stärker und befriedigender, wenn sie in ihren Erwartungen übereinstimmten. Konsensus zwischen Mitgliedern des "Schoolboard" und deren Inspektoren war von der Ähnlichkeit des Hintergrundes oder der Intensität der Interaktion unabhängig. Wenn ein Konsensus bestand, so bewertete der Inspektor seinen Schulrat günstiger, was sich jedoch in Bezug auf die Zufriedenheit bei keinem von beiden auswirkte.

Diese Ergebnisse sind nur vor dem Hintergrund der untersuchten Schulsysteme und deren Eigenheiten sinnvoll. Die Mitglieder des "Schoolboard" können nur als Gruppe effektiv sein, und von daher ist eine Übereinstimmung notwendig. Beim Schulinspektor hingegen - so der Kommentar der Autoren - führen die meisten seiner amtlichen Funktionen zu Interaktionen mit Rollenträgern, die nicht dem "Schoolboard" angehören: Lehrer, Rektoren, Gemeindevorsteher etc.[12] Das heißt, daß ein Konsensus mit diesen Personen für seine Zufriedenheit wichtiger war als mit dem Schulrat. Da aber der Schulinspektor von der Konformität des "Schoolboard" mit seinen beruflichen Erwartungen abhängig war, bewertete er dessen Mitglieder günstiger, wenn sie mit ihm bezüglich seiner Rollenerwartungen übereinstimmten. Daß Ähnlichkeit des Hintergrundes und Stärke der Interaktion unabhängig waren vom Konsensus zwischen Schulinspektor und Schulräten wird verständlich, wenn wir annehmen, daß sich der Schulinspektor an anderen Berufsgruppen orientiert, wenn er die Erwartungen definiert, die mit seiner Rolle und der der Schulräte zusammenhängen.

Diese Ergebnisse stützen das Argument, daß in einem System mit "Professionals" und "Nicht Professionals" die Zufriedenheit der ersteren zum Teil davon abhängt, inwieweit letztere ihnen das Erreichen ihrer professionellen Ziele erleichtern. Von Schulräten, bei denen Übereinstimmung in Erziehungs-

---

[11] Gross u. a., 1958

[12] Gross u. a., 1958

fragen besteht, und die mit professionellen Erwartungen über diese Frage konform gehen, sollte man annehmen, daß sie in einer Art und Weise "funktionieren", die das Erreichen von Zielen begünstigt, die von den Schulinspektoren als wünschenswert definiert worden sind.

Andere Studien stimmen im allgemeinen mit diesen Ergebnissen überein. Eine Untersuchung über Rollenkonsensus zwischen Verwaltungsbeamten eines Krankenhauses, Mitgliedern des "Hospital Board" und Gemeindevorstehern legt die Vermutung nahe, daß eine bestimmte Rolle in dem Maße vom Rollenträger und seinem Rollenpartner unterschiedlich beschrieben wird, als jeder mit anderen Positionen des sozialen Systems unterschiedlich liiert ist.[13] Diese Vermutung gründet sich auf den Schluß, daß je häufiger Individuen auf einer kooperativen Ebene interagieren, sie sich umso mehr einander verpflichtet fühlen. Um bei unserem Beispiel zu bleiben: Verwaltungsbeamte des Krankenhauses sind mit den verschiedensten anderen Berufsgruppen verbunden, einschließlich dem Ärztestab, und haben auch mehr Kontakt zu diesen; dagegen sind Mitglieder des "Board" mehr mit Gemeindevorstehern verbunden und haben besseren Kontakt zu ihnen. So wurde festgestellt, daß Verwaltungsbeamte bei der Beschreibung ihrer Rolle mehr Verpflichtungen gegenüber dem Ärztestab äußerten als die Mitglieder des "Board" in ihrer Beschreibung der Rolle eines Verwaltungsbeamten. In einer anderen Krankenhausstudie ergab sich ein größerer Konsensus, wenn eine Rolle ein ausgedehntes Training und eine lange Vorbereitungszeit erforderte, und wenn die Rollen von der Organisation spezifisch definiert wurden; er war andererseits größer bei Rollenträgern in Positionen, die mit anderen Individuen des sozialen Systems die meisten Kontakte und die häufigste Kommunikation hatten.[14]

Eine andere Untersuchung an einem anderen sozialen System testete die Hypothese, daß ein hohes Maß an Übereinstimmung zwischen Rollenträger und Partner die Beziehungen zwischen beiden fördert.[15] Gestützt wird diese Hypothese durch einen Vergleich der Rollenkonzepte von Vorarbeitern und Gewerkschaftsfunktionären der Industrie. Vorarbeiter, die die Rolle der Funktionäre genauso sahen wie siese selbst ihre Rolle sahen, berichteten über gute Beziehungen zu ihren Funktionären. In gleicher Weise berichteten Funktionäre, die die Rolle des Vorarbeiters so definierten, wie diese sich selbst sahen, über gute Beziehungen zu den Vorarbeitern.

Die Ergebnisse einer anderen Studie, daß Konsensus über Rollenerwartungen in kleineren Organisationen größer ist als in großen, stützen ebenfalls die These, daß die Häufigkeit der Interaktion - besonders der informellen - vom Konsensus abhängt.[16] Wenn schließlich angenommen wird,

---

[13] Hanson, 1962

[14] Julian, 1969

[15] Jacobsen, Charters, Lieberman, 1951

[16] Thomas, 1959

daß Mütter mit ihren Kindern intensiver interagieren als Väter, so wird unsere These noch dadurch bestätigt, daß man bei Müttern und Kindern eine größere Übereinstimmung in den Rollenerwartungen festgestellt hat als zwischen Vätern und Kindern.[17]

Eine Untersuchung der Rollen von einem Arzt, einer ausgebildeten Krankenschwester, einer Krankenschwester in der Ausbildung und eines Patienten in einem Sanatorium für Tbc-Kranke testete drei Hypothesen:[18] 1. Je größer die Ausbildung und Vorbereitung für eine Rolle, umso größer wird die Übereinstimmung zwischen den Akteuren über ihre und die Rolle ihrer Partner sein. Mit anderen Worten: man erwartete von den Ärzten und den fertigen Schwestern, daß sie auf Grund ihrer ausgedehnten Ausbildung in Bezug auf ihre eigenen Rollen und denen ihrer zahlreichen Partner mehr übereinstimmen würden als die noch in der Ausbildung begriffenen Schwestern und die Patienten. 2. Beide Arten des Konsensus hängen davon ab, wie spezifisch die Organisation die Rollen definiert. Da das Verhalten der Patienten innerhalb des Krankenhauses viel detaillierter festgelegt war als das Verhalten der Krankenhausbelegschaft, erwartete man die größte Übereinstimmung in Hinsicht auf die Patientenrolle. 3. Die Rollenträger, die auf Grund von Bedingungen des sozialen Systems die meisten Kontakte und die häufigste Kommunikation haben, zeigen die größte Übereinstimmung mit ihren Rollenpartnern. In diesem Fall: Ärzte und ausgebildete Schwestern stimmen bezüglich ihrer Komplementärrollen stärker überein als Ärzte und Schwestern in der Ausbildung, da der Befehlsfluß im Krankenhaus einen stärkeren Kontakt zwischen den erstgenannten Gruppen erfordert als zwischen den letzteren. Wenn die Ergebnisse auch nicht allesamt mit den drei Hypothesen übereinstimmten, so stützten sie diese doch in der Mehrzahl.

An anderer Stelle haben die Autoren die Meinung vertreten, daß mangelnder Konsensus von der Art und Weise abhängt, in der erwartetes Verhalten die Kosten- und Nutzenbilanz der an der Interaktion beteiligten Personen beeinflußt. Das heißt, in dem Maße, in dem eine Rollenerwartung für Rollenträger in einer bestimmten Rollenkategorie zu einschneidenden Konsequenzen führt, wird der Konsensus zwischen ihnen variieren. In Kap. 10 ist bemerkt worden, daß Normen in den Verhaltensbereichen entstehen, die am engsten mit den Kosten- und Nutzenbilanzen verbunden sind, die Personen in einer Beziehung erfahren; und daß ferner in dem Maße maximaler Konformitätsdruck zu erwarten ist, wie ihre Bilanzen wichtig werden. Eine Untersuchung über Rollenkonzepte von Lehrern stützt diese Ansicht.[19] Die Übereinstimmung zwischen den Lehrern war groß: sie waren fast einhellig der Ansicht, Lehrer sollten für ihre Arbeit besser bezahlt werden.

Die Übereinstimmung zwischen Rollenträgern und deren Rollenpartnern scheint auch mit dem Grad zu variieren, in dem eine Erwartung für die Bilanzen jeder Partei ähnliche Implikationen hat. Profitieren beide von einem erwartungsgerechten Verhalten, ist die Übereinstimmung groß. Fehlende Übereinstimmung kann häufig die Form annehmen, daß jeder

[17] Connor, Greene, Walters, 1958

[18] Julian, 1969

[19] Manwiller, 1958

Partner besonders die Erwartungen betont, die für ihn von Vorteil sind. In einer Studie, in der Männer und Frauen beschreiben sollten, welche Rolle sie in der Ehe am liebsten spielen würden, betonten beide Seiten die Pflichten auf Kosten der Rechte des Rollenpartners.[20] Eine Untersuchung über Konsensus zwischen Rollenträger und Rollenpartner, in der es um die Erwartungen von Lehrer, Eltern, Schülern und Schulbeamten an die Lehrerrolle ging, liefert weiteres Anschauungsmaterial[21]. Die größte gemeinsame Übereinstimmung über den Inhalt der Lehrerrolle bestand zwischen Lehrern und Schulbeamten, die größte Diskrepanz zwischen Schülern und Lehrern. Die Rollenvorstellungen der Eltern lagen dazwischen - etwas dichter bei denen der Lehrer im Vergleich mit den Schülern, aber doch nicht so nahe wie die Vorstellungen der Schulbeamten bei denen der Lehrer lagen. Die Austauschtheorie kann zu einer Erklärung dieser Ergebnisse beitragen und kann auch erklären, warum es in bestimmten Bereichen zu einer Diskrepanz der Erwartungen kommt, wie die Autoren bereits an anderer Stelle ausgeführt haben:

"Jede einzelne Handlung eines Lehrers bewirkt in der Regel für ihn ein ähnliches Ergebnis wie für den Schulbeamten. Ein Lehrer z. B., der einen Schüler wegen dessen schwachen Leistungen durchfallen läßt, vertritt die Prinzipien der Schule und wird darin vom Rektor unterstützt. Für den Schüler hingegen ist diese Handlung kostspielig. Da die Ergebnisse für die Eltern zum Teil gleich denen des Schülers, zum Teil gleich denen des Lehrers und des Schulbeamten sind, so ist in beiden Fällen nur eine teilweise Übereinstimmung zu erwarten.

Diese Unterschiede werden deutlicher, wenn wir die Bereiche näher untersuchen, in denen die Diskrepanzen auftreten. Am offensichtlichsten wird unsere Ansicht von Ergebnissen gestützt, wonach Lehrer, Eltern und Schulbeamte weit mehr als die Schüler vom Lehrer erwarten - und dies auch billigen - daß er die Schüler strenger beaufsichtigt und wonach Lehrer in stärkerem Umfang als die drei anderen Gruppen es ablehnen, untergeordnete Tätigkeiten zu verrichten. Weniger offensichtlich ist die Relevanz von Ergebnissen, nach denen Eltern von Lehrern erwarten, daß sie noch mehr für Ordnung sorgen, abweichendes Verhalten stärker kontrollieren, die Schüler mehr als bisher auch außerhalb des Klassenzimmers beaufsichtigen und an Elternabenden häufiger das Wort ergreifen als Lehrer selbst dies für angemessen halten. Alle diese Rollenbestandteile bedeuten neue Anforderungen an den Lehrer, die ihrerseits die in der Rolle erfahrenen Belohnungen und Aufwendungen beeinflussen."[22]

---

[20] Kirkpatrick, 1936

[21] Biddle u.a., 1961

[22] Abdruck mit freundlicher Genehmigung von C.W. Backmann und P.F. Secord, A Social Psychological View of Education. N. Y., 1968 b., S. 120 - 121

Nicht alle Erwartungen, die die Lehrerrolle ausmachen, haben für die Bilanzen von Lehrern und Schulbeamten dieselben Implikationen. Hier scheint jedoch das obige Prinzip zu gelten. In einer Studie über die relative Bedeutung, die den einzelnen Aspekten der Lehrerrolle beigemessen wird, fand man zwischen Lehrern und Verwaltungsangestellten an zwei Höheren Schulen eine beträchtliche Diskrepanz. Ein Hauptinteresse des Verwaltungsangestellten gilt den Beziehungen zwischen Schule und Gemeinde. Daraus folgt, daß für ihn die für diese Funktion relevanten Aspekte der Lehrerrolle von Bedeutung sind. Das heißt, Verwaltungsangestellte heben als erstes hervor, daß ein Lehrer zwischen Schule und Gemeinde als Bindeglied fungiert, während die Aufgabe des Lehrers als Initiator von Lernprozessen erst an fünfter Stelle genannt wurde. Das Hauptaugenmerk des Lehrers richtet sich auf die Unterrichtsfunktion, was darin zum Ausdruck kommt, daß er sich an erster Stelle als Kulturmittler und an zweiter als Initiator von Lernprozessen versteht. Außerdem waren 80 Prozent der Lehrer der Ansicht, bei zweifelhaften Versetzungsfällen sollte ihre Stimme den Ausschlag geben, während nur 40 Prozent der Schulinspektoren und Direktoren diese Auffassung teilten.[23]

Die Diskussion über Rollenkonsensus bezog sich weitgehend auf fehlende Übereinstimmung zwischen verschiedenen Parteien einer Rollenbeziehung. Ein drittes Gebiet, wo es zu mangelnder Übereinstimmung kommen kann, ist nicht besprochen worden: zwischen Rollenpartnern und dritten Parteien. In Kap. 13 wurde festgestellt, daß Rollenverhandlungen häufig durch die Anwesenheit von Publikum oder dritten Parteien beeinflußt werden. Es ist gezeigt worden, daß deutliche Unterschiede bestehen können zwischen dem, was ein Partner von einem Akteur erwartet, und was dritte Parteien von ihm erwarten.[24] Man verglich die Erwartungen, die die Geschäftsführer eines Unternehmens seitens ihrer Vorgesetzten, Ehefrauen, Kollegen, Eltern und Kinder an sich gerichtet fühlten sowie deren Organisation in Beziehung zu jedem einzelnen Partner. Häufig unterschieden sich bei diesen Vergleichen die Erwartungen, die ein Partner bezüglich der Beziehung des Rollenträgers zu einer dritten Partei hatte, (z.B. die Erwartungen, die eine Ehefrau in Bezug auf das Verhalten ihres Mannes gegenüber seinem Vorgesetzten hat), von den Erwartungen, denen der Rollenträger sich vom anderen Partner ausgesetzt sah (in dem Fall den Erwartungen seines Vorgesetzten). Außerdem gaben die Befragten häufig zu, daß ihre Verhaltensmaßregel eher von der dritten Partei als vom jeweiligen Rollenpartner bestimmt sei.

Schließlich lassen sich viele der in Kap. 10 erörterten Studien über Konformität mit Gruppennormen wahrscheinlich auch hier anwenden. Es ist anzunehmen, daß viele Faktoren, die zu Konformität führen, auch einen Konsensus über Rollenerwartungen bewirken. So zeigte beispielsweise eine Untersuchung über die Rolle des Flugzeugpiloten, daß Rollen-

---

[23] Fishburn, 1962

[24] Kemper, 1966

übereinstimmung vom Zusammenhalt der Bordmannschaft abhängt, und eine Untersuchung von Rollenkonzepten in kleinen, mittleren und großen Organisationseinheiten einer Wohlfahrtsorganisation stellte in den kleineren Einheiten größeren Konsensus fest.[25]

Zusammenfassung : Bestimmtheit und Konsensus

Erwartungen, die in einem sozialen System mit Rollen verknüpft sind, variieren in ihrer Bestimmtheit und im Grad der Übereinstimmung zwischen den Rollenträgern. Die Bestimmtheit ist hauptsächlich davon abhängig, wie weit die Erwartungen explizit gemacht und spezifiziert werden. Neu entwickelte Rollen sind oft nicht geklärt und führen dadurch zu Rollendruck. Mangelnde Bestimmtheit kann auch aus sukzessiven Veränderungen einer Rolle resultieren. Obgleich sich die meisten Untersuchungen mit der Klarheit von Erwartungen beschäftigen, kann auch Mehrdeutigkeit einer Rolle zu Rollendruck führen.

Ein Rollenträger und dessen Rollenpartner können auf fünf verschiedene Weisen nicht übereinstimmen: 1. über die mit einer Rolle verbundenen Erwartungen, 2. über den Umfang erlaubten bzw. verbotenen Verhaltens, 3. über die Situationen, in denen die Rolle angebracht ist, 4. ob das erwartete Verhalten ein "kann" oder ein "muß" ist, und 5. darüber, welcher Erwartung zuerst nachzukommen ist. Nichtübereinstimmung über die Rolle eines Rollenträgers kann sich auch zwischen zwei oder mehreren Rollenpartnern des Rollenträgers ergeben oder zwischen Personen außerhalb des Systems.

Bei einem Vergleich von Rollenträgern in derselben Position innerhalb verschiedener Schultypen stellte sich heraus, daß der Konsensus zwischen zwei Rollenträgern über ihre eigene Position abhängig war 1. vom Inhalt der Rollenerwartung, 2. vom Ausmaß der Ähnlichkeit des sozialen Hintergrundes der Rollenträger und 3. dem Maß, in dem die Akteure Organisationen derselben Größe angehörten. Innerhalb einzelner Schultypen verband sich Ähnlichkeit bei gewissen Attributen mit größerer Übereinstimmung zwischen den Rollenträgern, was wiederum bei Ähnlichkeit bestimmter anderer Attribute nicht zutraf. Daß eine Übereinstimmung zwischen Mitgliedern des Schulrates und ihren Inspektoren weder mit der Ähnlichkeit des sozialen Hintergrundes noch mit dem Ausmaß der gemeinsamen Interaktion zusammenhing, hatte wahrscheinlich den Grund, daß sich Schulinspektoren bei der Definition der Rollenerwartungen an ihrer eigenen Position und der des Schulrats an anderen Berufsgruppen orientierten. Studien aus anderen Bereichen sprechen für eine positive Korrelation zwischen Intensität der Interaktion und Konsensus. In Krankenhäusern besteht bei den Rollen ein größerer Konsensus, die extensives Training und Vorbereitung erfordern, spezifisch festgelegt sind und deren Rollenträger häufig miteinander interagieren. Die zwischen zahlreichen Positionen in einem sozialen System bestehenden Verbindungen

---

25 Hall, 1966; Thomas, 1959

beeinflussen wahrscheinlich die Definition von Rollenerwartungen. Eine durch eine Reihe von Untersuchungsergebnissen bestätigte Hypothese behauptet, daß Konsensus von dem Ausmaß abhängt, in dem Erwartungen für die an der Interaktion Beteiligten wichtige und ähnliche Konsequenzen haben. Etliche der Faktoren, die Konformität mit Gruppennormen bewirken, führen auch zu verstärktem Rollenkonsensus. Schließlich kann sich auch bei dritten Parteien eine fehlende Übereinstimmung einstellen.

Die Zufriedenheit mit der eigenen Rolle hängt vom Typus und Umfang der Übereinstimmung ab und vom besonderen sozialen System, dem die Rolle angehört. Mitglieder des Schulrates waren bei starkem Konsensus zufriedener; das folgt aus dem Umstand, daß für eine erfolgreiche Durchführung dieser Aufgaben eine Übereinstimmung notwendig war. Übereinstimmung zwischen dem Schulinspektor und seinem Schulrat führte nicht zu größerer Zufriedenheit des Inspektors, der zu vielen Rollenpartnern mit unterschiedlichen Ansichten Beziehungen eingeht. In einem anderen sozialen System begünstigte hohe Übereinstimmung zwischen Vorarbeitern und Gewerkschaftsfunktionären über ihre Rollen in der Industrie deren gegenseitige Beziehungen. Schließlich kann fehlender Konsensus auch auf mangelnde Übereinstimmung mit dritten Parteien zurückzuführen sein, wodurch wiederum das Verhalten der interagierenden Partner beeinflußt wird.

Mechanismen zur Erhöhung von Konsensus

Rollendruck entwickelt sich oft zu einer Krise, in der die Rollenpartner zu einer Klärung der gegenseitigen Rechte und Pflichten bewogen werden. Derartige Versuche reichen von informellen Gruppensitzungen in kleinen sozialen Systemen bis zu ausgewachsenen Verhandlungskonferenzen in großen sozialen Systemen. Werden Klarheit und Konsensus zunehmend problematischer, sei es infolge wachsender Größe oder Komplexität des sozialen Systems oder infolge rascher Veränderungen, so entsteht ein sozialer Mechanismus, der sich mit dem Mangel an Konsensus und den damit zusammenhängenden Problemen befaßt.

Ein solcher Mechanismus kann in verschiedenen Formen auftreten. Als erstes entstehen spezielle Positionen und Subsysteme, um mit dem Problem der fehlenden Übereinstimmung fertig zu werden. Dies ist oft die Hauptaufgabe von Koordinierungs- und Kooperationskommissionen in Organisationen. Zweitens werden größere Anstrengungen unternommen, Beziehungen dadurch zu formalisieren, daß Tätigkeitsbeschreibungen festlegen, wie jeder Rollenträger sich gegenüber seinen Rollenpartnern im sozialen System zu verhalten hat. Gleichzeitig sichern bestimmte Techniken die Standard-Sozialisation der Rollenträger. Ausgefeilte Selektionsverfahren, Einweisungs- und

Trainingslehrgänge, periodische Wiederholungskurse etc. werden Bestandteile des sozialen Systems. Schließlich entwickeln sich auch Rituale und Zeremonien, die nicht nur dazu dienen, die Identifikation mit den Gruppenzielen zu steigern, sondern die auch in Abständen die Übereinstimmung über die Rechte und Pflichten eines jeden innerhalb des sozialen Systems festigen sollen.

Häufig funktionieren solche Mechanismen nicht, und der fortgesetzte Spannungszustand führt zu Konfrontationen mit den Rollenpartnern, so daß sich schließlich ein Wandel in den Begriffen hinsichtlich der vorher ausgehandelten Rollendefinition ergibt. Das passiert meistens dann, wenn die mit einer Beziehung verbundenen Erwartungen für die Partner deutlich unterschiedliche Ergebnisse zeitigen, und wenn der bisher im Nachteil befindliche Teil plötzlich seine Macht vergrößert hat. So hat die zunehmende Macht der Neger in der amerikanischen Gesellschaft sowie die der Studenten an den Universitäten durch eine Serie von Krisen neue Beziehungen zu ihren Rollenpartnern erzwungen, die wiederum einen neuen Konsensus repräsentieren.

Konfligierende und rivalisierende Erwartungen

Eine andere Ursache von Rollendruck liegt in den konfligierenden und rivalisierenden Erwartungen, die eine Rolle konstituieren. Dieser Konflikt bzw. diese Rivalität kann bei Erwartungen vorkommen, die sich auf denselben Partner beziehen; ein Beispiel hierfür ist die Mutter, die weiß, daß sie ihr Kind nicht schlagen sollte, die aber ebenso gut weiß, daß sie es disziplinieren muß. Konflikt oder Rivalität können sich auch auf verschiedene Rollenpartner beziehen: eine Frau mit einem Neugeborenen stellt vielleicht fest, daß sie nicht gleichzeitig für das Kind dasein und ihren sonstigen familiären Verpflichtungen nachkommen kann.

K o n f l i k t tritt auf, wenn eine Erwartung vom Rollenträger ein Verhalten fordert, das in gewisser Weise mit dem Verhalten unvereinbar ist, das eine andere Erwartung von ihm verlangt. Die Handlungsweisen können physisch unvereinbar sein, wenn die eine das Gegenteil der anderen ist. Sie können sozial unvereinbar sein, weil man sie nicht von ein und derselben Person erwartet. Schließlich können sie psychisch unvereinbar sein, wenn sie vom Rollenträger verlangen, miteinander unvereinbare psychische Haltungen anzunehmen.[26] Um das letztere zu illustrieren: wenn eine Mutter sich um eine geringfügige Verletzung ihres Kindes kümmert und ihm etwa einen schmerzhaften Holzsplitter aus dem Fuß zieht, so wird sie Schwierigkeiten haben, dabei eine klinisch unbeteiligte Haltung einzunehmen, die für die Ausführung notwendig wäre.

---

[26] Nye, 1961

Rivalität zwischen Erwartungen entsteht dann, wenn der Rollenträger wegen zeitlicher oder physischer Beschränkungen nicht beiden Erwartungen angemessen nachkommen kann. Konflikt und Rivalität werden im folgenden erörtert werden.

Konflikt und Rivalität in Beziehung zum selben Partner In der Beziehung zwischen einem Arzt und seinen Patienten gibt es Beispiele für Konflikt und Rivalität in einer Rolle. Man hat bei der Arztrolle drei Aspekte unterschieden: 1. Der wissenschaftliche Pionier an den Grenzen des Wissens, 2. der Heiltechniker der Kranken und 3. der Händler, der teuer erworbenes Wissen weiterverkauft.[27] Ähnliches ist für die Rolle des Chiropraktikers festgestellt worden.[28] Während das aggressive Eintreiben von Rechnungen sich mit dem Aspekt des Wiederverkäufers deckt, ist es mit der Vorstellung des freundlichen Heilenden oder des altruistischen Wissenschaftlers nicht in Einklang zu bringen.

Es gibt einen Bericht über ähnlich konfligierende Elemente der Krankenschwesterrolle.[29] Auf der einen Seite erwarten Schwestern und deren Umwelt, sie müßten sich als Muttersatz fühlen; die damit verbundenen Verpflichtungen bewirken einerseits, daß sie dem Patienten die Füße waschen und andererseits, daß sie seinen Äußerungen über sein Seelenleben mitfühlend lauschen. Überdies werden sie als medizinische Spezialisten angesehen, deren Aufgabe darin besteht, die technischen Anweisungen auszuführen, die bewirken sollen, den Kranken von seinen Leiden zu befreien, und ihn für die Gesellschaft wieder gesund zu machen. Der grundlegende Konflikt besteht zwischen einer Reihe von Erwartungen wie Affekt, Sympathie und emotionaler Beteiligung und einer Reihe anderer Erwartungen, diese Gefühle zu unterdrücken. Schulman faßt seine Beobachtungen über den Konflikt zwischen diesen beiden Aspekten der Schwesternrolle wie folgt zusammen:

"In den Begriffen einer einzigen, weitgefaßten Variablen - Fehlen oder Vorhandensein von Affekt - werden die Rollen des Muttersatzes und der Heilenden als konfligierend empfunden. Im Lauf der historischen Entwicklung gab es einen Übergang von den Verhaltenserwartungen, die mit dem alten Ideal der Frau und Mutter verbunden waren zu denen, die man an einen technischen Gesundheitsspezialisten richtet, und das ist niemals glatt oder bruchlos abgelaufen. Jede Stufe, die zur Dominanz der Rolle einer Heilenden geführt hat, ist von den Widerständen dagegen begleitet, besonders von Seiten der Schwestern, aber auch von Seiten benachbarter Gruppen und des Laienpublikums. In seiner augenblicklichen Phase manifestiert sich dieser Konflikt in den wiederholten Versuchen einer Neudefinitinn dessen, was eine Schwester ist, und in dem großen Gewicht, mit dem der Platz betont wird an den die Schwester in

---

[27] Lee, 1944

[28] Wardwell, 1955

[29] Schulman, 1958

ihren Beziehungen zu anderen Berufsgruppen und innerhalb der Gemeinschaft hingehört. Darüber hinaus wird der Konflikt ganz augenfällig bei der dutzendfachen Wiederholung der Frage in amerikanischen Schwesternschulen und bei jeder Tagung der Schwestern-Ausbilder: In welche Richtung läuft das Ganze?"[30]

Zweifellos würde eine Untersuchung der Elemente anderer Heilberufsrollen wie denen des klinischen Psychologen oder des Sozialarbeiters eine ähnliche Konfiguration konfligierender Momente zutage fördern. Auch über andere Rollen sind Untersuchungen durchgeführt worden. So hat man einen Konflikt zwischen zwei Aspekten der Rolle des Kontrolleurs in einer Fabrik festgestellt.[31] Einerseits erwartet man von Kontrolleuren, daß sie die Qualität der produzierten Materialen prüfen und die Stücke zurückgehen lassen, die unterdurchschnittliche Qualität aufweisen. Auf der anderen Seite sieht man sie als Kraft zur Produktionsverbesserung an, die den Arbeitern behilflich sein soll, den Ausschuß gering zu halten. Bei der Verfolgung ihrer Pflichten im ersten Fall zeigen sie ein Verhalten, das mit der zweiten Funktion in Konflikt gerät. Eine Untersuchung der Rolle des Börsenmaklers zeigte in ähnlicher Weise einige Aspekte dieser Rolle, die sich miteinander in Konflikt befanden.[32] Als Anlageberater erwartet man von ihm, daß er seine Klienten mit unparteiischen Tips versorgt. Als Makler soll er indessen in erster Linie gut verkaufen.

K o n f l i k t u n d R i v a l i t ä t i n B e z i e h u n g z u v e r s c h i e d e n e n P a r t n e r n Was Konflikt und Rivalität zwischen Erwartungen von verschiedenen Partnern angeht, so ist die Rolle des Schulinspektors wiederum ein gutes Beispiel. Gross, Mason und McEachern stellen fest, Schulinspektoren hätten mit Lehrern, Schulräten, Elternbeiräten, städtischen Autoritäten etc. zu tun.[33] Die Anforderungen in jeder dieser Beziehungen führen oft zu Terminproblemen sowie zu Schwierigkeiten, teilweise genau entgegengesetzten Erwartungen zu begegnen. Einer der Konflikte, der von den Autoren etwas detaillierter untersucht worden ist, war der zwischen

---

30 Abdruck mit freundlicher Genehmigung von S. Schulman, Basic Functional Roles in Nursing: Mother Surrogate and Healer. In: E. Jaco (Hrsg.), Patients, Physicians and Illness. N. Y., 1958, S. 537

31 Pugh, 1966

32 Evan u. Levin, 1966

33 Gross u.a., 1958

den Gehaltsforderungen der Lehrer - unterstützt von den Eltern - auf der einen Seite und den auf Wirtschaftlichkeit gerichteten Erwartungen auf der anderen. Während der Schulinspektor von der Mehrheit der Eltern und Lehrer glaubte, sie wollten, daß er sich für möglichst hohe Gehaltsforderungen einsetze, war er der Ansicht, die meisten Stadträte und Steuerzahler erwarteten von ihm, daß er "im Rahmen bliebe" oder "maßhalte".

Ein anderes Beispiel für Rivalität bei Terminabmachungen dürfte für den Universitätsstudenten etwas vertrauter sein. Von einem Professor erwartet man nicht allein eine Lehrtätigkeit, sondern auch wissenschaftliche Forschung und Engagement bei Gemeinschaftsaufgaben. In dem Maße, in dem der Dekan alle drei Erwartungen an ihn richtet, ist dies ein Beispiel für Rivalität bezüglich eines einzelnen Rollensegments. In der Regel kommen diese Erwartungen jedoch zum Teil von verschiedenen Rollenpartnern: seine Kollegen und wissenschaftlichen Mitarbeiter des Fachbereichs erwarten von ihm in erster Linie Forschungsarbeit, und Mitglieder der Gemeinde, zu der die Universität gehört, stellen ebenso direkte Anforderungen an seine Zeit.

Rollenträger in verschiedenen Rollen

Rivalität zwischen Rollen Normalerweise nimmt ein Individuum zur selben Zeit verschiedene Positionen ein. Sein Verhalten ist also einer Reihe von Verhaltenserwartungen ausgesetzt, von denen einige miteinander konfligieren oder rivalisieren können. Gross u. a. haben festgestellt, daß Schulinspektoren sich unter Druck befinden, wenn sie einmal in ihrer Rolle als Ehemann und Familienvater und zum anderen als Leiter eines Schulwesens ihre Zeit einteilen sollen. Während die befragten Inspektoren in der Mehrzahl berichteten, ihre Frauen erwarteten von ihnen, die meisten Abende in der Woche daheim mit der Familie oder mit Freunden zu verbringen, gab mehr als die Hälfte von ihnen an, die Eltern der Schüler und der Eltern-Lehrer-Verband erwarteten, daß sie die meisten Abende der Schule und der Gemeindearbeit widmeten.

Die meisten Studenten können innerhalb ihres eigenen Erfahrungsbereichs ein anderes Beispiel konkurrierender Rollenanforderungen beobachten. Zusätzlich zu den Erwartungen, die mit der Studentenrolle verbunden sind, begegnen sie vielleicht Erwartungen, die mit den Positionen Ehemann, Ehefrau, Sohn oder Tochter, Angestellter und Verbindungsmitglied verknüpft sind. Diese konfligierenden Erwartungen führen nicht nur zu Druck beim einzelnen, sondern behindern zweifelsohne auch das effektive Funktionieren des Erziehungssystems.

Konflikt zwischen Rollen Burchards Untersuchung über Rollenkonflikt bei Militärseelsorgern bietet ein ausgezeichnetes Beispiel für konfligierende Erwartungen, die sich bei zwei besonders unvereinbaren Rollen überschneiden: denen eines religiösen Führers und eines Offiziers. Dieser Konflikt birgt vor allem ein Problem für die Beziehungen des Seelsorgers zu den Rekruten, mit denen er hauptsächlich zu tun hat:

"Die Beziehungen zu den Rekruten sind für die Seelsorger von großer Bedeutung, da die Rekruten das größte und einzige Publikum sind, an dem die Seelsorger ihr Verhalten ausrichten. Sie sind sich alle darüber im klaren, daß die Tatsache ihres Status als Offizier für die primären Beziehungen zu den Soldaten ein Hindernis darstellt. Mit der Zeit sind sich die Seelsorger wohl am meisten von allen Offizieren ihres Dienstgrades bewußt, in erster Linie wegen ihrer ambivalenten Einstellung dazu. Der Wunsch, ein integrierter Bestandteil der Militärhierarchie und von den Soldaten als einer der ihren akzeptiert zu werden, ist sehr stark. Andererseits ist ein Geistlicher, Kaplan oder Pastor jemand, der außerhalb der Gruppe steht, ein Führer der Schar, nicht bloß einer von ihnen. Ein guter Führer muß jedoch zugänglich sein; er darf sich der Gruppe gegenüber nicht zu sehr distanzieren; er muß zu denen, die er führt, gute, persönliche Beziehungen haben. Ein Offizier dagegen darf mit seinen Männern nicht zu vertraulich werden. In den Augen der anderen hängt seine Führungsqualität auch davon ab, wie weit er zur Mannschaft Distanz halten kann. Der Militärseelsorger als Offizier und Geistlicher zugleich muß irgendwie das Problem in den Griff bekommen, den Rekruten gegenüber ein guter Seelsorger zu sein, ohne dabei seinen Status als Offizier zu verlieren."[34]

Man hat ähnliche Unvereinbarkeiten zwischen den Rollen gewählter Amtsträger festgestellt.[35] Das parteitreue Verhalten, das man von einem Parteimitglied erwartet, kann dem Buchstaben und Inhalt nach mit dem unparteiischen Verhalten konfligieren, das man von einem Richter oder einem Verwaltungsbeamten erwartet. Eine andere Studie hat den Rollenkonflikt zwischen den Eigenschaften und Erwartungen untersucht, die sich mit der Rolle eines erfolgreichen Versicherungsagenten verbinden und der Rolle des Freundes in einer Clique dieser Agenten.[36] Etliche Studien haben den Konflikt hervorgehoben zwischen Erwartungen an die Rolle eines professionellen Fachmannes und der eines Angestellten in bürokratischen Institutionen.[37] Lehrer an bestimmten Schulen, Juristen,

---

[34] Abdruck mit freundlicher Genehmigung der American Sociological Association und W. W. Burchard, Role Conflicts of Military Chaplains, American Sociological Review, 1954, Vol. 19, S. 532

[35] Mitchell, 1958

[36] Wispé 1955

[37] Scott, 1966

die für große Unternehmen arbeiten, Sozialarbeiter in bürokratisch organisierten Vereinigungen und Ärzte und Wissenschaftler in der Verwaltung und der freien Wirtschaft erfahren einen Druck, der aus dem Konflikt zwischen der Erwartung resultiert, entsprechend ihrer Rolle als Fachmann ein selbständiges Verhalten an den Tag zu legen und der Erwartung, sich wie jeder andere Angestellte gewissen bürokratischen Kontrollen zu unterwerfen.

Getzels und Guba haben auf der Ebene des sozialen Systems die Hypothese aufgestellt, daß die Stärke des Rollenkonfliktes, der aus der Übernahme mehrerer Rollen entsteht, von zwei Faktoren abhängt: 1. der relativen Unvereinbarkeit der dabei auftretenden Erwartungen und 2. der Strenge, mit der die Erwartungen in einer gegebenen Situation definiert werden.[38]

So würde eine Untersuchung der drei Rollen: Mutter, Ehefrau und Angestellte zu dem Ergebnis kommen, daß die Rollen der Ehefrau und der Mutter sehr viel mehr gemeinsame Erwartungen enthalten als jede von ihnen mit der Angestelltenrolle. Es ist zu erwarten, daß eine Frau in den Positionen Ehefrau und Mutter wahrscheinlich weniger in Rollenkonflikt gerät als in den Positionen etwa der Ehefrau und Angestellten. Im letzten Falle stünde sie wahrscheinlich unter bedeutend stärkerem Druck, weil die beiden Rollen einen größeren Grad der Unvereinbarkeit haben. Dieser Konflikt würde sich darüberhinaus noch verschärfen, wenn ihr Arbeitgeber oder ihr Ehemann noch traditionellen Auffassungen zuneigen. Schließlich lassen Untersuchungen über Rollendruck in der Industrie vermuten, daß dieser sowohl von der Anzahl der Personen wie von den Beziehungen abhängt, die die Rollenkonfiguration eines Arbeiters ausmachen.[39]

Reduktion konfligierender Rollenerwartungen

Soziale Systeme haben auch Eigenschaften, durch die der Druck verringert werden kann, der aus konfligierenden Rollenerwartungen entsteht. Diese Eigenschaften umfassen bestimmte strukturelle Aspekte des Systems, die Etablierung bestimmter Präferenzen für Rollenverpflichtungen, spezielle Regeln, die die Rollenträger in bestimmten Positionen vor Sanktionen bewahren und das Verschmelzen konfligierender Rollen.

---

[38] Getzels u. Guba, 1954

[39] Snoek, 1966

Hierarchie der Verpflichtungen Rollenpflichten in einem sozialen System bilden eine Hierarchie. Die Teilhaber an einem System akzeptieren, daß bestimmte Verpflichtungen vor anderen den Vorrang haben. Bei ranggleichen Pflichten entsteht Druck. Bei Todesfällen beispielsweise haben die verwandtschaftlichen Verpflichtungen, den Hinterbliebenen zur Seite zu stehen, bei den Begräbnisvorbereitungen zu helfen etc. den Vorrang vor beruflichen Rollenverpflichtungen.

Eine Untersuchung der Entschuldigungsformeln, die von Personen bei Rollenkonflikt vorgebracht wurden, zeigt, wie häufig diese Art von Konfliktlösung auftritt. Für gewöhnlich lautet die Floskel: "Ich würde ja gerne, aber ich kann nicht, weil ....", gefolgt von einer Begründung höherer Priorität. Beispiele: "Ich würde gerne mit dir tanzen gehen, aber ich muß fürs Examen lernen," oder "Ich kann die Klausur nicht mitschreiben, weil ich zur Musterung muß." Die Entschuldigung erlaubt dem Individuum eine Konfliktlösung, da beide Personen in den angeführten Beispielen eine gegebene Prioritätenskala akzeptieren. Eine Untersuchung über Manöver, die bei Rollenkonfliktsituationen angewandt werden, macht dies etwas klarer.[40] Die Rollenträger verwendeten solche Entschuldigungen recht häufig und registrierten, daß sie dann den Erwartungen nicht nachzukommen brauchten und auf diese Weise eine Mißbilligung vermeiden konnten.

Zum Teil spiegelt eine derartige Hierarchie von Rollenverpflichtungen die Werteskala der Gruppe. Rollenverpflichtungen, die auf der Skala hoch rangieren, sind den Werten funktional zugeordnet, die von der Gruppe als wichtig angesehen werden. Teilweise reflektiert die Hierarchie auch die Resistenz einiger Rollen gegenüber einer Modifizierung in Konfliktfällen, weil eine Änderung dieser Rollen das System womöglich spalten würde. Nye hat in diesem Zusammenhang 1961 die Hypothese aufgestellt, daß die Rolle einer Frau als Ehefrau und Mutter, die sich mit ihrer Rolle als Angestellte in Konflikt befindet, auf Grund der relativen Inflexibilität der Angestelltenrolle modifiziert wird.[41] Darüberhinaus können wir heute den Druck berücksichtigen, der aus dem augenblicklichen Bestreben der Frauen resultiert, mit dem Mann gleichgestellt zu werden. Rollen variieren auch in dem Maße, in dem sie durch Konflikt modifiziert werden können; einige sind einem Wandel gegenüber höchst resistent.[42]

Strukturelle Eigenschaften, die Rollendruck verringern Einige strukturelle Züge des sozialen Systems, wodurch Rollendruck verringert wird, sind Unterschiede in der Macht der Rollenpartner, Sanktionen zu verhängen, Restriktionen, die den Rollenträger daran hindern,

---

40 Bloombau, 1961

41 Nye, 1961

42 Bates, 1956

mehr als eine Rolle zu übernehmen sowie räumliche und zeitliche Trennung von Situationen, die zu konfligierenden Rollenerwartungen führen können.

Wie bereits bemerkt, kann die Intensität des von einem Rollenträger erfahrenen Rollendruckes von konfligierenden Erwartungen zwischen Akteur und Partner abhängen oder von konfligierenden Erwartungen zweier oder mehrerer Rollenpartner. In etlichen solcher Situationen kann es sein, daß der einzelne nur geringen Druck verspürt, weil zwischen den Personen mit unterschiedlichen Erwartungen ein Machtgefälle besteht. Falls einer der beiden Partner nur über sehr geringe Sanktionsmöglichkeiten verfügt, so spielen seine Erwartungen eher eine untergeordnete Rolle. Die Allgegenwart von Machtunterschieden in den meisten Systemen verhindert oft Druck, der andernfalls aus einem Rollenkonflikt entstehen würde.

Rollenträger daran zu hindern, mehr als eine Rolle zu übernehmen, ist eine andere Eigenschaft des Systems, durch die ein sonst entstehender Rollenkonflikt reduziert wird. Wenn die mit zwei Positionen verbundenen Erwartungen miteinander in Konflikt geraten, kann der Fall eintreten, daß Normen es verhindern, daß jemand beide Positionen gleichzeitig übernimmt. So bestimmen z. B. in vielen Organisationen Vorschriften zur Verhinderung von Vetternwirtschaft, daß aus einer Familie nie mehr als eine Person in der Organisation oder in einer ihrer Abteilungen beschäftigt werden darf. Dies beugt einem möglichen Konflikt zwischen den Familien- und den beruflichen Verpflichtungen eines Rollenträgers vor.

Die zeitliche und räumliche Trennung von Situationen, die zu konfligierenden Erwartungen führen, ist eine andere Systemeigenschaft zur Reduzierung von Rollenkonflikt. Während des Arbeitstages ist der Mann an seinem Arbeitsplatz den Erwartungen ausgesetzt, die mit seiner beruflichen Position zusammenhängen. Für die meisten Berufe jedoch fallen diese Erwartungen nach Feierabend aus, wenn sie mit Erwartungen in Konflikt geraten können, die mit den Positionen des Vaters und Ehemannes verknüpft sind. Kommt es jedoch nicht zu einer räumlichen und zeitlichen Trennung solcher Situationen, so registriert der einzelne plötzlich den Konflikt, der aus der gleichzeitigen Besetzung mehrerer Positionen herrührt. Das scheint bei einer Reihe von Unglücksfällen der Fall gewesen zu sein, die Killian untersucht hat. Dort heißt es:

"Wenn eine Gemeinde von einer Katastrophe betroffen ist, stellen viele Leute fest, daß der latente Konflikt zwischen normalerweise unproblematischen Gruppenloyalitäten plötzlich zutage tritt und sie mit dem Dilemma konfrontiert werden, unverzüglich eine Wahl zwischen verschiedenen Rollen zu treffen,... Die Wahl, vor die die meisten sich gestellt sahen, war die zwischen der Familie und anderen Gruppen, das betraf vor allem die Arbeitskollegen und die Gemeinde. In Texas City befanden sich viele

Männer an ihrem Arbeitsplatz, weg von zu Hause, als das Unglück hereinbrach und sowohl "den Betrieb" als auch das "Zuhause" bedrohte. In allen Gemeinden gab es Personen wie Polizisten, Feuerwehrmänner und Arbeiter des öffentlichen Dienstes, deren Angehörige von derselben Katastrophe bedroht waren, die ihre Dienste als "trouble-shooters" erforderte. Selbst Personen, deren Rollen für den Ernstfall nicht so klar definiert waren, sahen sich mit der Alternative konfrontiert, sich nur um ihre eigenen Angehörigen zu kümmern oder sich am Rettungseinsatz für die vielen Verletzten zu beteiligen, ohne auf deren Identität zu achten. Tatsächlich waren wahrscheinlich nur Personen ohne Angehörige frei von derartigen Konflikten."[43]

Eine andere Untersuchung zum selben Thema konstatierte allerdings, daß Arbeiter, die von ihren Wohnungen räumlich weiter entfernt waren, weniger starken Druck aus dem potentiellen Konflikt zwischen familiären und Arbeitsverpflichtungen verspürten als Arbeiter, deren Wohnungen nicht so weit weg lagen.[44]

Schutz vor Sanktionen Ein Rollenträger, der in besonderem Maße Sanktionen ausgesetzt ist, weil seine Position ihn konfligierenden Rollenerwartungen aussetzt, wird wahrscheinlich durch das System geschützt. Er kann abgeschirmt werden, vielleicht wird für seine Handlungen eine bestimmte Toleranzbreite festgelegt, er kann vor Repressalien derjenigen bewahrt werden, deren Erwartungen er nicht erfüllt, oder er kann sich mit anderen Rollenträgern in derselben Position zusammentun und eine konzentrierte Aktion mit ihnen absprechen.

Merton hat darauf hingewiesen, daß in Fällen, wo Rollenpartner bezüglich eines Rollenträgers konfligierende Erwartungen haben, der Rollenträger dadurch geschützt werden kann, daß er einer Verpflichtung entzogen wird.[45] Rechtsanwälten, Ärzten oder Geistlichen wird oft das Privileg zugestanden, gegenüber der Polizei oder anderen Autoritäten Informationen zurückzuhalten, die sie von ihren Klienten bzw. Patienten oder Gemeindeangehörigen erhalten haben. Ein Rechtsanwalt z. B. kann nicht gezwungen werden, eine Information preiszugeben, aus der die Schuld seines Klienten hervorgehen würde. Verlangte man von ihm, wie jeder andere Staatsbürger vor Gericht alles auszusagen, was ihm über ein Vergehen bekannt ist, so befände er sich im Konflikt mit der Erwartung, sich als Rechtsanwalt im Interesse seines Klienten zu verhalten. Nicht alle Faktoren, die eine Einhaltung der Regeln verhindern, sind aus Rollendruck entstanden: sie können ihre Ursachen in ganz anderen Zusammenhängen haben. In der amerikanischen Gesellschaft haben z. B. Teenager und Erwachsene über einen Großteil des Jugendverhaltens unterschiedliche Auffassungen. Der Druck,

---

[43] Abdruck mit freundlicher Genehmigung der University of Chicago Press und L.M. Killian, The Significance of Multiple-Group Membership in Disaster, American Hournal of Sociology, 1952, Vol.57, S. 310 - 311

[44] White, 1962

[45] Merton, 1957 b

der durch so unterschiedliche Erwartungen entsteht, kann einerseits durch bewußtes Verheimlichen vermieden werden; andererseits ist die Überwachungsmöglichkeit auch dadurch eingeschränkt, daß sich in unserer Gesellschaft Personen je nach ihrem Alter in unterschiedlicher Weise zusammenschließen. Das heißt, daß ein beträchtlicher Teil des Lebens Heranwachsender sich außer Sicht- und Hörweite von Erwachsenen abspielt.

Arrangements jedoch, die zu starker Transparenz der Situation führen, können für den Rollenträger eine besondere Toleranz mit sich bringen, so daß sein Druck sich verringert.[46] Wenn die Rollenträger in einem System beobachten, daß ein bestimmter Rollenträger unvereinbaren Erwartungen ausgesetzt ist, so tolerieren sie es möglicherweise, daß er entweder der einen Erwartung oder sogar beiden nicht entspricht. Hier kann die Offensichtlichkeit eines Konflikts dazu führen, daß der einzelne eine Lösung findet, die für ihn am befriedigendsten ist, ohne von einer Seite negative Sanktionen befürchten zu müssen. Er kann den Konflikt auch dadurch vermeiden, daß er gar nichts unternimmt und es den beiden anderen Parteien überläßt, ihre Differenzen auszugleichen.

In einem System, das so organisiert ist, daß bestimmte Rollenträger konfligierenden Erwartungen besonders stark ausgesetzt sind, entstehen oft Verhaltensmuster, die sie vor Repressalien schützen. Der Gewerkschaftsfunktionär, der sich entgegen den Erwartungen des Unternehmens verhält, wird z. B. in der Regel dadurch vor Repressalien der Unternehmensleitung geschützt, daß bestimmte Vertragsklauseln seinen Arbeitsplatz sichern. Ein anderes Beispiel ist das Muster der sozialen Distanz, das im allgemeinen dazu dient, einen Vorgesetzten in einer Organisation vor emotionaler Abhängigkeit von seinen Untergebenen zu schützen. Wenn etwa ein Offizier oder ein Vorgesetzter in einem Unternehmen gezwungen ist, sich zwischen den Erwartungen seiner Vorgesetzten und denen seiner Untergebenen zu entscheiden, so wird der Druck, den er durch verminderte Zuneigung und Wertschätzung seiner Untergebenen erfährt, gering gehalten, wenn er zu ihnen eine soziale Distanz bewahrt hat.

Schließlich entwickeln Rollenträger, die konfligierenden Erwartungen ausgesetzt sind, zu ihrem Schutz verschiedene Muster konzertierter Aktionen.[47] Derartige vorbeugende Maßnahmen reichen von der grundsätzlichen Weigerung, diejenigen zu unterstützen, die einen Träger der gleichen Rolle attackieren - wie es etwa in der Weigerung eines Arztes oder eines Rechtsanwalts zum Ausdruck kommt, gegen einen Kollegen auszusagen, wenn es um einen Schadensersatzprozeß geht - bis zur Bildung formeller Vereinigungen wie einer Anwaltskammer oder einem Lehrerverband, die den Zweck haben, ihre Mitglieder vor konfligierenden Rollenerwartungen

---

[46] Merton, 1957 b

[47] Merton, 1957 b

zu schützen. Diese Gruppenlösungen erhalten oft normativen Charakter und werden zum Teil sogar schriftlich festgelegt.

Rollenverschmelzung (Merging of Roles) Von Turner sind zwei Tendenzen angenommen worden, die, wenn sie über einen längeren Zeitraum hinweg wirksam werden, zu einer allmählichen Modifikation der Rollenstruktur im Sinne einer Reduzierung konfligierender Erwartungen führen. Parallel hierzu entsteht aus zwei konfligierenden Rollen eine neue Rolle, und zwar entweder durch Verschmelzung oder dadurch, daß eine Rolle die andere absorbiert. Turner formuliert seine Hypothese folgendermaßen:

"Wenn in einer Sozialstruktur viele Individuen auf charakteristische Weise gleichzeitig aus der Perspektive zweier gegebener Rollen agieren, so entsteht langfristig eine einzige Rolle, die der Situation gerecht wird. Die einzelne Rolle kann durch eine Verschmelzung zustande kommen, wo jede Rolle die andere absorbiert oder durch die Herausbildung und Anerkennung einer dritten Rolle, deren Muster als das spezifisch adäquate angesehen wird, selbst wenn auch die beiden anderen Rollen möglich wären. Die Rollen der Mutter und der Ehefrau sind kennzeichnend für den ersten Fall. Im Alltagsleben gibt es jene scharfe Unterscheidung zwischen elterlichem Verhalten und dem einer Ehefrau normalerweise nicht, wie sie von Soziologen gern behauptet wird, die sich dabei auf den logischen statt auf den gesunden Menschenverstand berufen. Die Rolle des Politikers steht für die zweite Tendenz, indem sie für neue Maßstäbe sorgt, nach denen der Betreffende sich richten kann, der sich andernfalls gleichzeitig als Parteifunktionär und als Regierungsbeamter verhalten müßte. Was unter dem letztgenannten Gesichtspunkt zu Rollenkonflikt führen würde, kann unter dem Gesichtspunkt der Politikerrolle als konsistentes Verhalten angesehen werden."[48] Es gibt einige Anhaltspunkte, die für derartige Modi einer Reduzierung von Rollendruck sprechen.[49] Ein Arzt, der sich in einem Krankenhaus ausschließlich einer medizinischen Forschungsarbeit widmet, empfand einen Druck auf Grund von Erwartungen, die sich einmal auf seine Rolle als Therapeut, zum anderen auf seine Forscherrolle bezogen. In einigen Fällen wurde der Konflikt durch Rollentrennung gelöst, das heißt, daß z.B. ein Patient entweder als Kranker oder als wissenschaftlich interessanter Fall behandelt wurde, aber nicht als Kranker und als "Fall." Ein Arzt der Station übernahm seine Behandlung, ein anderer untersuchte ihn im Rahmen des Forschungsvorhabens. Eine andere Möglichkeit der Reduktion von Rollendruck bestand in der Neudefinition der Rolle, indem eine neuartige Kombination von Rechten und Rollenpflichten geschaffen wurde, die aus den einzelnen Erwartungsbündeln stammten.

---

48 Abdruck mit freundlicher Genehmigung von R.H. Turner, Role-taking Process Versus Conformity. In: A. Rose (Hrsg.), Human Behavior and Social Processes: An Interactionist Approach, Boston, 1962, S. 26

49 Perry u. Wynne, 1959

Zusammenfassung: Konfligierende Rollenerwartungen

Rollendruck kann aus den konfligierenden oder konkurrierenden Erwartungen herrühren, die eine Rolle konstituieren. Konflikt oder Rivalität kann in Bezug auf das Verhalten des Rollenträgers gegenüber einem Partner entstehen oder durch unterschiedliche Erwartungen seitens verschiedener Rollenpartner an das Verhalten des Rollenträgers. Ein Konflikt entsteht, wenn eine Erwartung ein Verhalten fordert, das in gewisser Weise mit einem anderen Verhalten nicht vereinbar ist; Rivalität tritt auf, wenn ein Akteur auf Grund zeitlicher Beschränkungen nicht zwei oder mehr Erwartungen nachkommen kann.

Die Stärke des Rollendruckes wird weitgehend durch das Bestehen einer Hierarchie von Rollenverpflichtungen in einem sozialen System bestimmt. In jedem System gibt es notgedrungen viele konfligierende Erwartungen; wo jedoch klare Prioritäten festliegen, hat der Rollenträger wenig Schwierigkeiten, sich angemessen zu verhalten. Diese Hierarchien sind Ausdruck der Werteskala der Gruppe und ein Indikator dafür, daß einige Rollen das System tendenziell stärker gefährden als andere. Strukturelle Eigenschaften wie die unterschiedlichen Möglichkeiten mehrerer Rollenpartner, Sanktionen zu verhängen, Beschränkungen der Möglichkeit eines Rollenträgers, mehr als zwei Positionen einzunehmen sowie räumliche und zeitliche Trennung von Situationen dienen ebenfalls dazu, Rollendruck zu verringern.

Rollenträger, die in besonderem Maße Sanktionen ausgesetzt sind, weil ihre Position sie mit konfligierenden Rollenerwartungen konfrontiert, werden oft durch das System abgesichert. Sie werden einer Kontrolle entzogen; es kann sein, daß für ihr Verhalten besonders weite Toleranzgrenzen geschaffen werden; sie können gegenüber Repressalien seitens derjenigen geschützt werden, deren Erwartungen sie verletzen; schließlich können sie sich mit anderen in derselben Position zusammentun, um konzertierte Aktionen abzusprechen. Rollen können auch noch durch Verschmelzung zweier konfligierender Rollen modifiziert werden; sie können sich gegenseitig absorbieren, oder es entsteht eine dritte Rolle, die die konfligierenden Erwartungen eliminiert.

Diskontinuitäten infolge Statusänderung

Wie bereits bemerkt, entsteht in einem bestimmten System Rollendruck teilweise dadurch, daß die Positionen so organisiert sind, daß es für einen Rollenträger möglich ist, gleichzeitig zwei oder mehr Positionen einzunehmen, die ihn konfligierenden Erwartungen aussetzen. Rollendruck kann aber auch entstehen, wenn ein System so organisiert ist, daß die Positionen, die ein Individuum *nacheinander* einnimmt, zu konfligierenden Erwartungen führen. Es gibt zwei Arten solcher Positions- oder Statusänderung: langfristige und kurzfristige.

Benedict hat in einer inzwischen klassischen Abhandlung die problematischen Aspekte des ersten Typs einer Positionsänderung in unserer Gesellschaft herausgestellt: sie wies darauf hin, daß die mit der Kindesrolle verbundenen Erwartungen in mancher Hinsicht den Erwartungen diametral entgegengesetzt sind, die sich mit der Position des Erwachsenen verbinden.[50] Sie führt an, das Kind werde als geschlechtslos angesehen, gehorsam und ohne eigene Verantwortung, während man vom Erwachsenen genau das Gegenteil erwartet. Jemand, der erwachsen wird, muß nicht nur ein neues Rollenverhalten lernen, sondern gleichzeitig die diesem entgegengesetzten Verhaltensweisen verlernen. Gewiß stammt ein großer Teil des Druckes, der mit dem Übergang vom Kindes- zum Erwachsenenalter verbunden ist, aus derartigen Brüchen zwischen beiden Rollen. Ähnlich könnte man auch den Übergang vom Erwachsenen zum Greis, vom Arbeiter zum Vorarbeiter oder vom Gefreiten zum Unteroffizier analysieren.

In einer Untersuchung wird über Erfahrungen von Diskontinuität berichtet, wenn jemand aus einer qualifizierten Position des zivilen Bereichs in eine qualifizierte Position beim Militär überwechselt.[51] Die Intensität des von den Rollenträgern beim Positionswechsel erfahrenen Druckes hängt nicht nur vom Disparitätsgrad zwischen den betreffenden Erwartungen ab, sondern auch von der Endgültigkeit, Klarheit und Plötzlichkeit der Veränderung sowie von den Präferenzen für die einzelnen Positionen.

Shutler hat die Aufmerksamkeit auf die kurzfristigen Veränderungen gelenkt, die einen Konflikt hervorrufen können.[52] Als Beispiel kann der Zehnjährige angeführt werden, der von männlich-aggressivem Verhalten auf dem Bolzplatz zu pflichtbewußtem Gehorsam bei sich zu Hause überwechselt, oder die aggressive, karriere-orientierte Aktivität eines Managers tagsüber, die nach Feierabend von liebevollem Verhalten gegenüber seinen Kindern abgelöst wird.

Reduktion von Druck bei Änderungen der Rollenkategorien

In Systemen, wo eine Statusänderung auf bestimmten Eigenschaften statt auf bestimmtem Verhalten der Rollenträger beruht, wird man nur geringen Rollendruck erwarten. Solche Eigenschaften wie Lebensalter, Dienstjahre, Seniorat etc. werden automatisch erworben, d. h. es besteht eine hohe Gewißheit, daß jemand die nächste Stufe des Systems erreicht. In Systemen dagegen, wo Positionen auf Grund eigenen Dazutuns erworben werden, etwa über Leistungswettbewerbe, ist eine zusätzliche Quelle von Druck zu erwarten: nämlich die Ungewißheit, ob man die neue Position erreicht. Wo diese Form von Druck relevant wird, entstehen häufig informelle Verhaltensmuster mit dem Effekt, die Positionsänderung zu garantieren. In vielen Organisationen könnte eine Position theoretisch von

50 Benedict, 1938

51 Bidwell, 1961

52 Shutler, 1958

mehreren übernommen werden, in der Praxis wird jedoch eine Person ausgesucht, die eine bestimmte andere Position innehat. So kann beispielsweise der Präsident einer solchen Organisation zuversichtlich damit rechnen, am Ende seiner Amtszeit in den Aufsichtsrat gewählt zu werden.

Die Anthropologie hat die Bedeutung von Zeremonien im Zusammenhang mit dem Grad an Deutlichkeit des Positionswandels bereits seit längerem betont. In allen Gesellschaften werden wichtige Übergänge durch Zeremonien als solche anerkannt, die man als Riten des Überganges (rites of passage) bezeichnet, und die für jeden die neue Position des einzelnen klarstellen. Diese Riten bezeichnen die Initiation in das Erwachsenenalter, den Ehestand und den Tod sowie den Eintritt in verschiedene spezielle Gruppen. Oft führen sie zu einer neuen Namensgebung des Rollenträgers. Das Ergebnis ist, daß weder der Rollenträger in seiner neuen Rolle noch sein Partner darüber im Zweifel sind, wie jeder sich verhalten sollte.

Der exotische Charakter derartiger Zeremonien bei anderen Kulturen darf uns nicht darüber hinwegtäuschen, daß es solche Übergangsriten auch in westlichen Gesellschaften gibt. Einige dieser Riten sind die Konfirmation in religiösen Systemen, Graduierung in Erziehungssystemen, Parties in Firmen, bei denen eine Beförderung gefeiert wird sowie bestimmte Bräuche bei der Brautwerbung. In vielen Verhaltensweisen von Heranwachsenden in westlichen Gesellschaften drückt sich der Versuch aus, deren Position zu klären, da es hier keine analogen Formen der zeremoniellen Anerkennung gibt.[53]

Zur Plötzlichkeit des Überganges ist zu sagen, daß der Positionswechsel in den meisten Fällen weniger abrupt erfolgt als es zunächst den Anschein haben könnte. Strauss weist darauf hin, daß sich innerhalb jeder Position Stufen des Überganges angeben lassen, wobei die letzten Stufen dazu dienen, das Individuum auf die nächste Position vorzubereiten.[54] So halten z. B. viele graduierte Studenten gegen Ende ihrer Ausbildung selbst einen oder zwei Kurse ab, und diese Erfahrung erleichtert ihnen den Übergang zum Professorenstatus, den viele von ihnen später einnehmen. Das Ausführen einer Rolle in einem frühen Stadium bringt eine gewisse Toleranzbreite dem Verhalten des Rollenträgers gegenüber mit sich. Seine Umgebung ist sich darüber im klaren, daß er Zeit braucht, um sich in seine neue Position zu finden. Ein solcher "honeymoon" wird nicht allein Jungverheirateten zugestanden, sondern auch Präsidenten zahlreicher Organisationen und politischen Führern. In der amerikanischen Gesellschaft werden die Eltern auf die Phase, in der ihre Kinder selbst erwachsen sind, dadurch vorbereitet, daß diese in einer späten Phase ihres Jugendalters von zu Hause abwesend sind, etwa wenn sie zur Universität gehen, den Militärdienst

---

[53] Bloch u. Niederhoffer, 1958

[54] Strauss, 1959

ableisten oder eine Anstellung in einem anderen Ort finden.[55]

Strauss erwähnt auch das "Training", das in vielen Systemen eine Statusänderung erleichtert.[56] Er benutzt diesen Ausdruck, um damit die Tendenz von Personen zu bezeichnen, die eine Reihe von Statusübergängen mitgemacht haben, um die Nachfolgenden einweisen und anleiten zu können. Dabei interpretiert der "Trainer" die augenblickliche Erfahrung des Neulings, er unterrichtet ihn davon, was ihm alles bevorsteht, was er jeweils noch lernen, worauf er noch achten muß etc. Diese Vorgänge sind besonders Collegestudenten bekannt, die sich daran gewöhnt haben, die Neuankömmlinge mit den verschiedenen Phasen des Collegelebens vertraut zu machen, die sie als Student, Fuchs und Bursche in einer Verbindung durchlaufen werden. Zuzeiten kann sich der Trainer mit anderen verabreden, um die Erfahrungsebene festzulegen, die nach seiner Ansicht für die Entwicklung seines Schützlings am förderlichsten ist; so z.B. wenn ein Manager einem seiner Assistenten, den er auf eine Karriere hin trimmen will, eine besonders anspruchsvolle Aufgabe überträgt. Dieser Prozeß und andere, die eine Übernahme neuer Rollen erleichtern, werden später in Kap. 15 erörtert.

Wenn schließlich ein System so organisiert ist, daß die Bewegung in der Regel von der weniger zur stärker erstrebten Position gelangt, ist der Druck wahrscheinlich geringer. In einigen Gesellschaften sind die Positionen Alter und Geschlecht so organisiert: die aufeinander folgenden Positionen Kleinkind, Jugendlicher, reifer Erwachsener, älterer Erwachsener sind dort zunehmend erstrebenswerte Rollenkategorien. Während in Amerika für den ersten Teil der Sequenz dasselbe gilt, ist dies für den zweiten Teil nicht der Fall. Der Übergang vom reifen Erwachsenenalter zum Greisenalter wird als weniger wünschenswert angesehen. Goffman hat eine Reihe von Maßnahmen beobachtet, die auf der individuellen und auf der Systemebene entwickelt werden, um die schädlichen Auswirkungen auf die Selbsteinschätzung bei diesem Übergang zu mildern.[57] Es ist z.B. in Organisationen eine gängige Praxis, für Personen, die degradiert werden sollen, eine gleichwertige oder eine andere angesehene Position zu schaffen. Oder eine Pensionierung kann formell durch die Verleihung eines neuen Titels gewürdigt werden. Unter großem Pomp und Aufwand wird den pensionierten Professoren zu entsprechendem Anlaß von den Universitäten der Titel Professor Emeritus verliehen. In der Industrie erhalten Angestellte vielleicht eine goldene Uhr mit passender Inschrift für treue Dienste, und manchmal wird ihnen zu Ehren ein Abschiedsfest gegeben.

---

[55] Deutscher, 1962

[56] Strauss, 1959

[57] Goffman, 1952

Systemorganisation und Rollendruck

Im Zusammenhang mit Rollendruck soll noch eine andere Eigenschaft sozialer Systeme genannt werden. Systeme sind so organisiert, daß Rollenträger in einer bestimmten Position angemessen belohnt werden, wenn sie sich mit den Erwartungen ihrer Partner konform verhalten. Das hängt mit der bereits erörterten Natur reziproker Rollenerwartungen zusammen: Verpflichtungen des Rollenträgers in einer speziellen Position sind die Rechte der Rollenpartner. Aus der Sicht einer gegebenen Position kann ein System so organisisert sein, daß die mit der Position verknüpften Rechte als nicht ausreichende Belohnung erscheinen, so daß die Rollenträger nicht motiviert sind, ihren Pflichten nachzukommen. In einer solchen Situation fühlen sich die Rollenträger ausgenützt, unfair behandelt etc., so daß möglicherweise eine ambivalente Haltung entsteht, den Erwartungen des Rollenpartners zu entsprechen. Auf diesen Zustand folgen gewöhnlich Versuche, die Beziehung derart neu zu strukturieren, daß die Rechte und Pflichten beider Positionen ausgeglichen werden.

Die Erfüllung von Rollenpflichten wird dort am ungenügendsten belohnt, wo einmalige Rollenerwartungen bestehen, da hier die Belohnung für erwartungskonformes Verhalten nur vom Partner kommt. Im Falle weitgehend geteilter Erwartungen verschafft die allgemeine Zustimmung zu einer Konformität mit kulturellen und subkulturellen Erwartungen eine gewisse Belohnung, auch wenn der Partner die Komplementärrolle nicht adäquat ausfüllt. Selbst wenn z. B. eine Ehefrau einigen der kulturellen Erwartungen nicht nachkommt, die traditionellerweise mit ihrer Position verbunden sind, etwa eine gute Hausfrau zu sein, so braucht der Ehemann noch keine Ambivalenz zu empfinden, ob er seiner Rollenpflicht nachkommen soll, für sie zu sorgen, da andere diese Verpflichtung wirksam sanktionieren. Dagegen kann es sehr schnell zu Rollendruck kommen, wenn komplementäre Erwartungen verletzt werden, die sich speziell bei einem einzelnen Ehepaar finden, z. B. die gegenseitige Erwartung, daß nach einem Besuch der Eltern des einen Teils jeweils auch die Eltern des Partners besucht werden müssen.

Die Möglichkeit, daß ähnlicher Druck auch in Verbindung mit kulturellen und subkulturellen Rollenerwartungen vorkommen kann, soll durch die vorangegangenen Bemerkungen nicht heruntergespielt werden. Das ist besonders zu Zeiten wahrscheinlich, wo Rollenerwartungen einen Wandlungsprozeß durchlaufen. Untersuchungen über die sich verändernden Rollen von Ehemann und Ehefrau, die 1955 durchgeführt wurden, haben gezeigt, daß Männer und Frauen an Universitäten die Rechte, die mit der ehelichen Position des eigenen Geschlechts verbunden waren, überbetonten und die entsprechenden Pflichten weniger wichtig nahmen.[58] Dieser Wan-

---

[58] Kirkpatrick, 1955

del vollzieht sich heute zweifellos noch schneller, denken wir nur an den starken Druck in Richtung auf die Gleichheit der Frau.

Nicht immer erfährt die Person einen Rollendruck, die in einer Beziehung weniger belohnt wird. Auf Grund der Wirksamkeit von Gleichheitsnormen, einschließlich der der Reziprozität[59], können Rollenträger in vielen Situationen, wo die Pflichten in keinem Verhältnis zu den Rechten stehen, gewisse Schuldgefühle empfinden, was ebenfalls zu Rollendruck führt.[60]

Die obigen Beispiele betrafen Rollendruck, der aus einer ungleichen Verteilung von Rollenrechten und -pflichten resultierte. Eine andere Ursache von Rollendruck entsteht in Systemen, wo der Rolleninhalt der Rollenträger auf der einen Seite zu ständigen Beeinträchtigungen der Versuche von Rollenträgern in einer oder mehreren anderen Positionen führt, ein bestimmtes Ziel zu verfolgen.[61] Ein Beispiel ist das Beziehungssystem, das die Struktur eines Wettbewerbsspieles schafft. Bei diesen Spielen sind die Erwartungen so gelagert, daß ein Rollenträger versuchen wird, die Bemühungen der anderen zu blockieren, wie beim Bridge oder Fußball. Dieser Konflikt ist in das Spielsystem bewußt eingebaut. Oft entstehen solche Konflikte jedoch auch in Systemen ohne Spielcharakter. Nur wenige Systeme sind so vollkommen integriert, daß sie derartigen Druck vermeiden können.

Schließlich hat Martin in einer eingehenden Untersuchung über strukturell bedingten Druck in einer psychiatrischen Klinik eine Systemeigenschaft festgestellt, die zu Druck führt.[62] Hat ein Rollenträger zu zwei verschiedenen Rollenpartnern Beziehungen, so ist damit der Grund für die Entwicklung von Koalitionen zwei gegen einen gelegt. So ist etwa der Patient Rollenpartner der Krankenschwester und des Psychiaters. Unter diesen Umständen können sich zwei der drei Parteien zusammentun, um die Bestrebungen der dritten zu kontrollieren oder zu durchkreuzen, oder eine Partei kann die beiden anderen gegeneinander ausspielen und davon profitieren. Dieses Manöver läßt sich am Beispiel eines Familiensystems illustrieren, wenn ein Kind seinen Vater um die Erlaubnis bittet, ins Kino gehen zu dürfen und dabei vorausschickt: "Mutti hat nichts dagegen, falls du auch nichts dagegen hast."

Diese Erörterung von Eigenschaften sozialer Systeme, die zu Rollendruck führen, sollte vor allem darauf hinweisen, daß viele Probleme interpersoneller Beziehungen eher vom sozialen System abhängen als daß sie in der "Persönlichkeit" der am System teilnehmenden begründet sind. Dementsprechend ist eine Reduktion dieses Druckes mehr als eine Frage individueller Dynamik oder Prozesse - ein Punkt, der kurz behandelt werden soll.

---

[59] Gouldner, 1960

[60] Evan, 1962

[61] Foskett, 1960

[62] Martin, 1961

Ungleichgewicht zwischen Rollenrechten und -pflichten

Wo Rollendruck aus einer ungleichen Verteilung von Rollenrechten und -pflichten entsteht, entwickeln sich innerhalb des Systems Tendenzen in Richtung auf die Etablierung eines gerechteren Gleichgewichts. Ein derartiger Druck im Hinblick auf eine Modifikation bestehender Rollenpflichten tritt entweder auf, wenn die Rollenträger nicht genügend motiviert werden, ihren Pflichten nachzukommen, oder wenn sie auf Grund ihrer Frustration Verhaltensweisen zeigen, die der Bedürfnisbefriedigung ihrer Rollenpartner entgegenstehen. So hat z. B. in den vergangenen 50 Jahren in Amerika der Konflikt zwischen Arbeitgebern und Arbeitnehmern, der seine Ursache in ungleichen Rechten und Pflichten hatte, nach und nach ein neues Gleichgewicht zwischen den beiden Rollen geschaffen.

PERSÖNLICHKEIT UND ROLLENDRUCK

Bis jetzt haben wir die Eigenschaften eines sozialen Systems untersucht, die zu Rollendruck führen und eine reibungslose Interaktion stören. Rollendruck kann seine Ursache aber auch in individuellen Eigenschaften der Rollenträger haben, wodurch die Rollenausführung oder die Rollenhandlung beeinträchtigt wird, oder darin, daß eine Rolle den Bedürfnissen des Rollenträgers zuwiderläuft.

Individuelle Eigenschaften, die zu Schwierigkeiten führen, Rollenerwartungen zu genügen, lassen sich in drei Gruppen einteilen. Erstens können dem Rollenträger bestimmte Fähigkeiten oder Eigenschaften fehlen, die zu einer erfolgreichen Übernahme der betreffenden Rollen erforderlich sind. Zweitens kann sein Selbstbild zu den an ihn gerichteten Erwartungen in Opposition stehen. Und drittens kann er bestimmte Einstellungen und Bedürfnisse haben, die die Übernahme einer bestimmten Rolle beeinträchtigen.

Individuelle Eigenschaften, Rollenausführung und Rollendruck

Individuelle Eigenschaften, die eine erfolgreiche Rollenausführung erleichtern oder erschweren, können entweder persönliche Qualitäten sein, wie körperliche Eigenschaften des Betreffenden, Fähigkeiten und Begabungen oder Persönlichkeitszüge oder sozial verliehene Eigenschaften: ein akademischer Grad, eine Lizenz oder sonst irgendein Titel.

Das kann sich auf die Rollendurchführung in zweierlei Weise auswirken. Die jeweiligen Eigenschaft kann das erwartete Verhalten direkt begünstigen oder beeinträchtigen, oder es kann sich lediglich um eine Eigenschaft handeln, die traditionellerweise mit der Rolle verknüpft ist. Das letztere ist deshalb von Bedeutung, weil Erwartungen, die von anderen an einen Rollenträger gerichtet werden, nicht nur auf Verhalten, sondern auch auf die Eigenschaften des Rollenträgers bezogen sein können. Diejenigen, beispielsweise, die "danach aussehen", bewältigen eine Situation oft viel besser als die, die "nicht danach aussehen". Betrachten wir etwa den Fall eines jungen und jugendlich aussehenden Arztes. Man könnte annehmen, daß er auf Grund seiner jugendlichen Energie und seiner auf dem neuesten Stand stehenden Ausbildung einen besseren Arzt abgibt als sein älterer Kollege. Die Tatsache jedoch, daß viele Leute sich unter einem Arzt eine ältere, väterlich wirkende Person vorstellen, kann sehr wohl das Vertrauen schmälern, das seine Patienten zu ihm haben, und so seine Effektivität beschneiden. Wenn dieses Beispiel auch konstruiert ist, so läßt eine Studie über akademische Berufe doch den Schluß zu, daß man den Personen, die als "wie ein Professor aussehend" eingestuft wurden, auch mehr Erfolg in dieser Rolle zutraute.[63]

Häufiger ist der Fall, daß eine Eigenschaft das Rollenverhalten direkt beeinträchtigt. Beispiele zu diesem Punkt gibt es genug. Der Junge mit dem schwächlichen Körperbau auf dem Fußballplatz, der Student, der bei mittelmäßigen Fähigkeiten promoviert, gehören ebenso dazu wie der schüchterne, zurückhaltende Mann in der Rolle eines Verkäufers.

Es gibt genügend Anhaltspunkte dafür, daß bestimmte Positionen Individuen anziehen, deren Persönlichkeit ihnen ermöglicht, die Rolle schneller und vermutlich mit weniger Druck zu übernehmen.[64] Studenten, die auf der Autoritätsskala hoch rangieren, finden sich überproportional auf Militärakademien und Südstaaten-Universitäten.[65] Eingefleischte Nazis neigen stark zu Projektionen, extrem antisozialem Sadismus und zu Verachtung zärtlicher Gefühle.[66] Diese Persönlichkeitszüge befähigen sie wahrscheinlich, die Nazirolle angemessener zu spielen. Bei sowjetrussischen Flüchtlingen hat man festgestellt, daß hochqualifizierte Personen und Verwaltungsfachleute Persönlichkeitsmerkmale aufwiesen, die mit ihrer Berufstätigkeit in Einklang standen.[67] In einer Stichprobe von Industriemanagern empfanden diejenigen die größte Befriedigung in ihrer Arbeit, deren Persönlichkeitsmerkmale mit der Berufsrolle kongruent waren.[68]

Eine Reihe von Untersuchungen messen zwar nicht direkt Rollendruck, enthalten aber ein Maß für Rollenausführung. Wenn man eine ungenügende Rollenausführung als Anzeichen von Rollendruck ansieht, so geben diese Studien einigen Aufschluß über den Beitrag der Persönlichkeit am Rollendruck. Zunächst seien zwei eng miteinander zusammenhängende Untersuchungen an Krankenhäusern angeführt.[69] In Nervenkliniken konnte man lange Zeit hindurch den Patienten gegenüber eine Vormundshaltung beo-

---

63 Ellis u. Keedy, 1960

64 Inkeles, 1963

65 Stern, Stein u. Bloom, 1956

66 Dicks, 1950

67 Inkeles, Hanfmann, Beier, 1958

68 Siegel, 1968

69 Gilbert u. Levinson, 1957 a, 1957 b

bachten, was sich in der starken Betonung von Kontrollen zur Abschirmung und Verwahrung ausdrückte. Die Patienten wurden nur in bestimmten Stereotypen wahrgenommen, als seien sie von normalen Personen grundsätzlich verschieden, in ihrem Verhalten gänzlich irrational und unberechenbar. In jüngster Zeit ist diese Orientierung von vielen Kliniken zugunsten einer humaneren Betrachtungsweise aufgegeben worden, so daß nun mehr das Krankenhaus eher als therapeutische Gemeinschaft und nicht als Vormundschaftsinstitution angesehen wird. Die Patienten werden eher unter psychologischen statt moralischen Aspekten wahrgenommen, und man versucht, ihnen mehr persönliche Freiheit und Verantwortung zuzugestehen.

Wir könnten von vorneherein annehmen, daß einem Krankenpfleger mit autoritären Eigenschaften die bevormundende Haltung mehr zusagt als die humanitäre. Diese Ansicht wird durch Untersuchungsergebnisse in Krankenhäusern gestützt, aus denen hervorgeht, daß das ärztliche Personal umso mehr einer bevormundenden Haltung zuneigte als es Züge der autoritären Persönlichkeit aufwies. Andererseits ergab sich, daß in einer Klinik mit humanerer Ausrichtung die Schwesternhelferinnen mit einer bevormundenden Haltung von ihren Vorgesetzten als weniger fähig eingestuft wurden, positive Beziehungen zu den Patienten aufzubauen.

Eine andere Studie befaßt sich mit dem Zusammenhang zwischen der Intensität, wo abstrakte Analysen im Vordergrund standen anstelle von fixierten Normen, wo die Relativität von Werten und Urteilen betont wurde, und wo eine persönliche, mitmenschliche Atmosphäre anstelle einer unpersönlichen vorherrschte - alles Werte, die mit Autoritarismus nicht vereinbar sind.[70] Es stellte sich heraus, daß am Ende des ersten Studienjahres 20 Prozent derjenigen, die stark autoritäre Züge zeigten, das College gewechselt hatten, während diejenigen, die auf der Skala niedrig rangierten, alle geblieben waren. Die Beschwerden der Wechsler lassen den Schluß zu, daß ihre Entscheidung auf Grund der Unvereinbarkeit zwischen ihrer Persönlichkeitsstruktur und den Anforderungen des von ihnen besuchten College getroffen wurde. Wie in Kap. 13 bemerkt und in Kap. 17 ausführlicher behandelt wird, versucht ein Individuum sein Verhalten und nach Möglichkeit auch das der anderen so einzurichten, daß es mit seinem Selbstbild, mit der Vorstellung, die es von sich hat, vereinbar ist. Secord und Backman haben gezeigt, daß dort, wo Personen eine bestimmte Rolle oder ein bestimmtes Rollenbild wählen können, die Wahl im Einklang mit ihren Selbstbildern getroffen wird.[71] Vor die Wahl dreier verschiedener Ehepartnerrollen gestellt:[72] die Frau- und-Mutter-Rolle, die kameradschaftliche und die Partnerrolle, wählten Studentinnen die-

[70] Stern u. a., 1956

[71] Backman u. Secord, 1968 a

[72] Kirkpatrick, 1955

jenige Rolle aus, die mit den Selbstvorstellungen am ehesten übereinstimmte. Ebenso gaben Collegestudenten eine Vorliebe für solche Fächer an - und belegten diese auch - die sie auf einen Beruf vorbereiteten, der mit ihren Selbstbildern kongruent war.[73] Wenn eine derartige Wahl jedoch nicht möglich ist und Rollenträger gezwungen werden, eine Rolle zu übernehmen, die ihrem Selbstbild nicht entspricht, so entsteht wahrscheinlich Druck.

Einstellungen, Bedürfnisse, Rollenausführung und Rollendruck

Die Einstellungen eines Rollenträgers können die Rollenausführung erleichtern oder erschweren. Jemand, der das Diktat von Autoritäten akzeptiert, wird eine untergeordnete Rolle spielen können, ohne Druck zu empfinden, während ein anderer, der sich gegen Autoritäten auflehnt, in einer derartigen Rolle wahrscheinlich unter Druck leidet.

Schließlich gibt es Beispiele für Rollendruck, der nicht so sehr deshalb entsteht, weil jemand nicht den eigenen Erwartungen entsprechend leben kann, sondern weil ihm die Rolle keine Äußerung seiner Bedürfnisse gestattet, nicht erfordert, daß er von seinen Fähigkeiten und Geschicklichkeiten Gebrauch macht oder seiner Persönlichkeit und seinem Temperament nicht liegt. In diesen Fällen entsteht der Druck nicht auf Grund mangelnder Fähigkeiten des einzelnen, sondern auf Grund seiner Unzufriedenheit mit der Rolle. Jemand, der beispielsweise starke Aufstiegsbedürfnisse hat, kann von einer Berufsrolle frustriert sein, die ihm keine attrativen Aufstiegsmöglichkeiten bietet. Oder jemand in einer Berufsrolle, die nur wenig Kontakt zu anderen Leuten zuläßt, kann unzufrieden sein, weil ihm die Sozialkontakte fehlen, die er für sein Wohlbefinden braucht.

Individuelle Prozesse bei der Lösung von Rollendruck

Wird ein Rollenträger Rollendruck ausgesetzt, stehen ihm zusätzlich zu den Hilfsmitteln, die ihm durch Partizipation am sozialen System zugänglich sind, bestimmte individuelle Prozesse zur Verfügung, die den Rollendruck verringern. Manchmal kann sich ein Rollenträger konfligierenden Erwartungen dadurch anpassen, daß er die Situation neu strukturiert. In seiner Untersuchung über Rollenkonflikt bei Militärseelsorgern erklärt Burchard, wie dies vor sich geht. Die Feldgeistlichen und Militärseelsorger beispielsweise, die keinen Konflikt empfanden zwischen der Teilnahme an einem Krieg und dem christlichen Gebot: "dem halte auch die andere Wange hin!" rechtfertigten ihre Einstellung mit Argumenten wie: "Es besteht ein Unterschied zwischen Individuum und Nation" und "die Notwendigkeit der Selbstverteidigung macht alle Predigten Jesu gegen Gewalt gegenstandslos."[74] Die erste der beiden Feststellungen besteht in einer Differenzie-

---

73 Backman u. Secord, 1968 a

74 Burchard, 1954, S. 34

rung der Erwartung, so daß diese zwar in einer Situation angebracht ist, in einer anderen jedoch nicht, und die zweite entwertet eine Erwartung, indem sie sich auf eine andere beruft, die in der Hierarchie der Rollenverpflichtungen höher steht. Burchard bemerkt, daß diese Maßnahmen einige Ähnlichkeit mit den vertrauten Anpassungsmechanismen der Bereichsbildung (compartmentalization) bzw. der Rationalisierung aufweisen.

In ähnlicher Weise enthüllte eine Untersuchung über Konflikte zwischen der Studentenrolle und der eines "Hashers" (student. Hilfskraft in der Mensa) eine Reihe von Verteidigungen, die studentische Kellner und Küchenhelfer in den Wohnheimen weiblicher Studenten zu Konfliktlösung benutzen.[75] Dazu gehörte, den Job als zeitlich begrenzt auszugeben, Projektion und verbale Aggression gegenüber den Bewohnerinnen sowie Rückzugsgefechte in verschiedenen Formen der Balgerei. Goffman hat das Beispiel einer Rauferei von sieben- bis achtjährigen Kindern auf einem Karussell als Illustration für das Phänomen der Rollendistanz angeführt.[76] Wo zwischen dem Selbstbild des Rollenträgers und den Erwartungen, die mit seiner augenblicklichen Position verknüpft sind, ein Konflikt besteht, kann dieser auf verschiedene Weise zu verstehen geben, daß er sich mit der Rolle nicht identifiziert. Auf diese Weise vermeidet er, daß ihm die Attribute zugeschrieben werden, die mit der Rolle verbunden werden und die mit seinem Selbstbild konfligieren. Sieben- bis achtjährige Jungen bauen ebenfalls eine Rollendistanz auf, wenn sie auf einem Karussel herumalbern, denn wenn sie sich ernsthaft verhielten, würde dies Attribute implizieren, die mit der Kleinkinderrolle verbunden sind, der sie doch gerade entschlüpfen wollen.

In einer anderen Studie wurde untersucht, wie Rollenträger ein Dilemma lösen, das dadurch entsteht, daß man in einer Konfliktsituation versucht, einer Rollenverpflichtung nicht nachzukommen.[77] Die Rollenträger wurden gebeten, sich eine Situation vorzustellen, in der sie als studentischer Wohnheimtutor eine ziemlich strenge Regelung für das abendliche Schließen des Haupteinganges durchsetzen sollten. Nachdem sie sich entschieden hatten, ob sie eine Verletzung der Schließordnung seitens eines Mitstudenten weitermelden würden oder nicht, gab man ihnen sechs Gründe für ihre Handlungsweise, von denen sie drei auswählen sollten. Die von den Studenten gewählten Gründe, die die Regel nicht durchsetzen wollten, zeigten ein Zurückgreifen auf solche Anpassungstechniken, die ihnen erlaubten, die Situation auf kognitive Weise neu zu strukturieren, nämlich Rationalisierung, Verschiebung und Wunschphantasien.

---

[75] Zurcher, 1966

[76] Goffman, 1961

[77] Cousins, 1951

Ein anderer Modus der individuellen Lösung geschieht in der Form, daß die Abhängigkeit von der Gruppe oder den Rollenpartnern verringert wird, die eine der Erwartungen unterstützen. Dies wird im Einzelfall so erreicht, daß man die Gruppe verläßt, ihren Wert für sich selbst neu bestimmt oder indem man sie als irrelevant für den Konflikt ansieht. Die erste Möglichkeit ergreift etwa der Student, der als Gast schon an einigen Verbindungsaktivitäten teilgenommen hat, dann aber infolge starken Arbeitsdruckes seine Absicht aufgibt, in die Verbindung einzutreten. Der zweite Fall wird von dem Mann illustriert, der im Konflikt zwischen der Rolle des Vaters und Ehemannes auf der einen und der eines Gemeindesprechers auf der anderen Seite gefangen ist, und der seine Gemeindetätigkeit als weniger wichtig definiert und eine weniger anspruchsvolle Aufgabe übernimmt. Die dritte Lösung läßt sich durch den Militärgeistlichen verdeutlichen, der seinen Offiziersrang als irrelevant für seine religiösen Beziehungen zu den Soldaten ansieht.

Individuelle Determinanten der Konfliktlösung

Universalistische versus partikularistische Neigung

Wenn weder affektive noch kognitive Anpassung den Konflikt lösen können, hat der einzelne noch einige andere Reaktionsmöglichkeiten.[78] Er kann die Verantwortlichkeit für eine derartige Entscheidung ablehnen, indem er sich entweder von der Position zurückzieht oder die Verantwortung jemand anderem zuschiebt, und zwar denjenigen, die die konfligierenden Erwartungen an ihn richten, Personen mit größerer Autorität oder manchmal auch Untergebenen. Aus dem täglichen Leben kennen wir zahllose Beispiele für diese Arten, den Rollenkonflikt zu lösen. Jeder hat schon beim anderen die Taktik des sich Sperrens erlebt, wenn er sich konfligierenden Erwartungen ausgesetzt sah. Von Organisationen ist allgemein bekannt, daß die Verantwortung nach oben oder nach unten weitergeschoben wird, und häufig verläßt man sich auf das Urteil eines Experten. In den meisten Fällen kann der Rollenkonflikt allerdings nicht auf diese Weise gelöst werden. Die Individuen müssen sich zwischen konfligierenden Anforderungen entscheiden. Wie diese Entscheidungen getroffen werden, steht als nächstes zur Diskussion.

Die in Kap. 13 skizzierte Theorie des Rollenhandelns liefert die Struktur zum Verständnis jener Studien, die sich damit befassen, wie im Einzelfall die Lösung des Rollenkonflikts aussieht. Die Lösung wird über ein Aushandeln der Rollen zwischen den Individuen erreicht. Das Ergebnis, das zustande kommt, ist abhängig von den Persönlichkeiten der Rollenpartner, den situationsspezifischen Anforderungen, dem gegenseitigen Machtgefälle und dem Machtgefälle gegenüber Dritten, die auf die endgültige Entscheidung einen Einfluß haben können.

---

[78] Gullahorn u. Gullahorn, 1963

Die Rolle von Persönlichkeitsfaktoren wird an Hand der Ergebnisse einer frühen Untersuchung besonders klar; dort wurde gezeigt, daß Individuen einen Rollenkonflikt zwischen Verpflichtungen gegenüber einem Freund und Verpflichtungen gegenüber der Gesamtgesellschaft konsistent entweder auf partikularistische, den Freund bevorzugende, oder auf universalistische, die Gesellschaft bevorzugende Weise lösen.[79] Es konnte ferner gezeigt werden, daß es von der jeweiligen Situation abhängt, ob jemand den Konflikt zugunsten partikularistischer Verpflichtungen dem Freund gegenüber oder zugunsten universalistischer Verpflichtungen gegenüber abstrakten Prinzipien bzw. der Gesamtgesellschaft löst.[80] So wurden die Versuchspersonen in einer Reihe hypothetischer Situationen aufgefordert, sich zu entscheiden, ob sie sich zugunsten einer bestimmten Person verhalten oder eher einer allgemeinen gesellschaftlichen Norm folgen würden. Die Situationen waren so konstruiert, daß drei Variable berücksichtigt wurden: die Stärke der Sanktionen, die zu befürchten waren, falls die Norm verletzt wurde, das Maß der sozialen Distanz zwischen der Versuchsperson und der anderen Person und der Privatheitscharakter der individuellen Handlungen. Eine Situation sah z. B. so aus, daß ein studentischer Kirchendiener einen anderen Studenten in der Kapelle beim Anzünden einer Rauchbombe beobachtete. Die Versuchspersonen wurden gefragt, ob sie den Betreffenden anzeigen würden, wenn sie in der Rolle des Kirchendieners wären. In einem Fall war der Missetäter ein Freund des Kirchendieners, im anderen nicht. In gleicher Weise mußte der Betreffende einmal damit rechnen, daß es bekannt würde, falls er den Vorfall anzeigte, ein andermal würde dies niemand erfahren. Die Ergebnisse zeigten, daß bei schwachen Sanktionen, wenn der Übeltäter ein Freund war und die Anzeige geheim blieb, der Betreffende eine partikularistische Antwort gab: die Anzeige würde unterbleiben. Lagen die Bedingungen entgegengesetzt, so ergaben sich häufiger universalistische Antworten.

Individuelle Rollenhierarchien Wenn Rollenträger konfligierenden Erwartungen begegnen, weil sie verschiedene Rollenkategorien besetzen, lösen sie den Konflikt im allgemeinen dadurch, daß sie bestimmte Rollen anderen vorziehen.[81] Dies läßt vermuten, daß jeder Einzelne eine Anzahl von Rollenhierarchien oder -präferenzen etabliert hat. In ähnlicher Weise haben McCall und Simmons eine Hierarchie von Rollenidentitäten angenommen.[82]

---

[79] Stouffer u. Toby, 1951

[80] Sutcliffe u. Haberman, 1956

[81] Burchard, 1954; Getzels u. Guba, 1954

[82] McCall u. Simmons, 1966

Getzels und Guba gehen davon aus, daß die relative Position einer Rolle in der individuellen Hierarchie von zwei Faktoren bestimmt wird.[83] Der eine ist die Bedürfnisstruktur des Individuums, der andere die Legitimität der Rollenerwartungen. Um den Einfluß der Bedürfnisstruktur zu charakterisieren: Eine Frau mit starken aufstiegsorientierten Bedürfnissen, die also gleichzeitig Mutter und Karrieristin ist, wird wahrscheinlich ihre Verpflichtungen gegenüber ihrer Karriere höher stellen als ihre Mutterpflichten, da dieser Weg für ihre Aufstiegsbedürfnisse die größere Befriedigung mit sich bringt.

Mit dem Begriff der Legitimität scheinen Getzels und Guba eine Eigenschaft sozialer Systeme zu bezeichnen, die bereits erwähnt wurde, nämlich die Hierarchisierung von Rollenpflichten in einem sozialen System. In einem gegebenen System besteht zwischen den Rollenträgern darüber Übereinstimmung, daß im Konfliktfall gewissen Verpflichtungen der Vorrang vor anderen gebührt. In ihrer Studie über den Konflikt zwischen der Lehrer- und der Offiziersrolle bemerken Getzels und Guba über Legitimität:

> "Ungeachtet dessen, was der Rollenträger für die wichtigere Rolle hält, muß er die Realitäten der Situation ins Auge fassen, in der er sich befindet. Er kann die legitimen Erwartungen anderer an ihn nicht über einen längeren Zeitraum hinweg ignorieren, ohne Sanktionen befürchten zu müssen. Keiner der Lehrer im Offiziersrang an der Hochschule für Luftfahrt, was immer seine persönlichen Vorlieben sein mögen, kann die Tatsache ungestraft außer acht lassen, daß er Teil einer Militärorganisation ist. Außerdem ist es klar, daß er möglicherweise - vielleicht sehr schnell - wieder an einen militärischen Posten versetzt wird und keine Lehrfunktion mehr übertragen bekommt - in den meisten Fällen dauert die Dienstzeit an der Hochschule drei Jahre. Die so gelagerte Situation erhöht die Legitimität der Offiziersrolle über die der Lehrerrolle."[84]

Letztlich resultiert also die besondere Form, die eine Rollenhierarchie bei einem Individuum annimmt, aus dem Zusammenspiel von Zwängen, die im sozialen System verankerte Prioritätenhierarchie zu akzeptieren und Zwängen, die durch eigene Bedürfnisse bedingt sind.

Eine Theorie der Lösung von Rollenkonflikten

Gross, Mason und McEachern haben eine systematische Theorie der Lösung von Rollenkonflikten entwickelt.[85] Jemandem, der den konfligieren-

---

[83] Getzels u. Guba, 1954

[84] Abdruck mit freundlicher Genehmigung der American Sociological Association und J. W. Getzels und E. G. Guba, Role, Role Conflict, and Effectiveness. American Sociological Review 1954, Vol. 19, S. 174

[85] Gross, Mason, McEachern, 1958

den Erwartungen A und B ausgesetzt ist, stehen drei Alternativen zur Wahl: Er kann entweder der Erwartung A oder der Erwartung B nachkommen; er kann einen Kompromiß wählen und beiden Erwartungen jeweils teilweise gerecht werden; oder er kann schließlich versuchen, keiner von beiden zu entsprechen. Gross und Mitarbeiter behaupten, daß die Wahl eines Rollenträgers in einer derartigen Situation von drei Variablen abhängt: 1. der subjektiv empfundenen Legitimität der Erwartungen, 2. der vermuteten Sanktionsstärke, falls einer der beiden Erwartungen nicht entsprochen wird und 3. der Orientierung des Rollenträgers hinsichtlich Legitimität und Sanktionen.

Legitimität Eine Erwartung wird von einem Rollenträger als legitime Verpflichtung angesehen, wenn er glaubt, daß seine Rollenpartner "ein Recht haben", eine solche Erwartung zu hegen. Sie ist illegitim, wenn sie kein Recht dazu haben. Ein Dozent würde es beispielsweise als legitim ansehen, wenn seine Studenten von ihm erwarten, daß er seine Prüfungen unparteiisch durchführt. Er glaubt, sie hätten in unserem Schulsystem ein moralisches Recht darauf, gleich behandelt zu werden. Es wäre jedoch illegitim, wenn ein Student erwarten würde, er müsse bevorzugt behandelt werden.

Gross und Mitarbeiter nehmen an, daß Rollenträger prädisponiert sind, Erwartungen zu erfüllen, wenn sie als legitim, und zu ignorieren, wenn sie als illegitim angesehen werden. Wenn wir für den Moment Legitimität für sich betrachten, lassen sich die folgenden Voraussagen machen: ist von zwei konfligierenden Erwartungen die eine legitim und die andere nicht, so wird der Rollenträger sich entscheiden, der legitimen zu entsprechen. Sind sie beide legitim, wird er einen Kompromiß schließen. Sind beide illegitim, wird er keiner von beiden nachkommen.

Sanktionen Eine Sanktion besteht aus Aktionen gegenüber einem Rollenträger, die seine Bedürfnisse befriedigen oder frustrieren, und zwar können dies Aktionen vom Rollenpartner oder vom Rollenträger ausgehen. Belohnende Aktionen sind positive, bestrafende sind negative Sanktionen. Eine zweite Annahme in dieser Theorie der Lösung von Rollenkonflikten besteht darin, daß Rollenträger geneigt sind, den Erwartungen nachzukommen, von deren Nichtachtung sie die strengsten Sanktionen befürchten. Wenn wir nur von Sanktionen ausgehen, so läßt sich vermuten, daß von zwei Erwartungen, die jeweils mit sehr negativen bzw. harmlosen Sanktionen verbunden sind, vom Rollenträger der ersteren entsprochen wird. Sind beide mit ausgeprägt negativen Sanktionen behaftet, so erfolgt wahrscheinlich ein Kompromiß. Sind die Sanktionen in beiden Fällen harmlos, ist keine Voraussage möglich, es sei denn, die Erwartungen unterscheiden sich in ihrer Legitimität.

Da im Alltagsleben legitime Erwartungen normalerweise für den Fall ihrer Verletzung mit strengeren Sanktionen verbunden sind als illegitime, stimmen bei einer angemessenen Lösung des Konflikts Sanktionen und Legitimität überein. Tatsächlich ist diese ausgeprägte Verbindung von Sanktionen und Legitimität ein wichtiges Mittel, mit dessen Hilfe soziale Systeme zur Lösung von Konflikten beitragen. In bestimmten Fällen kann sich ein Rollenträger jedoch in einer Lage befinden, wo Legitimität und Sanktionen einander entgegengesetzt sind. Betrachten wir den Fall eines Studenten in der Examenssituation. Seitens des Dozenten besteht eine legitime Erwartung, daß er keinem anderen Studenten bei der Beantwortung der Prüfungsfragen behilflich ist. Auf Grund eines Freundschaftsverhältnisses kann hingegen ein anderer Student eine solche Unterstützung erwarten, wenngleich beide dies als illegitime Erwartung ansehen: kein Student hat ein legitimes Recht, vom anderen zu verlangen, ihm beim Mogeln zu helfen. In diesem Beispiel können die Sanktionen des Freundes, dessen illegitimer Erwartung nicht entsprochen wird, beträchtlich gravierender sein, etwa indem er den anderen in Zukunft schneidet, als die Sanktionen seitens des Dozenten. Um auch solche Fälle in der Theorie zu berücksichtigen, wo Sanktionen und Legitimität in verschiedene Richtungen gehen, führen Gross u. a. eine dritte Annahme ein.

Orientierung Die dritte Annahme besteht darin, daß Personen sich in der Stärke ihrer Orientierung hinsichtlich Legitimität und Sanktionen unterscheiden. Gross und Mitarbeiter gehen von drei Typen der Orientierung gegenüber Erwartungen aus:

1. Moralische Orientierung, bewertet Legitimität höher
2. Pragmatische Orientierung, bewertet Sanktionen höher.
3. Moralisch-pragmatische Orientierung, die sowohl Legitimität als auch Sanktionen berücksichtigt.

Auf der Grundlage dieser Theorie entwickelten die Autoren Voraussagen für das Ergebnis der zahlreichen Kombinationen von Legitimität, Sanktionen und Orientierungen in den Fällen, wo Schulinspektoren konfligierenden Erwartungen ausgesetzt waren. Die theoretischen Voraussagen wurden dann mit den tatsächlichen, von den Schulinspektoren erhaltenen Daten verglichen. Den Befragten wurden vier strukturierte Situationen mit potentiellem Rollenkonflikt vorgelegt, in denen es um die folgenden Punkte ging: 1. Anstellung und Beförderung von Lehrern, 2. Gehaltserhöhung für Lehrer, 3. die Priorität von finanziellen bzw. erzieherischen Erfordernissen bei der Erstellung eines Budgets für das kommende Schuljahr und 4. Ausfüllung der Stunden nach Feierabend durch die Schulinspektoren. Für jede Situation wurde der Befragte gebeten, unter drei Alternativen diejenige auszuwählen, die am ehesten die Erwartungen von etwa 18 relevanten Gruppen und Individuen ausdrückte, einschließlich Lokalpolitiker, Lehrer, Vereinigung der Steuerzahler und Ehefrauen.

Die Vorstellungen der Schulinspektoren über die Legitimität der von verschiedenen Gruppen an sie gerichteten Erwartungen und über die Stärke der Sanktionen wurden in einem sorgfältig strukturierten Interview ermittelt. Aus den Antworten auf einen Fragebogen wurden Schlüsse über die Orientierung der Betreffenden gezogen. Entschieden sie sich häufig für eine extreme Kategorie, z. B. "stimme unbedingt zu" oder "lehne uneingeschränkt ab", wurde eine moralische Orientierung angenommen. Wählten sie dagegen häufig Kategorien wie "stimme mit Einschränkungen zu" oder "lehne mit Vorbehalten ab", galt dies als Indiz für pragmatische Orientierung. Schließlich schrieb man denen, deren Antworten keines der beiden Muster aufwies, d. h. deren Wahl der Kategorien relativ inkonsistent getroffen wurde, eine moralisch-pragmatische Orientierung zu.

Die so erhaltenen Informationen machten es möglich, auf Grund der Theorie das Verhalten jedes Schulinspektors vorherzusagen. Konkret: Ein Schulinspektor, der als moralisch-pragmatisch eingestuft war und feststellte, daß zwei Gruppen an sein Verhalten legitime, aber konfligierende Erwartungen richteten, hinter denen starke negative Sanktionen standen, würde wahrscheinlich einem Kompromiß zuneigen. Diese aus der Theorie gewonnene Voraussage konnte dann mit den Angaben aus dem Interview verglichen werden, wie der Befragte sich verhalten hätte. Die Prognosen trafen für das Gros der Befragten genau zu. In 264 von den 291 Fällen (91 %) von Rollenkonflikt führte die Theorie zur korrekten Vorhersage. Dieses genaue Ergebnis besitzt eine Zufallswahrscheinlichkeit von weniger als 1 %.

Nur in dem Fall rivalisierender Erwartungen bei der Aufteilung der Freizeitstunden fiel der Anteil richtiger Prognosen unter 91 %, nämlich mit 48 Fällen auf 79%. Es handelte sich um die Situation, wo der Konflikt daraus entsteht, daß man sich in zwei Rollen befindet. Als Ehemann und Vater erwartete die Familie vom Befragten, daß er seine Freizeit mit ihnen verbrachte. Gleichzeitig hatte er das Gefühl, daß viele Gruppen in der Gemeinde von ihm erwarteten, er solle die Abende Schul- und Gemeindeangelegenheiten widmen. Dabei stellte sich eine leichte Tendenz seitens der Befragten heraus, einer Rollenverpflichtung gegenüber der anderen den Vorrang einzuräumen, ungeachtet des Einflusses von Legitimität, Sanktionen oder Orientierungen. Könnte die Theorie auch noch den Einfluß von Rollenprioritäten berücksichtigen, so ließe sich für diesen Fall des Rollenkonflikts die Genauigkeit der Vorhersage wahrscheinlich verbessern.

Seit die Theorie zum ersten Mal getestet wurde, ist sie in einer Untersuchung angewandt worden, um für vier verschiedene Gruppen die Lösung von Rollenkonflikten zu prognostizieren.[86] Man untersuchte zwei Gruppen von leitenden Angestellten, und zwar Leiter des betrieblichen Ausbildungswesens und Laboraufseher. Insgesamt betrug die Genauigkeit der Vorhersage 71 Prozent. Wenn dieser Prozentsatz auch signifikant über der Zufallswahrscheinlichkeit lag, so war er doch um einiges niedriger als der in der Studie von Gross und Mitarbeitern. Die Autoren nehmen an, daß diese Differenz durch die weniger strukturierten Meßmethoden erklärt werden kann.

Ferner fand die Theorie in Studien über Polizeioffiziere und -anwärter Anwendung.[87] Obgleich die erzielte Genauigkeit der Vorhersage in etwa mit der der gerade zitierten Untersuchung übereinstimmte, lag sie doch wieder beträchtlich unter der von Gross u. a. erreichten Stufe. Die Autoren interpretieren diesen Unterschied so, daß darin abweichende Orientierungen der Rollenträger in den untersuchten Populationen zum Ausdruck kommen. Konkret ausgedrückt heißt das, daß Schulinspektoren bei ihren Konfliktlösungen beträchtlich durch die Berücksichtigung der potentiellen Sanktionen beeinflußt waren, bei Polizisten diese Variable hingegen nur eine geringe Rolle spielte. Derartige Differenzen lassen vermuten, daß man vorsichtig sein sollte, den relativen Einfluß von Legitimität und Sanktionen auf Gruppen auszuweiten, die noch nicht untersucht worden sind. Tatsächlich vertreten Ehrlich, Rinehart und Howell die Ansicht, daß ein alternatives Modell, in dem Legitimität und Sanktionen keine Berücksichtigung finden, und das die Voraussage trifft, - ein einfacheres Schema zur Prognose der Lösung von Rollenkonflikten abgibt - daß also letztlich denjenigen Erwartungen entsprochen wird, die in der für den Rollenträger wichtigsten Bezugsgruppe bestehen.[88] Zumindest war die Genauigkeit der Vorhersage bei ihrem einfacheren Modell und der von ihnen untersuchten Population vergleichbar mit der, die sich auf Grund der Theorie von Gross, Mason und McEachern ergeben hätte.

Aushandeln von Rollen

Wie in Goodes Theorie des Aushandelns von Rollen ausgeführt wird, kann ein Individuum den Rollendruck auch durch Verhandeln verringern.[89] Seine Konzeptionen sind denen der Tauschtheorie nicht unähnlich und mit diesen vereinbar. Da der Rollenträger möglicherweise nicht allen Anforderungen

---

86 Shull u. Miller, 1960

87 Ehrlich, Rinehart, Howell, 1962

88 Ehrlich, Rinehart, Howell, 1962

89 Goode, 1960

seitens der Rollenpartner nachkommen kann, geht er "auf den Markt" um festzustellen, wo die Kosten- und Nutzenbilanz für ihn am günstigsten ausfällt. Er führt mit seinen Partnern eine Reihe von Rollenverhandlungen, wobei der "Rollenpreis" oder der Umfang, in dem er der Erwartung seines Partners nachkommen wird, als Resultat dreier Faktoren erscheint: 1. Sein Wunsch, die Aktivität auszuführen, weil er dadurch eine innerliche Befriedigung erfährt sowie seine Anteilnahme daran auf Grund seiner Wertestruktur, 2. sein Eindruck, inwieweit der Partner ihn für die Ausfühung der Rolle belohnen oder bestrafen wird und 3. der Wert, den andere Personen, die für ihn wichtig sind, dem abgeschlossenen Handel beimessen.

Der zuletzt erwähnte Faktor setzt dem Aushandeln einer "freien Rolle" Grenzen. Bis zu einem gewissen Grade besteht zwischen den Rollenträgern über den gängigen Rollenpreis eines fairen Übereinkommens Konsensus. In Fällen, wo eine Partei den Preis zu sehr drückt, können Außenstehende einen Druck ausüben, so daß die Beziehung wieder in Richtung auf den üblichen Rollenpreis geändert wird. Unser besonderes Interesse an institutionellen oder Organisationsrollen und unser Bestreben, systembedingte Einwirkungen auf die Interaktion schärfer hervorzuheben, hat die individuellen Anstrengungen der Rollenträger, Rollendruck zu reduzieren, etwas vernachlässigt. Das Konzept von Goode sollte uns daran erinnern, daß den Individuen ein Spielraum zur Improvisation und zu einer Rollenübernahme bleibt, die mit ihrem Geschmäckern und Charakteren übereinstimmt.

Möglichkeiten, andere Formen von Rollendruck zu mildern

Bis jetzt lag die Betonung auf individuellen Prozessen zur Reduktion von Rollendruck, der eine einzige Ursache hatte: Rivalisierende oder konfligierende Erwartungen. In diesem Vorgehen spiegelt sich die gegenwärtige Hauptforschungsrichtung. Unglücklicherweise fehlt es weitgehend an systematischen Untersuchungen über individuelle Mechanismen zur Milderung von Druck, der andere Ursachen hat, z. B. die Unfähigkeit, eine bestimmte Rolle auszufüllen oder ungleich verteilte Rollenpflichten. Infolgedessen müssen Bemerkungen in dieser Richtung notwendigerweise etwas spekulativ und wenig ausführlich gehalten sein. Wir haben bereits die interpersonellen Strategien erwähnt, die von Individuen angewandt werden, um gegenseitig ihr Verhalten so zu ändern, daß ein vertretbarer Ausgleich von Rollenrechten und Rollenpflichten zustande kommt.

Sind Individuen unfähig, die mit einer von ihnen besetzten Position verbundenen Verpflichtungen zu erfüllen, so können sie sich der bekannten Anpassungsmechanismen bedienen, die in der klinischen Fachliteratur beschrieben werden, beispielsweise Rationalisierung oder Vermeidung/ Flucht durch Krankwerden. In Kap. 15 werden diese Mechanismen etwas ausführlicher erörtert. Auch wird dort gezeigt, daß der Prozeß des Rollenlernens in weitem Umfang eine Positionsänderung erleichtert, da Rollen stets paarweise gelernt werden. Wenn jemand eine bestimmte Rolle lernt, muß er gleichzeitig, wenngleich nicht so umfassend, das mit der Gegenposition verbundene Verhalten lernen. Da ein Wechsel zur Position, die der Rollenpartner innehat, häufig vorkommt, etwa ein Wechsel von der Kindes- zur Elternrolle, vom Arbeiter zum Vorarbeiter, vom Gefreiten zum Offizier, so ist ein Rollenträger, der eine neue Rolle übernimmt, mit dieser bereits etwas vertraut.

Zusammenfassung: Individuelle Prozesse

Wenngleich das soziale System auf Grund seiner Struktur für ein Minimum an Rollendruck sorgt, so führt doch unweigerlich die Mannigfaltigkeit der Erwartungen, denen ein Individuum ausgesetzt ist, zu mehr oder weniger Druck. Ihm stehen dabei einige Mechanismen zur Verfügung, mit denen der Druck gemildert werden kann. Es kann die Situation neu strukturieren, seine eigene Wertehierarchie etablieren, sich der Rationalisierung oder Verschiebung bedienen oder sich in ein Wunschdenken flüchten. Eine extreme Lösung stellt das Verlassen des Systems dar.

Es hat den Anschein, daß Individuen sich in ihrer Orientierung gegenüber einer Lösung von Rollenkonflikten in gewisser Weise auf einem Kontinuum einordnen lassen, dessen Pole durch das Vorziehen partikularistischer bzw. universalistischer Erwartungen bezeichnet werden können. Im ersten Fall werden die Pflichten gegenüber dem Freund, im zweiten die gegenüber der Gesellschaft höher bewertet.

Eine Untersuchung über Schulinspektoren in einem Schulsystem ließ vermuten, daß Individuen sich unterschiedlich orientieren: an legitimen Erwartungen, an Erwartungen, die mit strengen Sanktionen verbunden sind oder an einem Kompromiß zwischen beiden. Eine Erwartung wird als legitim angesehen, wenn die Rollenpartner in den Augen des Rollenträgers ein Recht haben, diese Erwartung an ihn zu richten. Unter Anwendung dieser Variablen konnten die Reaktionen der Schulinspektoren auf eine Reihe verschiedener Situationen mit hohem Genauigkeitsgrad vorausgesagt werden. Die Anwendung der Theorie seitens verschiedener Autoren auf etliche andere Gruppen ergab einen beträchtlich niedrigeren Genauigkeitsgrad.

Ein anderer Vorgang, der den aktiven Beitrag des einzelnen zur Lösung aus konfligierenden Erwartungen zeigt, ist das Aushandeln von Rollen. Ein Rollenträger führt mit seinen Rollenpartnern eine Reihe Verhandlungen, so daß er bezüglich seiner Kosten- und Nutzenbilanz ein Optimum erzielt, ohne dabei in der Wertschätzung anderer Personen zu sinken.

Andere Formen des Rollendruckes, etwa ungleich verteilte Rollenpflichten, können durch interpersonelle Strategien aufgehoben oder durch die Anwendung von Abwehrmechnismen wie Rationalisierung gemildert werden. Druck, der aus der Unfähigkeit entsteht, eine Rolle zu spielen, wird durch Prozesse verringert, die das Rollenlernen begünstigen; dazu in Kap. 15.

KULTUR UND ROLLENDRUCK

In den vergangenen Jahren ist die Tatsache immer mehr registriert worden, daß in einem System Druck da auftritt wo das von den Rollenträgern geteilte System von Überzeugungen oder Ideologie in einer Situation den Rollenerwartungen entgegenläuft. Es ist oft erwähnt worden, daß die starke Betonung der Gleichheit in der Ideologie der amerikanischen Gesellschaft auf Rollenbeziehungen Druck ausübt, die mit Ungleichheit verbunden sind.

So ist z. B. beim Militär in den Beziehungen zwischen verschiedenen Rängen ein gewisser Druck festgestellt worden, da das militärische Protokoll Gleichheit ableugnet. Von einem Untergebenen, der mit seinem Vorgesetzten innerhalb der Militärhierarchie zu tun hat, erwartet man, daß er auf verschiedene Weise seine Ehrerbietung zeigt. Er muß als erster grüßen, auf einer Treppe dem Vorgesetzten den Weg frei geben, aufstehen, wenn der Vorgesetzte das Zimmer betritt und ihn mit dem Titel "Sir" anreden. Personen, die die nicht-egalitäre Ideologie der militärischen Subkultur nicht internalisiert haben, finden ein derartiges Rollenverhalten löstig, und ihr Unbehagen führt oft zu Vorwänden, um den Ehrenbezeigungen zu entgehen. Ein frisch eingezogener Soldat kann häufig das Grüßen eines Offiziers dadurch vermeiden, daß er angestrengt in die andere Richtung sieht, wenn ein Offizier vorbeigeht. Ein gerade beförderter Offizier findet es vielleicht albern, Ehrerbietung zu verlangen und wird von dieser absichtlichen Ignorierung keine "Notiz" nehmen.

Diese Probleme bleiben nicht auf das Militär beschränkt. Da das egalitäre Element in der amerikanischen Ideologie weit verbreitet ist, wird fast jede Beziehung zwischen Vorgesetzten und Untergebenen unter mehr oder weniger Druck leiden. Beispiele sind die Beziehung Arbeiter zum Vorarbeiter in der Industrie, Arzt zur Krankenschwester in der Medizin, Schüler zum Lehrer im Erziehungsbereich und die Eltern-Kind-Beziehung in der Familie. Im Augenblick wird die Ungleichheit zwischen den traditionellen Rollen Ehemann-Ehefrau und Vater-Mutter von der Woman`s Liberation Bewegung und anderen Gruppen sehr angegriffen.

Enthält die Ideologie selbst konfligierende Elemente, so ist Konflikt in irgendeiner Form zwischen Ideologie und Rollenerwartungen unvermeidlich. Individuen in Berufsbereichen wie Medizin, Sozialarbeit, Kirche und Erziehungswesen sind etlichen ideologischen Momenten ausgesetzt, durch die der Dienst an der Menschheit betont wird. Gleichzeitig teilen sie jedoch mit anderen Mitgliedern der Gesellschaft die Ideale des materiellen Erfolges. Versuche auf Seiten der Angehörigen solcher Berufe, ihre ökonomische Situation aufzubessern, sind mit den letztgenannten ideologischen Elementen konsistent, können mit den ersteren jedoch in Konflikt geraten.

Kulturelle Variablen und die Lösung von Rollendruck

In der vorangegangenen Erörterung individueller Anpassung an Rollendruck ist die Tendenz der Rollenträger erwähnt worden, die Situation mittels solcher Mechanismen wie Rationalisierung und Bereichsbildung neu zu strukturieren. Wenn viele Inhaber derselben Position sich ähnlichem Rollendruck ausgesetzt sehen, so besteht eine gegenseitige Unterstützung bei der Suche nach allgemeinen Lösungsmöglichkeiten, und das führt oft zur Entwicklung eines gemeinsamen Systems von Überzeugungen bezüglich angemessenen Formen einer Lösung. Eine derartige Situation kann auch zur allmählichen Modifizierung der konfligierenden Rollenerwartungen führen, wenn jede von dem Konflikt betroffene Person die andere darin unterstützt, eine Modifikation der entsprechenden Erwartungen zu erreichen.

Myrdals Untersuchung der historischen Entwicklung des Dogmas von der Ungleichheit der Rassen liefert ein Beispiel dafür, wie ein Glauben entsteht und weit verbreitet wird, wenn viele Personen der Bevölkerung sich in einem Konflikt befinden.[90] Der Glauben, die Schwarzen unterschieden sich biologisch von den Weißen und seien ihnen unterlegen, diente zur Lösung des Konflikts zwischen dem amerikanischen Glauben vor allem an die menschliche Gleichheit auf der einen Seite, und der frühgeübten Praxis der Sklaverei sowie der späteren rassischen Diskriminierung auf der anderen. In Begriffen des hier verwendeten Rollenkonfliktschemas ausgedrückt heißt das: Viele Personen, die gleichzeitig Amerikaner und Sklavenhalter oder später gleichzeitig Amerikaner und Mitglieder von Gruppen waren, die sich für eine Rassendiskriminierung einsetzten, konnten diese konfligierenden Erwartungen dadurch ausgleichen, daß sie die Situation im Licht des Glaubens etwa so sahen: "Alle Menschen sind gleich geschaffen, aber dabei sind Neger nicht eingeschlossen, weil sie biologisch anders sind als Weiße."

---

[90] Myrdal, 1944

Gemeinsame Überzeugungssysteme können einer bestimmten Rolle eine zusätzliche Legitimität verleihen. Sind sich die Rollenträger über die Legitimität der mit ihren Rollen verknüpften Erwartungen nicht einig, können sie kollektiv eine Reihe von Überzeugungen entwickeln, die die Legitimität rationalisieren. Wardwell hat in seiner Untersuchung einer sozialen Marginalrolle, der des Chiropraktikers, gezeigt, wie die Ideologie einer unterdrückten Minderheit dazu diente, Druck zu reduzieren.[91] Chiropraktiker erklärten ihre Marginalposition auf dem Gebiet der Heilberufe als das Ergebnis der Verfolgung seitens einer egoistischen Ärzteschaft. Eine Untersuchung der Glaubenssysteme viele anderer Berufsgruppen würde zweifellos zeigen, daß bestimmte weit verbreitete Glaubensvorstellungen in erster Linie die Funktion haben, Rollendruck zu reduzieren. Albert Cohen hat eine Theorie angeboten, mit der das Entstehen von Subkulturen erklärt werden kann.[92] Wenn diese Theorie auch nicht in den Begriffen der Rollenanalyse gefaßt ist, ist sie für die Diskussion hier doch deshalb wichtig, weil sie zu erklären versucht, wie neue Überzeugungen und Normen als Antwort auf Druck entstehen. Sie erhellt vor allem die Art und Weise, in der Individuen mit ähnlichen Anpassungsproblemen kollektiv die Entwicklung einer Lösung fördern, die in einer Modifikation bisheriger Rollenerwartungen besteht. Im Wesentlichen behauptet seine Theorie, daß, wenn einige oder alle Mitglieder einer Gruppe mit einem gemeinsamen Problem konfrontiert sind, das durch ein Verhalten nicht gelöst werden kann, welches in Einklang mit den gängigen Normen steht, diese Personen in einem Prozeß gegenseitiger Unterstützung neue Bündel von Erwartungen schaffen, die eine Lösung erlauben.

Cohen wendet seine Theorie zur Erklärung der Entwicklung bestimmter Normen an, wie sie bei männlichen kriminellen Jugendlichen der Unterschicht auftreten, sie ist aber auch für andere Gruppen anwendbar. So läßt sich etwa in Normen, deren Funktion in der Beschränkung von Wettbewerb innerhalb von Gruppen besteht, ein geteiltes Überzeugungssystem entdecken, das sich zur Lösung von Rollendruck entwickelt. Vor allem in der amerikanischen Gesellschaft gibt es viele Situationen, die einen Wettbewerb verlangen. Wir konkurrieren in der Schule, am Arbeitsplatz, um die Gunst einer jungen Dame und in vielen anderen Situationen. Unbeschränkte Konkurrenz hat jedoch oft verheerende Nebenwirkungen, für die Gruppe wie für den einzelnen. Sie schafft Gefühle der Unzulänglichkeit und gegenseitiger Feindschaft. Aus diesem Grund versuchen Gruppen oft, den Wettbewerb dadurch einzuschränken, daß Rollenerwartungen geschaffen werden, um die Folgen des Wettbewerbs zu kontrollieren oder die verschiedenen Taktiken einzugrenzen, die von den einzelnen angewandt werden können.

---

[91] Wardwell, 1955

[92] Cohen, 1955

Nehmen wir zur Verdeutlichung an, ein Dozent kündige gegen Ende des Semesters eine Semesterarbeit mit dem Hinweis an, die Note dafür hänge in erster Linie von deren Umfang ab. Dieses Problem ist jedem Studenten wahrscheinlich vertraut. Die Lösung auf Grund traditioneller Normen sieht vor, daß jeder im Wettbewerb mit den anderen sein Bestes geben solle. Dies ist jedoch keine sehr befriedigende Lösung. Es besteht ein starker Druck, sich für Fachklausuren vorzubereiten, Semesterpapiere für andere Fächer zu erstellen und an einer Reihe außeruniversitärer Veranstaltungen teilzunehmen. Unter diesen Umständen wird jeder Student sich versuchsweise umhören, was die Kommilitonen diesbezüglich unternehmen. Dabei kommt es zu Fragen wie: "Wie lang wird dein Papier voraussichtlich?" und "Wie lange willst du daran arbeiten?". Im Zusammenhang mit diesen Fragen wird vielleicht jeder seine Meinung über die Ungerechtigkeit der Anweisung äußern.

Bei diesem Austausch ermutigen sich die Studenten gegenseitig, einer Neuorientierung zuzustreben, der jeder zustimmt und die ihnen schließlich erlaubt, einstimmig ein Maximum an abzuliefernden Seiten festzusetzen. Diese Lösung, die anfangs nur geringe Unterstützung fand, setzt sich nunmehr durch, weil sie mit Normen übereinstimmt, die sich im Prozeß der gegenseitigen Ermutigung herausgebildet haben. Wenn die Studenten sich konsistent in Übereinstimmung mit diesen neu entstandenen Erwartungen an ihre eigene Rolle verhalten, so wird wahrscheinlich ihr Rollenpartner, der Dozent, seine eigenen Erwartungen an die Studentenrolle zugunsten der neuen Form revidieren. Der hier skizzierte Prozeß ist eine permanente Quelle kultureller Innovation und wird oft auf Grund des Vorhandenseins von Druck in Gang gesetzt.

VIERTER TEIL

SOZIALISATION

Das Thema Sozialisation ist für den letzten Teil des Buches aufgespart worden, weil wahrscheinlich sämtliche vorangegangenen Teile hierfür relevant sind. Sozialisation ist ein interaktionaler Prozeß, in dem das Verhalten eines Individuums so modifiziert wird, daß es mit den Erwartungen der Mitglieder der Gruppe übereinstimmt, der es zugehört. Sie umfaßt also nicht allein den Prozeß, durch den das Kind nach und nach die Verhaltensweisen seiner erwachsenen Umgebung erlernt, sondern auch den Prozeß, durch den ein Erwachsener ein Verhalten annimmt, das den mit einer neuen Position verbundenen Erwartungen entspricht - sei es in einer Gruppe, einer Organisation oder der Gesellschaft insgesamt.

Da zu Sozialisationsprozessen soziales Lernen gehört, wobei andere Personen die hauptsächlichen Vermittler darstellen, ist in diesem Zusammenhang einiges von dem wichtig, was im ersten Teil über sozialen Einfluß und Einstellungsänderung gesagt wurde. Darüber hinaus sieht Sozialisation weitgehend so aus, daß Rollenerwartungen gelernt werden, die mit Rollenkategorien verbunden sind; somit ist auch der dritte Teil über soziale Rollen von Bedeutung.

Kapitel 15., das erste von drei Kapiteln über Sozialisation, erörtert Prozesse des sozialen Lernens, bei denen die Effekte von Belohnung und Bestrafung mitspielen, sowie Lernen am Modell und Rollenlernen. Kapitel 16 untersucht die Beziehungen zwischen Sozialstruktur und Individuum. Es wird der Versuch unternommen, Bedingungen anzugeben, die für die Bildung moralischer Werte und des Bewußtseins ausschlaggebend sind, sowie für solche sozialen Motive wie Aggression und Leistung. Schließlich behandelt Kapitel 17 ziemlich ausführlich solche Fragen, die mit den sozialen Determinanten individuellen Verhaltens zusammenhängen, wobei vor allem die Entwicklung des Selbstkonzepts betont wird. Wir unternehmen den Versuch, Stabilität und Veränderung individueller Verhaltensweisen in Begriffen einer interpersonalen Theorie zu erklären. Zum großen Teil verdankt sich eine Stabilität des Selbst und des Verhaltens der Konstanz in der interpersonalen Umgebung. Zu dieser Konstanz trägt nicht nur die Individual-, sondern auch die Sozialstruktur bei. Potentielle Änderungen des Selbst und des Verhaltens resultieren aus zufälligen Veränderungen der Umgebung oder daraus, daß der einzelne verschiedene Rollenkategorien in der Gesellschaft nacheinander besetzt.

KAPITEL 15

PROZESSE DES SOZIALEN LERNENS

Einer der bedeutendsten und bemerkenswertesten Vorgänge im menschlichen Leben ist die Wandlung vom hilflosen Kleinkind zum reifen Erwachsenen. Kein anderes Lebewesen erfährt einen so anhaltenden und intensiven Entwicklungsprozeß, und nirgendwo in der Tierwelt ist der Unterschied zwischen Neugeborenem und Erwachsenem so groß. Im Laufe seiner Entwicklung lernt das Kind eine oder mehrere Sprachen, eine Fülle von Erfahrungstatsachen über seine natürliche und soziale Umwelt, eine Vielfalt spezieller Fertigkeiten und eine Unmenge an Wissenstoff. Parallel dazu übernimmt es Einstellungen und Werte, von denen einige sich auf moralische Standards beziehen und einige bestimmte Arten der Beziehung zur Umwelt ausdrücken, etwa Liebe und Haß, Hilfsbereitschaft oder Kränkung gegenüber anderen.

Sozialpsychologen sind eher an den sozialen Gesichtspunkten dieses Entwicklungsprozesses interessiert. Dieses Kapitel befaßt sich nicht mit formalem Lernen oder dem Erwerb von Wissen und Fertigkeiten, sondern mit den Beziehungen des einzelnen zu anderen Personen. Die Prozesse, innerhalb derer sich diese Beziehungen entwickeln, werden als *Sozialisation* bezeichnet.

Die hauptsächlichen Sozialisationsagenten sind andere Personen, in erster Linie die Eltern, Lehrer, Geschwister, Spielkameraden und andere, die für das Kind von Bedeutung sind. Vieles von dem, was das Kind im Laufe der Jahre lernt, wird ihm nicht systematisch und bewußt beigebracht. Im allgemeinen empfinden sich Eltern nicht als Lehrer, und doch spielen sie diese Rolle. Vieles von dem, was sie dem Kind beibringen, wird nicht in wohlerwogener Absicht übermittelt, und doch lernt das Kind sehr gut.

Anfangs wurde der Begriff *Sozialisation* nicht auf die Lernerfahrungen Erwachsener angewandt, sondern blieb auf die Kindheit beschränkt. Dieser traditionelle Gebrauch des Begriffes deckte sich ziemlich genau mit der Redensart, "das Kind großziehen". Erst in der letzten Zeit hat man das Konzept der Sozialisation dahingehend erweitert, daß nunmehr auch Aspekte des Erwachsenenverhaltens einbezogen werden. Gegenwärtig wird Sozialisation als interaktionaler Prozeß aufgefaßt, durch den das Verhalten einer Person so modifiziert wird, daß es den Erwartungen der Mitglieder der Gruppen entspricht, denen sie angehört. Diese erweiterte Definition berücksichtigt die Tatsache, daß die Sozialisation nicht mit einer bestimmten Altersstufe endet, sondern vielmehr während des ganzen Lebens stattfindet. Sozialisationsprozesse kommen vor allem dann in

Gang, wenn jemand eine neue Position einnimmt, etwa wenn er einer Studentenverbindung beitritt, am Arbeitsplatz befördert wird, Vater wird oder zum Wehrdienst eingezogen wird.

Sozialisation unterscheidet sich von anderen Veränderungsprozessen hinsichtlich zweier Gesichtspunkte. Zum einen sind nur diejenigen Einstellungs- und Verhaltensänderungen relevant, die durch Lernen erfolgen. Andere Veränderungen, die sich z.B. aus körperlichem Wachstum ergeben, gehören nicht zum Sozialisationsprozeß. Zum anderen werden nur solche Einstellungs- und Verhaltensänderungen als sozialisationsbedingt angesehen, die aus der Interaktion mit anderen Personen entstehen. Der Begriff Interaktion wird hier in einem umfassenden Sinn gebraucht, der auch Kommunikation durch Massenmedien mit einschließt, etwa wenn eine in der Ausbildung befindliche Krankenschwester eine Biographie von Florence Nightingale liest.

Einige Beispiele mögen diese Unterscheidungen verdeutlichen. Das Erlernen motorischer Fertigkeiten wie Laufen oder Springen ohne Anleitung, ist kein Sozialisationsvorgang. Andererseits ist es bestimmt das Ergebnis von Sozialisation, den Dialekt der Heimatregion sprechen zu können, weil das Erlernen dieser Sprache weitgehend auf der Interaktione mit lokalen Nachbarn beruht. Andere Beispiele für Sozialisation sind das Lernen der Sitten und Gebräuche einer Gesellschaft oder einer Gruppe, und die Übernahme der religiösen Überzeugungen der Gesellschaft und der Familie, der man zugehört.

Sozialisation darf jedoch nicht so aufgefaßt werden, als werde jemand einem sozialen Standardmuster eingepaßt. Individuen sind unterschiedlichen Kombinationen von Sozialisationsdruck unterworfen, und sie reagieren jeweils verschieden darauf. Daraus folgt, daß Sozialisationsprozesse sowohl entscheidende Unterschiede, aber auch Ähnlichkeiten zwischen Personen bewirken können.

Sozialisationsprozesse sind vor allem auf Gebieten von Belang wie Entwicklungspsychologie, Soziologie der Kindheit, in Teilen der klinischen Psychologie, bestimmte Aspekte der Gruppendynamik, Kulturanthropologie und Persönlichkeitsforschung. Im Laufe der Jahre ist es allerdings zu einer gewissen Arbeitsteilung gekommen, was die Überschneidungen zwischen den einzelnen Bereichen reduzierte. Im einzelnen beschränken die Sozialpsychologen ihr Interesse an der Sozialisation gewöhnlich auf die vier folgenden Themen:

1. Mechanismen des sozialen Lernens wie Imitation, Identifikation und Rollenlernen.
2. Die Ausbildung interner oder moralischer Kontrollen und anderer kognitiver Prozesse wie etwa das Selbstkonzept (self concept).
3. Die Entwicklung verschiedener sozialer Verhaltensmuster wie z.B. Abhängigkeit, Aggression und Leistung.
4. Der Einfluß sozialer Systeme und der gesamtgesellschaftlichen Struktur auf die Ausformung sozialer Verhaltensweisen.

Dieses Kapitel befaßt sich mit den Mechanismen des sozialen Lernens. Die anderen Themen werden in Kap. 16 und 17 behandelt.

Zwischenmenschliche Interaktion ist für das Erlernen von Sozialverhalten von besonderer Bedeutung. Zumindest geben andere Personen das Beispiel oder das Modell für die Verhaltensweisen ab, die gelernt werden sollen, und oft geben sie für das Verhalten des Individuums direkte Instruktionen oder formen es um. Die Aktionen dieser anderen Personen werden ihrerseits durch das soziale System beeinflußt, an dem sie teilhaben, ebenso durch die kulturellen Werte und Muster ihrer Gesellschaft. So tragen interpersonelle Prozesse, das gesellschaftliche und das kulturelle System zur Sozialisation bei.

Wie das soziale Lernen vonstatten geht, wissen wir nur zum Teil. Man hat verschiedene Erklärungsversuche hierfür angeboten, die sich teilweise widersprechen. Die Forschung zu diesem Thema zielt in erster Linie darauf, unser Wissen von den Bedingungen zu erweitern, die soziales Lernen optimieren. Ein weitergehendes Verständnis dieser Vorgänge würde uns eine wenigstens partielle Beantwortung der Fragen ermöglichen, wie es kommt, daß Kinder neurotisch oder delinquent werden, warum sie in der Schule versagen, und warum einige Kinder besonders hohe Leistungen erreichen oder zu angesehenen und vertrauenswürdigen Staatsbürgern werden.

ELEMENTARES SOZIALES LERNEN

Soziales Lernen wird zunächst anhand von Begriffen von Theorien erläutert, die auf Grund von Laborexperimenten entwickelt wurden. Sodann behandeln wir die zunehmende Komplexität, die dadurch entsteht, daß soziale Faktoren bei natürlichen Situationen mitspielen.

Verstärkungskontingenzen

Es gibt zwar viele konkurrierende Lerntheorien, die aus Laborexperimenten gewonnen wurden, eine der langlebigsten und polulärsten ist jedoch der radikale Behaviorismus von B. F. Skinner.[1] Gegenwärtig wird diese Theorie auf zahlreiche Lernprobleme unter der Rubrik Verhaltensmodifikation angewandt. Der radikale Behaviorismus beginnt mit einer leicht identifizierbaren Reaktion, wenn z. B. eine Ratte eine Taste betätigt oder eine Taube auf einen an der Käfigwand markierten Fleck pickt. Mit dem Vorgang dieser Reaktion sind drei wichtige Elemente verbunden:

1. Der Anlaß, aus dem die Reaktion erfolgt
2. Die Reaktion selbst
3. Die Aktion der Umwelt, bezogen auf den Organismus, nachdem die Reaktion erfolgt ist.

---

[1] Skinner, 1969

Die Beziehung zwischen diesen drei Elementen wird als Kontingenzen der Verstärkung bezeichnet. Verstärkung wird etwas tautologisch definiert als jede Aktion der Umwelt, die die Reaktion ändert (d. h. die Wahrscheinlichkeit dafür, daß sie erneut erfolgt). Kontingenzen, die diese Wahrscheinlichkeit erhöhen, bezeichnet man als positiv verstärkend; wird die Wahrscheinlichkeit geringer, als negativ verstärkend.

Der Umstand, unter dem die Reaktion auftritt, ist oft durch eine spezielle Charakteristik der Situation gekennzeichnet, die als diskriminativer Reiz bezeichnet wird. Die Ratte im Käfig z. B., die auf eine Taste drückt und einen Futterbrocken erhält, lernt möglicherweise, die Reaktion nur auszuführen, wenn eine Lichtquelle eingeschaltet ist. Das Licht ist hier der diskriminative Reiz. Oder ein Kind kann lernen, seine Mutter dann um einen Gefallen zu bitten, wenn es aus deren Verhalten schließt, daß sie in guter Stimmung ist; (hier wäre der diskriminative Reiz ein umfassender Komplex von Gesichtsausdruck, Körperhaltung und -bewegung, bestimmtem Klang in der Stimme etc.).

Reaktionen werden entweder entsprechend bestimmten Verstärkungsplänen verstärkt bzw. abgeschwächt, oder je nach der Anzahl von Verstärkungen und der Art und Weise, in der diese über einen bestimmten Zeitraum hinweg geboten werden. Im Labor werden gewöhnlich vom Versuchsleiter detaillierte Pläne ausgearbeitet und über automatische Vorrichtungen umgesetzt. So kann etwa nach jeweils 25-maligem Drücken einer Taste die Ausgabe einer Futterpille erfolgen. Die Pille kann aber auch in willkürlichen Zeitabständen und unabhängig von den Aktionen der Ratte ausgegeben werden. Die Verstärkung kann auch einem Zufallsplan folgen. Mit Hilfe derartiger Experimente vermag der Versuchsleiter diejenigen Arbeitspläne aufzustellen, die auf die wirkungsvollste Art die stärkste Reaktion hervorbringen.

Für den radikalen Behaviorismus gelten Verstärkungskontingenzen als ausreichende Erklärung für das Lernen einer bestimmten Reaktion. Wenn gezeigt werden kann, daß auf Grund von Änderungen der jeweiligen Verstärkungskontingenzen ein Individuum eine bestimmte Reaktion lernt bzw. verlernt, dann liefern diese Kontingenzen eine genügende und vollständige Erklärung. Es erübrigt sich, auf kognitive Prozesse zurückzugreifen, um etwa zu untersuchen, was nach Ansicht des Individuums abgelaufen ist. Alle diese Versuche sind für den radikalen Behaviorismus überflüssig.

Den meisten Sozialpsychologen erscheint diese Sicht zu extrem. Einerseits ist es wahrscheinlich richtig, daß etliche soziale Verhaltensweisen auf diese Weise gelernt werden, andererseits scheint der überwiegende Teil des Sozialverhaltens doch eine komplexere Form der Lerntheorie zu erfordern. Einige Sozialpsychologen sind dem Problem dadurch begegnet, daß sie den radikalen Behaviorismus ausgeweitet und verfeinert haben, ohne offensichtlich zu bemerken, daß ihre verfeinerten Versionen den radikalen Behaviorismus in eine Form überführten, die mit den ursprünglichen Prinzipien nichts mehr zu tun hatte; (siehe z.B. Bandura [2]).

---

[2] Bandura, 1969, 1971

Die folgenden Abschnitte behandeln das Lernen sozialen Verhaltens als Folge von Verstärkungskontingenzen, sowie einige der Probleme, die sich aus dieser Art der Erklärung ergeben.

Einige Handlungen werden zweifellos auf Grund der Art und Weise gelernt, in der Verstärkungskontingenzen arrangiert werden, sei es durch Versuchspläne oder andere Umstände. Gewiß ist ein solches Lernen zu wiederholten Malen an Tieren und Kindern in Laborversuchen demonstriert worden. Das Wissen über positive Verstärkung kann vielleicht einigermaßen direkt bei Handlungen angewandt werden, die mit genügend großer Häufigkeit und spontan erfolgen, und bei denen ein Sozialisationsagent zugegen ist, der für positive Verstärkung sorgen kann (in Form von Zustimmung oder eher materieller Belohnung), oder auch wenn die Umwelt so strukturiert ist, daß solche Handlungen eine Verstärkung erfahren; (z. B. kann das Hinabrutschen von einer Sanddüne für ein Kind durch damit verbundene Körperempfindungen bekräftigt werden).

Von größerem Interesse und schwieriger zu verstehen ist jedoch eine andere Art des Lernens - Lernen, das mit negativen Verstärkungen verbunden ist. Derartiges Lernen ist das Ergebnis davon, daß eine bestimmte Handlung verhindert, unterdrückt oder nicht ausgeführt wird. Es findet vor allem in der Kindheit statt; die Eltern sind bestrebt, unerwünschtes Verhalten aus dem kindlichen Repertoire zu eliminieren. Im allgemeinen ist bei der Unterdrückung von Handlungen die eine oder andere Form von negativer Verstärkung oder Bestrafung beteiligt, obwohl auch positive Verstärkung eine Rolle spielen kann. Glücklicherweise hat man in den letzten Jahren mit Forschungen begonnen, durch die die verschiedenen Bedingungen und Kontingenzen geklärt werden sollen, unter denen eine Bestrafung zum Erfolg führt.

Die Wirkungen von Bestrafung

Die meisten Personen sind von dem Effekt von Bestrafungen fest überzeugt. Kinder werden beschimpft und geprügelt; Angestellte bekommen eine Gehaltskürzung, müssen ein Bußgeld entrichten oder werden abgekanzelt; und Verbrecher werden eingesperrt. So angewandt, soll eine Bestrafung unerwünschtes Verhalten ausmerzen, nicht ein bestimmtes Verhalten festigen.

Mehrere Jahrzehnte lang teilten viele Psychologen die Ansicht, durch Strafen lasse sich ein bestimmtes Verhalten allenfalls auf Zeit unterdrücken, auf die Dauer werde es jedoch nicht möglich sein, durch Bestrafung die Motivation abzuschwächen, die hinter der Handlung steht. Sieht man jedoch die entsprechende Literatur von Church, Solomon, Aronfreed und Parke durch, so wird deutlich, daß diese Position nur unter sehr beschränkten Bedingungen vertretbar ist, und daß in Wirklichkeit unter Umständen eine Bestrafung beträchtliche Wirkung haben kann.[3]

In den vergangenen Jahren sind im Laboratorium Verstärkungskontingenzen entwickelt worden, die mit Bestrafung arbeiten, und mit denen unter bestimmten Bedingungen über längere Zeiträume hinweg eine Unterdrückung von Verhaltensweisen erreicht werden kann. Die Auswirkungen der Bestrafung unterscheiden sich spezifisch je nach den Bedingungen, unter denen sie angewandt wurden. In Experimenten mit Ratten, Katzen und Hunden konnte beispielsweise gezeigt werden, daß ein elektrischer Schock unterschiedlicher Intensität je nach seiner Stärke die folgenden Wirkungen hatte: sehr niedrige Intensität erhöhte die Wahrscheinlichkeit des Verhaltens [x)], mäßig niedrige Intensität unterdrückte das Verhalten kurzfristig, mäßig starke Intensität unterdrückte es zeitweise und hohe Intensität bewirkte völlige Unterdrückung.[4] Ebenso zeigen Untersuchungen an Kindern, daß intensivere Bestrafung Handlungen wirksamer unterdrückt als weniger intensive, wenngleich der Gesamtumfang und die Qualität der Intensität nicht systematisch erforscht worden sind. Auch ist den Studien zu entnehmen, daß der Zeitpunkt der Bestrafung von Bedeutung ist. Bestrafung, die einer Handlung vorbeugt oder ihr unmittelbar folgt, ist wirksame als eine verspätete Bestrafung.[5]

Kombinationen positiver und negativer Verstärkung Wenngleich eine Bestrafung oft nur eine kurzfristige Unterdrückung bewirkt, kann sie doch unter bestimmten Umständen ungewöhnlich wirkungsvoll sein - wenn sie z. B. mit einer Belohnung für alternatives Verhalten gekoppelt wird, das mit dem unerwünschten Verhalten unvereinbar ist. Wenn etwa junge Hunde jedesmal, wenn sie Pferdefleisch fressen, mit einer Zeitung geschlagen werden und ihnen gleichzeitig Gelegenheit gegeben wird, Hundekuchen zu fressen, so entwickeln sie gegenüber Pferdefleisch einen solchen Widerwillen, daß sie sogar verhungern, wenn man ihnen nur noch Pferdefleisch anbietet.[6] Das heißt also, daß eine bloße Negation kindlichen Verhaltens seitens der Eltern wahrscheinlich weniger effektiv ist, als wenn damit das Angebot eines damit unvereinbaren Verhaltens verbunden wird, das man dann belohnt.

Eine wesentliche Eigenschaft von Strafen ist die, daß Verhaltensweisen, mit denen die Bestrafung vermieden wird, schnell gelernt werden. Jede Handlung, die eine Bestrafung vermeidet, die normalerweise unerwünschtem Verhalten folgt, wirkt positiv verstärkend. Mit anderen Worten: Vermeidung von Strafen bewirkt eine positive Verstärkung. Darüber hinaus

---

[3] Church, 1963; Solomon, 1964; Aronfreed, 1968; Parke, 1970

[4] Aronfreed, 1968

[5] Parke u. Walters, 1967; Parke, 1969

[6] Solomon, 1964

x) Um Mißverständnissen vorzubeugen, wird nur "to strengthen" mit "verstärken" übersetzt, "to reinforce" dagegen mit "bekräftigen" (A. d. Ü.)

bedeutet sie oft eine sehr wirksame Verstärkung. Ein Hund, der nach vorherigem Warnsignal einen Elektroschock erhält, wird sehr schnell lernen, über ein Hindernis in eine schockfreie Zone zu springen, sobald das Warnsignal ertönt.[7] Schaltet der Versuchsleiter den Strom ab, zeigt der Hund trotzdem mehr als hundertmal dieselbe Reaktion auf das Signal hin. Viele andere Experimente zeigen ebenfalls die Konstanz von Verhalten, das durch aktives Vermeiden oder Unterdrücken gelernt wurde.

Solches Vermeidungsverhalten läßt sich sehr schwer wieder löschen. Einige Experimente hierzu haben demonstriert, daß selbst wenn das Vermeidungsverhalten mit einem Elektroschock bestraft wurde, und das Tier ein alternatives, nicht bestraftes Verhalten angeboten bekam, es weiterhin auf dem Vermeidungsverhalten beharrte.[8]

Man könnte Vermutungen darüber anstellen, wie ein entsprechendes Vermeidungslernen in nicht-experimentellen Situationen vor sich gehen wird. Jede Handlung, die eine Bestrafung vermeiden würde, die normalerweise dem unerwünschten Verhalten folgt, wird tendenziell durch Vermeidungslernen verstärkt. Ein Kind kann etwa ableugnen, sich in bestimmter Weise verhalten zu haben, oder es kann falsche Gründe angeben, warum es sich schlecht benommen hat. Diese Lügen oder falschen Darstellungen werden sehr wahrscheinlich zur Gewohnheit, wenn sie wiederholt dazu führen, daß das Kind der Strafe entgeht. Elterliche Strafen können also einerseits unerwünschtes Verhalten verhindern - oder auch nicht -, andererseits führen sie dazu, daß das Kind Verhaltensweisen lernt, die von den Eltern nicht beabsichtigt sind. Bestrafung hat noch andere Konsequenzen, die in Kap. 16 bei der Diskussion über die Entwicklung kognitiver und moralischer Kontrollen erörtert werden.

B e s t r a f u n g   u n d   A n g s t   Eine Interpretation von Bestrafungsmechanismen, die über den radikalen Behaviorismus hinausgeht, berücksichtigt die Angst, einen internen Zustand der Befürchtung oder Antizipation von Strafen. Aronfreed nimmt an, daß eine Bestrafung bei Kindern über einen doppelten Konditionierungsvorgang zur Verhaltenskontrolle führt, bei dem Verstärkungskontingenzen mitspielen.[9] Zuerst ist die Angst mit der Ausführung der bestraften Handlung konditioniert oder mit den Elementen, die mit der Handlung assoziiert sind, etwa die Antizipation ihrer Ausführung - oder aber mit der Situation bzw. den Umständen, unter denen sie gewöhnlich ausgeführt wird. Wird die Handlung wiederholt, so bewirken die negativen und schmerzhaften Konsequenzen, die der Sozialisationsagent induziert hat, eine Angst vor deren erneutem Auftreten. Wiederholte Bestrafung der Handlung führt

---

[7] Solomon, Kamin, Wynne, 1953; Solomon u. Wynne, 1953, 1954

[8] Aronfreed, 1968

[9] Aronfreed, 1968

möglicherweise zu konditionierten Assoziationen zwischen dem Angstzustand und der bloßen Vorstellung, die Handlung auszuführen. Der andere Teil des Konditionierungsvorgangs besteht in der Verknüpfung von Angstreduzierung mit nicht bestraften Handlungen oder den mit ihnen verbundenen Elementen, die die bestraften Handlungen ersetzen können.

Der doppelte Prozeß besteht also darin, daß Angst mit der Antizipation der Handlung konditioniert und daß gelernt wird, die Verringerung dieser Angst mit Handlungen zu verbinden, die die unterdrückten Handlungen ersetzen. Sind diese beiden Bedingungen erfüllt, wird die bestrafte Handlung später unterdrückt, selbst wenn der Sozialisationsagent nicht mehr zugegen ist. Zu beachten ist, daß dieser Vorgang zu einer Unterdrückung oder Kontrolle führt, ohne daß kognitive Prozesse beteiligt sind - Beurteilung der Handlung als unmoralisch oder falsch sowie andere komplexe Interpretationen, die in Kap. 16 behandelt werden. Diese Interpretation, die mit dem Begriff der Angst als einem inneren Zustand arbeitet, geht weiter als der radikale Behaviorismus, der die Einführung innerer Zustände in sein Erklärungssystem nicht zuläßt.

Aronfreed weist darauf hin, daß in nicht-experimentellen Situationen positive und aversive Folgen oft stark interdependent sind.[10] Das bestrafte Verhalten hat beispielsweise oft seine eigenen intrinsischen, verstärkenden Eigenschaften. Außerdem bestehen Strafen oft aus Liebesentzug oder aus dem Verbot angenehmer Aktivitäten. Wenn im letzteren Fall das Kind als Ersatz das gebilligte Verhalten zeigt, kann dies dadurch verstärkt werden, daß die entzogene Zuneigung oder die untersagte Handlung wieder gewährt werden. Die Vermischung positiver und aversiver Verstärkungen im Alltagsverhalten macht es schwer, deren relative Bedeutung zu bestimmen, und kann häufig zu besonderen Ergebnissen führen (etwa wenn beide Typen der Verstärkung zusammenwirken, um eine größere Wirkung zu erzielen).

Verstärkungskontingenzen und kognitiver Prozess Obwohl sich oft nicht ausmachen läßt, ob eine bestimmte Handlung lediglich durch Verstärkungskontingenzen oder auf Grund bestimmter kognitiver Prozesse erlernt wurde, scheint die Annahme gesichert, daß zumindest einige Handlungen durch einfache Verstärkungskontingenzen gelernt werden. Aronfreed hat festgestellt, daß manches Verhalten unter Bedingungen verhindert wird, bei denen weder eine äußere Überwachung sichtbar, noch irgendeine kognitive oder moralische Kontrollinstanz festzustellen ist.[11] Haushunde kann man z. B. darauf trainieren, eine Vielzahl unerwünschter Verhaltensweisen zu unterdrücken wie das Urinieren innerhalb des Hauses, das Kauen auf

---

[10] Aronfreed, 1968

[11] Aronfreed, 1968

Möbeln oder anderen wertvollen Gegenständen, sowie das Beißen von Besuchern. In ähnlicher Weise lernen Kinder, etliche Verhaltensweisen zu unterdrücken, sogar noch ehe sie auch nur in Ansätzen von der Sprache Gebrauch machen können. Selbst wenn das Kind oder der Erwachsene in vollem Umfang über die Sprache verfügen, lernen sie immer noch bestimmte Verhaltensweisen mittels Bekräftigungskontingenzen. Kinder, deren Bevorzugung von attraktiverem Spielzeug in einem Experiment bestraft worden war, ohne ihnen jedoch eine Erklärung oder einen weiteren Grund für die Bestrafung anzugeben, unterdrücken das bestrafte Verhalten später, selbst wenn offensichtlich weder eine Kontrolle noch ein Risiko vorliegen.[12]

Im Vorgriff auf die Diskussion in Kap. 16 über kognitive und moralische Verhaltenskontrollen, werden einige Experimente angeführt, mit denen sich zeigen läßt, wie über kognitive Prozesse Verhalten unterdrückt werden kann. In einer Laborsituation unter kontrollierten Bedingungen unterzogen sich Kinder einem Training und einem Test.[13] Im Laufe des Trainings unterwarf man sie einer Reihe von Bedingungen mit der Absicht, sie daran zu hindern, bestimmtes Spielzeug anzufassen oder aufzuheben. Bei der Gruppenbildung wurden zwei unterschiedliche Stärken der Bestrafung, eine frühe und eine späte Bestrafung sowie zwei Stufen der kognitiven Struktur unterschieden. Den Kindern in der Versuchsanordnung mit niedriger kognitiver Struktur sagte man, einige der Spielzeuge sollten sie nicht anfassen oder damit spielen, und falls sie sie während des Trainings aufheben würden, werde ein Summer ertönen. Bei dieser Anordnung betätigte man als Strafe nur den Summer - Kommentare wurden nicht gegeben.

In der Anordnung mit hoher kognitiver Struktur erhielten die Kinder eine detailliertere Begründung dafür, daß sie nicht mit bestimmtem Spielzeug spielen sollten, nämlich:

> "... Mit einigen dieser Spielsachen sollt ihr nicht spielen, weil es die einzigen in dieser Art sind, die ich noch habe. Und wenn sie kaputtgingen oder abgenutzt würden, weil Jungen damit spielen, könnte ich sie nicht mehr gebrauchen. Das ist der Grund, warum ich nicht möchte, daß ihr einige dieser Spielsachen anfaßt oder mit ihnen spielt. Wenn ihr ein Spielzeug aufhebt, das ihr eigentlich nicht anfassen oder mit dem ihr nicht spielen solltet, werde ich es euch sagen und ihr hört einen Summton.[14]

---

12 Aronfreed u. Reber, 1965; Aronfreed, 1966

13 Parke, 1970

14 Abdruck mit freundlicher Genehmigung von R. D. Parke, The Role of Punishment in the Socialization Process, in: Hoppe, Milton, Simmel (Hrsg.), Early Experiences and the Processes of Socialization, N. Y., 1970, S. 92

Wenn dann im entsprechenden Fall der Summer ertönte, sagte der Versuchsleiter: "Nein, dieses nicht, es geht zu leicht kaputt."

Nach dem Bestrafungstraining wurden die Kinder mit den Spielsachen allein gelassen, die sie vorher nicht berühren durften, um Abweichungen vom Training zu testen. Die Ergebnisse sind in Abb. 15 - 1 dargestellt. Diejenigen, die eine ausführliche Begründung für das Verbot erhalten hatten, zeigten weniger Ungehorsam als die, denen kein Grund angegeben worden war. Auch die Beziehung zwischen Begründung und Bestrafungszeitpunkt ist interessant. Da wo eine Begründung gegeben wurde, zeigte sich kaum ein Unterschied im Umfang der Abweichungen vom erlaubten Verhalten zwischen der Gruppe mit früher und der mit später Bestrafung. Aber im Fall ohne Begründung bewirkte eine frühe Bestrafung weniger Übertretungen. Offensichtlich überbrückt die Begründung die Verzögerung zwischen der Verletzung des Verbots und der Strafe, so daß eine verzögerte Strafe wirksamer ist, als es sonst der Fall wäre.

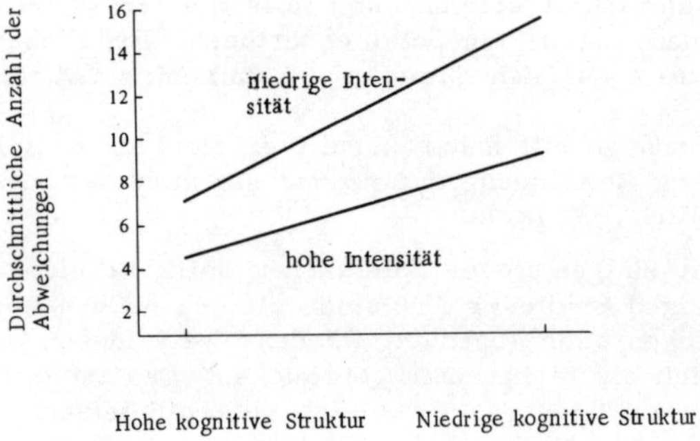

Auswirkungen von kognitiver Struktur und Strafintensität auf Abweichung von Verboten. Die geringste Zahl an Abweichungen (das Berühren verbotenen Spielzeugs) ergibt sich bei hoher Strafintensität und hoher kognitiver Struktur.

Abdruck mit freundlicher Genehmigung von R. D. Parke, The Role of Punishment in the Socialization Process, in: Hoppe, Milton, Simmel (Hrsg.), Early Experiences and the Processes of Socialization, N. Y., 1970 S. 95.

In einer anderen Untersuchung ergaben sich ähnliche Verhältnisse.[15] Und noch in einer dritten Studie benutzte man eine Begründung, die sich stärker auf die Intentionen als auf die Handlung des Kindes konzentrierte: "Nein, du hättest nicht den Wunsch haben dürfen, das Spielzeug anzufassen!" Diese Anordnung erwies sich ebenfalls als erfolgreich, um Hemmungen hervorzurufen.[16] Es scheint erwiesen, daß kognitive Prozesse unter bestimmten Bedingungen dazu beitragen können, Verhalten zu hemmen.

Verstärkung unter natürlichen Bedingungen

Eine Untersuchung über die Ansichten von Müttern über ihre eigene Effektivität bei Strafen ist mit den gerade erwähnten Experimenten über kognitive Prozesse konsistent.[17] Die Mütter, die angaben, aggressives Verhalten körperlich zu strafen und dies ausführlich zu begründen, berichten über weniger Aggressivität bei ihren Kindern als Mütter, die angaben, lediglich körperliche Züchtigung anzuwenden.

Sowohl Aronfreed wie Parke weisen auf eine Anzahl Komplikationen hin, die sich bei der Anwendung von Verstärkung in nicht-experimentellen Situationen ergeben.[18] In vielen Fällen, wo es wünschenswerter wäre, Bestrafung durch positive Bekräftigung zu ersetzen, ist dies nicht möglich. Aronfreed bemerkt, daß häufig die Verhaltensweisen, die der Sozialisationsagent kontrollieren möchte, durch deren intrinsische Eigenschaften oder auf anderen Wegen positiv verstärkt werden, auf die der Agent keinen Einfluß hat. Ein kleines Kind kann beispielsweise Spaß daran finden, den Haushund zu provozieren, weil es ihn gerne bellen hören will. Deshalb ist im Zusammenhang mit diesem Verhalten des Kindes die Anwendung positiver Verstärkung durch den Agenten wahrscheinlich ziemlich wirkungslos, und zwar gegen die Stärke der konkurrierenden intrinsischen Verstärkung. In diesem Fall wäre es besser, aversive Kontrollen zu verwenden.

---

[15] Cheyne u. Walters, 1969

[16] Aronfreed, 1965

[17] Sears, Maccoby, Levin, 1957

[18] Aronfreed, 1968; Parke, 1970

Ein weiteres Problem bei der Kontrolle kindlichen Verhaltens, auf das Aronfreed aufmerksam macht, besteht darin, daß viele der gesellschaftlich sehr hoch bewerteten Benehmensformen sich stark von den unerwünschten, aber sehr motivierten Handlungen unterscheiden, die sie ersetzen sollen; (z. B. wenn man von einem vitalen, unbändigen Kind verlangt, sich zu bremsen und ruhig sitzenzubleiben).[19] Dem Agenten, der positive Kontrolle anwenden möchte, stellt sich also das Problem, das Kind dazu zu bringen, das unerwünschte Verhalten durch gänzlich andersartige erwünschte Handlungen zu ersetzen, so daß der Agent diese dann verstärken kann. Die erwünschten Handlungen geschehen kaum spontan, so daß es schwer ist, das Verhalten in die gewünschte Richtung zu formen.

Parke stellt fest, daß wenig Informationen über Bestrafung unter natürlichen Bedingungen vorliegen.[20] Welche Formen der Bestrafung werden angewandt und wie oft, verglichen mit anderen Kontrolltechniken? Man weiß noch gar nicht genau, welche Art von Strafen die wirksamste sind. Außerdem zeigen Strafen manchmal paradoxe Wirkungen (eine Bestrafung geringer Intensität etwa, die wiederholt auf eine bestimmte Handlung folgt, vergrößert oft die Wahrscheinlichkeit, daß die bestrafte Handlung geschieht).[21] Eine andere wichtige Frage ist, ob Sozialisationsagenten für bestimmte Formen von Übertretungen die Anwendung von Strafen besonders bevorzugen: besteht die Reaktion auf aggressives Verhalten häufiger in Bestrafung? Welchen Einfluß haben die Reaktionen des Kindes gegenüber Strafen auf deren zukünftige Anwendung? Und von besonderer Bedeutung ist der größere Kontext, innerhalb dessen Strafen verhängt werden. Erfolgen Strafen im Zusammenhang mit einer generellen Akzeptierung des Kindes seitens der Eltern? Oder sehen die Strafen so aus, daß das Kind sich als gänzlich zurückgestoßen empfindet? Auf dem Gebiet der nicht-experimentellen Situationen bedarf es noch einiger Forschung, ehe Fragen dieser Art beantwortet werden können.

Zusammenfassung: Elementares soziales Lernen

Der radikale Behaviorismus begreift Lernen als eine Funktion von Verstärkungskontingenzen unter Berücksichtigung von 1. den Umständen, unter denen eine Reaktion auftritt, 2. der Reaktion selbst und 3. der Reaktion der Umwelt auf den Organismus, nachdem die Reaktion erfolgt ist. Jede Handlung der Umwelt, die die Ereigniswahrscheinlichkeit der Reaktion verändert, ist eine Verstärkung. Der Umstand, unter dem die Reaktion auftritt, ist oft durch eine spezielle Eigenschaft der Situation charakterisiert, die als diskriminativer Reiz bezeichnet wird.

---

[19] Aronfreed, 1968

[20] Parke, 1970

[21] Aronfreed, 1968

Lange Zeit hindurch hatte man angenommen, daß Strafen zur Verhinderung bestimmter Verhaltensweisen ungeeignet seien, jedoch haben neuere Untersuchungen diese Ansicht in keiner Weise bestätigt. Unter bestimmten Bedingungen zeigt eine Bestrafung intensive und lang anhaltende Hemmungswirkungen. Besonders wirksam ist die Anwendung von Strafen in Verbindung mit der Verstärkung einer akzeptablen Alternativ- oder Ersatzreaktion anstelle der zu unterdrückenden Reaktion. Einige andere Bedingungen, die die Folgen einer Bestrafung beeinflussen, sind deren Intensität, die Natur des ursprünglichen Lernvorganges und die Abfolge von Verstärkung und Bestrafung.

Verhaltensweisen, mit denen sich eine Bestrafung erfolgreich umgehen läßt, werden schnell gelernt, und zwar deshalb, weil die Vermeidung von Strafen eine Art Verstärkung (der Handlung, die einen vor Strafe bewahrt) darstellt. Geht man davon aus, daß Strafen eine Möglichkeit zur Unterdrückung einer Reaktion sind, so verbindet eine andere Theorie Strafe mit Angst, und zwar über einen zweiteiligen Konditionierungsvorgang. Dieser besteht darin, daß Angst mit der Antizipation der bestraften Handlung konditioniert wird, und daß das Individuum lernt, die Verminderung dieser Angst mit Handlungen zu assoziieren, die an die Stelle der unterdrückten treten. Nach der Theorie kann diese Art der Verhaltensunterdrückung ohne Berücksichtigung kognitiver Prozesse wie moralisches Urteil erreicht werden.

Während einige Formen des Lernens in Begriffen von Verstärkungskontingenzen ziemlich gut und adäquat erklärt werden können, scheint andererseits klar, daß kognitive Prozesse den Vorgang erleichtern können, bei dem die Unterdrückung bestimmter Handlungen gelernt wird. In Experimenten beispielsweise unterdrücken die Kinder diese Handlungen dauerhafter, denen man ihnen Gründe angibt, warum sie bestimmte Dinge nicht tun sollen, und sie auch bestraft, falls sie es doch tun, als diejenigen Kinder, die lediglich für Fehlverhalten bestraft werden.

LERNEN AM MODELL

Viele Leute richten ihr Verhalten an dem anderer Personen aus. Das nachgeahmte Verhalten kann direkt beobachtet worden sein, visuell über Massenmedien vermittelt, verbal beschrieben oder einfach in der Phantasie vorhanden sein. In manchen Fällen zeigt der Beobachter unmittelbar danach das beobachtete Verhalten. In der Mehrzahl wird das imitierte Verhalten jedoch erst später gezeigt. Das bedeutet, daß der Beobachter das Verhaltensmuster irgendwie durch bloßes Beobachten lernt. Aus diesem Grund erweist sich die konventionelle Lerntheorie als unzureichend, wenn es um eine zureichende Erklärung des Imitationslernens geht. Die Lernforschung hat fast immer mit Aufgaben gearbeitet, wo das Versuchsobjekt direkt beobachtet werden kann, wie es nach und nach sein Lösungsverhalten verbessert - also mit Situationen, wo beobachtbares Verhalten gezeigt wird. Erst in den letzten Jahren hat man dem Lernen am Modell (learning through modeling) oder durch modeling uneingeschränkte Aufmerksamkeit geschenkt. Geeignete Wege, ein Konzept des Lernens mittels Beobachtung zu finden, wie es beim Imitationslernen geschieht, sind momentan noch eine kontroverse Angelegenheit. Viele unterschiedliche Ansätze liegen vor, die alle durch bestimmte Untersuchungen mehr oder weniger abgestützt sind. Eine brauchbare Erörterung dieser verschiedenen Konzepte findet sich bei Berger und Lambert.[22]

Ein relativ umfassender Ansatz zur Erklärung von Imitation, der von Bandura stammt, soll hier vorgestellt werden.[23] Die Diskussion stellt die Bestandteile des Prozesses des Modell-Lernens heraus, überläßt jedoch weiterer Forschungsarbeit, die exakte Natur der Lernmechanismen zu bestimmen, die dem modeling zugrunde liegen. Bandura nimmt an, daß ein Individuum bei der Imitation folgende Dinge tun muß: auf das Verhalten der anderen Person achten, sich an das Beobachtete erinnern, die notwendigen entsprechenden Fertigkeiten besitzen und motiviert sein, das Verhalten zu zeigen. Beim modeling spielen also vier zusammenhängende Prozesse eine Rolle. Diese werden im folgenden erörtert.

Beachtung des Verhaltens des Modells

Damit modeling stattfindet, muß der Beobachter das Verhalten des Modells (model) beachten. Faktoren, die die Präsenz von Modellen tangieren, die einen bestimmten Verhaltenstypus an den Tag legen, haben einen Einfluß darauf, was gelernt wird. Ein Kind, das in einem Armenviertel der Innenstadt aufwächst, wo häufig Straßenkämpfe stattfinden, wird eher Modellen begegnen, die ein aggressives Verhalten zeigen, als ein Kind in den Wohlstandsvierteln der Vorstädte. Andere Faktoren, die für die Beachtung von Bedeutung sind, beinhalten den funktionalen Wert des Verhaltens, die Attraktivität des Modells für den Beobachter sowie den intrinsischen Charakter der Art und Weise, wie das Verhalten im einzelnen vorgeführt wird. In Bezug auf den letztgenannten Faktor nimmt Bandura an, daß Fernsehmodellen wahrscheinlich in besonderem Maße Beachtung zuteil wird. Jeder, der sich einmal dabei ertappt hat, daß er sich ein stumpfsinniges Fernsehprogramm nur deshalb ansieht, weil der Apparat zufällig gerade eingeschaltet ist, kann dem zustimmen. Aber wenngleich Beachtung eine notwendige Bedingung für Imitation ist, so bewirkt sie doch noch nicht aus sich heraus eine Verhaltensänderung. Es kann sein, daß die dargestellte Handlung zur Kenntnis genommen und wieder vergessen wird. Damit es zum modeling kommt, muß die Handlung behalten oder erinnert werden.

---

[22] Berger u. Lambert, 1968

[23] Bandura, 1969, 1971

Erinnerung an das Beobachtete

Beim Lernen durch Beobachtung sind zwei Vorstellungssysteme beteiligt, ein bildliches und ein verbales. Die Beachtung eines Modells kann zu relativ dauerhaften, identifizierbaren Bildern der nachgeahmten Verhaltenssequenz führen. Das läßt sich an Hand eigener Erfahrungen nachvollziehen. Es dürfte schwer sein, sich den Namen einer Person ins Gedächtnis zu rufen, ohne sich gleichzeitig ihr Äußeres vorzustellen, oder das Wort Tennis ohne den dazugehörigen Tennisplatz samt Spielern zu denken. Aber noch wirksamer als diese Bildersprache ist die Fähigkeit, Verhaltenssequenzen verbal zu kodieren. Dies ist ohne Zweifel der Grund dafür, daß das Beobachtete vom Menschen so erstaunlich schnell und für lange Zeit im Gedächtnis gespeichert werden kann. Die Vorstellung beispielsweise, die man aus einer Autofahrt als Beifahrer behalten hat, ist weniger verläßlich als die verbale Anweisung: "Hinter der zweiten Ampel rechts bis zum Bahnübergang, dann links die erste Straße."

Untersuchungen haben gezeigt, daß Beobachter, die vom Modell gezeigtes Verhalten in Worte, knappe Formeln oder lebhafte bildliche Vorstellungen kodieren sollten, das Verhalten besser behalten als Personen, die nur passiv beobachten oder in Gedanken mit anderen Dingen beschäftigt sind, während sie das Modell beobachten.[24] Ebenso lassen sich nachgeahmte Verhaltensmuster leichter merken, wenn man sie sich in Gedanken wiederholt. Komplexeres soziales Verhalten ist selbst in erster Linie verbal und wird wahrscheinlich von vorneherein in verbalen Kategorien begriffen. Der spätere Abschnitt über Rollenlernen behandelt diese Art von Verhalten.

Fähigkeit, Verhalten zu zeigen

Damit ein Beobachter das Verhalten eines Modells nachahmen kann, müssen die entsprechenden Elemente in seinem Verhaltensrepertoire enthalten sein, und er muß deren Ausführung in Übereinstimmung mit seiner symbolischen Darstellung des nachgeahmten Verhaltens koordinieren können. Da niemand sich selbst beobachten kann, sondern sich auf Aussagen von anderen oder auf vage propriozeptive Hinweisreize stützen muß, kann sein Verhalten zunächst gänzlich verfehlt sein oder eine grobe Annäherung darstellen, die immer mehr verbessert wird.

---

24 Bandura, Grusec, Menlove, 1966; Coates u. Hartup, 1969; Gerst, 1969

Motivation zu lernen und nachzuahmen

Die traditionellen, an der Verstärkung orientierten Theorien haben betont, daß Lernen nur da stattfindet, wo eine Verstärkung existiert. Bandura hingegen geht davon aus, daß es auch ohne Verstärkung zu Imitationslernen kommt.[25] Menschen können Verhaltensmuster beobachten, kodieren und sich merken, und diese später reproduzieren, selbst wenn sie nicht belohnt werden. Natürlich kann es oft auf jeder dieser Stufen zu einer Verstärkung kommen. D. h. eine Person, die ein Bedürfnis antizipiert, das Verhalten eines Modells zu lernen, kann motiviert sein, stärker auf das Verhalten des Modells zu achten und es systematischer und sorgfältiger zu kodieren und zu behalten. In diesem Prozeß können subtile Formen der Verstärkung enthalten sein, die schwer auszumachen sind.[26]

Manches bei der frühen Theoriebildung und Forschung über Imitations- oder Beobachtungslernen konzentrierte sich auf die Motivation, die der Wahl eines bestimmten Modells zugrunde liegt. Die psychoanalytische Theorie betont zwei Typen der Motivation, sich mit einem Modell zu identifizieren. Nach der psychoanalytischen Theorie erfährt ein Kind während seines ersten Lebensjahres eine durch Zuwendung bestimmte Beziehung zu einem Erwachsenen, gewöhnlich zu der Mutter. Manchmal unterbricht diese ihre Zuwendung und Unterstützung. Man nahm an, daß die damit verbundene Drohung des Liebesverlustes das Kind motivierte, deren Verhalten und Eigenschaften zu "introjizieren". Diese Vorstellungen wurden nach und nach in Begriffen der Lerntheorie neu formuliert, wie z. B. von Sears, der annahm, als Ergebnis einer engen Pflegebeziehung mit der Mutter entwickele das Kind ein Bedürfnis nach Abhängigkeit.[27] Wenn die Mutter in ihren Bemühungen, das Kind zu erziehen, diesem ihre Zuwendung entzieht, so motiviert die daraus folgende Frustration des Bedürfnisses nach Abhängigkeit das Kind, die Verhaltensweisen der Mutter zu imitieren oder deren Rolle zu spielen. Die Beziehung zwischen Fürsorge, Liebesentzug, Entwicklung von Abhängigkeit und Identifikation oder Nachahmung ist auch angewandt worden, um die Entwicklung kognitiver und moralischer Kontrollen zu erklären. Man hat angenommen, das Kind übernehme nicht nur das elterliche Verhalten in sein eigenes Verhaltensrepertoire, sondern auch deren Verhaltensnormen.

Während die erste Untersuchung von Sears, Maccoby und Levin[28] diese Annahme stützt, lassen spätere Arbeiten von ihnen[29] sowie von anderen Zweifel daran aufkommen, daß die Frustration von Abhängigkeitsbedürfnissen ein entscheidender Faktor für Identifikation und die Bildung des

---

[25] Bandura, 1969, 1971

[26] Michael u. Maccoby, 1961

[27] Sears, 1957

[28] Sears, Maccoby, Levin, 1957

[29] Sears, Rau, Alpert, 1965

Bewußtseins ist. Wenn sich auch herausgestellt hat, daß die Pflegebeziehung zwischen einem Modell und dem Kind die kindliche Nachahmung des Modells verstärkt hat, so läßt sich dieses Ergebnis jedoch nicht auf alle Arten von Reaktionen oder in allen Situationen anwenden. So berichtete eine Untersuchung, daß aggressive Reaktionen ungeachtet des Ausmaßes an Fürsorge imitiert wurden, und in einer anderen Studie verringerte die Fürsorge des Erwachsenen das Ausmaß, in dem das Kind hohe Leistungsstandards übernahm.[30] Dieser Effekt trat auf, weil eine Übernahme dieser Normen für das Kind eine negative Selbstbewertung und eine Selbstverleugnung bedeutet hätte.

Eine zweite frühe Theorie der Identifikation mit ähnlichem psychoanalytischen Ursprung betonte die Verringerung von Angst als die der Identifikation zugrunde liegende Motivation. Man nahm an, defensive oder aggressive Identifikation finde als Folge der Lösung des Ödipus-Komplexes statt, bei dem der Junge aus Angst vor Kastration durch den Vater - als Strafe für seine Inzestwünsche gegenüber der Mutter - seine Angst dadurch verringert, daß er sich mit dem Vater identifiziert. Zwar existieren einige klinische[31] und anekdotische[32] Befunde, die die Annahme stützen, daß Aggressoren zu Modellen werden können, aber es ist nicht erklärlich, warum die Imitation des Verhaltens eines bedrohlichen Rivalen die Angst reduzieren sollte. Tatsächlich nimmt Bandura an, daß gerade die gegenteiligen Wirkungen zu erwarten seien.[33]

Whiting hat eine Modifikation dieser Theorie vorgeschlagen, die unterstellt, nicht Verringerung von Angst, sondern Neid und stellvertretende Belohnung seien die Motive für Identifikation.[34] Das Kind richtet sein Verhalten nach dem der mächtigen Erwachsenen, weil diese Belohnungen bekommen können, um die das Kind sie beneidet. Schließlich haben andere eine Erklärung mittels sozialer Macht vorgeschlagen: Das Kind identifiziert sich weniger mit dem beneideten Empfänger von Belohnungen, sondern mit dem, der die Belohnungen kontrolliert. Die Machttheorie wird von einem Experiment gestützt, bei dem Kinder mit Modellen zusammengebracht wurden, die entweder Belohnungen kontrollierten (z.B. schönes Spielzeug, Leckereien und andere attraktive Gegenstände) oder daran nur als Empfänger teilhatten.[35] Die Kinder richteten ihr Verhalten mehr nach dem der Kontrolleure als nach dem der Empfänger.

---

[30] Bandura u. Huston, 1961; Bandura, Grusec, Menlove, 1966

[31] Freud, 1946

[32] Bettelheim, 1943

[33] Bandura, 1969

[34] Whiting, 1964

[35] Bandura, Ross, Ross, 1963 a

Die Theorie des sozialen Lernens nimmt an, daß die Entscheidung darüber, ob eine fürsorgliche, eine aggressive oder eine in hoher sozialer Macht- und Prestigestellung stehende Person als Modell gewählt wird, von den Konsequenzen des entsprechenden Verhaltens für das Vorbild wie für den Beobachter abhängt. Im Fall eines Vorbildes mit hoher Rang- und Machtstellung lernen also die einzelnen wahrscheinlich, daß das Verhalten solcher Modelle häufig belohnt wird, und daß die Reproduktion dieses Verhaltens ebenso wahrscheinlich günstige Folgen haben wird. Das gilt besonders für Situationen, wo der einzelne in der Wahl des angemessenen Verhaltens unsicher ist. In einer gegebenen Situation ist Nachahmung also nicht nur eine Funktion der Eigenschaften des Modells, sondern auch des Beobachters. Personen mit geringem Selbstvertrauen unterliegen in der Regel eher einem Druck zur Nachahmung.

Stotland hat eine Reihe von Untersuchungen durchgeführt, aus denen hervorgeht, daß bei der Wahl eines Modells die Ähnlichkeit zwischen Modell und Imitator ein maßgeblicher Faktor ist.[36] Identifikation auf Grund von Ähnlichkeit stellt gegenüber den bisher behandelten eine gänzlich andere Form dar. Nach Stotland existiert eine Art von Identifikation, die auf einem perzeptiv-kognitiven Prozeß beruht, im Gegensatz zu einem Lernprozeß, der über Motivation abläuft. Er nimmt an, daß eine derartige Identifikation bestimmte Formen des nichtintentionalen oder zweckfreien Lernens besser erklären kann. Eine Identifikation auf Grund von Ähnlichkeiten findet statt, wenn jemand meint, mit jemand anderem einen bestimmten Charakterzug gemeinsam zu haben und außerdem an der anderen Person eine zusätzliche Eigenschaft feststellt. Er glaubt dann, auch diese zweite Eigenschaft zu besitzen und oft verhält er sich dementsprechend.

Besonders charakteristisch für diese Form der Identifikation ist, daß zwei beliebige Eigenschaften, die man zufällig an einem anderen entdeckt, zur Identifikation führen können, wenn der Beobachter eine davon selbst besitzt. Zwischen den beiden Eigenschaften braucht keine besondere Beziehung zu bestehen, noch braucht beim Beobachter ein Motiv zur Identifikation vorzuliegen. Das Vorbild muß kein Objekt der Zuneigung oder Angst sein wie in einigen der oben diskutierten Theorien. Eine Bedingung dafür, ob eine Identifikation erfolgt oder nicht, ist die Übereinstimmung des Charakterzuges des Modells mit der eigenen Selbstauffassung. Ist der Zug mit dem Selbstkonzept unvereinbar, kann eine Identifikation ausbleiben.

In einem der Stotlandschen Experimente, an der 70 Studentinnen teilnahmen, arbeitete jede Studentin allein, aber es wurde der Anschein erweckt, als sei sie Teil einer Dreiergruppe.[37] Aus acht Melodiepaaren sollte sie je-

---

[36] Stotland, 1961

[37] Stotland, 1961

weils die Melodie aussuchen, die ihr am besten gefiel. Nach jeder Wahl hörte sie über Kopfhörer mit, wofür sich die beiden anderen Teilnehmerinnen entschieden hatten. Sodann gab sie ihre eigene Wahl über ein (totes) Mikrophon durch. Tatsächlich waren die beiden anderen Frauen bezahlte Teilnehmer, deren Stimmen nur vom Band abliefen. Die Studentin mußte zu der Auffassung kommen, ihre Präferenzen seien denen der einen der beiden anderen Versuchspersonen ähnlicher als denen der anderen. Danach wurde sie einer anderen Aufgabe unterzogen, nämlich, aus zehn Paaren sinnloser Silben jeweils die Silben auszusuchen, die ihr am besten gefielen, wobei sie diesmal vor ihrer eigenen Wahl über den Kopfhörer die Wahl der beiden anderen Teilnehmerinnen überspielt bekam. Der Sinn des ganzen bestand darin, festzustellen, ob sie die Vorlieben der bezahlten Teilnehmerin teilen würde, die auch bei den Melodien den ihr ähnlichen Geschmack gezeigt hatte. Es stellte sich heraus, daß die Studentinnen diejenigen sinnlosen Silben bevorzugten, die auch die bezahlte Teilnehmerin gewählt hatte, mit der eine größere Übereinstimmung bezüglich der Melodien erzielt worden war; dies traf besonders dann zu, wenn die musikalischen Präferenzen sehr ähnlich waren.

In einer umfangreichen Reihe anderer Experimente, die Stotland und seine Mitarbeiter durchführten, ging es um unterschiedliche Eigenschaften und Charakterzüge als Ausgangspunkt für Ähnlichkeiten, sowie um verschiedene situationsspezifische Variable, die auf den Identifikationsprozeß einen Einfluß haben könnten.[38] Während diese Untersuchungen im allgemeinen eine Theorie der Identifikation auf Grund von Ähnlichkeiten stützen, zogen es in einigen anderen Studien die Beobachter vor, dem Verhalten von Vorbildern nachzueifern, die ihnen unähnlich waren.[39] Diese Studien stützen Banduras Interpretation, daß es nicht Ähnlichkeit an sich und deren Implikationen für eine kognitive Konsistenz sind, die das Lernen wesentlich beeinflussen, sondern die Tatsache, ob die Nachahmung ähnlicher oder unähnlicher Vorbilder in der Vergangenheit belohnt worden sind.

Frühere Theorien des Imitationslernens haben über ihrer Betonung der Eltern-Kind-Beziehung die Bedeutung von außerfamiliären Einflüssen auf den Identifikationsprozeß vernachlässigt. Der Ansatz über soziales Lernen hat diesen Mangel ausgeglichen. In der amerikanischen Gesellschaft ist das Kind weitgehend von anderen Modellen als von seinen Eltern abhängig, einschließlich Altersgenossen oder älterer Kinder sowie einer Reihe von Modellen, die ihm durch Massenmedien wie Presse, Rundfunk, Fernsehen und Kino angeboten werden. Eine Nachahmung, die in diesem

---

38 Stotland, 1961

39 Bandura u. Kupers, 1964; Hicks, 1965; Jakubczak u. Walters, 1959; Epstein, 1966

Kontext stattfindet, kann von der Theorie des sozialen Lernens leicht mit einbezogen werden. Dieser Ansatz bezieht sich auch auf den Erwerb komplexerer Reaktionen als bloße Mimikry oder elterliche Modelle. Innovatives Verhalten beispielsweise kann als Verbindung diverser Reaktionen auf eine Vielzahl von Modellen erklärt werden. Da schließlich das Auftreten von Imitation an eine breite Vielfalt von Kontexten mit unterschiedlichen direkt, elektronisch oder verbal vorgestellten Modellen gebunden ist, nimmt Bandura an, daß die Theorie des sozialen Lernens eine Form der Nachahmung auf höherer Stufe erklären kann, wo nämlich bestimmte Regeln und nicht Verhaltensweisen erworben werden.[40]

Er unterstellt, dies geschehe dadurch, daß ein bestimmtes Attribut im Verhalten des Modells, das in einer Reihe von Kontexten präsentiert wird, selektiv ausgewählt und beim Modell verstärkt wird, sobald dieses das Verhalten zeigt, wobei irrelevantes Verhalten keine Verstärkung erfährt. Dieses allgemeine Schema ist zwar in einer vereinfachten experimentellen Situation bestätigt worden, wo es um die Modifikation und den Gebrauch von Urteilstypen ging, seine Anwendbarkeit muß sich jedoch noch an sozialeren Aktionsformen erweisen.[41] Tatsächlich kann der Prozeß selbst im Falle moralischer oder sozialer Handlungen beträchtlich komplizierter sein und die Rolle der Verstärkung weniger wichtig, als angenommen. Eine Bestätigung oder Widerlegung solcher Annahmen ist nur durch Studien mit komplexeren Formen sozialer Handlungen möglich.

Zusammenfassung: Lernen am Modell

Das Nachahmen eines Modells erfordert vom einzelnen, auf das Verhalten einer anderen Person zu achten, sich des Beobachteten zu erinnern, die dazu notwendigen Fertigkeiten zu haben und motiviert zu sein, das Verhalten nachzuspielen. Welches Verhalten also imitiert wird, hängt von dessen Präsenz und der Häufigkeit seines Auftretens ab, seinem funktionalen und Beachtungswert und von der Attraktivität des Modells. Wird das Verhalten des Vorbildes direkt vor Augen geführt, kann der Beobachter dessen Ablauf über seine Vorstellung abrufen. Es kann aber auch in Worten kodiert sein und bleibt so zwar auf eine abstraktere, aber wirksamere Weise über einen längeren Zeitraum hinweg im Gedächtnis haften. Zum großen Teil ist Sozialverhalten an sich schon verbal und wird wahrscheinlich schon zum Beobachtungszeitpunkt in die sprachliche Form umgesetzt. Besteht das Verhalten des Modells aus komplexen körperlichen Aktivitäten, muß der Beobachter die dazu notwendigen Komponenten in seinem eigenen Verhaltensrepertoire haben und in der Lage sein, sie so darzustellen, daß

---

[40] Bandura, 1969, 1971

[41] Bandura u. Harris, 1966

sie mit dem übereinstimmen, was er beobachtet hat. Für eine gelungene Nachahmung ist in diesem Fall oft viel Übung erforderlich.

In der früheren Theoriebildung und Forschung über Nachahmungslernen interessierte man sich hauptsächlich für die Motivation, ein bestimmtes Modell auszuwählen. Die psychoanalytische Theorie betont in ihrem Interesse an den frühen Phasen des Kleinkindes die Entwicklung einer Fürsorgebeziehung zu einem Erwachsenen, in der Regel zu der Mutter, und behauptet, der Entzug von Zuwendung bewirke Angst, die dadurch reduziert wird, daß das Verhalten und andere Eigenschaften der Bezugsperson introjiziert werden. In lerntheoretischen Begriffen ausgedrückt glaubt man, Zuwendung führe zu einem Abhängigkeitsbedürfnis. Die durch den Entzug von Zuwendung bewirkte Frustration des Bedürfnisses schaffe eine Motivation, die Mutter zu imitieren und ihre Eigenschaften und moralischen Werte zu verinnerlichen. Neuere Arbeiten, die zu anderen Ergebnissen kommen, lassen Zweifel an der Richtigkeit von Studien entstehen, die diese These unterstützen. Eine andere psychoanalytische Theorie erklärt die Wahl eines aggressiven Vorbildes. Man nahm an, daß Knaben die Angst vor Kastration durch den Vater, die sie als Bestrafung für ihre inzestuösen Wünsche bezüglich der Mutter befürchten, mittels einer Identifikation mit dem Vater reduzierten. Aber es ist nicht einsichtig, warum eine derartige Identifikation zu einer Angstverringerung führen soll. Eine andere Variante nennt Neid und stellvertretende Belohnung als Motive dafür, eine mächtige Person als Modell zu wählen, nämlich jemanden, der Befriedigung erfährt, um die man ihn beneidet. Eine weitere mögliche Interpretation betont, daß es bei der Wahl von mächtigen Modellen eher darauf ankommt, wer bestimmte Belohnungen kontrolliert als darauf, wer sie empfängt. Schließlich sprechen einige Anzeichen dafür, daß Modelle eher imitiert werden, an denen der Beobachter bestimmte Ähnlichkeiten mit sich selbst feststellt. Der Grund kann darin liegen, daß vielleicht eine solche Art der Nachahmung mit Belohnungen in der Vergangenheit in Zusammenhang gebracht wurde.

VORGANG UND INHALT DES ROLLENLERNENS

Vieles in der Erörterung des elementaren sozialen Lernens bezieht sich in erster Linie auf sehr einfache Handlungen. Selbst das Imitationslernen, zumindest was die experimentelle Forschung in Laboren angeht, beschränkt sich zunächst weitgehend auf einfache Akte. Der größte Teil dessen, was ein Kind lernt, ist komplizierter. Diese umfassenden Eigenschaften der Sozialisation sollen jetzt behandelt werden, und zwar deren Inhalt, deren charakteristische Prozesse und deren fördernde oder hindernde Faktoren.

Inhalt des Rollenlernens

Rollenlernen bedeutet, zu lernen, sich ähnlich zu verhalten, zu empfinden und die Welt zu interpretieren wie andere Personen, die sich in derselben Rollenkategorie befinden. Auf Grund der Notwendigkeit zu lernen, mit anderen Personen gelungene Interaktionen einzugehen, werden beim Rollenspiel Verhalten, Gefühle und Orientierungen der Rollenpartner mitgelernt. Die Mutter eines Neugeborenen lernt nicht nur, was Muttergefühle sind, sondern sie wird auch mehr und mehr mit den Gefühlen ihres Kindes vertraut. Darüber hinaus ist das Rollenlernen für die Entwicklung der perzeptiv-kognitiven Reaktionen von Bedeutung, die in ihrer Gesamtheit als das Selbst bezeichnet werden. Die beiden ersten Aspekte des Rollenlernens werden im folgenden behandelt, die Erörterung des Selbst folgt in Kap. 17.

Das Erlernen von Normen und Werten, die mit der Rolle verbunden sind Träger der gleichen Rolle teilen eine umfassende Ideologie bezüglich ihrer Relationen zu Rollenpartnern: sie stimmen in bezug auf angemessene Einstellungen und Verhaltensweisen gegenüber den Rollenpartnern überein. Während der Assistenzarzt in einem Krankenhaus eine Rolle des Arztes übernimmt, lernt er Schwestern, Patienten und Krankenpfleger unter denselben Gesichtspunkten anzusehen, wie ausgebildete Ärzte diese Rollenpartner betrachten. In gleicher Weise lernt der angehende Dieb von seinen professionelleren Kumpanen die angemessene Art und Weise, in der Opfer und Polizisten zu betrachten sind.[42] Der Rollenaspirant erwirbt andere Einstellungen und Werte, die von erfahreneren Rollenträgern geteilt werden, die nur indirekt mit Rollenpartnern zu tun haben. Der Medizinstudent lernt die Einstellungen von Ärzten gegenüber Leben und Tod und gegenüber der Fehlbarkeit ärztlicher Kunst wie gegenüber politischen Einflüssen kennen, denen die medizinische Praxis ausgesetzt ist.[43]

Der "Rollenlehrling" erwirbt auch angemessene emotionale Reaktionen auf seine eigenen Handlungen oder auf die von anderen, die mit den von ihm erworbenen Normen und Werten übereinstimmen oder auch nicht. Er lernt, Sanktionen auf sich und auf andere anzuwenden, sobald das Verhalten von den akzeptierten Normen abweicht. Diese Reaktionen von Stolz, Zustimmung, Mißbilligung, Wut, Schuld und Scham lenken sein Verhalten und seine Erfahrungen sehr wirksam in die gewünschte Richtung.

Rollenerwartungen erfordern oft, daß der Rollenträger Emotionen oder Gefühle empfindet, die sich deutlich von den Gefühlen von Personen unterscheiden, die nicht dieselbe Position besetzen. Knaben, die dazu erzogen werden

---

[42] Sutherland, 1937

[43] Becker, Geer, Hughes, Strauss, 1961

beispielsweise eine traditionelle Geschlechterrolle zu spielen, lernen mit der Zeit, unter bestimmten Umständen nicht zu weinen, unter denen das Weinen für kleine Mädchen durchaus als angemessen gilt. Das Lernen der Arztrolle bietet ein etwas komplizierteres Beispiel: Der Medizinstudent muß lernen, gegenüber einem nackten weiblichen Körper Reaktionen sexueller Erregung zu unterdrücken. Die Frau, die die Rolle des Patienten lernt, lernt andererseits Reaktionen der Verwirrung zu unterdrücken, wenn sie von einem Arzt untersucht wird. Ein anderes Gefühl, das von Ärzten unterdrückt werden muß, ist Sympathie oder Antipathie gegenüber dem Patienten. Zwei Untersuchungen beschreiben, wie Ärzte lernen, diese Gefühle zu hemmen und stellen fest, daß andernfalls diese Gefühle mit beruflichen Verpflichtungen in Konflikt geraten würden, nämlich gleiche Anteilnahme und Fürsorge für alle Patienten an den Tag zu legen.[44]

Rollenfertigkeiten und -techniken Die meisten Rollen erfordern das Erlernen spezifischer Fertigkeiten und Techniken. Man vergleiche die unangenehmen Situationen, in die Neulinge häufig geraten, mit dem gut eingespielten Verhalten des alten Hasen. Diese Fertigkeiten und Techniken lassen sich in zwei Gruppen einteilen: 1. Solche, die sich direkt auf die Erfüllung von Aufgaben beziehen, die mit der Rolle verbunden sind und 2. solche, die aus Anforderungen der Rollenpartner herrühren, und die zwar problematisch sein könnten, jedoch nur indirekt, wenn überhaupt, mit den Rollenaufgaben zusammenhängen. Ein Lehrer z. B. muß nicht nur sein Fach und dessen didaktische Darstellung lernen, sondern auch, im Klassenzimmer für Ordnung zu sorgen. Das erste ist leichter anzueignen, und nicht wenige Lehrer haben Disziplinschwierigkeiten in der Klasse, die den Lernprozeß beeinträchtigen.

Die Notwendigkeit, sich mit übertriebenen Anforderungen der Rollenpartner auseinanderzusetzen, ist besonders stark bei Berufen, wo ständig Notfälle auftreten.[45] Der einzelne in einer derartigen Position lernt, einen Notfall gegen den anderen auszuspielen, so daß er die Übersicht über seine Aktivitäten behält. Hughes stellt in einem Kommentar zu solchen Maßnahmen fest:

> "Der Arbeiter glaubt aus langer Erfahrung zu wissen, daß die Leute gewöhnlich ihre Sorgen übertreiben. Deshalb ergreift er bestimmte Maßnahmen, um sich selbst zu schützen und sich die Leute etwas vom Leib zu halten. Dies ist die Aufgabe der Hausmeistersfrau, wenn ein Mieter um dringende Hilfe wegen eines tropfenden Wasserhahns bittet; ähnlich liegt der Fall bei der Frau eines Arztes oder eines Professors. Der Arzt spielt einen Notfall gegen den anderen aus; der Grund, warum er sich nicht sofort auf den Weg macht, um nach Johnny zu sehen, der vielleicht die Masern hat, ist die Tatsache, daß er unglücklicherweise gerade einen Fall von Schwarzer Pest behandelt."[46]

---

44 Martin, 1957; Daniels, 1960

45 Hughes, 1958

46 Abdruck mit freundlicher Genehmigung von E. C. Hughes, Men and Their Work, N.Y., 1958, S. 55

Lernen von Rollenidentitäten Schließlich, wie in Kap. 13 festgestellt, lernen Menschen Rollenidentitäten, nämlich teilweise idealisierte Auffassungen von ihrem Verhalten und anderen Attributen innerhalb einer bestimmten Beziehung. Und wie in Kap. 17 ausführlicher behandelt wird, werden diese Rollenidentitäten ein Teil des individuellen Selbstkonzeptes. Sie werden in der Interaktion mit anderen Menschen beibehalten oder verändert. Ein Assistenzarzt z. B. verhält sich als fertiger Arzt und wird in seinem Verhalten auch von den Patienten so gesehen; schließlich sieht er sich auch selbst als jemand, der diese Rolle spielt.[47]

Der Prozeß des Rollenlernens

Rollenlernen umfaßt alle Prinzipien des sozialen Lernens, die bereits in diesem Kapitel besprochen wurden, sowie die in Kap. 3 und 5 untersuchten Grundsätze von Einstellungsänderungen und von Konformität in Kap. 10. Die Gemeinsamkeit dieser Prinzipien in bezug auf das Rollenlernen besteht darin, daß sie zusammen das Verhalten von Gruppenmitgliedern so strukturieren, daß es den Positionen entspricht, die sie jeweils innehaben. Ein vertieftes Verständnis von Rollenlernen läßt sich vielleicht dadurch erreichen, ein übervereinfachtes Konzept des Lernvorganges zu erstellen und dann zu sehen, an welchen Stellen das Modell unzureichend ist.

Eine solche übervereinfachte Auffassung des Sozialisationsprozesses ist die, daß der Erfahrene den Neuling anleitet. Ein derartiges Lehrer-Schüler-Konzept weist in mancher Hinsicht Mängel auf. Erstens legt es den Akzent auf Belehrung und vernachlässigt andere Prozesse des sozialen Lernens. Beispielsweise findet vieles Lernen durch praktische Betätigung und ohne Lehrer statt; d. h. es variiert entsprechend den vorgegebenen Möglichkeiten für solche Praxis. Ferner kommt es zu Lernprozessen, wo jemand auf Probleme stößt und sie lösen muß, die mit der Rolle verknüpft sind. Der Aufbau einer angemessenen emotionalen Distanz seitens eines Medizinstudenten wird zum Teil durch Rollenpraxis und Unterweisung gelernt; dramatischer jedoch ist das Lernen im Gefolge des Unbehagens, das dadurch verursacht wird, daß der Student zu sehr auf einen Patienten eingeht. Ein Medizinstudent berichtet, daß

> "ich als Medizinstudent dazu neigte, mich mit den Patienten stärker emotional zu identifizieren, oder zumindest mit deren Angehörigen. Ich mußte lernen, mich zurückzuhalten und einzusehen, daß es eben

---

[47] Huntington, 1957

immer so weitergehen wird, ohne daß ein Ende abzusehen wäre, so lange es Leben und Tod gibt ... " [48]

Das Lehrer-Schüler-Konzept des Rollenlernens unterstellt ferner, daß der Unterwiesene relativ passiv ist. Tatsächlich verhält sich dieser aber aktiv und sucht nach Wegen, innerhalb eines gestatteten Bereichs von Erwartungen eine Rolle zu spielen. In Kap. 14 hatten wir betont, wie jemand mit seinen Rollenpartnern verhandelt, um seine eigene Version der Rolle aufzubauen und zu spielen. Ein Kind verhandelt z. B. oft mit seinen Eltern über seine Rolle. Denken wir nur an den allabendlichen Kampf zwischen Eltern und Kind, in dem es auszuhandeln gilt, wann Schlafenszeit ist. Ein anderes Beispiel sind die Diskussionen über die Benutzung des Familienautos zwischen den Eltern und einem ihrer erwachsenen Kinder, das gerade seinen Führerschein gemacht hat.

Das Lehrer-Schüler-Konzept berücksichtigt ferner zu wenig die Rollenpartner, die für das Rollenlernen sehr wichtig sind. So werden etwa die Gedanken, Gefühle, Aktionen und Selbstauffassungen des Medizinstudenten nicht nur durch direkte Unterweisung modifiziert, sondern auch durch die Art und Weise, in der sich Patienten, Mitstudenten, Krankenschwestern und andere Partner ihm gegenüber verhalten. Außerdem schaltet die Betonung des Lehrers in ähnlicher Weise den bedeutenden Anteil aus, den Gleichaltrige an der Sozialisation haben. Mitakteure fungieren als Spender von Belohnung, als Lehrer und als Vorbilder.

Schließlich geht das Lehrer-Schüler-Konzept davon aus, daß Sozialisation aus einer Reihe von Lektionen mit bestimmtem Anfang und Ende besteht. Tatsächlich werden jedoch viele Rollenelemente gelernt, lange bevor der Zeitpunkt da ist, der auf den Beginn einer Lektion hindeutet. Beispielsweise werden etliche Elemente der Arztrolle in grober Form bereits gelernt, wenn man als Kind einmal Patient war.

FÖRDERNDE UND HEMMENDE FAKTOREN DES ROLLENLERNENS

Ein tiefergehendes Verständnis des Rollenlernens ergibt sich, wenn die Faktoren untersucht werden, die es fördern oder hemmen. Ähnlich wie bei den Körperfunktionen sind wir uns selten des Rollenlernens bewußt, bis irgend etwas seinen normalen Ablauf stört. Zum Zweck der Dar-

---

[48] Abdruck mit freundlicher Genehmigung der University of Chicago Press und M. J. Daniels, Affect and its Control in the Medical Intern, American Journal of Sociology, 1960, Vol. 66, S. 260

stellung werden fördernde und hemmende Faktoren in drei Kategorien eingeteilt: solche, die sich in erster Linie auf die Eigenschaften des sozialen Systems beziehen, in dem der Lernende sich bewegt; solche, die sich auf die Charakteristika der Rollen-Lernsituation beziehen und schließlich solche, die ihre Ursache in relevanten Eigenschaften des Individuums haben.

Rollenlernen und das soziale System

In Kap. 14 sind die Ursachen diskutiert worden, die zu Rollendruck und zu seiner Lösung führen. Dieselben Ursachen begünstigen oder hemmen oft das Lernen.

K l a r h e i t u n d K o n s e n s Die K l a r h e i t von Rollenerwartungen beeinflußt oft die Leichtigkeit, mit der Rollen gelernt werden. Man könnte beispielsweise vermuten, Frauen hätten es zur Zeit schwerer als Männer, ihre Geschlechtsrolle zu lernen, da in unserer Gesellschaft die Rolle der Frau nicht sehr klar ist und einem ständigen Wandel unterliegt.[49] Das Maß an K o n s e n s u s über angemessenes Verhalten eines Akteurs ist für das Lernen ebenfalls von Bedeutung. Wo Konsensus besteht, werden wahrscheinlich Belohnungen für angemessenes Verhalten konsistenter verteilt und erleichtern so das Lernen.

Was im Hinblick auf die Klarheit und den Konsens von Erwartungen gesagt worden ist, läßt sich genauso gut auf Positionen oder Rollenkategorien anwenden. Ist der Rollenpartner sich im unklaren darüber, welche Position man einnimmt, oder stimmt er der Position nicht zu, so wird das Lernen erschwert. Anschauliche Beispiele sind die Tochter, die von ihrer Mutter manchmal als Erwachsene und manchmal als Kind behandelt wird, oder der Sohn, der von seinem Vater seinem Alter entsprechend, von der Mutter hingegen als kleiner Junge behandelt wird.

Sind die Merkmale einer Position bestimmt, tritt wahrscheinlich weniger Verunsicherung auf. Das Lernen der Geschlechterrollen etwa wird zweifellos durch die offensichtlichen äußeren Anzeichen der Geschlechtsidentität erleichtert. Da sich in bezug auf das Geschlecht selten Mißverständnisse ergeben, selbst nicht durch die augenblickliche Uni-Sex-Mode, wird in dieser Richtung wohl niemand unangemessen behandelt. Hinweise auf den Altersstatus sind weniger offensichtlich. Ein Einundzwanzigjähriger kann in einem Fall als Heranwachsender, in einem anderen als Erwachsener behandelt werden, eine Inkonsistenz, die das Erlernen eines altersgemäßen Verhaltens behindert.

---

[49] Rose, 1951

V e r e i n b a r k e i t   von   E r w a r t u n g e n   Vereinbarkeit zwischen gleichzeitig übernommenen und zwischen aufeinander folgenden Rollen beeinflußt ebenfalls das Rollenlernen. Rollenlernen ist ein kontinuierlicher Prozeß, während dessen neue Reaktionen gelernt und alte abgelegt wer den. Ein Kind, das von einer Altersstufe zur nächsten übergeht, ein Kadett, der auf der Kriegsakademie in die nächste Klasse kommt oder ein Medizinstudent, der Assistenzarzt wird - alle erfahren bestimmte Schwierigkeiten, sobald Diskontinuitäten zwischen den Erwartungen der aufeinanderfolgenden Positionen auftreten.

Zum Teil sind diese Probleme in Kap. 14 behandelt worden, sowie Eigenschaften des sozialen Systems wie Riten des Überganges, die den Wechsel erleichtern oder erschweren. Über ein in etwa analoges Problem ist jedoch noch nicht gesprochen worden. Rollen unterscheiden sich in der Verträglichkeit den Erwartungen, die seitens der Rollenträger und deren Rollenpartner bestehen. Das hat einige Psychologen, die sich mit beruflicher Sozialisation befassen, veranlaßt, in erster Linie den Vorgang hervorzuheben, bei dem der Lernende die Laienauffassung seines Berufes nach und nach ablegt und lernt, seine Rolle so zu sehen wie die anderen Rollenträger.[50] Simpson hat diesen Prozeß bei Schwesternschülerinnen beschrieben.[51] Der Anfänger sieht die Schwesternrolle vorwiegend unter dem Gesichtspunkt einer humanitären Fürsorgebeziehung zum Patienten. Nach anderthalb Jahren Ausbildung sieht man jedoch die Rolle im Hinblick auf die mit ihr verbundenen spezifischen technischen Fertigkeiten, ganz wie professionelle Schwestern dies tun. Obgleich eine direkte Evidenz nicht gegeben ist, kann man vermuten, daß, je größer der Unterschied zwischen der laienhaften Auffassung des Anfängers bezüglich seiner neuen Position und der Erwartungen der bereits sozialisierten Akteure ist, umso größere Schwierigkeiten der Aspirant haben wird, seine neue Rolle zu lernen.

L e r n e n   v o r   Ü b e r n a h m e   d e r   R o l l e   Viele Elemente einer Rolle werden vor dem Zeitpunkt gelernt, zu dem man die Position einnimmt. Sie können zunächst dadurch gelernt werden, daß die Rolle im Spiel oder in der Phantasie eingenommen wird. Schon vor der Ausbildung zur Krankenschwester hat eine Frau einige Elemente der Schwesternrolle dadurch gelernt, daß sie als Kind Schwester spielte und später diese Rolle in ihren Tagträumen weiter "probte". Zweitens kann das Erlernen ähnlicher Rollen ebenfalls die Übernahme neuer Rollen erleichtern. Während eine Frau die Rolle der Pfadfinderin lernt und einnimmt, lernt sie Techniken der Ersten

---

[50] Simpson, 1960; Hughes, 1958

[51] Simpson, 1960

Hilfe, die später ein Bestandteil ihres Repertoires als Schwester sind. Drittens gibt einem die Einnahme von Positionen, die mit einer Rolle in Beziehung stehen, Gelegenheit, mit den Rollen der Parnter etwas vertrauter zu werden. Eine Krankenschwester - in der Ausbildung etwa - hat wahrscheinlich schon einmal die Patientenrolle gespielt und so bereits bestimmte Elemente der Schwesternrolle gelernt.

Eine Untersuchung hat einige Anhaltspunkte zur Unterstützung des Prinzips gegeben, daß man durch die Interaktion mit Rollenpartnern Elemente von deren Rolle lernen kann.[52] Unter bestimmten Umständen werden diese Elemente leicht in die eigene Rolle eingeschmolzen. Auf Grund des allgemeinen Prinzips - ursprünglich von Cottrell aufgestellt - daß Personen Elemente der Rolle des anderen in die eigene Rolle hineinnehmen, hat man die Hypothese aufgestellt, daß Kinder mit Geschwistern des anderen Geschlechts mehr Charakterzüge aufweisen, die dem anderen Geschlecht eigen sind, als Kinder mit gleichgeschlechtlichen Geschwistern.[53] Nach dem Urteil ihrer Lehrer klassifizierte man die Persönlichkeitszüge von 192 Paaren junger Geschwister danach, ob sie der männlichen oder der weiblichen Rolle zugehörten. Einige Geschwisterpaare bestanden aus Bruder und Schwester, andere dagegen aus zwei Brüdern oder zwei Schwestern.

In bezug auf Eigenschaften der Geschlechterrolle sind zwei Hypothesen geprüft worden: 1. Ungleichgeschlechtliche Geschwister weisen mehr Charakterzüge auf, die der jeweils anderen Geschlechtsrolle angemessen sind und 2. die Assimilation von Charakterzügen, die der anderen Geschlechtsrolle entsprechen, macht sich beim jüngeren Geschwister stärker bemerkbar. Die Gründe für die zweite Annahme sind die, daß das ältere Geschwister eher ein Modell abgibt, und daß es aufgrund seines höheren Alters besser in der Lage ist, seine eigene Rolle von der des Geschwisters zu trennen und so einer Assimilation eher zu widerstehen.

Die für beide Geschlechter getrennt tabellierten Daten bestanden aus Häufigkeitsangaben über die Anzahl maskuliner und femininer Züge, die sich bei Geschwistern der drei oben beschriebenen Konstellationstypen ergaben. Beide Hypothesen sind gestützt worden. Mädchen mit einem jüngeren Bruder wiesen mehr stark maskuline oder weniger schwach maskuline Züge auf als in der Kontrollgruppe die Mädchen mit einer jüngeren Schwester. Noch auffallender war die Anzahl maskuliner Züge bei jungen Mädchen mit einem älteren Bruder. Bei Jungen ergaben sich ähnliche Verhältnisse, allerdings waren die Unterschiede nicht so ausgeprägt. Alles in allem zeigt diese Untersuchung, daß unter bestimmten Bedingungen häufige Interaktion mit einem Rollenpartner in gewisser Weise zur Assimilation von Charaktereigenschaften der Rolle des Partners führt.

Rollenlernen wird in sozialen Systemen erleichtert, die so organisiert sind, daß Rollenträger in der Regel anderen Rollenträgern als Rollen-

---

[52] Brim, 1958

[53] Cottrell, 1942

partner dienen, deren Rollen sie später selbst spielen werden. Impliziert die Rolle jedoch ein Verhalten, das im Gegensatz zu den Erwartungen des Partners steht, so kann der begünstigende Effekt durch die Notwendigkeit neutralisiert werden, das mit der neuen Rolle unvereinbare Verhalten wieder zu verlernen.

Eine erleichternde Wirkung wird wahrscheinlich auch davon ausgehen, daß man Rollenträgern die Möglichkeit gibt, das Rollenverhalten der Position zu proben, die sie als nächste einnehmen werden. Das trifft etwa für den Medizinstudenten zu, dem während seiner Zeit als Medizinalassistent erlaubt wird, zahlreiche Teile der Arztrolle zu übernehmen. Beruht ein solches Praktikum hingegen auf einer unangemessenen Auffassung von der Rolle, so muß der Neuling solche Reaktionen verlernen, sobald er die Position einnimmt.

Geltungsbereich einer Rolle (Pervasiveness) Rollen unterscheiden sich in der Zahl und Vielfalt der Verhaltensweisen, die sie umgreifen. Einige Rollen erstrecken sich auf einen relativ schmalen Bereich des individuellen Gesamtverhaltens; andere können allumfassend sein. Rollen vom letzteren Typ brauchen mehr Zeit und Aufwand, bis sie gelernt werden. Stellen wir nur die Berufsrolle eines Priesters der eines Zimmermanns gegenüber. Die Priesterrolle durchdringt fast alle Aspekte des Lebens und erfordert eine lange, mühsame Periode der Sozialisation, wohingegen die Zimmermannsrolle von den anderen Aspekten des Lebens getrennt ist und in einer viel kürzeren Zeitspanne gelernt wird.

Kosten und Nutzen von Rollen Rollen können schließlich hinsichtlich Kosten und Nutzen miteinander verglichen werden, die mit einer Position verbunden sind. Personen können stark motiviert sein, eine Rolle zu lernen bzw. nicht zu lernen, auf Grund des unterschiedlich damit verbundenen Nutzen. Altersrollen sind ein gutes Beispiel hierfür. Das Kind kann stark motiviert sein, die Rolle des Jugendlichen anzunehmen und dieser wiederum die Rolle des Erwachsenen. Allerdings besteht in der amerikanischen Gesellschaft keine Motivation, die Rolle eines Älteren, nicht einmal die eines Menschen in mittleren Jahren zu übernehmen.

Rollenlernen und Eigenschaften der Situation

Sozialisation innerhalb bestimmter Gruppen bewirkt einschneidende Veränderungen im Verhalten des Lernenden, während sie bei anderen Gruppen lediglich zu oberflächlichen Änderungen führt. Vergleichen wir nur den Wandel im Gefolge der Sozialisation in einem Mönchsorden, einer Militärakademie oder in einer Fachhochschule mit dem Wandel, den jemand erfährt, der Mitglied einer Studentenverbindung, eines Militärklubs oder einer ähnlichen Gruppe wird. In einigen Fällen geben diese Unterschiede die Natur der Rolle selbst wieder: einige Rollen sind umfassender als andere. Aber sie reflektieren ebenso die Tatsache, daß einige Gruppen unter Bedingungen operieren, die die Effektivität maximieren, mit der sie ihre Mitglieder zu sozialisieren versuchen. In der Tat verfügen Gruppen dort über optimale Bedingungen der Sozialisation, wo weitgehende Veränderungen erforderlich sind. In Fällen extrem wirksamer Sozialisation wie in den chinesischen Kriegsschulen oder den Kriegsgefangenenlagern, über die in Kap. 3 berichtet wurde, in Militärakademien oder in Fachhochschulen bestehen ganz offensichtlich eine Anzahl von Eigenschaften, die die Übernahme neuer Verhaltensweisen und Identitäten erleichtern.

Bedingungen, die zur Desozialisation führen Von größter Bedeutung sind Faktoren, die dazu beitragen, den Neuling seiner vorhergehenden Rollen und Gruppenverpflichtungen zu entledigen. In einigen Fällen wird der Rollen"lehrling" physisch von Personen isoliert, die zuvor seine Bedürfnisse befriedigten und seinen ehemaligen Status bekräftigten. Die Sozialisation des Kadetten der Küstenwache ist ein gutes Beispiel hierfür.[54] In den beiden ersten Monaten ist es dem "Swab" nicht gestattet, das Ausbildungsgelände zu verlassen oder auf andere Weise mit Nicht-Kadetten in Kontakt zu kommen. Alle Andeutungen auf die frühere soziale Position werden unterdrückt, so daß Interaktionen auf der Basis des früheren Status entmutigt werden, wie in dem folgenden Zitat zum Ausdruck kommt:

> " Gleich am ersten Tag werden die Uniformen ausgegeben, und Gespräche über finanziellen und familiären Hintergrund sind tabu. Obgleich die Kadetten sehr schlecht bezahlt werden, ist es nicht gestattet, sich von zu Hause Geld schicken zu lassen. Die Rolle des Kadetten muß die anderen Rollen zudecken, an die der einzelne sich gewöhnt hat. Es bleiben nur noch wenig Anzeichen übrig, aus denen der Status in der Außenwelt hervorgehen könnte."[55]

Bedingungen, die die Sozialisation intensivieren Die meisten Sozialisationssituationen bedeuten keine strikte körperliche Isolierung, jedoch lassen sich dieselben Wirkungen erzielen, wenn die dem Lernenden zur Verfügung stehende Zeit durch den bloßen Umfang der gestellten Anforderungen monopolisiert wird. Der Student einer Fachhochschule findet

---

54 Dornbusch, 1955

55 Abdruck mit freundlicher Genehmigung von S. M. Dornbusch, The Military Academy as an Assimilating Institution, Social Forces, 1955, Vol. 33, S. 317

beispielsweise in der Regel wenig Zeit für andere als studienbedingte Aktivitäten, was seine Interaktion ausschließlich auf Mitstudenten und Lehrpersonal beschränkt. Indem sichergestellt wird, daß er entsprechend seiner neuen Position behandelt wird und nicht entsprechend der vorhergehenden, verstärkt eine derartige Monopolisierung das neue Rollenverhalten und schwächt das alte ab. Relativ exklusive Interaktion innerhalb der neuen Gruppe begünstigt die wachsende Abhängigkeit der Mitglieder untereinander von Bedürfnisbefriedigungen, was wiederum den Zusammenhalt der Gruppe verstärkt sowie dessen konsequenten Einfluß auf die Mitglieder. Je mehr die sozialisierenden Gruppen über Kontrollmöglichkeiten über die gesamte Situation verfügen, in der das neue Gruppenmitglied sich befindet, umso größer ist die Effektivität.

Oft erleichtern Rituale und Zeremonien die Initiation in eine Gruppenrolle. Die Praxis des "Schindens" ist ein gutes Beispiel. Indem der niedrige Status des künftigen Mitgliedes betont wird, verlieren frühere soziale Positionen an Geltung, und die Attraktivität der neuen Position wird erhöht. Mit anderen Worten, dem Fuchs einer Studentenverbindung wird gesagt: "Egal, wer oder was du mal warst, du bist jetzt nichts als ein Fuchs; aber wenn du dich in dieser Zeit gut durchschlägst, partizipierst du an allen Annehmlichkeiten unseres hohen Status."

Der scharfe Kontrast zwischen dem niedrigen Status des künftigen und dem des voll akzeptierten Mitgliedes der Gruppe hat die Funktion, den Statusneid zu maximieren, den das potentielle Mitglied empfindet und zu motivieren, sich mit dem voll integrierten Mitglied zu identifizieren. Der Wert des neuen Status kann dadurch gesteigert werden, daß der Neuling sich in der Schikanier-Phase alles andere als wohl fühlt. Basierend auf der Dissonanztheorie (s. Kap. 3) wäre zu erwarten, daß die einzelnen die zu erreichende Position deshalb hoch einschätzen, um einen Grund dafür zu haben, daß sie sich freiwillig den Unannehmlichkeiten der Schikanen ausgesetzt haben.[56]

Auch sieht es so aus, als verstärke das Schikanieren den Zusammenhalt zwischen den künftigen Mitgliedern, da sie gegen die Anschläge der Sozialisationsagenten eine sich schützende Ingroup bilden. Dieser Zusammenhalt erleichtert das Lernen, indem er dafür sorgt, daß die Gruppe der neuen Aspiranten keine Normen entwickelt, die denen entgegengesetzt sind, die die Sozialisationsagenten ihnen einimpfen wollen. Ein solches Ergebnis wird durch eine Reihe von Faktoren verhindert, unter anderem durch eine seltsame Eigenschaft des Schikaniervorgangs selbst, nämlich durch eine temporäre Umkehrung der Rollen. An einem bestimmten Tag dürfen die Füchse aufbegehren, einen oder mehrere Burschen schnappen und sie denselben demütigenden Bedingungen aussetzen, die sie täglich

---

[56] Aronson u. Mills, 1959

erdulden müssen. Dornbusch hat angenommen, daß der "Gizmo-Tag", eine Variante dieser Praxis bei der Küstenwache, die Feindseligkeit zwischen Swab und Höhergestellten verringern soll, wobei dem Swab beigebracht wird, daß die Schikanen nicht persönlich gemeint, sondern eine Eigenschaft des sozialen Systems sind. Er beschreibt, was der "Swab" lernt:

> "Man wird nicht schikaniert, weil der höhere Dienstgrad ein Sadist ist, sondern weil man zu der Zeit den Juniorenstatus hat. Wer schikaniert, nimmt nicht für sich in Anspruch, den Schikanierten überlegen zu sein. Da einige von denen, die einen schikanieren, gleichzeitig versuchen, einem beizubringen, wie man Ärger vermeidet, ist es unmöglich, denjenigen, die einen beleidigen, schlechte Charaktereigenschaften zuzuschreiben. Der "Swab" weiß, daß er später andere schikanieren wird. Im Höchstfall bestimmen persönliche Idiosynkrasien über die jeweilige Form der Schikane.
>
> Diese Betonung der Relativität des Status wird am traditionellen Gizmo-Tag explizit gemacht, an dem "Swabs" und Peiniger die Rollen tauschen. Die Eintags-Swabs übernehmen diesen Part ohne Murren und versuchen auch nicht, sich später dafür zu rächen, da sie sich bewußt sind unter der Aufsicht der noch höher stehenden Offiziere zu stehen. Nach den Saturnalien werden sich die "Swabs" zunehmend der Unmöglichkeit bewußt, für ihre schlechte Situation einzelne Personen verantwortlich zu machen." [57]

Rigorose Peinigungen, wie bei den Riten des Überganges, haben noch andere Funktionen: Dem Neuling werden die Eigenheiten der neuen Rolle besonders verdeutlicht, die mit denen der alten Rolle kontrastieren; und es wird bewiesen, daß er in der Lage ist, das neue Verhalten auch zu zeigen. Dies deckt sich mit empirischen Befunden, wonach umso intensivere Peinigungen erfolgen, je größere Veränderungen die neue Altersrolle gegenüber der vorherigen mit sich bringt.[58]

Ähnlich, und manchmal ein Teil der Schikanen, ist die ritualisierte Darstellung von Verhaltensweisen, die mit den früheren Rollen des Betreffenden unvereinbar sind. Solche Darstellungen reichen von primitiven Prüfungen schriftloser Völker bis zu öffentlichen Schuldbekenntnissen in modernen Gesellschaften. Solche Bekenntnisse waren ein hervorstechendes Merkmal der Sozialisation an chinesischen Kriegsschulen, die in Kap. 3 beschrieben wurden. Nach der Dissonanztheorie ist zu erwarten, daß die

---

[57] Abdruck mit freundlicher Genehmigung von S. M. Dornbusch, a.a.O.

[58] Whiting, Kluckhohn, Anthony, 1958

Praxis, vergangenes Verhalten zu verurteilen, wie z. B. kindliche Liebe, kognitive Elemente hervorrufen wird, die mit dem Verhalten in der Vergangenheit dissonant sind, und so die Wahrscheinlichkeit seines erneuten Auftretens verringert.

Das Lernen der neuen Rolle wird von den Bedingungen beeinflußt, die eine Identifikation mit dem Rollenvorbild fördern oder hemmen. Untersuchungen über Sozialisation innerhalb medizinischer Fakultäten und Fachhochschulen sind dem Problem nachgegangen, welchen Einfluß die Wahl eines Dozenten bzw. eines Mitstudenten zum Modell hat. Die Rolle eines etablierten Gruppenmitgliedes als Modell ist bereits ausführlich erörtert worden. Ebenso wichtig sind jedoch Altersgenossen.

Zwei Bedingungen sind schon genannt worden, die die Wahl eines Modells beeinflussen. Erstens besitzt das Vorbild oft etwas, das der andere gern haben möchte: Beliebtheit, Vorrechte etc. Zweitens begünstigt eine Ähnlichkeit zwischen Vorbild und Nachahmer die Identifikation. Während auf der einen Seite etablierte Gruppenmitglieder zu Modellen werden, weil sie über die Kontrolle von Belohnungen verfügen, ist es auch möglich, daß Altersgenossen wegen ihrer Ähnlichkeit mit dem Lernenden zum Modell gewählt werden. Tatsächlich ist wohl der Beinahe-Altersgenosse, jemand, der im Sozialisationsprozeß etwas weiter fortgeschritten ist, als Modell besonders wirksam. Der Fast-Altersgenosse ist dem Lernenden ähnlich, aber er hat auch schon einige der Vorrechte der etablierten Gruppenmitglieder. Ein Kind wird sein Verhalten wahrscheinlich nach dem eines älteren Kindes richten. Ähnlich wird ein noch nicht graduierter Student einen graduierten, und ein Medizinalassistent einen Assistenzarzt zum Modell wählen.

Rollenlernen und individuelle Charakteristika

In der Diskussion über Rollendruck in Kap. 14 ist darauf hingewiesen worden, daß geeignete Fähigkeiten und Persönlichkeitsmerkmale sowie ein angemessenes Selbstkonzept die Rollenausführung erleichtern. Diese persönlichen Eigenschaften wie auch situationsbedingte Faktoren, von denen die relative Macht der Rollenpartner betroffen ist, beeinflussen ebenfalls den Prozeß, in dem über eine Rolle verhandelt wird. Die Rolle, die das Selbst in diesem Zusammenhang spielt, wird in Kap. 17 eingehender behandelt.

Zusammenfassung: Rollenlernen

Rollenlernen ist eine allgemeine Form sozialen Lernens und beinhaltet den Lernvorgang, sich so zu verhalten, zu fühlen und die Welt zu interpretieren wie die anderen Rollenträger in derselben Rolle. Dem Rollenlernen liegen die Prozesse des sozialen Lernens zugrunde, die bereits früher behandelt wurden. Das Rollenlernen umfaßt ferner, ein Verständnis der Einstellungen der Träger ähnlicher Rollen und Rollenpartner zu erwerben, sowie das Erlernen bestimmter Fertigkeiten und Techniken, die mit der Rolle verbunden sind. Zu den entscheidenden Elementen während des Prozesses des Rollenlernens gehören nicht nur direkte Unterweisung durch erfahrene Rollenträger, sondern auch das durch problematische Situationen und die Verhaltensweisen der Rollenpartner erzwungene Lernen.

Etliche Bedingungen innerhalb des sozialen Systems fördern oder hemmen das Rollenlernen. Ein Faktor ist die Klarheit und Übereinstimmung, mit der Rollenkategorien von Rollenträgern und Partnern wahrgenommen werden. Wichtig sind die Übereinstimmung und die Vereinbarkeit von Erwartungen in nacheinander eingenommene Rollen. In gewissem Maße kann das Rollenlernen dadurch begünstigt werden, daß das Lernen schon einsetzt, bevor die Rolle wirklich übernommen wird. Dazu gehört nicht allein das Üben der Rolle in der Vorstellung oder im phantasievollen Spiel, sondern auch das Erlernen bestimmter Rollenbestandteile, indem man die Rolle des Partners spielt. Die Leichtigkeit, mit der Rollen gelernt werden können, hängt von dem Ausmaß ab, in dem sie viele oder wenige Situationen des persönlichen Lebens durchdringen. Extrem befriedigende Rollen führen wahrscheinlich zu starker Motivation, die das Lernen begünstigt.

Situationsabhängige Bedingungen hemmen oder fördern ebenfalls das Rollenlernen. Einige Gruppen operieren unter Bedingungen, die die Sozialisation optimieren. Oft ist auch ein formaler Prozeß wirksam, in dem der einzelne zunächst desozialisiert wird. Dazu gehört die Isolierung von seinen früheren Beziehungen und Positionen, entweder durch physische Mittel oder durch monopolistische Verfügung über die Zeit des einzelnen. Je größer die Gruppenkontrolle über Belohnung und Bestrafung, und je geringer die Alternativmöglichkeiten für andere Formen der Befriedigung sind, umso größer ist die Abhängigkeit des einzelnen von der Gruppe und umso wirksamer verläuft deshalb der Sozialisationsprozess. Rituale und Zeremonien wie z. B. das Schikanieren sind oft sehr wirkungsvoll. Sie entwürdigen den augenblicklichen Status des zukünftigen Mitgliedes und erhöhen die Attraktivität der erstrebten Position. Sind Identifikationsmöglichkeiten gegeben, wird das Rollenlernen gefördert. Schließlich beeinflußt die relative Macht des Sozialisationsagenten und die des in der Sozialisation befindlichen die resultierende Rollenausführung sowie die Leichtigkeit oder Schwierigkeit, mit der diese gelernt wird.

KAPITEL 16

KOGNITIVE KONTROLLEN UND SOZIALE MOTIVATION

Die in Kap. 15 behandelten Sozialisationsprozesse bedeuten für den einzelnen einschneidende Veränderungen. Elementares soziales Lernen führt dazu, daß bestimmte Gewohnheiten ausgebildet und andere unterdrückt werden. Diese Verhaltensweisen laufen auch ohne Anwesenheit eines kontrollierenden Sozialisationsagenten ab. Aber auf dieser Stufe sind diese Verhaltensweisen wesentlich habituell und unwillkürlich; der einzelne macht sich weder Gedanken darüber, noch hält er die Situation für kompliziert. Andere komplexere Formen sozialen Lernens wie Imitations- und Rollenlernen sind ebenfalls behandelt worden. Bei diesen Formen spielen allerdings mit Sicherheit Denken und Urteilen eine gewisse Rolle.

Dieses Kapitel dreht sich um kognitive Prozesse. Im Lauf ihrer Entwicklung etablieren Kinder eine Anzahl von Verhaltensstandards und erwerben ein breites Spektrum von Motivationsmustern und zugehörigen Gewohnheiten. Verhaltensstandards rühren von den Erwartungen anderer Personen an das Verhalten des Kindes her. Das Kind lernt allmählich, worin diese Erwartungen bestehen und übernimmt eventuell einige von ihnen. Die von ihm angenommenen Erwartungen, die ein moralisches Element enthalten, werden im allgemeinen als *Gewissen* bezeichnet.

Das Gewissen ist ein System von Normen, die eine Person auf die eigenen realen oder gedachten Handlungen anwendet, um zu einem Urteil zu gelangen, ob diese gut oder schlecht sind. In der Regel führen Handlungen, die gemäß diesen Normen schlecht sind, zu Scham- und Schuldgefühlen, was wiederum zahlreiche Verhaltensweisen hervorruft, um die Schuldgefühle zu verringern. Handlungen, die mit diesen Normen in Einklang stehen, bleiben entweder unbeachtet oder bewirken positive Gefühle gegenüber dem Selbst. Normen, die auf diese Weise funktionieren, werden von Psychologen und Soziologen oft als *interne* bzw. *kognitive Kontrollen* bezeichnet. Der Gesamtprozeß, während dessen die elterlichen Normen vom Kind übernommen werden, wird als *Internalisierung* bezeichnet.

Soziale Motive beinhalten solche Verhaltensmuster wie Aggression und Leistungsverhalten; diese entstehen aus bestimmten Sozialisationserfahrungen, die später beschrieben werden sollen. Ein stark ausgeprägtes Leistungsverhalten kann beispielsweise von Eltern ermutigt werden, die Wert auf Erfolg, Wettbewerb und Weiterkommen legen.

DIE ENTWICKLUNG KOGNITIVER KONTROLLEN

Dieser Abschnitt untersucht die Faktoren, die für das kindliche Lernen interner Kontrollen wichtig sind und ihm ermöglichen, sich entsprechend den eigenen Standards zu verhalten.

Auswirkungen von Deprivation und Isolation

Für eine normale Entwicklung scheinen Anhänglichkeit und Zuneigung gegenüber einem oder mehreren Sozialisationsagenten von entscheidender Bedeutung zu sein. Derartige Zuneigungen schaffen für das Kind einen Anreiz, sich entsprechend den Erwartungen dieser Personen zu verhalten, um deren Zustimmung und Zuwendung zu erhalten, - eine wichtige Quelle der Befriedigung. Wenn das Akzeptiertwerden seitens anderer für das Kind nicht lebenswichtig ist, wird es wenig Motivation verspüren, sein Verhalten entsprechend der Wünsche anderer zu ändern. Die erste Bedingung für die Entwicklung dieser Abhängigkeit ist die Anwesenheit einer anderen Person. Obgleich Kinder normalerweise in Familien hineingeboren werden, wo man für sie sorgt, kann es vorkommen, daß ein Kind in den ersten Lebensjahren relativ isoliert aufwächst, weil die Eltern es vernachlässigen. Außerdem ist es möglich, daß Kinder, die in bestimmten Institutionen aufgewachsen sind, die warme Beziehung entbehren mußten, die normalerweise zwischen Eltern und Kind entsteht. Man hat solche Kinder untersucht und mit Kindern verglichen, die in einer typischen Familie aufgewachsen sind.

In zwei verschiedenen Fällen extremer Isolierung hielten Mütter über mehrere Jahre hinweg ihre Töchter als Kleinkinder abgeschieden in einem getrennten Raum und widmeten ihnen gerade soviel Aufmerksamkeit, daß sie nicht starben.[1] Als das bekannt wurde - die Mädchen waren mittlerweile etwa sechs Jahre alt - waren beide Kinder extrem retardiert und wiesen das Verhalten eines Kleinkindes auf. Keines von beiden hatte sprechen gelernt. Eines konnte nicht einmal laufen. Sie zeigten Furcht vor Fremden und schienen unfähig, zu anderen Personen eine Beziehung einzugehen. Schließlich übergab man das eine Mädchen einem Heim für zurückgebliebene Kinder, wo es bald darauf starb, ohne sich noch besonders weiterentwickelt zu haben. Das andere Mädchen erreichte eine normale Entwicklungsstufe.

Untersuchungen an Kindern in Anstalten, in denen nur eine extrem eingeschränkte Möglichkeit individueller Zuwendung von Seiten der Erwachsenen bestand, berichten ebenfalls über körperliche und geistige Retardation, allerdings in weniger ausgeprägter Form.[2] Außerdem zeigen Kinder in höherem Alter, die ihre ersten Jahre in derartigen Institutionen verbracht haben, mehr Verhaltensstörungen, stärkeres Aufmerksamkeitsbedürfnis

---

[1] Davis, 1947

[2] Spitz, 1945, 1946; Spitz u. Wolfe, 1946; Dennis u. Najarian, 1957

und mehr Aggressionen. In der sprachlichen Entwicklung sind sie retardiert, ebenso wie in ihrer geistigen Entwicklung und den schulischen Leistungen. Kinder ähnlicher Herkunft, die jedoch ihre ersten Jahre bei einer Pflegefamilie verbrachten statt in einem Heim, zeigen diese Erscheinungen von Zurückgebliebenheit nicht.[3]

Man hat festgestellt, daß die familiäre Umgebung von Kindern, die Verhaltensstörungen aufweisen, oft durch äußerste Vernachlässigung durch die Eltern gekennzeichnet ist.[4] Schließlich zeigen Untersuchungen an Tieren, die von Geburt an in einer atypischen Umgebung aufgezogen wurden, daß diese sich später auf die eine oder andere Art abnorm verhielten. Dabei wurden entweder sensorische Reize zurückgehalten, oder der Versuchsleiter sorgte für ein anderes Defizit in der Umwelt des Tieres, das ihm für den Versuch relevant erschien[5]. Zum letzteren gehörte beispielsweise die Abwesenheit einer Mutter oder die mangelnde Gelegenheit, mit gleichaltrigen Tieren zu spielen.[6] Beide Versuchsbedingungen haben einschneidende Konsequenzen für das spätere Verhalten der Tiere.

Aus solchen Untersuchungen wird ersichtlich, daß Umwelteinflüsse in Form von Einschränkungen irgendwelcher Art den Organismus oft schädigen. Dennoch ist es schwer, die exakten Bedingungen festzustellen, die für diese negativen Auswirkungen verantwortlich sind. Verschiedene Faktoren sind als Hauptursachen angenommen worden:

1. Die Abwesenheit einer Mutter oder eines Mutterersatzes, so daß die Möglichkeit fehlt, eine enge Verbundenheit zu einem Erwachsenen zu entwickeln, beeinträchtigt oder verhindert spätere Beziehungen zu anderen Personen.

2. Die Verhinderung sensorischer Reize behindert die Bildung von Wahrnehmungskategorien, Symbolen und Begriffen.

3. Die eingeschränkte Umwelt hindert den Organismus daran, zu lernen, wie man von Erfahrung profitieren kann.

4. Die Kindheit ist eine kritische Periode, während derer bestimmte Reize und Erfahrungen, die für eine normale Reifung notwendig sind, vorhanden sein müssen. Beispielsweise zeigt ein Schimpanse, der in völliger Dunkelheit aufgewachsen ist, eine Fehlentwicklung seiner Netzhautzellen[7]. Offensichtlich entwickelt sich der Sehmechanismus ohne die Stimulierung des Lichtes nicht genügend.

---

[3] Goldfarb, 1943 a, 1943 b

[4] Bowlby, 1952, 1960; Redl u. Wineman, 1951; Glueck u. Glueck, 1950

[5] Scott u. Marsdon, 1950; Hebb, 1958; Fuller, 1960

[6] Harlow u. Harlow, 1962

[7] Riesen, 1961

Diese Faktoren schließen sich nicht gegenseitig aus; tatsächlich können alle gleichzeitig wirksam sein.

Obgleich diese verschiedenen Erklärungen über die Wirkungen von Isolation und Deprivation vorliegen, war der beherrschende Gesichtspunkt bisher der, daß die starke Mutter-Kind-Bindung für eine gelungene Sozialisation entscheidend ist. Man nahm an, diese starke Bindung mache das Kind von der Zustimmung und Zuneigung der Mutter abhängig. Auswirkungen infolge Isolation oder Deprivation wurden in erster Linie der fehlenden Abhängigkeit von der Mutter zugeschrieben.

Gegen diese herrschende Ansicht haben sich immer mehr Einwände ergeben. Zunächst ist die Intensität der Auswirkungen von Isolation und Deprivation in Frage gestellt worden: Diese Auswirkungen hängen ab von dem Al ter des Kindes, in dem die Deprivation erfolgt, der Dauer und Art der Deprivation und vom Alter des Kindes, in dem die Auswirkungen auftreten.

Diese Bedingungen lassen sich an Hand der Schlüsse illustrieren, die Bronfenbrenner in einer Übersicht der Auswirkungen früher Deprivation an Säugetieren und Menschen gezogen hat[8]. Viele der Auswirkungen, die man früher der mütterlichen Deprivation zugeschrieben hat, lassen sich angemessener der Deprivation an Reizen zuordnen, die im allgemeinen die Deprivation seitens der Mutter begleitet. Außerdem können Unterschiede zwischen langfristigen und kurzfristig beobachteten Auswirkungen bestehen. Mütterliche Deprivation in früher Kindheit, etwa während der ersten sechs Monate, führt in dieser Zeit zu wenig beobachtbaren Auswirkungen, interferiert jedoch augenscheinlich mit der Entwicklung einer Abhängigkeitsbeziehung und mit der Fähigkeit, später im Leben enge Beziehungen mit anderen einzugehen. Eine Trennung von der Mutter in der mittleren Kindheitsphase kann zu verstärkter Abhängigkeit führen, die sich zu dieser Zeit als Angst, Furcht und Zurückziehen äußert, später jedoch als ausgeprägtes Interesse an einer engen Bindung zu anderen. Die kurz- und langfristigen Auswirkungen allgemeiner Reizdeprivation oder einer Trennung von der Mutter oder beides zusammen sind anscheinend nicht identisch und hängen vom Zeitpunkt der Deprivation ab. Kinder, die während ihrer frühen Kindheit in Heimen aufwachsen, wo sie wahrscheinlich eine reduzierte Reizstimulierung und ein Heimleben erfahren, leiden augenscheinlich weniger unter sofortigen Auswirkungen als die Kinder, die erst nach sechs Monaten in ein Heim kommen, wo nach Bronfenbrenner bereits eine starke Abhängigkeit zur Mutter besteht, so daß es auf Grund der Trennung von der Mutter zu schweren Traumata kommt.[9] Wenn diese Kinder jedoch in eine normale Umgebung versetzt werden, erholen sich die in der mittleren oder späten Kindheit deprivierten schnell, während die aus einer frühen Trennung resultierenden Aus-

[8] Bronfenbrenner, 1968

[9] Bronfenbrenner, 1968

wirkungen in der Regel längere Zeit anhalten. Die Dauer dieser Zeitspanne hängt von dem jeweiligen Verhalten ab. Während in früheren Untersuchungen angenommen wurde, daß die Auswirkungen frühzeitiger Deprivation relativ anhaltend, wenn nicht permanent andauern, gehen spätere Studien von der Annahme aus, daß dies vor allem für intellektuelle oder sprachliche Fähigkeiten oder für schwere psychopathologische Fälle nicht zutrifft. Ob weniger starke Auswirkungen, die ein optimales Funktionieren beeinträchtigen, andauern, ist noch eine offene Frage.

Letztlich besteht noch Unklarheit darüber, ob Abhängigkeit ein klar identifizierbares, einheitliches Verhaltensmuster darstellt. Nicht nur unterscheiden sich die Korrelate abhängigen Verhaltens in den verschiedenen Stadien der Kindheit, wie bereits festgestellt, sondern auch die verschiedenen Verhaltensweisen, die unter der Rubrik Abhängigkeit zusammengefaßt werden, finden sich nicht vereint bei jedem Kind. So ist beispielsweise nachgewiesen worden, daß das Streben nach Aufmerksamkeit und die Äußerung des Bedürfnisses, der Mutter körperlich nahe zu sein, ganz unabhängig voneinander auftreten, obwohl beides als Indikator für eine abhängige Beziehung zur Mutter angesehen wurde, und daß nur eine geringe Korrelation zwischen beiden besteht.[10]

Die Entwicklung affektiver Beziehungen

Die möglicherweise aussagekräftigste Evidenz gegen die Auffassung, der Schlüssel zur Sozialisation sei die Mutterbindung, findet sich in den Arbeiten der Harlows über Bindung oder Zuneigungssysteme bei Affen. Sie kommen dort zu dem Schluß, daß sich der Sozialisationsprozeß nur dann angemessen verstehen läßt, wenn man von einer Reihe miteinander verbundener Systeme affektiver Beziehungen ausgeht, die sich auf Grund einer bestimmten Ordnung ausbilden.[11]

Die Harlows haben fünf relativ getrennte Systeme affektiver Beziehungen bei Primaten unterschieden: das System affektiver Beziehung zwischen Mutter - Kind, das reziproke Kind - Mutter - System, das System affektiver Beziehung zwischen Gleichaltrigen und Spielkameraden, das heterosexuelle und das väterliche System affektiver Beziehungen[12]. Die im Lauf der Entwicklung eines jeden Systems erworbenen Verhaltensweisen sind Bestandteil des normalen sozialen Wachstums, und die Entwicklung innerhalb eines Systems fördert die Entwicklung in den anderen Systemen. Das heißt, daß die Sicherheit, die sich im Mutter - Kind - System herausbildet, eine Ausgangsbasis zur Erforschung der belebten und unbelebten Umwelt in der näheren Umgebung abgibt, was wiederum das Wachstum des Systems affektiver Beziehungen bezüglich der Gleichaltrigen

[10] Maccoby u. Masters, 1970

[11] Harlow u. Harlow, 1965, 1966

[12] Harlow u. Harlow, 1965, 1966

begünstigt. Dieses ist seinerseits Grundlage des heterosexuellen Systems affektiver Beziehung und dessen Entwicklung. Wenn es auch noch zweifelhaft sein mag, daß diese Systeme sich in einer bestimmten Reihenfolge entwickeln müssen, so ist doch offensichtlich, daß sie alle für ein normales Verhalten erforderlich sind.

Bei einigen der Harlowschen Untersuchungen zeigte sich, daß Affen, denen man die normalen Möglichkeiten zur Entwicklung abgeschnitten hatte, in Verhaltensweisen retardiert waren, die mit anderen Systemen zusammenhingen. Man beraubte die Affen auf dreierlei Weise der normalen Interaktion mit der Mutter: 1. Totale Isolation, 2. Aufzucht mit Puppen als Ersatzmütter, die mit grobem Samt bedeckt waren, aber künstliche Brustwarzen mit einer Flasche dahinter hatten oder 3. Aufwachsen nur mit Gleichaltrigen zusammen. Solcherart aufgewachsene Affen erwiesen sich später im Verhalten gegenüber ihren Altersgenossen als zurückgeblieben. Wenngleich sich diese Affen mit der Zeit vielleicht sozial adäquat angepaßt haben, so scheint doch klar zu sein, daß für die normale Entwicklung von Beziehungen zu Gleichaltrigen die Anwesenheit einer Mutter von großer Bedeutung ist.

In einer anderen Untersuchung wuchsen die Affen zwar mit einer Mutter auf, hatten dagegen zu je verschiedenen Perioden keine Möglichkeit einer Interaktion mit Gleichaltrigen, angefangen von der Geburt, zwei Wochen danach, nach vier und nach acht Monaten. Erlaubte man den jungen Affen anschließend, wieder mit Gleichaltrigen zusammenzukommen, so entwickelten diese ein normales Spiel- und Sozialverhalten, wobei allerdings die Geschwindigkeit der Entwicklung im umgekehrten Verhältnis zu dem Alter stand, in dem sie wieder mit Gleichaltrigen zusammenkamen. Somit ist also beides: das Mutter - Kind - System und das der Gleichaltrigen wesentlich. Die Harlows kommen zu dem Schluß:

"Bei der Planung unserer ersten Untersuchungen waren wir bemüht, die relative Bedeutung der Mutter - Kind - Beziehungen im Gegensatz zu den affektiven Beziehungen der Kleinkinder untereinander zu unterstreichen. Heute sind wir davon überzeugt, daß man diese sozialen Kräfte unter einem anderen Blickwinkel sehen muß. Sowohl eine normale Mutterbeziehung als auch eine normale Entwicklung der affektiven Beziehungen zwischen den Kleinkindern sind für die Sozialisation von Rhesusaffen und wahrscheinlich auch der höheren Primaten von größter Wichtigkeit. Diese Variablen hängen voneinander ab, und keine von beiden muß notwendig das soziale Leben eines jungen Affen zerstören, wenn man ihm anschließend gestattet, ein mehr oder weniger normales Leben zu führen; jedoch kann kein Zweifel daran bestehen, daß der leichtere und erfolgreichere Weg, ein normaler Affe zu werden, der ist, sowohl mit einer Mutter als auch mit Alterskameraden zusammenzuleben und lieben zu lernen."[13]

[13] Abdruck mit freundlicher Genehmigung von F. H. und M. K. Harlow, The Affectional Systems, in: Schrier, Harlow, Stollnitz (hrsg.), Behavior of Nonhuman Primates, Vol. 2, N. Y. 1965, S. 272

Die Ausbildung moralischer Kontrollen

Das Verhalten eines kleinen Kindes ist weitgehend äußeren Kontrollen unterworfen - den Belohnungen und Bestrafungen seitens seiner Umgebung. Mit der Zeit unterliegt sein Verhalten jedoch mehr und mehr internen Kontrollen, und zwar in der Weise, daß es in der Lage zu sein scheint, den Erwartungen anderer sogar unter Umständen nachzukommen, wenn diese gar nicht gegenwärtig sind, oder wenn sie das Kind gar nicht belohnen oder bestrafen können. Dieser Wandel ist in Begriffen der kognitiven Entwicklungstheorie in ziemlich systematischer Weise als moralische Entwicklung beschrieben worden. Als erste haben Piaget und nach ihm Kohlberg das Bild eines Kindes entworfen, das eine Reihe von Stadien durchläuft, in denen sich die kognitiven Fähigkeiten des Kindes entfalten, teils auf Grund von Reifungsprozessen oder biologischem Wachstum, teils auf Grund der verschiedenen Erfahrungen mit der Umwelt, von denen das Heranwachsen begleitet wird[14].

Piaget hat diesen Vorgang als eine Reihe von Übergängen aufgefaßt, von einem Status des moralischen Absolutismus zu einem moralischen Verhalten, das auf gegenseitiger Übereinstimmung beruht. Im ersten Stadium sind Verhaltensweisen total richtig bzw. falsch, und Regeln sind sakrosankt und unveränderlich. Handlungen werden als richtig oder falsch danach eingestuft, wie schwerwiegend deren Konsequenzen sind, wie weit sie mit den Regeln konform gehen, und ob sie bestraft werden oder nicht. Das Kind glaubt an eine immanente Gerechtigkeit: Der Verletzung einer Regel folgt stets ein Unglück oder ein Mißgeschick, dessen Urheberschaft in Gott oder einem unbelebten Objekt gesehen wird.

Im fortgeschritteneren Stadium der Reziprozität werden die Regeln in sozialer Übereinkunft aufgestellt und können beim Vorliegen guter Gründe geändert werden. Unterschiedliche Ansichten über richtig und falsch werden akzeptiert, und es wird verstärkt in Betracht gezogen, ob eine Handlung absichtlich erfolgt ist oder nicht. Eine Strafe ist nicht mehr die Fügung eines unpersönlichen Wesens. Außerdem wird sie dem Ausmaß des Vergehens angepaßt und führt unter Umständen zu Wiedergutmachung oder Vergeltung.

Der Übergang vom ersten zum zweiten Stadium wird durch die wachsenden kognitiven Fähigkeiten erleichtert, die dem Kind eine Überwindung erlauben: 1. eines Zustandes des Egozentrismus, in dem es annimmt, daß bestimmte Ereignisse von anderen in derselben Weise wahrgenommen werden wie von ihm selbst und 2. eines Zustandes gegenüber der Realität, in dem das Kind objektive und subjektive Realität nicht voneinander trennt, (es glaubt z. B., seine Träume seien wirkliche Geschehnisse). Diesem Wandel liegt die Entwicklung eines Selbstkonzepts zugrunde als einer ei-

---

14 Piaget, 1932; Kohlberg, 1969

genen Person mit besonderen Empfindungen und Meinungen, die sich von denen anderer Personen unterscheiden können. Piaget betont, daß die Interaktion mit Gleichaltrigen für diese Entwicklung von großer Bedeutung ist.

Hoffmann stellt fest, daß bei Piaget zwei Prozesse auftreten, die für den geschilderten Wandel verantwortlich sind[15]. Der erste bezieht sich darauf, daß das Kind in zunehmendem Maße Entscheidungen trifft, und dadurch dessen Sehweise von Regeln und Autoritäten verändert wird. Während das Kind heranwächst, erreicht es gegenüber seinen Eltern und anderen Kindern einen immer größeren Gleichheitsstatus und verringert so deren Autorität. Die Achtung vor sich selbst und den Gleichaltrigen nimmt zu. Es vermag mit anderen Personen besser zu interagieren und zu kooperativen Vereinbarungen über Regeln zu gelangen. Es betrachtet diese Regeln als Ergebnis gegenseitiger Übereinstimmung und nicht als von einer absoluten Autorität stammend.

Der zweite, kompliziertere Prozeß bezieht sich auf die Interaktion mit anderen Personen in Rollenbegriffen, wozu auch gehört, die Rolle anderer Personen zu übernehmen. Diese Rollenübernahme befähigt das Kind, zwischen sich und anderen Ähnlichkeiten und Unterschiede zu sehen und die Ansichten und Gefühle von anderen zu verstehen. Sein moralisches Urteil gründet sich nunmehr nicht allein auf das äußere Verhalten einer Person, sondern auf deren Intentionen und auf andere Ursachen, die in deren innerem Zustand begründet sind.

Kohlberg ist zu einer ausgefeilteren Konzeption der moralischen Entwicklung vorgedrungen, die bei ihm aus sechs Stufen besteht[16]. Die erste Stufe besteht in einer Orientierung an Gehorsam oder Bestrafung: Das Verhalten wird durch Befehle oder Ausüben von Druck von Seiten anderer Personen gesteuert, dem man sich unterwirft, um Strafen zu vermeiden und Belohnungen zu erhalten. Die zweite Stufe besteht aus einer naiv egoistischen Orientierung: Richtig ist, was die eigenen Bedürfnisse befriedigt. Die dritte Stufe ist die Orientierung am braven Kind: Es kommt darauf an, anderen Personen zu gefallen und deren Zustimmung zu erreichen. Die vierte Stufe betont Autorität und die Erhaltung der sozialen Ordnung. Die fünfte Stufe besteht in einer Vertrags- und legalistischen Orientierung: Die Erkenntnis eines willkürlichen Elementes bei moralischen Regeln ist vorhanden sowie ein Vertrag, in dem die Rechte anderer Personen berücksichtigt sind. Die letzte Stufe schließlich betont das individuelle Bewußtsein: Moralische Regeln werden von einem selbst aufgestellt und akzeptiert, auch wenn sie, wie das normalerweise der Fall ist, von anderen geteilt werden.

---

[15] Hoffmann, 1967

[16] Kohlberg, 1969

Auf jeder beliebigen Altersstufe fällt ein Individuum moralische Urteile, die sich aus jeder dieser Orientierungen ableiten können. Allerdings fallen etwa 50 Prozent der moralischen Urteile in die Kategorie einer Stufe, und die Häufigkeit der Urteile aus den benachbarten Stufen nimmt sehr rasch ab, vor allem in den entfernten Stufen.[17]

Man muß sich diese Stufen als voneinander getrennt und aufeinander folgend vorstellen, als unterschiedliche Muster moralischen Denkens. Damit steht die Tatsache in Einklang, daß ein Kind auf einer bestimmten Stufe die moralischen Begriffe einer niedrigeren Stufe verstehen kann, aber kaum jene der höheren Stufen.[18] Kohlberg nimmt ferner an, daß, wenn diese Stufen von bestimmten grundlegenden kognitiven oder Denkstrukturen abhängig sind, zwischen der moralischen und der kognitiven Entwicklung ein Zusammenhang bestehen müßte. Das bedeutet, daß wahrscheinlich beiden Formen der Entwicklung fundamentale kognitive Prozesse zugrundeliegen. Folglich betrachtet er die Korrelationen zwischen moralischer Entwicklung auf der einen Seite und Alter und IQ auf der anderen als Stütze des Stufenmodells der moralischen Entwicklung. Man muß jedoch daran erinnern, daß Intelligenz-Tests fast mit allen anderen Meßergebnissen korrelieren, bei denen es auf gute sprachliche Fähigkeiten ankommt; so daß die Evidenz für das Vorhandensein von Entwicklungsstufen recht gering ist.

Kulturvergleichende Untersuchungen über die moralische Entwicklung in den Vereinigten Staaten, Taiwan und Mexiko bei Jungen aus der städtischen Mittelschicht zeigen für die Altersklassen zehn, dreizehn und sechzehn in den einzelnen Ländern eine ähnliche Entwicklung. Ähnliche Ergebnisse finden sich in Untersuchungen an zwei abgelegenen Dörfern in der Türkei und Yucatan[19]. Die vielleicht überzeugendsten Daten stammen aus einer Längsschnittuntersuchung an Jungen aus Mittel- und Unterschicht über eine Dauer von zwölf Jahren; zu Beginn der Studie waren die Teilnehmer zehn bis sechzehn, bei deren Abschluß 22 bis 28 Jahre alt. Mit Ausnahme einer leichten Regression des Niveaus in der moralischen Entwicklung bei etwa 20 Prozent der Beobachteten, und zwar in der Zeit zwischen High School und College, zeigen die Ergebnisse eine Aufwärtsbewegung auf den Stufen des moralischen Denkens[20].

Zusammengefaßt: Die gegenwärtige Interpretation über die Ausbildung des Gewissens - ein Set von Kontrollen, die sich mit Angst, Schuldgefühlen und moralischen Werten verbinden - besagt, daß dies auf Grund der Entfaltung der kognitiven Fähigkeiten des Kindes geschieht. Diese Entfaltung erfolgt zum Teil durch Reifung und biologisches Wachstum und zum Teil durch Erfahrungen mit den verschiedenen Umgebungen, von denen das Heranwachsen in der Regel begleitet ist. Piaget nahm an, daß dies in einer Reihe von Stufen vor sich geht, angefangen von einem Zustand des

---

[17] Kohlberg, 1969

[18] Rest, Turiel, Kohlberg, 1969

[19] Kohlberg, 1969

[20] Kohlberg, 1969

moralischen Absolutismus, bis hin zu einer Moral, die auf gegenseitiger Übereinkunft beruht. Dieser Übergang verläuft von einem Egozentrismus, wo das Kind annimmt, andere hätten dieselbe Auffassung über die Welt wie es selbst, zur vollen Anerkennung von Individualität, wo die Ansichten anderer sich von den eigenen unterscheiden. Diese Veränderungen sind ein Reflex des wachsenden Status des Kindes gegenüber anderen, sowie seiner Aktivitäten in der Übernahme von Rollen, die andere Personen ihm gegenüber spielen. Kohlberg geht von sechs Stufen der moralischen Entwicklung aus: 1. einer Orientierung an Gehorsam oder Bestrafung, 2. einer naiv egoistischen Orientierung, 3. einer Orientierung am braven Kind, 4. einer Orientierung an Autorität und sozialer Ordnung, 5. einer Vertrags- und legalistischen Orientierung und 6. einer Orientierung am individuellen Bewußtsein[21]. Dieses Stufenmodell wird hauptsächlich durch kulturvergleichende Studien sowie durch eine zwölf Jahre währende Längsschnittuntersuchung der moralischen Entwicklung gestützt. Die Hauptgrenze dieses Ansatzes besteht momentan darin, daß er auf Urteilen von Kindern über das moralische Verhalten hypothetischer Personen beruht, statt auf Beobachtungen am Verhalten der Kinder selbst, und Indices für moralisches Verhalten weisen nur schwache Korrelationen mit den kognitiven Stufen der moralischen Entwicklung auf.

Lerntheoretische Erklärungen für kognitive Kontrollen

Wir haben in Kap. 15 erklärt, wie einige interne Kontrollen über elementare Prozesse des sozialen Lernens erworben werden, die hauptsächlich auf Verstärkungs-Kontingenzen beruhten. Diese internen Kontrollen haben weitgehend nichts mit kognitiven Prozessen zu tun, sondern sind wesentlich habituell und spontan. Ein Sinn für richtig und falsch spielt keine Rolle. Eine andere Erklärung ist die, daß Lernen durch Imitation stattfindet. Damit ist bisher weitgehend die Entwicklung interner Kontrollen erklärt worden, allerdings scheint diese Deutung mit den neu zusammengetragenen Ergebnissen nicht vereinbar zu sein.

Ein Schlüsselbegriff dieses Erklärungsansatzes war die Stärke der Abhängigkeit und deren Rolle für die Identifikation des Kindes mit den Eltern. Nach dieser Ansicht werden sowohl Abhängigkeit als auch Internalisierung durch die Verbindung einer intensiven fürsorglichen Beziehung zwischen Mutter und Kind auf der einen Seite und der Anwendung disziplinierender Maßnahmen mit zeitweiligem Liebesentzug auf der anderen Seite verstärkt. Man nahm an, ein mögliches Ergebnis davon sei eine Identifikation, wobei das Kind aus Angst vor Liebesverlust motiviert wird, das Verhalten seiner Eltern zu reproduzieren und deren Verhaltensstandards zu übernehmen. Man nahm an, daß dieser Vorgang nicht allein der Entwicklung innerer Kontrollen zugrunde liegt, sondern auch der Übernahme angemessener Formen

---

21 Kohlberg, 1969

des Erwachsenenverhaltens (z.B. dem Lernen der Geschlechtsrolle). Diese stark vereinfachte Sicht der Grundmechanismen von Identifikation befand sich zwar in Übereinstimmung mit den Ergebnissen einer Anzahl früherer Studien, ist jedoch dadurch in Frage gestellt worden, daß in späteren Untersuchungen keine durchgehende Korrelation festgestellt wurde zwischen den Erziehungspraktiken, die eine Identifikation bewirken sollten und deren Konsequenzen - Widerstehen gegenüber einer Versuchung, Anzeichen von Schuldgefühlen und geschlechtsspezifische Verhaltensweisen[22].

Neuere experimentelle Untersuchungen, die sich zumeist im Rahmen der komplexeren Auffassung von Identifikation und Lernen am Modell bewegen, wie es in Kap. 15 behandelt wurde, unterstützen den Schluß nicht, Lernen am Modell spiele für die Entwicklung interner Kontrollen eine wesentliche Rolle. Diese Untersuchungen umfassen die Auswirkungen, die eintreten, wenn ein Modell beobachtet wird, das einer Versuchung widersteht[23], Aggressionen zurückhält[24], sich bis zur Selbstverleugnung nach selbst auferlegten Standards verhält[25] und Bedürfnisbefriedigung aufschiebt[26]. In einer Übersicht dieser Ergebnisse kommt Hoffman zu dem Schluß, daß ein Lernen am Modell zwar rasch dazu führen kann, vorher unterdrückte Impulse zu äußern, jedoch in den wenigsten Fällen den umgekehrten Effekt erzielt. Anders ausgedrückt: interne Kontrollen werden wahrscheinlicht nicht über Modelle erworben, wenngleich das Lernen am Modell Kontrollen abschwächen oder verstärken kann.[27] Diese experimentellen Ergebnisse stimmen im großen und ganzen mit den wenigen Ergebnissen überein, die in natürlichen Situationen des Lernens am Modell gewonnen wurden und die ebenfalls die Ansicht nicht stützen können, Identifikation sei für die Entwicklung einer internen Moralkontrolle ein wesentlicher Faktor.

Wie Hoffman sorgfältig anmerkt, ist es möglich, daß die relative Schwäche internalisierter Hemmungen bei diesen Studien aus der Unmöglichkeit resultiert, im Laboratorium genügend starke Identifikationsanreize zu schaffen - das Modell ist in der Regel ein Fremder und kein Elternteil oder jemand mit engerer Beziehung zu dem Kind. In jedem Fall lassen diese angeführten Ergebnisse Zweifel an der Stichhaltigkeit der Anwendung des Identifikationskonzepts aufkommen, wenn es darum geht, die Entwicklung interner Kontrollen zu verstehen.

---

[22] Bandura u. Walters, 1963; Sears, Rau, Alpert, 1965

[23] Walters, Leat, Mezel. 1963; Walters, Parke, 1964; Stein, 1967

[24] Bandura, Ross, Ross, 1963 b; Bandura, 1965

[25] Bandura u. Kupers 1964; Bandura u. Whalen, 1966; Mischel u. Liebert 1966; Bandura, Grusec , Menlove 1967

[26] Mischel, 1965; Bandura u. Mischel, 1965

[27] Hoffman 1967

Erziehungspraktiken und moralische Entwicklung

In der nicht-experimentellen Literatur, die das Thema der Internalisierung behandelt, hat man sich oft mit dem Zusammenhang von Erziehungspraktiken und verschiedenen Indices für Internalisierung beschäftigt. Hoffman und Saltzstein haben in einer Untersuchung über die Auswirkungen elterlicher Strafmaßnahmen[28] eine Klassifikation in drei Arten von Bestrafungstechniken vorgeschlagen: 1. Techniken, bei denen eine Machtposition behauptet wird, wobei der betreffende Elternteil das Kind entweder physisch bestraft oder depriviert; 2. Liebesentzug, wobei der Elternteil implizit oder explizit zu verstehen gibt, daß er das Kind nicht gern hat; 3. Induktion, wobei der Elternteil Erklärungen oder Gründe dafür angibt, warum er möchte, daß das Kind sein Verhalten ändert, und zwar vor allem unter Hinweis auf die Konsequenzen, die das Verhalten des Kindes für die Eltern oder andere Personen haben könnte.

Hoffman hat eine Übersicht zahlreicher Untersuchungen erstellt und versucht zu entscheiden, wie diese Bestrafungsformen mit Internalisierung oder moralischer Entwicklung zusammenhängen. Zu den Merkmalen von Internalisierung gehören das Widerstehen gegenüber einer Versuchung, das Ausmaß von Schuldgefühlen, Unabhängigkeit von externen Sanktionen und die Einsicht, daß man für sein Verhalten selbst verantwortlich ist. Er stellte fest, daß die Behauptung einer Machtposition durch die Mutter mit moralischer Entwicklung negativ korreliert. Etwas weniger konsistent korrelierten Induktion und Äußerung von Zuneigung seitens der Mutter mit moralischer Entwicklung. Entzug von Liebe und Zuwendung korrelierte nur selten mit Internalisierung, im Gegensatz zu früheren Ansichten zu diesem Punkt. Anscheinend bestand ein geringer Zusammenhang zwischen moralischer Entwicklung und der Form der Bestrafung seitens des Vaters und dessen Zuwendung dem Kind gegenüber, wenngleich Jungen aus Familien ohne Vater eine geringere moralische Entwicklung aufwiesen als Kinder aus intakten Familien.

Schließlich führten Hoffman und Saltzstein für Kinder aus der Unter- und solche aus der Mittelschicht eine getrennte Analyse durch[29]. An Kindern aus der Unterschicht lassen sich wenige signifikante Korrelationen zwischen mütterlichen Erziehungspraktiken und Indices der moralischen Entwicklung feststellen. Eine gängige Erklärung hierfür ist, daß das Verhalten von Kindern aus der Unterschicht mehr an externen Sanktionen orientiert ist, wohingegen Hoffman bemerkt, daß die Daten seiner mit Saltzstein durchgeführten Studie diese Interpretation nicht stützen.[30] Er schlägt zwei andere Möglichkeiten vor. Die eine ist die, daß Eltern aus der Unterschicht häufig ihre Machtposition behaupten, was mit moralischer Entwicklung negativ zu korrelieren scheint; die Anwendung von

---

[28] Hoffman u. Saltzstein, 1967

[29] Hoffman u. Saltzstein, 1967

[30] Hoffman u. Saltzstein, 1967

Machtbehauptung macht positive Effekte zunichte, die sonst auftreten würden, und die typisch für die Mittelschicht sind. Außerdem führt er an, daß bestimmte Züge des Familienlebens in der Unterschicht den Einfluß mütterlicher Strafmaßnahmen zurückdrängen können. Die Mutter ist häufig berufstätig und somit nicht zu Hause; in der Wohnung leben viele Personen zusammen, so daß das Verhalten des Kindes oft mehr von anderen beeinflußt wird, in erster Linie von den Geschwistern; die Mutter wird sich, was das Strafen angeht, mehr auf den Vater verlassen und das Kind wird meist angehalten, den größten Teil seiner Zeit außer Haus zu verbringen.

Hoffman hat für die Überlegenheit der Induktion gegenüber Liebesentzug und Behauptung der Machtposition die folgende Erklärung angeboten[31]. Sie beruht vor allem auf der Vorstellung, daß es eine optimale Stufe gibt, das Liebesbedürfnis des Kindes zu aktivieren: eine Aktivierung auf zu geringer Stufe schwächt die elterliche Kontrolle, während sie auf zu hoher Stufe zu Angst oder Wut führen kann, wodurch ein Erlernen des geforderten Verhaltens behindert wird.

Hoffmans Überlegung geht dahin, daß jede Bestrafungsmaßnahme alle drei Formen der Strafe enthält: Induktion, Liebesentzug und Behauptung der Machtposition. Bei diesem Zusammentreffen wird eine Reihe von Motiven aktiviert. Wo die Behauptung der Machtposition dominiert, wird ein Höchstmaß an Wut die Folge sein; das Kind erfährt nicht nur die Frustration, in der Durchführung der verbotenen Handlung blockiert zu werden, sondern sein Autonomiebedürfnis wird ebenfalls frustriert. Ferner hat es ein Vorbild für die direkte Entladung seiner Wut und ein Objekt, nämlich den Elternteil, an dem es seine Wut auslassen kann. Darüber hinaus wird seine Aufmerksamkeit vordringlich auf die Konsequenzen seines Verhaltens für sich selbst gerichtet und nicht, wie bei der Induktion, auf die Konsequenzen, die das Verhalten für andere hat. Welches auch immer die vorherrschende Art der Bestrafung sein mag, eine Strafe weckt in der Regel das Bedürfnis des Kindes nach Zustimmung, besonders, wenn es sich an einen hohen Grad der Zuwendung gewöhnt hat. Stehen Formen des Liebesentzuges oder der Machtbehauptung im Vordergrund, kann eine solche Aktivierung zu stark sein, so daß ein effektives Lernen in dieser Situation unterbunden wird. Eine Induktion, die für das Bedürfnis nach Zuwendung weniger bedrohlich ist, vermag eher ein optimales Aktivierungsniveau zu erreichen. Außerdem gibt es dem Kind Hinweise darauf, was an seinem Verhalten falsch ist und wie es sich benehmen muß, um die elterliche Zustimmung wieder zu erhalten.

Eine emotionale Quelle, die in Fällen der Induktion besonders geeignet ist, verstärkt zu werden, ist die kindliche Einfühlungsfähigkeit. Vor allem dann, wenn man dem Kind die Konsequenzen darlegt, die dessen

---

31 Hoffmann, 1967

Verhalten für andere hat, richtet sich dessen Aufmerksamkeit auf die Reaktion der anderen und es wird symbolisch deren Unbehagen verspüren und diese Erfahrung gleichzeitig mit der Tatsache in Verbindung bringen, daß hierfür sein eigenes Verhalten verantwortlich war. Tatsächlich wird es durch den Inhalt der elterlichen Induktion in den Stand versetzt, in verschiedenen Situationen akzeptierte moralische Verhaltensmuster zu lernen. In der Erörterung situationsspezifischer Determinanten von Konformität ist weiter oben bereits festgestellt worden, daß Personen, für die eine Situation erkennbar die Wahl einer moralischen Verhaltensweise bedeutet, vorher wahrnehmen müssen, daß ihr Verhalten für das Wohlergehen anderer Konsequenzen hat, und daß sie für ihr Verhalten verantwortlich sind. Eltern, die sich häufig der Induktion bedienen, ermöglichen so dem Kind, Situationen auf diese Weise einschätzen zu lernen.

Die seltenen und nicht konsistenten Zusammenhänge zwischen Liebesentzug und moralischer Entwicklung stehen sichtlich in Widerspruch zu früheren Auffassungen über moralische Entwicklung, besonders zu der, daß diese ein Ergebnis von Abhängigkeit und Identifikation sei. Die Untersuchung von Hoffman und Saltzstein nimmt an, daß Liebesentzug zwar nicht mit der Stärke interner Kontrollen korreliert, jedoch einen Einfluß darauf hat, in welcher Weise diese Kontrollen wirksam werden. Hoffman konnte zwei Gruppen von Internalisieren auf der Basis von Tests unterscheiden, bei denen eine unvollständige Geschichte zu Ende erzählt werden mußte, was eine Messung der Qualität der moralischen Urteile der Versuchspersonen ermöglichen sollte. Diese beiden Typen werden wie folgt beschrieben:

"Zusammenfassend läßt sich sagen, daß die beiden Gruppen der humanistisch-flexiblen und der konventionell - rigiden als zwei Varianten eines internalisierten Gewissens erscheinen, die sich nicht nur im manifesten Inhalt, sondern auch in der hierarchischen Anordnung und der Motivationsbasis ihrer moralischen Standards unterscheiden. D. h. in den moralischen Urteilen über Regelverletzungen anderer neigen die humanistisch-flexiblen Individuen dazu, die Konsequenzen für andere herauszustellen und eher mildernde Umstände gelten zu lassen. So wie sie die Geschichte enden lassen, sind sie gegenüber eigenen Impulsen toleranter und bereiter sie zu akzeptieren. Das bedeutet, daß sie trotz starker Schuldgefühle und anderer Indices für Internalisierung erkennen lassen, daß sie in der Lage sind, sich in ihrer Phantasie vorzustellen oder zu berücksichtigen, daß sie selbst ebenfalls zu einer Regelverletzung imstande wären. Auch hat es den Anschein, daß ihre Schuldgefühle ein direktes Ergebnis der schmerzhaften Folgen sind, die ihr Verhalten für andere bedeutet, und nicht etwa ein Ergebnis nicht akzeptabler Impulse in ihnen selbst. Die konventionell-rigiden Individuen auf der anderen Seite weisen eher eine religiöse oder legale Basis ihrer moralischen Urteile auf und berücksichtigen keine mildernde Umstände. Die Art und Weise, in der sie die Geschichten zu

Ende führen, läßt vermuten, daß sie in relativ starkem Umfang sich der Freudschen Feststellung entsprechend verhalten, daß Schuldgefühle ihren Grund weniger in dem real zugefügten Schmerz haben als in der Erkenntnis nicht akzeptabler Impulse, und daß sie tendenziell vermeiden, diese Gefühle auch in der Phantasie zu äußern. Dieses Verhaltensmuster, zusammen mit den Ergebnissen eines Satzergänzungstests, legt die Vermutung nahe, daß der zugrunde liegende Mechanismus Repression ist. Vielleicht ist die Unduldsamkeit gegenüber Impulsen eine Möglichkeit, einen Moralkonflikt zu vermeiden, d. h., man erfährt keinen Konflikt, wenn man die Versuchung gar nicht erst wahrnimmt. Obgleich also die beiden Gruppen aufgrund bewußter moralischer Urteile gebildet wurden, sieht es so aus, als ob sie moralische Syndrome wiederspiegelten, die sich jenseits der bewußten und rationalen Aspekte moralischer Orientierungen unterscheiden."[32]

Verglichen mit der humanistisch-flexiblen Gruppe neigten die Eltern der konventionell-rigiden Gruppe eher dazu, Liebesentzug als Technik der Bestrafung anzuwenden. Hoffman nimmt an, daß diese Technik in Verbindung mit geringerer Machtbehauptung und hoher Induktion und Zuneigung - wodurch beide untersuchte Gruppen gekennzeichnet waren - eine ausgeprägtere Hemmung von Feindseligkeit und anderen Impulsen bewirkt, die von den Eltern mißbilligt werden. Andererseits zeigten Eltern, deren Kinder ein humanistisch-flexibles Bewußtsein aufwiesen, eine häufigere Anwendung von Machtbehauptung als die Eltern von konventionell-rigiden Kindern. Und schließlich schienen die Eltern von humanistisch-flexiblen Kindern diese Orientierung in ihren eigenen Verhaltensweisen nachzuahmen.

Diese Ergebnisse über Liebesentzug lassen vermuten, daß die frühere Beschäftigung mit der zunehmenden Anwendung dieser Technik in amerikanischen Mittelschichtfamilien[33] und deren möglichen Konsequenzen - übermäßig rigide und schuldbeladene Kinder - zu begründeten Aussagen führte, wenn auch in späteren Untersuchungen bestimmte frührere Hypothesen nicht gestützt werden konnten, die einen Zusammenhang zwischen Liebesentzug und Abhängigkeit bzw. Gewissensbildung sahen.

Folgende Bestrafungstechniken lassen sich zusammenfassend ausmachen: 1. Techniken der Machtbehauptung, bei denen der jeweilige Elternteil das Kind auf Grund seiner höheren Machtstellung physisch bestraft oder depriviert; 2. Liebesentzug, wobei der Elternteil implizit oder explizit äußert, das Kind nicht mehr gern zu haben oder damit droht; 3. Induktion, d. h. dem Kind werden Erklärungen oder Gründe angegeben, warum es sein Verhalten ändern soll. Machtbehauptung von Seiten der Mutter korre-

---

32 Abdruck mit freundlicher Genehmigung von M. L. Hoffman, Moral Development, in: P. H. Mussen (Hrsg.), Carmichael's Manual of Child Psychology, (3. Aufl.) Vol. 2., N.Y.1970, S. 339

33 Bronfenbrenner, 1958

liert negativ mit der moralischen Entwicklung, Induktion und die Äußerung von Zuneigung dagegen positiv. Außerdem sind einige schichtenspezifische Unterschiede festgestellt worden.

Im allgemeinen weist induktive Bestrafung wohl die besten Ergebnisse auf. Strafmaßnahmen aktivieren das Bedürfnis nach Zustimmung, so daß Machtbehauptung oder Liebesentzug das Kind so in Wut bringen können, daß ein wirksames Lernen verhindert wird. Induktion kann ferner die Fähigkeit des Kindes steigern, sich in andere hineinzuversetzen, da man das Kind auf die Konsequenzen seines Tuns für andere aufmerksam macht. Man hat an Versuchspersonen zwei Typen von internen Kontrollen festgestellt: die humanistisch-flexible und die konventionell-rigide. Personen des ersten Typus betonen die Konsequenzen, die ein Verhalten für andere hat und berücksichtigen mildernde Umstände. Eigene Impulse werden eher akzeptiert, und Schuldgefühle entstehen weitgehend dadurch, daß man sich die schmerzhaften Konsequenzen vergegenwärtigt, die das eigene Verhalten für andere hat. Konventionell-rigide Personen haben sich für ihre moralischen Urteile eine religiöse oder legalistische Begründung zurechtgelegt und lassen keine mildernden Umstände gelten. Schuldgefühle beruhen anscheinend eher auf eigenen Impulsen als auf dem anderen zugefügten Schmerz. Allem Anschein nach entsteht diese Form der internen Kontrolle durch eine Kombination von Liebesentzug, geringerer Machtbehauptung und hoher Induktion.

Zusammenfassung: Die Entwicklung kognitiver Kontrollen

Eine Vorbedingung für gelungene Sozialisation scheint die Abhängigkeit des Kindes von einer anderen Person zu sein. In der typischen Familie wird die Entwicklung einer Abhängigkeit durch die Natur der familiären Interaktion gesichert, durch die notwendigerweise starke Abhängigkeiten sowie gelegentliche Frustrationen und Konflikte entstehen. Es kann sein, daß sich in extrem atypischen Familien oder in Heimen nur eine schwache Abhängigkeit entwickelt. Daß verschiedene Formen der Deprivation, etwa eine reduzierte Umwelt, eine normale Sozialisation beeinträchtigen, ist klar; schwierig dagegen ist die Identifizierung des genauen Bestimmungsfaktors. Es gibt mehrere mögliche Interpretationen. Darüber hinaus hängen solche Effekte noch von bestimmten Faktoren ab: dem Alter des Kindes zur Zeit der Deprivation, Form und Dauer derselben und dem Alter, in dem sich die Auswirkungen bemerkbar machen.

Untersuchungen an Affen und Menschen lassen vermuten, daß die Hypothese der Abhängigkeit als einheitliches Motivsystem übervereinfacht ist. Die Verhaltensweisen und andere Elemente, die mit Abhängigkeit zusammenhängen, bilden anscheinend kein einzelnes System. Ihr Auftreten erfolgt oft höchst zufällig, wobei bestimmte Bedingungen erfüllt sein müssen, die sehr stark variieren. Untersuchungen an Affen beispielsweise haben zu einer Unterscheidung von fünf relativ unabhängigen separaten Affektsystemen geführt, die jeweils einer eigenen Entwicklung folgen (z. B. Mutter-Kind-System, System der Altersgenossen).

Vom Gewissen - ein Set von Kontrollen, die mit Angst, Schuldgefühlen und moralischen Werten verbunden sind - nimmt man an, es sei das Ergebnis der Entfaltung kindlicher Fähigkeiten, die teils durch biologisches Wachstum, teils durch Erfahrung erfolgt. Piaget und Kohlberg haben jeweils voneinander leicht abweichende Stadienmodelle vorgeschlagen. Das System Piagets reicht von einem Zustand des moralischen Absolutismus mit egozentrischer Wahrnehmung bis zu einer relativen Moralität, die auf wechselseitiger Übereinkunft beruht. Kohlbergs System beginnt mit einem vormoralischen Stadium, bei dem externe Kontrollen überwiegen, und endet mit einem Stadium, in dem das Verhalten sich in Einklang mit selbst akzeptierten moralischen Prinzipien befindet.

Die frühere Auffassung, daß die Identifikation mit einem Vorbild bei der Gewissensbildung eine wesentliche Rolle spiele, steht in Gegensatz zu neueren Ergebnissen. Das Lernen am Modell führt zwar häufig zur Äußerung eines zuvor unterdrückten Impulses, scheint jedoch in bezug auf die Unterdrückung zahlreicher Verhaltensweisen nicht wirksam zu sein. Für die Herausbildung interner Kontrollen sind einige Bestrafungstechniken effektiver als andere. Machtbehauptung durch die Mutter korreliert negativ mit moralischer Entwicklung, Induktion und liebevolles Verhalten dagegen positiv. Induktion - die Angabe von Erklärungen oder Gründen, warum das Kind sein Verhalten ändern sollte - scheint die besten Resultate zu erzielen. Durch Machtbehauptung und Liebesentzug werden Kinder oft so aufgebracht, daß ihnen ein wirksames Lernen unmöglich ist.

SOZIALE MOTIVE

Eine Möglichkeit, eine Reihe von Verhaltensweisen zu untersuchen - ob in der Alltagssprache oder der der Sozialpsychologie - besteht in der Frage nach deren gemeinsamer Zielrichtung. Worauf zielen sie ab? Was wird mit ihnen erreicht? Eine Reihe von Verhaltensweisen, die sich auf ein solches gemeinsames Ziel beziehen, kann in der Regel als *soziales Motiv* bezeichnet werden. Beispiele für solche Motive sind *Aggression* und *Leistung*. Aggressive und leistungsorientierte Verhaltensweisen sind in modernen Gesellschaften weit verbreitet. Die ersteren reichen von verschiedenen Formen körperlicher Gewaltanwendung bis zu boshaftem Klatsch und haben das Bedürfnis gemeinsam, einen anderen zu kränken oder zu verletzen. Die letzteren umfassen lebenslanges Erfolgsstreben in einer Karriere bis hin zum Bridgespielen in der Absicht, ein gutes Blatt auf die Hand zu bekommen. Da aggressive Verhaltensweisen oft soziale Probleme aufwerfen, und weil die Leistungsmotivation für den Erfolg als wichtig angesehen wird, erörtern wir im folgenden, wie diese Motive in der Sozialisation vermittelt werden.

Aggression

Eine Verhaltensweise mit der Absicht, jemanden zu kränken oder zu verletzen, sei es körperlich oder auf andere Weise, kann in der Regel als aggressiv bezeichnet werden. Aggression kann so versteckt erfolgen, daß der Aggressor sich seiner Absicht gar nicht bewußt ist. Sears, Maccoby und Levin bemerken hierzu:

"In seiner umgangssprachlichen Bedeutung ist mit Aggression ein Verhalten gemeint, das in der Absicht erfolgt, jemanden zu verletzen oder ihm Schmerz zuzufügen. Die meisten Erwachsenen verfügen über ein ganzes Repertoire von Handlungsweisen, auf die diese Definition zutrifft. Einige davon sind offen und erfolgen heftig, andere hingegen sind versteckt und abgeschwächt. Einige werden von Wut und Ärger begleitet, andere erfolgen kalt und für den Aggressor scheinbar ohne Emotionen. Die Komplexität und Subtilität der Aggressionen Erwachsener ist jedoch das Endprodukt von zwei bis drei Jahrzehnten Sozialisation seitens der Eltern und der Spielkameraden sowie der sonstigen personellen Umgebung des einzelnen und weist wenig Ähnlichkeit mit der primitiven Eigenschaft kindlicher Handlungsmuster auf, aus denen sie sich entwickelt hat."[34]

Die primitive Wut, von der die kindliche Aggression begleitet wird, ist nicht gelernt; die Intention und die Form der Aggression des sozialisierten Individuums sind es hingegen. Sears und Mitarbeiter haben angenommen, daß dieses Lernen einem Muster folgt: das Kind erlebt ein Unbehagen, das anfangs zu Wut und Verhaltensweisen führt, die bei anderen Personen Unbehagen bewirken. Auch führen diese Verhaltensweisen häufig dazu, daß andere das Kind unabsichtlich belohnen, indem sie den Grund für dessen Unbehagen beseitigen. Mit der Zeit lernt das Kind, daß die Erfahrung von Aggression bei anderen meist ein belohnendes Verhalten bewirkt.

Die Autoren nehmen an, daß aggressive Handlungen auf Grund von zwei Prozessen für sich allein schon Befriedigung auslösen. Erstens erfährt das Kind wegen der Bestrafung für Aggression eine Spannung in Verbindung mit aggressiven Impulsen. Diese Spannung löst sich, wenigstens für den Augenblick, sobald die aggressive Handlung erfolgt. Eine derartige Entspannung, die subjektiv als "Dampf ablassen" empfunden wird, hat

---

[34] Abdruck mit freundlicher Genehmigung von Sears, Maccoby, Levin Patterns of Child Rearing, N. Y. 1957, S. 218

belohnende Funktion. Zweitens, da Aggression häufig zu Belohnung führt, sei es infolge des Nachlassens der Spannung oder weil andere sich so verhalten, daß die Frustration aufgehoben wird, und da solche Hinweise wie Anzeichen von Schmerz, den ein anderer empfindet, normalerweise einer Belohnung vorausgehen, wird das Zufügen von Schmerz als solches schon eine Belohnung. Anders ausgedrückt: die Wahrnehmung von Schmerz bei anderen wird als belohnend erfahren; und deshalb wird durch aggressive Akte anderen Schmerz zugefügt.

Frühere Untersuchungen über die Bestimmungsgründe von Aggression ließen sich von der Hypothese leiten, die Stärke der Aggression sei eine Funktion des Ausmaßes der zuvor erlebten Frustration. Die ersten Studien schienen diese Annahme zu stützen.[35] Aus neueren Forschungen geht jedoch hervor, daß der Zusammenhang zwischen diesen Variablen nicht so einfach ist.

Erstens ist deutlich geworden, daß Frustration nicht in jedem Fall zu Aggression führt. Während es Anhaltspunkte dafür gibt, daß bei Tieren eine solche Verbindung angeboren ist, falls sie überhaupt besteht, ist sie beim Menschen weitgehend durch Lernen modifizierbar. Berkowitz hat in einer neueren Beurteilung der Tragfähigkeit der Frustrations-Aggressions-Hypothese eine Analyse über die Natur von Frustrationen vorgelegt und einige von den Bedingungen ausgemacht, unter denen Frustration zu Aggression führt.[36] Man nimmt an, daß eine Frustration als Folge der Blockierung oder Unterbrechung eines erwünschten und antizipierten Zustandes eintritt. Der antizipatorische Zustand ist wichtig, um die Bedingungen zu verstehen, unter denen eine Situation als frustrierend erfahren wird und so möglicherweise zu Aggression führt. Erfolgt die Blockierung einer Handlung, über die ein bestimmtes Ziel erreicht werden soll, nicht willkürlich, so muß keine Frustration eintreten, da ein Erfolg nicht unbedingt erwartet wurde. Wird hingegen auf einen Erfolg gerechnet und erfolgt eine willkürliche Blockierung, so tritt eine Frustration ein.

Man hat Tauben beigebracht, an einem Schalter zu picken, in dem man sie mit Futter kräftig verstärkte; hörte der Versuchsleiter auf, sie für die gelernten Reaktionen zu belohnen, wurden sie aggressiv und attackierten andere Tauben.[37] Menschen, die man auf ähnliche Weise dazu gebracht hat, eine bestimmte Stufe der Belohnung zu antizipieren, reagieren aggressiv, wenn sie diese nicht erreichen, selbst wenn die tatsächlich erreichte Stufe höher liegt als vorher. Revolutionsforscher - wie Berkowitz anmerkt - haben schon seit längerem festgestellt, daß revolutionäre Aufstände meistens in Perioden gesteigerter Erwartungen ausbrechen, (häufig stimuliert durch ein Ansteigen des erfahrenen Belohnungsniveaus). Eine Studie, die die Frustrations-Aggressions-Hypothese auf das Phänomen der politischen Instabilität anwandte, von der die Modernisierung begleitet wird, stellte fest, daß die politische Instabilität zunahm, sobald die Bevölkerung ein steigendes Niveau auf dem Ausbildungssektor und im Nahrungsmittelkonsum erlebte.[38]

35 Dollard, Doob, Miller, Mowrer, Sears, 1939

36 Berkowitz, 1969

37 Azrin, Hutchinson, Hake, 1966

38 Feierabend u. Feierabend, 1966

Aggression als Reaktion auf Frustration braucht nicht einzutreten, wenn starke Aggressionshemmungen bestehen oder wenn die Person gelernt hat, auf frustierende Ereignisse mit nicht-aggressivem Verhalten zu reagieren. Letzteres läßt sich am Beispiel eines Kindes verdeutlichen, das gelernt hat, an der Lösung einer Aufgabe weiter zu arbeiten und nicht in hilflose Wut auszubrechen, wenn es dabei zu unerwarteten Schwierigkeiten kommt.

Dagegen kann eine Verringerung von Aggressionshemmungen zu häufigeren feindseligen Akten führen, wie Geen und Berkowitz gezeigt haben.[39] Männliche Collegestudenten wurden verschiedenen Reizsituationen ausgesetzt: 1. gab man ihnen ein unlösbares Puzzle als Aufgabe, 2. wurden sie vom Versuchsleiter beschimpft, weil sie keine Lösung fanden, und 3. gab es eine Gruppe, die weder frustriert noch beschimpft wurde. Danach sah jeder Student entweder einen brutalen Boxkampf im Film oder ein spannendes, aber nicht brutales Rennen. Die Boxkampfszenen wurden auf eine Weise vorgestellt, die eine Verringerung der Aggressionhemmungen bewirken sollte. Am Ende des Films gab man den Versuchspersonen die Gelegenheit, jemanden, den sie zuvor gesehen hatten (einem Mitarbeiter des Versuchsleiters), einen elektrischen Schock zu versetzen. Diese Gelegenheit wurde als Lernexperiment verdeckt dargeboten, wo Elektroschocks als Strafe für Fehler dienen sollten. Die Intensität der vom jeweiligen Teilnehmer verhängten Schocks wurde als Maß für dessen Aggressivität angesehen.

Diejenigen, die den brutalen Film gesehen hatten, erteilten signifikant intensivere Schocks als die der dritten Versuchsgruppe, und zwar unter beiden Frustrationsbedingungen (mit und ohne anschließende Beschimpfung), während die, die den Film mit dem Rennen gesehen hatten, nur dann signifikant intensivere Schocks austeilten, wenn sie auch beschimpft worden waren. Berkowitz interpretiert diese Ergebnisse als Anzeichen dafür, daß der brutale Film die Aggressionshemmungen gelockert habe.

Weitere Untersuchungen von Berkowitz und Mitarbeitern haben noch eine Bedingung ergeben, die die Wahrscheinlichkeit dafür beeinflußt, daß Aggression als Reaktion von Frustration auftritt - die Präsenz aggressiver Reize. Stimuli, mit denen Aggression oder Frustration assoziiert wird, führen in frustrierenden Situationen zu Aggression. Unter teilweiser Aufgabe einer früheren Position[40], die behauptete, für das Auftreten von Aggression seien externe, aggressionsauslösende Stimuli notwendig, behauptet Berkowitz nunmehr, daß derartige Reize in irgendeiner Weise die Wahrscheinlichkeit einer aggressiven Reaktion vergrößern, daß aber die Aggression auch ohne sie zustande kommen könne.[41]

---

[39] Geen u. Berkowitz 1967

[40] Berkowitz, 1965

[41] Berkowitz, 1970

Die Tatsache, daß Stimuli, die mit Aggression assoziiert werden, aggressive Reaktionen auf Frustration auslösen können, wurde in einer Untersuchung demonstriert, in der man den Versuchspersonen nach einer Frustration die Gelegenheit gab, der Person einen Elektroschock zu erteilen, von der die Frustration ausging. Diejenigen Versuchspersonen, die den Schock von einem Zimmer aus erteilten, in dem auf einem Tisch in der Nähe ein Gewehr oder Revolver lagen, wählten signifikant stärkere Schocks als die, in deren Raum sich ein neutrales oder irrelevantes Objekt befand.[42] Der Einfluß von Stimuli, die mit Aggression assoziiert werden sowie mit der Person, die für eine Frustration verantwortlich ist, wurde in einer anderen Untersuchung gezeigt; dabei sahen die Teilnehmer, von denen einige von einem Komplizen des Versuchsleiters - als Teilnehmer getarnt - geärgert worden waren, einen Film mit einem brutalen Kampf, dessen Hauptdarsteller entweder denselben oder einen anderen Namen des Mitarbeiters beim Experiment trug. Bot man anschließend die Möglichkeit, dem Urheber des Ärgers einen Elektroschock zu versetzen, so erteilten diejenigen Teilnehmer, in deren Film der Hauptdarsteller denselben Namen trug wie der Mitarbeiter, mehr Schocks als die Teilnehmer, in deren Film der Hauptdarsteller einen anderen Namen als den des Mitarbeiters trug.

Nicht nur, daß auf eine Frustration keine Aggression folgen muß, die Frustrations-Aggressions-Hypothese mußte auch nach der anderen Seite modifiziert werden, daß nämlich Aggression auch ohne vorhergehende Frustration eintreten kann. Aggressives Verhalten kann in einer Vielzahl von Situationen auf dieselbe Weise und in denselben Prozessen sozialen Lernens gelernt werden, wie sie bereits beschrieben wurden. Das Kind kann Aggression lernen, wenn die Verstärkungskontingenzen entsprechend vorliegen. Es steht zwar nicht in der Absicht der Mutter, ein solches Verhalten zu belohnen; indem sie jedoch weiterhin die Ursache der kindlichen Frustration ist und dem Kind solcher Art Belohnungen gibt, daß sie es aufnimmt und es in Reaktion auf sein aggressives Verhalten zu besänftigen sucht, sorgt sie für ein Andauern der Aggression. Wird das Kind älter, ermöglichen tolerante oder permissive Einstellungen der Aggression gegenüber ein Fortdauern solcher Äußerungen, die inzwischen selbst belohnend geworden sind.

Direkte Unterweisung kann Aggressionen ebenfalls begünstigen. Eine Anzahl von Studien läßt vermuten, daß im Falle elterlicher Zustimmung zu Aggressionen gegenüber Altersgenossen solche auch eintreten.[43] Schließlich stehen die Prozesse des Rollenlernens und der Identifikation in Einklang mit Ergebnissen, wonach elterliche Aggression in Form

---

[42] Berkowitz u. LePage, 1967

[43] Davis u. Dollard, 1940; Lesser, 1952

von Bestrafung des Kindes, besonders körperlicher Züchtigung, mit hoher Aggression verbunden ist. In einer Zusammenfassung ihrer Untersuchungsergebnisse über Aggression und deren Kontrolle erläutern Sears, Moccoby und Levin diesen Punkt:

"Immer wenn Eltern strafen - besonders im Fall körperlicher Züchtigung - bieten sie ein lebendiges Beispiel für die Äußerung von Aggression, und zwar zu genau dem Zeitpunkt, wo sie dem Kind beizubringen versuchen, nicht aggressiv zu sein.

Das Kind, das seine Eltern auf verschiedene Weise imitiert, lernt aller Wahrscheinlichkeit nach aus diesem Beispiel einer erfolgreichen Aggression von Seiten seiner Eltern ebenso viel wie aus dem Schmerz der Bestrafung. D. h., daß es in der Familie am friedlichsten zugeht, in der die Mutter Aggression nicht für wünschenswert hält und auch unter keinen Umständen gegen sich geäußert sehen will, sich jedoch in der Hauptsache auf nichtpunitive Formen der Kontrolle verläßt. In Familien, wo Kinder häufig aggressive Wutausbrüche zeigen, haben die Mütter meistens eine tolerante (oder lässige!) Einstellung einem solchen Verhalten gegenüber, oder sie neigen zu harten Strafen oder auch beides."[44]

Diese Autoren betonen also, daß vor allem zwei Faktoren zu Aggressionen führen: stark permissive Haltung in Bezug auf Aggression und harte Bestrafung aggressiver Handlungen. Einige andere Untersuchungen berichten ähnliche familiäre Einflüsse auf Aggression.[45]

Insgesamt scheint eine fundamentale Bedingung von Aggressionen die willkürliche Unterbrechung einer Verhaltenssequenz zu sein, die auf ein Ziel gerichtet ist. Bestehen starke Aggressionshemmungen, oder sind nichtaggressive Reaktionen auf frustrierende Erlebnisse gelernt worden, so braucht keine Aggression einzutreten. Werden jedoch in einer Situation die Hemmungen gegenüber Aggressionen gelockert, so treten feindselige Akte häufiger ein. In einigen Experimenten wurde gezeigt, daß die Darbietung aggressiver Hinweise nach einer Frustration (z. B. aggressives Verhalten eines Modells oder das Vorhandensein einer Pistole) aggressives Verhalten begünstigt. Frustration ist keine notwendige Bedingung von Aggression. Aggression kann direkt gelernt sein, so wie jedes andere Verhalten - durch Lernen am Modell oder passende Verstärkungskontingenzen.

---

[44] Abdruck mit freundlicher Genehmigung von Sears, Maccoby, Levin, a.a.O., S. 266

[45] Bandura u. Walters, 1959; Lynn, 1961; McCord, McCord, Howard, 1961

Leistung

Individuen reagieren unterschiedlich auf Situationen, in denen an ihr Verhalten ein überdurchschnittlicher Maßstab angelegt wird. In einem Extremfall gibt es Personen, die sich selbst hohe Standards setzen, sehr harte Anstrengungen unternehmen, um sie auch zu erreichen, und die bei einem Erfolg oder Mißerfolg sichtliche Reaktionen auf der Gefühlsebene aufweisen. Im anderen Extremfall setzen sich die Personen keine derartigen Standards, strengen sich wenig an und machen sich verhältnismäßig wenig daraus, solche Standards zu erreichen. Man kann sagen, daß diese beiden Arten von Individuen sich bezüglich ihrer *Leistungsmotivation* unterscheiden. Dieses Verhalten ist in den letzten Jahren sehr intensiv erforscht worden. Im allgemeinen hat man es in Form von Verhaltensindices gemessen - overachievement vs. underachievement - oder in Form von leistungsorientierten Themen in Geschichten, die auf Grund einer Reihe von Bildern aus dem TAT erhalten wurden.

Mathematisches Modell der Leistung Die umfangreiche Forschung über Leistungsmotivation hat zu einem der wenigen Beispiele einer einigermaßen genauen mathematischen Formulierung von Motivationsphänomenen geführt. Atkinson geht von der Annahme aus, daß in Situationen, in denen ein Verhalten verlangt ist, das mit ziemlich hohen Standards bewertet wird, das Verhalten von folgenden Faktoren beeinflußt wird:[47]

1. Die Motivstärke, den Erfolg anzustreben (M_s) und einen Mißerfolg zu vermeiden (M_{af}).
2. Die Wahrscheinlichkeit dafür, daß eine bestimmte Handlung zum Erfolg (P_s) oder Mißerfolg führt (P_f).
3. Der Wert des Zieles im Falle des Erfolgs (I_s) oder Mißerfolgs (I_f).

Es wird angenommen, daß diese Faktoren auf *multiplikative* Weise miteinander verbunden sind, so daß die Tendenz, einen Erfolg anzustreben (I_s), gleich dem Produkt ($M_s \times P_s \times I_s$), und die Tendenz, einen Mißerfolg zu vermeiden (T_f), gleich ($M_{af} \times P_f \times I_f$) ist. Die Theorie unterstellt, daß der Anreizwert des Erfolges bei einer gegebenen Aktivität der Schwierigkeit der Aufgabe entspricht, (d. h., $I_s = 1 - P_s$). Der Erfolg

---

[46] McClelland, Atkinson, Clark, Lowell, 1953

[47] Atkinson, 1964; Atkinson u. Feather, 1966

bei einer schwierigen Aufgabe wird also höher bewertet als bei einem leichten Problem. Analog dazu ist der negative Anreizwert des Mißerfolgs bei leichten Aufgaben größer als bei schweren, (d. h., $I_f = - P_s$). Es ist also niederdrückender, eine leichte Aufgabe nicht lösen zu können, als an einer schwierigeren zu scheitern.

Diese Formel soll etwas verdeutlicht werden, indem wir für verschiedene Individuen willkürlich einige Werte für die Erfolgsmotivation (M_s) einsetzen.[48] Die Tendenz, einen Erfolg zu erstreben, kann dann für alle Individuen und für Aufgaben unterschiedlichen Schwierigkeitsgrades berechnet werden. Diese Werte sind in Tabelle 16.1 aufgeführt. Beispielsweise wird für die leichte Aufgabe A eine Erfolgswahrscheinlichkeit von 0.90 angenommen. Der Anreizwert des Erfolgs beträgt dann nur 0.10 (nämlich 1.00 - 0.90). Ist M_s gleich 1, so ist die Tendenz, einen Erfolg zu erstreben gleich 0.90 x 0,10 x 1 = 0.09 (wie aus der vierten Spalte zu ersehen). Ebenso werden die anderen Werte berechnet.

Tabelle 16.1 Berechnung der Tendenz, nach Erfolg zu streben

Aufgabe	Erfolgs-wahrsch.	Anreizwert	Erfolgsmotiv		
			$M_s = 1$	$M_s = 2$	$M_s = 3$
A	0.90	0.10	0.09	0.18	0.27
B	0.70	0.30	0.21	0.42	0.63
C	0.50	0.50	0.25	0.50	0.75
D	0.30	0.70	0.21	0.42	0.63
E	0.10	0.90	0.09	0.18	0.27

Quelle: Abdruck mit Genehmigung aus J.W. Atkinson u. N.T. Feather, A Theory of Achievement Motivation, N. Y. 1966, S. 330

Tabelle 16.1 macht verständlich, wie sich über Tendenzen des Erfolgsstrebens Voraussagen treffen lassen, wenn Aufgaben unterschiedlichen Schwierigkeitsgrades, unterschiedlicher Anreizwerte und die Art und Weise vorgegeben sind, in der jemand auf Erfolg oder Mißerfolg reagiert. Aus der Tabelle ist zu ersehen, daß die Tendenz, einen Erfolg zu erzielen, bei Aufgaben mittlerer Schwierigkeit am größten ist, vor allem wenn das Leistungsmotiv (M_s) stark ist.

[48] Atkinson u. Feather, 1966, S. 330

Eine ähnliche Tabelle kann für die Tendenz erstellt werden, Mißerfolge zu vermeiden. Diese Tabelle würde ergeben, daß dieses Motiv ebenfalls bei durchschnittlich schweren Aufgaben am stärksten ist, besonders wenn ein starkes Motiv besteht, Mißerfolge zu vermeiden. Wenn also eine ausgeprägte Tendenz besteht, Erfolge zu erzielen, werden Aufgaben mittlerer Schwierigkeit gewählt; besteht dagegen eine ausgeprägte Tendenz, Mißerfolge zu vermeiden, werden solche Aufgaben am wenigsten vorgezogen. In diesem Fall werden Aufgaben gewählt, die entweder sehr leicht oder sehr schwer sind. Da das aktuelle Verhalten in einer bestimmten Situation von beiden Tendenzen beeinflußt wird, gibt die resultierende erfolgs-orientierte Tendenz die Prädominanz der einen oder der anderen wieder.

Weinstein berichtet, daß in 18 Studien mit unterschiedlichen Gruppen und Situationen die prognostizierte Relation zwischen einem starken Leistungsmotiv und der Präferenz für ein durchschnittliches Risiko mit bemerkenswerter Konsistenz bestätigt wurde.[49] Er weist jedoch darauf hin, daß bei diesen Untersuchungen Leistungsmotivation unterschiedlich gemessen wurde und unterschiedliche Risiko-Situationen bestanden. Um das Gemeinsame dieser Maßzahlen festzustellen, wurden in seiner eigenen Studie acht verschiedene Maße für Leistungsmotivation und zwölf für die Präferenz verwendet, ein Risiko zu übernehmen, und zwar in einer Vielzahl von Kontexten wie: Problemlösung, athletische Aufgaben, Auswahl unter möglichen Verabredungen, Wettpräferenzen und berufliche Präferenzen. Überraschenderweise bestand zwischen den verschiedenen Maßzahlen für Leistungsmotivation kaum eine Korrelation, und eine Faktorenanalyse ließ vermuten, daß diese Maßzahlen verschiedenen Dimensionen zugehörten und wenig gemeinsam haben. Ein ähnliches Resultat ergab sich in bezug auf Risikofreudigkeit. Diese Ergebnisse werfen die Frage auf, ob Leistungsmotivation nur eine einzelne Dimension oder Charakteristik repräsentiert, und sie legen den Schluß nahe, daß Risikobereitschaft weitgehend von der jeweiligen Untersuchungssituation abhängt.

Man nimmt an, daß auch die Einflüsse leistungsorientierter Tendenzen auf die Wahl des Schwierigkeitsgrades in einer Leistungssituation von der relativen Stärke von M_s abhängen. Ist das Motiv, Mißerfolge zu vermeiden, größer als das, einen Erfolg zu erzielen, so wird von der Theorie ein hemmender oder abschwächender Einfluß auf die Durchführung vorausgesagt. Es ist also eine bessere Ausführung zu erwarten, wenn das Leistungsmotiv stärker ist. Diese Prognose ist von einer Anzahl von Untersuchungen bestätigt worden.[50] Schließlich prognostiziert die Theorie unterschiedliche Reaktionen zwischen beiden Motivgruppen auf die Erfahrung von Erfolg

---

[49] Weinstein, 1969

[50] Atkinson u. Litwin, 1960; Atkinson u. O'Connor, 1966; Karabenick u. Youssef, 1968

und Mißerfolg. Personen, die eher durch Erfolg statt durch Vermeidung von Mißerfolg motiviert sind, werden im Falle eines Scheiterns in stärkerem Maße "am Ball" bleiben, wenn ihre anfängliche Erfolgserwartung hoch war. Diejenigen dagegen, bei denen das Motiv überwiegt, einen Mißerfolg zu vermeiden, werden bei einem Scheitern dann in stärkerem Maße weitermachen, wenn sie anfangs der Meinung waren, es bestehe eine geringe Erfolgsaussicht. Diese Vorhersagen sind nicht ohne weiteres einsichtig und können nur verstanden werden, wenn in die Formeln jeweils Werte eingesetzt und die sich daraus ergebenden Motive berechnet werden.

Man nimmt an, daß auch die Reaktionen auf Erfolg und Mißerfolg unterschiedlich sind, so weit es das Anheben oder Senken des Anspruchsniveaus betrifft. Normalerweise würde man erwarten, daß jemand nach einem Erfolg sein Anspruchsniveau anhebt und eine schwierige Aufgabe auswählt, sein Anspruchsniveau jedoch entsprechend nach einem Mißerfolg senkt und sich eine leichtere Aufgabe aussucht. Stattdessen prognostiziert das Modell, daß diejenigen, deren Motiv einen Mißerfolg zu vermeiden, größer ist als das Motiv, einen Erfolg zu erzielen, nach einem Erfolg eine schwerere Aufgabe wählen.

Moulton hat das folgendermaßen erklärt: Erfolg oder Mißerfolg bei einer Aufgabe ändert deren Attraktivität, da sich die subjektive Erfolgswahrscheinlichkeit geändert hat. Für Individuen, die an einer Vermeidung von Mißerfolg orientiert sind, steigert der Erfolg an einer Aufgabe die subjektive Erfolgswahrscheinlichkeit. Aber ebenso steigert dieser Erfolg die Motivstärke, einen Mißerfolg zu vermeiden, da dieses Motiv eine Funktion der Wahrscheinlichkeit ist, die Aufgabe erfolgreich zu lösen, und des Zielwertes eines Mißerfolges (der konstant bleibt). So führt das stärkere Motiv, Mißerfolge zu vermeiden, zur Wahl einer noch leichteren Aufgabe. Scheitert man andererseits an einer Aufgabe, so wird die Erfolgswahrscheinlichkeit der nächsten Versuche geringer eingeschätzt. Da der Anreizwert eines Mißerfolges konstant bleibt, verringert eine niedrigere Erfolgserwartung auch das Motiv, einen Mißerfolg zu vermeiden, und man wählt eine schwierigere Aufgabe. Ähnliche Ableitungen sind auch für andere Fälle möglich. Vorhersagen auf Grund dieser Überlegungen konnten in verschiedenen Untersuchungen bestätigt werden.[51]

Die Theorie über Leistungsverhalten ist auch auf andere alltägliche Situationen angewandt worden, u. a. bei Berufswünschen, beruflicher Mobilität und Unterschieden in der Leistungsmotivation zwischen sozialen Schichten, rassischen und nationalen Gruppen. In Übereinstimmung mit

---

[51] Feather, 1961, 1965; Moulton, 1965

der Theorie ist festgestellt worden, daß Studenten mit unrealistischen Berufswünschen - sie erstrebten Berufe, die entweder größere oder geringere Qualifikationen erforderten, als sie selbst besaßen - eine geringere Leistungsmotivation und starke Leistungsängste aufwiesen.[52]
In gewissem Maß ist die Hypothese bestätigt worden, Leistungsmotivation spiele bei der Erklärung von Aufstiegsmobilität eine Rolle. In den beiden unteren Schichten des beruflichen Status, aber nicht in den beiden oberen, wird Leistungsmotivation mit Aufstiegsmobilität verbunden.[53] Auch ist die Leistungsmotivation bei Kindern aus der Mittelschicht größer als bei Kindern aus der Unterschicht[54] - und stärker bei jüdischen als bei italienischen Kindern.[55] In einer kulturvergleichenden Studie rangierten die Brasilianer unter den Amerikanern.[56]

Vorläufer der Leistungsmotivation in der Kindheit Kinder im Alter von acht bis zehn Jahren mit ausgeprägter Leistungsmotivation hatten Eltern, die in früheren Jahren unabhängiges Handeln von ihnen erwartet hatten, und die für unabhängiges Handeln häufigere und größere Belohnungen erteilten.[57] Diese Ergebnisse wurden erneut in einer Studie bestätigt, bei der die Interaktion zwischen Eltern und Kind in einer Problemlösungssituation beobachtet wurde.[58] Eltern von Kindern mit hoher Leistungsmotivation setzten dem Kind höhere Standards für gute Leistungen, zeigten ihre Zufriedenheit, wenn in Richtung auf diese Standards Fortschritte erzielt wurden, und zeigten im entgegengesetzten Fall ihre Enttäuschung. Eine Längsschnittsuntersuchung erlaubt einige Annahmen über das Maß, in dem Leistungsmotivation und elterliche Erziehungspraktiken über längere Zeit konsistent sind, sowie über die relative Bedeutung früher oder späterer Erziehungspraktiken.[59] Dabei wurde eine gewisse Stabilität der Leistungsmotivation über längere Zeit hinweg beobachtet. Aber die Einstellungen der Mütter hinsichtlich unabhängigen Handelns im frühen Kindes- und Jugendalter waren konträr. Je früher eine Mutter bei ihrem Sohn, sobald er in die Schule ging, unabhängiges Handeln ermutigte, umso weniger förderte sie dieses Verhalten, wenn der Sohn langsam erwachsen wurde.

---

[52] Mahone 1960

[53] Crockett, 1962

[54] Douvan, 1956; Rosen, 1956, 1959; Milstein, 1956

[55] Rosen, 1959

[56] Rosen, 1964

[57] Winterbottom, 1958

[58] Rosen u. D'Andrade, 1959

[59] Feld, 1967

Unabhängigkeit und Leistungstraining in früher Kindheit und in der späteren Adoleszenzphase korrelierten kaum miteinander. Auch bestand kaum ein Zusammenhang zwischen Leistungsmotivation in der Adoleszenz und den entsprechenden mütterlichen Erziehungspraktiken, im Gegensatz zu einer frühen Untersuchung über Leistungsmotivation und mütterliche Erziehungspraktiken in der Kindheit.[60] Dagegen bestand ein Zusammenhang zwischen der Motivation Mißerfolge zu vermeiden, und Erziehungspraktiken in der Kindheit. Je später die Anforderungen der Mutter an selbständiges Handeln einsetzten, umso größer war in der Adoleszenz die Angst in Leistungssituationen.

Situationsspezifische Determinanten Ähnlich wie bei der Aggression hat sich die jüngere Forschung über Leistungsmotivation von den Bedingungen in früher Kindheit mehr den situationsspezifischen Determinanten zugewandt. Wie jemand eine Situation definiert, beeinflußt seine Äußerung von Leistungsmotivation im Verhalten. Dabei sind die Werte und Ziele von Bedeutung, die der einzelne in der Situation wahrnimmt.[61] Der Zusammenhang von Leistungsmotivation und College-Examina z. B. gilt nur für die Studenten, die solche Examina als Mittel für eine künftige erfolgreiche Karriere ansehen.[62] Ferner werden nur solche Personen bei ihrer Berufswahl durch Leistungsmotivation beeinflußt, die über potentielle Belohnungen gut informiert sind, und die im Beruf eine innere Befriedigung erfahren.[63]

Situationsspezifische Eigenschaften, die einen Einfluß darauf haben, ob jemand einen Erfolg oder Mißerfolg eigenen Anstrengungen und Fähigkeiten und nicht dem Glück oder Zufall zuschreibt, müssen anscheinend mit berücksichtigt werden, wenn zur Entscheidung steht, ob theoretisch abgeleitete Vorhersagen sich bestätigen oder nicht.[64] Individuen sehen die Ursache von Ereignissen samt deren verstärkenden Folgen entweder innerhalb (unter eigener Kontrolle) oder außerhalb von sich selbst (nicht der eigenen Kontrolle unterliegend).[65] Weiner und Kukla haben eine Anzahl von Möglichkeiten beschrieben, wie die Vorstellungen über Erfolg und Mißerfolg das Verhalten beeinflussen können: da stark motivierte Personen im allgemeinen einen Erfolg den eigenen Anstrengungen zuschreiben, erfahren sie mehr Belohnungen und versuchen deshalb aktiver, etwas zu leisten. Sie bleiben auch hartnäckiger an einer Sache, da sie einen Mißerfolg eher einem zu geringen Einsatz und nicht etwa fehlenden Fähigkeiten zuschreiben. Schließlich bevorzugen sie Aufgaben durchschnittlicher Schwierigkeit, da sie so die meisten Aufschlüsse über die eigenen Fähigkeiten gewinnen.[66]

---

[60] Winterbottom, 1958

[61] Kahl, 1965

[62] Raynor, 1970

[63] Leuptow, 1968

[64] Feather, 1967; Weiner u. Kukla, 1970; Crandall, Katovsky, Crandall, 1965; Coleman, Campbell, Hubson u. a., 166

[65] Rotter, 1966

[66] Weiner u. Kukla, 1970

Zusammenfassung Es wird angenommen, daß Leistungsmotivation eine multiplikative Funktion dreier Variablen ist: 1. der Motivstärke, einen Erfolg zu erzielen und einen Mißerfolg zu vermeiden, 2. der Wahrscheinlichkeiten dafür, daß eine bestimmte Handlung zu Erfolg bzw. Mißerfolg führt und 3. des Anreizwertes von Erfolg oder Mißerfolg bei dieser Handlung. Eine Vorhersage, die aus dieser Theorie folgt, ist der positive Zusammenhang zwischen einem starken Leistungsmotiv und der Präferenz für durchschnittliche Risiken. Dies ist mit wenigen Ausnahmen von zahlreichen Untersuchungen bestätigt worden. Eine andere Prognose wurde in gewisser Weise ebenfalls bestätigt: je stärker das Leistungsmotiv, umso besser ist die Ausführung. Ferner sind je nach der Tendenz, Erfolg zu erstreben bzw. Mißerfolg zu vermeiden, spezifische Prognosen gemacht worden, was die beharrliche Ausdauer beim Lösen einer Aufgabe betrifft. Die Kinder von Eltern, die schon früh ein selbständiges Verhalten erwarten und dieses auch hoch belohnen, erziehen zur Unabhängigkeit. Allerdings ist das elterliche Erziehungsverhalten nicht über den Zeitraum von der frühen Kindheit bis zur Adoleszenz konsistent. Jüngere Forschungen haben die Bedeutung situationsspezifischer Einwirkungen auf das Leistungsverhalten erkannt, besonders die Definition der Situation durch den Handelnden.

Lücken in unserem Wissen über soziale Motive

Die bisher vorliegenden Forschungsergebnisse über soziale Motive sind ziemlich beschränkt. Es gibt fast nur Querschnittsuntersuchungen; man hat zwar Gruppen von Kindern in einem bestimmten Alter untersucht, aber ganz selten nur ein Kind über einen Zeitraum von mehreren Jahren hinweg (Längsschnittstudie). Infolgedessen wissen wir nichts über eine Kontinuität oder Diskontinuität im Verhalten einzelner Kinder. Im allgemeinen wird unterstellt, daß das Kind bestimmte Eigenschaften erwirbt, die es bis ins Erwachsenenalter beibehält.[67]

Außerdem ist zu bedenken, daß das elterliche Verhalten gegenüber den Kindern in einem bestimmten Alter zwar sicherlich von der Eltern-Kind-Beziehung in der früheren Zeit abhängt, diese Beziehung jedoch keineswegs konsistent ist. Z. B. kann ein Vater, der anfangs seinem Sohn gegenüber eine große Begeisterung und Wärme zeigt, sehr schnell in seinem Bemühen frustriert werden, aus seinem Sohn einen Kameraden zu machen. Möglicherweise legt er mit der Zeit eine indifferentere Haltung an den Tag, die seinen vorigen Gefühlen widerspricht. Einige Untersuchungen lassen vermuten, daß ein solches Urteil über die bisherige Forschung berechtigt ist. Was die Aggressionsforschung angeht, so hat eine Studie gezeigt, daß zwar strenge

---

67 Mischel, 1968

Bestrafung von Vorschulkindern bei diesen im Vorschulalter zu aggressiverem Verhalten führte, dieselben Kinder sich jedoch im Alter von zwölf Jahren in relativ geringem Maße antisozial-aggressiv verhielten.[68] Andererseits zeigten die Kinder auf dieser Altersstufe indirektere Formen der Aggression und mehr Angst vor allem, was damit zusammenhing. Beim toleranten Erziehungsverhalten ergab sich ein ähnliches Problem hinsichtlich der Kontinuität. Eine stark permissive Haltung gegenüber Vorschulkindern führte zu ausgeprägter Aggressivität bei dieser Altersstufe, aber auch im Alter von zwölf Jahren. Allerdings äußerte sich die Aggression weniger in indirekten Formen, und die Kinder hatten weniger Angst vor Aggression.

Bei der Interpretation dieser Ergebnisse ist Vorsicht angebracht, da das Maß der Aggression im Vorschulalter über Interviews mit den Müttern erhoben wurde, und die Kinder im Alter von zwölf Jahren die Fragebögen selbst ausfüllten. Auch waren bei beiden Studien die Korrelationen ziemlich niedrig. Eine andere Untersuchung zeigt, daß die Beurteilung der kindlichen Aggressivität durch die Eltern mit den Urteilen der Klassenkameraden nicht korreliert.[69] Dies läßt vermuten, daß man auch die Einschätzungen der Eltern nicht mit denen ihrer Kinder vergleichen kann.

Eine Reihe anderer Untersuchungen an Kindern über mehrere Jahre hinweg deuten an, daß bestimmte Charakteristika, die in einer Altersstufe besonders hervortreten, in einer anderen wieder verschwinden. Eine Studie stellt eine beträchtliche Stabilität der Abhängigkeit und Passivität bei Mädchen fest, aber nicht bei Jungen.[70] Eine andere berichtet über eine mäßige Korrelation von überstarker Abhängigkeit und Ernsthaftigkeit in früher Kindheit und im Jugendalter, während Egoismus, Streitsucht und Aufmerksamkeit forderndes Verhalten deutlich verschiedene Häufigkeiten in verschiedenen Altersstufen aufwiesen.[71]

Ein anderes Problem, das intensiver als bisher untersucht werden sollte, ist das der Konsistenz im mütterlichen Verhalten gegenüber den Kindern. Eine Studie vergleicht Beobachtungsdaten, die während der ersten drei Lebensjahren an Kindern erhoben wurden, mit Interviewdaten über dieselben Kinder in der Zeit zwischen dem neunten und vierzehnten Lebensjahr.[72] In der Dimension Liebe versus Feindseligkeit wurde eine beträchtliche Konsistenz zwischen beiden Perioden festgestellt. Anders ausgedrückt: Mütter, die ihre Kleinkinder liebevoll behandelten, taten dies auch späterhin, und Mütter, die weniger liebevoll oder sogar feindselig ihren kleinen Kindern gegenüber waren,zeigten diese Haltung meist auch später noch. Selbstverständlich war die Konsistenz nicht vollkommen, und in vielen individuellen Fällen zeigten die Mütter deutlich unterschiedene Haltungen in den beiden Altersstufen.

---

[68] Sears, 1961

[69] Walder, 1961

[70] Kagan u. Moss, 1960

[71] McFarlane, Allen, Honzik, 1954

[72] Schaefer u. Bayley, 1960

Dieselben Autoren fanden dagegen in einer anderen Dimension eine geringe Konsistenz, nämlich dem Umfang, in dem die Mütter die Kinder kontrollierten oder sie zur Unabhängigkeit anhielten. Maccoby meint dazu, ein Grund dafür, daß Kindern gegenüber zu verschiedenen Perioden ein unterschiedliches Verhalten an den Tag gelegt wird, sei der, daß ein bestimmtes Verhalten der Persönlichkeit und den Möglichkeiten der Mutter auf der einen Altersstufe mehr entspricht als auf einer anderen.[73] Z. B. kann mütterliche Wärme für das Kleinkind gleichbedeutend sein mit intensiven Körperkontakten wie: in den Armen halten, herumtragen, schaukeln oder stillen; für ein Kind, das zur Schule geht, bedeutet Wärme hingegen der Ausdruck von Interesse an dem, was es tut und Stolz auf dessen Unabhängigkeit. Eine Mutter, die Kleinkinder sehr gern mag, ist vielleicht nicht in der Lage, demselben Kind gegenüber ähnlich warme Gefühle zu äußern, sobald es älter geworden ist.

Wir haben bereits eine Längsschnitt-Studie erwähnt, in der eine zumindest mäßige Stabilität der Leistungsmotivation zwischen Kindheit und Adoleszenz beobachtet wurde, dagegen eine Umkehrung der mütterlichen Einstellungen zu unabhängigem Verhalten in diesen beiden Perioden.[74] In derselben Studie zeigte sich außerdem, daß der Zusammenhang zwischen mütterlichen Erziehungspraktiken in der frühen Kindheit und Leistungsmotivation in der Adoleszenz verschwand oder sich nur schwach äußerte. Die Tatsache, daß es unmöglich war, konsistente Korrelationen zwischen leistungsorientierten Tendenzen und Risikobereitschaft auszumachen[75], und der Einfluß situationsspezifischer Faktoren auf leistungsbezogenes Verhalten mahnen schließlich zur Vorsicht bei dem Schluß, ein solches Motiv sei eine stabile und umfassende Persönlichkeitseigenschaft.

Murphy hat auf die einschneidenden Veränderungen hingewiesen, die bei Kindern stattfinden und er ist der Auffassung, die Vorstellung einer festgelegten Persönlichkeitsstruktur, die das ganze Leben lang beibehalten werde, sei bisher überstrapaziert worden:

"Die Auffassung über Charakter im Sinne einer lebenslangen stabilen Grundstruktur ist so verdinglicht worden, daß sie im Grunde ein Teil unserer Mythologie geworden ist ... sie bringt uns dazu, Überraschungen oder plötzliche Veränderungen als irgendwelche Ausnahmen von der Regel anzusehen...

Bei den Kindern, die wir beobachtet haben, tragen neue Interaktionen zu Veränderungen bei, sobald Übergänge auftreten, sei es auf Grund innerer Veränderungen beim Kind, äußerlicher Änderungen wie ein Schul- oder Wohnsitzwechsel oder größerer Wandlungen im Muster der familiären Beziehungen und des Zusammenwirkens innerer und äußerer Veränderungen ...

---

73 Maccoby, 1961

74 Feld, 1967

75 Weinstein, 1969

Längsschnittstudien weisen im allgemeinen eine Tendenz der Einengung nach, die der Entfaltung in der Adoleszenz voraufgeht, aber bei einigen Individuen verfestigt sich diese Phase zu einer anhaltenden Charakter-Rigidität, während sie bei anderen zu Änderungen führt. Beobachtungen auf den Altersstufen der Adoleszenz, College-Alter und der Zeit danach haben ebenfalls bei einigen Individuen bedeutende Änderungen in den Relationen zwischen Antrieb, Ausdruck, Kontrolle und Abwehr ergeben ..."[76]

Schließlich haben sich die meisten Untersuchungen über soziale Motive weitgehend auf die Eltern-Kind-Beziehung beschränkt und die Interaktion mit anderen Familienmitgliedern und den Spielkameraden dabei vernachlässigt. Diese anderen Faktoren sind für die kindliche Sozialisation ebenfalls von Bedeutung. Die Arbeiten der Harlows zeigen, wie wichtig die Interaktion mit Geschwistern und Spielgefährten sowie das damit verbundene Verhalten für die Entwicklung von Abhängigkeit und Zuneigung ist.[77] Zweifellos wird aggressives Verhalten oft von Vorbildern bei Spielkameraden und Geschwistern gelernt. In einer anderen Veröffentlichung über Schulleistung betonen die Autoren die Bedeutung der Spielgefährten für das Leistungsstreben.[78] Das vielleicht eindrucksvollste und bedeutsamste Ergebnis einer nationalen Untersuchung über Chancengleichheit der Schulbildung zeigte, daß die Variable der schulischen Umgebung, die die Leistung der Schüler am meisten beeinflußte, im Ausbildungshintergrund und den Zielen der Mitschüler bestand.[79] In anderen Gesellschaften, etwa der Sowjetunion, stellen andere Kinder einen noch mächtigeren Einfluß auf den Sozialisationsprozeß dar.[80]

SOZIALISATION UND FAMILIENSTRUKTUR

Es ist für viele Leute oft verwunderlich, daß zwei Kinder derselben Familie sich so unterschiedlich entwickeln können. Auf diese Tatsache angesprochen, weist der Verhaltenswissenschaftler darauf hin, daß ein Kind unter anderem nie dieselbe familiäre Umwelt hat wie seine Geschwister. Innerhalb der Familienstruktur hat jedes Kind auf Grund seines Alters, Geschlechts und der Stellung in der Geschwisterreihe eine einmalige Position und unterliegt jeweils völlig anderen interpersonellen Einflüssen.

---

[76] Abdruck mit freundlicher Genehmigung aus einem unveröffentlichten Manuskript von L. Murphy, 1961

[77] Harlow u. Harlow, 1965, 1966

[78] Backman u. Secord, 1968 b; Backman, 1971

[79] Coleman u. a., 1966

[80] Bronfenbrenner, 1970

Ein älterer Bruder wird meist ganz anders behandelt als die jüngere Schwester - von den Eltern wie von den anderen Kindern in der Familie.

Die Stellung in der Geschwisterreihe

Unter den vielen Aspekten der Familienstruktur ist der Geschwisterreihe in den letzten Jahren besondere Aufmerksamkeit gewidmet worden, vielleicht, weil diese besonders leicht zu identifizieren ist. Durch die Arbeit von Schachter angeregt,[81] die zwar mehr als zehn Jahre zurückliegt, aber eine um vieles ältere Vorgeschichte hat,[82] hat eine ununterbrochene Reihe von Untersuchungen versucht, die Stellung in der Geschwisterreihe mit zahlreichen Eigenschaften in Beziehung zu setzen: hohe soziale Stellung und Indikatoren für Intelligenz, Erfolg, Delinquenz, Geisteskrankheit, Alkoholismus und Persönlichkeitseigenschaften wie Kontaktfähigkeit, Abhängigkeit und Konformität.

Sampson hat in beredten Worten das mit der Geschwisterreihe verbundene Drama geschildert und bestimmte Ergebnisse angenommen, die daraus resultieren können:

"Das erstgeborene Kind besetzt den zentralen Schauplatz in einem Drama, in dem zwei ziemlich unstete, etwas ängstliche und verwirrte Akteure mitspielen, die nichts destoweniger stolz auf ihr Produkt sind und sich wünschen, daß es all die Fähigkeiten und Eigenschaften erwirbt, die ihnen selbst fehlen, und daß es in Höhen gelangt, nach denen sie selbst vergeblich gestrebt haben. Sie wünschen, daß seine Fortschritte im Eiltempo erfolgen, und dabei verhalten sie sich oft so, daß sie nur seine Abhängigkeit von ihnen verstärken. Und das Kind, allein in dieser verwirrenden Welt, wendet sich seinerseits seinen Eltern zu, die so bedeutend erscheinen, so mächtig und so weit weg, und wählt sie als Vorbilder, um mit der Komplexität seiner täglichen Erfahrungen zurechtzukommen.

Eines Tages wird ein zweites Kind geboren. Auf der Bühne bewegen sich jetzt vier Akteure; das Stück ist plötzlich geändert worden. Die Eltern, jetzt mit mehr Erfahrung, nicht gleich verwirrt, wenn die kindlichen Nachtängste einsetzen, in ihren Bewegungen etwas gelassener, bearbeiten jetzt das zweite Kind. Der Abstieg vom Star zum Statisten ... das Schicksal des Erstgeborenen. Bald findet sich das zweite in der prominenteren Besetzung und lernt sehr schnell, das stärkere und ältere Kind zu manipulieren, indem es seine eigene, relativ machtlosere Position ausspielt. Und es findet ein Vorbild, nicht so weit entfernt, manupulierbar und nicht so

---

[81] Schachter, 1959

[82] Jones, 1931

mächtig wie die Eltern, mit dessen Hilfe sich die Komplexität der eigenen Welt leichter begreifen läßt. Es hat in ihm einen bequemen Gegner und ein Ziel, und braucht deshalb seine aggressiven Angriffe kaum zurückzuhalten, wenn ihm etwas in die Quere kommt. Es wird fortan von seinen Eltern weniger aufgefangen und ist nicht mehr das Opfer ihrer überbesorgten Handlungen, und deshalb erfährt es weniger Konflikte, was die Abhängigkeit zu ihnen angeht.

Das zweite Kind wächst in einer Welt von Spielkameraden auf, und es lernt die Fähigkeiten, die notwendig sind, um mit ihnen auszukommen. Das erste Kind wächst auf und blickt nach innen, denn außen ist eine Welt von stets mächtigen Erwachsenen, es hat eine viel schwierigere Aufgabe zu lösen und benötigt dafür ganz andere Fähigkeiten.

Beide wachsen auf und machen Fortschritte, aber in verschiedene Richtungen. Für das erste Kind, immer noch angetrieben von den nunmehr internalisierten Wünschen der Eltern, werden schulische und intellektuelle Erfolge wichtig. Es wendet sich der geistigen Welt zu und überläßt die Welt der Leute, der Gesellschaft und des Spiels dem jüngeren Familienmitglied.

An diesem Punkt nun taucht etwas auf, das wie eine Umkehrung erscheint. Der innengeleitete Erstgeborene wendet sich nach außen, um Gemeinschaft und Zustimmung bei anderen zu suchen, sobald er mit seiner Welt schwer zurechtkommt oder Wahlentscheidungen zu treffen sind. Der nach außen orientierte Zweitgeborene wendet sich nach innen und sucht Isolation in sich selbst, wenn Schwierigkeiten auftauchen und Entscheidungen anstehen. Die Macht und Distanz der Eltern haben beim ersten Kind nicht nur das Gefühl persönlicher Autonomie eingeschränkt, sondern lenken es jetzt auch mehr zu anderen hin, die ihm dabei helfen können, die Welt zu strukturieren, Leitlinien zu markieren und mit Problemen umzugehen. Auf der anderen Seite erlaubt das nähere Vorbild dem jüngeren Kind nicht nur, ein stärkeres Selbstbewußtsein zu entwickeln, sondern unterweist es auch in größerer Selbständigkeit im Umgang mit anderen; diese verweisen es auf seine eigenen Fähigkeiten, wenn Probleme auftauchen und Entscheidungen getroffen werden müssen."[83]

---

[83] Abdruck mit freundlicher Genehmigung aus E. E. Sampson, The Study of Ordinal Position: Antecedents and Outcomes, in: B. A. Maher (Hrsg.), Progress in Experimental Personality Research, N. Y. 1965, S. 220 - 222.

Sampsons 1965 veröffentlichter Literaturbericht enthält eine gewisse Bestätigung dieser Ausführungen. In einer 1966 erschienenen Literaturübersicht stellte Warren weniger Zusammenhänge zwischen der Stellung in der Geschwisterreihe und Verhaltensindices fest.[84] Erstgeborene beiderlei Geschlechts besuchten in größerer Zahl das College als später geborene, waren gegenüber sozialem Druck empfindlicher und abhängiger als später geborene. Erstgeborene Frauen suchten eher die Gesellschaft anderer Frauen, wenn sie Angst verspürten, als später geborene Frauen. Aber auch diese positiven Ergebnisse existieren in einer Übersicht der bisherigen Forschungen aus dem Jahr 1972, die Schooler durchgeführt hat nicht mehr.[85] Es stellte sich heraus, daß der disproportionale Collegebesuch der Erstgeborenen auf schichtspezifische Unterschiede in der Familiengröße während des Babybooms der Nachkriegsjahre zurückzuführen war.[86] Jüngere von Schooler zitierte Studien behaupten sogar, daß in der Mehrzahl keine Anhaltspunkte für Einflüsse der Stellung in der Geschwisterreihe auf Konformität und Kontaktfähigkeit vorlägen.

Warum ergibt ein so vielversprechendes Merkmal der Familienstruktur ein so trübes Bild in der Forschung? Sind Sampsons Gedanken und Überlegungen falsch, oder unterliegen die bisherigen Forschungen schwerwiegenden Mängeln? Sampson und andere Autoren haben an den Untersuchungen über die Stellung in der Geschwisterreihe überzeugende Kritik geübt.[87] Die Familienmitglieder sind je nach Studie unterschiedlich eingeordnet worden, und oft hat man andere strukturelle Unterschiede nicht berücksichtigt. Einige Autoren haben Erstgeborene und Einzelkinder bei ihrem Vergleich mit später geborenen Kinder in eine Kategorie eingeordnet. Andere haben diese Einzelkinder aus dem Vergleich ausgeschlossen. Einige haben den Einfluß der sozialen Schichtung kontrolliert, andere nicht. In ähnlicher Weise gab es Unterschiede in anderen Charakteristika der Familienstruktur, unter anderem beim Geschlecht der verglichenen Kinder, bei der Familiengröße, dem Geschlecht der Geschwister und dem Altersunterschied der Kinder. Und schließlich ist das Verhalten, von dem man annahm, es werde durch die Stellung in der Geschwisterreihe beeinflußt, auf unterschiedliche Weise gemessen worden. Dazu gehören Maßzahlen für äußeres Verhalten, Reaktionen auf objektive Persönlichkeitstests und projektive Verfahren, von denen schon häufig nachgewiesen wurde, daß sie kaum untereinander korrelieren. So ist es nach allem nicht verwunderlich, daß die Ergebnisse kein konsistentes Bild bieten, - möglicherweise ist es noch zu früh für die Feststellung, die Stellung in der Geschwisterreihe habe überhaupt keinen Einfluß. Um ein deutlicheres Bild dieser Phänomene zu erhalten, ist weitere Forschungsarbeit notwendig, bei der allerdings der Einfluß anderer Merkmale der Familienstruktur berücksichtigt werden muß.

---

84 Warren, 1966

85 Schooler, 1972

86 Grabill, Kiser, Whelpton, 1958; Price u. Hare, 1969

87 Sampson, 1965; Warren, 1966; Kammeyer, 1967

Andere Variablen der Familienstruktur

Auf Grund klinischer Erfahrung hat Toman angenommen, Alter und Geschlecht seien die ersten Eigenschaften, die für eine Analyse von Familienstrukturen zu berücksichtigen sind.[88] Anstatt also alle erstgeborenen Kinder in die eine Kategorie und alle später geborenen in die andere zu stecken, bestimmt er vier Beziehungen, die sich deutlich voneinander unterscheiden: 1. älterer Bruder versus jüngere Schwester, 2. älterer Bruder versus jüngeren Bruder, 3. ältere Schwester versus jüngeren Bruder und 4. ältere Schwester versus jüngere Schwester. In Kap. 15 haben wir im Zusammenhang mit Rollenlernen eine Studie zitiert, die von der Annahme ausging, die Berücksichtigung dieser Dyaden sei wesentlich.[89] Das wichtige Ergebnis war, daß ungleichgeschlechtliche Geschwister durch Identifikation zahlreicher Charakterzüge des anderen Geschlechts übernahmen als gleichgeschlechtliche Geschwister.

Toman betont einen ganz anderen Punkt. Er ist der Ansicht, daß die in diesen Familiendyaden entwickelten Beziehungsmuster für spätere Beziehungen mit Personen des gleichen oder anderen Geschlechts generalisiert werden. So könnte man etwa von dem früheren älteren Bruder, der jetzt erwachsen ist, erwarten, daß er Verantwortung übernimmt, an Autoritäten orientiert ist, hart arbeitet und mit anderen Männer gut auskommt. Falls er nur einen jüngeren Bruder und keine jüngere Schwester hatte, so wird er vielleicht von seiner Frau erwarten, daß sie einige Eigenschaften seines jüngeren Bruders hat.

Aber eine Familienstruktur ist komplizierter, als wir angedeutet haben. Toman nimmt an, daß die vier Dyaden eine bestimmte Form annehmen, wenn der Altersunterschied drei bis sechs Jahre beträgt, eine andere Form, wenn er bei nur einem Jahr liegt, und wieder eine andere, wenn ein großer Altersunterschied besteht. Ein weiterer Faktor, der die Sache schwieriger macht, ist die jeweilige Beziehung der Eltern zur Geschwisterkonstellation. Nach Toman beeinflußt allein der Umfang an Interaktion zwischen Eltern und Geschwistern die Beziehung der Geschwister untereinander. Wenn die Eltern für alles die Verantwortung übernehmen, wird ein älterer Bruder kaum die Übernahme von Verantwortung als Teil seiner Rolle ansehen. Die Einflüsse durch die Geschwisterbeziehungen scheinen optimal zu sein, wenn die Eltern gegenüber den Kindern eine Laissez-faire-Haltung einnehmen oder wenn sie die besonderen Rollen bekräftigen, die der Geschwisterkonfiguration angepaßt sind.

Es macht auch einen Unterschied aus, wie die Beziehungen zwischen Eltern und Einzelkind aussehen. Das Stereotyp vom verzogenen Einzelkind hat wohl da seine Berechtigung, wo die Eltern ihr Leben um das des einzigen Kindes zentrieren. Aber das muß nicht immer der Fall sein; beispielsweise

---

[88] Toman, 1969

[89] Brim, 1958

können einige Familien deshalb ein Einzelkind haben, weil die Eltern, vor allem die Mutter, sich bei mehreren Kindern unwohl fühlen, sich dem Ärger nicht aussetzen wollen etc.

Toman interessiert sich am meisten für die Implikationen der Familienstruktur während der Sozialisation auf die neue Familie, die durch Heirat der erwachsenen Kinder zustande kommt. Er nimmt an, daß unter sonst gleichen Umständen die Weiterführung der Rolle die beste Einpassung ermöglicht, die man während der Sozialisation bereits gespielt hat. So würde zum älteren Bruder einer jüngeren Schwester am besten eine Frau passen, die die jüngere Schwester eines älteren Bruders war. Wenn beide diese früheren Beziehungen jedoch besonders unbefriedigend waren, trifft die Voraussage natürlich nicht zu.

Eine von Stotland und Mitarbeitern durchgeführte Untersuchung ist ein empirischer Bestätigungsversuch der Toman'schen Annahme, das in der Familie entwickelte Beziehungsmuster werde in andere Beziehungen mit übernommen.[90] Dies geschehe deshalb, so nehmen die Autoren an, weil das Kind infolge früher familiärer Erfahrung distinkte soziale Schemata lerne. Das Einzelkind z. B., das mit dem deutlichen Unterschied an Macht und Status seiner Eltern konfrontiert wird, wird diesen Unterschied als ein Grundschema akzeptieren und alle menschlichen Beziehungen als hierarchische wahrnehmen.

Diese kurze Erörterung von Familienstrukturen bezeichnet einige der Richtungen, in die die Forschung gehen müßte, will man versuchen, einen Zusammenhang zwischen der Familienstruktur während der Sozialisation und späterem Verhalten festzustellen. Sie illustriert auch den Mangel unseres gegenwärtigen Wissens, da sich die Diskussion hauptsächlich auf klinische Literatur und kaum auf empirische Arbeiten gestützt hat.

---

[90] Stotland, Sherman, Shaver, 1971

KAPITEL 17

DAS SELBST UND DIE PERSÖNLICHKEIT

Wir haben gezeigt, daß das Verhalten eines Individuums das Produkt vieler unterschiedlicher Faktoren ist. Oft sind diese Faktoren nur in zwei Kategorien unterteilt worden: in individuelle und situative Faktoren. Wenn wir das tun, erhebt sich eine wichtige und schwierige Frage: welcher Stellenwert kommt den individuellen gegenüber den situativen Faktoren zu ? Diese Frage ist recht unterschiedlich beantwortet worden. Um das zu illustrieren, seien hier zwei extrem gegensätzliche Ansichten vorgestellt .

INDIVIDUELLE VERSUS SITUATIVE DETERMINANTEN DES VERHALTENS

Der eine Ansatz geht davon aus, daß das Verhalten ausschließlich strukturierten Dispositionen innerhalb des Individuums entstammt; der andere sieht individuelles Verhalten als von der jeweiligen Situation bestimmt an. Als Sozialpsychologen haben die Autoren meistenteils die sozialen Bedingungen betont, unter denen die Menschen sich im allgemeinen verhalten. Die Situationen sind stärker beachtet worden als die individuellen Charakteristika. Dennoch haben die Sozialpsychologen auch viel zum Verständnis der Individuen beizutragen. Wie dieser Beitrag konkret aussieht, hängt zum Teil davon ab, welcher Standort zwischen den beiden Extremen eingenommen wird. Wir bringen im folgenden einige Ansichten zu diesem Thema.

Verhalten als individuelle Dispositionen

Die Beobachtungen von Heider, nach der Personen als die Urheber von Handlungen angesehen werden, ist eine gute Erklärung für die Art, wie der Laie sich Persönlichkeit vorstellt.[1] Wie in Kap. 2 bemerkt, ist es viel einfacher, einen feindseligen Akt als natürliche Äußerung einer böswilligen Person zu interpretieren, als die situativen und die durch die Umstände bedingten Faktoren zu verstehen, die zu der Handlung geführt haben. Der Durchschnittsmensch übertreibt die Rolle des einzelnen als Kausalfaktor. Er ist nicht in der Lage, die sozialen Kräfte zu erkennen, die die Personen in den verschiedenen Situationen so handeln lassen, wie sie es tun. Aber diese laienhafte Ansicht wird auf einem höheren Niveau und mit qualifizierteren Argumenten auch von vielen klinischen Psychologen, Persönlichkeitstheoretikern und anderen Forschern individuellen Verhaltens vertreten. Diese Auffassung von individuellem Verhalten nimmt im wesentlichen an, daß die Verhaltensmuster, die eine Person charakterisieren, intraindividuelle Strukturen oder Mechanismen reflektieren wie Gewohnheiten, Bedürf-

[1] Heider, 1944

nisse, kognitive Strukturen oder am häufigsten Persönlichkeitseigenschaften. Miller hat diesen Ansatz so beschrieben:

"Die Psychologen haben sich traditionellerweise auf das Individuum beschränkt und sich um die Frage nach "genotypischen" Eigenschaften bemüht, von deren Basis aus das Verhalten des Subjekts und das vieler anderer in den verschiedensten Situationen vorausgesagt werden sollte. So hat man z. B. eine Prädisposition zur Angst als allgemeinen Zug angesehen. Testergebnisse, mit denen Angst gemessen werden sollte, sind dazu benutzt worden, schulische Leistungsfähigkeit sowie soziale Anpassung und die Kontrolle körperlicher Bewegungen zu prognostizieren."[2]

Verhalten als Funktion der Situation

Soziologen, Anthropologen und viele Sozialpsychologen haben eine genau entgegengesetzte Ansicht vertreten. Sie haben argumentiert, das individuelle Verhalten sei in erster Linie ein Reflex der jeweiligen Situation. Zu dieser gehören die sozialen Kräfte, die das Verhalten des einzelnen in jedem Augenblick formen und bestimmen; dabei wird freilich berücksichtigt, daß die frühere Erfahrung in solchen Situationen eine Prädisposition geschaffen hat, unter besonderen Umständen auf bestimmte Art und Weise zu reagieren. Dieser Ansatz findet sich besonders gut bei Brim vertreten:

"Wenn jemand sich ansieht, was um ihn herum vor sich geht, so ist er über die starken Schwankungen verblüfft, denen das individuelle Verhalten im Lauf des Tages von einer Situation zur anderen unterliegt: wie etwa der einzelne von seiner Berufsrolle zu den verschiedenen Familienrollen und zu den Rollen gegenüber seinen Nachbarn etc. hinüberwechselt. Erinnern wir uns an das bekannte Beispiel des Deutschen, der in seiner Angestelltenrolle dem Vorgesetzten gegenüber beflissen und unterwürfig ist, sich zu Hause jedoch in den dominanten, feindseligen und aggressiven Vater verwandelt. Oder nehmen wir einen modernen Geschäftsführer, der in seiner Berufsrolle autonom, kreativ und entscheidungsfreudig ist, der jedoch daheim in der Position des Ehemannes fügsam und ganz von Familienangelegenheiten eingefangen ist. Wer Persönlichkeitsforschung betreibt, sollte sein Interesse deshalb nicht auf die Konsistenz der individuellen Verhaltensunterschiede richten, sondern auf die starke Anpassungsfähigkeit, die wahrhaft eindrucksvolle Variationsbreite der Reaktionen auf situative Anforderungen, die jemand

---

2 Abdruck mit freundlicher Genehmigung aus D. R. Miller, The Study of Social Relationships: Situation, Identity, and Social Interaction, in: S. Koch (Hrsg.), Psychology: A Study of a Science. Vol. 5, The Process Areas, the Person, and Some Applied Fields: Their Place in Psychology and in Science, N. Y. 1963, S. 641

charakteristischerweise zeigt, wenn er von einer Situation in die andere kommt."[3]

Dispositions- und situative Faktoren im moralischen Verhalten

Kap. 16 nahm eine Mittelstellung zwischen diesen beiden extremen Positionen ein. Der Versuch, die Bedingungen ausfindig zu machen, die bei verschiedenen Individuen zu verschiedenen Entwicklungen führen, impliziert, daß sich bestimmte überdauernde individuelle Unterschiede feststellen lassen. Aber man hat auch festgestellt, daß dieselben Individuen sich in verschiedenen Situationen unterschiedlich verhielten. Ein Kind kann zu einem bestimmten Zeitpunkt ein abhängiges und auf einer späteren Altersstufe ein unabhängiges Verhalten zeigen, und Abhängigkeit äußert sich in verschiedenen Beziehungssystemen jeweils anders (zwischen Mutter und Kind, zwischen Gleichaltrigen, Geschwistern etc.). Aggressive und leistungsorientierte Handlungen sowie die Wirksamkeit interner Kontrollen schienen weitgehend von den Charakteristika der Situation beeinflußt und dadurch, wie diese von den an der Interaktion Beteiligten definiert wurde.

Vielleicht ist es sinnvoll, sich eine umfangreiche Untersuchung der Rolle von Dispositions- und situativen Faktoren des moralischen Verhaltens anzusehen, die vor fast fünfzig Jahren durchgeführt worden ist.[4] In Kap. 16 haben wir die Entwicklung von kognitiven Kontrollen bei Kindern erörtert, und zwar unter dem Gesichtspunkt, daß diese Kontrollen bei einigen Kindern stärker entwickelt seien als bei anderen. Falls das zutrifft, so wäre Ehrlichkeit, um ein Beispiel zu nennen, ein allgemeiner Charakterzug oder eine breite Disposition. Eine ehrliche Person würde sich in vielen verschiedenen Situationen ehrlich verhalten; eine unehrliche Person verhielte sich bei vielen Gelegenheiten unehrlich.

In dieser klassischen Untersuchung versetzte man eine große Anzahl von Kindern in eine Reihe von Situationen, in denen sie lügen, stehlen und betrügen konnten. Dann forderte man sie auf, für die verschiedenen Versuchsanordnungen jeweils ihre Gefühle niederzuschreiben, was moralische Fragen anging. Die Autoren stellten fest, daß die Kinder im großen und ganzen in verschiedenen Situationen und Anordnungen unterschiedlich reagierten. Je größer außerdem der Unterschied zwischen den verglichenen Situationen war, umso weniger konsistent reagierten die Kinder darauf.

---

3 Abdruck mit freundlicher Genehmigung aus O. G. Brim, Jr. Personality Development as Role-learning, in: I. Iscoe u. H. W. Stevenson (Hrsg.), Personality Development in Children, Austin, 1960, S. 137

4 Hartshorne u. May, 1928; Hartshorne, May, Shuttleworth, 1930

Das moralische Verhalten erwies sich für die einzelnen Situationen als überraschend spezifisch. So bestand z. B. nur ein geringer Zusammenhang zwischen Täuschungsversuchen in je zwei verschiedenen Tests, in denen es um Erfolg und Mißerfolg ging. Außerdem wurde bei verschiedenen Tests in unterschiedlich starkem Maß betrogen, und wenn die Tests unter jeweils anderen Bedingungen abliefen (z. B. einmal im Klassenzimmer und einmal im Freien), so zeigten sich noch geringere Korrelationen. Eine Sekundäranalyse dieser ausführlichen Daten, die sich modernerer statistischer Methoden wie der Faktorenanalyse bediente, kam zu keinen wesentlich anderen Schlüssen als die damaligen Autoren.[5] Die korrekte Schlußfolgerung aus dieser Studie kann also nur lauten, daß Kinder sich in unterschiedlichen Situationen nur teilweise konsistent verhalten, was das Lügen, Betrügen oder Stehlen angeht, und daß eine Konsistenz umso weniger wahrscheinlich ist, je unterschiedlicher die Situationen sind.

Mischel weist darauf hin, daß diese Ergebnisse spätere Untersuchungen über kognitive Kontrollen und moralisches Verhalten vorwegnehmen.[6] Man hat eine relativ geringe Übereinstimmung festgestellt zwischen der geäußerten Bereitschaft, kleinere Befriedigungen zugunsten später größerer zurückzustellen, und dem tatsächlichen Verzicht in einer konkreten Situation.[7] Eine andere Untersuchung ergab, daß dieselben Personen in unterschiedlichen Situationen höchst unterschiedliche moralische Urteile abgaben.[8] Eine Durchsicht bisheriger Untersuchungen in drei Bereichen des moralischen Verhaltens - Beurteilung der Normen von richtig und falsch, Widerstehen einer Versuchung in Abwesenheit einer Aufsicht und Indikatoren für Gewissensbisse und Schuldgefühle nach einer entsprechenden Handlung - legte den Schluß nahe, daß diese Bereiche fast völlig voneinander unabhängig waren.[9] Offensichtlich kann man also niemanden nach dem Grad seiner Moral einstufen, es sei denn in einem ziemlich vagen, unbestimmten Sinne.

Das Individuum und die Situation (Individual-in-Situation)

Diese Ergebnisse lösen das Problem "individuelle Dispositionen versus situationsspezifische Determinanten" nicht. Aber es sieht so aus, als ob die Frage nach der relativen Bedeutung von individuellen und situationsspezifischen Einflüssen falsch gestellt ist. Wir wissen, daß Menschen sich zu bestimmten Zeiten und Gelegenheiten konsistent verhalten, wir wissen aber auch, daß sie sich zu anderen Zeiten und Gelegenheiten nicht konsistent verhalten. Wir müssen also das Problem der Verhaltensdeterminan-

---

5 Burton, 1963

6 Mischel, 1968

7 Mischel, 1968

8 Johnson, 1962

9 Mischel, 1968

ten anders angehen. Nehmen wir einmal an, an fast jeder Handlung seien sowohl die Person wie die Situation beteiligt. Daraus folgt, daß wir in Kategorien des "Individuums in der Situation" denken würden. Aber das genügt noch nicht, denn wenn wir jedes Individuum als einmalig und jede Situation als besonders ansehen, hätten wir es mit einer zu großen Zahl von Einheiten zu tun. Die Lösung des Problems besteht darin, sich Typen von Individuen und Kategorien von Situationen vorzustellen. Dann hätten wir es mit Einheiten von Typen-Kategorien zu tun. Einfache Beispiele für Typen kennen wir bereits aus unserer Erörterung sozialer Rollen: Mutter, Kind, Ehemann, Lehrer, Doktor. Diese Rollen dienen zwar als grobe Veranschaulichung, aber ihnen fehlt etwas, denn Rollenkategorien sind keine Typen von Individuen; sie sind eine Kategorie von Personen, die in einer sozialen Beziehung einen bestimmten Platz einnehmen. In unserer Diskussion sozialer Rollen haben wir bemerkt, daß Rollenträger in derselben Rollenkategorie unterschiedliche Rollenidentitäten entwickeln können. Man kann sich jedoch bestimmt passendere Möglichkeiten vorstellen, Personen so zu klassifizieren, daß sich Einheiten von Typen-Kategorien bilden lassen. Wir werden später einen Weg vorschlagen, wie man diese Einheiten interpretieren kann.

Eine begrenzte Möglichkeit, eine Kategorie von Situationen zu betrachten, in der das interpersonelle Verhalten betont wird, könnte darin bestehen, die Situationskategorie als Personentyp anzusehen. Dann wäre eine Interaktionseinheit charakterisiert als Typen-Typ. Beispiele wären Mutter-Kind, Lehrer-Schüler, Arzt-Patient. Andere Möglichkeiten der Charakterisierung von Situationen werden später erörtert. An dieser Stelle wollen wir rekapitulieren, was wir gesagt haben. Wir sind davon ausgegangen, daß die individuellen Eigenschaften und die Situationskategorien gleichzeitig berücksichtigt werden müssen - der Gesamtheit, die bestimmte persönliche Eigenschaften und die Situation umfaßt, muß unser Hauptinteresse gelten.

Ehe wir einige Möglichkeiten der Begriffsbildung erörtern, sehen wir uns erst weitere Daten an, die für unser Vorhaben relevant sind. Bei der Untersuchung verschiedener Formen der Beschreibung von Verhaltensweisen in unterschiedlichen Versuchsbedingungen, wobei die Beschreibung durch einen selbst, durch Beobachter, durch Tests oder andere Mittel erfolgt, läßt sich der Betrag der Variation zwischen diesen Beschreibungen analysieren, die den Individuen, den Situationen und den Individuen in der Situation zugeschrieben werden kann. Die letzte dieser drei Varianzursachen wird als Wechselwirkung bezeichnet; eine Erklärung dazu geben wir, sobald wir die Daten vorlegen.

Argyle und Little diskutieren die Ergebnisse einer Studie, in der die befragten Personen quantitative Einschätzungen ihres Verhaltens abgaben, wenn sie sich in Interaktion mit verschiedenen Bekannten befanden: beliebte Mitarbeiter, Freundin, Vorgesetzter usw.[10] Die Einstufungen erfolgten auf

---

[10] Argyle u. Little, 1972

Grund von achtzehn Verhaltenstypen: Schwatzen und Plaudern, Diskussion persönlicher Probleme, entspannt - verkrampft, schimpfen, Äußerungen von Liebe und Bewunderung, dem Gegenüber ins Auge sehen etc. Aus diesen Informationen war es möglich, den Betrag der Abweichung von der Einstufung zu schätzen, der den Befragten zuzuschreiben war, die verschiedenen Situationen der Interaktion (die verschiedenen Personen, mit denen sie interagierten) und die Interaktion durch das "Individuum in der Situation".

Diese Varianzschätzungen sind in Tabelle 17.1 dargestellt. Um eine Vorstellung davon zu bekommen, was die Zahlen aussagen, betrachten wir die erste Reihe. Fast ein Viertel der Varianz beim Plaudern und Schwatzen wird durch die Situation erklärt - dadurch, mit wem der einzelne spricht. Insgesamt reden beispielsweise die einzelnen wahrscheinlich mehr mit dem Ehepartner oder mit Freundinnen als mit ihren Vorgesetzten. Nur zehn Prozent der betreffenden Varianz läßt sich individuellen Unterschieden zuschreiben. Offensichtlich ist Plaudern und Schwatzen keine Persönlichkeitseigenschaft, die sich in einer breiten Auswahl persönlicher Situationen äußert. Genau zwei Drittel der Variation erklärt sich aus der Interaktion "Individuum in der Situation". Das bedeutet, daß die Individuen - in Abhängigkeit vom jeweiligen Personentyp, mit dem sie es gerade zu tun haben - sich im Umfang ihres Gesprächs unterscheiden: der eine redet am meisten mit seiner Frau und am wenigsten mit seinem Vorgesetzten, ein anderer am meisten mit einem Freund und am wenigsten mit einem unbeliebten Mitarbeiter usw. Der Umfang des Gesprächs hängt in erster Linie davon ab, wer die sprechende Person ist und an wen sie sich wendet.

Tabelle 17.1 Varianzen, die sich dem Individuum, der Situation bzw. dem "Individuum in der Situation" zuschreiben lassen

Art der Interaktion	Varianz in Prozent: Individuum	Situation	Individuum in der Situation
1. Plaudern, schwatzen (viel - wenig)	10	23	67
2. Diskussion persönlicher Probleme bzw. keine Diskussion	12	53	35
3. Formell-höfliches Verhalten versus informelles Verhalten	4	62	34

(Fortsetzung d. Tab. 17.1)

Art der Interaktion	Varianz in Prozent Individuum	Situation	Individuum in der Situation
4. Entspanntes versus gespanntes Gespräch	12	56	32
5. Schimpfen versus nicht schimpfen	16	34	50
6. Es geht im Gespräch öfter um sexuelle Themen bzw. nicht	7	56	37
7. Man legt Wert auf das eigene Äußere bzw. nicht	38	19	43
8. Es ist wichtig, daß der andere eine gute Meinung von einem hat bzw. es ist unwichtig	13	52	35
9. Man zeigt bzw. verbirgt seine Gefühle im Gespräch	17	35	48
10. Man zeigt bzw. verbirgt Ärger oder Gereiztheit	36	13	51
11. Man äußert oder verbirgt Liebe, Bewunderung etc.	15	46	39
12. Man spricht offen bzw. nicht über Berufspläne und die finanzielle Situation	6	62	32
13. Ob man für den anderen etwas tut, ist eine Frage der Gegenseitigkeit	19	37	44
14. Man sieht dem anderen in die Augen bzw. nicht	30	27	43
15. Man sitzt / steht nahe zusammen beim Reden bzw. nicht	15	52	33
16. Gespannte - entspannte Haltung	19	38	43
17. Man freut sich über die Gegenwart des anderen bzw. nicht	6	68	26

(Forts. d. Tab. 17.1)

	Varianz in Prozent Individuum	Situation	Individuum in der Situation
18. Man fühlt sich sehr ungezwungen bzw. nicht	15	52	33
Mittlere Variation in %	16	44	40

Quelle: Mit freundlicher Genehmigung des Verlages Basil Blackwell, Ltd., Oxford sowie M. Argyle und B. R. Little, Do Personality Traits Apply to Social Behavior, Journal for the Theory of Social Behavior, 1972,2, 1 - 36

Obwohl der Betrag der Varianz, der durch das Individuum erklärt werden kann, für bestimmte Handlungen größer ist, zeigt ein Blick auf die Durchschnittswerte am Fuß der Tabelle, daß nur 16 Prozent der Varianz dem Individuum zuzuschreiben sind, während durch die Situation und das "Individuum in der Situation" jeweils etwa 40 Prozent erklärt werden können.

Wir haben diese Untersuchung nicht zitiert, um zu beweisen, daß der individuelle Varianzanteil unbedeutend ist, oder um verläßliche Abschätzungen für jeden der drei Typen von Varianz zu erhalten. Als Beweismaterial ist sie von begrenztem Wert, da das Verhalten über eine Selbsteinschätzung ermittelt wurde, wodurch sich wahrscheinlich beträchtliche Abweichungen von den Werten ergeben haben, die man durch Beobachtung gewonnen hätte. Wir haben sie vielmehr deshalb erwähnt, um der Vorstellung, der Hauptanteil der Varianz im menschlichen Verhalten erkläre sich durch die Individuen, alternative Konzepte entgegenzusetzen und die Bedeutung von Situationen und "Individuen in der Situation" nicht aus den Augen zu verlieren. Es sei jedoch hinzugefügt, daß Überprüfungen einer Reihe von Beweismaterial über dieses Problem, die von Mischel bzw. Argyle und Little durchgeführt wurden, sehr dafür sprechen, daß Hauptursachen für Varianzen im Verhalten auf die Situation und das "Individuum in der Situation" zurückzuführen sind.[11]

Zuletzt sollte gesagt werden, daß dieses Konzept Individuum-Situation oder die Typen-Kategorien-Einheiten in gewisser Weise etwas zu eng gefaßt ist. In unserem Beispiel waren die Situationen durch "andere Personen" dargestellt. Aber man kann Situationen leicht auch anders auffassen; z. B. könn-

---

[11] Mischel, 1968; Argyle u. Little, 1972

te man sich die Interaktion zwischen Mutter und Kind in einer Kirche, in den eigenen vier Wänden, in der Wohnung der Nachbarn usw. vorstellen. Außerdem gibt es Situationen, die zum Teil die Formen der Interaktion bestimmen. Die Mutter kann mit ihrem Kind spielen, es füttern, ihm etwas beibringen, es bestrafen usf. Was wir letztlich brauchen, ist eine nach vier Kategorien dimensionierte Einheit: individueller Typ, die Kategorie der anderen an der Interaktion beteiligten Person, die Umgebung, in der die Interaktion abläuft und der Situationstyp (Spiel, Freizeitbeschäftigung, Arbeit, Liebe etc.). Seltsamerweise haben bisher weder Soziologen noch Psychologen daran gedacht, Situationen in dem hier gemeinten Sinne theoretisch zu berücksichtigen, und auch wir werden uns nicht weiter damit befassen. Einige Ausnahmen sind die Diskussionen von Barker und seinen Mitarbeitern über Rahmenbedingungen des Verhaltens (behavior settings), die vorläufigen Versuche einer Klassifikation durch Krause und Frederiksen sowie eine Klassifikation von Verhaltensepisoden durch Harré und Secord.[12] Wie in diesem Buch immer wieder gezeigt wurde, haben die Sozialpsychologen nach "Strukturen" gesucht, wie: Macht-, Affekt- und Statusstrukturen, und diese sind für viele Situationen von einiger Bedeutung. Aber solche Strukturen liegen auf einer zu hohen Abstraktionsebene, als daß sie zur Lösung unseres Problems hier beitragen könnten; sie berücksichtigen die Situation fast gar nicht.

Weiter unten in diesem Kapitel werden wir eine Variante der Einheit "Individuum in der Situation" erörtern, das Konzept eines *interpersonellen Systems*; dieses umfaßt eine Eigenschaft, die jemand sich selbst zuschreibt, seine Interpretation des eigenen Verhaltens in Bezug auf die Eigenschaft, sowie seine Vorstellung von der Ansicht einer anderen Person hinsichtlich seiner Eigenschaft. Die Autoren haben dieses Konzept an anderer Stelle unter der Überschrift "Interpersonelle Kongruenz-Theorie" behandelt.[13]

Interpersonelle Systeme sind das Produkt einer schöpferischen Synthese aus der Interaktion des einzelnen mit anderen Personen in verschiedenen Situationen und Umständen. In diese Synthese gehen individuelle Eigenschaften ein, die Position des einzelnen in einem System interpersoneller Beziehungen, die Grenzen und Möglichkeiten der punktuellen Situationen, in denen er sich befindet sowie die durch kulturelle Zwänge bedingten Einschränkungen. Bevor wir diese interpersonellen Systeme im einzelnen erörtern, wollen wir erklären, wie das Selbstbild sich entwickelt und funktioniert.

---

[12] Barker, 1968; Krause, 1970; Frederiksen, 1972; Harré u. Secord, 1972

[13] Secord u. Backman, 1961, 1965

DIE NATUR DES SELBSTKONZEPTS

Es gehört zum Wesen des Menschen, daß er sich selbst zum Objekt werden kann. Da er über eine Sprache und eine höhere Intelligenz verfügt, besitzt der Mensch als einziger die Fähigkeit, über seinen Körper, sein Verhalten und seine Wirkung auf andere Menschen nachzudenken. Jeder von uns besitzt eine Struktur von Gedanken und Gefühlen gegenüber sich selbst. Die Begriffe, mit denen diese Struktur am häufigsten beschrieben werden, sind das Selbst und das Selbstkonzept.

Es hat sich als zweckmäßig erwiesen, die Einstellungen, die jemand sich selbst gegenüber hat, unter drei Aspekten zu betrachten: dem kognitiven, dem affektiven und dem Verhaltensaspekt. Die kognitive Komponente vertritt den Inhalt des Selbst und kann etwa durch folgende Gedanken verdeutlicht werden: "Ich bin intelligent, ehrlich, aufrichtig, ehrgeizig, groß, stark, übergewichtig etc." Die affektive Komponente steht für die Gefühle, die man über sich empfindet und ist schwieriger zu veranschaulichen, da diese für gewöhnlich nicht verbal geäußert werden. Dazu gehören ein ziemlich allgemeines Selbstwertgefühl sowie Bewertungen spezifischer kognitiver oder anderer Aspekte des Selbst. Eine Frau kann z. B. ihre Nase nicht mögen, weil diese leicht gekrümmt ist. Die Verhaltenskomponente bezeichnet die Tendenz, wie man sich selbst gegenüber handelt: so kann man z. B. sehr selbstkritisch oder auch sehr nachsichtig mit sich sein oder gegenüber bestimmten Eigenschaften des Selbst überempfindlich reagieren.

Die soziale Natur des Selbst

Eine Tradition, die auf die frühesten Formulierungen des Selbst zurückgeht, besteht in der Betonung der sozialen Natur des Selbst. Während alle Einstellungen in der sozialen Erfahrung verwurzelt sind, nimmt man an, daß die Einstellungen sich selbst gegenüber das Ergebnis einer Interaktion in besonderem Sinne sind. Erstens betonen die Theorien über die Entwicklung des Selbst die Wahrnehmung des Individuums, wie es von anderen Personen gesehen wird. Zweitens widmen sie ihre besondere Aufmerksamkeit dem Prozeß, in dem der einzelne seine Gedanken über sich mit den sozialen Normen vergleicht, d. h. mit den Erwartungen, die seiner Ansicht nach die anderen bezüglich dessen haben, was er sein sollte.
In einer der frühesten Abhandlungen über das Selbst hat Cooley diese Punkte betont und unsere Wahrnehmungen, wie andere uns sehen, mit den Reflektionen eines Spiegels verglichen. In Anspielung auf dieses "looking-glass self" heißt es bei Cooley:

"So, wie wir unser Gesicht, unsere Gestalt und Kleidung im Spiegel betrachten und daran interessiert sind, weil sie zu uns gehören, und uns darüber freuen oder auch nicht, je nachdem sie unseren Wünschen und Vorstellungen entsprechen, so registrieren wir in unserer Vorstellung die Gedanken, die sich ein anderer vielleicht über unser Äußeres, unser Benehmen, unsere Ziele, Handlungen, unseren Charakter, unsere Freunde usw. macht und werden dadurch auf verschiedene Weise beeinflußt.

Ein derartiges Selbst-Ideal scheint aus drei Hauptelementen zu bestehen: der Vorstellung, wie unser Äußeres auf jemand anderes wirkt, der Vorstellung von seinem Urteil über unsere Erscheinung und einer gewissen Form des Selbstgefühls wie z. B. Stolz oder Gekränktheit. Der Vergleich mit einem Spiegel deutet kaum auf das zweite Element hin, das eingebildete Urteil, das jedoch sehr wesentlich ist. Das, was uns zu Stolz oder Scham bewegt, ist nicht die bloße mechanische Reflektion unserer selbst, sondern ein abgeleitetes Gefühl, die eingebildete Auswirkung dieser Reflektion auf die Gedanken eines anderen."[14]

Selbst und Rolle Cooleys Vorstellung des Selbst, das aus gespiegelten Ansichten anderer Personen entsteht, ist von Mead, Goffman und anderen weiterentwickelt worden.[15] Der Prozeß, in dem das Selbstkonzept sich durch soziale Interaktion entwickelt, läßt sich bedingt so auffassen, daß die betreffende Person an ihre verschiedenen sozialen Rollen Zugeständnisse macht. Während sich jemand in der Sozialstruktur bewegt, übernimmt er verschiedene Rollenkategorien. Zuerst ist er ein Baby, später ein kleiner Junge. Er ist ein schwacher Schüler, Johns kleiner Bruder und Tommys bester Freund. Während er diese Rollen spielt, wird sein Selbstkonzept durch die Art und Weise beeinflußt, in der ihn seine Rollenpartner sehen und dadurch, wie er selbst in den Rollen handelt. Er lernt für jede Rolle die Erwartungen, die andere mit dieser Kategorie verbinden, und für jede Rolle bildet er eine entsprechende Rollenidentität aus. In gewissem Sinne hat das Bild, das er von sich selbst hat, viele Facetten oder Aspekte, die jeweils einer bestimmten Identität entsprechen. Wie jedoch später gezeigt wird, bleiben sie nicht gänzlich unabhängig; bestimmte Prozesse modifizieren diese Aspekte des Selbst. Goffman hat den Einfluß der Rollenerwartungen auf das Individuum anschaulich geschildert:

"Es ist wichtig festzuhalten, daß der einzelne bei der Rollendurchführung darauf achten muß, daß die Eindrücke, die er in der Situation vermittelt, mit den rollenadäquaten persönlichen Eigenschaften vereinbar sind, die ihm nachdrücklich zugeschrieben werden: von einem Richter nimmt man an, daß er bedächtig und nüchtern ist, vom Piloten im Cockpit, daß er gelassen und vom Buchhalter, daß er im Büro ordentlich und genau ist. Diese persönlichen Eigenschaften, nachhaltig zuge-

---

[14] Abdruck mit freundlicher Genehmigung aus C. H. Cooley, Human Nature and the Social Order, N. Y. 1902 Neuaufl. N. Y. 1956

[15] Mead, 1934; Goffman, 1959, 1961

> schrieben und nachhaltig gefordert, verbinden sich - falls vorhanden - mit dem Titel einer Position und bilden eine Grundlage für das Selbstbild des Positionsinhabers sowie für das Bild, das seine Rollenpartner von ihm haben werden. Das Individuum, das eine Position übernimmt, wird also bereits von einem Selbst erwartet; es braucht sich nur den bestehenden Zwängen zu unterwerfen und findet ein Ich, das genau auf es zurechtgeschnitten ist."[16]

Wenn man Kinder bittet, sich selbst zu beschreiben, kann man oft sehr leicht den Einfluß erkennen, den die Definitionen der Eltern auf die Kinder haben. Aus den Bildern, die diese signifikanten anderen Personen von ihnen haben, haben sie ein rudimentäres Selbst gebildet. Erwachsene hingegen machen im allgemeinen einen größeren Gebrauch von den verschiedenen sozial definierten Kategorien. Diese Unterschiede werden durch die Arbeit von Kuhn und anderen plastisch vor Augen geführt. Sie verwendeten den "Zwanzig Statements Test", ein unstrukturiertes Selbst-Meßinstrument, bei dem die Befragten zwanzig Antworten auf die Frage "Wer bin ich?" geben sollen. Weiter unten haben wir die Antworten aufgeführt, die ein Mädchen im vierten Schuljahr und eine Studentin höheren Semesters gegeben haben.[17] Kuhn und Mitarbeiter stellten mit zunehmendem Alter einen wachsenden Gebrauch sozialer Kategorien fest. Im Alter von sieben Jahren sind erst ein Viertel, im Alter von 24 hingegen fast die Hälfte aller abgegebenen Statements soziale Kategorien.

Antworten eines Mädchens im vierten Schuljahr	Antworten einer Studentin höheren Semesters
Ich kommandiere zuviel	Ich bin eine Frau
Meine Schwestern machen mich wütend	Ich bin 20 Jahre alt
Ich bin ein Angeber	Ich stamme aus ....
Ich unterbreche andere zu oft	Ich habe zwei Eltern
Ich rede zuviel	Unsere Familie ist glücklich
Ich verplempere Zeit	Ich bin glücklich
Manchmal bin ich ein schlechter Kumpel	Ich habe vier Colleges besucht
	Mein Examen ist dann und dann

---

16 Abdruck mit freundlicher Genehmigung aus: E. Goffman, Encounters: Two Studies in the Sociology of Interaction, Indianapolis, 1961, S. 87 - 88

17 Kuhn, 1960

(Fortsetzung)

Antworten eines Mädchens im vierten Schuljahr	Antworten einer Studentin höheren Semesters
Ich vertue meine Zeit mit nutzlosem Kram	Ich habe einen Bruder
Manchmal bin ich gedankenlos	In bin in einer Verbindung
Ich bin vergeßlich	Ich bin auf der WAVES Offiziersschule
Manchmal tue ich nicht, was meine Mutter mir sagt	Ich gehe regelmäßig zur Kirche
Ich verpetze meine Schwestern	Ich führe ein normales Leben
Manchmal bin ich unfreundlich	Ich interessiere mich für Sport
	Ich bin Major der Abteilung
	Ich sehe hübsch aus
	Ich bin sehr moralisch
	Ich bin angepaßt
	Ich stamme aus der Mittelschicht

Das entspricht der wachsenden Anzahl von Rollenkategorien, die das Kind mit der Zeit einnimmt.

Während der einzelne verschiedene Rollen übernimmt, kommt es auch zu weniger offensichtlichen Lernprozessen als sie oben beschrieben wurden: seine Selbstachtung wird von den Gefühlen geformt, die andere Personen ihm gegenüber hegen. Als Baby und kleines Kind wird er wahrscheinlich geliebt, eine Erfahrung, die die Grundlage für eine positive Selbsteinschätzung bildet. (Unser Beispiel des neunjährigen Mädchens ist ziemlich atypisch auf Grund der häufigen Nennung negativer persönlicher Eigenschaften). Während das Individuum die einzelnen Stadien seines Lebens durchläuft, äußern die einzelnen Rollenpartner ihm gegenüber ihre Einstellungen und vermehren und entwickeln auf diese Weise die affektiven Elemente in seinem Selbstbild.

Daß die Auffassung eines Individuums von sich selbst von den reflektierten Eindrücken anderer Personen beeinflußt wird, ist durch Korrelations-, Längsschnitt- und experimentelle Untersuchungen weitgehend belegt worden.[18] Diese Studien zeigen im allgemeinen einen Zusammenhang zwischen der Wahrnehmung eines Individuums, wie andere es beurteilen und seiner

[18] Manis, 1955; Miyamoto u. Dornbusch, 1956; Videbeck, 1960; Reeder, Donohue Biblarz, 1960; Maehr, Mansing, Nafzger, 1962; Backman u. Secord, 1962; Backman, Secord, Peirce 1963; Mannheim, 1966; Kemper, 1966; Quarantelli u. Cooper, 1966; Doherty u. Secord, 1971

Selbstauffassung. Ebenso besteht ein Zusammenhang zwischen seiner Selbstauffassung und dem tatsächlichen Urteil der anderen. Oft sind jedoch die beobachteten Korrelationen gering, so daß zu vermuten ist, daß die Theorie der Spiegelung des Selbst eine zu sehr vereinfachte Vorstellung von dem Prozeß ist, durch den sich das Selbst entwickelt. Wir werden im folgenden kurz einige der Gründe dafür anführen, daß diese Untersuchungen nur eine bescheidene, manchmal sogar äußerst geringe Relation aufweisen zwischen der Selbsteinschätzung einer Person und der Einschätzung durch andere.

Zunächst sollte klar sein, daß jemand von vielen anderen Gruppen beeinflußt wird außer von der einzelnen Gruppe, die von der jeweiligen Studie erfaßt wurde. Manche Gruppen können auf das Selbstkonzept des Individuums einen Einfluß ausüben, ohne daß es Mitglied dieser Gruppe ist.[19] Häufig handelt es sich um Bezugsgruppen, deren Zugehörigkeit erstrebt wird, aber noch nicht erreicht ist. Tatsächlich läßt eine Studie vermuten, daß die Menschen ihre Wahl der *signifikanten anderen* (ein Begriff für eine Person, deren reflektierte Ansichten über ein Individuum dessen Selbstkonzept beeinflussen) in Richtung auf diejenigen verschieben, die auf der nächsten Stufe ihres Lebenslaufs von großer Bedeutung für sie sind.[20] Diese Untersuchung läßt ferner die Annahme zu, daß die Bedeutung der Ansicht eines anderen über das Selbst zum Teil davon abhängt, unter welchem Aspekt das Selbst beurteilt wird. Die Meinungen einiger signifikanter anderer sind weitgehend für die Ausführung einer spezifischen Rolle relevant, während andere einen allgemeineren Einfluß haben. Beispielsweise kann man die Meinung eines Baseballtrainers über die eigenen Fähigkeiten bei diesem Sport wohl respektieren, aber nicht dessen Ansichten über die eigenen intellektuellen Fähigkeiten. Ob eine bestimmte andere Person einen Einfluß hat, hängt von den zahlreichen Bedingungen ab, die wir bereits unter dem Thema "Sozialer Einfluß" erörtert haben (s. Kap. 3, 4 und 5).[21]

Rollenidentitäten Die meisten Menschen entwickeln eine positive Selbsteinschätzung, weil sie von anderen besonders geachtet und gemocht werden. Diese positive Bewertung erklärt den etwas idealen Charakter von Rollenidentitäten. Die Diskussion über Rollendurchführung in Kap. 13 betonte, daß das Rollenbild einer Person sehr stark von deren idealisiertem Selbstbild in dieser Rolle beeinflußt wird, d. h. wie sie gern in

---

19 Mannheim, 1966

20 Denzin, 1966

21 Sherwood, 1965

dieser Rolle sein oder handeln möchte. Zum Teil werden diese Identitäten von den kulturell vorgeschriebenen Erwartungen und Eigenschaften geformt, die andere Personen für jeden einzelnen mit einer bestimmten sozialen Position verbinden. Zum anderen Teil besteht die Rollenidentität jedoch aus den individuellen Entwicklungen, die jemand im Laufe seines Lebens in der Interaktion mit anderen durchgemacht hat. So ist auch der einzelne aktiv an der Schöpfung und Beibehaltung des Selbst beteiligt. Seine Selbstbilder sind nicht unbedingt eine bloße Reflektion dessen, wie andere Personen ihn definieren.

Zusammenfassung: Die Natur des Selbst

Man erwirbt das Selbst durch die Ansichten, die andere Personen von einem Individuum haben sowie durch dessen aktive Rekonstruktionen dieser Ansichten im Lauf der Interaktionsprozesse. In seiner Theorie des "looking-glass self" nimmt Cooley an, daß sich ein Individuum eine Meinung darüber bildet, wie es auf den anderen wirkt, eine Vermutung darüber anstellt, wie der andere sein Auftreten beurteilt und dann auf dieses in seiner Vorstellung existierende Urteil mit positiven oder negativen Selbstgefühlen reagiert. Der Prozeß, in dem das Selbstbild durch soziale Interaktion entwickelt wird, kann zum Teil so aufgefaßt werden, daß die einzelne Person je nach ihrem Standort in der Sozialstruktur an eine Reihe sozialer Rollen Zugeständnisse macht. Während sie diese Rollen spielt, lernt sie die Erwartungen, die andere mit dieser Kategorie verbinden, kennen und bildet entsprechend jeder Rolle eine Rollenidentität aus. Diese Rollenidentitäten sind etwas idealisierte Auffassungen der Rollenausführung. Sie sind nicht nur Reflexe der kulturellen Anforderungen, die von anderen Personen gestellt werden, sondern reflektieren auch individuelle Entwicklungen, die sich im Laufe des Lebens in der Interaktion mit anderen herausgebildet haben. Das Selbst ist also nicht allein eine Reflektion der Definitionen anderer Personen, sondern eine schöpferische Synthese, die aus dem Interaktionsprozeß entsteht und auf Grund einschneidender neuer Erfahrungen immer wieder neu aufgebaut wird.

STABILITÄT DES SELBST UND INDIVIDUELLES VERHALTEN

Wir haben darauf hingewiesen, daß das Individuum im Laufe seiner Sozialisation kein passives Objekt ist, das von älteren, mächtigeren, klügeren und erfahreneren Personen geknetet und geformt wird. Selbst eine nur gelegentliche Beobachtung an kleinen Kindern zeigt, daß sie sich nicht so leicht in eine Form pressen lassen: oft widersetzen sie sich hartnäckig dem elterlichen Einfluß. Dieser Widerstand erfolgt zum Teil auf Grund biologischer Eigenschaften des Organismus, z. B. Energieniveau und Temperament. Sobald ein Selbstkonzept besteht und bestimmte Verhaltensmuster übernommen worden sind, liegen Bedingungen vor, die dazu führen, daß der einzelne weniger leicht beeinflußbar ist und Änderungseinflüssen von außen eher widersteht. Im folgenden wollen wir zeigen, wie das Individuum in eine soziale Umwelt interagierender Kräfte verwoben sein kann und sich dabei trotzdem in einer bestimmten Weise so verhält, daß es in vielen Punkten zu diesen Kräften im Widerspruch steht.

Dieser Ansatz berücksichtigt die langfristige Stabilität des individuellen Verhaltens, versucht jedoch, diese auf Grund der Stabilitäten in den Beziehungen zu anderen Personen zu erklären. Konstante Verhaltensweisen resultieren zum Teil daher, daß eine Person an verschiedenen sozialen Systemen teilhat; zum Teil erfolgen sie jedoch auf Grund der individuellen Mechanismen, die ihre interpersonelle Umgebung stabilisieren. Diese Mechanismen werden wir im folgenden behandeln und zeigen, wie sie dazu beitragen, daß das Verhalten unverändert bleibt. In einem späteren Abschnitt geht es darum, wie die Kräfte innerhalb des sozialen Systems zu Stabilität führen und das Verhalten bewahren, aber auch, wie sie Veränderungen des Selbst und des Verhaltens bewirken.

Eine interpersonelle Theorie des Selbst

Das Individuum ist nicht passiv, sondern ein aktiv Handelnder in der Beibehaltung einer stabilen interpersonellen Umwelt. Um diesen Punkt näher zu erläutern, führen wir Teile einer Theorie ein, die von den Autoren an anderer Stelle bereits veröffentlicht wurde.[22] Wir versuchen hier zu zeigen, daß es Umstände gibt, die auf den einzelnen einen Druck im Sinne einer Änderung ausüben, aktive Anstrengungen auf einer Seite jedoch die Stabilität des Selbst und des Verhaltens aufrechterhalten. Zu diesem Prozeß tragen seine bestimmten Eigenschaften bei, z. B. sein Selbstkonzept, seine persönliche Art und Weise, andere Personen wahrzunehmen sowie seine erlernten Verhaltensmuster.

Die Untersuchungseinheit besteht aus drei Komponenten; 1. einem Aspekt des Selbst von P, 2. die Interpretation, die P von seinem Verhalten gibt, das für diesen Aspekt bedeutsam ist und 3. seine Vorstellungen darüber, wie eine andere Person O sich ihm gegenüber in Bezug auf diesen Aspekt verhält und fühlt. Man nimmt an, daß P versucht, zwischen diesen drei Komponenten einen Zustand der Kongruenz aufrechtzuerhalten. Ein solcher Zustand besteht, wenn die Verhaltensweisen von P und O Definitionen des Selbst implizieren, die sich mit relevanten Aspekten seiner Selbstauffassung decken.

---

22 Secord u. Backman, 1961, 1965

Es lassen sich drei Formen der Kongruenz veranschaulichen: Kongruenz durch Implikation, durch Validierung und durch Vergleich. Bei Kongruenz durch Implikation kann P wahrnehmen, daß O ihn als jemanden sieht, der eine bestimmte Eigenschaft besitzt, die einem Aspekt seiner Selbstauffassung entspricht. Ein Mädchen, das sich schön findet, stellt vielleicht fest, daß jemand anders sie auch schön findet. Bei Kongruenz durch Validierung ermöglicht oder provoziert das Verhalten oder andere Eigenschaften von O bei P ein Verhalten, das eine Komponente des Selbst bestätigt. Wenn sich z. B. jemand als stark und beschützend empfindet, so wird er sich ganz besonders dann entsprechend verhalten, wenn er mit einer abhängigen Person zu tun hat. Bei Kongruenz durch Vergleich legen das Verhalten und die Eigenschaften von O durch einen Vergleich die Vermutung nahe, daß P eine bstimmte Komponente des Selbst besitzt. So kann etwa eine Person P, die sich für äußerst intelligent hält, eine Interaktion mit Personen bevorzugen, die weniger intelligent sind.

Stabilisierende Mechanismen in der Interaktion

Nach der interpersonellen Kongruenz-Theorie benutzt der einzelne aktiv bestimmte Techniken und Mechanismen, um seine interpersonelle Umwelt so zu strukturieren, daß eine maximale Kongruenz erzielt wird. Dazu gehört kognitive Umstrukturierung, selektive Wertung, selektive Interaktion, Hervorrufen übereinstimmender Reaktionen und das Erzielen einer Kongruenz durch Vergleich.

Kognitive Umstrukturierung Eine Kongruenz mit der interpersonellen Umgebung findet nur insofern statt, als das Individuum diese wahrnimmt. In den Fällen, wo die aktuellen Erwartungen anderer mit der Selbstauffassung oder dem Verhalten des einzelnen nicht übereinstimmen, gibt es für ihn manchmal die Möglichkeit einfach nicht zu registrieren wie andere ihn sehen, um auf diese Weise zu Kongruenz zu gelangen, ohne sein Selbst und sein Verhalten zu ändern. Er kann ferner sein eigenes Verhalten fehlinterpretieren und so größtmögliche Kongruenz mit einem Aspekt seines Selbstbildes und seiner Wahrnehmung des anderen erzielen. Schließlich kann er auch die Situation umstrukturieren, um die Bewertung seines Verhaltens zu ändern.

In einer Reihe von Korrelationsuntersuchungen hat man festgestellt, daß die Entsprechung zwischen dem Selbst, wie es vom Individuum gesehen wird, und wie es seiner Ansicht nach die anderen sehen, größer ist, als die tatsächliche Kongruenz zwischen dem Selbstbild und den Meinungen, die andere darüber haben.

Die Ergebnisse einer experimentellen Untersuchung illustrieren einige der Formen unter denen eine Neustrukturierung stattfindet.[23] Studenten ordneten sich selbst und eine andere Person ihres Semesters anhand einer Reihe von Charaktereigenschaften ein. Danach legte man ihnen fiktive Einordnungen vor, die sich auf ihre Eigenschaften bezogen und auf verschiedenen Stufen negative Urteile enthielten. In jeweils verschiedenen Versuchsanordnungen behauptete man, die Urteile stammten von einer Autoritätsperson, einem Freund oder einem Fremden. Danach war zu beobachten, daß einige Studenten sich weniger positiv beurteilten als zuvor; einige von ihnen verdrehten dagegen diese Urteile einfach in eine positivere Richtung, als man sie aufforderte, sie aus dem Gedächtnis zu wiederholen. Falls die Möglichkeit dazu bestand, trennten sie die Beurteilungen von ihrem Urheber und stritten ab, daß diese tatsächlich eine derartige Einschätzung abgegeben hätten. Insgesamt waren ihre Reaktionen ausgeprägter bei stark abwertenden Zuordnungen, wenn man annahm, der Urheber sei eine Autoritätsperson oder ein Freund. Die Untersuchungen im Zusammenhang mit dem erwähnten "looking-glass self" sowie etliche andere bestätigen das allgemeine Prinzip, daß Individuen Informationen über das Selbst so aufbereiten, daß es zu Kongruenz kommt.[24]

Eine Umstrukturierung tritt häufig dann ein, wenn Kongruenz zwischen dem Selbst und dem Verhalten erzielt werden soll. Die meisten Menschen sehen sich in einem günstigen Licht, als gute und moralische Personen. Wenn sie etwas Falsches oder Fragwürdiges tun, was zu mangelnder Übereinstimmung führt, kommt es meistens zu einer kognitiven Umstrukturierung der Situation, so daß die betreffende Handlung nunmehr kongruent ist. In der Regel bedeutet eine kognitive Umstrukturierung entweder, daß die Situation so definiert wird, daß die Handlung nicht mehr als schlecht aufgefaßt wird, oder man nimmt die Situation so wahr, daß man das Gefühl haben kann, für sein Verhalten und dessen Folgen nicht voll verantwortlich zu sein.[25] Im Rahmen der Kongruenztheorie kann das heißen, daß man die Eigenschaften des anderen oder die Natur der Handlung falsch wahrnimmt oder daß man das eigene Verhalten fehlinterpretiert.

Beispiele für diese Art der Umstrukturierung finden sich in Matzas Annahme, daß Kriminelle eine Reihe von Neutralisationstechniken lernen, die ihnen ermöglichen, sich ohne Schuldgefühle kriminell zu verhalten.[26] Dazu gehören die kognitive Umstrukturierung des eigenen Verhaltens sowie die Zuschreibung bestimmter Eigenschaften gegenüber dem anderen. Beispie-

---

23 Harvey, Kelley, Shapiro, 1957

24 Harvey, 1962; Van Ostrand, 1963

25 Scott u. Lyman, 1968

26 Matza, 1964

le sind das Abstreiten einer Verantwortung für die Handlung; Bestreiten, daß die Handlung unrecht ist; das Opfer wird nicht als solches wahrgenommen, sondern als Objekt einer gerechten Vergeltung; die anderen Personen werden als ebenso schlecht angesehen wie man selbst und sind deswegen Heuchler, wenn sie einen verurteilen: und schließlich kann man die Handlung zwar als falsch ansehen, aber gerechtfertigt im Sinne einer höheren Moral, z.B. wenn man damit einem Freund hilft. Andere Sozialpsychologen haben Typologien der Gründe zusammengestellt, die einzelne Individuen zur Erklärung ihres Verhaltens anführen, wenn es nicht mit ihrem Selbstbild übereinstimmt.[27] Viele dieser Rechtfertigungen erfolgen in der Form, daß die interpersonelle Kongruenz wieder hergestellt wird.

Experimente, in denen man vorgab, die Versuchspersonen hätten jemand anderen verletzt, demonstrieren ebenfalls daß die Kongruenz dadurch wieder hergestellt wird, daß eine kognitive Umstrukturierung stattfindet.[28] Teilnehmer, die im Rahmen eines Experimentes einem Opfer Elektroschocks verabreichten, schätzten dessen Schmerzen stets gering ein, besonders, wenn sie selbst entscheiden durften, ob sie den Schock verabreichen sollten oder nicht. Wenn es kaum möglich war, den Schmerz zu unterschätzen, strukturierten sie oft die Situation dadurch neu, daß sie eine stärkere Verpflichtung fühlten, die Schocks auszuteilen und schoben so die Verantwortung dem Versuchsleiter zu.

Derartige Experimentalstudien enthalten im allgemeinen Bedingungen, die bestimmte Möglichkeiten zur Erzielung von Kongruenz abschneiden und andere offen lassen. Bei Alltagssituationen sind eine Reihe von Faktoren im Spiel, die die eine oder die andere Lösung des Dilemmas begünstigen, wenn man sich entgegen dem eigenen Selbstbild verhalten hat. Während wir einige dieser Faktoren auf Grund der Experimentalstudien vermuten können, gibt es für andere Faktoren keine oder allenfalls indirekte Beweise.

Wie ein Individuum eine Situation wahrnimmt um eine maximale Kongruenz zu erzielen, ist abhängig von dessen Persönlichkeitseigenschaften, der Handlung, dem Opfer und von der Struktur der Situation, die alle einen Einfluß darauf haben, wie die Wahrnehmung ausgerichtet wird, damit es zu Kongruenz kommt. Persönlichkeitseigenschaften des Handelnden sind hauptsächlich insofern wichtig, als sie die Möglichkeit beeinflussen, sich legitimerweise als nicht verantwortlich zu fühlen. Dazu gehören nicht nur Persönlichkeitseigenschaften, sondern auch die Grenzen und Möglichkeiten, die mit den Rollenerwartungen und -identitäten verbunden sind,

---

27 Scott u. Lyman, 1968; Lofland, 1969

28 Brock u. Buss, 1962

die in der gegebenen Situation aktuell werden. So können Männer eine Verantwortlichkeit ablehnen, weil sie etwa betrunken waren. Für Frauen ist dies weniger akzeptabel, zumindest in traditionellen Kreisen; sie kann jedoch Migräne oder unlogisches Denken anführen; diese Behauptung wird von ihr und anderen eher akzeptiert, weil sie eine Frau ist und kein Mann.

Die jeweilige Position des einzelnen in der Macht- und Statusstruktur kann ihm Grenzen setzen oder Möglichkeiten eröffnen, wenn es ihm darauf ankommt, nicht verantwortlich zu sein. Ein untergeordneter Angestellter kann die Verantwortung mit der Bemerkung von sich weisen: "Ich bin nicht weisungsbefugt", während der Hauptgeschäftsführer eines Unternehmens sich darüber im klaren ist, daß er den "Schwarzen Peter" hat. Eine kürzlich durchgeführte Untersuchung der Reaktionen auf die Verhandlung gegen Leutnant William Calley, den man für schuldig erklärt hatte, an dem Massaker in My Lai teilgenommen zu haben, kam zu dem Ergebnis, daß viele der Befragten dem Prozeß kritisch gegenüberstanden, weil Calley lediglich Befehle befolgt hatte und deshalb nicht selbst verantwortlich war.[29] Dieses Argument wurde vor allem von Personen aus den unteren sozioökonomischen Schichten vorgebracht, deren niedrige Position innerhalb der Machtstruktur wahrscheinlich dazu beigetragen hat, daß sie die Ereignisse in My Lai auf diese Weise betrachteten.

Es gibt einige Persönlichkeitseigenschaften, die den Grad beeinflussen, in dem jemand sich als nicht verantwortlich ansieht. Es bestehen Unterschiede in dem Ausmaß, in dem die einzelnen die Ursachen bestimmter Ereignisse charakteristischerweise dem Schicksal, dem Glück oder aber äußeren Einflüssen oder eigenen Anstrengungen zuschreiben. Persönlichkeitseigenschaften spielen ebenfalls eine Rolle, ob jemand eine Übereinstimmung auf anderem Wege erreichen kann als auf dem Weg, sich nicht verantwortlich zu erklären. Erfolgt eine Handlung einem Freund zuliebe, so rechtfertigen Individuen mit partikularistischer Orientierung eher ein Verhalten, das einem positiven Selbstbild zuwiderläuft als diejenigen mit universalistischer Orientierung. In ähnlicher Weise ist zu erwarten, daß Individuen auf unterschiedlichen Stufen der moralischen Entwicklung auf unterschiedliche Weise mit Diskrepanzen zwischen ihrem Verhalten und dem Selbst fertig werden.

Etliche Aspekte einer Handlung können systematisch mit verschiedenen kognitiven Mechanismen in Zusammenhang gebracht werden, mit denen eine Inkongruenz aufgehoben wird. Falls die Folgen einer Handlung unbekannt oder umstritten sind, kann man sie ausführen, ohne sie als

---

[29] Kelman, 1971

widersprüchlich zum eigenen Selbstbild anzusehen. Viele Menschen geben das Rauchen nicht auf, ganz im Gegensatz zu ihrer Selbsteinschätzung, nach der sie stets ihrer Vernunft folgen und nichts tun würden, was ihrer Gesundheit schaden könnte. Sie sind jedoch der Ansicht, daß man die dem Rauchen zugeschriebenen schädlichen Wirkungen noch nicht überzeugend nachgewiesen hat. In gleicher Weise erleichtert die Ungewißheit darüber, wie häufig ein bestimmtes Verhalten verbreitet ist, die Überzeugung, daß ein solches Verhalten mit dem eigenen Selbstbild nicht in Widerspruch steht, da wahrscheinlich "jeder" so handelt (Kongruenz durch Vergleich). Schließlich kommt es darauf an, wie weit man einer Handlung eine freiwillige Entscheidung unterstellt, ob man dafür die Verantwortung übernimmt und die daraus folgende fehlende Übereinstimmung erträgt.

Selektive Bewertung Bei dem Vorgang der selektiven Bewertung wird Kongruenz maximiert bzw. Inkongruenz minimiert, indem man die Bewertung des Selbst, des Verhaltens oder der anderen Person in positiver oder negativer Richtung ändert. Verhaltensweisen oder Einstellungen von Personen z. B., die für das Individuum nicht wichtig sind, werden trotz bestehender Inkongruenz nicht so empfunden. D. h. jemand kann seine Kongruenz dadurch maximieren, daß er diejenigen günstig beurteilt, die sich ihm gegenüber übereinstimmend verhalten und diejenigen abwertet, die das nicht tun. Entsprechend kann jemand, dessen Verhalten gegenüber einem anderen mit seiner Selbstauffassung nicht übereinstimmt, die Inkongruenz gelegentlich dadurch minimieren, daß er die andere Person abwertet (etwa ein Opfer, dem er Schmerz zugefügt hat).

Einige Belege für selektive Bewertung finden sich in einer Untersuchung einer Verbindung weiblicher Studenten, wo die jeweils beliebtesten Studentinnen bei den Befragten diejenigen waren, von denen angenommen wurde, sie stimmten am meisten mit den Ansichten der Befragten überein, und bei denen tatsächlich eine derartige Kongruenz bestand.[30] Eine Anzahl von experimentellen Studien liefern etwas direkteres Belegmaterial.[31] Dabei konnte gezeigt werden, daß, wenn ein Individuum von jemand anderem negativ bewertet wurde, dessen Sympathie sich dadurch verringerte. Es

---

[30] Backman u. Secord, 1962

[31] Harvey, Kelley, Shapiro, 1957; Howard u. Berkowitz, 1958; Harvey, 1962

diskrediert quasi die Quelle der negativen Bewertung und eliminiert so die Inkongruenz.

Verschiedentlich ist demonstriert worden, daß Individuen eine Inkongruenz zwischen ihrem Selbstbild als guter Mensch und der Zufügung von Schmerz gegenüber einem anderen dadurch reduzieren können, daß sie das Opfer eher unter negativen Aspekten wahrnehmen, so daß dieses die zugefügte Handlung verdient hat.[32] Eine Untersuchung ist für die Kongruenz-Theorie von besonderem Interesse, da hier die Selbstbilder experimentell variiert wurden.[33] Einigen Teilnehmern gegenüber gab man Persönlichkeitsbewertungen ab, die ihre Selbsteinschätzung erhöhen sollten, bei anderen wurde sie dadurch verringert. Einigen gab man die Wahl, einer anderen Person eine Reihe von Elektroschocks zu geben, einigen ließ man keine Wahl. Eine Wahlmöglichkeit würde die Verantwortung für dieses inkongruente Verhalten und den Druck vergrößern, die Inkongruenz aufzuheben. Die Versuchspersonen, die eine Wahlmöglichkeit hatten, empfanden gegenüber dem Opfer *weniger* freundliche Gefühle, nachdem sie die Schocks erteilt hatten, sofern ihre Selbsteinschätzung höher lag. D. h. daß eine Abwertung eine Möglichkeit ist, die Inkongruenz zu beseitigen. Die Teilnehmer ohne Wahlmöglichkeit änderten ihre Gefühle gegenüber dem Opfer nicht, nachdem sie die Schocks verabreicht hatten, wahrscheinlich deshalb, weil sie sich für ihr Verhalten nicht verantwortlich fühlten. Dasselbe gilt für die Versuchspersonen mit geringerer Selbsteinschätzung.

Eigenschaften des Opfers wie der Situation bestimmen die Grenzen einer Neustrukturierung. Diverses experimentelles Beweismaterial legt die Vermutung nahe, daß es dann tendenziell weniger zu falschen Wahrnehmungen kommt, wenn die Personen damit rechnen, mit Beweisen konfrontiert zu werden, die sich im Gegensatz zu ihrer Wahrnehmung befinden. Ist das Opfer generell auch bei anderen unbeliebt, besteht beim einzelnen eine stärkere Neigung, es abzuwerten, da die Gruppe dies unterstützt. Wo schließlich Grenzen der Einfühlungsmöglichkeit mit dem Opfer bestehen (z.B. wenn dieses als höchst andersartig eingestuft wird), kommt es zu einem Maximum an Abwertung des Opfers und Fehlwahrnehmung der Konsequenzen der Abwertung.[35]

Kongruenz ist ferner abhängig von der Bedeutung des Aspektes des Selbst, der für das Verhalten oder die Interaktion mit einem anderen relevant ist. Handelt es sich um einen *unbedeutenden* Aspekt des Selbst, so ist eine eventuell auftretende Inkongruenz minimal. Infolge-

---

[32] Davis u. Jones, 1960; Glass, 1964

[33] Glass, 1964

[34] Davis u. Jones, 1960

[35] Davis u. Jones, 1960

dessen kann jemand eine größtmögliche Übereinstimmung dadurch herstellen, daß er die Werte ändert, die mit den verschiedenen Aspekten des Selbst verbunden sind, so daß die Aspekte, die sich mit seiner Wahrnehmung decken, am höchsten bewertet werden. Entsprechend kann er diejenigen Aspekte des Selbst abwerten, die mit Komponenten seines Verhaltens und dem Verhalten anderer nicht übereinstimmen. Ein Beispiel McCandless' verdeutlicht den Prozeß in Bezug auf das Selbst und das Verhalten:

> "Betrachten wir z. B. einen Studenten nach dem Vorexamen, der zum ersten Mal eine klare Entscheidung treffen muß: auf Aktivitäten will er sich künftig konzentrieren, welche wird er dafür opfern? Er hat gleich starke und gleich bewertete Selbstbilder als Athlet und als Student, muß sich jedoch für eine von beiden Aktivitäten entscheiden: Hörsaal oder Basketball. Er wählt die Vorlesungen. Es ließe sich voraussagen, daß er die Bedeutung von Basketball ziemlich herunterspielen wird, vielleicht sogar die Bedeutung von Sport überhaupt; dagegen wird er wohl die Bedeutung von Seminardiskussionen und anderen Formen geistiger Aktivität deutlich aufwerten. Die tatsächliche *Richtung* seiner Selbstauffassung als Athlet wird sich nicht ändern, aber der *Wert* dieses Aspektes seines Selbstbildes für ihn wird ins Negative umkippen. Umgekehrt wird der Wert geistiger Aktivitäten größer und die Bedeutung des intellektuellen Aspekts seines Selbstbildes wird zunehmen.[36]

Selektive Interaktion Eine andere wichtige aber gern übersehene Maßnahme, durch die jemand eine interpersonelle Kongruenz aufrechterhalten kann, besteht in der selektiven Interaktion mit bestimmten Personen. Genauer gesagt zieht man die Interaktion mit solchen Personen vor, mit denen man am schnellsten einen Zustand der Übereinstimmung erreicht. Wenn sich jemand beispielsweise für besonders intelligent hält, sucht er häufig den Umgang mit Leuten, die seine Intelligenz anerkennen oder ihm erlauben, sie auszuspielen. Auf diese Weise vermeidet er den Druck, dem sein Selbstbild ausgesetzt wäre, wenn seine Interaktionen aufs Geratewohl erfolgten. Indem er sich bestimmte Personen als Freunde auswählt, verschafft er sich eine wichtige und dauerhafte Quelle der Unterstützung für übereinstimmende Interaktionen. In einer Untersuchung an einer Studentinnenverbindung hatten die Befragten am meisten Umgang mit solchen Studentinnen, von denen sie den Eindruck hatten, daß sie am ehesten ihr Selbstbild bestätigten.[37]

---

[36] Abdruck mit freundlicher Genehmigung aus B. R. McCandless, Children and Adolescents, N. Y. 1961, S. 201

[37] Backman u. Secord, 1962

In Kap. 14 haben wir im Zusammenhang mit Rollendruck einige Untersuchungen angeführt, aus denen hervorging daß es zu Druck kommt, wenn eine Rollenkategorie mit den individuellen Eigenschaften unvereinbar ist. Dies legt die Vermutung nahe, daß der einzelne in diesem Fall vermeiden wird, solche Positionen zu besetzen und stattdessen kompatiblere Rollen sucht. Es können auch noch andere Untersuchungen herangezogen werden, aus denen sich der Schluß ziehen läßt, daß selektive Interaktion zu Kongruenz beiträgt.

Eine Studie zeigt, daß bei Lehrern mit langer Berufserfahrung geringere Diskrepanzen zwischen ihrem Selbstbild und ihrer Wahrnehmung der Lehrerrolle bestehen als bei ihren jüngeren Kollegen.[38] Es sieht so aus, als ob der Grund hierfür weniger in einer Änderung des Selbst oder der Wahrnehmung der Lehrerrolle zu suchen ist, als vielmehr in einer Tendenz derjenigen, die größere Unterschiede zwischen dem Selbst und der Lehrerrolle aufweisen, vorzeitig den Dienst zu quittieren.

Studien über berufliche Sozialisation lassen sich ebenfalls als Belege anführen. Aus ihnen geht hervor, daß die Wahl eines bestimmten Berufes von der Auffassung des einzelnen von sich selbst in bezug auf die Eigenschaften dieser Berufsrollen abhängt. Eine Untersuchung über die Entscheidung für ein spezielles Fach bei Medizinstudenten verdeutlicht dieses Phänomen.[39] Es stellte sich heraus, daß die Persönlichkeit des Studenten, der ein bestimmtes Fach auswählte, starke Ähnlichkeit mit der Persönlichkeit der Ärzte aufwies, die bereits in diesem Fach praktizierten. Unter den fünf untersuchten Fachrichtungen erwiesen sich z. B. die Kinderärzte als sozial aggressiv, bestimmt und überzeugend, während die Entbindungsspezialisten und Gynäkologen eher zurückhaltend, befangen und schüchtern waren. Unter der Annahme, daß diese Berufsrollen Bedingungen schaffen, die den vorherrschenden Persönlichkeitseigenschaften der Rolleninhaber entsprechen, führt die Auswahl der Rolle seitens derjenigen, die ähnliche Persönlichkeiten haben zu Bedingungen, die eine geringe Änderung des Selbst erfordern. Eine andere Untersuchung ergab, daß angehende Maler, Volksschullehrer, Ingenieure und Krankenschwestern Selbstbilder hatten, die den Eigenschaften ähnelten, die das jeweilige Berufsbild ausmachten.[40] Zu den Eigenschaften eines Künstlerimage gehörten z. B.: unordentlich, unzufrieden, dramatisch, feindselig, phantasievoll, rebellisch, genußsüchtig, unkonventionell. Im Vergleich zu den anderen glich das Selbstbild der angehenden Künstler dem Künstlerimage stärker. Vermutlich trug diese Übereinstimmung zu ihrer Wahl des Künstlerberufes bei.

Eine Längsschnittstudie von Zimmergenossen auf dem College liefert weitere Belege für selektive Interaktion.[41] Man ermittelte Ansichten über das Selbst, über das reflektierte Selbst sowie über die tatsächlichen Ansich-

---

[38] Hoe, 1962

[39] Stern u. Scanlon, 1958

[40] Backman u. Secord, 1968b

[41] Doherty u. Secord, 1971

ten seitens der Zimmergenossen und zwar einmal im Oktober und einmal im Mai des folgenden Jahres. Es zeigte sich, daß bei den Zimmergenossen, die sich ihren Partner auswählen konnten, eine größere Übereinstimmung zwischen dem Selbst und dem reflektierten Selbst bestand - sowohl beim ersten wie beim zweiten Mal. Bei den zufriedenen Zimmer - genossen bestand außerdem ein größerer Konsensus in der Einschätzung durch sich und durch den Partner. Die Möglichkeit, daß diese Ergebnisse einer größeren Ähnlichkeit zwischen zufriedenen Paaren von Zimmergenossen und nicht einer Ähnlichkeit zwischen unzufriedenen Paaren zuzuschreiben sind, wurde durch die Feststellung ausgeschaltet, daß kein Zusammenhang zwischen Ähnlichkeit und Zufriedenheit oder freier Wahl des Zimmergenossen bestand. Auch frühere Untersuchungen, die nicht im Zusammenhang mit der Kongruenz-Theorie durchgeführt wurden, erweisen sich mit dem Prinzip der selektiven Interaktion als konsistent.[42]

Schließlich ziehen Individuen eine Interaktion mit den Personen vor, deren Verhalten ihnen erlaubt sich in kongruenter Weise zu verhalten. In einer Untersuchung verglich man die Bedürfnisse von Freundespaaren miteinander.[43] Individuen, die von sich annahmen, bestimmte Bedürfnisse besonders stark zu empfinden, nahmen von ihren Freunden an, bestimmte andere Bedürfnisse zu verspüren, die erforderten, sich zu ihnen in komplementärer Weise zu verhalten. Individuen beispielsweise, die sich als sehr zuwendungsbedürftig bezeichneten (need for succorance), hatten von ihren engsten Freunden den Eindruck, diese hätten ein stark ausgeprägtes Bedürfnis, anderen zu helfen und sie zu unterstützen (need for nurtarance).

Reaktions-Evozierung und Selbstdarstellung Jemand kann auch dadurch Kongruenz bewahren, daß er Techniken entwickelt, durch die übereinstimmende Reaktionen von anderen Personen hervorgerufen werden. Goffman geht davon aus, daß jemand sich in der Alltags-Interaktion samt seinen Handlungen so darstellt, daß er die Eindrücke lenken und kontrollieren kann, die die anderen von ihm bekommen.[44] Diese Handlungen können bewußt berechnet sein, können aber auch ohne eine klare Vorstellung von deren Wirkungen erfolgen.

Eine Anzahl klinischer, Feld- und experimenteller Studien haben sich mit diesen Formen der Hervorrufung von Reaktionen beschäftigt. So beschreibt Berne eine Patientin, die während einer Gruppentherapie häufig versuchte, die anderen dazu zu bringen, ihrem Selbstbild als zu Unrecht kritisierter und falsch verstandener Person zuzustimmen:

---

42 Newcomb, 1961; Broxton, 1963

43 Secord u. Backman, 1964 b

44 Goffman, 1959

> "Es ist bezeichnend, daß diese Verhaltensweise bei Camellia regelmäßig auftrat. In ihren Augen wurde sie dauernd mißverstanden und zurechtgewiesen. In Wirklichkeit war sie es, die andere Leute falsch verstand und kritisierte. Rosita bemerkte zu Recht, daß sie Camellia nicht kritisiert habe, sondern daß dies im Gegenteil Camellia ihr gegenüber tat, indem sie in Tränen ausbrach. Sie behielt ... in der Situation die Übersicht, da sie sich nicht in die elterliche Rollen drängen lassen wollte, was bedeutet hätte, Camellia zu trösten und sich bei ihr zu entschuldigen... Camellia hatte mehr als einmal ihr Geschick bewiesen, Mitleid und Entschuldigungen hervorzurufen. Die Teilnehmer wurden sich nunmehr bewußt, daß sie die ganze Zeit manipuliert worden waren, Camellia etwas zu geben, was sie nicht verdiente, und die betreffende Gruppensitzung sollte ihr klarmachen, was sie getan hatte."[45]

Weinstein hat verschiedene Strategien zusammengestellt, die benutzt werden können, um bei anderen bestimmte Reaktionen zu provozieren oder abzulocken, die eine Übereinstimmung herstellen bzw. verhindern.[46] So kann jemand einen anderen daran hindern, seine Korrektheit oder Kompetenz in Frage zu stellen, indem er eine Vorwegentschuldigung anbringt: "Trotz meiner bescheidenen Geisteskräfte möchte ich sagen..." Ferner kann er versuchen Imagepflege (icon) zu betreiben, ein Mittel, um eine gewünschte Identität verbal zu unterstreichen. Diese Form der Selbstdarstellung findet statt, wenn man in ein Gespräch bestimmte Namen von Personen oder Orten einfließen läßt oder bestimmte Erlebnisse erwähnt, etwa "wie ich dem Chef schon sagte..." oder "kaum war ich wieder in Harvard..." Schließlich hat Weinstein bemerkt, daß man den anderen in eine Rolle drängen kann, mit der bestimmte erwünschte Verhaltensweisen verbunden sind. Ein Kind kann etwa sagen; "Du bist mein älterer Bruder, also mußt du mir auch helfen, mein Rad zu flicken."

Eine Reihe von Forschungsrichtungen hat sich mit den Determinanten der Selbstdarstellung befaßt. Zu einer von ihnen gehören Studien über Verlegenheit.[47] Man hat diesen psychischen Zustand als Reaktion auf einen Verlust der Selbstachtung aufgefaßt, der als Folge der Wahrnehmung nega-

---

45 Abdruck mit freundlicher Genehmigung aus E. Berne, Transactional Analysis in Psychotherapie: A Systematic Individual and Social Psychiatrie, N. Y. 1961, S. 95

46 Weinstein, 1966, 1969

47 Gross u. Stone, 1964; Modigliani, 1968

tiver Reaktionen von anderen auftritt. Verhalten, das dazu dienen soll, einen Verlust der Selbstachtung zu vermeiden oder diese zurückzugewinnen, hat man als Wahrung des Gesichts (facework) bezeichnet.[48] Diese Untersuchungen zusammen mit Studien, bei denen es um Reaktionen auf eingetretene oder antizipierte Mißerfolge geht,[49] sowie um Reaktionen auf eine weniger vorteilhafte Beurteilung durch andere,[50] deuten darauf hin, daß die einzelnen auf solche Situationen mit dem Versuch reagieren, einen günstigen Eindruck von sich durch vorteilhafte Selbstdarstellung wiederherzustellen.[51]

Kongruenz durch Vergleich Inkongruenz kann zum Teil durch einen Prozeß des Vergleichens aufgehoben werden. Wenn jemand z. B. einen unerwünschten Charakterzug besitzt, kann er das Ausmaß übertreiben, indem andere denselben Zug aufweisen, und so dessen Bedeutung für sich herunterspielen, indem er sich mit diesen vergleicht. In einem Experiment täuschte man den Teilnehmern vor, daß bei ihnen eine bestimmte Persönlichkeitseigenschaft sehr stark hervortreten würde, die die Personen zuvor als unerwünscht bezeichnet hatten.[52] Sie hatten zunächst für sich und ihre Freunde eine Rangreihe bezüglich diverser Persönlichkeitseigenschaften gebildet, zu denen auch die von ihnen niedrig eingestufte manipulierte Persönlichkeitseigenschaft gehörte. Nachdem die Versuchspersonen sich und ihre Freunde erneut einordnen konnten, hielten sie die betreffende Eigenschaft nicht für sich, sondern auch für ihre Freunde charakteristisch. Indem sie diesen Zug fälschlicherweise als für ihre Freunde charakteristisch ansahen, konnten sie argumentieren, daß er bei ihnen nicht übermäßig stark ausgeprägt sei. Ähnliche Ergebnisse erbrachte eine andere Untersuchung.[53]

Des weiteren läßt sich Inkongruenz dadurch verringern, daß man bestimmte Personen als Vergleichsobjekte auswählt. In einem Experiment übermittelte man den Teilnehmern Informationen, die diese zu der Annahme führten, sie seien sehr feindselig in ihrer Einstellung, und man erlaubte ihnen, eine Person auszuwählen, deren Punktzahl bezüglich Feindseligkeit bekannt war.[54] Gewählt wurden die Personen aus der feindseligsten Gruppe,

---

[48] Goffman, 1955; Archibald u. Cohen, 1971; Brown, 1970;

[49] Jones, Gergen, Gumpert, Thibaut, 1965

[50] Hardyck, 1968

[51] Maracek u. Mettee 1972

[52] Secord, Backman, Eachus, 1964

[53] Bramel, 1962

[54] Hakmiller, 1966

so daß die Teilnehmer durch einen Vergleich sich selbst nunmehr weniger feindselig vorkamen. Daß die Wahl nicht unter allen Umständen auf diese Weise getroffen wird, ist ebenfalls gezeigt worden. Man induzierte den Teilnehmern an einem Experiment eine hohe oder geringe Motivation, bei einem Persönlichkeitstest günstig abzuschneiden.[55] Im Unterschied zu den weniger stark motivierten verglichen sich die stark motivierten weitaus häufiger mit Personen, die über ihnen rangierten. Das scheint den zuvor erwähnten Ergebnissen und auch dem gesunden Menschenverstand zu widersprechen. Warum sollten sich diejenigen, die sehr stark motiviert waren, subjektive Erfolgserlebnisse zu haben, sich mit jemanden vergleichen, von dem zu erwarten stand, daß er einem ein Mißerfolgserlebnis bescheren würde? Wheeler schlägt eine mögliche Antwort vor:

> "Eine Erklärung des Paradoxons sieht so aus: wenn jemand stark motiviert ist, so setzt er eine Ähnlichkeit mit jemandem voraus, der ihm bezüglich der betreffenden Fähigkeit leicht überlegen ist. Indem er die eigene Fähigkeit mit der des Überlegenen vergleicht, versucht er die unterstellte Ähnlichkeit zu bestätigen. Er versucht, sich zu beweisen, daß er fast so gut wie die sehr Guten ist; er hätte nur in dem Fall ein Empfinden des Scheiterns, wenn er einen größeren Unterschied in den Fähigkeiten feststellen würde als erwartet."[56]

Zusammenfassung: In seinen Interaktionen mit anderen strebt der einzelne mit verschiedenen Methoden und Verfahren nach Kongruenz. Dies sind im einzelnen:

1. <u>Kognitive Umstrukturierung.</u> Jemand kann das Verhalten eines anderen so falsch wahrnehmen, daß er mit Aspekten seines Verhaltens oder Selbstbildes Kongruenz erzielt. Er kann auch das eigene Verhalten fehlinterpretieren und so größtmögliche Kongruenz mit einem Aspekt seines Selbstbildes und seiner Wahrnehmung des anderen erreichen.

2. <u>Selektive Bewertung.</u> Jemand kann Kongruenz dadurch maximieren, daß er kongruente Komponenten günstiger bewertet; er kann eine Inkongruenz minimieren, indem er die inkongruenten Komponenten abwertet.

3. <u>Selektive Interaktion.</u> Jemand kann sein Engagement an übereinstimmenden Mustern interpersonellen Verhaltens maximieren, indem er selektiv mit solchen Personen interagiert, deren Verhalten eine möglichst geringe Änderung von früher kongruenten, interpersonellen Situationen erfordert, an denen er beteiligt war.

---

[55] Wheeler, 1966

[56] Wheeler, 1966, S. 30

4. Reaktions-Evozierung und Selbstdarstellung. Jemand kann sich so verhalten, daß er damit bei anderen kongruente Reaktionen hervorruft.

5. Kongruenz durch Vergleich. Wenn jemand mit einer inkongruenten Bewertung konfrontiert wird, so kann er die Bewertung akzeptieren, aber die Wirkung der Inkongruenz dadurch minimieren, daß er die betreffende Eigenschaft signifikanten anderen zuschreibt. D. h. deren Präsenz wird durch Vergleich abgeschwächt; er unterscheidet sich darin weder positiv noch negativ von anderen.

Affektive Kongruenz versus Selbstbestätigung

Wie bereits festgestellt, kann die Kongruenz-Theorie sowohl auf Gefühle als auch auf kognitive Elemente angewandt werden. Ein Zustand affektiver Übereinstimmung besteht dann, wenn P glaubt, O habe ihm gegenüber dieselben Gefühle, die er auch von sich hat, entweder in bezug auf sein Selbst als Ganzes oder auf einen Teilaspekt des Selbst. In diesem Zusammenhang ist die positive oder negative Qualität des Gefühls von besonderer Bedeutung: ist es Zustimmung, Gernhaben, Bewunderung oder Liebe? Oder ist es Ablehnung, Haß, Verachtung? Bei einer anderen Form der affektiven Kongruenz hat P übereinstimmende Gefühle gegenüber einem Aspekt des Selbst und seinem entsprechenden Verhalten. Affektive Kongruenz wird durch dieselben Mechanismen aufrechterhalten wie die bereits für kognitive Kongruenz beschriebenen. Personen können eine falsche Wahrnehmung davon haben, wie andere ihnen gegenüber empfinden. Sie können sich anderen selektiv anschließen und sie selektiv einschätzen. Und sie können versuchen, bei anderen kongruente Gefühle hervorzurufen.

Eine der interessantesten Formen affektiver Kongruenz liegt vor, wenn P einen Aspekt seines Selbst oder seines Verhaltens negativ bewertet und bei anderen Personen ein kongruentes Verhalten sucht, welches in diesem Falle eine negative Bewertung bedeuten würde. Dies läuft der allgemeinen Beobachtung zuwider, die durch Untersuchungen gestützt wird, daß man auf positive Bewertungen normalerweise mit Zufriedenheit reagiert und auf negative mit Ärger oder Feindseligkeit. Die generelle Vorliebe für positive Urteile - der Wunsch nach Selbstbestätigung - kann jedoch mit dem Begriff der affektiven Kongruenz erklärt werden. Dazu ist nur die Annahme notwendig, daß die meisten Menschen sich selbst gegenüber positive Gefühle haben.

Zahlreiche Untersuchungen, die das Bedürfnis nach Selbstbestätigung belegen, sind mit dem Prinzip der affektiven Kongruenz vereinbar, sobald die oben beschriebene Annahme getroffen wird. In verschiedenen Untersuchungen bedienten sich die Teilnehmer einer Reihe Mechanismen, um sich vor einer Person zu schützen, die sie negativ beurteilte. Man schenkte ihr z. B. keinen Glauben, dieskreditierte sie und mochte sie nicht mehr, verdrehte deren Urteil zum Positiven oder ging ihr aus dem Weg.[57] Oder, wenn die Teilnehmer wußten, daß Urteile über sie auf Grund von Tests veröffentlicht werden sollten, so änderten sie ihre Selbsteinschätzung vorsorglich zu ihren Gunsten.[58] Man hat auch gezeigt, daß affektive Kongruenz durch selektive Bewertung anderer aufrechterhalten wird.[59] Man sagte den Studenten, die zu verschiedenen Zehnergruppen neu hinzukamen, in denen es zu direkter Interaktion kam, daß bestimmte Gruppenmitglieder sie gerne hätten. Diese Studenten sagten später, sie fänden diese Gruppenmitglieder sympathischer als die anderen.

Keines der angeführten Experimente enthält einen vergleichenden Test auf die Prinzipien der Selbstbestätigung und der affektiven Kongruenz. D. h. sie liefern kein positives Beweismaterial für das eine Konzept und kein negatives Beweismaterial für das andere. Ein wirklich adäquates Experiment steht noch aus, wenngleich verschiedene Experimente eher vermuten lassen, daß affektive Kongruenz im Gegensatz zur Selbstbestätigung steht. Aus einer Studie, in der es um Mißerfolg in einer Gruppensituation ging, läßt sich feststellen, daß unter einer bestimmten experimentellen Bedingung Individuen mit hoher Selbsteinschätzung sich besser vor ungünstigen Urteilen anderer schützen konnten als diejenigen mit geringer Selbstachtung.[60] Dieses Ergebnis wird vom Prinzip der affektiven Kongruenz vorhergesagt, aber es folgt nicht unbedingt aus einem Bedürfnis nach Selbstbestätigung. Letzteres würde prognostizieren, daß die protektiven Mechanismen von beiden Gruppen gleich stark angewandt werden.

Eine andere Untersuchung ist insoweit von Bedeutung, als sie sich mit einer Übereinstimmung zwischen dem Urteil von O und dem Verhalten von P befaßt, allerdings nicht mit dem Selbstbild von P.[61] Wir haben schon festgestellt, daß, wenn jemand sich einer anderen Person gegenüber

---

57 Harvey, Kelley, Shapiro, 1957; Harvey, 1962; Johnson, 1966; Eagly, 1967

58 Gerard, 1961

59 Backman u. Secord, 1959

60 Stotland, Thorley, Thomas, Cohen, Zander, 1957

61 Deutsch u. Solomon, 1959

kongruent verhält, er von dieser wahrscheinlich sympathisch gefunden wird. Bei einer Gruppenaufgabe richtete man es so ein, daß die Teilnehmer ihre Leistungen als gut oder schlecht erkennen konnten. Nach Beendigung der Aufgabe übermittelte man jedem Teilnehmer positive und negative Bewertungen in Form einer Note, die jeweils von den anderen Teilnehmern stammen sollte. Diese Urteile waren mit den Leistungen der einzelnen kongruent oder auch nicht kongruent. Der Kongruenz-Effekt trat selbst dann ein, wenn das Urteil schlecht war: die anderen Versuchspersonen waren dann sympathisch, wenn sie die Leistung des Teilnehmers so bewerteten wie er selbst.

Dieses Ergebnis hatte noch einen anderen Effekt. Es waren auch die Personen beliebt, die die Leistungen positiv beurteilt hatten, selbst wenn der einzelne sich als schwach einstufte. Obgleich es in offensichtlichem Widerspruch zur Kongruenz-Theorie steht, kann dieses Ergebnis mit ihr in Einklang gebracht werden, wenn wir annehmen, daß bei der Beurteilung der Leistungen eines Individuums durch einen anderen ein Teil dieses Urteils so wahrgenommen wird, daß es auf bestimmte positiv bewertete Aspekte des Selbst zutrifft. In dem Maß, in dem die Teilnehmer die positive Reaktion einer anderen Person als zu bestimmten Aspekten des Selbst und ihrer Leistung passend interpretierten, würden sie diese sympathisch finden, da dieser Aspekt kongruent ist.

Eine andere Studie berichtete, daß die Teilnehmer, die sich einem bestimmten Test nicht unterziehen wollten, weil man vorgegeben hatte, daß ihnen wahrscheinlich die Fähigkeiten dazu fehlten, sich mehr zu jemandem hingezogen fühlten, der diese Fähigkeiten ungünstig beurteilte.[62] Dagegen führte eine andere Untersuchung zu den genau umgekehrten Ergebnissen.[63]

Zwei Experimente sprechen anscheinend eher für ein Bedürfnis nach Selbstbestätigung als für affektive Kongruenz als Reaktion auf verringertes Selbstwertgefühl. In einem Experiment stellte man weiblichen Teilnehmern einen gut aussehenden Mann vor, der sich sehr zuvorkommend verhielt, mit ihnen eine Unterhaltung führte und sie um eine Verabredung zum Abendessen bat.[64] Einigen Frauen wurde anschließend eine Einschätzung ihrer Persönlichkeit mitgeteilt, gefolgt von einem falschen Feedback, das wenigstens für den Augenblick ihre Selbstachtung verstärkte. Auf die gleiche Weise verringerte man bei den anderen Frauen die Selbstachtung. Als die Frauen später ihre Gefühle gegenüber dem männlichen Mitarbeiter äußern sollten, zeigte sich, daß diejenigen mit der geringeren Selbstachtung ihn sympathischer fanden. Bei der anderen Studie fühlten

---

[62] Wilson, 1965

[63] Jones, 1966

[64] Walster, 1965

sich diejenigen, die sich von den anderen Gruppenmitgliedern akzeptiert fühlten, mehr zu der Gruppe hingezogen als diejenigen, denen man das Gegenteil gesagt hatte.[65] Die Tendenz war stärker ausgeprägt bei Personen mit geringer Selbstachtung. Walster[66] hat einen Grund dafür angegeben, warum sich zwischen den beiden angeführten Untersuchungen und denen von anderen Autoren[67] insofern Unterschiede ergeben hatten, als letztere einen positiven Zusammenhang zwischen der Sympathie für andere und der eigenen Selbstachtung feststellten. In den anderen Experimenten waren sich die Teilnehmer über das Ausmaß der Akzeptanz durch andere Personen sicher, während in den beiden erstgenannten Untersuchungen eine echte Akzeptierung nicht gegeben war.

Von entscheidender Bedeutung ist die Aufdeckung der Mittel, mit denen Individuen negativen Urteilen über sich begegnen, um eine Änderung zu vermeiden. Unter welchen Bedingungen zeigen sich die unterschiedlichen Reaktionen auf diese Urteile? Aus dem bisher Gesagten läßt sich vermuten, daß eine Variable die umfassende Selbstachtung des einzelnen ist. In einer Untersuchung führte dieselbe ungünstige Beurteilung der Versuchsperson und einer anderen Person zu einer geringeren Änderung in der Wahrnehmung des Selbst, als der des anderen, und die Information über sich selbst wurde für weniger genau gehalten.[68] Außerdem zeigten Teilnehmer mit hoher Selbsteinschätzung eine größere Resistenz gegenüber einer Änderung in die negative Richtung als die mit niedriger Selbsteinschätzung. Andererseits führten positive Informationen bei Personen mit hoher Selbstachtung zu einer stärkeren Änderung als bei solchen mit geringer Selbsteinschätzung. Ferner änderten die Teilnehmer mit hoher Selbstachtung auf Grund einer negativen Information ihr Selbstbild in die günstigere Richtung, während die Personen mit niedriger Selbsteinschätzung auf positive Informationen mit einer Änderung in negativer Richtung reagierten. Offensichtlich wurde in dieser Studie die Verarbeitung der Information so beeinflußt, daß Kongruenz begünstigt wurde.

Eine Anzahl situativer Variablen, zu denen auch die Charakteristika der in der Situation verfügbaren Information gehören, sind entsprechend damit in Zusammenhang gebracht worden, ob Personen positiv oder negativ in Richtung auf zunehmende Kongruenz reagieren. Eine Untersuchung über Veränderung des Selbstkonzeptes während einer zweiwöchigen T-Gruppensitzung stellte fest, daß bei den "Peers", die in Bezug auf die Eigenschaften eines anderen stark übereinstimmten, eine hohe Korrelation

---

65 Dittes, 1959

66 Walster, 1965

67 Maslow, 1942; Stock, 1949; Berger, 1952; Omwake, 1954

68 Eagly, 1967

zwischen dem Selbst und dem Durchschnittsurteil der anderen bestand. War die Kongruenz gering, war auch der Zusammenhang schwächer. Außerdem beurteilten sich die Personen, über die eine geringe Kongruenz bestand günstiger, als die durchschnittliche Einschätzung durch die "Peers" ausfiel.[69]

Wie nach der Diskussion der Auswirkungen von Kommunikationscharakteristika auf die Änderung von Einstellungen zu vermuten ist, beeinflußt der Grad der Diskrepanz zwischen dem Selbstbild des einzelnen und seiner Vorstellung, wie andere ihn sehen, nicht nur die Auswirkungen einer derartigen Information auf seine Selbstauffassung, sondern auch die Häufigkeit und das Ausmaß, in dem er Maßnahmen anwendet, die zu Kongruenz führen. D. h. wenn man in einem Test den Teilnehmern eine falsche, ungünstige Information gab, so hatten mittlere Diskrepanzen den größten Einfluß auf deren Selbstkonzept. Bei geringen Unterschieden erinnerten die einzelnen die Information als günstiger als die anderen. Andererseits wiesen die Teilnehmer, bei denen die Unterschiede besonders krass waren, die Quelle der Information eher zurück, indem sie die Kompetenz des Versuchsleiters in Frage stellten; sie entwerteten die Information eher, indem sie die Gültigkeit des Tests bezweifelten sowie die Sorgfalt, mit der die Ergebnisse erstellt worden waren.[70] In ähnlicher Weise spielt die Glaubwürdigkeit der Quelle bei den Reaktionen auf negative Bewertungen eine Rolle. In Übereinstimmung mit anderen Untersuchungen werden Einschätzungen nicht akzeptiert, die aus einer wenig glaubwürdigen Quelle stammen.[71]

Der Definitionsspielraum, der dem einzelnen erlaubt, die Information so zu verzerren, daß sie in der Regel zu affektiver Kongruenz führt, wird nicht nur durch die Art der Information, sondern auch durch Charakteristika der Situation selbst beeinflußt.[72] Höhere Gewißheit in einer negativen Selbsteinschätzung bewirkt eine günstigere Beurteilung der Person, die einen selbst negativ bewertet. Aber ungeachtet des Gewißheitsgrades zogen die Personen mit negativem Selbsturteil solche Personen vor, von denen sie günstiger beurteilt wurden. Bei dieser Situation wirkten offensichtlich die Tendenz, Kongruenz zu erzielen, und das Bedürfnis nach maximaler Selbstachtung zusammen und beeinflußten jeweils die ergriffenen Maßnahmen. Interessanterweise reagierten diejenigen, die unter der Bedingung der Ungewißheit ein starkes Bedürfnis nach Zustimmung zeigten, positiver in ihrer Beurteilung derjenigen, von denen sie gut beurteilt worden waren. Offensichtlich waren diese Personen besonders geneigt, günstige Bewertungen zu akzeptieren,

---

69 Sherwood, 1967

70 Johnson, 1966

71 Johnson u. Steiner, 1968

72 Jones u. Schneider, 1968

da die Ungewißheit wahrscheinlich die Stärke der Tendenz einer kognitiven Kongruenz reduzierte.

Jones hat gezeigt, daß in dem Maße, in dem Individuen das In-Frage-Stellen ihres Selbstkonzeptes in der Zukunft vorwegnehmen, zutreffende Bewertungen übermäßig positiven Bewertungen vorgezogen werden.[73] In einer anderen Untersuchung wird entsprechend vermutet, daß die Reaktionen auf negative Urteile durch den Wunsch beeinflußt sein können, sich vor einem Tadel oder Mißerfolg zu schützen.[74] Den Teilnehmern an einem Experiment wurde vorgetäuscht, sie hätten in einer bestimmten Hinsicht nur sehr geringe Fähigkeiten. Man gab ihnen entweder die Möglichkeit, eine Aufgabe auf derselben Schwierigkeitsebene zu lösen, die mit ihrer vermuteten Fähigkeit in etwa vergleichbar war, oder man gab ihnen diese Möglichkeit nicht und bemerkte, sie würden diese später erhalten. Unter diesen Umständen reagierten die Teilnehmer, die eine Aufgabe bekommen hatten positiver auf einen "Peer", der ihre Leistung positiv bewertet als auf jemanden, der zwar eine negative, dafür aber zutreffende Bewertung abgab. Die Teilnehmer, die keine Möglichkeit hatten, eine Aufgabe zu lösen, beurteilten den "Peer" günstiger, der sie negativ bewertete. Die Autoren interpretierten die Ergebnisse so, daß diejenigen, die sich für eine der leichten Aufgaben entschieden hatten, von anderen eine positive Einschätzung akzeptieren konnten, ohne die Verpflichtung einzugehen, eine schwerere Aufgabe zu lösen und dabei ein Scheitern zu riskieren. Diejenigen, die sich noch nicht für eine Aufgabe entscheiden konnten, würden hingegen eine positive Beurteilung als weniger vorteilhaft empfinden, da damit vielleicht die unerwünschte Verpflichtung verbunden war, sich für eine schwierige Aufgabe zu entscheiden. Schließlich läßt eine andere Studie vermuten, daß Individuen zögern, günstige Informationen über das Selbst zu akzeptieren und daß sie ihre Selbsteinschätzung ändern, wenn sie annehmen, daß man sie im Endeffekt als jemand ansieht, der sich überschätzt hat.[75]

---

[73] Jones, 1968

[74] Jones u. Ratner, 1967

[75] Eagly u. Acksen, 1971

Erfolg und Misserfolg im interpersonellen System

Die Erörterung interpersoneller Kongruenz hat die Mechanismen hervorgehoben, durch die der einzelne Kongruenz zwischen dem Selbst und anderen erreicht oder aufrechterhält. Aber innerhalb des eigenen Verhaltens und den beiden anderen Elementen des interpersonellen Systems dominiert die kognitive und affektive Kongruenz. Neuere Untersuchungen, die sich etwas anderer Methoden und theoretischer Orientierungen bedienen, stützen die Feststellung, daß ein erfolgreiches oder erfolgloses Verhalten, wie es von den signifikanten anderen gefördert und definiert wird, eng mit äquivalenten Definitionen des Selbst verbunden ist.[76] Erfolgserlebnisse führen zu positiver Selbsteinschätzung und günstigen Urteilen seitens anderer, und diese Reaktionen sichern eine erfolgreiche Problemlösung. Hierzu bemerkt Rosenberg bei einem Vergleich von Heranwachsenden mit hoher Selbstachtung mit Heranwachsenden mit geringer Selbstachtung, die er als ich-schwach (egophobe) bezeichnet:

> "Was die Zukunft für diese jungen Menschen bereit hält, läßt sich unmöglich vorhersagen. Will man jedoch über ihre Aussichten Spekulationen anstellen, so bietet sich sofort die Möglichkeit einer sich selbst erfüllenden Prophezeiung an. Der junge Mann voll Selbstvertrauen, der keine Angst vor Mißerfolgen hat, wird sich wahrscheinlich mit Leib und Seele seiner Arbeit hingeben und von seinen schöpferischen Fähigkeiten vollen Gebrauch machen. Der Unsichere dagegen wird durch seine Angst, Fehler zu machen, eher gehindert. Der erste wird sich wahrscheinlich über Leistungswettbewerb mit anderen freuen, gern Verantwortung übernehmen und nach Führungspositionen streben, während der letztere Wettbewerb, Verantwortung und Führerschaft meiden wird. Außerdem muß die Möglichkeit in Betracht gezogen werden, daß andere Leute mehr oder weniger unbewußt dazu neigen, die Meinungen zu akzeptieren, die wir von uns selbst haben. Wenn wir durch unser Benehmen und Handeln die Vorstellung vermitteln, gut zu sein, denken andere wahrscheinlich auch, daß wir gut sind; das Gleiche gilt für den Fall, daß wir uns für nutzlos halten. Schließlich werden natürlich die Angst des Ich-schwachen, seine Depression, die Beeinträchtigung seiner Konzentration und seine persönlichen Schwierigkeiten mit seinem Streben nach beruflichem Erfolg kollidieren. Unabhängig von der Qualifikation gibt es also eine Reihe guter Gründe für die Annahme, daß die pessimistischen Vorhersagen des Ich-schwachen bezüglich seiner Zukunft sich erfüllen werden. Dasselbe was ihn so emsig nach Erfolg streben läßt, nämlich seine niedrige Selbstachtung, läßt ihn Mißerfolge antizipieren und trägt auf diese Weise zu einem Scheitern bei. Nichts ist besser geeignet als dieser Teufelskreis, um seine potentiellen beruflichen Leistungen zu vermindern und gleichzeitig seine emotionale Unzufriedenheit zu vergrößern."[77]

---

76 Rosenberg, 1965; Diggory, 1966; Coopersmith, 1967

77 Abdruck mit freundlicher Genehmigung aus: M. Rosenberg, Society and the Adolescent Self-image, Princeton 1965, S. 238 - 239

Stabilisierende Momente der Sozialstruktur

Wir haben in diesem Kapitel betont, daß die langfristige Stabilität und Konsistenz im Selbst und im Verhalten eines einzelnen auf der Konstanz seiner interpersonellen Umgebung beruhen. Wie wir jedoch ebenfalls hervorgehoben haben, trägt der einzelne auch viel zu dieser Konstanz bei, vor allem in Form von Ergebnissen einer Vielzahl interpersoneller Prozesse. Eine andere Ursache der Stabilität liegt in der Sozialstruktur, die auf verschiedene Weise eine Beständigkeit in der interpersonellen Umgebung erleichtert. Sozialstrukturelle Faktoren, die das Verhalten beeinflussen, sind bereits früher in diesem Buch behandelt worden; hier soll gezeigt werden, wie sie zu einer Stabilität und Konsistenz des individuellen Verhaltens beitragen.

Konsistenz der interpersonellen Umgebung Bisher haben wir unsere Diskussion über Kongruenz weitgehend auf die Interaktion zwischen einem Individuum und einer anderen Person beschränkt, unter Berücksichtigung eines einzelnen Aspektes des Selbst und des Verhaltens. Es wäre natürlich unrealistisch, anzunehmen, sämtliche Aspekte des Selbst und die Beziehungen zu anderen Personen seien voneinander unabhängig. In diesem Falle würde der einzelne gleich dem Chamäleon in jeder bestimmten Situation sein Selbst und sein Verhalten ändern, wenn er mit einer anderen Person zu tun hat, oder wenn ein anderer Aspekt seines Selbst mit hineinspielt. Obwohl die einzelnen Situationen sich voneinander unterscheiden, glauben die meisten Persönlichkeitsforscher, daß trotzdem eine Konsistenz des individuellen Verhaltens besteht.

In dem Maße, in dem verschiedene Situationen ähnliche Aspekte des Selbst und des Verhaltens stützen, kann man annehmen, daß sie sich auch gegenseitig unterstützen. Infolgedessen ist der Widerstand gegenüber einer Veränderung dieser Komponenten des Selbst oder des Verhaltens wahrscheinlich besonders groß, und eine Gesamtänderung wird wohl kaum durch einen zufällig zustande gekommenen Wandel in Einzelbeziehungen erfolgen. Es bedarf noch vieler theoretischer und praktischer Arbeit über die Beziehungen zwischen unterschiedlichen Zweier-Interaktionen. Für den Augenblick mag ein Beispiel aus der Forschung genügen.

In einem Experiment sollte die Hypothese geprüft werden, daß, je größer die Anzahl der bedeutsamen Personen sei, die einen Aspekt des Selbst unterstützten, umso mehr dieser Aspekt einer Änderung gegenüber resistent sei.[78] Man bat Studenten, sich in Bezug auf fünfzehn Eigenschaften einzuordnen und zu schätzen, wie fünf für sie wichtige Personen sie einordnen würden. Sodann unterzog man sie verschiedenen Persönlichkeitstests, angeblich, um festzustellen, wie weit sie in der Lage wären, sich selbst zu beurteilen. Bei jedem Teilnehmer wurden zwei Eigenschaften zwecks weiterer Analyse und Bearbeitung ausgewählt. Beide rangierten unter den jeweils fünf Eigenschaften, die die Teilnehmer als für sich am ehesten zutreffend bezeichnet hatten; eine von ihnen stimmte jedoch mit dem Ur-

[78] Backman, Secord, Peirce, 1963

teil der fünf bedeutsamen Personen stark überein, die andere nicht. Die Untersuchungshypothese lautete, daß die Eigenschaft mit dem hohen Konsensus sich einer Änderung gegenüber resistenter verhalten würde als die mit dem geringen Konsensus.

Nach einiger Zeit überreichte man den Studenten einen Bericht, der angeblich auf Grund der Persönlichkeitstests erstellt worden war. Tatsächlich basierte der Bericht jedoch auf den Selbstschätzungen der Teilnehmer. Er bestand aus deskriptiven Aussagen, ähnlich denjenigen, nach denen die Teilnehmer sich damals eingestuft hatten. Die Rangordnung war dieselbe, die der Teilnehmer aufgestellt hatte, nur daß jetzt die beiden ausgewählten Eigenschaften jeweils acht Punkte weniger aufwiesen als ursprünglich.

Nachdem der Teilnehmer den Bericht gelesen und wahrscheinlich die Diskrepanzen bemerkt hatte, bat man ihn erneut um eine Selbsteinschätzung. Dabei wurden die meisten von dem falschen Bericht beeinflußt und verringerten den Rang der beiden Eigenschaften; allerdings war die Verringerung größer bei der Eigenschaft mit geringem Konsens als bei der mit hohem Konsens seitens der fünf wichtigen Personen. Aus der Untersuchung geht also hervor, daß eine Selbst-Definition einem Wandel gegenüber umso resistenter ist, je größer die Anzahl der bedeutsamen anderen Personen ist, von denen man annimmt, sie würden einen so sehen, wie man sich selbst sieht.

Eine andere Studie mit Schülern eines Gymnasiums, bei der der tatsächliche und der wahrgenommene Konsensus gemessen wurde, fand einen ähnlichen Zusammenhang zwischen bestehender und wahrgenommener Kongruenz und einem Widerstand gegenüber einem Wandel.[79] Zwei Feldstudien, bei denen langfristige Änderungen mit Kongruenz korreliert wurden, stützen die obigen Schlußfolgerungen ebenfalls.[80]

K o n t i n u i t ä t i n d e r U m w e l t   Viele Faktoren tragen zur Stabilisierung der interpersonellen Umwelt bei. Da sind zunächst die Prozesse, die zu subinstitutionellen Regeln führen. Die Zugehörigkeit zu einer Gruppe und die Besetzung bestimmter Positionen innerhalb der Affekt-, Status-, Macht- und Führerstruktur derselben sorgen dafür, daß die anderen Mitglieder einen in einer geregelten Art und Weise behandeln. Verhaltensweisen des einzelnen oder anderer, die seiner Position nicht entsprechen, werden von den anderen Gruppenmitgliedern mit Sanktionen belegt. Zweitens stabilisiert auch die institutionelle Struktur, wie sie sich im System kulturell geformter Rollenerwartungen reflektiert, von denen die Interak-

---

[79] Mc Connell, 1966

[80] Bohnstedt, 1970; Doherty u. Secord, 1971

tion geleitet wird, das persönliche Verhalten eines Individuums und das seiner Partner in der Interaktion. Hinsichtlich dieser zweiten Quelle wird jemand von anderen gesehen und sieht sich auf eine Weise, die von den verschiedenen von ihm besetzten Rollenkategorien bestimmt wird. Individuen lernen nicht nur die Verhaltenserwartungen, die mit einer bestimmten Position oder Rollenkategorie verknüpft sind, sondern auch die Persönlichkeitseigenschaften, die dazu gehören. Indem sie bestimmte Positionen innehaben, werden sie von anderen in konsistenter Weise definiert, und infolgedessen definieren sie sich entsprechend den Charaktereigenschaften, die mit der Rollenkategorie verbunden sind. Vielleicht sind die Alter-Geschlechtsrollen die augenfälligsten Beispiele. Die verschiedensten Persönlichkeitseigenschaften, die für Männlichkeit oder Weiblichkeit typisch sind, werden erlernt und beibehalten, da übereinstimmend definiert wird, Männer bzw. Frauen würden sie besitzen.

Die bisherige Diskussion der Möglichkeiten, wie der einzelne zur Stabilisierung seiner interpersonellen Umwelt beiträgt, umfaßte auch die Annahme, daß er den Gruppen beitritt und an den sozialen Systemen teilnimmt, bei denen eine große Wahrscheinlichkeit besteht, daß es zu kongruenten Beziehungen kommt. Sobald er solchen Gruppen beigetreten ist, wird seine Teilnahme an kongruenten Beziehungen zum Teil durch die Bedingungen und Prozesse bestimmt, die die Gruppe beherrschen. Jeder ist für längere Perioden seines Lebens von denselben Individuen umgeben, u. a. von Familienangehörige, Spielkameraden und Freunden. Selbst wenn die jeweiligen Personen wechseln - die neuen Gefährten, die an die Stelle der alten treten, haben mit diesen auf Grund der formenden Kräfte der Sozialstruktur gewisse Ähnlichkeiten gemeinsam (jemand gehört einer bestimmten sozioökonomischen Klasse an, übt einen bestimmten Beruf aus etc.).

Wir haben darauf hingewiesen, daß das Individuum nicht das passive Produkt sozialer Kräfte, sondern ein aktiv Handelnder ist, der seine interpersonelle Umgebung schafft, erhält, und sie gegebenenfalls auch drastisch ändert. Unter bestimmten Umständen jedoch ist es ihm vielleicht gar nicht möglich, gewisse Identitäten zu vermeiden. Wir haben das in der Diskussion über das Etikettieren abweichenden Verhaltens in Kap. 14 verdeutlicht. Etikette für abweichendes Verhalten wie "Dieb", "Homosexueller", "Rauschgiftsüchtiger" und "Psychopath" üben einen übermächtigen Druck auf Selbstdefinitionen und die Definitionen anderer aus. Die Arbeiten von Goffman, Becker, Lofland und anderer liefern einige Anhaltspunkte, warum das so ist.[81]

---

[81] Gofman, 1963; Becker, 1963; Lofland, 1969

Erstens dominieren diese Kategorien der Abweichung als *Leitstatus* die Eigenschaften, die andere einer Person zuschreiben, indem sie andere Eigenschaften mit dem minderwertigen Charakter des abweichenden Status zur Deckung bringen. Sobald jemand als Dieb oder Drogensüchtiger bekannt ist, werden ihm andere sozial unerwünschte Eigenschaften angedichtet und man vermeidet, ihn in positivem Licht zu sehen, etwa als guter Vater, als hilfsbereiter Freund etc. Viele seiner Verhaltensweisen, die man günstig oder wenigstens neutral beurteilen könnte, werden nunmehr auf eine seine Devianz bestätigende Weise wahrgenommen. Der Nervenkranke, der versucht, durch Tagträume der Eintönigkeit der Krankenhausroutine zu entrinnen, wird vielleicht als zurückgezogen und kontaktscheu bezeichnet. Selbst vergangene Verhaltensweisen, die man damals als völlig normal betrachtet hatte, können im Lichte des abweichenden Status neu interpretiert werden. Das Herabstürzen von einem Baum, eine frühe Kinderkrankheit oder irgendeine harmlose Eskapade können als frühe Ursachen oder Anzeichen einer Abweichung angesehen werden. Die in westlichen Gesellschaften allerorten anzutreffende Vorstellung, jemand mit abweichendem Verhalten sei krank, verdeutlicht diesen Punkt etwas mehr.

Seine augenblicklichen oder zukünftigen Verhaltensweisen bringen ferner wohl kaum eine gänzlich neue Definition der Eigenschaften und Verhaltensweisen des Außenseiters zuwege. Selbst dann, wenn er behandelt und als geheilt oder rehabilitiert erklärt worden ist, hat er noch nicht den Status eines Normalen erreicht. Sein Außenseiter-Etikett bleibt; er ist ein ehemaliger Verbrecher, ehemaliger Fixer oder ehemaliger Nervenkranker. Da das Ausmaß des Konsensus unter den signifikanten anderen als bedeutender Faktor zur Sicherung von Stabilität angesehen werden muß, hat es auf die Identität des Außenseiters einen ungeheuren Einfluß, wenn er von fast allen als deviant bezeichnet wird. Für ihn selbst ist es dann schwer, sich anders zu definieren.

Ein Konsensus wird auch durch bestimmte Bedingungen innerhalb totalitärer Institutionen begünstigt, in denen viele abweichende Personen eingeschlossen sind oder behandelt werden. Die umfassende Beobachtung, die Tätigkeit der Berichterstattung und regelmäßige Konferenzen über die einzelnen Fälle, wodurch unter dem Personal Informationen über die Patienten ausgetauscht werden, liefern ein ausgezeichnetes Beispiel. Ferner erfolgen die Zuordnungen zu abweichendem Verhalten oft durch andere Informationen, die als im höchsten Maße glaubwürdig angesehen werden. In wesentlichen Gesellschaften haben sich Spezialisten herausgebildet, von denen weitgehend angenommen wird, sie hätten die berufliche Fähigkeiten und das nötige Wissen, um wissenschaftlich gesicherte Diagnosen auf diesem Gebiet stellen zu können. Dem Nervenkranken, der behauptet, er sei

- im Gegensatz zu seiner Diagnose - genau so gesund wie der Psychiater, wird wohl kaum jemand Glauben schenken. So wird das Verhalten und die Definition von anderen höchst wirksam von dem Außenseiter-Etikett geformt, das man dem Individuum anheftet. Die hohe Rückfallquote ehemaliger Strafgefangener läßt sich zweifellos zum Teil durch die Tatsache erklären, daß - einmal als Verbrecher abgestempelt - es schwer ist, eine angemessene Arbeit zu finden. Oft gehen sie deshalb wieder ihren alten kriminellen Aktivitäten nach. Die verschiedenen Prozesse, die zu einer Stabilisierung des individuellen Verhaltens beitragen, sind in einer Zeichnung dargestellt (Abb. 17.1). Von links nach rechts sind die einzelnen Beiträge der Sozialstruktur angeführt: 1. Sie bestimmt die Häufigkeiten der Interaktion zwischen einer Person S und verschiedenen anderen Personen; 2. sie plaziert S in unterschiedliche Rollenkategorien und 3. sie beeinflußt die Verhaltensweisen anderer Personen gegenüber S sowie seine Verhaltensweisen ihnen gegenüber.

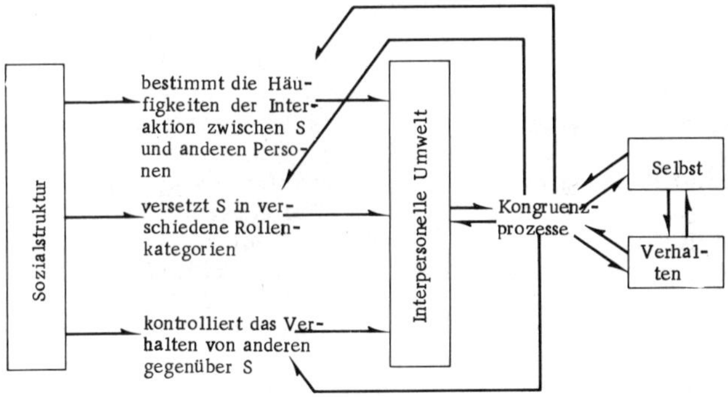

Abb. 17.1 Die Beziehungen zwischen Sozialstruktur, interpersoneller Umwelt, Selbst und Verhalten

Umgekehrt dient jeder Prozeß zum Aufbau einer bestimmten interpersonellen Umwelt, innerhalb derer S sich bewegt. In der Interaktion mit dieser Umwelt ist S bemüht, Beziehungen einzugehen, die mit seinem Selbst und seinem Verhalten übereinstimmen. Die verschiedenen Kongruenz-Prozesse, die wir zuvor schon erörtert haben, werden zu diesem Zweck von S benutzt. Es ist jedoch zu bemerken, daß diese Prozesse ihrerseits auf die interpersonelle Umwelt einwirken. In gewissem Maße ist S in der Lage, die Häufigkeit zu bestimmen, mit der er mit verschiedenen anderen interagiert, die Rollenkategorien, die er besetzt, die Art und Weise, wie er diese Rollen ausfüllt sowie das Verhalten, das andere ihm gegenüber an den Tag legen; so formt er in begrenztem Umfang seine interpersonelle Umwelt.

Zusammenfassung: Stabilität des Selbst und des Verhaltens

Weite Bereiche des Verhaltens sind konsistent, weil der einzelne auf situationsspezifische Faktoren so reagiert, daß der besondere Charakter seines Verhaltens beibehalten wird. Diese Handlungsweise haben wir in den Begriffen der interpersonellen Kongruenz-Theorie erörtert, bei der die Untersuchungseinheit aus drei Komponenten besteht: einem Aspekt des Selbst von P, seiner Interpretation des Verhaltens, das für diesen Aspekt von Bedeutung ist sowie von seinen Vorstellungen darüber, wie eine andere Person O sich ihm gegenüber hinsichtlich dieses Aspektes verhält und fühlt. Jeder versucht, zwischen diesen drei Komponenten einen Zustand der Kongruenz aufrechtzuerhalten. Kongruenz besteht dann, wenn die Verhaltensweisen von P und O Definitionen des Selbst implizieren, die sich mit relevanten Aspekten seines Selbstkonzeptes zur Deckung bringen lassen. Bei Kongruenz durch Implikation kann P registrieren, daß O an ihm eine bestimmte Eigenschaft wahrnimmt, die einem Aspekt seines Selbstkonzeptes entspricht. Bei Kongruenz durch Validierung erlauben oder fordern das Verhalten oder andere Eigenschaften von O ein Verhalten seitens P, durch das eine Komponente des Selbst bestätigt wird. Bei Kongruenz durch Vergleich lassen das Verhalten oder Eigenschaften von O durch einen Vergleich vermuten, daß P eine bestimmte Komponente des Selbst besitzt. Es kann auch zu affektiver Kongruenz kommen, so wenn P sich selbst gegenüber dieselben Empfindungen hat wie O ihm gegenüber.

Auf seiten des einzelnen gibt es eine Reihe von Aktivitäten, die zu einer Stabilität des Selbst beitragen, indem sie für ihn eine interpersonelle Umwelt schaffen, die wahrscheinlich mit seinem Selbstkonzept und seinem Verhalten übereinstimmt. Dazu gehört: 1. eine Fehlwahrnehmung der Einstellungen, Eigenschaften oder Verhaltensweisen anderer Personen oder die Fehlinterpretation des eigenen Verhaltens; 2. ein selektives Interagieren mit Personen, die kongruente Einstellungen haben oder sich ihm gegenüber übereinstimmend verhalten; 3. die positive Bewertung von Personen, die kongruente Einstellungen oder Verhaltensweisen ihm gegenüber haben; 4. eine besonders hohe Bewertung derjenigen Aspekte des Selbst, die er mit den Einstellungen und Verhaltensweisen anderer als kongruent wahrnimmt; 5. das Hervorrufen kongruenter Reaktionen anderer, indem man sich auf vorteilhafte Weise darstellt oder den anderen in eine kongruente Rolle drängt und 6. die Aufrechterhaltung einer affektiv-kognitiven Kongruenz im Selbst.

Sowohl institutionelle wie subinstitutionelle Kräfte tragen zur Stabilität des Selbstkonzepts und des Verhaltens des einzelnen bei, sowie dazu, den Personenkreis, die Eigenschaften und Verhaltensweisen der anderen in seiner interpersonellen Umwelt konstant zu halten. Diese Stabilität ist besonders hoch, wenn zwischen signifikanten anderen ein Konsensus besteht, vor allem über denjenigen Status, der auf die Wahrnehmungen und Eigenschaften von anderen sowie von der betroffenen Person selbst einen äußerst formierenden Einfluß ausübt.

ÄNDERUNGEN DES SELBST UND DES INDIVIDUELLEN VERHALTENS

Die Sozialstruktur ist nicht nur eine Quelle der Stabilität; unter bestimmten Bedingungen induziert sie auch Wandlungen in der interpersonellen Umwelt. Während eine Person sich innerhalb der Sozialstruktur bewegt, vollziehen sich systematische Änderungen in der Art und Weise, wie sie eingeordnet wird und wie andere Personen sich ihr gegenüber verhalten. Bestimmte Eigenschaften der Sozialstruktur führen auch Änderungen im Personenkreis ihrer Umgebung herbei. Außerdem können zahlreiche zufällige Ereignisse Änderungen bewirken. Um die Wandlungen zu verdeutlichen, die auf Grund der Sozialstruktur erfolgen, werden wir im folgenden die Positionsänderungen näher betrachten, die mit zunehmendem Alter sowie mit beruflicher Sozialisation verbunden sind.

Änderungen im Lebenszyklus

Jede Gesellschaft hält für ihre Mitglieder verschiedene Rollenkategorien bereit, die sie auf verschiedenen Stufen ihres Lebens einnehmen. Jeder Mann wird also die Kategorien Kleinkind, kleiner Junge, großer Junge, Heranwachsender, junger Mann in den besten Jahren und älterer Mann einnehmen. Darüber hinaus hat jeder einen bestimmten Platz innerhalb der Familie, abhängig von deren Struktur und Zusammensetzung. Er wird eine bestimmte Stelle in der Geschwisterreihe einnehmen als Jüngster, Ältester oder Mittlerer. Er hat vielleicht keine, ein oder mehrere Geschwister. Zu Familienaktivitäten können häufige oder seltene Kontakte mit anderen Verwandten wie Großeltern, Onkeln, Tanten und Vettern gehören.

Außerhalb der Familie wird der Mann in seinen "Peer-groups" bestimmte Rollen einnehmen. Er tritt vielleicht später in den Militärdienst ein und heiratet normalerweise, wodurch er die Rollen des Ehemannes, Vaters etc. übernimmt. Seine Berufsrollen tragen zu seinem Selbstkonzept bei. Soweit sie nacheinander und diskontinuierlich besetzt werden, so daß ein Rollenwechsel auch Änderungen der Verhaltensweisen bedingt, bewirken sie auch bestimmte Änderungen des Selbst. Cavan liefert eine lebendige Schilderung der Diskontinuität einer Rollenkategorie, die ein Mann bei seiner Pensionierung erfährt, und er zeigt, wie zu diesem Zeitpunkt dem Betreffenden in seinem Leben ein neues und geringer bewertetes Selbstbild auferlegt wird:

> "Zum Zeitpunkt der Pensionierung des Mannes können wir ein verallgemeinertes Bild von ihm zeichnen. Er besitzt ein tief verwurzeltes Selbstbild als jemand, der in bestimmten Bereichen seiner Arbeit kompetent und erfolgreich ist, auf sinnvolle Weise produktiv, der sich selbst ernähren und um seine Familie kümmern kann. Dieses Image ist über Jahre hinweg durch die positiven Reaktionen seiner Familie, Freunde, Mitarbeiter und diejenigen Segmente der Gesellschaft aufgebaut worden, deren Urteil ihm etwas bedeutet. Außerdem hat er eine bestimmte Arbeit gefunden - eine soziale Rolle - die es ihm gestattet, sein Selbstbild befriedigend auszudrücken, und er ist fest in eine äußere Umwelt und eine Gruppe von Mitarbeitern integriert, die es ihm ermöglichen, seine Rolle zu spielen.
>
> Unter Berücksichtigung dieser Gesichtspunkte wollen wir sehen, was geschieht, wenn es zur obligatorischen Pensionierung kommt. Zunächst verschwindet das Mittel, seine soziale Rolle weiter zu spielen: der Rechtsanwalt hat keinen Fall mehr, den er bearbeiten kann, der Buchhalter hat keine Bücher, ein Mechaniker keine Werkzeuge mehr. Sodann ist er von der Gruppe seiner ehemaligen Arbeitskollegen ausgeschlossen; in seiner Isolierung ist er wohl kaum in der Lage, seine ehemalige Rolle durchzuführen. Drittens erfährt er als Pensionierter mit der Zeit eine andere Bewertung seiner selbst als früher, da er noch einer Beschäftigung nachging. In den Augen seiner ehemaligen Untergebenen sieht er nicht mehr den Respekt, nicht mehr das Lob in den Gesichtern der früheren Vorgesetzten und keine Zustimmung in der Haltung seiner vormaligen Kollegen. Der Spiegel, den die für ihn wichtigen Gruppen zuvor gebildet haben, wirft ein verändertes Bild zurück: er ist fertig, ein Oldtimer, ausrangiert und aufs Abstellgleis geschoben."[82]

---

[82] Abdruck mit freundlicher Genehmigung aus: R. S. Cavan, Self and Role in Adjustment During Old Age, in: A. M. Rose (Hrsg.), Human Behavior and Social Processes: An Interactionist Approach, Boston, 1962, S. 80

Verschiedene Untersuchungen über berufliche Sozialisation belegen die formierenden Einflüsse auf das Selbstkonzept, während der einzelne sich innerhalb der Sozialstruktur bewegt. Man hat diese Einflüsse verfolgt, indem man die Häufigkeit und die Rangordnungen verglich, mit denen angehende Krankenschwestern in verschiedenen Stadien ihrer Berufsausbildung sich durch einen Bezug auf ihren Beruf definierten.[83] In einem Test mit zwanzig Statements bezeichneten sich am Ende des ersten Ausbildungsjahres nur ein Drittel der Schülerinnen in den drei ersten Statements als Krankenschwestern, am Ende des zweiten Jahres waren es bereits mehr als 70 Prozent. Das zeigt, wie das Bild der "Krankenschwester" in das Selbst integriert wird.

Bei Medizinstudenten ist ein ähnlicher Trend festgestellt worden.[84] 31 Prozent der Studenten im ersten Studienjahr berichteten, daß sie sich im Umgang mit Patienten eher als Arzt als Student empfanden. Am Ende des vierten Studienjahres stieg diese Zahl auf 85 Prozent an. Ob sich die Studenten in erster Linie als Arzt sahen oder nicht, hing auch von ihren jeweiligen Rollenpartnern ab. Hatten sie es mit Kommilitonen zu tun, mit Mitgliedern der Fakultät oder Krankenschwestern, so war der Anteil derer, die sich als Arzt sahen, geringer, als wenn die Interaktion mit Patienten stattfand.

Dieses Ergebnis stimmt mit der Theorie überein, wonach die Erwartungen der Rollenpartner entscheidend dafür verantwortlich sind, wie der Rollenträger seine Rolle sieht. Eine größere Anzahl von Studenten sieht sich als Arzt, wenn sie mit Patienten zu tun haben, von denen sie wahrscheinlich eher als von anderen Rollenpartnern als Ärzte wahrgenommen werden. Ein anderes Ergebnis spricht ebenfalls für unsere Annahme: 39 Prozent der 117 Studenten im ersten Studienjahr, die glaubten, die Patienten sähen sie als Ärzte an, definierten sich auch selbst so, während nur 6 Prozent der 35 Studenten, die der Ansicht waren, die Patienten würden in ihnen Medizinstudenten sehen, sich selbst als Arzt bezeichneten.

Schließlich könnte man erwarten, daß diese Studenten von sich als Arzt ein ziemlich instabiles Selbstbild haben, da zwischen ihren Rollenpartnern so wenig Übereinstimmung besteht. Voraussichtlich wird diese Berufsrolle zu einem stabilen Teil des Selbstbildes des Studenten, sobald er graduiert ist und seine Partner ihn tatsächlich als Arzt wahrnehmen und er auch annimmt, daß sie dies tun. Wenn die mit einer Rollenkategorie verbundenen Signale klar und eindeutig sind, ist zu erwarten, daß sich schließlich ein Konsensus herstellt und die Rollenerwartungen am Ende mit dem Selbst verbunden werden. Sind die Signale hingegen

---

[83] Kuhn, 1960

[84] Huntington, 1957

undeutlich und mehrdeutig, wie bei der Durchgangsphase des Medizinstudiums, so ist eine Übereinstimmung zwischen den Rollenpartnern und eine daraus folgende Stabilität des Selbstkonzeptes weniger zu erwarten.

Um sich selbst auf neue Weise wahrzunehmen, muß man sich nicht nur einen neuen Selbstbezug geben. Man lernt außerdem, sich innerhalb des Bereiches von physischen, sozialen und Persönlichkeitseigenschaften zu sehen, die für die Träger der gleichen Rolle charakteristisch sind, selbst wenn diese Eigenschaften mit der Rollenausführung nicht direkt zu tun haben. Neuere Studien, aus denen Unterschiede in den Selbstdarstellungen verschiedener Berufsgruppen hervorgehen, liefern zu diesem Punkt reiches Material.[85] In der Regel zeigen diese Untersuchungen über berufliche Sozialisation eine graduelle Verschiebung der Persönlichkeitseigenschaften in Richtung auf das angemessene Berufsimage, solange der Neuling den Ausbildungsprozeß durchläuft.

Die Besetzung einer neuen Position innerhalb der Sozialstruktur kann auch zu radikalen Veränderungen des eigenen Personenkreises in der Umgebung führen. Neue Personen werden bedeutsam, alte Gefährten verschwinden oder verlieren an Bedeutung. Jemand, der in eine neue Stellung eingeführt wird oder der in einer fremden Gemeinde eine neue Position einnimmt, ist plötzlich von neuen Personen umgeben. In dem Maße, in dem diese ihn in ungewohnter Weise definieren, und in dem Umfang, in dem diese Einflüsse nicht durch die verschiedenen Maßnahmen der Erhaltung von Kongruenz neutralisiert werden, ist das Selbst und das Verhalten starken Kräften in Richtung einer Änderung ausgesetzt.

Wandel von Gruppenstrukturen

Diese Abhandlung über die Einflüsse der Sozialstruktur hat die Änderungen hervorgehoben, die mit den Übergängen in der Institutionen-Struktur verbunden sind. Darüber hinaus müssen Veränderungen subinstitutionellen Charakters berücksichtigt werden. Ein abrupter Wechsel in der Gruppenposition bezüglich Status, Macht oder der Führungsstruktur kann das Selbstkonzept des einzelnen, sein Verhalten, die Verhaltensweisen und die Funktion der anderen verändern. Die Transformationen, die plötzliche Statuserhöhungen oder Machterweiterungen begleiten, werden immer wieder gesprächsweise erwähnt. Solche Kommentare beginnen oft mit dem Satz: "Ich kannte ihn schon, als er noch ... ", womit gesagt werden soll, daß die betreffende Person früher eine ganz andere war.

---

85 Scanlon, Hunter, Sun, 1961

Veränderungen in den affektiven Beziehungen zu anderen Personen, von denen das Entstehen einer neuen und engen Freundschaft, eine Liebesbeziehung oder die Entwicklung einer Beziehung zu einem Therapeuten begleitet sind, bringen oft noch andere drastische Veränderungen mit sich. Diese können sich auf affektive, kognitive oder beide Komponenten beziehen. Ändert sich eine Komponente, so wird die andere wahrscheinlich so modifiziert, daß die affektiv-kognitive Konsistenz erhalten bleibt. Kognitive Veränderungen des Selbst, die nach einer bestimmten Zeit der Psychotherapie auftreten, liefern ein Beispiel dafür.[86] Eine Psychotherapie ist eine sehr intensive emotionale Erfahrung, und in der Einzeltherapie, wo kognitive Änderungen eindeutig festgestellt worden sind, verhält sich der Therapeut warm und akzeptierend zum Patienten. Die Haltung des Therapeuten kann den Patienten nach und nach dazu führen, den Umfang an positiven Affekten sich selbst gegenüber zu erweitern, was wiederum ein Auslöser dafür ist, mehr positive Selbst-Wahrnehmungen anzunehmen und so eine Konsistenz zu erreichen.

Die äußerst wirksamen Einflüsse von Konsensus und Glaubwürdigkeit auf die Entwicklung des Selbstkonzepts eines Außenseiters sind schon besprochen worden. Lofland hat die Aufmerksamkeit auf die Wichtigkeit von Personen gelenkt, die auf Anzeichen abweichenden Verhaltens nicht in der konventionellen Weise reagieren.[87] Im Gegensatz zum Durchschnittsmenschen sehen sie in jedem nur das Gute. Sind sie religiös, so betonen sie, daß alle Sünder seien und erlöst werden könnten. Diese Personen, die er "Normal-Smith" nennt, spielen oft eine entscheidende Rolle, wenn andere wieder in den normalen Status überführt werden sollen, indem sie den circulus vitiosus durchbrechen, der sonst die abweichende Identität festigt. Häufig aus dem Grunde, weil sie früher selbst abweichendes Verhalten zeigten, rehabilitierte Alkoholiker, Drogensüchtige oder Straffällige sind, enthalten ihre Definitionen und Beispiele eine zusätzliche Glaubwürdigkeit. Ihre beachtliche Möglichkeit, einen verändernden Einfluß auszuüben, kann noch gesteigert werden, wenn sie sich zu Gruppen organisieren wie die Anonymen Alkoholiker oder Synanon (eine Organisation ehemaliger Rauschgiftsüchtiger, deren Funktion in Kap. 3 beschrieben wurde). In gewissem Sinne sind auch Psychotherapeuten Normal-Smiths, da sie daran glauben, daß der Patient sich ändern kann.

Oft werden die am stärksten bedeutsamen anderen zur Quelle und Unterstützung von Elementen des Ideal-Ich, die ihrerseits einen Druck zur Änderung der Selbstauffassung und der Rollenidentitäten ausüben. Durch diese Formen des Druckes kann man das Individuum so auffassen, als ob es aktiv neue Dimensionen des Selbst schafft.

---

[86] Rogers u. Dymond, 1954

[87] Lofland, 1969

Sobald sich in einem interpersonellen System eine Komponente ändert, werden sich auch andere Komponenten ändern, und zwar in Richtung auf eine Kongruenz. Das kann anhand einer Reihe von Untersuchungsergebnissen illustriert werden. In einem Experiment wurde vorübergehend die Selbstachtung einer Gruppe von Teilnehmern verringert.[88] Im Vergleich mit einer anderen Gruppe, deren Selbstachtung unverändert geblieben war, versuchte diese in stärkerem Maße, bei einer darauffolgenden Prüfung zu mogeln. Das taten sie wahrscheinlich deshalb, weil Mogeln mit ihrer verringerten Selbsteinschätzung nicht mehr inkongruent war. Die Ergebnisse einer anderen Studie geben Bedingungen an, unter denen es, der Kongruenz-Theorie entsprechend, zu einer Verhaltensstabilität kommt, und sie verdeutlichen die Tendenz zur Übereinstimmung zwischen dem Selbstkonzept und der Leistung beim Lösen einer Aufgabe.[89] Teilnehmer mit geringer Selbstachtung, die sich dieser auch sicher waren und denen man gesagt hatte, es sei ihr persönliches Verdienst, daß sie eine Anzahl vorangegangener Aufgaben richtig gelöst hätten, waren unfähig, sich als Reaktion auf dieses Feedback zu verbessern. Andere, die sich entweder über ihre geringe Selbsteinschätzung nicht sicher waren oder denen man gesagt hatte, ihre richtigen Lösungen seien eher dem Zufall zuzuschreiben, verbesserten sich entsprechend des von ihnen wahrgenommenen Erfolgs. Dies stimmt mit einer etwas indirekten These überein, daß die Auffassung, die jemand von seinen Fähigkeiten hat, zu entsprechenden Veränderungen in seinen Leistungen führen kann.

Die Art und Weise, wie die Ansichten anderer Personen zu einer sich selbst erfüllenden Prophezeiung führen können, ist dadurch gezeigt worden, daß man den Einfluß der Erwartungshaltung des Lehrers auf die Leistungen der Schüler nachgewiesen hat.[89] Wenngleich die Methoden dieser Studien umstritten sind, wird der Kern der Aussage doch nicht angetastet.[90]

Bei dieser Studie führte man in 18 Schulklassen einen nicht-verbalen Intelligenztest durch, und zwar bei Schülern vom ersten bis sechsten Schuljahr, und man erklärte den Lehrern, mit diesen Testergebnissen ließen sich die schulischen Leistungen für das kommende Jahr vorhersagen. In einer Zufallsauswahl wurden die Namen von 20 Prozent der Kinder gezogen, von denen man den Lehrern sagte, sie würden wahrscheinlich gute Leistungen erzielen. Etwa acht Monate später stellte sich heraus, daß diese Kinder größere Fortschritte gemacht hatten als die anderen, die man dem Lehrer nicht genannt hatte, und zwar vor allem in den unteren Klassen. Eine sinnvolle Erklärung ist, daß die Erwartungen der Lehrer hinsichtlich ihnen bezeichneter Kinder deren Selbstkonzepte so formten, daß sie Leistungen erbrachten, die damit kongruent waren.

---

88 Aronson u. Mettee, 1968

89 Maracek u. Mettee, 1972

90 Rosenthal u. Jacobsen, 1968; Barber u. Silver, 1968; Rosenthal, 1968

Während bei diesen Kindern das Selbstkonzept in keiner Weise gemessen wurde, unterstützen jedoch die Arbeiten von Brookover und Mitarbeitern sowie bereits früher beschriebene Untersuchungen diese Interpretation.[91] In einer an mehr als 500 Kindern durchgeführten Untersuchung, die sich über die Zeit von ihrem siebten bis zum zwölften Schuljahr erstreckte, ergab sich, daß die Selbsteinschätzung der Schüler bezüglich ihrer Fähigkeiten in der Mitte lag zwischen den Definitionen bedeutsamer anderer (vor allem der Eltern, weniger ausgeprägt der Altersgenossen) und den schulischen Leistungen.

Zusammenfassung: Änderungen im Selbst und im Verhalten

Während der einzelne die Sozialstruktur durchläuft, vollziehen sich systematische Änderungen in der Weise, wie er eingeordnet wird und wie andere sich ihm gegenüber verhalten. Bestimmte Eigenschaften der Sozialstruktur führen ebenfalls zu Veränderungen im Personenkreis seiner Umgebung. Ferner können zufällige Ereignisse Änderungen bewirken. Jede Gesellschaft hält für den einzelnen eine Reihe von Rollenkategorien bereit, die er auf verschiedenen Stufen seines Lebens einnehmen wird. Darüber hinaus begegnet der einzelne, sobald er eine neue Rollenkategorie eingenommen hat, einem ganz neuen Personenkreis, der ihn anders behandelt als seine frühere Umgebung. Die sich selbst erfüllende Prophezeiung illustriert die Macht, die die Erwartungen anderer haben, das Verhalten des einzelnen in eine neue Richtung zu formen. Wenn irgendein Ereignis die bedeutsamen anderen dazu befähigt, einer Person die Richtung vorherzusagen, die ihr Leben nehmen wird, können sie diese Änderungen selbst herbeiführen, indem sie sich ihr gegenüber anders verhalten.

Zu Änderungen innerhalb der Gruppenstruktur kommt es auch, wenn ein Individuum in der Gruppe eine neue Position übernimmt. Neue Freundschaften und Liebesbeziehungen bewirken beim einzelnen manchmal entscheidende Änderungen, die sich in seinem Leben nach allen Richtungen hin auswirken. Manchmal führt eine Veränderung in einer affektiven Komponente des Selbst zu vergleichbaren kognitiven Änderungen, um zwischen diesen beiden Aspekten des Selbst eine Konsistenz zu erhalten. Oft kann auch ein zufälliges Ereignis eine intensive Streuwirkung haben. Eine abweichende Handlung kann den einzelnen in eine neue Außenseiterkategorie katapultieren, in der er von anderen systematisch als abweichend etikettiert wird und aus der er nur unter großen Schwierigkeiten wieder in seinen früheren normalen Status zurückkehren kann. Tatsächlich können ihn systematische Etikettierungen unter Umständen nur noch fester in seiner Außenseiterkategorie gefangen halten.

---

[91] Brookover u. a., 1967

GLOSSAR

Abhängigkeit (dependency). Eine Determinante sozialer Macht, und zwar infolge des Bedürfnisses eines Individuums nach den Mitteln, die eine andere Person besitzt.

Abschwächungsversuch (deintensification). Ein Versuch, die Stärke einer Emotion herunterzuspielen. Beispiel: Eine ängstliche Person, die versucht, weniger ängstlich zu erscheinen.

ABX-Theorie der interpersonalen Attraktion (ABX theory of attraction). Eine Erklärung für die Entstehung von Sympathie. Sie stammt von Theodore Newcomb und beruht auf den Beziehungen zwischen den Personen A und B und einem gemeinsamen Einstellungsobjekt X (X kann auch eine andere Person sein).

Affektausdruck (affect display). Eine Gruppe von Bewegungen, in denen Gefühle oder Emotionen durch den Gesichtsausdruck übertragen werden.

Affektive Kongruenz (affective congruency). Ein Zustand der Konsistenz zwischen dem, was ein Akteur von einem Element seines Selbstkonzepts hält, dem damit in Zusammenhang stehenden Verhalten und dem, was andere Personen von diesen Systemkomponenten halten.

Affektives System (affectional system). Eine Reihe strukturierter Verhaltensweisen, durch die sich die Sympathie zweier Organismen zeigt.

Affektstruktur (affect structure). Die Struktur der gegenseitigen Anziehung und des gegenseitigen Abstoßens einer Gruppe von Individuen.

Aggression (agression). Eine Handlung mit der Intention, jemanden entweder körperlich oder geistig zu verletzen oder ihm zu schaden.

Akteur (actor). (Siehe Rollen-Spieler).

Akzeptierungsbereich (latitude of acceptance). Der Bereich, in dem Einstellungspositionen liegen, die von denen des Individuums nach beiden Seiten abweichen, aber trotzdem noch von ihm akzeptiert oder günstig bewertet werden. (vgl. auch: Spannweite der Ablehnung).

"Altercasting" (etwa: in eine Rolle hineindrängen). Ein Prozeß, durch den eine andere Person (ein "alter") in eine Identität oder Rolle versetzt wird, die von ihr ein Verhalten abverlangt, welches für den Manipulator vorteilhaft ist.

Altruistische Norm (norm of altruism). Die von vielen geteilte Vorstellung, daß ein Mensch in Not das Anrecht auf Hilfe hat. (Vgl. dazu die Norm der sozialen Verantwortung).

Angst (anxiety). Ein innerer Zustand der Besorgnis oder Antizipation, bestraft zu werden.

Anomie (anomie). Eine gesellschaftliche Bedingung, in der der Gebrauch normativ gutgeheißener Mittel nicht für alle oder einen Teil der Bevölkerung zum Erreichen kulturell geschätzter Werte führt. Dadurch kommt es zur Entstehung von sozialem Druck, der zur Verletzung der Norm und zu sozialem Wandel führt. Dieser Zustand wird auf individueller Ebene als eine Bedingung erlebt, die Entfremdung genannt wird.

Anpassung des Verhaltens (commitment). Ein Prozeß, in dem der Akteur an normativen Verhaltensweisen festhält, weil Nonkonformität eine Abspaltung zur Folge hätte und dies das Erreichen seiner Ziele und Werte stören würde.

Anschmeichelungstaktiken (ingratiation tactics). Eine Reihe von Verhaltensweisen, die das Ziel haben, die Unterstützung und den Beifall anderer zu bekommen. Zu solchen Taktiken gehören: Komplimente machen, sich liebenswürdig verhalten und mit jemandem übereinstimmen oder mit der Meinung eines anderen sich konform erklären.

Anziehungskraft (Attraktivität) eines Ich-Ideals (attraction to an ego ideal). Eine Form der Bedürfniskomplementarität: Ein Individuum fühlt sich von einer anderen Person angezogen, die Eigenschaften besitzt, welche das Individuum einmal selbst erstrebt hat, aber niemals entwickelt hat, und die ihm deutlich fehlen.

Assimilationseffekt (assimilation effect). Es wird die Einstellung eines Kommunikators, dessen Position der der wahrnehmenden Person relativ ähnlich ist, als ähnlicher wahrgenommen, als sie ist.

Aufbau alternativer Beziehungen (forming alternative relations). Der Aufbau einer befriedigenden Beziehung mit einer anderen Person als P. Dadurch wird die Abhängigkeit von P reduziert, und eine Änderung in Richtung stärkerer Gleichheit der relativen sozialen Macht von P und O tritt ein.

Aufgaben-Führer (task leader). Ein Individuum, das Ideen liefert und die Gruppe zur Lösung hinführt.

Ausbalancierter Zustand (balanced state). Nach der Balance-Theorie eine Bedingung, in der alle Elemente miteinander übereinstimmen (gewöhnlich in bezug auf ihren positiven oder negativen Wert).

Austauschtheorie (exchange theory). Eine Reihe von Hypothesen, die sich auf menschliche Interaktion beziehen. Sie behandeln diese auf der Ebene von befriedigenden Erträgen, die sie erhalten, indem sie die Konsequenzen dieser Erträge für die Beibehaltung oder Änderung der Interaktion angeben.

Autokinetischer Effekt (autokinetic effect). Das Phänomen, daß ein ruhender Lichtpunkt, welcher mehrmals kurz nacheinander in einem dunklen Raum gezeigt wird, sich zu bewegen scheint.

Autoritäre Persönlichkeit (authoritarian personality). Ein Eigenschaftsmuster, das in bedeutsamer Beziehung zu Vorteilen steht. Eine solche Persönlichkeit hat unerkannte Feindseligkeitsgefühle gegenüber Autoritätspersonen und starke Verdrängungsmechanismen zur Kontrolle der eigenen Impulse, ist in der Interaktion mit anderen rigide und achtet in der Beziehung zu anderen besonders auf Macht, Status und Dominanz.

Balance-Theorie (balance theory). Eine Reihe von Hypothesen, durch die die Kombinationen von positiven und negativen Elementen beschrieben werden, die sich in einem Zustand der Balance (des Gleichgewichts) oder Imbalance (des Ungleichgewichts) befinden.

Bedürfnis zu pflegen (need for nurturance). Ein innerer Drang, Hilfe zu leisten und andere zu unterstützen.

Behauptung der Machtposition (power assertion). Eine Erziehungsmethode, bei der die Eltern das Kind auf Grund ihrer Macht bestrafen: entweder körperlich oder, indem sie ihm etwas vorenthalten.

Behaviorismus (behaviorism). Ein Ansatz in der Psychologie, der auf die Beobachtung und Manipulation von offenem Verhalten unter Laborbedingungen Wert legt und auf die Beschränkung der Begriffe und der Theorie auf das, was bei einem solchen Vorgehen erschlossen werden kann.

Bekräftigung (auch: Verstärkung) reinforcement). Im radikalen Behaviorismus jede Handlung der Umgebung, die die Reaktion verändert (Veränderung der Auftretenswahrscheinlichkeit).

Belohnung (reward). In der Austauschtheorie jegliche Aktivität eines Individuums, die zur Befriedigung der Bedürfnisse einer anderen Person beiträgt.

Beschreibende Qualität (descriptiveness). Der Grad, in dem eine Aussage Informationen über die betreffende Person als Individuum enthält.

Bewertende Komponente (evaluative component). Eine der beiden Teile einer Einstellung, die sich auf den positiven oder negativen Charakter der Orientierung eines Menschen gegenüber einem Aspekt seiner Welt bezieht. (Vgl. Meinungskomponente).

Bezugsgruppe (reference group). Eine Gruppe, die man als Maßstab für die Selbstbewertung und für die Bildung von Einstellungen benutzt.

Bezugspersonenmacht (referent power). Der Einfluß, den jemand über eine andere Person hat, die ihn als Identifikationsmodell benutzt. Oft wird bei längerem Gebrauch der Macht zur Belohnung diese in die Bezugspersonenmacht transformiert. (Vgl. auch: Macht zur Belohnung).

Bindung (commitment). Bei der interpersonalen Attraktion eine stillschweigende Übereinkunft, einer bestimmten Person die Priorität zu geben und zu ihr eine intime Beziehung aufrechtzuerhalten.

Brainstorming (brainstorming). Ein Prozeß, in dem die Gruppenmitglieder ermutigt werden, alle Ideen, die sie haben, aufzuschreiben, selbst die lächerlichsten, und die Bewertung ihrer Qualität zu vermeiden.

Bumerangeffekt (boomerang effect). Eine Einstellungsänderung auf Seiten des Empfängers einer beeinflussenden Botschaft, jedoch in einer Richtung, die im Gegensatz zu der vom Kommunikator intendierten steht.

Clique (clique). Eine Subgruppe, in der sich viele Mitglieder gegenseitig wählen und von denen nur wenige Personen außerhalb der Clique gewählt werden.

Commitment. (Siehe Engagement)

"Das Gesicht wahren" (facework). Verhalten, das bestimmt ist, einen Verlust des Selbstwertgefühls zu vermeiden oder rückgängig zu machen.

Defensive Schuldzuweisung (defensive attribution). Dem Opfer die Schuld für einen schweren Unfall zuweisen, um dadurch zu vermeiden, daß man auf die Idee kommt, einem selbst hätte dies passieren können. (z.B.: eine verantwortungsbewußte Person hätte nicht einen solchen Unfall gehabt).

Der bedeutsame andere (significant other). Eine Bezeichnung für jemanden, dessen Meinungen besonders wichtig für ein Individuum sind, insbesondere für sein Selbstkonzept.

Desozialisation (desocialisation). Der Prozeß der Entlassung einer Person aus den Rollenkategorien, die sie zuvor besetzt hatte.

Differenzierendes Item (differentiating item). Bei der Beschreibung von Personen ein Wort, ein Satz oder eine Aussage über die Fähigkeiten, Interessen oder Meinungen einer Person.

Differenzierung (differentiation). In der Balancetheorie die Aufspaltung eines Einstellungselements in zwei Teile, einen positiven und einen negativen, um auf diese Weise eine Inkonsistenz aufzulösen, die durch eine beeinflussende Botschaft des Kommunikators geschaffen worden ist. Auf diese Weise bewahrt man die Konsistenz seiner Einstellungen und vermeidet so den Druck, die Einstellung zu verändern.

Diffuses Feedback (confounded feedback). Eine Bedingung, unter der einzelne Gruppenmitglieder nur darüber informiert werden, ob es der Gruppe als Ganzes mißlungen ist, innerhalb eines vorgeschriebenen Limits zu reagieren. (Gegensatz zu direktem Feedback).

Direkte Rückmeldung oder Feedback (direct feedback). Eine Bedingung, unter der jedes Mitglied einer Gruppe informiert wird über seine eigene Leistung, über die der anderen Gruppenmitglieder und über die der Gruppe als Ganzes. (Im Gegensatz zu vermischtem Feedback).

Diskriminativer Reiz (discriminative stimulus). Im Behaviorismus ein spezieller Aspekt einer Situation, der mit einer bestimmten Reaktion verknüpft ist.

Diskriminierung (discrimination). Die ungleiche Behandlung von Individuen, die man als Angehörige einer bestimmten sozialen Gruppe betrachtet.

Disposition (disposition). Die Tendenz eines Menschen, sich in einer großen Vielfalt von Situationen in bestimmter Weise zu verhalten.

Dispositions-Item (dispositional item). Bei der Personenbeschreibung ein Wort, ein Satz oder eine Aussage, welche angeben, wie sich die Person in einer breiten Klasse von Situationen verhält.

Dissonanz (dissonance). Eine Inkonsistenz zwischen zwei oder mehr Elementen. Zwei Elemente stehen in einer dissonanten Beziehung zueinander, wenn, beide für sich betrachtet, das Gegenteil des einen aus dem anderen folgt.

Dyade (dyad). Eine Zwei-Personen-Gruppe.

Dyadisch (dyadic). Von zwei Personen oder sich auf zwei Personen beziehend.

Egozentrismus (egocentrism). Eine Form der persönlichen Beteiligung, in der die andere Person in subjektiver, selbstbezogener Weise beschrieben wird. Darin spiegelt sich der persönliche Bezugsrahmen des Beobachters wider.

Einfach differenzierendes Item (simple differentiating item). Bei der Personenbeschreibung ein Beschreibungsniveau, in dem von dem beschriebenen Individuum die Rede ist, wobei aber wenig Auskunft über den Betreffenden als Person gegeben wird. Einfach differenzierende Items enthalten Hinweise auf die äußere Erscheinung, auf Verhaltensweisen, die für bestimmte Handlungen bezeichnend sind, aber nicht für bestimmte Dispositionen oder Persönlichkeitseigenschaften; weiterhin Hinweise auf globale Dispositionen oder Kategorien, auf Sympathie oder Antipathie, die man dem Betreffenden entgegenbringt, und Hinweise auf Rollenkategorien.

Einfluß durch Information (informational influence). Ein Prozeß, in dem ein Individuum Informationen von außerhalb als Beweis für die Realität akzeptiert. (Im Gegensatz zu normativem Einfluß).

Eintreten für eine gegensätzliche Position (advocating a contrary position). Eine Möglichkeit der Einstellungsänderung: Jemand wird veranlaßt, eine Position einzunehmen, die im Gegensatz zu der seinigen steht. Dies führt oft dazu, daß er zu der Position überwechselt, für die er eingetreten ist.

Emotionale Impfung (emotional inoculation). Die wiederholte Konfrontation mit einer angsterzeugenden Serie von Botschaften, was zur Entstehung eines Widerstandes gegen eine Einstellungsänderung führt.

Emotionales Rollenspiel (emotional role playing). Eine Situation, die eine Einstellungsänderung dadurch bewirken soll, daß das Individuum in eine Situation gebracht wird, die bei ihm Ängste und Sorgen entstehen läßt, wodurch eine Veränderung des störenden Verhaltens erreicht werden soll (z.B. : beim Rauchen).

Engagement (commitment). Eine persönliche Entscheidung, bestimmte Verhaltensweisen auszuüben.

Entfremdung (alienation). Eine Bedingung, unter der sich ein Individuum relativ machtlos und sozial isoliert fühlt und die herrschenden sozialen Norman und Werte nicht beachtet.

Entschuldbarkeit(justifiability). Kann im Rahmen der Erkenntnisse über den zugewiesenen Ursachenherd interpretiert werden. Eine Handlung, die auf Grund starken äußeren Drucks ausgeführt wird, wird eher als entschuldbar betrachtet.

Ergebnis (outcome). In der Austauschtheorie der Nettoeffekt einer ausgeführten Aktivität, ausgedrückt durch die Differenz von Belohnung und Kosten.

Erwartungen (expectations). Die Antizipationen eines bestimmten eigenen Verhaltens und eines bestimmten Verhaltens der anderen. Durch solche Erwartungen antizipiert man die Art der Interaktion in bestimmten Situationen. Außerdem werden die eigenen Erwartungen und jene der anderen Seite von allen geteilt.

Erziehung durch Überzeugung (induction). Eine elterliche Erziehungsmethode, in der die Eltern Erklärungen oder Gründe angeben, warum sie das Verhalten des Kindes gerne geändert sähen, besonders was die Konsequenzen des kindlichen Verhaltens für die Eltern oder andere angeht.

Etikettierungstheorie oder Labeling-Theorie (labeling theory). Eine Erklärung abweichenden Verhaltens, die ihr Hauptgewicht auf die Reaktionen legt, die andere gegenüber dem Individuum, das als "deviant" etikettiert ist, zeigen.

Experimentelle Aufforderungscharakteristika (demand characteristics). Die Aspekte eines Experiments oder eines Versuchsleiterverhaltens, die dem Versuchsteilnehmer das erwünschte Ergebnis des Experiments nahelegen.

Externe Sanktion (external sanction). Eine Form der sozialen Kontrolle, bei der die Umgebung oder andere Personen das Individuum für seine Handlung strafen.

Faktorenanalyse (factor analysis). Ein statistisches Verfahren, das psychologisch aufeinander bezogene Eigenschaften so gruppiert, daß die Gruppen oder "Cluster" als grundlegende Dimensionen erkannt werden können, die den mathematischen Bewertungen zugrunde liegen.

Fertigwerden mit der Gefahr oder Coping (coping with danger). Ein Problem bewältigen - eine mögliche Reaktion auf furchterzeugende Kommunikationen (z.B. mit dem Rauchen aufhören, nachdem man vor der Gefahr des Lungenkrebses gewarnt worden ist.).

Führer-Gefolgsschafts-Beziehung (leader-follower relation). Komplementäres Verhalten bei einem Führer und seinen Gefolgsleuten.

Galvanische Hautreaktion (galvanic skin response). Ein Maß für die emotionale Reaktion. Es werden zu diesem Zwecke Elektroden auf der Haut befestigt und ein Instrument benutzt, mit dessen Hilfe kleine Änderungen des elektrischen Widerstandes der Haut entdeckt werden können, die normalerweise emotionale Reaktionen begleiten.

Gemeinsame Bedeutung (common relevance). Nach der ABX-Theorie der Attraktion hat X oder das Einstellungsobjekt sowohl für Person A wie für Person B von Interesse (oder relevant) zu sein.

Gemeinsames Schicksal (common fate). Eine Situation, in der einzelne oder Gruppen zusammen gewinnen oder verlieren. Dadurch werden häufig die Zusammenarbeit und die interpersonale Attraktion gefördert und Vorurteile reduziert.

Gerechte Verteilung (distributive justice). Eine Bedingung, unter der die Erträge eines Individuums - die Differenz aus seinen Belohnungen und Kosten - seinen Investitionen direkt proportional sind.

Gesetz der Wirkung des ersten Eindrucks (law of primacy). In der Lerntheorie das Prinzip, daß zuerst dargebotenes Material besser gelernt und erinnert wird als zuletzt dargebotenes Material.

Gewissen (conscience). Ein System von Normen, die für ein Individuum Maßstab für die Richtigkeit oder Falschheit seiner Handlungen oder Denkweisen sind.

Glaubwürdigkeit (credibility). Der Grad, in dem ein Kommunikator vertrauenswürdig erscheint. Die Glaubwürdigkeit ist eine Funktion der Persönlichkeitseigenschaften der betreffenden Person, ihrer Position oder ihres Status, der Art der Kommunikation, des Kontextes, in dem sie stattfindet, ihrer Beziehung zum Zuhörer und den Eigenschaften des Zuhörers.

Gleichheitsprinzip (principle of equity). Die Vorstellung, daß, je mehr eine Person im Verhältnis zu einer anderen in eine Aktivität investiert, desto größer der Ertrag ist, den sie als Gegenleistung erhält.

Gleichheitszustand (state of equity). Ein Zustand, in dem das Verhältnis zwischen den Investitionen und Erträgen eines Individuums dem einer anderen Person gleich ist, mit der es sich vergleicht.

Grad der inneren Beteiligung (degree of involvement) Die Stärke der gefühlsmäßigen Beteiligung eines Individuums bei der Diskussion über eine Einstellung. Der Grad der inneren Beteiligung bestimmt teilweise, wie stark eine Person betroffen ist von den Auswirkungen der Diskrepanz zwischen der Position des Kommunikators und der Person als Empfänger.

Gruppenentscheidungsprozeß (group-decision process). Ein Verfahren, bei dem eine Gruppe einer beeinflussenden Mitteilung ausgesetzt oder mit einem Problem konfrontiert wird. Eine darauffolgende Diskussion soll zu der Entscheidung führen, ob das empfohlene Verhalten akzeptiert wird oder nicht.

Handlungsanweisungen (action instructions). Informationen, die dem Empfänger einer furchterregenden Botschaft gegeben werden. Sie enthalten Hinweise, wie man die gefährliche Situation meistern kann.

Hauptstatus (master status). Eine Klassifizierung, die die Einschätzung einer Person wesentlich bestimmt. Jedem Individuum werden viele Status zugewiesen (z.B. der Status als Krimineller oder psychisch Kranker), aber der Hauptstatus hat die entscheidende Auswirkung auf die Bewertung des Individuums.

Hierarchie von Rollenverpflichtungen (hierarchy of role obligations). Eine Anordnung von Rollenverpflichtungen nach Prioritäten. Die Rollen mit der höchsten Priorität stellen die stärksten Verpflichtungen dar und sollten, wenn das Problem auftaucht, die Rolle ausüben zu müssen, vorrangig übernommen werden gegenüber den Rollen, die in der Rangordnung niedriger stehen. (Vgl. Rollenverpflichtungen).

Hintergrundserwartungen (background expectations). Jene Aspekte der Interaktion, die für jedermann als selbstverständlich gelten und so sehr akzeptiert sind, daß bei ihrer Verletzung oft Ungläubigkeit und Verwirrung entsteht.

Hinweiseigenschaft (cue trait). Die Eigenschaft einer Stimulusperson, die als Grundlage für weitere Urteile über diese Person benutzt wird.

Ich-Beteiligung (personal involvement). Die Art und Weise, in der ein Beobachter sich in die Beschreibung einer anderen Person mit einbringt.

Ich-schwach (egophob). Ein Individuum mit geringem Selbstwertgefühl.

Identifikation (identification). Die Wahl einer Person als Vorbild für das eigene Verhalten.

Illegitim (illegitimate). Beeinflussungsversuche eines Individuums, die nicht in Einklang stehen mit denen, die es rechtmäßig ausführen darf.

Illustratoren (illustrators). Bewegungen, die illustrieren, was verbal kommuniziert wird.

Imagepflege (icon). Das sprachliche Vorgehen in interpersonellen Strategien, eine gewünschte Identität zu bestätigen. Um andere zu beeindrucken, erwähnt das Individuum Namen bedeutsamer Personen, die es kennt, oder Orte, an denen es gewesen ist, oder spielt auf wichtige Erfahrungen an.

Immanente Gerechtigkeit (immanent justice). Die Vorstellung, daß auf Regelverletzungen Unfälle oder Unglück folgen, die von Gott oder irgendeinem unbekannten Objekt gewollt sind.

Immunisierung (immunization) vgl. Emotionale Immunisierung).

Implikationsmodell (implication model). Ein Mittel zur Untersuchung der Schlüsse, die jemand aus Hinweiseigenschaften, die ihm als Information über die Stimulusperson gegeben werden, zieht. Die Versuchspersonen müssen dabei ein Urteil abgeben über die Wahrscheinlichkeit, mit der man eine bestimmte Persönlichkeitseigenschaft aus einer Hinweiseigenschaft erschließen kann.

Implizite Persönlichkeitstheorie (implicit personality theory). Ein System von Begriffen, die jemand gebraucht, um andere zu beurteilen und zu beschreiben.

Individuelles Stereotyp (personal stereotype). Die Meinungen eines einzigen Individuums.

"Individuum in der Situation" (individual-in-situation). Eine Analyseeinheit, in der das Verhalten, das eine bestimmte Person unter bestimmten Bedingungen zeigt, zum Untersuchungsgegenstand wird.

"Ingroup" (auch: Eigengruppe). Eine Gruppe von Menschen, die ein Gefühl der Zusammengehörigkeit, ein Gefühl, sich ähnlich zu sein, haben. (Vgl. auch: Outgroup).

Innere Kontrollen (internal controls). Normen oder Maßstäbe des Verhaltens, die ein Individuum als seine eigenen akzeptiert, und die dem Ausdruck verschiedenen Verhaltens Grenzen setzen.

Innere Sanktionen (internal sanctions). Eine Form der sozialen Kontrolle, bei der das Individuum Angst, Schuldgefühle oder Beschämung als Folge einer Handlung erlebt.

Institutionalisierung (institutionalization). Eine Beziehung, die sozial anerkannt ist und soziale Zustimmung hat. Gemeinsame Erwartungen sind entstanden, die die Rechtmäßigkeit oder Legitimität der Beziehung anerkennen. Die Rechte und Pflichten werden nicht nur von den Beteiligten, sondern auch von anderen anerkannt und durchgesetzt.

Interaktionskontext (interactional context). Eine Funktion der Eigenschaften der Situation und der Akteure, die bestimmt, welche Rollenkategorie relevant ist, welche Rollenerwartungen erhoben werden und wie breit der Spielraum des zulässigen Verhaltens ist.

Interaktions-Prozeß-Analyse (interaction process analysis). Eine von Robert Bales entwickelte Methode zur systematischen quantitativen Beobachtung der Kommunikation von Gruppenmitgliedern.

Internalisierung (internalization). Der Prozeß, in dem ein Kind Normen oder Verhaltensmuster von seinen Eltern oder anderen übernimmt und sie zu den eigenen macht.

Interpersonale Kongruenz (interpersonal congruency). Ein Systemzustand, der vorherrscht, wenn das Verhalten von P und O Definitionen des Selbst impliziert, die mit relevanten Aspekten von P's Selbstkonzept übereinstimmen.

Interpersonales System (interpersonal system). Eine Reihe von Elementen, bestehend aus: (1) einem Aspekt des Selbst von S, (2) S's Interpretation seines Verhaltens, das für jenen Aspekt relevant ist und (3) seiner Meinung darüber, wie andere sich bezüglich dieses Aspektes ihm gegenüber verhalten und welche Gefühle sie ihm gegenüber dabei entwickeln.

Investitionen (investments). Eigenschaften eines Individuums oder Aspekte seiner Lebensgeschichte oder sozialen Hintergrunds, die mit der Erwartung eines bestimmten Ertragsniveaus in Zusammenhang gebracht worden sind. (Zum Beispiel wird das höhere Dienstalter in einem Beruf mit der Erwartung einer zusätzlichen Zahlung in Zusammenhang gebracht.

Isolation (isolation). In Zusammenhang mit Entfremdung eine Art von Absonderung, in der ein Individuum Zielen und Meinungen, die in der Gesellschaft hoch bewertet werden, einen geringen Wert zuerkennt.

Isoliert (isolate). In der Soziometrie ein Gruppenmitglied, das selten von anderen Gruppenmitgliedern gewählt wird.

Karriere (career). Eine Folge von Positionswechseln einer Person, sei es im Beruf oder in anderen Lebensbereichen. Dabei ist Entwicklung zu einem Devianten eingeschlossen.

Kathartischer Effekt (cathartic effect). Eine angenommene Verminderung in der Tendenz eines Zuschauers, aggressives Verhalten zu zeigen. Sie soll durch eine stellvertretende Auslösung von Aggressionen bewirkt werden, die durch die Beobachtung aggressiven Verhaltens bei anderen Personen im Film oder anderswo möglich ist.

Kinetische Information (kinetic information). Gesten, Ausdrucksbewegungen, Körperhaltung, beobachtbare Spannung und Entspannung und ähnliche Aspekte, auf Grund deren man Urteile über andere Menschen fällt.

Koalitionsbildung (coalition formation). Die Entwicklung in einer Drei-Personen-Gruppe zu einer Zwei-Personen-Beziehung und einem Dritten.

Kognitive Kontrollen (cognitive controls). Die Ausübung von Zwang auf das Verhalten als Folge der Akzeptierung bestimmter Normen und Ziele als Leitlinien.

Kognitive Neustrukturierung (cognitive restructuring). Das Wiederherstellen eines Kongruenzzustandes durch falsches Wahrnehmen der Art und Weise, wie man von anderen gesehen wird, durch Mißinterpretation des eigenen Verhaltens oder durch Neustrukturierung der Situation, um so die Bewertung des relevanten Verhaltens zu ändern.

Kognitives Ausbalancieren als Abwehrvorgang (cognitive balancing, as a defense process). Möglichkeiten, einer Mitteilung zu widerstehen, indem man einige ihrer Elemente mit Einstellungen, die man bereits besitzt, in Übereinstimmung bringt. Diese Einstellungen stehen aber der Bereitschaft, den Beeinflussungsversuch zu akzeptieren, entgegen. (Vgl. Unterstützung einer Einstellung, Ablehnung und Differenzierung: all dies sind Formen des kognitiven Ausbalancierens).

Kognitives Element (cognitive element). Eine einzelne Wissenseinheit, Meinung oder Bewertung, die eine Person von irgendeinem Objekt ihrer Umgebung, von ihrem Verhalten oder von sich selbst hat.

Kognitiv komplex (cognitively complex). Der Gebrauch vieler Dimensionen bei der Bewertung anderer.

Kohäsion (cohesiveness). Eine Netzkraft, die sich auf die Mitglieder einer Gruppe auswirkt und sie veranlaßt, in der Gruppe zu bleiben. Sie ist ein Produkt (1) der Attraktivität der Interaktion mit den Gruppenmitgliedern, (2) des inhärenten Wertes, den für den einzelnen die Gruppenaktivitäten selbst haben, (3) des Ausmaßes, in dem man durch die Mitgliedschaft noch andere Ziele erreicht, und (4) des Ausmaßes, in dem attraktive Erträge in alternativen Beziehungen außerhalb der Gruppe erreichbar sind.

Kommunikationsstruktur (communication structure). Die Struktur des Zugangs zu und der Übertragung von Informationen, die eine Reihe von Positionen in einer Gruppe charakterisiert.

Komparative Funktion (comparative function). Die Funktion einer Bezugsgruppe, die ein Individuum als Standard wählt, seinen Zustand und sein Schicksal zu bewerten.

Komplementäre Bedürfnisse (complementary needs). Ein Zustand, in dem jedes Mitglied einer Dyade ein Bedürfnis hat, das sich in einem Verhalten ausdrückt, das für andere Mitglieder belohnend wirkt.

Komplementarität vom Typ I (type I complementarity). Die interpersonelle Attraktivität und wechselseitige Bedürfnisbefriedigung in einer Dyade, in der die Bedürfnisse der einzelnen Mitglieder jeweils geringer oder stärker sind.

Komplementarität vom Typ II (type II complementarity). Interpersonelle Attraktivität und gegenseitige Bedürfnisbefriedigung in einer Dyade, in der jedes Mitglied sein Bedürfnis in einem Verhalten ausdrückt, das ein unterschiedliches Bedürfnis des anderen Mitglieds befriedigt.

Kompromißprozeß (compromise process). Ein Prozeß bei der Entstehung interpersonaler Attraktion. In diesem Prozeß strebt die Gruppe einem Gleichgewichtszustand zu, in dem die Position jedes einzelnen in der Affektstruktur die beste ist, die er in bezug auf seine Belohnungs-Kosten-Erträge erreichen kann.

Konflikt (conflict). Eine Situation, die bei Rollenerwartungen dann entsteht, wenn eine der Erwartungen vom Akteur ein Verhalten verlangt, das z. T. unvereinbar ist mit dem Verhalten, das eine andere Rollenerwartung verlangt.

Kongruenz (congruency)(vgl. interpersonale Kongruenz).

Kongruenz durch Implikation (congruency by implication). Eine Bedingung, die eintritt, wenn P erkennt, daß O eine bestimmte Eigenschaft bei ihm feststellt, die einem Aspekt seines Selbstkonzepts entspricht.

Kongruenz durch Validierung (congruency by validation). Eine Bedingung, die eintritt, wenn das Verhalten oder andere Eigenschaften von O der Person P ein Verhalten erlauben oder nach einem Verhalten verlangen, welches eine Komponente von P's Selbst bestärkt.

Kongruenz durch Vergleich (congruency by comparison). Eine Bedingung, die auftritt, wenn das Verhalten oder die Eigenschaften von O es nahelegen, daß P eine bestimmte Selbstkomponente besitzt.

Kongruenzzustand (state of congruency). Eine Bedingung, unter der das Verhalten von P und O eine Definition des Selbst impliziert, die mit relevanten Aspekten von P's Selbstkonzept in Übereinstimmung steht.

Konkretheit - Abstraktheit (concretness - abstractness) Eine durchgehende Qualität, nach der einzelne Menschen charakterisiert werden können. Zur Konkretheit neigende Menschen nehmen extreme Unterscheidungen vor, sind autoritätsabhängig und abhängig von anderen außerpersönlichen Quellen und haben eine geringe Fähigkeit so zu handeln, "als ob"... Zur Abstraktheit neigende Menschen verhalten sich genau umgekehrt.

Konternorm-Effekte (counternorm effects). Jene Aspekte des Beeinflussungsprozesses, die gegen den Beeinflussungsversuch Widerstand hervorrufen.

Kontrasteffekt (contrast effect). Die Wahrnehmung, daß die Einstellung eines Kommunikators, dessen Position relativ weit von der eigenen entfernt ist, noch entfernter als in Wirklichkeit ist.

Kosten (cost). In der Austauschtheorie die unerwünschten Konsequenzen des Ausführens einer Aktivität oder der Aufnahme einer Handlung.

Legitimierte Macht (legitimate power). Die Fähigkeit, das Verhalten einer anderen Person zu modifizieren, indem beide bestimmte Normen und Werte akzeptieren, die ein bestimmtes Verhalten vorschreiben.

Legitimität (einer Beziehung) (legitimacy (in a relationship)). Die Anerkennung einer Beziehung durch die beteiligten und auch durch außerhalb stehende Parteien. Es wird anerkannt, daß eine Beziehung, die auf der allgemeinen Übereinstimmung über die Austauschstrukturen beruht, entwickelt worden ist. (vgl. auch Institutionalisierung).

Legitimität (einer Rollenerwartung) (legitimacy (of a role expectation)). Die Anerkennung des Akteurs, daß seine Rollenpartner berechtigt sind, bestimmte Erwartungen an ihn zu stellen.

Legitimität einer Führerschaft (legitimacy of leadership). Eine Bedingung, unter der die Gruppenmitglieder ein Individuum als ihren Führer akzeptieren und darin mit anderen einig sind.

Leistungsmotivation (achievement motivation). Der Grad, in dem ein Individuum sich hohe Ziele setzt, sie zu erreichen sucht und auf solche Bemühungen mit Mißerfolgs- oder Erfolgsgefühlen reagiert.

Liebesentzug (withdrawal of love). Eine Erziehungsmethode, bei der die Eltern explizit oder implizit ihre Antipathie dem Kind gegenüber ausdrücken, weil es eine bestimmte Handlung ausgeführt hat.

Machiavellismus (Machiavellianism). Der Grad, in dem ein Individuum motiviert ist, andere zu manipulieren, und sie tatsächlich manipuliert, um seine eigenen Ziele zu erreichen. Ein Persönlichkeitstest zur Messung dieser Eigenschaft wird Mach V genannt.

Machtmittel (resource). Im Falle der sozialen Macht eine Eigenschaft oder der Bedingungszustand eines Individuums - ein Besitz, eine Eigenschaft der äußeren Erscheinung oder Persönlichkeit, eine von ihm eingenommene Position oder ein bestehender Verhaltensstil -, die es ihm ermöglichen, die von einer anderen Person erfahrenen Belohnungen und Kosten zu modifizieren.

Macht zur Belohnung (reward power). Die Fähigkeit, jemanden zu belohnen.

Macht zur Bestrafung (coercive power). Die Fähigkeit, eine andere Person bestrafen zu können.

Maskierung (masking). Den Anschein geben, ein bestimmtes Gefühl zu haben, um dadurch die wahren Gefühle zu verbergen.

Meinungsdilemma (belief dilemma). Eine Einstellung oder Meinung, bei der ein Ungleichgewicht aus positiven und negativen Elementen besteht.

Meinungsführer (opinion leader). Ein Individuum, dessen Ansichten für die Annahme neuer Einstellungen und Verhaltensweisen einflußreicher sind als die anderer. Oft gilt eine solche Führerschaft nur für bestimmte Themenkreise (z.B. Mode oder Geschäftswesen).

Meinungskomponente (belief component). Einer der zwei Bestandteile einer Einstellung, der aus dem Inhalt der Einstellung besteht, der typischerweise in verbalen Äußerungen ausgedrückt wird. (Vgl. bewertende Komponenten)

Modell (model). Die Begriffe, die zur Beschreibung eines Prozesses und zur Erklärung seines Ablaufs herangezogen werden.

Modell-Lernen (auch: Lernen am Modell) (modeling). Lernen, das Verhalten einer Person auszuführen, die man beobachtet hat.

Negative Bezugsgruppe (negative reference group). Eine Gruppe, die ein Individuum zum Maßstab von Verhaltensmustern macht, von denen es abweichen möchte.

Negative Bezugspersonenmacht (negative referent power). Eine Bedingung, unter der ein Individuum beeinflußt wird, sich in einer Weise zu verhalten, die im Gegensatz zum Verhalten der mächtigen Person steht.

Negative Sanktionen (negative sanctions). Handlungen anderer, die ein Individuum negativ bestärken oder es bestrafen.

Neutralisierung (neutralization). Verhalten, mit dem eine erregte Person versucht, ruhig zu erscheinen.

"Normal-smith" (etwa: Normalisierungsschmied). Ein Menschentyp, der in jedem das Gute sieht und glaubt, daß alle Sünder zur Besserung fähig sind. Der Begriff ist abgeleitet aus der Funktion eines Schmieds, der abweichendes Verhalten eliminiert.

Normative Funktion (einer Bezugsgruppe) (normative function (of a reference group)). Eine Gruppe wird von einem Individuum als Standard für Verhalten und Meinung benutzt.

Normativer Einfluß (normative influence). Ein Prozeß, in dem sich ein Individuum zu der Erwartung einer anderen Person oder einer Gruppe konform verhält, weil ein solches Verhalten ein befriedigendes Gefühl hervorruft. (Im Gegensatz zum Einfluß durch Information).

Normative Urteile (normative judgements). Urteile einer Gruppe, von denen alle Gruppenmitglieder glauben, daß sie angemessen sind oder erwartet werden.

Norm der Fairness oder Gerechtigkeit (norm of fairness or justice). Die Vorstellung, daß bei einem sozialen Austausch, in dem jede Seite etwas von der anderen erhält, das von jeder Seite Erhaltene ihrem Beitrag entsprechen sollte.

Norm der Reziprozität (norm of reciprocity). Die Vorstellung, daß in dem Fall, wo einer dem anderen einen Gefallen tut, dieser verpflichtet ist, sich zu revanchieren.

Norm der sozialen Verantwortung (norm of social responsibility). Die allgemein akzeptierte Vorstellung, daß man jemandem, der in Not ist, helfen soll. (Vgl. dazu: die altruistische Norm).

Nützlichkeit von Informationen (utility of information). Der Nutzen, den bestimmte Daten für ein Individuum haben.

Objektzentrierte Position (other-oriented). Eine Form der Ich-Beteiligung, bei der der andere als ein vom Selbst getrenntes, unabhängig Seiendes gesehen wird.

Öffentliches Bekenntnis (public commitment). In Situationen, in denen die Umstimmung durch Zwang erfolgt, das Bekenntnis, falsch gedacht zu haben, und das Bekennen zu den "angemessenen" Einstellungen.

Öffentliches Stereotyp (public stereotype). Die Eigenschaften, die nach Meinung eines Einzelnen von der allgemeinen Öffentlichkeit einer Personenkategorie zugeordnet werden.

Ort der Verursachung (locus of cause). Wo eine Handlung ihren Ursprung hat. Es wird ein innerer Ort der Verursachung angenommen, wenn die Handlung im Akteur ihren Ursprung zu haben scheint, und ein äußerer, wenn sie in zwingenden Umständen begründet zu sein scheint.

Outgroup (auch: Fremdgruppe (outgroup). Vom Standpunkt der Mitglieder der Ingroup betrachtet eine Gruppe mit unterschiedlichen Eigenschaften, die sie von der Ingroup absetzen. (Vgl. auch Ingroup).

Panel-Technik (panel-technique). Eine Methode zur Untersuchung der Auswirkungen politischer Kampagnen oder anderer Massenkommunikationen. Dabei wird eine ausgewählte Gruppe von Personen wiederholt untersucht.

Paradigma (paradigm). Eine besondere Forschungsmethode, die auf einer Reihe spezieller Begriffe beruht.

Paradigma induzierter Einwilligungsbereitschaft (induced-compliance paradigm). Eine experimentelle Bedingung, in der ein Versuchsteilnehmer veranlaßt wird, sich in einer Weise zu verhalten, die im Gegensatz zu seiner Einstellung steht.

Parallelitäts-Modell-Erklärung (parallel model explanation). Ein Versuch von Leventhal, die beeinflussende Wirkung furchterregender Mitteilungen zu erklären. Das Modell nimmt zwei parallele und unabhängige Reaktionen an: (1) Reaktionen zur Kontrolle der Furcht, die durch die bedrohliche Mitteilung entstanden ist, und (2) Angstbewältigungsreaktionen. Die beiden Reaktionsarten haben für die Einstellungsänderung unterschiedliche Konsequenzen.

Partieller Rückzug (partial withdrawal). Eine Aktivität, die O's Abhängigkeit von P reduziert und damit eine Angleichung der relativen sozialen Macht von P und O bewirkt.

Partikularistische Orientierung (particularistic orientation). Die Tendenz, sich in seinem Verhalten der anderen Person gegenüber an ihren spezifischen Eigenschaften und ihrer besonderen Beziehung, die sie zu einem selbst hat, zu orientieren und nicht so sehr an abstrakten Kategorien. (Z.B. Ehre und Moral). (Vgl. auch: Universalistische Orientierung).

Persönlichkeit (personality). Die Eigenschaften, die das Wesen und charakteristische Verhalten eines Individuums ausmachen.

Pflegebedürfnis (Bedürfnis, gepflegt zu werden) need for succorance). Ein inneres Verlangen, Unterstützung und Hilfe von anderen zu erhalten.

Physikalische Wirklichkeit (physical reality). Das, was man für wahr hält, weil es durch die eigenen Sinne unmittelbar gegeben ist. (Im Gegensatz zu: sozialer Wirklichkeit).

Position (position). Eine Form von Rollenkategorie, die eine Klasse von Personen in einem sozialen System bezeichnet.

Positive Sanktionen (positive sanctions). Handlungen anderer, die einer Person Befriedigung verschaffen oder ihr Verhalten bekräftigen.

"Primacy-Recency-Effekt". Bezieht sich auf Effekte der Anordnung, in der beeinflussendes Material präsentiert wird. Aus den Prinzipien der Lerntheorie (und aus anderen Theorien) kann abgeleitet werden, ob unter bestimmten Umständen das zuerst oder zuletzt präsentierte Material größere Wirkung hervorrufen wird.

Primärgruppe (primary group). Jede kleine intime Gruppe, in der die Mitglieder in hohem Maße voneinander abhängig sind in bezug auf die Befriedigung ihrer emotionalen Bedürfnisse (z.B. die Kernfamilie, Freundschaftsgruppen, kleine Gruppen, die es mit Stress- und Problembewältigung zu tun haben).

"Prisoner's -Dilemma-Spiel". Eine Spielsituation, in der sich jede Seite für Kooperation oder Konkurrenzverhalten entscheiden kann. Der Ertrag aber ist von der Entscheidung der anderen Seite abhängig. Bei Konkurrenzverhalten kann entweder der beste oder der schlechteste Ertrag erzielt werden, je nachdem, wie sich die andere Seite entscheidet.

Privates Stereotyp (private stereotype). Diejenigen Eigenschaften, die nach der persönlichen Auffassung eines Individuums zu einer Kategorie gehören.

Propriozeptive Reize (proprioceptive cues). Informationen von Sinnesorganen im Körper, die auf Körperhaltung und Bewegung reagieren.

Provokation von Reaktionen (response evocation). Begriff der Kongruenztheorie: Sich so verhalten, daß übereinstimmende Reaktionen von anderen provoziert werden.

Prozesse der Normübermittlung (norm-sending processes). Handlungen, durch die Normen mitgeteilt und bekräftigt werden.

Prozesse der Statusumwandlung (status conversion processes). Eine Reihe von Veränderungen, die zur Statuskongruenz führen. Das Individuum verhält sich so, daß andere es in verschiedenen Statusdimensionen ähnlich bewerten. (Vgl. Status).

Psychegruppe (psychegroup). In der Soziometrie eine Gruppenstruktur, die durch ein soziales oder emotionales Kriterium bei der soziometrischen Wahl charakterisiert ist. (So kann man etwa die einzelnen Mitglieder bitten, diejenigen zu wählen, die sie in der Gruppe am sympathischsten finden).

Radikaler Behaviorismus (radical behaviorism). Eine extreme Form des Behaviorismus im Sinne B.F. Skinners, in dem alles Verhalten durch Bekräftigungskontingenzen erklärt wird.

Reinforcement oder Verstärkung (negative reinforcement). Die Bekräftigung einer Reaktion, die erfolgreich einen aversiven oder bestrafenden Reiz vermeidet.

Reiz- oder Ziel-Person (stimulus or target person). Das Individuum, das Objekt eines Beeinflussungsversuches ist.

Relevanz (einer Bezugsgruppe) (salience (of a reference group)). Eine Determinante der Effektivität einer Bezugsgruppe. Man verhält sich selten zu allen Gelegenheiten in Übereinstimmung mit der Bezugsgruppe. Man tut dies nur, wenn die Bezugsgruppe relevant ist (z.B. ist man eher bereit, sich religiös zu verhalten, wenn man in der Kirche oder im Tempel ist).

Reziprok (auch: gegenseitig) (reciprocal). Eine Form der Ich-Beteiligung, bei der eine wechselseitige Beziehung zwischen einem selbst und dem anderen gesehen wird.

Riten des Übergangs (rites of passage). Die zeremonielle Anerkennung bei Übergängen zu einem wichtigen Status (Wechsel von Rollenkategorien).

Rivalität (competition). Eine Bedingung in Rollenerwartungen, unter der der Akteur aufgrund von Zeit- oder Energiemangel nicht in angemessener Weise miteinander in Konflikt stehenden Erwartungen nachkommen kann.

Rolle (role) (vgl. soziale Rolle).

Rollendifferenzierung (role differentiation). Die Entwicklung und die Annahme spezieller Funktionen von Seiten der Gruppenmitglieder.

Rollendruck (role strain). Schwierigkeiten beim Versuch, eine Rolle auszuüben.

Rollenerwartungen (role expectations). Vorannahmen, die mit einer Rollenkategorie verknüpft sind. Von Akteuren in einer Rollenkategorie erwartet man, daß sie sich in bestimmter Weise verhalten.

Rollenforderungen (role demands). (Siehe: situationsspezifische Anforderungen).

Rollenidentität (role identity). Die Einschätzung, die ein Individuum von sich selbst als Akteur in einer bestimmten Position hat.

Rollenkategorie (role category). Eine Gruppierung von Personen, deren Verhalten ähnlichen Erwartungen unterliegt.

Rollenlernen (role learning). Lernen, sich zu verhalten, zu fühlen und die Welt in einer Art und Weise zu sehen, die derjenigen ähnlich ist, die andere Personen haben, die derselben Rollenkategorie angehören.

Rollenpartner (role partner). Ein Akteur, der eine Rollenkategorie einnimmt, die spezifiziert, welche Verhaltensweisen er gegenüber Akteuren in Rollenkategorien zu zeigen hat, die mit seiner Rolle in Zusammenhang stehen.

Rollenrechte (role rights). Privilegien, die Rollenpartner erwarten, weil sie bestimmte Positionen zueinander einnehmen. (Vgl. auch Rollenverpflichtungen, diese sind das Komplement zu Rollenrechten).

Rollenspieler (role player). Ein Individuum in einer Rollenkategorie oder Position. (Auch als Akteur bezeichnet).

Rollenverhalten (role behavior). Die Handlungen einer Person in einer bestimmten Rollenkategorie, die für die Erwartungen, die mit dieser Rolle verbunden sind, von Bedeutung sind.

Rollen-Handel (role bargaining) (Das Gleiche wie Rollen-Verhandlung (role negotiation).

Rollenverhandlung (role negotiation). Der Prozeß, in dem ein Akteur und sein Rollenpartner zu ihrer gegenseitigen Befriedigung ausmachen, wie jeder in besonderen Begegnungen und Situationen sich verhalten wird, und in dem sie beschließen, welchen allgemeinen Charakter ihre Beziehung haben soll. Gewöhnlich ist dieser Prozeß weniger explizit und subtiler und indirekter als normale Verhandlungen; die Partner brauchen sich nicht darüber bewußt zu sein, daß sie miteinander verhandeln (auch bekannt als Rollenhandel).

Rollenverpflichtungen (role obligations). Verhalten, das man von Rollenpartnern auf Grund der Position, die sie in ihrer gegenseitigen Beziehung einnehmen, erwartet.

Routineverhalten (routines). Verhaltensweisen, die eine andere Person beeinflussen, ohne daß sich beide Seiten des Einflußprozesses bewußt sind.

Sättigung (saturation). Die Anforderungen, die an eine Position in einer Kommunikationsstruktur gestellt werden: Sie fordern das in dieser Position sich befindende Individuum zur Handlung auf.

Sanktionen (sanctions). Belohnungen für die Konformität mit sozialen Normen oder Strafen für Nonkonformität.

Selbst (vgl. Selbstkonzept).

Selbstbestätigung, Bedürfnis nach (self-enhancement, need for). Die Vorstellung, daß Individuen das Bedürfnis haben, sich so zu verhalten, daß sie von anderen positiv bewertet werden und sich selbst positiv bewerten.

Selbstdarstellung (self presentation). So zu handeln, daß man die Eindrücke, die andere von einem haben, lenkt und kontrolliert.

Selbstentfremdung (self estrangement). Bei der Entfremdung ein Mangel an innerer Befriedigung bei den eigenen Aktivitäten.

Selbstkonzept (self concept). Die Kognitionen und Gefühle, die man sich selbst gegenüber hat.

Selbstkorrektur (self correction). Die Korrektur der eigenen diskrepanten Meinung, um mit der anderer Personen, deren Meinung als gültig angesehen wird, übereinzustimmen.

Selbstselektion (selective exposure). Der Prozeß, in dem ein Individuum die Wahl trifft, Mitteilungen zu beachten, die konsonant mit seinen Einstellungen sind, und solche nicht zu beachten, die mit diesen dissonant sind.

Selektive Bewertung (selective evaluation). Ein Prozeß, in dem ein Individuum die Kongruenz maximiert und die Inkongruenz minimal werden läßt, und zwar dadurch, daß es die Einschätzung seines Selbst oder des eigenen Verhaltens verändert oder die Einschätzung der anderen Person in positiver oder negativer Richtung.

Selektive Interaktion (selective interaction). Ein Prozeß, in dem ein Individuum die Entscheidung trifft, sich mit solchen Menschen einzulassen, die sich ihm gegenüber kongruent verhalten, und solche zu meiden, die sich ihm gegenüber inkongruent verhalten.

Selektive Vermeidungsstrategie (selective avoidance). Ein Prozeß, durch den man vermeidet, sich Kommunikationen auszusetzen, die eine Dissonanz zu den eigenen Einstellungen erzeugen.

Sich selbst erfüllende Prophezeiung (self-fulfilling prophecy). Die Vorstellung, daß starke Erwartungen, die man an das Verhalten eines Individuums stellt, es gegebenenfalls dazu bringen, ihnen in seinem Verhalten zu entsprechen.

Sich verpflichten (self commitment). Ein Urteil oder eine Entscheidung so fällen, daß man sich verpflichtet fühlt, für die Handlung bereitzustehen.

Situation in der gemischte Motive wirksam sind (mixed-motive situation). Eine spielähnliche Situation, in der sowohl Kooperation als auch Konkurrenz im Verhandlungsprozeß mitspielen.

Situationsspezifische Anforderungen (situational demands). Erwartungen, die durch die Umstände an den Akteur herangetragen werden. Dazu gehören nicht nur Rollenerwartungen, sondern auch alle speziellen Situationsaspekte, die Erwartungen erzeugen.

Situative Persönlichkeitseigenschaften (situational personality characteristics). Eigenschaften eines Individuums, die vorübergehend oder nur unter bestimmten Umständen auftreten (z.B. Angst, bei einem Test durchzufallen). Oft werden solche Eigenschaften experimentell geschaffen, um ihre Wirkung, die sie in Kombination mit anderen Bedingungen auf Individuen haben, zu bestimmen.

Soziale Anpassung (social accomodation). Ein normativer Prozeß, der zur Konformität des Verhaltens führt, und zwar auf Grund des Wunsches, positive Beziehungen mit Personen, die einem sympathisch sind, aufrechtzuerhalten.

Soziale Macht (social power). Eine Beziehung zwischen zwei oder mehr Personen, die so beschaffen ist, daß die Macht der Person P über Person O eine gemeinsame Funktion ihrer Fähigkeit ist, die Erträge von Person O im Verhältnis zu ihren eigenen Erträgen zu beeinflussen.

Soziale Macht des Experten (expert power). Eine Form des potentiellen Einflusses über eine andere Person durch das Spezialwissen, das ein Individuum besitzt.

Sozial-emotionaler Führer (social-emotional leader). Ein Individuum, das dazu beiträgt, das Gruppenklima anzuheben und in schwierigen Situationen Spannung abzuführen.

Soziale Norm (social norm). Eine den Gruppenmitgliedern gemeinsame Erwartung, die angibt, welches Verhalten in einer gegebenen Situation als angemessen gilt.

Sozialer Kontrakt (social contract). Ein ungeschriebener Pakt, der die Form einer Regel oder Norm hat, über die sich beide Seiten einig sind.

Soziale Rolle (social role). Eine soziale Rolle besteht aus einer Kategorie von Personen und den Erwartungen an ihr Verhalten (auch als Rolle bezeichnet).

Sozialer Vergleich (social comparison). Der Prozeß der Bewertung der eigenen Investitionen und Erträge im Verhältnis zu jenen, die andere erzielen, um zu sehen, ob sie gleichwertig sind.

Soziales Motiv (social motive). Eine Reihe von Verhaltensweisen, die ein allgemeines Ziel zum Objekt haben.

Soziales Stereotyp (social stereotype). (Siehe: Stereotypisieren).

Soziales System (social system). Eine Gruppe von ineinandergreifenden sozialen Rollen. (Z.B. die Rollen in einer Kernfamilie).

Soziale Wirklichkeit (social reality). Die Wahrnehmung der Einstellungen und Meinungen anderer als Hauptquelle der Kontrolle der eigenen Meinungen und Auffassungen. (Gegensatz zu physikalischer Wirklichkeit).

Sozialisation (socialsation). Ein Veränderungsprozeß, der das ganze Leben hindurch abläuft und das Resultat der Interaktionen mit anderen ist.

Soziogramm (sociogram). Eine Aufzeichnung soziometrischer Daten in graphischer Form. Jedes Mitglied der Gruppe ist durch einen Kreis oder Punkt repräsentiert. Die Wahlentscheidungen, die jedes Mitglied trifft, werden in Form von Pfeilen eingetragen, deren Richtung das Objekt der Wahl anzeigt. Werden auch Zurückweisungen eingetragen, so werden sie gewöhnlich in Form von gebrochenen Pfeilen dargestellt.

Soziogruppe (sociogroup). In der Soziometrie eine Gruppenstruktur, die auf Wahlentscheidungen beruht, die sich am Kriterium einer Arbeitsgruppe oder Lebensgruppe orientiert (z. B. werden die einzelnen gefragt, mit wem sie gerne zusammenarbeiten oder zusammenleben würden).

Soziometrisches Messen (sociometric measurement). Eine Methode, Strukturen zu untersuchen, die auf Sympathie und interpersoneller Attaktivität beruhen. Die gesammelten Grunddaten bestehen aus den Wahlen der am meisten bevorzugten (und manchmal der am wenigsten bevorzugten) Gruppenmitglieder, die von jedem einzelnen Mitglied vorgenommen werden. Die Wahlentscheidungen werden dann gezählt und in ihnen erkennbare Strukturen identifiziert.

Spannweite der Ablehnung (latitude of rejection). Der Bereich von Einstellungspositionen, die sich so sehr von der des Individuums unterscheiden, daß es sie ungünstig bewertet oder zurückweist. (Vgl. auch: Akzeptierungsbereich).

Stadium des Egozentrismus (state of egocentrism). Die Annahme eines Kindes, andere würden die Dinge genauso sehen, wie es sie sieht.

Stadium des Realismus (state of realism). Eine Bedingung, unter der das Kind objektive und subjektive Realität vermischt (z.B.: Es hält seinen Traum für ein tatsächliches Geschehen.

Standpunkt (bei Rollenverpflichtungen) (orientation (toward role obligations)). Die bevorzugte Einstellung eines Akteurs gegenüber bestimmten Erwartungen, besonders dann, wenn er einem Rollendruck ausgesetzt ist. Es gibt drei Möglichkeiten: (1) ein moralischer Standpunkt, von dem aus man geneigt ist, das Legitime zu tun, (2) ein Nützlichkeitsstandpunkt, von dem aus man geneigt ist, das zu tun, was einem Belohnung einbringt und Strafe vermeidet, und (3) eine Mischung aus moralischem und Nützlichkeitsstandpunkt, eine Kompromißhaltung, die die Moral, aber auch die Nützlichkeit in Rechnung stellt.

Star (star). In der Soziometrie ein häufig gewähltes Gruppenmitglied.

Status (status). Der Wert einer Person, wie er von einer Gruppe oder Klasse von Personen geschätzt wird.

Statuskongruenz (status congruence). Eine Bedingung, unter der alle Statusattribute einer Person in einheitlicher Weise höher, gleich oder niedriger bewertet werden als die entsprechenden Attribute einer anderen Person.

Statusneid (status envy). Eifersucht gegenüber einer Person, die eine machtvolle und heftig begehrte Position einnimmt. Statusneid ist nach einer Hypothese eine der Quellen der Identifikation mit einer Rolle.

Statusstruktur (status structure). Die Gruppe von Prestigekategorien, die von Gruppenmitgliedern anerkannt wird (vgl. Status).

Statussymbol (status symbol). Eine Eigenschaft, die anfänglich keinen eigenständigen Wert hat, aber durch regelmäßige Verknüpfung mit einem bestimmten Wertniveau allmählich als Indikator für dieses Niveau angesehen wird.

Statusübergang (status passage). Veränderung von einer Rollenkategorie zur anderen im Laufe des Lebens.

Stereotypisieren (stereotyping). Ein soziokulturelles Phänomen, bei dem eine Personenkategorie identifiziert wird, Übereinstimmung besteht, daß man bestimmte Persönlichkeitseigenschaften der betreffenden Personenkategorie zuordnet und diese Eigenschaften jeder Person zugeordnet werden, die in diese Kategorie gehört.

Strukturelle Information (structural information). Relativ unveränderbare Elemente wie die Physiognomie, der Körperbau oder Körpertyp, die zur Beurteilung anderer benutzt werden.

Sündenbock-Suche (scapegoating). Der Ausbruch von Feindseligkeit, die man gegen eine unverletzbare Person aufgestaut hat, gegenüber einem unschuldigen Opfer, das sich nicht rächen wird.

Synanon (synanon). Eine Gruppensitzung, die darauf abzielt, die Einstellungen und Verhaltensweisen der Gruppenmitglieder zu ändern. Sie ist charakterisiert durch extreme Aufrichtigkeit und Ehrlichkeit. In solchen Gruppensitzungen wird der Einzelne heftig angegriffen und kritisiert, erhält aber auch in größerem Maße Unterstützung. Das Schwergewicht liegt darauf, daß die Mitglieder dazu kommen, ihre Fehler und Schwächen zuzugeben. Diese Sitzungen werden gewöhnlich in Synanonhäusern abgehalten, in Wohnungen einer Organisation früherer Drogenabhängiger, die als Kommune zusammenleben.

Taktik(en) (tactics). Strategien, die man bewußt anwendet, um andere zu beeinflussen.

T-Gruppe (T group). Eine Gruppe von Personen, mit der eine Reihe von Experimenten durchgeführt werden. Diese sollen ihre Sensitivität für ihre eigenen Gefühle und die der anderen Mitglieder erhöhen und ihnen deutlich machen, wie diese Gefühle mit ihren Handlungen in Zusammenhang stehen.

Typisierung (oder: Einordnung in Typenkonzepte) (typification). Der Prozeß, in dem die Elemente der eigenen Welt in Typen oder Klassen organisiert werden.

Typ-Kategorie-Einheit (type-category unit). Eine Analyseeinheit, bei der eine Klasse von Individuen in einer Klasse von Situationen das Objekt der Untersuchung ist.

Überdauernde Persönlichkeitseigenschaften (chronic personality characteristics). Eigenschaften eines Menschen, die relativ überdauernd sind, zu verschiedener Zeit und in verschiedenen Situationen gegenwärtig.

Überlagernde Rolle (intruding role). Eine Position, die Erwartungen erzeugt, die der ausgeübten Hauptrolle aufgebürdet werden.

Überredung durch Druckausübung (coercive persuasion). Die Ausübung vollständiger Kontrolle über die Kommunikationspartner von Seiten der Kommunikatoren. Die Kontrolle bezieht sich sowohl auf die Kommunikation als auch auf die Sanktionen, und sie wird eingesetzt, um die erwünschten Einstellungen oder Verhaltensweisen hervorzurufen.

Übersteigerung (overintensification). Der Ausdruck stärkerer emotionaler Beteiligung, als man in Wirklichkeit fühlt.

Umgang mit sozialen Verpflichtungen (debt management). Im sozialen Bereich ein Prozeß, durch den ein Individuum seine sozialen Schulden minimal hält. Die sozialen Schulden hängen nicht nur ab von den Belohnungen und Kosten des "Spenders" und des "Empfängers", sondern sie hängen auch davon ab, in welchem Grade die Handlungen des "Spenders" vom "Empfänger" als freiwillig, beabsichtigt oder ohne von verdeckten, dunklen Motiven veranlaßt wahrgenommen werden.

Unabhängigkeit (independence). Die Freiheit, mit der eine Person in einer Gruppe bestimmte Tätigkeiten ausüben kann. Diese läßt sich ableiten aus seiner Position in der Kommunikationsstruktur, aus den Handlungen der anderen Gruppenmitglieder, aus Situationsfaktoren und daraus, wie er selbst die Situation wahrnimmt und begreift.

Undifferenzierte Aussage (undifferentiating item). Bei der Personenbeschreibung das niedrigste Beschreibungsniveau. Hier wird Bezug genommen auf den materiellen Besitz oder die soziale Umgebung eines Individuums.

Uniformitätsindex (index of conformity). Ein numerischer Ausdruck, der die Eindeutigkeit und Stärke eines Stereotyps beschreibt.

Universalistische Orientierung (universalistic orientation). Eine Tendenz, sich gegenüber anderen aufgrund einer abstrakten Kategorisierung zu verhalten, und sie nicht als besondere Individuen zu behandeln. (Vgl. auch: partikularistische Orientierung).

Unterstützung (des Vorurteils) durch die Umwelt (environmental supports (for prejudice)). Soziale Bedingungen und individuelle Eigenschaften, die negative Einstellungen gegenüber Mitgliedern von Minoritäten unterstützen.

Unterstützung einer Einstellung (bolstering). In der Balance-Theorie ist damit die Unterstützung eines Einstellungsobjektes gemeint. Dieses wird durch die Verbindung mit anderen in einen ausbalancierten Zustand gebracht. Normalerweise erfährt ein Einstellungselement, das im Gegensatz zu der beeinflussenden Mitteilung steht, diese zusätzliche Unterstützung, so daß man der Mitteilung widerstehen kann.

Validierung durch Übereinstimmung (consensual validation). Ein Prozeß, in dem ein Individuum seine Gedanken und Meinungen mit denen anderer vergleicht, um festzustellen, ob sie gültig (=valide) sind.

Veränderung der Risikobereitschaft (risky shift). Das Phänomen, daß eine Gruppenentscheidung generell risikofreudiger ist als der Durchschnitt der Entscheidungen der einzelnen Mitglieder vor der Gruppendiskussion.

Verantwortlichkeit (responsibility). Das Maß an willentlicher Beteiligung an einer bestimmten Handlung. Wird die Ursache einer Handlung als extern angenommen, so gesteht man dem Individuum geringe Verantwortlichkeit dafür zu. Wird die Ursache der Handlung als im Akteur liegend betrachtet, so gilt er für die Handlung als verantwortlich.

Vergleichsniveau (comparison level). In der Austauschtheorie die Höhe der Erwartung oder des erwarteten Ertrags. Diese ist geprägt von den bisherigen Erfahrungen eines Individuums in einer Beziehung, von seinen bisherigen Erfahrungen in vergleichbaren Beziehungen, von seinem Urteil darüber, welche Erträge andere, die ihm ähnlich sind, erhalten, und von seiner Einschätzung der Erträge, die es in alternativen Beziehungen erreichen kann.

Verhaltensmodifikation (behavior modification). Die Form der Psychotherapie, die von behavioristischen Lernprinzipien Gebrauch macht.

Verhaltensstruktur (behavior setting). Eine Analyseeinheit, mit deren Hilfe eine Handlungsweise in einer besonderen Situation beschrieben wird (z.B. das Verhalten in der Kirche).

Verhandeln (bargaining). Nach der Austauschtheorie ein Prozeß, in dem von zwei oder mehreren Personen jede versucht, eine Definition der Situation und der resultierenden Beziehung auszuhandeln, die ihre Erträge maximiert.

Verneinung (denial). In der Balance-Theorie die Aussage, daß der Wert eines Einstellungselements das Gegenteil von dem ist, was der Kommunikator gesagt hat. Verneinung ist eine Form des Widerstandes gegen Einstellungsänderungen.

Verstärkungskontingenzen (contingencies of reinforcement). Im Behaviorismus eine Beziehung zwischen folgenden drei Elementen: (1) die Gelegenheit, bei der die Reaktion auftritt, (2) die Reaktion selbst und (3) die Einwirkung der Umgebung auf den Organismus, nachdem eine Reaktion erfolgt ist.

Verstellungsregeln (display rules). Verschiedene Verhaltensweisen, durch die eine Emotion dargestellt wird, die sich von den wahren Gefühlen gegenüber einer bestimmten Person unterscheidet. Es gibt dabei vier Möglichkeiten: Abschwächungsversuche, Übersteigerung der Gefühle, Maskierung und Neutralisierung.

Vertrauen (trust). Eine Einstellung, die sich in einem Verhalten widerspiegelt, das einer anderen Person möglich macht, den anderen zu übervorteilen.

Vorurteil (prejudice). Eine Einstellung, die eine Disposition schafft, günstig oder ungünstig von einer Gruppe oder ihren Mitgliedern zu denken, zu fühlen, sie günstig oder ungünstig wahrzunehmen und für oder gegen sie zu handeln.

Vorwarnen (forewarning). Den Empfänger einer Botschaft darüber informieren, welche Absicht der Kommunikator mit der Botschaft hat. Eine Forschungsrichtung über Einstellungsänderung hat versucht, die Auswirkungen eines Vorwarnens auf die Einstellungsänderung zu bestimmen.

Vorwegnehmende Entschuldigung (preapology). Ein Vorwort zu den eigenen Ausführungen. Es hat die Funktion, andere davon abzuhalten, die eigenen Fachkenntnisse oder deren Exaktheit in Frage zu stellen.

Wahre Gruppeneffekte (true group effects). Gruppenleistungen, die von vergleichbaren Leistungen von Einzelindividuen, die alleine ohne gegenseitige Beeinflussung arbeiten, abweichen.

Wechselseitige Bedürfnisbefriedigung (mutual need gratification). Eine Form der Komplementarität, bei der jedes Mitglied einer Dyade ein inneres Verlangen hat, das sich in einem Verhalten ausdrückt, das für den anderen belohnend ist.

Wechselwähler (marginal persons (in voting)). Individuen, die nicht fest entschlossen sind, wen sie wählen sollen, die oft während eines Wahlkampfes ihre Meinung wechseln oder sich spät am Ende eines Wahlkampfes entschließen.

Werte (values). Vorstellung über wünschenswerte Zustände, die den Mitgliedern einer Gruppe oder Kultur gemeinsam sind.

Zentralität in der Kommunikation (communication centrality). Die Stellung in einer Gruppe, die einem Individuum die größte Möglichkeit zum Übertragen und zum Empfang von Informationen verschafft.

Zentralität-Peripherität (centrality-peripherality). Die Stellung eines Individuums in einer Kommunikationsstruktur. Zentrale Positionen erlauben den direkten Zugang zu einer maximalen Zahl von anderen Gruppenmitgliedern; periphere Positionen erlauben den geringsten Zugang zu anderen.

Zielhandlung (target act). Die Handlung (z.B. ein Bekenntnis, ein Kauf, ein Gefallen, eine Meinungsänderung), die das Objekt eines Einflußversuchs ausführen muß.

Zielperson (target person). Das Objekt eines Einflußversuchs.

Zweistufiger Kommunikationsfluß (two-step flow of communication). Die Art iud Weise,in der sich viele Massenkommunikationen ausbreiten:Sie werden den einzelnen indirekt durch andere Personen vermittelt.

LITERATUR

ABELSON, R. P. Modes of resolution of belief dilemmas. *Journal of Conflict Resolution,* 1959, **3,** 343-352.

ABELSON, R. P. Psychological implication. In R. P. Abelson et al. (Eds.), *Theories of cognitive consistency: A sourcebook.* Chicago: Rand McNally & Company, 1968. Pp. 112-139.

ABELSON, R. P., E. ARONSON, W. J. MCGUIRE, T. M. NEWCOMB, M. J. ROSENBERG, & P. H. TANNENBAUM (Eds.). *Theories of cognitive consistency: A sourcebook.* Chicago: Rand McNally & Company, 1968.

ABELSON, R. P., & G. S. LESSER. The measurement of persuasibility in children. In C. I. Hovland & I. L. Janis (Eds.), *Personality and persuasibility.* New Haven, Conn.: Yale University Press, 1959. Pp. 141-166.

ABELSON, R. P., & J. C. MILLER. Negative persuasion via personal insult. *Journal of Experimental Social Psychology,* 1967, **3,** 321-333.

ADAMS, J. S. Reduction of cognitive dissonance by seeking consonant information. *Journal of Abnormal and Social Psychology,* 1961, **62,** 74-78.

ADAMS, J. S. Inequity in social exchange. In L. Berkowitz (Ed.), *Advances in experimental social psychology.* Vol. 2. New York: Academic Press, Inc., 1965, Pp. 267-299.

ADAMS, J. S., & W. B. ROSENBAUM. The relationship of worker productivity to cognitive dissonance about wage inequities. *Journal of Applied Psychology,* 1962, **46,** 161-164.

ADAMS, S. Status congruency as a variable in small group performance. *Social Forces,* 1953, **32,** 16-22.

ADDINGTON, D. W. The relationship of selected vocal characteristics to personality perception. *Speech Monographs,* 1968, **35,** 492-503.

ADORNO, T. W., E. FRENKEL-BRUNSWIK, D. J. LEVINSON, & R. N. SANFORD. *The authoritarian personality.* New York: Harper & Row, Publishers, Inc., 1950.

AJZEN, I., & M. FISHBEIN. The prediction of behavior from attitudinal and normative variables. *Journal of Experimental Social Psychology,* 1970, **6,** 466-487.

ALEXANDER, C. H., JR., & J. EPSTEIN. Problems of dispositional inference in person perception. *Sociometry,* 1969, **32,** 381-395.

ALEXANDER, H. E. Broadcasting and politics. In M. K. Jennings & L. H. Zeigler (Eds.), *The Electoral Process.* Englewood Cliffs, N. J.: Prentice-Hall, Inc., 1966. Pp. 81-104.

ALEXANDER, N. C. A method for processing sociometric data. *Sociometry,* 1963, **26,** 268-269.

ALLEN, V. L., & R. S. CRUTCHFIELD. Generalization of experimentally reinforced conformity. *Journal of Abnormal and Social Psychology,* 1963, **67,** 326-333.

ALLPORT, G. W. *The nature of prejudice.* Garden City, N.Y.: Doubleday & Company, Inc., 1958.

ALLPORT, G. W., & B. M. KRAMER. Some roots of prejudice. *Journal of Psychology,* 1946, **22,** 9-39.

ALTMAN, I., & W. W. HAYTHORN. Interpersonal exchange in isolation. *Sociometry,* 1965, **28,** 411-426.

ANDERSON, H. H., & H. M. BREWER. Studies of teachers' classroom personalities. I.

Dominative and socially integrative behavior of kindergarten teachers. *Journal of Applied Psychology Monograph,* No. 6. Stanford, Calif.: Stanford University Press, 1945.

ANDERSON, H. H., & J. E. BREWER. Studies of teachers' classroom personalities. II. Effects of teachers' dominative and integrative contacts on children's classroom behavior. *Journal of Applied Psychology Monograph,* No. 8. Stanford, Calif.: Stanford University Press, 1946.

ANDERSON, H. H., J. E. BREWER, & M. F. REED. Studies of teachers' classroom personalities. III. Follow-up studies of the effects of dominative and integrative contacts on children's behavior. *Journal of Applied Psychology Monograph,* No. 11. Stanford, Calif.: Stanford University Press, 1946.

ANDERSON, N. H. Test of a model for opinion change. *Journal of Abnormal and Social Psychology,* 1959, **59,** 371-381.

ANDERSON, N. H. Integration theory and attitude change. *Psychological Review,* 1971, **78,** 171-206.

ANDERSON, N. H. Information integration theory: A brief survey. Technical Report No. 24. La Jolla: University of California, Center for Human Information Processing, April 1972.

ANDERSON, N. H., & S. HUBERT. Effects of concomitant verbal recall on order effects in personality impression formation. *Journal of Verbal Learning and Verbal Behavior,* 1963, **2,** 379-391.

ANDREWS, I. R. Wage inequity and job performance: An experimental study. *Journal of Applied Psychology,* 1967, **51,** 39-45.

ARCHIBALD, W. P., & R. L. COHEN. Self-presentation, embarrassment, and facework as a function of self-evaluation, conditions of self-presentation, and feedback from others. *Journal of Personality and Social Psychology,* 1971, **20,** 287-297.

ARGYLE, M. Non-verbal communication in human social interaction. In R. Hinde (Ed.), *Non-verbal communication.* New York: Cambridge University Press, 1972.

ARGYLE, M., & J. DEAN. Eye contact, distance, and affiliation. *Sociometry,* 1965, **28,** 289-304.

ARGYLE, M., & B. R. LITTLE. Do personality traits apply to social behavior? *Journal for the Theory of Social Behavior,* 1972, **2,** 1-35.

ARGYLE, M., V. SALTER, H. NICHOLSON, M. WILLIAMS, & P. BURGESS. The communication of inferior and superior attitudes by verbal and non-verbal signals. *British Journal of Social and Clinical Psychology,* 1970, **9,** 222-231.

ARGYRIS, C. *Understanding organizational behavior.* Homewood, Ill.: The Dorsey Press, 1960.

ARONFREED, J. Punishment learning and internalization: Some parameters of reinforcement and cognition. Paper presented at the biennial meeting of the Society for Research in Child Development, Minneapolis, March 1965.

ARONFREED, J. The internalization of social control through punishment: Experimental studies of the role of conditioning and the second signal system in the development of conscience. *Proceedings of the 18th International Congress of Psychology, Moscow,* 1966.

ARONFREED, J. *Conduct and conscience: The socialization of internalized control over behavior.* New York: Academic Press, Inc., 1968.

ARONFREED, J., & A. REBER. Internalized behavioral suppression and the timing of social punishment. *Journal of Personality and Social Psychology,* 1965, **1,** 3-16.

ARONSON, E. Dissonance theory: Progress and problems. In R. P. Abelson et al. (Eds.), *Theories of cognitive consistency: A sourcebook.* Chicago: Rand McNally & Company, 1968. Pp. 5-27.

ARONSON, E. The theory of cognitive dissonance: A current perspective. In L. Berkowitz (Ed.), *Advances in experimental social psychology.* Vol. 4. New York: Academic Press, Inc., 1969. Pp. 1-34.

ARONSON, E., & V. COPE. My enemy's enemy is my friend. *Journal of Personality and Social Psychology,* 1968, **8,** 8-12.

ARONSON, E., & D. LINDER. Gain and loss of esteem as determinants of interpersonal attractiveness. *Journal of Experimental Social Psychology,* 1965, **1**(2), 156-171.

ARONSON, E., & D. R. METTEE. Dishonest behavior as a function of differential levels of induced self-esteem. *Journal of Personality and Social Psychology,* June, 1968, **9,** 121-127.

ARONSON, E., & J. MILLS. The effects of severity of initiation on liking for a group. *Journal of Abnormal and Social Psychology,* 1959, **59,** 177-181.

ARONSON, E., J. A. TURNER, & J. M. CARLSMITH. Communicator credibility and communication discrepancy as determinants of opinion change. *Journal of Abnormal and Social Psychology,* 1963, **67,** 31-36.

ARONSON, E., & P. WORCHEL. Similarity versus liking as determinants of interpersonal attractiveness. *Psychonomic Science,* 1966, **5,** 157-158.

ASCH, S. E. Studies of independence and conformity. A minority of one against a unanimous majority. *Psychological Monographs,* 1956, **70** (9, Whole No. 416).

ASHMORE, R. D. Intergroup contact as a prejudice-reduction technique: An experimental examination of the shared-coping approach and four alternative explanations. Unpublished Ph.D. dissertation, Los Angeles: University of California, 1969.

ATKINSON, J. W. Toward experimental analysis of human motivation in terms of motives, expectancies and incentives. In J. W. Atkinson (Ed.), *Motives in fantasy, action, and society.* Princeton, N.J.: D. Van Nostrand Company, Inc., 1958. Pp. 288-305.

ATKINSON, J. W. *An introduction*

to motivation. Princeton, N.J.: D. Van Nostrand Company, Inc., 1964.

ATKINSON, J. W., & N. T. FEATHER. *A theory of achievement motivation.* New York: John Wiley & Sons, Inc., 1966.

ATKINSON, J. W., & G. H. LITWIN. Achievement motive and test anxiety conceived as motive to approach success and motive to avoid failure. *Journal of Abnormal and Social Psychology,* 1960, **60,** 52-63.

ATKINSON, J. W., & P. O'CONNOR. Neglected factors in studies of achievement-oriented performance: Social approval as an incentive and performance decrement. In J. W. Atkinson & N. F. Feather (Eds.), *A theory of achievement motivation.* New York: John Wiley & Sons, Inc., 1966.

AZRIN, M. H., R. R. HUTCHINSON, & D. F. HAKE. Extinction-induced aggression. *Journal of the Experimental Analysis of Behavior,* 1966, **9,** 191-204.

BACK, K. W. Influence through social communication. *Journal of Abnormal and Social Psychology,* 1951, **46,** 9-23.

BACK, K. W. *Beyond words: The story of sensitivity training and the encounter movement.* New York: Russell Sage Foundation, 1972.

BACK, K. W., & K. E. DAVIS. Some personal and situational factors relevant to the consistency and prediction of conforming behavior. *Sociometry,* 1965, **28,** 227-240.

BACKMAN, C. W. Social psychology and innovations in education. In M. C. Reynolds (Ed.), *Proceedings of the conference on psychology and the process of schooling in the next decade: Alternative conceptions.* Minneapolis, Minn.: Leadership Training Institute, Special Education, 1971. Pp. 81-93.

BACKMAN, C. W., & P. F. SECORD. The effect of perceived liking on interpersonal attraction. *Human Relations,* 1959, **12,** 379-384.

BACKMAN, C. W., & P. F. SECORD. Liking, selective interaction, and misperception in congruent interpersonal relations. *Sociometry,* 1962, **25,** 321-335.

BACKMAN, C. W., & P. F. SECORD. The compromise process and the affect structure of groups. *Human Relations,* 1964, **17**(1), 19-22.

BACKMAN, C. W., & P. F. SECORD. The self and role selection. In C. Gordon & K. J. Gergen (Eds.), *The self in social interaction.* New York: John Wiley & Sons, Inc., 1968. *(a)*

BACKMAN, C. W., & P. F. SECORD. *A social psychological view of education.* New York: Harcourt Brace & World, Inc., 1968. *(b)*

BACKMAN, C. W., P. F. SECORD, & J. R. PEIRCE. Resistance to change in the self concept as a function of perceived consensus among significant others. *Sociometry,* 1963, **26,** 102-111.

BALES, R. F. A set of categories for the analysis of small group interaction. *American Sociological Review,* 1950, **15,** 146-159.

BALES, R. F. Some uniformities of behavior in small social systems. In G. E. Swanson, T. M. Newcomb, & E. L. Hartley (Eds.), *Readings in social psychology.* (Rev. ed.) New York: Holt, Rinehart and Winston, Inc., 1952. Pp. 146-159.

BALES, R. F. The equilibrium problem in small groups. In T. Parsons, R. F. Bales, & E. A. Shils, *Working papers in the theory of action.* Glencoe, Ill.: The Free Press, 1953. Pp. 111-161.

BALES, R. F. *Personality and interpersonal behavior.* New York: Holt, Rinehart and Winston, Inc., 1970.

BALES, R. F., & E. F. BORGATTA. Size of group as a factor in the interaction profile. In A. P. Hare, E. F. Borgatta, & R. F. Bales (Eds.), *Small groups.* New York: Alfred A. Knopf, Inc., 1956. Pp. 369-413.

BALES, R. F., & A. P. HARE. Diagnostic use of the interaction profile. *Journal of Social Psychology,* 1965, **67,** 239-258.

BALES, R. F., & P. E. SLATER. Role differentiation in small decision-making groups. In T. Parsons & R. F. Bales (Eds.), *Family, socialization and interaction process.* Chicago: The Free Press of Glencoe, Ill., 1955. Pp. 259-306.

BALES, R. F., & F. L. STRODTBECK. Phases in group problem solving. *Journal of Abnormal and Social Psychology,* 1951, **46,** 485-495.

BALES, R. F., F. L. STRODTBECK, T. M. MILLS, & M. E. ROSEBOROUGH. Channels of communication in small groups. *American Sociological Review,* 1951, **16,** 461-468.

BANDURA, A. Influence of models' reinforcement contingencies on the acquisition of imitative responses. *Journal of Personality and Social Psychology,* 1965, **1,** 589-595.

BANDURA, A. Social learning theory of identificatory processes. In D. A. Goslin (Ed.), *The handbook of socialization theory and research.* Chicago: Rand McNally & Company, 1969.

BANDURA, A. *Social learning theory.* New York: McCaleb-Seiler, 1971.

BANDURA, A., J. E. GRUSEC, & F. L. MENLOVE. Observational learning as a function of symbolization and incentive set. *Child Development,* 1966, **37,** 499-506.

BANDURA, A., J. E. GRUSEC, & F. L. MENLOVE. Some determinants of self-monitoring reinforcement systems. *Journal of Personality and Social Psychology,* 1967, **5,** 449-455.

BANDURA, A., & M. B. HARRIS. Modification of syntactic style. *Journal of Experimental Child Psychology,* 1966, **4,** 341-352.

BANDURA, A., & A. C. HUSTON. Identification as a process of incidental learning. *Journal of Abnormal and Social Psychology,* 1961, **63,** 311-318.

BANDURA, A., & C. J. KUPERS. Transmission of patterns of self-reinforcement through modeling. *Journal of Abnormal and Social Psychology,* 1964, **69,** 1-9.

BANDURA, A., & W. MISCHEL. Modification and self-imposed delay of reward through exposure to live and symbolic models. *Journal of*

Personality and Social Psychology, 1965, **2,** 698-705.

BANDURA, A., D. ROSS, & S. A. ROSS. Transmission of aggression through imitation of aggressive models. *Journal of Abnormal and Social Psychology,* 1961, **63,** 575-582.

BANDURA, A., D. ROSS, & S. A. ROSS. A comparative test of the status envy, social power, and secondary reinforcement theories of identificatory learning. *Journal of Abnormal and Social Psychology,* 1963, **67,** 527-534. *(a)*

BANDURA, A., D. ROSS, & S. A. ROSS. Vicarious reinforcement and imitative learning. *Journal of Abnormal and Social Psychology,* 1963, **67,** 601-607. *(b)*

BANDURA, A., & R. H. WALTERS. *Adolescent aggression.* New York: The Ronald Press Company, 1959.

BANDURA, A., & R. H. WALTERS. *Social learning and personality development.* New York: Holt, Rinehart and Winston, Inc., 1963.

BANDURA, A., & C. WHALEN. The influence of antecedent reinforcement and divergent modeling cues on patterns of self-reward. *Journal of Personality and Social Psychology,* 1966, **3,** 373-382.

BARBER, T. X., & M. J. SILVER. Fact, fiction and the experimenter bias effect. *Psychological Bulletin Monograph,* 1968, **70**(6, Pt. 2).

BARKER, R. G. *Ecological psychology: Concepts and methods for studying the environment of human behavior.* Stanford, Calif.: Stanford University Press, 1968.

BARNARD, C. I. *The functions of the executive.* Cambridge, Mass.: Harvard University Press, 1938.

BARTOS, O. J. Concession making in experimental negotiations. In J. Berger, M. Zelditch, & B. Anderson (Eds.), *Sociological theories in progress.* Boston: Houghton Mifflin Company, 1965.

BASS, B. M. An analysis of the leaderless group discussion. *Journal of Applied Psychology,* 1949, **33,** 527-533.

BASS, B. M. Amount of participation, coalescence, and profitability of decision making discussions. *Journal of Abnormal and Social Psychology,* 1963, **67,** 92-94.

BATEMAN, R. M., & H. H. REMMERS. A study of the shifting attitude of high school students when subjected to favorable and unfavorable propaganda. *Journal of Social Psychology,* 1941, **13,** 395-406.

BATES, F. L. Position, role, and status: A reformulation of concepts. *Social Forces,* 1956, **34,** 313-321.

BATESON, N. Familiarization, group discussion, and risk taking. *Journal of Experimental Social Psychology,* 1966, **2,** 119-129.

BAYTON, J. A., L. B. MCALISTER, & J. HAMER. Section B: Race-class stereotypes. *Journal of Negro Education,* Winter, 1956, **25,** 75-78.

BEACH, L., & M. WERTHEIMER. A free response approach to the study of person cognition. *Journal of Abnormal and Social Psychology,* 1961, **62,** 367-374.

BECHTEL, R. B., & H. M. ROSENFELD. Expectations of social acceptance and compatibility as related to status discrepancy and social motives. *Journal of Personality and Social Psychology,* 1966, **3,** 344-349.

BECKER, H. S. Inference and proof in participant observation. *American Sociological Review,* 1958, **23,** 652-660.

BECKER, H. S. *Outsiders: Studies in the sociology of deviance.* New York: The Free Press, 1963.

BECKER, H. S., B. GEER, E. C. HUGHES, & A. L. STRAUSS. *Boys in white.* Chicago: The University of Chicago Press, 1961.

BECKER, M. H. Sociometric location and innovativeness: Reformulation and extension of the diffusion model. *American Sociological Review,* 1970, **35,** 267-282.

BEIGHLEY, K. C. An experimental study of the effect of four speech variables on listener comprehension. *Speech Monographs,* 1952, **19,** 249-258.

BELTH, N. C. Discrimination and the power structure. In N. C. Belth (Ed.), *Barriers: Patterns of discrimination against Jews.* New York: Anti-Defamation League of B'nai B'rith, 1958. Pp. 10-15.

BEM, D. J. Self-perception: An alternative interpretation of cognitive dissonance phenomena. *Psychological Review,* 1967, **74,** 183-200.

BENEDICT, R. Continuities and discontinuities in cultural conditioning. *Psychiatry,* 1938, **1,** 161-167.

BENNE, K. D., & P. SHEATS. Functional roles of group members. *Journal of Social Issues,* 1948, **4,** 41-50.

BENNETT, E. Discussion, decision, commitment and consensus in "group decision." *Human Relations,* 1955, **8,** 251-274.

BENOIT-SMULLYAN, E. Status, status types and status interrelations. *American Sociological Review,* 1944, **9,** 151-161.

BERELSON, B. R., P. F. LAZARSFELD, & W. N. MCPHEE. *Voting: A study of opinion formation in a presidential campaign.* Chicago: The University of Chicago Press, 1954.

BERELSON, B. R., & P. J. SALTER. Majority and minority Americans: An analysis of magazine fiction. *Public Opinion Quarterly,* 1946, **10,** 168-190.

BERGER, E. M. The relations between expressed acceptance of self and expressed acceptance of others. *Journal of Abnormal and Social Psychology,* 1952, **47,** 778-782.

BERGER, J. B., P. COHEN, & M. ZELDITCH, JR. Status characteristics and expectation states. In J. Berger, M. Zelditch, & B. Anderson (Eds.), *Sociological theories in progress.* Vol. 1. Boston: Houghton Mifflin Company, 1966.

BERGER, S., & W. W. LAMBERT. Stimulus-response theory in contemporary social psychology. In G. Lindzey & E. Aronson (Eds.), *The Handbook of Social Psychology.* (2nd ed.) Vol. I. Reading, Mass.: Addison-Wesley Publishing Company, Inc., 1968.

BERGIN, A. E. The effect of dissonant persuasive communications on changes in a self-referring attitude. *Journal of Personality,* 1962, **30,** 423-438.

BERKOWITZ, L. Sharing leadership in small, decision-making groups. *Journal of Abnormal and Social Psychology,* 1953, **48,** 231-238.

BERKOWITZ, L. Anti-semitism and the displacement of aggression. *Journal of Abnormal and Social Psychology,* 1959, **59,** 182-188.

BERKOWITZ, L. Anti-semitism, judgmental processes, and displacement of hostility. *Journal of Abnormal and Social Psychology,* 1961, **62,** 210-215.

BERKOWITZ, L. The concept of aggressive drive: Some additional considerations. In L. Berkowitz (Ed.), *Advances in experimental social psychology.* Vol. 2. New York: Academic Press, Inc., 1965.

BERKOWITZ, L. The frustration-aggression hypothesis revisited. In L. Berkowitz (Ed.), *Roots of aggression.* New York: Atherton Press, Inc., 1969.

BERKOWITZ, L. The contagion of violence: An S-R mediational analysis of some effects of observed aggression. In W. J. Arnold & M. M. Page (Eds.), *Nebraska Symposium on Motivation.* Lincoln: University of Nebraska Press, 1970. Pp. 95-136.

BERKOWITZ, L., & D. R. COTTINGHAM. The interest value and relevance of fear arousing communications. *Journal of Abnormal and Social Psychology,* 1960, **60,** 37-43.

BERKOWITZ, L., & L. R. DANIELS. Responsibility and dependency. *Journal of Abnormal and Social Psychology,* 1963, **66,** 429-436.

BERKOWITZ, L., & L. R. DANIELS. Affecting the salience of the social responsibility norm: Effects of past help on the response to dependency relationships. *Journal of Abnormal and Social Psychology,* 1964, **68,** 275-281.

BERKOWITZ, L., & R. GEEN. The stimulus qualities of the target of aggression. A further study. *Journal of Personality and Social Psychology,* 1967, **5,** 364-368.

BERKOWITZ, L., & J. A. GREEN. The stimulus qualities of the scapegoat. *Journal of Abnormal and Social Psychology,* 1962, **64,** 293-301.

BERKOWITZ, L., S. B. KLANDERMAN, & R. HARRIS. Effects of experimenter awareness and sex of subject and experimenter on reactions to dependency relationship. *Sociometry,* 1964, **27,** 327-337.

BERKOWITZ, L., & A. LE PAGE. Weapons as aggression-eliciting stimuli. *Journal of Personality and Social Psychology,* 1967, **7,** 202-207.

BERKOWITZ, L., & B. I. LEVY. Pride in group performance and group-task motivation. *Journal of Abnormal and Social Psychology,* 1956, **53,** 300-306.

BERKOWITZ, M. I. An experimental study of the relation between group size and social organization. Unpublished doctoral dissertation, Yale University, 1958.

BERLO, D. K., J. B. LEMERT, & R. J. MERTZ. Dimensions for evaluating the acceptability of message sources. *Public Opinion Quarterly,* 1969-1970, **33,** 563-576.

BERMANN, E. A. Compatibility and stability in the dyad. Paper presented at the meeting of the American Psychological Association, New York, September 1966.

BERNE, E. *Transactional analysis in psychotherapy: A systematic individual and social psychiatry.* New York: Grove Press, Inc., 1961.

BERSCHEID, E., D. BOYE, & J. M. DARLEY. Effect of forced association upon voluntary choice to associate. *Journal of Personality and Social Psychology,* 1968, **8,** 13-19.

BERSCHEID, E., & E. WALSTER. Beauty and the best. *Psychology Today,* 1972, **5**(10), 42-46, 74.

BERSCHEID, E., & E. WALSTER. Physical attractiveness. In L. Berkowitz (Ed.), *Advances in experimental social psychology.* Vol. 7. New York: Academic Press, Inc., 1973, in press.

BETTELHEIM, B. Individual and mass behavior in extreme situations. *Journal of Abnormal and Social Psychology,* 1943, **38,** 417-452.

BETTINGHAUS, E. P. Operation of congruity in an oral communication setting. *Speech Monographs,* 1961, **28,** 131-142.

BIDDLE, B. J., H. A. ROSENCRANZ, & E. T. RANKIN. *Studies in the role of the public school teacher.* Columbia: University of Missouri Press, 1961.

BIDWELL, C. E. The young professional in the army: A study of occupational identity. *American Sociological Review,* 1961, **26,** 360-372.

BIERI, J. Cognitive complexity-simplicity and predictive behavior. *Journal of Abnormal and Social Psychology,* 1955, **51,** 263-268.

BIESANZ, J., & L. M. SMITH. Race relations in Panama and the Canal Zone. *American Journal of Sociology,* 1951, **57,** 7-14.

BIRDWHISTELL, R. L. *Introduction to kinesics.* Louisville, Ky.: University of Louisville Press, Foreign Services Institute, 1952.

BLAKE, R. R., H. HELSON, & J. S. MOUTON. The generality of conformity behavior as a function of factual anchorage, difficulty of task, and amount of social pressure. *Journal of Personality,* 1956, **25,** 294-305.

BLAKE, R. R., & J. S. MOUTON. Conformity, resistance, and conversion. In I. A. Berg & B. M. Bass (Eds.), *Conformity and deviation.* New York: Harper & Brothers, 1961. Pp. 1-37.

BLANK, A. Effects of group and individual conditions on choice behavior. *Journal of Personality and Social Psychology,* 1968, **8,** 294-298.

BLAU, P. M. *The dynamics of bureaucracy.* Chicago: The University of Chicago Press, 1955.

BLAU, P. M. *Exchange and power in social life.* New York: John Wiley & Sons, Inc., 1964. *(a)*

BLAU, P. M. Justice in social exchange. *Sociological Inquiry,* 1964, **34,** 193-206. *(b)*

BLAU, P. M., & W. R. SCOTT. *Formal organizations.* San Francisco: Chandler Publishing Company, Inc., 1962. Pp. 107-108.

BLOCH, H. A., & A. NIEDERHOFFER. *The gang: A study in adolescent behavior.* New York: Philosophical Library, Inc., 1958.

BLOOD, R. O., JR., & D. M. WOLFE. *Husbands and wives: The dynamics of married living.* New York: The Free Press of Glencoe, Inc., 1960.

BLOOMBAUM, M. Factors in the resolution of role conflict. Paper presented at the meeting of the American Sociological Association, St. Louis, Mo., September 1961.

BLUMER, H. *Symbolic interactionism: Perspective and method.* Englewood Cliffs, N.J.: Prentice-Hall, Inc., 1969.

BLUMLER, J. G., & D. MCQUAIL. *Television in politics.* Chicago: The University of Chicago Press, 1969.

BLUMSTEIN, P. W. An experiment in identity bargaining. Unpublished doctoral dissertation. Nashville, Tenn.: Vanderbilt University, 1970.

BOCHNER, S., & C. A. INSKO. Communicator discrepancy, source credibility and opinion change. *Journal of Personality and Social Psychology,* 1966, **4,** 614-621.

BOHNSTEDT, M. A. Stability and change of self conception. Unpublished doctoral dissertation, University of Nevada, 1970.

BONNEY, M. E., R. E. HOBLIT, & A. H. DREYER. A study of some factors related to sociometric status in a men's dormitory. *Sociometry,* 1953, **16,** 287-301.

BORGATTA, E. F. Attitudinal concomitants to military statuses. *Social Forces,* 1955, **33,** 342-347.

BORGATTA, E. F., & R. F. BALES. Interaction of individuals in reconstituted groups. *Sociometry,* 1953, **16,** 302-320.

BORGATTA, E. F., A. S. COUCH, & R. F. BALES. Some findings relevant to the great man theory of leadership. *American Sociological Review,* 1954, **19,** 755-759.

BOWERS, J. W. Language intensity, social introversion and attitude change. *Speech Monographs,* 1963, **30,** 345-352.

BOWERS, J. W. The influence of delivery on attitudes toward concepts and speakers. *Speech Monographs,* 1965, **32,** 154-158.

BOWERS, J. W., & M. M. OSBORN. Attitudinal effects of selected types of concluding metaphors in persuasive speech. *Speech Monographs,* 1966, **33,** 147-155.

BOWERMAN, C., & B. DAY. A test of the theory of complementary needs as applied to couples during courtship. *American Sociological Review,* 1956, **21,** 227-232.

BOWLBY, J. *Maternal care and mental health.* Geneva, Switzerland: World Health Organization, 1952.

BOWLBY, J. Separation anxiety. *International Journal of Psychoanalysis,* 1960, **41,** 89-113.

BRAMEL, D. A dissonance theory approach to defensive projection. *Journal of Abnormal and Social Psychology,* 1962, **64,** 121-129.

BRAMEL, D. Dissonance, expectation, and the self. In R. P. Abelson et al. (Eds.), *Theories of cognitive consistency: A sourcebook.* Chicago: Rand McNally & Company, 1968. Pp. 355-365.

BRANDON, A. C. The relevance of expectation as an underlying factor in status incongruence. *Sociometry,* 1965, **28,** 272-288.

BRAY, D. W. The prediction of behavior from two attitude scales. *Journal of Abnormal and Social Psychology,* 1950, **45,** 64-84.

BRAYFIELD, A. H., & W. H. CROCKETT. Employee attitudes and employee performance. *Psychological Bulletin,* 1955, **52,** 396-424.

BREDEMEIER, H. C., & R. M. STEPHENSON. *The analysis of social systems.* New York: Holt, Rinehart and Winston, Inc., 1962.

BREHM, J. W., & A. H. COLE. Effect of a favor which reduces freedom. *Journal of Personality and Social Psychology,* 1966, **3,** 420-426.

BRIGANTE, T. R. Adolescent evaluations of rewarding, neutral, and punishing power figures. *Journal of Personality,* 1958, **26,** 435-450.

BRIM, O. G., JR. Family structure and sex role learning by children: A further analysis of Helen Koch's data. *Sociometry,* 1958, **21,** 1-16.

BRIM, O. G., JR. Personality development as role learning. In I. Iscoe and H. W. Stevenson (Eds.), *Personality development in children.* Austin: University of Texas Press, 1960.

BROCK, T. C., S. M. ALBERT, & L. A. BECKER. Familiarity, utility, and supportiveness as determinants of information receptivity. *Journal of Personality and Social Psychology,* 1970, **14,** 292-301.

BROCK, T. C., & J. L. BALLOUN. Behavioral receptivity to dissonant information. *Journal of Personality and Social Psychology,* 1967, **6,** 413-428.

BROCK, T. C., & A. H. BUSS. Dissonance, aggression, and evaluation of pain. *Journal of Abnormal and Social Psychology,* 1962, **65,** 197-202.

BRODBECK, M. The role of small groups in mediating the effects of propaganda. *Journal of Abnormal and Social Psychology,* 1956, **52,** 166-170.

BRODBECK, M. The influence of propaganda without social support. In D. Willner (Ed.), *Decisions, values and groups.* New York: Pergamon Press, 1960. Pp. 241-245.

BRONFENBRENNER, U. Socialization and social class through time and space. In E. Maccoby, T. M. Newcomb, & E. L. Hartley (Eds.), *Readings in social psychology.*

New York: Holt, Rinehart and Winston, Inc., 1958. Pp. 400-425.

BRONFENBRENNER, U. Early development in mammals: A cross species analysis. In G. Newton, & S. Levine (Eds.), *Early experience and behavior.* Springfield, Ill.: Charles C Thomas, Publisher, 1968.

BRONFENBRENNER, U. *Two worlds of childhood: U.S. and U.S.S.R.* New York: Russell Sage Foundation, 1970.

BROOKOVER, W. B., S. THOMAS, & A. PATERSON. Self concept of ability and school achievement. *Sociology of Education,* 1964, **37,** 271-278.

BROOKOVER, W. B., ET AL. Self concept ability and school achievement. III. Third report on the continuing study of the relations of self concept and achievement. Educational Research Series 36, Cooperative Research Project 2831, February 1967.

BROPHY, I. N. The luxury of anti-Negro prejudice. *Public Opinion Quarterly,* 1946, **9,** 456-466.

BROWN, B. R. The effects of need to maintain face on interpersonal bargaining. *Journal of Experimental Social Psychology,* 1968, **4,** 107-122.

BROWN, B. R. Face-saving following experimentally induced embarrassment. *Journal of Experimental Social Psychology,* 1970, **6,** 255-271.

BROWN, R. W. *Social psychology.* New York: The Free Press, 1965.

BROXTON, J. A. A test of interpersonal attraction predictions derived from balance theory. *Journal of Abnormal and Social Psychology,* 1963, **66,** 394-397.

BRUNER, J. S., & H. V. PERLMUTTER. Compatriot and foreigner: A study of impression formation in three countries. *Journal of Abnormal and Social Psychology,* 1957, **55,** 253-260.

BRUNER, J. S., D. SHAPIRO, & R. TAGIURI. The meaning of traits in isolation and in combination. In R. Tagiuri & L. Petrullo (Eds.), *Person perception and interpersonal behavior.* Stanford, Calif.: Stanford University Press, 1958. Pp. 277-288.

BRUNER, J. S., & R. TAGIURI. The perception of people. In G. Lindzey (Ed.), *Handbook of social psychology.* Vol. I. Cambridge, Mass.: Addison-Wesley Publishing Company, Inc., 1954. Pp. 601-633.

BRYAN, J. H., & M. A. TEST. Models and helping: Naturalistic studies in aiding behavior. *Journal of Personality and Social Psychology,* 1967, **6,** 400-407.

BUCHANAN, W. Stereotypes and tensions as revealed by the UNESCO international poll. *International Social Science Journal,* 1951, **3,** 515-528.

BURCHARD, W. W. Role conflicts of military chaplains. *American Sociological Review,* 1954, **19,** 528-535.

BURGESS, R. L. Communication networks: An experimental re-evaluation. *Journal of Experimental Social Psychology,* 1968, **4,** 324-337.

BURKE, P. J. The development of task and social-emotional role differentiation. *Sociometry,* 1967, **30,** 379-392.

BURKE, P. J. Role differentiation and the legitimation of task activity. *Sociometry,* 1968, **31,** 404-411.

BURKE, P. J. Scapegoating: An alternative to role differentiation. *Sociometry,* 1969, **32,** 159-168.

BURNSTEIN, E., & A. V. MCRAE. Some effects of shared threat and prejudice in racially mixed groups. *Journal of Abnormal and Social Psychology,* 1962, **64,** 257-263.

BURTON, R. V. Generality of honesty reconsidered. *Psychological Review,* 1963, **70,** 481-499.

BYRNE, D., & J. A. BUEHLER. A note on the influence of propinquity upon acquaintanceships. *Journal of Abnormal and Social Psychology,* 1955, **51,** 147-148.

BYRNE, D., & G. L. CLORE, JR. Predicting interpersonal attraction toward strangers presented in three different stimulus modes. *Psychonomic Science,* 1966, **4**(6), 239-240.

BYRNE, D., & G. L. CLORE, JR. Effectance arousal and attraction. *Journal of Personality and Social Psychology Monograph,* 1967, Vol. 6, No. 4 (Whole No. 638).

BYRNE, D., G. L. CLORE, JR., & P. WORCHEL. Effect of economic similarity-dissimilarity on interpersonal attraction. *Journal of Personality and Social Psychology,* 1966, **4,** 220-224.

BYRNE, D., & A. GRIFFITT. Developmental investigation of the law of attraction. *Journal of Personality and Social Psychology,* 1966, **4,** 699-702.

BYRNE, D., W. GRIFFITT, W. HUDGINS, & K. REEVES. Attitude similarity-dissimilarity and attraction: Generality beyond the college sophomore. *Journal of Social Psychology,* 1969, **79,** 155-161.

BYRNE, D., W. GRIFFITT, & D. STEFANIAK. Attraction and similarity of personality characteristics. *Journal of Personality and Social Psychology,* 1967, **5,** 89-90.

BYRNE, D., O. LENDON, & K. REEVES. The effects of physical attractiveness, sex and attitude similarity on interpersonal attraction. *Journal of Personality,* 1968, **36,** 259-271.

BYRNE, D., & D. A. NELSON. Attraction as a linear function of proportion of positive reinforcements. *Journal of Personality and Social Psychology,* 1965, **1,** 659-663.

BYRNE, D., & R. RHAMEY. Magnitude of positive and negative reinforcements as determinant of attraction. *Journal of Personality and Social Psychology,* 1965, **2,** 884-889.

BYRNE, D., R. K. YOUNG, & W. GRIFFITT. The reinforcement properties of attitude statements. *Journal of Experimental Research in Personality,* 1966, **1,** 266-276.

BYRNE, D., & T. J. WONG. Racial prejudice, interpersonal attraction, and assumed dissimilarity of attitudes. *Journal of Abnormal and Social Psychology,* 1962, **65,** 246-253.

CAMPBELL, A., P. E. CONVERSE,

W. E. MILLER, & D. E. STOKES. *The American voter.* New York: John Wiley & Sons, Inc., 1960.

CAMPBELL, D. T. Stereotypes and the perception of group differences. *American Psychologist,* 1967, **22,** 817-829.

CAMPBELL, E. Q., & T. F. PETTIGREW. Racial and moral crisis: The role of Little Rock ministers. *American Journal of Sociology,* 1959, **64,** 509-516.

CAMPBELL, J. D., & M. R. YARROW. Personal and situational variables in adaptation to change. *Journal of Social Issues,* 1958, **14**(1), 29-46.

CANON, L. Self-confidence and selective exposure to information. In L. Festinger, *Conflict, decision, and dissonance.* Stanford, Calif.: Stanford University Press, 1964, Pp. 83-96.

CAPLAN, N. The new ghetto man: A review of recent empirical studies. *Journal of Social Issues,* 1970, **26**(1), 59-73.

CAPLOW. T. A theory of coalitions in the triad. *American Sociological Review,* 1956, **21,** 489-493.

CARITHERS, M. W. School desegregation and racial cleavage, 1954-1970: A review of the literature. *Journal of Social Issues,* 1970, **26**(4), 25-47.

CARLSMITH, J. M., B. E. COLLINS, & R. HELMREICH. Studies in forced compliance: I. Attitude change produced by face-to-face role playing and anonymous essay writing. *Journal of Personality and Social Psychology,* 1966, **4,** 1-13.

CARMICHAEL, C. W., & G. L. CRONKHITE. Frustration and language intensity. *Speech Monographs,* 1965, **32,** 107-111.

CARTER, L. F., W. W. HAYTHORN, & M. HOWELL. A further investigation of the criteria of leadership. *Journal of Abnormal and Social Psychology,* 1950, **45,** 350-358.

CARTER, L. F., & M. NIXON. An investigation of the relationship between four criteria of leadership ability for three different tasks. *Journal of Psychology,* 1949, **27,** 245-261.

CARTER, R. F. Some effects of the debates. In S. Kraus (Ed.), *The great debates.* Bloomington: Indiana University Press, 1962, Pp. 253-270.

CARTWRIGHT, D. The nature of group cohesiveness. In D. Cartwright and A. Zander (Eds.), *Group dynamics: Research and theory.* (3rd ed.) New York: Harper & Row, Publishers, Incorporated, 1968.

CARTWRIGHT, D., & A. ZANDER (Eds.). *Group dynamics: Research and theory.* (2nd ed.) Evanston, Ill.: Row Peterson, 1960.

CAVAN, R. S. Self and role in adjustment during old age. In A. M. Rose (Ed.), *Human behavior and social processes: An interactionist approach.* Boston: Houghton Mifflin Company, 1962.

CHADWICK-JONES, J. K. Intergroup attitudes: A stage in attitude formation. *British Journal of Sociology,* 1962, **13,** 57-63.

CHARTERS, W. W., JR., & T. M. NEWCOMB. Some attitudinal effects of experimentally increased salience of a membership group. In E. Maccoby, T. M. Newcomb, & E. L. Hartley (Eds.), *Readings in social psychology.* New York: Holt, Rinehart and Winston, Inc., 1958. Pp. 276-280.

CHEN, T. H. E. *Thought reform of the Chinese intellectuals.* Fair Lawn, N.J.: Oxford University Press, 1960.

CHEYNE, J. A., & R. H. WALTERS. Intensity of punishment, timing of punishment, and cognitive structure as determinants of response inhibition. *Journal of Experimental Child Psychology,* 1969, **7,** 231-244.

CHRISTIE, L. S., R. D. LUCE, & J. MACY, JR. *Communication and learning in task-oriented groups.* Technical Report No. 231. Cambridge, Mass.: Research Laboratory of Electronics, Massachusetts Institute of Technology. 1952.

CHU, G. C. Culture, personality, and persuasibility. *Sociometry,* 1966, **29,** 169-174.

CHURCH, R. M. The varied effects of punishment on behavior. *Psychological Review,* 1963, **70,** 369-402.

CLARK, J. W. A preliminary investigation of some unconscious assumptions affecting labor efficiency in eight supermarkets. Unpublished doctoral dissertation, Harvard University, 1958.

CLARKE, P., & J. JAMES. The effects of situation, attitude intensity and personality on information-seeking. *Sociometry,* 1967, **30,** 235-245.

CLOWARD, R. A. Illegitimate means, anomie, and deviant behavior. *American Sociological Review,* 1959, **24,** 164-176.

CLOWARD, R. A., & L. E. OHLIN. *Delinquency and opportunity: A theory of delinquent gangs.* New York: The Free Press of Glencoe, Inc., 1960.

COATES, B., & W. W. HARTUP. Age and verbalization in observational learning. *Developmental Psychology,* 1969, **1,** 556-562.

COCH, L., & J. R. P. FRENCH, JR. Overcoming resistance to change. In E. E. Maccoby, T. M. Newcomb, & E. L. Hartley (Eds.), *Readings in social psychology.* (3rd ed.) New York: Holt, Rinehart and Winston, Inc., 1958. Pp. 233-250.

COHEN, A. K. *Delinquent boys, the culture of the gang.* Chicago: The Free Press of Glencoe, Ill., 1955.

COHEN, A. M., & W. G. BENNIS. Continuity of leadership in communication networks. *Human Relations,* 1961, **14,** 351-368.

COHEN, A. M., W. G. BENNIS, & G. H. WOLKON. The effects of changes in communication networks on the behaviors of problem-solving groups. *Sociometry,* 1962, **25,** 177-196.

COHEN, A. M., E. L. ROBINSON, & J. L. EDWARDS. Experiments in organizational embeddedness. *Administrative Science Quarterly,* 1969, **14,** 208-221.

COHEN, A. R. Upward communication in experimentally created hierarchies. *Human Relations,* 1958, **11,** 41-53.

COLEMAN, J. F., R. R. BLAKE, & J. S. MOUTON. Task difficulty and conformity pressures.

Journal of Abnormal and Social Psychology, 1958, **57,** 120-122.

COLEMAN, J. S. *The adolescent society.* New York: The Free Press of Glencoe, Inc., 1961.

COLEMAN, J. S., E. Q. CAMPBELL, C. J. HOBSON, ET AL. *Equality of educational opportunity.* Washington: U.S. Office of Education, 1966.

COLEMAN, J. S., E. KATZ, & H. MENZEL. The diffusion of an innovation among physicians. *Sociometry,* 1957, **20,** 253-270.

COLEMAN, J. S., & D. MCRAE. Electronic processing of sociometric data for groups up to 1,000 in size. *American Sociological Review,* 1960, **25,** 722-727.

COLLINS, B. E. The effect of monetary inducements on the amount of attitude change produced by forced compliance. In A. C. Elms (Ed.), *Role playing, reward, and attitude change.* New York: D. Van Nostrand Company, Inc., 1969. Pp. 209-223.

COLLINS, B. E., R. D. ASHMORE, F. W. HORNBECK, & R. WHITNEY. Studies in forced compliance: XIII and XV. In search of a dissonance-producing forced compliance paradigm. *Representative Research in Social Psychology,* 1970, **1,** 11-23.

COLLINS, B. E., & R. HELMREICH. Studies in forced compliance: II. Contrasting mechanisms of attitude change produced by public-persuasive and private-true essays. *Journal of Social Psychology,* 1970, **81,** 253-264.

COLLINS, B. E., & M. G. HOYT. Personal responsibility-for-consequences: An integration and extension of the "forced-compliance" literature. *Journal of Experimental Social Psychology,* 1972, **8,** 558-593.

COLLINS, B. E., & B. H. RAVEN. Psychological aspects of structure in small groups: Interpersonal attraction, coalitions, communication and power. In G. Lindsey & E. Aronsen (Eds.), *Handbook of social psychology.* Vol. 4. Reading, Mass.: Addison-Wesley Publishing Company, Inc., 1969. Pp. 102-204.

COMMITTEE ON GOVERNMENT OPERATIONS, U.S. SENATE, EIGHTY-FOURTH CONGRESS, SECOND SESSION. Hearings on "Communist interrogation, indoctrination and exploitation of American military and civilian prisoners." June 19, 20, 26, 27, 1956.

CONNOR, R., H. F. GREENE, & J. WALTERS. Agreement of family members' conceptions of "good" parent and child roles. *Social Forces,* 1958, **36,** 353-358.

CONVERSE, P. E. Information flow and the stability of political attitudes. Paper presented at the meeting of the American Psychological Association, New York, September 1961.

COOK, T. D. Competence, counterarguing, and attitude change. *Journal of Personality,* 1969, **37,** 342-358.

COOLEY, C. H. *Human nature and the social order.* New York: Charles Scribner's Sons, 1902. Reprinted: New York: The Free Press of Glencoe, Inc., 1956.

COOPER, J., & E. E. JONES. Opinion divergence as a strategy to avoid being miscast. *Journal of Personality and Social Psychology,* 1969, **13,** 23-30.

COOPER, J., & S. WORCHEL. Role of undesired consequences in arousing cognitive dissonance. *Journal of Personality and Social Psychology,* 1970, **16,** 199-206.

COOPER, J. B. Emotion in prejudice. *Science,* 1959, **130,** 314-318.

COOPER, J. B., & D. POLLOCK. The identification of prejudicial attitudes by the galvanic skin response. *Journal of Social Psychology,* 1959, **50,** 241-245.

COOPER, J. B., & H. E. SIEGEL. The galvanic skin response as a measure of emotion in prejudice. *Journal of Social Psychology,* 1956, **42,** 149-155.

COOPER, J. B., & D. N. SINGER. The role of emotion in prejudice. *Journal of Social Psychology,* 1956, **44,** 241-247.

COOPER, L. (Trans.) *The rhetoric of Aristotle.* New York: Appleton-Century-Crofts, 1932.

COOPERSMITH, S. *The antecedents of self-esteem.* San Francisco: W. H. Freeman and Company, 1967.

COSER, L. *The functions of social conflict.* Chicago: The Free Press of Glencoe, Ill., 1956.

COSER, R. L. Role distance, sociological ambivalence, and transitional status systems. *American Journal of Sociology,* 1966, **72,** 173-187.

COTTRELL, L. S., JR. The analysis of situational fields in social psychology. *American Sociological Review,* 1942, **7,** 370-382.

COUSINS, A. N. Social equilibrium and the psychodynamic mechanism. *Social Forces,* 1951, **30,** 202-209.

COWEN, E. L., J. LANDES, & D. E. SCHAET. The effects of mild frustration on the expression of prejudiced attitudes. *Journal of Abnormal Social Psychology,* 1958, **58,** 33-38.

COX, K. K. Changes in stereotyping of Negroes and whites in magazine advertisements. *Public Opinion Quarterly,* 1969, **33,** 603-606.

CRANDALL, V. C., W. KATKOVSKY, & U. J. CRANDALL. Children's beliefs in their own control of reinforcements in intellectual-academic achievement situations. *Child Development,* 1965, **36,** 91-109.

CRISWELL, J. H. Racial cleavage in Negro-white groups. *Sociometry,* 1937, **1,** 81-89.

CROCKETT, H. J., JR. The achievement motive and differential occupational mobility in the United States. *American Sociological Review,* 1962, **27,** 191-204.

CROCKETT, W. H. Emergent leadership in small, decision-making groups. *Journal of Abnormal and Social Psychology,* 1955, **51,** 378-383.

CROCKETT, W. H., & T. MEIDINGER. Authoritarianism and interpersonal perception. *Journal of Abnormal and Social Psychology,* 1956, **53,** 378-380.

CRONBACH, L. J. Processes affecting scores on "understanding of others" and "assumed similarity." *Psychological Bulletin,* 1955, **52,** 177-193.

CRONBACH, L. J. Proposals leading to analytic treatment of social perception scores. In R. Tagiuri & L. Petrullo (Eds.), *Person perception and interpersonal behavior.* Stanford, Calif.: Stanford University Press, 1958. Pp. 353-380.

CRUTCHFIELD, R. S. Conformity and character. *American Psychologist,* 1955, **10,** 191-198.

CURRY, T. J., & R. M. EMERSON. Balance theory: A theory of interpersonal attraction? *Sociometry,* 1970, **33,** 216-238.

CUTLIP, S. M. Content and flow of AP news: From trunk to TTS to Reader. *Journalism Quarterly,* 1954, **31,** 434-446.

DABBS, J. M., JR. Self-esteem, communicator characteristics, and attitude change. *Journal of Abnormal and Social Psychology,* 1964, **69,** 173-181.

DABBS, J. M., JR., & H. LEVENTHAL. Effects of varying the recommendations in a fear-arousing communication. *Journal of Personality and Social Psychology,* 1966, **4,** 525-531.

DANIELS, M. J. Affect and its control in the medical intern. *American Journal of Sociology,* 1960, **66,** 259-267.

DANIELSON, W. A. Eisenhower's February decision: A study of news impact. *Journalism Quarterly,* 1956, **33,** 433-441.

DARLEY, J. M., & B. LATANÉ. Bystander intervention in emergencies: Diffusion of responsibility. *Journal of Personality and Social Psychology,* 1968, **8,** 377-383.

DAVIS, A., & J. DOLLARD. *Children of bondage.* Washington: American Council on Education, 1940.

DAVIS, F. J. Conceptions of official leader roles in the air force. *Social Forces,* 1954, **32,** 253-258.

DAVIS, J. H., & F. RESTLE. The analysis of problems and prediction of group problem solving. *Journal of Abnormal and Social Psychology,* 1963, **66,** 103-116.

DAVIS, K. Final note on a case of extreme isolation. *American Journal of Sociology,* 1947, **52,** 432-437.

DAVIS, K., & W. E. MOORE. Some principles of stratification. *American Sociological Review,* 1945, **10,** 242-249.

DAVIS, K. E., & E. E. JONES. Changes in interpersonal perception as a means of reducing cognitive dissonance. *Journal of Abnormal and Social Psychology,* 1960, **61,** 402-410.

DAVITZ, J. R. *The communication of emotional meaning.* New York: McGraw-Hill Book Company, 1964.

DAVOL, S. H. An empirical test of structural balance in sociometric triads. *Journal of Abnormal and Social Psychology,* 1959, **59,** 393-398.

DAWSON, P. A., & J. E. ZINSER. Broadcast expenditures and electoral outcomes in the 1970 congressional elections. *Public Opinion Quarterly,* 1971, **35,** 398-402.

DEAN, D. G. Alienation: Its meaning and measurement. *American Sociological Review,* 1961, **26,** 753-758.

DE FLEUR, M. L., & O. N. LARSEN. *The flow of information: An experiment in mass communication.* New York: Harper & Row, Publishers, Incorporated, 1958.

DE FLEUR, M. L., & F. R. WESTIE. Verbal attitudes and overt acts: An experiment on the salience of attitudes. *American Sociological Review,* 1958, **23,** 667-673.

DENNIS, W., & P. NAJARIAN. Infant development under environmental handicaps. *Psychological Monographs,* 1957, **71**(7, Whole No. 436).

DENZIN, N. K. The significant others of a college population. *Sociological Quarterly,* 1966, **7,** 298-319.

DEUTSCH, M., & H. B. GERARD. A study of normative and informational influence upon individual judgement. *Journal of Abnormal and Social Psychology,* 1955, **51,** 629-636.

DEUTSCH, M., & R. M. KRAUSS. The effect of threat upon interpersonal bargaining. *Journal of Abnormal and Social Psychology,* 1960, **61,** 181-189.

DEUTSCH, M., & R. M. KRAUSS. Studies of interpersonal bargaining. *Journal of Conflict Resolutions,* 1962, **6,** 52-76.

DEUTSCH, M., Y. EPSTEIN, D. CANAVAN, & P. GUMPERT. Strategies of inducing cooperation: An empirical study. *Journal of Conflict Resolution,* 1967, **11,** 345-360.

DEUTSCH, M., & L. SOLOMON. Reactions to evaluations by others as influenced by self evaluations. *Sociometry,* 1959, **22,** 93-112.

DEUTSCHER, A. Socialization for post-parental life. In A. Rose (Ed.), *Human behavior and social processes: An interactionist approach.* Boston: Houghton Mifflin Company, 1962.

DEUTSCHMANN, P. J., & W. A. DANIELSON. Diffusion of knowledge of a major news story. *Journalism Quarterly,* 1960, **37,** 345-355.

DICKS, H. V. German personality traits and Nazi ideology. *Human Relations,* 1950, **3,** 111-154.

DIENSTBIER, R. A modified belief theory of prejudice emphasizing the mutual causality of racial prejudice and anticipated belief differences. *Psychological Review,* 1972, **79,** 146-160.

DIETRICH, J. E. The relative effectiveness of two modes of radio delivery in influencing attitudes. *Speech Monographs,* 1946, **13,** 58-65.

DIGGORY, J. C. *Self evaluation: Concepts and studies.* New York: John Wiley & Sons, Inc., 1966.

DINNERSTEIN, D. A study of the development of certain cognitive structures. Unpublished doctoral dissertation, Graduate Faculty of Political and Social Science, New School for Social Research, 1951.

DION, K., E. BERSCHEID, & E. WALSTER. What is beautiful is good. *Journal of Personality and Social Psychology,* 1972, **24,** 285-290.

DION, K. L., R. S. BARON, & N. MILLER. Why do groups make riskier decisions than individuals? In L. Berkowitz (Ed.), *Advances in experimental social psychology.* Vol. 5. New York: Academic Press, Inc., 1970. Pp. 306-377.

DITTES, J. E. Attractiveness of group as a function of self-esteem and acceptance by group. *Journal of Abnormal and Social Psychology,* 1959, **59,** 77-82.

DITTES, J. E., & H. H. KELLEY. Effects of different conditions of acceptance on conformity to group norms. *Journal of Abnormal and Social Psychology,* 1956, **53,** 100-107.

DODD, S. C. A social distance test in the Near East. *American Journal of Sociology,* 1935, **41,** 194-204.

DOHERTY, E. G., & P. F. SECORD. Change of roommate and interpersonal congruency. *Representative Research in Social Psychology,* 1971, **2**(2), 70-75.

DOLLARD, J., L. W. DOOB, N. E. MILLER, JR., O. H. MOWRER, & R. R. SEARS. *Frustration and aggression.* New Haven, Conn.: Yale University Press, 1939.

DORNBUSCH, S. M. The military academy as an assimilating institution. *Social Forces,* 1955, **33,** 316-321.

DOUVAN, E. M. Social status and success strivings. *Journal of Abnormal and Social Psychology,* 1956, **52,** 219-223.

DUDYCHA, G. J. The attitudes of college students toward war and the Germans before and during the Second World War. *Journal of Social Psychology,* 1942, **15,** 317-324.

DUNCAN, S. Nonverbal communication. *Psychological Bulletin,* 1969, **72,** 118-137.

DUNCAN, S. D., JR. Some signals and rules for taking speaking turns in conversations. *Journal of Personality and Social Psychology,* 1972, **23,** 283-292.

DUNCAN, S. D., JR. Toward a grammar for dyadic conversations. *Semiotica,* 1973, in press.

DUNCAN, S. D., JR., & R. ROSENTHAL. Vocal emphasis on experimenters' instruction reading as unintended determinant of subjects' responses. *Language and Speech,* 1968, **11,** 20-26.

DUNNETTE, M. D., J. D. CAMPBELL, & K. JAASTAD. The effect of group participation on brainstorming effectiveness for two industrial samples. *Journal of Applied Psychology,* 1963, **47,** 30-37.

EAGLY, A. H. Involvement as a determinant of response to favorable and unfavorable information. *Journal of Personality and Social Psychology Monograph,* 1967, **7**(3, Whole No. 643), 1-15.

EAGLY, A. H., & B. ACKSEN. The effect of expecting to be evaluated on change toward favorable and unfavorable information about oneself. *Sociometry,* 1971, **34,** 411-422.

EAPEN, K. E. Daily newspapers in India: Their status and problems. *Journalism Quarterly,* 1967, **44,** 520-532.

EDWARDS, A. L. *Techniques of attitude scale construction.* New York: Appleton Century Crofts, 1957.

EHRLICH, H. J., J. W. RINEHART, & J. C. HOWELL. The study of role conflict: Explorations in methodology. *Sociometry,* 1962, **25,** 85-97.

EISENSTADT, S. N. The place of elites and primary groups in the process of absorption of new immigrants in Israel. *American Journal of Sociology,* 1951, **57,** 222-231.

EISENSTADT, S. N. Processes of communication among new immigrants. *Public Opinion Quarterly,* 1952, **16,** 42-58.

EKMAN, P. Body position, facial expression, and verbal behavior during interviews. *Journal of Abnormal and Social Psychology,* 1964, **68**(3), 295-301.

EKMAN, P. Communication through nonverbal behavior: A source of information about an interpersonal relationship. In Sylvan S. Tompkins & Carol E. Izard (Eds.), *Affect, cognition, and personality.* New York: Springer Publishing Co., Inc., 1965.

EKMAN, P. Differential communication of affect by head and body cues. *Journal of Personality and Social Psychology,* 1965, **2,** 726-735.

EKMAN, P., & W. V. FRIESEN. Personality, pathology, affect, and nonverbal behavior. Paper presented at the meeting of the Western Psychological Association, Honolulu, Hawaii, September 1965.

EKMAN, P., & W. V. FRIESEN. Head and body cues in the judgment of emotion: A reformulation. *Perceptual and Motor Skills,* 1967, **24,** 711-724.

EKMAN, P., & W. V. FRIESEN. Nonverbal leakage and clues to deception. *Psychiatry,* 1969, **32,** 88-106.

EKMAN, P., & W. V. FRIESEN. The repertoire of nonverbal behavior: Categories, origins, usage, and coding. *Semiotica,* 1969, **1,** 49-98.

EKMAN, P., R. M. LIEBERT, W. V. FRIESEN, R. HARRISON, C. ZLATCHIN, E. J. MALMSTROM, & R. A. BARON. Facial expressions of emotion while watching televised violence as predictors of subsequent aggression. In G. A. Comstock, E. A. Rubenstein, & J. P. Murray (Eds.), *Television and social behavior.* Vol. 5. *Television's effects: Further explorations.* Government Printing Office, 1971.

ELDRED, S. H., & D. B. PRICE. Linguistic evaluation of feeling states in psychotherapy. *Psychiatry,* 1958, **21,** 115-121.

ELLIS, R. A., & T. C. KEEDY, JR. Three dimensions of status: A study of academic prestige. *Pacific Sociological Review,* 1960, **3,** 23-28.

ELMS, A. C. Role playing, incentive, and dissonance. *Psychological Bulletin,* 1967, **68,** 132-148.

ELMS, A. C., & I. L. JANIS. Counter-norm attitudes induced by consonant versus dissonant conditions of role-playing. *Journal of Experimental Research in Personality,* 1965, **1,** 50-60.

EMERSON, R. M. Power-dependence relations. *American Sociological Review,* 1962, **27,** 31-41.

EMERSON, R. M. Power-dependence relations: Two experiments. *Sociometry,* 1964, **27,** 282-298.

EPSTEIN, R. Aggression toward outgroups as a function of authoritarianism and imitation of aggressive models. *Journal of Personality and Social Psychology,* 1966, **3,** 574-579.

EPSTEIN, B. R., & A. FORSTER. Barriers in higher education. In N. C. Belth (Ed.), *Barriers: Patterns of discrimination against Jews.* New York: Anti-Defamation League of B'nai B'rith, 1958. Pp. 60-73.

EVAN, W. M. Role strain and the norm of reciprocity in research organizations. *American Journal of Sociology,* 1962, **68,** 346-354.

EVAN, W. M., & E. G. LEVIN. Status-set and role-set conflicts of the stockbroker: A problem in the sociology of law. *Social Forces,* 1966, **45,** 73-83.

EXLINE, R. V., D. GRAY, & D. SCHUETTE. Visual behavior in a dyad as affected by interview content and sex of respondent. *Journal of Personality and Social Psychology,* 1965, **1,** 201-209.

EXLINE, R. V., & L. C. WINTERS. Affective relations and mutual glances. In S. S. Tompkins, & C. E. Izard (Eds.), *Affect, cognition, and personality.* New York: Springer Publishing Co., Inc., 1965.

EXLINE, R. V., & R. C. ZILLER. Status congruency and interpersonal conflict in decision-making groups. *Human Relations,* 1959, **12,** 147-162.

FAISON, E. W. J. Experimental comparison of the effectiveness of one-sided and two-sided mass communications on the influence of economic attitudes. Paper presented at the meeting of the American Association of Public Opinion Research, Berkeley, Calif., May 1961.

FEATHER, N. T. The relationship of persistence at a task to expectation of success and achievement related motives. *Journal of Abnormal and Social Psychology,* 1961, **63,** 552-561.

FEATHER, N. T. Performance at a difficult task in relation to initial expectation of success, test anxiety, and need achievement. *Journal of Personality,* 1965, **33,** 200-217.

FEATHER, N. T. Valence of outcome and expectation of success in relation to task difficulty and perceived locus of control. *Journal of Personality and Social Psychology,* 1967, **7,** 372-386.

FEIERABEND, I. K., & R. L. FEIERABEND. Aggressive behaviors within politics, 1948-1962: A cross-national study. *Journal of Conflict Resolution,* 1966, **10,** 249-271.

FELD, S. C. Longitudinal study of the origins of achievement strivings. *Journal of Personality and Social Psychology,* 1967, **7,** 408-414.

FELIPE, A. I. Evaluative versus descriptive consistency in trait inferences. *Journal of Personality and Social Psychology,* 1970, **16,** 627-638.

FESHBACH, S. The catharsis effect: Research and another view. In R. K. Baker & S. J. Ball (Eds.), *Mass media and violence: A staff report to the national commission on the causes and prevention.* Government Printing Office, 1969. Pp. 461-486.

FESHBACH, S., & R. P. SINGER. The effects of personal and shared threat upon social prejudice. *Journal of Abnormal and Social Psychology,* 1957, **54,** 411-416.

FESTINGER, L. The analysis of sociograms using matrix algebra. *Human Relations,* 1949, **2,** 153-158.

FESTINGER, L. Laboratory experiments: The role of group belongingness. In J. G. Miller (Ed.), *Experiments in social process.* New York: McGraw-Hill Book Company, 1950. Pp. 31-46.

FESTINGER, L. A theory of social comparison processes. *Human Relations,* 1954, **7,** 117-140.

FESTINGER, L. *A theory of cognitive dissonance.* Evanston, Ill.: Row, Peterson & Company, 1957.

FESTINGER, L. *Conflict, decision, and dissonance.* Stanford, Calif.: Stanford University Press, 1964.

FESTINGER, L., & J. M. CARLSMITH. Cognitive consequences of forced compliance. *Journal of Abnormal and Social Psychology,* 1959, **58,** 203-210.

FESTINGER, L., D. CARTWRIGHT, K. BARBER, J. FLEISCHL, J. GOTTSDANKER, A. KEYSEN, & G. LEAVITT. A study of rumor: Its origin and spread. *Human Relations,* 1948, **1,** 464-486.

FESTINGER, L., & H. H. KELLEY. *Changing attitudes through social contacts.* Ann Arbor, Mich.: Research Center for Group Dynamics, 1951.

FESTINGER, L., S. SCHACHTER, & K. W. BACK. *Social pressures in informal groups: A study of human factors in housing.* New York: Harper & Brothers, 1950.

FIEDLER, F. E. The leader's psychological distance and group effectiveness. In D. Cartwright & A. Zander (Eds.), *Group dynamics: Research and theory.* Second edition. Evanston, Ill.: Row, Peterson & Company, 1960. Pp. 586-606.

FIEDLER, F. E. A contingency model of leadership effectiveness. In L. Berkowitz (Ed.), *Advances in experimental social psychology.* Vol. 1. New York: Academic Press, Inc., 1964. Pp. 149-190.

FIEDLER, F. E., & E. L. HOFFMAN. Age, sex, and religious background as determinants of interpersonal perception among Dutch children: A cross-cultural validation. *Acta Psychologica,* 1962, **20,** 185-195.

FISEK, M. H., & R. OFSHE. The process of status evolution. *Sociometry,* 1970, **33,** 327-346.

FISHBEIN, M. (ED.). *Readings in attitude theory and measurement.* New York: John Wiley & Sons, Inc., 1967.

FISHBEIN, M., & I. AJZEN. Attitudes and opinions. In P. H. Mussen & M. R. Rosenzweig (Eds.), *Annual review of psychology.* Vol. 23. Palo Alto, Calif.: Annual Reviews, Inc., 1972. Pp. 487-544.

FISHBURN, C. E. Teacher role perception in the secondary school. *Journal of Teacher Education,* 1962, **13,** 55-59.

FISHER, S., & A. LUBIN. Distance as a determinant of influence in a two-person serial interaction situation. *Journal of Abnormal and Social Psychology,* 1958, **56,** 230-238.

FLANDERS, J. P., & D. L. THISTLETHWAITE. Effects of familiarization and group discussion upon risk taking. *Journal of Personality and Social Psychology,* 1967, **5,** 91-97.

FORSYTH, E., & L. KATZ. A matrix approach to the analysis of sociometric data: Preliminary report. *Sociometry,* 1946, **9,** 340-349.

FOSKETT, J. M. Role conflict: The concept. Paper presented at the meeting of the Pacific Sociological Society, Spokane, Wash., April 1960.

FREDERIKSEN, N. Toward a taxonomy of situations. *American Psychologist,* 1972, **27,** 114-123.

FREEDMAN, J. L. Involvement, discrepancy, and change. *Journal of Abnormal and Social Psychology,* 1964, **69,** 290-295.

FREEDMAN, J. L. Preference for dissonant information. *Journal of Personality and Social Psychology,* 1965, **2,** 287-289.

FREEDMAN, J. L., & S. C. FRASER. Compliance without pressure: The foot-in-the-door technique. *Journal of Personality and Social Psychology,* 1966, **4,** 195-202.

FREEDMAN, J. L., & D. O. SEARS. Selective exposure. In L. Berkowitz (Ed.), *Advances in experimental social psychology.* Vol. 2. New York: Academic Press, Inc., 1965. Pp. 58-98.

FREEDMAN, J. L., & D. O. SEARS. Warning, distraction, and resistance to influence. *Journal of Personality and Social Psychology,* 1965, **1,** 262-266.

FRENCH, J. R. P., JR., H. W. MORRISON, & G. LEVINGER. Coercive power and forces affecting conformity. *Journal of Abnormal and Social Psychology,* 1960, **61,** 93-101.

FRENCH, J. R. P., JR., & B. H. RAVEN. The basis of social power. In D. Cartwright (Ed.), *Studies in social power.* Ann Arbor, Mich.: University of Michigan Press, 1959.

FRENCH, J. R. P., JR., & R. SNYDER. Leadership and interpersonal power. In D. Cartwright (Ed.), *Studies in social power.* Ann Arbor: The University of Michigan Press, 1959. Pp. 150-165.

FREUD, A. *The ego and mechanisms of defense.* New York: International Universities Press, Inc., 1946.

FREUD, S. Instincts and their vicissitudes. 1915. In *Collected papers.* Vol. 4. London: The Hogarth Press, Ltd., 1925. Pp. 60-83. (First published in German, 1915.)

FRIEDMAN, N. *The social nature of psychological research.* New York: Basic Books, Inc., Publishers, 1967.

FRISCH, D. M., & M. S. GREENBERG. Reciprocity and intentionality in the giving of help. Paper presented at the American Psychological Association Convention, San Francisco, August 1968.

FROMM, E. *Escape from freedom.* New York: Farrar & Rinehart, 1941.

FULLER, D. L. Programmed life histories and socialization of the dog. Paper presented at the meeting of the American Psychological Association, Chicago, September 1960.

GAGE, N. L., & L. J. CRONBACH. Conceptual and methodological problems in interpersonal perception. *Psychological Review,* 1955, **62,** 411-422.

GALLO, P. S., JR. Effects of increased incentives upon the use of threat in bargaining. *Journal of Personality and Social Psychology,* 1966, **4,** 14-20.

GAMSON, W. A. Experimental studies of coalition formation. In L. Berkowitz (Ed.), *Advances in experimental social psychology.* Vol. 1. New York: Academic Press, Inc., 1964. Pp. 81-110.

GARFINKEL, H. *Studies in ethnomethodology.* Englewood Cliffs, N.J.: Prentice-Hall, Inc., 1967.

GEEN, R. G., & L. BERKOWITZ. Some conditions facilitating the occurrence of aggression after the observation of violence. *Journal of Personality,* 1967, **35,** 666-667.

GEIVITZ, J. P. The effects of threats on prisoner's dilemma. *Behavioral Science,* 1967, **12,** 232-233.

GERARD, H. B. Some determinants of self-evaluation. *Journal of Abnormal and Social Psychology,* 1961, **62,** 288-293.

GERARD, H. B. Deviation, conformity, and commitment. In I. D. Steiner & M. Fishbein (Eds.), *Current studies in social psychology.* New York: Holt, Rinehart and Winston, Inc., 1965.

GERARD, H. B., & G. C. MATHEWSON. The effect of severity of initiation on liking for a group: A replication. *Journal of Experimental and Social Psychology,* 1966, **2,** 278-287.

GERBNER, G. The structure and process of television program content regulation in the United States. In G. A. Comstock & E. A. Rubinstein (Eds.), *Television and Social Behavior.* Vol. 1. *Content and Control.* Government Printing Office, 1971.

GERST, M. S. Symbolic coding operations in observational learning. Unpublished doctoral dissertation, Stanford University, 1969.

GETZELS, J. W., & E. G. GUBA. Role, role conflict, and effectiveness. *American Sociological Review,* 1954, **19,** 164-175.

GIBB, C. A. Leadership. In G. Lindzey (Ed.), *Handbook of social psychology.* Vol. 2. Cambridge, Mass.: Addison-Wesley Press, Inc., 1954.

GIBB, C. A. Leadership. In G. Lindzey, & E. Aronson (Eds.), *The handbook of social psychology.* (2nd ed.) Vol. 4. Reading, Mass.: Addison-Wesley Publishing Company, Inc., 1969. Pp. 205-282.

GIBB, J. R. The effects of group size and of threat reduction upon creativity in a problem solving situation. *American Psychologist,* 1951, **6,** 324. (Abstract)

GIFFIN, K. The contribution of studies of source credibility to a theory of interpersonal trust in the communication process. *Psychological Bulletin,* 1967, **68,** 104-120.

GILBERT, D. C., & D. J. LEVINSON. "Custodialism" and "humanism" in staff ideology. In M. Greenblatt, D. J. Levinson, & R. H. Williams (Eds.), *The patient and the mental hospital.* Chicago: The Free Press of Glencoe, Ill., 1957. *(a)*

GILBERT, D. C., & D. J. LEVINSON. Role performance, ideology, and personality in mental hospital aides. In M. Greenblatt, D. J. Levinson, & R. H. Williams (Eds.), *The patient and the mental hospital.* Chicago: The Free Press of Glencoe, Ill., 1957. *(b)*

GILBERT, G. M. Stereotype persistance and change among college students. *Journal of Abnormal and Social Psychology,* 1951, **46,** 245-254.

GLASS, D. C. Changes in liking as a means of reducing cognitive discrepancies between self-esteem and aggression. *Journal of Personality,* 1964, **32,** 531-549.

GLUECK, S., & E. GLUECK. *Unraveling juvenile delinquency.* New York: The Commonwealth Fund, 1950.

GOEKE, J. R. The two-step flow of mass communication: The theory re-examined. Personal communication, 1961.

GOFFMAN, E. On cooling the mark out: Some aspects of adaptation to failure. *Psychiatry,* 1952, **15,** 451-463.

GOFFMAN, E. On face-work: An analysis of ritual elements in social interaction. *Psychiatry,* 1955, **18,** 213-231.

GOFFMAN, E. The moral career of the mental patient. *Psychiatry,* 1959, **22,** 123-142.

GOFFMAN, E. *Encounters: Two studies in the sociology of interaction.* Indianapolis: The Bobbs-Merrill Company, Inc., 1961.

GOFFMAN, E. *Stigma: Notes on the management of spoiled identity.* Englewood Cliffs, N.J.: Prentice-Hall, Inc., 1963.

GOFFMAN, E. *Behavior in public places.* New York: The Free Press, 1963.

GOFFMAN, I. W. Status consistency and preference for change in power distribution. *American Sociological Review,* 1957, **22,** 275-281.

GOLD, M. Power in the classroom. *Sociometry,* 1958, **21,** 50-60.

GOLDFARB, W. The effects of early institutional care on adolescent personalities. *Journal of Experimental Education,* 1943, **12,** 106-129. *(a)*

GOLDFARB, W. Infant rearing and problem behavior. *American Journal of Orthopsychiatry,* 1943, **13,** 249-265. *(b)*

GOLDSTEIN, M. The relationship between coping and avoiding behavior and response to fear arousing propaganda. *Journal of Abnormal and Social Psychology,* 1959, **58,** 247-252.

GOLLIN, E. S. Organizational characteristics of social judgment: A developmental investigation. *Journal of Personality,* 1958, **26,** 139-154.

GOODE, W. J. Norm commitment and conformity to role-status obligations. *American Journal of Sociology,* 1960, **66,** 246-258.

GORANSON, R. E. Media violence and aggressive behavior: A review of experimental research. In L. Berkowitz (Ed.), *Advances in experimental social psychology.* Vol. 5. New York: Academic Press, Inc., 1970. Pp. 1-31.

GORANSON, R. E., & L. BERKOWITZ. Reciprocity and responsibility reactions to prior help. *Journal of Personality and Social Psychology,* 1966, **3**(2), 227-232.

GOTTLIEB, D. The socialization process in American graduate schools. Paper presented at meetings of the American Sociological Association, New York, August 1960.

GOULDNER, A. W. The norm of reciprocity: A preliminary statement. *American Sociological Review,* 1960, **25,** 161-178.

GRABILL, W. H., C. V. KISER, & P. K. WHELPTON. *The fertility of American women.* New York: John Wiley & Sons, Inc., 1958.

GREENBERG, B. S., & G. R. MILLER. The effect of low credibility sources on message acceptance. *Speech Monographs,* 1966, **33,** 127-136.

GREENBERG, M. S. A preliminary statement on a theory of indebtedness. Paper presented at the meeting of the Western Psychological Association, San Diego, Calif., March 1968.

GREENGLASS, E. R. Effects of prior help and hindrance on willingness to help another: Reciprocity or social responsibility. *Journal of Personality and Social Psychology,* 1969, **11,** 224-231.

GREENWALD, A. G. When does role playing produce attitude change? Toward an answer. *Journal of Personality and Social Psychology,* 1970, **16,** 214-219.

GROSS, E., & G. P. STONE. Embarrassment and the analysis of role requirements. *American Journal of Sociology,* 1964, **70,** 1-15.

GROSS, N., W. S. MASON, & A. W. MCEACHERN. *Explorations in role analysis.* New York: John Wiley & Sons, Inc., 1958.

GRUSKY, O. A case for the theory of familial role differentiation in small groups. *Social Forces,* 1957, **35,** 209-217.

GUETZKOW, H. Differentiation of roles in task-oriented groups. In D. Cartwright & A. Zander (Eds.), *Group dynamics: Research and theory.* (2nd ed.) Evanston, Ill.: Row, Peterson & Company, 1960. Pp. 683-704.

GUETZKOW, H., & W. R. DILL. Factors in organizational development of task oriented groups. *Sociometry,* 1957, **20,** 175-204.

GUETZKOW, H., & H. A. SIMON. The impact of certain communication nets upon organization and performance in task-oriented groups. *Management Science,* 1955, **1,** 233-250.

GULLAHORN, J. T., & J. E. GULLAHORN. Role conflict and its resolution. *Sociological Quarterly,* 1963, **4,** 32-48.

GUNDLACH, R. H. Effects of on-the-job experiences with Negroes upon racial attitudes of white workers in union shops. *Psychological Reports,* 1956, **2,** 67-77.

GUTTENTAG, M. Group cohesiveness, ethnic organization, and poverty. *Journal of Social Issues,* 1970, **26**(2), 105-132.

HAEFNER, D. Arousing fear in dental health education. *Journal of Public Health Dentistry,* 1965, **25,** 140-146.

HAKMILLER, K. Need for self-evaluation, perceived similarity and comparison choice. *Journal of Experimental Social Psychology,* September 1966, **1** (Suppl. 1), 49-54.

HALEY, J. *Strategies of psychotherapy.* New York: Grune & Stratton, Inc., 1963.

HALL, R. L. Social influence on the aircraft commander's role. *American Sociological Review,* 1955, **20,** 292-299.

HALPIN, A. W., & B. J. WINER. *The leadership behavior of the airplane commander.* Columbus: Ohio State University Research Foundation, 1952.

HANSON, R. C. The systemic linkage hypothesis and role consensus patterns in hospital-community relations. *American Sociological Review,* 1962, **27,** 304-313.

HARDING, J., & R. HOGREFE. Attitudes of white department store employees toward Negro co-workers. *Journal of Social Issues,* 1952, **8**(1), 18-28.

HARDY, K. R. Determinants of conformity and attitude change. *Journal of Abnormal and Social Psychology,* 1957, **54,** 289-294.

HARDYCK, J. A. Predicting response to a negative evaluation. *Journal of Personality and Social Psychology,* 1968, **9,** 128-132.

HARE, A. P. *Handbook of small group research.* New York: The Free Press of Glencoe, Inc., 1962.

HARGREAVES, W. A., J. A. STARKWEATHER, & K. H. BLACKER. Voice quality in depression. *Journal of Abnormal and Social Psychology,* 1965, **70,** 218-220.

HARLOW, H. F., & M. K. HARLOW. Social deprivation in monkeys. *Scientific American,* 1962, **207,** 136-146.

HARLOW, H. F., & M. K. HARLOW. The affectional systems. In A. M. Schrier, H. F. Harlow, & T. Stollnitz (Eds.), *Behavior of nonhuman primates.* Vol. 2. New York: Academic Press, Inc., 1965. Pp. 287-334.

HARLOW, H. F., & M. K. HARLOW. Learning to love. *American Scientist,* 1966, **54**(3), 244-272.

HARRÉ, R., & P. F. SECORD. *The explanation of social behavior.* Totowa, N.J.: Rowman & Littlefield, 1972. Copyright: Basil Blackwell & Mott, Ltd., Oxford.

HARSANYI, J. C. Measurement of social power, opportunity costs, and the theory of two-person bargaining games. *Behavioral Science,* 1962, **7,** 67-80.

HARTLEY, E. L. *Problems in prejudice.* New York: King's Crown Press, 1946.

HARTLEY, E. L., & R. E. HARTLEY. *Fundamentals of social psychology.* New York: Alfred A. Knopf, Inc., 1952.

HARTMANN, G. W. A field experiment on the comparative effectiveness of "emotional" and "rational" political leaflets in determining election results. *Journal of Abnormal and Social Psychology,* 1936, **31,** 99-114.

HARTSHORNE, H., & M. A. MAY. *Studies in the nature of character.* Vol. 1. *Studies in deceit.* New York: The Macmillan Company, 1928.

HARTSHORNE, H., M. A. MAY, & F. K. SHUTTLEWORTH. *Studies in the nature of character.* Vol. 3. *Studies in the organization of character.* New York: The Macmillan Company, 1930.

HARVEY, O. J. An experimental approach to the study of status relations in informal groups. *American Sociological Review,* 1953, **18,** 357-367.

HARVEY, O. J. Personality factors in resolution of conceptual incongruities. *Sociometry,* 1962, **25,** 336-352.

HARVEY, O. J., & C. CONSALVI. Status and conformity to pressures in informal groups. *Journal of Abnormal and Social Psychology,* 1960, **60,** 182-187.

HARVEY, O. J., D. E. HUNT, & H. M. SCHRODER. *Conceptual systems and personality organization.* New York: John Wiley & Sons, Inc., 1961.

HARVEY, O. J., H. H. KELLEY, & M. M. SHAPIRO. Reactions to unfavorable evaluations of the self made by other persons. *Journal of Personality,* 1957, **25,** 398-411.

HARVEY, O. J., & H. M. SCHRODER. Cognitive aspects of self and motivation. In O. J. Harvey (Ed.), *Motivation and social interaction: Cognitive determinants.* New York: The Ronald Press Company, 1963. Pp. 95-133.

HASTORF, A. H., W. R. KITE, A. E. GROSS, & L. J. WOLFE. The perception and evaluation of behavior change. *Sociometry,* 1965, **48,** 400-410.

HASTORF, A. H., D. J. SCHNEIDER, & J. POLEFKA. *Person perception.* Reading, Mass.: Addison-Wesley Publishing Company, Inc., 1970.

HEBB, D. O. The socialization of the child. In E. E. Maccoby, T. M. Newcomb, & E. L. Hartley (Eds.), *Readings in social psychology.* (3rd ed.) New York: Holt, Rinehart and Winston, Inc., 1958. Pp. 335-340.

HEER, D. M. The sentiment of white supremacy: An ecological study. *American Journal of Sociology,* 1959, **64,** 592-598.

HEIDER, F. Social perception and phenomenal causality. *Psychological Review,* 1944, **51,** 358-374.

HEIDER, F. *The psychology of interpersonal relations.* New York: John Wiley & Sons, Inc., 1958.

HEINICKE, C., & R. F. BALES. Developmental trends in the structure of small groups. *Sociometry,* 1953, **16,** 35-36.

HERZ, M. F. Some psychological lessons from leaflet propaganda in World War II. In D. Katz, D. Cartwright, S. Eldersveld, & A. M. Lee (Eds.), *Public opinion and propaganda.* New York: The Dryden Press, Inc., 1954. Pp. 543-552.

HICKS, D. J. Imitation and retention of film-mediated aggressive peer and adult models. *Journal of Personality and Social Psychology,* 1965, **2,** 97-100.

HIGBEE, K. L. Fifteen years of fear arousal: Research on threat appeals: 1953-1968. *Psychological Bulletin,* 1969, **72,** 426-444.

HIMMELWEIT, H., A. N. OPPENHEIM, & P. VINCE. *Television and the child.* New York: Oxford University Press, 1958.

HOBART, C. W., & L. LINDHOLM. The theory of complementary needs: A re-examination. *Pacific Sociological Review,* 1963, **6,** 73-79.

HOCHBAUM, G. H. The relation between group members' self confidence and their reactions to group pressures to uniformity. *American Sociological Review,* 1954, **19,** 678-687.

HOE, B. H. Occupational satisfaction as a function of self-role congruency. Unpublished master's thesis, University of Nevada, June, 1962.

HOFFMAN, L. R., & N. R. F. MAIER. Valence in the adoption of solutions by problem-solving groups: Concept, method and results. *Journal of Abnormal and Social Psychology,* 1964, **69,** 264-271.

HOFFMAN, M. L. Moral development. In P. H. Mussen (Ed.), *Carmichael's manual of child psychology.* (3rd ed.) Vol. 2. New York: John Wiley & Sons, Inc., 1970. Pp. 261-360.

HOFFMAN, M. L., & H. D. SALTZSTEIN. Parent discipline and the child's moral development. *Journal of Personality and Social Psychology,* 1967, **5,** 45-57.

HOLLANDER, E. P. Conformity, status, and idiosyncrasy credit. *Psychological Review,* 1958, **65,** 117-127.

HOLLANDER, E. P. Competence and conformity in the acceptance of influence. *Journal of Abnormal and Social Psychology,* 1960, **61,** 365-369.

HOLLANDER, E. P., & J. W. JULIAN. Contemporary trends in the analysis of leadership processes. *Psychological Bulletin,* 1969, **71,** 387-397.

HOLLANDER, E. P., & R. H. WILLIS. Some current issues in the psychology of conformity and nonconformity. *Psychological Bulletin,* 1967, **68,** 62-76.

HOLZ, R. F. Similarity versus complementarity of needs in mate selection. *Dissertation abstracts,* 1969, **29**(7-B), 2618.

HOMANS, G. C. *The human group.* New York: Harcourt, Brace & World, Inc., 1950.

HOMANS, G. C. The cash posters: A study of a group of working girls. *American Sociological Review,* 1954, **19,** 724-733.

HOMANS, G. C. *Social behavior: Its elementary forms.* New York: Harcourt, Brace & World, Inc., 1961.

HORN, D. Factors affecting cessation of cigarette smoking: A prospective study. Paper presented at the meeting of the Eastern Psychological Association, Washington, April 1968.

HORNSTEIN, H. A. The effects of different magnitudes of threat upon inter-personal bargaining. *Journal of Experimental Social Psychology,* 1965, **1,** 282-293.

X **HORNSTEIN, H. A., E. FISCH, & M. HOLMES.** Influence of a model's feeling about his behavior and his relevance as a comparison other on observers' helping behavior. *Journal of Personality and Social Psychology,* 1968, **10,** 222-227.

HOROWITZ, E. L. The development of attitude toward the Negro. *Archives of Psychology,* 1936, No. 194.

HOROWITZ, I. A. Effect of choice and locus of dependence on helping behavior. *Journal of Personality and Social Psychology,* 1968, **8,** 373-377.

HORWITZ, M. Hostility and its management in classroom groups. In W. W. Charters, Jr., & N. L. Gage (Eds.), *Readings in the social psychology of education.* Boston: Allyn and Bacon, Inc., 1963. Pp. 196-211.

HOVLAND, C. I. (Ed.). *The order of presentation in persuasion.* New Haven, Conn.: Yale University Press, 1957.

HOVLAND, C. I. Reconciling conflicting results derived from experimental and survey studies of attitude change. *American Psychologist,* 1959, **14,** 8-17.

HOVLAND, C. I., E. H. CAMPBELL, & T. C. BROCK. The effects of "commitment" on opinion change following communication. In C. I. Hovland (Ed.), *The order of presentation in persuasion.* New Haven, Conn.: Yale University Press, 1957. Pp. 23-32.

HOVLAND, C. I., O. J. HARVEY, & M. SHERIF. Assimilation and contrast effects in reactions to communication and attitude change. *Journal of Abnormal and Social Psychology,* 1957, **55,** 244-252.

HOVLAND, C. I., & I. L. JANIS. *Personality and persuasability.* New Haven, Conn.: Yale University Press, 1959.

HOVLAND, C. I., I. L. JANIS, & H. H. KELLEY. *Communication and persuasion.* New Haven, Conn.: Yale University Press, 1953.

HOVLAND, C. I., A. A. LUMSDAINE, & F. D. SHEFFIELD. *Experiments on mass communication.* Princeton, N.J.: Princeton University Press, 1949.

HOVLAND, C. I., & W. MANDELL. Is there a "law of primacy in persuasion"? In C. I. Hovland (Ed.), *The order of presentation in persuasion.* New Haven, Conn.: Yale University Press, 1957. Pp. 13-22.

HOVLAND, C. I., & H. A. PRITZKER. Extent of opinion change as a function of amount of change advocated. *Journal of Abnormal and Social Psychology,* 1957, **54,** 257-261.

HOWARD, R. C., & L. BERKOWITZ. Reactions to the evaluations of one's performance. *Journal of Personality,* 1958, **26,** 494-507.

HOYT, M. F., HENLEY, M. D., & COLLINS, B. E. Studies in forced compliance: The confluence of choice and consequences on attitude change. *Journal of Personality and Social Psychology,* 1972, **23,** 205-210.

HUGHES, E. C. *Men and their*

work. New York: The Free Press of Glencoe, Inc., 1958.

HUNT, W. A., & J. D. MATARAZZO. Three years later: Recent developments in the experimental modification of smoking behavior. *Journal of Abnormal and Social Psychology,* 1973, **81,** 107-114.

HUNTER, E. C., & A. M. JORDAN. An analysis of qualities associated with leadership among college students. *Journal of Educational Psychology,* 1939, **30,** 497-509.

HUNTINGTON, M. J. The development of a professional self-image. In R. K. Merton, G. G. Reader, & P. Kendall (Eds.), *The student-physician.* Cambridge, Mass.: Harvard University Press, 1957. Pp. 179-187.

HURWITZ, J. I., A. ZANDER, & B. HYMOVITCH. Some effects of power on the relations among group members. In D. Cartwright and A. Zander (Eds.), *Group dynamics: Research and theory.* (2nd ed.) New York: Harper and Row, Publishers, Incorporated, 1960. Pp. 800-809.

HYMAN, H. H. The psychology of status. *Archives of Psychology,* 1942, No. 269.

HYMAN, H. H. Reflections on reference groups. *Public Opinion Quarterly,* 1960, **24,** 383-396.

HYMAN, H. H., & P. B. SHEATSLEY. The authoritarian personality: A methodological critique. In R. Christie & M. Jahoda (Eds.), *Studies in the scope and method of the authoritarian personality.* Glencoe, Ill.: The Free Press, 1954. Pp. 50-122.

INKELES, A., E. HANFMANN, & H. BEIER. Modal personality and adjustment to the Soviet socio-political system. *Human Relations,* 1958, **11,** 3-22.

INKELES, A., & D. J. LEVINSON. The personal system and the sociocultural system in large-scale organizations. *Sociometry,* 1963, **26,** 217-229.

INSKO, C. A. Primacy versus recency in persuasion as a function of the timing of arguments and measures. *Journal of Abnormal and Social Psychology,* 1964, **69,** 381-391.

INSKO, C. A., F. MURASHIMA, & M. SAIYADAIN. Communicator discrepancy, stimulus ambiguity and influence. *Journal of Personality,* 1966, **34,** 262-274.

IRISH, D. P. Reactions of Caucasian residents to Japanese-American neighbors. *Journal of Social Issues,* 1952, **8**(1), 10-17.

IRWIN, J. V., & H. H. BROCKHAUS. The "teletalk project": A study of the effectiveness of two public relations speeches. *Speech Monographs,* 1963, **30,** 359-368.

IVERSON, M. A. Attraction toward flatterers of different statuses. *Journal of Social Psychology,* 1968, **74,** 181-187.

IZARD, C. E. Personality similarity and friendship: A follow-up study. *Journal of Abnormal and Social Psychology,* 1963, **66,** 598-600.

JACKSON, D. N., & S. MESSICK. Individual differences in social perception. *British Journal of Social and Clinical Psychology,* 1963, **2,** 1-10.

JACKSON, E. F. Status inconsistency and symptoms of stress. *American Sociological Review,* 1962, **27,** 469-479.

JACKSON, E. F., & R. F. CURTIS. Conceptualization and measurement in the study of social stratification. In H. M. Blalock, Jr. (Ed.), *Methodology in social research,* New York: McGraw-Hill Book Company, 1968. Pp. 112-149.

JACOBSEN, E. W., W. W. CHARTERS, JR., & S. LIEBERMAN. The use of the role concept in the study of complex organizations. *Journal of Social Issues,* 1951, **7**(2), 18-27.

JAHODA, M., M. DEUTSCH, & S. W. COOK (Eds.). *Research methods in social relations.* Vol. 2. New York: Holt, Rinehart and Winston, Inc., 1951.

JAKUBCZAK, L. F., & R. H. WALTERS. Suggestibility as dependency behavior. *Journal of Abnormal and Social Psychology,* 1959, **59,** 102-107.

JAMES, G., & A. LOTT. Reward frequency and the formation of positive attitudes toward group members. *Journal of Social Psychology,* 1964, **62,** 111-115.

JANIS, I. L. *Air war and emotional stress.* New York: McGraw-Hill Book Company, 1951.

JANIS, I. L. Stages in the decision-making process. In R. P. Abelson et al. (Eds.), *Theories of cognitive consistency: A sourcebook.* Chicago: Rand McNally and Company, 1968. Pp. 577-588.

JANIS, I. L., & S. FESHBACH. Effects of fear-arousing communications. *Journal of Abnormal and Social Psychology,* 1953, **48,** 78-92.

JANIS, I. L., & P. B. FIELD. A behavioral assessment of persuasibility: Consistency of individual differences. *Sociometry,* 1956, **19,** 241-259.

JANIS, I. L., & J. B. GILMORE. The influence of incentive conditions on the success of role playing in modifying attitudes. *Journal of Personality and Social Psychology,* 1965, **1,** 17-27.

JANIS, I. L., & C. I. HOVLAND. An overview of persuasibility research. In C. I. Hovland & I. L. Janis (Eds.), *Personality and persuasibility.* New Haven, Conn.: Yale University Press, 1959. Pp. 1-28.

JANIS, I. L., & B. T. KING. The influence of role playing on opinion change. *Journal of Abnormal and Social Psychology,* 1954, **48,** 211-218.

JANIS, I. L., A. A. LUMSDAINE, & A. I. GLADSTONE. Effects of preparatory communications on reactions to a subsequent news event. *Public Opinion Quarterly,* 1951, **15,** 487-518.

JANIS, I. L., & L. MANN. Effectiveness of emotional role-playing in modifying smoking habits and attitudes. *Journal of Experimental Research in Personality,* 1965, **1,** 84-90.

JANIS, I. L., & C. N. RAUSCH. Selective interest in communications that could arouse decisional conflict: A field study of participants in the draft-resistance movement. *Journal of Personality and Social Psychology,* 1970, **14,** 46-54.

JANIS, I. L., & D. RIFE. Persuasibility and emotional disorder. In C. I. Hovland & I. L. Janis (Eds.), *Personality and persuasibility.* New Haven, Conn.: Yale University Press, 1959. Pp. 121-137.

JENNINGS, H. H. *Leadership and isolation.* (2nd ed.) New York: Longmans, Green, and Company, Inc., 1950.

JESSOR, R., T. D. GRAVES, R. C. HANSON, & S. L. JESSOR. *Society, personality and deviant behavior: A study of a tri-ethnic community.* New York: Holt, Rinehart and Winston, Inc., 1968.

JOHNSON, H. H. Some effects of discrepancy level on responses to negative information about one's self. *Sociometry,* 1966, **29,** 52-66.

JOHNSON, H. H., & J. A. SCILEPPI. Effects of ego-involvement conditions on attitude change to high and low credibility communicators. *Journal of Personality and Social Psychology,* 1969, **13,** 31-36.

JOHNSON, H. H., & I. D. STEINER. The effects of source on responses to negative information about one's self. *Journal of Social Psychology,* 1968, **74,** 215-224.

JOHNSON, R. C. A study of children's moral judgments. *Child Development,* 1962, **33,** 327-354.

JONES, E. E. Authoritarianism and first impressions. *Journal of Personality,* 1954, **23,** 107-127.

JONES, E. E. *Ingratiation: A social psychological analysis.* New York: Appleton Century Crofts, 1964.

JONES, E. E., & K. E. DAVIS. From acts to dispositions. In L. Berkowitz (Ed.), *Advances in experimental social psychology.* Vol. 2. New York: Academic Press, Inc., 1965. Pp. 219-266.

JONES, E. E., K. E. DAVIS, & K. J. GERGEN. Role playing variations and their informational value for person perception. *Journal of Abnormal and Social Psychology,* 1961, **63,** 302-310.

JONES, E. E., & R. DECHARMS. The organizing function of interaction roles in person perception. *Journal of Abnormal and Social Psychology,* 1958, **57,** 155-164.

JONES, E. E., K. J. GERGEN, P. GUMPERT, & J. W. THIBAUT. Some conditions affecting the use of ingratiation to influence performance evaluation. *Journal of Personality and Social Psychology,* 1965, **1,** 613-625.

JONES, E. E., R. G. JONES, & K. J. GERGEN. Some conditions affecting the evaluation of a conformist. *Journal of Personality,* 1963, **31,** 270-288.

JONES, H. E. Order of birth in relation to the development of the child. In C. Murchison (Ed.), *Handbook of child psychology.* Worcester, Mass.: Clark University Press, 1931.

JONES, S. C. Some determinants of interpersonal evaluating behavior. *Journal of Personality and Social Psychology,* 1966, **3,** 397-403.

JONES, S. C. Expectation, performance and the anticipation of self-revealing events. *Journal of Social Psychology,* 1968, **74,** 189-197.

JONES, S. C., & C. RATNER. The handling of unfavorable information by self. *Journal of Personality and Social Psychology,* 1967, **6,** 442-447.

JONES, S. C., & D. J. SCHNEIDER. Certainty of self-appraisal and reactions to evaluations from others. *Sociometry,* 1968, **31,** 395-403.

JULIAN, J. Some determinants of dissensus on role prescriptions within and between four organizational positions. *Sociological Quarterly,* Spring 1969, **10**(2), 177.

KAGAN, J., & H. MOSS. The stability of passive and dependent behavior from childhood through adulthood. *Child Development,* 1960, **31,** 577-591.

KAHL, J. A. Some measures of achievement orientation. *American Journal of Sociology,* 1965, **70,** 669-681.

KAHN, R. L., & D. KATZ. Leadership practices in relation to productivity and morale. In D. Cartwright and A. Zander (Eds.), *Group dynamics: Research and theory.* Evanston, Ill.: Row, Peterson & Company, 1953. Pp. 612-628.

KAMMEYER, K. Birth order as a research variable. *Social Forces,* 1967, **46,** 71-80.

KAPLAN, N. Reference groups and interest group theories of voting. In H. H. Hyman and E. Singer (Eds.), *Readings in reference group theory and research.* New York: The Free Press, 1968. Pp. 461-472.

KARABENICK, S. A., & Z. I. YOUSSEF. Performance as a function of achievement motive level and perceived difficulty. *Journal of Personality and Social Psychology,* December 1968, **10,** 414-419.

KARLINS, M., T. L. COFFMAN, & G. WALTERS. On the fading of social stereotypes: Studies in three generations of college students. *Journal of Personality and Social Psychology,* 1969, **13,** 1-16.

KATES, S. L. First-impression formation and authoritarianism. *Human Relations,* 1959, **12,** 277-285.

KATZ, D., & K. W. BRALY. Racial prejudice and racial stereotypes. *Journal of Abnormal and Social Psychology,* 1933, **30,** 175-193.

KATZ, D., & R. L. KAHN. Some recent findings in human relations research in industry. In G. E. Swanson, T. M. Newcomb, & E. L. Hartley (Eds.), *Readings in social psychology.* (Rev. ed.) New York: Holt, Rinehart and Winston, Inc., 1952. Pp. 650-665.

KATZ, D., C. G. MCCLINTOCK, & I. SARNOFF. Measurement of ego-defense related to attitude change. *Journal of Personality,* 1957, **25,** 465-474.

KATZ, E. The two-step flow of communication: An up-to-date report on an hypothesis. *Public Opinion Quarterly,* 1957, **21,** 61-78.

KATZ, E. The social itinerary of technical change: Two studies on the diffusion of innovation. *Human Organization,* 1961, **20,** 70-82.

KATZ, E. On reopening the question of selectivity in exposure to mass communications. In R. P. Abelson et al. (Eds.), *Theories of cognitive* *consistency: A sourcebook.* Chicago: Rand McNally and Company, 1968. Pp. 788-796.

KATZ, E., & B. DANET. Petitions and persuasive appeals: A study of official-client relations. *American Sociological Review,* 1966, **31,** 811-822.

KATZ, E., & J. J. FELDMAN. The debates in the light of research: A survey of surveys. In S. Kraus (Ed.), *The great debates.* Bloomington: Indiana University Press, 1962. Pp. 173-223.

KATZ, E., & P. F. LAZARSFELD. *Personal influence.* Chicago: The Free Press of Glencoe, Ill., 1955.

KATZ, I. Experimental studies of Negro-white relationships. In L. Berkowitz (Ed.), *Advances in experimental social psychology.* Vol. 5. New York: Academic Press, Inc., 1970. Pp. 71-117.

KATZ, L., M. COHEN, & L. CASTIGLIONE. Effects of one type of need complementarity on marriage partners' conformity to one another's judgments. *Journal of Abnormal and Social Psychology,* 1963, **67,** 8-14.

KELLEY, H. H. The warm-cold variable in first impressions of persons. *Journal of Personality,* 1950, **18,** 431-439.

KELLEY, H. H. Communication in experimentally created hierarchies. *Human Relations,* 1951, **4,** 39-56.

KELLEY, H. H. Two functions of reference groups. In G. E. Swanson, T. M. Newcomb, & E. L. Hartley (Eds.), *Readings in social psychology.* (Rev. ed.) New York: Henry Holt and Company, Inc., 1952.

KELLEY, H. H. Salience of membership and resistance to change of group-anchored attitudes. *Human Relations,* 1955, **8,** 275-290.

KELLEY, H. H. Attribution theory in social psychology. In D. Levine (Ed.), *Nebraska symposium on motivation.* Vol. 15. Lincoln, Nebraska: University of Nebraska Press, 1967. Pp. 192-240.

KELLEY, H. H., & T. W. LAMB. Certainty of judgment and resistance to social influence. *Journal of Abnormal and Social Psychology,* 1957, **55,** 137-139.

KELLEY, H. H., & A. J. STAHELSKI. Social interaction basis of cooperators' and competitors' beliefs about others. *Journal of Personality and Social Psychology,* 1970, **16,** 66-91.

KELLEY, H. H., & J. W. THIBAUT. Experimental studies of group problem solving and process. In G. Lindzey (Ed.), *Handbook of social psychology.* Vol. 2. Cambridge, Mass.: Addison-Wesley Publishing Company, Inc., 1954. Pp. 735-785.

KELLEY, H. H., & J. W. THIBAUT. Group problem solving. In G. Lindzey & E. Aronson (Eds.), *The handbook of social psychology.* (2nd ed.) Vol. 4. Reading, Mass.: Addison-Wesley Publishing Company, Inc., 1969. Pp. 1-101.

KELLEY, H. H., J. W. THIBAUT, R. RADLOFF, & D. MUNDY. The development of cooperation in the "minimal social situation." *Psychological Monograph,* 1962, **76,** (19, Whole No. 538).

KELLEY, H. H., & E. H. VOLKART. The resistance to change of group-anchored attitudes. *American Sociological Review,* 1952, **17,** 453-465.

KELLEY, H. H., & C. L. WOODRUFF. Members reactions to apparent group approval of a counter-norm communication. *Journal of Abnormal and Social Psychology,* 1956, **52,** 67-74.

KELLEY, K. D., & W. J. CHAMBLISS. Status consistency and political attitudes. *American Sociological Review,* 1966, **31,** 375-381.

KELMAN, H. C. The induction of action and attitude change. In S. Coopersmith (Ed.), *Personality research.* Copenhagen: Munksgaard, 1962. Pp. 81-110.

KELMAN, H. C. Assignment of responsibility in the case of Lt. Calley: Preliminary report on a national survey. Paper presented at the meeting of the Society of Experimental Social Psychology, Ohio State University, Columbus, 1971.

KEMPER, T. D. Self-conceptions and the expectations of significant others. *Sociological Quarterly,* 1966, **7,** 323-343.

KENDALL, P. L. Medical education as social process. Paper presented at the meeting of the American Sociological Association, New York, August 1960.

KENDON, A. Some functions of gaze direction in social interaction. *Acta Psychologica,* 1967, **26,** 22-63.

KENKEL, W. F. The relationship between status consistency and politico-economic attitudes. *American Sociological Review,* 1956, **21,** 365-368.

KERCKHOFF, A., & K. E. DAVIS. Value consensus and need complementarity in mate selection. *American Sociological Review,* 1962, **27,** 295-303.

KIDD, J. W. An analysis of social rejection in a college men's residence hall. *Sociometry,* 1951, **14,** 226-234.

KIESLER, C. A., & S. B. KIESLER. Role of forewarning in persuasive communications. *Journal of Abnormal and Social Psychology,* 1964, **68,** 547-549.

KIESLER, S. B. The effect of perceived role requirements on reactions to favor-doing. *Journal of Experimental Social Psychology,* 1966, **2,** 198-210.

KILLIAN, L. M. The significance of multiple-group membership in disaster. *American Journal of Sociology,* 1952, **57,** 309-313.

KIMBERLY, J. C., & P. V. CROSBIE. An experimental test of a reward-cost formulation of status inconsistency. Paper presented at the meeting of the Pacific Sociological Association, Long Beach, Calif., March 1967.

KINSEY, A. C., W. B. POMEROY, & C. E. MARTIN. *Sexual behavior in the human male.* Philadelphia: W. B. Saunders Company, 1949.

KIPNIS, D. The effects of leadership style and leadership power upon the inducement of an attitude change. *Journal of Abnormal and Social Psychology,* 1958, **57,** 173-180.

KIRKPATRICK, C. The measurement of ethical consistency in marriage. *International Journal of Ethics,* 1936, **46,** 444-460.

KIRKPATRICK, C. *The family as process and institution.* New York: The Ronald Press Company, 1955.

KLAPP, O. E. *Heroes, villains, and fools.* Englewood Cliffs, N.J.: Prentice-Hall, Inc., 1962.

KLAPPER, J. T. *The effects of mass media.* New York: The Free Press of Glencoe, Inc., 1961.

KLAUSNER, S. Z. Choosing a new reference group. Paper presented at the meeting of the American Sociological Association, St. Louis, Mo., September 1961.

KLEIN, J. *The study of groups.* London: Routledge & Kegan Paul, Ltd., 1956.

KOGAN, N. K., & M. A. WALLACH. Effects of physical separation of group members upon group risk-taking. *Human Relations,* 1967, **20,** 41-48. *(a)*

KOGAN, N. K., & M. A. WALLACH. Risky-shift phenomenon in small decision-making groups: A test of the information exchange hypothesis. *Journal of Experimental Social Psychology,* 1967, **3,** 75-84. *(b)*

KOGAN, N. K., & M. A. WALLACH. Group risk taking as a function of members' anxiety and defensiveness levels. *Journal of Personality,* 1967, **35,** 50-63. *(c)*

KOGAN, N. K., & M. A. WALLACH. Risk taking as a function of the situation, the person and the group. *New directions in psychology III.* New York: Holt, Rinehart and Winston, Inc., 1967. Pp. 111-278. *(d)*

KOHLBERG, L. Stage and sequence: The cognitive-developmental approach to socialization. In D. A. Goslin (Ed.), *Handbook of socialization theory and research.* Chicago: Rand McNally & Company, 1969. Pp. 347-480.

KOHN, A. R., & F. E. FIEDLER. Age and sex differences in the perception of persons. *Sociometry,* 1961, **24,** 157-164.

KOHN, M. L. Social class and parent-child relationships. *American Journal of Sociology,* 1963, **68,** 471-480.

KOMORITA, S. S., & A. R. BRENNER. Bargaining and concession making under bilateral monopoly. *Journal of Personality and Social Psychology,* 1968, **9,** 15-20.

KORNZWEIG, N. D. Behavior change as a function of fear arousal and personality. Unpublished doctoral dissertation, Yale University, 1967. Cited in H. Leventhal, Findings and theory in the study of fear communications. In L. Berkowitz (Ed.), *Advances in experimental social psychology.* Vol. 5. New York: Academic Press, Inc., 1970. Pp. 119-186.

KRAUSE, M. S. Use of social situations for research purposes. *American Psychologist,* 1970, **25,** 748-753.

KRECH, D., & R. W. CRUTCHFIELD. *Theory and problems of social psychology.* New York: McGraw-Hill Book Company, 1948.

KRETSCHMER, E. *Physique and character.* New York: Harcourt, Brace and Company, Inc., 1925.

KROGER, R. O. The effects of role demands and test-cue properties upon personality test performance. *Journal of Consulting Psychology,* 1967, **31,** 304-312.

KRUGLANSKI, A. W. Attributing trustworthiness in supervisor-worker relations. *Journal of Experimental Social Psychology,* 1970, **6,** 214-232.

KUHN, M. H. Self attitudes by age, sex, and professional training. *Sociological Quarterly,* 1960, **1**(1), 39-55.

KUUSINEN, J. Affective and denotative structures of personality ratings. *Journal of Personality and Social Psychology,* 1969, **12,** 181-188.

LANA, R. E. Three theoretical interpretations of order effects in persuasive communications. *Psychological Bulletin,* 1964, **61,** 314-320.

LAMM, H. Will an observer advise high risk taking after hearing a discussion of the decision problem? *Journal of Personality and Social Psychology,* 1967, **6,** 467-471.

LARSEN, O. N., & R. HILL. Mass media and interpersonal communication in the diffusion of a news event. *American Sociological Review,* 1954, **19,** 426-443.

LATANÉ, B., & J. M. DARLEY. Group inhibition of bystander intervention in emergencies. *Journal of Personality and Social Psychology,* 1968, **10,** 215-221.

LATANÉ, B., J. ECKMAN, & V. JOY. Shared stress and interpersonal attraction. *Journal of Experimental Social Psychology,* September 1966, **1** (Suppl. 1), 80-94.

LATANÉ, B., & J. RODIN. A lady in distress: Inhibiting effects of friends and strangers on bystander intervention. *Journal of Experimental Social Psychology,* 1969, **5,** 189-202.

LAUMANN, E. O. Friends of urban men: An assessment of accuracy in reporting their socioeconomic attributes, mutual choice, and attitude agreement. *Sociometry,* 1969, **32,** 54-69.

LAWLER, E. E. Equity theory as a predictor of productivity and work quality. *Psychological Bulletin,* 1968, **70,** 596-610.

LAWLER, E. E. *Pay and organizational effectiveness: A psychological view.* New York: McGraw-Hill Book Company, 1971.

LAWSON, E. D. Change in communication nets, performance, and morale. *Human Relations,* 1965, **18,** 139-147.

LAZARSFELD, P. F., B. R. BERELSON, & H. GAUDET. *The people's choice.* New York: Columbia University Press, 1948.

LAZARSFELD, P. F., & R. K. MERTON. Friendship as social process: A substantive and methodological analysis. In M. Beiger, T. Abel, & C. H. Page (Eds.), *Freedom and control in modern society.* New York: D. Van Nostrand Company, Inc., 1954.

LEAVITT, H. J. Some effects of certain communication patterns on group performance.

Journal of Abnormal and Social Psychology, 1951, **46,** 38-50.

LEE, A. M. The social dynamics of the physician's status. *Psychiatry,* 1944, **7,** 371-377.

LEIFER, A. D., & D. F. ROBERTS. Children's responses to television violence. In J. P. Murray, E. A. Rubenstein, & G. A. Comstock (Eds.), *Television and social behavior.* Vol. 2. *Television and social learning.* Government Printing Office, 1971.

LEIK, R. K. Instrumentality and emotionality in family interaction. *Sociometry,* 1963, **26,** 131-145.

LEMERT, E. *Human deviation, social problems and social control.* Englewood Cliffs, N. J.: Prentice Hall, Inc., 1967.

LENNARD, H. L., & A. BERNSTEIN. *The anatomy of psychotherapy.* New York: Columbia University Press, 1960.

LENNARD, H. L., M. JARVIK, & H. O. ABRAMSEN. Lysergic acid diethylamide (LSD 25): XII. A preliminary statement of its effects upon interpersonal communication. *Journal of Psychology,* 1956, **41,** 185-198.

LENSKI, G. E. Status crystallization: A nonvertical dimension of social status. *American Sociological Review,* 1954, **19,** 405-413.

LENSKI, G. E. Social participation and status crystallization. *American Sociological Review,* 1956, **21,** 469-480.

LERNER, M. J., & G. MATTHEWS. Reactions to suffering of others under conditions of indirect responsibility. *Journal of Personality and Social Psychology,* 1967, **5,** 319-325.

LESSER, G. S. Maternal attitudes and practices and the aggressive behavior of children. Unpublished doctoral dissertation, Yale University, 1952.

LESTER, J. T. Acquaintance and compatibility. Technical Report No. 2. Berkeley Institute of Psychological Research, 1965.

LEUPTOW, L. B. Need for achievement and occupational preferences: Some operations with value-orientations as intervening variables in need-goal relationships. *Sociometry,* 1968, **31,** 304-312.

LEVENTHAL, G. S. Self-deprivation as a response to unprofitable inequity. Research proposal (renewal) #S7 0474 R submitted from North Carolina State University to the National Science Foundation. Proposed renewal date: Sept. 1, 1967.

LEVENTHAL, G. S. Influence of brothers and sisters on sex-role behavior. *Journal of Personality and Social Psychology,* 1970, **16,** 452-465.

LEVENTHAL, G. S., & J. W. MICHAELS. Extending the equity model: Perception of inputs and allocation of reward as a function of duration and quantity of performance. *Journal of Personality and Social Psychology,* 1969, **12,** 303-309.

LEVENTHAL, G. S., & J. W. MICHAELS. Focus of cause and equity and motivation as determinants of reward allocation. *Journal of Personality and Social Psychology,* 1971, **17,** 229-235.

LEVENTHAL, G. S., C. M. YOUNTS, & A. K. LUND. Tolerance for inequity in buyer-seller relationships. Paper presented at meetings of the Eastern Psychological Association, Atlantic City, N.J., 1970.

LEVENTHAL, H. Findings and theory in the study of fear communications. In L. Berkowitz (Ed.), *Advances in experimental social psychology.* Vol. 5. New York: Academic Press, Inc., 1970. Pp. 120-186.

LEVENTHAL, H., S. JONES, & G. TREMBLY. Sex differences in attitude and behavior change under conditions of fear and specific instructions. *Journal of Experimental Social Psychology,* 1966, **2,** 387-399.

LEVENTHAL, H., & P. NILES. A field experiment of fear arousal with data on the validity of questionnaire measures. *Journal of Personality,* 1964, **32,** 459-479.

LEVENTHAL, H., & P. NILES. Persistence of influence for varying durations of exposure to threat stimuli. *Psychological Reports,* 1965, **16,** 223-233.

LEVENTHAL, H., R. P. SINGER, & S. JONES. Effects of fear and specificity of recommendation upon attitudes and behavior. *Journal of Personality and Social Psychology,* 1965, **2,** 20-29.

LEVENTHAL, H., & G. TREMBLY. Negative emotions and persuasion. *Journal of Personality,* 1968, **36,** 154-168.

LEVENTHAL, H., & J. C. WATTS. Sources of resistance to fear-arousing communications on smoking and lung cancer. *Journal of Personality,* 1966, **34**(2), 155-175.

LEVENTHAL, H., J. C. WATTS, & F. PAGANO. Effects of fear and instructions on how to cope with danger. *Journal of Personality and Social Psychology,* 1967, **6,** 313-321.

LEVINGER, G. The development of perceptions and behavior in newly formed social power relationships. In D. Cartwright (Ed.), *Studies in social power.* Ann Arbor: The University of Michigan Press, 1959. Pp. 83-98.

LEVINGER, G. Note on need complementarity in marriage. *Psychological Bulletin,* 1964, **61,** 153-157. *(a)*

LEVINGER, G. Task and social behavior in marriage. *Sociometry,* 1964, **27,** 433-448. *(b)*

LEVINGER, G. Little sand box and big quarry: Comment on Byrne's paradigmatic spade for research on interpersonal attraction. *Representative Research in Social Psychology,* 1972, **3**(1), 3-19.

LEVINGER, G., D. J. SENN, & B. W. JORGENSEN. Progress toward permanence in courtship: A test of the Kerckhoff-Davis hypothesis. *Sociometry,* 1970, **33,** 427-443.

LEWIN, K. *Resolving social conflicts: Selected papers on group dynamics.* New York: Harper & Brothers, 1948.

LEWIN, K. Group decision and social change. In E. Maccoby, T. M. Newcomb, & E. L. Hartley (Eds.), *Readings in social psychology.* (3rd ed.) New York: Holt, Rinehart, and

Winston, Inc., 1958. Pp. 197-211.

LEWIN, K., R. LIPPITT, & R. K. WHITE. Patterns of aggressive behavior in experimentally created social climates. *Journal of Social Psychology,* 1939, **10,** 271-299.

LEWIS, L. D., J. M. DARLEY, & S. GLUCKSBERG. Stereotype persistence and change among college students: One more time. Unpublished manuscript, 1972.

LEWIS, W. H. Feuding and social change in Morocco. *Journal of Conflict Resolution,* 1961, **5,** 43-54.

LIBO, L. *Measuring group cohesiveness.* Ann Arbor, Mich.: Institute for Social Research, 1953.

LIEBERT, R. M., & R. A. BARON. Short-term effects of televised aggression on children's aggressive behavior. In J. P. Murray, E. A. Rubinstein, & G. A. Comstock (Eds.), *Television and social behavior.* Vol. 2. *Television and social learning.* Government Printing Office, 1971.

LIFTON, R. J. Thought reform of Chinese intellectuals. A psychiatric evaluation. *Journal of Social Issues,* 1957, **13**(3), 5-20.

LIFTON, R. J. *Thought reform and the psychology of totalism: A study of "brainwashing" in China.* New York: W. W. Norton & Company, Inc., 1961.

LIKERT, R. *New patterns of management.* New York: McGraw-Hill Book Company, 1961.

LINDZEY, G. An experimental examination of the scapegoat theory of prejudice. *Journal of Abnormal and Social Psychology,* 1950, **45,** 296-309.

LINDZEY, G., & E. F. BORGATTA. In G. Lindzey (Ed.), *Handbook of social psychology.* Vol. 1. Cambridge, Mass.: Addison-Wesley Press, Inc., 1954. Pp. 405-448.

LINDZEY, G., & D. BYRNE. Measurement of social choice and interpersonal attractiveness. In G. Lindzey & E. Aronson (Eds.), *The handbook of social psychology.* (2nd ed.) Vol. 2. Reading, Mass.: Addison-Wesley Publishing Company, Inc., 1968. Pp. 452-525.

LINTON, H., & E. GRAHAM. Personality correlates of persuasibility. In C. I. Hovland & I. L. Janis (Eds.), *Personality and persuasibility.* New Haven, Conn.: Yale University Press, 1959. Pp. 69-101.

LINTON, R. *The cultural background of personality.* New York: Appleton-Century-Crofts, Inc., 1945.

LIPETZ, M. E. The effects of information on the assessment of attitudes by authoritarians and nonauthoritarians. *Journal of Abnormal and Social Psychology,* 1960, **60,** 95-99.

LIPPITT, R., N. POLANSKY, F. REDL, & S. ROSEN. The dynamics of power. *Human Relations,* 1952, **5,** 37-64.

LIPPITT, R., & R. K. WHITE. The "social climate" of children's groups. In R. G. Barker, J. S. Kounin, & H. F. Wright (Eds.), *Child behavior and development.* New York: McGraw-Hill Book Company, 1943. Pp. 485-508.

LISKA, G. *The new statecraft.* Chicago: Chicago University Press, 1960.

LOFLAND, J. *Deviance and identity.* Englewood Cliffs, N.J.: Prentice-Hall, Inc., 1969.

LONG, H. B. Relationships of selected personal and social variables in conforming judgment. *Journal of Social Psychology,* 1970, **81,** 177-182.

LOOMIS, J. L. Communication, the development of trust and cooperative behavior. *Human Relations,* 1959, **12,** 305-315.

LORGE, I., & H. SOLOMON. Two models of group behavior in the solution of eurek-type problems. *Psychometrika,* 1955, **20,** 139-148.

LORGE, I., & H. SOLOMON. Group and individual performance in problem solving related to previous exposure to problem, level of aspiration, and group size. *Behavioral Science,* 1960, **5**(1), 28-38.

LOTT, A. J., J. F. APONTE, B. E. LOTT, & W. H. MCGENLEY. The effect of delayed reward on the development of positive attitudes toward persons. *Journal of Experimental Social Psychology,* 1969, **5,** 101-113.

LOTT, A. J., & B. E. LOTT. A learning theory approach to interpersonal attitudes. In A. G. Greenwald, T. C. Brock, & T. McOstrom (Eds.), *Psychological foundations of attitudes.* New York: Academic Press, Inc., 1968.

LOTT, A. J., B. E. LOTT, & F. M. MATTHEWS. Interpersonal attraction among children as a function of vicarious reward. *Journal of Educational Psychology,* 1969, **60**(4, Pt. I), 274-283.

LOTT, B. E., & A. J. LOTT. The formation of positive attitudes toward group members. *Journal of Abnormal and Social Psychology,* 1960, **61,** 297-300.

LOWE, R. H., & I. D. STEINER. Some effects of the reversibility and consequences of decisions on postdecision information preferences. *Journal of Personality and Social Psychology,* 1968, **8,** 172-179.

LOY, J. W., JR. Social psychological characteristics of innovators. *American Sociological Review,* 1969, **34,** 73-82.

LUCE, R.D., & H. RAIFFA. *Games and decisions.* New York: John Wiley & Sons, Inc., 1957.

LUCHINS, A. S. Forming impressions of personality: A critique. *Journal of Abnormal and Social Psychology,* 1948, **43,** 318-325.

LUCHINS, A. S. Experimental attempts to minimize the impact of first impressions. In C. I. Hovland (Ed.), *The order of presentation in persuasion.* New Haven, Conn.: Yale University Press, 1957. Pp. 62-75. *(a)*

LUCHINS, A. S. Primacy-recency in impression formation. In C. I. Hovland (Ed.), *The order of presentation in persuasion.* New Haven, Conn.: Yale University Press, 1957. Pp. 33-61. *(b)*

LUDLUM, T. S. Effects of certain techniques of credibility upon audience attitude. *Speech Monographs,* 1958, **25,** 278-284.

LUEPTOW, L. B. Need for achievement and occupational preferences: Some operations with value-orientations as intervening variables in need-goal relationships. *Sociometry,* 1968, **31,** 304-312.

LUMSDAINE, A. A., & I. L. JANIS. Resistance to "counterpropaganda" produced by one-sided and two-sided "propaganda" presentations. *Public Opinion Quarterly,* 1953, **17,** 311-318.

LYNN, R. Personality characteristics of the mothers of aggressive and unaggressive children. *Journal of Genetic Psychology,* 1961, **99,** 159-164.

MCCALL, G. J., & J. L. SIMMONS. *Identities and interactions.* New York: The Free Press, 1966.

MCCANDLESS, B. R. *Children and adolescents.* New York: Holt, Rinehart & Winston, Inc., 1961.

MCCLELLAND, D., J. W. ATKINSON, R. A. CLARK, & E. L. LOWELL. *The achievement motive.* New York: Appleton Century Crofts, 1953.

MCCLINTOCK, C. G., & S. P. MCNEEL. Reward and score feedback as determinants of cooperative and competitive game behavior. *Journal of Personality and Social Psychology,* 1966, **4,** 606-615.

MCCONNELL, M. L. B. Stability of the self concept as a function of consensus among significant others. Unpublished master's thesis, University of Nevada, 1966.

MACCOBY, E. E. Youth and political change. *Public Opinion Quarterly,* 1954, **18,** 23-29.

MACCOBY, E. E. The choice of variables in the study of socialization. *Sociometry,* 1961, **24,** 357-371.

MACCOBY, E. E., N. MACCOBY, A. K. ROMNEY, & J. S. ADAMS. Social reinforcement in attitude change. *Journal of Abnormal and Social Psychology,* 1961, **63,** 109-115.

MACCOBY, E. E., & J. C. MASTERS. Attachment and dependency. In P. H. Mussen (Ed.), *Carmichael's manual of child psychology.* (3rd ed.) Vol. 2. New York: John Wiley & Sons, Inc., 1970.

MCCORD, W., J. MCCORD, & A. HOWARD. Familial correlates of aggression in nondelinquent male children. *Journal of Abnormal and Social Psychology,* 1961, **62,** 79-93.

MCDAVID, J., JR. Personality and situational determinants of conformity. *Journal of Abnormal and Social Psychology,* 1959, **58,** 241-246.

MACFARLANE, J., L. ALLEN, & M. HONZIK. A developmental study of the behavior problems of normal children between 21 months and 14 years. Berkeley: University of California Press, 1954.

MCGUIRE, W. J. The relative efficacy of active and passive prior defense in immunizing beliefs against persuasion. *Journal of Abnormal and Social Psychology,* 1961, **63,** 326-332.

MCGUIRE, W. J. Persistence of the resistance to persuasion induced by various types of prior belief defenses. *Journal of Abnormal and Social Psychology,* 1962, **64,** 241-248.

MCGUIRE, W. J. Personality and susceptibility to social influence. In E. F. Borgatta & W. W. Lambert (Eds.), *Handbook of personality theory and research.* Chicago: Rand McNally & Company, 1968. Pp. 1130-1187.

MCGUIRE, W. J. The nature of attitudes and attitude change. In G. Lindzey & E. Aronson (Eds.), *The handbook of social psychology.* (2nd ed.) Vol. 3. Reading, Mass.: Addison-Wesley Publishing Company, Inc., 1969. Pp. 136-314.

MCGUIRE, W. J., & D. PAPAGEORGIS. The relative efficacy of various types of prior belief-defense in producing immunity against persuasion. *Journal of Abnormal and Social Psychology,* 1961, **62**(2), 327-337.

MCHENRY, R. New methods of assessing the accuracy of interpersonal perception. *Journal for the Theory of Social Behavior,* 1971, **1,** 109-119.

MCNEMAR, Q. Opinion-attitude methodology. *Psychological Bulletin,* 1946, **43,** 289-374.

MCRAE, D. Direct factor analysis of sociometric data. *Sociometry,* 1960, **23,** 360-371.

MCWHIRTER, R. M., & J. D. JECKER. Attitude similarity and inferred attraction. *Psychonomic Science,* 1967, **7**(6), 225-226.

MADDEN, J. M. Personal preferences and conformity. *Journal of Social Psychology,* 1960, **52,** 269-277.

MAEHR, M. L., J. MENSING, & S. NAFZGER. Concept of self and the reaction of others. *Sociometry,* 1962, **25,** 353-357.

MAHANNAH, L. Influence of clothing color on the perception of personality. Unpublished master's thesis. Reno: University of Nevada, January 1968.

MAHONE, C. H. Fear of failure and unrealistic vocational aspiration. *Journal of Abnormal and Social Psychology,* 1960, **60,** 253-261.

MAIER, N. R. F., & L. R. HOFFMAN. Quality of first and second solutions in group problem solving. *Journal of Applied Psychology,* 1960, **44,** 278-283.

MAIER, N. R. F., & R. A. MAIER. An experimental test of the effects of "developmental" vs. "free" discussions on the quality of group decisions. *Journal of Applied Psychology,* 1957, **41,** 320-323.

MAIER, N. R. F., & A. R. SOLEM. The contribution of a discussion leader to the quality of group thinking: The effective use of minority opinions. *Human Relations,* 1952, **5,** 277-288.

MANIS, M. M. Social interaction and the self concept. *Journal of Abnormal and Social Psychology,* 1955, **51,** 362-370.

MANN, L., & I. L. JANIS. A follow-up study on the long-term effects of emotional role-playing. *Journal of Personality and Social Psychology,* 1968, **8,** 339-342.

MANN, R. D. A review of the relationships between personality and performance in small groups. *Psychological Bulletin,* 1959, **56,** 241-270.

MANNHEIM, B. F. Reference groups, membership groups

and the self image. *Sociometry,* 1966, **29,** 265-279.

MANWILLER, L. V. Expectations regarding teachers. *Journal of Experimental Education,* 1958, **26,** 315-354.

MARACEK, J., & D. R. METTEE. Avoidance of continued success as a function of self esteem, level of esteem, certainty, and responsibility for success. *Journal of Personality and Social Psychology,* 1972, **22,** 98-107.

MARCUS, P. M. Expressive and instrumental groups: Toward a theory of group structure. *American Journal of Sociology,* 1960, **66,** 54-59.

MARSH, R. C., & A. L. COLEMAN. Group influences and agricultural innovation: Some tentative findings and hypotheses. *American Journal of Sociology,* 1956, **61,** 588-594.

MARTIN, H. W. Preferences for types of patients. In R. K. Merton, G. G. Reader, & P. Kendall (Eds.), *The student-physician.* Cambridge, Mass.: Harvard University Press, 1957. Pp. 189-205.

MARTIN, H. W. Structural sources of strain in a small psychiatric hospital. Paper presented at the meeting of the American Sociological Association, St. Louis, Mo., September 1961.

MARTIN, J. D. Suspicion and the experimental confederate: A study of role and credibility. *Sociometry,* 1970, **33,** 178-192.

MARWELL, G., & D. R. SCHMITT. Dimensions of compliance-gaining behavior: An empirical analysis. *Sociometry,* 1967, **30,** 350-364.

MASLOW, A. H. Self esteem (dominance feeling) and sexuality in women. *Journal of Social Psychology,* 1942, **16,** 259-294.

MATZA, D. *Delinquency and drift.* New York: John Wiley & Sons, Inc., 1964.

MATZA D. *Becoming deviant.* Englewood Cliffs, N.J.: Prentice-Hall, Inc., 1969.

MAUSNER, B., & E. S. PLATT. Role playing as a technique for changing cigarette smoking behavior. Paper presented at the meeting of the Eastern Psychological Association, Washington, D.C., April 1968. Cited in H. Leventhal, Findings and theory in the study of fear communications. In L. Berkowitz (Ed.), *Advances in experimental social psychology.* Vol. 5. New York: Academic Press, Inc., 1970. Pp. 119-186.

MAYO, C. W., & W. H. CROCKETT. Cognitive complexity and primacy-recency effects in impression formation. *Journal of Abnormal and Social Psychology,* 1964, **68,** 335-338.

MEAD, G. H. *Mind, self and society.* Chicago: The University of Chicago Press, 1934.

MEDNICK, M. S., & S. S. TANGRI (EDS.). New perspectives on women. *Journal of Social Issues,* 1972, **28**(2), 1-250.

MEEKER, R. J., G. H. SHURE, & W. H. MOORE, JR. Realtime computer studies of bargaining behavior: The effects of threat upon bargaining. *American Federation of Information Processing Societies Conference Proceedings,* 1964, **24,** 115-123.

MEER, B., & E. FREEDMAN. The impact of Negro neighbors on white house owners. *Social Forces,* 1966, **45,** 11-19.

MEILE, R. L. Perceptions of threat and group leadership. Paper presented at the annual meeting of the American Sociological Association, Washington, D.C., 1962.

MENSH, I. M., & J. WISHNER. Asch on "Forming impressions of personality": Further evidence. *Journal of Personality,* 1947, **16,** 188-191.

MENZEL, H., & E. KATZ. Social relations and innovation in the medical profession: The epidemiology of a new drug. *Public Opinion Quarterly,* 1956, **19,** 337-352.

MERTON, R. K. Patterns of influence: A study of interpersonal influence and communications behavior in a local community. In P. F. Lazarsfeld & F. N. Stanton (Eds.), *Communications research, 1948-1949.* New York: Harper & Brothers, 1949. Pp. 180-219.

MERTON, R. K. The role set. *British Journal of Sociology,* 1957, **8,** 106-120. *(a)*

MERTON, R. K. *Social theory and social structure.* New York: The Free Press of Glencoe, Inc., 1957. *(b)*

MERTON, R. K., & A. S. KITT. Contributions to the theory of reference group behavior. In R. K. Merton & P. F. Lazarsfeld (Eds.), *Continuities in social research: Studies in the scope and method of "The American Soldier."* Glencoe, Ill.: The Free Press, 1950. Pp. 40-105.

MERTON, R. K., G. G. READER, & P. L. KENDALL (EDS.). *The student-physician.* Cambridge, Mass.: Harvard University Press, 1957.

MEZEI, L. Perceived social pressure as an explanation of shifts in the relative influence of race and belief on prejudice across social interactions. *Journal of Personality and Social Psychology,* 1971, **19,** 69-118.

MICHAEL, D. N., & N. MACCOBY. Factors influencing the effects of student participation on verbal learning from films: Motivating practice effects, "feedback," and overt versus covert responding. In A. A. Lumsdaine (Ed.), *Student Response in Programmed Instruction: A Symposium.* Washington: National Academy of Sciences—National Research Council, 1961. Pp. 271-293.

MICHELS, R. *A summary and interpretation of political parties: A sociological study of the oligarchical tendencies of modern democracy.* Glencoe, Ill.: The Free Press, 1949.

MIDDLETON, R. Alienation, race, and education. *American Sociological Review,* 1963, **28,** 973-976.

MIDLARSKY, E. Some antecedents of aiding under stress. *Proceedings of the 76th Annual Convention of the American Psychological Association,* 1968.

MILGRAM, S. Behavioral study of obedience. *Journal of Abnormal and Social Psychology,* 1963, **67,** 371-378.

MILGRAM, S. Some conditions

of obedience and disobedience to authority. *Human Relations,* 1965, **18,** 57-76.

MILLER, D. R. The study of social relationships: Situation, identity, and social interaction. In S. Koch (Ed.), *Psychology: A study of a science.* Vol. 5. *The process areas, the person, and some applied fields: Their place in psychology and in science.* New York: McGraw-Hill Book Company, 1963. Pp. 639-737.

MILLER, G. R., & M. A. HEWGILL. The effects of variations in non-fluency on audience ratings of source credibility. *Quarterly Journal of Speech,* 1964, **50,** 36-44.

MILLER, N., & R. S. BARON. On measuring couterarguing. *Journal for the Theory of Social Behaviour,* 1973, in press.

MILLER, N., & D. T. CAMPBELL. Recency and primacy in persuasion as a function of the timing of speeches and measurements. *Journal of Abnormal and Social Psychology,* 1959, **59,** 1-9.

MILLER, N. E., JR. The effect of group size on decision-making discussions. Unpublished doctoral dissertation, University of Michigan, 1951.

MILLER, N. E., JR., & R. BUGELSKI. Minor studies in aggression: The influence of frustrations imposed by the in-group on attitudes expressed toward out-groups. *Journal of Psychology,* 1948, **25,** 437-442.

MILLS, J. Interest in supporting and discrepant information. In R. P. Abelson et al. (Eds.), *Theories of cognitive consistency: A sourcebook.* Chicago: Rand McNally & Company, 1968. Pp. 771-776.

MILLS, T. M. Power relations in three person groups. *American Sociological Review,* 1953, **18,** 351-357.

MILLS, T. M. The coalition pattern in three person groups. *American Sociological Review,* 1954, **19,** 657-667.

MILLS, T. M. Developmental processes in three-person groups. *Human Relations,* 1956, **9,** 343-354.

MILSTEIN, F. A. Ambition and defense against threat of failure. Unpublished doctoral dissertation, University of Michigan, 1956.

MINARD, R. D. Race relationships in the Pocahontas coal field. *Journal of Social Issues,* 1952, **8**(1), 29-44.

MISCHEL, W. Theory and research on the antecedents of self-imposed delay of reward. In B. A. Maher (Ed.), *Progress in experimental personality research.* Vol. 2. New York: Academic Press, Inc., 1965.

MISCHEL, W. *Personality and assessment.* New York: John Wiley & Sons, Inc., 1968.

MISCHEL, W., & R. M. LIEBERT. Effects of discrepancies between observed and imposed reward criteria on their acquisition and transmission. *Journal of Personality and Social Psychology,* 1966, **3,** 45-53.

MITCHELL, W. C. Occupational role strains: The American elective public official. *Administrative Science Quarterly,* 1958, **3,** 210-228.

MIXON, D. Instead of deception. *Journal for the Theory of Social Behaviour,* October 1972, **2,** 145-177.

MIYAMOTO, S. F., & S. M. DORNBUSCH. A test of the interactionist hypothesis of self-conception. *American Journal of Sociology,* 1956, **61,** 399-403.

MODIGLIANI, A. Embarrassment and embarrassability. *Sociometry,* 1968, **31,** 313-326.

MOELLER, G., & M. H. APPLEZWEIG. A motivational factor in conformity. *Journal of Abnormal and Social Psychology,* 1957, **55,** 114-120.

MORAN, G. Dyadic attraction and orientational consensus. *Journal of Personality and Social Psychology,* 1966, **4,** 94-99.

MORENO, J. L. *Who shall survive?* (2nd ed.) Beacon, N.Y.: Beacon House, Inc., 1953.

MORGAN, W. R., & J. SAWYER. Bargaining, expectations, and the preference for equality over equity. *Journal of Personality and Social Psychology,* 1967, **6,** 139-149.

MORSE, N. *Satisfactions in the white-collar job.* Ann Arbor, Mich.: University of Michigan, Survey Research Center, 1953.

MOULTON, R. W. Effects of success and failure on level of aspirations as related to achievement motives. *Journal of Personality and Social Psychology,* 1965, **1,** 399-406.

MULDER, M. Communication structure, decision structure, and group performance. *Sociometry,* 1960, **23,** 1-14.

MURPHY, G., L. B. MURPHY, & T. M. NEWCOMB. *Experimental social psychology.* New York: Harper & Brothers, 1937.

MURPHY, L. B. Character development in normal children: Sources of flexibility. Paper presented at the meeting of the American Psychological Association, New York, September 1961.

MURSTEIN, B. L. The complementary need hypothesis in newlyweds and middle-aged married couples. *Journal of Abnormal and Social Psychology,* 1961, **63,** 194-197.

MYRDAL, G. *An American dilemma.* New York: Harper & Brothers, 1944.

NEL, E., R. HELMREICH, & E. ARONSON. Opinion change in the advocate as a function of the persuasibility of his audience: A clarification of the meaning of dissonance. *Journal of Personality and Social Psychology,* 1969, **12,** 117-124.

NELSON, D. A. The effect of differential magnitude of reinforcement on interpersonal attraction. *Dissertation Abstracts,* 1966, **27**(1-A), 253-254.

NEWCOMB, T. M. *Personality and social change: Attitude formation in a student community.* New York: The Dryden Press, Inc., 1943.

NEWCOMB, T. M. The prediction of interpersonal attraction. *American Psychologist,* 1956, **11,** 575-586.

NEWCOMB, T. M. *The acquaintance process.* New York: Holt, Rinehart and Winston, Inc., 1961.

NORFLEET, B. Interpersonal relations and group productivity. *Journal of Social Issues,* 1948, **4**(2), 66-69.

NORMAN, W. T., & L. R. GOLDBERG. Raters, ratees, and randomness in personality structure. *Journal of Personality and Social Psychology,* 1966, **6,** 681-691.

NUNNALLY, J. C., & H. M. BOBREN. Variables governing the willingness to receive communications on mental health. *Journal of Personality,* 1959, **27,** 38-46.

NYE, I. F. The employed mother: Basic changes in family structure. Paper presented at the meeting of the American Sociological Association, St. Louis, Mo., 1961.

OAKES, W. F., A. E. DRUGE, & B. AUGUST. Reinforcement effects on participation in group discussion. *Psychological Reports,* 1960, **7,** 503-514.

OFSHE, L., & R. OFSHE. *Utility and choice in social interaction.* Englewood Cliffs, N.J.: Prentice-Hall, Inc., 1970.

OMWAKE, K. The relationship between acceptance of self and acceptance of others shown by three personality inventories. *Journal of Consulting Psychology,* 1954, **18,** 443-446.

ORNE, M. T. On the social psychology of the psychological experiment: With particular reference to demand characteristics and their implications. *American Psychologist,* 1962, **17,** 776-783.

OSBORN, A. F. *Applied imagination.* New York: Charles Scribner's Sons, 1957.

OSGOOD, C. E. Suggestions for winning the real war with communism. *Journal of Conflict Resolution,* 1959, **3,** 295-325.

OSGOOD, C. E. *An alternative to war or surrender.* Urbana: The University of Illinois Press, 1962.

OSGOOD, C. E., & P. H. TANNENBAUM. The principle of congruity in the prediction of attitude change. *Psychological Review,* 1955, **62,** 42-55. Also in E. E. Sampson (Ed.), *Approaches, contexts, and problems of social psychology.* Englewood Cliffs, N.J.: Prentice-Hall, Inc., 1964. Pp. 237-248.

PALMORE, E. B. The introduction of Negroes into white departments. *Human Organization,* 1955, **14,** 27-28.

PAPAGEORGIS, D., & W. J. MCGUIRE. The generality of immunity to persuasion produced by pre-exposure to weakened counterarguments. *Journal of Abnormal and Social Psychology,* 1961, **62,** 475-481.

PARKE, R. D. Effectiveness of punishment as an interaction of intensity, timing, agent nurturance and cognitive structuring. *Child Development,* 1969, **40,** 213-235.

PARKE, R. D. The role of punishment in the socialization process. In R. A. Hoppe, G. A. Milton, & E. C. Simmel (Eds.), *Early experiences and the processes of socialization.* New York: Academic Press, Inc., 1970. Pp. 81-108.

PARKE, R. D., & R. H. WALTERS. Some factors determining the efficacy of punishment for inducing response inhibition. *Monographs of the Society for Research in Child Development,* 1967, **32**(109).

PARKER, S. Leadership patterns in a psychiatric ward. *Human Relations,* 1958, **11,** 287-301.

PARNES, S. F., & A. MEADOW. Effects of "brainstorming" instructions on creative problem solving by trained and untrained subjects. *Journal of Educational Psychology,* 1959, **50,** 171-176.

PARSONS, T. *The social system.* Glencoe, Ill.: The Free Press, 1951.

PARSONS, T., & R. F. BALES. *Family, socialization and interaction process.* Chicago: The Free Press of Glencoe, Ill., 1955.

PARSONS, T., R. F. BALES, & E. A. SHILS. *Working papers in the theory of action.* Glencoe, Ill.: The Free Press, 1953.

PARSONS, T., & E. A. SHILS (EDS.). *Toward a general theory of action.* Cambridge, Mass.: Harvard University Press, 1951.

PASSINI, F. T., & W. T. NORMAN. A universal conception of personality structure. *Journal of Personality and Social Psychology,* 1966, **4,** 44-49.

PATCHEN, M. A conceptual framework and some empirical data regarding comparisons of social rewards. *Sociometry,* 1961, **24,** 136-156.

PATEL, A. S., & J. E. GORDON. Some personal and situational determinants of yielding to influence. *Journal of Abnormal and Social Psychology,* 1960, **61,** 411-418.

PAULSON, S. F. The effects of prestige of the speaker and acknowledgement of opposing arguments on audience retention and shift of opinion. *Speech Monographs,* 1954, **21,** 267-271.

PEABODY, D. Trait inferences: Evaluative and descriptive aspects. *Journal of Personality and Social Psychology Monograph,* 1967, **7**(4, Whole No. 644).

PEABODY, D. Evaluative and descriptive aspects in personality perception. *Journal of Personality and Social Psychology,* 1970, **16,** 639-646.

PEARLIN, L. I., M. R. YARROW, & H. A. SCARR. Unintended effects of parental aspirations: The case of children's cheating. *American Journal of Sociology,* 1967, **73,** 73-83.

PEEVERS, B. H., & P. F. SECORD. Developmental changes in attribution of descriptive concepts to persons. *Journal of Personality and Social Psychology,* 1973, in press.

PENNINGTON, D. F., JR., F. HARAVEY, & B. M. BASS. Some effects of decision and discussion on coalescence, change, and effectiveness. *Journal of Applied Psychology,* 1958, **42,** 404-408.

PEPITONE, A. Attributions of causality, social attitudes, and cognitive matching processes. In R. Tagiuri & L. Petrullo (Eds.), *Person perception and interpersonal behavior.* Stanford, Calif.: Stanford University Press, 1958. Pp. 258-276.

PEPITONE, A., & J. SHERBERG. Cognitive factors in interpersonal attraction. *Journal of Personality,* 1957, **25,** 757-766.

PERRY, S. E., & L. C. WYNNE. Role conflict, role redefinition, and social change in a clinical research organization. *Social Forces,* 1959, **38,** 62-65.

PETTIGREW, T. F. Personality and sociocultural factors in intergroup attitudes: A cross-national comparison. *Journal of Conflict Resolution,* 1958, **2,** 29-42.

PETTIGREW, T. F. Social psychology and desegregation research. *American Psychologist,* 1961, **16,** 105-112.

PETTIGREW, T. F. Racially separate or together? *Journal of Social Issues,* 1969, **25**(1), 43-69.

PETTIGREW, T. F., & E. Q. CAMPBELL. Faubus and segregation: An analysis of Arkansas voting. *Public Opinion Quarterly,* 1960, **24,** 436-447.

PIAGET, J. *The moral judgment of the child.* New York: Harcourt, Brace and Company, Inc., 1932.

PILIAVIN, I. M., J. A. HARDYCK, & A. C. VADUM. Constraining effects of personal costs on the transgressions of juveniles. *Journal of Personality and Social Psychology,* 1968, **10,** 227-232.

PILIAVIN, I. M., J. RODIN, & J. A. PILIAVIN. Good Samaritanism: An underground phenomenon? *Journal of Personality and Social Psychology,* 1969, **13,** 289-299.

POPE, L. *Millhands and preachers.* New Haven, Conn.: Yale University Press, 1942.

PORTER, L. W., & E. E. LAWLER, III. *Managerial attitudes and performance.* Homewood, Ill.: Richard D. Irwin, Inc., 1968.

PORTERFIELD, A. L. *Youth in trouble.* Fort Worth, Tex.: The Leo Patishman Foundation, 1946.

POTASHIN, A. A sociometric study of children's friendships. *Sociometry,* 1946, **9,** 48-70.

PRESTON, M. G., & R. K. HEINTZ. Effects of participatory *versus* supervisory leadership on group judgment. *Journal of Abnormal and Social Psychology,* 1949, **44,** 345-355.

PRICE, J. S., & E. H. HARE. Birth order studies: Some sources of bias. *British Journal of Psychiatry,* 1969, **115,** 633-646.

PRITCHARD, R. D. Equity theory: A review and critique. *Organizational Behavior and Human Performance,* 1969, **4,** 176-211.

PRITCHARD, R. D., M. D. DUNNETTE, & D. A. JORGENSEN. Effects of perceptions of equity and inequity on worker performance and satisfaction. *Journal of Applied Psychology Monograph,* 1972, **56**(1), 75-94.

PROCTOR, C. H., & C. P. LOOMIS. Analysis of sociometric data. In M. Jahoda, M. Deutsch, & S. W. Cook (Eds.), *Research methods in social relations.* Vol. 2. New York: Holt, Rinehart and Winston, Inc., 1951. Pp. 561-585.

PRUITT, D. G. Reciprocity and credit building in a laboratory dyad. *Journal of Personality and Social Psychology,* 1968, **8,** 143-147.

PRYER, M. W., & B. M. BASS. Some effects of feedback on behavior in groups. *Sociometry,* 1959, **22,** 56-63.

PUGH, D. Role activation conflict: A study of industrial inspection. *American Sociological Review,* 1966, **31,** 835-842.

QUARANTELLI, E. L., & J. COOPER. Self-conceptions and others: A further test of median hypotheses. *Sociological Quarterly,* 1966, **7,** 281-297.

RABINOWITZ, W. A note on the social perceptions of authoritarians and nonauthoritarians. *Journal of Abnormal and Social Psychology,* 1956, **53,** 384-386.

RADLOFF, R. Opinion evaluation and affiliation. *Journal of Abnormal and Social Psychology,* 1961, **62,** 578-585.

RANSFORD, H. E. Isolation, powerlessness, and violence: A study of attitudes and participation in the Watts riot. In E. F. Borgatta (Ed.), *Social Psychology: Readings and perspectives.* Chicago: Rand McNally & Company, 1969. Pp. 592-601.

RAVEN, B. H., & J. R. P. FRENCH, JR. Legitimate power, coercive power, and observability in social influence. *Sociometry,* 1958, **21,** 83-97. *(a)*

RAVEN, B. H., & J. R. P. FRENCH, JR. Group support, legitimate power, and social influence. *Journal of Personality,* 1958, **26,** 400-409. *(b)*

RAYNOR, J. O. Relationships between achievement-related motives, future orientation, and academic performance. *Journal of Personality and Social Psychology,* 1970, **15,** 28-33.

REDL, F., & D. WINEMAN. *Children who hate.* Glencoe, Ill.: The Free Press, 1951.

REEDER, L. G., G. A. DONOHUE, & A. BIBLARZ. Conceptions of self and others. *American Journal of Sociology,* 1960, **66,** 153-159.

REST, J., E. TURIEL, & L. KOHLBERG. Relations between level of moral judgment and preference and comprehension of the moral judgment of others. *Journal of Personality,* June 1969, **37,** 225-252.

RHINE, R. J. Some problems in dissonance theory research on information selectivity. *Psychological Bulletin,* 1967, **68,** 21-28.

RHINE, R. J., & L. J. SEVERANCE. Ego-involvement, discrepancy, source credibility, and attitude change. *Journal of Personality and Social Psychology,* 1970, **16,** 175-190.

RICHARDSON, H. M., & N. G. HANAWALT. Leadership as related to the Bernreuter personality measures: V. Leadership among adult women in social activities. *Journal of Social Psychology,* 1943, **36,** 141-154.

RIECKEN, H. W. The effect of talkativeness on ability to influence group solutions to problems. *Sociometry,* 1958, **21,** 309-321.

RIESEN, A. H. Critical stimulation and optimum period. Paper presented at the meeting of the American Psychological Association, New York, September 1961.

RILEY, J. W., JR., W. SCHRAMM, & F. W. WILLIAMS. Flight from Communism: A report on Korean refugees. *Public Opin-*

ion Quarterly, 1951, **15,** 274-286.

RILEY, M. W., & R. COHN. Control networks in informal groups. *Sociometry,* 1958, **21,** 30-49.

RILEY, M. W., & J. W. RILEY, JR. A sociological approach to communications research. *Public Opinion Quarterly,* 1951, **15,** 445-460.

RILEY, M. W., R. COHN, J. TOBY, & J. W. RILEY, JR. Interpersonal orientations in small groups: A consideration of the questionnaire approach. *American Sociological Review,* 1954, **19,** 715-724.

ROBBINS, F. G. The impact of social climates upon a college class. *School Review,* 1952, **60,** 275-284.

ROETHLISBERGER, F. J., & W. J. DICKSON. *Management and the worker.* Cambridge, Mass.: Harvard University Press, 1939.

ROGERS, C. R., & R. F. DYMOND (EDS.). *Psychotherapy and personality change: Coordinated studies in the client-centered approach.* Chicago: The University of Chicago Press, 1954.

ROGERS, E. M., & G. M. BEAL. The importance of personal influence in the adoption of technological changes. *Social Forces,* 1958, **36,** 329-335.

ROKEACH, M. Belief versus race as determinants of social distance: Comment on Triandis' paper. *Journal of Abnormal and Social Psychology,* 1961, **62,** 187-188.

ROKEACH, M., P. W. SMITH, & R. I. EVANS. Two kinds of prejudice or one? In M. Rokeach (Ed.), *The open and closed mind.* New York: Basic Books, Inc., Publishers, 1960. Pp. 132-168.

ROMMETVEIT, R. *Social norms and roles: Explorations in the psychology of enduring social pressures.* Minneapolis: The University of Minnesota Press, 1955.

ROMMETVEIT, R. *Selectivity, intuition and halo effects in social perception.* Oslo, Norway: Oslo University Press, 1960.

ROSE, A. M. The adequacy of women's expectations for adult roles. *Social Forces,* 1951, **30,** 69-77.

ROSE, R. *Influencing voters: A study of campaign rationality.* New York: St. Martin's Press, Inc., 1967.

ROSEN, B. C. The achievement syndrome. *American Sociological Review,* 1956, **21,** 203-211.

ROSEN, B. C. Race, ethnicity, and the achievement syndrome. *American Sociological Review,* 1959, **24,** 47-60.

ROSEN, B. C. The achievement syndrome and economic growth in Brazil. *Social Forces,* 1964, **42,** 341-354.

ROSEN, B. C., & R. D'ANDRADE. The psycho-social origin of achievement motivation. *Sociometry,* 1959, **22,** 185-217.

ROSEN, S., G. LEVINGER, & R. LIPPITT. Perceived sources of social power. *Journal of Abnormal and Social Psychology,* 1961, **62,** 439-441.

ROSENBERG, M. *Society and the adolescent self-image.* Princeton, N.J.: Princeton University Press, 1965.

ROSENBERG, M. J. The experimental parable of inauthenticity: Consequences of attitudinal performance. In J. S. Antrobus (Ed.), *Cognition and affect.* Boston: Little, Brown and Company, 1970. Pp. 179-201.

ROSENBERG, M. J., & R. P. ABELSON. An analysis of cognitive balancing. In C. I. Hovland & I. L. Janis (Eds.), *Attitude organization and change.* New Haven, Conn.: Yale University Press, 1960. Pp. 112-163.

ROSENBERG, S., & R. L. HALL. The effects of different social feedback conditions upon performance in dyadic teams. *Journal of Abnormal and Social Psychology,* 1958, **57,** 271-277.

ROSENBERG, S., & R. JONES. A method for investigating and representing a person's implicit theory of personality: Theodore Dreiser's view of people. *Journal of Personality and Social Psychology,* 1972, **22,** 372-386.

ROSENBERG, S., & K. OLSHAN. Evaluative and descriptive aspects in personality perception. *Journal of Personality and Social Psychology,* 1970, **16,** 619-626.

ROSENBERG, S., & A. SEDLAK. Structural representations of implicit personality theory. In L. Berkowitz (Ed.), *Advances in experimental social psychology.* Vol. 6. New York: Academic Press, Inc., 1972. Pp. 235-297.

ROSENBLITH, J. F. A replication of "Some roots of prejudice." *Journal of Abnormal and Social Psychology,* 1949, **44,** 470-489.

ROSENFELD, H. Social choice conceived as a level of aspirations. *Journal of Abnormal and Social Psychology,* 1964, **68,** 491-499.

ROSENTHAL, A. M. *Thiry-eight witnesses.* New York: McGraw-Hill Book Company, 1964.

ROSENTHAL, R. *Experimenter effects in behavioral research.* New York: Appleton-Century-Crofts, Inc., 1966.

ROSENTHAL, R. Experimenter expectancy and the reassuring nature of the null hypothesis decision procedure. *Psychological Bulletin Monograph Supplement,* 1968, **70** (6, Pt. 2).

ROSENTHAL, R., & L. JACOBSON. Pygmalion in the classroom: Teacher expectation and pupils' intellectual development. New York: Holt, Rinehart and Winston, Inc., 1968.

ROSNOW, R. L., A. G. GITTER, & R. F. HOLZ. Some determinants of post-decisional information preferences. *Journal of Social Psychology,* 1969, **79,** 235-245.

ROSOW, I. Issues in the concept of need-complementarity. *Sociometry,* 1957, **20,** 216-233.

ROSS, A. Modes of guilt reduction. Unpublished doctoral dissertation, University of Minnesota, 1965.

ROTTER, J. B. Generalized expectancies for internal versus external control of reinforcement. *Psychological Monographs,* 1966, **80**(1, Whole No. 609).

RUBIN, Z. Measurement of romantic love. *Journal of Personality and Social Psychology,* 1970, **16,** 263-273.

RUECHELLE, R. C. An experimental study of audience recognition of emotional and intellectual appeals in persuasion. *Speech Monographs.* 1958, **25,** 49-58.

RUSH, G. B. Status consistency and right-wing extremism. *American Sociological Review,* 1967, **32,** 86-92.

RYCHLAK, J. F. The similarity, compatibility, or incompatibility of needs in interpersonal selection. *Journal of Personality and Social Psychology,* 1965, **2,** 334-340.

SAMPSON, E. E. Status congruence and cognitive consistency. *Sociometry,* 1963, **26,** 146-162.

SAMPSON, E. E. The study of ordinal position: Antecedents and outcomes. In B. A. Maher (Ed.), *Progress in experimental personality research.* New York: Academic Press, Inc., 1965. Pp. 175-228.

SAMPSON, E. E. Studies of status congruence. In L. Berkowitz (Ed.), *Advances in experimental social psychology.* Vol. 4. New York: Academic Press, Inc., 1969. Pp. 225-268.

SAMPSON, E. E., & G. L. BUNKER. The effects of power and congruity on small group behavior. Unpublished report, Berkeley, University of California, 1966.

SAMPSON, E. E., & F. T. HANCOCK. An examination of the relationship between ordinal position, personality, and conformity. *Journal of Personality and Social Psychology,* 1967, **5,** 398-407.

SAMPSON, E. E., & C. A. INSKO. Cognitive consistency and performance in the autokinetic situation. *Journal of Abnormal and Social Psychology,* 1964, **68,** 184-192.

SANFORD, F. H. The follower's role in leadership phenomena. In G. E. Swanson, T. M. Newcomb, & E. L. Hartley (Eds.), *Readings in social psychology.* (Rev. ed.) New York: Holt, Rinehart and Winston, Inc., 1952. Pp. 328-340.

SARBIN, T. R., & V. L. ALLEN. Role theory. In G. Lindzey & E. Aronson (Eds.), *The handbook of social psychology.* (2nd ed.) Vol. 1. Reading, Mass.: Addison-Wesley Publishing Company, Inc., 1968. Pp. 488-567.

SAWYER, J., & H. GUETZKOW. Bargaining and negotiation in international relations. In H. C. Kelman (Ed.), *International behavior.* New York: Holt, Rinehart and Winston, Inc., 1965.

SCANLON, J. C., B. HUNTER, & G. SUN. Sources of professional identity in medicine. Personal communication, 1961.

SCHACHTER, S. Deviation, rejection, and communication. *Journal of Abnormal and Social Psychology,* 1951, **46,** 190-207.

SCHACHTER, S. *The psychology of affiliation.* Stanford, Calif.: Stanford University Press, 1959. P. 62.

SCHACHTER, S. The interaction of cognitive and physiological determinants of emotional state. In L. Berkowitz (Ed.), *Advances in experimental social psychology.* Vol. 1. New York: Academic Press, Inc., 1964. Pp. 49-81.

SCHACHTER, S., & R. L. HALL. Group-derived restraints and audience persuasion. *Human Relations,* 1952, **5,** 397-406.

SCHAEFER, E. S., & N. BAYLEY. Consistency of maternal behavior. *Journal of Abnormal and Social Psychology,* 1960, **61,** 1-6.

SCHEFF, T. J. A theory of social coordination applicable to mixed motive games. *Sociometry,* 1967, **30,** 215-234.

SCHEFF, T. J., & J. L. CHEWNING. Identity and communication in prisoner's dilemma: A theory. Unpublished report, Social Science Research Institute, University of Hawaii, Mar. 21, 1968.

SCHEFLEN, A. E. Quasi-courtship behavior in psychotherapy. *Psychiatry,* 1965, **28,** 245-257.

SCHEIN, E. H. The Chinese indoctrination program for prisoners of war: A study of attempted "brainwashing." In E. E. Maccoby, T. M. Newcomb, & E. L. Hartley (Eds.), *Readings in social psychology.* (3rd ed.) New York: Holt, Rinehart and Winston, Inc., 1958. Pp. 311-334.

SCHEIN, E. H., I. SCHNEIER, & C. H. BARKER. *Coercive persuasion.* New York: W. W. Norton & Company, Inc., 1961.

SCHELLENBERG, J. A., & L. S. BEE. A re-examination of the theory of complementary needs in mate selection. *Marriage and Family Living,* 1960, **22,** 227-232.

SCHELLING, T. C. *The strategy of conflict.* Cambridge, Mass.: Harvard University Press, 1960.

SCHILD, E. O. The foreign student, as stranger, learning the norms of the host culture. *Journal of Social Issues,* 1962, **18**(1), 41-54.

SCHOMER, R. W., A. H. DAVIS, & H. H. KELLEY. Threats and the development of coordination: Further studies of the Deutsch and Krauss trucking game. *Journal of Personality and Social Psychology,* 1966, **4,** 119-126.

SCHOOLER, C. Birth order effects: Not here, not now! *Psychological Bulletin,* 1972, **78,** 161-175.

SCHOPLER, J., & N. BATESON. The power of dependence. *Journal of Personality and Social Psychology,* 1965, **2,** 247-254.

SCHOPLER, J., & M. W. MATTHEWS. The influence of the perceived casual locus of partner's dependence on the use of interpersonal power. *Journal of Personality and Social Psychology,* 1965, **2,** 609-612.

SCHOPLER, J., & V. D. THOMPSON. Role of attribution processes in mediating amount of reciprocity for a favor. *Journal of Personality and Social Psychology,* 1968, **10,** 243-250.

SCHRAMM, W., & W. DANIELSON. Anticipated audiences as determinants of recall. *Journal of Abnormal and Social Psychology,* 1958, **56,** 282-283.

SCHRAMM, W., J. LYLE, & E. B. PARKER. *Television in the lives* *of our children.* Stanford, Calif.: Stanford University Press, 1961.

SCHULMAN, G. I. Asch conformity studies: Conformity to the experimenter and/or to the group? *Sociometry,* 1967, **30,** 26-40.

SCHULMAN, S. Basic functional roles in nursing: Mother surrogate and healer. In E. G. Jaco (Ed.), *Patients, physicians, and illness.* New York: The Free Press of Glencoe, Inc., 1958. Pp. 528-537.

SCHULTZ, D. P. Time, awareness, and order of presentation in opinion change. *Journal of Applied Psychology,* 1963, **47,** 280-283.

SCHUTZ, A. Equality and the meaning structure of the social world. In A. Schutz. (Collected papers) A. Broderson (Ed.), *Collected papers II: Studies in social theory.* The Hague: Martinus Nijhoff, 1964. Pp. 226-273.

SCHWARTZ, C. G. Problems for psychiatric nurses in playing a new role on a mental hospital ward. In M. Greenblatt, D. J. Levinson, & R. H. Williams (Eds.), *The patient and the mental hospital.* Glencoe, Ill.: The Free Press, 1957. Pp. 402-426.

SCHWARTZ, S. H. Words, deeds, and the perception of consequences and responsibility in action situations. *Journal of Personality and Social Psychology,* 1968, **10,** 232-242. *(a)*

SCHWARTZ, S. H. Awareness of consequences and the influence of moral norms on interpersonal behavior. *Sociometry,* 1968, **31,** 355-369. *(b)*

SCHWARTZ, S. H. Elicitation of moral obligation and self-sacrificing behavior: An experimental study of volunteering to be a bone marrow donor. *Journal of Personality and Social Psychology,* 1970, **15,** 283-293.

SCHWEITZER, D. Style of presentation as a credibility variable. Unpublished doctoral dissertation, Reno, Nevada: University of Nevada, 1967.

SCHWEITZER, D., & G. P. GINSBURG. Factors of communicator credibility. In C. W. Backman & P. F. Secord (Eds.), *Problems in social psychology: Selected readings.* New York: McGraw-Hill Book Company, 1966. Pp. 94-102.

SCODEL, A., & M. L. FREEDMAN. Additional observations on the social perceptions of authoritarians and nonauthoritarians. *Journal of Abnormal and Social Psychology,* 1956, **52,** 92-95.

SCODEL, A., & P. MUSSEN. Social perceptions of authoritarians and nonauthoritarians. *Journal of Abnormal and Social Psychology,* 1953, **48,** 181-184.

SCOTT, J. P., & M. MARSDON. Critical periods affecting the development of normal and maladjusted social behavior of puppies. *Journal of Genetic Psychology,* 1950, **77,** 25-60.

SCOTT, M. B., & S. M. LYMAN. Accounts. *American Sociological Review,* 1968, **33,** 46-62.

SCOTT, W. A. Professionals in bureaucracies—areas of conflict. In H. M. Volmer & D. L. Mills (eds.), *Professionalization.* Englewood Cliffs, N.J.: Prentice-Hall, Inc., 1966.

SCOTT, W.A. Attitude measurement. In E. Aronson & G. Lindzey (Eds.), *The handbook of social psychology.* (2nd ed.) Vol. 2. Reading, Mass.: Addison-Wesley Publishing Company, Inc., 1968. Pp. 204-273.

SCOTT, W. R. Rationality and non-rationality of international attitudes. *Journal of Conflict Resolution,* 1958, **2,** 8-16.

SEAGO, D. W. Stereotypes: Before Pearl Harbor and after. *Journal of Psychology,* 1947, **23,** 55-63.

SEARS, D. O. Biased indoctrination and selectivity of exposure to new information. *Sociometry,* 1965, **28,** 363-376.

SEARS, D. O. Opinion formation and information preferences in an adversary situation. *Journal of Experimental and Social Psychology,* 1966, **2,** 130-142.

SEARS, D. O. The paradox of de facto selective exposure without preferences for supportive information. In R. P. Abelson et al. (Eds.), *Theories of cognitive consistency: A sourcebook.* Chicago: Rand McNally & Company, 1968. Pp. 777-787.

SEARS, D. O., & R. P. ABELES. Attitudes and opinions. In P. H. Mussen & M. R. Rosenzweig (Eds.), *Annual review of psychology.* Vol. 20. Palo Alto, Calif.: Annual Reviews, Inc., 1969. Pp. 253-288.

SEARS, D. O., & J. L. FREEDMAN. Effects of expected familiarity with arguments upon opinion change and selective exposure. *Journal of Personality and Social Psychology,* 1965, **2,** 420-426.

SEARS, R. R. Identification as a form of behavioral development. In D. B. Harris (Ed.), *The concept of development.* Minneapolis: The University of Minnesota Press, 1957. Pp. 147-161.

SEARS, R. R. Relations of early socialization experience to aggression in middle childhood. *Journal of Abnormal and Social Psychology,* 1961, **63,** 466-493.

SEARS, R. R., E. E. MACCOBY, & H. LEVIN. *Patterns of child rearing.* New York: Harper & Row, Publishers, Inc., 1957.

SEARS, R. R., L. RAU, & R. ALPERT. *Identification and child rearing.* Stanford, Calif.: Stanford University Press, 1965.

SEASHORE, S. E. *Group cohesiveness in the industrial work group.* Ann Arbor, Mich.: University of Michigan, Survey Research Center, 1954.

SECORD, P. F. The role of facial features in interpersonal perception. In R. Tagiuri & L. Petrullo (Eds.), *Person perception and interpersonal behavior.* Stanford, Calif.: Stanford University Press, 1958. Pp. 300-315.

SECORD, P. F. Stereotyping and favorableness in the perception of Negro faces. *Journal of Abnormal and Social Psychology,* 1959, **59,** 309-315.

SECORD, P. F., & C. W. BACKMAN. Personality theory and the problem of stability and change in individual behavior: An interpersonal approach. *Psychological Review,* 1961, **68,** 21-32.

SECORD, P. F., & C. W. BACKMAN. *Social Psychology.* (1st ed.) New York: McGraw-Hill Book Company, 1964. *(a)*

SECORD, P. F., & C. W. BACKMAN. Interpersonal congruency, perceived similarity, and friendship. *Sociometry,* 1964, **27,** 115-127. *(b)*

SECORD, P. F., & C. W. BACKMAN. Interpersonal approach to personality. In B. H. Maher (Ed.), *Progress in experimental personality research.* Vol. 2. New York: Academic Press, Inc., 1965. Pp. 91-125.

SECORD, P. F., C. W. BACKMAN, & H. T. EACHUS. Effects of imbalance in the self concept on the perception of persons. *Journal of Abnormal and Social Psychology,* 1964, **68,** 442-446.

SECORD, P. F., & E. S. BERSCHEID. Stereotyping and the generality of implicit personality theory. *Journal of Personality,* 1963, **31,** 65-78.

SECORD, P. F., W. BEVAN, & W. F. DUKES. Occupational and physiognomic stereotypes in the perception of photographs. *Journal of Social Psychology,* 1953, **37,** 261-270.

SECORD, P. F., W. BEVAN, & B. KATZ. The Negro stereotype and perceptual accentuation. *Journal of Abnormal and Social Psychology,* 1956, **53,** 78-83.

SECORD, P. F., W. F. DUKES, & W. BEVAN. Personalities in faces: I. An experiment in social perceiving. *Genetics Psychology Monographs,* 1954, **49,** 231-279.

SECORD, P. F., & J. E. MUTHARD. Personalities in faces: II. Individual differences in the perception of women's faces. *Journal of Abnormal and Social Psychology,* 1955, **50,** 238-242.

SEEMAN, M. On the meaning of alienation. *American Sociological Review,* 1959, **24,** 783-791.

SELVIN, H. C. *The effects of leadership.* Chicago: The Free Press of Glencoe, Ill., 1960.

SHAVER, K. G. Defensive attribution: Effects of severity and relevance on the responsibility assigned for an accident. *Journal of Personality and Social Psychology,* 1970, **14,** 101-113.

SHAW, M. E. A comparison of individuals and small groups in the rational solution of complex problems. *American Journal of Psychology,* 1932, **44,** 491-504.

SHAW, M. E. Some effects of problem complexity upon problem solution efficiency in different communication nets. *Journal of Experimental Psychology,* 1954, **48,** 211-217.

SHAW, M. E. A comparison of two types of leadership in various communication nets. *Journal of Abnormal and Social Psychology,* 1955, **50,** 127-134.

SHAW, M. E. Communication networks. In L. Berkowitz (Ed.), *Advances in experimental social psychology.* New York: Academic Press, Inc., 1964.

SHAW, M. E., & J. L. SULZER. An empirical test of Heider's levels in attribution of responsibility. *Journal of Abnormal and Social Psychology,* 1964, **69,** 39-46.

SHELDON, W. H., & S. S. STEVENS. *The varieties of temperament: A psychology of constitutional differences.* New York: Harper & Brothers, 1942.

SHELDON, W. H., S. S. STEVENS, & W. B. TUCKER. *The varieties of human physique: An introduction to constitutional psychology.* New York: Harper & Brothers, 1940.

SHERIF, C. W., & M. SHERIF. (EDS.). *Attitude, ego-involvement, and change.* New York: John Wiley & Sons, Inc., 1967.

SHERIF, C. W., M. SHERIF, & R. E. NEBERGALL. *Attitude and attitude change: The social judgment-involvement approach.* Philadelphia: W. B. Saunders Company, 1965.

SHERIF, M. *An outline of social psychology.* New York: Harper & Brothers, 1948.

SHERIF, M., B. J. WHITE, & O. J. HARVEY. Status in experimentally produced groups. *American Journal of Sociology,* 1955, **60,** 370-379.

SHERIF, M., O. J. HARVEY, B. J. WHITE, W. R. HOOD, & C. W. SHERIF. *Intergroup conflict and cooperation: The robbers cave experiment.* Norman, Okla.: University Book Exchange, 1961.

SHERIF, M., & C. I. HOVLAND. *Social judgment: Assimilation and contrast effects in communication and attitude change.* New Haven, Conn.: Yale University Press, 1961.

SHERWOOD, J. J. Self identity and referent others. *Sociometry,* 1965, **28,** 66-81.

SHERWOOD, J. J. Increased self-evaluation as a function of ambiguous evaluations by referent others. *Sociometry,* 1967, **30,** 404-409.

SHILS, E. A. Primary groups in the American Army. In R. K. Merton & P. F. Lazarsfeld (Eds.), *Continuities in social research: Studies in the scope and method of "The American soldier."* Glencoe, Ill.: The Free Press, 1950. Pp. 16-39.

SHILS, E. A., & M. JANOWITZ. Cohesion and disintegration in the Wehrmacht in World War II. *Public Opinion Quarterly,* 1948, **12,** 280-315.

SHOMER, R. W., A. H. DAVIS, & H. H. KELLEY. Threats and the development of coordination: Further studies of the Deutsch and Krauss trucking game. *Journal of Personality and Social Psychology,* 1966, **4,** 119-126.

SHORT, J. F., JR. Aggressive behavior in response to status threats. Paper presented at the meeting of the American Sociological Association, St. Louis, Mo., August 1961.

SHRAUGER, S., & J. ALTROCCHI. The personality of the perceiver as a factor in person perception. *Psychological Bulletin,* 1964, **62,** 289-308.

SHULL, F. A., JR., & D. C. MILLER. Role conflict behavior in administration: A study in the validation of a theory of role-conflict resolution. Paper presented at the meeting of the American Sociological Association, New York, 1960.

SHUTLER, M. E. A reexamination of Benedict's hypothesis on the effects of discontinuous cultural conditioning.

Unpublished master's thesis, University of Arizona, 1958.

SHUVAL, J. T. The micro-neighborhood: An approach to ecological patterns of ethnic groups. *Social Problems,* 1962, **9,** 272-280.

SIDOWSKI, J. B. Reward and punishment in a minimal social situation. *Journal of Experimental Psychology,* 1957, **54,** 318-326.

SIDOWSKI, J. B., L. B. WYCOFF, & L. TABORY. The influence of reinforcement and punishment in a minimal social situation. *Journal of Abnormal and Social Psychology,* 1956, **52,** 115-119.

SIEGEL, A. E., & S. SIEGEL. Reference groups, membership groups, and attitude change. *Journal of Abnormal and Social Psychology,* 1957, **55,** 360-364.

SIEGEL, J. P. Managerial personality traits and need satisfaction: The effects of role incongruity and conflict. Reprinted from the *Proceedings of the 76th Annual Convention of the American Psychological Association,* 1968.

SIEGEL, S., & L. E. FOURAKER. *Bargaining and group decision making: Experiments in bilateral monopoly.* New York: McGraw-Hill Book Company, 1960.

SIMMEL, G. *The sociology of Georg Simmel.* Translated by Kurt H. Wolff. Glencoe, Ill.: The Free Press, 1950.

SIMMONS, C. H., & M. J. LERNER. Altruism as a search for justice. *Journal of Personality and Social Psychology,* 1968, **9,** 216-225.

SIMPSON, G. E., & J. M. YINGER. *Racial and cultural minorities.* New York: Harper & Row, Publishers, Incorporated, 1958.

SIMPSON, G. E., & J. M. YINGER. *Racial and cultural minorities.* (3rd ed.) New York: Harper & Row, Publishers, Incorporated, 1965.

SIMPSON, I. H. Patterns of socialization into professions: The case of student nurses. Paper presented at the meeting of the American Sociological Association, New York, August 1960.

SINGER, R. P. The effects of fear-arousing communications on attitude change and behavior. Unpublished doctoral dissertation, University of Connecticut, 1965. Cited in H. Leventhal, Findings and theory in the study of fear communications. In L. Berkowitz (Ed.), *Advances in experimental social psychology.* Vol. 5. New York: Academic Press, Inc., 1970. Pp. 119-186.

SINHA, A. K. P., & O. P. UPADHYAYA. Change and persistence in the stereotype of university students toward different ethnic groups during Sino-Indian border dispute. *Journal of Social Psychology,* 1960, **52,** 31-39.

SKINNER, B. F. *Contingencies of reinforcement: A theoretical analysis.* New York: Appleton Century Crofts, Educational Division, Meredith Corporation, 1969.

SLATER, P. E. Contrasting correlates of group size. *Sociometry,* 1958, **21,** 129-139.

SLATER, P. E., K. MORIMOTO, & P. W. HYDE. Social interaction in experimentally induced psychotic-like states. Paper presented at the meetings of the American Sociological Society, Seattle, Wash., 1958.

SMITH, K. H. Ego strength and perceived competence as conformity variables. *Journal of Abnormal and Social Psychology,* 1961, **62,** 169-171.

SNOEK, J. D. Role strain in diversified role sets. *American Journal of Sociology,* 1966, **71,** 363-372.

SNYDER, C. *General and specific role expectations for teachers.* Unpublished manuscript, Michigan State University. Cited in W. B. Brookover & D. Gottlieb, *A sociology of education.* New York: American Book Company, 1964.

SOEN, D., & I. TISHLER. *Urban renewal: Social surveys.* Tel-Aviv: Institute for Planning and Development, 1968. Described in Y. Amir, Contact hypothesis in ethnic relations. *Psychological Bulletin,* 1969, **71,** 319-342.

SOLOMON, R. L. Punishment. *American Psychologist,* 1964, **19,** 239-253.

SOLOMON, R. L., L. J. KAMIN, & L. C. WYNNE. Traumatic avoidance learning: The outcomes of several extinction procedures with dogs. *Journal of Abnormal and Social Psychology,* 1953, **48,** 291-302.

SOLOMON, R. L., & L. C. WYNNE. Traumatic avoidance learning: Acquisition in normal dogs. *Psychological Monographs,* 1953, **67**(4), (Whole No. 354).

SOLOMON, R. L., & L. C. WYNNE. Traumatic avoidance learning: The principles of anxiety conservation and partial irreversibility. *Psychological Review,* 1954, **61,** 353-385.

SPITZ, R. A. Hospitalism: An inquiry into the genesis of psychiatric conditions in early childhood. *The psychoanalytic study of the child.* Vol. 1. New York: International University Press, Inc., 1945. Pp. 53-74.

SPITZ, R. A. Hospitalism: A follow-up report. *The psychoanalytic study of the child.* Vol. 2. New York: International University Press, Inc., 1946. Pp. 113-117.

SPITZ, R. A., & K. M. WOLFE. Anaclitic depression: An inquiry into the genesis of psychiatric conditions in early childhood. *The psychoanalytic study of the child.* Vol. 2. New York: International University Press, Inc., 1946. Pp. 313-342.

STAGNER, R., & C. S. CONGDON. Another failure to demonstrate displacement of aggression. *Journal of Abnormal and Social Psychology,* 1955, **51,** 695-696.

STALLING, R. B. Personality similarity and evaluative meaning as conditioners of attraction. *Journal of Personality and Social Psychology,* 1970, **14,** 77-82.

STAR, S. A., & H. M. HUGHES. Report on an educational campaign: The Cincinnati plan for the United Nations. *American Journal of Sociology,* 1950, **55,** 1-12.

STAR, S. A., R. M. WILLIAMS, JR.,

& S. A. STOUFFER. Negro infantry platoons in white companies. In E. Maccoby, T. M. Newcomb, & E. L. Hartley (Eds.), *Readings in social psychology.* (3rd ed.) New York: Holt, Rinehart and Winston, Inc., 1958. Pp. 596-601.

STEIN, A., & L. K. FRIEDRICH. Television content and young children's behavior. In J. P. Murray, E. A. Rubinstein, & G. A. Comstock (Eds.), *Television and social behavior.* Vol. 2. *Television and social learning.* Government Printing Office, 1971.

STEIN, A. H. Imitation of resistance to temptation. *Child Development,* 1967, **38,** 157-169.

STEINER, I. D. Primary group influences on public opinion. *American Sociological Review,* 1954, **19,** 260-267.

STEINER, I. D. Receptivity to supportive versus nonsupportive communications. *Journal of Abnormal and Social Psychology,* 1962, **65,** 266-267.

STEINER, I. D. Models for inferring relationships between group size and potential group productivity. *Behavioral Science,* 1966, **11,** 273-283.

STEPHAN, F. F., & E. C. MISHLER. The distribution of participation in small groups: An exponential approximation. *American Sociological Review,* 1952, **17,** 599-608.

STERN, G. G., & J. C. SCANLON. Pediatric lions and gynecological lambs. *Journal of Medical Education,* 1958, **33**(Pt. 2), 12-18.

STERN, G. G., M. I. STEIN, & B. S. BLOOM. *Methods in personality assessment: Human behavior in complex social situations.* Chicago: The Free Press of Glencoe, Ill., 1956.

STOCK, D. An investigation into the intercorrelations between the self concept and feelings directed toward other persons and groups. *Journal of Consulting Psychology,* 1949, **13,** 176-180.

STONE, G. P. Clothing and social relations: A study of appearance in the context of community life. Unpublished doctoral dissertation, University of Chicago, Department of Sociology, 1959.

STONE, G. P. Appearance and the self. In A. M. Rose (Ed.), *Human behavior and social processes.* Boston: Houghton Mifflin Company, 1962. Pp. 86-118.

STONER, J. A. F. A comparison of individual and group decisions involving risk. Unpublished master's thesis, Massachusetts Institute of Technology, School of Industrial Management, 1961.

STOTLAND, E. Identification with persons and groups. Final report on Grant M-2423 to National Institute of Mental Health, U.S. Public Health Service, October 1961.

STOTLAND, E., S. E. SHERMAN, & K. Y. SHAVER. *Empathy and birth order: Some experimental explorations.* Lincoln: University of Nebraska Press, 1971.

STOTLAND, E., S. THORLEY, E. J. THOMAS, A. R. COHEN, & A. ZANDER. The effects of group expectations and self-esteem on self-evaluations. *Journal of Abnormal and Social Psychology,* 1957, **54,** 55-63.

STOUFFER, S. A., E. A. SUCHMAN, L. C. DEVINNEY, S. A. STAR, & R. M. WILLIAMS, JR. *The American soldier.* Vol. 1. *Adjustment during army life.* Princeton, N.J.: Princeton University Press, 1949.

STOUFFER, S. A., & J. TOBY. Role conflict and personality. *American Journal of Sociology,* 1951, **56,** 395-406.

STRAUSS, A. L. *Mirrors and masks.* New York: The Free Press of Glencoe, Ill., 1959.

STRICKLAND, B. R., & D. P. CROWNE. Conformity under conditions of simulated group pressure as a function of the need for social approval. *Journal of Social Psychology,* 1962, **58,** 171-181.

STRICKLAND, L. H. Surveillance and trust. *Journal of Personality,* 1958, **26,** 200-215.

STRITCH, T. M., & P. F. SECORD. Personality in faces: VI. Interaction effects in the perception of faces. *Journal of Personality,* 1956, **24,** 270-284.

STROEBE, W., C. A. INSKO, V. D. THOMPSON, & B. D. LAYTON. Effects of physical attractiveness, attitude similarity, and sex on various aspects of interpersonal attraction. *Journal of Personality and Social Psychology,* 1971, **18,** 79-91.

STRODTBECK, F. L. Family interaction, values, and achievement. In D. C. McClelland, A. L. Baldwin, U. Bronfenbrenner, & F. L. Strodtbeck (Eds.), *Talent and society.* New York: D. Van Nostrand Company, Inc., 1958. Pp. 135-194.

STRODTBECK, F. L., & R. D. MANN. Sex role differentiation in jury deliberations. *Sociometry,* 1956, **19,** 3-11.

STRODTBECK, F. L., R. M. JAMES, & C. HAWKINS. Social status in jury deliberations. In E. Maccoby, T. M. Newcomb, & E. L. Hartley (Eds.), *Readings in social psychology.* New York: Holt, Rinehart and Winston, Inc., 1958. Pp. 379-388.

STRYKER, S. Social structure and prejudice. *Social Problems,* 1959, **6,** 340-354.

STYCOS, J. M. Patterns of communication in a rural Greek village. *Public Opinion Quarterly,* 1952, **16,** 59-70.

SURGEON GENERAL'S SCIENTIFIC ADVISORY COMMITTEE ON TELEVISION AND SOCIAL BEHAVIOR. *Television and growing up: The impact of televised violence.* Report to the Surgeon General, U.S. Department of Health, Education, and Welfare. Rockville, Md.: National Institute of Mental Health, 1971.

SUTCLIFFE, J. P., & M. HABERMAN. Factors influencing choice in role conflict situations. *American Sociological Review,* 1956, **21,** 695-703.

SUTHERLAND, E. H. *The professional thief.* Chicago: The University of Chicago Press, 1937.

SWINGLI, P. G. The effects of the win-loss difference upon cooperative responding in a "dangerous" game. *Journal of Conflict Resolution,* 1967, **11,** 214-222.

SYKES, G. M., & D. MATZA. Techniques of neutralization: A theory of delinquency. *American Sociological Review,* 1957, **22,** 667-669.

TAGIURI, R. Person perception. In G. Lindzey & E. Aronson (Eds.), *The handbook of social psychology.* (2nd ed.) Vol. 3. Reading, Mass.: Addison-Wesley Publishing Company, 1969. Pp. 395-449.

TAGIURI, R., N. KOGAN, & L. M. K. LONG. Differentation of sociometric choice and status relations in a group. *Psychological Reports,* 1958, **4,** 523-526.

TAJFEL, H. Social and cultural factors in perception. In G. Lindzey & E. Aronson (Eds.), *The handbook of social psychology.* (2nd ed.) Vol. 3. Reading, Mass.: Addison-Wesley Publishing Company, Inc., 1969. Pp. 315-394.

TAJFEL, H., & A. L. WILKES. Salience of attributes and commitment to extreme judgments in the perception of people. *British Journal of Social and Clinical Psychology,* 1964, **3,** 40-49.

TAN, A. L., & G. DE VERA. A test of the belief congruence theory of prejudice. *Cornell Journal of Social Relations,* 1970, **5,** 166-171.

TANNENBAUM, P. H., & B. S. GREENBERG. Mass communication. *Annual Review of Psychology,* 1968, **19,** 351-386.

TAYLOR, D. W. Problem solving by groups. *Proceedings of the 14th International Congress of Psychology,* 1954.

TAYLOR, D. W., P. C. BERRY, & C. H. BLOCK. Does group participation when using brainstorming facilitate or inhibit creative thinking? *Administrative Science Quarterly,* 1958, **3,** 23-47.

TEDESCHI, J. T., B. R. SCHLENKER, & T. V. BONOMA. Cognitive dissonance: Private ratiocination or public spectacle? *American Psychologist,* 1971, **26,** 685-695.

TEGER, A. I., & D. G. PRUITT. Components of group risk taking. *Journal of Experimental Social Psychology,* 1967, **3,** 189-205.

TESSER, A., R. GATEWOOD, & M. RIVER. Some determinants of gratitude. *Journal of Personality and Social Psychology,* 1968, **9,** 233-236.

THARP, R. G. Psychological patterning in marriage. *Psychological Bulletin,* 1963, **60,** 91-117.

THARP, R. G. Reply to Levinger's note. *Psychological Bulletin,* 1964, **61,** 158-160.

THIBAUT, J. W. An experimental study of the cohesiveness of underprivileged groups. *Human Relations,* 1950, **3,** 251-278.

THIBAUT, J. W., & H. H. KELLEY. *The social psychology of groups.* New York: John Wiley & Sons, Inc., 1959.

THIBAUT, J. W., & H. W. RIECKEN. Authoritarianism, status, and the communication of aggression. *Human Relations,* 1955, **8,** 95-120.

THISTLETHWAITE, D. L., H. DE HAAN, & J. KAMENETZKY. The effects of "directive" and "nondirective" communication procedures on attitudes. *Journal of Abnormal and Social Psychology,* 1955, **51,** 107-113.

THISTLETHWAITE, D. L., & J. KAMENETZKY. Attitude change through refutation and elaboration of audience counterarguments. *Journal of Abnormal and Social Psychology,* 1955, **51,** 3-12.

THISTLETHWAITE, D. L., J. KAMENETZKY, & H. SCHMIDT. Factors influencing attitude change through refutative communication. *Speech Monographs,* 1956, **23,** 14-25.

THOMAS, E. J. Role conceptions and organizational size. *American Sociological Review,* 1959, **24,** 30-37.

THOMAS, E. J., & C. F. FINK. Effects of group size. *Psychological Bulletin,* 1963, **60,** 371-384.

TOBY, J. Some variables in role conflict analysis. *Social Forces,* 1952, **30,** 323-327.

TOMAN, W. *Family constellation: Its effects on personality and social behavior.* (2nd ed.) New York: Springer Publishing Company, Inc., 1969.

TORRANCE, E. P. Some consequences of power differences on decision making in permanent and temporary three-man groups. In A. P. Hare, E. F. Borgatta, & R. F. Bales (Eds.), *Small groups: Studies in social interaction.* New York: Alfred A. Knopf, Inc., 1955. Pp. 482-491.

TREIMAN, D. J. Status discrepancy and prejudice. *American Journal of Sociology,* 1966, **71,** 651-664.

TRENAMAN, J., & D. MCQUAIL. *Television and the political image.* London: Methuen & Co., Ltd., 1961.

TROW, D. B. Autonomy and job satisfaction in task-oriented groups. *Journal of Abnormal and Social Psychology,* 1957, **54,** 204-209.

TRIANDIS, H. C. A note on Rokeach's theory of prejudice. *Journal of Abnormal and Social Psychology,* 1961, **62,** 184-186.

TRIANDIS, H. C., V. VASSILIOU, & E. K. THOMANEK. Social status as a determinant of respect and friendship acceptance. *Sociometry,* 1966, **29,** 396-405.

TUMIN, M. M. Readiness and resistance to desegregation: A social portrait of the hard core. *Social Forces,* 1958, **36,** 256-263.

TURK, H. Instrumental and expressive ratings reconsidered. *Sociometry,* 1961, **24,** 76-81.

TURNER, R. H. Role-taking process versus conformity. In A. Rose (Ed.), *Human behavior and social processes: An interactionist approach.* Boston: Houghton Mifflin Company, 1962.

UPSHAW, H. Comparison level as a function of reward cost orientation. *Journal of Personality,* 1967, **35,** 290-296.

VAN OSTRAND, D. C. Reactions to positive and negative information as a function of certain personality characteristics of the recipient. Unpublished master's thesis, University of Colorado, 1963.

VAUGHAN, G. M. The transsituational aspects of conformity behavior. *Journal of Personality,* 1964, **32,** 335-354.

VENESS, T., & D. W. BRIERLEY. Forming impressions of personality: Two experiments. *British Journal of Social and Clinical Psychology,* 1963, **2,** 11-19.

VERBA, S. *Small groups and political behavior: A study of leadership.* Princeton, N.J.: Princeton University Press, 1961.

VIDEBECK, R. Self-conception and the reaction of others. *Sociometry,* 1960, **23,** 351-359.

VINACKE, W. E. Variables in experimental games: Toward a field theory. *Psychological Bulletin,* 1969, **71,** 293-318.

VINACKE, W. E., & A. ARKOFF. An experimental study of coalitions in the triad. *American Sociological Review,* 1957, **22,** 406-414.

VINE, I. Communication by facial-visual signals. In J. H. Crook (Ed.), *Social behavior in birds and mammals.* London: Academic Press, Ltd., 1970. Pp. 279-354.

VROOM, V. H. *Work and motivation.* New York: John Wiley & Sons, Inc., 1964.

WAGER, W. L. Interpersonal and mass communication in an organizational setting. *Sociological Inquiry,* 1962, **32,** 88-107.

WAGNER, C., & L. WHEELER. Model, need, and cost effects in helping behavior. *Journal of Personality and Social Psychology,* 1969, **12,** 111-116.

WALDER, L. O. Application of role and learning theories to the study of the development of aggression in children: III. An attempt at an empirical test of a theory. *Psychological Reports,* 1961, **9,** 306-312.

WALKER, E. L., & R. W. HEYNS. *An anatomy for conformity.* Englewood Cliffs, N.J.: Prentice-Hall, Inc., 1962.

WALLACH, M. A., & N. K. KOGAN. The roles of information, discussion and consensus in group risk taking. *Journal of Experimental Social Psychology,* 1965, **1,** 1-9.

WALLACH, M. A., N. K. KOGAN, & D. J. BEM. Group influence on individual risk taking. *Journal of Abnormal and Social Psychology,* 1962, **65,** 75-86.

WALLACH, M. A., N. K. KOGAN, & R. B. BURT. Can group members recognize the effects of group discussion upon risk taking? *Journal of Experimental and Social Psychology,* 1965, **1,** 379-395.

WALLER, W., & R. HILL. *The family.* New York: The Dryden Press, Inc., 1951. Pp. 186-187.

WALLERSTEIN, J. L., & C. J. WYLE. Our law-abiding law breakers. *Federal Probation,* 1947, **25,** 107-112.

WALSTER, E. The effects of self-esteem on romantic liking. *Journal of Experimental Social Psychology,* 1965, **1,** 184-197.

WALSTER, E. Assignment of responsibility for an accident. *Journal of Personality and Social Psychology,* 1966, **3,** 73-79.

WALSTER, E. "Second-guessing" important events. *Human Relations,* 1967, **20,** 239-250.

WALSTER, E. Passionate love. In B. I. Murstein (Ed.), *Theories of attraction and love.* New York: Springer Publishing Co., Inc., 1971. Pp. 85-99.

WALSTER, E., E. ARONSON, & D. ABRAHAMS. On increasing the persuasiveness of a low prestige communicator. *Journal of Experimental Social Psychology,* 1966, **2,** 325-342.

WALSTER, E., V. ARONSON, D. ABRAHAMS, & L. POTTMAN. Importance of physical attractiveness in dating behavior. *Journal of Personality and Social Psychology,* 1966, **4,** 508-516.

WALSTER, E., & E. BERSCHEID. New directions in equity research. Unpublished manuscript, 1970.

WALSTER, E., & P. PRESTHOLDT. The effect of misjudging another: Over-compensation or dissonance reduction. *Journal of Experimental Social Psychology,* 1966, **2,** 85-97.

WALSTER, E., & B. WALSTER. Effect of expecting to be liked on choice of associates. *Journal of Abnormal and Social Psychology,* 1963, **67,** 402-404.

WALTERS, R. H., M. LEAT, & L. MEZEI. Inhibition and disinhibition of responses through empathetic learning. *Canadian Journal of Psychology,* 1963, **17,** 235-240.

WALTERS, R. H., & R. D. PARKE. Influence of response consequences to a social model on resistance to deviation. *Journal of Experimental Child Psychology,* 1964, **1,** 269-280.

WARDWELL, E. Children's reactions to being watched during success and failure. Unpublished doctoral dissertation, Cornell University, 1960. Cited by J. J. Gibson & A. D. Pick, Perception of another person's looking behavior. *American Journal of Psychology,* 1963, **76,** 86-94.

WARDWELL, W. A. The reduction of strain in a marginal social role. *American Journal of Sociology,* 1955, **61,** 16-25.

WARE, R., & O. J. HARVEY. A cognitive determinant of impression formation. *Journal of Personality and Social Psychology,* 1967, **5,** 38-44.

WARR, P. B., & C. KNAPPER. *The perception of people and events.* London: John Wiley & Sons, Inc., 1968.

WARR, P. B., & J. S. SMITH. Combining information about people: Comparisons between six models. *Journal of Personality and Social Psychology,* 1970, **16,** 55-65.

WARREN, J. R. Birth order and social behavior. *Psychological Bulletin,* 1966, **65,** 38-49.

WATTS, J. C. The role of vulnerability in resistance to fear-arousing communications. Unpublished doctoral dissertation, Bryn Mawr College, 1966. Cited in H. Leventhal, Findings and theory in the study of fear communications. In L. Berkowitz (Ed.), *Advances in experimental social psychology.* Vol. 5. New York: Academic Press, Inc., 1970. Pp. 119-186.

WATTS, W. A. Relative persistence of opinion change induced by active compared to passive participation. *Journal of Personality and Social Psychology,* 1967, **5,** 4-15.

WATZLOWICH, P., J. BEAVIN, & D. D. JACKSON. *Pragmatics of human communication: A study of interactional patterns, path-*

ologies and paradoxes. New York: W. W. Norton & Company, Inc., 1967.

WEATHERLEY, D. Anti-semitism and the expression of fantasy aggression. *Journal of Abnormal and Social Psychology,* 1961, **62,** 454-457.

WEBER, M. (Collected writings) In H. Gerth and C. W. Mills (Eds. and Translators), New York: Oxford University Press, 1946.

WEBER, M. (Collected writings) In S. N. Eisenstadt (Ed.), *Max Weber on charisma and institution building: Selected papers.* Chicago: The University of Chicago Press, 1968.

WEINER, B., & A. KUKLA. An attributional analysis of achievement motivation. *Journal of Personality and Social Psychology,* 1970, **15,** 1-20.

WEINER, M., J. T. CARPENTER, & B. CARPENTER. External validation of a measure of conformity behavior. *Journal of Abnormal and Social Psychology,* 1956, **52,** 421-422.

WEINSTEIN, E. A. Toward a theory of interpersonal tactics. In C. W. Backman & P. F. Secord (Eds.), *Problems in social psychology.* New York: McGraw-Hill Book Company, 1966. Pp. 394-398.

WEINSTEIN, E. A. The development of interpersonal competence. In D. A. Goslin (Ed.), *Handbook of Socialization Theory and Research.* Chicago: Rand McNally & Company, 1969. Pp. 753-778.

WEINSTEIN, E. A., & P. DEUTSCHBERGER. Some dimensions of altercasting. *Sociometry,* 1963, **26,** 454-466.

WEINSTEIN, M. S. Achievement motivation and risk preference. *Journal of Personality and Social Psychology,* 1969, **13,** 153-172.

WEISS, W. Effects of the mass media on communication. In G. Lindzey & E. Aronson (Eds.), *The handbook of social psychology.* (2nd ed.) Vol. 5. Reading, Mass.: Addison-Wesley Publishing Company, Inc., 1969. Pp. 77-195.

WEISS, W. Mass communication. In P. H. Mussen, & M. R. Rosenzweig (Eds.), *Annual review of psychology.* Vol. 22. Palo Alto, Calif.: Annual Reviews, Inc., 1971. Pp. 309-336.

WELLS. Unpublished study cited in G. A. Comstock & E. A. Rubinstein (Eds.), *Television and social behavior.* Vol. 1. *Content and control.* Washington, D.C.: U.S. Government Printing Office, 1971.

WERTHEIMER, M. Values in person cognition. In *Decisions, values, and groups.* New York: Pergamon Press, 1960. Pp. 135-153.

WESTIE, F. R. Negro-white status differentials and social distance. *American Sociological Review,* 1952, **17,** 550-558.

WESTIE, F. R., & M. L. DE FLEUR. Autonomic responses and their relationship to race attitudes. *Journal of Abnormal and Social Psychology,* 1959, **58,** 340-347.

WHEELER, L. Motivation as a determinant of upward comparison. *Journal of Experimental Social Psychology,* 1966, **1,** 27-31.

WHITE, M. M. Role conflict in disasters: Not family but familiarity first. Research report. Washington: Disaster Study Group, National Academy of Sciences, National Research Council, August 1962.

WHITING, J. W. M. Resource mediation and learning by identification. In I. Iscoe & H. W. Stevenson (Eds.), *Personality development in children.* Austin: University of Texas Press, 1960. Pp. 112-126.

WHITING, J. W. M., R. KLUCKHOHN, & A. ANTHONY. The function of male initiation ceremonies at puberty. In E. Maccoby, T. M. Newcomb, & E. L. Hartley (Eds.), *Readings in social psychology.* (3rd ed.) New York: Holt, Rinehart and Winston, Inc., 1958. Pp. 359-370.

WHITTAKER, J. O. Cognitive dissonance and the effectiveness of persuasive communications. *Public Opinion Quarterly,* 1964, **28,** 547-555. *(a)*

WHITTAKER, J. O. Parameters of social influence in the autokinetic situation. *Sociometry,* 1964, **27,** 88-95. *(b)*

WHYTE, W. F. *Street corner society: The social structure of an Italian slum.* Chicago: The University of Chicago Press, 1943.

WIGGINS, J. A., E. DILL, & R. D. SCHWARTZ. On "status liability." *Sociometry,* 1965, **28,** 197-209.

WIGGINS, N., & P. J. HOFFMAN. Types of judges and cue utilization in judgments of intelligence. *Journal of Personality and Social Psychology,* 1969, **12,** 52-59.

WILLIAMS, R. M., JR. *The reduction of intergroup tensions.* New York: Social Science Research Council, 1947.

WILLIAMS, R. M., JR. Friendship and social values in a suburban community: An exploratory study. *Pacific Sociological Review,* 1959, **2,** 3-10.

WILNER, D. M., R. P. WALKLEY, & S. W. COOK. Residential proximity and intergroup relations in public housing projects. *Journal of Social Issues,* 1952, **8,** 45-69.

WILNER, D. M., R. P. WALKLEY, & S. W. COOK. *Human relations in interracial housing.* Minneapolis: The University of Minnesota Press, 1955.

WILSON, D. T. Ability evaluation, postdecision dissonance, and co-worker attractiveness. Unpublished doctoral dissertation, University of Minnesota, 1962.

WILSON, D. T. Ability evaluation, postdecision dissonance, and co-worker attractiveness. *Journal of Personality and Social Psychology,* 1965, **1,** 486-489.

WILSON, R. S. Personality patterns, source attractiveness, and conformity. *Journal of Personality,* 1960, **28,** 186-199.

WINCH, R. F. *Mate-selection: A study of complementary needs.* New York: Harper & Brothers, 1958.

WINDER, A. E. White attitudes towards Negro-white interaction in an area of changing racial composition. *Journal of Social Psychology,* 1955, **41,** 85-102.

WINTERBOTTOM, M. R. The relation of need for achievement to learning experiences in independence and mastery. In J. W. Atkinson (Ed.), *Motives in fantasy, action, and society.* Princeton, N.J.: D. Van Nostrand Company, Inc., 1958. Pp. 453-478.

WISPÉ, L. G. A sociometric analysis of conflicting role expectancies. *American Journal of Sociology,* 1955, **61,** 134-137.

WORKS, E. The prejudice-interaction hypothesis from the point of view of the Negro minority group. *American Journal of Sociology,* 1961, **67,** 47-52.

WRIGHT, P. H., & A. C. CRAWFORD. Agreement and friendship: A close look and some second thoughts. *Representative Research in Social Psychology,* 1971, **2,** 52-69.

WRIGHTSMAN, L. Effects of waiting with others on changes in level of felt anxiety. *Journal of Abnormal and Social Psychology,* 1960, **61,** 216-222.

YABLONSKY, L. *Synanon: The tunnel back.* New York: The Macmillan Company, 1965.

ZAJONC, R. B. The effects of feedback and probability of group success on individual and group performance. *Human Relations,* 1962, **15,** 149-161.

ZALEZNIK, A., C. R. CHRISTENSEN, & F. J. ROETHLISBERGER. *Worker satisfaction and development.* Boston: Harvard University Bureau of Business Research, 1956.

ZALEZNIK, A., C. R. CHRISTENSEN, & F. J. ROETHLISBERGER. *The motivation, productivity, and satisfaction of workers: A prediction study.* Boston: Harvard University, Bureau of Business Research, 1958.

ZANDER, A., A. R. COHEN, & E. STOTLAND. Power and the relations among professions. In D. Cartwright (Ed.), *Studies in social power.* Ann Arbor: University of Michigan, Research Center for Group Dynamics, 1959. Pp. 15-34.

ZAWADSKI, B. Limitations of the scapegoat theory of prejudice. *Journal of Abnormal and Social Psychology,* 1948, **43,** 127-141.

ZELDITCH, M., JR. Role differentiation in the nuclear family: A comparative study. In T. Parsons & R. F. Bales (Eds.), *Family socialization and interaction process.* Chicago: The Free Press of Glencoe, Ill., 1955. Pp. 307-351.

ZIMBARDO, P. G. Involvement and communication discrepancy as determinants of opinion conformity. *Journal of Abnormal and Social Psychology,* 1960, **60,** 86-94.

ZIMBARDO, P. G., M. WEISENBERG, I. FIRESTONE, & B. LEVY. Communicator effectiveness in producing public conformity and private attitude change. *Journal of Personality,* 1965, **33,** 233-255.

ZIMMERMAN, C., & R. A. BAUER. The influence of an audience on what is remembered. *Public Opinion Quarterly,* 1956, **20,** 238-248.

ZIPF, S. G. Resistance and conformity under reward and punishment. *Journal of Abnormal and Social Psychology,* 1960, **61,** 102-109.

ZURCHER, L. A., JR., D. W. SONENSCHEIN, & E. L. METZNER. The hasher: A study of role conflict. *Social Forces,* 1966, **44,** 505-514.

SACHVERZEICHNIS

PERSONENVERZEICHNIS